최상의 **선택과**
최고의 **집중**

신정판

경찰 채용(순경공채)
간부·승진 시험대비

**경찰헌법
기출·판례**

O·X
총정리

PREFACE

선택과 집중!
경찰헌법 기출·판례 O·X 총정리 신정판을 출간하며 …

헌법에서 기출지문과 판례의 중요성은 아무리 강조해도 지나치지 않습니다.
중요하기 때문에 출제되었고, 여전히 중요한 내용이기 때문에 또 출제되는 것입니다.
이 반복의 고리가 의심의 여지없이 확실한데,
상당수의 수험생들은 기출지문을 등한시 하는 것을 볼 수 있습니다.

기출지문은 비유컨데, 전쟁에 있어서 자신이 정복해야 할 고지의 지도와도 같습니다.
그 지도에는 적이 어디에 어떤 무기를 숨겨두고 기다리고 있는지를 알려주고,
또 이전에 어떤 형식으로 전쟁이 있었는지를 세세히 알려주고 있습니다.

전쟁에 나가는 장수는 필히 이 지도를 숙지하고 반복적으로 검토하고 분석해야 고지를 점령하고 승전고를 울릴 수 있을 겁니다.

여러분은 수험이란 전쟁을 치르고 있습니다.

이 전쟁에서 승리하고자 한다면 지금부터 이 전쟁지도를 꼼꼼히 분석해 보세요.
틀림없이 필승의 전략을 짤 수 있을 겁니다.
기대하겠습니다.

2022년 10월
박용두 올림

교재에 대한 정오 및 질문사항과 최신 기출문제 자료는
1. 용두쌤의 온라인 수험공부방 '선택과 집중' - http://band.us/@3slaw
2. 교재문의 및 상담은 카톡 ID - 3slaw

경찰헌법 기출·판례
O·X 총정리

▶ 경찰헌법 기출·판례 O·X 총정리는 이렇게 구성되었습니다.

1. 2022년까지의 모든 직렬의 중요기출지문을 목차별로 수록했습니다.
2. 2022년까지의 헌법재판소 신판례를 출제될 수 있는 지문으로 만들어 목차별로 수록했습니다.
2. 최대한 해설을 자세하게 붙여 해설을 통해 지문의 의미를 정확히 이해할 수 있도록 했습니다.
4. 해설에도 핵심적이 부분은 서체를 달리하고 밑줄을 쳐서 내용 파악에 도움이 되도록 했습니다.

▶ 경찰헌법 기출·판례 O·X 총정리의 중요성과 활용도는 이렇습니다.

첫째, 感잡기부터 갈무리까지!
처음 공부를 시작하는 수험생들은 목차흐름에 따른 출제포인트 파악할 수 있습니다.
마지막 최종정리를 하고자 하는 수험생들은 self-checking방식으로 마지막 최종점검을 할 수 있습니다.

둘째, 정확한 출제영역 제시!
이 책은 수험생들이 중점적으로 학습해야 할 영역을 알려주는 이정표와도 같으므로, 기본서를 볼 때 항상 옆에 두고 학습하길 바랍니다. 기출지문은 지금껏 출제된 영역을 말해주기도 하지만 앞으로 출제될 영역도 제시하고 있다는 사실을 한시도 잊어서는 안되겠습니다.

셋째, 출제될 판례와 법령 한정!
수많은 헌법재판소 판례와 헌법 및 부속법령을 모두 암기할 수는 없습니다. 그동안 한번도 출제가 되지 않았던 판례와 부속법령은 시험에 출제될 확률은 매우 낮습니다. 이 책은 꼭 학습해야 할 판례와 법령을 한정해서 수험생의 학습 부담을 줄여줄 수 있습니다.

▶ 경찰헌법 기출·판례 O·X 총정리는 이렇게 활용하길 바랍니다.

1. 처음 공부를 시작하는 수험생은 정확한 수험이해(무엇이 어떻게 출제되는지에 대한 이해)를 하는데 이 책을 활용하길 바랍니다. 항상 기본서 옆에 두고 출제의 感을 잡는데 활용하세요.
2. 기본적인 내용이 이해가 되어 있는 수험생은 지문을 풀어 보세요. 지문을 풀다보면 정확한 의미를 이해할 수 있을 뿐만 아니라 자신이 무엇을 모르고 있는지를 알 수 있습니다. 기출된 내용은 반복 출제되고, 한 번 틀린 문제는 또 틀릴 확률이 아주 높습니다. 틀린 지문은 반드시 표시를 해서 반복적으로 학습한다면 다음번엔 틀리지 않을 겁니다.
3. 지문을 풀고 난 후 출제자가 무엇을 묻고자 했는지를 생각해 보고 출제자의 출제의도를 간파하기 바랍니다. 지문을 풀고 난 후 자신에게 질문을 던져 보세요. 출제자는 이 지문을 통해서 무엇을 묻고자 했는가? 그리고 그 답을 내려 보세요. 이것이 이 책을 가장 효율적으로 학습하는 최고의 수험방법입니다. 이 방법으로 이 책을 몇 번 풀고나면 이제는 출제자의 출제의도를 알고 있기 때문에 답을 빠르게 찾게되고 변형된 지문에서도 흔들림없이 답을 찾을 수 있을 것입니다.
4. 시험을 앞 둔 수험생은 마지막 최종정리용으로 활용하세요. 빠르게 지문을 점검하면서 출제 포인트를 다시한번 정리한다면 효율적인 최종정리 및 마무리가 될 수 있을 것입니다.

CONTENTS

PART 01 헌법총론 ... 7

Chapter 01 헌법 ... 8
- 제1절 헌법의 의의 ... 8
- 제2절 헌법의 분류 ... 8
- 제3절 헌법의 특성 ... 8
- 제4절 헌법의 해석 ... 9
- 제5절 헌법의 제정과 개정 그리고 변천 ... 11
- 제6절 헌법의 보호(보장) ... 24

Chapter 02 대한민국 헌법 ... 25
- 제1절 대한민국 헌법사 : 헌법의 제·개정과정 ... 25
- 제2절 대한민국 국가형태와 구성요소 ... 29
- 제3절 헌법전문을 통한 헌법의 기본원리 ... 36
- 제4절 헌법의 기본제도 ... 70

PART 02 기본권론 ... 117

Chapter 01 기본권 일반이론 ... 118
- 제1절 기본권의 의의 ... 118
- 제2절 기본권의 성격 ... 120
- 제3절 기본권의 주체 ... 122
- 제4절 기본권의 효력 ... 132
- 제5절 기본권의 제한과 한계 ... 144
- 제6절 기본권의 보호 ... 160

Chapter 02 인간의 존엄과 가치 및 행복추구권 ... 170
- 제1절 인간의 존엄과 가치 ... 170
- 제2절 행복추구권 ... 177

Chapter 03 평등권 ... 196

Chapter 04 자유권적 기본권 — 232
제1절 인신의 자유권 — 232
제2절 사생활 자유권 — 307
제3절 정신적 자유권 — 344

Chapter 05 경제적 기본권 — 414
제1절 재산권 — 414
제2절 직업선택의 자유 — 436
제3절 소비자의 권리 — 464

Chapter 06 참정권 — 466

Chapter 07 청구권적 기본권 — 482
제1절 일반이론 — 482
제2절 청원권 — 482
제3절 재판청구권 — 487
제4절 국가배상청구권 — 510
제5절 형사보상청구권 — 518
제6절 범죄피해자구조청구권 — 523

Chapter 08 사회적 기본권(생존권) — 527
제1절 일반이론 — 527
제2절 인간다운 생활을 할 권리 — 529
제3절 교육을 받을 권리 — 536
제4절 근로의 권리 — 550
제5절 근로3권 — 558
제6절 환경권 — 570
제7절 혼인·가족·모성보호·보건에 관한 권리 — 577

Chapter 09 국민의 기본적 의무 — 585
제1절 일반이론 — 585
제2절 납세의 의무 — 585
제3절 국방의 의무 — 587
제4절 교육을 받게 할 의무 — 589
제5절 근로의 의무 — 591
제6절 환경보전의 의무 — 591
제7절 재산권 행사의 공공복리적합의무(사회적 기속성) — 591

김용두 경찰헌법 기출·판례 O·X 총정리

최상의 **선택**과
최고의 **집중**

신정판

경찰 채용(순경공채)·간부·승진 시험대비

PART 1 헌법총론

Chapter 01 헌법
Chapter 02 대한민국 헌법

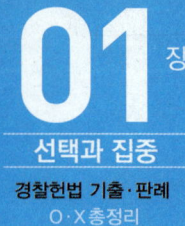

헌법

제1절 헌법의 의의

제2절 헌법의 분류

001 ⟳ 1 2 3

실질적 의미의 헌법이 아니더라도 성문헌법에 규정되어 있는 사항을 개정하려면 헌법개정절차를 따라야 한다. (O/×)

002 ⟳ 1 2 3

헌법재판소의 결정에 따르면 관습헌법도 성문헌법과 마찬가지로 주권자인 국민의 헌법적 결단의 의사의 표현이며 성문헌법과 동등한 효력을 가진다. (O/×)

제3절 헌법의 특성

001 ⟳ 1 2 3

헌법은 그 조문 등이 갖는 구조적 특성으로 인하여 하위의 법규범에 비해 해석에 의한 보충의 필요성이 큰 편이다. (O/×)

---

001 【O】 실질적 의미의 헌법(법의 존재형식에 구애되지 않고 헌법사항(국가적 공동생활에 관한 기본적인 사항)을 정하고 있는 법규범을 말하는 것)이 아니더라도 성문헌법에 규정되어 있는 사항(형식적 의미의 헌법의 경우)을 개정하려면 헌법개정절차에 따라야 한다.

002 【O】 국민은 최고의 헌법제정권력이기 때문에 성문헌법의 제·개정에 참여할 뿐만 아니라 헌법전에 포함되지 아니한 헌법사항을 필요에 따라 관습의 형태로 직접 형성할 수 있는 것이다. 그렇다면 관습헌법도 성문헌법과 마찬가지로 주권자인 국민의 헌법적 결단의 의사의 표현이며 성문헌법과 동등한 효력을 가진다고 보아야 한다. 이와 같이 관습에 의한 헌법적 규범의 생성은 국민주권이 행사되는 한 측면인 것이다. 국민주권주의 또는 민주주의는 성문이든 관습이든 실정법 전체의 정립에의 국민의 참여를 요구한다고 할 것이며, 국민에 의하여 정립된 관습헌법은 입법권자를 구속하며 헌법으로서의 효력을 가진다.(2004.10.21. 2004헌마554)

001 【O】 헌법조문은 광의적이고 불확정적이며, 완결되지도 완비되어 있지도 않으므로, 헌법해석은 일반 법률해석에 비하여 법을 보충하고 법을 형성하는 폭이 매우 크다.

002

헌법규범 상호간에는 이념적·논리적으로 우열을 인정할 수 있으나 효력상으로도 특정 규정이 다른 규정의 효력을 부인할 수 있는 정도의 가치의 우열을 인정할 수 없다. (O/×)

제4절 헌법의 해석

001

어떤 법률의 개념이 다의적이고 그 어의(語意) 테두리 안에서 여러가지 해석이 가능할 때, 헌법을 최고법규로 하는 통일적인 법질서의 형성을 위하여 헌법에 합치되는 해석 즉 합헌적인 해석을 택하여야 하며, 이에 의하여 위헌적인 결과가 될 해석은 배제하면서 합헌적이고 긍정적인 면은 살려야 한다는 것이 헌법의 일반법리이다. (O/×)

002

합헌적 법률해석은 헌법재판소가 헌법과 법률을 해석 적용함에 있어서 입법자의 입법취지대로 해석하여야 한다는 것으로 민주주의와 권력분립원칙의 관점에서 입법자의 입법권에 대한 존중과 규범유지의 원칙에 의하여 정당화된다. (O/×)

003

헌법재판소의 법률에 대한 한정합헌결정은 합헌적 법률해석과 차원을 달리하는 위헌법률심판의 결정유형에 관한 문제이므로 양자는 특별한 관계가 없다. (O/×)

---

002 【O】 우리 헌법은 이념적·논리적으로는 헌법규범상호간의 가치의 우열을 인정할 수 있을 것이다. 그러나 이때 인정되는 헌법규범상호간의 우열은 추상적 가치규범의 구체화에 따른 것으로서 헌법의 통일적 해석을 위하여 유용한 정도를 넘어 헌법의 어느 특정규정이 다른 규정의 효력을 전면 부인할 수 있는 정도의 효력상의 차등을 의미하는 것이라고는 볼 수 없다.(1996.6.13. 94헌바20)

001 【O】 헌재 1990.4.2. 89헌가113

002 【X】 법률의 합헌적 해석은 **헌법의 최고규범성에서 나오는 법질서의 통일성에 바탕을 두고, 법률이 헌법에 조화하여 해석될 수 있는 경우에는 위헌으로 판단하여서는 아니된다**는 것을 뜻하는 것으로서 **권력분립과 입법권을 존중하는 정신에** 그 뿌리를 두고 있다.(1989.7.14. 88헌가5,8,89헌가44 전원재판부)

003 【X】 한정합헌결정이란 법률이 그 자체로는 합헌으로 볼 수 없어도 위헌적 해석을 제거한다면 합헌을 유지할 수 있는 경우에 행하여지는 헌법재판의 주문형태를 말한다. 이러한 **한정합헌결정은 합헌적 법률해석의 요구로 나타나게 되며**, 정당화된다. 한정위헌결정 역시 합헌적 법률해석의 전형적인 기술적 결과에 해당된다.

004 ↻ 1 2 3

입법권자가 그 법률의 제정으로써 추구하고자 하는 입법자의 명백한 의지와 입법의 목적을 헛되게 하는 내용으로 법률조항을 해석할 수 없다는 '법 목적에 따른 한계'는 사법적 헌법해석기관에 의한 최종적 헌법해석권을 형해화할 수 있으므로 인정될 수 없다. (O/X)

005 ↻ 1 2 3

합헌적 법률해석은 헌법재판소가 헌법과 법률을 해석 적용함에 있어서 입법자의 입법취지대로 해석하여야 한다는 것으로 민주주의와 권력분립원칙의 관점에서 입법자의 입법권에 대한 존중과 규범유지의 원칙에 의하여 정당화된다. (O/X)

006 ↻ 1 2 3

헌법의 기본원리는 헌법의 이념적 기초인 동시에 헌법을 지배하는 지도원리로서 입법이나 정책결정의 방향을 제시하며, 구체적 기본권을 도출하는 근거가 되고 기본권의 해석 및 기본권제한입법의 합헌성 심사에 있어 해석기준의 하나로 작용한다. (O/X)

007 ↻ 1 2 3

헌법해석상 특정인에게 구체적인 기본권이 생겨 이를 보장하기 위한 국가의 행위의무 내지 보호의무가 발생하였음이 명백함에도 불구하고 입법자가 아무런 입법조치를 취하지 아니한 경우에는 입법자에게 입법의무가 인정된다. (O/X)

---

004 【X】 (1) 법률 또는 법률의 위 조항은 원칙적으로 가능한 범위안에서 합헌적으로 해석함이 마땅하나 그 해석은 **법의 문구와 목적에 따른 한계**가 있다. 즉, **법률의 조항의 문구가 간직하고 있는 말의 뜻을 넘어서 말의 뜻이 완전히 다른 의미로 변질되지 아니하는 범위내**이어야 한다는 문의적 한계와 입법권자가 그 법률의 제정으로써 추구하고자 하는 **입법자의 명백한 의지와 입법의 목적을 헛되게 하는 내용으로 해석할 수 없다**는 법목적에 따른 한계가 바로 그것이다.
(2) 왜냐하면, 그러한 범위(문의적 한계와 법목적에 따른 한계)를 벗어난 합헌적 해석은 그것이 바로 **실질적 의미에서의 입법작용**을 뜻하게 되어 **결과적으로 입법권자의 입법권을 침해하는 것이 되기 때문이다**(1989.7.14. 88헌가5,8,89헌가44 전원재판부).

005 【X】 법률의 합헌적 해석은 헌법의 최고규범성에서 나오는 법질서의 통일성에 바탕을 두고, 법률이 헌법에 조화하여 해석될 수 있는 경우에는 위헌으로 판단하여서는 아니된다는 것을 뜻하는 것으로서 **권력분립과 입법권을 존중하는 정신**에 그 뿌리를 두고 있다.(1989.7.14. 88헌가5,8,89헌가44 전원재판부)

006 【X】 **헌법의 기본원리는** 헌법의 이념적 기초인 동시에 **헌법을 지배하는 지도원리로서 입법이나 정책결정의 방향을** 제시하며 공무원을 비롯한 모든 국민·국가기관이 헌법을 존중하고 수호하도록 하는 지침이 되며, **구체적 기본권을 도출하는 근거로 될 수는 없으나** 기본권의 해석 및 기본권제한입법의 **합헌성 심사에 있어 해석기준의 하나로서 작용**한다.(헌법재판소 1996.4.25. 선고 92헌바47 전원재판부)

007 【O】 헌법소원은 헌법재판소법 제68조 제1항에 규정한 바와 같이 **공권력의 불행사**에 대하여서도 청구할 수 있지만, **입법부작위에 대한 헌법소원은 원칙적으로 인정될 수 없고**, 다만 헌법에서 기본권 보장을 위해 명시적인 입법위임을 하였음에도 입법자가 이를 이행하지 않거나, 헌법해석상 특정인에게 구체적인 기본권이 생겨 이를 보장하기 위한 국가의 행위의무 내지 보호의무가 발생하였음이 명백함에도 불구하고 입법자가 아무런 입법조치를 취하지 않고 있는 경우에만 예외적으로 **입법부작위에 대한 헌법소원이 인정될 수 있다**.(헌법재판소 1997.7.16. 선고 97헌마143 결정)

제5절 헌법의 제정과 개정 그리고 변천

I 헌법의 제정

II 헌법의 개정

제안	현행	① 국무회의 심의를 거쳐서 **대통령**이 발의 ② **국회 재적의원 과반수**의 발의 (cf 국회재적의원 3분의 2 이상 X, 국회의원 선거권자 50만 인 이상의 발의 X)
	역대	① 우리나라 역대 헌법 중에는 대통령에게 헌법개정 제안권을 부여하지 않은 경우(제5차와 제6차)도 있었다. ② 2차부터 4차 개정헌법까지는 민의원 선거권자 50만 명, 5차와 6차 개정헌법에서는 국회의원 선거권자 50만 명 이상의 국민이 제안할 수 있었다. ③ 국민의 헌법개정발의제도는 제7차 개정헌법에서 삭제되어 현재까지 이어지고 있다.
공고	현행	① 대통령은 제안된 헌법개정안을 **20일**(cf 30일 X) 이상 공고하여야 한다. ② 헌법개정안 공고문의 전문에는 대통령 또는 국회 재적의원 과반수가 발의한 사실을 적고, 대통령이 서명한 후 대통령인을 찍고 그 공고일을 명기하여 국무총리와 각 국무위원이 부서한다.(법령등공포에관한법률 제3조)
	역대	1948년 헌법부터 헌법개정안을 30일 이상 공고하도록 하였으나, 1972년 7차 개정헌법에서 공고기간이 20일 이상으로 단축되었다.
국회의결		① 국회는 헌법개정안이 **공고된**(cf 공고기간이 만료된 X) 날로부터 **60일** (cf 30일 X, 70일 X) 이내에 이를 의결하여야 한다. ② 현행 헌법상 헌법개정안을 국회에서 **수정의결할 수 없으며**, 국회의 표결은 **기명투표**로써 한다.(국회법 제112조) ③ 국회의 의결은 **재적의원**(cf 출석의원 X) 3분의 2 이상의 찬성을 얻어야 하고, **찬성을 얻은 때에는 헌법개정안은 확정**(cf 대통령이 이를 15일 이내에 공포하여야 확정 X) 된다. ④ 대통령은 **즉시 이를 공포**하여야 한다.

국민 투표	현행	① 헌법개정안은 <u>국회가 의결한 후</u>(cf 대통령이 공고한 후 X) <u>30일</u>(cf 20일 X) 이내에 국민투표에 붙여, ② <u>국회의원선거권자 과반수의 투표와 투표자 과반수의 찬성</u>(cf 국회의원 선거권자 과반수의 찬성 X)을 얻어야 한다. ③ 헌법개정안이 <u>국민투표에서 찬성을 얻은 때에는 헌법개정은 확정</u>(cf 대통령이 공포함으로써 확정 X) 된다. ④ 국민투표(ex 헌법개정국민투표 등)의 효력에 관하여 이의가 있는 투표인은 투표인 10만 인 이상의 찬성을 얻어 중앙선거관리위원회위원장을 피고로 하여 투표일로부터 <u>20일</u>(cf 30일 X) 이내에 <u>대법원</u>(cf 헌법재판소 X)에 제소할 수 있다.(국민투표법 제92조)
	역대	1972년 헌법은 <u>대통령이 제안한 경우 국민투표로 확정</u>되고, 국회가 제안한 경우 통일주체국민회의의 의결을 거쳐 확정되는 방식을 취함으로써 헌법개정절차를 이원화하였다.(cf 대통령이 제안한 헌법개정안의 경우 1972년 헌법에서는 통일주체국민회의의 의결을 거쳐 확정하도록 규정하였다. X)
공포		① 대통령은 <u>즉시</u>(cf 15일 X) 이를 공포하여야 한다.(헌법 제128조, 제129조, 제130조) ② 대통령은 개헌안에 대해서는 거부권을 행사할 수 없다.
개정 한계	현행	현행 헌법상 대통령의 임기연장 또는 중임변경을 위한 헌법개정은 허용되지만, <u>제안 당시의 대통령에게는 그 효력이 미치지 아니한다</u>.(헌법 제128조 제2항)
	역대	제2차 개정헌법(1954년)에서부터 제4차 개정헌법(1960년)까지 '민주공화국', '국민주권', '주권제약이나 영토변경 등 중요사항에 관한 국민투표'의 규정은 개폐할 수 없다고 규정하여, <u>개헌금지조항을 둔 바 있다</u>.(cf 현행 헌법과 마찬가지로 역대 헌법은 헌법개정의 실정법적 한계를 인정하지 않았다. X)

001
우리 헌법상 대통령은 헌법개정에 대한 발의권이 없다. (O/×)

002
우리나라 역대 헌법 중에는 대통령에게 헌법개정 제안권을 부여하지 않은 경우도 있었다. (O/×)

003
헌법의 안정성과 헌법에 대한 존중이라는 요청 때문에 우리 헌법의 개정은 제한적으로 인정되며, 일반법률과는 다른 엄격한 요건과 절차가 요구된다.

004
우리 헌법의 각 개별규정 가운데 무엇이 헌법제정규정이고 무엇이 헌법개정규정인지를 구분하는 것이 가능할 뿐만 아니라, 그 효력상의 차이도 인정할 수 있다. (O/×)

005
헌법의 각 개별조항 간에는 이념적·논리적으로 규범 상호간의 우열을 인정할 수 있으므로 특정한 헌법조항은 다른 헌법조항이 개정될 경우 그 위헌 여부를 심사할 수 있는 기준이 된다. (O/×)

006
우리헌법은 헌법개정의 한계에 관한 규정을 두고 있으며, 헌법의 개정을 법률의 개정과는 달리 국민투표에 의하여 이를 확정하도록 규정하고 있다. (O/×)

---

001 【X】 헌법개정은 국회재적의원 과반수 또는 대통령의 발의로 제안된다.(헌법 제128조)

002 【O】 대통령에게 헌법개정 제안권을 부여하지 않았던 경우는 제5차, 제6차 개정헌법이다.

003 【O】 헌법개정은 헌법 제130조에 엄격한 절차를 규정하고 있다.

004 【X】 우리 헌법의 각 개별규정 가운데 무엇이 헌법제정규정이고 무엇이 헌법개정규정인지를 구분하는 것이 가능하지 아니할 뿐 아니라, 각 개별규정에 그 효력상의 차이를 인정하여야 할 형식적인 이유를 찾을 수 없다. 물론 헌법은 전문과 단순한 개별조항의 상호관련성이 없는 집합에 지나지 않는 것이 아니고 하나의 통일된 가치체계를 이루고 있는 것이므로, 헌법의 전문과 각 개별규정은 서로 밀접한 관련을 맺고 있고, 따라서 헌법의 제규정 가운데는 헌법의 근본가치를 보다 추상적으로 선언한 것도 있고, 이를 보다 구체적으로 표현한 것도 있어서 이념적·논리적으로는 규범 상호간의 우열을 인정할 수 있는 것이 사실이다. 그러나, 그렇다 하더라도, 이때에 인정되는 규범 상호간의 우열은 추상적 가치규범의 구체화에 따른 것으로 헌법의 통일적 해석에 있어서는 유용할 것이지만, 그것이 헌법의 어느 특정규정이 다른 규정의 효력을 전면 부인할 수 있는 정도의 개별적 헌법규정 상호간에 효력상의 차등을 의미하는 것이라고는 볼 수 없다.(헌법재판소 1995.12.28. 선고 95헌바3 전원재판부)

005 【X】 헌법은 전문과 각 개별조항이 서로 밀접한 관련을 맺으면서 하나의 통일된 가치체계를 이루고 있는 것으로서, 헌법의 제규정 가운데는 헌법의 근본가치를 보다 추상적으로 선언한 것도 있고, 이를 보다 구체적으로 표현한 것도 있으므로 이념적·논리적으로는 헌법규범상호간의 우열을 인정할 수 있는 것이 사실이다. 그러나 이때 인정되는 헌법규범상호간의 우열은 추상적 가치규범의 구체화에 따른 것으로서 헌법의 통일적 해석에 있어서는 유용할 것이지만, 그것이 헌법의 어느 특정규정이 다른 규정의 효력을 전면적으로 부인할 수 있을 정도의 개별적 헌법규정 상호간에 효력상의 차등을 의미하는 것이라고는 볼 수 없다.(1996.6.13. 94헌바20)

006 【X】 헌법개정의 한계를 명시한 것은 2차개정헌법부터 4차개정헌법까지이다. 현행헌법은 헌법개정의 한계에 관한 규정을 두고 있지 않다.

007
실질적 의미의 헌법이 아니더라도 성문헌법에 규정되어 있는 사항을 개정하려면 헌법개정절차를 따라야 한다. (O/×)

008
헌법개정은 국회재적의원 과반수 또는 대통령의 발의로 제안된다. (O/×)

009
제안된 헌법개정안은 대통령이 30일 이상의 기간 이를 공고하여야 한다. (O/×)

010
국회는 헌법개정안이 공고된 날로부터 60일 이내에 의결하여야 하며, 국회의 의결은 재적의원 3분의 2 이상의 찬성을 얻어야 한다. (O/×)

011
헌법개정안은 국회가 의결한 후 20일 이내에 국민투표에 붙여 국회의원 선거권자 과반수의 투표와 투표자 과반수의 찬성을 얻어야 한다. (O/×)

012
헌법개정안에 대한 국민투표권은 헌법개정기관인 국민 전체에게 부여된 권한으로서, 국민의 기본권이 아니다. (O/×)

013
헌법개정안이 국회 재적의원 2/3 이상의 찬성을 얻고, 국회의원선거권자 과반수의 투표와 투표자 과반수의 찬성을 얻어, 대통령이 공포함으로써 확정된다. (O/×)

---

007 【O】 실질적 의미의 헌법(법의 존재형식에 구애되지 않고 헌법사항(국가적 공동생활에 관한 기본적인 사항)을 정하고 있는 법규범을 말하는 것)이 아니더라도 성문헌법에 규정되어 있는 사항(형식적 의미의 헌법의 경우)을 개정하려면 헌법개정절차에 따라야 한다.

008 【O】 헌법 제128조 ① 헌법개정은 국회재적의원 과반수 또는 대통령의 발의로 제안된다.

009 【X】 제안된 헌법개정안은 대통령이 20일 이상의 기간 이를 공고하여야 한다.(헌법 제129조)

010 【O】 제130조 제1항

011 【X】 헌법개정안은 국회가 의결한 후 30일 이내에 국민투표에 붙여 국회의원선거권자 과반수의 투표와 투표자 과반수의 찬성을 얻어야 한다.(헌법 제130조 제2항)

012 【X】 국민투표권은 헌법상 기본권이다.(2004.10.21., 2004헌마554・566)

013 【X】 대통령 또는 국회재적의원 과반수 발의로 개정안이 제안된 후에는 국회의 의결과 국민투표로 확정되고 대통령은 후에 공포할 뿐이다. 즉, 대통령의 공포로 헌법개정이 확정되는 것이 아니다.

014 ↻ 1 2 3
헌법개정안이 확정되면 대통령은 15일 이내에 이를 공포하여야 한다. (O/×)

015 ↻ 1 2 3
헌법개정안은 국회에서 무기명투표로 표결한다. (O/×)

016 ↻ 1 2 3
대통령의 임기연장 또는 중임변경을 위한 헌법개정은 그 헌법개정 제안 당시의 대통령에 대하여도 효력이 있다. (O/×)

017 ↻ 1 2 3
헌법개정에 관한 국민투표의 효력에 관하여 이의가 있는 투표인은 투표인 10만인 이상의 찬성을 얻어 중앙선거관리위원회에 이의를 제기할 수 있다. (O/×)

018 ↻ 1 2 3
대통령은 헌법 제72조의 국민투표부의권을 행사하여 국회의 의결을 거치지 않고 헌법을 개정할 수 있다. (O/×)

019 ↻ 1 2 3
1차 헌법개정은 정부안과 야당안을 발췌·절충한 개헌안을 대상으로 하여 헌법개정절차인 공고절차를 그대로 따랐다. (O/×)

---

014 【×】 헌법개정안이 확정되면, 대통령은 즉시 이를 공포하여야 한다(헌법 제130조 제3항).

015 【×】 국회법 제112조(표결방법) ④ 헌법개정안은 기명투표로 표결한다.

016 【×】 대통령의 임기연장 또는 중임변경을 위한 헌법개정은 그 헌법개정 제안 당시의 대통령에 대하여는 효력이 없다.(헌법 제128조 제2항)

017 【×】 국민투표법 제92조(국민투표무효의 소송) 국민투표의 효력에 관하여 이의가 있는 투표인(정당 X)은 투표인 10만인 이상의 찬성을 얻어 중앙선거관리위원회위원장을 피고로 하여 투표일로부터 20일 이내에 대법원(헌법재판소 X)에 제소할 수 있다.

018 【×】 대통령이 헌법 제128조 이하의 헌법개정절차를 무시하고 제72조에 의한 국민투표형식을 빌어 헌법개정을 시도한다면 이는 대의제원리를 원칙적인 통치형태로 채택하고 있는 헌법질서에 위배되며, 개헌안에 대한 공고절차의 생략으로 인하여 국민의 알권리가 침해되고, 헌법개정을 위한 별도의 가중절차를 잠탈하게 되며, 국회의 심의·표결권이 침해되어 권한분쟁을 초래할 우려가 있다는 점에서 위헌성이 높다. 우리 헌법재판소도 관습법을 성문헌법과 동일한 효력을 가진다고 전제하여, 그 법규범은 최소한 헌법 제130조에 의거한 헌법개정의 방법에 의하여만 개정될 수 있다고 하였다.(2004.10.21, 2004헌마554 참조)

019 【×】 1차 헌법개정은 헌법이 정하는 사전공고 절차를 거치지 않았다는 문제가 있다.

020
제헌헌법에 따르면 헌법개정은 국회재적의원 3분의 1 이상의 동의로 제안될 수 없다. (O/×)

021
1972년 개정헌법에 따르면, 대통령이 제안한 헌법개정안은 국회의 의결을 거치지 않고 국민투표를 통하여 확정된다. (O/×)

022
제1차 헌법개정(1952. 7.)은 헌법이 정하는 공고절차를 거치지 아니하였으나, 국민투표에 의하여 확정되었다. (O/×)

023
제1공화국의 1954년 개정헌법에서는 국민주권주의, 민주공화국, 국민투표에 관한 규정은 개폐할 수 없다고 규정한 바 있다. (O/×)

024
헌법의 안정성과 헌법에 대한 존중이라는 요청 때문에 우리 헌법의 개정은 제한적으로 인정되며, 일반법률과는 다른 엄격한 요건과 절차가 요구된다. (O/×)

---

020 【×】 제헌헌법에서의 헌법개정은 대통령과 국회재적의원 1/3 이상이 제안할 수 있었다.

021 【O】 1972년 헌법은 대통령이 제안한 경우 국민투표로 확정되고, 국회의원이 제안한 헌법개정안은 국회의 의결을 거쳐 통일주체국민회의의 의결로 확정되는 방식을 취함으로써 헌법개정절차를 이원화하였다.

022 【×】 제1 개정헌법은 공고절차가 없었으므로 헌법개정의 공고절차를 위반하였고 국회에서 토론의 자유가 보장되지 않았으며 의결이 강제되었다는 점에서(기립 공개표결) 헌법개정절차가 무시된 헌법개정이라 할 수 있다. 국민투표는 제5차 개정헌법에서 처음으로 도입되었다.

023 【O】 제2차 개정헌법(1954년)에서부터 제4차 개정헌법(1960년)까지 '민주공화국', '국민주권', '주권제약이나 영토변경 등 중요사항에 관한 국민투표'의 규정은 개폐할 수 없다고 규정하여, 개헌금지조항을 둔 바 있다.

024 【O】 헌법개정은 헌법 제130조에 엄격한 절차를 규정하고 있다.

025

우리 헌법의 각 개별규정 가운데 무엇이 헌법제정규정이고 무엇이 헌법개정규정인지를 구분하는 것이 가능할 뿐만 아니라, 그 효력상의 차이도 인정할 수 있다. (O/X)

026

헌법의 각 개별조항 간에는 이념적·논리적으로 규범 상호간의 우열을 인정할 수 있으므로 특정한 헌법조항은 다른 헌법조항이 개정될 경우 그 위헌 여부를 심사할 수 있는 기준이 된다. (O/X)

027

우리헌법은 헌법개정의 한계에 관한 규정을 두고 있으며, 헌법의 개정을 법률의 개정과는 달리 국민투표에 의하여 이를 확정하도록 규정하고 있다. (O/X)

028

실질적 의미의 헌법이 아니더라도 성문헌법에 규정되어 있는 사항을 개정하려면 헌법개정절차를 따라야 한다. (O/X)

---

025 【X】 (1) 우리 나라의 헌법은 제헌헌법이 초대국회에 의하여 제정된 반면 그후의 제5차, 제7차, 제8차 및 현행의 제9차 헌법 개정에 있어서는 국민투표를 거친 바 있고, 그간 각 헌법의 개정절차조항 자체가 여러 번 개정된 적이 있으며, 형식적으로도 부분개정이 아니라 전문까지를 포함한 전면개정이 이루어졌던 점과 우리의 현행 헌법이 독일기본법 제79조 제3항과 같은 헌법개정의 한계에 관한 규정을 두고 있지 아니하고, 독일기본법 제79조 제1항 제1문과 같이 헌법의 개정을 법률의 형식으로 하도록 규정하고 있지도 아니한 점 등을 감안할 때, 우리 헌법의 각 개별규정 가운데 무엇이 헌법제정규정이고 무엇이 헌법개정규정인지를 구분하는 것이 가능하지 아니할 뿐 아니라, 각 개별규정에 그 효력상의 차이를 인정하여야 할 형식적인 이유를 찾을 수 없다.

(2) 또한 국민투표에 의하여 확정된 현행 헌법의 성립과정과 헌법 제130조 제2항이 헌법의 개정을 국민투표에 의하여 확정하도록 하고 있음에 비추어, 헌법은 그 전체로서 주권자인 국민의 결단 내지 국민적 합의의 결과라고 보아야 할 것으로, 헌법의 규정을 헌법재판소법 제68조 제1항 소정의 공권력 행사의 결과라고 볼 수도 없다.

(3) 물론 헌법은 전문과 단순한 개별조항의 상호관련성이 없는 집합에 지나지 않는 것이 아니고 하나의 통일된 가치체계를 이루고 있는 것이므로, 헌법의 전문과 각 개별규정은 서로 밀접한 관련을 맺고 있고, 따라서 헌법의 제규정 가운데는 헌법의 근본가치를 보다 추상적으로 선언한 것도 있고, 이를 보다 구체적으로 표현한 것도 있어서 이념적·논리적으로는 규범 상호간의 우열을 인정할 수 있는 것이 사실이다. 그러나, 그렇다 하더라도, 이 때에 인정되는 규범 상호간의 우열은 추상적 가치규범의 구체화에 따른 것으로 헌법의 통일적 해석에 있어서는 유용할 것이지만, 그것이 헌법의 어느 특정규정이 다른 규정의 효력을 전면 부인할 수 있을 정도의 개별적 헌법규정 상호간에 효력상의 차등을 의미하는 것이라고는 볼 수 없다.(헌법재판소 1995.12.28. 선고 95헌바3 전원재판부)

026 【X】 헌법은 전문과 각 개별조항이 서로 밀접한 관련을 맺으면서 하나의 통일된 가치체계를 이루고 있는 것으로서, 헌법의 제규정 가운데는 헌법의 근본가치를 보다 추상적으로 선언한 것도 있고, 이를 보다 구체적으로 표현한 것도 있으므로 이념적·논리적으로는 헌법규범상호간의 우열을 인정할 수 있는 것이 사실이다. 그러나 이때 인정되는 헌법규범상호간의 우열은 추상적 가치규범의 구체화에 따른 것으로서 헌법의 통일적 해석에 있어서는 유용할 것이지만, 그것이 헌법의 어느 특정규정이 다른 규정의 효력을 전면적으로 부인할 수 있을 정도의 개별적 헌법규정 상호간에 효력상의 차등을 의미하는 것이라고는 볼 수 없다.(1996.6.13. 94헌바20)

027 【X】 헌법개정의 한계를 명시한 것은 2차개정헌법부터 4차개정헌법까지이다. 현행헌법은 헌법개정의 한계에 관한 규정을 두고 있지 않다.

028 【O】 실질적 의미의 헌법(법의 존재형식에 구애되지 않고 헌법사항(국가적 공동생활에 관한 기본적인 사항)을 정하고 있는 법규범을 말하는 것)이 아니더라도 성문헌법에 규정되어 있는 사항(형식적 의미의 헌법의 경우)을 개정하려면 헌법개정절차에 따라야 한다.

029 🔄 1 2 3
헌법개정은 국회재적의원 과반수 또는 대통령의 발의로 제안된다. (O/×)

030 🔄 1 2 3
제안된 헌법개정안은 대통령이 30일 이상의 기간 이를 공고하여야 한다. (O/×)

031 🔄 1 2 3
헌법개정안은 국회가 의결한 후 20일 이내에 국민투표에 붙여 국회의원 선거권자 과반수의 투표와 투표자 과반수의 찬성을 얻어야 한다. (O/×)

032 🔄 1 2 3
헌법개정안에 대한 국민투표권은 헌법개정기관인 국민 전체에게 부여된 권한으로서, 국민의 기본권이 아니다. (O/×)

033 🔄 1 2 3
헌법개정안이 국회 재적의원 2/3 이상의 찬성을 얻고, 국회의원선거권자 과반수의 투표와 투표자 과반수의 찬성을 얻어, 대통령이 공포함으로써 확정된다. (O/×)

---

029 【O】 헌법 제128조 ① 헌법개정은 국회재적의원 과반수 또는 대통령의 발의로 제안된다.

030 【X】 제안된 헌법개정안은 **대통령이 20일** 이상의 기간 이를 **공고하여야** 한다.(헌법 제129조)

031 【X】 헌법개정안은 국회가 의결한 후 **30일** 이내에 국민투표에 붙여 국회의원선거권자 과반수의 투표와 투표자 과반수의 찬성을 얻어야 한다.(헌법 제130조 제2항)

032 【X】 국민투표권은 헌법상 **기본권이다.** (2004.10.21. 2004헌마554·566)

033 【X】 대통령 또는 국회재적의원 과반수 발의로 개정안이 제안된 후에는 국회의 의결과 국민투표로 확정되고 대통령은 후에 공포할 뿐이다. 즉, 대통령의 **공포로 헌법개정이 확정되는 것이 아니다.**

> 헌법 제130조
> ① 국회는 헌법개정안이 **공고된 날로부터 60일** 이내에 의결하여야 하며, 국회의 의결은 **재적의원 3분의 2 이상의 찬성**을 얻어야 한다.
> ② 헌법개정안은 **국회가 의결한 후 30일** 이내에 국민투표에 붙여 **국회의원선거권자 과반수의 투표와 투표자 과반수의 찬성**을 얻어야 한다.
> ③ 헌법개정안이 제2항의 찬성을 얻은 때에는 **헌법개정은 확정**되며, 대통령은 즉시 이를 공포하여야 한다.

034
헌법개정안이 확정되면 대통령은 15일 이내에 이를 공포하여야 한다. (O/X)

035
헌법개정안은 국회에서 무기명투표로 표결한다. (O/X)

036
대통령의 임기연장 또는 중임변경을 위한 헌법개정은 그 헌법개정 제안 당시의 대통령에 대하여도 효력이 있다. (O/X)

037
헌법개정에 관한 국민투표의 효력에 관하여 이의가 있는 투표인은 투표인 10만인 이상의 찬성을 얻어 중앙선거관리위원회에 이의를 제기할 수 있다. (O/X)

038
관습헌법도 헌법의 일부로서 성문헌법의 경우와 동일한 효력을 가지기 때문에 그 법규범은 최소한 헌법 제130조에 의거한 헌법개정의 방법에 의하여 개정될 수 있다. (O/X)

---

034 【X】 헌법개정안이 확정되면, 대통령은 즉시 이를 공포하여야 한다(헌법 제130조 제3항).

035 【X】 국회법 제112조(표결방법) ④ 헌법개정안은 기명투표로 표결한다.

036 【X】 대통령의 임기연장 또는 중임변경을 위한 헌법개정은 그 헌법개정 제안 당시의 대통령에 대하여는 **효력이 없다.** (헌법 제128조 제2항)

037 【X】 국민투표법 제92조(국민투표무효의 소송) 국민투표의 효력에 관하여 이의가 있는 투표인(정당 X)은 **투표인 10만인 이상의 찬성**을 얻어 중앙선거관리위원회위원장을 피고로 하여 투표일로부터 **20일** 이내에 대법원(헌법재판소 X)에 제소할 수 있다.

038 【O】 어느 법규범이 관습헌법으로 인정된다면 그 필연적인 결과로서 개정가능성을 가지게 된다. 관습헌법도 헌법의 일부로서 성문헌법의 경우와 동일한 효력을 가지기 때문에 그 법규범은 최소한 헌법 제130조에 의거한 헌법개정의 방법에 의하여만 개정될 수 있는 것이다. 따라서 재적의원 3분의 2 이상의 찬성에 의한 국회의 의결을 얻은 다음(헌법 제130조 제1항) 국민투표에 붙여 국회의원 선거권자 과반수의 투표와 투표자 과반수의 찬성을 얻어야 한다(헌법 제130조 제3항). 다만 이 경우 관습헌법규범은 헌법전에 그에 상반하는 법규범을 첨가함에 의하여 폐지하게 되는 점에서, 헌법전으로부터 관계되는 헌법조항을 삭제함으로써 폐지되는 성문헌법규범과는 구분되는 것이다. 한편 이러한 형식적인 헌법개정 외에도, 관습헌법은 그것을 지탱하고 있는 국민적 합의성을 상실함에 의하여 법적 효력을 상실할 수도 있다. 관습헌법은 주권자인 국민에 의하여 유효한 헌법규범으로 인정되는 동안에만 존속하는 것이며, 관습법의 존속요건의 하나인 국민적 합의성이 소멸되면 관습헌법으로서의 법적 효력도 상실하게 된다. 관습헌법의 요건들은 그 성립의 요건일 뿐만 아니라 효력유지의 요건인 것이다.(2004.10.21. 2004헌마554)

039

대통령은 헌법 제72조의 국민투표부의권을 행사하여 국회의 의결을 거치지 않고 헌법을 개정할 수 있다.

(O/×)

040

1차 헌법개정은 정부안과 야당안을 발췌·절충한 개헌안을 대상으로 하여 헌법개정절차인 공고절차를 그대로 따랐다.

(O/×)

041

제헌헌법에 따르면 헌법개정은 국회재적의원 3분의 1 이상의 동의로 제안될 수 없다.

(O/×)

042

1972년 개정헌법에 따르면, 대통령이 제안한 헌법개정안은 국회의 의결을 거치지 않고 국민투표를 통하여 확정된다.

(O/×)

043

우리나라 역대 헌법 중에는 대통령에게 헌법개정 제안권을 부여하지 않은 경우도 있었다.

(O/×)

044

제1차 헌법개정(1952. 7.)은 헌법이 정하는 공고절차를 거치지 아니하였으나, 국민투표에 의하여 확정되었다.

(O/×)

---

039 【X】 대통령이 헌법 제128조 이하의 헌법개정절차를 무시하고 제72조에 의한 국민투표형식을 빌어 헌법개정을 시도한다면 이는 대의제원리를 원칙적인 통치형태로 채택하고 있는 헌법질서에 위배되며, 개헌안에 대한 공고절차의 생략으로 인하여 국민의 알권리가 침해되고, 헌법개정을 위한 별도의 가중절차를 잠탈하게 되며, 국회의 심의·표결권이 침해되어 권한분쟁을 초래할 우려가 있다는 점에서 위헌성이 높다. 우리 헌법재판소도 관습법을 성문헌법과 동일한 효력을 가진다고 전제하여, 그 법규범은 최소한 헌법 제130조에 의거한 헌법개정의 방법에 의하여만 개정될 수 있다고 하였다.(2004.10.21, 2004헌마554 참조)

040 【X】 1차 헌법개정은 헌법이 정하는 사전공고 절차를 거치지 않았다는 문제가 있다.

041 【X】 제헌헌법에서의 헌법개정은 대통령과 국회재적의원 1/3 이상이 제안할 수 있었다.

042 【O】 1972년 헌법은 대통령이 제안한 경우 국민투표로 확정되고, 국회의원이 제안한 헌법개정안은 국회의 의결을 거쳐 통일주체국민회의의 의결로 확정되는 방식을 취함으로써 헌법개정절차를 이원화하였다.

043 【O】 대통령에게 헌법개정 제안권을 부여하지 않았던 경우는 제5차, 제6차 개정헌법이다.

044 【X】 제1차 개정헌법은 공고절차가 없었으므로 헌법개정의 공고절차를 위반하였고 국회에서 토론의 자유가 보장되지 않았으며 의결이 강제되었다는 점에서(기립 공개표결) 헌법개정절차가 무시된 헌법개정이라 할 수 있다. 국민투표는 제5차 개정헌법에서 처음으로 도입되었다.

045 ⟳ 1 2 3
제1공화국의 1954년 개정헌법에서는 국민주권주의, 민주공화국, 국민투표에 관한 규정은 개폐할 수 없다고 규정한 바 있다. (O/×)

046 ⟳ 1 2 3
헌법개정은 국회재적의원 과반수 또는 대통령의 발의로 제안된다. (O/×)

047 ⟳ 1 2 3
헌법개정안은 국회에서 무기명투표로 표결한다. (O/×)

048 ⟳ 1 2 3
헌법개정안이 국회 재적의원 2/3 이상의 찬성을 얻고, 국회의원선거권자 과반수의 투표와 투표자 과반수의 찬성을 얻어, 대통령이 공포함으로써 확정된다. (O/×)

049 ⟳ 1 2 3
헌법개정에 관한 국민투표의 효력에 관하여 이의가 있는 투표인은 투표인 10만인 이상의 찬성을 얻어 중앙선거관리위원회에 이의를 제기할 수 있다. (O/×)

---

045 【O】 제2차 개정헌법(1954년)에서부터 제4차 개정헌법(1960년)까지 '민주공화국', '국민주권', '주권제약이나 영토변경 등 중요사항에 관한 국민투표'의 규정은 개폐할 수 없다고 규정하여, 개헌금지조항을 둔 바 있다.

046 【O】 헌법 제128조 ① 헌법개정은 국회재적의원 과반수 또는 대통령의 발의로 제안된다.

047 【X】 국회법 제112조(표결방법) ④ 헌법개정안은 기명투표로 표결한다.

048 【X】 (1) 대통령 또는 국회재적의원 과반수 발의로 개정안이 제안된 후에는 국회의 의결과 국민투표로 확정되고 대통령은 후에 공포할 뿐이다. 즉, 대통령의 **공포로 헌법개정이 확정되는 것이 아니다**.
(2) 헌법 제130조
① 국회는 헌법개정안이 **공고된 날로부터 60일** 이내에 의결하여야 하며, 국회의 의결은 **재적의원 3분의 2 이상의 찬성**을 얻어야 한다.
② 헌법개정안은 **국회가 의결한 후 30일** 이내에 국민투표에 붙여 **국회의원선거권자 과반수의 투표와 투표자 과반수의 찬성**을 얻어야 한다.
③ 헌법개정안이 제2항의 **찬성**을 얻은 때에는 헌법개정은 확정되며, 대통령은 즉시 이를 공포하여야 한다.

049 【X】 국민투표법 제92조(국민투표무효의 소송) 국민투표의 효력에 관하여 이의가 있는 투표인(정당 X)은 **투표인 10만인 이상**의 찬성을 얻어 중앙선거관리위원회위원장을 피고로 하여 투표일로부터 **20일** 이내에 **대법원**(헌법재판소 X)에 **제소**할 수 있다.

050
대통령의 피선거연령을 만 35세로 낮추는 것은 헌법개정을 하지 않고서도 가능하다. (O/×)

051
법률의 위헌심사에 있어서 추상적 규범통제를 인정하는 것은 헌법개정을 하지 않고서도 가능하다. (O/×)

052
법원의 재판을 헌법소원심판의 대상으로 하는 것은 헌법개정을 하지 않고서도 가능하다. (O/×)

053
지방자치단체 의회를 폐지하는 것은 헌법개정을 하지 않고서도 가능하다. (O/×)

054
헌법의 안정성과 헌법에 대한 존중이라는 요청 때문에 우리 헌법의 개정은 제한적으로 인정되며, 일반법률과는 다른 엄격한 요건과 절차가 요구된다. (O/×)

055
1차 헌법개정은 정부안과 야당안을 발췌·절충한 개헌안을 대상으로 하여 헌법개정절차인 공고절차를 그대로 따랐다. (O/×)

---

050 【X】 (1) 헌법 제67조 제4항은 "대통령으로 선거될 수 있는 자는 국회의원의 피선거권이 있고 선거일 현재 **40세**에 달하여야 한다"고 규정하고 있다.
(2) 따라서 피선거연령을 만 35세로 낮추기 위해서는 헌법개정이 필요하다.

051 【X】 (1) 헌법 제107조 제1항은 "법률이 헌법에 위반되는 여부가 재판의 전제가 된 경우에는 법원은 헌법재판소에 제청하여 그 심판에 의하여 재판한다"고 규정하여 헌법재판소의 구체적 규범통제권을 인정하고 있다.
(2) 따라서 재판의 전제성을 요하지 않는 추상적 규범통제를 인정하기 위해서는 헌법 개정을 요한다.

052 【O】 (1) 헌법재판소법 제68조 제1항은 "공권력의 행사 또는 불행사(不行使)로 인하여 헌법상 보장된 기본권을 침해받은 자는 법원의 재판을 제외하고는 헌법재판소에 헌법소원심판을 청구할 수 있다"고 규정하고 있다.
(2) 따라서 법원의 재판을 헌법소원심판의 대상으로 하는 것은 헌법개정을 요하는 것이 아니고 헌법재판소법의 개정으로 가능하다.

053 【X】 (1) 헌법 제118조 제1항은 "지방자치단체에 의회를 둔다"고 규정하고 있다.
(2) 따라서 지방자치단체 의회를 폐지하는 것은 헌법 개정을 요한다.

054 【O】 헌법개정은 헌법 제130조에 엄격한 절차를 규정하고 있다.

055 【X】 1차 헌법개정은 헌법이 정하는 사전공고 절차를 거치지 않았다는 문제가 있다.

056

1972년 개정헌법에 따르면, 대통령이 제안한 헌법개정안은 국회의 의결을 거치지 않고 국민투표를 통하여 확정된다. (O/×)

057

헌법개정안은 국회가 의결한 후 30일 이내에 국민투표에 부쳐 국회의원선거권자 과반수의 투표와 투표자 과반수의 찬성을 얻어야 하고, 이 찬성을 얻은 때에 헌법개정은 확정되며, 대통령은 즉시 이를 공포하여야 한다. (O/×)

058

제안된 헌법개정안은 대통령이 30일 이상의 기간 이를 공고하여야 한다. (O/×)

059

국회는 헌법개정안이 공고된 날로부터 60일 이내에 의결하여야 하며, 국회의 의결은 재적의원 3분의 2 이상의 찬성을 얻어야 한다. (O/×)

060

헌법개정안은 국회가 의결한 후 20일 이내에 국민투표에 붙여 국회의원 선거권자 과반수의 투표와 투표자 과반수의 찬성을 얻어야 한다. (O/×)

061

대통령의 임기연장 또는 중임변경을 위한 헌법개정은 그 헌법개정 제안 당시의 대통령에 대하여도 효력이 있다. (O/×)

III 헌법의 변천

056 【O】 1972년 헌법은 **대통령이 제안한 경우 국민투표로 확정**되고, 국회의원이 제안한 헌법개정안은 국회의 의결을 거쳐 통일주체국민회의 의결로 확정되는 방식을 취함으로써 헌법개정절차를 이원화하였다.
057 【O】 헌법 제130조 제2항, 제3항
058 【X】 제안된 헌법개정안은 **대통령이 20일 이상**의 기간 이를 **공고하여야** 한다.(헌법 제129조)
059 【O】 제130조 제1항
060 【X】 헌법개정안은 국회가 의결한 후 **30일** 이내에 국민투표에 붙여 국회의원선거권자 과반수의 투표와 투표자 과반수의 찬성을 얻어야 한다.(헌법 제130조 제2항)
061 【X】 대통령의 임기연장 또는 중임변경을 위한 헌법개정은 그 헌법개정 제안 당시의 대통령에 대하여는 **효력이 없다**. (헌법 제128조 제2항)

제6절 헌법의 보호(보장)

001
저항권은 공권력의 행사자가 민주적 기본질서를 침해하거나 파괴하려는 경우 이를 회복하기 위하여 국민이 공권력에 대하여 폭력·비폭력, 적극적·소극적으로 저항할 수 있는 국민의 권리이자 헌법수호제도를 의미한다. (O/X)

002
대법원은 낙선운동을 저항권의 한 형태로 인정하고 있다. (O/X)

003
헌법재판소는 국회법 소정의 협의없는 개의시간의 변경과 회의일시를 통지하지 아니한 입법과정의 하자는 저항권 행사의 대상이 아니라고 판시하고 있다. (O/X)

004
저항권은 공권력의 행사에 대한 실력적 저항이어서 그 본질상 질서교란의 위험이 수반되므로, 저항권의 행사에는 개별 헌법조항에 대한 단순한 위반이 아닌 민주적 기본질서라는 전체적 질서에 대한 중대한 침해가 있거나 이를 파괴하려는 시도가 있어야 하고 이미 유효한 구제수단이 남아 있지 않아야 한다는 보충성의 요건이 적용된다. (O/X)

005
저항권은 민주적 기본질서의 유지, 회복을 목적으로 저항할 수 있을 뿐, 기존의 위헌적인 정권을 물러나게 하기 위한 목적으로는 행사할 수 없다. (O/X)

---

001 【O】 헌재 2014.12.19. 2013헌다1
002 【X】 제3자가 당선의 목적 없이 오로지 부적격 후보자의 낙선만을 목적으로 하여 벌이는 낙선운동이 공직선거 및 선거부정방지법상의 선거운동에 포함되고, 낙선운동이 시민불복종운동으로서 헌법상 정당행위이거나 형법상 정당행위 또는 긴급피난으로서 정당화될 수 없다(대판 2004.4.27. 2002도315).
003 【O】 저항권은 국가권력에 의하여 헌법의 기본원리에 대한 중대한 침해가 행하여지고 그 침해가 헌법의 존재 자체를 부인하는 것으로서 다른 합법적인 구제수단으로는 목적을 달성할 수 없을 때에 국민이 자기의 권리·자유를 지키기 위하여 실력으로 저항하는 권리이므로, 국회법 소정의 협의 없는 개의시간의 변경과 회의일시를 통지하지 아니한 입법과정의 하자는 저항권 행사의 대상이 되지 아니한다.(1997.9.25. 97헌가4)
004 【O】 통합진보당 위헌정당해산심판(2014.12.19. 2013헌다1)
005 【X】 저항권은 민주적 기본질서의 유지, 회복에 있는 것이지 집권이라는 적극적인 목적을 위해서는 사용될 수 없으므로 이 부분은 저항권 행사가 폭력수단에 의한 집권을 의미하는 것은 아닌지 의심된다. 물론 이러한 주장을 헌법상 인정될 수 있는 이른바 **저항권적 상황에서 저항권의 행사에 의하여 기존의 위헌적인 정권을 물러나게 함으로써 민주적 기본질서를 회복**하고 그 이후에 민주적인 방법에 의한 집권을 하겠다는 취지로 해석할 여지가 없지는 않다(2014.12.19. 2013헌다1).

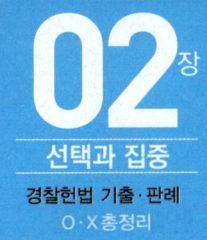

대한민국 헌법

제1절 대한민국 헌법사 : 헌법의 제·개정과정

001
제헌헌법(1948년)에서는 영리를 목적으로 하는 사기업 근로자의 이익분배균점권, 생활무능력자의 보호를 명시하였다. (O/×)

002
1948년 헌법은 근로3권과 사기업에 있어서 근로자의 이익분배균점권, 생활무능력자의 보호, 가족보호 등 다양한 사회적 기본권을 규정하였다. (O/×)

003
1952년 헌법은 국회의원의 자유로운 토론이 봉쇄된 가운데 기립투표로 통과되었으며 양원제 국회, 국회의 국무원불신임제, 국무위원 임명 시 국무총리제청권을 규정하였다. (O/×)

004
1954년 개정헌법(제2차 개헌)은 같은 헌법 공포 당시의 대통령에 한하여 중임제한을 철폐하고, 대통령의 궐위시에는 국무총리가 그 지위를 계승하도록 하였다. (O/×)

005
제2차 개정헌법(1954년)에서는 주권의 제약 또는 영토의 변경을 가져올 국가안위에 관한 중대사항은 국회의 가결을 거친 후 국민투표에 붙여 결정하도록 하였다. (O/×)

---

001 【O】
002 【O】
003 【O】
004 【X】 1954년 제2차 개헌(사사오입 개헌)은 **초대 대통령에 대한 중임제한 규정 폐지**하였고, 국무총리제 폐지하였다. **대통령의 궐위시에 부통령(국무총리 X)이 대통령지위를 계승토록** 하였다.
005 【O】

006 🔄 1 2 3

1960년 헌법은 대법원장과 대법관의 선거제 및 지방자치단체장의 직선제를 채택하고, 헌법재판소를 우리나라 헌정사상 최초로 규정하였다. (O/×)

007 🔄 1 2 3

1960년 제3차 개정헌법은 처음으로 정당에 대한 보호조항을 두었다. (O/×)

008 🔄 1 2 3

1962년 헌법은 헌정사상 처음으로 국민투표를 통해 확정된 헌법으로 위헌법률심판권을 대법원에 부여하였고, 국무총리제도와 국무총리·국무위원해임건의제도를 두어 의원내각제적 요소를 가미하였다. (O/×)

009 🔄 1 2 3

1962년 개정헌법(제5차 개헌)은 국무총리 국무위원에 대한 국회의 해임건의가 있을 때에는 대통령은 특별한 사유가 없는 한 이에 응하도록 규정하였다. (O/×)

010 🔄 1 2 3

1962년 헌법은 인간의 존엄성에 관한 규정을, 1980년 헌법은 국가가 근로자의 적정임금의 보장에 노력하여야 할 의무와 환경권을, 1987년 헌법은 국가가 최저임금제를 시행할 의무를 처음으로 규정하였다. (O/×)

011 🔄 1 2 3

1962년 제5차 개정헌법은 법률에 대한 최종적 위헌심사권을 대법원에 부여하였다. (O/×)

012 🔄 1 2 3

1972년 헌법은 구속적부심 및 국정감사제를 폐지하였고, 국회의 회기를 단축하였으며 대법원장을 비롯한 모든 법관을 대통령이 임명하도록 규정하였다. (O/×)

---

006 【O】
007 【O】
008 【O】
009 【O】 1962년 개정헌법(제5차 개헌)은 국무총리 국무위원에 대한 국회의 해임건의가 있을 때에는 대통령은 특별한사유가 없는 한 이에 응하도록 규정하였다.
010 【O】
011 【O】
012 【O】

013

제7차 개정헌법(1972년)에서는 대통령에게 국회의원 정수의 2분의 1의 추천권을 부여하였다. (O/×)

014

1980년 헌법은 행복추구권·형사피고인의 무죄추정·사생활의 비밀과 자유의 불가침 등 국민의 자유와 권리보장 조항을 강화하고 평화통일조항을 최초로 규정하였다. (O/×)

015

1980년 개정헌법(제8차 개헌)은 임기 7년의 대통령을 국회에서 무기명투표로 선거하도록 하고 위헌법률심판과 탄핵심판을 담당하는 헌법위원회를 규정하였다. (O/×)

016

제8차 개정헌법(1980년)에서는 깨끗한 환경에서 생활할 권리인 환경권을 처음으로 규정하였다. (O/×)

017

1987년 개정헌법(제9차 개헌)은 현대적 인권인 환경권을 최초로 규정하였다. (O/×)

018

1987년 헌법 전문에서는 불의에 항거한 4·19 민주이념을 계승하도록 처음으로 규정하였다. (O/×)

---

013 【X】 제7차 개정헌법(1972년)에서는 대통령에게 국회의원 정수의 **3분의 1의 추천권**을 부여하였다. 즉, 통일주체국민회의는 국회의원 정수의 3분의 1에 해당하는 수의 국회의원을 선거하는데, 위 국회의원의 후보자는 대통령이 일괄 추천하며, 후보자 전체에 대한 찬반을 투표에 붙여 재적대의원 과반수의 출석과 출석대의원 과반수의 찬성으로 당선을 결정하였다. (제40조)

014 【X】 <u>행복추구권, 환경권, 형사피고인의 무죄추정원칙, 사생활의 비밀과 자유의 불가침</u>, 소비자보호운동 조항을 신설은 <u>1980년 제8차 개헌(5공화국)</u> 당시 이루어 졌으나, 평화통일조항 최초 규정된 것은 <u>1972년 제7차 개헌(4공화국, 유신개헌)</u> 때이다.

015 【X】 1980년 제8차 개헌(5공화국 출범)은 대통령 임기 7년 단임제로, **대통령선거인단**에서 무기명 투표로 간선되었다.

016 【O】

017 【X】 <u>1980년 제8차 개헌(5공화국 출범)</u>에서 환경권 조항이 신설되었다.

018 【O】

019 ⟳ 1 2 3

1972년 개정헌법은 대통령은 대통령선거인단에서 무기명투표로 선출하고, 대통령에 입후보하려는 자는 정당의 추천 또는 법률이 정하는 수의 대통령선거인의 추천을 받도록 규정하였다. (O/×)

020 ⟳ 1 2 3

1954년 개정헌법(제2차 개헌)은 같은 헌법 공포 당시의 대통령에 한하여 중임제한을 철폐하고, 대통령의 궐위시에는 국무총리가 그 지위를 계승하도록 하였다. (O/×)

021 ⟳ 1 2 3

1962년 개정헌법(제5차 개헌)은 국무총리 국무위원에 대한 국회의 해임건의가 있을 때에는 대통령은 특별한 사유가 없는 한 이에 응하도록 규정하였다. (O/×)

022 ⟳ 1 2 3

1980년 개정헌법(제8차 개헌)은 임기 7년의 대통령을 국회에서 무기명투표로 선거하도록 하고 위헌법률심판과 탄핵심판을 담당하는 헌법위원회를 규정하였다. (O/×)

023 ⟳ 1 2 3

1987년 개정헌법(제9차 개헌)은 현대적 인권인 환경권을 최초로 규정하였다. (O/×)

024 ⟳ 1 2 3

제7차 개정헌법(1972년)에서는 대통령에게 국회의원 정수의 2분의 1의 추천권을 부여하였다. (O/×)

---

019 【X】 (1) 제7차 개정헌법(1972.12. 27. 제4공화국의 출범)에서 대통령은 통일주체국민회의에서 토론 없이 무기명으로 선출되었다(제39조).
(2) 제8차 개정헌법(1980.10. 27. 제5공화국의 출범)은 대통령을 대통령선거인단에서 무기명투표로 선거하였고, 대통령에 입후보하려는 자는 정당의 추천 또는 법률이 정하는 수의 대통령선거인의 추천을 받아야 했다.(제39조)

020 【X】 1954년 제2차개헌(사사오입 개헌)은 초대 대통령에 대한 중임제한 규정 폐지하였고, 국무총리제 폐지하였다. 대통령의 궐위시에 부통령(국무총리 X)이 대통령지위를 계승토록 하였다.

021 【O】 1962년 개정헌법(제5차 개헌)은 국무총리 국무위원에 대한 국회의 해임건의가 있을 때에는 대통령은 특별한 사유가 없는 한 이에 응하도록 규정하였다.

022 【X】 1980년 제8차개헌(5공화국 출범)은 대통령 임기 7년 단임제로, 대통령선거인단에서 무기명 투표로 간선되었다.

023 【X】 1980년 제8차 개헌(5공화국 출범)에서 환경권 조항이 신설되었다.

024 【X】 (제40조)

제2절 대한민국 국가형태와 구성요소

I 대한민국의 국가형태

II 대한민국의 구성요소

1. 국민

001
대한민국의 국민이 되는 요건은 법률로 정한다. (O/×)

002
외국인인 개인이 특정한 국가의 국적을 선택할 권리가 우리 헌법상 당연히 인정된다고는 할 수 없다. (O/×)

003
출생 당시에 부 또는 모가 대한민국의 국민인 자는 출생과 동시에 대한민국 국적을 취득한다. (O/×)

004
외국인이 복수국적을 누릴 자유는 헌법상 행복추구권에 의하여 보호되는 기본권에 해당하지 않는다. (O/×)

005
대한민국에서 출생한 사람으로서 부 또는 모가 대한민국에서 출생한 외국인은 대한민국에 3년 이상 계속하여 주소가 있는 경우 간이귀화허가를 받을 수 있다. (O/×)

---

001 【O】 헌법 제2조 제1항
002 【O】 외국인인 개인이 특정한 국가의 국적을 선택할 권리가 자연권으로서 또는 우리 헌법상 당연히 인정된다고는 할 수 없다(2006.3.30. 2003헌마806).
003 【O】 국적법 제2조 제1항 제1호
004 【O】 외국인이 복수국적을 누릴 자유가 우리 헌법상 행복추구권에 의하여 보호되는 기본권이라고 보기 어려우므로 행복추구권이 침해될 가능성은 없다(2014.6.26. 2011헌마502).
005 【O】 국적법 제6조 제1항

006 🔄 1 2 3

대한민국에 특별한 공로가 있는 외국인은 대한민국에 주소가 있는 경우 특별귀화허가를 받을 수 있다.

(O/×)

007 🔄 1 2 3

외국인의 자(子)로서 대한민국의 「민법」상 미성년인 사람은 부 또는 모가 귀화허가를 신청할 때 함께 국적 취득을 신청할 수 있다.

(O/×)

008 🔄 1 2 3

대한민국 국적을 상실한 자가 그 후 1년 내에 그 외국 국적을 포기하면 법무부장관의 허가를 받아 대한민국 국적을 재취득할 수 있다.

(O/×)

009 🔄 1 2 3

출생 당시 모가 자녀에게 외국 국적을 취득하게 할 목적으로 외국에서 체류 중이었던 사실이 인정되는 자는 대한민국에서 외국 국적을 행사하지 않겠다는 서약을 한 후 대한민국 국적을 선택한다는 뜻을 신고할 수 있다.

(O/×)

010 🔄 1 2 3

복수국적자가 국적법에서 정한 기간 내에 국적을 선택하지 아니한 경우에 법무부장관은 1년 내에 하나의 국적을 선택할 것을 명하여야 한다.

(O/×)

011 🔄 1 2 3

대한민국에서 발견된 기아는 대한민국에서 출생한 것으로 간주한다.

(O/×)

---

006 【O】 국적법 제7조 제1항
007 【O】 국적법 제8조
008 【X】 국적법 제11조(국적의 재취득) ① 제10조 제3항(외국 국적 포기의무 미이행)에 따라 대한민국 국적을 상실한 자가 그 후 **1년** 내에 그 외국 국적을 포기하면 **법무부장관**에게 **신고함으로써**(허가 X) 대한민국 국적을 재취득할 수 있다.
009 【X】 국적법 제13조(대한민국 국적의 선택 절차) ③ 제1항 및 제2항 단서에도 불구하고 출생 당시에 **모가 자녀에게 외국 국적을 취득하게 할 목적으로 외국에서 체류** 중이었던 사실이 인정되는 자는 **외국 국적을 포기한 경우에만** 대한민국 국적을 선택한다는 뜻을 신고할 수 있다.
010 【O】 국적법 제14조의2
011 【X】 국적법 제2조(**출생에 의한 국적 취득**) ② 대한민국에서 발견된 **기아(棄兒)**는 대한민국에서 출생한 것으로 **추정**(간주 X)한다.

012 🔄 1 2 3

대한민국 국민으로서 자진하여 외국 국적을 취득한 자는 그 외국 국적을 취득한 때부터 6개월 후에 대한민국 국적을 상실한다. (O / ×)

013 🔄 1 2 3

대한민국의 국민만이 누릴 수 있는 권리 중 대한민국의 국민이었을 때 취득한 것으로서 양도할 수 있는 것은 그 권리와 관련된 법령에서 따로 정한 바가 없으면 2년 내에 대한민국의 국민에게 양도하여야 한다. (O / ×)

014 🔄 1 2 3

대한민국 국적을 취득한 외국인으로서 외국 국적을 가지고 있는 자는 대한민국 국적을 취득한 날부터 1년 내에 그 외국 국적을 포기하여야 한다. (O / ×)

015 🔄 1 2 3

중앙행정기관의 장이 복수국적자를 외국인과 동일하게 처우하는 내용으로 법령을 제정 또는 개정하려는 경우, 미리 법무부장관과 협의할 필요는 없다. (O / ×)

016 🔄 1 2 3

대한민국 국적을 취득한 외국인으로서 외국 국적을 가지고 있는 자는 대한민국 국적을 취득한 날부터 그 외국 국적을 상실한다. (O / ×)

---

012 【×】 국적법 제15조(외국 국적 취득에 따른 국적 상실) ① 대한민국의 국민으로서 자진하여 외국 국적을 취득한 자는 그 외국 국적을 취득한 때에 대한민국 국적을 상실한다.

013 【×】 국적법 제18조(국적상실자의 권리 변동) ② 제1항에 해당하는 권리 중 대한민국의 국민이었을 때 취득한 것으로서 양도(讓渡)할 수 있는 것은 그 권리와 관련된 법령에서 따로 정한 바가 없으면 3년 내에 대한민국의 국민에게 양도하여야 한다.

014 【O】 국적법 제10조

015 【×】 국적법 제11조의2(복수국적자의 법적 지위 등) ③ 중앙행정기관의 장이 복수국적자를 외국인과 동일하게 처우하는 내용으로 법령을 제정 또는 개정하려는 경우에는 미리 법무부장관과 협의하여야 한다.

016 【×】 제10조(국적 취득자의 외국 국적 포기 의무) ① 대한민국 국적을 취득한 외국인으로서 외국 국적을 가지고 있는 자는 대한민국 국적을 취득한 날부터 1년 내에 그 외국 국적을 포기하여야 한다.

017

대한민국 국적을 취득한 사실이 없는 외국인은 법무부장관의 귀화허가를 받아 대한민국 국적을 취득할 수 있는 반면, 대한민국의 국민이었던 외국인은 법무부장관의 국적회복허가를 받아 대한민국 국적을 취득할 수 있다. (O/×)

018

외국의 영주권을 취득한 재외국민은 대한민국 국민만이 향유할 수 있는 권리를 행사할 수 없다. (O/×)

019

북한주민은 대한민국 국민이므로 헌법 해석상 탈북의료인에게도 국내 의료면허를 부여할 입법의무가 발생한다. (O/×)

020

부 또는 모가 대한민국의 국민이었던 외국인은 대한민국에 3년 이상 계속하여 주소가 있는 경우 간이귀화허가를 받을 수 있다. (O/×)

021

외국인의 자(子)로서 대한민국의 「민법」상 미성년인 사람은 부 또는 모가 귀화허가를 신청할 때 함께 국적 취득을 신청할 수 있다. (O/×)

---

017 【O】 (1) 국적법 제4조(귀화에 의한 국적 취득) ① 대한민국 국적을 취득한 사실이 없는 외국인은 **법무부장관의 귀화허가(歸化許可)**를 받아 대한민국 국적을 취득할 수 있다.
(2) 국적법 제9조(국적회복에 의한 국적 취득) ① 대한민국의 국민이었던 외국인은 **법무부장관의 국적회복허가(國籍回復許可)**를 받아 대한민국 국적을 취득할 수 있다.

018 【×】 (1) 재외국민은 재외동포의 출입국과 법적 지위에 관한 법률에서는 **재외국민**을 "대한민국의 국민으로서 외국의 영주권(永住權)을 취득한 자 또는 영주할 목적으로 외국에 거주하고 있는 자"라고 정의하고, 일정한 요건을 갖추면 부동산거래 및 금융거래 등에서 **대한민국 국민과 동등한 권리를 인정하고 있다.**
(2) 국적법 제18조 제1항은 "**대한민국 국적을 상실한 자는 국적을 상실한 때부터 대한민국 국민만이 향유할 수 있는 권리를 행사할 수 없다**"고 규정하고 있다.

019 【×】 (1) 의료행위는 의학적 전문지식으로 질병의 진찰, 검안, 처방, 투약 및 외과적 시술을 시행하여 질병의 예방이나 치료행위를 하는 일련의 행위를 의미하므로 이를 담당하는 의료인은 이러한 일련의 과정을 자신의 책임으로 그리고 독자적으로 수행할 수 있는 지적·실무적 능력을 갖출 것이 요구된다. 그러므로 국가가 의사면허 등 의료면허를 부여함에 있어서는 **공정하고 객관적인 절차와 기준에 따라 의료인으로서의 능력을 갖추었다고 판단하는 경우에만 이를 부여하여야** 하고, **이러한 당위성은 북한이탈주민의 의료면허를 국내 의료면허로 인정함에 있어서도 달라질 것은 아니다.**
(2) 따라서 **탈북의료인에게 국내 의료면허를 부여할 것인지 여부는** 북한의 의학교육 실태와 탈북의료인의 의료수준, 탈북의료인의 자격증명방법 등을 고려하여 입법자가 그의 **입법형성권의 범위 내에서 규율할 사항이지**, 헌법조문이나 헌법해석에 의하여 바로 **입법자에게 국내 의료면허를 부여할 입법의무가 발생한다고 볼 수는 없다.**(헌법재판소 2006.11.30. 선고 2006헌마679 전원재판부)

020 【O】 국적법 제6조 제1항 제1호

021 【O】 국적법 제8조(수반 취득) ① **외국인의 자(子)**로서 대한민국의 「민법」상 미성년인 사람은 부 또는 모가 귀화허가를 신청할 때 **함께 국적 취득을 신청할 수 있다.**

022 🔄 1 2 3

외국 국적 포기의무를 이행하지 아니하여 대한민국 국적을 상실한 자가 그 후 1년 내에 그 외국 국적을 포기하면 법무부장관의 허가를 받아 대한민국 국적을 재취득할 수 있다. (O/×)

023 🔄 1 2 3

복수국적자는 병역준비역에 편입된 때부터 6개월 이내에 하나의 국적을 선택하여야 한다. (O/×)

024 🔄 1 2 3

출생 당시 모가 자녀에게 외국 국적을 취득하게 할 목적으로 외국에서 체류 중이었던 사실이 인정되는 자는 대한민국에서 외국 국적을 행사하지 않겠다는 서약을 한 후 대한민국 국적을 선택한다는 뜻을 신고할 수 있다. (O/×)

025 🔄 1 2 3

복수국적자가 국적법에서 정한 기간 내에 국적을 선택하지 아니한 경우에 법무부장관은 1년 내에 하나의 국적을 선택할 것을 명하여야 한다. (O/×)

---

022 【X】 국적법 제11조(국적의 재취득) ① 제10조제3항(외국 국적 포기의무 미이행)에 따라 대한민국 국적을 상실한 자가 그 후 **1년** 내에 그 외국 국적을 포기하면 **법무부장관**에게 **신고**함으로써(허가 X) 대한민국 국적을 재취득할 수 있다.

023 【X】 국적법 제12조(복수국적자의 국적선택의무) ② 제1항 본문에도 불구하고 「병역법」 제8조에 따라 병역준비역에 편입된 자는 편입된 때부터 **3개월 이내**에 하나의 국적을 선택하거나 제3항 각 호의 어느 하나에 해당하는 때부터 2년 이내에 하나의 국적을 선택하여야 한다. 다만, 제13조에 따라 대한민국 국적을 선택하려는 경우에는 제3항 각 호의 어느 하나에 해당하기 전에도 할 수 있다.

024 【X】 국적법 제13조(대한민국 국적의 선택 절차) ③ 제1항 및 제2항 단서에도 불구하고 출생 당시에 모가 자녀에게 외국 국적을 취득하게 할 목적으로 외국에서 체류 중이었던 사실이 인정되는 자는 **외국 국적을 포기한 경우에만** 대한민국 국적을 선택한다는 뜻을 신고할 수 있다.

025 【O】 국적법 제14조의2(복수국적자에 대한 국적선택명령) ① **법무부장관**은 복수국적자로서 제12조제1항 또는 제2항에서 정한 기간 내에 국적을 선택하지 아니한 자에게 **1년** 내에 하나의 국적을 선택할 것을 명하여야 한다.

026

1948년 정부수립이전이주동포를 재외동포의 출입국과 법적 지위에 관한 법률의 적용대상에서 제외하는 것은 헌법 제11조의 평등원칙에 위배된다. (O/×)

027

1978.6.14.부터 1998.6.13.사이에 태어난 모계출생자가 대한민국 국적을 취득할 수 있는 특례를 두면서 2004.12.31.까지 국적취득 신고를 한 경우에만 대한민국 국적을 취득하도록 한 것은, 특례의 적용을 받는 모계출생자가 그 권리를 조속히 행사하도록 하여 위 모계출생자가 권리를 남용할 가능성을 억제하기 위한 것으로 합리적 이유 있는 차별이다. (O/×)

---

026 【O】 (1) 정부수립이후이주동포와 정부수립이전이주동포는 이미 대한민국을 떠나 그들이 거주하고 있는 **외국의 국적을 취득한 우리의 동포라는 점에서 같고**, 국외로 이주한 시기가 **대한민국 정부수립 이전인가 이후인가는 결정적인 기준이 될 수 없는데도**, 정부수립이후이주동포(주로 재미동포, 그 중에서도 시민권을 취득한 재미동포 1세)의 요망사항은 재외동포법에 의하여 거의 완전히 해결된 반면, 정부수립이전이주동포(주로 중국동포 및 구 소련동포)는 재외동포법의 적용대상에서 제외됨으로써 그들이 절실히 필요로 하는 출입국기회와 대한민국 내에서의 취업기회를 차단당하였고, 사회경제적 또는 안보적 이유로 거론하는 우려도, 당초 재외동포법의 적용범위에 정부수립이전이주동포도 포함시키려 하였다가 제외시킨 입법과정에 비추어 보면 엄밀한 검증을 거친 것이라고 볼 수 없으며, 또한 재외동포법상 외국국적동포에 대한 정의규정에는 일응 중립적인 과거국적주의를 표방하고, 시행령으로 일제시대 독립운동을 위하여 또는 일제의 강제징용이나 수탈을 피하기 위해 조국을 떠날 수밖에 없었던 중국동포나 구 소련동포가 대부분인 대한민국 정부수립 이전에 이주한 자들에게 외국국적 취득 이전에 **대한민국의 국적을 명시적으로 확인받은** 사실을 입증하도록 요구함으로써 이들을 **재외동포법의 수혜대상에서 제외한 것은 정당성을 인정받기 어렵다.**

(2) 요컨대, 「재외동포의 출입국과 법적지위에 관한 법률」 조항이 청구인들과 같은 정부수립이전이주동포를 재외동포법의 적용대상에서 제외한 것은 **합리적 이유없이 정부수립이전이주동포를 차별**하는 자의적인 입법이어서 헌법 제11조의 평등원칙에 위배된다.(헌법재판소 2001.11.29. 선고 99헌마494 전원재판부)

027 【O】 (1) 1978. 6. 14.부터 1998. 6. 13. 사이에 태어난 모계출생자가 대한민국 국적을 취득할 수 있는 특례를 두면서 2004. 12. 31.까지 국적취득신고를 한 경우에만 대한민국 국적을 취득하도록 한 국적법 부칙조항은 국적법이 부모양계혈통주의 원칙을 도입함에 따라 개정된 국적법 시행 이전에 태어난 모계출생자에게 대한민국 국적을 취득할 기회를 부여함으로써 모계출생자가 받았던 차별을 해소하기 위한 특례를 규정한 것이다. 심판대상조항이 모계출생자에게 신고의무를 부여한 것은 그동안 대한민국 국적자가 아니었던 모계출생자의 국적관계를 조기에 확정하여 법적 불확실성을 조기에 제거하고, 불필요한 행정 낭비를 줄이면서도, 위 모계출생자가 대한민국 **국적을 취득할 의사가 있는지 여부를 확인하기 위한 것으로서 합리적인 이유**가 있다.

(2) 심판대상조항은 특례의 적용을 받는 모계출생자가 그 권리를 조속히 행사하도록 하여 위 모계출생자의 국적·법률관계를 조속히 확정하고, 국가기관의 행정상 부담을 줄일 수 있도록 하며, 위 모계출생자가 권리를 남용할 가능성을 억제하기 위하여 특례기간을 2004. 12. 31.까지로 한정하고 있는바, 이를 불합리하다고 볼 수 없다.

(3) 또한 특례의 적용을 받는 모계출생자가 특례기간 내에 국적취득신고를 하지 못한 경우에도 그 사유가 **천재지변 기타 불가항력적 사유에 의한 것이면 그 사유가 소멸한 때부터 3개월 내에 국적취득신고를 할 수 있고**, 그 외에 다른 사정으로 국적취득신고를 하지 못한 경우에도 **간이귀화 또는 특별귀화를 통하여 어렵지 않게 대한민국 국적을 취득할 수 있으므로**, 심판대상조항은 특례의 적용을 받는 모계출생자와 출생으로 대한민국 국적을 취득하는 모계출생자를 합리적 사유 없이 차별하고 있다고 볼 수 없고, 따라서 평등원칙에 위배되지 않는다.(헌법재판소 2015.11.26. 선고 2014헌바211 결정)

028 ⟳①②③
대한민국에서 발견된 기아는 대한민국에서 출생한 것으로 간주한다. (O/×)

029 ⟳①②③
대한민국 국민으로서 자진하여 외국 국적을 취득한 자는 그 외국 국적을 취득한 때부터 6개월 후에 대한민국 국적을 상실한다. (O/×)

030 ⟳①②③
대한민국의 국민만이 누릴 수 있는 권리 중 대한민국의 국민이었을 때 취득한 것으로서 양도할 수 있는 것은 그 권리와 관련된 법령에서 따로 정한 바가 없으면 2년 내에 대한민국의 국민에게 양도하여야 한다. (O/×)

031 ⟳①②③
대한민국 국적을 취득한 외국인으로서 외국 국적을 가지고 있는 자는 대한민국 국적을 취득한 날부터 1년 내에 그 외국 국적을 포기하여야 한다. (O/×)

2. 영역

032 ⟳①②③
영토는 국가 구성요소에 해당하므로 영토조항만을 근거로 하여 국민의 개별적 기본권을 인정하는 것은 가능하다 (O/×)

033 ⟳①②③
현행 헌법 제3조(영토조항)에 의하면 북한지역도 대한민국의 영토이기 때문에 당연히 대한민국의 주권이 미친다. (O/×)

3. 주권

---

028 【X】 국적법 제2조(출생에 의한 국적 취득) ② 대한민국에서 발견된 기아(棄兒)는 대한민국에서 출생한 것으로 **추정**(간주 X)한다.
* 추정과 간주 : 추정과 간주는 모두 입증곤란을 구제하기 위한 제도로서 양자는 법조문의 문언으로 구별된다. 즉, 추정은 '~로 추정한다'고 되어 있고, 간주는 '~로 본다'고 되어 있다. 추정은 입증책임의 전환을 가져오므로 추정되는 사실을 부정하는 자가 추정되는 사실과 다른 사실을 추후에 반증을 통해 번복할 수 있으나, 간주는 반증만으로 번복할 수 없고 반드시 재판을 통해서만 번복이 가능하다는 점에서 양자는 차이가 있다.

029 【X】 국적법 제15조(외국 국적 취득에 따른 국적 상실) ① 대한민국의 국민으로서 자진하여 외국 국적을 취득한 자는 그 외국 국적을 **취득한 때에 대한민국 국적을 상실**한다.

030 【X】 국적법 제18조(국적상실자의 권리 변동) ② 제1항에 해당하는 권리 중 대한민국의 국민이었을 때 취득한 것으로서 양도(讓渡)할 수 있는 것은 그 권리와 관련된 법령에서 따로 정한 바가 없으면 **3년** 내에 대한민국의 국민에게 양도하여야 한다.

031 【O】 국적법 제10조(국적 취득자의 외국 국적 포기 의무) ① 대한민국 국적을 취득한 외국인으로서 외국 국적을 가지고 있는 자는 대한민국 국적을 취득한 날부터 **1년** 내에 그 외국 국적을 포기하여야 한다.

032 【X】 헌법 제3조는 "대한민국의 영토는 한반도와 그 부속도서로 한다."고 규정하여, 대한민국의 주권이 미치는 공간적 범위를 명백히 선언하고 있다. 이러한 영토조항의 헌법적 의미가 무엇인가에 대해서는 여러 가지 견해가 존재하지만, 이러한 **영토조항이 국민 개개인의 주관적 권리인 기본권을 보장하는 것으로 해석하는 견해는 거의 존재하지 않는 것으로 보인다**.(2001.3.21. 99헌마139)

033 【O】 우리 헌법이 "대한민국의 영토는 한반도와 그 부속도서로 한다"는 영토조항(제3조)을 두고 있는 이상 대한민국의 헌법은 북한지역을 포함한 한반도 전체에 그 효력이 미치고 따라서 북한지역은 당연히 대한민국의 영토가 되므로(2005.6.30. 2003헌바114), 당연히 대한민국의 주권이 미친다.

제3절 헌법전문을 통한 헌법의 기본원리

I 헌법 전문

001
헌법의 본문 앞에 위치한 문장으로서 헌법전의 일부를 구성하는 헌법서문을 말한다. (O/×)

002
헌법전문이란 헌법전(憲法典)의 일부를 구성하는 헌법서문을 말하지만, 성문헌법의 필수적 구성요소는 아니다. (O/×)

003
현행 헌법전문은 헌법의 기본이념과 기본원리를 선언하고 있다. (O/×)

004
헌법전문은 법령의 해석기준이면서 입법의 지침일 뿐만 아니라, 구체적 소송에서 적용될 수 있는 재판규범으로서 위헌법률심사의 기준이 되는 헌법규범이기도 하다. (O/×)

005
현행 헌법 전문은 "1948년 7월 12일에 제정되고 9차에 걸쳐 개정된 헌법을 이제 국회의 의결을 거쳐 국민투표에 의하여 개정한다"라고 규정하고 있다. (O/×)

---

001 【O】 헌법의 본문 앞에 위치한 문장으로서 **헌법전의 일부를 구성**하는 헌법서문을 말한다. 헌법전문이란 헌법전(憲法典)의 일부를 구성하는 헌법서문을 말하지만, **성문헌법의 필수적 구성요소는 아니다**.
002 【O】
003 【O】 1989.9.8. 88헌가6
004 【O】 헌법 전문은 헌법의 이념 내지 가치를 제시하고 있는 헌법규범의 일부로서 헌법으로서의 규범적 효력을 나타내기 때문에 구체적으로는 헌법소송에서의 재판규범인 동시에 헌법이나 법률해석에서의 해석기준이 되고, 입법형성권 행사의 한계와 정책결정의 방향을 제시하며, 나아가 모든 국가기관과 국민이 존중하고 지켜가야 하는 최고의 가치규범이다 (2006.3.30. 2003헌마806).
005 【X】 현행 헌법 전문에서는 "1948년 7월 12일에 제정되고 **8차**에 걸쳐 개정된 헌법을 이제 국회의 의결을 거쳐 국민투표에 의하여 개정한다"고 규정하고 있다.

006

1972년 제7차 개정 헌법의 전문에서는 3·1운동의 숭고한 독립정신과 4·19의거 및 5·16혁명의 이념을 계승한다고 규정하였으나, 1980년 제8차 개정 헌법의 전문에서는 3·1운동의 숭고한 독립정신을 계승한다고 규정하였다. (O/×)

007

'헌법전문에 기재된 3·1정신'은 우리나라 헌법의 연혁적·이념적 기초로서 헌법이나 법률해석에서의 해석기준으로 작용한다고 할 수 있지만, 그에 기하여 곧바로 국민의 개별적 기본권성을 도출해낼 수는 없다. (O/×)

008

헌법은 전문에서 3·1운동으로 건립된 대한민국임시정부의 법통의 계승을 천명하고 있다는 점에서 지금의 정부는 일제강점기에 일본군위안부로 강제 동원되어 인간의 존엄과 가치가 말살된 상태에서 장기간 비극적인 삶을 영위하였던 피해자들의 훼손된 인간의 존엄과 가치를 회복시켜야 할 의무를 부담한다. (O/×)

009

헌법전문은 1962년 제5차 개정 헌법에서 처음으로 개정되었다. (O/×)

010

3·1운동으로 건립된 대한민국임시정부의 법통을 계승한다는 헌법전문으로부터 조국의 자주독립을 위하여 공헌한 독립유공자와 그 유족에 대하여 응분의 예우를 하여야 할 헌법적 의무가 도출되는 것은 아니다. (O/×)

---

006 【O】 1972년 제7차 개정 헌법의 전문에서는 3·1운동의 숭고한 독립정신과 4·19의거 및 5·16혁명의 이념을 계승한다고 규정하였으나, 1980년 제8차 개정 헌법의 전문에서는 3·1운동의 숭고한 독립정신을 계승한다고 규정하여, 4·19의거 및 5·16혁명의 이념을 계승한다는 부분은 삭제하였다.

007 【O】 2001.3.21. 99헌마139

008 【O】 2011.8.30. 2006헌마788

009 【O】 헌법전문은 1962년 제5차 개정 헌법에서 처음으로 개정된 이후 제7차, 제8차, 제9차 개정헌법에서도 개정된 바 있다.

010 【X】 헌법은 국가유공자 인정에 관하여 명문 규정을 두고 있지 않다. 그러나 헌법은 전문(前文)에서 "3·1운동으로 건립된 대한민국임시정부의 법통을 계승"한다고 선언하고 있다. 이는 대한민국이 일제에 항거한 독립운동가의 공헌과 희생을 바탕으로 이룩된 것임을 선언한 것이고, 그렇다면 국가는 일제로부터 조국의 자주독립을 위하여 공헌한 독립유공자와 그 유족에 대하여는 응분의 예우를 하여야 할 **헌법적 의무를 지닌다**. 다만 그러한 의무는 국가가 독립유공자의 인정절차를 합리적으로 마련하고 독립유공자에 대한 기본적 **예우를 해주어야 한다는 것을 뜻할 뿐이며**, 당사자가 주장하는 특정인을 **반드시 독립유공자로 인정하여야 하는 것을 뜻할 수는 없다**.(2005.6.30. 2004헌마859)

011

현행 헌법 전문은 "1945년 7월 12일에 제정되고 9차에 걸쳐 개정된 헌법을 이제 국회의 의결을 거쳐 국민투표에 의하여 개정한다."고 규정하고 있다. (O/×)

012

헌법 전문에 규정된 3·1정신은 우리나라 헌법의 연혁적·이념적 기초로서 헌법이나 법률해석에서의 기준으로 작용한다고 할 수 있지만, 그에 기하여 곧바로 국민의 개별적 기본권성을 도출해낼 수는 없다고 할 것이므로, 헌법소원의 대상인 헌법상 보장된 기본권에 해당하지 아니한다. (O/×)

013

헌법 전문은 1962년 제5차 개정헌법에서 처음으로 개정되었다. (O/×)

014

현행 헌법 전문에는 '조국의 민주개혁', '국민생활의 균등한 향상', '세계평화와 인류공영에 이바지함' 등이 규정되어 있다. (O/×)

---

011 【×】 헌법 전문에서는 "~~1948년 7월 12일(7월 17일 ×)에 제정되고 8차(9차 ×)에 걸쳐 개정된 헌법을 이제 국회의 의결을 거쳐 국민투표에 의하여 개정한다"고 서술되어 있다.

012 【O】 "헌법전문에 기재된 3.1정신"은 우리나라 헌법의 연혁적·이념적 기초로서 **헌법이나 법률해석에서의 해석기준으로 작용**한다고 할 수 있지만, 그에 기하여 **곧바로 국민의 개별적 기본권성을 도출해낼 수는 없다**고 할 것이므로, 헌법소원의 대상인 **"헌법상 보장된 기본권"에 해당하지 아니한다**.(헌법재판소 2001.3.21. 선고 99헌마139·142·156·160(병합) 전원재판부)

013 【O】 1962년 제5차 개정헌법(3공화국 출범, 군사쿠데타 개헌)에서 **최초로 헌법전문을 개정**하여 4.19 혁명과 5.16 군사정변의 이념이 새 헌법의 정신적 기반이라는 점을 추가하였다.

014 【O】 헌법 전문 - 유구한 역사와 전통에 빛나는 우리 대한국민(대한민국 ×)은 3·1운동으로 건립된 대한민국임시정부의 법통과 불의에 항거한 4·19민주이념을 계승하고, **조국의 민주개혁**과 평화적 통일의 사명에 입각하여 정의·인도와 동포애로써 민족의 단결을 공고히 하고, 모든 사회적 폐습과 불의를 타파하며, 자율과 조화를 바탕으로 자유민주적 기본질서를 더욱 확고히 하여 정치·경제·사회·문화의 모든 영역에 있어서 각인의 기회를 균등히 하고, 능력을 최고도로 발휘하게 하며, 자유와 권리에 따르는 책임과 의무를 완수하게 하여, 안으로는 **국민생활의 균등한 향상**을 기하고 밖으로는 항구적인 **세계평화와 인류공영에 이바지함**으로써 우리들과 우리들의 자손의 안전과 자유와 행복을 영원히 확보할 것을 다짐하면서 1948년 7월 12일(7월 17일 ×)에 제정되고 8차(9차 ×)에 걸쳐 개정된 헌법을 이제 국회의 의결을 거쳐 국민투표에 의하여 개정한다.

Ⅱ 헌법의 기본원리

1. 의의 및 기능

015
헌법의 기본원리는 헌법의 이념적 기초인 동시에 헌법을 지배하는 지도원리로서, 입법이나 정책결정의 방향을 제시하며 공무원을 비롯한 모든 국민·국가기관이 헌법을 존중하고 수호하도록 하는 지침이 되며, 구체적 기본권을 도출하는 근거가 될 수 있다. (O/×)

2. 국민주권 원리

016
민주국가에서 국민주권의 원리는 무엇보다도 대의기관의 선출을 의미하는 선거와 필요한 경우 국민의 직접적 결정을 의미하는 국민투표에 의하여 실현된다. (O/×)

017
국회구성권이란 유권자가 설정한 국회의석분포에 국회의원들을 기속시키고자 하는 것이며, 이는 오늘날 대의제도의 본질에 반하는 것으로 헌법상 기본권으로 인정될 여지가 없다. (O/×)

3. 민주주의 원리

018
우리 헌법상의 자유민주적 기본질서의 내용은 기본적 인권의 존중, 권력분립, 의회제도, 복수정당제도, 선거제도, 사유재산과 시장경제를 골간으로 한 경제질서 및 사법권의 독립 등을 의미한다. (O/×)

4. 법치국가 원리

019
신뢰보호원칙 위반 여부는 한편으로는 침해받은 이익의 보호가치, 침해의 중한 정도, 신뢰가 손상된 정도, 신뢰침해의 방법 등과 다른 한편으로는 새로운 입법을 통해 실현하고자 하는 공익적 목적을 종합적으로 비교·형량하여 판단한다. (O/×)

---

015 【×】 헌법의 기본원리는 헌법의 이념적 기초인 동시에 헌법을 지배하는 지도원리로서 입법이나 정책결정의 방향을 제시하며 공무원을 비롯한 모든 국민·국가기관이 헌법을 존중하고 수호하도록 하는 지침이 되며, **구체적 기본권을 도출하는 근거로 될 수는 없으나** 기본권의 해석 및 기본권제한입법의 합헌성 심사에 있어 해석기준의 하나로서 작용한다. (2001.9.27. 2000헌마238 등)

016 【O】 1989.9.8. 88헌가6
017 【×】 1998.10.29. 96헌마186
018 【O】 2008.5.29. 2005헌마1173
019 【O】 1995.6.29. 94헌바39

020

진정소급입법은 허용되지 않는 것이 원칙이며 특단의 사정이 있는 경우에만 예외적으로 허용될 수 있는 반면, 부진정소급입법은 원칙적으로 허용되지만 소급효를 요구하는 공익과 신뢰보호의 요청 사이의 교량과정에서 신뢰보호의 관점이 입법자의 형성권에 제한을 가하게 된다. (O/×)

021

자기책임의 원리는 인간의 자유와 유책성, 그리고 인간의 존엄성을 진지하게 반영한 원리로서 그것이 비단 민사법이나 형사법에 국한된 원리가 아니라 근대법의 기본이념으로서 법치주의에 당연히 내재하는 원리이며, 이에 반하는 제재는 그 자체로 헌법위반을 구성한다. (O/×)

022

개인의 신뢰이익에 대한 보호가치는 법령에 따른 개인의 행위가 국가에 의하여 일정방향으로 유인된 신뢰의 행사인지, 아니면 단지 법률이 부여한 기회를 활용한 것으로서 원칙적으로 사적 위험부담의 범위에 속하는 것인지 여부에 따라 달라지는 것은 아니다. (O/×)

023

법령불소급의 원칙은 법령의 효력발생 전에 완성된 요건 사실에 대하여 당해 법령을 적용할 수 없다는 의미일 뿐, 계속 중인 사실이나 그 이후에 발생한 요건 사실에 대한 법령적용까지를 제한하는 것은 아니다. (O/×)

024

신뢰보호원칙에 위반되는 법률은 위헌이지만, 체계정당성에 위반되는 법률이라는 이유 때문에 바로 위헌이라고 할 수는 없다. (O/×)

---

020 【O】 1999.7.22. 97헌바76

021 【O】 2003.7.24. 2001헌가25

022 【X】 개인의 신뢰이익에 대한 보호가치는 ㉠ **법령에 따른 개인의 행위가 국가에 의하여 일정방향으로 유인된 신뢰의 행사인지**, ㉡ 아니면 **단지 법률이 부여한 기회를 활용한 것으로서 원칙적으로 사적 위험부담의 범위에 속하는 것인지 여부에 따라 달라진다**. 만일 법률에 따른 개인의 행위가 단지 법률이 반사적으로 부여하는 기회의 활용을 넘어서 국가에 의하여 일정방향으로 유인된 것이라면 특별히 보호가치가 있는 신뢰이익이 인정될 수 있고, 원칙적으로 개인의 신뢰보호가 국가의 법률개정이익에 우선된다고 볼 여지가 있다(헌재 2007.4.26. 2003헌마947 등).

023 【O】 현재 진행 중인 법률관계나 사실관계를 장래적으로 새롭게 규율하는 입법형식으로, **부진정소급입법은 원칙적으로 허용된다**.(2002.11.28. 2002헌바45)

024 【X】 체계정당성의 원리라는 것은 동일 규범 내에서 또는 상이한 규범 간에 그 규범의 구조나 내용 또는 규범의 근거가 되는 원칙면에서 상호 배치되거나 모순되어서는 아니된다는 하나의 헌법적 요청이다. 즉 이는 규범 상호간의 구조와 내용 등이 모순됨이 없이 체계와 균형을 유지하도록 입법자를 기속하는 헌법적 원리라고 볼 수 있다. 이처럼 **규범 상호간의 체계정당성을 요구하는 이유는** 입법자의 자의를 금지하여 규범의 명확성, 예측가능성 및 규범에 대한 신뢰와 법적 안정성을 확보하기 위한 것이고 이는 국가공권력에 대한 통제와 이를 통한 국민의 자유와 권리의 보장을 이념으로 하는 **법치주의원리로부터 도출되는 것**이라고 할 수 있다. 그러나 일반적으로 일정한 공권력작용이 **체계정당성에 위반한다고 해서 곧 위헌이 되는 것은 아니고, 그것이 위헌이 되기 위해서는 결과적으로 비례의 원칙이나 평등의 원칙 등 일정한 헌법의 규정이나 원칙을 위반하여야 한다**.(2010.6.24. 2007헌바101 등)

025

헌법 제13조 제2항이 금하고 있는 소급입법은 진정소급효를 가지는 법률만을 의미하는 것으로서, 진정소급입법은 개인의 신뢰보호와 법적 안정성을 내용으로 하는 법치국가원리에 의하여 헌법적으로 허용되지 아니하는 것이 원칙이다. (O/×)

026

시혜적인 소급입법을 할 것인지의 여부는 입법재량의 문제로서 그 판단은 일차적으로 입법기관에 맡겨져 있는 것이므로 광범위한 입법형성의 자유가 인정된다. (O/×)

027

시혜적 소급입법은 수익적인 것이어서 헌법상 보장된 기본권을 침해할 여지가 없어 위헌 여부가 문제되지 않는다. (O/×)

028

구 「법인세법」 제32조 제5항은 위임입법의 주제에 관하여 '익금(益金)에 산입한 금액의 처분'이라는 점만을 제시하고 있을 뿐 수임자가 따라야 할 기준인 소득의 성격과 내용 및 그 귀속자에 관하여 아무런 규정을 두고 있지 아니하여, 납세의무의 성부 및 범위와 직접 관계있는 소득처분에 관련된 과세 요건을 정함에 있어서 아무런 기준을 제시함이 없이 하위법규인 대통령령에 포괄적으로 위임하여 위임입법의 한계를 위반하였다. (O/×)

---

025 【O】 2013.8.29. 2010헌바354 등

026 【O】 2006.5.25. 2005헌바15

027 【X】 개정된 신법이 피적용자에게 유리한 경우에 이른바 시혜적 소급입법을 할 것인지의 여부는 입법재량의 문제로서 그 판단은 일차적으로 입법기관에 맡겨져 있으며, 이와 같은 시혜적 조치를 할 것인가 하는 문제는 국민의 권리를 제한하거나 새로운 의무를 부과하는 경우와는 달리 입법자에게 보다 광범위한 입법형성의 자유가 인정된다. 따라서, 입법자의 판단은 존중되어야 하며 그 결정이 합리적 재량의 범위를 벗어나 현저하게 불합리하고 불공정한 것이 아닌 한 헌법에 위반된다고 할 수는 없다.(2006.5.25. 2005헌바15) 그러므로 시혜적 소급입법이라 하더라도 합리적 재량의 범위를 벗어나 현저하게 불합리하고 불공정한 것이라면 헌법에 위반된다.

028 【O】 구(舊) 법인세법(法人稅法) 제32조 제5항은 위임입법의 주제(主題)에 관하여 '익금에 산입한 금액의 처분'이라는 점만을 제시하고 있을 뿐 수임자가 따라야 할 기준인 소득의 성격과 내용 및 그 귀속자에 관하여 아무런 규정을 두고 있지 아니하여, 결국 납세의무의 성부 및 범위와 직접 관계있는 소득처분에 관련된 과세 요건을 정함에 있어서 아무런 기준을 제시함이 없이 하위법규인 대통령령에 포괄적으로 위임하였으므로, 조세법률주의와 위임입법의 한계를 위반하였다.(헌법재판소 1995.11.30. 선고 93헌바32 전원재판부)

029

위임조항 자체에서 위임의 구체적 범위를 규정하고 있지 아니하는 경우에도, 당해 법률의 전반적인 체계와 관련 규정에 비추어 위임의 범위나 한계를 객관적으로 분명히 확정할 수 있다면, 이를 일반적이고 포괄적인 백지위임에 해당하는 것으로 볼 수 없다. (O/×)

030

과세표준인 토지초과이득을 산출하는 데 근거로 삼을 기준시가의 산정방법을 대통령령에 위임한 것은 포괄적 위임에 해당한다. (O/×)

---

029 【O】 위임조항 자체에서 위임의 구체적 범위를 명확히 규정하고 있지 아니하더라도 당해 법률의 전반적 체계와 관련규정에 비추어 위임조항의 내재적인 위임의 범위와 한계를 분명히 확정할 수 있다면 이를 일반적이고 포괄적인 백지위임에 해당하는 것으로 볼 수 없다.(헌법재판소 1996.10.31.선고, 93헌바14 결정)

030 【O】 토초세법은 과세기간 동안의 지가상승액에서 정상지가상승분 및 개량비 등을 공제한 토지초과이득을 그 과세대상 및 과세표준으로 할 것만을 직접 규정하면서, 과세표준인 토지초과이득을 산출하는 데 근거로 삼을 기준시가에 관하여는 이를 전적으로 대통령령에 맡겨 두는 형식으로 되어 있다(제11조 제2항). 그러나 이와 같은 기준시가는 토초세의 과세대상 및 과세표준이 되는 토지초과이득의 존부와 범위를 결정하는 지표가 된다는 점에서, 국민의 납세의무의 성부 및 범위와 직접적인 관계를 가지고 있는 중요한 사항이므로, 기준시가의 산정기준이나 방법 등을 하위법규에 백지위임하지 아니하고 그 대강이라도 토초세법 자체에서 직접 규정해 두는 것이, 국민생활의 법적 안정성과 예측가능성을 도모한다는 측면에서 보아 보다 더 합리적이고도 신중한 입법태도일 것이다. 뿐만 아니라 앞서 본 조세법률주의, 위임입법의 한계 등을 규정하고 있는 헌법에도 합치하는 것이라 할 것이다. 실제 초과택지소유부담금(택지소유상한에관한법률 제23조), 개발부담금(개발이익환수에관한법률 제10조), 농지전용부담금(농어촌발전특별조치법 제45조의2), 임야전용부담금(산림법 제20조의3) 등 토지의 가액에 따라 그 부담금의 크기가 결정되는 각종 부담금에 관하여는, 토초세법의 위 규정방식과는 달리, 각 관계법률에서 토지의 가액을 지가공시 및 토지등의평가에관한법률(1989.4.1. 법률 제4120호, 이하 "토지평가법"이라 한다)에 의한 공시지가를 기준으로 산정하도록 직접 규정하는 방식을 취하고 있다. 그럼에도 불구하고 토초세법 제11조 제2항이 지가를 산정하는 기준과 방법을 직접 규정하지 아니하고 이를 전적으로 대통령령에 위임하고 있는 것은, 헌법 제38조 및 제59조가 천명하고 있는 조세법률주의 혹은 위임입법의 범위를 구체적으로 정할 것을 지시하고 있는 헌법 제75조에 반하는 것이다.(헌법재판소 1994.7.29. 선고 92헌바49,52 전원재판부)

031
공공의 안녕질서 또는 미풍양속을 해하는 것으로 인정되는 통신의 대상 등을 대통령령으로 정하도록 한 「전기통신사업법」 제53조 제2항은 포괄위임입법금지원칙에 위배된다. (O/×)

032
위임의 구체성의 요구 정도는 규제대상의 종류와 성격에 따라 다른 것으로 급부행정영역이 침해행정영역 보다 구체성의 요구가 강화된다. (O/×)

033
국무총리는 소관사무에 관하여 법률이나 대통령령의 위임으로 총리령을 발할 수 있을 뿐만 아니라 직권으로 총리령을 발할 수도 있다. (O/×)

034
처벌법규나 조세법규 등 국민의 기본권을 직접적으로 제한하거나 침해할 소지가 있는 법규에서는 일반적인 급부행정법규에서와는 달리, 그 위임의 요건과 범위가 보다 엄격하고 제한적으로 규정되어야 한다. (O/×)

---

031 【O】 (1) 공공의 안녕질서 또는 미풍양속을 해하는 내용의 통신을 금하는 전기통신사업법 조항에서 "공공의 안녕질서 또는 미풍양속을 해하는"이라는 불온통신의 개념은 너무나 **불명확**하고 애매하다. 여기서의 "공공의 안녕질서"는 위 헌법 제37조 제2항의 "국가의 안전보장·질서유지"와, "미풍양속"은 헌법 제21조 제4항의 "공중도덕이나 사회윤리"와 비교하여 볼 때 동어반복이라 해도 좋을 정도로 전혀 구체화되어 있지 아니하다. 이처럼, "공공의 안녕질서", "미풍양속"은 매우 추상적인 개념이어서 어떠한 표현행위가 과연 "공공의 안녕질서"나 "미풍양속"을 해하는 것인지, 아닌지에 관한 판단은 사람마다의 가치관, 윤리관에 따라 크게 달라질 수밖에 없고, 법집행자의 통상적 해석을 통하여 그 의미내용을 객관적으로 확정하기도 어렵다. 따라서, 명확성의 원칙에 위배된다.
(2) "공공의 안녕질서 또는 미풍양속을 해하는"이라는 불온통신의 개념을 전제로 하여 규제를 가하는 것으로서 불온통신 개념의 모호성, 추상성, 포괄성으로 말미암아 필연적으로 규제되지 않아야 할 표현까지 다함께 규제하게 되어 과잉금지원칙에 어긋난다. 즉, 헌법재판소가 명시적으로 보호받는 표현으로 분류한 바 있는 '저속한' 표현이나, 이른바 '청소년유해매체물' 중 음란물에 이르지 아니하여 성인에 의한 표현과 접근까지 금지할 이유가 없는 선정적인 표현물도 '미풍양속'에 반한다 하여 규제될 수 있고, 성(性), 혼인, 가족제도에 관한 표현들이 "미풍양속"을 해하는 것으로 규제되고 예민한 정치적, 사회적 이슈에 관한 표현들이 "공공의 안녕질서"를 해하는 것으로 규제될 가능성이 있어 표현의 자유의 본질적 기능이 훼손된다.
(3) 전기통신사업법 제53조 제2항은 " 제1항의 규정에 의한 공공의 안녕질서 또는 미풍양속을 해하는 것으로 인정되는 통신의 대상 등은 대통령령으로 정한다"고 규정하고 있는바 이는 포괄위임입법금지원칙에 위배된다.(헌법재판소 2002.6.27. 선고 99헌마480 전원재판부)

032 【X】 위임의 구체성·명확성의 요구 정도는 규제대상의 종류와 성격에 따라서 달라진다. 기본권침해영역에서는 급부행정영역에서보다는 구체성의 요구가 강화되고, 다양한 사실관계를 규율하거나 사실관계가 수시로 변화될 것이 예상될 때에는 위임의 명확성의 요건이 완화되어야 한다.(헌법재판소 1991.2.11. 선고 90헌가27 전원재판부)

033 【O】 국무총리 또는 행정각부의 장은 소관사무에 관하여 법률이나 대통령령의 위임 또는 직권으로 총리령 또는 부령을 발할 수 있다.(헌법 제95조)

034 【O】 입법의 위임은 법률로써 구체적인 범위를 정하여 이루어져야 하는 것이지만, 그 위임범위의 구체성, 명확성의 요구 정도는 그 규제대상의 종류와 성격에 따라 달라질 수밖에 없는 것으로서, 특히 처벌법규나 조세법규와 같이 국민의 기본권을 직접적으로 제한하거나 침해할 소지가 있는 법규에서는 구체성의 요구가 강화되어 그 위임의 요건과 범위가 일반적인 급부행정법규의 경우보다 더 엄격하게 제한적으로 규정되어야 하는 반면에 다양한 사실관계를 규율하거나 사실관계가 수시로 변화될 것이 예상될 때에는 위임의 명확성의 요건은 완화되는 것이다.(헌법재판소 1995.11.30. 선고 94헌바40,95헌바13 전원재판부)

035

헌법 제75조, 제95조가 정하는 포괄적인 위임입법의 금지는, 문리해석상 정관에 위임한 경우까지 그 적용 대상으로 하고 있지 않으므로 법률이 정관에 자치법적 사항을 위임한 경우에는 원칙적으로 적용되지 않는다. (O/×)

036

법률에 명시적인 위임규정이 없더라도 대법원규칙에는 법률에 저촉되지 않는 한 소송절차에 관한 행위나 권리를 제한하는 규정을 둘 수 있다. 따라서 수권법률에 대해서는 포괄위임금지원칙 위반 여부를 심사할 필요가 없다. (O/×)

---

035 【O】 (1) 법률이 정관에 자치법적 사항을 위임한 경우에는 헌법 제75조, 제95조가 정하는 포괄적인 위임입법의 금지는 원칙적으로 적용되지 않는다고 봄이 상당하다.
(2) 우선 헌법 제75조, 제95조의 내용을 보면, 그 문리해석상 정관에 위임한 경우까지 그 적용 대상으로 하고 있지 않다. 즉 헌법상의 포괄위임입법금지 원칙은 법규적 효력을 가지는 행정입법의 제정(법규명령)을 주된 대상으로 하고 있는 것이다.
(3) 위임입법을 엄격한 헌법적 한계내에 두는 이유는 무엇보다도 권력분립의 원칙에 따라 국민의 자유와 권리에 관계되는 사항은 국민의 대표기관인 의회가 정하는 것이 원칙이라는 법리에 기인한 것이다. 즉, 행정부에 의한 법규사항의 제정은 입법부의 권한 내지 의무를 침해하고 자의적인 시행령 제정으로 국민들의 자유와 권리를 침해할 수 있기 때문에, 엄격한 헌법적 기속을 받게 하는 것이다. 그런데 법률이 행정부가 아니거나 행정부에 속하지 않는 공법적 기관의 정관에 특정 사항을 정할 수 있다고 위임하는 경우에는 그러한 권력분립의 원칙을 훼손할 여지가 없다. 이는 자치입법에 해당되는 영역이므로 자치적으로 정하는 것이 바람직하다.
(4) 또한 헌법재판소는 조례의 경우, 조례의 제정권자인 지방의회는 선거를 통해서 그 지역적 민주적 정당성을 지니고 있는 주민의 대표기관이고 헌법이 지방자치단체에 포괄적인 자치권을 보장하고 있는 취지로 볼 때, 조례에 대한 법률의 위임은 법규명령에 대한 법률의 위임과 같이 반드시 구체적으로 범위를 정하여 할 필요가 없으며 포괄적인 것으로 족하다고 판단한 바 있는데, 법률이 공법상의 법인의 정관에 위임한 경우에도 그것이 그 법인의 자치적인 규율 사항이라고 보는 한 같은 법리가 적용된다고 할 수 있다.
(5) 그러므로 이상의 이유에서 법률이 정관에 자치법적 사항을 위임한 경우에는 헌법상의 포괄위임입법금지의 원칙이 원칙적으로 적용되지 않는다고 볼 것이다.
(6) 그러나 공법적 기관의 정관 규율사항이라도 그러한 정관의 제정주체가 사실상 행정부에 해당하거나, 기타 권력분립의 원칙에서 엄격한 위임입법의 한계가 준수될 필요가 있는 경우에는 헌법 제75조, 제95조의 포괄위임입법금지 원칙이 적용되어야 할 것이다.
(7) 한편 법률이 자치적인 사항을 정관에 위임할 경우 원칙적으로 헌법상의 포괄위임입법금지 원칙이 적용되지 않는다 하더라도, 그 사항이 국민의 권리 의무에 관련되는 것일 경우에는, 적어도 국민의 권리와 의무의 형성에 관한 사항을 비롯하여 국가의 통치조직과 작용에 관한 기본적이고 본질적인 사항은 반드시 국회가 정하여야 한다는 법률유보 내지 의회유보의 원칙이 지켜져야 할 것이다.
(8) 나아가 비록 기본적이고 본질적인 것이 아닌 권리와 의무에 관한 사항이라도, 국민의 권리와 의무에 관한 사항을 입법부의 권한 내지 의무로 하는 법치주의 내지 법률유보의 원칙을 고려할 때, 법률에서 정관으로 정하여질 내용을 되도록 범위를 한정시켜 위임하는 것이 바람직하며, 한편 정관으로 제정된 내용은 자의적인 것이어서는 안될 것이다.(헌법재판소 2001.4.26. 선고 2000헌마122 전원재판부)

036 【X】 (1) 헌법 제75조에 근거한 포괄위임금지원칙은 법률에 이미 대통령령 등 하위법규에 규정될 내용 및 범위의 기본사항이 구체적으로 규정되어 있어서 누구라도 당해 법률로부터 하위법규에 규정될 내용의 대강을 예측할 수 있어야 함을 의미하므로, 위임입법이 대법원규칙인 경우에도 수권법률에서 이 원칙을 준수하여야 하는 것은 마찬가지이다.
(2) 다만, 대법원규칙으로 규율될 내용들은 소송에 관한 절차와 같이 법원의 전문적이고 기술적인 사무에 관한 것이 대부분일 것이므로, 법원의 축적된 지식과 실제적 경험의 활용, 규칙의 현실적 적응성과 적시성의 확보라는 측면에서 수권법률에서의 위임의 구체성·명확성의 정도는 다른 규율 영역에 비해 완화될 수 있을 것이다.(헌법재판소 2016.6.30. 선고 2014헌바456·457(병합) 결정)

037

취소소송 등의 제기시 '회복하기 어려운 손해'를 집행정지의 요건으로 규정한 「행정소송법」 조항은 명확성원칙에 위배되지 않는다. (O/×)

038

어린이집이 시·도지사가 정한 수납한도액을 초과하여 보호자로부터 필요경비를 수납한 것에 대해 해당 시·도지사가 「영유아보육법」에 근거하여 발할 수 있도록 한 '시정 또는 변경' 명령은 명확성원칙에 위배되지 않는다. (O/×)

039

전문과목을 표시한 치과의원은 그 표시한 '전문과목'에 해당하는 환자만을 진료하여야 한다고 규정한 「의료법」 조항은 명확성원칙에 위배되지 않는다. (O/×)

---

037 【O】 취소소송 등의 제기시 '회복하기 어려운 손해'와 '긴급한 필요'를 집행정지의 요건으로 규정한 「행정소송법」 조항에서 '회복하기 어려운 손해'는 대법원 판례에 의하여 특별한 사정이 없는 한 금전으로 보상할 수 없는 손해로서 이는 금전보상이 불능인 경우 내지는 금전보상으로는 사회관념상 행정처분을 받은 당사자가 참고 견딜 수 없거나 또는 참고 견디기가 현저히 곤란한 경우의 유형, 무형의 손해를 의미한 것으로 해석할 수 있고, '긴급한 필요'란 손해의 발생이 시간상 임박하여 손해를 방지하기 위해서 본안판결까지 기다릴 여유가 없는 경우를 의미하는 것으로, 이는 집행정지가 임시적 권리구제제도로서 잠정성, 긴급성, 본안소송에의 부종성의 특징을 지니는 것이라는 점에서 그 의미를 쉽게 예측할 수 있다. 이와 같이 심판대상조항은 법관의 법 보충작용을 통한 판례에 의하여 합리적으로 해석할 수 있고, 자의적인 법해석의 위험이 있다고 보기 어려우므로 명확성 원칙에 위배되지 않는다.(헌법재판소 2018.1.25. 선고 2016헌바208 결정)

038 【O】 어린이집이 시·도지사가 정한 수납한도액을 초과하여 보호자로부터 필요경비를 수납한 것에 대해 해당 시·도지사가 「영유아보육법」에 근거하여 발할 수 있도록 한 '시정 또는 변경' 명령은 '영유아보육법 제38조 위반행위에 대하여 그 위법사실을 시정하도록 함으로써 정상적인 법질서를 회복하는 것을 목적으로 행해지는 행정작용'으로, 여기에는 과거의 위반행위로 인하여 취득한 필요경비 한도 초과액에 대한 환불명령도 포함됨을 어렵지 않게 예측할 수 있다. 그렇다면 심판대상조항 자체에 시정 또는 변경 명령의 내용으로 환불명령을 명시적으로 규정하지 않았다고 하여 명확성원칙에 위배된다고 볼 수 없다.(헌법재판소 2017.12.28. 선고 2016헌바249 결정)

039 【O】 전문과목을 표시한 치과의원은 그 표시한 '전문과목'에 해당하는 환자만을 진료하여야 한다고 규정한 「의료법」 조항은 치과전문의가 되기 위해서는 치과의사 면허를 받은 자가 치과전공의 수련과정을 거쳐 치과전문의 자격시험에 합격해야 하므로, 심판대상조항의 수범자인 치과전문의는 각 전문과목의 진료내용과 진료영역 및 전문과목 간의 차이점 등을 알 수 있다. 따라서 심판대상조항은 명확성원칙에 위배되어 직업수행의 자유를 침해한다고 볼 수 없다.(헌법재판소 2015.5.28. 선고 2013헌마799 전원재판부)

040

'공중도덕상 유해한 업무'에 취업시킬 목적으로 근로자를 파견한 사람을 형사처벌하도록 한 구 「파견근로자 보호 등에 관한 법률」 조항은 명확성원칙에 위배되지 않는다. (O/×)

041

대법원은 행위 당시의 판례에 의하면 처벌대상이 되지 아니하는 것으로 해석되었던 행위를 판례의 변경에 따라 처벌하는 것은 형벌불소급원칙에 반한다고 판시하였다. (O/×)

042

전자장치(전자발찌) 부착명령은 형벌불소급원칙이 적용되지 아니한다. (O/×)

043

보안처분은 형벌과는 달리 행위자의 장래 재범위험성에 근거하는 것으로서, 행위시가 아닌 재판시의 재범위험성 여부에 대한 판단에 따라 보안처분 선고를 결정하므로 원칙적으로 재판 당시 현행법을 소급적용할 수 있다고 보는 것이 타당하고 합리적이다. (O/×)

---

040 【×】 공중도덕상 유해한 업무에 취업시킬 목적으로 근로자를 파견한 사람을 형사처벌하도록 규정한 구 파견근로자보호 등에 관한 법률 조항 중 '공중도덕상 유해한 업무' 부분은 '공중도덕(公衆道德)'은 시대상황, 사회가 추구하는 가치 및 관습 등 시간적·공간적 배경에 따라 그 내용이 얼마든지 변할 수 있는 규범적 개념이므로, 그것만으로는 구체적으로 무엇을 의미하는지 설명하기 어렵다. '파견근로자보호 등에 관한 법률'(이하 '파견법'이라 한다)의 입법목적에 비추어보면, 심판대상조항은 공중도덕에 어긋나는 업무에 근로자를 파견할 수 없도록 함으로써 근로자를 보호하고 올바른 근로자파견사업 환경을 조성하려는 취지임을 짐작해 볼 수 있다. 하지만 이것만으로는 '공중도덕'을 해석함에 있어 도움이 되는 객관적이고 명확한 기준을 얻을 수 없다. 파견법은 '공중도덕상 유해한 업무'에 관한 정의조항은 물론 그 의미를 해석할 수 있는 수식어를 두지 않았으므로, … 결국, 입법목적, 파견법의 체계, 관련조항 등을 모두 종합하여 보더라도 '공중도덕상 유해한 업무'의 내용을 명확히 알 수 없다. 아울러 심판대상조항에 관한 이해관계기관의 확립된 해석기준이 마련되어 있다거나, 법관의 보충적 가치판단을 통한 법문 해석으로 심판대상조항의 의미내용을 확인할 수 있다는 사정을 발견하기도 어렵다. 심판대상조항은 건전한 상식과 통상적 법감정을 가진 사람으로 하여금 자신의 행위를 결정해 나가기에 충분한 기준이 될 정도의 의미내용을 가지고 있다고 볼 수 없으므로 죄형법정주의의 명확성원칙에 위배된다.(헌법재판소 2016.11.24. 선고 2015헌가23 결정)

041 【×】 형사처벌의 근거가 되는 것은 법률이지 판례가 아니고, 형법 조항에 관한 판례의 변경은 그 법률조항의 내용을 확인하는 것에 지나지 아니하여 이로써 그 법률조항 자체가 변경된 것이라고 볼 수는 없으므로, 행위 당시의 판례에 의하면 처벌대상이 되지 아니하는 것으로 해석되었던 행위를 판례의 변경에 따라 확인된 내용의 형법 조항에 근거하여 처벌한다고 하여 그것이 헌법상 평등의 원칙과 형벌불소급의 원칙에 반한다고 할 수는 없다.(대법원 1999.9.17. 선고 97도3349 판결)

042 【O】 전자장치 부착명령은 전통적 의미의 형벌이 아닐 뿐 아니라, 성폭력범죄자의 성행교정과 재범방지를 도모하고 국민을 성폭력범죄로부터 보호한다고 하는 공익을 목적으로 하며, 의무적 노동의 부과나 여가시간의 박탈을 내용으로 하지 않고 전자장치의 부착을 통해서 피부착자의 행동 자체를 통제하는 것도 아니라는 점에서 처벌적인 효과를 나타낸다고 보기 어렵다. 또한 부착명령에 따른 피부착자의 기본권 침해를 최소화하기 위하여 피부착자에 관한 수신자료의 이용을 엄격하게 제한하고, 재범의 위험성이 없다고 인정되는 경우에는 부착명령을 가해제할 수 있도록 하고 있다. 그러므로 이 사건 부착명령은 형벌과 구별되는 비형벌적 보안처분으로서 소급효금지원칙이 적용되지 아니한다.(헌법재판소 2012.12.27. 선고 2010헌가82,2011헌바393(병합) 전원재판부)

043 【O】 보안처분은 형벌과는 달리 행위자의 장래 재범위험성에 근거하는 것으로서, 행위시가 아닌 재판시의 재범위험성 여부에 대한 판단에 따라 보안처분 선고를 결정하므로 원칙적으로 재판 당시 현행법을 소급적용할 수 있다고 보는 것이 타당하고 합리적이다.(헌법재판소 2012. 12. 27. 선고 2010헌가82,2011헌바393(병합) 전원재판부)

044

보안처분이라 하더라도 형벌적 성격이 강하여 신체의 자유를 박탈하거나 박탈에 준하는 정도로 신체의 자유를 제한하는 경우에는 소급효금지원칙을 적용하는 것이 법치주의 및 죄형법정주의에 부합한다. (O/×)

045

노역장유치는 그 실질이 신체의 자유를 박탈하는 것으로서 징역형과 유사한 형벌적 성격을 가지고 있으므로 형벌불소급원칙의 적용대상이 된다. (O/×)

046

신뢰보호의 원칙은 법률이나 그 하위법규뿐만 아니라 국가관리의 입시제도와 같이 국·공립대학의 입시전형을 구속하여 국민의 권리에 직접 영향을 미치는 제도운영지침의 개폐에도 적용된다. (O/×)

---

044 【O】 (1) 보안처분은 형벌과는 달리 행위자의 장래 재범위험성에 근거하는 것으로서, 행위시가 아닌 재판시의 재범위험성 여부에 대한 판단에 따라 보안처분 선고를 결정하므로 원칙적으로 재판 당시 현행법을 소급적용할 수 있다고 보는 것이 타당하고 합리적이다.
(2) 그러나 보안처분의 범주가 넓고 그 모습이 다양한 이상, 보안처분에 속한다는 이유만으로 일률적으로 소급효금지원칙이 적용된다거나 그렇지 않다고 단정해서는 안되고, 보안처분이라는 우회적인 방법으로 형벌불소급의 원칙을 유명무실하게 하는 것을 허용해서도 안된다. 따라서 보안처분이라 하더라도 형벌적 성격이 강하여 신체의 자유를 박탈하거나 박탈에 준하는 정도로 신체의 자유를 제한하는 경우에는 소급효금지원칙을 적용하는 것이 법치주의 및 죄형법정주의에 부합한다. (헌법재판소 2012.12.27. 선고 2010헌가82,2011헌바393(병합) 전원재판부)

045 【O】 형벌불소급원칙에서 의미하는 '처벌'은 형법에 규정되어 있는 형식적 의미의 형벌 유형에 국한되지 않으며, 범죄행위에 따른 제재의 내용이나 실제적 효과가 형벌적 성격이 강하여 신체의 자유를 박탈하거나 이에 준하는 정도로 신체의 자유를 제한하는 경우에는 형벌불소급원칙이 적용되어야 한다. 노역장유치는 그 실질이 신체의 자유를 박탈하는 것으로서 징역형과 유사한 형벌적 성격을 가지고 있으므로 형벌불소급원칙의 적용대상이 된다.(헌법재판소 2017.10.26. 선고 2015헌바239, 2016헌바177(병합) 결정)

046 【O】 헌법상의 법치국가원리의 파생원칙인 신뢰보호의 원칙은 국민이 법률적 규율이나 제도가 장래에도 지속할 것이라는 합리적인 신뢰를 바탕으로 이에 적응하여 개인의 법적 지위를 형성해 왔을 때에는 국가로 하여금 그와 같은 국민의 신뢰를 되도록 보호할 것을 요구한다. 따라서 법규나 제도의 존속에 대한 개개인의 신뢰가 그 법규나 제도의 개정으로 침해되는 경우에 상실된 신뢰의 근거 및 종류와 신뢰이익의 상실로 인한 손해의 정도 등과 개정규정이 공헌하는 공공복리의 중요성을 비교교량하여 현존상태의 지속에 대한 신뢰가 우선되어야 한다고 인정될 때에는 규범정립자는 지속적 또는 과도적으로 그 신뢰보호에 필요한 조치를 취하여야 할 의무가 있다. 이 원칙은 법률이나 그 하위법규 뿐만 아니라 국가관리의 입시제도와 같이 국·공립대학의 입시전형을 구속하여 국민의 권리에 직접 영향을 미치는 제도운영지침의 개폐에도 적용되는 것이다.(헌법재판소 1997.7.16. 선고 97헌마38 전원재판부)

047 ☺ 1 2 3

무기징역의 집행 중에 있는 자의 가석방 요건을 종전의 10년 이상에서 20년 이상 형 집행경과로 강화한 개정 「형법」 조항을 「형법」 개정 당시에 이미 수용 중인 사람에게도 적용하는 「형법」 부칙 조항은 신뢰보호 원칙에 위배되지 않는다. (O/×)

048 ☺ 1 2 3

개정된 신법이 피적용자에게 유리한 경우에 시혜적인 소급입법을 할 것인지 여부는 입법재량의 문제이다. (O/×)

049 ☺ 1 2 3

세무당국에 사업자등록을 하고 운전교습업을 영위해오던 운전교습업자라도 「도로교통법」상의 운전학원으로 등록하지 아니하면 운전교육행위를 할 수 없도록 한 것은 신뢰보호의 원칙에 위배되지 않는다. (O/×)

050 ☺ 1 2 3

퇴직연금 수급자가 퇴직 후에 사업소득이나 근로소득을 얻게 된 경우 소득심사제에 의하여 퇴직연금 중 일부의 지급을 정지하는 것은 신뢰보호 원칙에 위반된다. (O/×)

---

047 【O】 무기징역의 집행 중에 있는 자의 가석방 요건을 종전의 10년 이상에서 20년 이상 형 집행경과로 강화한 개정 「형법」 조항은 수형자가 형법에 규정된 형 집행경과기간 요건을 갖춘 것만으로 가석방을 요구할 권리를 취득하는 것은 아니므로, 10년간 수용되어 있으면 가석방 적격심사 대상자로 선정될 수 있었던 구 형법 제72조 제1항에 대한 청구인의 신뢰를 헌법상 권리로 보호할 필요성이 있다고 할 수 없다. 가석방 제도의 실제 운용에 있어서도 구 형법 제72조 제1항이 정한 10년보다 장기간의 형 집행 이후에 가석방을 해 왔고, 무기징역형을 선고받은 수형자에 대하여 가석방을 한 예가 많지 않으며, 2002년 이후에는 20년 미만의 집행기간을 경과한 무기징역형 수형자가 가석방된 사례가 없으므로, 청구인의 신뢰가 손상된 정도도 크지 아니하다. 그렇다면 죄질이 더 무거운 무기징역형을 선고받은 수형자를 가석방할 수 있는 형 집행 경과기간이 개정 형법 시행 후에 유기징역형을 선고받은 수형자의 경우와 같거나 오히려 더 짧게 되는 불합리한 결과를 방지하고, 사회를 방위하기 위한 이 사건 부칙조항이 신뢰보호원칙에 위배되어 청구인의 신체의 자유를 침해한다고 볼 수 없다.(헌법재판소 2013.8.29. 선고 2011헌마408 전원재판부)

048 【O】 신법이 피적용자에게 유리한 경우에는 이른바 시혜적인 소급입법이 가능하지만 이를 입법자의 의무라고는 할 수 없고, 그러한(시혜적인) 소급입법을 할 것인지의 여부는 입법재량의 문제로서 그 판단은 일차적으로 입법기관에 맡겨져 있으며, 이와 같은 시혜적 조치를 할 것인가 하는 문제는 국민의 권리를 제한하거나 새로운 의무를 부과하는 경우와는 달리 입법자에게 보다 광범위한 입법형성의 자유가 인정된다고 할 것이다. 따라서 입법자는 입법목적, 사회실정이나 국민의 법감정, 법률의 개정이유나 경위 등을 참작하여 시혜적 소급입법을 할 것인가 여부를 결정할 수 있고, 그 판단은 존중되어야 하며, 그 결정이 합리적 재량의 범위를 벗어나 현저하게 불합리하고 불공정한 것이 아닌 한 헌법에 위반된다고 할 수는 없는 것이다.(헌법재판소 1995.12.28. 선고 95헌마196 전원재판부)

049 【O】 운전학원으로 등록하지 않은 자가 대가를 받고 운전교육을 실시하는 것을 금지하는 도로교통법 조항은 일정한 직업과 행위를 금지하거나 제한하는 것일 뿐, 이러한 직업활동의 수행이나 행위로 인하여 얻은 구체적인 재산에 대한 사용·수익 및 처분권한을 제한하는 것은 결코 아니라고 할 것이고 세무당국에 사업자등록을 하고 운전교습업에 종사하였다고 하더라도, 사업자등록은 과세행정상의 편의를 위하여 납세자의 인적사항 등을 공부에 등재하는 행위에 불과하므로 운전교습업의 계속에 대하여 국가가 신뢰를 부여하였다고 보기도 어려워 신뢰보호의 원칙 또는 소급입법금지원칙에 위배되어 운전교습업자의 재산권을 침해하지 않는다.(헌법재판소 2003.9.25. 선고 2001헌마447 등 (병합) 전원재판부)

050 【×】 퇴직연금 수급권은 전체적으로 재산권적 보호의 대상이기는 하지만 이 제도는 기본적으로 그 목적이 퇴직 후의 소득상실보전에 있고, 그 성격이 사회보장적인 것이다. 그러므로 퇴직연금 수급자가 퇴직 후에 사업소득이나 근로소득을 얻게 되었다면, 입법자는 사회정책적인 측면과 국가의 재정 및 기금의 상황 등 여러 가지 사정을 참작하여 폭넓은 재량으로 퇴직연금 지급 정도를 위와 같은 소득과 연계하여 일부 축소할 수 있다. 따라서 이 사건 심판대상조항과 같이 소득심사제에 의하여 퇴직연금 중 일부의 지급을 정지하는 것은 포괄위임금지의 원칙에 위배되는 등 특별한 사정이 없는 한 위헌이라고 볼 수 없다.(헌법재판소 2009.7.30. 선고 2007헌바113 전원재판부)

051 🔄①②③

신법이 피적용자에게 유리한 경우에는 시혜적인 소급입법을 하여야 하므로, 순직공무원의 적용범위를 확대한 개정 공무원연금법 을 소급하여 적용하지 아니하도록 한 개정 법률 부칙은 평등의 원칙에 위배된다.

(O/X)

052 🔄①②③

부당환급받은 세액을 징수하는 근거규정인 개정조항을 개정된 법 시행 후 최초로 환급세액을 징수하는 분부터 적용하도록 규정한 법인세법 부칙 조항은 이미 완성된 사실 법률관계를 규율하는 진정소급입법에 해당하나, 이를 허용하지 아니하면 위 개정조항과 같이 법인세 부과처분을 통하여 효율적으로 환수하지 못하고 부당이득 반환 등 복잡한 절차를 거칠 수 밖에 없어 중대한 공익상 필요에 의하여 예외적으로 허용된다.

(O/X)

---

051 【X】 (1) 신법이 피적용자에게 유리한 경우에는 이른바 시혜적인 소급입법이 가능하지만, 그러한(시혜적인) 소급입법을 할 것인가의 여부는 그 일차적인 판단이 입법기관에 맡겨져 있으므로 입법자는 입법목적, 사회실정이나 국민의 법감정, 법률의 개정이유나 경위 등을 참작하여 시혜적 소급입법을 할 것인가 여부를 결정할 수 있고, 그 판단은 존중되어야 하며, 그 결정이 합리적 재량의 범위를 벗어나 현저하게 불합리하고 불공정한 것이 아닌 한 헌법에 위반된다고 할 수는 없다.
(2) 소방공무원이 재난·재해현장에서 화재진압이나 인명구조작업 중 입은 위해뿐만 아니라 그 업무수행을 위한 긴급한 출동·복귀 및 부수활동 중 위해에 의하여 사망한 경우까지 그 유족에게 순직공무원보상을 하여 주는 제도를 도입하면서 그 적용을 이전으로까지 소급할 것인가의 여부는 그 당시 시대적 상황이나 국가의 재정 상태에 큰 영향을 받는 문제이다. 이 사건 부칙조항이 만들어질 당시 입법자는 소방공무원이 재난·재해현장에서 화재진압이나 인명구조작업 중 입은 위해뿐만 아니라 그 업무수행을 위한 긴급한 출동·복귀 및 부수활동 중 위해에 의하여 사망한 경우에도 순직공무원으로 포함하여 주는 것이 일반 국민의 정서와 맞고, 그 범위를 확대하여 주더라도 국가가 재정적으로 감당할 만한 능력이 있다고 판단하여 그러한 입법적 조치를 취하게 된 것이다. 그런데 입법자는 개정 공무원연금법의 소급적용에 따른 국가의 재정부담, 법적 안정성 측면 등을 종합적으로 고려하여 입법정책적으로 법 시행 이전에 순직한 공무원을 그 적용대상에서 제외하였다.
(3) 그렇다면 순직공무원의 범위를 확대하면서 유리한 신법을 소급적용하는 경과규정을 두지 않았다고 하여 재정적 뒷받침을 요하는 시혜적 입법에서의 광범위한 입법재량에 비추어 볼 때 입법재량의 범위를 벗어난 현저히 불합리한 차별이라고 보기 어렵다. 따라서 이 사건 부칙규정은 헌법 제11조 제1항(평등의 원칙)에 위반된다고 할 수 없다.(헌법재판소 2012.8.23. 선고 2011헌바169 전원재판부)

052 【X】 (1) 부당환급받은 세액을 징수하는 근거규정인 개정조항을 개정된 법 시행 후 최초로 환급세액을 징수하는 분부터 적용하도록 규정한 법인세법 부칙 조항은 개정조항이 시행되기 전 환급세액을 수령한 부분까지 사후적으로 소급하여 개정된 징수조항을 적용하는 것으로서 헌법 제13조 제2항에 따라 원칙적으로 금지되는 이미 완성된 사실·법률관계를 규율하는 진정소급입법에 해당한다.
(2) 법인세를 부당 환급받은 법인은 소급입법을 통하여 이자상당액을 포함한 조세채무를 부담할 것이라고 예상할 수 없었고, 환급세액과 이자상당액을 법인세로서 납부하지 않을 것이라는 신뢰는 보호할 필요가 있다. (3) 나아가 개정 전 법인세법 아래에서도 환급세액을 부당이득 반환청구를 통하여 환수할 수 있었으므로, 신뢰보호의 요청에 우선하여 진정소급입법을 하여야 할 매우 중대한 공익상 이유가 있다고 볼 수도 없다. 따라서, 진정소급입법으로 청구인의 재산권을 침해한다.(헌법재판소 2014.7.24. 선고 2012헌바105 전원재판부)

053 🔄 ① ② ③

군인연금법 상 퇴역연금 수급권자가 사립학교교직원 연금법 제3조의 학교기관으로부터 보수 기타 급여를 지급받는 경우에는 대통령령이 정하는 바에 따라 퇴역연금의 전부 또는 일부의 지급을 정지할 수 있도록 하는 것은 신뢰보호원칙에 위반되지 않는다. (O/×)

054 🔄 ① ② ③

1953년부터 시행된 "교사의 신규채용에 있어서는 국립 또는 공립 교육대학 사범대학의 졸업자를 우선하여 채용하여야 한다."라는 교육공무원법 조항에 대한 헌법재판소의 위헌결정에도 불구하고 헌법재판소의 위헌결정 당시의 국 공립 사범대학 등의 재학생과 졸업자의 신뢰는 보호되어야 하므로, 입법자가 위헌 법률에 기초한 이들의 신뢰이익을 보호하기 위한 법률을 제정하지 않은 부작위는 헌법에 위배된다. (O/×)

---

053 【O】 (1) 군인연금법상 퇴역연금 수급권자가 '사립학교교직원 연금법' 제3조의 학교기관(이하 '사학기관'이라 한다)으로부터 보수 기타 급여를 지급받는 경우에는 대통령령이 정하는 바에 따라 퇴역연금의 전부 또는 일부의 지급을 정지할 수 있도록 하고 있는 구 군인연금법 조항을 통하여 기존의 연금수급자들에 대한 퇴역연금의 지급을 정지함으로써 달성하려는 공익은 **군인연금 재정의 악화를 개선하여 이를 유지·존속하려는 데에 있는 것**으로, 그와 같은 공익적인 가치는 매우 크다 하지 않을 수 없다.
(2) 한편 연금수급권의 성격상 급여의 구체적인 내용은 불변적인 것이 아니라, **국가의 재정, 다음 세대의 부담 정도, 사회정책적 상황 등에 따라 변경될 수 있는 것**이므로, 연금제도에 대한 신뢰는 반드시 "퇴직 후에 현 제도 그대로의 연금액을 받는다."는 데에 둘 수만은 없는 것이고, 또 연금수급자는 단순히 기존의 기준에 의하여 연금이 지속적으로 지급될 것이라는 기대 아래 소극적으로 연금을 지급받는 것일 뿐, 그러한 신뢰에 기하여 어떠한 적극적인 투자 등의 조치를 취하는 것도 아니다.
(3) 그렇다면 보호해야 할 연금수급자의 신뢰의 가치는 그리 크지 않은 반면, **군인연금 재정의 파탄을 막고 군인연금제도를 건실하게 유지하려는 공익적 가치는 긴급하고 또한 중요한 것**이므로, 이 사건 정지조항이 헌법상 **신뢰보호의 원칙에 위반된다고 할 수 없다.**(헌법재판소 2007. 10. 25. 선고 2005헌바68 전원재판부) *위 조항은 그 시행 전의 연금수급권자가 시행 이후에 지급받는 연금부터 적용하도록 하여 **법 개정 이후의 법률관계만을 규율하고 있을 뿐**이므로, 이미 종료된 과거의 사실이나 법률관계에 새로운 법률이 소급적으로 적용되는 진정 소급입법에는 해당하지 아니하고, 따라서 소급입법에 의한 재산권 침해는 문제될 여지가 없다.

054 【×】 (1) 헌법재판소는 1990.10.8. 위 법률조항이 합리적 근거없이 국·공립학교의 교사로 채용되고자 하는 교사자격자를 그 출신학교의 설립주체 또는 학과에 따라 차별하고 있을 뿐만 아니라 **국·공립 사범대학 출신 이외의 교사자격자가 가지는 직업선택의 자유를 제한하고 있으므로** 국민의 평등권 및 직업선택의 자유를 규정한 헌법 제11조 제1항 및 제15조에 각 위반된다는 이유로 위 법률조항에 대하여 위헌결정을 하였다.
(2) 따라서 청구인들이 주장하는 우선임용권의 근거가 되는 법률조항에 대하여 위헌결정이 선고된 이상 아직 교사로 임용받지 못한 청구인들로서는 **헌법소원에서 더 이상 이를 내세워 기본권이 침해당하였다고 주장할 수 없음은 물론 신뢰하거나 기대하였다는 이유만으로 국가의 보호의무가 발생하였다고 주장할 수 없다.**(헌법재판소 1995.5.25. 선고 90헌마196 전원재판부)

055 🔗①②③

신뢰보호원칙은 헌법상 법치국가원리로부터 도출되는 것으로, 법률이 개정되는 경우 구법질서에 대한 당사자의 신뢰가 합리적이고도 정당하며 법률의 제정이나 개정으로 야기되는 당사자의 손해가 극심하여 새로운 입법으로 달성하고자 하는 공익적 목적이 그러한 당사자의 신뢰의 파괴를 정당화할 수 없다면, 그러한 새로운 입법은 신뢰보호원칙상 허용될 수 없다. (O/×)

056 🔗①②③

법적 안정성의 객관적 요소로서 신뢰보호원칙은 한번 제정된 법규범은 원칙적으로 존속력을 갖고 자신의 행위기준으로 작용하리라는 헌법상 원칙이다. (O/×)

057 🔗①②③

신뢰보호원칙의 위반 여부는 한편으로는 침해되는 이익의 보호가치, 침해의 정도, 신뢰의 손상 정도, 신뢰침해의 방법 등과 또 다른 한편으로는 새로운 입법을 통하여 실현하고자 하는 공익적 목적 등을 종합적으로 형량하여야 한다. (O/×)

058 🔗①②③

법률에 따른 개인의 행위가 단지 법률이 반사적으로 부여하는 기회의 활용을 넘어서 국가에 의하여 일정 방향으로 유인된 것이라면 특별히 보호가치가 있는 신뢰이익이 인정될 수 있고, 이러한 경우 원칙적으로 개인의 신뢰보호가 국가의 법률개정이익에 우선된다고 볼 여지가 있다. (O/×)

---

055 【O】 일반적으로 국민이 어떤 법률이나 제도가 장래에도 그대로 존속될 것이라는 합리적인 신뢰를 바탕으로 하여 일정한 법적 지위를 형성한 경우, 국가는 그와 같은 법적 지위와 관련된 법규나 제도의 개폐에 있어서 법치국가의 원칙에 따라 국민의 신뢰를 최대한 보호하여 법적 안정성을 도모하여야 한다. 따라서 법률의 제정이나 개정시 구법질서에 대한 당사자의 신뢰가 합리적이고도 정당하며 법률의 제정이나 개정으로 야기되는 당사자의 손해가 극심하여 새로운 입법으로 달성하고자 하는 공익적 목적이 그러한 당사자의 신뢰의 파괴를 정당화할 수 없다면, 그러한 새로운 입법은 허용될 수 없다. 그런데 사회환경이나 경제여건의 변화에 따른 필요성에 의하여 법률은 신축적으로 변할 수밖에 없고, 변경된 새로운 법질서와 기존의 법질서 사이에는 이해관계의 상충이 불가피하다. 따라서 국민이 가지는 모든 기대 내지 신뢰가 헌법상 권리로서 보호될 것은 아니라, 신뢰의 근거 및 종류, 상실된 이익의 중요성, 침해의 방법 등에 비추어 종전 법규·제도의 존속에 대한 개인의 신뢰가 합리적이어서 권리로서 보호될 필요성이 인정되어야 한다.(헌법재판소 2021.7.15. 선고 2018헌마279 등 (병합) 전원재판부 결정)

056 【X】 법적 안정성은 객관적 요소로서 법질서의 신뢰성·항구성·법적 투명성과 법적 평화를 의미하고, 이와 내적인 상호연관관계에 있는 법적 안정성의 주관적 측면은 한번 제정된 법규범은 원칙적으로 존속력을 갖고 자신의 행위기준으로 작용하리라는 개인의 신뢰보호원칙이다.(헌법재판소 1996.2.16. 선고 96헌가2, 96헌바7, 96헌바13 전원재판부)

057 【O】 그러므로 신뢰보호원칙의 위반 여부는 한편으로는 침해받은 신뢰이익의 보호가치, 침해의 중한 정도, 신뢰침해의 방법 등과 다른 한편으로는 새 입법을 통해 실현하고자 하는 공익목적을 종합적으로 비교형량하여 판단하여야 한다.(헌법재판소 2021.7.15. 선고 2018헌마279 등 (병합) 전원재판부 결정)

058 【O】 개인의 신뢰이익에 대한 보호가치는 ㉠ 법령에 따른 개인의 행위가 국가에 의하여 일정한 방향으로 유인된 신뢰의 행사인지, ㉡ 아니면 단지 법률이 부여한 기회를 활용한 것으로서 원칙적으로 사적 위험부담의 범위에 속하는 것인지 여부에 따라 달라진다. 만일 법률에 따른 개인의 행위가 단지 법률이 반사적으로 부여하는 기회의 활용을 넘어서 국가에 의하여 일정 방향으로 유인된 것이라면 특별히 보호가치가 있는 신뢰이익이 인정될 수 있고, 원칙적으로 개인의 신뢰보호가 국가의 법률개정이익에 우선된다고 볼 여지가 있다.(헌법재판소 2002.11.28. 선고 2002헌바45 전원재판부)

059

「형법」제129조제1항의 수뢰죄를 범한 사람에게 수뢰액의 2배 이상 5배 이하의 벌금을 병과하도록 규정한 「특정범죄 가중처벌 등에 관한 법률」조항은 책임과 형벌의 비례원칙에 위반되지 않는다.

(O/×)

060

단체나 다중의 위력으로써 「형법」상 상해죄를 범한 사람을 가중처벌하는 구 「폭력행위 등 처벌에 관한 법률」조항은 책임과 형벌의 비례원칙에 위반되지 않는다.

(O/×)

---

059 【O】 형법 제129조 제1항의 수뢰죄를 범한 사람에게 수뢰액의 2배 이상 5배 이하의 벌금을 병과하도록 규정한 '특정범죄 가중처벌 등에 관한 법률' 조항은 종래의 징역형 위주의 처벌규정은 수뢰죄의 예방 및 척결에 미흡하여 큰 실효를 거두지 못하여 왔고, 범죄 수익을 소비 또는 은닉한 경우 몰수·추징형의 집행이 불가능할 수 있고, **범죄수익의 박탈만으로는 범죄의 근절에 충분하지 않을 수 있다는 점까지 고려하여 징역형 뿐 아니라 벌금형을 필요적으로 병과하는 심판대상조항을 도입한 입법자의 결단은 입법재량의 한계를 벗어난 것이라고 단정할 수 없다.** 수뢰액은 죄의 경중을 가늠하는 중요한 기준 가운데 하나이며, 불법의 정도를 드러낼 수 있는 가장 보편적인 징표인바, **수뢰액이 증가하면 범죄에 대한 비난가능성도 일반적으로 높아진다고 할 수 있으므로 수뢰액을 기준으로 벌금을 산정하는 것 역시 책임을 벗어난 형벌이라고 보기 어렵다.** 벌금형을 수뢰액의 2배 이상 5배 이하 사이에서 정하도록 한 것도, 수뢰액에 따라 수뢰행위의 가벌성의 정도를 달리 평가하고 그에 상응하도록 벌금형의 액수에 차이를 두고자 한 것이며, **구체적 사건에서는 작량 감경을 통한 벌금형의 감액이나, 벌금형만의 선고유예도 가능하고, 징역형 등의 양형과정에서 병과되는 벌금형을 참작하여 구체적 형평을 기할 수 있으므로, 책임에 상응하는 형벌의 선고가 불가능한 것도 아니다.** 벌금형의 필요적 병과는 수뢰액의 다과를 불문하고 수뢰행위의 반사회성, 반윤리성에 터잡아 수뢰범에 대하여 경제적인 불이익을 가함으로써 공무원 등의 청렴성, 공직 등의 불가매수성 및 순수성을 확보하고, 이에 대한 사회적 신뢰를 회복하기 위한 입법목적에서 비롯되었으므로 심판대상조항이 특가법 적용을 받는 수뢰죄뿐 아니라 형법 적용을 받는 수뢰죄에도 벌금형을 필요적으로 병과하도록 하였다 하더라도 **형벌과 책임 사이의 비례관계를 벗어난 것이라고 할 수 없다.** 결국, 심판대상조항이 그 범죄의 죄질 및 이에 따른 행위자의 책임에 비하여 지나치게 가혹한 것이어서 형벌과 책임 간의 비례원칙에 위배되었다고 볼 수 없다.(헌법재판소 2017.7.27. 선고 2016헌바42 결정)

060 【O】 단체나 다중의 위력으로써 「형법」상 상해죄를 범한 사람을 가중처벌하는 구 「폭력행위 등 처벌에 관한 법률」 조항은 구 형법에서 단체 또는 다중의 위력으로써 폭행죄, 체포죄, 감금죄, 협박죄, 주거침입죄, 재물손괴죄 등을 범한 경우에는 이를 가중 처벌하는 조항을 두고 있었지만, **상해죄의 경우에는 이와 같은 가중 처벌 조항이 없었으므로**, 폭력행위처벌법에 단체 또는 다중의 위력으로써 상해죄를 범한 경우에 가중 처벌하는 규정을 둘 필요성이 있었다. 단체나 다중의 위력으로써 상해죄를 범하는 경우에는 이미 그 행위 자체에 내재되어 있는 불법의 정도가 크고, 중대한 법익 침해를 야기할 가능성이 높다. 심판대상조항의 법정형은 징역 3년 이상으로서 법관이 작량감경을 하지 않더라도 집행유예 선고가 가능하여 피고인의 책임에 상응하는 형을 선고할 수 있다. 입법자가 시대상황의 변화에 따라 **특별법에 한시적으로 규정된 범죄를 형법에 편입시키는 방법으로 법률을 합리적이고 체계적으로 정비하거나 범죄들 간 법정형에 균형이 맞도록 법정형을 낮추어 상호 조정하는 등 입법적 개선노력을 하는 것은 당연**하고 자연스러운 것이다. 따라서 특별법인 폭력행위처벌법에 있던 심판대상조항이 삭제되고 형법에 편입되면서 법정형이 하향 조정되었다는 사정만으로 심판대상조항이 **책임과 형벌의 비례원칙에 위반된 것이라고 할 수 없다.**(헌법재판소 2017.7.27. 선고 2015헌바450 결정)

061

독립행위가 경합하여 상해의 결과를 발생하게 한 경우 원인된 행위가 판명되지 아니한 때에는 공동정범의 예에 의하도록 규정한 「형법」 제263조는 책임주의원칙에 위반된다. (O/×)

062

법인의 대표자 등이 법인의 재산을 국외로 도피한 경우 행위자를 벌하는 외에 그 법인에도 도피액의 2배 이상 10배 이하에 상당하는 벌금형을 과하는 「특정경제범죄 가중처벌 등에 관한 법률」 제4조제4항 본문 중 '법인에 대한 처벌'에 관한 부분은 책임주의에 위반되지 않는다. (O/×)

063

종업원이 고정조치의무를 위반하여 화물을 적재하고 운전한 경우 그를 고용한 법인을 면책사유 없이 형사처벌하도록 규정한 구 「도로교통법」 제116조 중 '법인의 대리인, 사용인 그 밖의 종업원이 그 법인의 업무에 관하여 제113조제1호 중 제35조제3항을 위반한 때에는 그 법인에 대하여도 해당 조항의 벌금 또는 과료의 형을 과한다'는 부분은 자기책임원칙에 위반된다. (O/×)

---

061 【×】 독립행위가 경합하여 상해의 결과를 발생하게 한 경우 원인된 행위가 판명되지 아니한 때에는 공동정범의 예에 의하도록 규정한 「형법」조항은 신체에 대한 가해행위는 그 자체로 상해의 결과를 발생시킬 위험을 내포하고 있으므로, 독립한 가행행위가 경합하여 상해가 발생한 경우 상해의 발생 또는 악화에 전혀 기여하지 않은 가해행위의 존재라는 것은 상정하기 어렵고, 각 가해행위가 상해의 발생 또는 악화에 어느 정도 기여하였는지를 계량화할 수 있는 것도 아니다. 이에 입법자는 피해자의 법익 보호와 일반예방적 효과를 높일 필요성을 고려하여 다른 독립행위가 경합하는 경우와 구분하여 심판대상조항을 마련한 것이다. 심판대상조항을 적용하기 위하여 검사는 실제로 발생한 상해를 야기할 수 있는 구체적인 위험성을 가진 가해행위의 존재를 입증하여야 하므로 이를 통하여 상해의 결과에 대하여 아무런 책임이 없는 피고인이 심판대상조항으로 처벌되는 것을 막을 수 있고, 피고인도 자신의 행위와 상해의 결과 사이에 개별 인과관계가 존재하지 않음을 입증하여 상해의 결과에 대한 책임에서 벗어날 수 있다. 또한 법관은 피고인이 가해행위에 이르게 된 동기, 가해행위의 태양과 폭력성의 정도, 피해 회복을 위한 피고인의 노력 정도 등을 모두 참작하여 피고인의 행위에 상응하는 형을 선고하므로, 가해행위자는 자신의 행위를 기준으로 형사책임을 부담한다. 이러한 점을 종합하여 보면, 심판대상조항은 책임주의원칙에 반한다고 볼 수 없다.(헌법재판소 2018.3.29. 선고 2017헌가10 결정)

062 【O】 법인의 대표자 등이 법인의 재산을 국외로 도피한 경우 행위자를 벌하는 외에 그 법인에도 도피액의 2배 이상 10배 이하에 상당하는 벌금형을 과하는 「특정경제범죄 가중처벌 등에 관한 법률」 제4조제4항 본문 중 '법인에 대한 처벌'에 관한 부분은 법인 대표자의 법규위반행위에 대한 법인의 책임은, 법인 자신의 법규위반행위로 평가될 수 있는 행위에 대한 법인의 직접책임으로서, 대표자의 고의에 의한 위반행위에 대하여는 법인 자신의 고의에 의한 책임을, 대표자의 과실에 의한 위반행위에 대하여는 법인 자신의 과실에 의한 책임을 부담하는 것이므로, 법인의 대표자가 법인의 업무에 관하여 일정한 범죄행위를 할 경우 그 법인도 함께 처벌하는 이 사건 구 외국환거래법상 양벌규정은 책임주의원칙에 위배되지 아니한다.(헌법재판소 2011.12.29. 선고 2010헌바117 전원재판부)

063 【O】 종업원이 고정조치의무를 위반하여 화물을 적재하고 운전한 경우 그를 고용한 법인을 면책사유 없이 형사처벌하도록 규정한 구 「도로교통법」 제116조 중 '법인의 대리인, 사용인 그 밖의 종업원이 그 법인의 업무에 관하여 제113조제1호 중 제35조제3항을 위반한 때에는 그 법인에 대하여도 해당 조항의 벌금 또는 과료의 형을 과한다'는 부분은 종업원이 법인의 업무에 관하여 운전 중 실은 화물이 떨어지지 아니하도록 덮개를 씌우거나 묶는 등 확실하게 고정될 수 있도록 필요한 조치를 하지 아니한 채 운전한 사실이 인정되면, 곧바로 법인에 대해서도 형벌을 부과하도록 정하고 있다. 그 결과 종업원의 고정조치의무 위반행위와 관련하여 선임·감독상 주의의무를 다하여 아무런 잘못이 없는 법인도 형사처벌되게 되었는바, 이는 다른 사람의 범죄에 대하여 그 책임 유무를 묻지 않고 형사처벌하는 것이므로 헌법상 법치국가원리 및 죄형법정주의로부터 도출되는 책임주의원칙에 위배된다. 따라서 심판대상조항은 헌법을 위반한다.(헌법재판소 2016.10.27. 선고 2016헌가10 결정)

064

규범 상호 간의 체계정당성을 요구하는 이유는 입법자의 자의를 금지하여 규범의 명확성, 예측가능성 및 규범에 대한 신뢰와 법적 안정성을 확보하기 위한 것이고 이는 국가공권력에 대한 통제와 이를 통한 국민의 자유와 권리의 보장을 이념으로 하는 법치주의원칙으로부터 도출되는 것이라고 할 수 있다. (O/×)

065

일반적으로 일정한 공권력작용이 체계정당성에 위반한다고 해서 곧 위헌이 되는 것은 아니다. 즉 체계정당성 위반 자체가 바로 위헌이 되는 것은 아니고 이는 비례의 원칙이나 평등원칙위반 내지 입법의 자의금지위반 등의 위헌성을 시사하는 하나의 징후일 뿐이다. (O/×)

066

입법의 체계정당성위반과 관련하여 그러한 위반을 허용할 공익적인 사유가 존재한다면 그 위반은 정당화될 수 있고 따라서 입법상의 자의금지원칙을 위반한 것이라고 볼 수 없다. (O/×)

067

체계정당성의 위반을 정당화할 합리적인 사유의 존재에 대하여는 입법의 재량이 인정되어야 한다. 다양한 입법의 수단 가운데서 어느 것을 선택할 것인가 하는 것은 원래 입법의 재량에 속하기 때문이다. (O/×)

---

064 【O】 '체계정당성'(Systemgerechtigkeit)의 원리라는 것은 동일 규범 내에서 또는 상이한 규범간에 (수평적 관계이건 수직적 관계이건) 그 규범의 구조나 내용 또는 규범의 근거가 되는 원칙면에서 상호 배치되거나 모순되어서는 안된다는 하나의 헌법적 요청(Verfassungspostulat)이다. 즉 이는 규범 상호간의 구조와 내용 등이 모순됨이 없이 체계와 균형을 유지하도록 입법자를 기속하는 헌법적 원리라고 볼 수 있다.

065 【O】 이처럼 규범 상호간의 체계정당성을 요구하는 이유는 입법자의 자의를 금지하여 규범의 명확성, 예측가능성 및 규범에 대한 신뢰와 법적 안정성을 확보하기 위한 것이고 이는 국가공권력에 대한 통제와 이를 통한 국민의 자유와 권리의 보장을 이념으로 하는 법치주의원리로부터 도출되는 것이라고 할 수 있다.

066 【O】 그러나 일반적으로 일정한 공권력작용이 체계정당성에 위반한다고 해서 곧 위헌이 되는 것은 아니다. 즉 체계정당성 위반(Systemwidrigkeit) 자체가 바로 위헌이 되는 것은 아니고 이는 비례의 원칙이나 평등원칙위반 내지 입법의 자의금지위반 등의 위헌성을 시사하는 하나의 징후일 뿐이다. 그러므로 체계정당성위반은 비례의 원칙이나 평등원칙위반 내지 입법자의 자의금지위반 등 일정한 위헌성을 시사하기는 하지만 아직 위헌은 아니고, 그것이 위헌이 되기 위해서는 결과적으로 비례의 원칙이나 평등의 원칙 등 일정한 헌법의 규정이나 원칙을 위반하여야 한다.

067 【O】 또한 입법의 체계정당성위반과 관련하여 그러한 위반을 허용할 공익적인 사유가 존재한다면 그 위반은 정당화될 수 있고 따라서 입법상의 자의금지원칙을 위반한 것이라고 볼 수 없다. 나아가 체계정당성의 위반을 정당화할 합리적인 사유의 존재에 대하여는 입법의 재량이 인정되어야 한다. 다양한 입법의 수단 가운데서 어느 것을 선택할 것인가 하는 것은 원래 입법의 재량에 속하기 때문이다. 그러므로 이러한 점에 관한 입법의 재량이 현저히 한계를 일탈한 것이 아닌 한 위헌의 문제는 생기지 않는다고 할 것이다. (헌법재판소 2004.11.25. 선고 2002헌바66 전원재판부)

최신판례 예상지문

001

진정소급입법이라 할지라도 예외적으로 법적 상태가 불확실하고 혼란스러웠거나 하여 보호할 만한 신뢰의 이익이 적은 경우나 신뢰보호의 요청에 우선하는 심히 중대한 공익상의 사유가 소급입법을 정당화하는 경우에는 허용될 수 있다. (O/×)

002

1945. 8. 9. 이후 성립된 거래를 전부 무효로 한 재조선미국육군사령부군정청 법령 조항과 1945. 8. 9. 이후 일본 국민이 소유하거나 관리하는 재산을 1945. 9. 25.자로 전부 미군정청이 취득하도록 정한 재조선미국육군사령부군정청 법령 조항은 진정소급입법으로서 헌법 제13조 제2항에 위반된다. (O/×)

003

구 수질환경보전법 제61조 중 '법인의 대리인, 사용인 기타의 종업원이 그 법인의 업무에 관하여 위반행위를 한 때에는 그 법인에 대하여도 해당조의 벌금형을 과한다'는 부분은 책임주의원칙에 위배되지 않는다. (O/×)

---

001 【O】 1945.8.9. 이후 성립된 거래를 전부 무효로 한 재조선미국육군사령부군정청 법령과 1945.8.9. 이후 일본 국민이 소유하거나 관리하는 재산을 1945.9.25.자로 전부 미군정청이 취득하도록 정한 재조선미국육군사령부군정청 법령이 진정소급입법으로서 헌법 제13조 제2항에 반하는지 여부(소극) - 1) 심판대상조항은 **진정소급입법에 해당하지만 진정소급입법이라 할지라도 예외적으로 법적 상태가 불확실하고 혼란스러웠거나 하여 보호할 만한 신뢰의 이익이 적은 경우나 신뢰보호의 요청에 우선하는 심히 중대한 공익상의 사유가 소급입법을 정당화하는 경우에는 허용될 수 있다.**
(2) 1945.8.9.은 일본의 패망이 기정사실화된 시점으로, 그 이후 남한 내에 미군정이 수립되고 일본인의 사유재산에 대한 동결 및 귀속조치가 이루어지기까지 법적 상태는 매우 불확실하고 혼란스러웠으므로 1945.8.9. 이후 조선에 남아 있던 일본인들이 일본의 패망과 미군정의 수립에도 불구하고 그들이 한반도 내에서 소유하거나 관리하던 재산을 자유롭게 거래하거나 처분할 수 있다고 신뢰하였다 하더라도 그러한 신뢰가 헌법적으로 보호할 만한 가치가 있는 신뢰라고 보기 어렵다.
(3) 일본인들이 불법적인 한일병합조약을 통하여 조선 내에서 축적한 재산을 1945.8.9. 상태 그대로 일괄 동결시키고 그 산일과 훼손을 방지하여 향후 수립될 대한민국에 이양한다는 공익은, 한반도 내의 사유재산을 자유롭게 처분하고 일본 본토로 철수하고자 하였던 일본인이나, 일본의 패망 직후 일본인으로부터 재산을 매수한 한국인들에 대한 신뢰보호의 요청보다 훨씬 더 중대하다.
(4) 심판대상조항은 **소급입법금지원칙에 대한 예외로서 헌법 제13조 제2항에 위반되지 아니한다.**(헌재 2021.1.28. 2018헌바88)

002 【X】 헌재 2021.1.28. 2018헌바88

003 【X】 구 수질환경보전법 제61조 중 '법인의 대리인, 사용인 기타의 종업원이 그 법인의 업무에 관하여 위반행위를 한 때에는 그 법인에 대하여도 해당조의 벌금형을 과한다' 부분이 책임주의원칙에 위배되는지 여부(적극) - 심판대상조항은 **종업원 등의 범죄행위에 대한 법인의 가담 여부나 이를 감독할 주의의무 위반 여부를 법인에 대한 처벌요건으로 규정하지 않고**, 단순히 법인이 고용한 종업원 등이 업무에 관하여 범죄행위를 하였다는 이유만으로 법인에 대하여 형벌을 부과하도록 정하고 있는바, 이는 **헌법상 법치국가원리로부터 도출되는 책임주의원칙에 위배된다.**(헌재 2021.4.29. 2019헌가2)

5. 사회국가 원리

068

우리 헌법상의 경제질서는 사유재산제를 바탕으로 하고 자유경쟁을 존중하는 자유시장경제질서를 기본으로 하면서도 이에 수반되는 갖가지 모순을 제거하고 사회복지·사회정의를 실현하기 위하여 국가적 규제와 조정을 용인하는 사회적 시장경제질서로서의 성격을 띠고 있다. (O/×)

069

우리 헌법은 사유재산제를 바탕으로 자유경쟁을 존중하는 자유시장경제질서를 기본으로 하면서도 국가의 규제와 조정을 인정하는 사회적 시장경제질서의 성격을 띠고 있다. (O/×)

070

헌법상의 경제질서인 사회적 시장경제질서는 헌법의 지도원리로서 모든 국민·국가기관이 헌법을 존중하고 수호하도록 하는 지침이 되며, 기본권의 해석 및 기본권제한 입법의 합헌성 심사에 있어 해석기준의 하나로서 작용함은 물론 구체적 기본권을 도출하는 근거도 될 수 있다. (O/×)

071

헌법 제119조는 기본권의 성질을 가지며, 헌법상 경제질서와 관련하여 위헌심사의 기준이 된다. (O/×)

072

헌법 제119조 제2항은 국가가 경제영역에서 실현하여야 할 목표의 하나로서 '적정한 소득의 분배'를 들고 있으므로, 이로부터 소득에 대하여 누진세율에 따른 종합과세를 시행하여야 할 구체적인 헌법적 의무가 입법자에게 부과된다. (O/×)

---

068 【O】 1996.4.25. 92헌바47

069 【O】 2001.6.28. 2001헌마132

070 【×】 헌법의 기본원리는 헌법의 이념적 기초인 동시에 헌법을 지배하는 지도원리로서 입법이나 정책결정의 방향을 제시하며 공무원을 비롯한 모든 국민·국가기관이 헌법을 존중하고 수호하도록 하는 지침이 되며, **구체적 기본권을 도출하는 근거로 될 수는 없으나** 기본권의 해석 및 기본권제한입법의 합헌성 심사에 있어 해석기준의 하나로서 작용한다 (1996.4.25. 92헌바47).

071 【×】 **헌법은** 제119조에서 개인의 경제적 자유를 보장하면서 사회정의를 실현하기 위한 **경제질서를** 선언하고 있다. 이 규정은 **헌법상 경제질서에 관한 일반조항으로서 국가의 경제정책에 대한 하나의 헌법적 지침이고, 동 조항이 언급하는 '경제적 자유와 창의'는** 직업의 자유, 재산권의 보장, 근로3권과 같은 경제에 관한 기본권 및 비례의 원칙과 같은 법치국가원리에 의하여 비로소 헌법적으로 구체화된다. 따라서 이 사건에서 청구인들이 헌법 제119조 제1항과 관련하여 주장하는 내용은 구체화된 헌법적 표현인 경제적 기본권을 기준으로 심사되어야 한다.(헌재 2002.10.31. 99헌바76 등, 공보 제74호, 908 [전원재판부])

072 【×】 헌법 제119조 제2항은 국가가 경제영역에서 실현하여야 할 목표의 하나로서 '적정한 소득의 분배'를 들고 있지만, 이로부터 반드시 **소득에 대하여 누진세율에 따른 종합과세를 시행하여야 할 구체적인 헌법적 의무가 조세입법자에게 부과되는 것이라고 할 수 없다.**(1999.11.25. 98헌마55)

073

헌법 제119조 제2항에 규정된 '경제주체간의 조화를 통한 경제의 민주화'의 이념은 경제영역에서 정의로운 사회질서를 형성하기 위하여 추구할 수 있는 국가목표로서 작용하지만, 개인의 기본권을 제한하는 국가행위를 정당화하는 규범으로 작용할 수는 없다. (O/×)

074

특정한 사회, 경제적 또는 정치적 대의나 가치를 주장·옹호하거나 이를 진작시키기 위한 수단으로 선택한 소비자불매운동은 헌법상 보호를 받을 수 없다. (O/×)

075

헌법 제123조제5항은 국가에게 '농·어민의 자조조직을 육성할 의무'와 '자조조직의 자율적 활동과 발전을 보장할 의무'를 아울러 규정하고 있는데, 국가가 농·어민의 자조조직을 적극적으로 육성하여야 할 의무까지도 수행하여야 한다고 볼 수 없다. (O/×)

076

사회국가의 원리는 자유민주적 기본질서의 범위 내에서 이루어져야 하고, 국민 개인의 자유와 창의를 보완하는 범위 내에서 이루어져야 하는 내재적 한계를 지니고 있다. (O/×)

---

073 【X】 헌법 제119조 제2항에 규정된 '경제주체간의 조화를 통한 경제민주화'의 이념은 경제영역에서 정의로운 사회질서를 형성하기 위하여 추구할 수 있는 국가목표로서 **개인의 기본권을 제한하는 국가행위를 정당화하는 헌법규범이다**(2003.11.27. 2001헌바35).

074 【X】 소비자가 구매력을 무기로 상품이나 용역에 대한 자신들의 선호를 시장에 실질적으로 반영하기 위한 집단적 시도인 소비자불매운동은 본래 '공정한 가격으로 양질의 상품 또는 용역을 적절한 유통구조를 통해 적절한 시기에 안전하게 구입하거나 사용할 소비자의 제반 권익을 증진할 목적'에서 행해지는 소비자보호운동의 일환으로서 헌법 제124조를 통하여 제도로서 보장되나, 그와는 다른 측면에서 일반 시민들이 **특정한 사회, 경제적 또는 정치적 대의나 가치를 주장·옹호하거나 이를 진작시키기 위한 수단으로서 소비자불매운동을 선택하는 경우도 있을 수 있다**(대판 2013.3.14. 2010도410)

075 【X】 헌법 제123조 제5항은 국가에게 "농·어민의 자조조직을 육성할 의무"와 "자조조직의 자율적 활동과 발전을 보장할 의무"를 아울러 규정하고 있는데, 이러한 국가의 의무는 자조조직이 제대로 활동하고 기능하는 시기에는 그 조직의 자율성을 침해하지 않도록 하는 후자의 소극적 의무를 다하면 된다고 할 수 있지만, 그 **조직이 제대로 기능하지 못하고 향후의 전망도 불확실한 경우**라면 단순히 그 조직의 자율성을 보장하는 것에 그쳐서는 아니 되고, **적극적으로 이를 육성하여야 할 전자의 의무까지도 수행하여야** 한다.(전원재판부 99헌마553, 2000.6.1.)

076 【O】 우리 헌법은 그 전문에서 "모든 영역에 있어서 각인의 기회를 균등히 하고 ……안으로는 국민생활의 균등한 향상을 기하고"라고 천명하고, 제23조 제2항과 여러 '사회적 기본권' 관련 조항, 제119조 제2항 이하의 경제질서에 관한 조항 등에서 모든 국민에게 그 생활의 기본적 수요를 충족시키려는 이른바 사회국가의 원리를 동시에 채택하여 구현하려하고 있다. 그러나 이러한 **사회국가의 원리는 자유민주적 기본질서의 범위내에서** 이루어져야 하고, **국민 개인의 자유와 창의를 보완하는 범위내에서 이루어 지는 내재적 한계**를 지니고 있다 할 것이다.(헌법재판소 2001.9.27. 선고 2000헌마238·302(병합) 전원재판부)

077

사회국가란 사회정의의 이념을 헌법에 수용한 국가, 사회현상에 대하여 방관적인 국가가 아니라 경제·사회·문화의 모든 영역에서 정의로운 사회질서의 형성을 위하여 사회현상에 관여하고 간섭하고 분배하고 조정하는 국가이며, 궁극적으로는 국민 각자가 실제로 자유를 행사할 수 있는 실질적 조건을 마련해 줄 의무가 있는 국가이다. (O/X)

078

우리 헌법의 경제질서는 사유재산제를 바탕으로 하고 자유경쟁을 존중하는 자유시장 경제질서를 기본으로 하면서도 이에 수반되는 갖가지 모순을 제거하고 사회복지·사회정의를 실현하기 위하여 국가적 규제와 조정을 용인하는 사회적 시장경제질서로서의 성격을 띠고 있다. (O/X)

079

우리 헌법의 경제질서 원칙에 비추어 보면, 사회보험방식에 의하여 재원을 조성하여 반대급부로 노후생활을 보장하는 강제저축 프로그램으로서의 국민연금제도는 상호부조의 원리에 입각한 사회연대성에 기초하여 고소득계층에서 저소득계층으로, 근로세대에서 노년세대로, 현재세대에서 미래세대로 국민간의 소득재분배 기능을 함으로써 오히려 사회적 시장경제질서에 부합하는 제도이다. (O/X)

---

077 【O】 (1) 헌법은 제34조 제1항에서 모든 국민의 "인간다운 생활을 할 권리"를 사회적 기본권으로 규정하면서, 제2항 내지 제6항에서 특정한 사회적 약자와 관련하여 "인간다운 생활을 할 권리"의 내용을 다양한 국가의 의무를 통하여 구체화하고 있다.
(2) 우리 헌법은 사회국가원리를 명문으로 규정하고 있지는 않지만, 헌법의 전문, 사회적 기본권의 보장(헌법 제31조 내지 제36조), 경제 영역에서 적극적으로 계획하고 유도하고 재분배하여야 할 국가의 의무를 규정하는 경제에 관한 조항(헌법 제119조 제2항 이하) 등과 같이 사회국가원리의 구체화된 여러 표현을 통하여 사회국가원리를 수용하였다.
(3) 사회국가란 한마디로, 사회정의의 이념을 헌법에 수용한 국가, 사회현상에 대하여 방관적인 국가가 아니라 경제·사회·문화의 모든 영역에서 정의로운 사회질서의 형성을 위하여 사회현상에 관여하고 간섭하고 분배하고 조정하는 국가이며, 궁극적으로는 국민 각자가 실제로 자유를 행사할 수 있는 그 실질적 조건을 마련해 줄 의무가 있는 국가이다.(헌법재판소 2002.12.18. 선고 2002헌마52 전원재판부)

078 【O】 우리 헌법은 전문 및 제119조 이하의 경제에 관한 장에서 "균형있는 국민경제의 성장과 안정, 적정한 소득의 분배, 시장의 지배와 경제력남용의 방지, 경제주체간의 조화를 통한 경제의 민주화, 균형있는 지역경제의 육성, 중소기업의 보호육성, 소비자보호" 등 경제영역에서의 국가목표를 명시적으로 규정함으로써 국가가 경제정책을 통하여 달성하여야 할 공익을 구체화하고 있다. 이와 같이 우리 헌법의 경제질서는 사유재산제를 바탕으로 하고 자유경쟁을 존중하는 자유시장 경제질서를 기본으로 하면서도 이에 수반되는 갖가지 모순을 제거하고 사회복지·사회정의를 실현하기 위하여 국가적 규제와 조정을 용인하는 사회적 시장경제질서로서의 성격을 띠고 있다. 그러나 경제적 기본권의 제한을 정당화하는 공익이 헌법에 명시적으로 규정된 목표에만 제한되는 것은 아니고, 헌법은 단지 국가가 실현하려고 의도하는 전형적인 경제목표를 예시적으로 구체화하고 있을 뿐이므로 기본권의 침해를 정당화할 수 있는 모든 공익을 아울러 고려하여 법률의 합헌성 여부를 심사하여야 한다.(헌법재판소 2001.6.28. 선고 2001헌마132 전원재판부)

079 【O】 우리 헌법의 경제질서 원칙에 비추어 보면, 사회보험방식에 의하여 재원을 조성하여 반대급부로 노후생활을 보장하는 강제저축 프로그램으로서의 국민연금제도는 상호부조의 원리에 입각한 사회연대성에 기초하여 고소득계층에서 저소득층으로, 근로 세대에서 노년 세대로, 현재 세대에서 미래 세대로 국민간의 소득재분배 기능을 함으로써 오히려 위 사회적 시장경제질서에 부합하는 제도라 할 것이므로 국민연금제도가 헌법상의 시장경제질서에 위배된다는 위 주장은 이유 없다 할 것이다.(헌법재판소 2001.2.22. 선고 99헌마365 전원재판부)

080

헌법 제119조제2항에 규정된 '경제주체간의 조화를 통한 경제민주화'의 이념은 경제영역에서 정의로운 사회질서를 형성하기 위하여 추구할 수 있는 국가목표에 불과할 뿐이기 때문에, 이 조항이 기본권을 제한하는 국가행위를 정당화하는 직접적인 헌법규범이 될 수는 없다. (O/×)

081

헌법 제119조 제2항은 독과점규제라는 경제정책적 목표를 개인의 경제적 자유를 제한할 수 있는 정당한 공익의 하나로 명문화하고 있다. 독과점규제의 목적이 경쟁의 회복에 있다면 이 목적을 실현하는 수단 또한 자유롭고 공정한 경쟁을 가능하게 하는 방법이어야 한다. (O/×)

082

경제적 기본권의 제한을 정당화하는 공익이 헌법에 명시적으로 규정된 목표에만 제한되는 것은 아니고, 헌법은 단지 국가가 실현하려고 의도하는 전형적인 경제목표를 예시적으로 구체화하고 있을 뿐이므로 기본권의 침해를 정당화할 수 있는 모든 공익을 아울러 고려하여 법률의 합헌성 여부를 심사하여야 한다. (O/×)

---

080 【×】 (1) 헌법상의 경제질서에 관한 규정은, 국가행위에 대하여 한계를 설정함으로써 경제질서의 형성에 개인과 사회의 자율적인 참여를 보장하는 '경제적 기본권'과 경제영역에서의 국가활동에 대하여 기본방향과 과제를 제시하고 국가에게 적극적인 경제정책을 추진할 수 있는 권한을 부여하는 '경제에 대한 간섭과 조정에 관한 규정'(헌법 제119조 이하)으로 구성되어 있다.
(2) 특히 헌법 제119조는 개인의 경제적 자유를 보장하면서 사회정의를 실현하는 경제질서를 경제헌법의 지도원칙으로 표명함으로써 국가가 개인의 경제적 자유를 존중해야 할 의무와 더불어 국민경제의 전반적인 현상에 대하여 포괄적인 책임을 지고 있다는 것을 규정하고 있다. 우리 헌법은 헌법 제119조 이하의 경제에 관한 장에서 "균형있는 국민경제의 성장과 안정, 적정한 소득의 분배, 시장의 지배와 경제력남용의 방지, 경제주체간의 조화를 통한 경제의 민주화, 균형있는 지역경제의 육성, 중소기업의 보호육성, 소비자보호 등"의 경제영역에서의 국가목표를 명시적으로 언급함으로써 국가가 경제정책을 통하여 달성하여야 할 '공익'을 구체화하고, 동시에 헌법 제37조 제2항의 기본권제한을 위한 법률유보에서의 '공공복리'를 구체화하고 있다. 따라서 헌법 제119조 제2항에 규정된 '경제주체간의 조화를 통한 경제민주화'의 이념도 경제영역에서 정의로운 사회질서를 형성하기 위하여 추구할 수 있는 국가목표로서 개인의 기본권을 제한하는 국가행위를 정당화하는 헌법규범이다.(헌법재판소 2003.11.27. 선고 2001헌바35 전원재판부)

081 【O】 시장경제가 제대로 기능하기 위한 전제조건으로서의 가격과 경쟁의 기능을 유지하고 촉진하려고 하는 것이다. 따라서 독과점규제의 목적이 경쟁의 회복에 있다면 이 목적을 실현하는 수단 또한 자유롭고 공정한 경쟁을 가능하게 하는 방법이어야 한다.(전원재판부 96헌가18, 1996.12.26.)

082 【O】 우리 헌법은 헌법 제119조 이하의 경제에 관한 장에서 "균형있는 국민경제의 성장과 안정, 적정한 소득의 분배, 시장의 지배와 경제력남용의 방지, 경제주체간의 조화를 통한 경제의 민주화, 균형있는 지역경제의 육성, 중소기업의 보호육성, 소비자보호 등"의 경제영역에서의 국가목표를 명시적으로 규정함으로써 국가가 경제정책을 통하여 달성하여야 할 "공익"을 구체화하고, 동시에 헌법 제37조 제2항의 기본권제한을 위한 일반법률유보에서의 "공공복리"를 구체화하고 있다. 그러나 경제적 기본권의 제한을 정당화하는 공익이 헌법에 명시적으로 규정된 목표에만 제한되는 것은 아니고, 헌법은 단지 국가가 실현하려고 의도하는 전형적인 경제목표를 예시적으로 구체화하고 있을 뿐이므로 기본권의 침해를 정당화할 수 있는 모든 공익을 아울러 고려하여 법률의 합헌성 여부를 심사하여야 한다.(전원재판부 96헌가18, 1996.12.26.)

083

헌법 제119조 제2항은 국가가 경제영역에서 실현하여야할 목표의 하나로서 '적정한 소득의 분배'를 들고 있지만, 이로부터 반드시 소득에 대하여 누진세율에 따른 종합과세를 시행하여야 할 구체적인 헌법적 의무가 조세입법자에게 부과되는 것이라고 할 수 없다. (O/×)

084

국방상 또는 국민경제상 긴절한 필요로 인하여 법률이 정하는 경우를 제외하고는, 사영기업을 국유 또는 공유로 이전하거나 그 경영을 통제 또는 관리할 수 없다. (O/×)

085

농지소유자가 농지를 농업경영에 이용하지 아니하여 농지처분명령을 받았음에도 불구하고 정당한 사유 없이 이를 이행하지 아니하는 경우, 당해 농지가액의 100분의 20에 상당하는 이행강제금을 그 처분명령이 이행될 때까지 매년 1회 부과할 수 있도록 한 것은 합헌이다. (O/×)

---

083 【O】 헌법 제119조 제2항은 국가가 경제영역에서 실현하여야 할 목표의 하나로서 "적정한 소득의 분배"를 들고 있지만, 이로부터 반드시 소득에 대하여 누진세율에 따른 종합과세를 시행하여야 할 구체적인 헌법적 의무가 조세입법자에게 부과되는 것이라고 할 수 없다. 오히려 입법자는 사회·경제정책을 시행함에 있어서 소득의 재분배라는 관점만이 아니라 서로 경쟁하고 충돌하는 여러 목표, 예컨대 "균형있는 국민경제의 성장 및 안정", "고용의 안정" 등을 함께 고려하여 서로 조화시키려 시도하여야 하고, 끊임없이 변화하는 사회·경제상황에 적응하기 위하여 정책의 우선순위를 정할 수도 있다. 그러므로 "적정한 소득의 분배"를 무조건적으로 실현할 것을 요구한다거나 정책적으로 항상 최우선적인 배려를 하도록 요구하는 것은 아니라 할 것이다.(헌재 1999.11.25. 98헌마55, 공보 제40호, 911 [전원재판부])

084 【O】 헌법 제126조 국방상 또는 국민경제상 긴절한 필요로 인하여 법률이 정하는 경우를 제외하고는, 사영기업을 국유 또는 공유로 이전하거나 그 경영을 통제 또는 관리할 수 없다.

085 【O】 농지소유자가 농지를 농업경영에 이용하지 아니하여 농지처분명령을 받았음에도 불구하고 정당한 사유 없이 이를 이행하지 아니하는 경우, 당해 농지의 토지가액의 100분의 20에 상당하는 이행강제금을 그 처분명령이 이행될 때까지 매년 1회 부과할 수 있도록 하는 구 농지법 규정은 농지소유자로 하여금 농지를 계속 농업경영에 이용하도록 하고, 비자경농의 농지 소유를 제한하는 것으로 이는 국토의 효율적이고 균형 있는 이용·개발과 보전을 위하여 그에 관한 필요한 제한과 의무를 과할 수 있다는 헌법 제122조와 경자유전의 원칙 및 소작제도 금지를 규정한 헌법 제121조 제1항에 근거를 둔 것으로 정당하고, 농지를 취득한 이후에도 계속 농지를 농업경영에 이용할 의무를 부과하고, 이에 위반하여 농지소유자격이 없는 자에 대하여 농지를 처분할 의무를 부과하고 이행강제금을 부과하는 것은 입법목적을 달성하기 위한 적절한 수단이다. 농지법은 정당한 사유가 있으면 농지처분의무를 면제하거나 이행강제금을 부과하지 않고, 농지처분명령을 통지받은 농지 소유자에게 매수청구권을 부여하여 피해를 최소화하고 있으며, 농지를 자유롭게 이용할 수 있는 개인의 권리의 제한에 비하여, 농지의 효율적인 이용과 관리를 통하여 국민의 안정적 식량생산기반을 유지하고 헌법상의 경자유전원칙을 실현한다는 공적 이익이 훨씬 크므로, 법익의 균형성도 충족하는 바 과잉금지원칙에 위반되거나 기본권의 본질적 내용을 침해하지 아니하므로, 청구인의 재산권을 침해하지 아니한다.(전원재판부 2008헌바98, 2010.2.25.)

086 🔄 1 2 3

불매운동의 목표로서 '소비자의 권익'이란 원칙적으로 사업자가 제공하는 물품이나 용역의 소비생활과 관련된 것으로서 상품의 질이나 가격, 유통구조, 안전성 등 시장적 이익에 국한된다. (O/×)

087 🔄 1 2 3

의약품 도매상 허가를 받기 위해 필요한 창고면적의 최소기준을 규정하고 있는 약사법 조항들은 국가의 중소기업보호·육성의무를 위반하였다. (O/×)

088 🔄 1 2 3

국방상 또는 국민경제상 긴절한 필요로 인하여 법률이 정하는 경우에는, 사영기업을 국유 또는 공유로 이전하거나 그 경영을 통제 또는 관리할 수 있다. (O/×)

089 🔄 1 2 3

농업생산성의 제고와 농지의 합리적인 이용을 위하거나 불가피한 사정으로 발생하는 농지의 임대차와 위탁경영은 법률이 정하는 바에 의하여 인정된다. (O/×)

---

086 【O】 (1) 구매력을 무기로 소비자가 자신의 선호를 시장에 실질적으로 반영하고자 하는 시도로서 **소비자불매운동**이란, '하나 또는 그 이상의 운동주도세력이 **소비자의 권익을 향상시킬 목적으로 개별 소비자들로 하여금 시장에서 특정 상품의 구매를 억지하거나 제3자로 하여금 그렇게 하도록 설득하는 조직화된 행위**'를 의미한다. 우선, 개별소비자나 소비자단체가 '운동의 주체'인데, 2인 이상이 의사를 합치하여 조직적 활동을 벌인 것이라면 소비자보호법상 등록된 소비자단체에 한정되지 않으며, 잠재적으로 소비자가 될 가능성이 있다면 누구나 운동의 주체가 될 수 있다.
(2) 불매운동의 목표로서의 '소비자의 권익'이란 원칙적으로 사업자가 제공하는 물품이나 용역의 소비생활과 관련된 것으로서 상품의 질이나 가격, 유통구조, 안전성 등 시장적 이익에 국한된다.
(3) 한편, 불매운동이 예정하고 있는 '불매행위'에는, 단순히 불매운동을 검토하고 있다는 취지의 의견을 표현하는 행위뿐만 아니라, 다른 소비자들에게 불매운동을 촉구하는 행위, 불매운동 실행을 위한 조직행위, 직접적으로 불매를 실행하는 행위 등이 모두 포괄될 수 있다.(헌재 2011.12.29. 2010헌바54 등, 판례집 23-2하, 558 [전원재판부])

087 【×】 의약품 도매상 허가를 받기 위해 필요한 창고면적의 최소기준을 규정하고 있는 약사법 조항들은 이 사건 면적조항이 규정한 264제곱미터라는 창고면적 기준은 과거 의약품 도매상 창고면적에 대한 기준이 있었던 때에 시행되었던 것과 같은 것으로, 이러한 시설기준이 지나치게 과도하다는 사정을 찾을 수 없으므로 이에 대한 입법자의 정책적 판단은 존중되어야 한다. 나아가 이 사건 부칙조항은 기존의 의약품 도매상에 대한 **경과조치로 2년의 유예기간을 부여**하였으며, 개정법 시행일을 고려하면 실제로는 총 3년이라는 준비기간이 있는 셈이므로, 상황변화에 적절히 대처하고 피해를 최소화할 수 있는 충분한 기간이 주어졌다고 할 수 있다. 또한 반드시 264제곱미터 이상의 단일 창고를 구비해야 하는 것은 아니고, 창고를 보유하지 않더라도 **기준을 충족하는 창고 시설을 갖춘 도매상에 의약품의 보관, 배송 등 유통관리 업무를 위탁하는 방법으로 영업이 가능**하다. 이와 같은 사정들을 종합해 보면 청구인의 **직업수행의 자유를 침해한다고 볼 수 없다**.(전원재판부 2012헌마811, 2014.4.24.)

088 【O】 헌법 제126조 국방상 또는 국민경제상 긴절한 필요로 인하여 법률이 정하는 경우를 제외하고는, 사영기업을 국유 또는 공유로 이전하거나 그 경영을 통제 또는 관리할 수 없다.

089 【O】 제121조 ① 국가는 농지에 관하여 **경자유전의 원칙**이 달성될 수 있도록 노력하여야 하며, 농지의 **소작제도는 금지**된다.
② 농업생산성의 제고와 농지의 합리적인 이용을 위하거나 불가피한 사정으로 발생하는 농지의 임대차와 위탁경영은 법률이 정하는 바에 의하여 인정된다.

090 🔄 1 2 3

우리 헌법의 경제질서는 사유재산제를 바탕으로 하고 자유경쟁을 존중하는 자유시장 경제질서를 기본으로 하면서도 이에 수반되는 갖가지 모순을 제거하고 사회복지·사회정의를 실현하기 위하여 국가적 규제와 조정을 용인하는 사회적 시장경제질서로서의 성격을 띠고 있다. (O/×)

091 🔄 1 2 3

헌법 제123조제5항은 국가에게 '농·어민의 자조조직을 육성할 의무'와 '자조조직의 자율적 활동과 발전을 보장할 의무'를 아울러 규정하고 있는데, 국가가 농·어민의 자조조직을 적극적으로 육성하여야 할 의무까지도 수행하여야 한다고 볼 수 없다. (O/×)

092 🔄 1 2 3

수력(水力)은 법률이 정하는 바에 의하여 일정한 기간 그 이용을 특허할 수 있다. (O/×)

093 🔄 1 2 3

특정한 사회 경제적 또는 정치적 대의나 가치를 주장 옹호하거나 이를 진작시키기 위한 수단으로 선택한 소비자불매운동은 헌법상 보호를 받을 수 없다. (O/×)

---

090 【O】 우리 헌법은 전문 및 제119조 이하의 경제에 관한 장에서 "균형있는 국민경제의 성장과 안정, 적정한 소득의 분배, 시장의 지배와 경제력남용의 방지, 경제주체간의 조화를 통한 경제의 민주화, 균형있는 지역경제의 육성, 중소기업의 보호육성, 소비자보호" 등 경제영역에서의 국가목표를 명시적으로 규정함으로써 국가가 경제정책을 통하여 달성하여야 할 공익을 구체화하고 있다. 이와 같이 우리 헌법의 경제질서는 사유재산제를 바탕으로 하고 자유경쟁을 존중하는 **자유시장 경제질서를 기본**으로 하면서도 이에 수반되는 갖가지 모순을 제거하고 사회복지·사회정의를 실현하기 위하여 국가적 규제와 조정을 용인하는 **사회적 시장경제질서로서의 성격**을 띠고 있다.(헌재 2001.6.28. 2001헌마132).

091 【X】 헌법 제123조 제5항은 국가에게 "농·어민의 자조조직을 육성할 의무"와 "자조조직의 자율적 활동과 발전을 보장할 의무"를 아울러 규정하고 있는데, 이러한 국가의 의무는 자조조직이 제대로 활동하고 기능하는 시기에는 그 조직의 자율성을 침해하지 않도록 하는 후자의 소극적 의무를 다하면 된다고 할 수 있지만, 그 **조직이 제대로 기능하지 못하고 향후의 전망도 불확실한 경우**라면 단순히 그 조직의 자율성을 보장하는 것에 그쳐서는 아니 되고, **적극적으로 이를 육성하여야 할 전자의 의무까지도 수행**하여야 한다.(전원재판부 99헌마553, 2000.6.1.)

092 【O】 헌법 제120조 ① 광물 기타 중요한 지하자원·수산자원·**수력**과 경제상 이용할 수 있는 자연력은 **법률이 정하는 바에 의하여** 일정한 기간 그 채취·개발 또는 이용을 **특허**할 수 있다.

093 【X】 소비자가 구매력을 무기로 상품이나 용역에 대한 자신들의 선호를 시장에 실질적으로 반영하기 위한 집단적 시도인 **소비자불매운동**은 본래 '공정한 가격으로 양질의 상품 또는 용역을 적절한 유통구조를 통해 적절한 시기에 안전하게 구입하거나 사용할 소비자의 제반 권익을 증진할 목적'에서 행해지는 소비자보호운동의 일환으로서 헌법 제124조를 통하여 제도로서 보장되나, 그와는 다른 측면에서 일반 시민들이 특정한 사회, 경제적 또는 정치적 대의나 가치를 주장·옹호하거나 이를 진작시키기 위한 수단으로 소비자불매운동을 선택하는 경우도 있을 수 있고, 이러한 소비자불매운동 역시 반드시 헌법 제124조는 아니더라도 헌법 제21조에 따라 보장되는 정치적 표현의 자유나 헌법 제10조에 내재한 일반적 행동의 자유의 관점 등에서 **보호받을 가능성**이 있으므로, 단순히 소비자불매운동이 헌법 제124조에 따라 보장되는 소비자보호운동의 요건을 갖추지 못하였다는 이유만으로 이에 대하여 아무런 헌법적 보호도 주어지지 아니한다고 단정하여서는 아니 된다.(대법원 2013.3.14. 2010도410).

094

구 특정범죄 가중처벌 등에 관한 법률 에서 관세포탈 등의 예비범에 대하여 본죄에 준하여 가중처벌하도록 한 규정의 입법목적은 헌법 제119조 제2항(경제의 규제·조정), 제125조(무역의 규제 조정)의 정신에 부합한다.

(O/×)

095

불매운동의 목표로서의 '소비자의 권익'이란 원칙적으로 사업자가 제공하는 물품이나 용역의 소비생활과 관련된 것으로서 상품의 질이나 가격, 유통구조, 안정성 등 시장적 이익에 국한된다.

(O/×)

096

국가는 농지에 관하여 경자유전의 원칙이 달성될 수 있도록 노력하여야 하며, 농지의 소작제도는 금지된다.

(O/×)

097

국가는 건전한 소비행위를 계도하고 생산품의 품질향상을 촉구하기 위한 소비자보호운동을 법률이 정하는 바에 의하여 보장한다.

(O/×)

098

국가는 지역간의 균형있는 발전을 위하여 지역경제를 육성할 의무를 지나, 중소기업을 보호·육성하여야 할 의무를 지지 아니한다.

(O/×)

---

094 【O】 구 특가법 제6조 제7항이 관세포탈 등 예비범에 대하여 본죄에 준하여 가중처벌하도록 규정하고 있는 것은, 동 조항이 특정하고 있는 **관세포탈죄 등만은 그 특성과 위험성을 고려하여 이를 처벌함에 있어 조세범이나 다른 일반범죄와는 달리함으로써 건전한 사회질서의 유지와 국민경제의 발전에 이바지함을 목적**으로 한다. 이와 같은 이 사건 예비죄 조항의 입법목적은 우리나라의 **경제질서에 관한 헌법 제119조 제2항(경제의 규제·조정), 제125조(무역의 규제·조정) 규정의 정신에 부합하여 정당**하다고 인정된다.(헌재 2010.7.29. 2008헌바88)

095 【O】 (1) 불매운동의 목표로서의 '소비자의 권익'이란 <u>원칙적으로 사업자가 제공하는 물품이나 용역의 소비생활과 관련된 것으로서 상품의 질이나 가격, 유통구조, 안전성 등 시장적 이익에 국한</u>된다.
(2) 한편, 불매운동이 예정하고 있는 '불매행위'에는 <u>단순히 불매운동을 검토하고 있다는 취지의 의견을 표현하는 행위</u>뿐만 아니라, 다른 소비자들에게 불매운동을 <u>촉구</u>하는 행위, 불매운동 <u>실행을 위한 조직행위, 직접적으로 불매를 실행하는 행위</u> 등이 모두 포괄될 수 있다.(헌재 2011.12.29. 2010헌바54 등, 판례집 23-2하, 558 [전원재판부])

096 【O】 헌법 제121조 ① 국가는 농지에 관하여 경자유전의 원칙이 달성될 수 있도록 노력하여야 하며, 농지의 소작제도는 금지된다.

097 【O】 헌법 제124조 국가는 건전한 소비행위를 계도하고 생산품의 품질향상을 촉구하기 위한 소비자보호운동을 법률이 정하는 바에 의하여 보장한다.

098 【X】 국가는 중소기업을 보호·육성하여야 할 의무를 진다. 헌법 제123조 ② 국가는 지역간의 균형있는 발전을 위하여 지역경제를 육성할 의무를 진다. ③ 국가는 중소기업을 보호·육성하여야 한다.

099

국가는 농수산물의 수급균형과 유통구조의 개선에 노력하여 가격안정을 도모함으로써 농·어민의 이익을 보호한다. (O/×)

6. 문화국가 원리

100

문화국가원리는 1948년 제헌헌법 이래 헌법상의 기본원리로 인정되어온바, 이 원리의 구체적인 실현을 위해서는 국가가 어떤 문화현상도 특별히 선호하거나 우대하는 경향을 보이지 않는 불편부당의 원칙에 입각한 정책이 바람직하다. (O/×)

101

문화국가원리와 밀접 불가분의 관계를 맺게 되는 국가의 문화정책은 국가의 문화국가 실현에 관한 적극적인 역할을 감안할 때, 문화풍토의 조성이 아니라 특정 문화 그 자체의 산출에 초점을 두어야 한다. (O/×)

102

헌법 전문(前文)과 헌법 제9조에서 말하는 '전통', '전통문화'란 역사성과 시대성을 띤 개념으로 이해하여야 하므로, 과거의 어느 일정 시점에서 역사적으로 존재하였다는 사실만으로도 헌법의 보호를 받는 전통이 되는 것이다. (O/×)

---

099 【O】 헌법 제123조 ④ 국가는 농수산물의 수급균형과 유통구조의 개선에 노력하여 가격안정을 도모함으로써 농·어민의 이익을 보호한다.

100 【O】 2004.5.27. 2003헌가1 등

101 【X】 문화국가원리는 국가의 문화국가실현에 관한 과제 또는 책임을 통하여 실현되는바, 국가의 문화정책과 밀접 불가분의 관계를 맺고 있다. 과거 국가절대주의사상의 국가관이 지배하던 시대에는 국가의 적극적인 문화간섭정책이 당연한 것으로 여겨졌다. 그러나 오늘날에 와서는 국가가 어떤 문화현상에 대하여도 이를 선호하거나, 우대하는 경향을 보이지 않는 불편부당의 원칙이 가장 바람직한 정책으로 평가받고 있다. 오늘날 **문화국가에서의 문화정책은** 그 초점이 문화 그 자체에 있는 것이 아니라 문화가 생겨날 수 있는 **문화풍토를 조성하는데 두어야 한다.**(2004.5.27. 2003헌가1)

102 【X】 헌법 전문과 헌법 제9조에서 말하는 '전통', '전통문화'란 역사성과 시대성을 띤 개념으로 이해하여야 한다. **과거의 어느 일정 시점에서 역사적으로 존재하였다는 사실만으로 모두 헌법의 보호를 받는 전통이 되는 것은 아니다.**(2005.2.3. 2001헌가9 등)

103

문화국가원리의 특성은 문화의 개방성 내지 다원성의 표지와 연결되므로, 국가는 엘리트 문화를 제외한 서민문화·대중문화의 가치를 인정하고 정책적인 배려의 대상으로 하여야 한다. (O/×)

104

문화국가원리에서 도출되는 가족제도에 관한 전통·전통문화는 적어도 가족제도에 관한 헌법이념인 개인의 존엄과 양성의 평등에 반하는 것이어서는 안 된다. (O/×)

105

건설공사 과정에서 매장문화재 발굴로 인하여 문화재 훼손 위험을 야기한 건설공사 시행자에게 원칙적으로 발굴경비를 부담시키는 구「문화재보호법」조항은 합리적인 이유 없이 부당한 재산상 부담을 지워 재산권을 침해하므로 헌법에 위반된다. (O/×)

106

헌법은 문화국가를 실현하기 위하여 양심과 사상의 자유, 종교의 자유, 언론·출판의 자유, 학문과 예술의 자유 등을 규정하고 있는바, 이들은 문화국가원리의 불가결의 조건이라고 할 수 있다. (O/×)

---

103 【×】 오늘날 문화국가에서의 문화정책은 그 초점이 문화 그 자체에 있는 것이 아니라 문화가 생겨날 수 있는 문화풍토를 조성하는 데 두어야 한다. 문화국가원리의 이러한 특성은 문화의 개방성 내지 다원성의 표지와 연결되는데, 국가의 문화육성의 대상에는 원칙적으로 모든 사람에게 문화창조의 기회를 부여한다는 의미에서 모든 문화가 포함된다. 따라서 엘리트문화뿐만 아니라 서민문화, 대중문화도 그 가치를 인정하고 정책적인 배려의 대상으로 하여야 한다. (2004.5.27. 2003헌가1)

104 【O】 2005.2.3. 2001헌가9

105 【×】 구 문화재보호법 제55조 제7항 제2문 및 제3문 중 각 '제55조 제1항 제2호에 관한 부분'은 건설공사 과정에서 매장문화재의 발굴로 인하여 문화재 훼손 위험을 야기한 사업시행자에게 원칙적으로 발굴경비를 부담시킴으로써, 각종 개발행위로 인한 무분별한 문화재 발굴로부터 매장문화재를 보호하는 것이어서 입법목적의 정당성, 방법의 적절성이 인정되고, 사업시행자가 발굴조사비용을 감당하기 어렵다고 판단하는 경우에는 더 이상 사업시행에 나아가지 아니할 수 있고, 대통령령으로 정하는 경우에는 예외적으로 국가 등이 발굴비용을 부담할 수 있는 완화규정을 두고 있어 침해최소성 원칙, 법익균형성 원칙에도 반하지 아니하므로, 과잉금지원칙에 위배되지 아니한다.(2011.7.28. 2009헌바244)

106 【O】 2004.5.27. 2003헌가1 등

107

어떤 의식·행사·유형물이 종교적인 의식·행사 또는 상징에서 유래되었다면, 비록 그것이 이미 우리 사회공동체 구성원들 사이에서 관습화된 문화요소로 인식되고 받아들여질 정도에 이르렀다고 하더라도 그에 대한 국가의 지원은 헌법상 정교분리원칙에 반하게 된다. (O/×)

7. 국제평화주의

108

국회는 중요한 국제조직에 관한 조약, 주권의 제약에 관한 조약, 국가나 국민에게 중대한 재정적 부담을 지우는 조약 또는 입법사항에 관한 조약의 체결·비준에 대한 동의권을 가진다. (O/×)

109

1992. 2. 19. 발효된 '남북사이의 화해와 불가침 및 교류협력에 관한 합의서'는 국가 간의 조약에 준하는 것이므로 국회의 동의가 필요하다. (O/×)

110

「대한민국과 아메리카 합중국간의 상호방위조약 제4조에 의한 시설과 구역 및 대한민국에서의 합중국군대의 지위에 관한 협정」은 국회의 관여없이 체결되는 행정협정처럼 보이기도 하나 우리나라의 입장에서 볼 때에는 외국군대의 지위에 관한 것이고, 국가에게 재정적 부담을 지우는 내용과 입법사항을 포함하고 있으므로 국회의 동의를 요하는 조약에 해당한다. (O/×)

111

「대한민국과 일본국 간의 어업에 관한 협정」은 우리나라 정부가 일본 정부와의 사이에서 어업에 관해 체결·공포한 조약으로서 헌법 제6조 제1항에 의하여 국내법과 같은 효력을 가지므로, 그 체결행위는 고권적 행위로서 헌법소원심판의 대상인 공권력의 행사에 해당한다. (O/×)

---

107 【X】 오늘날 종교적인 의식 또는 행사가 하나의 사회공동체의 문화적인 현상으로 자리잡고 있으므로, 어떤 의식, 행사, 유형물 등이 비록 종교적인 의식, 행사 또는 상징에서 유래되었다고 하더라도 그것이 이미 우리 사회공동체 구성원들 사이에서 관습화된 문화요소로 인식되고 받아들여질 정도에 이르렀다면, 이는 정교분리원칙이 적용되는 종교의 영역이 아니라 헌법적 보호가치를 지닌 문화의 의미를 갖게 된다. 그러므로 이와 같이 **이미 문화적 가치로 성숙한 종교적인 의식, 행사, 유형물에 대한 국가 등의 지원은 일정 범위 내에서 전통문화의 계승·발전이라는 문화국가원리에 부합하며 정교분리원칙에 위배되지 않는다**.(대판 2009.5.28. 2008두16933)

108 【O】 헌법 제60조 제1항

109 【X】 **남북 사이의 화해와 불가침 및 교류협력에 관한 합의서는** 남북관계를 "나라와 나라사이의 관계가 아닌 통일을 지향하는 과정에서 잠정적으로 형성되는 특수관계" 임을 전제로 하여 이루어진 **합의문서**인 바, 이는 한민족공동체 내부의 특수관계를 바탕으로 한 당국 간의 합의로서 남북당국의 성의있는 이행을 상호 약속하는 **일종의 공동성명 또는 신사협정에 준하는 성격**을 가짐에 불과하다.(1997.1.16. 89헌마240)

110 【O】 1999.4.29. 97헌가14

111 【O】 2001.3.21. 99헌마139

112

마라케쉬협정은 적법하게 체결되어 공포된 조약이므로 국내법과 같은 효력을 갖는 것이어서 마라케쉬협정에 의하여 관세법위반자의 처벌이 가중된다고 하더라도 이를 들어 법률에 의하지 아니한 형사처벌이라거나 행위시의 법률에 의하지 아니한 형사처벌이라고 할 수 없다. (O/×)

113

세계인권선언의 각 조항은 보편적인 법적 구속력을 가짐과 아울러 국제법적 효력을 갖는다. (O/×)

114

강제노동의 폐지에 관한 국제노동기구(ILO)의 제105호 조약은 우리나라가 비준한 바가 없고, 헌법 제6조 제1항에서 말하는 일반적으로 승인된 국제법규로서 헌법적 효력을 갖는다고 볼 수도 없기 때문에 위헌성 심사의 척도가 될 수 없다. (O/×)

115

헌법 제6조 제1항의 국제법 존중주의에 따라 조약과 일반적으로 승인된 국제법규는 국내법에 우선한다. (O/×)

116

한미무역협정(FTA)은 대한민국의 입법권의 범위, 사법권의 주체와 범위, 헌법상 경제조항에 변경을 가져오는 등 실질적으로 헌법 개정에 해당함에도, 국민투표 절차를 거치지 않고 이 협정을 체결한 것은 대한민국 국민의 국민투표권을 침해한다. (O/×)

---

112 【O】 1998.11.26. 97헌바65

113 【X】 "세계인권선언"에 관하여 보면, 이는 그 전문에 나타나 있듯이 "인권 및 기본적 자유의 보편적인 존중과 준수의 촉진을 위하여 …… 사회의 각 개인과 사회 각 기관이 국제연합 가맹국 자신의 국민 사이에 또 가맹국 관할하의 지역에 있는 시민들 사이에 기본적인 인권과 자유의 존중을 지도교육함으로써 촉진하고 또한 그러한 보편적, 효과적인 승인과 준수를 국내적·국제적인 점진적 조치에 따라 확보할 것을 노력하도록, 모든 국민과 모든 나라가 달성하여야 할 공통의 기준"으로 선언하는 의미는 있으나 그 **선언내용인 각 조항이 바로 보편적인 법적 구속력을 가지거나 국제법적 효력을 갖는 것으로 볼 것은 아니다.**(1991.7.22. 89헌가106)

114 【O】 1998.7.16. 97헌바21

115 【X】 헌법에 의하여 체결 공포된 조약과 일반적으로 승인된 국제법규는 **국내법과 같은 효력을 지닌다**(헌법 제6조 제1항).

116 【O】 성문헌법의 개정은 헌법의 조문이나 문구의 명시적이고 직접적인 변경을 내용으로 하는 헌법개정안의 제출에 의하여야 하고, 하위규범인 법률의 형식으로, 일반적인 입법절차에 의하여 개정될 수는 없다. **한미무역협정의 경우, 국회의 동의를 필요로 하는 조약의 하나로서 법률적 효력이 인정되므로,** 그에 의하여 성문헌법이 개정될 수는 없으며, 따라서 **한미무역협정으로 인하여 청구인의 헌법 제130조 제2항에 따른 헌법개정절차에서의 국민투표권이 침해될 가능성은 인정되지 아니한다.**(2013.11.28. 2012헌마166)

117 🔄 1 2 3
대한민국과 아메리카합중국 간의 상호방위조약 제4조에 의한 시설과 구역 및 대한민국에서의 합중국군대의 지위에 관한 협정은 국회의 관여없이 체결되는 행정협정이므로 국회의 동의를 요하지 않는다. (O/×)

118 🔄 1 2 3
국회는 상호원조 또는 안전보장에 관한 조약, 중요한 국제조직에 관한 조약, 우호통상항해조약, 주권의 제약에 관한 조약, 강화조약, 국가나 국민에게 중대한 재정적 부담을 지우는 조약 또는 입법사항에 관한 조약의 체결·비준에 대한 동의권을 가진다. (O/×)

119 🔄 1 2 3
국제노동기구의 제87호 협약(결사의 자유 및 단결권 보장에 관한 협약), 제98호 협약(단결권 및 단체교섭권에 대한 원칙의 적용에 관한 협약), 제151호 협약(공공부문에서의 단결권 보호 및 고용조건의 결정을 위한 절차에 관한 협약)은 헌법 제6조 제1항에서 말하는 일반적으로 승인된 국제법규로서 헌법적 효력을 갖는 것이 아니다. (O/×)

---

117 【×】 대한민국과 아메리카합중국간의 상호방위조약 제4조에 의한 시설과 구역 및 대한민국에서의 합중국군대의 지위에 관한 협정 조약은 그 명칭이 "협정"으로 되어있어 국회의 관여없이 체결되는 행정협정처럼 보이기도 하나 우리나라의 입장에서 볼 때에는 외국군대의 지위에 관한 것이고, 국가에게 재정적 부담을 지우는 내용과 근로자의 지위, 미군에 대한 형사재판권, 민사청구권 등 입법사항을 포함하고 있으므로 국회의 동의를 요하는 조약으로 취급되어야 하는 것이고, 당시의 헌법(1962.12.26. 전면개정된 것) 제56조 제1항도 외국군대의 지위에 관한 조약, 국가나 국민에게 재정적 부담을 지우는 조약, 입법사항에 관한 조약의 체결·비준에 대하여는 국회가 동의권을 가진다고 규정하고 있는 것이다.(헌법재판소 1999.4.29. 선고 97헌가14 전원재판부)

118 【O】 헌법 제60조 ① 국회는 상호원조 또는 안전보장에 관한 조약, 중요한 국제조직에 관한 조약, 우호통상항해조약, 주권의 제약에 관한 조약, 강화조약, 국가나 국민에게 중대한 재정적 부담을 지우는 조약 또는 입법사항에 관한 조약의 체결·비준에 대한 동의권을 가진다.

119 【O】 (1) 국제노동기구(ILO)의 권고는 권고적 의미를 갖는 것으로 보편적인 법적 구속력이나 국제법적 효력을 갖는 것으로 볼 수 없고, 국제노동기준 등은 권리의 본질을 침해하지 아니하는 한 국내의 민주적인 대의절차에 따라 필요한 범위 안에서 노동기본권에 대하여 법률에 의한 합리적인 제한을 용인하고 있으므로, 심판대상조항들과 정면으로 배치되는 것이 아니다.
(2) 한편 국제노동기구(ILO) 제87호 협약은 우리나라가 비준한 바 없고, 이를 헌법 제6조 제1항 소정의 '일반적으로 승인된 국제법규로서 국내법적 효력을 갖는 것'이라고 볼 만한 객관적인 근거도 없으므로, 위 협약을 위헌성 심사의 척도로 삼기 어렵고, 나아가 이와 같이 국내법적 효력이 없는 위 국제노동기구 협약 및 권고 등이 어떠한 구속력을 갖는다고 볼 수도 없다.(헌법재판소 2008.12.26. 선고 2006헌마518 전원재판부)

120
우루과이라운드의 협상결과 체결된 마라케쉬 협정은 적법하게 체결되어 공포된 조약이다. (O/×)

8. 평화통일원칙

121
현 단계에 있어서의 북한은 대남적화노선을 고수하면서 대한민국 자유민주주의체제의 전복을 획책하고 있는 반국가단체라는 성격만을 가지므로, 한반도의 이북지역을 불법적으로 점유하고 있는 불법단체에 불과하다. (O/×)

122
"대한민국의 영토는 한반도와 그 부속도서로 한다."는 영토조항(제3조)을 두고 있는 이상 대한민국의 헌법은 북한지역을 포함한 한반도 전체에 그 효력이 미치고 따라서 북한지역은 당연히 대한민국의 영토가 되지만, 개별 법률의 적용 내지 준용에 있어서는 남북한의 특수관계적 성격을 고려하여 북한지역을 외국에 준하는 지역으로, 북한주민 등을 외국인에 준하는 지위에 있는 자로 규정할 수 있다. (O/×)

123
북한을 반국가단체로 보고 있는 국가보안법은 우리 헌법이 규정하고 있는 국제평화주의나 평화통일의 원칙에 모순되지 않는다. (O/×)

---

120 【O】 헌법 제12조 후문 후단은 "누구든지 … 법률과 적법한 절차에 의하지 아니하고는 처벌·보안처분 또는 강제노역을 받지 아니한다"고 규정하여 법률과 적법절차에 의한 형사처벌을 규정하고 있고, 헌법 제13조 제1항 전단은 "모든 국민은 행위시의 법률에 의하여 범죄를 구성하지 아니하는 행위로 소추되지 아니하며"라고 규정하여 행위시의 법률에 의하지 아니한 형사처벌의 금지를 규정하고 있으며, 헌법 **제6조 제1항**은 "**헌법에 의하여 체결·공포된 조약과 일반적으로 승인된 국제법규는 국내법과 같은 효력을 가진다**"고 규정하여 적법하게 체결되어 공포된 조약은 국내법과 같은 효력을 가진다고 규정하고 있다. 마라케쉬협정도 적법하게 체결되어 공포된 조약이므로 국내법과 같은 효력을 갖는 것이어서 그로 인하여 새로운 범죄를 구성하거나 범죄자에 대한 처벌이 가중된다고 하더라도 이것은 국내법에 의하여 형사처벌을 가중한 것과 같은 효력을 갖게 되는 것이다. 따라서 마라케쉬협정에 의하여 관세법위반자의 처벌이 가중된다고 하더라도 이를 들어 법률에 의하지 아니한 형사처벌이라거나 행위시의 법률에 의하지 아니한 형사처벌이라고 할 수 없으므로, 마라케쉬협정에 의하여 가중된 처벌을 하게 된 구 특가법 제6조 제2항 제1호나 농안법 제10조의3이 죄형법정주의에 어긋나거나 청구인의 기본적 인권과 신체의 자유를 침해하는 것이라고 할 수 없다. 따라서 구 특가법 제6조 제2항 제1호와 농안법 제10조의3이 **조세법률주의나 죄형법정주의에 어긋나거나 청구인의 기본적 인권과 신체의 자유를 침해하는 규정이라고 할 수 없다**.(헌법재판소 1998.11.26. 선고 97헌바65 전원재판부)

121 【X】 **북한은 조국의 평화적 통일을 위한 대화와 협력의 동반자임**과 동시에 적화통일노선을 고수하면서 우리의 자유민주주의 체제를 전복하고자 획책하는 **반국가단체의 성격도 아울러 가지고 있고**, 반국가단체 등을 규율하는 국가보안법의 규범력이 상실되었다고 볼 수는 없다.(대판 2008.4.17. 2003도758)

122 【O】 2005.6.30. 2003헌바114

123 【O】 국가의 존립·안전과 국민의 생존 및 자유를 수호하기 위하여 국가보안법의 해석·적용상 **북한을 반국가단체로 보고 이에 동조하는 반국가활동을 규제하는 것 자체가 헌법이 규정하는 국제평화주의나 평화통일의 원칙에 위반된다고 할 수 없다**.(1997.1.16. 92헌바6 등)

제4절 헌법의 기본제도

I 제도적 보장

001
우리나라의 학설과 판례에 의하면 제도는 국법질서에 의하여 국가 내에서 인정되는 객관적 법규범인 동시에 재판규범으로 기능하며, 기본권과 달리 최대한의 보장을 내용으로 한다. (O/×)

II 정당제도(복수정당제)

002
'경찰청장은 퇴직일로부터 2년 이내에는 정당의 발기인이 되거나 당원이 될 수 없다.'고 규정하고 있는 법률조항은 정당설립 및 가입의 자유를 침해하는 위헌적인 조항이다. (O/×)

003
'정당의 설립은 자유이며 복수정당제는 보장된다.'고 규정하고 있는 헌법조항은 정당설립의 자유 외에도 정당조직의 자유와 정당활동의 자유를 모두 보장하고 있다. (O/×)

004
정당은 법인격 없는 사적 결사체에 불과하기 때문에 국가가 정당의 운영에 필요한 자금을 보조하는 것은 헌법상 허용되기 어렵고, 다만 선거공영제에 따라 선거경비를 보조한다. (O/×)

005
정당의 목적이나 활동이 의회제도와 선거제도를 부정하는 것인 때에는 정부는 헌법재판소에 그 해산을 제소할 수 있고, 그 정당은 헌법재판소의 심판에 의하여 해산될 수 있다. (O/×)

---

001 【×】 기본권 보장은 "최대한 보장의 원칙"이 적용됨에 반하여, 제도적 보장은 그 본질적 내용을 침해하지 아니하는 범위 안에서 입법자에게 제도의 구체적 내용과 형태의 형성권을 폭넓게 인정한다는 의미에서 **최소한 보장의 원칙**이 적용될 뿐이다.(1997.4.24. 95헌바48)

002 【O】 1999.12.23. 99헌마135

003 【O】 2004.12.16. 2004헌마456

004 【×】 정당은 법률이 정하는 바에 의하여 국가의 보호를 받으며, <u>국가는 법률이 정하는 바에 의하여 정당운영에 필요한 자금을 보조할 수 있다</u>(헌법 제8조 제3항).

005 【O】 헌법 제8조 제4항

006 🔄 1 2 3

등록이 취소된 정당의 잔여재산은 국고에 귀속함이 원칙이다. (O/×)

007 🔄 1 2 3

위헌정당으로 강제해산된 경우와 달리 등록이 취소된 경우에는 정당의 명칭을 곧바로 다시 사용할 수 있다. (O/×)

008 🔄 1 2 3

헌법재판소의 결정에 의하여 해산된 정당의 명칭과 동일한 명칭은 해산된 날부터 최초로 실시하는 임기만료에 의한 국회의원선거의 선거일까지만 정당의 명칭으로 사용할 수 없다. (O/×)

009 🔄 1 2 3

대한민국 국민이 아닌 자는 당원이 될 수 없다. (O/×)

010 🔄 1 2 3

헌법재판소법에 특별한 규정이 없는 경우에는 준용조항에 따라 정당해산심판의 성질에 반하지 아니하는 한도에서 행정소송에 관한 법령이 준용된다. (O/×)

011 🔄 1 2 3

위헌정당해산이 결정되면 위헌정당에 소속하고 있는 의원 중 비례대표국회의원은 당연히 그 직을 상실하지만 지역구국회의원은 별도의 심사를 거쳐서 그 의원직을 상실한다. (O/×)

---

006 【×】 등록이 취소된 정당의 잔여재산은 당헌이 정하는 바에 따라 처분하고, 처분되지 아니한 정당의 잔여재산은 국고에 귀속한다.(정당법 제48조 제1·2항)

007 【×】 등록취소 된 정당의 명칭과 같은 명칭은 등록취소 된 날부터 최초실시하는 임기만료에 의한 국회의원선거의 선거일까지 정당의 명칭으로 사용할 수 없다.(정당법 제41조 제4항)

008 【×】 정당법 제41조(유사명칭 등의 사용금지) ② 헌법재판소의 결정에 의하여 해산된 정당의 명칭과 같은 명칭은 정당의 명칭으로 다시 사용하지 못한다. ④ 제44조(등록의 취소)제1항의 규정에 의하여 등록취소된 정당의 명칭과 같은 명칭은 등록취소된 날부터 최초로 실시하는 임기만료에 의한 국회의원선거의 선거일까지 정당의 명칭으로 사용할 수 없다.

009 【O】 정당법 제22조 제2항

010 【×】 헌법재판소법 제40조(준용규정) ① 헌법재판소의 심판절차에 관하여는 이 법에 특별한 규정이 있는 경우를 제외하고는 헌법재판의 성질에 반하지 아니하는 한도에서 민사소송에 관한 법령을 준용한다. 이 경우 탄핵심판의 경우에는 형사소송에 관한 법령을 준용하고, 권한쟁의심판 및 헌법소원심판의 경우에는 「행정소송법」을 함께 준용한다.

011 【×】 헌법재판소의 정당해산결정이 있는 경우 그 정당 소속 국회의원의 의원직은 당선 방식을 불문하고 모두 상실되어야 한다.(2014.12.19. 2013헌다1)

012

당내경선에서 경선후보자로서 당해 정당의 후보자로 선출되지 아니한 자는 원칙적으로 당해 선거의 같은 선거구에서 무소속의 후보자로 등록할 수 있다. (O/×)

013

헌법재판소의 위헌정당해산결정에는 9인의 재판관 중 6인 이상의 찬성이 있어야 한다. (O/×)

014

정당해산심판 청구가 있는 때에 헌법재판소는 직권으로 종국결정의 선고시까지 피청구인 정당의 활동을 정지하는 결정을 할 수 없다. (O/×)

015

국회의원선거에 참여하여 의석을 얻지 못하고 유효투표총수의 100분의 2 이상을 득표하지 못한 정당에 대해 그 등록을 취소하도록 한 법률 조항은 정당설립의 자유를 침해하는 것으로 헌법에 위반된다. (O/×)

016

입법자는 정당설립의 자유를 최대한 보장하는 방향으로 입법하여야 하고, 헌법재판소는 정당설립의 자유를 제한하는 법률의 합헌성을 심사할 때에 엄격한 비례심사를 하여야 한다. (O/×)

017

정당의 명칭은 그 정당의 정책과 정치적 신념을 나타내는 대표적인 표지에 해당하므로, 정당설립의 자유는 자신들이 원하는 명칭을 사용하여 정당을 설립하거나 정당활동을 할 자유도 포함한다. (O/×)

---

012 【X】 정당이 당내경선을 실시하는 경우 경선후보자로서 당해 정당의 후보자로 선출되지 아니한 자는 **당해 선거의 같은 선거구에서는 후보자로 등록될 수 없다**. 다만, 후보자로 선출된 자가 사퇴·사망·피선거권 상실 또는 당적의 이탈·변경 등으로 그 자격을 상실한 때에는 그러하지 아니하다(공직선거법 제57조의2 제2항).

013 【O】 헌법 제113조 제1항

014 【X】 헌법재판소는 정당해산심판의 청구를 받은 때에는 직권 또는 청구인의 신청에 의하여 종국결정의 선고 시까지 피청구인의 **활동을 정지하는 결정을 할 수 있다**.(헌법재판소법 제57조)

015 【O】 정당등록취소조항은 입법목적의 정당성과 수단의 적합성이 인정될 수 있지만 침해의 최소성과 법익의 균형성이 인정되지 않으므로 과잉금지원칙에 위배되어 청구인들의 정당설립의 자유를 침해한다.(2014.1.28. 2012헌마431 등)

016 【O】 2014.1.28. 2012헌마431, 2012헌가19

017 【O】 정당의 명칭은 그 정당의 정책과 정치적 신념을 나타내는 대표적인 표지에 해당하므로, **정당설립의 자유**는 자신들이 **원하는 명칭을 사용하여 정당을 설립하거나 정당활동을 할 자유도 포함**한다.(전원재판부 2012헌가19, 2014.1.28.)

018
등록신청을 받은 관할 선거관리위원회는 형식적 요건을 구비하는 한 이를 거부하지 못한다. (O/×)

019
정당의 목적이나 활동이 민주적 기본질서에 위배될 때에는 정부는 헌법재판소에 그 해산을 제소할 수 있고, 정당은 헌법재판소의 심판에 의하여 해산된다. (O/×)

020
헌법재판소가 정당해산의 결정을 할 때에는 종국심리에 관여한 재판관 과반수의 찬성으로 결정한다. (O/×)

021
국회의원선거에 참여하여 의석을 얻지 못하고 유효투표총수의 100분의 2 이상을 득표하지 못한 정당에 대해 그 등록을 취소하도록 한 구 정당법 의 정당등록취소 조항은 정당설립의 자유를 침해한다. (O/×)

022
정당이 새로운 당명으로 합당하거나 다른 정당에 합당될 때에는 합당을 하는 정당들의 대의기관이나 그 수임기관의 합동회의의 결의로써 합당할 수 있다. (O/×)

---

018 【O】 정당법 제15조(등록신청의 심사) 등록신청을 받은 관할 선거관리위원회는 **형식적 요건을 구비하는 한 이를 거부하지 못한다.** 다만, 형식적 요건을 구비하지 못한 때에는 상당한 기간을 정하여 그 보완을 명하고, 2회 이상 보완을 명하여도 응하지 아니할 때에는 그 신청을 각하할 수 있다.

019 【O】 헌법 제8조 ④ (위헌정당해산) 정당의 목적이나 활동이 민주적 기본질서에 위배될 때에는 **정부는 헌법재판소(대법원 X)에 그 해산을 제소**할 수 있고, 정당은 **헌법재판소의 심판(국회의 의결 X)에 의하여** 해산된다.

020 【X】 헌법재판소에서 법률의 위헌결정, 탄핵의 결정, 정당해산의 결정 또는 헌법소원에 관한 인용결정을 할 때에는 재판관 **6인** 이상의 찬성이 있어야 한다.(헌법 제113조 제1항, 헌법재판소법 제23조 제2항 제1호)

021 【O】 **국회의원선거에 참여하여 의석을 얻지 못하고 유효투표총수의 100분의 2 이상을 득표하지 못한 정당에 대해 그 등록을 취소하도록 한 정당법 규정(정당등록취소조항)**은 과잉금지원칙에 위반되어 청구인들의 정당설립의 자유를 침해한다.(전원재판부 2012헌가19, 2014.1.28.)

022 【O】 정당법 제19조(**합당**) ① 정당이 새로운 당명으로 합당(이하 "신설합당"이라 한다)하거나 다른 정당에 합당(이하 "흡수합당"이라 한다)될 때에는 합당을 하는 정당들의 **대의기관이나 그 수임기관의 합동회의의 결의로써 합당할 수 있다.** ② 정당의 합당은 제20조(합당된 경우의 등록신청)제1항·제2항 및 제4항의 규정에 의하여 중앙선거관리위원회에 등록 또는 신고함으로써 성립한다. 다만, 정당이 「공직선거법」 제2조(적용범위)의 규정에 의한 선거(이하 "공직선거"라 한다)의 후보자등록신청개시일부터 선거일까지의 사이에 합당된 때에는 선거일 후 **20일**에 그 효력이 발생한다. ③ 제1항 및 제2항의 규정에 의하여 정당의 합당이 성립한 경우에는 그 **소속 시·도당도 합당한 것으로 본다.** 다만, **신설합당**인 경우에는 합당등록신청일부터 **3월** 이내에 시·도당 개편대회를 거쳐 변경등록신청을 하여야 한다. ⑤ 합당으로 신설 또는 존속하는 정당은 **합당 전 정당의 권리·의무를 승계**한다.(승계하지 않는다. X)

023

헌법재판소의 결정에 의하여 해산된 정당의 명칭과 동일한 명칭은 해산된 날부터 최초로 실시하는 임기만료에 의한 국회의원선거의 선거일까지만 정당의 명칭으로 사용할 수 없다. (O/×)

024

정당의 시·도당 하부조직의 운영을 위하여 당원협의회 등의 사무소를 두는 것을 금지한 구 정당법 조항은 정당활동의 자유를 침해하지 않는다. (O/×)

025

정당은 그 목적·조직과 활동이 민주적이어야 하며, 국민의 정치적 의사형성에 참여하는데 필요한 조직을 가져야 한다. (O/×)

026

정당의 목적이나 활동이 민주적 기본질서에 위배될 때에는 정부는 헌법재판소에 그 해산을 제소할 수 있고, 정당은 헌법재판소의 심판에 의하여 해산된다. (O/×)

027

정당의 해산을 명하는 헌법재판소의 결정은 국회가 정당법에 따라 집행한다. (O/×)

028

정당은 법률이 정하는 바에 의하여 국가의 보호를 받으며, 국가는 법률이 정하는 바에 의하여 정당운영에 필요한 자금을 보조할 수 있다. (O/×)

---

023 【X】 정당법 제41조(유사명칭 등의 사용금지) ② 헌법재판소의 결정에 의하여 해산된 정당의 명칭과 같은 명칭은 정당의 명칭으로 다시 사용하지 못한다. ④ 제44조(등록의 취소)제1항의 규정에 의하여 등록취소된 정당의 명칭과 같은 명칭은 <u>등록취소된 날부터 최초로 실시하는 임기만료에 의한 국회의원선거의 선거일까지 정당의 명칭으로 사용할 수 없다.</u>

024 【O】 정당의 조직 중 기존의 지구당과 당연락소를 강제적으로 폐지하고 이후 지구당을 설립하거나 당연락소를 설치하는 것을 금지하고 있는 정당법 조항은 정당조직의 자유와 정당활동의 자유를 포함한 정당의 자유를 제한하나 정당으로 하여금 그 핵심적인 기능과 임무를 전혀 수행하지 못하도록 하거나 이를 수행하더라도 전혀 비민주적인 과정을 통할 수밖에 없도록 하는 것이라면 정당의 자유의 본질적 내용을 침해하는 것이 되지만, <u>지구당이나 당연락소(이하 '지구당'이라고만 한다)가 없더라도 이러한 기능과 임무를 수행하는 것이 불가능하지 아니하고 특히 교통, 통신, 대중매체가 발달한 오늘날 지구당의 통로서의 의미가 상당부분 완화되었기 때문에, 정당의 자유의 본질적 내용을 침해한다고 할 수 없다.</u>(전원재판부 2004헌마456, 2004.12.16.)

025 【O】 헌법 제8조 ② 정당은 그 목적·조직과 활동이 민주적이어야 하며, 국민의 정치적 의사형성에 참여하는데 필요한 조직을 가져야 한다.

026 【O】 헌법 제8조 ④ 정당의 목적이나 활동이 민주적 기본질서에 위배될 때에는 정부는 헌법재판소에 그 해산을 제소할 수 있고, 정당은 **헌법재판소의 심판**에 의하여 **해산**된다.

027 【X】 헌법재판소법 제59조(결정의 효력) 정당의 해산을 명하는 결정이 선고된 때에는 그 정당은 해산된다.
제60조(결정의 집행) 정당의 해산을 명하는 헌법재판소의 결정은 <u>중앙선거관리위원회</u>가 「정당법」에 따라 **집행**한다.

028 【O】 헌법 제8조 ③ 정당은 법률이 정하는 바에 의하여 국가의 보호를 받으며, 국가는 법률이 정하는 바에 의하여 정당운영에 필요한 <u>자금을 보조</u>할 수 있다.

029 ⟲ 1 2 3
정당해산심판절차에서는 정당해산심판의 성질에 반하지 않는 한도에서 헌법재판소법 제40조에 따라 민사소송에 관한 법령이 준용될 수 있지만, 민사소송에 관한 법령이 준용되지 않아 법률의 공백이 생기는 부분에 대하여는 헌법재판소가 정당해산심판의 성질에 맞는 절차를 창설할 수 있다. (O / X)

030 ⟲ 1 2 3
정당의 활동은 정당 기관의 행위나 주요 정당관계자의 행위로서 그 정당에게 귀속시킬 수 있는 활동 일반을 의미하며 일반 당원의 활동은 제외한다. (O / X)

031 ⟲ 1 2 3
정당해산결정의 파급효과를 고려할 때, 재심을 허용하지 아니함으로써 얻을 수 있는 법적 안정성의 이익보다 재심을 허용함으로써 얻을 수 있는 구체적 타당성의 이익이 더 큰 경우에 한하여 제한적으로 인정된다. (O / X)

---

029 【O】 (1) 증거조사와 사실인정에 관한 민사소송법의 규정을 적용함으로써 실체적 진실과 다른 사실관계가 인정될 수 있는 규정은 헌법과 정당을 동시에 보호하는 정당해산심판의 성질에 반하는 것으로 준용될 수 없을 것이다. (2) 또 민사소송에 관한 법령의 준용이 배제되어 법률의 공백이 생기는 부분에 대하여는 헌법재판소가 정당해산심판의 성질에 맞는 절차를 창설하여 이를 메울 수밖에 없다. (3) 이와 같이 법률의 공백이 있는 경우 정당해산심판제도의 목적과 취지에 맞는 절차를 창설하여 실체적 진실을 발견하고 이에 근거하여 헌법정신에 맞는 결론을 도출해내는 것은 헌법이 헌법재판소에 부여한 고유한 권한이자 의무이다.(헌법재판소 2014.2.27. 선고 2014헌마7 전원재판부)
*정당해산심판절차에 민사소송에 관한 법령을 준용할 수 있도록 규정한 헌법재판소법 조항은 헌법재판에서의 불충분한 절차진행규정을 보완하고, 원활한 심판절차진행을 도모하기 위한 조항으로, 그 절차보완적 기능에 비추어 볼 때, 소송절차 일반에 준용되는 절차법으로서의 민사소송에 관한 법령을 준용하도록 한 것이 현저히 불합리하다고 볼 수 없다. 또한 '헌법재판의 성질에 반하지 아니하는 한도'에서 민사소송에 관한 법령을 준용하도록 규정하여 정당해산심판의 고유한 성질에 반하지 않도록 적용범위를 한정하고 있는바, 여기서 '헌법재판의 성질에 반하지 않는' 경우란, 다른 절차법의 준용이 헌법재판의 고유한 성질을 훼손하지 않는 경우로 해석할 수 있고, 이는 헌법재판소가 당해 헌법재판이 갖는 고유의 성질·헌법재판과 일반재판의 목적 및 성격의 차이·준용 절차와 대상의 성격 등을 종합적으로 고려하여 구체적·개별적으로 판단할 수 있다. 따라서 준용조항은 청구인의 공정한 재판을 받을 권리를 침해한다고 볼 수 없다.

030 【X】 정당의 활동이란, 정당 기관의 행위나 주요 정당관계자, 당원 등의 행위로서 그 정당에게 귀속시킬 수 있는 활동 일반을 의미한다.(헌법재판소 2014.12.19. 선고 2013헌다1 전원재판부)

031 【X】 (1) 헌법재판은 심판의 종류에 따라 그 절차와 결정의 효과에 차이가 있으므로 재심의 허용여부 내지 허용정도 등은 심판절차의 종류에 따라 개별적으로 판단할 수밖에 없다. (2) 헌법재판소법 제68조에 따른 헌법소원 중 법령에 대한 헌법소원 심판절차에서는 그 인용결정이 위헌법률심판의 경우와 마찬가지로 일반적 기속력과 대세적·법규적 효력을 가지기 때문에 원칙적으로 재심을 허용하지 아니함으로써 얻을 수 있는 법적 안정성의 이익이 재심을 허용함으로써 얻을 수 있는 구체적 타당성의 이익보다 높으므로 그 성질상 재심을 허용할 수 없다. (3) 반면, 헌법재판소법 제68조 제1항에 따른 헌법소원 중 행정작용에 속하는 공권력 작용을 대상으로 하는 심판절차에서는, 그 결정의 효력이 원칙적으로 소송당사자 사이에서만 미치기 때문에 재심을 허용함이 상당하다. (4) 정당해산심판은 일반적 기속력과 대세적·법규적 효력을 가지는 법령에 대한 헌법재판소의 결정과 달리 원칙적으로 해당 정당에게만 그 효력이 미친다. 또 정당해산결정은 해당 정당의 해산에 그치지 않고 대체정당이나 유사정당의 설립까지 금지하는 효력을 가지므로, 오류가 드러난 결정을 바로잡지 못한다면 현 시점의 민주주의가 훼손되는 것에 그치지 않고 장래 세대의 정치적 의사결정에까지 부당한 제약을 초래할 수 있다. (5) 따라서 정당해산심판절차에서는 재심을 허용하지 아니함으로써 얻을 수 있는 법적 안정성의 이익보다 재심을 허용함으로써 얻을 수 있는 구체적 타당성의 이익이 더 크므로 재심을 허용하여야 한다. (6) 한편, 이 재심절차에서는 원칙적으로 민사소송법의 재심에 관한 규정이 준용된다.(헌법재판소 2016.5.26. 선고 2015헌아20 결정)

032 ↻ ① ② ③

국회의원선거에서 의석을 얻지 못하고 유효투표총수의 100분의 2 이상도 득표하지 못하여 등록취소된 정당 및 헌법재판소의 결정에 의하여 해산된 정당의 명칭과 같은 명칭은 정당의 명칭으로 다시 사용하지 못한다.

(O / ×)

---

032 【×】 (1) 헌법 제8조 제1항 전단은 단지 **정당설립의 자유**만을 **명시적으로 규정**하고 있지만, 정당의 설립만이 보장될 뿐 설립된 정당이 언제든지 해산될 수 있거나 정당의 활동이 임의로 제한될 수 있다면 정당설립의 자유는 사실상 아무런 의미가 없게 되므로, 정당설립의 자유는 당연히 **정당존속의 자유**와 **정당활동의 자유**를 **포함**하는 것이다. 한편, 정당의 명칭은 그 정당의 정책과 정치적 신념을 나타내는 대표적인 표지에 해당하므로, 정당설립의 자유는 **자신들이 원하는 명칭을 사용하여 정당을 설립하거나 정당활동을 할 자유도 포함**한다.
(2) 정당은 국민과 국가의 **중개자로서** 정치적 도관(導管)의 기능을 수행하여 주체적·능동적으로 국민의 **다원적 정치의사**를 유도·통합함으로써 국가정책의 결정에 직접 영향을 미칠 수 있는 규모의 정치적 의사를 형성하고 있다. 오늘날 대의민주주의에서 차지하는 정당의 이러한 의의와 기능을 고려하여, **헌법 제8조 제1항**은 국민 누구나가 원칙적으로 국가의 간섭을 받지 아니하고 정당을 설립할 권리를 기본권으로 보장함과 아울러 복수정당제를 제도적으로 보장하고 있다. 따라서 입법자는 정당설립의 자유를 최대한 보장하는 방향으로 입법하여야 하고, 헌법재판소는 **정당설립의 자유를 제한하는 법률의 합헌성을 심사할 때에 헌법 제37조 제2항에 따라 엄격한 비례심사**를 하여야 한다.
(3) 국회의원선거에 참여하여 의석을 얻지 못하고 유효투표총수의 100분의 2 이상을 득표하지 못한 정당에 대해 그 등록을 취소하도록 한 정당법 조항은 실질적으로 **국민의 정치적 의사형성에 참여할 의사나 능력이 없는 정당을 정치적 의사형성과정에서 배제함으로써 정당제 민주주의 발전에 기여하고자 하는 한도에서 정당등록취소조항의 입법목적의 정당성과 수단의 적합성을 인정**할 수 있다. 그러나 정당등록의 취소는 정당의 존속 자체를 박탈하여 모든 형태의 정당활동을 불가능하게 하므로, 그에 대한 입법은 필요최소한의 범위에서 엄격한 기준에 따라 이루어져야 한다. 그런데 일정기간 동안 공직선거에 참여할 기회를 수 회 부여하고 그 결과에 따라 등록취소 여부를 결정하는 등 덜 기본권 제한적인 방법을 상정할 수 있고, 정당법에서 **법정의 등록요건을 갖추지 못하게 된 정당이나 일정 기간 국회의원선거 등에 참여하지 아니한 정당의 등록을 취소하도록 하는 등 현재의 법체계 아래에서도 입법목적을 실현할 수 있는 다른 장치가 마련되어 있으므로, 정당등록취소조항은 침해의 최소성 요건을 갖추지 못하였다.** 나아가, 정당등록취소조항은 어느 정당이 대통령선거나 지방자치선거에서 아무리 좋은 성과를 올리더라도 국회의원선거에서 일정 수준의 지지를 얻는 데 실패하면 등록이 취소될 수밖에 없어 불합리하고, **신생·군소정당으로 하여금 국회의원선거에의 참여 자체를 포기하게 할 우려도 있어 법익의 균형성 요건도 갖추지 못하였다.** 따라서 정당등록취소조항은 과잉금지원칙에 위반되어 청구인들의 **정당설립의 자유를 침해한다.**
(4) **정당등록취소조항에 의하여 등록취소된 정당의 명칭과 같은 명칭을 등록취소된 날부터 최초로 실시하는 임기만료에 의한 국회의원선거의 선거일까지 정당의 명칭으로 사용할 수 없도록 한 정당법 조항**은 실질적으로 **국민의 정치적 의사형성에 참여할 의사나 능력이 없는 정당을 정치적 의사형성과정에서 배제함으로써 정당제 민주주의 발전에 기여하고자 하는 한도에서 정당등록취소조항의 입법목적의 정당성과 수단의 적합성을 인정**할 수 있다. 그러나 정당등록의 취소는 정당의 존속 자체를 박탈하여 모든 형태의 정당활동을 불가능하게 하므로, 그에 대한 입법은 필요최소한의 범위에서 엄격한 기준에 따라 이루어져야 한다. 그런데 일정기간 동안 공직선거에 참여할 기회를 수 회 부여하고 그 결과에 따라 등록취소 여부를 결정하는 등 덜 기본권 제한적인 방법을 상정할 수 있고, 정당법에서 **법정의 등록요건을 갖추지 못하게 된 정당이나 일정 기간 국회의원선거 등에 참여하지 아니한 정당의 등록을 취소하도록 하는 등 현재의 법체계 아래에서도 입법목적을 실현할 수 있는 다른 장치가 마련되어 있으므로, 정당등록취소조항은 침해의 최소성 요건을 갖추지 못하였다.** 나아가, 정당등록취소조항은 어느 정당이 대통령선거나 지방자치선거에서 아무리 좋은 성과를 올리더라도 국회의원선거에서 일정 수준의 지지를 얻는 데 실패하면 등록이 취소될 수밖에 없어 불합리하고, **신생·군소정당으로 하여금 국회의원선거에의 참여 자체를 포기하게 할 우려도 있어 법익의 균형성 요건도 갖추지 못하였다.** 따라서 정당등록취소조항은 과잉금지원칙에 위반되어 청구인들의 **정당설립의 자유를 침해한다.**(헌재 2014.1.28. 2012헌마431 등)

033

정당설립의 자유는 등록된 정당에게만 인정되는 기본권이므로, 등록이 취소되어 권리능력 없는 사단인 정당에게는 인정되지 않는다.

(O/X)

034

정당이 비례대표국회의원선거 및 비례대표지방의회의원선거에 후보자를 추천하는 때에는 그 후보자 중 100분의 30 이상을 여성으로 추천하되, 그 후보자명부의 순위의 매 홀수에는 여성을 추천하여야 한다.

(O/X)

035

정당이 그 소속 국회의원을 제명하기 위해서는 당헌이 정하는 절차를 거치는 외에 그 소속 국회의원 전원의 2분의 1 이상의 찬성이 있어야 한다.

(O/X)

---

033 【X】 (1) 헌법 제8조 제1항 전단의 정당설립의 자유는 정당설립의 자유만이 아니라 누구나 국가의 간섭을 받지 아니하고 자유롭게 정당에 가입하고 정당으로부터 탈퇴할 수 있는 자유를 함께 보장한다. 구체적으로 정당의 자유는 **개개인의 자유로운 정당설립 및 정당가입의 자유, 조직형식 내지 법형식 선택의 자유**를 포함한다. 또한 정당설립의 자유는 설립에 대응하는 **정당해산의 자유, 합당의 자유, 분당의 자유**도 포함한다. 뿐만 아니라 정당설립의 자유는 **개인이 정당 일반 또는 특정 정당에 가입하지 아니할 자유, 가입했던 정당으로부터 탈퇴할 자유** 등 **소극적 자유도 포함**한다.
(2) 또한, 정당설립의 자유는 그 성질상 등록된 정당에게만 인정되는 기본권이 아니라 청구인과 같이 **등록정당은 아니지만 권리능력 없는 사단의 실체를 가지고 있는 정당에게도 인정되는 기본권**이라고 할 수 있다.(전원재판부 2004헌마246, 2006.3.30.)

034 【X】 공직선거법 제47조(정당의 후보자추천) ① 정당은 선거에 있어 선거구별로 선거할 **정수 범위안에서** 그 소속당원을 후보자로 추천할 수 있다. 다만, 비례대표자치구·시·군의원의 경우에는 그 정수 범위를 초과하여 추천할 수 있다.
③ 정당이 비례대표국회의원선거 및 비례대표지방의회의원선거에 후보자를 추천하는 때에는 그 후보자 중 **100분의 50 이상을 여성으로 추천**하되, 그 후보자명부의 순위의 매 홀수에는 여성을 추천하여야 한다. (100분의 30 X, 매 홀수에 여성을 추천하면 당연히 1/2 이상이 여성이 되겠죠?)
④ 정당이 임기만료에 따른 지역구국회의원선거 및 지역구지방의회의원선거에 후보자를 추천하는 때에는 각각 **전국지역구총수의 100분의 30 이상을 여성으로 추천**하도록 노력하여야 한다.
⑤ 정당이 임기만료에 따른 지역구지방의회의원선거에 후보자를 추천하는 때에는 지역구시·도의원선거 또는 지역구자치구·시·군의원선거 중 어느 하나의 선거에 국회의원지구(군지역을 **제외**하며, 자치구의 일부지역이 **다른 자치구 또는 군지역과 합하여 하나의 국회의원지역구로 된 경우**에는 그 자치구의 일부지역도 **제외**)마다 **1명 이상을 여성으로 추천**하여야 한다.

035 【O】 정당법 제33조(정당소속 국회의원의 제명) 정당이 그 소속 국회의원을 제명하기 위해서는 당헌이 정하는 절차를 거치는 외에 그 **소속 국회의원 전원의 2분의 1 이상의 찬성**이 있어야 한다.

036

임기만료에 의한 국회의원선거에 참여하여 의석을 얻지 못하고 유효투표총수의 100분의 2 이상을 득표하지 못한 정당에 대해 등록취소하도록 한 「정당법」 조항은 헌법에 위반되지 않는다. (O/×)

037

강제적 정당해산은 정당활동의 자유에 대한 근본적인 제한이므로 헌법 제37조 제2항의 비례의 원칙을 준수하여야 한다. (O/×)

038

대통령의 해외순방 중 국무총리가 주재한 국무회의에서 정당해산심판청구서 제출안에 대한 의결은 위법하지 아니하다. (O/×)

039

정당해산심판절차에서는 재심을 허용하지 않음으로써 얻을 수 있는 법적 안정성의 이익보다 재심을 허용함으로써 얻을 수 있는 구체적 타당성의 이익이 보다 크므로 재심을 허용하여야 한다. (O/×)

---

036 【×】 (1) 국회의원선거에 참여하여 의석을 얻지 못하고 유효투표총수의 100분의 2 이상을 득표하지 못한 정당에 대해 그 등록을 취소하도록 한 정당법 규정(정당등록취소조항)은 **과잉금지원칙에 위반**되어 청구인들의 **정당설립의 자유를 침해한다.**
(2) 실질적으로 국민의 **정치적 의사형성**에 참여할 의사나 능력이 없는 정당을 정치적 의사형성과정에서 배제함으로써 정당제 민주주의 발전에 기여하고자 하는 한도에서 정당등록취소조항의 **입법목적의 정당성과 수단의 적합성을 인정할** 수 있다. 그러나, **일정기간 동안 공직선거에 참여할 기회를 수 회 부여하고 그 결과에 따라 등록취소 여부를 결정하는 등 덜 기본권 제한적인 방법을 상정할 수 있고,** 정당법에서 법정의 등록요건을 갖추지 못하게 된 정당이나 일정기간 국회의원선거 등에 참여하지 아니한 정당의 등록을 취소하도록 하는 등 현재의 법체계 아래에서도 입법목적을 실현할 수 있는 다른 장치가 마련되어 있으므로, 정당등록취소조항은 **침해의 최소성 요건을 갖추지 못하였다.** 나아가, 어느 정당이 **대통령선거나 지방자치선거에서 아무리 좋은 성과를 올리더라도 국회의원선거에서 일정 수준의 지지를 얻는 데 실패하면 등록이 취소될 수밖에 없어 불합리하고, 신생·군소정당으로 하여금 국회의원선거에의 참여 자체를 포기하게 할 우려**도 있어 법익의 균형성 요건도 갖추지 못하였다.(전원재판부 2012헌가19, 2014.1.28.)

037 【O】 강제적 정당해산은 헌법상 핵심적인 정치적 기본권인 정당활동의 자유에 대한 근본적 제한이므로, 헌법재판소는 이에 관한 결정을 할 때 **헌법 제37조 제2항이 규정하고 있는 비례원칙을 준수해야만** 한다. 따라서 헌법 제8조 제4항의 명문규정상 요건이 구비된 경우에도 해당 정당의 위헌적 문제성을 해결할 수 있는 다른 대안적 수단이 없고, **정당해산결정을 통하여 얻을 수 있는 사회적 이익이 정당해산결정으로 인해 초래되는 정당활동 자유 제한으로 인한 불이익과 민주주의 사회에 대한 중대한 제약이라는 사회적 불이익을 초과할 수 있을 정도로 큰 경우에 한하여** 정당해산결정이 헌법적으로 정당화될 수 있다.(전원재판부 2013헌다1, 2014.12.19.)

038 【O】 대통령은 국무회의 의장으로서 회의를 소집하고 이를 주재하지만 대통령이 사고로 직무를 수행할 수 없는 경우에는 **국무총리가 그 직무를 대행할 수 있고,** 대통령이 해외 순방 중인 경우는 '사고'에 해당되므로, 대통령의 직무상 해외 순방 중 국무총리가 주재한 국무회의에서 이루어진 정당해산심판청구서 제출안에 대한 의결은 **위법하지 아니**하다.(전원재판부 2013헌다1, 2014.12.19.)

039 【O】 정당해산심판은 일반적 기속력과 대세적·법규적 효력을 가지는 법령에 대한 헌법재판소의 결정과 달리 원칙적으로 **해당 정당에게만 그 효력이 미친다.** 또 정당해산결정은 해당 정당의 해산에 그치지 않고 대체정당이나 유사정당의 설립까지 금지하는 효력을 가지므로, 오류가 드러난 결정을 바로잡지 못한다면 현 시점의 민주주의가 훼손되는 것에 그치지 않고 장래 세대의 정치적 의사결정에까지 부당한 제약을 초래할 수 있다. 따라서 **정당해산심판절차에서는 재심을 허용하지 아니함으로써 얻을 수 있는 법적 안정성의 이익보다 재심을 허용함으로써 얻을 수 있는 구체적 타당성의 이익이 더 크므로 재심을 허용하여야 한다.** 한편, 이 재심절차에서는 원칙적으로 민사소송법의 재심에 관한 규정이 준용된다.(헌법재판소 2016.5.26. 선고 2015헌아20 결정)

040

정당해산심판은 국가권력으로부터 정당의 자유를 보장하기 위한 수단이므로 정당해산결정에 앞서 정당의 활동을 제약하는 가처분결정은 허용되지 아니한다. (O/×)

041

정당해산심판은 국가권력으로부터 정당의 자유를 보장하기 위한 수단이므로 정당해산결정에 앞서 정당의 활동을 제약하는 가처분결정은 허용되지 아니한다. (O/×)

III 선거제도

042

평등선거는 사회적 신분·재산·교양 등에 의한 차별 없이 일정 연령에 달한 모든 자에게 원칙적으로 선거권을 인정하여야 한다는 원칙이다. (O/×)

043

직접선거는 의원의 선거가 일반유권자에 의하여 직접 행하여지는 경우를 말하는 것으로, 일반유권자가 특정수의 중간선거인을 선정하고 이 중간선거인이 대표자를 선거하는 간접선거와 반대되는 개념이다. (O/×)

044

1인 1표제 하의 비례대표의석배분방식에 대해서는 헌법에 위반된다는 헌법재판소의 결정이 있다. (O/×)

---

040 【X】 (1) 헌법재판소법 제57조(가처분) 헌법재판소는 정당해산심판의 청구를 받은 때에는 직권 또는 청구인의 신청에 의하여 종국결정의 선고 시까지 피청구인의 활동을 정지하는 결정을 할 수 있다.
(2) 정당해산심판에 가처분을 허용하는 헌법재판소법 조항은 정당해산심판이 갖는 헌법보호라는 측면에 비추어 그 필요성이 인정되므로 입법목적의 정당성 및 수단의 적절성이 인정된다. 또한 가처분 결정이 인용되려면 인용요건이 충족되어야 하고, 그 인용범위도 종국결정의 실효성을 확보하고 헌법질서를 보호하기 위해 필요한 범위 내로 한정되며, 인용 시 종국결정 선고 시까지만 정당의 활동을 정지시키므로 기본권 제한 범위가 광범위하다고 볼 수 없다. 나아가 가처분과 동등하거나 유사한 효과가 있는 보다 덜 침해적인 사후적 수단이 존재한다고 볼 수도 없으므로 침해최소성의 요건도 충족한다. 아울러 정당해산심판의 실효성 확보 및 헌법질서의 유지 및 수호라는 공익은 정당해산심판의 종국결정 시까지 잠정적으로 제한되는 정당활동의 자유에 비하여 결코 작다고 볼 수 없으므로 법익균형성요건도 충족하였다. 따라서 가처분조항은 정당활동의 자유를 침해한다고 볼 수 없다.(전원재판부 2014헌마7, 2014.2.27.)

041 【O】 헌법재판소의 해산결정으로 정당이 해산되는 경우에 그 정당 소속 국회의원이 의원직을 상실하는지에 대하여 명문의 규정은 없으나, 정당해산심판제도의 본질은 민주적 기본질서에 위배되는 정당을 정치적 의사형성과정에서 배제함으로써 국민을 보호하는 데에 있는데 해산정당 소속 국회의원의 의원직을 상실시키지 않는 경우 정당해산결정의 실효성을 확보할 수 없게 되므로, 이러한 정당해산제도의 취지 등에 비추어 볼 때 헌법재판소의 정당해산결정이 있는 경우 그 정당 소속 국회의원의 의원직은 당선 방식을 불문하고 모두 상실되어야 한다.(전원재판부 2013헌다1, 2014.12.19.)

042 【X】 지문은 보통선거에 대한 설명이다.

043 【O】 직접선거란 선거인이 직접 후보자를 선택할 수 있는 제도로, 간접선거와 반대된다. 직접선거는 선거인과 후보자 사이에, 또는 선거결정과 선거결과 사이에 사람이나 결정이 개입되는 것을 거부한다.

044 【O】 2001.7.19. 2000헌마91

045

선거일 현재 5년 이상 국내에 거주하고 있는 40세 이상의 국민은 대통령의 피선거권이 있다. 그러나 국내에 주소를 두고 일정기간 외국에 체류한 기간은 국내거주기간으로 보지 아니한다. (O/×)

046

대통령선거는 임기만료에 의한 선거의 경우 그 임기만료일전 70일 이후 첫번째 목요일이다. (O/×)

047

대통령의 선거기간은 23일이고, 국회의원선거와 지방자치단체의 의회의원 및 장의 선거의 선거기간은 14일이며, 선거기간이라 함은 대통령선거는 후보자등록마감일의 다음 날부터 선거일까지, 국회의원선거와 지방자치단체의 의회의원 및 장의 선거는 후보자등록마감일 후 6일부터 선거일까지의 기간을 말한다. (O/×)

048

미성년자(18세 미만의 자를 말한다)라고 하더라도 예비후보자·후보자의 직계비속인 경우에는 선거운동을 할 수 있다. (O/×)

049

평등선거의 원칙은 투표의 수적인 평등을 의미할 뿐만 아니라 투표의 성과가치의 평등, 즉 1표의 투표가치가 대표자 선정이라는 선거의 결과에 대하여 기여한 정도에 있어서도 평등하여야 함을 의미한다. (O/×)

050

시·도의회의원 지역선거구 획정과 관련하여 각 선거구 사이의 인구편차가 전국 선거구의 평균인구수를 기준으로 인구편차 상하 50%(인구비례 3:1)의 범위를 넘지 않는 선거구 부분은 해당 선거구에 속한 청구인의 선거권 및 평등권을 침해하지 아니한다. (O/×)

---

045 【×】 선거일 현재 5년 이상 국내에 거주하고 있는 40세 이상의 국민은 대통령의 피선거권이 있다. 이 경우 공무로 외국에 파견된 기간과 **국내에 주소를 두고 일정기간 외국에 체류한 기간은 국내거주기간으로 본다.**(공직선거법 제16조 제1항)

046 【×】 임기만료에 의한 선거의 선거일은 ㉠ 대통령선거는 그 임기만료일전 70일 이후 첫번째 **수요일**, ㉡ 국회의원선거는 그 임기만료일전 50일 이후 첫번째 수요일, ㉢ 지방의회의원 및 지방자치단체의 장의 선거는 그 임기만료일전 30일 이후 첫번째 수요일이다.(공직선거법 제34조 제1항)

047 【O】 (1) 선거별 선거기간은 ㉠ 대통령선거는 23일, ㉡ 국회의원선거와 지방자치단체의 의회의원 및 장의 선거는 14일이다. (공직선거법 제33조 제1항)
(2) 선거기간이란 ㉠ **대통령선거는 후보자등록마감일의 다음 날부터 선거일까지**, ㉡ **국회의원선거와 지방자치단체의 의회의원 및 장의 선거는 후보자등록마감일 후 6일부터 선거일까지의 기간**을 말한다.(공직선거법 제33조 제3항)

048 【×】 후보자 등의 직계비속이 미성년자(18세 미만의 자를 말한다)인 경우 **선거운동을 할 수 없다.**(공직선거법 제60조 제1항)

049 【O】 1995.12.27. 95헌마224

050 【O】 시·도의회의원 지역선거구 획정과 관련하여 각 선거구 사이의 인구편차가 전국 선거구의 평균인구수를 기준으로 인구편차 상하 50%(인구비례 3:1)의 범위를 벗어난 공직선거법의 시·도의회의원지역선거구역표 중 인구편차 상하 50%를 넘지 않는 선거구 부분은 해당 선거구에 속한 청구인의 선거권 및 평등권을 침해하지 아니하나, 그 기준을 넘어선 선거구 부분은 해당 선거구에 속한 청구인의 선거권 및 평등권을 침해한다(2019.2.28. 선고 2018헌마415·919).

051
부재자투표 개시시간을 오전 10시로 정하는 것은 일과시간에 학업이나 직장업무를 하여야 하는 부재자투표자의 경우 사실상 선거권을 행사할 수 없게 하는 것이므로 부재자투표자의 선거권을 침해한다. (O/×)

052
비례대표 후보자를 유권자들이 직접 선택할 수 있는 이른바 자유명부식이나 가변명부식과 달리 고정명부식에서는 후보자와 그 순위가 전적으로 정당에 의하여 결정되므로 직접선거의 원칙에 위반된다. (O/×)

053
범죄자가 저지른 범죄의 경중을 전혀 고려하지 않고 수형자와 집행유예자 모두의 선거권을 제한하더라도 헌법에 위반되는 것은 아니다. (O/×)

054
평등선거원칙이라 함은 모든 선거인이 1표씩을 가지는 투표의 수적 평등을 의미하지, 모든 선거인의 투표가치를 평등한 것이 되게 하는 투표의 결과가치 내지 성과가치의 평등까지 요구하는 것은 아니다. (O/×)

055
비례대표제를 채택하는 경우 직접선거의 원칙은 의원의 선출뿐만 아니라 정당의 비례적인 의석확보도 선거권자의 투표에 의하여 직접 결정될 것을 요구한다. (O/×)

---

051 【O】 2012.2.23. 2010헌마601

052 【O】 비례대표후보자명단과 그 순위, 의석배분방식은 선거시에 이미 확정되어 있고, 투표 후 후보자명부의 순위를 변경하는 것과 같은 사후개입은 허용되지 않는다. 그러므로 비록 후보자 각자에 대한 것은 아니지만 선거권자가 종국적인 결정권을 가지고 있으며, 선거결과가 선거행위로 표출된 선거권자의 의사표시에만 달려 있다고 할 수 있다. 따라서 **고정명부식을 채택한 것 자체가 직접선거원칙에 위반된다고는 할 수 없다.** (2001.7.19. 2000헌마91)

053 【X】 (1) **집행유예자는** 집행유예 선고가 실효되거나 취소되지 않는 한 교정시설에 구금되지 않고 일반인과 동일한 사회생활을 하고 있으므로, 그들의 **선거권을 제한해야 할 필요성이 크지 않다.** 따라서 심판대상조항은 청구인들의 **선거권을 침해하고,** 보통선거원칙에 위반하여 집행유예자와 수형자를 차별취급하는 것이므로 **평등원칙에도 어긋난다.**
(2) **수형자에 관한 부분의 위헌성은** 지나치게 전면적·획일적으로 수형자의 선거권을 제한한다는 데 있다. 그런데 그 위헌성을 제거하고 수형자에게 헌법합치적으로 선거권을 부여하는 것은 입법자의 형성재량에 속하므로 심판대상조항 중 **수형자에 관한 부분에 대하여 헌법불합치결정**을 선고한다.(2014.1.28. 2012헌마409 등)

054 【X】 (1) 평등선거란 선거인의 투표가치가 평등하게 취급되는 제도로, 차등선거와 반대된다. 보통선거가 '모든' 사람에게 표를 인정하는 것이라면, 평등선거는 **'동등'한 표를 인정하는 것**이다.
(2) 평등선거원칙은 먼저 **동일한 투표가치, 동일한 결과가치, 동일한 결과기회가치를 요구**한다. 동일한 투표가치는 1인 1표를 요구하며(one vote one value), 동일한 결과가치는 선거결과에 부합하는 의원정수의 배분을 그리고 동일한 결과기회가치는 합리적인 선거구분할을 요구하게 된다.

055 【O】 2001.7.19. 2000헌마91

056

자유선거원칙은 선거의 전 과정에 요구되는 선거권자의 의사형성의 자유와 의사실현의 자유를 말하는바, 구체적으로는 투표의 자유, 입후보의 자유만을 의미할 뿐이지 선거운동의 자유까지 의미하는 것은 아니다.

(O/×)

057

예비후보자의 배우자가 함께 다니는 사람 중에서 지정한 자도 선거운동을 위하여 명함교부 및 지지호소를 할 수 있도록 한 「공직선거법」 관련 조항 중 '배우자' 관련 부분이 배우자가 없는 예비후보자의 평등권을 침해하는 것은 아니다.

(O/×)

058

헌법재판소의 위헌결정에 따라 선거권 연령이 18세로 낮춰졌다.

(O/×)

059

국회의원지역선거구 획정에 있어 현 시점에서 헌법이 허용하는 인구편차의 기준은 인구편차 상하 33⅓%, 인구비례 2:1을 넘어서지 않는 것이어야 한다.

(O/×)

060

집행유예자에 대하여 선거권을 제한한다고 하여 보통선거의 원칙에 위반되는 것은 아니다.

(O/×)

---

056 【×】 자유선거의 원칙은 선거의 전 과정에 요구되는 선거권자의 의사형성의 자유와 의사실현의 자유를 말하고, 구체적으로는 **투표의 자유, 입후보의 자유, 나아가 선거운동의 자유를 뜻한다.**(1994.7.29. 93헌가4 등)

057 【×】 (1) 이 사건 3호 법률조항은, 명함 고유의 특성이나 가족관계의 특수성을 반영하여 단독으로 명함교부 및 지지호소를 할 수 있는 주체를 예비후보자의 배우자나 직계존·비속 본인에게 한정하고 있는 이 사건 1호 법률조항에 더하여, 배우자가 그와 함께 다니는 사람 중에서 지정한 1명까지 보태어 명함교부 및 지지호소를 할 수 있도록 하여 배우자 유무에 따른 차별효과를 크게 한다. 더욱이 배우자가 그와 함께 다니는 1명을 지정함에 있어 아무런 범위의 제한을 두지 아니하여, 배우자가 있는 예비후보자는 독자적으로 선거운동을 할 수 있는 선거운동원 1명을 추가로 지정하는 효과를 누릴 수 있게 된다. (2) 이것은 명함 본래의 기능에 부합하지 아니할 뿐만 아니라, 선거운동 기회균등의 원칙에 반하고, 예비후보자의 선거운동의 강화에만 치우친 나머지, 배우자의 유무라는 우연적인 사정에 근거하여 **합리적 이유 없이 배우자 없는 예비후보자를 차별 취급하는 것이므로, 이 사건 3호 법률조항은 청구인의 평등권을 침해한다.**(2013.11.28. 2011헌마267)

058 【×】 헌법재판소는 공선법 제15조 제1항이 선거권 연령을 20세 이상으로 제한하고 있는 것에 대해 합헌결정을 하였으나 (2003.11.27. 2002헌마787 등), **공직선거법 제15조 제1항은 "18세 이상의 국민은 대통령 및 국회의원의 선거권이 있다"고 규정하여, 선거권 연령을 18세 이상으로 개정하였다.**

059 【O】 2014.10.30. 2012헌마190

060 【×】 (1) '집행유예기간 중인 자' 부분에 대한 단순위헌결정 : 집행유예자는 집행유예 선고가 실효되거나 취소되지 않는 한 교정시설에 구금되지 않고 일반인과 동일한 사회생활을 하고 있으므로, 그들의 **선거권을 제한해야 할 필요성이 크지 않다.** 따라서 심판대상조항은 청구인들의 **선거권을 침해하고,** 보통선거원칙에 위반하여 집행유예자와 수형자를 차별취급하는 것이므로 평등원칙에도 어긋난다. (2) '수형자' 부분에 대한 **헌법불합치결정 : 수형자에 관한 부분의 위헌성은 지나치게 전면적·획일적으로 수형자의 선거권을 제한한다는 데 있다.** 그런데 그 위헌성을 제거하고 수형자에게 헌법합치적으로 선거권을 부여하는 것은 입법자의 형성재량에 속하므로 심판대상조항 중 **수형자에 관한 부분에 대하여 헌법불합치결정**을 선고한다.(2014.1.28. 2012헌마409 등) ※ 헌법재판소는 심판대상조항 중 '집행유예기간 중인 자' 부분에 대해서는 단순위헌결정을, '수형자' 부분에 대해서는 헌법불합치결정을 하였다.

061

선거범으로서 100만 원 이상의 벌금형의 선고를 받고 그 형이 확정된 후 5년을 경과하지 아니한 자 또는 형의 집행유예의 선고를 받고 그 형이 확정된 후 10년을 경과하지 아니한 자에게 선거권을 부여하지 않는 「공직선거법」 조항은 선거권을 침해하지 않는다. (O/×)

062

선거범죄로 당선이 무효로 된 자에게 이미 반환받은 기탁금과 보전 받은 선거비용을 다시 반환하도록 한 구 「공직선거법」 조항은 공무담임권을 제한하지 않는다. (O/×)

063

지역구국회의원선거에 있어서 선거구선거관리위원회가 당해 국회의원지역구에서 유효투표의 다수를 얻은 자를 당선인으로 결정하도록 한 「공직선거법」 조항은 청구인의 선거권을 침해한다. (O/×)

064

헌법은 "선거에 관한 경비는 법률이 정하는 경우를 제외하고는 정당 또는 후보자에게 부담시킬 수 없다."라고 규정함으로써 선거공영제를 채택하고 있다. (O/×)

---

061 【O】 (1) 선거범으로서 100만 원 이상의 벌금형의 선고를 받고 그 형이 확정된 후 5년을 경과하지 아니한 자 또는 형의 집행유예의 선고를 받고 그 형이 확정된 후 10년을 경과하지 아니한 자의 선거권을 제한하는 공직선거법 규정은 청구인들의 선거권을 침해한다고 볼 수 없다. (2) 선거의 공정성을 확보하기 위한 것으로서, 선거권 제한의 대상과 요건, 기간이 제한적인 점, 선거의 공정성을 해친 바 있는 선거범으로부터 부정선거의 소지를 차단하여 공정한 선거가 이루어지도록 하기 위하여는 선거권을 제한하는 것이 효과적인 방법인 점, 법원이 선거범에 대한 형량을 결정함에 있어서 양형의 조건뿐만 아니라 선거권의 제한 여부에 대하여도 합리적 평가를 하게 되는 점, 선거권의 제한기간이 공직선거마다 벌금형의 경우는 1회 정도, 징역형의 집행유예의 경우에는 2~3회 정도 제한하는 것에 불과한 점 등을 종합하면 선거권을 침해한다고 볼 수 없다.(헌재 2018.1.25. 2015헌마821 등, 공보 제256호, 315 [전원재판부])

062 【O】 선거범죄로 당선이 무효로 된 자에게 이미 반환받은 기탁금과 보전받은 선거비용을 다시 반환하도록 한 구 공직선거법 조항은 공직취임을 배제하거나 공무원 신분을 박탈하는 내용이 아니므로 공무담임권의 보호영역에 속하는 사항을 규정한 것이라고 할 수 없고, 선거범죄를 저지르지 않고 선거를 치르는 대부분의 후보자는 제재대상에 포함되지 아니하여 자력이 충분하지 못한 국민의 입후보를 곤란하게 하는 효과를 갖는다고 할 수 없으므로 공무담임권을 제한한다고 할 수 없다.(전원재판부 2010헌바232. 2011.4.28.)

063 【×】 지역구국회의원선거에 있어서 선거구선거관리위원회가 당해 국회의원지역구에서 유효투표의 다수를 얻은 자를 당선인으로 결정하는 다수대표제 방식으로 규정한 공직선거법 조항은 청구인의 평등권과 선거권을 침해한다고 할 수 없다.(헌법재판소 2016.5.26. 선고 2012헌마374 결정)

064 【O】 (1) 헌법 제116조 ② 선거에 관한 경비는 법률이 정하는 경우를 제외하고는 정당 또는 후보자에게 부담시킬 수 없다. (2) 선거공영제는 선거 자체가 국가의 공적 업무를 수행할 국민의 대표자를 선출하는 행위이므로 이에 소요되는 비용은 원칙적으로 국가가 부담하는 것이 바람직하다는 점과 선거경비를 개인에게 모두 부담시키는 것은 경제적으로 넉넉하지 못한 자의 입후보를 어렵거나 불가능하게 하여 국민의 공무담임권을 부당하게 제한하는 결과를 초래할 수 있다는 점을 고려하여, 선거의 관리·운영에 필요한 비용을 후보자 개인에게 부담시키지 않고 국민 모두의 공평부담으로 하고자 하는 원칙이다. 이러한 선거공영제의 내용은 우리의 선거문화와 풍토, 정치문화 및 국가의 재정상황과 국민의 법감정 등 여러 가지 요소를 종합적으로 고려하여 입법자가 정책적으로 결정할 사항으로서 넓은 입법형성권이 인정되는 영역이라고 할 것이다.(전원재판부 2010헌바485, 2012.2.23.)

065

당비는 정당의 당헌·당규 등에 의하여 정당의 당원이 부담하는 금전으로서 유가증권이나 그 밖의 물건을 제외한다. (O/×)

066

국회의원 개인은 후원회를 둘 수 있지만 정당은 후원회를 둘 수 없다. (O/×)

067

야당의 정치자금 모집을 가능하게 하기 위하여 타인의 명의나 가명으로 하는 정치자금 기부를 허용한다. (O/×)

068

법인 또는 단체는 정치자금을 기부할 수 있다. (O/×)

---

065 【×】 정치자금법 제3조(정의) 3. "당비"라 함은 명목여하에 불구하고 정당의 당헌·당규 등에 의하여 정당의 당원이 부담하는 **금전이나 유가증권 그 밖의 물건**을 말한다.

066 【×】 정치자금법 제6조(후원회지정권자) 다음 각 호에 해당하는 자는 각각 하나의 후원회를 지정하여 둘 수 있다.
1. **중앙당**(중앙당창당준비위원회를 포함한다)
2. **국회의원**(국회의원선거의 당선인을 포함한다)

* 정당을 후원회지정권자에서 제외 (위헌) - 정당에 대한 재정적 후원을 금지하고 위반 시 형사처벌하는 구 정치자금법 조항은 정당 후원회를 금지함으로써 불법 정치자금 수수로 인한 정경유착을 막고 정당의 정치자금 조달의 투명성을 확보하여 **정당 운영의 투명성과 도덕성을 제고하기 위한 것으로, 입법목적의 정당성은 인정**된다. 그러나 정경유착의 문제는 일부 재벌기업과 부패한 정치세력에 국한된 것이고 대다수 유권자들과는 직접적인 관련이 없으므로 **일반 국민의 정당에 대한 정치자금 기부를 원천적으로 봉쇄할 필요는 없고**, 기부 및 모금한도액의 제한, 기부내역 공개 등의 방법으로 정치자금의 투명성을 충분히 확보할 수 있다. 정치자금 중 당비는 반드시 당원으로 가입해야만 납부할 수 있어 일반 국민으로서 자신이 지지하는 정당에 재정적 후원을 하기 위해 반드시 당원이 되어야 하므로, **정당법상 정당 가입이 금지되는 공무원 등의 경우에는 자신이 지지하는 정당에 재정적 후원을 할 수 있는 방법이 없다.** 그리고 현행 기탁금 제도는 중앙선거관리위원회가 국고보조금의 배분비율에 따라 각 정당에 배분·지급하는 일반기탁금제도로서, 기부자가 자신이 지지하는 특정 정당에 재정적 후원을 하는 것과는 전혀 다른 제도이므로 이로써 정당 후원회를 대체할 수 있다고 보기도 어렵다. 나아가 정당제 민주주의 하에서 정당에 대한 재정적 후원이 전면적으로 금지됨으로써 정당이 스스로 재정을 충당하고자 하는 정당활동의 자유와 국민의 정치적 표현의 자유에 대한 제한이 매우 크다고 할 것이므로, 정당의 **정당활동의 자유와 국민의 정치적 표현의 자유를 침해한다.**(헌법불합치)(전원재판부 2013헌바168, 2015.12.23.)

067 【×】 정치자금법 제2조(기본원칙) ⑤ 누구든지 **타인의 명의나 가명으로 정치자금을 기부할 수 없다.**

068 【×】 정치자금법 제31조(기부의 제한) ① **외국인, 국내·외의 법인 또는 단체는 정치자금을 기부할 수 없다.**

069

외국인은 대통령선거 및 국회의원선거에서는 선거권이 없으나, 지방선거권이 조례에 의해서 인정되고 있다. (O/×)

070

평등선거의 원칙은 평등의 원칙이 선거제도에 적용된 것으로서 투표의 수적(數的) 평등, 즉 복수투표제 등을 부인하고 모든 선거인에게 1인 1표(one man, one vote)를 인정함을 의미할 뿐, 투표의 성과가치의 평등까지 의미하는 것은 아니다. (O/×)

071

비례대표제를 채택하는 경우 직접선거의 원칙은 의원의 선출 뿐만 아니라 정당의 비례적인 의석확보도 선거권자의 투표에 의하여 직접 결정될 것을 요구하는바, 비례대표의원의 선거는 지역구의원의 선거와는 별도의 선거이므로 이에 관한 유권자의 별도의 의사표시, 즉 정당명부에 대한 별도의 투표가 있어야 한다. (O/×)

072

현행 헌법은 대통령선거에 관하여 국민의 보통·평등·직접·비밀선거의 원칙을 규정하고 있고, 국회의원선거에 관하여는 위 원칙들에 관한 규정이 없으나, 헌법해석상 당연히 적용되는 것으로 보아야 한다. (O/×)

---

069 【X】 외국인의 지방자치단체의 의회의원 및 장의 선거권은 공직선거법에서 인정하고 있다.
공직선거법 제15조(선거권) ① 18세 이상의 국민은 대통령 및 국회의원의 선거권이 있다. 다만, 지역구국회의원의 선거권은 18세 이상의 국민으로서 제37조제1항에 따른 선거인명부작성기준일 현재 다음 각 호의 어느 하나에 해당하는 사람에 한하여 인정된다.
1. 「주민등록법」 제6조제1항제1호 또는 제2호에 해당하는 사람으로서 해당 국회의원지역선거구 안에 주민등록이 되어 있는 사람
2. 「주민등록법」 제6조제1항제3호에 해당하는 사람으로서 주민등록표에 3개월 이상 계속하여 올라 있고 해당 국회의원지역선거구 안에 주민등록이 되어 있는 사람
② 18세 이상으로서 제37조제1항에 따른 선거인명부작성기준일 현재 다음 각 호의 어느 하나에 해당하는 사람은 그 구역에서 선거하는 지방자치단체의 의회의원 및 장의 선거권이 있다.
3. 「출입국관리법」 제10조에 따른 영주의 체류자격 취득일 후 3년이 경과한 외국인으로서 같은 법 제34조에 따라 해당 지방자치단체의 외국인등록대장에 올라 있는 사람

070 【X】 평등선거의 원칙은 평등의 원칙이 선거제도에 적용된 것으로서 투표의 수적 평등, 즉 복수투표제 등을 부인하고 모든 선거인에게 1인 1표(one man, one vote)를 인정함을 의미할 뿐만 아니라, 투표의 성과가치의 평등, 즉 1표의 투표가치가 대표자 선정이라는 선거의 결과에 대하여 기여한 정도에 있어서도 평등하여야 함을 의미한다.(헌재 1995.12.27. 95헌마224 등, 공보 제13호, 111 [전원재판부])

071 【O】 비례대표제를 채택하는 경우 직접선거의 원칙은 의원의 선출 뿐만 아니라 정당의 비례적인 의석확보도 선거권자의 투표에 의하여 직접 결정될 것을 요구하는바, 비례대표의원의 선거는 지역구의원의 선거와는 별도의 선거이므로 이에 관한 유권자의 별도의 의사표시, 즉 정당명부에 대한 별도의 투표가 있어야 함에도 현행제도는 정당명부에 대한 투표가 따로 없으므로 결국 비례대표의원의 선출에 있어서는 정당의 명부작성행위가 최종적·결정적인 의의를 지니게 되고, 선거권자들의 투표행위로써 비례대표의원의 선출을 직접·결정적으로 좌우할 수 없으므로 직접선거의 원칙에 위배된다. (전원재판부 2000헌마91, 2001.7.19.)

072 【X】 헌법은 국회의원과 대통령 선거에 관하여 모두 국민의 보통·평등·직접·비밀선거원칙을 명문으로 규정하고 있다.
헌법 제41조 ① 국회는 국민의 보통·평등·직접·비밀선거에 의하여 선출된 국회의원으로 구성한다.
헌법 제67조 ① 대통령은 국민의 보통·평등·직접·비밀선거에 의하여 선출한다.

073

국회의원선거에 있어서 선거의 효력에 관하여 이의가 있는 선거인·정당(후보자를 추천한 정당에 한한다) 또는 후보자는 선거일부터 30일 이내에 대법원에 소를 제기할 수 있다. (O/×)

074

국회의원선거의 효력에 관하여 소를 제기할 때에는 당해 선거구선거관리위원회위원장을 피고로 한다. 다만, 피고로 될 위원장이 궐위된 때에는 해당 선거관리위원회 위원 전원을 피고로 한다. (O/×)

075

대법원이나 고등법원은 선거쟁송에서 선거에 관한 규정에 위반된 사실이 있으면 선거 전부나 일부의 무효 또는 당선의 무효를 판결한다. (O/×)

076

선거소송에서 수소법원은 소가 제기된 날부터 180일 이내에 처리하여야 한다. (O/×)

077

선거범으로서 100만 원 이상의 벌금형의 선고를 받고 그 형이 확정된 후 5년을 경과하지 아니한 자 또는 형의 집행유예의 선고를 받고 그 형이 확정된 후 10년을 경과하지 아니한 자에게 선거권을 부여하지 않는 공직선거법 조항은 선거권을 침해하지 않는다. (O/×)

---

073 【O】 공직선거법 제222조 제1항

074 【O】 공직선거법 제222조(선거소송) ① 대통령선거 및 국회의원선거에 있어서 선거의 효력에 관하여 이의가 있는 선거인·정당(후보자(候補者)를 추천한 정당(政黨)에 한한다) 또는 후보자는 선거일부터 30일 이내에 당해 선거구선거관리위원회위원장을 피고로 하여 대법원에 소를 제기할 수 있다.
③ 제1항 또는 제2항에 따라 피고로 될 위원장이 궐위된 때에는 해당 선거관리위원회 위원 전원을 피고로 한다.

075 【X】 공직선거법 제224조(선거무효의 판결 등) 소청이나 소장을 접수한 선거관리위원회 또는 대법원이나 고등법원은 선거쟁송에 있어 선거에 관한 규정에 위반된 사실이 있는 때라도 선거의 결과에 영향을 미쳤다고 인정하는 때에 한하여 선거의 전부나 일부의 무효 또는 당선의 무효를 결정하거나 판결한다.

076 【O】 공직선거법 제225조(소송 등의 처리) 선거에 관한 소청이나 소송은 다른 쟁송에 우선하여 신속히 결정 또는 재판하여야 하며, 소송에 있어서는 수소법원은 소가 제기된 날 부터 180일 이내에 처리하여야 한다.

077 【O】 (1) 선거범으로서 100만 원 이상의 벌금형의 선고를 받고 그 형이 확정된 후 5년을 경과하지 아니한 자 또는 형의 집행유예의 선고를 받고 그 형이 확정된 후 10년을 경과하지 아니한 자의 선거권을 제한하는 공직선거법 규정은 청구인들의 선거권을 침해한다고 볼 수 없다.
(2) 선거의 공정성을 확보하기 위한 것으로서, 선거권 제한의 대상과 요건, 기간이 제한적인 점, 선거의 공정성을 해친 바 있는 선거범으로부터 부정선거의 소지를 차단하여 공정한 선거가 이루어지도록 하기 위하여는 선거권을 제한하는 것이 효과적인 방법인 점, 법원이 선거범에 대한 형량을 결정함에 있어서 양형의 조건뿐만 아니라 선거권의 제한 여부에 대하여도 합리적 평가를 하게 되는 점, 선거권의 제한기간이 공직선거마다 벌금형의 경우는 1회 정도, 징역형의 집행유예의 경우에는 2-3회 정도 제한하는 것에 불과한 점 등을 종합하면 선거권을 침해한다고 볼 수 없다.(헌재 2018.1.25. 2015헌마821 등, 공보 제256호, 315 [전원재판부])

078 🔄 1 2 3

지역구국회의원선거에 있어서 선거구선거관리위원회가 당해 국회의원지역구에서 유효투표의 다수를 얻은 자를 당선인으로 결정하도록 한 공직선거법 조항은 청구인의 선거권을 침해하지 않는다. (O/×)

079 🔄 1 2 3

범죄자에게 형벌의 내용으로 선거권을 제한하는 경우에는 선거권 제한 여부 및 적용범위의 타당성에 관하여 보통선거원칙에 입각한 선거권 보장과 그 제한의 관점에서 엄격한 비례심사를 하여야 한다. (O/×)

080 🔄 1 2 3

공직선거법 에서는 일정한 요건을 구비한 외국인에게 지방선거의 선거권을 인정하나, 재외선거인에게 국회의원의 재·보궐선거권을 부여하지 않은 것은 재외선거인의 선거권을 침해한다. (O/×)

---

078 【O】 (1) 지역구국회의원선거에 있어서 선거구선거관리위원회가 당해 국회의원지역구에서 유효투표의 다수를 얻은 자를 당선인으로 결정하는 다수대표제 방식으로 규정한 공직선거법 조항은 청구인의 평등권과 선거권을 침해한다고 할 수 없다.
(2) 다수의 사표가 발생할 수 있다는 문제점이 제기됨에도 불구하고 정치의 책임성과 안정성을 강화하고 인물 검증을 통해 당선자를 선출하는 등 장점을 가지며, 선거의 대표성이나 평등선거의 원칙 측면에서도 <u>다른 선거제도와 비교하여 반드시 열등하다고 단정할 수 없다</u>. 또한 <u>비례대표선거제도를 통하여 소선거구 다수대표제를 채택함에 따라 발생하는 정당의 득표비율과 의석비율간의 차이를 보완</u>하고 있다. 그리고 유권자들의 후보들에 대한 각기 다른 지지는 자연스러운 것이고, 선거제도상 모든 후보자들을 당선시키는 것은 불가능하므로 <u>사표의 발생은 불가피</u>한 측면이 있다.(헌법재판소 2016.5.26. 선고 2012헌마374 결정)

079 【O】 헌재 2018.1.25. 2015헌마821 등,[전원재판부]

080 【×】 (1) 재외선거인에게 국회의원재·보궐선거의 선거권을 인정하지 않은 재외선거인 등록신청조항은 재외선거인의 선거권을 침해하거나 보통선거원칙에 위배된다고 볼 수 없다.
(2) 입법자는 재외선거제도를 형성하면서, 잦은 재·보궐선거는 재외국민으로 하여금 상시적인 선거체제에 직면하게 하는 점, <u>재외 재·보궐선거의 투표율이 높지 않을 것으로 예상되는 점, 재·보궐선거 사유가 확정될 때마다 전 세계 해외 공관을 가동하여야 하는 등 많은 비용과 시간이 소요된다는 점</u>을 종합적으로 고려하여 재외선거인에게 국회의원의 재·보궐선거권을 부여하지 않았다고 할 것이고, 이와 같은 선거제도의 형성이 현저히 불합리하거나 불공정하다고 볼 수 없다.(헌법재판소 2014.7.24. 선고 2009헌마256, 2010헌마394(병합) 전원재판부)

081

지역농협은 사법인에서 볼 수 없는 공법인적 특성을 많이 가지고 있으므로, 지역농협의 조합장선거에서 조합장을 선출하거나 조합장으로 선출될 권리, 조합장선거에서 선거운동을 하는 것은 헌법에 의하여 보호되는 선거권의 범위에 포함되지 않는다. (O/×)

082

주민등록과 국내거소신고를 기준으로 지역구 국회의원 선거권을 인정하는 것은 해당 국민의 지역적 관련성을 확인하는 합리적인 방법으로, 주민등록이 되어 있지 않고 국내 거소신고도 하지 않은 재외국민의 임기만료 지역구 국회의원 선거권을 인정하지 않은 것은 선거권을 침해한다고 볼 수 없다. (O/×)

083

지역농협은 사법인에서 볼 수 없는 공법인적 특성을 많이 가지고 있으므로, 지역농협의 조합장선거에서 조합장을 선출하거나 조합장으로 선출될 권리, 조합장선거에서 선거운동을 하는 것도 헌법에 의하여 보호되는 선거권의 범위에 포함된다. (O/×)

---

081 【O】 (1) 헌법 제24조는 "모든 국민은 법률이 정하는 바에 의하여 선거권을 가진다."고 규정하고 있는데, 여기서 **선거권**이란 국민이 **공무원을 선거하는 권리**를 말하고, 이는 주권자인 국민이 자신의 정치적 의사를 자유로이 결정하고 표명하여 선거에 참여함으로써 민주사회를 구성하고 움직이게 하는 작동원리로 작용한다.
 (2) 그런데, 농협법은 지역농협을 법인으로 하면서(제4조), 공직선거에 관여해서는 아니 되고(제7조), 조합의 재산에 대하여 국가 및 지방자치단체의 조세 외의 부과금이 면제되도록 규정하고 있어(제8조) 이를 공법인으로 볼 여지가 있으나, 한편 지역농협은 조합원의 경제적·사회적·문화적 지위의 향상을 목적으로 하는 농업인의 자주적 협동조직으로, 조합원 자격을 가진 20인 이상이 발기인이 되어 설립하고(제15조), **조합원의 출자로 자금을 조달하며**(제21조), **지역농협의 결성이나 가입이 강제되지 아니하고**, **조합원의 임의탈퇴 및 해산이 허용**되며(제28조, 제29조), **조합장은 조합원들이 직접 선출하거나 총회에서 선출**하도록 하고 있으므로(제45조), **기본적으로 사법인적 성격**을 지니고 있다 할 것이다.
 (3) 이처럼 **사법인적 성격**을 지니는 농협의 조합장선거에서 조합장을 선출하거나 조합장으로 선출될 권리, 조합장선거에서 선거운동을 하는 것은 헌법에 의하여 보호되는 **선거권**의 범위에 포함되지 않는다.

082 【O】 (1) 주민등록이 되어 있지 않고 국내거소신고도 하지 않은 재외국민(이하 '재외선거인'이라고 한다)에게 임기만료지역구 국회의원선거권을 인정하지 않은 공직선거법규정이 재외선거인의 선거권을 침해하거나 보통선거원칙에 위배된다고 볼 수 없다.
 (2) 지역구국회의원은 국민의 대표임과 동시에 소속지역구의 이해관계를 대변하는 역할을 하고 있다. 전국을 단위로 선거를 실시하는 **대통령선거와 비례대표국회의원선거에 투표하기 위해서는 국민이라는 자격만으로 충분한 데 반해**, **특정한 지역구의 국회의원선거에 투표하기 위해서는 '해당 지역과의 관련성'이 인정되어야 한다.** 주민등록과 국내거소신고를 기준으로 지역구국회의원선거권을 인정하는 것은 해당 국민의 지역적 관련성을 확인하는 합리적인 방법이다. (전원재판부 2009헌마256, 2014.7.24.)

083 【X】 (1) 헌법 제24조는 "모든 국민은 법률이 정하는 바에 의하여 선거권을 가진다."고 규정하고 있는데, 여기서 **선거권**이란 국민이 **공무원을 선거하는 권리**를 말하고, 이는 주권자인 국민이 자신의 정치적 의사를 자유로이 결정하고 표명하여 선거에 참여함으로써 민주사회를 구성하고 움직이게 하는 작동원리로 작용한다.
 (2) 그런데, 농협법은 지역농협을 법인으로 하면서(제4조), 공직선거에 관여해서는 아니 되고(제7조), 조합의 재산에 대하여 국가 및 지방자치단체의 조세 외의 부과금이 면제되도록 규정하고 있어(제8조) 이를 공법인으로 볼 여지가 있으나, 한편 지역농협은 조합원의 경제적·사회적·문화적 지위의 향상을 목적으로 하는 농업인의 자주적 협동조직으로, 조합원 자격을 가진 20인 이상이 발기인이 되어 설립하고(제15조), **조합원의 출자로 자금을 조달하며**(제21조), **지역농협의 결성이나 가입이 강제되지 아니하고**, 조합원의 임의탈퇴 및 해산이 허용되며(제28조, 제29조), **조합장은 조합원들이 직접 선출하거나 총회에서 선출**하도록 하고 있으므로(제45조), **기본적으로 사법인적 성격**을 지니고 있다 할 것이다.
 (3) 이처럼 **사법인적 성격**을 지니는 농협의 조합장선거에서 조합장을 선출하거나 조합장으로 선출될 권리, 조합장선거에서 선거운동을 하는 것은 헌법에 의하여 보호되는 **선거권**의 범위에 **포함되지 않는다**.(전원재판부 2011헌바154, 2012.2.23.)

084

선거일 현재 선거범으로서 100만 원 이상의 벌금형의 선고를 받고 그 형이 확정된 후 5년 또는 형의 집행유예의 선고를 받고 그 형이 확정된 후 10년을 경과하지 아니한 사람은 선거권이 없다. (O/×)

085

지역구 국회의원 선거에서 예비후보자의 기탁금 액수를 해당 선거의 후보자등록시 납부해야 하는 기탁금의 100분의 20으로 설정한 것은 입법재량의 범위를 벗어난 것으로 볼 수 없다. (O/×)

086

국회의원이 계속 특정 상임위원회에서 활동하기를 원하고 있다면 그 위원회와 관련하여 위법하거나 부당한 행위를 한 사실이 인정되는 경우가 아닌 한 본인의 의사에 반하여 강제로 위원회에서 사임시킬 수는 없다. (O/×)

---

084 【O】 제18조(선거권이 없는 자) ①선거일 현재 다음 각 호의 어느 하나에 해당하는 사람은 선거권이 없다.
3. …「특정범죄가중처벌 등에 관한 법률」 제3조(알선수재)에 규정된 죄를 범한 자로서, 100만 원 이상의 벌금형의 선고를 받고 그 형이 확정된 후 5년 또는 형의 집행유예의 선고를 받고 그 형이 확정된 후 10년을 경과하지 아니하거나 징역형의 선고를 받고 그 집행을 받지 아니하기로 확정된 후 또는 그 형의 집행이 종료되거나 면제된 후 10년을 경과하지 아니한 자(刑이 失效된 者도 포함한다)

085 【O】 (1) 지역구국회의원 예비후보자에게 지역구 국회의원이 납부할 기탁금의 100분의 20에 해당하는 금액을 기탁금으로 납부하도록 정한 공직선거법조항은 청구인의 공무담임권을 침해하지 않는다.
(2) 예비후보자의 무분별한 난립을 막고 책임성과 성실성을 담보하기 위한 것으로서, 입법목적의 정당성과 수단의 적합성이 인정된다. 또한 예비후보자 기탁금제도보다 덜 침해적인 다른 방법이 명백히 존재한다고 할 수 없고, 일정한 범위의 선거운동이 허용된 예비후보자의 기탁금 액수를 해당 선거의 후보자등록 시 납부해야 하는 기탁금의 100분의 20인 300만 원으로 설정한 것은 입법재량의 범위를 벗어난 것으로 볼 수 없으므로 침해의 최소성 원칙에 위배되지 아니한다. 그리고 위 조항으로 인하여 예비후보자로 등록하려는 사람의 공무담임권 제한은 이로써 달성하려는 공익보다 크다고 할 수 없어 법익의 균형성 원칙에도 반하지 않는다.(전원재판부 2016헌마623, 2017.10.26.)

086 【×】 (1) A 정당의 교섭단체 대표의원의 개선 요청으로 국회의장이 사법개혁 특별위원회의 A 정당 소속 위원을 청구인에서 다른 국회의원으로 개선한 행위는 자유위임원칙에 위배되어 국회의원 청구인의 법률안 심의·표결권을 침해하였다고 볼 수 없다.
(2) 특별위원회의 의사를 원활하게 운영하고, 사법개혁에 관한 국가정책결정의 가능성을 높이기 위하여 국회가 자율권을 행사한 것으로서, 앞서 살펴본 제반 사정을 종합적으로 고려하면, 이 사건 개선행위로 인하여 자유위임원칙이 제한되는 정도가 위와 같은 헌법적 이익을 명백히 넘어선다고 단정하기 어렵다.(헌법재판소 2020.5.27. 선고 2019헌라1 전원재판부 결정)

087

국민의 국회의원 선거권은 국회의원을 보통·평등·직접·비밀선거에 의하여 국민의 대표자로 선출하는 권리에 그치는 것이기 때문에 유권자가 설정한 국회의석분포에 국회의원들을 기속시키는 것은 대의제도의 본질에 반하는 것이다. (O/×)

088

대의제를 보완하는 직접민주주의 요소로서 우리 헌법은 국민투표만을 규정하였을 뿐 우리 헌정사상 국민발안제나 국민소환제를 채택한 적은 없다. (O/×)

089

국민과 국회의원은 자유위임관계에 있는 것이 아니라 명령적 위임관계에 있다. (O/×)

090

지역구국회의원 예비후보자에게 지역구국회의원이 납부할 기탁금의 100분의 20에 해당하는 금액을 기탁금으로 납부하도록 정한 「공직선거법」 조항은 공무담임권을 침해하지 않는다. (O/×)

---

087 【O】 대의제 민주주의하에서 국민의 국회의원 선거권이란 국회의원을 보통·평등·직접·비밀선거에 의하여 국민의 대표자로 선출하는 권리에 그치며, 국민과 국회의원은 명령적 위임관계에 있는 것이 아니라 자유위임관계에 있으므로, 유권자가 설정한 국회의석분포에 국회의원들을 기속시키고자 하는 내용의 "국회구성권"이라는 기본권은 오늘날 이해되고 있는 대의제도의 본질에 반하는 것이어서 헌법상 인정될 여지가 없고, 청구인들 주장과 같은 대통령에 의한 여야 의석분포의 인위적 조작행위로 국민주권주의라든지 복수정당제도가 훼손될 수 있는지의 여부는 별론으로 하고 그로 인하여 바로 헌법상 보장된 청구인들의 구체적 기본권이 침해당하는 것은 아니다.(전원재판부 96헌마186, 1998.10.29.)

088 【X】 국민소환제는 채택된 적이 없으나, 국민발안제는 2~6차 개정헌법에서 규정된 바 있다.

089 【X】 대의제도에 있어서 국민과 국회의원은 명령적 위임관계에 있는 것이 아니라 자유위임관계에 있기 때문에 일단 선출된 후에는 국회의원은 국민의 의사와 관계없이 독자적인 양식과 판단에 따라 정책결정에 임할 수 있다.(헌법재판소 1998.10.29. 선고 96헌마186 전원재판부)

090 【O】 (1) 지역구국회의원 예비후보자에게 지역구 국회의원이 납부할 기탁금의 100분의 20에 해당하는 금액을 기탁금으로 납부하도록 정한 공직선거법조항은 청구인의 공무담임권을 침해하지 않는다.
(2) 예비후보자의 무분별한 난립을 막고 책임성과 성실성을 담보하기 위한 것으로서, 입법목적의 정당성과 수단의 적합성이 인정된다. 또한 예비후보자 기탁금제도보다 덜 침해적인 다른 방법이 명백히 존재한다고 할 수 없고, 일정한 범위의 선거운동이 허용된 예비후보자의 기탁금 액수를 해당 선거의 후보자등록 시 납부해야 하는 기탁금의 100분의 20인 300만 원으로 설정한 것은 입법재량의 범위를 벗어난 것으로 볼 수 없으므로 침해의 최소성 원칙에 위배되지 아니한다. 그리고 위 조항으로 인하여 예비후보자로 등록하려는 사람의 공무담임권 제한은 이로써 달성하려는 공익보다 크다고 할 수 없어 법익의 균형성 원칙에도 반하지 않는다.

091

소선거구 다수대표제를 규정하여 다수의 사표가 발생한다 하더라도 그 이유만으로 헌법상 요구된 선거의 대표성의 본질을 침해한다고 할 수 없다. (O/×)

092

헌법재판소는 시·도의회의원 지역선거구 획정과 관련하여 헌법이 허용하는 인구편차의 기준을 인구편차 상하 50%(인구비례 3:1)로 변경하였다. (O/×)

093

국회의원선거에 있어서 선거의 효력에 관하여 이의가 있는 선거인·정당(후보자를 추천한 정당에 한한다) 또는 후보자는 선거일로부터 45일 이내에 헌법재판소에 소를 제기할 수 있다. (O/×)

---

091 【O】 (1) 지역구국회의원선거에 있어서 선거구선거관리위원회가 당해 국회의원지역구에서 유효투표의 다수를 얻은 자를 당선인으로 결정하는 다수대표제 방식으로 규정한 공직선거법 조항은 청구인의 평등권과 선거권을 침해한다고 할 수 없다.
(2) 다수의 사표가 발생할 수 있다는 문제점이 제기됨에도 불구하고 정치의 책임성과 안정성을 강화하고 인물검증을 통해 당선자를 선출하는 등 장점을 가지며, 선거의 대표성이나 평등선거의 원칙 측면에서도 <u>다른 선거제도와 비교하여 반드시 열등하다고 단정할 수 없다</u>. 또한 <u>비례대표선거제도를 통하여 소선거구 다수대표제를 채택함에 따라 발생하는 정당의 득표비율과 의석비율간의 차이를 보완</u>하고 있다. 그리고 유권자들의 후보들에 대한 각기 다른 지지는 자연스러운 것이고, 선거제도상 모든 후보자들을 당선시키는 것은 불가능하므로 <u>사표의 발생은 불가피</u>한 측면이 있다.(헌법재판소 2016.5.26. 선고 2012헌마374 결정)

092 【O】 그렇다면 현재의 시점에서 시·도의원지역구 획정과 관련하여 헌법이 허용하는 인구편차의 기준을 인구편차 상하 60%(인구비례 4:1)에서 인구편차 상하 50%(인구비례 3:1)로 변경하는 것이 타당하다.(헌법재판소 2018.6.28. 선고 2014헌마189 전원재판부 결정)

093 【X】 공직선거법 제222조(선거소송) ① <u>대통령선거</u> 및 <u>국회의원선거</u>에 있어서 선거의 효력에 관하여 이의가 있는 선거인·정당(후보자(候補者)를 <u>추천한 정당(政黨)</u>에 한한다) 또는 후보자는 선거일부터 <u>30일</u> 이내에 <u>당해 선거구선거관리위원회 위원장을 피고로 하여 대법원</u>에 소를 제기할 수 있다.
② <u>지방의회의원 및 지방자치단체의 장의 선거</u>에 있어서 선거의 효력에 관한 제220조의 결정에 불복이 있는 소청인(當選人을 <u>포함</u>한다)은 해당 소청에 대하여 기각 또는 각하 결정이 있는 경우(제220조제1항의 기간 내에 결정하지 아니한 때를 <u>포함</u>한다)에는 해당 선거구선거관리위원회 위원장을, 인용결정이 있는 경우에는 그 인용결정을 한 선거관리위원회 위원장을 피고로 하여 그 결정서를 받은 날(제220조제1항의 기간 내에 결정하지 아니한 때에는 그 기간이 종료된 날)부터 <u>10일</u> 이내에 비례대표시·도의원선거 및 시·도지사선거에 있어서는 <u>대법원</u>에, 지역구시·도의원선거, 자치구·시·군의원선거 및 자치구·시·군의 장 선거에 있어서는 그 선거구를 관할하는 <u>고등법원</u>에 소를 제기할 수 있다.

094

1년 이상의 징역형 선고를 받고 그 집행이 종료되지 않은 사람의 선거권을 제한하는 「공직선거법」 조항은 선거권을 침해하지 않는다.

(O/×)

095

집행유예기간 중인 사람의 선거권을 제한하고 있는 「공직선거법」 조항은 과잉금지원칙에 위반하여 선거권을 침해한다.

(O/×)

096

선거 후보자의 배우자가 그와 함께 다니는 사람 중에서 지정한 1명도 명함 교부를 할 수 있도록 한 「공직선거법」 조항은 배우자의 유무라는 우연한 사정에 근거하여 차별 취급하고 있으므로 배우자 없는 후보자의 평등권을 침해한다.

(O/×)

---

094 【O】 1년 이상의 징역의 형의 선고를 받고 그 집행이 종료되지 아니한 사람의 선거권을 제한하는 공직선거법 규정은 공동체 구성원으로서 기본적 의무를 저버린 **수형자에 대하여 사회적·형사적 제재를** 부과하고, 수형자와 일반국민의 **준법의식을 제고**하기 위한 것이다. 법원의 양형관행을 고려할 때 1년 이상의 징역형을 선고받은 사람은 공동체에 상당한 위해를 가하였다는 점이 재판 과정에서 인정된 자이므로, 이들에 한해서는 사회적·형사적 제재를 가하고 준법의식을 제고할 필요성이 있다. **선거권 제한 기간은 각 수형자의 형의 집행이 종료될 때까지이므로, 형사책임의 경중과 선거권 제한 기간은 비례**하게 된다. 과실범, 고의범 등 범죄의 종류를 불문하고, 침해된 법익의 내용을 불문하며, 형 집행 중에 이뤄지는 재량적 행정처분인 가석방 여부를 고려하지 않고 선거권을 제한한다고 하여 불필요한 제한을 부과한다고 할 수 없다. 1년 이상의 징역형을 선고받은 사람의 선거권을 제한함으로써 형사적·사회적 제재를 부과하고 준법의식을 강화한다는 **공익이, 형 집행기간 동안 선거권을 행사하지 못하는 수형자 개인의 불이익보다 작다고 할 수 없다.** 따라서 과잉금지원칙을 위반하여 청구인의 선거권을 침해하지 아니한다.(전원재판부 2016헌마292, 2017.5.25.)

095 【O】 집행유예기간 중인 자와 수형자의 선거권을 제한하고 있는 공직선거법 조항과 형법 조항은 집행유예자와 수형자에 대하여 **전면적·획일적으로 선거권을** 제한하고 있다. 심판대상조항의 입법목적에 비추어 보더라도, **구체적인 범죄의 종류나 내용 및 불법성의 정도 등과 관계없이 일률적으로 선거권을 제한하여야 할 필요성이 있다고 보기는 어렵다.** 범죄자가 저지른 범죄의 **경중을 전혀 고려하지 않고** 수형자와 집행유예자 모두의 선거권을 제한하는 것은 침해의 최소성원칙에 어긋난다. 특히 **집행유예자는 집행유예 선고가 실효되거나 취소되지 않는 한 교정시설에 구금되지 않고 일반인과 동일한 사회생활을 하고 있으므로,** 그들의 선거권을 제한해야 할 필요성이 크지 않다. 따라서 청구인들의 선거권을 침해하고, 보통선거원칙에 위반하여 **집행유예자와 수형자를 차별취급**하는 것이므로 **평등원칙에도** 어긋난다. (전원재판부 2012헌마409, 2014.1.28.)

096 【O】 예비후보자의 배우자가 함께 다니는 사람 중에서 지정한 자도 선거운동을 위하여 명함교부 및 지지호소를 할 수 있도록 한 공직선거법 규정은 명함 고유의 특성이나 가족관계의 특수성을 반영하여 단독으로 명함교부 및 지지호소를 할 수 있는 주체를 예비후보자의 배우자나 직계존·비속 본인에게 한정하고 있는 법률조항에 더하여, 배우자가 그와 함께 다니는 사람 중에서 지정한 1명까지 보태어 명함교부 및 지지호소를 할 수 있도록 하여 **배우자 유무에 따른 차별효과를 크게 한다.** 더욱이 배우자가 그와 함께 다니는 1명을 지정함에 있어 아무런 범위의 제한을 두지 아니하여, **배우자가 있는 예비후보자는 독자적으로 선거운동을 할 수 있는 선거운동원 1명을 추가로 지정하는 효과를 누릴 수 있게 된다.** 이것은 **명함 본래의 기능에 부합하지 아니할 뿐만 아니라, 선거운동 기회균등의 원칙에 반하고,** 예비후보자의 선거운동의 강화에만 치우친 나머지, **배우자의 유무라는 우연적인 사정에 근거하여 합리적 이유 없이 배우자 없는 예비후보자를 차별 취급**하는 것이므로, 청구인의 **평등권을 침해한다.** (전원재판부 2011헌마267, 2013.11.28.)

097

재외선거인으로 하여금 선거를 실시할 때마다 재외선거인 등록신청을 하도록 한 「공직선거법」상 재외선거인 등록신청조항은 재외선거인의 선거권을 침해한다.[97]　　(O/×)

☑ 최신판례 예상지문

001

'선거범으로서 100만 원 이상의 벌금형의 선고를 받고 그 형이 확정된 후 5년을 경과하지 아니한 자 또는 형의 집행유예의 선고를 받고 그 형이 확정된 후 10년을 경과하지 아니한 자'에 대하여 선거권을 제한하는 공직선거법상 선거권제한조항은 선거권을 침해한다.　　(O/×)

002

시·도의원지역구 획정에서 허용되는 인구편차 기준은 인구편차 상하 50%(인구비례 3:1)이다.　　(O/×)

---

097 【×】 (1) 재외선거인에게 국회의원재·보궐선거의 선거권을 인정하지 않은 재외선거인 등록신청조항은 재외선거인의 선거권을 침해하거나 보통선거원칙에 위배된다고 볼 수 없다.
(2) 입법자는 재외선거제도를 형성하면서, 잦은 재·보궐선거는 재외국민으로 하여금 상시적인 선거체제에 직면하게 하는 점, 재외 재·보궐선거의 투표율이 높지 않을 것으로 예상되는 점, 재·보궐선거 사유가 확정될 때마다 전 세계 해외 공관을 가동하여야 하는 등 많은 비용과 시간이 소요된다는 점을 종합적으로 고려하여 재외선거인에게 국회의원의 재·보궐선거권을 부여하지 않았다고 할 것이고, 이와 같은 선거제도의 형성이 현저히 불합리하거나 불공정하다고 볼 수 없다.(헌법재판소 2014.7.24. 선고 2009헌마256,2010헌마394(병합) 전원재판부)

001 【×】 '선거범으로서 100만 원 이상의 벌금형의 선고를 받고 그 형이 확정된 후 5년을 경과하지 아니한 자 또는 형의 집행유예의 선고를 받고 그 형이 확정된 후 10년을 경과하지 아니한 자'에 대하여 선거권을 제한하는 공직선거법상 선거권제한조항이 청구인들의 선거권을 침해하는지 여부(소극) 및 피선거권을 정지시킨다는 공직선거법상 피선거권제한조항이 청구인들의 피선거권을 침해하는지 여부(소극) - (1) 선거권제한조항은 선거의 공정성을 확보하기 위한 것으로서, 선거권 제한의 대상과 요건, 기간이 제한적인 점, 선거의 공정성을 해친 바 있는 선거범으로부터 부정선거의 소지를 차단하여 공정한 선거가 이루어지도록 하기 위하여는 선거권을 제한하는 것이 효과적인 방법인 점, 법원이 선거범에 대한 형량을 결정함에 있어서 양형의 조건뿐만 아니라 선거권의 제한 여부에 대하여도 합리적 평가를 하게 되는 점, 선거권의 제한기간이 공직선거마다 벌금형의 경우는 1회 정도, 징역형의 집행유예의 경우에는 2~3회 정도 제한하는 것에 불과한 점 등을 종합하면, 선거권제한조항은 청구인들의 선거권을 침해한다고 볼 수 없다.
(2) 피선거권제한조항은 선거의 공정성을 확보하기 위한 것으로서, 선거의 공정성을 해친 바 있는 선거범으로부터 부정선거의 소지를 차단하여 공정한 선거가 이루어지도록 하기 위하여는 피선거권을 제한하는 것이 효과적인 방법인 점, 법원이 선거범에 대한 형량을 결정함에 있어서 양형의 조건뿐만 아니라 피선거권의 제한 여부에 대하여도 합리적 평가를 하게 되는 점, 공무원은 국민전체에 대한 봉사자이고 국민에 대하여 책임을 지는 지위에 있으므로 선거범의 피선거권을 제한할 필요가 있는 점 등을 종합하면, 피선거권제한조항은 청구인의 피선거권을 침해한다고 볼 수 없다.

002 【O】 시·도의원지역구 획정에서 허용되는 인구편차 기준은 인구편차 상하 50%(인구비례 3:1)이다.(헌재 2018.6.28. 2014헌마166) - 시·도의원지역구 획정에서 허용되는 인구편차 기준은 인구편차 상하 50%(인구비례 3:1)이다.(헌재 2018.6.28. 2014헌마166)

003
지방자치단체의 장의 선거운동을 금지하는 공직선거법 조항은 선거운동의 자유를 침해한다. (O/×)

004
국회의원이나 지방의회의원과는 달리, 지방자치단체의 장의 선거운동을 금지하는 공직선거법 조항은 합리적인 이유없는 차별이라고 할 것이므로 평등원칙에 반한다. (O/×)

005
군의 장의 선거의 예비후보자가 되려는 사람은 그 선거기간개시일 전 60일부터 예비후보자등록 신청을 할 수 있다고 규정한 공직선거법 조항은 청구인의 선거운동의 자유를 침해한다. (O/×)

---

003 【X】 지방자치단체의 장의 선거운동을 금지하는 공직선거법 조항이 선거운동의 자유를 침해하는지 여부(소극) - (1) 심판대상조항은, 지방자치단체의 장의 **업무전념성**, 지방자치단체의 장과 해당 지방자치단체 소속 공무원의 **정치적 중립성**, **선거의 공정성을 확보**하기 위한 것으로 정당한 목적달성을 위한 적합한 수단에 해당한다. 지방자치단체의 장은 지방자치단체의 대표로서 그 사무를 총괄하고, 공직선거법상 일정한 선거사무를 맡고 있으며, 지역 내 광범위한 권한 행사와 관련하여 **사인으로서의 활동과 직무상 활동이 구분되기 어려운 점** 등을 고려할 때 심판대상조항이 입법목적 달성을 위하여 필요한 범위를 벗어난 제한이라 보기 어렵고, 심판대상조항에 의하여 보호되는 선거의 공정성 등 공익과 제한되는 사익 사이에 불균형이 있다고 보기도 어렵다. 따라서 심판대상조항은 **과잉금지원칙에 위배하여 선거운동의 자유를 침해한다고 볼 수 없다**.(헌재 2020.3.26. 2018헌바90)
(2) **국회의원이나 지방의회의원은** 그 지휘·감독을 받는 공무원 조직이 없어 공무원의 선거관리에 영향을 미칠 가능성이 높지 않으므로 국회의원과 지방의회의원이 지방자치단체의 장과 달리 심판대상조항의 적용을 받지 않는 것은 **합리적인 차별**이라고 할 것이어서, 심판대상조항은 **평등원칙에 반하지 않는다**.(헌재 2020.3.26. 2018헌바90)

004 【X】 헌재 2020.3.26. 2018헌바90

005 【X】 군의 장의 선거의 예비후보자가 되려는 사람은 그 선거기간개시일 전 60일부터 예비후보자등록 신청을 할 수 있다고 규정한 공직선거법 조항이 청구인의 선거운동의 자유를 침해하는지 여부(소극) - (1) 예비후보자의 선거운동기간을 제한하지 않으면, 예비후보자 간의 경쟁이 격화될 수 있고 예비후보자 간 경제력 차이 등에 따른 폐해가 두드러질 우려가 있다. 군의 평균 선거인수는 시·자치구에 비해서도 적다는 점, 오늘날 대중정보매체가 광범위하게 보급되어 있다는 점, 과거에 비해 교통수단이 발달하였다는 점 등에 비추어보면, 군의 장의 선거에서 예비후보자로서 선거운동을 할 수 있는 기간이 최대 60일이라고 하더라도 그 기간이 지나치게 짧다고 보기 어렵다. 군의 장의 선거에 입후보하고자 하는 사람은 문자메시지, 인터넷 홈페이지 등을 이용하여 상시 선거운동을 할 수도 있다. 따라서 심판대상조항은 청구인의 **선거운동의 자유를 침해하지 않는다**.(헌재 2020.11.26. 2018헌마260)
(2) 군은 주로 농촌 지역에 위치하고 있어 도시 지역인 자치구·시보다 대체로 인구가 적다. 또한, 군의 평균 선거인수는 자치구·시의 평균 선거인수에 비하여 적다. 심판대상조항은 이러한 차이를 고려하여 자치구·시의 장의 선거에서보다 군의 장의 선거에서 예비후보자의 선거운동기간을 단기간으로 정한 것인바, 이러한 차별취급은 자의적인 것이라 할 수 없다. 따라서 이 조항은 청구인의 **평등권을 침해하지 않는다**.(헌재 2020. 11. 26. 2018헌마260)

006 🔄 ① ② ③

선거권자의 연령을 선거일 현재를 기준으로 산정하도록 규정한 공직선거법 조항은 구 공직선거법에 따라 선거권이 있는 만 19세 생일이 선거일 이틀 뒤에 있었던 청구인의 선거권이나 평등권을 침해한다. (O/×)

007 🔄 ① ② ③

선거일에 선거운동을 한 자를 처벌하는 구 공직선거법 조항은 과잉금지원칙을 위반하여 정치적 표현의 자유를 침해한다. (O/×)

008 🔄 ① ② ③

"누구든지 2 이상의 정당의 당원이 되지 못한다."라고 규정하고 있는 정당법 조항은 정당의 당원들의 정당 가입·활동의 자유를 침해한다. (O/×)

---

006 【X】 선거권자의 연령을 선거일 현재를 기준으로 산정하도록 규정한 공직선거법 조항이 구 공직선거법에 따라 선거권이 있는 만 19세 생일이 선거일 이틀 뒤에 있었던 청구인의 선거권이나 평등권을 침해하는지 여부(소극) - 심판대상조항은 보통선거원칙을 구현하기 위한 선거권연령이 공직선거법 제15조 제2항에 별도로 구체적으로 정해져 있음을 전제로 하여, 그 연령을 산정하는 기준일을 규정한다. 따라서 **심판대상조항의 합리성 유무는 심판대상조항에 따라 선거권이 있는 사람과 없는 사람을 명확하게 가를 수 있는지 여부에 좌우된다.** 선거일은 공직선거법 제34조 내지 제36조에 명확하게 규정되어 있고 심판대상조항은 **선거일 현재를 선거권연령 산정 기준일로 규정**하고 있으므로, 국민 각자의 생일을 기준으로 선거권의 유무를 명확하게 판단할 수 있다. 심판대상조항과 달리 선거권연령 산정 기준일을 선거일 이전이나 이후의 특정한 날로 정할 경우, 이를 구체적으로 언제로 할지에 관해 **자의적인 판단이 개입될 여지**가 있고, 공직선거법 제15조 제2항이 개정되어 선거권연령 자체가 18세로 하향 조정된 점까지 아울러 고려하면, 심판대상조항은 입법형성권의 한계를 벗어나 청구인의 **선거권이나 평등권을 침해하지 않는다.**(헌재 2021.9.30. 2018헌마300)

007 【X】 선거일에 선거운동을 한 자를 처벌하는 구 공직선거법 조항이 과잉금지원칙을 위반하여 정치적 표현의 자유를 침해하는지 여부(소극) - (1) 선거일의 선거운동을 금지하고 처벌하는 것은 무분별한 선거운동으로 선거 당일 유권자의 평온을 해치거나 자유롭고 합리적인 의사결정에 악영향을 미치는 것을 방지하기 위한 것이다. 문자메시지나 온라인을 통한 선거운동은 전파의 규모와 속도에 비추어 파급력이 작지 않고, 선거일은 유권자의 선택에 직접적으로 영향을 미칠 가능성이 큰 시점이어서 선거 당일에 무제한적 선거운동으로 후보자에 대한 비난이나 반박이 이어질 경우 혼란이 발생하기 쉬우므로, 이를 규제할 필요성이 인정된다. 또한 선거운동방법의 다양화로 포괄적인 규제조항을 두는 것이 불가피한 측면이 있다. 선거운동이 금지되는 기간은 선거일 0시부터 투표마감시각 전까지로 하루도 채 되지 않고, 선거일 전일까지 선거운동기간 동안 선거운동이 보장되는 등 사정을 고려하면, 이 사건 처벌조항으로 인해 **제한되는 정치적 표현의 자유가 선거운동의 과열을 방지하고 유권자의 올바른 의사형성에 대한 방해를 방지하는 공익에 비해 더 크다고 보기 어렵다.**
(2) 이 사건 처벌조항이 과잉금지원칙을 위반하여 정치적 표현의 자유를 침해한다고 할 수 없다.(헌재 2021.12.23. 2018헌바152)

008 【X】 "누구든지 2 이상의 정당의 당원이 되지 못한다."라고 규정하고 있는 정당법 조항이 정당의 당원인 청구인들의 정당 가입·활동의 자유를 침해하는지 여부(소극) - 심판대상조항은 정당의 정체성을 보존하고 정당 간의 위법·부당한 간섭을 방지함으로써 정당정치를 보호·육성하기 위한 것으로 볼 수 있다. 따라서 심판대상조항이 정당의 당원인 청구인들의 정당 가입·활동의 자유를 침해한다고 할 수 없다.(헌재 2022.3.31. 2020헌마1729)

009

재외투표기간 개시일 이후에 귀국한 재외선거인등이 국내에서 선거일에 투표할 수 있도록 하는 절차를 마련하지 아니한 것은 과잉금지원칙을 위반하여 청구인의 선거권을 침해한다. (O/×)

010

착신전환 등을 통한 중복 응답 등 범죄로 100만 원 이상의 벌금형의 선고를 받고 형이 확정된 후 5년이 경과하지 아니한 자는 선거권이 없다고 규정한 공직선거법 조항은 청구인들의 선거권을 침해한다. (O/×)

---

009 【O】 공직선거법 제218조의16 제3항 중 '재외투표기간 개시일 전에 귀국한 재외선거인등'에 관한 부분이 불완전·불충분하게 규정되어 있어 재외투표기간 개시일에 임박하여 또는 재외투표기간 중에 재외선거사무 중지결정이 있었고 그에 대한 재개결정이 없었던 예외적인 상황에서 재외투표기간 개시일 이후에 귀국한 재외선거인 및 국외부재자신고인이 국내에서 선거일에 투표할 수 있도록 하는 절차를 마련하지 아니한 것이 청구인의 선거권을 침해하는지 여부(적극)
 – (1) 심판대상조항 : 공직선거법 제218조의16(재외선거의 투표방법) ③ 제218조의17 제1항에 따른 **재외투표기간 개시일 전에 귀국한 재외선거인등**은 재외투표기간 개시일 전에 귀국한 사실을 증명할 수 있는 서류를 첨부하여 주소지 또는 최종 주소지(최종 주소지가 없는 사람은 등록기준지를 말한다)를 관할하는 구·시·군선거관리위원회에 신고한 후 선거일에 해당 선거관리위원회가 지정하는 투표소에서 투표할 수 있다.
(2) 쟁점 : 재외투표기간 개시일 이후에 귀국하였다는 이유로 선거일에 국내에서 투표를 할 수 없게 된바, 이는 청구인의 선거권을 제한하는지 여부
(3) 심사기준 : 심판대상조항은 형식적으로 재외선거인등의 선거권 자체를 부정하지는 아니하지만, 일정한 경우에는 사실상 재외선거인등의 선거권을 부정하는 것과 다름없는 결과를 초래할 수 있다. 따라서 심판대상조항이 재외선거인등의 선거권을 침해하는지 여부는 과잉금지원칙에 따라 심사한다.
(4) 결정요지 : 1) 심판대상조항과 달리 재외투표기간이 종료된 후 선거일이 도래하기 전까지의 기간 내에 재외투표관리관이 재외선거인등 중 실제로 재외투표를 한 사람들의 명단을 중앙선거관리위원회에 보내거나 중앙선거관리위원회를 경유하여 관할 구·시·군선거관리위원회에 보내어 선거일 전까지 투표 여부에 관한 정보를 확인하는 방법을 상정할 수 있으며, 현재의 기술 수준으로도 이와 같은 방법이 충분히 실현가능한 것으로 보인다. 이로 인해 관계 공무원 등의 업무부담이 가중될 수 있을 것이나, 이는 인력 확충 및 효율적인 관리 등 국가의 노력으로 극복할 수 있는 어려움에 해당한다. 2) 심판대상조항을 통해 달성하고자 하는 선거의 공정성은 매우 중요한 가치이다. 그러나 선거의 공정성도 결국에는 선거인의 선거권이 실질적으로 보장될 때 비로소 의미를 가진다. 심판대상조항의 불충분·불완전한 입법으로 인한 청구인의 선거권 제한을 결코 가볍다고 볼 수 없으며, 이는 심판대상조항으로 인해 달성되는 공익에 비해 작지 않다.
(5) 결론 : 심판대상조항은 과잉금지원칙에 위배되어 청구인의 선거권을 침해한다.(헌법재판소 2022.1.27. 선고 2020헌마895 전원재판부 결정)

010 【×】 공직선거법의 착신전환 등을 통한 중복 응답 등 선거범죄로 100만 원 이상의 벌금형의 선고를 받고 그 형이 확정된 후 5년을 경과하지 아니한 자는 선거권이 없다고 규정한 공직선거법 조항이 청구인들의 선거권을 침해하는지 여부(소극)
 – 선거권제한조항은 공정한 선거를 보장하고 선거범에 대하여 사회적 제재를 부과하며 일반국민에 대하여 선거의 공정성에 대한 의식을 제고하려는 목적을 달성하는 데 적합한 수단이다. 공직선거법의 '착신전환 등을 통한 중복 응답 등 범죄'는 이러한 방식으로 여론조사가 시행되면 여론조사 결과에 진정한 유권자의 의사를 반영하지 못하여 선거의 공정성을 해칠 우려가 있다. 선거의 공정성을 담보하기 위해서는 착신전환 등을 통한 중복 응답 등 범죄를 한 사람에 대한 선거권 제한이 필요하다. 선거권제한조항은 착신전환 등을 통한 중복 응답 등 범죄로 100만 원 이상의 벌금형의 선고를 받고 형이 확정된 후 5년이 경과하지 아니한 경우에 선거권을 제한하여 그 대상과 기간이 제한적이다. 법원이 벌금 100만 원 이상의 형을 선고한다면, 여기에는 피고인의 행위가 선거의 공정을 침해할 우려가 높다는 판단과 함께 피고인의 선거권을 일정 기간 박탈하겠다는 판단이 포함되어 있다고 보아야 한다. 선거권 제한을 통하여 달성하려는 선거의 공정성 확보라는 공익이 선거권을 행사하지 못함으로써 침해되는 개인의 사익보다 크다. 따라서 선거권제한조항은 선거권을 침해하지 아니한다.(헌재 2022.3.31. 2019헌마986)

Ⅳ 공무원제도

098
입법자는 직업공무원제도에 관하여 "최소한 보장"의 원칙의 한계 안에서 폭넓은 입법형성의 자유를 가진다.
(O/×)

099
공무담임권은 각종 선거에 입후보하여 당선될 수 있는 피선거권과 공직에 임명될 수 있는 공직취임권을 포괄한다.
(O/×)

100
헌법 제7조에서 보장하는 직업공무원제도의 기본적 요소에 능력주의가 포함되는 점에 비추어 헌법 제25조의 공무담임권 조항은 모든 국민이 누구나 그 능력과 적성에 따라 공직에 취임할 수 있는 균등한 기회를 보장함을 내용으로 한다고 할 것이다.
(O/×)

101
직제폐지에 따른 직권면직을 규정한「지방공무원법」제62조 제1항 제3호는 직업공무원제도에 위반되지 않는다.
(O/×)

---

098 【O】 1997.4.24. 95헌바48
099 【O】 1996.6.26. 96헌마200
100 【O】 1999.12.23. 98헌마363
101 【O】 행정조직의 개폐에 관한 문제에 있어 입법자가 광범위한 입법형성권을 가진다 하더라도 <u>행정조직의 개폐로 인해 행해지는 직권면직</u>은 보다 직접적으로 해당 공무원들의 신분에 중대한 위협을 주게 되므로 직제 폐지 후 실시되는 면직절차에 있어서는 보다 엄격한 요건이 필요한데, 이와 관련하여 지방공무원법 제62조는 직제의 폐지로 인해 직권면직이 이루어지는 경우 임용권자는 <u>인사위원회의 의견을 듣도록 하고 있고, 면직기준으로 임용형태 · 업무실적 · 직무수행능력 · 징계처분사실 등을 고려하도록 하고 있으며, 면직기준을 정하거나 면직대상을 결정함에 있어서 반드시 인사위원회의 의결을 거치도록</u> 하고 있는바, 이는 합리적인 면직기준을 구체적으로 정함과 동시에 그 <u>공정성을 담보할 수 있는 절차를 마련하고 있는 것</u>이라 볼 수 있다. 그렇다면 이 사건 규정이 직제가 폐지된 경우 직권면직을 할 수 있도록 규정하고 있다고 하더라도 이것이 <u>직업공무원제도를 위반하고 있다고는 볼 수 없다</u>.(2004.11.25. 2002헌바8)

102 ⟲ 1 2 3

국·공립학교 채용시험의 동점자 처리에서 국가유공자 등 및 그 유족·가족에게 우선권을 주도록 하고 있는 「국가유공자 등 예우 및 지원에 관한 법률」의 해당 조항에 의하여 일반 응시자들은 국·공립학교 채용시험의 동점자 처리에서 불이익을 당하며 이는 일반 응시자들의 공무담임권을 침해한다. (O/×)

103 ⟲ 1 2 3

금고 이상의 형의 '선고유예'를 받은 경우에 공무원직에서 당연히 퇴직하는 것으로 정한 지방공무원법의 조항은 과실범의 경우마저 당연퇴직사유에서 제외하지 않아 최소침해성의 원칙에 반하므로 공무담임권을 침해하여 위헌이다. (O/×)

104 ⟲ 1 2 3

직업공무원제도가 적용되는 공무원은 국가 또는 공공단체와 근로관계를 맺고 특별행정법관계 아래 공무를 담당하는 것을 직업으로 하는 협의의 공무원을 말하며 정치적 공무원이나 임시적 공무원은 포함되지 않는다. (O/×)

105 ⟲ 1 2 3

수뢰죄를 범하여 금고 이상의 형의 선고유예를 받은 공무원은 당연퇴직하도록 하는 규정은 해당 공무원의 공무담임권을 침해한다. (O/×)

106 ⟲ 1 2 3

형사사건으로 기소되면 필요적으로 직위해제처분을 하도록 하는 규정은 헌법에 위반한다. (O/×)

---

102 【X】 (1) 국·공립학교 채용시험의 동점자처리에서 국가유공자 등 및 그 유족·가족에게 우선권을 주도록 하고 있는 국가유공자 등 예우 및 지원에 관한 법률 등의 해당 조항들은 일반 응시자들의 **평등권과 공무담임권을 침해하지 않는다**.
(2) 동점자처리조항에 의하여 일반 응시자들은 국·공립학교 채용시험의 동점자처리에서 불이익을 당할 수도 있으므로 일반 응시자들의 공무담임권이 제한된다고 할 것이나, 이는 국가유공자와 그 유가족의 생활안정을 도모하고 이를 통해 국민의 애국정신함양과 민주사회 발전에 이바지한다고 하는 공공복리를 위한 불가피한 기본권 제한에 해당하며, 앞서 본 바와 같이 비례의 원칙 내지 과잉금지의 원칙에 위반된 것으로 볼 수 없고, 기본권의 본질적인 내용을 침해한다고도 할 수 없다. 따라서 이 사건 동점자처리조항은 일반 응시자들의 공무담임권을 침해하지 아니한다.(2006.6.29. 2005헌마44)

103 【O】 2003.10.30. 2002헌마684

104 【O】 1989.12.18. 89헌마32

105 【X】 수뢰죄는 수수액의 다과에 관계없이 공무원 직무의 불가매수성과 염결성을 치명적으로 손상시키고, 직무의 공정성을 해치며 국민의 불신을 초래하므로 일반 형법상 범죄와 달리 엄격하게 취급할 필요가 있다. 수뢰죄를 범하더라도 자격정지형의 선고유예를 받은 경우 당연퇴직하지 않을 수 있으며, 당연퇴직의 사유가 직무 관련 범죄로 한정되므로 심판대상조항은 침해의 최소성원칙에 위반되지 않고, 이로써 달성되는 공익이 공무원 개인이 입는 불이익보다 훨씬 크므로 법익균형성원칙에도 반하지 아니한다. 따라서 심판대상조항은 과잉금지원칙에 반하여 청구인의 **공무담임권을 침해하지 아니한다**.(2013.7.25. 2012헌바409)

106 【O】 1998.5.28. 96헌가12

107
공무담임권의 보호영역에는 공무원이 특정의 장소에서 근무하는 것이나 특정의 보직을 받아 근무하는 것을 포함하는 일종의 공무수행의 자유까지 포함된다고 보기 어렵다. (O/×)

108
지방자치단체의 장이 '공소 제기된 후 구금상태에 있는 경우' 부단체장이 그 권한을 대행하도록 규정한 「지방자치법」 조항은 지방자치단체장의 공무담임권을 침해하지 않는다. (O/×)

109
공무담임권의 보호영역에는 공직취임기회의 자의적인 배제뿐만 아니라 공무원 신분의 부당한 박탈이나 권한의 부당한 정지, 승진시험의 응시제한이나 이를 통한 승진기회의 보장 등이 포함된다. (O/×)

110
공무원을 직권면직 할 수 있는 사유에는 직제의 폐지도 포함된다. (O/×)

111
공무원에 대하여 직무수행 중 정치적 주장을 표시·상징하는 복장 등 착용행위를 금지한 국가공무원 복무규정은 공무원의 정치적 표현의 자유를 필요 이상으로 제한하여 헌법에 위반된다. (O/×)

---

107 【O】 공무담임권의 보호영역에는 일반적으로 공직취임의 기회보장, 신분박탈, 직무의 정지가 포함되는 것일 뿐, 여기서 더 나아가 공무원이 특정의 장소에서 근무하는 것 또는 특정의 보직을 받아 근무하는 것을 포함하는 일종의 '공무수행의 자유'까지 그 보호영역에 포함된다고 보기는 어렵다.(전원재판부 2005헌마1275, 2008.6.26.)

108 【O】 전원재판부 2010헌마418, 2010.9.2

109 【X】 '승진시험의 응시제한'이나 이를 통한 승진기회의 보장 문제는 공직신분의 유지나 업무수행에는 영향을 주지 않는 단순한 내부 승진인사에 관한 문제에 불과하여 공무담임권의 보호영역에 포함된다고 보기는 어렵다.(전원재판부 2005헌마1179, 2007.6.28.)

110 【O】 국가공무원법 제70조(직권 면직) ① 임용권자는 공무원이 다음 각 호의 어느 하나에 해당하면 직권으로 면직시킬 수 있다.
3. 직제와 정원의 개폐 또는 예산의 감소 등에 따라 폐직(廢職) 또는 과원(過員)이 되었을 때

111 【X】 공무원에 대하여 직무 수행 중 정치적 주장을 표시·상징하는 복장 등 착용행위를 금지한 국가공무원 복무규정 및 지방공무원 복무규정은 공무원의 근무기강을 확립하고 공무원의 정치적 중립성을 확보하려는 입법목적을 가진 것으로서, 공무원이 직무 수행 중 정치적 주장을 표시·상징하는 복장 등을 착용하는 행위는 그 주장의 당부를 떠나 국민으로 하여금 공무집행의 공정성과 정치적 중립성을 의심하게 할 수 있으므로 공무원이 직무수행 중인 경우에는 그 활동과 행위에 더 큰 제약이 가능하다고 하여야 할 것인바, 위 규정들은 오로지 공무원의 직무수행 중의 행위만을 금지하고 있으므로 침해의 최소성원칙에 위배되지 아니한다. 따라서 위 규정들은 과잉금지원칙에 반하여 공무원의 정치적 표현의 자유를 침해한다고 할 수 없다.(전원재판부 2009헌마705, 2012.5.31.)
*비교 판결 : 공무원에 대하여 국가 또는 지방자치단체의 정책에 대한 반대·방해 행위를 금지한 구 국가공무원 복무규정 및 지방공무원 복무규정은 과잉금지원칙에 반하여 공무원의 정치적 표현의 자유를 침해한다고 할 수 없다.

112 🔄 1 2 3

"지방자치단체의 장은 다른 지방자치단체의 장의 동의를 얻어 그 소속 공무원을 전입할 수 있다."라는 지방공무원법 규정은 해당 공무원 본인의 동의가 필요하다는 것을 전제로 해석할 때 헌법에 합치한다. (O/×)

113 🔄 1 2 3

"공무원은 직무의 내외를 불문하고 그 품위가 손상되는 행위를 하여서는 안 된다."라고 한 국가공무원법 규정은 '품위' 등 그 용어의 사전적 의미가 명백하고 그 수범자인 평균적인 공무원은 이를 충분히 예측할 수 있어 명확성원칙에 위배되지 않는다. (O/×)

114 🔄 1 2 3

입법자는 공무원의 정년을 행정조직, 직제의 변경 또는 예산의 감소 등 제반사정을 고려하여 합리적인 범위내에서 조정할 수 있다. (O/×)

---

112 【O】 "지방자치단체의 장은 다른 지방자치단체의 장의 동의를 얻어 그 소속 공무원을 전입할 수 있다."라는 지방공무원법 규정은 해당 지방공무원의 동의없이도 지방자치단체의 장 사이의 동의만으로 지방공무원에 대한 전출 및 전입명령이 가능하다고 풀이하는 것은 헌법적으로 용인되지 아니하며, 헌법 제7조에 규정된 공무원의 신분보장 및 헌법 제15조에서 보장하는 직업선택의 자유의 의미와 효력에 비추어 볼 때 해당 지방공무원의 동의가 있을 것을 당연한 전제로 하여 그 공무원이 소속된 지방자치단체의 장의 동의를 얻어서만 그 공무원을 전입할 수 있음을 규정하고 있는 것으로 해석하는 것이 타당하고, 이렇게 본다면 인사교류를 통한 행정의 능률성이라는 입법목적도 적절히 달성할 수 있을 뿐만 아니라 지방공무원의 신분보장이라는 헌법적 요청도 충족할 수 있게 된다. 따라서 위 법률조항은 헌법에 위반되지 아니한다.(전원재판부 98헌바101, 2002.11.28.)

113 【O】 (1) 공무원에게 직무의 내외를 불문하고 품위유지의무를 부과하고, 품위손상행위를 공무원 대한 징계사유로 규정한 국가공무원법 규정은 '품위' 등 용어의 사전적 의미가 명백하고, 대법원은 공무원이 유지하여야 할 품위에 관하여 '주권자인 국민의 수임자로서 직책을 맡아 수행해 나가기에 손색이 없는 인품'을 말한다고 판시하고 있는바, 위와 같은 입법취지, 용어의 사전적 의미 및 법원의 해석 등을 종합할 때 공무원 징계사유로 규정한 품위손상행위는 '주권자인 국민으로부터 수임받은 공무를 수행함에 손색이 없는 인품에 어울리지 않는 행위를 함으로써 공무원 및 공직 전반에 대한 국민의 신뢰를 떨어뜨릴 우려가 있는 경우'를 일컫는 것으로 해석할 수 있고, 그 수범자인 평균적인 공무원은 이를 충분히 예측할 수 있다. 따라서 명확성원칙에 위배되지 아니한다.
(2) 공무원에게 직무의 내외를 불문하고 품위유지의무를 부과하고, 품위손상행위를 공무원 대한 징계사유로 규정한 국가공무원법 규정은 공무원의 일반적 행동의 자유를 과도하게 제한한다고 보기 어려우므로, 과잉금지원칙에 위배되지 아니한다.
(3) 공무원 개인 및 공직 전반에 대한 국민의 신뢰는 공무원의 직무 외의 영역에서도 형성될 수 있고 국민의 신뢰에 영향을 미칠 수 있는 공무원의 행위 유형은 다양하게 나타날 수 있으므로, 공무원의 직무와 관련된 사유에 한하여 징계사유로 규정하거나 품위손상행위의 유형을 구체적으로 열거하여 징계사유로 규정하는 방식에 의해서는 입법목적을 달성하기에 불충분하다. 나아가 어떠한 공무원의 행위가 품위손상행위에 해당한다 하더라도 징계양형의 단계에서 구체적·개별적으로 평가되어 각각 다른 징계처분이 내려질 수 있고, 해당 공무원에게는 징계처분에 대한 불복의 기회가 보장되어 있다.(전원재판부 2013헌바435, 2016.2.25.)

114 【O】 (1) 대학교원을 제외하고 교육공무원의 정년을 65세에서 62세로 단축한 교육공무원법 규정은 기존교원들에 대하여, 명예퇴직수당의 지급대상 및 지급액에 관하여 종전의 정년을 적용토록 함으로써 단축된 정년으로 인한 불이익을 어느 정도 보전할 수 있도록 배려하고 있는바, 이러한 경과조치의 존재, 기존교원에 대한 신뢰이익 침해의 정도, 정년단축을 통해 실현코자 하는 공익목적의 중요성 등을 종합적으로 고려할 때 헌법 제37조 제2항 또는 신뢰보호원칙에 위반하거나, 공무원의 신분보장 정신에 위반하여 공무담임권을 침해하는 것이라 할 수 없다.
(2) 대학교원을 제외하고 교육공무원의 정년을 65세에서 62세로 단축한 교육공무원법 규정은 초·중등교원과 대학교원은 그 임무, 자격기준, 임용과 승진의 과정등의 면에서 차이가 있고, 이로 인하여 대학교원의 경우 그 최초임용시의 연령이 초·중등교원 보다 상대적으로 고령인 데다, 고등교육과 연구라는 업무의 성격상 초·중등교원보다 높은 연령까지 대학교원으로 재직할 필요성을 인정할 수 있는바, 입법자가 이러한 점에 착안하여, 대학교원의 정년을 초·중등교원의 정년보다 3년 높은 65세로 책정한 것은 합리적 근거에 기초한 것이라 할 것이므로 이로 인하여 초·중등교원들의 평등권이 침해된다고 할 수 없다.(전원재판부 99헌마112, 2000.12.14.)

115 ⟳ ① ② ③

대통령으로 선거될 수 있는 자는 국회의원의 피선거권이 있고 선거일 현재 40세에 달하여야 한다.

(O/×)

116 ⟳ ① ② ③

공무담임권의 보호영역에는 공무원이 특정의 장소에서 근무하는 것이나 특정의 보직을 받아 근무하는 것을 포함하는 일종의 공무수행의 자유까지 포함된다고 보기 어렵다.

(O/×)

117 ⟳ ① ② ③

헌법 제7조에서 보장하는 직업공무원제도의 기본적 요소에 능력주의가 포함되는 점에 비추어 헌법 제25조의 공무담임권 조항은 모든 국민이 누구나 그 능력과 적성에 따라 공직에 취임할 수 있는 균등한 기회를 보장함을 내용으로 한다.

(O/×)

118 ① ② ③

직업공무원제도는 헌법이 보장하는 제도적 보장 중의 하나임이 분명하므로 입법자는 직업공무원제도에 관하여 '최대한 보장'의 원칙에 의하여 입법을 형성할 책무가 있다.

(O/×)

119 ⟳ ① ② ③

지방자치단체의 장이 '공소 제기된 후 구금상태에 있는 경우' 부단체장이 그 권한을 대행하도록 규정한 「지방자치법」 조항은 지방자치단체장의 공무담임권을 침해하지 않는다.

(O/×)

---

115 【O】 헌법 제67조 ④ 대통령으로 선거될 수 있는 자는 국회의원의 피선거권이 있고 선거일 현재 40세에 달하여야 한다.

116 【O】 **공무담임권의 보호영역**에는 일반적으로 공직취임의 기회보장, 신분박탈, 직무의 정지가 포함되는 것일 뿐, 여기서 더 나아가 공무원이 특정의 장소에서 근무하는 것 또는 특정의 보직을 받아 근무하는 것을 포함하는 일종의 '**공무수행의 자유**'까지 그 보호영역에 포함된다고 보기는 어렵다.(전원재판부 2005헌마1275, 2008.6.26.)

117 【O】 헌법 제7조에서 보장하는 직업공무원제도의 기본적 요소에 능력주의가 포함되는 점에 비추어 헌법 제25조의 **공무담임권** 조항은 모든 국민이 누구나 그 능력과 적성에 따라 공직에 취임할 수 있는 균등한 기회를 보장함을 내용으로 한다고 할 것이다.(헌법재판소 1999.12.23. 선고 98헌바33 전원재판부)

118 【X】 **제도적 보장**은 기본권 보장의 경우와는 달리 그 본질적 내용을 침해하지 아니하는 범위 안에서 **입법자에게 제도의 구체적인 내용과 형태의 형성권을 폭넓게 인정한다는 의미**에서 '**최소한 보장의 원칙**'이 적용될 뿐인 것이다.(전원재판부 95헌바48, 1997.4.24.)

119 【O】 지방자치단체의 장이 '공소 제기된 후 구금상태에 있는 경우' 부단체장이 그 권한을 대행하도록 규정한 지방자치법 조항은 과잉금지원칙에 위배되어 자치단체장인의 공무담임권을 침해하지 않고 무죄추정의 원칙에 반하지 않는다.(전원재판부 2010헌마474, 2011.4.28.)

[비교판례] 지방자치단체의 장이 금고 이상의 형을 선고받고 그 형이 확정되지 아니한 경우 부단체장이 그 권한을 대행하도록 규정한 지방자치법 조항은 자치단체장인의 공무담임권을 침해한다.(전원재판부 2010헌마418, 2010.9.2.)

120

공무담임권의 보호영역에는 공직취임기회의 자의적인 배제뿐만 아니라 공무원 신분의 부당한 박탈이나 권한의 부당한 정지, 승진시험의 응시제한이나 이를 통한 승진기회의 보장 등이 포함된다. (O/X)

121

공무담임권은 국민이 국가나 공공단체의 구성원으로서 직무를 담당할 수 있는 권리를 뜻하고, 여기서 직무를 담당한다는 것은 공무담임에 관하여 능력과 적성에 따라 평등한 기회를 보장받는 것을 의미한다. (O/X)

122

공무원의 신분이나 직무와 관련이 없는 범죄의 경우에도 퇴직급여 등을 제한하는 것은 공무원범죄를 예방하고 공무원이 재직 중 성실히 근무하도록 유도하는 입법목적을 달성하는 데 적합한 수단이라고 볼 수 없다. (O/X)

123

감사원이 지방자치단체에 대하여 자치사무의 합법성뿐만 아니라 합목적성에 대하여도 감사하는 것은 지방자치단체의 자치권을 침해한다. (O/X)

---

120 【X】 '승진시험의 응시제한'이나 이를 통한 승진기회의 보장 문제는 공직신분의 유지나 업무수행에는 영향을 주지 않는 단순한 내부 승진인사에 관한 문제에 불과하여 공무담임권의 보호영역에 포함된다고 보기는 어렵다.(전원재판부 2005헌마1179, 2007.6.28.)

121 【O】 공무담임권이란 입법부, 집행부, 사법부는 물론 지방자치단체 등 국가, 공공단체의 구성원으로서 그 직무를 담당할 수 있는 권리를 말한다. 여기서 직무를 담당한다는 것은 모든 국민이 현실적으로 그 직무를 담당할 수 있다고 하는 의미가 아니라, 국민이 공무담임에 관한 자의적이지 않고 평등한 기회를 보장받음을 의미하는바, 공무담임권의 보호영역에는 공직취임의 기회의 자의적 배제 뿐 아니라, 공무원 신분의 부당한 박탈까지 포함되는 것이라고 할 것이다.(전원재판부 2001헌마788, 2002.8.29.)

122 【O】 (1) 공무원 또는 공무원이었던 자가 재직중의 사유로 금고 이상의 형을 받은 때에는 대통령령이 정하는 바에 의하여 퇴직급여 및 퇴직수당의 일부를 감액하여 지급하도록 한 공무원연금법 규정은 공무원범죄를 예방하고 공무원이 재직중 성실히 근무하도록 유도하는 입법목적을 달성하는 데 적합한 수단이라고 볼 수 없다.
(2) 그리고 특히 과실범의 경우에는 공무원이기 때문에 더 강한 주의의무 내지 결과발생에 대한 가중된 비난가능성이 있다고 보기 어려우므로, 퇴직급여 등의 제한이 공무원으로서의 직무상 의무를 위반하지 않도록 유도 또는 강제하는 수단으로서 작용한다고 보기 어렵다.
(3) 단지 금고 이상의 형을 받았다는 이유만으로 이미 공직에서 퇴출당할 공무원에게 더 나아가 일률적으로 그 생존의 기초가 될 퇴직급여 등까지 반드시 감액하도록 규정한다면 그 법률조항은 침해되는 사익에 비해 지나치게 공익만을 강조한 입법이므로 과잉금지원칙에 위배되어 청구인의 재산권을 침해한다.(헌법불합치)
(4) 퇴직급여에 있어서는 국민연금법상의 사업장 가입자에 비하여, 퇴직수당에 있어서는 근로기준법상의 근로자에 비하여 각각 차별대우를 하고 있는바, 이는 자의적인 차별에 해당하여 청구인의 평등권을 침해한다.(전원재판부 2005헌바33, 2007.3.29.)

123 【X】 (1) 지방자치단체의 자치사무에 대한 합목적성 감사의 근거가 되는 감사원법 규정은 지방자치권의 본질적 내용을 침해하였다고는 볼 수 없다.
(2) 헌법이 감사원을 독립된 외부감사기관으로 정하고 있는 취지, 중앙정부와 지방자치단체는 서로 행정기능과 행정책임을 분담하면서 중앙행정의 효율성과 지방행정의 자주성을 조화시켜 국민과 주민의 복리증진이라는 공동목표를 추구하는 협력관계에 있다는 점을 고려하면 지방자치단체의 자치사무에 대한 합목적성 감사의 근거가 되는 이 사건 관련규정은 그 목적의 정당성과 합리성을 인정할 수 있다. 또한 감사원법에서 지방자치단체의 자치권을 존중할 수 있는 장치를 마련해두고 있는 점, 국가재정지원에 상당부분 의존하고 있는 우리 지방재정의 현실, 독립성이나 전문성이 보장되지 않은 지방자치단체 자체감사의 한계 등으로 인한 외부감사의 필요성까지 감안하면 지방자치권의 본질적 내용을 침해하였다고는 볼 수 없다.(헌재 2008.5.29. 2005헌라3, 공보 제140호, 698 [전원재판부])

124
지방자치법 상 일반지방자치단체는 시·도와 시·군·자치구이며, 특별시·광역시·특별자치시·특별자치도는 특별지방자치단체이다. (O/×)

125
지방선거사무는 전국적 통일성을 필요로 하므로 지방자치단체의 자치사무가 아니다. (O/×)

126
지방자치단체의 영토고권은 헌법과 법률상 인정되지 아니한다. (O/×)

127
조례제정은 지방자치단체 또는 그 집행기관이 수행하는 사무를 위한 것이므로 지방자치단체는 자치사무와 단체위임사무 그리고 기관위임사무에 관하여 원칙적으로 조례를 제정할 수 있다. (O/×)

---

124 【×】 지방자치법 제2조(지방자치단체의 종류) ① 지방자치단체는 다음의 두 가지 종류로 구분한다.
1. **특별시, 광역시, 특별자치시, 도, 특별자치도**
2. **시, 군, 구**
③ 제1항의 지방자치단체 외에 특정한 목적을 수행하기 위하여 필요하면 따로 특별지방자치단체를 설치할 수 있다. 이 경우 특별지방자치단체의 설치 등에 관하여는 제12장에서 정하는 바에 따른다.
지방자치법 제199조(특별지방자치단체의 설치) ① **2개 이상의 지방자치단체가 공동으로 특정한 목적을 위하여 광역적으로 사무를 처리할 필요가 있을 때에는 특별지방자치단체를 설치할 수 있다.**

125 【×】 (1) 지방의회의원과 지방자치단체장을 선출하는 지방선거는 지방자치단체의 기관을 구성하고 그 기관의 각종 행위에 정당성을 부여하는 행위라 할 것이므로 **지방선거사무는 지방자치단체의 존립을 위한 자치사무에 해당**하고, 따라서 법률을 통하여 예외적으로 다른 행정주체에게 위임되지 않는 한, **원칙적으로 지방자치단체가 처리하고 그에 따른 비용도 지방자치단체가 부담**하여야 한다.
(2) 다만 국가적 통일성을 유지하기 위하여 국가의 관여가 필요하거나 특정 사안이 해당 지방자치단체의 문제에 그치지 않고 국가 전체의 문제와 직결되는 등의 경우에는 지방자치단체의 **독자성을 보장하는 범위 내에서 필요에 따라 국가가 관여할 수 있다.**(전원재판부 2005헌라7, 2008.6.26.)

126 【O】 헌법 제117조, 제118조가 제도적으로 보장하고 있는 지방자치의 본질적 내용은 '자치단체의 보장, 자치기능의 보장 및 자치사무의 보장'이라고 할 것이나, **지방자치제도의 보장은 지방자치단체에 의한 자치행정을 일반적으로 보장**한다는 것뿐이고 특정자치단체의 존속을 보장한다는 것은 아니므로, 마치 국가가 영토고권을 가지는 것과 마찬가지로, **지방자치단체에게 자신의 관할구역 내에 속하는 영토, 영해, 영공을 자유로이 관리하고 관할구역 내의 사람과 물건을 독점적, 배타적으로 지배할 수 있는 권리가 부여되어 있다고 할 수는 없다.**(전원재판부 2003헌라2, 2006.3.30.)

127 【×】 **지방자치단체가 자치조례를 제정할 수 있는 사항은 지방자치단체의 고유사무인 자치사무와 개별법령에 의하여 지방자치단체에 위임된 단체위임사무에 한하는 것이고, 국가사무가 지방자치단체의 장에게 위임된 기관위임사무는 원칙적으로 자치조례의 제정범위에 속하지 않는다** 할 것이고, 다만 기관위임사무에 있어서도 그에 관한 **개별법령에서 일정한 사항을 조례로 정하도록 위임하고 있는 경우**에는 위임받은 사항에 관하여 **개별법령의 취지에 부합하는 범위 내에서 이른바 위임조례를 정할 수 있다.**(대법원 2000.5.30. 선고, 99추85, 판결)

128 🔄 ① ② ③

헌법재판소는 지방자치단체의 장 선거권은 헌법상 보장된 기본권이라고 판시하였다. (O/×)

129 🔄 ① ② ③

지방자치단체는 법령의 범위 안에서 그 사무에 관하여 조례를 제정할 수 있으나, 주민의 권리 제한 또는 의무 부과에 관한 사항이나 벌칙을 정할 때에는 법률의 위임이 있어야 한다. (O/×)

130 🔄 ① ② ③

지방자치단체는 법인으로 한다. (O/×)

131 🔄 ① ② ③

광역자치단체의 명칭 변경은 법률에 의하여야 하나, 기초자치단체의 명칭 변경은 기초자치단체의 조례나 주민투표에 의하여 할 수 있다. (O/×)

132 🔄 ① ② ③

주민소환은 대표자에 대한 신임을 묻는 것으로서 그 속성은 재선거와 다를 바 없으므로 선거와 마찬가지로 그 사유를 묻지 않는 것이 제도의 취지에 부합한다. (O/×)

---

128 【O】 헌법에서 **지방자치제를** 제도적으로 보장하고 있고, 지방자치는 지방자치단체가 독자적인 자치기구를 설치해서 그 자치단체의 고유사무를 국가기관의 간섭 없이 스스로의 책임 아래 처리하는 것을 의미한다는 점에서 **지방자치단체의 대표인 단체장은** 지방의회의원과 마찬가지로 **주민의 자발적 지지에 기초를 둔 선거를 통해 선출**되어야 한다는 것은 지방자치제도의 본질에서 당연히 도출되는 원리이다. 이에 따라 공직선거 관련법상 지방자치단체의 장 선임방법은 '선거'로 규정되어 왔고, 지방자치단체의 장을 선거로 선출하여온 우리 지방자치제의 역사에 비추어 볼 때 지방자치단체의 장에 대한 주민직선제 이외의 다른 선출방법을 허용할 수 없다는 관행과 이에 대한 국민적 인식이 광범위하게 존재한다고 볼 수 있다. 주민자치제를 본질로 하는 민주적 지방자치제도가 안정적으로 뿌리내린 현 시점에서 지방자치단체의 장 선거권을 지방의회의원 선거권, 더 나아가 국회의원 선거권 및 대통령 선거권과 구별하여 하나는 법률상의 권리로, 나머지는 헌법상의 권리로 이원화하는 것은 허용될 수 없다. 그러므로 **지방자치단체의 장 선거권 역시 다른 선거권과 마찬가지로 헌법 제24조에 의해 보호되는 헌법상의 권리**로 인정하여야 할 것이다.(전원재판부 2014헌마797, 2016.10.27.)

129 【O】 지방자치법 제28조(조례) ① 지방자치단체는 법령의 범위에서 그 사무에 관하여 조례를 제정할 수 있다. 다만, **주민의 권리 제한 또는 의무 부과에 관한 사항이나 벌칙을 정할 때에는 법률의 위임**이 있어야 한다.

130 【O】 지방자치법 제3조(지방자치단체의 법인격과 관할) ① 지방자치단체는 **법인으로 한다.**

131 【×】 (1) 지방자치법 제5조에 따라 **지방자치단체인 광역·지방자치단체 모두 명칭 변경은 법률에 의하여야 하고** 한자 **명칭 변경은 대통령령**에 의하여야 하며, 두 경우 모두 **지방의회의 의견을 듣거나 주민투표**를 거쳐야 한다.
(2) 지방자치법 제7조 제1항에 따라 **자치구가 아닌 구(행정구)와 읍·면·동의 명칭 변경은 조례로** 정하고 **특별시장·광역시장·도지사에게 보고**하여야 한다.
(3) 지방자치법 제7조 제2항에 따라 **리의 명칭 변경은 조례로** 정한다.

132 【O】 대의민주주의 아래에서 대표자에 대한 선출과 신임은 선거의 형태로 이루어지는 것이 바람직하고, **주민소환은 대표자에 대한 신임을 묻는 것으로서 그 속성은 재선거와 다를 바 없으므로 선거와 마찬가지로 그 사유를 묻지 않는 것이 제도의 취지에 부합**한다.(전원재판부 2008헌마355, 2011.3.31.)

133

지방자치단체 주민으로서의 자치권 또는 주민권은 헌법에 의하여 직접 보장된 개인의 주관적 공권이 아니어서, 그 침해만을 이유로 하여 국가사무인 고속철도의 역의 명칭 결정의 취소를 구하는 헌법소원심판을 청구할 수 없다. (O/×)

134

헌법 제117조제1항은 "지방자치단체는 주민의 복리에 관한 사무를 처리하고 재산을 관리하며, 법령의 범위 안에서 자치에 관한 규정을 제정할 수 있다"고 규정하고 있는데, 여기서의 '법령'에는 법규명령으로서 기능하는 행정규칙이 포함된다. (O/×)

135

지방자치단체의 폐치·분합에 관한 사항은 헌법재판소법 제68조제1항에 따른 헌법소원심판의 대상이 될 수 있다. (O/×)

---

133 【O】 (1) 헌법 제117조, 제118조가 제도적으로 보장하고 있는 지방자치의 본질적 내용은 '자치단체의 보장, 자치기능의 보장 및 자치사무의 보장'이라고 할 것이나, **지방자치제도의 보장은 지방자치단체에 의한 자치행정을 일반적으로 보장**한다는 것뿐이고 특정자치단체의 존속을 보장한다는 것은 아니므로, 마치 국가가 영토고권을 가지는 것과 마찬가지로, **지방자치단체에게 자신의 관할구역 내에 속하는 영토, 영해, 영공을 자유로이 관리하고 관할구역 내의 사람과 물건을 독점적, 배타적으로 지배할 수 있는 권리가 부여되어 있다고 할 수는 없다.**(전원재판부 2003헌라2, 2006.3.30.)
(2) 그러나 **고속철도의 건설이나 그 역의 명칭 결정과 같은 일은 국가의 사무임이 명백하고, 국가의 사무에 대하여는 지방자치단체의 주민들이 자치권 또는 주민권을 내세워 다툴 수 없다**고 할 것이다. 즉 청구인들이 주장하는 지방자치단체 주민으로서의 자치권 또는 주민권은 "헌법에 의하여 직접 보장된 개인의 주관적 공권"이 아니어서, 그 침해를 이유로 헌법소원심판을 청구할 수 없다.
(3) 또한 고속철도 역의 명칭은 단순히 고속철도 역의 명칭에 불과할 뿐이고 역 소재지 주민들의 권리관계나 법적 지위에 영향을 주는 것이 아니므로, 구체적으로 아산시의 관할구역에 세워진 이 사건 역의 명칭을 "천안아산역(온양온천)"으로 결정하였다고 하여 아산시에 거주하는 청구인들에 대하여 어떠한 기본권 기타 법률상 지위를 변동시키거나 지역 자긍심을 저하시키거나 기타 불이익한 영향을 준다고 볼 수 없다.(헌법재판소 2006.3.30. 선고 2003헌마837 전원재판부)

134 【O】 헌법 제117조 제1항에서 규정하고 있는 '**법령**'에 **법률** 이외에 헌법 제75조 및 제95조 등에 의거한 '**대통령령**', '**총리령**' 및 '**부령**'과 같은 **법규명령이 포함**되는 것은 물론이지만, 헌법재판소의 "법령의 직접적인 위임에 따라 수임행정기관이 그 법령을 시행하는데 필요한 구체적 사항을 정한 것이면, 그 제정형식은 비록 법규명령이 아닌 고시, 훈령, 예규 등과 같은 **행정규칙이더라도**, 그것이 상위법령의 **위임한계를 벗어나지 아니하는 한**, 상위법령과 결합하여 대외적인 구속력을 갖는 법규명령으로서 기능하게 된다고 보아야 한다"고 판시 한 바에 따라, 헌법 제117조 제1항에서 규정하는 '법령'에는 **법규명령으로서 기능하는 행정규칙이 포함된다.**(전원재판부 2001헌라1, 2002.10.31.)

135 【O】 주민투표권은 헌법상의 열거되지 아니한 권리 등 그 명칭의 여하를 불문하고 **헌법상의 기본권성이 부정된다**는 것이 우리 재판소의 일관된 입장이라 할 것인데, 이 사건에서 그와 달리 보아야 할 아무런 근거를 발견할 수 없다. 그렇다면 이 사건 심판청구는 헌법재판소법 제68조 제1항의 헌법소원을 통해 그 침해 여부를 다툴 수 있는 기본권을 대상으로 하고 있는 것이 아니므로 그러한 한에서 이유 없다. 하지만 주민투표권이 헌법상 기본권이 아닌 **법률상의 권리에 해당한다** 하더라도 **비교집단 상호간에 차별이 존재할 경우**에 헌법상의 평등권 심사까지 배제되는 것은 아니다.(전원재판부 2004헌마643, 2007.6.28.)

136

지방자치법 제4조제1항에 규정된 지방자치단체의 구역은 주민·자치권과 함께 지방자치단체의 구성요소로서 자치권을 행사할 수 있는 장소적 범위를 말하며, 자치권이 미치는 관할구역의 범위에 육지는 포함되나 공유수면은 포함되지 않는다. (O/×)

137

헌법상 지방자치제도보장의 핵심영역 내지 본질적 부분이 지방자치단체에 의한 자치행정을 보장하는 것이므로, 현행법에 따른 지방자치단체의 중층구조를 계속하여 존속하도록 할지 여부는 입법자의 입법형성권의 범위에 포함되지 않는다. (O/×)

138

권한쟁의가 지방교육자치에 관한 법률 제2조에 따른 교육·학예에 관한 지방자치단체의 사무에 관한 것인 경우에는 교육감이 국가기관과 지방자치단체 간의 권한쟁의심판 및 지방자치단체 상호 간의 권한쟁의심판의 당사자가 된다. (O/×)

139

지방의회의원과 지방자치단체장을 선출하는 지방선거는 지방자치단체의 기관을 구성하고 그 기관의 각종 행위에 정당성을 부여하는 행위라 할 것이므로, 지방선거사무는 지방자치단체의 존립을 위한 자치사무에 해당한다할 것이다. (O/×)

---

136 【×】 지방자치단체의 구역은 주민·자치권과 함께 자치단체의 구성요소이고, 자치권이 미치는 관할구역의 범위에는 **육지는 물론 바다도 포함되므로, 공유수면에 대해서도 지방자치단체의 자치권**이 미친다.(전원재판부 2010헌라2, 2015.7.30.)

137 【×】 헌법 제117조 제2항은 지방자치단체의 종류를 법률로 정하도록 규정하고 있을 뿐 **지방자치단체의 종류 및 구조를 명시하고 있지 않으므로** 이에 관한 사항은 기본적으로 **입법자에게 위임된 것**으로 볼 수 있다. 헌법상 지방자치제도보장의 **핵심영역 내지 본질적 부분이 특정 지방자치단체의 존속을 보장하는 것이 아니며** 지방자치단체에 의한 자치행정을 **일반적으로 보장**하는 것이므로, 현행법에 따른 지방자치단체의 중층구조 또는 지방자치단체로서 특별시·광역시 및 도와 함께 시·군 및 구를 **계속하여 존속하도록 할지 여부는 결국 입법자의 입법형성권의 범위**에 들어가는 것으로 보아야 한다. 같은 이유로 일정구역에 한하여 당해 지역 내의 지방자치단체인 시·군을 모두 폐지하여 **중층구조를 단층화하는 것 역시 입법자의 선택범위에 들어가는 것**이다.(전원재판부 2005헌마1190, 2006.4.27.)

138 【O】 헌법재판소법 제62조(권한쟁의심판의 종류) ② 권한쟁의가 「지방교육자치에 관한 법률」 제2조에 따른 교육·학예에 관한 지방자치단체의 사무에 관한 것인 경우에는 교육감이 제1항 제2호 및 제3호의 당사자가 된다.

139 【O】 지방의회의원과 지방자치단체장을 선출하는 지방선거는 지방자치단체의 기관을 구성하고 그 기관의 각종 행위에 정당성을 부여하는 행위라 할 것이므로 **지방선거사무는** 지방자치단체의 존립을 위한 **자치사무**에 해당한다.(전원재판부 2005헌라7, 2008.6.26.)

140 ↻ ① ② ③

법령에 위반되거나 재판 중인 사항을 포함하여 주민에게 과도한 부담을 주거나 중대한 영향을 미치는 지방자치단체의 주요결정사항으로서 그 지방자치단체의 조례로 정하는 사항은 주민투표에 부칠 수 있다. (O/×)

141 ↻ ① ② ③

지방자치단체는 주민의 복리에 관한 사무를 처리하고 재산을 관리하며, 법령의 범위 안에서 자치에 관한 규정을 제정할 수 있다. (O/×)

142 ↻ ① ② ③

헌법 제117조와 제118조에 의하여 제도적으로 보장되는 지방자치는 지방자치의 본질적 내용인 핵심영역이 어떠한 경우라도 입법 기타 중앙정부의 침해로부터 보호되어야 한다는 것을 의미한다. (O/×)

---

140 【×】 제7조(주민투표의 대상) ① 주민에게 과도한 부담을 주거나 중대한 영향을 미치는 지방자치단체의 주요결정사항으로서 그 지방자치단체의 조례로 정하는 사항은 주민투표에 부칠 수 있다.
② 제1항의 규정에 불구하고 다음 각 호의 사항은 이를 주민투표에 부칠 수 없다.
1. 법령에 위반되거나 재판중인 사항
2. 국가 또는 다른 지방자치단체의 권한 또는 사무에 속하는 사항
3. 지방자치단체의 예산·회계·계약 및 재산관리에 관한 사항과 지방세·사용료·수수료·분담금 등 각종 공과금의 부과 또는 감면에 관한 사항
4. 행정기구의 설치·변경에 관한 사항과 공무원의 인사·정원 등 신분과 보수에 관한 사항
5. 다른 법률에 의하여 주민대표가 직접 의사결정주체로서 참여할 수 있는 공공시설의 설치에 관한 사항. 다만, 제9조제5항의 규정에 의하여 지방의회가 주민투표의 실시를 청구하는 경우에는 그러하지 아니하다.
6. 동일한 사항(그 사항과 취지가 동일한 경우를 포함한다)에 대하여 주민투표가 실시된 후 2년이 경과되지 아니한 사항

141 【O】 헌법 제117조 ① 지방자치단체는 주민의 복리에 관한 사무를 처리하고 재산을 관리하며, 법령의 범위안에서 자치에 관한 규정을 제정할 수 있다.

142 【O】 지방자치제도의 헌법적 보장은 한마디로 국민주권의 기본원리에서 출발하여 주권의 지역적 주체로서의 주민에 의한 자기통치의 실현으로 요약할 수 있고, 이러한 지방자치의 본질적 내용인 핵심영역은 어떠한 경우라도 입법 기타 중앙정부의 침해로부터 보호되어야 한다는 것을 의미한다. 다시 말하면 중앙정부의 권력과 지방자치단체간의 권력의 수직적 분배는 서로 조화가 요청되고 그 조화과정에서 지방자치의 핵심영역은 침해되어서는 안되는 것이므로, 이와 같은 권력분립적·지방분권적인 기능을 통하여 지역주민의 기본권 보장에도 이바지하는 것이다. 그러나 중앙정부의 감독으로부터 완전히 독립된 지방자치단체를 상상할 수 없는 것과 마찬가지로 지방자치단체 사무 모두를 국가의 사무로 하여 국가의 감독권을 강화하는 것 또한 헌법이 인정하고 있는 것은 아니다. 그러나 복지국가의 이념을 실현하기 위하여 국민생활의 안정이나 실질적 평등, 자원의 능률적·종합적인 확보와 이용, 도로·항만시설 등 사회간접자본의 확충, 대외적 관계로부터 오는 경제질서의 유지라는 중앙정부로서 행하여야 할 광역행정정책의 필요성으로 말미암아 지방자치 또는 행정의 독자성은 어느정도 제약을 받을 수 있는 사정 또한 수긍할 수 밖에 없는 것이다.(헌법재판소 1998.4.30. 선고 96헌바62 전원재판부)

143

주민투표권은 법률이 보장하는 권리일 뿐이지 헌법이 보장하는 기본권 또는 헌법상 제도적으로 보장되는 주관적 공권으로 볼 수 없다. (O/X)

144

지방자치단체의 자치권이 미치는 관할구역의 범위에는 육지만 포함되므로, 공유수면에 대해서는 지방자치단체의 자치권한이 존재하지 않는다. (O/X)

V 지방자치제도

145

지방자치단체는 법령의 범위 안에서 그 사무에 관하여 조례를 제정할 수 있는데, 이때 법령의 범위 안에서는 법령에 위반되지 않는 범위 내에서를 말하고, 지방자치단체가 제정한 조례가 법령에 위반되는 경우에는 효력이 없다. (O/X)

146

조례는 자치사무와 법령에 따라 지방자치단체에 속하는 사무에 관하여 제정할 수 있는데, 주민의 권리 제한 또는 의무 부과에 관한 사항이나 벌칙을 정할 때에는 법률의 위임이 있어야 한다. (O/X)

---

143 【O】 우리 헌법은 간접적인 참정권으로 **선거권(헌법 제24조), 공무담임권(헌법 제25조)**을, 직접적인 참정권으로 **국민투표권(헌법 제72조, 제130조)**을 규정하고 있을 뿐 **주민투표권을 기본권으로 규정한 바가 없다.** 또한 우리 헌법은 제117조, 제118조에서 지방자치단체의 자치를 제도적으로 보장하고 있으나 이에 따라 보장되는 내용은 **자치단체의 설치와 존속 그리고 그 자치기능 및 자치사무로서** 이는 어디까지나 **지방자치단체의 자치권의 본질적 사항에 관한 것이다.** 그러므로 자치사무의 처리에 주민들이 직접 참여하는 것을 의미하는 주민투표권을 **헌법상 보장되는 기본권이라고 하거나 헌법 제37조 제1항의 "헌법에 열거되지 아니한 권리"의 하나로 보기는 어렵다.** 지방자치법은 주민에게 **주민투표권, 조례의 제정 및 개폐청구권 감사청구권** 등을 부여함으로써 주민이 지방자치사무에 직접 참여할 수 있는 길을 일부 열어 놓고 있지만 이러한 제도는 어디까지나 **입법에 의하여 채택된 것일 뿐 헌법에 의하여 이러한 제도의 도입이 보장되고 있는 것은 아니다.** 그렇다면 주민투표권은 **법률이 보장하는 권리일 뿐**이지 헌법이 보장하는 기본권 또는 헌법상 제도적으로 보장되는 주관적 공권으로 볼 수 없다.(헌법재판소 2005.12.22. 선고 2004헌마530 전원재판부)

144 【X】 **지방자치단체의 구역**은 주민·자치권과 함께 자치단체의 구성요소이고, 자치권이 미치는 관할구역의 범위에는 **육지는 물론 바다도 포함**되므로, **공유수면에 대해서도 지방자치단체의 자치권**이 미친다.(전원재판부 2010헌라2, 2015.7.30.)

145 【O】 지방자치단체는 주민의 복리에 관한 사무를 처리하고 재산을 관리하며, 법령의 범위 안에서 자치에 관한 규정을 제정할 수 있다.(헌법 제117조 제1항)

146 【O】 지방자치단체는 법령의 범위 안에서 그 사무에 관하여 조례를 제정할 수 있다. 다만, 주민의 권리 제한 또는 의무 부과에 관한 사항이나 벌칙을 정할 때에는 법률의 위임이 있어야 한다.(지방자치법 제22조)

147

지방자치의 헌법적 보장은 특정 지방자치단체의 존속을 보장한다는 것은 아니기 때문에, 국회가 법률로써 특정 지방자치단체를 폐지하여 다른 지방자치단체에 병합하더라도 헌법이 보장하는 지방자치제도의 본질적 내용을 침해하는 것은 아니다. (O/×)

148

지방자치단체는 국가와는 별개의 법인격을 가지며 자율적으로 지방의 고유사무를 처리하기 때문에 고유사무에 관해서는 국가적 감독과 통제를 받지 않는다. (O/×)

149

지방자치단체장에 대한 주민소환의 청구사유에 관하여 아무런 규정을 두지 않은 것은 주민소환투표 대상자의 공무담임권을 침해하는 것이 아니다. (O/×)

150

감사원은 지방자치단체의 위임사무나 자치사무의 구별 없이 합법성 감사뿐만 아니라 합목적성 감사도 할 수 있다. (O/×)

151

주민소환제란 지방자치단체의 특정한 공직에 있는 자가 주민의 신뢰에 반하는 행위를 하고 있다고 생각될 때 임기 종료 전에 주민이 직접 그 해직을 청구하는 제도로서, 주민에 의한 지방행정 통제의 가장 강력한 수단이다. (O/×)

---

147 【O】 헌법상 지방자치제도보장의 핵심영역 내지 본질적 부분이 지방자치단체에 의한 자치행정을 일반적으로 보장하는 것이라면, 현행법에 따른 지방자치단체의 중층구조 또는 지방자치단체로서 특별시·광역시 및 도와 함께 시·군 및 구를 계속하여 존속하도록 할지 여부는 결국 입법자의 입법형성권의 범위에 들어가는 것으로 보아야 한다. 같은 이유로 일정구역에 한하여 모든 자치단체를 전면적으로 폐지하거나 지방자치단체인 시·군이 수행해 온 자치사무를 국가의 사무로 이관하는 것이 아니라 **당해 지역 내의 지방자치단체인 시·군을 모두 폐지하여 중층구조를 단층화하는 것 역시 입법자의 선택범위**에 들어가는 것이다.(2006.4.27. 2005헌마1190)

148 【X】 지방자치의 본질상 자치행정에 대한 국가의 관여는 가능한 한 배제하는 것이 바람직하지만, 지방자치도 국가적 법질서의 테두리 안에서만 인정되는 것이고, 지방행정도 중앙행정과 마찬가지로 국가행정의 일부이므로 지방자치단체가 **어느 정도 국가적 감독, 통제를 받는 것은 불가피하다**. 즉, 지방자치단체의 존재 자체를 부인하거나 각종 권한을 말살하는 것과 같이 그 본질적 내용을 침해하지 않는 한 법률에 의한 통제는 가능하다.(2001.11.29. 2000헌바78)

149 【O】 '주민소환에 관한 법률'이 주민소환의 청구사유에 관하여 아무런 규정을 두지 않은 것은 **공무담임권을 침해하지 않는다**. 입법자는 주민소환제의 형성에 광범위한 입법재량을 가지고, 주민소환제는 대표자에 대한 신임을 묻는 것으로 그 속성이 재선거와 같아 그 사유를 묻지 않는 것이 제도의 취지에도 부합하며, 비민주적, 독선적인 정책추진 등을 광범위하게 통제한다는 주민소환제의 필요성에 비추어 청구사유에 제한을 둘 필요가 없고 업무의 광범위성이나 입법기술적인 측면에서 소환사유를 구체적으로 적시하기 쉽지 않으며, 청구사유를 제한하는 경우 그 해당 여부를 사법기관에서 심사하게 될 것인데 그것이 적정한지 의문이 있고 절차가 지연될 위험성이 크므로 법이 주민소환의 청구사유에 제한을 두지 않는 데에는 나름대로 상당한 이유가 있고, 청구사유를 제한하지 아니 한 입법자의 판단이 현저하게 잘못되었다고 볼 사정 또한 찾아볼 수 없다.(2009.3.26. 2007헌마843)

150 【O】 2008.5.29. 2005헌라3

151 【O】 2009.3.26. 2007헌마843

152

주민소환제는 지방자치의 핵심이자 가장 본질적인 내용이라고 할 수 있으므로 이를 보장하지 않는 것은 위헌이다. (O/X)

153

지방자치단체장의 계속 재임을 3기로 제한하더라도 주민의 자치권을 심각하게 훼손한다고 볼 수 없다. (O/X)

154

지방자치단체의 폐치·분합에 관한 것은 대상지역 주민들의 인간다운 생활공간에서 살 권리 등을 침해할 수 있으므로 헌법소원의 대상이 될 수 있다. (O/X)

155

조례에 의하여 기본권을 침해받고 있다고 주장하는 자는 그 권리구제를 위해서 당해 조례에 대한 헌법소원심판청구를 할 수 있다. (O/X)

156

기초의회의원 지역구의 인구편차는 기초의원 1인당 인구수가 최대인 지역구와 최소인 지역구를 비교하여 그 인구편차가 상하 60%(인구비례 4:1)을 넘지 못한다. (O/X)

157

지방자치단체는 법령의 범위 안에서 그 사무에 관하여 조례를 제정할 수 있다. (O/X)

---

152 【X】 주민소환제 자체는 지방자치의 본질적인 내용이라고 할 수 없으므로 이를 보장하지 않는 것이 위헌이라거나 어떤 특정한 내용의 주민소환제를 반드시 보장해야 한다는 헌법적인 요구가 있다고 볼 수는 없다.(2009.3.26. 2007헌마843)

153 【O】 2006.2.23. 2005헌마403

154 【O】 지방자치단체의 폐치·분합에 관한 것은 지방자치단체의 자치행정권 중 지역고권의 보장문제이나, 대상 지역 주민들은 그로 인하여 인간다운 생활공간에서 살 권리, 평등권, 정당한 청문권, 거주이전의 자유, 선거권, 공무담임권, 인간다운 생활을 할 권리, 사회보장·사회복지수급권 및 환경권 등을 침해받게 될 수도 있다는 점에서 기본권과도 관련이 있어 헌법소원의 대상이 될 수 있다.(1994.12.29. 94헌마201)

155 【O】 조례는 지방자치단체가 그 자치입법권에 근거하여 자주적으로 지방의회의 의결을 거쳐 제정한 법규이기 때문에 조례 자체로 인하여 직접 그리고 현재 자기의 기본권을 침해받은 자는 그 권리구제의 수단으로서 조례에 대한 헌법소원을 제기할 수 있다.(1995.4.20. 92헌마264)

156 【X】 (1) 헌법재판소는 시·도의회의원 지역선거구 획정기준을 인구편차 상하 50%(인구비례 3:1)로 변경하였다. (2018.6.28. 2014헌마189 전원재판부) (2) 시·도의회의원 지역선거구 획정과 관련하여 각 선거구 사이의 인구편차가 전국 선거구의 평균인구수를 기준으로 인구편차 상하 50%(인구비례 3:1)의 범위를 벗어난 공직선거법의 시·도의회의원지역선거구구역표 중 인구편차 상하 50%를 넘지 않는 선거구 부분은 해당 선거구에 속한 청구인의 선거권 및 평등권을 침해하지 아니하나, 그 기준을 넘어선 선거구 부분은 해당 선거구에 속한 청구인의 선거권 및 평등권을 침해한다.

157 【O】 지방자치법 제22조

158 ⟳ ① ② ③
조례에 대한 법률의 위임은 법규명령에 대한 법률의 위임과 같이 반드시 구체적으로 범위를 정하여 해야 하고 포괄위임은 금지된다. (O/×)

159 ⟳ ① ② ③
지방자치단체는 법인격 없는 사단으로 한다. (O/×)

160 ⟳ ① ② ③
지방자치단체의 명칭과 구역을 바꾸거나 지방자치단체를 폐지하거나 설치하거나 나누거나 합칠때에는 법률로 정한다. (O/×)

161 ⟳ ① ② ③
지방자치단체의 장은 주민에게 과도한 부담을 주거나 중대한 영향을 미치는 지방자치단체의 주요 결정사항 등에 대하여 주민투표에 부칠 수 있다. (O/×)

162 ⟳ ① ② ③
지방자치제도의 헌법적 보장은 지방자치의 본질적 내용인 핵심영역이 어떠한 경우라도 국가의 침해로부터 보호되어야 한다는 것을 의미한다. (O/×)

163 ⟳ ① ② ③
지방자치제도는 헌법상 제도적 보장이기 때문에 기본권 보장과는 달리, 최소보장의 원칙이 적용된다. (O/×)

164 ⟳ ① ② ③
지방자치단체의 조례가 국내법령과 동일한 효력을 갖는 조약에 위반되는 경우에는 그 효력이 없다. (O/×)

---

158 【×】 조례의 제정권자인 지방의회는 선거를 통해서 그 지역적인 민주적 정당성을 지니고 있는 주민의 대표기관이고 헌법이 **지방자치단체에 포괄적인 자치권을 보장**하고 있는 취지로 볼 때, **조례에 대한 법률의 위임은** 법규명령에 대한 법률의 위임과 같이 반드시 구체적으로 범위를 정하여 할 필요가 없으며 **포괄적인 것으로 족하다**.(1995.4.20. 92헌마264)

159 【×】 지방자치단체는 **법인으로 한다**.(지방자치법 제3조 제1항)

160 【O】 지방자치법 제4조 제1항

161 【O】 지방자치법 제14조 제1항

162 【O】 지방자치제도의 헌법적 보장은 한마디로 국민주권의 기본원리에서 출발하여 주권의 지역적 주체로서의 주민에 의한 자기통치의 실현으로 요약할 수 있고, 이러한 **지방자치의 본질적 내용인 핵심영역은 어떠한 경우라도 입법 기타 중앙정부의 침해로부터 보호되어야 한다**는 것을 의미한다. 다시 말하면 중앙정부의 권력과 지방자치단체간의 권력의 수직적 분배는 서로 조화가 요청되고 그 조화과정에서 **지방자치의 핵심영역은 침해되어서는 안되는 것이다**.(1998.4.30. 96헌바62)

163 【O】 1994.12.29. 94헌마201

164 【O】 조례도 상위법령을 위반할 수 없음은 법체계상 당연하다.

165
지방자치단체에게는 자신의 관할구역 내의 사람과 물건을 독점적·배타적으로 지배할 수 있는 영토고권을 가진다. (O/×)

166
지방자치단체의 명칭과 구역은 종전과 같이 하고, 명칭과 구역을 바꾸거나 지방자치단체를 폐지하거나 설치하거나 나누거나 합칠 때에는 대통령령으로 정한다. (O/×)

167
조례제정은 원칙적으로 자치사무와 단체위임사무에 한정되며, 기관위임사무에 관해 조례를 제정할 수 없으나, 기관위임사무도 개별 법령에서 위임한 경우에는 예외적으로 가능하다. (O/×)

168
지방의회의원과 지방자치단체장을 선출하는 지방선거사무는 지방자치단체의 존립을 위한 자치사무에 해당하므로, 원칙적으로 지방자치단체가 처리하고 그에 따른 비용도 지방자치단체가 부담하여야 한다. (O/×)

169
「지방자치법」 제4조 제1항에 규정된 지방자치단체의 구역은 주민·자치권과 함께 자치단체의 구성요소이고, 자치권이 미치는 관할구역의 범위에는 육지는 물론 바다도 포함되므로, 공유수면에 대해서도 지방자치단체의 자치권한이 미친다. (O/×)

---

165 【×】 헌법 제117조, 제118조가 제도적으로 보장하고 있는 지방자치의 본질적 내용은 '자치단체의 보장, 자치기능의 보장 및 자치사무의 보장'이라고 할 것이나, 지방자치제도의 보장은 지방자치단체에 의한 자치행정을 일반적으로 보장한다는 것뿐이고 특정자치단체의 존속을 보장한다는 것은 아니므로, 마치 **국가가 영토고권을 가지는 것**과 마찬가지로, **지방자치단체에게 자신의 관할구역 내에 속하는 영토, 영해, 영공을 자유로이 관리하고 관할구역 내의 사람과 물건을 독점적, 배타적으로 지배할 수 있는 권리가 부여되어 있다고 할 수는 없다.**(2006.3.30. 2003헌라2)

166 【×】 지방자치단체의 명칭과 구역은 종전과 같이 하고, 명칭과 구역을 바꾸거나 지방자치단체를 폐지하거나 설치하거나 나누거나 합칠 때에는 **법률로 정한다**. 다만, 지방자치단체의 관할구역 경계변경과 한자 명칭의 변경은 대통령령으로 정한다.(지방자치법 제4조)

167 【O】 지방자치단체가 자치조례를 제정할 수 있는 사항은 지방자치단체의 고유사무인 자치사무와 개별법령에 의하여 지방자치단체에 위임된 단체위임사무에 한하는 것이고, 국가사무가 지방자치단체의 장에게 위임된 기관위임사무는 원칙적으로 자치조례의 제정범위에 속하지 않는다 할 것이고, 다만 기관위임사무에 있어서도 그에 관한 개별법령에서 일정한 사항을 조례로 정하도록 위임하고 있는 경우에는 위임받은 사항에 관하여 개별 법령의 취지에 부합하는 범위 내에서 이른바 위임조례를 정할 수 있다.(대판 2000.5.311. 99추85)

168 【O】 법률을 통하여 예외적으로 다른 행정주체에게 위임되지 않는 한, **원칙적으로 지방자치단체가 처리하고 그에 따른 비용도 지방자치단체가 부담**하여야 한다.(2008.6.26. 2005헌라7)

169 【O】 지방자치법에 규정된 지방자치단체의 구역은 주민·자치권과 함께 자치단체의 구성요소이고, **자치권이 미치는 관할구역의 범위에는 육지는 물론 바다도 포함**되므로, **공유수면에 대해서도 지방자치단체의 자치권한이 미친다.**(2015.7.30. 2010헌라2)

170

지방자치단체의 장 선거권은, 지방의회의원 선거권 나아가 국회의원 선거권 및 대통령 선거권과 구별하여 하나는 법률상의 권리로 나머지는 헌법상의 권리로 이원화되기 때문에, 헌법 제24조에 의해 보호되는 기본권으로 인정할 수 없다.

(O/×)

171

대의민주주의 아래에서 대표자에 대한 선출과 신임은 선거의 형태로 이루어지는 것이 바람직하고, 주민소환은 대표자에 대한 신임을 묻는 것으로서 그 속성은 재선거와 다를 바 없으므로, 선거와 마찬가지로 그 사유를 묻지 않는 것이 제도의 취지에 부합한다.

(O/×)

172

지방교육자치는 교육자치라는 영역적 자치와 지방자치라는 지역적 자치가 결합한 형태로서, 교육자치를 지방교육의 특수성을 살리기 위해 지방자치단체의 수준에서 행하는 것을 말한다.

(O/×)

173

조례안의 일부 조항이 법령에 위반되어 위법한 경우에는 그 조례안에 대한 재의결은 그 전체의 효력을 부인할 수밖에 없다.

(O/×)

---

170 【×】 헌법에서 지방자치제를 제도적으로 보장하고 있고, 지방자치는 지방자치단체가 독자적인 자치기구를 설치해서 그 자치단체의 고유사무를 국가기관의 간섭 없이 스스로의 책임 아래 처리하는 것이라는 점에서 지방자치단체의 대표인 단체장은 지방의회의원과 마찬가지로 주민의 자발적 지지에 기초를 둔 선거를 통해 선출되어야 한다. 공직선거 관련법상 지방자치단체의 장 선임방법은 '선거'로 규정되어 왔고, 지방자치단체의 장을 선거로 선출하여 온 우리 지방자치제의 역사에 비추어 볼 때, 지방자치단체의 장에 대한 주민직선제 이외의 다른 선출방법을 허용할 수 없다는 관행과 이에 대한 국민적 인식이 광범위하게 존재한다고 볼 수 있다. 주민자치제를 본질로 하는 민주적 지방자치제도가 안정적으로 뿌리내린 현 시점에서 지방자치단체의 장 선거권을 지방의회의원 선거권, 나아가 국회의원 선거권 및 대통령 선거권과 구별하여 하나는 법률상의 권리로, 나머지는 헌법상의 권리로 이원화하는 것은 허용될 수 없다. 그러므로 **지방자치단체의 장 선거권 역시 다른 선거권과 마찬가지로 헌법 제24조에 의해 보호되는 기본권으로 인정하여야 한다.**(2016.10.27. 2014헌마797)

171 【O】 2011.3.31. 2008헌마355

172 【O】 지방교육자치는 교육자치라는 영역적 자치와 지방자치라는 지역적 자치가 결합한 형태로서 교육자치를 지방교육의 특수성을 살리기 위해 지방자치단체의 수준에서 행하는 것을 말한다고 할 것이고, 지방교육자치의 기본원리로는 주민참여의 원리, 지방분권의 원리, 일반행정으로부터의 독립, 전문적 관리의 원칙 등을 드는 것이 보통이다. (2003.3.27. 2002헌마573)

173 【O】 조례안의 일부 조항이 법령에 위반되어 위법한 경우에는 그 조례안에 대한 재의결은 그 **전체의 효력을 부인할 수밖에 없다.**(대판 2001.11.27. 2001추57) 의결의 일부에 대한 효력배제는 결과적으로 전체적인 의결의 내용을 변경하는 것에 다름 아니어서 의결기관인 지방의회의 고유권한을 침해하는 것이 될 뿐 아니라, 그 일부만의 효력배제는 자칫 전체적인 의결내용을 지방의회의 당초의 의도와는 다른 내용으로 변질시킬 우려가 있으며, 또 재의요구가 있는 때에는 재의요구에서 지적한 이의사항이 의결의 일부에 관한 것이라고 하여도 의결 전체가 실효되고 재의결만이 의결로서 효력을 발생하는 것이어서 의결의 일부에 대한 재의요구나 수정재의 요구가 허용되지 않는 점에 비추어 보아도 재의결의 내용 전부가 아니라 그 일부만이 위법한 경우에도 대법원은 의결 전부의 효력을 부인할 수밖에 없다.(대판 1992.7.28. 92추31)

174

헌법 제117조 제1항은 지방자치단체가 법령의 범위 안에서 자치에 관한 규정을 제정할 수 있다고 규정하고 있으므로, 고시·훈령·예규와 같은 행정규칙은 상위법령의 위임한계를 벗어나지 아니하고 상위법령과 결합하여 대외적인 구속력을 갖는 것이라 하더라도 위의 '법령'에 포함될 수 없다. (O/×)

175

주민소환제 자체는 지방자치의 본질적 내용이라고 할 수 없으므로, 주민소환제 및 그에 부수하여 법률상 창설되는 주민소환권이 지방자치의 본질적 내용에 해당하여 반드시 헌법적인 보장이 요구되는 제도라고 할 수 없다. (O/×)

---

174 【O】 헌법 제117조 제1항에서 규정하고 있는 '법령'에 **법률** 이외에 헌법 제75조 및 제95조 등에 의거한 '**대통령령**', '**총리령**' 및 '**부령**'과 같은 **법규명령**이 포함되는 것은 물론이지만, 헌법재판소의 "법령의 직접적인 위임에 따라 수임행정기관이 그 법령을 시행하는데 필요한 구체적 사항을 정한 것이면, 그 제정형식은 비록 법규명령이 아닌 고시, 훈령, 예규 등과 같은 행정규칙이더라도, 그것이 상위법령의 위임한계를 벗어나지 아니하는 한, 상위법령과 결합하여 대외적인 구속력을 갖는 법규명령으로서 기능하게 된다고 보아야 한다"고 판시 한 바에 따라, 헌법 제117조 제1항에서 규정하는 '법령'에는 **법규명령으로서 기능하는 행정규칙이 포함**된다.(전원재판부 2001헌라1, 2002.10.31.)

175 【O】 **주민소환제 자체는 지방자치의 본질적인 내용이라고 할 수 없으므로 이를 보장하지 않는 것이 위헌이라거나 어떤 특정한 내용의 주민소환제를 반드시 보장해야 한다는 헌법적인 요구가 있다고 볼 수는 없다.** 다만 주민소환제는 <u>주민의 참여를 적극 보장하고, 이로써 주민자치를 실현하여 지방자치에도 부합</u>하므로, 이 점에서는 위헌의 문제가 발생할 소지가 없고, 제도적인 형성에 있어서도 입법자에게 광범위한 입법재량이 인정된다 할 것이나, 원칙으로서의 <u>대의제의 본질적인 부분을 침해하여서는 아니된다는 점이 그 입법형성권의 한계로 작용</u>한다 할 것이다.(전원재판부 2010헌바368, 2011.12.29.)

MEMO

황용두 경찰헌법 기출·판례
O·X 총정리

최상의 **선택과**
최고의 **집중**

신정판
경찰 채용(순경공채)·간부·승진 시험대비

PART 2 기본권론

Chapter 01 기본권 일반이론
Chapter 02 인간의 존엄과 가치 및 행복추구권
Chapter 03 평등권
Chapter 04 자유권적 기본권
Chapter 05 경제적 기본권
Chapter 06 참정권
Chapter 07 청구권적 기본권
Chapter 08 사회적 기본권(생존권)
Chapter 09 국민의 기본적 의무

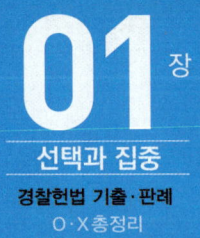

기본권 일반이론

제1절 기본권의 의의

제1항 기본권의 개념

001
기본권이란 헌법이 보장하는 국민의 기본적 권리를 말한다. (O/×)

002
기본권은 인간이기 때문에 당연히 누리는 천부적 권리를 의미하는 인권과는 개념상 차이가 있지만 편의상 양자를 동일하게 보아도 무방하다. (O/×)

003
헌법에 열거되지 아니한 국민의 자유와 권리도 헌법소원에 의하여 구제될 수 있는 헌법상 보장된 기본권에 해당할 수 있다. 헌법재판소도 "생명에 대한 권리는 비록 헌법에 명문의 규정이 없더라도 기본권 중의 기본권이다"고 판시한바 있다. (O/×)

004
기본권은 국가가 확인하고 보장한다는 점에서 국가가 제정한 법률의 범위 내에서 그 효력이 인정되는 권리이다. (O/×)

005
1972년 바작(Karel Vasak)은 제3세대 인권이란 개념을 고안했는데, 그는 시민적·정치적 권리를 제1세대 인권, 경제적·사회적·문화적 권리를 제2세대 인권이라 부르고 여기에 제3세대 인권이 첨부되어야 한다고 주장하였다. '제3세대 인권'이란 평화에 대한 권리, 환경에 대한 권리, 개발에 대한 권리 등을 포함하는 연대권을 말한다. (O/×)

---

001 【O】
002 【O】
003 【O】 2004헌바81
004 【X】 기본권은 <u>국가가 제정한 법률의 범위 내에서 그 효력이 인정되는 권리가 아니라 입법권을 구속한다</u>.
005 【O】

006
국가인권위원회법 제2조는 헌법뿐만 아니라 법률, 대한민국이 가입·비준한 국제인권조약, 국제관습법을 인권의 법원(法源)으로 인정하고 있다. (O/×)

007
근대헌법상의 국가는 천부적 인권인 기본권을 보장하는 데 그 목적이 있다. (O/×)

제2항 기본권의 역사

I 각 국의 헌법 또는 헌법적 규범의 역사

008
1776년 미국 버지니아권리장전은 생명권, 자유권, 행복추구권 등을 선언하였으나, 저항권에 관하여는 언급하지 않았다. (O/×)

009
1789년 프랑스의 인간과 시민의 권리선언 제1조는 '인간은 자유롭고 평등한 권리를 가지고 태어나며 생존한다. 사회적 차별은 공동의 이익을 위해서만 가능하다.'라고 규정하였다. (O/×)

010
1949년 제정된 본(Bonn)기본법은 인간의 존엄성 보장을 위한 장치로서 자유권과 사회권에 관한 규정을 두고 있다. (O/×)

011
제2차 세계대전 후 인권의 국제적 보편화 경향에 따라 국제연합은 1948년에 세계인권선언을, 1966년에는 국제인권규약을 채택하였다. 국제인권규약은 세계인권선언과는 달리 비준 국가의 이행에 관한 보고서 제출의무를 규정하였다. (O/×)

---

006 【O】
007 【O】
008 【X】 저항권을 규정하였다.
009 【O】
010 【X】 사회권에 대한 규정은 없고 사회국가원리만 규정하였다.
011 【O】

Ⅱ 영국에서의 인권보장의 전개

012
영국에서의 인권보장의 전개는 마그나 카르타, 권리청원, 인신보호령, 권리장전의 순으로 이루어졌다.
(O/×)

제2절 기본권의 성격

제1항 주관적 공권성

001
기본권은 원래 국민 대 국가의 관계에서 인정되는 것으로 주관적 공권으로서의 성격이 원칙적인 것이고 우선한다.
(O/×)

제2항 자연권성

제3항 기본권의 이중적 성격

Ⅰ 기본권의 이중적 성격의 의의

002
기본권은 대국가적 효력을 갖는 주관적 공권이지만, 국가의 기본적 법질서의 내용을 규정하는 객관적 법규범으로서의 성격도 지니고 있다.
(O/×)

---

012 【O】
001 【O】
002 【O】 헌법이 최고법으로서 모든 법질서를 지도하여야 한다는 측면에서 보면 기본권의 객관적 질서의 요소로서의 성격을 부인할 수 없다.

II 이중적 성격 인정여부에 대한 견해대립

1. 학설

1) 부정설

2) 긍정설

003
기본권은 원래 국민 대 국가의 관계에서 인정되는 것으로 주관적 공권으로서의 성격이 원칙적인 것이고 우선한다. (O/×)

004
헌법이 최고법으로서 모든 법질서를 지도하여야 한다는 측면에서 보면 기본권의 객관적 질서의 요소로서의 성격을 부인할 수 없다. (O/×)

005
기본권은 주관적 공권으로서의 성격과 객관적 가치질서 내지 객관적 가치규범으로서의 성격을 가지고 있다. (O/×)

006
기본권의 이중성을 인정할 때, 기본권은 사법(私法)을 제정하는 입법권을 구속하는 것일 뿐만 아니라 사법(私法)의 해석에 있어서도 기준이 되어야 한다는 점에서 객관적 질서의 요소로서의 성격을 가진다. (O/×)

007
기본권의 이중성을 인정하지 않는 견해는 기본권의 주관적 공권으로서의 성격이 약화될 것을 우려하기 때문이나, 객관적 질서의 요소로서의 성격을 인정하는 취지가 바로 기본권의 주관적 공권으로서의 성격을 강화하자는 데 있으므로 문제될 것은 없다. (O/×)

008
국가조직법규나 절차법규제정에 있어서 기준이 되어야 하는 기본권의 성격은 주관적 공권으로서의 성격이다. (O/×)

---

003 【O】
004 【O】
005 【O】
006 【O】
007 【O】
008 【×】 국가조직법규나 절차법규제정에 있어서 기준이 되어야 하는 기본권의 성격은 **객관적 질서로서의 성격**이다.

2. 판례

009
헌법재판소는 기본권의 이중성을 인정한다. (O/×)

제3절 기본권의 주체

제1항 자연인

I 국민

1. 국민의 범위

001
기본권의 주체가 될 수 있는 자만이 헌법소원을 청구할 수 있고, 이때 기본권의 주체가 될 수 있는 '자'라 함은 통상 출생 후의 인간을 가리키는 것이다. (O/×)

002
존엄한 인간 존재와 그 근원으로서의 생명 가치를 고려할 때 출생 전 형성 중의 생명에 대해서는 일정한 예외적인 경우 기본권 주체성이 긍정될 수 있다. (O/×)

003
어느 시점부터 기본권 주체성이 인정되는지, 또 어떤 기본권에 대해 기본권 주체성이 인정되는지는 생명의 근원에 대한 생물학적 인식을 비롯한 자연과학·기술 발전의 성과와 그에 터잡은 헌법의 해석으로부터 도출되는 규범적 요청을 고려하여 판단하여야 할 것이다. (O/×)

004
초기배아는 아직 모체에 착상되거나 원시선이 나타나지 않았더라도 자연과학적 인식수준에서 독립된 인간과 배아 간의 개체적 연속성을 확정할 수 있으므로 기본권 주체성을 인정할 수 있다. (O/×)

---

009 【O】
001 【O】 2010.5.27. 2005헌마346
002 【O】 2008.7.31. 2004헌바8, 2010.5.27. 2005헌마346
003 【O】 2010.5.27. 2005헌마346
004 【X】 2010.5.27. 2005헌마346

005

초기배아는 수정이 된 배아라는 점에서 형성 중인 생명의 첫걸음을 떼었다고 볼 여지가 있기는 하나 아직 모체에 착상되거나 원시선이 나타나지 않은 이상 기본권 주체성 및 국가의 보호필요성을 인정할 수 없다. (O/×)

006

대통령은 중앙선거관리위원회의 선거운동에 관한 정치적 의사표현의 자유제한에 대하여 헌법소원을 청구할 수 없다. (O/×)

007

대통령은 소속 정당을 위하여 정당활동을 할 수 있는 사인으로서의 지위도 있지만 국민 모두에 대한 봉사자로서 공익실현의 의무가 있는 헌법기관으로서의 지위를 동시에 가지므로, 전자의 지위와 관련하여도 기본권 주체성을 갖는다고 볼 수 없다. (O/×)

008

대통령도 국민의 한사람으로서 제한적으로나마 기본권의 주체가 될 수 있는바, 대통령은 소속 정당을 위하여 정당활동을 할 수 있는 사인으로서의 지위와 국민 모두에 대한 봉사자로서 공익실현의 의무가 있는 헌법기관으로서의 지위를 동시에 갖는데 최소한 전자의 지위와 관련하여는 기본권 주체성을 갖는다고 할 수 있다. (O/×)

009

국회의원은 법률안 의결과 관련하여 국회의장에 대하여 법률안 심의·표결권 침해를 이유로 헌법소원을 청구할 수 있다. (O/×)

---

005 【X】 초기배아는 아직 모체에 착상되거나 원시선이 나타나지 않은 이상 현재의 자연과학적 인식수준에서 독립된 인간과 배아 간의 개체적 연속성을 확정하기 어렵다고 봄이 일반적이므로 **기본권 주체성을 인정할 수 없지만**, 오늘날 생명공학 등의 발전과정에 비추어 인간의 존엄과 가치가 갖는 헌법적 가치질서로서의 성격을 고려할 때 인간으로 발전할 잠재성을 갖고 있는 초기배아에 대하여도 위와 같은 헌법적 가치가 소홀히 취급되지 않도록 노력해야 할 **국가의 보호의무가 인정된다**(2010.5.27. 2005헌마346).

006 【X】 대통령도 국민의 한사람으로서 제한적으로나마 기본권의 주체가 될 수 있는바, 대통령은 소속 정당을 위하여 정당활동을 할 수 있는 사인으로서의 지위와 국민 모두에 대한 봉사자로서 공익실현의 의무가 있는 헌법기관으로서의 지위를 동시에 갖는데 최소한 전자의 지위와 관련하여는 기본권 주체성을 갖는다고 할 수 있다(2007헌마700). 따라서 대통령은 중앙선거관리위원회의 선거운동에 관한 정치적 의사표현의 자유제한에 대하여 **헌법소원을 청구할 수 있다**.

007 【X】 2008.1.17. 2007헌마700

008 【O】 헌재 2008.1.17. 2007헌마700

009 【X】 국회의원은 법률안 의결과 관련하여 국회의장에 대하여 **법률안 심의·표결권 침해를 이유로 헌법소원을 청구할 수 없다**. 헌법재판소도 「청구인이 무소속 국회의원으로서 교섭단체소속 국회의원과 동등하게 대우받을 권리는 입법권을 행사하는 **국가기관인 국회를 구성하는 국회의원의 지위에서 주장하는 권리일지언정 헌법이 일반국민에게 보장하고 있는 기본권이라고 할 수는 없으므로**, 국회의원이 위와 같은 권한을 침해당하였다고 하더라도 이는 기본권의 침해에는 해당하지 않으므로, 이러한 경우 국회의원은 개인의 권리구제수단인 **헌법소원을 청구할 수 없다**(2000헌마156)」고 결정한 바 있다.

010

지방단체장이 주민의 복리를 증진하기 위하여 활동하는 것은 기본권주체로서의 기본권행사에 해당하지 않는다. 이는 지방자치단체장의 지위에 기인한 것이다. (O/×)

011

과거에는 교정행정의 객체로 파악되었던 수형자도 오늘날에는 일반 국민과 마찬가지로 헌법상 보장된 기본권의 한 주체이다. (O/×)

2. 기본권 보유능력과 행사능력

012

기본권 보유능력은 기본권의 주체가 될 수 있는 지위 내지 자격으로 사자(死者)와 태아도 기본권 보유능력이 인정되는 경우가 있다. (O/×)

013

기본권 행사능력(행위능력)은 기본권의 주체가 독립적으로 자신의 책임 하에 기본권을 행사할 수 있는 능력을 말한다. (O/×)

014

기본권 보유능력을 가진 사람은 모두 기본권 주체가 되지만, 기본권 주체가 모두 기본권의 행사능력을 가지는 것은 아니다. (O/×)

015

태아의 경우에는 생명권 등 한정된 기본권에 대해서만 그 주체가 될 수 있다. (O/×)

016

미성년자의 인격권은 성인과 마찬가지로 인간의 존엄성 및 행복추구권을 보장하는 헌법 제10조에 의하여 보호된다. (O/×)

---

010 【O】
011 【O】 2002헌마478
012 【O】
013 【O】
014 【O】
015 【O】 2004헌바81
016 【O】 2003헌가1 - 헌법재판소도 「아동과 청소년은 인격의 발전을 위하여 어느 정도 부모와 학교의 교사 등 타인에 의한 결정을 필요로 하는 아직 성숙하지 못한 인격체이지만, 부모와 국가에 의한 교육의 단순한 대상이 아닌 독자적인 인격체이며, 그의 인격권은 성인과 마찬가지로 인간의 존엄성 및 행복추구권을 보장하는 헌법 제10조에 의하여 보호된다 (98헌가16)」는 결정을 한 바 있다.

Ⅱ 외국인

1. 외국인의 기본권 주체성 인정여부

017
기본권의 성질상 인간의 권리에 해당하는 기본권은 외국인도 그 주체가 될 수 있다고 할 때 그것은 기본권행사능력을 가짐을 의미한다. (O/×)

018
외국인이 국내에서 누리는 직업의 자유는 법률 이전에 헌법에 의해서 부여된 기본권이라고 할 수 없고, 법률에 따른 정부의 허가에 의해 비로소 발생하는 권리이다. (O/×)

019
헌법상 근로의 권리는 '일할 자리에 관한 권리'만이 아니라 '일할 환경에 관한 권리'도 의미하는데, '일할 환경에 관한 권리'는 인간의 존엄성에 대한 침해를 방어하기 위한 권리로서 외국인에게도 인정된다. (O/×)

020
최소한의 근로조건을 요구할 수 있는 권리는 자유권적 기본권의 성격도 가지는 만큼 외국인 근로자에게도 그 기본권 주체성이 인정된다. (O/×)

021
외국국적동포는 일정한 조건하에 국민으로서의 혜택을 받을 수 있음에도 불구하고 재외동포법의 적용대상에서 정부수립이전 이주동포를 제외한 것은 자의적인 입법으로 평등원칙에 위배된다. (O/×)

---

017 【×】 기본권의 성질상 인간의 권리에 해당하는 기본권은 외국인도 그 주체가 될 수 있다고 할 때 그것은 **기본권 보유능력을 가짐을 의미한다**.
018 【O】 2013헌마359
019 【O】
020 【O】 헌법재판소도 「근로의 권리가 "일할 자리에 관한 권리"만이 아니라 "일할 환경에 관한 권리"도 함께 내포하고 있는바, 후자는 인간의 존엄성에 대한 침해를 방어하기 위한 자유권적 기본권의 성격도 갖고 있어 건강한 작업환경, 일에 대한 정당한 보수, 합리적인 근로조건의 보장 등을 요구할 수 있는 권리 등을 포함한다고 할 것이므로 외국인 근로자라고 하여 이 부분에까지 기본권 주체성을 부인할 수는 없다. 즉 근로의 권리의 구체적인 내용에 따라, 국가에 대하여 고용증진을 위한 사회적·경제적 정책을 요구할 수 있는 권리는 사회권적 기본권으로서 국민에 대하여만 인정해야 하지만, 자본주의 경제질서하에서 근로자가 기본적 생활수단을 확보하고 인간의 존엄성을 보장받기 위하여 최소한의 근로조건을 요구할 수 있는 권리는 자유권적 기본권의 성격도 아울러 가지므로 이러한 경우 **외국인 근로자에게도 그 기본권 주체성을 인정함이 타당하다**(2004헌마670)」고 결정한 바 있다.
021 【O】 99헌마494

022
외국인의 기본권주체성은 기본권의 성질에 따라 인정여부가 결정되어야 하는바 「공직선거법」상 일정한 요건을 갖춘 외국인에게는 지방자치단체의 장에 대한 선거권이 인정되나, 「주민투표법」에 따른 투표의 경우에는 외국인에게 투표권이 인정되지 않는다. (O/X)

023
외국인도 거주·이전의 자유가 인정되므로, 특단의 사정이 없는 한 국가는 외국인의 입국을 허가할 의무가 있다. (O/X)

024
독일의 경우 헌법상 기본권으로서 외국인의 '망명권' 혹은 '난민권'이 인정되는 반면에, 우리나라의 경우는 법률상의 권리로서 외국인의 '난민인정신청권'도 인정되지 않는다. (O/X)

025
외국인은 원칙적으로 공무담임권, 국가배상청구권, 범죄피해자구조청구권, 국민투표권 및 사회적 기본권 등을 누릴 수 없거나 제한적으로밖에 향유하지 못한다. (O/X)

2. 외국인이 주체가 될 수 있는 기본권

026
직장 선택의 자유는 인간의 권리로 보아야 할 것이므로 외국인도 제한적으로라도 직장선택의 자유를 향유할 수 있다고 보아야 한다. (O/X)

027
불법체류 중인 외국인은 다른 기본권은 별론으로 하더라도 주거의 자유의 주체가 될 수는 없다. (O/X)

---

022 【X】 외국인의 기본권주체성은 기본권의 성질에 따라 인정여부가 결정되어야 하는바, **정치적 기본권은 원칙적으로 외국인에게 인정되지 않지만**, 「주민투표법」 제5조에 따른 투표의 경우에는 주민투표법에서 정한 일정한 요건을 갖춘 외국인에게 **주민투표권을 인정하고 있다**.

023 【X】 외국인에게 **입국의 자유가 원칙적으로 보장되지 않으므로**(2009헌마351), 외국인의 입국을 허가해야 할 의무가 있는 것은 아니다.

024 【X】 독일의 경우 헌법상 기본권으로서 외국인의 '망명권' 혹은 '난민권'이 인정된다. 우리나라의 경우에도 **법률(난민법)상의 권리로서 외국인의 '난민인정신청권'을 명시적으로 인정하고 있다**.

025 【O】 99헌마494

026 【O】 헌법재판소도 「직업의 자유 중 직장 선택의 자유는 인간의 존엄과 가치 및 행복추구권과도 밀접한 관련을 가지는 만큼 단순히 국민의 권리가 아닌 인간의 권리로 보아야 할 것이므로 외국인도 제한적으로라도 직장 선택의 자유를 향유할 수 있다(97헌가12)」고 결정한 바 있다.

027 【X】 **인간의 권리로서 외국인에게도 주체성이 인정되는 일정한 기본권은 불법체류 여부에 따라 그 인정 여부가 달라지는 것은 아니기 때문에**, 불법체류 중인 외국인들이라 하더라도 신체의 자유, 주거의 자유, 변호인의 조력을 받을 권리, 재판청구권 등에 관하여는 **기본권 주체성이 인정된다**(2012.8.23. 2008헌마430).

028

불법체류 중인 외국인들이라 하더라도, 불법체류라는 것은 관련 법령에 의하여 체류자격이 인정되지 않는다는 것일 뿐이므로, '인간의 권리'로서 외국인에게도 주체성이 인정되는 일정한 기본권에 관하여 불법체류 여부에 따라 그 인정 여부가 달라지는 것은 아니다. (O/×)

029

근로의 권리의 구체적인 내용에 따라, 국가에 대하여 고용증진을 위한 사회적·경제적 정책을 요구할 수 있는 권리는 사회권적 기본권으로서 국민에 대하여만 인정해야 하지만, 자본주의 경제질서하에서 근로자가 기본적 생활수단을 확보하고 인간의 존엄성을 보장받기 위하여 최소한의 근로조건을 요구할 수 있는 권리는 자유권적 기본권의 성격도 아울러 가지므로 이러한 경우 외국인 근로자에게도 그 기본권 주체성을 인정함이 타당하다. (O/×)

030

부모의 자녀에 대한 교육권은 비록 헌법에 명문으로 규정되어 있지는 아니하지만 모든 인간이 국적과 관계없이 누리는 양도할 수 없는 불가침의 인권으로서 외국인도 당연히 그 주체성이 인정된다. (O/×)

제2항 법인

I 법인의 기본권 주체성 인정여부

031

전형적인 법실증주의의 관점에서는 법인은 기본권의 주체가 될 수 없는 것이 원칙이다. (O/×)

032

단체는 원칙적으로 단체 자신의 기본권을 직접 침해당한 경우에만 그의 이름으로 헌법소원을 청구 할 수 있는 것이 아니라, 구성원을 위하여 또는 구성원을 대신하여서도 헌법소원을 청구할 수 있다. (O/×)

---

028 【O】 헌재 2012.8.23. 2008헌마430
029 【O】 헌재 2007.8.30. 2004헌마670
030 【O】 98헌가16
031 【X】 법실증주의의 관점에서는 <u>법인도 자연인과 마찬가지로 법에 의하기만 하면 기본권의 주체가 될 수 있다</u>고 한다.
032 【X】 단체는 원칙적으로 단체 자신의 기본권을 직접 침해당한 경우에만 그의 이름으로 헌법소원심판을 청구할 수 있을 뿐이고 <u>그 구성원을 위하여 또는 구성원을 대신하여 헌법소원심판을 청구할 수 없다</u>(1995.7.21. 92헌마177).

033 ⟲ 1 2 3

한국신문편집인협회가 침해받았다고 주장하는 언론·출판의 자유는 그 성질상 법인이나 권리능력 없는 사단도 누릴 수 있는 권리이므로 동 협회가 언론·출판의 자유를 직접 구체적으로 침해받은 경우에는 헌법소원을 청구할 수 있다. (O/×)

034 ⟲ 1 2 3

MBC 문화방송은 공법상의 재단법인인 방송문화진흥회가 최다출자자인 방송사업자로서「방송법」등에 의하여 공법상의 의무를 부담하고 있으므로 헌법소원을 청구할 수 없다. (O/×)

035 ⟲ 1 2 3

청구인은 공법상 재단법인인 방송문화진흥회가 최다출자자인 방송사업자로서「방송법」등 관련 규정에 의하여 공법상의 의무를 부담하고 있으므로, 그 설립목적이 언론의 자유의 핵심 영역인 방송 사업이라고 하더라도 이러한 업무수행과 관련해서는 기본권 주체가 될 수 없다. (O/×)

036 ⟲ 1 2 3

공법인은 기본권의 수범자로서 국민의 기본권을 보호 내지 실현하여야 할 책임과 의무를 지닐 뿐이므로 기본권의 주체가 될 여지가 없다. (O/×)

---

033 【O】 1995.7.21. 92헌마177

034 【X】 <u>헌법소원을 청구할 수 있다.</u> 법인도 법인의 목적과 사회적 기능에 비추어 볼 때 그 성질에 반하지 않는 범위 내에서 인격권의 한 내용인 사회적 신용이나 명예 등의 주체가 될 수 있고 법인이 이러한 사회적 신용이나 명예 유지 내지 법인격의 자유로운 발현을 위하여 의사결정이나 행동을 어떻게 할 것인지를 자율적으로 결정하는 것도 **법인의 인격권의 한 내용을 이룬다고 할 것이다**(2012.8.23. 2009헌가27).

035 【X】 공법상 재단법인인 방송문화진흥회가 최다출자자인 방송사업자는「방송법」등 관련 규정에 의하여 공법상의 의무를 부담하고 있지만,「상법」에 의하여 설립된 주식회사로서 설립목적은 언론의 자유의 핵심 영역인 방송사업이므로 이러한 업무 수행과 관련하여 당연히 기본권 주체가 될 수 있다.(헌재 2013.9.26. 2012헌마271)

036 【X】 <u>공법인이 조직법상 국가로부터 독립한 고유 업무를 수행하는 경우에는 기본권 주체가 될 수 있다.</u> 헌법재판소도「공권력의 행사자인 국가, 지방자치단체나 그 기관 또는 국가조직의 일부나 공법인은 국민의 기본권을 보호 내지 실현해야 할 '책임'과 '의무'를 지는 주체로서 헌법소원을 청구할 수 없다. 다만 공법인이나 이에 준하는 지위를 가진 자라 하더라도 공무를 수행하거나 고권적 행위를 하는 경우가 아닌 사경제 주체로서 활동하는 경우나 조직법상 국가로부터 독립한 고유 업무를 수행하는 경우, 그리고 다른 공권력 주체와의 관계에서 지배복종관계가 성립되어 일반 사인처럼 그 지배하에 있는 경우 등에는 기본권 주체가 될 수 있다. 이러한 경우에는 이들이 기본권을 보호해야 하는 국가적 기능을 담당하고 있다고 볼 수 없기 때문이다(2013.9.26. 2012헌마271)」고 결정한 바 있다.

037 ☺123

농업기반공사 및 농지관리기금법에 의하여 해산되어 신설되는 농업기반공사에 합병되는 농지개량조합은 재산권의 주체가 된다. (O/×)

038 ☺123

국가, 지방자치단체도 다른 공권력 주체와의 관계에서 지배복종관계가 성립되어 일반 사인처럼 그 지배하에 있는 경우에는 기본권 주체가 될 수 있다. (O/×)

039 ☺123

민법상 법인격 없는 사단은 대표자의 정함이 있고 독립된 사회적 조직체로 활동하는 경우에도, 그 자체에 대하여 기본권 주체성이 인정되는 것이 아니라, 개개의 구성원에 대하여 기본권 주체성이 인정될 뿐이다. (O/×)

040 ☺123

정당은 국민의 정치적 의사형성에 참여하기 위한 조직으로 성격상 권리능력 없는 단체에 속하지만, 구성원과 독립하여 그 자체로서 기본권의 주체가 될 수 있다. (O/×)

041 ☺123

정당설립의 자유나 정당활동의 자유 등 정당의 자유의 주체는 정당을 설립하려는 개개인과 이를 통해 조직된 정당 모두에게 인정되는 것이다. (O/×)

---

037 【X】 **농지개량조합은 재산권의 주체가 될 수 없다.** 농지개량조합은 농지소유자의 조합가입이 강제되는 점, 조합원의 출자에 의하여 조합재산이 형성되는 것이 아니라 국가 등이 설치한 농업생산기반시설을 그대로 인수하는 점, 조합의 합병·분할·해산은 법정 사유로 제한되어 있는 점, 조합원은 그 자격을 상실하지 않는 한 조합에서 임의탈퇴할 수 없는 점, 탈퇴되는 경우에도 조합에 대한 지분반환청구는 허용되지 않는 점, 해산한 조합의 잔여재산은 조합원들에게 분배되지 아니하고 농지개량조합자립육성금고에 납입되는 점, 조합원들에게 조합비를 부과·징수하여 경비에 충당하나 그 징수절차가 지방세 체납처분의 예에 의하고 이용료의 성격을 띠고 있는 점, 조합과 그 직원과의 관계는 공법상의 특별권력관계인 점, 주요사업인 농업생산기반시설의 정비·유지·관리사업은 농업생산성의 향상 등 그 조합원들의 권익을 위한 것만이 아니고 수해의 방지 및 수원의 적정한 관리 등 일반국민들에게도 직접 그 영향을 미치는 **고도의 공익성을 띠고 있는 점 등 농지개량조합의 조직, 재산의 형성·유지 및 그 목적과 활동전반에 나타나는 매우 짙은 공적인 성격을 고려하건대, 이를 공법인이라고 봄이 상당하므로 헌법소원의 청구인적격을 인정할 수 없다.**(2000.11.30. 99헌마190)

038 【X】 **공권력의 행사자인 국가, 지방자치단체나 그 기관 또는 국가조직의 일부나 공법인은 국민의 기본권을 보호 내지 실현해야 할 '책임'과 '의무'를 지는 주체로서 헌법소원을 청구할 수 없다.** 다만 공법인이나 이에 준하는 지위를 가진 자라 하더라도 공무를 수행하거나 고권적 행위를 하는 경우가 아닌 사경제 주체로서 활동하는 경우나 조직법상 국가로부터 독립한 고유 업무를 수행하는 경우, 그리고 다른 공권력 주체와의 관계에서 지배복종관계가 성립되어 일반 사인처럼 그 지배하에 있는 경우 등에는 기본권 주체가 될 수 있다. 이러한 경우에는 이들이 기본권을 보호해야 하는 국가적 기능을 담당하고 있다고 볼 수 없기 때문이다.(2013.9.26. 2012헌마271)

039 【X】 민법상 법인격 없는 사단·재단은 대표자의 정함이 있고 독립된 사회적 조직체로 활동하는 경우에는, **성질상 법인이 누릴 수 있는 기본권을 침해당하게 되면 그의 이름으로 헌법소원심판을 청구할 수 있다**(1991.6.3. 90헌마56).

040 【O】 2008헌마419 등

041 【O】 2004헌마246

042 ①②③

정당은 권리능력 없는 사단으로서 기본권 주체성이 인정되므로 미국산 쇠고기 수입위생조건에 관한 고시와 관련하여 생명·신체의 안전에 관한 기본권 침해를 이유로 헌법소원을 청구할 수 있다. (O/×)

043 ①②③

헌법재판소는 국가기관이나 공법인의 기본권주체성을 원칙적으로 인정하지 않는다. (O/×)

044 ①②③

축협중앙회는 공법인성이 상대적으로 크지만 공법인성과 사법인성을 겸유한 특수한 법인으로서 기본권의 주체가 될 수 있다. (O/×)

Ⅱ 법인이 향유할 수 있는 기본권의 범위

045 ①②③

법인도 결사의 자유의 주체가 된다. (O/×)

046 ①②③

인간의 존엄과 가치, 행복추구권은 그 성질상 자연인에게 인정되는 기본권이므로 법인에게는 적용되지 않는다. (O/×)

047 ①②③

법인의 경우 참정권과 직업선택의 자유, 평등권이 인정될 수 있으나, 인격권은 인정될 여지가 없다. (O/×)

---

042 【X】 정당은 국민의 정치적 의사형성에 참여하기 위한 조직으로 성격상 권리능력 없는 단체에 속하지만, 구성원과는 독립하여 그 자체로서 기본권의 주체가 될 수 있고, 그 조직 자체의 기본권이 직접 침해당한 경우 자신의 이름으로 헌법소원심판을 청구할 수 있으나, **생명·신체의 안전에 관한 기본권은 성질상 자연인에게만 인정되는 것이므로, 정당과 같은 권리능력 없는 단체는 위와 같은 기본권의 행사에 있어 그 주체가 될 수 없고**, 또한 정당이 그 정당원이나 일반 국민의 기본권이 침해됨을 이유로 이들을 위하거나 이들을 대신하여 헌법소원심판을 청구하는 것도 원칙적으로 허용되지 아니한다 (2008헌마419).

043 【O】 헌법재판소는 국회노동위원회(93헌마120), 서울시의회(96헌마345), 직장의료보험조합(99헌마289), 농지개량조합(99헌마190)에 대하여 기본권주체성을 인정하지 않았다. 다만, 예외적으로 서울대학교, 세무대학, 한국전력공사, 담배인삼공사 등의 기본권주체성을 인정한 바 있다.

044 【O】 99헌마613 - 헌법재판소도 「헌법상 기본권의 주체가 될 수 있는 법인은 원칙적으로 사법인에 한하는 것이고 공법인은 헌법의 수범자이지 기본권의 주체가 될 수 없다. 축협중앙회는 지역별·업종별 축협과 비교할 때, 회원의 임의탈퇴나 임의해산이 불가능한 점 등 그 공법인성이 상대적으로 크다고 할 것이지만, 이로써 공법인이라고 단정할 수는 없을 것이고, 이 역시 그 존립목적 및 설립형식에서의 자주적 성격에 비추어 사법인적 성격을 부인할 수 없으므로, 축협중앙회는 공법인성과 사법인성을 겸유한 특수한 법인으로서 기본권의 주체가 될 수 있다(99헌마613)」고 결정한 바 있다.

045 【O】 2004헌가1 - ex) 상공회의소 등

046 【O】 2004헌바67

047 【X】 2015.7.30. 2013헌가8

048 ⟲ 1 2 3
자연인으로서 개인의 존재를 전제로 하거나 인간의 감성과 관련된 기본권은 그 성질상 법인에게 적용될 수 없으므로 법인은 인격권의 주체가 될 수 없다. (O/×)

049 ⟲ 1 2 3
법인의 인격을 자유롭게 발현할 권리가 무엇을 뜻하는지 그 헌법적 근거가 무엇인지 분명하지 않으므로, 선거기사심의위원회가 불공정한 선거기사를 게재하였다고 판단한 언론사에 대하여 사과문 게재 명령을 하도록 한「공직선거법」상의 사과문 게재 조항은 언론사인 법인의 인격권을 침해하는 것이 아니라 소극적 표현의 자유나 일반적 행동의 자유를 제한할 뿐이다. (O/×)

050 ⟲ 1 2 3
선거기사심의위원회가 불공정한 선거기사를 보도하였다고 인정한 언론사에 대하여 언론중재위원회를 통하여 사과문을 게재할 것을 명하도록 하는「공직선거법」조항 중 '사과문 게재' 부분과, 해당 언론사가 사과문 게재 명령을 지체 없이 이행하지 않을 경우 형사처벌하는 구「공직선거법」규정 중 해당 부분은 언론사의 인격권을 침해한다. (O/×)

051 ⟲ 1 2 3
서울대학교는 공권력 행사의 주체인 동시에 학문의 자유와 대학의 자율권이라는 기본권의 주체가 될 수 있다. (O/×)

052 ⟲ 1 2 3
현행 헌법은 법인의 기본권향유능력을 인정하는 명문의 규정을 두고 있지 않지만, 언론·출판의 자유나 재산권과 같이 성질상 법인이 누릴 수 있는 기본권은 당연히 법인에게도 인정된다. (O/×)

Ⅲ 기본권 주체로서의 법인의 범위

---

048 【×】 법인도 <u>인격권의 주체가 될 수 있다</u>. 헌법재판소도「사죄광고 과정에서는 자연인이든 법인이든 인격의 자유로운 발현을 위해 보호받아야 할 인격권이 무시되고 국가에 의한 인격의 외형적 변형이 초래되어 인격형성에 분열이 필연적으로 수반되게 된다. 이러한 의미에서 사죄광고제도는 헌법에서 보장된 인격의 존엄과 가치 및 그를 바탕으로 하는 인격권에 큰 위해도 된다(2015.7.30. 2013헌가8)」고 결정하여 인격권의 주체성을 인정한 바 있다.

049 【×】 2015.7.30. 2013헌가8

050 【O】 헌재 2015.7.30. 2013헌가8

051 【O】 1992.10.1. 92헌마68 등

052 【O】 90헌마56

제4절 기본권의 효력

제1항 기본권의 대국가적 효력

001
'입법자의 형성의 자유' 때문에 평등권의 입법권에 대한 구속력을 인정하지 않는 것이 일반적이다. (O/×)

002
국민의 기본권을 보호하는 것은 국민주권의 원리상 국가의 가장 기본적인 의무이므로 입법자는 기본권 보호의무를 최대한 실현하여야 하며, 헌법재판소는 입법자의 기본권 보호의무를 엄밀하게 심사하여야 한다. (O/×)

003
국가의 관리작용과 국고작용 등 비권력작용에도 기본권의 효력이 미친다고 보는 것이 다수의 견해이다. (O/×)

004
국가의 사경제적 활동에 의하여 기본권을 침해받은 사인은 헌법소원을 제기하여 기본권 침해를 구제받을 수 있다. (O/×)

제2항 기본권의 제3자적 효력

I 논의의 등장배경

005
기본권의 제3자적 효력은 기본권이 국가기관만이 아니라 사적단체나 조직체 그리고 사인에 의해서도 침해 사례가 증가하는 상황에서 사회적 약자를 보호하기 위하여 제기된 이론이다. (O/×)

---

001 【×】 '입법자의 형성의 자유'가 인정되더라도 기본권은 입법작용에 대해서도 기속력을 가진다.

002 【×】 헌법 제10조에 따른 국가의 기본권보호의무 위반심사와 관련하여, 헌법재판소는 권력분립의 관점에서 국가가 국민의 법익보호를 위하여 적어도 적절하고 효율적인 최소한의 보호조치를 취했는가 여부를 심사하는 소위 '과소보호금지원칙'을 적용하고 있다(1997.1.16. 90헌마110 등).

003 【O】 국고작용 즉, 사경제작용에도 기본권의 효력이 미친다고 보는 것이 다수설이다.

004 【×】 국가의 국고작용(사경제적 활동)에 의하여 기본권을 침해받은 사인은 헌법소원을 제기하여 기본권 침해를 구제받을 수 없다(1992.11.12. 90헌마160). 국고작용은 공권력의 행사로 볼 수 없기 때문이다.

005 【O】

II 직접적용설과 간접적용설

006
전통적인 공·사법의 이원적 체계를 가진 독일과 한국에서는 모든 기본권 조항을 직접적으로 사인간에 적용하는 데에 난점이 있어 전면적 직접적용설 보다는 간접적용설이 보다 많은 지지를 얻고 있다.
(O/×)

007
우리 헌법에는 독일기본법에서와는 달리 '근로자의 단결권'에 관해서 직접적 사인효력을 인정하는 명문규정이 없고, 사인간의 기본권효력을 부인하는 명문규정도 없다.
(O/×)

008
우리나라에서는 기본권의 대사인적 효력에 관하여 간접효력설이 다수설이지만, 일부 기본권에 대해서는 예외적으로 직접적인 효력이 인정되기도 한다.
(O/×)

009
기본권의 직접적인 제3자적 효력을 주장하는 적접효력설도 모든 기본권이 예외 없이 사인간의 법률관계에 직접 적용되어야 한다고 주장하지는 않고 있다.
(O/×)

010
기본권의 직접적인 제3자적 효력을 주장하는 입장은 전체법질서의 통일성과 사법질서(私法秩序)의 독자성을 동시에 존중하고 있다.
(O/×)

011
기본권의 간접적인 제3자적 효력을 취하는 입장에서는 기본권이 사법상(私法上)의 법률관계에 적용되기 위하여는 사법상의 일반원칙이라는 매개물이 필요하다고 하여 사법상의 사적 자치를 존중하고 있다.
(O/×)

---

006 【O】
007 【O】
008 【O】
009 【O】 직접 적용되는 기본권의 범위에 대하여 학설의 대립이 있다.
010 【×】 기본권의 직접적인 제3자적 효력을 주장하는 직접효력설은 법질서의 통일성과 헌법의 최고규범성을 강조하여 <u>사법의 독자성을 무시했다는 비판</u>을 받는다.
011 【O】 기본권의 간접적인 제3자적 효력을 취하는 간접적용설은 기본권이 사법상(私法上)의 법률관계에 적용되기 위하여는 사법상의 일반원칙(사법의 일반조항)이라는 매개물을 통하여 간접적으로 적용된다는 입장으로, 사법영역의 기본원칙인 사적 자치를 존중함으로써 법질서의 통일성과 사법의 독자성을 동시에 존중한다는 평가를 받는다.

012

甲이 사기업인 A회사에 입사하면서 향후 10년간 퇴사하지 않고 만약 그 이전에 퇴사하는 경우에는 퇴직금을 포기하는 것을 조건으로 고용계약을 체결하였다면, 기본권의 '간접효력설(간접적 사인효력설)'에 의하면, 甲이 계약을 지키지 못하고 퇴사하는 경우 퇴직금을 반환받기 위해서는 A회사를 상대로 고용계약이 사법상의 일반조항에 반하여 무효임을 주장하여야 한다. (O/×)

Ⅲ 미국에서의 이론전개

013

미국에서는 연방대법원의 판례를 통하여 사인의 행위를 국가행위로 의제하는 이론이 전개되어 기본권의 대사인적 효력을 인정하고 있는데, 국가재산이론, 통치기능이론, 국가원조이론, 사법적 집행의 이론 등이 있다. (O/×)

014

미국 판례의 입장은 결국 국가의 관여가 있거나 사인의 행위를 국가의 행위로 볼 수 있는 일정한 경우에 기본권 보장이 직접 적용된다는 것이고, 그 밖에도 사법상의 조리(Common Sense)를 접점으로 하여 사인간의 생활영역 전반에 걸쳐 직접 적용된다는 것이다. (O/×)

Ⅳ 한국헌법과 기본권의 제3자적 효력

015

국가배상청구권, 형사보상청구권은 그 성질상 사인 간의 관계에 적용될 수 없다. (O/×)

016

우리 헌법상 근로3권과 인간의 존엄과 가치, 언론·출판의 자유 등은 직접 사인 간에도 효력을 인정할 여지가 있다. (O/×)

017

평등권, 사생활의 자유, 통신의 자유, 표현의 자유 등은 사인 간에 간접적으로 적용될 여지가 있다. (O/×)

---

012 【O】 기본권의 간접적인 제3자적 효력을 취하는 간접적용설은 기본권이 사법상(私法上)의 법률관계에 적용되기 위하여는 사법상의 일반원칙(사법의 일반조항)이라는 매개물을 통하여 간접적으로 적용된다는 입장이다.

013 【O】

014 【X】 미국에서는 원래는 적법절차를 규정한 수정헌법 제14조의 대상이 국가로 되어 있다는 점을 들어 대 사인간 효력을 부인하였는데, 후에는 국가작용으로의 의제를 통하여 우회적으로 인정하고 있는 것으로, 사법상의 조리(Common Sense)를 매개로 하여 기본권이 직접 적용된다는 것이 아니다.

015 【O】 사법절차적 기본권(변호인의 조력을 받을 권리, 구속적부심사청구권, 불리한 진술거부권 등), 청구권적 기본권(국가배상청구권, 형사보상청구권 등), 공무담임권, 무죄추정권 등은 그 성질상 사인 간의 관계에 적용될 수 없다.

016 【O】

017 【O】

제3항 기본권의 갈등(경합과 충돌)

I 의의

018 ⊙①②③
기본권의 갈등이란 기본권의 마찰과 모순으로부터 발생되는 제반문제를 총칭하는 것으로, 기본권의 경합과 기본권의 충돌을 포괄하는 개념이다. (O/×)

II 기본권의 경합

1. 기본권경합의 의의

1) 기본권경합의 개념

019 ⊙①②③
기본권경합이란 동일한 기본권주체가 국가에 대하여 하나의 동일한 사건에서 동시에 여러 기본권의 적용을 주장하는 경우에 발생하는 문제이다. (O/×)

020 ⊙①②③
기본권의 경합은 결국 어느 기본권을 더 우월적으로 보호할 것이냐의 문제이다. (O/×)

2) 유사경합(부진정경합)

021 ⊙①②③
외형상 기본권이 경합되는 것처럼 보이지만 실제로 적용될 수 있는 기본권이 다수가 아닌 경우를 유사경합이라고 한다. (O/×)

022 ⊙①②③
예술적 표현수단을 사용하여 상업적 광고를 하는 경우 영업의 자유, 재산권, 예술의 자유 등 복합적인 기본권 충돌이 발생한다. (O/×)

---

018 【O】
019 【O】
020 【O】
021 【O】
022 【X】 예를 들어 학문적 표현이나 예술적 표현수단을 사용하여 상업적 광고를 하는 경우 영업의 자유, 재산권, 학문과 예술의 자유까지도 경합적으로 주장하는 경우가 있다. 상업적 목적의 광고는 학문적 지식이나 예술적 관념을 전파하는 전형적인 수단이 아니므로, 그러한 행위는 학문이나 예술의 자유로서 보호받을 수 없으므로 이러한 경우에는 **진정한 경합의 문제가 발생하지 않는다.** 따라서 국가가 광고를 제한할 경우 **영업의 자유(또는 재산권)만 문제되는 것이지 학문의 자유나 예술의 자유는 문제되지 않는다.** 이 사안은 영업의 자유와 재산권의 경합이 문제된다.

023

이라크전쟁을 반대하는 노동조합의 집회개최에서 노동자의 노동3권과 집회의 자유는 진정한 기본권의 경합관계에 있지 않은 유사경합의 예이다. (O/×)

024

안전벨트를 맬 것인가의 여부는 자신의 운명이나 생활습관 등과 같은 사생활의 영역을 스스로 형성할 자유와 관련되는 것이고, 헌법 제17조에서 보장되는 사생활의 자유는 일반적 행동자유권과의 관계에서 특별기본권의 지위를 가지므로, 좌석안전벨트 착용강제의 사생활 자유 침해 여부가 문제될 때 일반적 행동자유권의 침해 여부에 대한 심사는 배제된다. (O/×)

2. 기본권경합의 해결이론

1) 일반적 기본권과 특별 기본권이 경합하는 경우

025

행복추구권과 기타 개별 기본권이 경합하는 경우에도 행복추구권 침해 여부에 대하여 독자적으로 판단하여야 한다. (O/×)

026

침해한 기본권 주체의 행위에 적용될 수 있는 여러 기본권들 중의 하나가 다른 기본권에 대하여 특별법적 지위에 있는 경우에는 기본권의 경합은 성립되지 않고 특별법적 지위에 있는 기본권이 우선적으로 적용되고 다른 기본권은 배제된다. (O/×)

027

공무담임권과 직업의 자유가 경합하는 경우 특별기본권인 직업의 자유의 침해여부만 심사하면 된다. (O/×)

---

023 【O】 근로자의 노동3권은 근로조건의 향상을 위한 권리이므로 이라크전쟁을 반대하는 집회에서 주장할 수 있는 기본권으로 볼 수 없기 때문이다.

024 【×】 자동차를 도로에서 운전하는 중에 **좌석안전띠를 착용할 것인가의 여부의 생활관계가 개인의 전체적 인격과 생존에 관계되는 '사생활의 기본조건'**이라거나 자기결정의 핵심적 영역 또는 인격적 핵심과 관련된다고 보기 어렵다. 그렇다면 운전할 때 운전자가 좌석안전띠를 착용하는 문제는 더 이상 사생활영역의 문제가 아니어서 **사생활의 비밀과 자유에 의하여 보호되는 범주를 벗어난 행위라고 볼 것이므로 사생활의 비밀과 자유를 침해하는 것이라 할 수 없다**. 다만, 좌석안전띠를 매지 않을 자유는 헌법 제10조의 행복추구권에서 나오는 **일반적 행동자유권의 보호영역에 속한다**. 따라서 운전할 때 좌석안전띠를 매야 할 의무를 지우고 이에 위반했을 때 범칙금을 부과하는 것은 일반적 행동의 자유에 대한 제한이 존재한다(2003.10.30. 2002헌마518).

025 【×】 특별법 우선의 원칙에 따라 일반적 기본권과 특별기본권이 경합하는 경우, 당해 행위에 적용될 수 있는 기본권 중 특별법적 지위에 있는 기본권이 우선 적용되어야 한다는 이론이다. 따라서 행복추구권과 기타 개별 기본권이 경합하는 경우에도 행복추구권 침해 여부를 별도로 판단하지 않는다(2007헌마1462).

026 【O】

027 【×】 공직의 경우 **공무담임권은 직업선택의 자유에 대하여 특별기본권**이다. 따라서 **공무담임권에 관한 헌법규정이 직업의 자유에 대한 특별규정으로서 우선적으로 적용되어야** 하며 직업의 자유의 적용은 배제된다(2005.10.27. 2004헌바41). 따라서 공직을 직업으로 선택하는 경우에 있어서 직업선택의 자유는 공직취임권을 통해서 그 기본권의 보호를 받게 된다고 할 수 있다.

028
공무담임권은 국가 등에게 능력주의를 존중하는 공정한 공직자선발을 요구할 수 있는 권리라는 점에서 직업선택의 자유보다는 그 기본권의 효과가 현실적·구체적이므로, 공직을 직업으로 선택하는 경우에 있어서 직업선택의 자유는 공무담임권을 통해서 그 기본권보호를 받게 된다고 할 수 있으므로 공무담임권을 침해하는지 여부를 심사하는 이상 이와 별도로 직업선택의 자유 침해 여부를 심사할 필요는 없다. (O/×)

029
사생활의 비밀과 통신의 비밀이 경합하는 경우 특별한 기본권인 사생활의 비밀의 침해여부를 심사하면 된다. (O/×)

030
어떤 법령이 직업의 자유와 행복추구권 양자를 제한하는 외관을 띠는 경우 두 기본권의 경합문제가 발생하는데, 보호영역으로서 '직업'이 문제될 때 직업의 자유는 행복추구권과의 관계에서 특별기본권의 지위를 가지므로, 행복추구권의 침해 여부에 대한 심사는 배제된다. (O/×)

2) 제한정도가 다른 기본권이 경합하는 경우

031
제한의 정도가 상이한 기본권들이 경합하는 경우 어느 기본권을 우선 적용할 것인가에 관해 최약효력설과 최강효력설이 대립하고 있다. (O/×)

032
기본권경합에 관하여 최강효력설은 제한의 가능성이 보다 더 큰 기본권을 우선시켜야 한다는 견해이다. (O/×)

---

028 【X】 **공무담임권**은 국가 등에게 능력주의를 존중하는 공정한 공직자선발을 요구할 수 있는 권리라는 점에서 직업선택의 자유보다는 그 기본권의 효과가 현실적·구체적이므로, 공직을 직업으로 선택하는 경우에 있어서 직업선택의 자유는 공무담임권을 통해서 그 기본권보호를 받게 된다고 할 수 있으므로 공무담임권을 침해하는지 여부를 심사하는 이상 이와 별도로 직업선택의 자유 침해 여부를 심사할 필요는 없다.(헌재 2006.3.30. 2005헌마598).

029 【X】 사생활의 비밀의 특별한 영역으로 헌법이 개별적인 기본권으로 보호하는 통신의 비밀을 제한하고 있다는 점에서 별도로 **사생활의 비밀을 침해하는지 여부를 검토할 필요는 없다**(2010.12.28. 2009헌가30)

030 【O】 2002헌마519

031 【O】

032 【X】 **최약효력설**은 헌법상 **제한의 가능성이 가장 큰** 기본권, 즉 효력이 가장 약한 기본권이 우선되어야 한다는 견해이고, **최강효력설**은 서로 경쟁하는 기본권들 중에서 그 **제한의 가능성과 제한의 정도가 제일 적은**, 가장 강한 기본권에 따라서 국민의 자유와 권리가 보호되어야 한다고 한다.

3) 관련정도가 다른 기본권이 경합하는 경우

033
하나의 규제로 인해 여러 기본권이 동시에 제약을 받는 기본권경합의 경우에는 기본권 침해를 주장하는 사람의 의도 및 기본권을 제한하는 입법자의 객관적 동기 등을 참작하여 먼저 사안과 가장 밀접한 관계에 있고, 또 침해의 정도가 큰 주된 기본권을 중심으로 해서 그 제한의 한계를 따져야 한다. (O/×)

3. 관련 헌법재판소 결정

034
수용자가 작성한 집필문의 외부반출을 불허하고 이를 영치할 수 있도록 한 것은 수용자의 통신의 자유와 표현의 자유를 제한한다. (O/×)

035
종교단체가 양로시설을 설치하고자 하는 경우 신고하도록 의무를 부담시키는 것은 종교단체의 종교의 자유와 인간다운 생활을 할 권리를 제한한다. (O/×)

036
일반음식점 영업소에 음식점 시설 전체를 금연구역으로 지정하여 운영하여야 할 의무를 부담시키는 것은 음식점 운영자의 직업수행의 자유와 음식점 시설에 대한 재산권을 제한한다. (O/×)

037
형제·자매에게 가족관계등록부 등의 기록사항에 관한 증명서 교부청구권을 부여하는 것은 본인의 개인정보자기결정권을 제한하는 것으로 개인정보자기결정권 침해 여부를 판단한 이상 인간의 존엄과 가치 및 행복추구권, 사생활의 비밀과 자유는 판단하지 않는다. (O/×)

---

033 【O】 95헌가16

034 【X】 수용자가 작성한 집필문의 외부반출을 불허하고 이를 영치할 수 있도록 한 것은 수용자의 표현의 자유 또는 예술창작의 자유가 제한된다고 주장하나, 심판대상조항은 집필문을 창작하거나 표현하는 것을 금지하거나 이에 대한 허가를 요구하는 조항이 아니라 이미 표현된 집필문을 외부의 특정한 상대방에게 발송할 수 있는지 여부에 대해 규율하는 것이므로, 제한되는 기본권은 헌법 제18조에서 정하고 있는 통신의 자유로 봄이 상당하다(2016.5.26. 2013헌바98).

035 【X】 종교단체가 양로시설을 설치하고자 하는 경우 신고하도록 의무를 부담시키는 것은 종교단체의 종교의 자유 제한의 문제를 불러오지만, 노인들의 거주·이전의 자유 및 인간다운 생활을 할 권리의 제한을 불러 온다고 볼 수 없다 (2016.6.30. 2015헌바46).

036 【X】 일반음식점 영업소에 음식점 시설 전체를 금연구역으로 지정하여 운영하여야 할 의무를 부담시키는 것은 음식점 운영자의 직업수행의 자유를 제한하지만, 음식점 시설에 대한 재산권을 침해하는 것은 아니다(2016.6.30. 2015헌마813).

037 【O】 위 기본권들은 모두 개인정보자기결정권의 헌법적 근거로 거론되는 것이기 때문이다(2016.6.30. 2015헌마924).

038
학교정화구역 내 극장영업금지를 규정한 학교보건법 제6조는 극장영업자의 직업의 자유와 예술의 자유를 제한하나 예술의 자유는 간접적으로 제약되고 입법자의 객관적 동기를 참작하여 볼 때 사안과 가장 밀접한 관계에 있고 또 침해의 정도가 가장 큰 주된 기본권은 직업의 자유이므로 직업의 자유 침해만을 판단하는 것으로 족하므로 예술의 자유 침해여부를 판단할 필요는 없다. (O/×)

039
병역거부자에 대한 병역의무를 부과하고 이를 위반시 처벌하는 병역법 제88조는 병역거부자의 양심의 자유와 종교의 자유를 함께 제한한다. 양심의 자유는 종교적 신념에 기초한 양심뿐만 아니라 비종교적 양심도 포괄하는 기본권이고 종교의 자유는 종교적 신념만을 보호하여 종교의 자유가 특별한 기본권이므로 종교의 자유를 중심으로 위헌여부를 판단한다. (O/×)

III 기본권의 충돌

1. 기본권충돌의 의의

1) 기본권충돌의 개념

040
기본권 충돌이란 하나의 기본권주체가 국가에 대해 동시에 여러 기본권의 적용을 주장하는 경우를 말한다. (O/×)

041
두 기본권이 충돌하는 경우 그 해법으로는 기본권의 서열이론, 법익형량의 원리, 실제적 조화의 원리 등을 들 수 있는데, 헌법재판소는 기본권 충돌의 문제에 관하여 충돌하는 기본권의 성격과 태양에 따라 그때그때마다 적절한 해결방법을 선택, 종합하여 이를 해결하여 왔다. (O/×)

---

038 【×】 학교정화구역 내 극장영업금지를 규정한 학교보건법 제6조는 극장영업자의 직업의 자유와 예술의 자유를 제한하나 예술의 자유는 간접적으로 제약되고 입법자의 객관적 동기를 참작하여 볼 때 사안과 가장 밀접한 관계에 있고 또 침해의 정도가 가장 큰 주된 기본권은 직업의 자유이므로 **직업의 자유의 침해여부를 중심으로 살피는 가운데 표현·예술의 자유의 침해여부에 대하여도 부가적으로 살펴보아야 한다**(2004.5.27. 2003헌가1).

039 【×】 병역거부자에 대한 병역의무를 부과하고 이를 위반시 처벌하는 병역법 제88조는 병역거부자의 양심의 자유와 종교의 자유를 함께 제한한다. 양심의 자유는 종교적 신념에 기초한 양심뿐만 아니라 비종교적 양심도 포함하는 포괄적인 기본권이므로, **양심의 자유를 중심으로 위헌여부를 판단한다**(2004.8.26. 2002헌가1).

040 【×】 기본권의 충돌이란 **상이한 복수의 기본권주체**가 서로의 권익을 실현하기 위해 하나의 동일한 사건에서 국가에 대하여 서로 대립되는 또는 동일한 기본권의 적용을 주장하는 경우를 말하는데, 한 기본권주체의 기본권 행사가 다른 기본권주체의 기본권 행사를 제한 또는 희생시킨다는 데 그 특징이 있다(2002헌바95).

041 【O】 2002헌바95

042
기본권을 국가에 대한 방어권으로만 이해하는 경우에는 기본권의 충돌 문제는 처음부터 발생하지 않는다.
(O/X)

2) 유사충돌(부진정충돌)

043
유사충돌이란 기본권 주체의 기본권의 한계를 벗어난 행위가 다른 기본권주체의 기본권 보호영역과 충돌하는 경우를 말한다.
(O/X)

044
조각가가 공사현장에서 대리석을 절취한 행위를 재산권과 예술의 자유의 충돌로 인정할 수는 없다.
(O/X)

2. 기본권충돌의 해결이론 – 규범조화적 해석

045
두 기본권이 서로 충돌하는 경우에는 헌법의 통일성을 유지하기 위하여 상충하는 기본권 모두가 최대한으로 그 기능과 효력을 나타낼 수 있도록 하는 조화로운 방법이 모색되어야 한다.
(O/X)

046
기본권충돌의 해결방법으로서 과잉금지방법은 서로 충돌하는 두 기본권 모두의 효력을 양립시키기 위해 두 기본권을 동시에 제약하는 방법으로, 규범조화적 해석방법을 구체화한 것으로 보아야 한다. (O/X)

047
언론보도에 대한 반론권을 인정할 경우, 이는 언론기관의 보도의 자유와 개인의 인격권 사이에 실제적 조화를 추구한 것으로 과잉금지원칙에 위배되지 아니한다.
(O/X)

---

042 【O】
043 【O】 진정한 의미의 기본권충돌의 문제는 발생하지 않는다.
044 【O】 충돌로 보이지만 실제로 기본권의 충돌로 볼 수 없는 유사충돌, 즉 부진정충돌에 해당한다. 예컨대 사람을 살해한 자가 자신의 행복추구권을 주장한다면 이는 희생자의 생명권과 충돌하는 것처럼 보이나, 살인행위는 행복추구권의 보호영역에 해당되지 아니한다.
045 【O】 89헌가106
046 【O】 헌법재판소도 "정정보도청구권(반론권)과 보도기관의 언론의 자유가 충돌하는 경우에는 헌법의 통일성을 유지하기 위하여 상충하는 기본권 모두가 최대한으로 그 기능과 효력을 발휘할 수 있도록 하는 조화로운 방법이 모색되어야 한다(89헌마165)"고 결정한바 있다.
047 【O】 89헌가106

048
애초부터 두 개의 서로 충돌하는 기본권들 사이의 조정이 전혀 불가능한 경우도 있는데, 이 경우에는 하나를 희생시킬 수밖에 없다. (O/×)

3. 헌법재판소 결정

049
교사의 수업권과 학생의 수학권이 충돌하는 경우 두 기본권 모두 효력을 나타내는 규범조화적 해석에 따라 기본권 충돌은 해결되어야 한다. (O/×)

050
학생의 학습권과 교원의 수업권 중 어느 것이 우월한지는 판단하기 어렵고 대등한 지위에 있다고 보아야 한다. (O/×)

051
친양자 입양은 친생부모의 기본권과 친양자가 될 자의 기본권이 서로 대립·충돌하는 관계라고 볼 수 없다. (O/×)

052
흡연자의 흡연권과 비흡연자의 혐연권이 충돌하는 경우 이 두 기본권은 각기 독자성을 갖는 기본권이므로 양자는 대등한 효력을 갖는다. (O/×)

---

048 【O】 인공임신중절의 경우가 그 예인데, 이런 경우에는 이익형량의 원리에 따라 해결할 수밖에 없다.

049 【X】 교사의 수업권과 학생의 수학권이 충돌하는 경우 **수업권을 내세워 수학권을 침해할 수 없다**(1992.11.12. 89헌마88).
— 대법원도 "학생의 학습권은 교원의 수업권에 대하여 우월한 지위에 있으므로 교원이 고의로 수업을 거부할 자유는 인정되지 아니한다(2005다25298)"고 판시한 바 있다.

050 【X】 1992.11.12. 89헌마88

051 【X】 친양자 입양은 친생부모의 기본권과 친양자가 될 자의 기본권이 서로 **대립·충돌하는 관계라고 볼 수 있다**(2012.5.31. 2010헌바87). — 친양자가 될 자의 헌법 제36조 제1항 및 헌법 제10조에 의한 가족생활에서의 기본권을 보장하기 위해 친생부모의 동의를 무시하고 친양자 입양을 성립시키는 경우에는 친생부모의 기본권이 제한되게 되고, 친생부모의 친족관계유지에 대한 기본권을 보장하기 위해 친생부모가 동의하지 않는 이상 무조건 친양자 입양이 성립되지 않는다고 보는 경우에는 친양자가 될 자의 기본권이 제한될 가능성이 발생하기 때문이다.

052 【X】 흡연자와 비흡연자가 함께 생활하는 공간에서의 흡연행위는 필연적으로 흡연자의 기본권과 비흡연자의 기본권이 충돌하는 상황이 초래된다. 흡연권은 사생활의 자유를 실질적 핵으로 하는 것이고 혐연권은 사생활의 자유뿐만 아니라 생명권에까지 연결되는 것이므로 **혐연권이 흡연권보다 상위의 기본권이라 할 수 있다.** 따라서 흡연권은 혐연권을 침해하지 않는 한에서 인정되어야 한다(2004.8.26. 2003헌마457).

053

근로자의 단결하지 아니할 자유와 노동조합의 적극적 단결권이 충돌하게 되는 경우, 노동조합의 적극적 단결권은 '사회적 보호기능을 담당하는 자유권' 또는 '사회권적 성격을 띤 자유권'으로서의 성격을 가지고 있으므로, 근로자 개인의 단결하지 않을 자유보다 중시된다. (O/X)

054

근로자의 개인적 단결권과 노동조합의 집단적 단결권이 충돌하는 경우, 기본권의 서열이론에 입각하여 근로자의 개인적 단결권을 상위 기본권이라고 판단하고 있다. (O/X)

055

종립학교의 종교교육의 자유와 학생의 소극적 종교행위의 자유가 충돌하는 경우 종립학교는 원칙적으로 학생의 종교의 자유를 고려한 대책을 마련하는 등의 조치를 취하는 속에서 종교교육의 자유를 누린다. (O/X)

056

종교단체가 설립한 사립학교에서 특정종교의 교리를 전파하는 종교행사와 종교과목 수업을 실시하면서 참가 거부가 사실상 불가능한 분위기를 조성하고 대체과목을 개설하지 않는 등 다른 신앙을 가진 학생의 기본권을 고려하지 않는 것은 학생의 종교에 관한 인격적 법익을 침해하는 위법행위이다. (O/X)

057

헌법재판소가 채권자취소권을 합헌으로 본 것은 채권자의 재산권과 채무자의 일반적 행동의 자유권 중에서 채권자의 재산권이 상위의 기본권이라고 보았기 때문이다. (O/X)

---

053 【O】 헌법재판소도 사업장에 종사하는 근로자의 3분의 2 이상을 대표하는 노동조합의 경우 단체협약을 매개로 조직강제를 용인하는 법률조항을 합헌으로 보았는데, **노동조합의 적극적 단결권을 근로자 개인의 단결하지 않을 자유보다 중시된다고 본 것이고**, 또 노동조합에게 위와 같은 조직강제권을 부여한다고 하여 이를 근로자의 단결하지 아니할 자유의 본질적인 내용을 침해하는 것으로 단정할 수는 없다고 판단했다(2002헌바95).

054 【X】 근로자의 개인적 단결권(단결선택권)과 노동조합의 집단적 단결권이 충돌하는 경우 **어느 기본권이 더 상위 기본권이라고 단정할 수 없다**. 특정한 노동조합의 조합원이 될 것을 고용조건으로 할 경우 근로자의 단결하지 아니할 자유뿐만 아니라 단결선택권도 제한하고 있으나 근로자 3분의 2 이상을 대표하는 노동조합에 한해 근로자의 노동조합 가입을 강제함으로써 **근로자의 단결선택권과 노동조합의 집단적 단결권 사이에 균형을 도모하고 있으므로 비례원칙에 위반되지 아니한다**(2005.11.24. 2002헌바95).

055 【O】

056 【O】 2008다38288

057 【X】 채권자에게 채권의 실효성 확보를 위한 수단으로서 채권자취소권을 인정함으로써, 채권자의 재산권과 채무자와 수익자의 일반적 행동의 자유 내지 계약의 자유 및 수익자의 재산권이 서로 충돌하게 되는바, 위와 같은 **채권자와 채무자 및 수익자의 기본권들이 충돌하는 경우에 기본권의 서열이나 법익의 형량을 통하여 어느 한 쪽의 기본권을 우선시키고 다른 쪽의 기본권을 후퇴시킬 수는 없다. 채권자의 재산권과 채무자 및 수익자의 일반적 행동의 자유권 중 어느 하나를 상위기본권이라고 할 수는 없을 것이고, 채권자의 재산권과 수익자의 재산권 사이에서도 어느 쪽이 우월하다고 할 수는 없을 것이기 때문이다**(2007.10.25. 2005헌바96).

058

공공기관이 보유·관리하는 개인정보의 공개와 관련하여 국민의 알권리(정보공개청구권)와 개인정보 주체의 사생활의 비밀과 자유가 서로 충돌하는 경우, 국민의 알권리(정보공개청구권)가 개인정보 주체의 사생활의 비밀과 자유보다 상위 기본권이므로 기본권의 서열이나 법익의 형량을 통하여 해결할 수 있다. 따라서 국민의 알권리(정보공개청구권)가 개인정보 주체의 사생활의 비밀과 자유보다 우선한다. (O/×)

059

국민의 알권리(정보공개청구권)와 개인정보 주체의 사생활의 비밀과 자유가 서로 충돌하는 경우 개인정보 주체의 사생활의 비밀과 자유가 국민의 알권리(정보공개청구권)보다 더 상위의 기본권에 해당하므로, 국민의 알권리(정보공개청구권)는 개인의 사생활의 비밀과 자유를 침해하지 않는 한에서 인정될 수 있다.
(O/×)

060

언론의 자유와 반론보도청구권이 충돌하는 경우 반론보도청구권이 인정되기 위해서는 반론보도청구의 내용이 진실이어야 한다. (O/×)

061

정정보도청구권제도는 언론의 자유와는 비록 서로 충돌되는 면이 없지 아니하나, 전체적으로는 상충되는 기본권 사이에 합리적인 조화를 이루고 있다. (O/×)

062

반론권과 보도기관의 언론의 자유가 충돌하는 경우에는 헌법의 통일성을 유지하기 위하여 기본권 모두가 최대한으로 그 기능과 효력을 발휘할 수 있도록 하는 조화로운 방법이 모색되어야 한다. (O/×)

---

058 【X】 공공기관이 보유·관리하는 개인정보의 공개와 관련하여 국민의 알권리(정보공개청구권)와 개인정보 주체의 사생활의 비밀과 자유가 서로 충돌하는 경우, **양자는 모두 자유권적 기본권에 해당하므로 국민의 알권리(정보공개청구권)와 개인정보 주체의 사생활의 비밀과 자유 중 어느 하나를 상위 기본권이라고 하거나 어느 쪽이 우월하다고 할 수는 없을 것이기 때문에, 위와 같은 기본권들이 충돌하는 경우에 기본권의 서열이나 법익의 형량을 통하여 어느 한 쪽의 기본권을 우선시키고 다른 쪽의 기본권을 후퇴시킬 수는 없다.** 따라서 이러한 경우에는 헌법의 통일성을 유지하기 위하여 상충하는 기본권 모두가 최대한으로 그 기능과 효력을 발휘할 수 있도록 조화로운 방법을 모색하되(규범조화적 해석), 법익형량의 원리, 입법에 의한 선택적 재량 등을 종합적으로 참작하여 심사하여야 한다(2010.12.28. 2009헌바258).

059 【X】 2010.12.28. 2009헌바258

060 【X】 언론의 자유와 사실적 주장에 관한 언론보도로 인하여 피해를 입은 자의 반론보도청구권이 충돌하는 경우 반론보도청구권이 인정되기 위해서는 <u>반론보도 청구의 내용이 진실인지 여부는 불문한다</u>.

061 【O】 1991.9.16. 89헌마165

062 【O】 1991.9.16. 89헌마165

경찰헌법 기출·판례 O·X총정리

제5절 기본권의 제한과 한계

I 기본권 보호영역

1. 의의

001
기본권 보호영역이란 기본권에 의해 보호되는 각각의 상이한 생활영역을 말한다. (O/×)

2. 기본권 보호영역에 관한 헌법재판소 결정

002
'음란'은 사상의 경쟁메커니즘에 의해서도 그 해악이 해소되기 어려워 언론·출판의 자유에 의한 보장을 받지 않는 반면, '저속'은 헌법적인 보호영역 안에 있다. (O/×)

003
일반적 행동자유권의 보호영역에는 개인의 생활방식과 취미에 관한 사항은 포함되나, 위험한 스포츠를 즐길 권리는 포함되지 않는다. (O/×)

004
헌법 제12조 제4항의 변호인의 조력을 받을 권리는 신체의 자유에 관한 영역으로서 가사소송에서 당사자가 변호사를 대리인으로 선임하여 그 조력을 받는 것은 그 보호영역에 포함된다고 보기 어렵다. (O/×)

---

001 【O】

002 【×】 **음란표현은** 헌법 제21조가 규정하는 **언론·출판의 자유의 보호영역 내에 있다**(2006헌바109). 음란표현이 언론·출판의 자유의 보호영역에 해당하지 아니한다고 해석할 경우 음란표현에 대한 최소한의 헌법상 보호마저도 부인하게 될 위험성이 높아지기 때문이다.

003 【×】 일반적 행동자유권의 보호영역에는 개인의 생활방식과 취미에 관한 사항이 포함되며, 여기에는 위험한 스포츠를 즐길 권리와 같은 위험한 생활방식으로 살아갈 권리도 포함된다(2002헌마518).

004 【O】 2011헌마598

144 제2편 기본권론

005 ⟳ 1 2 3

국가의 간섭을 받지 아니하고 자유로이 기부행위를 할 수 있는 기회의 보장은 헌법상 보장된 재산권의 보호범위에 속한다. (O/×)

006 ⟳ 1 2 3

지역 방언을 자신의 언어로 선택하여 공적 또는 사적인 의사소통과 교육의 수단으로 사용하는 것은 행복추구권에서 파생되는 일반적 행동의 자유 내지 개성의 자유로운 발현의 한 내용이 된다. (O/×)

007 ⟳ 1 2 3

문화재청장이나 시·도지사가 지정한 문화재, 도난물품 또는 유실물인 사실이 공고된 문화재 및 출처를 알 수 있는 중요한 부분이나 기록을 인위적으로 훼손한 문화재의 선의취득을 배제하는 조항에 의하여 일정한 동산문화재의 양수인은 그 문화재의 소유권을 취득할 기회를 제한받게 되는데, 이러한 소유권을 취득할 기회는 헌법 제23조 제1항에 의하여 보호되는 재산권에 해당하지 아니한다. (O/×)

008 ⟳ 1 2 3

공무원에 대한 징계처분의 결과 승진임용이 제한되어 공무원 승진시험대상 후보자명부에서 제외된 것이나 이를 통한 승진기회의 보장 문제는 공직신분의 유지나 업무수행에는 영향을 주지 않는 단순한 내부 승진인사에 관한 문제에 불과하여 공무담임권의 보호영역에 포함된다고 보기는 어렵다. (O/×)

009 ⟳ 1 2 3

주취운전의 혐의자에게 호흡측정기에 의한 측정에 응할 것을 요구하고 이를 거부할 때 처벌한다 하여도 이는 형사상 불리한 '진술'을 강요하는 것에 해당한다고 할 수 없으므로 헌법 제12조 제2항의 진술거부권 조항에 위배되지 아니한다. (O/×)

---

005 【×】 기부를 하고자 하는 자의 재산권보장이란 관점에서 보더라도 기부를 하고자 하는 자에게는 기부금품의 모집행위와 관계없이 자신의 재산을 기부행위를 통하여 자유로이 처분할 수 있는 가능성은 법 제3조에 의한 제한에도 불구하고 변함없이 남아 있으므로, 법 제3조가 기부를 하고자 하는 자의 재산권행사를 제한하지 아니한다. 물론, 기부를 하려는 국민도 타인의 모집행위를 통하여 누가 어떤 목적으로 기부금품을 필요로 하는가를 인식함으로써 기부행위의 동기와 기회를 부여받는다는 사실은 인정되지만, 법에 의한 제한은 단지 기부행위를 할 기회만을 제한할 뿐 재산권의 자유로운 처분에 대한 제한을 하는 것은 아니다. 국가의 간섭을 받지 아니하고 자유로이 기부행위를 할 수 있는 기회의 보장은 헌법상 보장된 **재산권의 보호범위에 포함되지 않는다. 그렇다면 법 제3조에 의하여 제한되는 기본권은 행복추구권이다** (1998.5.28. 96헌가5).
006 【O】 2006헌마618
007 【O】 2009.7.30. 2007헌마870
008 【O】 2007.6.28. 2005헌마1179
009 【O】 1997.3.27. 96헌가11

010

법학전문대학원에 입학하는 자들에 대하여 학사 전공별로, 그리고 출신 대학별로 법학전문대학원 입학정원의 비율을 각각 제한한 것은 변호사가 되기 위하여 필요한 전문지식을 습득할 수 있는 로스쿨에 입학하는 것을 제한하는 것이기 때문에 직업교육장 선택의 자유 내지 직업선택의 자유를 제한한다.

(O/×)

011

변호사의 업무와 관련된 수임사건의 건수 및 수임액을 소속 지방변호사회에 매년 보고하도록 한 것은, 변호사의 내밀한 개인적 영역에 속하는 것이라고 보기 어렵기 때문에 사생활의 비밀과 자유를 침해하는 것이라 할 수 없다.

(O/×)

II 기본권의 제한

1. 기본권 제한의 의의

012

기본권 제한이란 국가가 개인에게 기본권 보호영역 내에 포함되어 있는 행위를 금지하거나 제약하는 것을 말한다.

(O/×)

2. 기본권 제한의 유형

1) 헌법유보에 의한 제한

013

일반적 헌법유보에 의한 제한은 헌법에서 직접 기본권 일반이 헌법적 질서 또는 특정의 헌법원리에 의하여 제약된다고 명시하는 것인데, 한국헌법에는 일반적 헌법유보에 의한 제한규정이 없다.

(O/×)

014

개별적 헌법유보에 의한 제한은 개별적 기본권에 대하여 헌법적 질서 또는 특정의 헌법원리에 의하여 제약된다는 명문의 규정을 두는 것인데, 표현의 자유에 관한 제21조 제4항, 재산권행사의 공공복리적합성을 규정한 제23조 제2항, 군인 등에 대한 이중배상제한을 규정한 제29조 제2항이 개별적 헌법유보에 의한 제한으로 볼 수 있다.

(O/×)

---

010 【O】 2009.2.26. 2007헌마1262
011 【O】 2009.10.29. 2007헌마667
012 【O】
013 【O】
014 【O】

2) 법률유보에 의한 제한

015
법률유보의 원칙은 기본권의 제한에 있어서 법률의 근거뿐만 아니라, 그 형식도 반드시 법률의 형식일 것을 요구한다. (O/×)

016
법률유보원칙은 법률에 의한 규율을 의미하므로 위임입법에 의한 기본권제한은 헌법상 인정되지 않는다. (O/×)

017
법률유보원칙은 헌법상 보장된 국민의 자유나 권리를 제한할 때에는 그 제한의 본질적인 사항에 관한한 입법자가 법률로써 스스로 규율하여야 한다는 것이지, 모든 사항을 입법자가 법률로써 규율하여야 한다는 것은 아니다. (O/×)

018
법률유보의 한계로서 의회유보란 기본권제한의 전제, 상황, 효과에 관한 본질적 결정은 입법자가 스스로 내려야 하고 그 내용이 행정에 위임되어서는 안 되는 것을 말한다. (O/×)

019
오늘날 법률유보원칙은 단순히 행정작용이 법률에 근거를 두기만 하면 충분한 것이 아니라, 특히 국민의 기본권실현과 관련된 영역에 있어서는 행정에 맡길 것이 아니라 국민의 대표자인 입법자가 그 본질적 사항에 대해서 스스로 결정하여야 한다는 요구까지 내포하고 있다. (O/×)

020
특정 사안과 관련하여 법률에서 하위 법령에 위임을 한 경우에 모법의 위임범위를 확정하거나 하위 법령이 위임의 한계를 준수하고 있는지 여부를 판단할 때에는, 하위 법령이 규정한 내용이 입법자가 형식적 법률로 스스로 규율하여야 하는 본질적 사항으로서 의회유보의 원칙이 지켜져야 할 영역인지 여부는 고려되어야 할 사항이라고 볼 수는 없다. (O/×)

---

015 【×】 헌법 제37조 제2항은 기본권제한에 관한 일반적 법률유보조항이라고 할 수 있는데, 헌법 제37조 제2항의 법률유보의 원칙은 '법률에 의한' 규율만을 의미하는 것이 아니라 '법률에 근거한' 규율을 요청하는 것이므로 기본권의 제한에는 법률의 근거가 필요할 뿐이고 기본권제한의 형식은 반드시 법률의 형식일 필요는 없고 위임의 구체성과 명확성을 구비하기만 하면 위임입법에 의해서도 기본권제한은 가능하다(2003헌마87, 2002헌마193).

016 【×】 2003헌마87, 2002헌마193

017 【O】

018 【O】

019 【O】 98헌바70

020 【×】 특정 사안과 관련하여 법률에서 하위 법령에 위임을 한 경우에 모법의 위임범위를 확정하거나 하위 법령이 위임의 한계를 준수하고 있는지 여부를 판단할 때에는, 하위 법령이 규정한 내용이 입법자가 형식적 법률로 스스로 규율하여야 하는 본질적 사항으로서 의회유보의 원칙이 지켜져야 할 영역인지 종합적으로 고려하여야 하고 구체적으로 따져 보아야 한다(대판 2015.8.20. 2012두23808).

021
규율대상이 기본권적 중요성을 가질수록, 그리고 그에 관한 공개적 토론의 필요성 내지 상충하는 이익간 조정의 필요성이 클수록, 그것이 국회의 법률에 의해 직접 규율될 필요성 및 그 규율밀도의 요구정도는 그만큼 더 증대되는 것으로 보아야 한다. (O/X)

022
법률에서 안마사업은 누구나 종사할 수 있는 업종이 아니라 행정청에 의해 자격인정을 받아야만 종사할 수 있는 직역이라고 규정하고 그 자격인정 요건을 정할 수 있는 권한을 행정부에 위임하는 것은 의회유보원칙을 준수한 것으로 볼 수 있다. (O/X)

023
수신료금액의 결정은 납부의무자의 범위, 징수절차 등과 함께 수신료에 관한 본질적이고도 중요한 사항이므로, 수신료금액의 결정은 입법자인 국회 스스로 행하여야 하는 사항에 속하는 것임에도 불구하고 국회의 결정이나 관여를 배제한 채 한국방송공사로 하여금 수신료금액을 결정해서 문화관광부장관의 승인을 얻도록 한 것은 법률유보원칙에 위반된다. (O/X)

024
대학구성원이 아닌 사람의 도서관 이용에 관하여 대학도서관의 관장이 승인 또는 허가할 수 있도록 규정한 국·공립대학교의 도서관규정은, 대학구성원이 아닌 사람에 대하여 도서 대출이나 열람실 이용을 확정적으로 제한하는 것이다. (O/X)

3) 기본권의 내재적 한계에 의한 제한

3. 기본권 제한의 일반원칙

1) 서론

025
헌법 제37조 제2항은 "국민의 모든 자유와 권리는 국가안전보장·질서유지 또는 공공복리를 위하여 필요한 경우에 한하여 법률로써 제한할 수 있으며, 제한하는 경우에도 자유와 권리의 본질적 내용을 침해할 수 없다"라고 규정하여 일반적 법률유보조항을 두고 있다. (O/X)

---

021 【O】 2004.3.25. 2001헌마882
022 【O】 2002헌가16
023 【O】 98헌바70
024 【X】 대학구성원이 아닌 사람의 도서관 이용에 관하여 대학도서관의 관장이 승인 또는 허가할 수 있도록 규정한 국·공립대학교의 도서관규정은, 대학구성원이 아닌 사람에 대하여 도서 대출이나 열람실 이용을 확정적으로 제한하는 것이 아니다. 즉, 도서관규정으로 인하여 도서 대출 및 열람실 이용을 못하는 것이 아니고, 승인거부회신에 따라 비로소 도서관 이용이 제한된 것이므로, 도서관 규정은 기본권 침해의 직접성이 인정되지 아니한다(2016.11.24. 2014헌마9770).
025 【O】

2) 기본권 제한의 대상 : '국민의 모든 자유와 권리'

3) 기본권 제한의 목적 : '국가안전보장 · 질서유지 · 공공복리'

4) 기본권 제한의 형식 : '법률로써'

   (1) '법률로써'의 의의

026
기본권의 제한은 원칙적으로 국회에서 제정한 형식적 의미의 법률에 의해서만 가능하다. (O/×)

027
법률과 동등한 효력을 가지는 조약과 국제법규, 긴급명령, 긴급재정경제명령, 법률에 근거한 법규명령과 조례로 기본권 제한이 가능한데, 이는 기본권제한의 일반원칙에 대한 예외로서 인정된다. (O/×)

028
헌법 제37조 제2항에 기본권의 제한은 법률로써 가능하도록 규정되어 있는바, 이는 기본권의 제한이 원칙적으로 국회에서 제정한 형식적 의미의 법률에 의해서만 가능하다는 것과, 직접 법률에 의하지 아니하는 예외적인 경우라 하더라도 엄격히 법률에 근거하여야 한다는 것을 의미한다. (O/×)

   (2) 법률의 명확성

029
기본권을 제한하는 법률의 명확성에 관하여 법적 안정성과 예측가능성의 보장은 법치국가의 중요한 내용이기 때문에 법률의 규율 영역과 상관없이 동일하게 엄격한 기준이 적용된다. (O/×)

030
기본권 제한과 관련한 법률의 명확성원칙은 법률을 제정함에 있어서 개괄조항이나 불확정 법개념의 사용을 금지하는 것은 아니다. (O/×)

---

026 【O】
027 【O】
028 【O】 2000.12.14. 2000헌마659
029 【X】 기본권을 제한하는 법률의 명확성에 관하여 **법률의 규율 영역과 상관없이 모든 법률에 있어서 동일한 정도로 요구되는 것은 아니다**. 일반적으로 어떤 규정이 부담적 성격을 가지는 경우에는 수익적 성질을 가지는 경우에 비하여 명확성의 원칙이 더욱 엄격하게 요구된다(1992.2.25. 89헌가104).
030 【O】 법률이 불확정 개념을 사용하는 경우라도 법률해석을 통하여 행정청과 법원의 자의적인 적용을 배제하는 객관적인 기준을 얻는 것이 가능하다면 법률의 명확성원칙에 부합하는 것이다(2003헌바35).

031

기본권제한입법의 명확성의 원칙이란 기본적으로 최대한이 아닌 최소한의 명확성을 요구하는 것이므로 법문언의 해석을 통해서 그 의미내용을 확인해낼 수 있고, 그러한 보충적 해석이 해석자의 개인적인 취향에 따라 좌우될 가능성이 없다면 명확성의 원칙에 반한다고 할 수 없다. (O/×)

032

예시적 입법형식이 법률명확성의 원칙에 위배되지 않으려면, 예시한 개별적인 구성요건이 그 자체로 일반조항의 해석을 위한 판단지침을 내포하고 있어야 할 뿐만 아니라, 그 일반조항 자체가 그러한 구체적인 예시를 포괄할 수 있는 의미를 담고 있는 개념이 되어야 한다. (O/×)

033

처벌법규의 구성요건이 다소 광범위하여 어떤 범위에서 법관의 보충적인 해석이 있어야 하는 개념을 사용하였다면 헌법이 요구하는 처벌법규의 명확성원칙에 배치된다고 보아야 한다. (O/×)

034

법관의 보충적인 가치판단을 통해서 그 의미내용을 확인할 수 있더라도, 그 보충적인 해석이 해석자의 주관적이고 개인적인 취향에 따라 좌우될 가능성이 있다면 명확성 원칙에 반한다고 할 수 있다. (O/×)

035

출판사 등록취소 사유로서 '저속'의 개념은 그 적용범위가 매우 광범위할 뿐만 아니라 법관의 보충적인 해석에 의한다 하더라도 그 의미내용을 확정하기 어려울 정도로 매우 추상적이어서 명확성 원칙에 위배된다. (O/×)

5) 기본권 제한의 필요 : 과잉금지원칙(비례의 원칙)

(1) '필요한 경우에 한하여'

036

기본권 제한은 '국가안보, 질서유지, 공공복리'를 위해 '필요한 경우 필요한 만큼만' 허용된다. (O/×)

---

031 【O】 1998.4.30. 95헌가16
032 【O】 2002.6.27. 2001헌바70
033 【×】 죄형법정주의의 원칙에서 파생되는 명확성의 원칙은 법률이 처벌하고자 하는 행위가 무엇이며 그에 대한 형벌이 어떠한 것인지를 누구나 예견할 수 있고, 그에 따라 자신의 행위를 결정할 수 있도록 구성요건을 명확하게 규정하는 것을 의미한다. 그러나 처벌법규의 구성요건이 명확하여야 한다고 하여 모든 구성요건을 단순한 서술적 개념으로 규정하여야 하는 것은 아니고, 다소 광범위하여 **법관의 보충적인 해석을 필요로 하는 개념을 사용하였다고 하더라도 통상의 해석방법에 의하여 건전한 상식과 통상적인 법감정을 가진 사람이면 당해 처벌법규의 보호법익과 금지된 행위 및 처벌의 종류와 정도를 알 수 있도록 규정하였다면 처벌법규의 명확성에 배치되는 것이 아니다**(2014.1.29. 2013도12939).
034 【O】 1998.4.30. 95헌가16
035 【O】 1998.4.30. 95헌가16
036 【O】

037

기본권 제한의 한계원리인 과잉금지의 원칙은 법치국가원리와 헌법 제37조 제2항에 그 바탕을 두고 있다.

(O/X)

038

과잉금지의 원칙은 국가작용의 한계를 명시하는 것인데 목적의 정당성, 방법의 적정성, 피해의 최소성, 법익의 균형성을 의미하는 것으로서 그 어느 하나에라도 저촉되면 위헌이 된다는 헌법상의 원칙이다.

(O/X)

(2) 과잉금지의 원칙(비례의 원칙)

가. 목적의 정당성

039

목적의 정당성은 국민의 기본권을 제한하려는 입법의 목적이 헌법 및 법률의 체제상 그 정당성이 인정되어야 함을 뜻한다.

(O/X)

040

「형법」 제304조 중 "혼인을 빙자하여 음행의 상습 없는 부녀를 기망하여 간음한 자" 부분은 형벌규정을 통하여 추구하고자 하는 목적 자체가 헌법에 의하여 허용되지 않는 것으로서 그 정당성이 인정되지 않는다. (O/X)

041

배우자 있는 자의 간통행위 및 그와의 상간행위를 2년 이하의 징역에 처하도록 규정한 「형법」 제241조는 선량한 성풍속 및 일부일처제에 기초한 혼인제도를 보호하고 부부간 정조의무를 지키게 하기 위한 것으로 그 입법목적의 정당성은 인정된다.

(O/X)

042

운전면허를 받은 사람이 다른 사람의 자동차등을 훔친 경우에는 운전면허를 필요적으로 취소하도록 한 구 「도로교통법」 조항 중 '다른 사람의 자동차등을 훔친 경우' 부분은 다른 사람의 자동차등을 훔친 범죄행위에 대한 행정적 제재를 강화하여 자동차등의 운행과정에서 야기될 수 있는 교통상의 위험과 장해를 방지함으로써 안전하고 원활한 교통을 확보하고자 하는 것으로서 그 입법목적이 정당하다.

(O/X)

---

037 【O】
038 【O】 92헌가8
039 【O】
040 【O】 헌재 2009.11.26. 2008헌바58
041 【O】 헌재 2015.2.26. 2009헌바17
042 【O】 헌재 2017.5.25. 2016헌가6

043

「형법」 제269조 제1항의 자기낙태죄 조항은 태아의 생명을 보호하기 위한 것으로서 그 입법목적은 정당하지만, 낙태를 방지하기 위하여 임신한 여성의 낙태를 형사처벌하는 것은 이러한 입법목적을 달성하는 데 적절하고 실효성 있는 수단이라고 할 수 없다. (O/×)

나. 방법(수단)의 적합성(적정성)

044

국가작용에 있어서 취해진 어떠한 조치나 선택된 수단은 그것이 달성하려는 사안의 목적에 적합하여야 함은 당연하고 그 조치나 수단이 목적달성을 위하여 유일무이한 것이어야 한다. (O/×)

045

국가작용에 있어서 선택하는 수단은 목적을 달성함에 있어서 필요하고 효과적이며 상대방에게 최소한의 피해를 줄 때에 한해서 정당성을 가지게 되고 상대방은 그 침해를 감수하게 되는 것인바, 국가작용에 있어서 취해지는 어떠한 조치나 선택된 수단은 그것이 달성하려는 사안의 목적에 적합하여야 함은 물론이고, 그 조치나 수단이 목적달성을 위하여 유일무이한 것이어야 한다. (O/×)

046

입법목적을 달성하기 위하여 가능한 여러 수단들 가운데 구체적으로 어느 것을 선택할 것인가의 문제는 기본적으로 입법재량에 속하지만, 반드시 가장 합리적이며 효율적인 수단을 선택해야 한다. (O/×)

047

변호사시험 성적을 합격자에게 공개하지 않도록 규정한 변호사시험법의 규정은 법학전문대학원 간의 과다경쟁 등을 방지하기 위한 것으로 그 수단의 적절성이 인정되어 과잉금지원칙에 반하지 않는다. (O/×)

---

043 【×】 이 사건 규정의 태아 성별 고지 금지는 낙태, 특히 성별을 이유로 한 낙태를 방지함으로써 성비의 불균형을 해소하고 태아의 생명권을 보호하기 위해 입법된 것이므로 그 **목적이 정당하다**. 한편, 남아선호사상 내지 그 경향이 완전히 근절되었다고 단언하기 어려운 오늘날의 현실에서 태아의 성별에 대한 고지를 금지하면 성별을 이유로 하는 낙태를 예방할 수 있는 가능성을 배제할 수 없다. 그러므로 이 사건 규정은 성별을 이유로 하는 낙태 방지라는 입법목적에 어느 정도 기여할 수 있을 것으로 예상되므로 **수단의 적합성 또한 인정된다**.(헌재 2008.7.31. 2004헌마1010)

044 【×】 국가작용에 있어서 취해진 어떠한 조치나 선택된 수단은 그것이 달성하려는 사안의 목적에 적합하여야 함은 당연하지만 그 조치나 수단이 목적달성을 위하여 **유일무이한 것일 필요는 없는 것이다**(1989.12.22. 88헌가13). 즉 선택된 수단이 목적달성에 최적, 최상의 수단일 필요는 없으며, 선택된 수단이 목적달성을 부분적으로만 촉진시킨다 하여도 적합성을 충족한다.

045 【×】 1989.12.22. 88헌가13

046 【×】 입법목적을 달성하기 위하여 가능한 여러 수단들 가운데 구체적으로 어느 것을 선택할 것인가의 문제는 기본적으로 입법재량에 속하지만, **반드시 가장 합리적이며 효율적인 수단을 선택해야 하는 것은 아니라고 할지라도 적어도 현저하게 불합리하고 불공정한 수단의 선택은 피하여야 할 것이다**(1996.4.25. 92헌바47).

047 【×】 변호사시험 성적을 합격자에게 공개하지 않도록 규정한 변호사시험법의 규정은 기존 대학의 서열화를 고착시키는 등의 부작용을 낳고 있으므로 수단의 적절성이 인정되지 않고, 침해의 최소성 및 법익의 균형성 요건도 갖추지 못하였다. 따라서 **과잉금지원칙에 위배하여 알 권리를 침해한다**(2015.6.25. 2011헌마769 등).

다. 피해(침해)의 최소성

048
최소침해의 원칙이란 기본권의 제한에 관하여 그 목적을 달성하는 데 적합한 수단이 여러 개가 있을 경우에 입법자는 최소한의 기본권 침해를 가져오는 방법을 선택해야 한다는 것을 말한다. (O/×)

049
최소침해의 원칙에 따르면 목적달성을 위하여 취해진 기본권 제한조치보다 완화된 수단이 있을 경우라도, 입법자의 형성의 자유안에서 어떠한 기본권제한수단을 선택하는가는 입법자의 재량이므로 가장 완화된 수단이 선택되지 않은 것이 언제나 최소침해성의 원칙에 반하는 것은 아니다. (O/×)

050
침해의 최소성의 관점에서, 입법자는 그가 의도하는 공익을 달성하기 위하여 우선 기본권을 보다 적게 제한하는 단계인 기본권 행사의 '방법'에 관한 규제로써 공익을 실현할 수 있는가를 시도하고, 이러한 방법으로는 공익달성이 어렵다고 판단되는 경우에 비로소 그 다음 단계인 기본권 행사의 '여부'에 관한 규제를 선택해야 한다. (O/×)

051
입법자가 임의적 규정으로도 법의 목적을 실현할 수 있는 경우에 구체적 사안의 개별성과 특수성을 고려할 수 있는 가능성을 배제하더라도 최소침해성의 원칙에 위배되지 아니한다. (O/×)

052
증거인멸이나 도망을 예방하기 위한 미결구금제도를 실효성 있게 하기 위한 것이라고 하더라도 미결수용자의 서신에 대한 검열은 통신비밀에 대한 과잉의 조치이므로 헌법에 위반된다. (O/×)

---

048 【O】 2010헌가65
049 【O】
050 【O】 96헌가5
051 【X】 입법자가 임의적 규정으로도 법의 목적을 실현할 수 있는 경우에 구체적 사안의 개별성과 특수성을 고려할 수 있는 가능성을 일체 배제하는 **필요적 규정을 둔다면 이는 비례의 원칙의 한 요소인 '최소침해성의 원칙'에 위배된다** (2004.7.15. 2003헌바35 등)
052 【X】 증거인멸이나 도망을 예방하기 위한 미결구금제도를 실효성 있게 운영하고 일반사회의 불안을 방지하기 위하여 미결수용자의 서신에 대한 검열은 그 필요성이 인정된다고 할 것이고, 이로 인하여 **미결수용자의 통신의 비밀이 일부 제한되는 것은 질서유지 또는 공공복리라는 정당한 목적을 위하여 불가피할 뿐만 아니라 유효적절한 방법에 의한 최소한의 제한으로서 헌법에 위반되지 않는다**(1995.7.21. 92헌마144).

053

임부의 생명을 위태롭게 할 위험이 있음에도 불구하고 임신 후반기에 태아의 성별을 이유로 낙태할 가능성이 있으므로 임부 및 태아의 생명보호와 성비의 불균형 해소를 위해서 전체 임신기간 동안 태아의 성별 고지를 금지하는 것은 헌법상 정당화된다. (O/×)

라. 법익의 균형성

054

법익의 균형성은 입법에 의하여 보호하려는 공익과 침해되는 사익을 비교·형량할 때 보호되는 공익이 더 커야 함을 의미한다. (O/×)

055

'카메라나 그 밖에 이와 유사한 기능을 갖춘 기계장치를 이용하여 성적 욕망 또는 수치심을 유발할 수 있는 다른 사람의 신체를 그 의사에 반하여 촬영한 자'를 형사처벌하는 법률규정은 행위자의 일반적 행동자유권을 제한하지만, 이를 통해 피해자 개인의 '함부로 촬영당하지 않을 자유'를 보호하고 사회 일반의 건전한 성적 풍속 및 성도덕을 보호하며 공공의 혐오감과 불쾌감을 방지할 수 있으므로, 결국 보호하여야 할 공익이 더욱 크다고 할 수 있어 과잉금지원칙에 위배되지는 않는다. (O/×)

056

이동통신사업자 등으로부터 이동통신단말장치를 구입하는 경우 이동통신단말장치 구매 지원금 상한제를 규정하는 「단말기유통법」은, 이동통신단말장치를 구입하여 이동통신서비스를 이용하고자 하는 사람들의 계약의 자유를 제한하지만 과잉금지원칙에 위배되지는 않는다. (O/×)

057

알 권리는 타인의 명예나 권리 또는 국가의 안전보장이나 치안질서를 침해하는 경우에는 보호 될 수 없지만, 공중도덕이나 사회윤리를 침해하는 경우에는 보호되어야 할 기본권이다. (O/×)

---

053 【×】 낙태를 할 경우 태아는 물론, 산모의 생명이나 건강에 중대한 위험을 초래하여 낙태가 거의 불가능하게 되는 시기도 있는데, 성별을 이유로 하는 낙태가 임신 기간의 전 기간에 걸쳐 이루어질 것이라는 전제 하에, **낙태가 사실상 불가능하게 되는 임신 후반기에 이르러서도 태아에 대한 성별 정보를 태아의 부모에게 알려 주지 못하게 하는 것은 최소침해성원칙을 위반하는 것이다**(2008.7.31. 2005헌바90).

054 【O】

055 【O】 2015헌바243

056 【O】

057 【×】 알 권리는 타인의 명예나 권리 또는 국가의 안전보장이나 치안질서를 침해하는 경우와 **공중도덕이나 사회윤리를 침해하는 경우에는 보호 될 수 없다.**

058

헌법재판소는 구 형법상 혼인빙자간음죄에 대해 목적의 정당성은 물론, 수단의 적절성과 피해의 최소성 요건도 갖추지 못해 위헌이라고 보았다. (O / ×)

059

시각장애인만 안마사 자격인정을 받을 수 있도록 하는 이른바 비맹제외기준을 설정하고 있는 의료법 조항은, 시각장애인의 생계보장 및 직업활동 참여기회 제공을 달성할 다른 대안이 충분하지 않기 때문에 불가피하게 선택할 수밖에 없는 정책수단이므로 헌법상 보장된 비시각장애인들의 직업선택의 자유와 평등권을 침해한다고 볼 수는 없다. (O / ×)

060

시각장애인에 한하여 안마사 자격인정을 받을 수 있도록 하는, 이른바 비맹제외기준(非盲除外基準)을 설정하고 있는 안마사에 관한 규칙 제3조 제1항 제1호와 제2호 중 각 "앞을 보지 못하는" 부분이 법률유보원칙이나 과잉금지원칙에 위배하여 일반인의 직업선택의 자유를 침해하고 있으므로 헌법에 위반된다. (O / ×)

061

「특정 범죄자에 대한 보호관찰 및 전자장치 부착 등에 관한 법률」에 의한 전자장치 부착기간 동안 다른 범죄를 저질러 구금된 경우, 그 구금기간이 부착기간에 포함되지 않은 것으로 규정한 위 법률조항은 사생활의 비밀과 자유, 개인정보자기결정권을 침해한다. (O / ×)

---

058 【O】 헌법재판소는 구 형법상 혼인빙자간음죄에 대해 목적의 정당성은 물론, 수단의 적절성과 피해의 최소성을 갖추지 못하였고 법익의 균형성도 이루지 못하였으므로 헌법 제37조 제2항의 과잉금지원칙을 위반하여 남성의 성적자기결정권 및 사생활의 비밀과 자유를 과잉제한하는 것으로 헌법에 위반된다고 결정한 바 있다(2009.11.26. 2008헌바58 등).

059 【O】 헌법재판소법 제47조 제1항 및 제75조 제1항에 규정된 법률의 위헌결정 및 헌법소원 인용결정의 기속력과 관련하여, 입법자인 국회에게 기속력이 미치는지 여부, 나아가 결정주문뿐 아니라 결정이유에까지 기속력을 인정할지 여부는 헌법재판소의 헌법재판권 내지 사법권의 범위와 한계, 국회의 입법권의 범위와 한계 등을 고려하여 신중하게 접근할 필요가 있다. 설령 결정이유에까지 기속력을 인정한다고 하더라도, 결정주문을 뒷받침하는 결정이유에 대하여 적어도 위헌결정의 정족수인 재판관 6인 이상의 찬성이 있어야 할 것이고, 이에 미달할 경우에는 결정이유에 대하여 기속력을 인정할 여지가 없는데, 헌법재판소가 2006. 5. 25. '안마사에 관한 규칙' 제3조 제1항 제1호와 제2호 중 각 "앞을 보지 못하는" 부분에 대하여 위헌으로 결정한 2003헌마715등 사건의 경우 그 결정이유에서 비맹제외기준이 과잉금지원칙에 위반한다는 점과 관련하여서는 재판관 5인만이 찬성하였을 뿐이므로 위 과잉금지원칙 위반의 점에 대하여 기속력이 인정될 여지가 없다(2006헌마1098).

060 【O】 2006.5.25. 2003헌마715 등

061 【X】 「특정 범죄자에 대한 보호관찰 및 전자장치 부착 등에 관한 법률」에 의한 전자장치 부착기간 동안 다른 범죄를 저질러 구금된 경우, 그 구금기간이 부착기간에 포함되지 않은 것으로 규정한 위 법률조항은, 전자장치 부착명령을 집행할 수 없는 기간 동안 집행을 정지하고 다시 집행이 가능해졌을 때 잔여기간을 집행함으로써 재범방지 및 재사회화라는 전자장치부착의 목적을 달성하기 위한 것으로서 입법목적의 정당성 및 수단의 적절성이 인정되며, 부착명령 집행이 불가능한 기간 동안 집행을 정지하는 것 이외에 덜 침해적인 수단이 있다고 보기도 어렵다. 또한 특정범죄자의 재범방지 및 재사회화라는 공익을 고려하면, 침해되는 사익이 더 크다고 볼 수 없어 법익균형성도 인정되므로, 심판대상 법률조항은 <u>과잉금지원칙에 위반되지 않는다</u>.(2013.7.25. 2011헌마781)

마. 입법형성과 과잉금지원칙의 적용밀도

062 😊 ① ② ③

범죄의 설정과 법정형의 종류 및 범위의 선택은 입법자가 결정할 사항으로서 광범위한 입법재량이 인정될 수 없는 분야이므로 어느 행위를 범죄로 규정하고 그 법정형을 정한 법률이 헌법상의 평등원칙 및 비례원칙에 위반되는지 여부는 엄격한 심사척도에 의해 심사되어야 한다. (O/×)

063 😊 ① ② ③

입법자가 정한 전문분야에 관한 자격제도에 대해서는 그 내용이 불합리하고 불공정하지 않은 한 입법자의 정책판단은 존중되어야 하며, 자격요건에 관한 법률조항은 합리적인 근거 없이 현저히 자의적인 경우에만 헌법에 위반된다고 할 수 있다. (O/×)

064 😊 ① ② ③

선거구간의 인구균형 및 행정구역·지세·교통사정·생활권 내지 역사적·전통적 일체감 등 여러 가지 정책적·기술적 요소를 고려하여 어느 지역을 1개의 선거구로 구성할지의 문제뿐만 아니라 언제까지 선거구를 획정하여 입법화할지의 문제도 입법자의 형성의 자유에 속한다. (O/×)

065 😊 ① ② ③

출입국관리행정 중 체류자격의 심사 및 퇴거집행 등의 구체적 절차에 관한 사항은 광범위한 정책재량의 영역에 있기 때문에, 「출입국관리법」에 따라 보호된 자들에게 전반적인 법체계를 통하여 보호 자체에 대한 적법 여부를 법원에 심사청구할 수 있는 기회를 반드시 부여하여야 하는 것은 아니다. (O/×)

066 😊 ① ② ③

헌법 제34조로부터 도출되는 연금수급권과 같은 사회권적 기본권을 법률로 형성함에 있어서는 입법자에게 광범위한 입법재량이 부여되어 있으므로, 그 형성내용이 현저히 자의적이거나 사회권적 기본권의 최소한도의 내용을 보장하지 않더라도 헌법에 위반되는 것은 아니다. (O/×)

---

062 【×】 범죄의 설정과 법정형의 종류 및 범위의 선택은 원칙적으로 입법자가 우리의 역사와 문화, 입법 당시의 시대적 상황과 국민 일반의 가치관 내지 법감정, 범죄의 실태와 죄질 및 보호법익 그리고 범죄예방효과 등을 종합적으로 고려하여 결정하여야 할 국가의 입법정책에 관한 사항으로서 광범위한 입법재량 내지 형성의 자유가 인정되어야 할 분야이다(91헌바11). 따라서 헌법상의 과잉금지원칙에 반하는 것으로 평가되는 등 입법재량권이 헌법 규정이나 헌법상의 제원리에 반하여 자의적으로 행사된 경우가 아닌 한, **법정형의 높고 낮음은 입법정책의 당부의 문제이지 헌법위반의 문제는 아니다**(1995.4.20. 91헌바11).

063 【O】 2000헌마152

064 【O】 99헌마594

065 【×】 출입국관리행정 중 체류자격의 심사 및 퇴거집행 등의 구체적 절차에 관한 사항은 광범위한 입법재량의 영역에 있기 때문에, 그 내용이 현저하게 불합리하지 아니한 이상 헌법에 위반된다고 할 수 없다. 다만, 입법자는 「출입국관리법」에 따라 보호된 자들에게 전반적인 법체계를 통하여 보호의 원인관계 등에 대한 **최종적인 사법적 판단절차와는 별도로 보호 자체에 대한 적법여부를 다툴 수 있는 기회를 최소한 1회 이상 제공하여야 한다**(2014.8.28. 2012헌마686).

066 【×】 헌법 제34조로부터 도출되는 연금수급권과 같은 사회권적 기본권을 법률로 형성함에 있어서는 입법자에게 광범위한 입법재량이 부여되어 있으므로, **그 형성내용이 현저히 자의적이거나 사회권적 기본권의 최소한도의 내용마저 보장하지 않는 경우에 한하여 헌법에 위반된다**(2012.8.23. 2010헌바425).

Ⅲ 기본권 제한의 한계 : 기본권의 본질적 내용침해금지

067
국민의 모든 자유와 권리는 필요한 경우에 한하여 법률로 제한할 수 있으며, 제한하는 경우에도 자유와 권리의 본질적 내용을 침해할 수 없다. (O/×)

068
기본권의 제한에서 과잉금지원칙에 위반되면 당연히 본질적 내용이 침해된다는 것이 헌법재판소의 기본적인 태도이다. (O/×)

069
기본권의 본질적 내용은 만약 이를 제한하는 경우에는 기본권 그 자체가 무의미하여지는 경우에 그 본질적인 요소를 말하는 것으로서, 이는 개별 기본권마다 다를 수 있다. (O/×)

070
생명권의 제한은 어떠한 상황에서든 곧바로 개인의 생명권의 본질적인 내용을 침해하는 것으로서 기본권 제한의 한계를 넘는 것으로 본다면, 이는 생명권을 제한이 불가능한 절대적 기본권으로 인정하는 것과 동일한 결과를 가져오게 된다. (O/×)

071
생명권은 헌법에 명문으로 규정하고 있지 않지만 다른 어느 기본권보다 우월한 가치를 가지는 절대적 권리로서 헌법 제37조 제2항에 의한 일반적 법률유보의 대상이 될 수 없다. (O/×)

072
재산권의 본질적 내용을 침해하는 경우란 그 침해로 사유재산권이 유명무실해지고 사유재산제도가 형해화되어 헌법이 재산권을 보장하는 궁극적인 목적을 달성할 수 없게 되는 데 이르는 경우를 들 수 있다. (O/×)

---

067 【O】 헌법 제37조 제2항
068 【X】 **기본권의 비본질적 내용에 대한 제한은 과잉금지원칙에 반할 수 있으나 본질적 내용을 침해한다고 할 수 없다.**
069 【O】 92헌바29
070 【O】 2010.2.25. 2008헌가23
071 【X】 생명권도 헌법 제37조 제2항에 의한 **일반적 법률유보의 대상이 될 수 있고**, 나아가 생명권의 경우, 다른 일반적인 기본권 제한의 구조와는 달리, 생명의 일부 박탈이라는 것을 상정할 수 없기 때문에 생명권에 대한 제한은 필연적으로 생명권의 완전한 박탈을 의미하게 되는바, 생명권의 제한이 정당화될 수 있는 예외적인 경우에는 생명권의 박탈이 초래된다 하더라도 곧바로 기본권의 본질적인 내용을 침해하는 것이라 볼 수는 없다(2008헌가23).
072 【O】 88헌가13

073

거주지를 기준으로 중·고등학교의 입학을 제한하는 법령규정은 학부모의 자녀를 교육시킬 학교선택권의 본질적 내용을 침해한다. (O/×)

Ⅳ 기본권의 특별한 제한

1. 국가비상사태에서의 기본권 제한

074

대통령의 국가긴급권 행사 시 그 국가작용이 국민의 기본권 침해와 직접 관련되는 경우에는 당연히 헌법재판소의 심판대상이 될 수 있다. (O/×)

075

헌법에는 긴급명령이나 긴급재정경제명령, 계엄에 대한 명시적인 근거조항이 있으며, 이들에 의한 기본권 제한은 그 형식 측면에서 법률에 의하지 않은 기본권 제한이라는 예외적이고 특수한 제한이다. (O/×)

1) 긴급명령과 긴급재정경제명령에 의한 제한

076

긴급재정경제명령이 헌법 제76조 소정의 요건과 한계에 부합하는 것이라면 그 자체로 목적의 정당성, 수단의 적정성, 피해의 최소성, 법익의 균형성이라는 기본권제한의 한계로서의 과잉금지원칙을 준수하는 것이 되는 것이다. (O/×)

2) 비상계엄 하에서 기본권 제한

077

비상계엄이 선포된 경우, 영장제도와 언론·출판·집회·결사의 자유에 대한 특별한 조치를 통하여 기본권 제한을 할 수 있는 명시적인 헌법상 근거가 존재한다. (O/×)

---

073 【×】 거주지를 기준으로 중·고등학교의 입학을 제한하는 법령규정은 학부모의 자녀를 교육시킬 <u>학교선택권의 본질적 내용을 침해하였거나 과도하게 제한한 경우에 해당하지 않는다</u>(1995.2.23. 91헌마204).

074 【O】 93헌마186

075 【O】

076 【O】 1996.2.29. 93헌마186

077 【O】 헌법 제77조 제3항

2. 특수신분관계에서의 기본권 제한

078
특별권력관계에 속하는 자로서 공무원, 군인 등을 들 수 있다. (O/×)

079
전통적(고전적)인 특별권력관계론에 따르면 동 관계는 법으로부터 자유로운 영역으로서 사법심사가 미치지 못하는 것으로 본다. (O/×)

080
통설에 따르면 오늘날에는 특별권력관계가 법규에 의하여 강제적으로 성립된 경우에는 헌법에 직접 규정되어 있거나 적어도 헌법이 그것을 전제하고 있는 경우에만 기본권의 제한이 가능하다. (O/×)

081
특별권력관계에서도 위법·부당한 특별권력의 발동으로 인하여 권리를 침해당한 자는 그 위법·부당한 처분의 취소를 구할 수 있다. (O/×)

082
경찰공무원을 비롯한 공무원의 근무관계인 이른바 특별권력관계에 있어서 행정청의 위법한 처분 또는 공권력의 행사·불행사 등으로 인하여 권리 또는 법적이익을 침해당한 자는 행정소송 등에 의하여 그 위법한 처분 등의 취소를 구할 수 없다. (O/×)

083
헌법은 처분적 법률의 정의규정을 따로 두고 있지 않음은 물론, 처분적 법률의 제정을 금지하는 명문의 규정도 두고 있지 않으므로, 특정규범이 개인대상법률 또는 개별사건법률에 해당한다고 하여 그것만으로 바로 헌법에 위반되는 것은 아니다. (O/×)

---

078 【O】 특별권력관계란 특정의 목적(국방, 교육, 행형, 행정, 치안)을 달성하기 위하여 국가에 대하여 특별한 의무를 발생시키는 관계를 말한다.

079 【O】 과거의 특별권력관계이론에 의하면, 특별권력관계 내의 국민은 국가기관에 편입되었다고 의제되었기에 국가와 이들 국민 간에는 권리·의무관계가 성립될 수 없었고, 특별권력관계 성립에 대한 당사자의 동의는 일종의 기본권의 포기로 간주되어 특별권력관계는 법률에 의한 기본권제한원칙이 적용될 수 없는 영역으로 이해되었다.

080 【O】

081 【O】 80누86

082 【X】 경찰공무원을 비롯한 공무원의 근무관계인 이른바 특별권력관계에 있어서 행정청의 위법한 처분 또는 공권력의 행사·불행사 등으로 인하여 권리 또는 법적이익을 침해당한 자는 행정소송 등에 의하여 그 **위법한 처분 등의 취소를 구할 수 있다**(1993.12.23. 92헌마247).

083 【O】

3. 조약에 의한 기본권 제한

084

헌법 제60조 제1항에 따라 국회의 동의를 얻어 법률적 효력을 가지는 조약은 기본권을 제한할 수 있으나, 그 경우에도 헌법 제37조 제2항의 비례의 원칙을 준수해야 한다. (O/×)

제6절 기본권의 보호

I 국가의 기본권보호의무

001

헌법 제10조 후문에서 "국가는 개인이 가지는 불가침의 기본적 인권을 확인하고 이를 보장할 의무를 진다"라고 규정하여, 국가의 기본권보호의무를 명문으로 규정하고 있다. (O/×)

002

헌법이 명문으로 국가의 기본권보호의무를 규정하고 있음에 비추어 볼 때, 이는 단순한 도의적·윤리적 의무가 아니라 법적 의무라고 보아야 할 것이다. (O/×)

003

기본권보호의무를 규정하고 있는 헌법 제10조는 소극적으로 국가권력이 국민의 기본권을 침해하는 것을 금지하는 데 그치지 아니하고 나아가 적극적으로 국민의 기본권을 타인의 침해로부터 보호할 의무를 부과하고 있다. (O/×)

004

기본권보호의무란 기본권적 법익을 기본권주체인 사인에 의한 위법한 침해 또는 침해의 위험으로부터 보호하여야 하는 국가의 의무를 말하며, 주로 사인인 제3자에 의한 개인의 생명이나 신체의 훼손에서 문제된다. (O/×)

005

국민의 기본권에 대한 국가의 적극적 보호의무는 궁극적으로 입법자의 입법행위를 통하여 실현된다. (O/×)

---

084 【O】
001 【O】
002 【O】 2004헌바81
003 【O】 90헌마110
004 【O】 2005헌마764
005 【O】 90헌마110

006

헌법의 해석상 특정인에게 구체적인 기본권이 생겨 이를 보장하기 위한 국가의 행위의무 내지 보호의무가 발생하였음에도 입법자가 아무런 입법조치를 취하지 않았다면 이러한 입법부작위는 헌법소원심판의 대상이 된다. (O/×)

007

국가가 국민의 기본권을 보호하기 위한 충분한 입법조치를 취하지 아니함으로써 기본권보호의무를 다하지 못하였다는 이유로 국회의 입법이나 입법부작위가 헌법에 위반된다고 판단함에 있어서는, 국가권력에 의해 국민의 기본권이 침해당하는 경우와는 다른 판단기준이 적용되어서는 아니된다. (O/×)

008

헌법재판소는 국가가 기본권보호의무를 다하지 않았는지를 심사할 때 적어도 적절하고 효율적인 최소한의 보호조치를 취하였는가 하는 이른바 '과소보호금지원칙'의 위반 여부를 기준으로 삼는다. (O/×)

009

기본권 주체인 사인에 의한 위법한 침해 또는 침해의 위험으로부터 기본권적 법익을 보호하여야 하는 기본권보호의무를 국가가 이행하였는지 여부에 대한 심사는 제3자의 기본권보호차원에서 엄격한 과잉금지원칙에 입각하여야 한다. (O/×)

010

국가가 국민의 생명·신체의 안전에 대한 보호의무를 다하지 않았는지 여부를 헌법재판소가 심사할 때에는 이른바 '과소보호 금지원칙'의 위반 여부를 기준으로 삼아, 국민의 생명·신체의 안전을 보호하기 위한 조치가 필요한 상황인데도 국가가 아무런 보호조치를 취하지 않았든지 아니면 취한 조치가 법익을 보호하기에 전적으로 부적합하거나 매우 불충분한 것임이 명백한 경우에 한하여 국가의 기본권보호의무의 위반임을 확인하고 있다. (O/×)

011

원전 건설을 내용으로 하는 전원개발사업 실시계획에 대한 승인권한을 다른 전원개발과 마찬가지로 산업통상자원부장관에게 부여하고 있다 하더라도, 국가가 국민의 생명·신체의 안전을 보호하기 위하여 필요한 최소한의 보호조치를 취하지 아니한 것이라고 보기는 어렵다. (O/×)

---

006 【O】 88헌마1
007 【X】 국가가 국민의 기본권을 보호하기 위한 충분한 입법조치를 취하지 아니함으로써 기본권보호의무를 다하지 못하였다는 이유로 국회의 입법이나 입법부작위가 헌법에 위반된다고 판단함에 있어서는, 국가권력에 의해 국민의 기본권이 침해당하는 경우와는 <U>다른 판단기준이 적용되어야 마땅하다</U>(1997.1.16. 90헌마110).
008 【O】 90헌마110
009 【X】 기본권 보호의무 이행과 관련하여 국가는 최적의 보호를 제공할 의무를 지지만, 그 이행여부의 통제에 있어서는 <U>통제기관은 필요한 최소한을 통제함에 그친다.</U>
010 【O】 2012헌마38
011 【O】 2016.10.27. 2015헌바358

012

「민법」제3조 및 제762조가 권리능력의 존재 여부를 출생 시를 기준으로 확정하고 태아에 대해서는 살아서 출생할 것을 조건으로 손해배상청구권을 인정한다 할지라도 이러한 입법적 태도가 입법형성권의 한계를 명백히 일탈한 것으로 보기는 어려우므로, 이는 국가의 생명권 보호의무를 위반한 것이라 볼 수 없다. (O/×)

013

태평양전쟁 전후 강제동원 된 자 중 '국외'로 강제동원 된 자에 대해서만 의료지원금을 지급하도록 한 법률규정은, 국가가 국내 강제동원자들을 위하여 아무런 보호조치를 취하지 아니하였기 때문에, 이는 국민에 대한 국가의 기본권보호의무에 위배된다. (O/×)

014

외국의 대사관저에 대하여 강제집행을 할 수 없다는 이유로 집달관이 주택임대자들의 강제집행 신청접수를 거부하여 강제집행이 불가능하게 된 경우, 국가가 주택임대자들에게 손실을 보상하는 법률을 제정하여야 할 헌법상의 명시적인 입법 위임은 없다고 하더라도 그러한 법률을 제정함으로써 주택임대자들의 기본권을 보호하여야 할 국가의 의무가 헌법의 해석상 도출된다. (O/×)

015

미국산 쇠고기 수입의 위생조건에 관한 고시가 개정 전 고시에 비하여 완화된 수입위생조건을 정한 측면이 있다 하더라도, 관련 과학기술과 국제 기준 등에 근거하여 일정 수준의 보호조치를 취하고 있다는 점에서, 생명·신체의 안전을 보호할 국가의 기본권보호의무를 위반한 것으로 보기는 어렵다. (O/×)

016

업무상 과실 또는 중과실로 인한 교통사고로 말미암아 피해자로 하여금 중상해에 이르게 한 경우에도 일정한 보험에 가입한 운전자에 대하여 공소를 제기할 수 없도록 한 것은 기본권보호의무에 위배된다. (O/×)

---

012 【O】 사산된 태아에게 불법적인 생명침해로 인한 손해배상청구권을 인정하지 않는 것은 입법형성의 한계를 명백히 일탈한 것으로 보기 어려우므로 기본권보호의무를 위반한 것으로 볼 수 없다(2004헌바81).

013 【X】 태평양전쟁 전후 강제동원 된 자 중 '국외'로 강제동원 된 자에 대해서만 의료지원금을 지급하도록 한 법률규정은, 국가가 국내 강제동원자들을 위하여 아무런 보호조치를 취하지 아니하였다거나 아니면 국가가 취한 조치가 전적으로 부적합하거나 매우 불충분한 것임이 명백한 경우라고 단정하기 어려우므로, 이는 국민에 대한 **국가의 기본권보호의무에 위배된다고 볼 수 없다**(2011.2.24. 2009헌마94).

014 【X】 외국의 대사관저에 대하여 강제집행을 할 수 없다는 이유로 집달관이 주택임대자들의 강제집행 신청접수를 거부하여 강제집행이 불가능하게 된 경우, 국가가 주택임대자들에게 손실을 보상하는 법률을 제정하여야 할 헌법상의 명시적인 입법위임은 인정되지 아니하고, **헌법의 해석으로도 그러한 법률을 제정함으로써 주택임대자들의 기본권을 보호하여야 할 입법자의 행위의무 내지 보호의무가 발생하였다고 볼 수도 없다**(1998.5.28. 96헌마44).

015 【O】 2008헌마419

016 【X】 헌법재판소는 교통사고처리특례법이 교통사고 피해자가 업무상 과실 또는 중과실로 인하여 중상해를 입은 경우까지 일정한 보험에 가입한 운전자에 대하여 공소를 제기할 수 없도록 한 것(면책되도록 규정한 것)은, **국가가 기본권보호의무 위반 여부에 관한 심사기준인 과소보호금지의 원칙에 위반한 것이라고 볼 수 없다**(2009.2.26. 2005헌마764). 다만, 업무상 과실 또는 중대한 과실로 인하여 '중상해'를 입은 경우까지 면책되도록 한 것은 중상해를 입은 피해자의 재판절차진술권과 평등권을 침해한 것이라 판단하였다.

☑ 최신판례 예상지문

001
대통령은 행정부의 수반으로서 국가가 국민의 생명과 신체의 안전 보호의무를 충실하게 이행할 수 있도록 권한을 행사하고 직책을 수행하여야 하는 의무를 부담하므로, 국민의 생명이 위협받는 재난상황이 발생하였다면 대통령에게는 직접 구조 활동에 참여하여야 하는 등 구체적이고 특정한 행위의무까지 바로 발생한다.

(O/×)

002
원자력발전소 건설을 내용으로 하는 전원개발사업 실시계획에 대한 승인권한을 산업통상자원부장관에게 부여하고 있는 전원개발촉진법 제5조 제1항은 국가의 기본권 보호의무를 위반한 것이다.

(O/×)

---

001 【×】 국민의 생명이 위협받는 재난상황이 발생하였다고 하여 대통령이 직접 구조 활동에 참여하여야 하는 등 구체적이고 특정한 행위의무까지 바로 발생하는지 여부(소극) (헌재 2017.3.10. 2016헌나1) - 대통령은 행정부의 수반으로서 국가가 국민의 생명과 신체의 안전 보호의무를 충실하게 이행할 수 있도록 권한을 행사하고 직책을 수행하여야 하는 의무를 부담한다. 하지만 국민의 생명이 위협받는 재난상황이 발생하였다고 하여 피청구인이 직접 구조 활동에 참여하여야 하는 등 구체적이고 특정한 행위의무까지 바로 발생한다고 보기는 어렵다. 세월호 참사로 많은 국민이 사망하였고 그에 대한 피청구인의 대응조치에 미흡하고 부적절한 면이 있었다고 하여 곧바로 피청구인이 생명권 보호의무를 위반하였다고 인정하기는 어렵다.(헌재 2017.3.10. 2016헌나1)

002 【×】 원자력발전소 건설을 내용으로 하는 전원개발사업 실시계획에 대한 승인권한을 산업통상자원부장관에게 부여하고 있는 전원개발촉진법 제5조 제1항 본문이 국가의 기본권 보호의무를 위반하는지 여부(소극) (헌재 2016.10.27. 2015헌바358) - 국가는 원전의 건설·운영을 산업통상자원부장관의 전원개발사업 실시계획 승인만으로 가능하도록 한 것이 아니라, 원자력의 안전규제를 위하여 별도로 마련한 '원자력안전법'에서 규정하고 있는 건설허가 및 운영허가 등의 절차를 거치도록 하고 있다. 그리고 원전 사고로 인한 방사능 피해는 전원개발사업 실시계획 승인 단계에서가 아니라 원전의 건설·운영과정에서 실제로 발생하게 된다는 점에서 전원개발사업 실시계획 승인 이후의 단계인 원전 건설·운영의 허가 단계에서 보다 엄격한 기준을 마련하여 원전의 건설·운영으로 인한 피해가 발생하지 않도록 조치들을 강구하고 있다. 따라서 이 사건 승인조항에서 원전 건설을 내용으로 하는 전원개발사업 실시계획에 대한 승인권한을 다른 전원개발과 마찬가지로 산업통상자원부장관에게 부여하고 있다 하더라도, 국가가 원전의 건설·운영으로 인한 위험에 있어 국민의 생명·신체의 안전을 보호하기 위하여 필요한 최소한의 보호조치를 취하지 아니한 것이라고 보기는 어렵다.

Ⅱ 기본권의 침해와 구제

1. 의의
2. 입법기관에 의한 기본권침해와 구제
3. 행정기관에 의한 기본권침해와 구제
4. 사법기관에 의한 기본권침해와 구제
5. 사인에 의한 기본권침해와 구제
6. 국가인권위원회에 의한 기본권 보호

1) 국가인권위원회의 설립

017
국가인권위원회는 그 권한에 속하는 업무를 독립하여 수행하며, 국민의 인권보호에 관한 여러 가지 활동을 담당한다. (O/×)

018
국가인권위원회는 법률에 설치근거를 둔 국가기관이고, 헌법에 의하여 설치되고 헌법과 법률에 의하여 독자적인 권한을 부여받은 국가기관이라고 할 수는 없으므로, 독립성이 보장된 기관이기는 하더라도 그 기관이 갖는 권한의 침해 여부에 대해 국가를 상대로 권한쟁의심판을 청구할 당사자능력은 없다. (O/×)

019
국가인권위원회의 진정에 대한 기각 결정은 행정처분이 아니고 따라서 항고소송의 대상이 되지 않으므로, 「헌법재판소법」 제68조 제1항에 의한 헌법소원의 대상으로 삼을 수 있다. (O/×)

---

017 【O】 국가인권위원회법 제3조
018 【O】 권한쟁의심판의 당사자능력은 헌법에 의하여 설치된 국가기관에 한정하여 인정하는 것이 타당하므로, 법률에 의하여 설치된 국가인권위원회에게는 권한쟁의심판의 당사자능력이 인정되지 아니한다(2009헌라6).
019 【X】 국가인권위원회의 진정에 대한 각하 또는 기각 결정은 피해자인 진정인의 권리행사에 중대한 지장을 초래하는 것으로서 항고소송의 대상이 되는 행정처분에 해당하므로, 그에 대한 다툼은 우선 행정심판이나 행정소송에 의하여야 할 것이다. 따라서 행정심판이나 행정소송 등의 사전 구제절차를 모두 거친 후가 아니면 보충성 요건을 충족하지 못하였으므로 「헌법재판소법」 제68조 제1항에 의한 **헌법소원의 대상으로 삼을 수 없다**(2015.3.26. 2013헌마214 등).

2) 위원회의 구성과 운영

(1) 위원회의 구성

020
위원은 국회가 선출하는 4인(상임위원 2인을 포함한다), 대통령이 지명하는 4인, 대법원장이 지명하는 4인을 대통령이 임명하되, 특정 성(性)이 10분의 6을 초과하지 아니하도록 하여야 한다. (O/×)

021
국가인권위원회의 위원은 정무직 공무원으로 보하며, 위원장은 위원 중에서 대통령이 임명한다. (O/×)

022
위원이 퇴직 후 2년간 교육공무원이 아닌 공무원으로 임명되거나 공직선거법에 의한 선거에 출마할 수 없도록 규정한 것은 과잉금지의 원칙 및 평등의 원칙에 위배되지 않는다는 것이 헌법재판소의 판례이다. (O/×)

(2) 위원의 신분보장

023
위원은 금고 이상의 형의 선고에 의하지 아니하고는 본인의 의사에 반하여 면직되지 아니한다. 다만, 위원이 장기간의 심신쇠약으로 직무를 수행하기가 극히 곤란하게 되거나 불가능하게 된 경우에는 전체 위원 3분의 2 이상의 찬성에 의한 의결로 퇴직하게 할 수 있다. (O/×)

(3) 위원의 결격사유

024
정당의 당원은 국가인권위원회의 위원이 될 수 없다. (O/×)

---

020 【×】 국가인권위원회는 위원장 1명과 상임위원 3명을 포함한 11명의 인권위원으로 구성되며, 국회가 선출하는 4인(상임위원 2인을 포함한다), 대통령이 지명하는 4인(상임위원 1인을 포함한다), **대법원장이 지명하는 3인**을 대통령이 임명하되, 특정 성(性)이 10분의 6을 초과하지 아니하도록 하여야 한다(국가인권위원회법 제5조).

021 【×】 위원장은 위원 중에서 대통령이 임명한다. 이 경우 위원장은 국회의 인사청문을 거쳐야 한다. **위원장과 상임위원은 정무직공무원**으로 임명한다(국가인권위원회법 제5조).

022 【×】 위원이 퇴직 후 2년간 교육공무원이 아닌 다른 공무원으로 임명되거나 공직선거법에 의한 선거에 출마할 수 없도록 규정한 것은 **과잉금지의 원칙 및 평등의 원칙에 위배된다**(2004.1.29. 2002헌마788)는 것이 헌법재판소의 판례이다.

023 【O】 국가인권위원회법 제8조

024 【O】 국가인권위원회법 제9조

(4) 위원의 겸직금지

025 🔄 1 2 3

인권위원은 국회 또는 지방의회의 의원의 직을 겸직할 수 없고, 정당에 가입하거나 정치운동에 관여할 수 없다. (O/×)

3) 위원회의 업무와 권한

(1) 관계기관 등과의 협의

026 🔄 1 2 3

관계 국가행정기관이나 지방자치단체의 장은 인권의 보호와 향상에 영향을 미치는 내용을 포함하는 법령을 제정 또는 개정하려는 경우 미리 국가인권위원회에 통지하여야 한다. (O/×)

(2) 정책과 관행의 개선 또는 시정 권고

027 🔄 1 2 3

위원회는 인권의 보호와 향상을 위하여 필요하다고 인정하는 경우 행정부 소속 기관에 대해서는 정책과 관행의 개선 또는 시정을 권고할 수 있으나 행정부 소속기관이 아닌 국회나 법원에 대해서는 의견의 표명만을 할 수 있다. (O/×)

(3) 법원 및 헌법재판소에 대한 의견 제출

028 🔄 1 2 3

국가인권위원회는 인권의 보호와 향상에 중대한 영향을 미치는 재판이 계속 중인 경우에 법원 또는 헌법재판소의 요청이 있을 때에 한하여 법원의 담당 재판부나 헌법재판소에 법률상의 사항에 관하여 의견을 제출할 수 있다. (O/×)

---

025 【O】 국가인권위원회법 제10조

026 【O】 국가인권위원회법 제20조

027 【X】 위원회는 인권의 보호와 향상을 위하여 필요하다고 인정하면 **관계기관 등에 정책과 관행의 개선 또는 시정을 권고하거나 의견을 표명할 수 있다**(국가인권위원회법 제25조). 따라서 **행정부 소속기관뿐만 아니라 국회나 법원에 대해서도 정책과 관행의 개선시정을 권고할 수 있다.**

028 【X】 국가인권위원회는 인권의 보호와 향상에 중대한 영향을 미치는 재판이 계속 중인 경우에 법원 또는 헌법재판소의 **요청이 있거나 필요하다고 인정할 때에는** 법원의 담당 재판부나 헌법재판소에 법률상의 사항에 관하여 의견을 제출할 수 있다(국가인권위원회법 제28조).

4) 인권침해 및 차별행위의 조사와 구제

(1) 위원회의 조사대상

029
국가기관, 지방자치단체 또는 구금 보호시설의 업무수행과 관련하여 헌법 제2장에 보장된 인권을 침해당한 사람 또는 그 사실을 알고 있는 사람이나 단체는 국가인권위원회에 그 내용을 진정할 수 있다. (O/×)

030
국가기관, 지방자체단체 또는 구금·보호시설의 업무수행과 관련하여 헌법상 보장된 모든 인권을 침해당한 사람 또는 그 사실을 알고 있는 사람이나 단체는 위원회에 그 내용을 진정할 수 있다. (O/×)

031
법인, 단체 또는 사인(私人)에 의하여 생존권의 침해를 당한 사람 또는 그 사실을 알고 있는 사람이나 단체는 국가인권위원회에 그 내용을 진정할 수 있다. (O/×)

032
인권침해나 차별행위와 관련한 국가인권위원회의 조사대상은 국가기관·지방자치단체 등 공공단체, 구금·보호시설의 업무수행 등과 관련된 것에 그치고, 법인·단체 또는 사인(私人)에 의한 차별행위는 이에 포함되지 아니한다. (O/×)

033
국회의 입법에 의하여 인권의 침해가 있을 경우에 진정이 가능하다. (O/×)

034
국회의 입법 또는 법원·헌법재판소의 재판에 의하여 헌법 제10조 내지 제22조에 보장된 인권을 침해당하거나 차별행위를 당한 경우, 그 인권침해를 당한 사람이나 단체는 국가인권위원회에 그 내용을 진정할 수 있다. (O/×)

---

029 【X】 위원회의 조사대상은 국가기관, 지방자치단체, 각급 학교, 공직유관단체 또는 구금·보호시설의 업무수행(**국회의 입법 및 법원·헌법재판소의 재판을 제외한다**)과 관련하여 헌법 제10조부터 제22조에 보장된 인권을 침해당하거나 차별행위를 당한 경우 및 법인 단체 또는 사인(私人)에 의하여 평등권침해의 차별행위를 당한 경우로 한정되어 있다(국가인권위원회법 제30조). 따라서 참정권, 청구권, 사회적 기본권침해를 이유로 진정할 수 없다.

030 【X】 국가인권위원회법 제30조

031 【X】 법인 단체 또는 사인(私人)에 의하여 평등권침해의 차별행위를 당한 경우 진정할 수 있다(국가인권위원회법 제30조).

032 【X】 국가인권위원회법 제30조

033 【X】 국가인권위원회법 제30조

034 【X】 국가인권위원회법 제30조

035
법인, 단체 또는 사인(私人)에 의하여 평등권침해의 차별행위를 당한 경우 평등권침해의 차별행위를 당한 개인이 위원회에 진정하기 위해서는, 국가기관에 의한 인권침해와는 달리, 헌법소원과 같은 자기관련성이 요구된다. (O/×)

036
사인(私人)으로부터 차별행위를 당한 사람은 그 내용을 국가인권위원회에 진정할 수 있다. (O/×)

037
국가인권위원회는 피해자의 진정이 없다면 인권침해나 차별행위에 대해 이를 직권으로 조사할 수 없다. (O/×)

(2) 수사기관과 위원회의 협조

038
진정의 원인이 된 사실이 범죄행위에 해당된다고 믿을 만한 상당한 이유가 있고 그 혐의자의 도주 또는 증거의 인멸 등을 방지하거나 증거의 확보를 위하여 필요하다고 인정할 경우에, 국가인권위원회는 검찰총장 또는 관할 수사기관의 장에게 수사의 개시와 필요한 조치를 의뢰할 수 있다. (O/×)

(3) 조사의 방법

039
인권침해행위나 차별행위를 당하였다는 진정이 접수된 경우에는 원칙적으로 피진정인에게 출석을 요구하여 진술을 들어야 한다. (O/×)

(4) 질문·검사권

040
국가인권위원회는 조사에 필요한 자료 등의 소재 또는 관계인에 관하여 알고자 할 때에는 그 내용을 알고 있다고 믿을 만한 상당한 이유가 있는 사람에게 질문하거나 그 내용을 포함하고 있다고 믿을 만한 상당한 이유가 있는 서류 및 그 밖의 물건을 검사할 수 있다. (O/×)

---

035 【X】 국가인권위원회에 인권침해 또는 차별행위를 이유로 진정을 제기하는 것은 기본권을 침해당한 자뿐만 아니라 **그 사실을 알고 있는 사람이나 단체도 할 수 있다**(국가인권위원회법 제30조).

036 【O】 국가인권위원회법 제30조

037 【X】 국가인권위원회는 피해자의 **진정이 없는 경우에도** 인권침해나 차별행위가 있다고 믿을 만한 상당한 근거가 있고 그 내용이 중대하다고 인정할 때에는 **직권으로 조사할 수 있다**(국가인권위원회법 제30조).

038 【O】 국가인권위원회법 제34조

039 【X】 피진정인에 대한 출석 요구는 **인권침해행위나 차별행위를 한 행위당사자의 진술서만으로는 사안을 판단하기 어렵고, 인권침해행위나 차별행위가 있었다고 볼 만한 상당한 이유가 있는 경우에만 할 수 있다**(국가인권위원회법 제36조).

040 【O】 국가인권위원회법 제37조

(5) 합의의 권고

041
위원회는 조사 중이거나 조사가 끝난 진정에 대하여 사건의 공정한 해결을 위하여 필요한 구제 조치를 당사자에게 제시하고 합의를 권고할 수 있다. (O/×)

(6) 구제조치 등의 권고

042
국가인권위원회는 진정을 조사한 결과 인권침해가 있었다고 판단할 때 구제조치의 이행 및 시정명령을 할 수 있다. (O/×)

(7) 고발 및 징계권고

043
국가인권위원회는 인권침해 등에 관한 당사자의 진정을 조사한 결과 인권침해 및 차별행위가 있다고 인정할 때에는 피진정인 또는 인권침해에 책임이 있는 자에 대한 징계를 소속기관 등의 장에게 권고할 수 있고, 위 권고를 받은 소속기관 등의 장은 이를 존중하여야 하며 그 결과를 위원회에 통보하여야 한다. (O/×)

(8) 피해자를 위한 법률구조 요청

044
국가인권위원회는 피해자의 권리 구제를 위해 필요하다고 인정하면 피해자를 위하여 피해자의 명시한 의사에 관계없이 대한법률구조공단 또는 그 밖의 기관에 법률구조를 요청할 수 있다. (O/×)

(9) 조사와 조정 등의 비공개

045
국가인권위원회의 진정에 대한 조사·조정 및 심의는 공개로 한다. 다만, 국가인권위원회의 의결이 있는 때에는 비공개로 할 수 있다. (O/×)

---

041 【O】 국가인권위원회법 제40조

042 【X】 국가인권위원회가 진정을 조사한 결과 인권침해나 차별행위가 일어났다고 판단할 때에는 피진정인, 그 소속 기관·단체 또는 감독기관의 장에게 구제조치의 이행 및 법령·제도·정책·관행의 시정 또는 개선을 **권고할 수 있다**(국가인권위원회법 제44조).

043 【O】 국가인권위원회법 제45조

044 【X】 국가인권위원회는 진정에 관한 위원회의 조사, 증거의 확보 또는 피해자의 권리 구제를 위해 필요하다고 인정하면 피해자를 위하여 피해자의 **명시한 의사에 반하지 않는 한** 대한법률구조공단 또는 그 밖의 기관에 법률구조를 요청할 수 있다(국가인권위원회법 제47조).

045 【X】 국가인권위원회의 진정에 대한 조사·조정 및 심의는 **비공개**로 한다. 다만 국가인권위원회의 의결로 공개할 수 있다(국가인권위원회법 제49조).

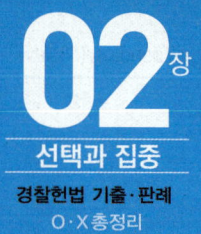

인간의 존엄과 가치 및 행복추구권

제1절 인간의 존엄과 가치

I 의의

001
인간으로서의 존엄과 가치는 1962년 제3공화국 헌법에서 규정된 이래 1980년 제5공화국 헌법에서 행복추구권이 추가되어 현행 헌법에 이르고 있다. (O/X)

II 법적 성격

002
헌법재판소는 헌법원리성과 기본권성을 모두 인정하고 있다. (O/X)

III 주체

IV 내용

1. 생명권

2. 자기결정권

003
환자가 장차 죽음에 임박한 상태에 이를 경우에 대비하여 미리 의료인 등에게 연명치료 거부 또는 중단에 관한 의사를 밝히는 등의 방법으로 죽음에 임박한 상태에서 인간으로서의 존엄과 가치를 지키기 위하여 연명치료의 거부 또는 중단을 결정할 수 있고, 위 결정은 헌법상 기본권인 자기결정권의 한 내용으로서 보장된다. (O/X)

---

001 【O】 헌법 제10조 연혁
002 【O】
003 【O】 2008헌마385

004
자기운명결정권에는 임신과 출산에 관한 결정, 즉 임신과 출산의 과정에 내재하는 특별한 희생을 강요당하지 않을 자유가 포함되어 있다. (O/×)

3. 일반적 인격권

005
장래 가족의 구성원이 될 태아의 성별 정보에 대한 접근을 국가로부터 방해받지 않을 부모의 권리는 일반적 인격권에 의하여 보호된다. (O/×)

006
성명은 개인의 정체성과 개별성을 나타내는 인격의 상징으로서 개인이 사회 속에서 자신의 생활영역을 형성하고 발현하는 기초가 되는 것이라 할 것이므로 자유로운 성의 사용 역시 헌법상 인격권으로부터 보호된다고 할 수 있다. (O/×)

007
헌법 제10조로부터 도출되는 일반적 인격권에는 개인의 명예에 관한 권리도 포함될 수 있는바, '명예'란 사람이나 그 인격에 대한 사회적 평가, 즉 객관적·외부적 가치평가를 말하는 것이지 단순히 주관적·내면적인 명예감정은 이에 포함되지 않는다. (O/×)

008
사람은 누구나 자신의 얼굴 기타 사회통념상 특정인임을 식별할 수 있는 신체적 특징에 관하여 함부로 촬영 또는 그림묘사되거나 공표되지 아니하며 영리적으로 이용당하지 않을 권리를 가지는데, 이러한 초상권은 우리 헌법 제10조 제1문에 의하여 헌법적으로 보장되는 권리이다. (O/×)

V 제한

009
청소년 성매수 범죄자들은 일반인에 비해서 인격권과 사생활의 비밀의 자유도 그것이 본질적인 부분이 아닌 한 넓게 제한받을 여지가 있다. (O/×)

---

004 【O】 2010헌바402
005 【O】 장래 가족의 구성원이 될 태아의 성별 정보에 대한 접근을 국가로부터 방해받지 않을 부모의 권리는 헌법 제10조로부터 도출되는 **일반적 인격권에 의하여 보호된다고 보아야 할 것인바**, 태아의 성별에 대해 임신기간 동안 이를 알려주는 것을 금지하는 이 사건 규정은 일반적 인격권으로부터 나오는 부모의 태아 성별 정보에 대한 접근을 방해받지 않을 권리(*cf* 알권리를 침해 X)를 제한하고 있다.(2008.7.31. 2004헌마1010)
006 【O】 2005.12.22. 2003헌가5
007 【O】 2005.10.27. 2002헌마425
008 【O】 대판 2013.2.14. 2010다103185
009 【O】 2003.6.26. 2002헌가14

VI 침해와 구제

010
사람은 자신의 의사에 반하여 신체적 특징에 관하여 함부로 촬영당하지 아니할 권리를 가지고 있지만, 범죄를 저지른 자에 대한 부분을 국민에게 널리 알릴 공공성이 있어, 기자들에게 경찰서 내에서 수갑을 차고 조사받는 모습을 촬영하도록 한 것은 피의자의 인격권을 침해하지 않는다. (O/×)

011
피의자에 대한 촬영허용은 초상권을 포함한 일반적 인격권을 제한하지만 범죄사실에 관하여 일반국민에게 알려야 할 공공성이 있으므로, 공인이 아니며 보험사기를 이유로 체포된 피의자가 경찰서에 수갑을 차고 얼굴을 드러낸 상태에서 조사받는 과정을 기자들로 하여금 촬영하도록 허용하는 행위는 기본권 제한의 목적의 정당성이 인정된다. (O/×)

012
경찰서 유치장에 수용되는 과정에서 상의를 속옷과 함께 겨드랑이까지 올리고 하의를 속옷과 함께 무릎까지 내린 상태에서 3회에 걸쳐 앉았다 일어서게 하는 방법으로 한 신체수색행위는 헌법 제10조의 인간의 존엄과 가치로부터 유래하는 인격권 및 헌법 제12조의 신체의 자유를 침해하는 것이다. (O/×)

013
마약사범에 대하여 교도소 수용 시 정밀신체검사인 항문검사를 행하는 것은 인격권을 침해하는 것이다. (O/×)

---

010 【X】 사람은 자신의 의사에 반하여 얼굴을 비롯하여 일반적으로 특정인임을 식별할 수 있는 신체적 특징에 관하여 함부로 촬영당하지 아니할 권리를 가지고 있으므로, **촬영허용행위는 헌법 제10조로부터 도출되는 초상권을 포함한 일반적 인격권을 제한한다**고 할 것이다. 원칙적으로 '범죄사실' 자체가 아닌 그 범죄를 저지른 자에 관한 부분은 일반 국민에게 널리 알려야 할 공공성을 지닌다고 할 수 없고, 이에 대한 예외는 공개수배의 필요성이 있는 경우 등에 극히 제한적으로 인정될 수 있을 뿐이다. 피청구인은 기자들에게 청구인이 경찰서 내에서 수갑을 차고 얼굴을 드러낸 상태에서 조사받는 모습을 촬영할 수 있도록 허용하였는데, 청구인에 대한 이러한 수사 장면을 공개 및 촬영하게 할 어떠한 공익 목적도 인정하기 어려우므로 촬영허용행위는 **목적의 정당성이 인정되지 아니한다**. 피의자의 얼굴을 공개하더라도 그로 인한 피해의 심각성을 고려하여 모자, 마스크 등으로 피의자의 얼굴을 가리는 등 피의자의 신원이 노출되지 않도록 침해를 최소화하기 위한 조치를 취하여야 하는데, 피청구인은 그러한 조치를 전혀 취하지 아니하였으므로 **침해의 최소성 원칙도 충족하였다고 볼 수 없다**. 또한 촬영허용행위는 언론 보도를 보다 실감나게 하기 위한 목적 외에 어떠한 공익도 인정할 수 없는 반면, 청구인은 피의자로서 얼굴이 공개되어 초상권을 비롯한 인격권에 대한 중대한 제한을 받았고, 촬영한 것이 언론에 보도될 경우 범인으로서의 낙인 효과와 그 파급효는 매우 가혹하여 **법익균형성도 인정되지 아니하므로, 촬영허용행위는 과잉금지원칙에 위반되어 청구인의 인격권을 침해하였다**(2014.3.27. 2012헌마652).

011 【X】 피청구인은 기자들에게 청구인이 경찰서 내에서 수갑을 차고 얼굴을 드러낸 상태에서 조사받는 모습을 촬영할 수 있도록 허용하였는데, 청구인에 대한 이러한 수사 장면을 공개 및 촬영하게 할 어떠한 공익 목적도 인정하기 어려우므로 촬영허용행위는 **목적의 정당성이 인정되지 아니한다**(2014.3.27. 2012헌마652).

012 【O】 2000헌마327

013 【X】 교도관이 마약류사범에게 검사의 취지와 방법을 설명하고 반입금지품을 제출하도록 안내한 후 외부와 차단된 검사실에서 같은 성별의 교도관 앞에 돌아서서 하의속옷을 내린 채 상체를 숙이고 양손으로 둔부를 벌려 항문을 보이는 방법으로 실시한 정밀신체검사는 과잉금지원칙에 위배되었다고 할 수 없으므로, 마약류 사범의 인격권을 침해하였다고 볼 수 없다(2004헌마826).

014 🔄 1 2 3

수용자를 교정시설에 수용할 때마다 전자영상 검사기를 이용하여 수용자의 항문 부위에 대한 신체검사를 하는 것이 수용자의 인격권을 침해하는 것은 아니다. (O/×)

015 🔄 1 2 3

교통경찰관이 전(全) 차로를 가로막고 모든 운전자를 대상으로 무차별적으로 음주단속을 하는 것은 개인의 인간다운 생활을 할 권리 등의 기본권을 침해하는 것이 아니다. (O/×)

016 🔄 1 2 3

구치소 내에서 인간으로서 최소한의 품위를 유지할 수 없을 정도의 과밀수용행위는 수용자의 인간의 존엄과 가치를 침해한다. (O/×)

017 🔄 1 2 3

혼인 종료 후 300일 이내에 출생한 자를 전남편의 친생자로 추정하는 민법의 규정은 모(母)가 가정생활과 신분관계에서 누려야 할 인격권, 혼인과 가족생활에 관한 기본권을 침해하였다. (O/×)

018 🔄 1 2 3

방송사업자의 의사에 반한 사과행위를 강제하는 구「방송법」규정은 방송사업자의 인격권을 침해하지 않는다. (O/×)

---

014 【O】 헌재 2011.5.26 2010헌마775
015 【O】 2002헌마293
016 【O】 2016.12.29. 2013헌마142
017 【O】 2015.4.30. 2013헌마623
018 【X】 법인도 법인의 목적과 사회적 기능에 비추어 볼 때 그 성질에 반하지 않는 범위 내에서 인격권의 한 내용인 사회적 신용이나 명예 등의 주체가 될 수 있고 법인이 이러한 사회적 신용이나 명예 유지 내지 법인격의 자유로운 발현을 위하여 의사결정이나 행동을 어떻게 할 것인지를 자율적으로 결정하는 것도 법인의 인격권의 한 내용을 이룬다고 할 것이다. 그렇다면 이 사건 **심판대상조항은 방송사업자의 의사에 반한 사과행위를 강제함으로써 방송사업자의 인격권을 제한한다**. 이 사건 심판대상조항은 시청자의 권익보호와 민주적 여론 형성 및 국민문화의 향상을 도모하고 방송의 발전에 이바지하기 위하여, 공정하고 객관적인 보도를 할 책무를 부담하는 방송사업자가 심의규정을 위반한 경우 방송통신위원회로 하여금 전문성과 독립성을 갖춘 방송통신심의위원회의 심의를 거쳐 '시청자에 대한 사과'를 명할 수 있도록 규정한 것이므로, **입법목적의 정당성이 인정**되고, 이러한 제재수단을 통해 방송의 공적 책임을 높이는 등 입법목적에 기여하는 점을 인정할 수 있으므로 **방법의 적절성도 인정**된다. 그러나 심의규정을 위반한 방송사업자에게 '주의 또는 경고'만으로도 반성을 촉구하고 언론사로서의 공적 책무에 대한 인식을 제고시킬 수 있고, '시청자에 대한 사과'에 대하여는 '명령'이 아닌 '권고'의 형태를 취할 수도 있다. 이와 같이 기본권을 보다 덜 제한하는 다른 수단에 의하더라도 이 사건 심판대상조항이 추구하는 목적을 달성할 수 있으므로 이 사건 심판대상조항은 **침해의 최소성원칙에 위배된다**. 방송사업자의 인격권에 대한 제한의 정도가 이 사건 심판대상조항이 추구하는 공익에 비해 결코 작다고 할 수 없으므로 이 사건 심판대상조항은 **법익의 균형성원칙에도 위배**된다. 따라서 방송사업자의 **인격권을 침해한다**(2012.8.23. 2009헌가27).

019

포승과 수갑을 채우고 별도의 포승으로 다른 수용자와 연승하는 행위는 청구인의 인격권 내지 신체의 자유를 침해하지 않는다. (O/×)

020

한시적 번호이동을 허용하도록 한 방송통신위원회의 이행명령은 010번호 이외의 식별번호를 사용하는 청구인들의 인격권, 개인정보자기결정권, 재산권을 제한한다고 볼 수 없으며, 이동전화번호를 구성하는 숫자가 개인의 인격 내지 인간의 존엄과 관련성을 가진다고 보기 어렵다. (O/×)

021

초·중등학교에서 한자교육을 선택적으로 받도록 한 '초·중등학교 교육과정'의 'Ⅱ 학교 급별 교육과정 편성과 운영' 중 한자교육 및 한문 관련 부분은 학생의 자유로운 인격발현권을 침해하지 않는다. (O/×)

022

헌법 제10조로부터 도출되는 일반적 인격권에는 개인의 명예에 관한 권리도 포함되며, 사자(死者)에 대한 사회적 명예와 평가의 훼손은 사자와의 관계를 통하여 스스로의 인격상을 형성하고 명예를 지켜온 그 후손의 인격권을 제한한다. (O/×)

023

범죄사실에 관한 보도 과정에서 대상자의 실명 공개에 대한 공공의 이익이 대상자의 명예나 사생활의 비밀에 관한 이익보다 우월하다고 인정되어 실명에 의한 보도가 허용되는 경우에는 비록 대상자의 의사에 반하여 그의 실명이 공개되었다고 하더라도 그의 성명권이 위법하게 침해되었다고 할 수 없다. (O/×)

024

변호사 정보 제공 웹사이트 운영자가 변호사들의 개인신상정보를 기반으로 변호사들의 '인맥지수'를 산출하여 공개하는 서비스를 제공하는 행위는 인맥지수의 사적·인격적 성격, 산출과정에서 왜곡 가능성, 인맥지수 이용으로 인한 변호사들의 이익 침해와 공적 폐해의 우려, 이용으로 달성될 공적인 가치의 보호 필요성 정도 등을 종합적으로 고려하면, 변호사들의 개인정보에 관한 인격권을 침해하여 위법하다. (O/×)

---

019 【O】 2014.5.29. 2013헌마280
020 【O】 2013.7.25. 2011헌마63
021 【O】 2016.11.24. 2012헌마854
022 【O】 헌법 제10조로부터 도출되는 일반적 인격권에는 개인의 명예에 관한 권리도 포함되며, 사자(死者)에 대한 사회적 명예와 평가의 훼손은 사자와의 관계를 통하여 스스로의 인격상을 형성하고 명예를 지켜온 그 후손의 인격권을 제한한다. 따라서 「일제강점하 반민족행위 진상규명에 관한 특별법」에 근거한 친일반민족행위진상규명위원회의 조사대상자 선정 및 친일반민족행위 결정이 이루어질 당시 조사대상자가 이미 사망한 경우라 하더라도 그 유족은 자신의 인격권 침해를 이유로 헌법소원심판을 청구할 수 있다(2010.10.28. 2007헌가23).
023 【O】 대판 2009.9.10. 2007다71
024 【O】 대판 2011.9.2. 2008다42430 전합

✅ 최신판례 예상지문

001 🔄 1 2 3

변호사에 대한 징계결정정보를 인터넷 홈페이지에 공개하도록 한 변호사법 조항은 과잉금지원칙에 위배되어 청구인의 인격권을 침해한다. (O/×)

002 🔄 1 2 3

대한민국 국민으로 태어난 아동은 태어난 즉시 '출생등록될 권리'를 가지므로, 이러한 권리는 '법 앞에 인간으로 인정받을 권리'로서 모든 기본권 보장의 전제가 되는 기본권이므로 법률로써도 이를 제한하거나 침해할 수 없다. (O/×)

003 🔄 1 2 3

체약국의 요구가 있는 경우, 항공운송사업자가 탑승 수속 전 또는 탑승구 앞에서 추가 보안검색 실시할 수 있도록 한 국가항공보안계획은 과잉금지원칙을 위반하여 청구인의 인격권 및 신체의 자유를 침해한다. (O/×)

---

001 【×】 변호사에 대한 징계결정정보를 인터넷 홈페이지에 공개하도록 한 변호사법조항이 청구인의 인격권을 침해하는지 여부(소극) (헌재 2018.7.26. 2016헌마1029) - (1) 제한되는 기본권 : 일반적 인격권, 명예권, 직업수행의 자유, 행복추구권 (2) 판단하는 기본권 : 일반적 인격권(←징계결정 공개조항과 가장 밀접하게 관련되고 가장 침해 정도가 큰 기본권) (3) 징계결정 공개조항은 전문적인 법률지식, 윤리적 소양, 공정성 및 신뢰성을 갖추어야 할 변호사가 징계를 받은 경우 국민이 이러한 사정을 쉽게 알 수 있도록 하여 변호사를 선택할 권리를 보장하고, 변호사의 윤리의식을 고취시킴으로써 법률사무에 대한 전문성, 공정성 및 신뢰성을 확보하여 국민의 기본권을 보호하며 사회정의를 실현하기 위한 것으로서 입법목적의 정당성이 인정된다. 입법목적을 달성하는데 있어서 유효·적절한 수단이다. 또한 침해 최소성의 원칙에 위배되지 않는다. 나아가 징계결정 공개조항으로 인하여 징계대상 변호사가 입게 되는 불이익이 공익에 비하여 크다고 할 수 없으므로, 법익의 균형성에 위배되지도 아니한다. 따라서 징계결정 공개조항은 과잉금지원칙에 위배되지 아니하므로 청구인의 인격권을 침해하지 아니한다.

002 【O】 대한민국 국민으로 태어난 아동은 태어난 즉시 '출생등록될 권리'를 가지는지 여부(적극) (대결 2020.6.8. 2020스575) - 출생 당시에 부 또는 모가 대한민국의 국민인 자는 출생과 동시에 대한민국 국적을 취득한다(국적법 제2조 제1항). 대한민국 국민으로 태어난 아동에 대하여 국가가 출생신고를 받아주지 않거나 절차가 복잡하고 시간도 오래 걸려 출생신고를 받아주지 않는 것과 마찬가지 결과가 발생한다면 이는 아동으로부터 사회적 신분을 취득할 기회를 박탈함으로써 인간으로서의 존엄과 가치, 행복추구권 및 아동의 인격권을 침해하는 것이다(헌법 제10조). 대한민국 국민으로 태어난 아동은 태어난 즉시 '출생등록될 권리'를 가진다. 이러한 권리는 '법 앞에 인간으로 인정받을 권리'로서 모든 기본권 보장의 전제가 되는 기본권이므로 법률로써도 이를 제한하거나 침해할 수 없다(헌법 제37조 제2항).

003 【×】 체약국의 요구가 있는 경우 항공운송사업자의 추가 보안검색 실시할 수 있도록 한 국가항공보안계획이 과잉금지원칙을 위반하여 청구인의 인격권 등을 침해하는지 여부(소극) (헌재 2018.2.22. 2016헌마780) - 이 사건 국가항공보안계획은, 이미 출국 수속 과정에서 일반적인 보안검색을 마친 승객을 상대로, 촉수검색(patdown)과 같은 추가적인 보안 검색 실시를 예정하고 있으므로 이로 인한 인격권 및 신체의 자유 침해 여부가 문제된다. 이 사건 국가항공보안계획은 민간항공 보안에 관한 국제협약의 준수 및 항공기 안전과 보안을 위한 것으로 입법목적의 정당성 및 수단의 적합성이 인정되고, 항공운송사업자가 다른 체약국의 추가 보안검색 요구에 응하지 않을 경우 항공기의 취항 자체가 거부될 수 있으므로 이 사건 국가항공보안계획에 따른 추가 보안검색 실시는 불가피하며, 관련 법령에서 보안검색의 구체적 기준 및 방법 등을 마련하여 기본권 침해를 최소화하고 있으므로 침해의 최소성도 인정된다. 또한 국내외적으로 항공기 안전사고와 테러 위험이 커지는 상황에서, 민간항공의 보안 확보라는 공익은 매우 중대한 반면, 추가 보안검색 실시로 인해 승객의 기본권이 제한되는 정도는 그리 크지 아니하므로 법익의 균형성도 인정된다. 따라서 이 사건 국제항공보안계획은 헌법상 과잉금지원칙에 위반되지 않으므로, 청구인의 기본권을 침해하지 아니한다.

004 ⟳ 1 2 3

국군포로 등에 대하여 억류기간 중 행적이나 공헌에 상응하는 예우를 할 수 있도록 대통령령을 제정하지 않은 행정입법부작위는 청구인의 명예권을 침해하지 않는다. (O/×)

005 ⟳ 1 2 3

한국인 BC급 전범들의 대일청구권이 '대한민국과 일본국 간의 재산 및 청구권에 관한 문제의 해결과 경제협력에 관한 협정'에 의하여 소멸하였는지 여부에 관한 한·일 양국 간 해석상 분쟁을 이 사건 협정 제3조가 정한 절차에 의하여 해결할 국가기관의 작위의무가 인정된다. (O/×)

006 ⟳ 1 2 3

지역아동센터 시설별 신고정원의 80% 이상을 돌봄취약아동으로 구성하도록 정한 2019년 지역아동센터 지원 사업안내 이용아동규정은 과잉금지원칙에 위반하여 운영자들의 직업수행의 자유 및 아동들의 인격권을 침해한다. (O/×)

---

004 【X】 피청구인 대통령이 국군포로법 조항의 위임에 따른 대통령령을 제정하지 아니한 행정입법부작위가 청구인의 명예권을 침해하는지 여부(적극) (헌재 2018.5.31. 2016헌마626) – 국군포로법 제15조의5 제2항은 같은 조 제1항에 따른 예우의 신청, 기준, 방법 등에 필요한 사항은 대통령령으로 정한다고 규정하고 있으므로, 피청구인은 등록포로, 등록하기 전에 사망한 귀환포로, 귀환하기 전에 사망한 국군포로에 대한 예우의 신청, 기준, 방법 등에 필요한 사항을 대통령령으로 제정할 의무가 있다. 국군포로법 제15조의5 제1항이 국방부장관으로 하여금 예우 여부를 재량으로 정할 수 있도록 하고 있으나, 이것은 예우 여부를 재량으로 한다는 의미이지, 대통령령 제정 여부를 재량으로 한다는 의미는 아니다. 이처럼 피청구인에게는 대통령령을 제정할 의무가 있음에도, 그 의무는 상당 기간 동안 불이행되고 있고, 이를 정당화할 이유도 찾아보기 어렵다. 그렇다면 이 사건 행정입법부작위는 등록포로 등의 가족인 청구인의 명예권을 침해하는 것으로서 헌법에 위반된다.

005 【X】 한국인 BC급 전범들의 대일청구권이 '대한민국과 일본국 간의 재산 및 청구권에 관한 문제의 해결과 경제협력에 관한 협정'에 의하여 소멸하였는지 여부에 관한 한·일 양국 간 해석상 분쟁을 이 사건 협정 제3조가 정한 절차에 의하여 해결할 국가기관의 작위의무가 인정되는지 여부(소극) – 국제전범재판에 관한 국제법적 원칙, 우리 헌법 전문, 제5조 제1항, 제6조의 문언 등을 종합하면, 국내의 모든 국가기관은 헌법과 법률에 근거하여 국제전범재판소의 국제법적 지위와 판결의 효력을 존중하여야 한다. 따라서 한국인 BC급 전범들이 국제전범재판에 따른 처벌로 입은 피해와 관련하여 국가기관에게 이 사건 협정 제3조에 따른 분쟁해결절차에 나아가야 할 구체적 **작위의무가 인정된다고 보기 어렵다.**(헌재 2021.8.31. 2014헌마888)

006 【X】 [1] 지역아동센터 시설별 신고정원의 80% 이상을 돌봄취약아동으로 구성하도록 정한 2019년 지역아동센터 지원 사업안내 이용아동규정이 법률유보원칙을 위반하여 지역아동센터 운영자와 이용아동인 청구인들의 기본권을 침해하는지 여부(소극) [2] 이 사건 이용아동규정이 과잉금지원칙을 위반하여 청구인들의 기본권을 침해하는지 여부(소극) – (1) 이 사건 이용아동규정이 수권법률조항의 목적에 배치되거나 관련 조항의 내용을 위반함으로써 법률유보원칙을 위반하여 청구인들의 기본권을 침해한다고 할 수 없다.
(2) 돌봄취약아동의 우선적 이용을 보장하는 것일 뿐이다. 이용아동 구성이 달라진다고 하여 청구인 운영자들의 지역아동센터 운영에 어떠한 본질적인 차이를 가져온다고 보기 어렵고, 청구인 운영자들은 국가의 재정적 지원에 상응하는 공익적 의무를 부담할 수 있다는 것을 충분히 예견할 수 있다. 따라서 이 사건 이용아동규정이 청구인 운영자들의 직업 수행의 자유를 중대하게 제한하고 있다고 할 수 없다. 이 사건 이용아동규정의 취지는 지역아동센터 이용에 있어서 돌봄취약아동과 일반아동을 분리하려는 것이 아니라 돌봄취약아동에게 우선권을 부여하려는 것이다. 돌봄취약아동이 일반아동과 함께 초·중등학교를 다니고 방과 후에도 다른 돌봄기관을 이용할 선택권이 보장되고 있는 이상, 설령 이 사건 이용아동규정에 따라 돌봄취약아동이 일반아동과 교류할 기회가 다소 제한된다고 하더라도 그것만으로 청구인 아동들의 인격 형성에 중대한 영향을 미친다고 보기는 어렵다. 이 사건 이용아동규정은 과잉금지원칙에 위반하여 청구인 운영자들의 직업수행의 자유 및 청구인 아동들의 인격권을 침해하지 않는다.(헌재 2022.1.27. 2019헌마583)

제2절 행복추구권

> **관련조문**
> 제10조 모든 국민은 인간으로서의 존엄과 가치를 가지며, 행복을 추구할 권리를 가진다. 국가는 개인이 가지는 불가침의 기본적 인권을 확인하고 이를 보장할 의무를 진다.

I 의의

001
행복추구권이란 안락하고 만족스러운 삶을 추구할 수 있는 권리를 말한다. (O/×)

II 법적 성격

002
헌법 제10조 전문의 행복추구권에는 일반적 행동자유권이 포함되는바, 이는 적극적으로 자유롭게 행동을 하는 것은 물론 소극적으로 행동을 하지 않을 자유도 포함하는 권리로 포괄적인 의미의 자유권이다. (O/×)

003
행복추구권은 국민이 행복을 추구하기 위한 활동을 국가권력의 간섭 없이 자유롭게 할 수 있다는 포괄적인 의미의 자유권으로서의 성격을 가지는 것이므로, 국민이 행복을 추구하기 위하여 필요한 급부를 국가에게 적극적으로 요구할 수 있는 것을 내용으로 하지 않는다. (O/×)

III 주체

IV 내용

1. 일반적 행동자유권

---

001 【O】
002 【O】 2003.10.30. 2002헌마518
003 【O】 2008.10.30. 2006헌바35

004

헌법 제10조가 정하고 있는 행복추구권에서 파생되는 자기결정권 내지 일반적 행동자유권은 이성적이고 책임감 있는 사람의 자기 운명에 대한 결정·선택을 존중하되 그에 대한 책임은 스스로 부담함을 전제로 한다. (O/×)

005

헌법에 열거되지 아니한 자유와 권리로서 인정되고 있는 것은 자기결정권, 일반적 행동자유권, 휴식권, 문화향유권, 육아휴직신청권 등이 있다. (O/×)

006

헌법에 열거되지 아니한 자유와 권리로 새롭게 인정되기 위해서는 구체적 권리로서의 실체뿐만 아니라 그 필요성 또한 특별히 인정되어야 한다. (O/×)

007

흡연자들이 자유롭게 흡연할 권리인 흡연권은 인간의 존엄과 행복추구권을 규정한 헌법 제10조와 사생활의 자유를 규정한 헌법 제17조에 의하여 뒷받침된다. (O/×)

008

원치 않으면 계약을 체결하지 않을 자유도 계약자유의 원칙에 속하며, 이는 헌법상 행복추구권 속에 함축된 일반적 행동자유권으로부터 파생되는 것이다. (O/×)

009

일반적 행동자유권은 모든 행위를 할 자유와 행위를 하지 않을 자유로 가치 있는 행동만 그 보호영역으로 하는 것은 아니므로, 그 보호영역에는 개인의 생활방식과 취미에 관한 사항도 포함되고, 여기에는 위험한 스포츠를 즐길 권리와 같은 위험한 생활방식으로 살아갈 권리도 포함된다. (O/×)

---

004 【O】 헌법에 명문의 규정은 없지만 기본권으로 인정된다(2015.3.26. 2012헌바381 등).

005 【×】 **육아휴직신청권은** 헌법 제36조 제1항 등으로부터 개인에게 직접 주어지는 헌법적 차원의 권리라고 볼 수는 없고, 입법자가 입법의 목적, 수혜자의 상황, 국가예산, 전체적인 사회보장수준, 국민정서 등 여러 요소를 고려하여 제정하는 입법에 적용요건, 적용대상, 기간 등 구체적인 사항이 규정될 때 비로소 형성되는 **법률상의 권리이다**(헌재 2008.10.30. 2005헌마1156).

006 【O】 헌법에 열거되지 아니한 기본권을 새롭게 인정하려면, 그 필요성이 특별히 인정되고, 그 권리내용(보호영역)이 비교적 명확하여 구체적 기본권으로서의 실체 즉, 권리내용을 규범 상대방에게 요구할 힘이 있고 그 실현이 방해되는 경우 재판에 의하여 그 실현을 보장받을 수 있는 구체적 권리로서의 실질에 부합하여야 할 것이다(2009.5.28. 2007헌마369).

007 【O】 2003헌마457

008 【O】 89헌마204

009 【O】 2002헌마518

010

일반적 행동자유권의 보호영역에는 개인의 생활방식과 취미에 관한 사항은 포함되나, 위험한 스포츠를 즐길 권리는 포함되지 않는다. (O/×)

011

일반적 행동자유권의 보호영역에는 가치 있는 행동뿐만 아니라 개인의 생활방식과 취미에 관한 사항도 포함되며, 여기에는 위험한 스포츠를 즐길 권리와 같은 위험한 생활방식으로 살아갈 권리도 포함된다. 따라서 운전 중 휴대용 전화를 사용할 자유는 헌법 제10조의 행복추구권에서 나오는 일반적 행동자유권의 보호영역에 속한다. (O/×)

012

부모의 분묘를 가꾸고 봉제사를 하고자 하는 권리는 행복추구권의 내용이 된다. (O/×)

013

사적자치의 원칙이란 자신의 일을 자신의 의사로 결정하고 행하는 자유뿐만 아니라 원치 않으면 하지 않을 자유로서, 헌법 제10조의 행복추구권에서 파생되는 일반적 행동자유권의 하나이다. (O/×)

014

휴식권은 헌법상 명문의 규정은 없으나 포괄적 기본권인 행복추구권의 한 내용으로 볼 수 있다. (O/×)

015

사회복지법인의 법인운영의 자유는 헌법 제10조의 행복추구권에서 보장되는 일반적 행동자유권 내지 사적자치권으로 보장되는 것이다. (O/×)

016

기부금품의 모집행위도 행복추구권에서 파생하는 일반적인 행동자유권에 의하여 기본권으로 보장된다. (O/×)

---

010 【×】 일반적 행동자유권의 보호영역에는 개인의 생활 방식과 취미에 관한 사항도 포함되며, 여기에는 위험한 스포츠를 즐길 권리와 같은 위험한 생활방식으로 살아갈 권리도 포함된다(2006헌마954).
011 【O】 헌재 2003.10.30. 2002헌마518
012 【O】 2009.9.24. 2007헌마872
013 【O】 2014.3.27. 2012헌가21
014 【O】 2001.9.27. 2000헌마159
015 【O】 2005.2.3. 2004헌바10
016 【O】 1998.5.28. 96헌가5

017 ⟳ 1 2 3

무면허의료행위라 할지라도 지속적인 소득활동이 아니라 취미, 일시적 활동 또는 무상의 봉사 활동으로 삼는 경우에는 헌법 제10조의 행복추구권에서 파생되는 일반적 행동자유권의 보호영역에 포섭된다.

(O/×)

018 ⟳ 1 2 3

결혼식 하객들에게 주류와 음식물을 접대하는 행위는 인류의 오래된 보편적인 사회생활의 한 모습으로서 일반적 행동자유권의 보호대상이다.

(O/×)

019 ⟳ 1 2 3

일반 공중의 사용에 제공된 공공용물을 그 제공 목적대로 이용하는 일반사용 내지 보통사용에 관한 권리는 일반적 행동자유권의 보호영역에 포함되지 않는다.

(O/×)

020 ⟳ 1 2 3

서울광장으로의 통행제지행위는 일체의 집회를 금지하고 일반시민의 통행조차 금지하는 것으로서 시민들의 일반적 행동자유권을 침해한다.

(O/×)

021 ⟳ 1 2 3

광장에서 여가활동이나 문화활동을 하는 것은 일반적 행동자유권의 보호영역에 포함되지만, 그 광장 주변을 출입하고 통행하는 개인의 행위는 거주이전의 자유로 보장될 뿐 일반적 행동자유권의 내용으로는 보장되지 아니한다.

(O/×)

022 ⟳ 1 2 3

자신이 마실 물을 선택할 자유, 수돗물 대신 먹는 샘물을 음용수로 이용할 자유는 헌법 제10조에 규정된 행복추구권의 내용을 이룬다.

(O/×)

---

017 【O】 2002.12.18. 2001헌마370

018 【O】 1998.10.15. 98헌마168

019 【X】 2011.6.30. 2009헌마406

020 【O】 일반 공중의 사용에 제공된 공공용물을 그 제공 목적대로 이용하는 것은 일반사용 내지 보통사용에 해당하는 것으로, 이처럼 일반 공중에게 개방된 장소인 서울광장을 개별적으로 통행하거나 서울광장에서 여가활동이나 문화활동을 하는 것은 일반적 행동자유권의 내용으로 보장된다. 따라서 서울광장에서의 집회·시위를 막기 위하여 일반 시민의 출입을 통제하는 것은 거주·이전의 자유가 제한되었다고 할 수 없지만 과잉금지원칙을 위반하여 시민들의 일반적 행동자유권을 침해한다(2011.6.30. 2009헌마406).

021 【X】 2011.6.30. 2009헌마406

022 【O】 1998.12.24. 98헌가1

023

육군 장교가 민간법원에서 약식명령을 받아 확정되면 자진신고할 의무를 규정한, '2020년도 장교 진급 지시'의 해당 부분 중 '민간법원에서 약식명령을 받아 확정된 사실이 있는 자'에 관한 부분은 청구인인 육군 장교의 일반적 행동의 자유를 침해한다. (O/×)

024

의료분쟁 조정신청의 대상인 의료사고가 사망에 해당하는 경우 한국의료분쟁조정중재원의 원장은 지체 없이 조정절차를 개시해야 한다고 규정한 「의료사고 피해구제 및 의료분쟁 조정 등에 관한 법률」 제27조 제9항 전문 중 '사망'에 관한 부분이 청구인의 일반적 행동의 자유를 침해한다고 할 수 없다. (O/×)

2. 자기결정권

3. 개성의 자유로운 발현권

025

지역방언을 자신의 언어로 선택하여 공적 또는 사적인 의사소통과 교육의 수단으로 사용하는 것은 행복추구권에서 파생되는 일반적 행동의 자유 내지 개성의 자유로운 발현의 내용이 된다. (O/×)

---

023 【×】 (1) '군인의 지위 및 복무에 관한 기본법'에 근거하여, 육군참모총장은 직무와 관계가 있고 권한 내의 사항이라면 육군 장교를 지휘·감독하는 내용의 명령을 할 수 있다. 군인사법에서는 육군참모총장에게 육군 장교 중 진급대상자 추천 권한을 부여하면서, 그 평가항목 중 하나로 '상벌사항'을 규정하고 있다. 따라서 육군참모총장이 상벌사항을 파악하는 일환으로 육군 장교에게 민간법원에서 약식명령을 받아 확정된 사실을 자진신고 하도록 명령하는 것은 **법률에 근거가 있다**. 20년도 육군지시 자진신고조항 및 21년도 육군지시 자진신고조항은 **법률유보원칙에 반하여 일반적 행동의 자유를 침해하지 않는다**.(헌재 2021.8.31. 2020헌마12)
(2) 형사사법정보시스템과 육군 장교 관련 데이터베이스를 연동하여 신분을 확인하는 방법 또는 범죄경력자료를 조회하는 방법 등은, 군사보안 및 기술상의 한계가 존재하고 파악할 수 있는 약식명령의 범위도 한정되므로, 자진신고의무를 부과하는 방법과 같은 정도로 입법목적을 달성하기 어렵다. 청구인들이 자진신고의무를 부담하는 것은 수사 및 재판 단계에서 의도적으로 신분을 밝히지 않은 행위에서 비롯된 것으로서 이미 예상가능한 불이익인 반면, '군사법원에서 약식명령을 받아 확정된 경우'와 그 신분을 밝히지 않아 '민간법원에서 약식명령을 받아 확정된 경우' 사이에 발생하는 인사상 불균형을 방지함으로써 군 조직의 내부 기강 및 질서를 유지하고자 하는 **공익은 매우 중대하다**. 20년도 육군지시 자진신고조항 및 21년도 육군지시 자진신고조항은 **과잉금지원칙에 반하여 일반적 행동의 자유를 침해하지 않는다**.(헌재 2021.8.31. 2020헌마12)

024 【O】 (1) 환자의 사망이라는 중한 결과가 발생한 경우 환자 측으로서는 피해를 신속·공정하게 구제하기 위해 조정절차를 적극적으로 활용할 필요가 있고, 보건의료인의 입장에서도 이러한 경우 분쟁으로 비화될 가능성이 높아 원만하게 분쟁을 해결할 수 있는 절차가 마련될 필요가 있으므로, 의료분쟁 조정절차를 자동으로 개시할 필요성이 인정된다. 조정절차가 자동으로 개시되더라도 피신청인은 이의신청을 통해 조정절차에 참여하지 않을 수 있고, 조정의 성립까지 강제되는 것은 아니므로 합의나 조정결정의 수용 여부에 대해서는 자유롭게 선택할 수 있으며, 채무부존재확인의 소 등을 제기하여 소송절차에 따라 분쟁을 해결할 수도 있다.
(2) 따라서 의료사고로 사망의 결과가 발생한 경우 의료분쟁 조정절차를 자동으로 개시하도록 한 심판대상조항이 청구인의 **일반적 행동의 자유를 침해한다고 할 수 없다**.(헌재 2021.5.27. 2019헌마321)

025 【O】 2009.5.28. 2006헌마618

4. 평화적 생존권

026
평화적 생존권은 인간의 존엄과 가치를 실현하고 행복을 추구하기 위한 기본전제가 되는 것이므로 행복추구권의 내용이 된다. (O/×)

V 제한

VI 침해와 구제

027
행복추구권과 기타 개별 기본권이 경합하는 경우에도 행복추구권 침해 여부에 대하여 독자적으로 판단하여야 한다. (O/×)

028
이륜차의 고속도로 통행을 금지하는 것은 이륜차 운전자의 행복추구권을 침해한다. (O/×)

029
한자 학습을 통하여 사고력·응용력·창의력을 기를 수 있고, 동아시아에서의 문화적 연대를 확산시킬 수 있으므로 공문서의 한글전용을 규정한 「국어기본법」은 공무원들의 행복추구권을 침해한다. (O/×)

---

026 【×】 평화적 생존권은 이를 헌법에 열거되지 아니한 기본권으로서 특별히 새롭게 인정할 필요성이 있다거나 그 권리내용이 비교적 명확하여 구체적 권리로서의 실질에 부합한다고 보기 어려워 **헌법상 보장된 기본권이라 할 수 없다**(2009.5.28. 2007헌마369).

027 【×】 헌법 제10조 전문의 행복추구권은 다른 개별적 기본권이 적용되지 않는 경우에 한하여 **보충적으로 적용되는 기본권이므로**, 선거권 및 평등권의 침해 여부를 판단하는 이 사건에 있어서는 **행복추구권 침해 여부를 별도로 판단하지 않기로 한다**(헌재 2008.6.26. 2007헌마917).

028 【×】 이륜차의 고속도로 통행을 금지하는 것은 이륜차 운전자의 **행복추구권을 침해하지 않는다**(2011.11.24. 2011헌바51).

029 【×】 공문서의 한글전용을 규정한 국어기본법 제14조 제1항 및 국어기본법 시행령 제11조가 청구인들의 행복추구권을 침해하는지 여부(소극) - 이 사건 공문서 조항은 공문서를 한글로 작성하여 공적 영역에서 원활한 의사소통을 확보하고 효율적·경제적으로 공적 업무를 수행하기 위한 것이다. 국민들은 공문서를 통하여 공적 생활에 관한 정보를 습득하고 자신의 권리 의무와 관련된 사항을 알게 되므로 우리 국민 대부분이 읽고 이해할 수 있는 한글로 작성할 필요가 있다. 한자어를 굳이 한자로 쓰지 않더라도 앞뒤 문맥으로 그 뜻을 이해할 수 있는 경우가 대부분이고, 뜻을 정확히 전달하기 위하여 필요한 경우에는 괄호 안에 한자를 병기할 수 있으므로 한자혼용방식에 비하여 특별히 한자어의 의미 전달력이나 가독성이 낮아진다고 보기 어렵다. 따라서 이 사건 공문서 조항은 청구인들의 **행복추구권을 침해하지 아니한다**(헌재 2016.11.24. 2012헌마854).

030

법률로 안전띠 착용을 강제하는 것은 개인의 일반적 행동자유권을 침해하여 헌법에 위반된다. (O/×)

031

간통을 형사 처벌하는 법률조항 및 혼인빙자간음을 형사 처벌하는 법률조항은 개인의 성적 자기결정권을 침해하여 헌법에 위반되지만, 성매매를 한 자를 형사 처벌하는 법률조항은 개인의 성적 자기결정권을 침해하지 않으므로 헌법에 위반되지 않는다. (O/×)

032

시체의 처분에 관한 자기결정권이 인정되므로 인수자가 없는 시체를 생전의 본인의 의사와는 무관하게 해부용 시체로 제공하도록 하는 것은 개인의 시체처분에 관한 자기결정권을 침해하여 헌법에 위반된다. (O/×)

033

임부가 약물 기타 방법으로 낙태하는 것을 처벌하는 법률 조항은 임부 개인의 자기 결정권을 침해하지 아니하므로 헌법에 위반되지 않는다. (O/×)

034

태아의 생명을 보호하기 위하여 낙태를 금지하고 형사처벌하는 것 자체가 모든 경우에 헌법에 위반된다고 볼 수 없다. (O/×)

---

030 【×】 법률로 안전띠 착용을 강제하는 것은 개인의 일반적 행동자유권을 비례의 원칙에 위반되게 과도하게 침해하는 것은 아니어서 **헌법에 위반되지 않는다**(2003.10.30. 2002헌마518).

031 【O】 2015.2.26. 2009헌바17

032 【O】 2015.11.26. 2012헌마940

033 【×】 **자기낙태죄 조항은** 모자보건법에서 정한 사유에 해당하지 않는다면 결정가능기간 중에 다양하고 광범위한 사회적·경제적 사유를 이유로 낙태갈등 상황을 겪고 있는 경우까지도 **예외 없이 전면적·일률적으로 임신의 유지 및 출산을 강제**하고, 이를 위반한 경우 형사처벌하고 있다. 따라서, 자기낙태죄 조항은 입법목적을 달성하기 위하여 필요한 최소한의 정도를 넘어 임신한 여성의 자기결정권을 제한하고 있어 침해의 최소성을 갖추지 못하였고, **태아의 생명 보호라는 공익에 대하여만 일방적이고 절대적인 우위를 부여함으로써** 법익균형성의 원칙도 위반하였으므로, **과잉금지원칙을 위반하여 임신한 여성의 자기결정권을 침해한다.** 자기낙태죄 조항과 동일한 목표를 실현하기 위하여 임신한 여성의 촉탁 또는 승낙을 받아 낙태하게 한 의사를 처벌하는 **의사낙태죄 조항도 같은 이유에서 위헌**이라고 보아야 한다(2019.4.11. 2017헌바127).

034 【O】 자기낙태죄 조항의 위헌성은 모자보건법이 정한 예외를 제외하고는 임신기간 전체를 통틀어 모든 낙태를 전면적·일률적으로 금지하고, 이를 위반할 경우 형벌을 부과함으로써 임신의 유지·출산을 강제하고 있다는 점에 있는 것이지 모든 경우가 헌법에 위반된다는 것은 아니다. 자기낙태죄 조항과 의사낙태죄 조항에 대하여 각각 단순위헌결정을 할 경우, 임신 기간 전체에 걸쳐 행해진 모든 낙태를 처벌할 수 없게 됨으로써 용인하기 어려운 법적 공백이 생기게 된다. 더욱이 입법자는 결정가능기간을 어떻게 정하고 결정가능기간의 종기를 언제까지로 할 것인지, 결정가능기간 중 일정한 시기까지는 사회적·경제적 사유에 대한 확인을 요구하지 않을 것인지 여부까지를 포함하여 결정가능기간과 사회적·경제적 사유를 구체적으로 어떻게 조합할 것인지, 상담요건이나 숙려기간 등과 같은 일정한 절차적 요건을 추가할 것인지 여부 등에 관하여 앞서 헌법재판소가 설시한 한계 내에서 입법재량을 가진다. 따라서 자기낙태죄 조항과 의사낙태죄 조항에 대하여 단순위헌 결정을 하는 대신 각각 헌법불합치 결정을 선고하되, 다만 입법자의 개선입법이 이루어질 때까지 계속적용을 명함이 타당하다(2019.4.11. 2017헌바127).

035

자기낙태죄 조항의 위헌 여부는 임신한 여성의 자기결정권과 태아의 생명권의 직접적인 충돌이 문제되므로 헌법을 규범조화적으로 해석하여 사안을 해결하여야 한다. (O/X)

036

국가는 헌법 제10조 제2문에 따라 태아의 생명을 보호할 의무가 있고, 생명을 보호하는 입법적 조치를 취함에 있어 인간생명의 발달단계에 따라 그 보호정도나 보호수단을 달리하여서는 아니 된다. (O/X)

037

태아가 비록 그 생명의 유지를 위하여 모(母)에게 의존해야 하지만, 그 자체로 모(母)와 별개의 생명체이고 특별한 사정이 없는 한 인간으로 성장할 가능성이 크므로 태아에게도 생명권이 인정되어야 하며, 태아가 독자적 생존능력을 갖추었는지 여부를 그에 대한 낙태 허용의 판단 기준으로 삼을 수는 없다. (O/X)

038

업무상동의낙태죄와 자기낙태죄는 대향범이므로 임신한 여성의 자기낙태를 처벌하는 것이 위헌이라고 판단되는 경우에는 동일한 목표를 실현하기 위해 부녀의 촉탁 또는 승낙을 받아 낙태하게 한 의사를 형사처벌하는 의사낙태죄 조항도 당연히 위헌이 되는 관계에 있다. (O/X)

039

모자보건법상의 낙태의 정당화 사유에는 사회적·경제적 사유도 포함되는데, 이에 해당하더라도 임신 24주 이내에만 낙태가 가능하므로 임신한 여성의 자기결정권을 보장하기에는 불충분하다. (O/X)

040

'운전면허를 받은 사람이 자동차 등을 이용하여 범죄행위를 한 때' 그 범죄행위가 얼마나 중한 것인지, 그러한 범죄행위를 행함에 있어 자동차 등이 당해 범죄 행위에 어느 정도로 기여했는지 등에 대한 아무런 고려 없이 필요적 운전면허 취소사유로 규정하는 것은 직업의 자유 내지 일반적 행동자유권을 침해하여 헌법에 위반된다. (O/X)

---

035 【X】 이 사안은 국가가 태아의 생명 보호를 위해 확정적으로 만들어 놓은 자기낙태죄 조항이 임신한 여성의 자기결정권을 제한하고 있는 것이 과잉금지원칙에 위배되어 위헌인지 여부에 대한 것이다. 자기낙태죄 조항의 존재와 역할을 간과한 채 임신한 여성의 자기결정권과 태아의 생명권의 직접적인 충돌을 해결해야 하는 사안으로 보는 것은 적절하지 않다 (2019.4.11. 2017헌바127).

036 【X】 국가가 생명을 보호하는 입법적 조치를 취함에 있어 인간생명의 발달단계에 따라 그 보호정도나 보호수단을 달리할 수 있다(2019.4.11. 2017헌바127).

037 【X】 위 지문은 변경 전 판례의 입장이다. 헌재는 "태아가 모체를 떠난 상태에서 독자적으로 생존할 수 있는 시점인 임신 22주 내외에 도달하기 전이면서 동시에 임신 유지와 출산 여부에 관한 자기결정권을 행사하기에 충분한 시간이 보장되는 시기(이하 착상 시부터 이 시기까지를 '결정가능기간'이라 한다)까지의 낙태에 대해서는 국가가 생명보호의 수단 및 정도를 달리 정할 수 있다고 봄이 타당하다(2019.4.11. 2017헌바127)."고 하여 달리 정할 수 있다는 입장이다.

038 【O】 2019.4.11. 2017헌바127

039 【X】 모자보건법상의 정당화 사유에는 사회적 경제적 사유는 규정되어 있지 않다.

040 【O】 2005.11.24. 2004헌가28

041

형사재판의 피고인으로 출석하는 수형자에 대하여 사복착용을 허용하지 아니한 것은 공정한 재판을 받을 권리, 인격권, 행복추구권을 침해한다. (O/×)

042

공문서의 한글전용을 규정한 「국어기본법」은 공문서를 한글로 작성하여 공적 영역에서 원활한 의사소통을 확보하고 효율적·경제적으로 공적 업무를 수행하기 위한 것으로, 공무원들의 행복추구권을 침해하지 아니한다. (O/×)

043

금치기간 중 신문·도서·잡지 외 자비구매물품의 사용을 제한하는 「형의 집행 및 수용자의 처우에 관한 법률」 조항은 수용자의 일반적 행동의 자유를 침해하지 않는다. (O/×)

044

비어업인이 잠수용 스쿠버장비를 사용하여 수산자원을 포획·채취하는 것을 금지하는 「수산자원관리법 시행규칙」 조항은 비어업인의 일반적 행동의 자유를 침해한다. (O/×)

045

아동·청소년 대상 성범죄자에게 1년마다 정기적으로 새로 촬영한 사진을 제출하도록 하고 정당한 사유 없이 사진제출의무를 위반한 경우 형사처벌을 하도록 한 것은 일반적 행동자유권에 대한 침해이다. (O/×)

---

041 【O】 2015.12.23. 2013헌마712

042 【O】 2016.11.24. 2012헌마854

043 【O】 2016.5.26. 2014헌마45

044 【×】 이 사건 규칙조항은 수산자원을 유지·보존하고 어업인들의 재산을 보호함으로써, 단기적으로는 어업인의 생계를 보장하고 장기적으로는 수산업의 생산성을 향상시키고자 함에 그 목적이 있는바 이러한 **입법목적에는 정당성이 인정**되며, 비어업인이 잠수용 스쿠버장비를 사용하여 수산자원을 포획·채취하는 것을 금지하는 것은 이러한 **입법목적을 달성하기 위한 적절한 수단**이다. 잠수용 스쿠버장비를 사용하여 잠수하는 경우에는 해수면 상에서 잠수여부를 쉽게 확인할 수 없고, 잠수시간이 길어 단속을 쉽게 피할 수 있으므로, 잠수용 스쿠버장비의 사용을 허용하면서 구체적인 행위태양이나 포획·채취한 수산자원의 종류와 양, 포획·채취가 이루어진 지역 등을 통제하는 것은 현실적으로 거의 불가능하다. 그리고 여가생활 또는 오락으로 잠수용 스쿠버다이빙을 즐기면서 수산자원을 포획하거나 채취하지 못함으로 인하여 청구인이 입는 불이익에 비해 수산자원을 보호해야 할 공익은 현저히 크다고 할 것이므로, 이 사건 규칙조항은 **침해의 최소성과 법익의 균형성도 갖추었다**. 따라서 이 사건 규칙조항은 청구인의 **일반적 행동의 자유를 침해하지 아니한다** (2016.10.27. 2013헌마450).

045 【×】 아동·청소년대상 성범죄자의 신상정보를 등록하게 하고, 그 중 사진의 경우에는 **1년마다 새로 촬영하여 제출하게 하고 이를 보존하는 것은** 신상정보 등록대상자의 재범을 억제하고, 재범한 경우에는 범인을 신속하게 검거하기 위한 것이므로 그 입법목적이 정당하고, 사진이 징표하는 신상정보인 외모는 쉽게 변하고, 그 변경 유무를 객관적으로 판단하기 어려우므로 1년마다 사진제출의무를 부과하는 것은 그러한 입법목적 달성을 위한 적합한 수단이다. 외모라는 신상정보의 특성에 비추어 보면 변경되는 정보의 보관을 위하여 정기적으로 사진을 제출하게 하는 방법 외에는 다른 대체수단을 찾기 어렵고, 등록의무자에게 매년 새로 촬영된 사진을 제출하게 하는 것이 그리 큰 부담은 아닐 뿐만 아니라, 의무위반 시 제재방법은 입법자에게 재량이 있으며 형벌 부과는 입법재량의 범위 내에 있고 또한 명백히 잘못 되었다고 할 수는 없으며, 법정형 또한 비교적 경미하므로 침해의 최소성 원칙 및 법익균형성원칙에도 위배되지 아니한다. 따라서 이 사건 심판대상조항은 **일반적 행동의 자유를 침해하지 아니한다**(2015.7.30. 2014헌바257).

046

형의 집행유예와 동시에 사회봉사명령을 선고받는 경우, 신체의 자유가 제한될 뿐이지 일반적 행동자유권이 제한되는 것은 아니다. (O/×)

047

술에 취한 상태로 도로 외의 곳에서 운전하는 것을 금지하고 이를 위반했을 때 처벌하는 것은 일반적 행동의 자유를 제한한다. (O/×)

048

주세법에 의한 자도소주 구입명령제도는 소주판매업자의 직업의 자유는 물론 소주제조업자의 경쟁 및 기업의 자유와 소비자의 행복추구권에서 파생된 자기결정권을 지나치게 침해하여 위헌이다. (O/×)

049

기부금품의 모집이나 기부행위 자체는 사회적으로 해로운 행위가 아니고 기부금품 모집과정에서의 위법행위는 형법 등으로 규제되므로 기부금품의 모집에 허가를 받도록 한 것은 위헌이다. (O/×)

050

「4·16세월호참사 피해구제 및 지원 등을 위한 특별법 시행령」에 따라 세월호피해지원에 관한 배상금을 수령하는 경우, 세월호 참사에 관하여 어떤 방법으로도 일체의 이의를 제기하지 않을 것을 서약하도록 하는 것은 세월호 승선 사망자들 부모의 일반적 행동의 자유를 침해한다. (O/×)

---

046 【×】 형의 집행유예와 동시에 사회봉사명령을 선고받는 경우, 자신의 의사와 무관하게 사회봉사를 하지 않을 수 없게 되어 헌법 제10조의 행복추구권에서 파생되는 **일반적 행동의 자유를 제한받게 된다**. **사회봉사명령은 근로의무를 부과함에 그치고 공권력이 신체를 구금하는 등의 방법으로 근로를 강제하는 것은 아니어서 이 사건 법률조항이 신체의 자유를 제한한다고 볼 수 없다**(2012.3.29. 2010헌바100).

047 【O】 2016.2.25. 2015헌가11

048 【O】 1996.12.26. 96헌가18

049 【×】 이 사건 허가조항은 기부금품의 과잉모집이나 적정하지 못한 사용을 방지하기 위한 것으로서 정당한 목적달성을 위한 적합한 수단이 된다. 또한 계속적인 기부금품 모집허가를 규정하고, 기부금품 모집을 허가해야 할 사업의 범위를 넓게 규정하면서 일반조항을 통하여 대부분의 공익사업에 대한 기부금품 모집이 가능하도록 하고 있는 점 등을 고려할 때 기본권의 최소침해성원칙이나 법익균형성원칙에 반한다고 보기도 어렵다. 따라서 이 사건 허가조항은 헌법 제37조 제2항의 **과잉금지원칙에 위반하여 기부금품을 모집할 일반적 행동의 자유를 침해하지 않는다**(2010.2.25. 2008헌바83).

050 【O】 2017.6.29. 2015헌마654

051
「부정청탁 및 금품등 수수의 금지에 관한 법률」의 부정청탁금지 조항 및 금품수수금지 조항은 과잉금지원칙을 위반하여 언론인 및 사립학교 관계자의 일반적 행동자유권을 침해한다. (O/×)

052
「이동통신단말장치 유통구조 개선에 관한 법률」상 이동통신단말장치 구매지원금 상한 조항은 이동통신단말장치를 구입하고, 이동통신서비스의 이용에 관한 계약을 체결하고자 하는 자의 일반적 행동자유권에서 파생하는 계약의 자유를 침해한다. (O/×)

---

051 【×】 교육과 언론이 국가나 사회 전체에 미치는 영향력이 크고, 이들 분야의 부패는 그 파급효가 커서 피해가 광범위하고 장기적인 반면 원상회복은 불가능하거나 매우 어렵다는 점에서, **사립학교 관계자와 언론인에게는 공직자에 맞먹는 청렴성 및 업무의 불가매수성이 요청된다. 부정청탁금지조항과 금품수수금지조항**의 입법목적은 그 정당성이 인정되고, 사립학교 관계자와 언론인이 법령과 사회상규 등에 위배되어 금품 등을 수수하지 않도록 하고 누구든지 이들에게 부정청탁하지 못하도록 하는 것은 입법목적을 달성하기 위한 적정한 수단이다. 부정청탁금지조항과 금품수수금지조항이 침해의 최소성 원칙에 반한다고 보기 어렵다. 부정청탁금지조항과 금품수수금지조항이 추구하는 공익은 매우 중대하므로 법익의 균형성도 충족한다. 따라서 부정청탁금지조항과 금품수수금지조항이 과잉금지원칙을 위반하여 **청구인들의 일반적 행동자유권을 침해한다고 보기 어렵다**(2016.7.28. 2015헌마236).

052 【×】 **지원금 상한 조항은 이동통신단말장치의 공정하고 투명한 유통질서를 확립하여 이동통신 산업의 건전한 발전과 이용자의 권익을 보호하기 위한 것**으로 이러한 입법목적에는 정당성이 인정되며, 이동통신단말장치 구매 지원금 상한제는 이러한 목적을 달성하기 위한 적절한 수단이다. 지원금 상한 조항은 이동통신사업자 등이 자율적인 판단에 따라 이용자에게 지원금을 지급할 것인지 여부를 정할 수 있도록 하면서 다만 지원금 상한액의 기준 및 한도만을 제한하고 있을 뿐이고, 단말기유통법은 지원금 상한 조항의 시행으로 인한 기본권 제한을 최소화하기 위한 제도적 장치들을 충분히 마련하고 있으며, 단말기유통법이 정하고 있는 다른 수단들만으로는 이동통신서비스 시장에서 발생하고 있는 과도한 지원금 지급 경쟁을 막는 데 한계가 있으므로 지원금 상한 조항은 침해의 최소성을 갖추었다. 지원금 상한 조항으로 인하여 일부 이용자들이 종전보다 적은 액수의 지원금을 지급받게 될 가능성이 있다고 할지라도, 이러한 불이익에 비해 이동통신 산업의 건전한 발전과 이용자의 권익을 보호한다는 공익이 매우 중대하다고 할 것이므로, 지원금 상한 조항은 법익의 균형성도 갖추었다. 따라서 지원금 상한 조항은 청구인들의 **계약의 자유를 침해하지 아니한다**(2017.5.25. 2014헌마844).

053

LPG를 연료로 사용할 수 있는 자동차 또는 그 사용자의 범위를 제한하고 있는 「액화석유가스의 안전관리 및 사업법 시행규칙」 조항은 LPG승용자동차를 소유하고 있거나 운행하려는 자의 일반적 행동자유권을 침해한다. (O/X)

054

중혼을 혼인취소의 사유로 정하면서 그 취소청구권의 제척기간 또는 소멸사유를 규정하지 않은 「민법」 조항은 후혼배우자의 인격권 및 행복추구권을 침해하지 아니한다. (O/X)

055

민사재판에 당사자로 출석하는 수형자에 대하여 사복착용을 허용하지 아니한 것은 수형자의 인격권과 행복추구권을 침해한다. (O/X)

---

053 【X】 이 사건 시행규칙조항은 수송용 LPG가 적절한 가격에 안정적으로 수급될 수 있는 환경을 조성하고, 그 사용에 있어 안전관리가 충분히 이루어질 수 있도록 하며, LPG의 가격을 상대적으로 저렴하게 유지하여 공공요금의 안정, 취약계층에 대한 복지혜택 부여, 공공기관 등의 재정 절감 등 국가 정책상 요구되는 공익상 필요에 기여하기 위한 것으로 그 입법목적은 정당하다. 위와 같은 입법목적을 달성하기 위해서는 국가가 수송용 LPG의 사용량 증가를 적정하게 조절할 필요가 있는데, 이 사건 시행규칙조항은 LPG승용자동차의 소유 및 처분을 제한함으로써 LPG사용량 증가를 억제할 수 있으므로, 위 입법목적을 달성하기 위한 적절한 방법이다. 일반인들은 LPG승용자동차 중 경형 승용자동차, 승차정원 7명 이상인 승용자동차, 하이브리드자동차의 경우에는 용도에 관계없이 자유롭게 운행할 수 있고, 이 사건 시행규칙조항 단서에 따라 국가유공자등이나 장애인 등이 소유·사용하는 LPG승용자동차로서 등록 후 5년이 경과하면 그 운행에 아무런 제한을 받지 않는다. 또한, 이 사건 심판청구 이후 이 사건 법률조항이 두 차례 개정됨에 따라, 누구나 자유롭게 운행할 수 있는 LPG승용자동차의 범위가 더욱 확대되었다. 한편, LPG승용자동차의 소유자들은 LPG를 연료로 사용할 수 있는 사람에게는 언제든지 자신들의 LPG승용자동차를 처분할 수 있고, 등록 후 5년이 경과한 때부터는 처분 상대방이 제한되지도 않는다. 따라서 이 사건 시행규칙조항은 침해의 최소성 원칙에도 위배되지 않는다. 이 사건 시행규칙조항에 의하여 제한되는 사익은, 일반인들이 LPG승용자동차를 자유롭게 운행할 수 없거나 LPG승용자동차의 소유자들이 자신들의 차량을 처분함에 있어 일정 기간 동안 그 상대방이 제한되는 것으로, 이 사건 시행규칙조항으로 달성하려는 공익에 비하여 크다고 보기 어렵다. 따라서 이 사건 시행규칙조항은 LPG승용자동차를 소유하고 있거나 LPG승용자동차를 운행하려는 청구인들의 <u>일반적 행동자유권 및 재산권을 침해하지 않는다</u>(2017.12.28. 2015헌마997).

054 【O】 2014.7.24. 2011헌바275

055 【X】 수형자라 하더라도 확정되지 않은 별도의 형사재판에서만큼은 미결수용자와 같은 지위에 있으므로, 이러한 수형자로 하여금 형사재판 출석 시 아무런 예외 없이 사복착용을 금지하고 재소자용 의류를 입도록 하여 인격적인 모욕감과 수치심 속에서 재판을 받도록 하는 것은 재판부나 검사 등 소송관계자들에게 유죄의 선입견을 줄 수 있고, 이미 수형자의 지위로 인해 크게 위축된 피고인의 방어권을 필요 이상으로 제약하는 것이다. 또한 형사재판에 피고인으로 출석하는 수형자의 사복착용을 추가로 허용함으로써 통상의 미결수용자와 구별되는 별도의 계호상 문제점이 발생된다고 보기 어렵다. 따라서 심판대상조항이 형사재판의 피고인으로 출석하는 수형자에 대하여 사복착용을 허용하지 아니한 것은 청구인의 공정한 재판을 받을 권리, 인격권, 행복추구권을 침해한다. 민사재판에서 법관이 당사자의 복장에 따라 불리한 심증을 갖거나 불공정한 재판진행을 하게 되는 것은 아니므로, 심판대상조항이 민사재판의 당사자로 출석하는 수형자에 대하여 사복착용을 불허하는 것으로 공정한 재판을 받을 권리가 침해되는 것은 아니다. 수형자가 민사법정에 출석하기까지 교도관이 반드시 동행하여야 하므로 수용자의 신분이 드러나게 되어 있어 재소자용 의류를 입었다는 이유로 인격권과 행복추구권이 제한되는 정도는 제한적이고, 형사법정 이외의 법정 출입 방식은 미결수용자와 교도관 전용 통로 및 시설이 존재하는 형사재판과 다르며, 계호의 방식과 정도도 확연히 다르다. 따라서 심판대상조항이 민사재판에 출석하는 수형자에 대하여 사복착용을 허용하지 아니한 것은 청구인의 인격권과 행복추구권을 침해하지 아니한다(2015.12.23. 2013헌마712).

056 ⟳ 1 2 3

'카메라나 그 밖에 이와 유사한 기능을 갖춘 기계장치를 이용하여 성적 욕망 또는 수치심을 유발할 수 있는 다른 사람의 신체를 그 의사에 반하여 촬영한 자'를 처벌하는 것은, '자신의 신체를 함부로 촬영당하지 않을 자유' 등 인격권 보호를 목적으로 '몰래카메라'의 폐해를 방지하기 위한 것으로서, 일반적 행동자유권은 침해하지 않는다. (O/×)

057 ⟳ 1 2 3

정보통신망을 통하여 공중이 게임물을 이용할 수 있도록 서비스하는 게임물 관련사업자로 하여금 게임물 이용자의 회원가입시 본인인증을 할 수 있는 절차를 마련하도록 한 조항은 인터넷게임 이용자의 일반적 행동자유권을 침해하지 않는다. (O/×)

058 ⟳ 1 2 3

헌법재판소는 16세 미만 청소년에게 오전 0시부터 오전 6시까지 인터넷게임의 제공을 금지하는 '강제적 셧다운제'를 규정한 것은 여가와 오락 활동에 관한 청소년의 일반적 행동자유권을 침해하지 않는다고 하였으나, 최근 청소년보호법 개정으로 셧다운제는 폐지되었다. (O/×)

059 ⟳ 1 2 3

수용시설 밖으로 나가는 수형자에게 고무신의 착용을 강제하는 것은, 도주의 방지를 위한 불가피한 수단이라고 보기 어렵고 효과적인 도주 방지 수단이 될 수도 없으며, 오히려 수형자의 신분을 일반인에게 노출시켜 모욕감과 수치심을 갖게 할 뿐으로서 이는 행형의 정당한 목적에는 포함되지 아니하므로, 기본권 제한의 한계를 벗어나 수형자의 인격권과 행복추구권을 침해한다. (O/×)

060 ⟳ 1 2 3

외부 민사재판에 출정할 때 운동화를 착용하게 해달라는 수형자인 청구인의 신청에 대하여 이를 불허한 피청구인 교도소장의 행위는 청구인의 인격권을 침해한다고 볼 수 없다. (O/×)

---

056 【O】 2017.6.29. 2015헌바243
057 【O】 2015.3.26. 2013헌마517
058 【O】 2014.4.24. 2011헌마659 등, 청소년보호법 개정(22년 1월 1일 시행)
059 【×】 수용시설 밖으로 나가는 수형자에게 운동화착용을 불허하고 고무신의 착용을 강제하는 것은, 시설 바깥으로의 외출이라는 기회를 이용한 **도주를 예방하기 위한 것으로서 그 목적이 정당하고 목적달성을 위한 적합한 수단이라** 할 것이므로, 운동화착용불허행위가 과잉금지원칙에 반하여 수형자의 인격권과 행복추구권을 침해하였다고 볼 수 없다(2011.2.24. 2009헌마209).
060 【O】 헌재 2011.2.24. 2009헌마209

061
도로교통법상의 음주운전측정과 관련하여 불응하는 운전자를 형사처벌하는 것은 헌법 제10조에 규정된 행복추구권에서 도출되는 일반적인 행동자유권을 침해하는 것이라고 할 수 없다. (O/×)

062
당연히 의심을 갖고 조사해야 할 중요한 사항에 조사를 현저히 소홀히 하고, 피의사실을 인정할 수 있는 증거가 될 수 없다는 사실을 인식하고도 자의적인 증거판단에 의하여 청구인에 대하여 기소유예처분을 한 것은 청구인에게 보장된 평등권과 행복추구권을 침해한 것이다. (O/×)

063
소유권이전등기신청을 의무화하고 그 위반에 대하여 과태료를 부과하도록 한 부동산등기특별조치법 제11조 제1항이 과잉금지의 원칙에 어긋나게 일반적 행동자유권을 제한한 것이라 할 수 없다. (O/×)

---

061 【O】 1997.3.27. 96헌가11
062 【O】 1993.3.11. 92헌마191
063 【O】 1998.5.28. 96헌바83

최신판례 예상지문

001

사람을 사상한 후 필요한 조치 및 신고를 하지 아니하여 벌금 이상의 형을 선고 받고 운전면허가 취소된 사람은 운전면허가 취소된 날부터 4년간 운전면허를 받을 수 없도록 하는 도로교통법조항은 직업의 자유 및 일반적 행동의 자유를 침해한다. (O/×)

002

농업협동조합 조합장의 재임 중 기부행위를 금지하고, 이를 위반하면 형사처벌하는 농업협동조합법 조항은 조합장의 일반적 행동자유권을 침해한다. (O/×)

003

주방에서 발생하는 음식물 찌꺼기 등을 분쇄하여 오수와 함께 배출하는 주방용오물분쇄기의 판매와 사용을 금지하는 것은 청구인들의 일반적 행동자유권 또는 직업의 자유를 침해한다. (O/×)

---

001 【X】 사람을 사상한 후 필요한 조치 및 신고를 하지 아니하여 벌금 이상의 형을 선고 받고 운전면허가 취소된 사람은 운전면허가 취소된 날부터 4년간 운전면허를 받을 수 없도록 하는 도로교통법조항이 직업의 자유 및 일반적 행동의 자유를 침해하는지 여부(소극) (헌재 2017.12.28. 2016헌바254) - 심판대상조항은 국민의 생명·신체를 보호하고 도로교통에 관련된 공공의 안전을 확보함과 동시에 4년의 운전면허 결격기간이라는 엄격한 제재를 통하여 교통사고 발생 시 구호조치의무 및 신고의무를 이행하도록 하는 예방적 효과를 달성하고자 하는 데 그 입법목적을 가지고 있다. 이러한 입법목적은 정당하고, 그 수단의 적합성 또한 인정된다. 자격제도의 특성상 운전면허를 취득하고자 하는 사람들의 개별성과 특수성을 일일이 고려하는 것은 현실적으로 쉽지 아니하므로, 어느 정도 일률적인 규율은 불가피하다. 따라서 심판대상조항은 직업의 자유 및 일반적 행동의 자유를 침해하지 않는다.

002 【X】 농업협동조합 조합장의 재임 중 기부행위를 금지하고, 이를 위반하면 형사처벌하는 농업협동조합법 조항이 조합장의 일반적 행동자유권을 침해하는지 여부(소극) (헌재 2018.2.22. 2016헌바370) - (1) 제한되는 기본권 : 일반적 행동자유권(O), 재산권(X)
(2) 기부행위처벌조항은 조합장 선거의 공정성을 보장하기 위한 규정이므로 그 입법 목적의 정당성이 인정되고, 조합장 선거의 공정성이라는 목적을 달성하기 위하여 조합장 재임 중 기부행위를 전면 금지하고 이를 위반하는 경우 형사처벌하는 것은 이러한 입법목적을 달성하기 위한 적절한 수단이며, 조합장의 재임 중 금지되는 기부행위의 기간을 한정하는 등 기본권을 덜 제한하는 방법으로 입법 목적을 달성할 수 있는 수단이 있다고 단정하기도 어렵고, 법익의 균형성도 갖추고 있다. 기부행위처벌조항은 조합장의 일반적 행동자유권을 침해하지 않는다.

003 【X】 주방에서 발생하는 음식물 찌꺼기 등을 분쇄하여 오수와 함께 배출하는 주방용오물분쇄기의 판매와 사용을 금지하는 '주방용오물분쇄기의 판매·사용금지'에 관한 환경부고시는 주방용오물분쇄기를 사용하거나 판매하려는 청구인들의 일반적 행동자유권 또는 직업의 자유를 침해하는지 여부(소극) (헌재 2018.6.28. 2016헌마1151) - 심판대상조항은 주방용오물분쇄기 사용으로 인한 하수의 수질 악화를 막아 궁극적으로는 하천, 바다 등 공공수역의 수질오염을 방지하는 것을 목적으로 하고, 하수의 수질 악화를 막아 공공수역의 수질오염을 방지할 수 있으므로 달성되는 공익은 중대하다. 따라서 과잉금지원칙에 위반하여 청구인들의 일반적 행동자유권, 직업의 자유를 침해하지 않는다.

004

거짓이나 그 밖의 부정한 수단으로 운전면허를 받은 경우 모든 범위의 운전면허를 필요적으로 취소하도록 한 구 도로교통법조항 가운데, '거짓이나 그 밖의 부정한 수단으로 받은 운전면허를 제외한 운전면허'를 필요적으로 취소하도록 한 부분은 일반적 행동의 자유 또는 직업의 자유를 침해한다. (O/×)

005

자기낙태죄 처벌조항은 태아의 생명보호를 위한 것으로, 목적의 정당성과 수단의 적합성이 인정된다. (O/×)

---

004 【O】 거짓이나 그 밖의 부정한 수단으로 운전면허를 받은 경우 모든 범위의 운전면허를 필요적으로 취소하도록 한 구 도로교통법조항 가운데, '거짓이나 그 밖의 부정한 수단으로 받은 운전면허를 제외한 운전면허'를 필요적으로 취소하도록 한 부분이 일반적 행동의 자유 또는 직업의 자유를 침해하는지 여부(일부 적극) (헌재 2020.6.25. 2019헌가9 [전원재판부])
- (1) '부정 취득한 운전면허'의 경우 : 심판대상조항은 교통상의 위험과 장해를 방지하고자 하는 것이므로 그 입법목적이 정당하고, 이를 위해 모든 범위의 운전면허를 필요적으로 취소하도록 하는 것은, 수단의 적합성도 인정된다. 임의적 취소·정지의 대상으로 전환할 경우 면허제도의 근간이 흔들리게 되고 형사처벌 등 다른 제재수단만으로는 여전히 부정 취득한 운전면허로 자동차 운행이 가능하다는 점에서, 피해의 최소성 원칙에 위배되지 않는다. 또한 부정 취득한 운전면허는 그 요건이 처음부터 갖추어지지 못한 것으로서 해당 면허를 박탈하더라도 기본권이 추가적으로 제한된다고 보기 어려워, 법익의 균형성 원칙에도 위배되지 않는다.
(2) '부정 취득하지 않은 운전면허'의 경우 : 이 경우까지 필요적으로 취소하도록 한 것은, 임의적 취소·정지 사유로 함으로써 구체적 사안의 개별성과 특수성을 고려하여 불법의 정도에 상응하는 제재수단을 선택하도록 하는 등 완화된 수단에 의해서도 입법목적을 같은 정도로 달성하기에 충분하므로, 피해의 최소성 원칙에 위배되고 법익의 균형성 원칙에도 위배된다.
(3) 따라서 심판대상조항 중 각 '거짓이나 그 밖의 부정한 수단으로 받은 운전면허를 제외한 운전면허'를 필요적으로 취소하도록 한 부분은, 과잉금지원칙에 반하여 일반적 행동의 자유 또는 직업의 자유를 침해한다.

005 【O】 임신한 여성의 자기낙태를 처벌하는 형법조항과, 의사가 임신한 여성의 촉탁 또는 승낙을 받아 낙태하게 한 경우를 처벌하는 같은 법조항 중 '의사'에 관한 부분이 각각 임신한 여성의 자기결정권을 침해하는지 여부(적극) (헌재 2019.4.11. 2017헌바127) - (1) 제한되는 기본권 : 임신한 여성의 자기결정권
(2) 심사기준 : 자기낙태죄 조항이 임신한 여성의 자기결정권을 제한하고 있는 것이 과잉금지원칙에 위배되어 위헌인지 여부에 대한 것이다. 임신한 여성의 자기결정권과 태아의 생명권의 직접적인 충돌을 해결해야 하는 사안으로 보는 것은 적절하지 않다.
(3) 목적의 정당성과 수단의 적합성 O : 자기낙태죄 조항은 태아의 생명을 보호하기 위한 것으로서 그 입법목적이 정당하고, 낙태를 방지하기 위하여 임신한 여성의 낙태를 형사처벌하는 것은 이러한 입법목적을 달성하는 데 적합한 수단이다.
(4) 침해의 최소성 및 법익의 균형성 X : 예외 없이 전면적·일률적으로 임신한 여성에게 임신의 유지 및 출산을 강제하고, 이를 위반하여 낙태한 경우 형사처벌하고 있는 것은 그 입법목적을 달성하기 위하여 필요한 최소한의 정도를 넘어 임신한 여성의 자기결정권을 제한하는 것이므로, 적용대상을 제한하지 아니하고 이미 법률관계가 확정된 자들에게까지 소급한다면 그로 인하여 법적 안정성 문제를 야기하게 되고 상당한 규모의 재정부담도 발생하게 될 것이므로, 일정한 기준을 두어 적용대상을 제한한 것은 충분히 납득할 만한 이유가 있다. 심판대상조항으로 인하여 법률의 개정·공포일부터 시행일 사이에 퇴직한 사람이 완화된 퇴직연금 수급요건의 적용대상에서 제외된다 하더라도 이것은 불가피한 경우에 해당한다. 따라서 개정 법률을 그 시행일 전으로 소급적용하는 경과규정을 두지 않았다고 하여 이를 현저히 불합리한 차별이라고 볼 수 없으므로, 심판대상조항은 청구인의 평등권을 침해하지 아니한다.

006

전동킥보드의 최고속도는 25km/h를 넘지 않아야 한다고 규정한 구 '안전확인대상생활용품의 안전기준'은 소비자의 자기결정권 및 일반적 행동자유권을 침해한다. (O/×)

007

의료분쟁 조정신청의 대상인 의료사고가 사망에 해당하는 경우 한국의료분쟁조정중재원의 원장은 지체 없이 조정절차를 개시해야 한다고 규정한 '의료사고 피해구제 및 의료분쟁 조정 등에 관한 법률' 조항은 청구인의 일반적 행동의 자유를 침해한다. (O/×)

---

006 【X】 전동킥보드의 최고속도는 25km/h를 넘지 않아야 한다고 규정한 구 '안전확인대상생활용품의 안전기준'이 소비자의 자기결정권 및 일반적 행동자유권을 침해하는지 여부(소극) - (1) 제한되는 기본권 : 심판대상조항은 청구인의 **신체의 자유를 제한하는 것은 아니다**. 심판대상조항은 위험성을 가진 재화의 제조·판매조건을 제약함으로써 최고속도 제한이 없는 전동킥보드를 구입하여 사용하고자 하는 **소비자의 자기결정권 및 일반적 행동자유권을 제한할 뿐이다.**
(2) 전동킥보드의 자전거도로 통행을 허용하는 조치를 실시하기 위해서는 제조·수입되는 전동킥보드가 일정 속도 이상으로는 동작하지 않도록 제한하는 것이 선행되어야 한다. 소비자가 아직 전동킥보드의 자전거도로 통행이 가능하지 않음에도 불구하고 최고속도 제한기준을 준수한 제품만을 구입하여 이용할 수밖에 없는 불편함이 있다고 하여 전동킥보드의 최고속도를 제한하는 안전기준의 도입이 입법목적 달성을 위한 수단으로서의 적합성을 잃었다고 볼 수는 없다. 최고속도 제한을 두지 않는 방식이 이를 두는 방식에 비해 확실히 더 안전한 조치라고 볼 근거가 희박하고, 최고속도가 시속 25km라는 것은 자전거도로에서 통행하는 다른 자전거보다 속도가 더 높아질수록 사고위험이 증가할 수 있는 측면을 고려한 기준 설정으로서, 전동킥보드 소비자의 자기결정권 및 일반적 행동자유권을 박탈할 정도로 지나치게 느린 정도라고 보기 어렵다.
(3) 심판대상조항은 과잉금지원칙을 위반하여 **소비자의 자기결정권 및 일반적 행동자유권을 침해하지 아니한다.** (헌재 2020.2.27. 2017헌마1339)

007 【X】 의료분쟁 조정신청의 대상인 의료사고가 사망에 해당하는 경우 한국의료분쟁조정중재원의 원장은 지체 없이 조정절차를 개시해야 한다고 규정한 '의료사고 피해구제 및 의료분쟁 조정 등에 관한 법률' 조항이 청구인의 일반적 행동의 자유를 침해하는지 여부(소극) - (1) 환자의 사망이라는 중한 결과가 발생한 경우 환자 측으로서는 피해를 신속·공정하게 구제하기 위해 조정절차를 적극적으로 활용할 필요가 있고, 보건의료인의 입장에서도 이러한 경우 분쟁으로 비화될 가능성이 높아 원만하게 분쟁을 해결할 수 있는 절차가 마련될 필요가 있으므로, 의료분쟁 조정절차를 자동으로 개시할 필요성이 인정된다. 조정절차가 자동으로 개시되더라도 피신청인은 이의신청을 통해 조정절차에 참여하지 않을 수 있고, 조정의 성립까지 강제되는 것은 아니므로 합의나 조정결정의 수용 여부에 대해서는 자유롭게 선택할 수 있으며, 채무부존재확인의 소 등을 제기하여 소송절차에 따라 분쟁을 해결할 수도 있다. (2) 따라서 의료사고로 사망의 결과가 발생한 경우 의료분쟁 조정절차를 자동으로 개시하도록 한 심판대상조항이 청구인의 **일반적 행동의 자유를 침해한다고 할 수 없다.** (헌재 2021.5.27. 2019헌마321)

008 ⟳ 1 2 3

사회복무요원이 대학에서 수학하는 행위를 제한하는 구 병역법 시행령은 청구인의 교육을 통한 자유로운 인격발현권을 침해한다. (O/×)

009 ⟳ 1 2 3

자동차 운전 중 휴대용 전화를 사용하는 것을 금지하고 위반 시 처벌하는 구 도로교통법 조항은 일반적 행동자유권을 침해한다. (O/×)

010 ⟳ 1 2 3

육군 장교가 민간법원에서 약식명령을 받아 확정되면 자진신고할 의무를 규정한, 20년도 육군지시 자진신고 조항 및 21년도 육군지시 자진신고조항은 과잉금지원칙에 반하여 일반적 행동의 자유를 침해한다. (O/×)

---

008 【×】 사회복무요원이 대학에서 수학하는 행위를 제한하는 구 병역법 시행령이 청구인의 교육을 통한 자유로운 인격발현권을 침해하는지 여부(소극) - (1) 대학 교육과정의 수준과 내용, 그에 따른 학생들의 학업 부담, 현역병과 달리 내무생활을 하지 않는 사회복무요원의 복무형태 등을 고려하면, 심판대상조항이 사회복무요원에 대해 대학에서의 수학행위를 제한한 것은 사회복무요원의 **충실한 병역의무 이행을 확보**하고 다른 병역과의 형평성을 유지하기 위한 것이므로, 그 필요성을 충분히 인정할 수 있다. 분할복무를 신청하여 복무중단 중인 사회복무요원에 대해 대학에서 수학하는 행위를 허용하는 것은 분할복무제도의 취지에 반하여 사회복무요원이 병역의무를 충실히 이행하고 전념하게 하는 데에 부합하지 않을 뿐만 아니라, 그 기간 동안 대학에 정상적으로 복학하여 수학할 수 있다고 단정할 수도 없고, 병역부담의 형평성과 사회복무제도에 대한 사회적 신뢰도 무너뜨릴 위험이 있으므로, 사회복무요원의 교육을 통한 자유로운 인격발현권을 덜 침해하는 대안이라고 볼 수 없다. 사회복무요원은 구 병역법 시행령 제65조의3 제4호 단서에 따라 근무시간 후에 방송통신에 의한 수업이나 원격수업으로 수학할 수 있고, 개인적으로 수학하는 것도 전혀 제한되지 않는다.
(2) 따라서 심판대상조항은 과잉금지원칙에 반하여 청구인의 <u>교육을 통한 자유로운 인격발현권을 침해하지 않는다</u>. (헌재 2021.6.24. 2018헌마526)

009 【×】 자동차 운전 중 휴대용 전화를 사용하는 것을 금지하고 위반 시 처벌하는 구 도로교통법 조항이 일반적 행동자유권을 침해하는지 여부(소극) - (1) 운전 중 전화를 받거나 거는 것, 수신된 문자메시지의 내용을 확인하는 것과 같이 휴대용 전화를 단순 조작하는 경우에도 전방주시율, 돌발 상황에 대한 대처능력 등이 저하되어 교통사고의 위험이 증가하므로, 국민의 생명·신체·재산을 보호하기 위해서는 휴대용 전화의 사용을 원칙적으로 금지할 필요가 있다. 운전 중 안전에 영향을 미치지 않거나 긴급한 필요가 있는 경우에는 휴대용 전화를 이용할 수 있고, 지리안내 영상 또는 교통정보안내 영상, 국가비상사태·재난상황 등 긴급한 상황을 안내하는 영상, 운전을 할 때 자동차등의 좌우 또는 전후방을 볼 수 있도록 도움을 주는 영상이 표시되는 범위에서 휴대용 전화를 '영상표시장치'로 사용하는 행위도 허용된다.
(2) 이 사건 법률조항으로 인하여 청구인은 운전 중 휴대용 전화 사용의 편익을 누리지 못하고 그 의무에 위반할 경우 20만 원 이하의 벌금이나 구류 또는 과료에 처해질 수 있으나 이러한 부담은 크지 않다. 이에 비하여 운전 중 휴대용 전화 사용 금지로 교통사고의 발생을 줄임으로써 보호되는 국민의 생명·신체·재산은 중대하다.
(3) 그러므로 이 사건 법률조항은 과잉금지원칙에 반하여 청구인의 일반적 행동의 자유를 침해하지 않는다. (헌재 2021.6.24. 2019헌바5)

010 【×】 헌재 2021.8.31. 2020헌마12

011 ⟳ 1 2 3

육군 장교가 민간법원에서 약식명령을 받아 확정되면 자진신고할 의무를 규정한, '2020년도 장교 진급 지시' 및 '2021년도 장교 진급 지시'는 법률유보원칙에 반하여 일반적 행동의 자유를 침해한다. (O/×)

012 ⟳ 1 2 3

누구든지 금융회사등에 종사하는 자에게 타인의 금융거래의 내용에 관한 정보 또는 자료를 요구하는 것을 금지하고, 이를 위반 시 형사처벌하는 구 '금융실명거래 및 비밀보장에 관한 법률' 조항은 금융거래의 비밀보장을 통하여 경제정의와 국민경제의 건전한 발전을 실현시킴으로써 얻는 공익을 달성하고자 하는 것이고, 이러한 공익은 타인의 금융거래에 관한 정보제공을 자유롭게 요구할 수 있는 일반적 행동자유권으로 인한 사익보다 중대하므로, 과잉금지원칙에 반하여 일반적 행동자유권을 침해하지 아니한다. (O/×)

---

011 【×】 육군 장교가 민간법원에서 약식명령을 받아 확정되면 자진신고할 의무를 규정한, '2020년도 장교 진급 지시' 및 '2021년도 장교 진급 지시'가 법률유보원칙에 반하여 일반적 행동의 자유를 침해하는지 여부(소극) 및 20년도 육군지시 자진신고조항 및 21년도 육군지시 자진신고조항이 과잉금지원칙에 반하여 일반적 행동의 자유를 침해하는지 여부(소극) - (1) '군인의 지위 및 복무에 관한 기본법'에 근거하여, 육군참모총장은 직무와 관계가 있고 권한 내의 사항이라면 육군 장교를 지휘·감독하는 내용의 명령을 할 수 있다. 군인사법에서는 육군참모총장에게 육군 장교 중 진급대상자 추천 권한을 부여하면서, 그 평가항목 중 하나로 '상벌사항'을 규정하고 있다. 따라서 육군참모총장이 상벌사항을 파악하는 일환으로 육군 장교에게 민간법원에서 약식명령을 받아 확정된 사실을 자진신고 하도록 명령하는 것은 **법률에 근거가 있다**. 20년도 육군지시 자진신고조항 및 21년도 육군지시 자진신고조항은 **법률유보원칙에 반하여 일반적 행동의 자유를 침해하지 않는다**.(헌재 2021.8.31. 2020헌마12)
(2) 형사사법정보시스템과 육군 장교 관련 데이터베이스를 연동하여 신분을 확인하는 방법 또는 범죄경력자료를 조회하는 방법 등은, 군사보안 및 기술상의 한계가 존재하고 파악할 수 있는 약식명령의 범위도 한정되므로, 자진신고의무를 부과하는 방법과 같은 정도로 입법목적을 달성하기 어렵다. 청구인들이 자진신고의무를 부담하는 것은 수사 및 재판 단계에서 의도적으로 신분을 밝히지 않은 행위에서 비롯된 것으로서 이미 예상가능한 불이익인 반면, '군사법원에서 약식명령을 받아 확정된 경우'와 그 신분을 밝히지 않아 '민간법원에서 약식명령을 받아 확정된 경우' 사이에 발생하는 인사상 불균형을 방지함으로써 군 조직의 내부 기강 및 질서를 유지하고자 하는 **공익은 매우 중대하다**. 20년도 육군지시 자진신고조항 및 21년도 육군지시 자진신고조항은 **과잉금지원칙에 반하여 일반적 행동의 자유를 침해하지 않는다**.(헌재 2021.8.31. 2020헌마12)

012 【×】 누구든지 금융회사등에 종사하는 자에게 타인의 금융거래의 내용에 관한 정보 또는 자료를 요구하는 것을 금지하고, 이를 위반 시 형사처벌하는 구 '금융실명거래 및 비밀보장에 관한 법률' 해당 부분이 과잉금지원칙을 위반하여 일반적 행동자유권을 침해하는지 여부(적극) - (1) 제한되는 기본권 : 헌법 제10조의 행복추구권에서 파생되는 일반적 행동자유권 *cf* 알권리 ×
(2) 과잉금지원칙 위반 여부(목적의 정당성(O), 수단의 적합성(O), 침해의 최소송(×), 법익의 균형성(×)) : 심판대상조항은 금융거래정보 유출을 막음으로써 금융거래의 비밀을 보장하기 위하여 명의인의 동의 없이 금융기관에게 금융거래정보를 요구하는 것을 금지하고 그 위반행위에 대하여 형사처벌을 가하는 것이다. 금융거래의 역할이나 중요성에 비추어 볼 때 그 비밀을 보장할 필요성은 인정되나, 금융거래는 금융기관을 매개로 하여서만 가능하므로 금융기관 및 그 종사자에 대하여 정보의 제공 또는 누설에 대하여 형사적 제재를 가하는 것만으로도 금융거래의 비밀은 보장될 수 있다. 심판대상조항은 금융거래정보의 제공요구행위 자체만으로 형사처벌의 대상으로 삼고 있으나, 제공요구행위에 사회적으로 비난받을 행위가 수반되지 않거나, 금융거래의 비밀 보장에 실질적인 위협이 되지 않는 행위도 충분히 있을 수 있고, 명의인의 동의를 받을 수 없는 상황에서 타인의 금융거래정보가 필요하여 금융기관 종사자에게 그 제공을 요구하는 경우가 있을 수 있는 등 금융거래정보 제공요구행위는 구체적인 사안에 따라 죄질과 책임을 달리한다고 할 것임에도, 심판대상조항은 정보제공요구의 사유나 경위, 행위 태양, 요구한 거래정보의 내용 등을 전혀 고려하지 아니하고 일률적으로 금지하고, 그 위반 시 형사처벌을 하도록 하고 있다. 나아가, 금융거래의 비밀보장이 중요한 공익이라는 점은 인정할 수 있으나, 심판대상조항이 정보제공요구를 하게 된 사유나 행위의 태양, 요구한 거래정보의 내용을 고려하지 아니하고 일률적으로 일반 국민이 거래정보의 제공을 요구하는 것을 금지하고 그 위반 시 형사처벌을 하는 것은 그 공익에 비하여 지나치게 일반 국민의 일반적 행동자유권을 제한하는 것이다. 따라서 심판대상조항은 과잉금지원칙에 반하여 일반적 행동자유권을 침해한다.(헌법재판소 2022.2.24. 선고 2020헌가5 전원재판부 결정)

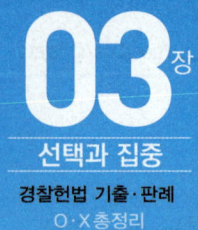

평등권

I 헌법에서 평등원리의 구체화

1. 평등권에 관한 헌법규정

1) 일반적 평등원리의 규범화

관련조문

제11조 ① 모든 국민은 법 앞에 평등하다. 누구든지 성별·종교 또는 사회적 신분에 의하여 정치적·경제적·사회적·문화적 생활의 모든 영역에 있어서 차별을 받지 아니한다.
② 사회적 특수계급의 제도는 인정되지 아니하며, 어떠한 형태로도 이를 창설할 수 없다.
③ 훈장 등의 영전은 이를 받은 자에게만 효력이 있고, 어떠한 특권도 이에 따르지 아니한다.

001
헌법은 차별금지 사유로 성별, 종교, 인종 또는 사회적 신분을 명시적으로 규정하고 있다. (O/×)

002
사회적 신분이란 사회에서 장기간 점하는 지위로서 일정한 사회적 평가를 수반하는 것을 의미한다 할 것이므로 전과자도 사회적 신분에 해당된다. (O/×)

003
훈장 등의 영전은 이를 받은 자에게만 효력이 있고, 어떠한 특권도 이에 따르지 아니한다. (O/×)

2) 개별적 평등원리의 규범화

관련조문

제32조 ④ 여자의 근로는 특별한 보호를 받으며, 고용·임금 및 근로조건에 있어서 부당한 차별을 받지 아니한다.

004
여자는 고용에 있어서 부당한 차별을 받지 않는다고 헌법이 명시적으로 규정하고 있다. (O/×)

---

001 【×】 누구든지 **성별·종교 또는 사회적 신분**에 의하여 정치적·경제적·사회적·문화적 생활의 모든 영역에 있어서 차별을 받지 아니한다(헌법 제11조 제1항).
002 【O】 1995.2.23. 93헌바43
003 【O】 헌법 제11조 제3항
004 【O】 헌법 제32조 제4항

2. 평등권의 성격 내지 의미

005
헌법 제11조 제1항에서 정한 법 앞에서의 평등의 원칙은 본질적으로 같은 것은 같게, 본질적으로 다른 것은 다르게 취급할 것을 요구한다. (O/×)

006
평등원칙은 행정권과 사법권만을 구속할 뿐, 입법권까지 구속하는 것은 민주주의의 원칙과 권력분립의 원칙에 반한다. (O/×)

007
평등의 원칙은 국민의 기본권 보장에 관한 우리 헌법의 최고원리로서 국가가 입법을 하거나 법을 해석 및 집행함에 있어 따라야 할 기준인 동시에, 국가에 대하여 합리적 이유 없이 불평등한 대우를 하지 말 것과 평등한 대우를 할 것을 요구할 수 있는 근거가 된다. (O/×)

3. 평등원칙 위배의 심사기준

008
평등위반 여부를 심사함에 있어 엄격한 심사척도에 의할 것인지, 완화된 심사척도에 의할 것인지는 입법자에게 인정되는 입법형성권의 정도에 따라 달라진다. (O/×)

009
비례의 원칙에 의한 평등심사는 문제의 차별적 취급으로 인하여 관련 기본권에 대한 중대한 제한이 초래되는 경우에 하는 심사방식으로서, 광범위한 입법형성권을 인정하는 심사방식이다. (O/×)

---

005 【O】 2008.10.30. 2007헌마1281
006 【X】 우리 헌법이 선언하고 있는 "인간의 존엄성"과 "법 앞에 평등"(헌법 제10조, 제11조 제1항)이란 행정부나 사법부에 의한 법적용상의 평등을 뜻하는 것 외에도 입법권자에게 정의와 형평의 원칙에 합당하게 합헌적으로 법률을 제정하도록 하는 것을 명령하는 이른바 법 내용상의 평등을 의미한다(1992.4.28. 90헌바24). 따라서 평등원칙은 행정권과 사법권뿐만 아니라 입법권까지 구속한다.
007 【O】 1989.1.25. 88헌가7
008 【O】 2002.11.28. 2002헌바45
009 【X】 평등원칙 위배의 심사기준으로 자의금지원칙에 의한 완화된 심사기준과 비례성원칙에 따른 엄격한 심사기준이 있다. 자의금지원칙에 의한 평등심사는 입법형성의 자유가 넓은 영역에서 적용되는 완화된 심사이고, 비례성원칙에 의한 평등심사는 입법형성의 자유가 좁은 영역에서 적용되는 엄격한 심사이다.

010

헌법상 평등의 원칙은 일반적으로 입법자에게 본질적으로 같은 것을 자의적으로 다르게, 본질적으로 다른 것을 자의적으로 같게 취급하는 것을 금하고 있다. (O/×)

011

평등원칙의 위반 여부를 판단함에 있어서는 먼저 본질적으로 동일한 것을 다르게 취급하고 있는가 하는 차별취급의 존재여부를 판단하여야 하는데, 두 개의 비교집단이 본질적으로 동일한지의 여부에 대한 판단은 일반적으로 당해 법률규정의 의미와 목적에 달려 있다. (O/×)

012

평등권의 침해 여부에 대한 심사는 그 심사기준에 따라 자의금지원칙에 의한 심사와 비례의 원칙에 의한 심사로 크게 나누어 볼 수 있다. 자의심사의 경우에는 단순히 합리적인 이유의 존부문제가 아니라 차별을 정당화하는 이유와 차별간의 상관관계에 대한 심사, 즉 비교대상 간의 사실상의 차이의 성질과 비중 또는 입법목적(차별목적)의 비중과 차별의 정도에 적정한 균형관계가 이루어져 있는가를 심사한다. (O/×)

013

자의금지원칙이 기준으로 적용되는 완화된 심사의 경우 차별을 정당화하는 합리적인 이유가 있는지만을 심사하기 때문에, 차별이라는 입법수단이 가장 합리적이고 타당한 수단인가를 심사하는 것은 아니다. (O/×)

---

010 【O】 헌법상 평등의 원칙은 일반적으로 입법자에게 본질적으로 같은 것을 자의적으로 다르게, 본질적으로 다른 것을 자의적으로 같게 취급하는 것을 금하고 있다. 즉 평등원칙은 행위규범으로서 입법자에게, 객관적으로 같은 것은 같게 다른 것은 다르게, 규범의 대상을 실질적으로 평등하게 규율할 것을 요구하고 있다(1997.1.16. 90헌마110).

011 【O】 자의금지원칙에 관한 심사요건은 ① 본질적으로 동일한 것을 다르게 취급하고 있는지에 관련된 차별취급의 존재 여부와, ② 이러한 차별취급이 존재한다면 이를 자의적인 것으로 볼 수 있는지 여부라고 할 수 있다. 한편, ①의 요건에 관련하여 두개의 비교집단이 본질적으로 동일한가의 판단은 일반적으로 당해 법규정의 의미와 목적에 달려 있고, ②의 요건에 관련하여 차별취급의 자의성은 합리적인 이유가 결여된 것을 의미하므로, 차별대우를 정당화하는 객관적이고 합리적인 이유가 존재한다면 차별대우는 자의적인 것이 아니게 된다(2002.11.28. 2002헌바45).

012 【X】 자의심사의 경우에는 차별을 정당화하는 합리적인 이유가 있는지만을 심사하기 때문에 그에 해당하는 비교대상간의 사실상의 차이나 입법목적(차별목적)의 발견·확인에 그치는 반면에, 비례심사의 경우에는 단순히 합리적인 이유의 존부문제가 아니라 차별을 정당화하는 이유와 차별간의 상관관계에 대한 심사, 즉 비교대상간의 사실상의 차이의 성질과 비중 또는 입법목적(차별목적)의 비중과 차별의 정도에 적정한 균형관계가 이루어져 있는가를 심사한다 (2001.2.22. 2000헌마25).

013 【O】 2001.2.22. 2000헌마25

014 ⟳ 1 2 3

제대군인이 공무원채용시험 등에 응시한 때에 과목별 득점에 과목별 만점의 5% 또는 3%를 가산하는 규정에 대한 평등의 원칙이나 평등권 위반 여부를 심사할 때는 엄격한 심사척도가 적용되어야 한다.
(O/×)

015 ⟳ 1 2 3

자기 또는 배우자의 직계존속을 고소하지 못하도록 규정한 「형사소송법」 조항은 친고죄의 경우든 비친고죄의 경우든 헌법상 보장된 재판절차진술권의 행사에 중대한 제한을 초래한다고 보기는 어려우므로, 완화된 자의심사에 따라 차별에 합리적 이유가 있는지를 따져 보는 것으로 족하다.
(O/×)

016 ⟳ 1 2 3

국가유공자 본인이 국가기관이 실시하는 채용시험에 응시하는 경우에 10%의 가점을 주도록 한 「국가유공자 등 예우 및 지원에 관한 법률」 조항은 헌법 제32조 제6항에서 특별히 평등을 요구하고 있는 경우에 해당하므로, 이에 대해서는 엄격한 비례성 심사에 따라 평등권 침해 여부를 심사하여야 한다. (O/×)

017 ⟳ 1 2 3

대한민국 국민인 남자에 한하여 병역의무를 부과한 구 「병역법」 조항은 헌법이 특별히 평등을 요구하는 경우나 관련 기본권에 중대한 제한을 초래하는 경우의 차별취급을 그 내용으로 하고 있으므로, 이 조항이 평등권을 침해하는지 여부에 대해서는 엄격한 심사기준에 따라 판단하여야 한다. (O/×)

018 ⟳ 1 2 3

남성에게만 병역의무를 부과하는 것은 헌법 제11조 제1항 후문이 예시하는 '성별'에 의한 차별에 해당하고, 이는 헌법에서 특별히 평등을 요구하고 있는 영역이므로, 입법형성권은 축소되고 보다 엄격한 심사척도가 적용되어야 한다.
(O/×)

---

014 【O】 헌법재판소에서는 평등위반여부를 심사함에 있어서, 헌법에서 특별히 평등을 요구하고 있는 경우 즉, 헌법이 직접 차별의 근거로 삼아서는 안 되는 기준이나 차별을 특히 금지하는 영역을 제시하는 경우와 차별적 취급으로 인하여 관련 기본권에 대한 중대한 제한이 발생하는 경우에는 그러한 기준을 근거로 한 차별이나 그러한 영역에서의 차별에 대하여 엄격한 심사척도(비례성의 원칙에 따른 심사)를 적용하고, 그 밖의 경우에는 완화된 심사척도(자의금지원칙에 따른 심사)에 의한다는 원칙을 적용하고 있다(2003.3.27. 2002헌마573). 헌법 제32조 제4항의 여자 근로의 차별을 금지하고 있는데 제대군인 가산점 제도는 여성의 근로영역에서의 차별이고 헌법 제25조의 공무담임권의 중대한 제약을 초래하는 것이므로 이 두 경우 모두에 해당하여 **엄격한 심사척도가 적용되어야 한다**(1999.12.23. 98헌마363).

015 【O】 2011.2.24. 2008헌바56

016 【X】 국가유공자 본인이 국가기관이 실시하는 채용시험에 응시하는 경우에 10%의 가점을 주도록 한 「국가유공자 등 예우 및 지원에 관한 법률」 조항은 헌법 제32조 제6항에서 근거를 두고 있으므로 **비례원칙을 적용하되 완화된 적용을**, 국가유공자 가족의 가산점은 헌법 제32조 제6항에 근거를 두고 있지 않은바 엄격한 비례원칙을 적용해야 한다(2006.2.23. 2004헌마675·981·1022(병합) 전원재판부).

017 【X】 대한민국 국민인 남자에 한하여 병역의무를 부과한 구 「병역법」 조항은 헌법이 특별히 평등을 요구하는 경우나 관련 기본권에 중대한 제한을 초래하는 경우의 차별취급을 그 내용으로 하고 있다고 보기 어려우며, 징집대상자의 범위 결정에 관하여는 입법자의 광범위한 입법형성권이 인정된다는 점에 비추어, 이 조항이 평등권을 침해하는지 여부에 대해서는 **완화된 심사기준에 따라 판단하여야 한다**(2011.6.30. 2010헌마460).

018 【X】 이 조항이 평등권을 침해하는지 여부에 대해서는 **완화된 심사기준에 따라 판단하여야 한다**(2011.6.30. 2010헌마460).

019 ①②③

종합부동산세의 과세방법을 '세대별 합산'으로 규정한 「종합부동산세법」 조항이 혼인이나 가족생활을 근거로 부부 등 가족이 있는 자를 혼인하지 아니한 자 등에 비하여 차별 취급하더라도, 과세단위를 정하는 것은 입법자의 입법형성의 재량에 속하는 정책적 문제이므로, 그 차별이 헌법 제36조 제1항에 위반되는지 여부는 자의금지원칙에 의한 심사를 통하여 판단하면 족하다. (O/×)

020 ①②③

중등교사 임용시험에서 복수전공 및 부전공 교원자격증소지자에게 가산점을 부여하고 있는 「교육공무원법」 조항에 의해 복수·부전공 가산점을 받지 못하는 자가 불이익을 입는다고 하더라도 이를 공직에 진입하는 것 자체에 대한 제약이라 할 수 없어, 그러한 가산점 제도에 대하여는 자의금지원칙에 따른 심사척도를 적용하여야 한다. (O/×)

021 ①②③

국가가 인간다운 생활을 보장하기 위한 헌법적 의무를 다하였는지의 여부가 사법적 심사의 대상이 된 경우에는, 국가가 생계보호에 관한 입법을 전혀 하지 아니하였다든가 그 내용이 현저히 불합리하여 헌법상 용인될 수 있는 재량의 범위를 명백히 일탈한 경우에 한하여 헌법에 위반된다고 할 수 있다. (O/×)

022 ①②③

체계정당성 위반 자체가 바로 위헌이 되는 것은 아니고 비례의 원칙이나 평등원칙 위반 내지 입법의 자의금지 위반 등의 위헌성을 시사하는 하나의 징후일 뿐이므로, 어떤 법률이 위헌이 되기 위해서는 결과적으로 비례의 원칙이나 평등의 원칙 등 일정한 헌법의 규정이나 원칙을 위반하여야 한다. (O/×)

023 ①②③

직업선택의 자유와 관련하여, 자격제도를 시행함에 있어서 설정하는 자격요건에 대한 판단은 원칙적으로 입법자의 입법형성권의 영역에 있으므로, 그 판단이 입법재량의 범위를 일탈하여 현저히 불합리한 경우에 한하여 헌법에 위반된다고 할 수 있다. (O/×)

---

019 【×】 종합부동산세의 과세방법을 '세대별 합산'으로 규정한 「종합부동산세법」 조항이 혼인이나 가족생활을 근거로 부부 등 가족이 있는 자를 혼인하지 아니한 자 등에 비하여 차별 취급하는 것이라면 <u>비례의 원칙에 의한 심사에 의하여</u> 정당화되지 않는 한 헌법 제36조 제1항에 위반된다(2008.11.13. 2006헌바112).

020 【×】 중등교사 임용시험에서 복수전공 및 부전공 교원자격증소지자에게 가산점을 부여하고 있는 「교육공무원법」 조항에 의해 복수·부전공 가산점을 받지 못하는 자가 입을 수 있는 불이익은 공직에 진입하는 것 자체에 대한 제약이라는 점에서 당해 기본권에 대한 중대한 제한이므로 이 사건 복수·부전공 가산점 규정의 위헌 여부에 대하여는 <u>엄격한 심사척도를 적용하여야 한다</u>(2006.6.29. 2005헌가13).

021 【O】 1997.5.29. 94헌마33

022 【O】 2005.6.30. 2004헌바40

023 【O】 2006.4.27. 2005헌마997

024

상업광고 규제에 관한 비례의 원칙 심사에 있어서 피해의 최소성 원칙은 같은 목적을 달성하기 위하여 달리 덜 제약적인 수단이 없을 것인지 혹은 입법목적을 달성하기 위하여 필요한 최소한의 제한인지를 심사하기 보다는, 입법목적을 달성하기 위하여 필요한 범위 내의 것인지를 심사하는 정도로 완화된다.

(O/×)

II 평등권 침해 여부에 관한 헌법재판소 판례

025

65세 미만의 일정한 노인성 질병이 있는 사람의 장애인 활동지원급여 신청자격을 제한하는 「장애인활동지원에 관한 법률」 제5조 제2호 본문 중 '「노인장기요양보험법」 제2조 제1호에 따른 노인 등' 가운데 '65세 미만의 자로서 치매·뇌혈관성질환 등 대통령령으로 정하는 노인성 질병을 가진 자'에 관한 부분은 합리적 이유가 있다고 할 것이므로 평등원칙에 위반되지 않는다.

(O/×)

026

선발예정인원 3명 이하인 채용시험에서 취업지원 대상자가 국가유공자법상 가점을 받지 못하게 하는 것은, 공정경쟁이라는 가치를 지키기 위한 부득이한 조치로서 자의적인 차별이 아니다.

(O/×)

027

불특정인을 상대로 한 성매매와 특정인을 상대로 한 성매매를 달리 취급하여, 불특정인에 대한 성매매만을 금지대상으로 하는 법률규정은 평등권을 침해하지 않는다.

(O/×)

028

「학교폭력예방 및 대책에 관한 법률」 조항이 학교폭력의 가해학생에 대한 모든 조치에 대해 피해학생 측에는 재심을 허용하면서 가해학생 측에는 퇴학과 전학의 경우에만 재심을 허용하고 나머지 조치에 대해서는 재심을 허용하지 않도록 한 것은 평등권을 침해한다.

(O/×)

---

024 【O】 2005.10.27. 2003헌가3

025 【X】 (1) 심판대상조항은 65세 미만의 혼자서 일상생활과 사회생활을 하기 어려운 장애인 가운데 노인장기요양보험법 시행령에서 규정한 노인성 질병을 가진 사람과 그렇지 않은 사람을 활동지원급여 신청자격에 있어 차별취급하고 있으므로 평등원칙 위반 여부가 문제된다.
(2) 65세 미만의 비교적 젊은 나이인 경우, 일반적 생애주기에 비추어 자립 욕구나 자립지원의 필요성이 높고, 질병의 치료효과나 재활의 가능성이 높은 편이므로 노인성 질병이 발병하였다고 하여 곧 사회생활이 객관적으로 불가능하다거나, 가내에서의 장기요양의 욕구·필요성이 급격히 증가한다고 평가할 것은 아니다. 또한 활동지원급여와 장기요양급여는 급여량 편차가 크고, 사회활동 지원 여부 등에 있어 큰 차이가 있다. 그럼에도 불구하고 65세 미만의 장애인 가운데 일정한 노인성 질병이 있는 사람의 경우 일률적으로 활동지원급여 신청자격을 제한한 데에 합리적 이유가 있다고 보기 어려우므로 심판대상조항은 <u>평등원칙에 위반된다</u>.(헌재 2020.12.23. 2017헌가22)

026 【O】 2016.9.29. 2014헌마541

027 【O】 불특정인을 상대로 한 성매매와 특정인을 상대로 한 성매매(가진 자들인 특정인을 상대로 한 값비싼 성매매, 예컨대 축첩행위나 외국인 상대의 현지처 계약 또는 최근 사회문제로 되고 있는 스폰서 계약 등)를 달리 취급하여, 불특정인에 대한 성매매만을 금지대상으로 하는 법률규정은 평등권을 침해하지 않는다(2016.3.31. 2013헌가2).

028 【X】 학교폭력에 있어서, <u>가해학생은 자신에 대한 모든 조치에 대해 당사자로서 소송을 제기할 수 있으므로</u>, 가해학생에 대한 모든 조치에 대해 피해학생 측에는 재심을 허용하면서, 가해학생 측에는 퇴학과 전학의 경우에만 재심을 허용하는 것은 <u>불합리한 차별이 아니다</u>(2013.10.24. 2012헌마832).

029
태평양전쟁 전후 강제동원 된 자들 중 국내 강제동원자를 제외하고 국외 강제동원자에게만 위로금을 지급한 것은 합리적 근거가 없는 차별로서 위헌이다. (O/X)

030
일정 규모 이상의 사업주에게 직장보육시설 설치 의무를 부과하는 것은, 여러 가지 요인을 종합적으로 고려함이 없이, 해당 사업주에게만 그 의무를 부담시키는 것으로서 자의적인 차별이다. (O/X)

031
대한민국 국민인 남자에 한하여 병역의무를 부과한 법률조항은 평등권을 침해하는 것으로 볼 수 없다. (O/X)

032
소년심판절차에서 검사에게 상소권이 인정되지 않는 것은, 소년심판은 심리의 객체로 취급되는 소년에 대한 후견적 입장에서 법원의 직권에 의해 진행되므로 검사의 관여가 반드시 필요한 것이 아니고 이에 따라 소년심판의 당사자가 아닌 검사가 상소 여부에 관여하는 것이 배제된 것이므로, 합리적 이유가 있어 피해자의 평등권을 침해한다고 볼 수 없다. (O/X)

033
「형법」조항과 똑같은 구성요건을 규정하면서 법정형만 상향 조정한 「특정범죄 가중처벌 등에 관한 법률」 조항은 인간의 존엄성과 가치를 보장하는 헌법의 기본원리에 위배될 뿐만 아니라 그 내용에 있어서도 평등원칙에 위반된다. (O/X)

034
개별법률금지의 원칙은 법률제정에 있어서 입법자가 평등원칙을 준수할 것을 요구하는 것이기 때문에 특정규범이 개별사건법률에 해당한다 하여 곧바로 위헌을 뜻하는 것은 아니며, 이러한 차별적 규율이 합리적인 이유로 정당화될 수 있는 경우에는 합헌적일 수 있다. (O/X)

---

029 【X】 태평양전쟁 전후 강제동원 된 자 중 국외 강제동원자에 대해서만 위로금을 지급하게 하는 법률규정은, **재정부담능력 등을 고려한 입법형성의 영역에 속하는 것이고, 자의적인 차별이 아니다**(2012.7.26. 2011헌바352).

030 【X】 일정 규모 이상의 사업주에게 직장보육시설 설치 의무를 부과하는 것은, **아동 보육에 대한 수요가 어느 정도 클 것으로 예상되는 사업주에게만 그 의무를 부담시킴으로 자의적인 차별이라고는 보기 어려우므로 평등원칙에 위반되지 아니한다** (2011.11.24. 2010헌바373).

031 【O】 2011.6.30. 2010헌마460

032 【O】 2012.7.26. 2011헌마232

033 【O】 2014.11.27. 2014헌바224 등

034 【O】 1996.2.16. 96헌가2 등

035

고소인·고발인만을 항고권자로 규정한 검찰청법 조항은 검찰청법상 항고를 통하여 불복할 수 없게 된 기소유예 처분을 받은 피의자의 평등권을 침해하는 것이 아니다. (O/×)

036

계속 근로기간 1년 미만인 근로자를 퇴직급여 지급대상에서 제외하는 것은 그 차별에 합리적 이유가 있으므로 평등권을 침해하지 않는다. (O/×)

037

지방공사와 지방자치단체, 지방의회의 관계에 비추어 볼 때, 지방의회의원은 지방공사 직원의 직을 겸할 수 없게 하고 국회의원은 지방공사 직원의 직을 겸할 수 있도록 한 것은 불합리한 차별이 아니고 지방의회의원의 평등권을 침해한 것이라고 할 수 없다. (O/×)

038

법무부장관이 제1회 및 제2회 변호사시험의 시험장을 서울 소재 4개 대학교로 선정하여 하나의 지역에서 집중실시한 행위는 지방 소재 법학전문대학원 응시자의 평등권을 침해하는 조치이다. (O/×)

039

일반 응시자와 달리 공무원의 근무연수 및 계급에 따라 행정사 자격시험의 제1차 시험을 면제하거나 제1차 시험의 전 과목과 제2차 시험의 일부 과목을 면제하는 것은 일반 응시자의 평등권을 침해한다. (O/×)

---

035 【O】 2012.7.26. 2010헌마642

036 【O】 2011.7.28. 2009헌마408

037 【O】 2012.4.24. 2010헌마605

038 【X】 이 사건 시험장 선정행위는 서울응시자에 비하여 지방응시자를 차별하는 것인데, 변호사시험은 선택형·사례형·기록형의 문제유형으로 구성되므로 업무처리절차가 복잡하다는 점, 변호사시험은 휴일을 포함하여 총 5일에 걸쳐 실시되는데, 이처럼 수일간 실시되는 사법시험·공인회계사시험·변리사시험·법무사시험·5급 공채의 각 2차 시험들도 모두 하나의 지역에서 실시되고 있는 점, 수일간 시행되는 시험의 특성상 출제·인쇄·시험시행·답안보관의 각 시설들은 지리적 근접연결성이 강하게 요구되는 점, 그럼에도 불구하고 **변호사시험을 분산실시 한다면 시험사고의 위험이 증대하여 변호사시험의 공정성과 통일성을 해할 우려가 있다는 점을 종합적으로 고려할 때, '변호사시험을 하나의 지역에서 집중실시한 것'은 합리적 이유가 있다.** 법학전문대학원 정원 2,000명 중 과반수 이상이 서울권역 법학전문대학원 소속인 점, 지방 권역별 법학전문대학원 소속 응시자들의 접근성 측면에서 볼 때 항공·육상 교통의 중심지인 서울이 다른 지역에 비하여 상대적으로 접근에 더 용이한 점, 다수 응시자의 편의, 시험사고의 위험성, 가용한 인적·물적 자원 등을 전문적으로 판단하여 시험장을 선정하는 시험주관청의 재량 등을 고려할 때, 피청구인이 '변호사시험이 집중실시될 지역으로 서울을 선택한 것'은 합리적 이유가 있다. 따라서 이 사건 시험장 선정행위는 **합리적 이유 있는 공권력 행사로서 청구인들의 평등권을 침해하지 아니한다**(2013.9.26. 2011헌마782 등).

039 【X】 **경력공무원에 대하여 행정사 자격시험 중 일부를 면제하는 것은 상당 기간 행정의 실무 경험을 갖춘 공무원의 경우 행정에 관련된 전문 지식이나 능력을 이미 갖춘 것으로 볼 수 있기 때문이다.** 경력직공무원으로 10년 이상 근무한 사람 중 7급 이상의 직에 근무한 사람 등은 그 선발방법 및 직무범위에 비추어 볼 때 이미 제1차 시험에서 검증하고자 하는 정도의 기본적인 소양은 갖추었다고 보아도 무리가 없다. 15년 이상 공무원으로 근무하면서 7급 이상의 직에 근무한 경험이 있거나, 5급 이상 공무원의 지위에서 5년 이상 근무하였다면, 행정절차 및 사무관리에 관하여 상당한 수준의 경험 및 전문지식을 갖춘 것으로 볼 수 있으므로, 제2차 시험 중 행정절차론 및 사무관리론을 면제한 시험면제조항은 합리적인 이유가 있다. 국·공립학교 교사나 직업군인을 비롯하여 대부분의 공무원들은 직렬이나 담당 업무를 불문하고 일정한 행정업무를 담당하고 있고, 그와 같은 행정경험이 행정사 업무 수행에 기여할 것이라는 입법자의 판단이 현저하게 잘못되었다고 보기 어렵다. 따라서 **시험면제조항은 일반 응시자인 청구인들의 평등권이나 직업선택의 자유를 침해하지 아니한다**(2016.2.25. 2013헌마626).

040 🔄 ① ② ③

공무원의 초임호봉 획정에 인정되는 경력과 관련하여, 현역병 및 사회복무요원과 달리 산업기능요원의 경력을 제외하도록 한 것은 차별취급에 합리적 이유가 있으므로 평등권을 침해하지 않는다. (O/×)

041 🔄 ① ② ③

「산업재해보상보험법」이 근로자가 사업주의 지배관리 아래 출퇴근하던 중 발생한 사고로 부상 등이 발생한 경우에만 업무상 재해로 인정하고, 도보나 자기 소유 교통수단 또는 대중교통수단 등을 이용하여 출퇴근하는 경우를 업무상 재해로 인정하지 아니하는 것은 합리적 이유 없이 비혜택근로자를 자의적으로 차별하는 것이므로, 헌법상 평등원칙에 위배된다. (O/×)

042 🔄 ① ② ③

공공성이 큰 다른 민간 분야 종사자와 달리 사립학교 관계자와 언론인에게만 부정청탁금지조항과 금품수수금지조항 및 신고조항과 제재조항이 적용되는 것은 평등권을 침해한다. (O/×)

---

040 【O】 심판대상조항은 병역의무로 인하여 본인의 의사와 관계없이 징집·소집되어 적정한 보수를 받지 못하고 공무수행으로 복무한 기간을 공무원 초임호봉에 반영함으로써, 상대적으로 열악한 환경에서 병역의무를 이행한 공로를 금전적으로 보상하고자 함에 그 취지가 있다. 그런데 사회복무요원은 공익 수행을 목적으로 한 제도로, 그 직무가 공무수행으로 인정되고, 본인의사에 관계없이 소집되며, 현역병에 준하는 최소한의 보수만 지급됨에 반하여, 산업기능요원은 국가산업 육성을 목적으로 한 제도로, 그 직무가 공무수행으로 인정되지 아니하고, 본인의사에 따라 편입 가능하며, 근로기준법 및 최저임금법의 적용을 받는다. 심판대상조항은 이와 같은 **실질적 차이를 고려하여 상대적으로 열악한 환경에서 병역의무를 이행한 것으로 평가되는 현역병 및 사회복무요원의 공로를 보상하도록 한 것으로 산업기능요원과의 차별취급에 합리적 이유가 있으므로, 청구인의 평등권을 침해하지 아니한다**(2016.6.30. 2014헌마192).

041 【O】 근로자의 출퇴근 행위는 업무의 전 단계로서 업무와 밀접·불가분의 관계에 있고, 사실상 사업주가 정한 출퇴근 시각과 근무지에 기속된다. 대법원은 출장행위 중 발생한 재해를 사업주의 지배관리 아래 발생한 업무상 재해로 인정하는데, 이러한 출장행위도 이동방법이나 경로선택이 근로자에게 맡겨져 있다는 점에서 통상의 출퇴근행위와 다를 바 없다. 따라서 통상의 출퇴근 재해를 업무상 재해로 인정하여 근로자를 보호해 주는 것이 산재보험의 생활보장적 성격에 부합한다. 사업장 규모나 재정여건의 부족 또는 사업주의 일방적 의사나 개인 사정 등으로 출퇴근용 차량을 제공받지 못하거나 그에 준하는 교통수단을 지원받지 못하는 비혜택근로자는 비록 산재보험에 가입되어 있다 하더라도 출퇴근 재해에 대하여 보상을 받을 수 없는데, 이러한 차별을 정당화할 수 있는 합리적 근거를 찾을 수 없다. 통상의 출퇴근 중 재해를 입은 비혜택근로자는 가해자를 상대로 불법행위 책임을 물어도 충분한 구제를 받지 못하는 것이 현실이고, 심판대상조항으로 초래되는 비혜택근로자와 그 가족의 정신적·신체적 혹은 경제적 불이익은 매우 중대하다. 따라서 심판대상조항은 **합리적 이유 없이 비혜택근로자를 자의적으로 차별하는 것이므로, 헌법상 평등원칙에 위배된다**(2016.9.29. 2014헌바254).

042 【×】 공무원에 버금가는 정도의 공정성·청렴성 및 직무의 불가매수성이 요구되는 각종 분야에 종사하는 사람 중 어느 범위까지 청탁금지법의 적용을 받도록 할 것인지는 업무의 공공성, 청탁관행이나 접대문화의 존재 및 그 심각성의 정도, 국민의 인식, 사회에 미치는 파급효 등 여러 요소를 고려하여 입법자가 선택할 사항으로 입법재량이 인정되는 영역이다. 부정청탁금지조항과 금품수수금지조항 및 신고조항과 제재조항은 전체 민간부문을 대상으로 하지 않고 **사립학교 관계자와 언론인만 '공직자등'에 포함시켜 공직자와 같은 의무를 부담시키고 있는데, 이들 조항이 청구인들의 일반적 행동자유권 등을 침해하지 않는 이상, 민간부문 중 우선 이들만 '공직자등'에 포함시킨 입법자의 결단이 자의적 차별이라 보기는 어렵다**. 교육과 언론은 공공성이 강한 영역으로 공공부문과 민간부문이 함께 참여하고 있고, 참여주체의 신분에 따른 차별을 두기 어려운 분야이다. 따라서 **사립학교 관계자와 언론인 못지않게 공공성이 큰 민간분야 종사자에 대해서 청탁금지법이 적용되지 않는다는 이유만으로 부정청탁금지조항과 금품수수금지조항 및 신고조항과 제재조항이 청구인들의 평등권을 침해한다고 볼 수 없다**(2016.7.28. 2015헌마236).

043

"혼인과 가족생활은 개인의 존엄과 양성의 평등을 기초로 성립되고 유지되어야 하며, 국가는 이를 보장한다."라고 규정한 헌법 제36조 제1항이 내포하고 있는 차별금지명령은, 헌법 제11조 제1항에서 보장되는 평등원칙을 혼인과 가족생활 영역에서 더 구체화함으로써 혼인과 가족을 부당한 차별로부터 특별히 더 보호하려는 목적을 가진다. (O/×)

044

대통령령으로 정하는 공공기관 및 공기업으로 하여금 3년간 한시적으로 매년 정원의 100분의 3 이상씩 34세 이하의 청년미취업자를 채용하도록 하는 법령규정은, 합리적 이유 없이 능력주의 내지 성적주의를 배제한 채 단순히 생물학적인 나이를 기준으로 특정 연령층에게 특혜를 부여함으로써 다른 연령층의 공공기관 취업 기회를 제한하기 때문에, 35세 이상 미취업자들의 평등권을 침해한다. (O/×)

045

선거운동에 있어서 후보자의 배우자가 그와 함께 다니는 사람 중에서 지정한 1명도 명함교부를 할 수 있도록 한 공직선거법 규정은, 배우자의 유무라는 우연한 사정에 근거하여 합리적 이유 없이 배우자 없는 후보자와 배우자 있는 후보자를 차별 취급하므로 평등권을 침해한다. (O/×)

046

산업연수생이 연수라는 명목 아래 사업주의 지시·감독을 받으면서 사실상 노무를 제공하고 수당 명목의 금품을 수령하는 등 실질적인 근로관계에 있는 경우에도 예규가 「근로기준법」이 보장한 근로기준 중 주요사항을 외국인 산업연수생에 대하여만 적용되지 않도록 한 것은 평등원칙에 위반된다. (O/×)

047

「주민투표법」 조항이 주민투표권 행사를 위한 요건으로 주민등록을 요구함으로써 국내거소신고만 할 수 있고 주민등록을 할 수 없는 국내거주 재외국민에 대하여 주민투표권을 인정하지 아니한 것은 국내거주 재외국민의 헌법상 기본권인 평등권을 침해한다. (O/×)

---

043 【O】 2002.8.29. 2001헌바82
044 【X】 대통령령으로 정하는 공공기관 및 공기업으로 하여금 3년간 한시적으로 매년 정원의 100분의 3 이상씩 34세 이하의 청년미취업자를 채용하도록 하는 법령규정은, 청년실업해소를 통한 지속적인 경제성장과 사회 안정은 매우 중요한 공익인 반면, 청년할당제가 시행되더라도 현실적으로 35세 이상 미취업자들이 공공기관 취업기회에서 불이익을 받을 가능성은 크다고 볼 수 없기 때문에, **청년할당제는 35세 이상 미취업자들의 평등권, 공공기관 취업의 자유를 침해한다고 볼 수 없다**(2014.8.28. 2013헌마553).
045 【O】 2016.9.29. 2016헌마287
046 【O】 합리적인 근거를 찾기 어렵고 자의적인 차별이므로 평등원칙에 위반된다(2007.8.30. 2004헌마670).
047 【O】 주민등록만을 요건으로 주민투표권의 행사 여부가 결정되도록 함으로써 '주민등록을 할 수 없는 국내거주 재외국민'을 '주민등록이 된 국민인 주민'에 비해 차별하고 있고, 나아가 '주민투표권이 인정되는 외국인'과의 관계에서도 차별을 행하고 있는바, 그와 같은 차별에 아무런 합리적 근거도 인정될 수 없으므로 국내거주 재외국민의 헌법상 기본권인 **평등권을 침해하는 것으로 위헌이다**(2007.6.28. 2004헌마643).

048

교사 신규채용시 국공립대학 졸업자에게 사립대학 졸업자보다 우선권을 주는 것은 위헌이다. (O/×)

049

누범에 대한 형의 가중은 전과자의 경우와 같이 사회적 신분에 따른 차별적 사유에 해당된다. (O/×)

050

「공직자윤리법 시행령」에 경찰공무원 중 경사 이상의 계급에 해당하는 자를 재산등록의무자로 규정한 것은 평등권을 침해한다. (O/×)

051

선거기간 동안 언론기관이 입후보자를 선별적으로 초청하여 대담토론회를 개최하고 보도하는 것은 자의적인 차별이 아니다. (O/×)

052

제3자 개입금지에 관한 「노동쟁의조정법」 제13조의 2는 실제로 조력을 구하기 위한 능력의 차이를 무시한 것으로, 근로자와 사용자를 실질적으로 차별하는 불합리한 규정이다. (O/×)

---

048 【O】 국·공립사범대학 등 출신자를 교육공무원인 국·공립학교 교사로 우선하여 채용하도록 규정한 교육공무원법 제11조 제1항은 사립사범대학졸업자와 일반대학의 교직과정이수자가 교육공무원으로 채용될 수 있는 기회를 제한 또는 박탈하게 되어 결국 교육공무원이 되고자 하는 자를 <u>그 출신학교의 설립주체나 학과에 따라 차별하는 결과</u>가 되는 바, 이러한 차별은 이를 정당화할 합리적인 근거가 없으므로 헌법상 평등의 원칙에 어긋난다(1990.10.8. 89헌마89).

049 【X】 사회적 신분이란 사회에서 장기간 점하는 지위로서 일정한 사회적 평가를 수반하는 것을 의미한다 할 것이므로 <u>전과자도 사회적 신분에 해당</u>한다. 그러나 <u>누범을 가중처벌하는 것이 전과자라는 사회적 신분을 이유로 차별대우를 하는 것이 아니라 전범에 대한 형벌의 경고적 기능을 무시하고 다시 범죄를 저질렀다는 점에서 비난가능성이 많고 누범이 증가하고 있다는 현실</u>에 비추어 합리적 근거있는 차별이어서 헌법상의 평등원칙에 위배되지 않는다(1995.2.23. 93헌바43).

050 【X】 「공직자윤리법 시행령」에 경찰공무원 중 경사 이상의 계급에 해당하는 자를 재산등록의무자로 규정한 것은, <u>대민접촉이 거의 전무한 교육공무원이나 군인 등과 달리 경찰업무의 특수성을 고려하여 경사 계급까지 등록의무를 부과한 것으로</u>, 합리적인 이유가 있는 것이므로 평등권을 침해한다고 볼 수 없다(2010.10.28. 2009헌마544).

051 【O】 2009.3.26. 2007헌마1327

052 【X】 제3자 개입금지에 관한 「노동쟁의조정법」 제13조의2는 <u>노동자측으로의 개입뿐만 아니라 사용자측으로의 개입에 대하여서도 마찬가지로 규정</u>하고 있고, 노동자들이 변호사나 공인노무사 등의 조력을 받는 것과 같이 노동삼권을 행사함에 있어 <u>자주적 의사결정을 침해받지 아니하는 범위 안에서 필요한 제삼자의 조력을 받는 것을 금지하는 것이 아니므로</u> 근로자와 사용자를 실질적으로 <u>차별하는 불합리한 규정이라고 볼 수 없다</u>(1990.1.15. 89헌가103).

053

흉기 기타 위험한 물건을 휴대하여 「형법」상 폭행죄를 범한 사람에 대하여 징역형의 하한을 기준으로 최대 6배에 이르는 엄한 형을 규정한 구 「폭력행위 등 처벌에 관한 법률」 제3조 제1항은 평등원칙에 합치한다. (O/×)

054

중등교원 임용시험에서 동일지역 사범대학을 졸업한 교원경력이 없는 자에게 가산점을 부여하는 것은 공무담임권이나 평등권을 침해하지 아니한다. (O/×)

055

가구별 인원수만을 기준으로 최저생계비를 결정한 2002년도 최저생계비고시는 장애인가구를 비장애인가구에 비하여 차별취급하여 평등권을 침해한다. (O/×)

056

학교급식의 실시에 필요한 시설·설비에 요하는 경비를 학교의 설립경영자에게 부담하도록 하는 것은 사립학교와 국·공립학교를 차별적으로 취급하는 것으로 평등원칙에 위반된다. (O/×)

057

자기 또는 배우자의 직계존속을 일절 고소하지 못하도록 규정하고 있는 「형사소송법」 제224조는 평등원칙에 위반된다. (O/×)

---

053 【×】 흉기 기타 위험한 물건을 휴대하여 「형법」상 폭행죄를 범한 사람에 대하여 징역형의 하한을 기준으로 최대 6배에 이르는 엄한 형을 규정한 구 「폭력행위 등 처벌에 관한 법률」 제3조 제1항은 인간의 존엄성과 가치를 보장하는 헌법의 기본원리에 위배될 뿐만 아니라 그 내용에 있어서도 <u>평등원칙에 위배된다</u>(2015.9.24. 2015헌가17).

054 【O】 2007.12.27. 2005헌가11

055 【×】 국가가 생활능력 없는 장애인의 인간다운 생활을 보장하기 위하여 행하는 사회부조에는 국민기초생활보장법에 의한 생계급여 지급을 통한 최저생활보장 외에 다른 법령에 의하여 행하여지는 것도 있으므로, 국가가 행하는 최저생활보장 수준이 그 재량의 범위를 명백히 일탈하였는지 여부, 즉 인간다운 생활을 보장하기 위한 객관적 내용의 최소한을 보장하고 있는지 여부는 보장법에 의한 <u>생계급여만을 가지고 판단하여서는 아니되고, 그 외의 법령에 의거하여 국가가 최저생활보장을 위하여 지급하는 각종 급여나 각종 부담의 감면 등을 총괄한 수준으로 판단하여야 한다</u>. 보건복지부장관이 2002년도 최저생계비를 고시함에 있어 장애로 인한 추가지출비용을 반영한 별도의 최저생계비를 결정하지 않은 채 가구별 인원수만을 기준으로 최저생계비를 결정한 것은 생활능력 없는 장애인가구 구성원의 인간의 존엄과 가치 및 행복추구권, 인간다운 생활을 할 권리, 평등권을 침해하였다고 할 수 없다(2004.10.28. 2002헌마328).

056 【×】 사립학교의 경우에도 국·공립학교와 마찬가지로 학교급식의 실시에 필요한 시설·설비에 요하는 경비를 학교의 설립경영자에게 부담하도록 하는 것은 합리적이라고 할 것이어서, 사립학교와 국·공립학교를 차별적으로 취급하는 것이 아니므로 평등원칙에 위반되지 않는다(2010.7.29. 2009헌바40).

057 【×】 자기 또는 배우자의 직계존속을 일절 고소하지 못하도록 규정하고 있는 「형사소송법」 제224조는 '효'라는 우리 고유의 전통규범을 수호하기 위하여 비속이 존속을 고소하는 행위의 반윤리성을 억제하고자 이를 제한하는 것이어서 <u>합리적인 근거가 있는 차별이라고 할 수 있으므로 평등원칙에 위반되지 않는다</u>(2011.2.24. 2008헌바56).

058
국가가 합리적인 기준에 따라 능력이 허용되는 범위 내에서 법적 가치의 상향적 구현을 위한 제도의 단계적 개선을 추진하는 것은 평등권을 침해하지 않는다. (O/×)

059
시혜적 법률의 경우에 수혜 범위에서 제외된 자는 그 법률에 의하여 평등권이 침해되었다고 주장하는 당사자가 될 수 없다. (O/×)

060
재량권 행사의 준칙인 행정규칙이 그 정한 바에 따라 되풀이 시행되어 행정관행이 이루어지면 평등원칙이나 신뢰보호원칙에 따라 행정기관은 그 상대방에 대한 관계에서 그 규칙에 따라야 할 자기구속을 당하게 된다. (O/×)

061
차별조항의 위헌성이 그 차별의 효과가 지나치다는 것에 기인할 때에는, 그 위헌성의 제거는 입법부가 행하여야 할 것이므로 헌법재판소는 그 조항에 대하여 헌법불합치 결정을 하여야 한다. (O/×)

062
성매매를 직접 알선·권유·유인·강요하는 행위와 성매매에 제공되는 사실을 알면서 건물을 제공하는 행위 양자를 모두 성매매알선 등 행위로 보아 동일한 법정형을 부과하는 것은, 성매매에 사용될 건물을 제공하여 막대한 임대수입을 거두는 등의 경우에는 일회적인 성매매알선보다 불법성이 클 수 있다는 점 등을 고려할 때, 형벌체계의 균형성을 상실하여 평등원칙에 위반된다고 볼 수 없다. (O/×)

063
의사 또는 치과의사의 지도하에서만 의료기사가 업무를 할 수 있도록 규정하고 한의사의 지도하에서는 의료기사인 물리치료사가 물리치료는 물론 한방물리치료를 할 수 없도록 하는 「의료기사 등에 관한 법률」의 조항은 평등권을 침해한다. (O/×)

---

058 【O】 1990.6.25. 89헌마107

059 【X】 국민의 기본권을 제한하고 부담을 부과하는 소위 '침해적 법률'의 경우에는 규범의 수범자가 당사자로서 자신의 기본권 침해를 주장하게 되지만, **'수혜적 법률'의 경우에는 반대로 수혜범위에서 제외된 자가 그 법률에 의하여 평등권이 침해되었다고 주장하는 당사자에 해당되고**, 당해 법률에 대한 위헌 또는 헌법불합치 결정에 따라 수혜집단과의 관계에서 평등권침해 상태가 회복될 가능성이 있다면 기본권 침해성이 인정된다(2001.11.29. 99헌마494).

060 【O】 1990.9.3. 90헌마13

061 【O】 2006.2.23. 2004헌마675

062 【O】 성매매를 직접 알선·권유·유인·강요하는 행위와 성매매에 제공되는 사실을 알면서 건물을 제공하는 행위 양자를 모두 성매매알선 등 행위로 보아 동일한 법정형을 부과하는 것은, 성매매에 사용될 건물을 제공하여 막대한 임대수입을 거두는 등의 경우에는 일회적인 성매매알선보다 불법성이 클 수 있다는 점 등을 고려할 때, 형벌체계의 균형성을 상실하여 평등원칙에 위반된다고 볼 수 없다(2012.12.27. 2011헌바235).

063 【X】 의사 또는 치과의사의 지도하에서만 의료기사가 업무를 할 수 있도록 규정하고 한의사의 지도하에서는 의료기사인 물리치료사가 물리치료는 물론 한방물리치료를 할 수 없도록 하는 「의료기사 등에 관한 법률」의 조항은 **한의사의 평등권과 직업의 자유를 침해하지 않는다**(2014.5.29. 2011헌마552).

064

관광진흥개발기금 관리·운용업무에 종사토록 하기 위해 문화체육관광부장관이 채용한 민간 전문가에 대해 「형법」상 뇌물죄의 적용에 있어서 공무원으로 의제하는 「관광진흥개발기금법」조항은 평등원칙에 위배되지 않는다. (O/×)

065

「민법」 제847조 제1항 중 '친생부인의 사유가 있음을 안 날부터 2년 이내 부분'은 친생부인의 소의 제척기간에 관한 입법재량의 한계를 일탈하지 않은 것으로서 양성의 평등에 기초한 혼인과 가족생활에 관한 기본권을 침해하지 아니한다. (O/×)

066

친생부인의 소의 제척기간을 규정한 「민법」 규정 중 "부(夫)가 그 사유가 있음을 안 날부터 2년내" 부분은 부(夫)가 가정생활과 신분관계에서 누려야 할 인격권을 침해한다. (O/×)

067

구 국가유공자예우 등에 관한 법률 제5조 제2항에서 유족의 범위에 사후양자를 제외한 것은 일반양자와 사후양자에 상당한 차이가 있어 불합리하고 자의적인 것으로 볼 수 없다. (O/×)

068

시·도의원은 주로 지역적 사안을 다루는 지방의회의 특성상 지역대표성도 겸하고 있고, 우리나라는 도시와 농어촌 간의 인구격차가 크고 각 분야에 있어서의 개발불균형이 현저하다는 특수한 사정이 존재하므로, 시·도의원지역구 획정에 있어서는 행정구역 내지 지역대표성 등 2차적 요소도 인구비례의 원칙에 못지않게 함께 고려해야 할 필요성이 크므로, 현시점에서는 시·도의원지역구 획정에서 허용되는 인구편차 기준을 인구편차 상하 50%(인구비례 3:1)로 변경하는 것이 타당하다. (O/×)

---

064 【O】 2014.7.24. 2012헌바188

065 【O】 민법 제847조 제1항은 '친생부인의 사유가 있음을 안 날'을 제척기간의 기산점으로 삼음으로써 부(夫)가 혈연관계의 진실을 인식할 때까지 기간의 진행을 유보하고, '그로부터 2년'을 제척기간으로 삼음으로써 부(夫)의 친생부인의 기회를 실질적으로 보장하고 있다. 또한 2년이란 기간은 자녀의 불안정한 지위를 장기간 방치하지 않기 위한 것으로서 지나치게 짧다고 볼 수 없다. 따라서 민법 제847조 제1항 중 "부(夫)가 그 사유가 있음을 안 날부터 2년 내" 부분은 친생부인의 소의 제척기간에 관한 입법재량의 한계를 일탈하지 않은 것으로서 헌법에 위반되지 아니한다(2015.3.26. 2012헌바357).

066 【X】 이 사건 법률조항은 '법률적인 친자관계를 진실에 부합시키고자 하는 부(夫)의 이익'과 '친자관계의 신속한 확정을 통하여 법적 안정을 찾고자 하는 자(子)의 이익'을 합리적으로 조정함으로써 친생부인의 소의 제척기간에 관한 입법재량의 한계를 벗어났다고 보기 어려워, **부(夫)가 가정생활과 신분관계에서 누려야 할 인격권**, 행복추구권 및 개인의 존엄과 양성의 평등에 기초한 혼인과 가족생활에 관한 기본권을 **침해하지 아니한다**.(헌재 2015.3.26. 2012헌바357)

067 【O】 2007.4.26. 2004헌바60
068 【O】 2018.6.28. 2014헌마189

069

시장지배적 사업자를 신문발전기금의 지원대상에서 배제한 신문법 제34조 제2항 제2호는 신문 사업자인 청구인들의 평등권을 침해하여 위헌이다. (O/×)

070

조례에 의한 규제가 지역 여건이나 환경 등 그 특성에 따라 다르게 나타나는 것은 헌법이 지방자치단체의 자치입법권을 인정한 이상 당연히 예상되는 결과이므로, 고등학생들이 학원 교습시간과 관련하여 자신들이 거주하는 지역의 학원조례조항으로 인하여 다른 지역 주민들에 비하여 더한 규제를 받게 되었다 하여 평등권이 침해되었다고 볼 수 없다. (O/×)

071

선거범죄를 저지른 낙선자를 제외하고 선거범죄로 당선이 무효로 된 자에게만 이미 반환받은 기탁금과 보전 받은 선거비용을 다시 반환하도록 한 구「공직선거법」제265조의2 제1항은 평등원칙에 위배되지 않는다. (O/×)

072

형사소송절차와 달리 소년심판절차에서 검사에게 상소권이 인정되지 않는 것은 소년심판절차의 특수성을 감안하면 합리적 이유가 있어 피해자의 평등권을 침해했다고 할 수 없다. (O/×)

073

사법시험에 합격하여 사법연수원의 과정을 마친 자와 달리 변호사시험 합격자들에게 6개월의 실무수습을 거치도록 한 것은 평등권을 침해한다. (O/×)

---

069 【O】 시장점유율이 높다는 이유만으로, 즉 독자의 선호도가 높아서 발행부수가 많다는 점을 이유로 신문사업자를 차별하는 것, 그것도 시장점유율 등을 고려하여 신문발전기금 지원의 범위와 정도에 있어 합리적 차등을 두는 것이 아니라 기금 지원의 대상에서 아예 배제하는 것은 합리적이 아니다.(2006.6.29. 2005헌마165)

070 【O】 2016.5.26. 2014헌마374

071 【O】 공직선거의 후보자들은 모두 당선을 목적으로 하는 이상, 당선자에게만 제재를 부과하는 규정을 두더라도 후보자들은 모두 이를 자신의 제재로 받아들일 것이라서 굳이 낙선자를 제재대상에 포함하지 않더라도 입법목적의 달성의 효과는 동일할 것이다.(2011.4.28. 2010헌바232)

072 【O】 소년심판절차에서는 검사에게 상소권이 인정되지 아니하여 소년심판절차에서의 피해자도 상소 여부에 관하여 전혀 관여할 수 있는 방법이 없는데, 양 절차의 피해자는 범죄행위로 인하여 피해를 입었다는 점에서 본질적으로 동일한 집단이라고 할 것임에도 서로 다르게 취급되고 있다. 그런데 소년심판절차의 전 단계에서 검사가 관여하고 있고, 소년심판절차의 제1심에서 피해자 등의 진술권이 보장되고 있다. 또한 소년심판은 형사소송절차와는 달리 소년에 대한 후견적 입장에서 소년의 환경조정과 품행교정을 위한 보호처분을 하기 위한 심문절차이며, 보호처분을 함에 있어 범행의 내용도 참작하지만 주로 소년의 환경과 개인적 특성을 근거로 소년의 개선과 교화에 부합하는 처분을 부과하게 되므로 일반 형벌의 부과와는 차이가 있다. 그리고 소년심판은 심리의 객체로 취급되는 소년에 대한 후견적 입장에서 법원의 직권에 의해 진행되므로 검사의 관여가 반드시 필요한 것이 아니고 이에 따라 소년심판의 당사자가 아닌 검사가 상소 여부에 관여하는 것이 배제된 것이다.(2012.7.26. 2011헌마232)

073 【X】 사법시험에 합격하여 사법연수원의 과정을 마친 자와 판사나 검사의 자격이 있는 자는 사법연수원의 정형화된 이론과 실무수습을 거치거나, <u>법조실무경력이 있는 반면, 청구인들과 같은 변호사시험 합격자들의 실무수습은 법학전문대학원 별로 편차가 크고 비정형적으로 이루어지고 있으므로, 변호사 시험 합격자들에게 6개월의 실무수습을 거치도록 하는 것을 합리적 이유가 없는 자의적 차별</u>이라고 보기는 어렵다. 따라서 심판대상조항은 청구인들의 평등권을 침해하지 아니한다(2014.9.25. 2013헌마424).

074

친양자의 양친을 기혼자로 한정하고 독신자는 친양자 입양을 할 수 없도록 한 법률규정은 평등권을 침해한다.
(O/×)

075

1차 의료기관의 전문과목 표시와 관련하여 의사전문의·한의사전문의와 달리 치과전문의의 경우에만 진료과목의 표시를 이유로 진료범위를 제한하는 것은 평등권을 침해하지 않는다.
(O/×)

076

입양기관을 운영하고 있지 않은 사회복지법인과 달리 입양기관을 운영하는 사회복지법인으로 하여금 '기본생활지원을 위한 미혼모자가족복지시설'을 설치·운영할 수 없게 하는 것은, 입양기관을 운영하는 사회복지법인과 그렇지 않는 사회복지법인이 본질적으로 다르므로 입양기관을 운영하는 사회복지법인의 평등권을 제한하는 것이 아니다.
(O/×)

077

「국가인권위원회법」상 '평등권 침해의 차별행위'에는 합리적인 이유 없이 성적 지향을 이유로 성희롱을 하는 행위도 포함된다.
(O/×)

078

「공직선거법」상 기부행위 제한의 적용을 받는 자에 '후보자가 되고자 하는 자'까지 포함하면서 기부행위의 제한기간을 폐지하여 기부행위를 상시 제한하도록 한 것은 '후보자가 되려는 자'를 다른 후보자들과 합리적 이유 없이 동일하게 취급하여 평등권을 침해한다.
(O/×)

---

074 【X】 심판대상조항은 **친양자가 안정된 양육환경을 제공할 수 있는 가정에 입양되도록 하여 양자의 복리를 증진시키기 위해, 친양자의 양친을 기혼자로 한정**하였다. 독신자 가정은 기혼자 가정과 달리 기본적으로 양부 또는 양모 혼자서 양육을 담당해야 하며, 독신자를 친양자의 양친으로 하면 처음부터 편친가정을 이루게 하고 사실상 혼인 외의 자를 만드는 결과가 발생하므로, 독신자 가정은 기혼자 가정에 비하여 양자의 양육에 있어 불리할 가능성이 높다. 나아가 독신자가 친양자를 입양하게 되면 그 친양자는 아버지 또는 어머니가 없는 자녀로 가족관계등록부에 공시되어, 친양자의 친생자로서의 공시가 사실상 의미를 잃게 될 수 있다. 한편, 입양특례법에서는 독신자도 일정한 요건을 갖추면 양친이 될 수 있도록 규정하고 있으나, 입양의 대상, 요건, 절차 등에서 민법상의 친양자 입양과 다른 점이 있으므로, 입양특례법과 달리 **민법에서 독신자의 친양자 입양을 허용하지 않는 것에는 합리적인 이유가 있다.** 따라서 심판대상조항은 독신자의 평등권을 침해한다고 볼 수 없다(2013.9.26. 2011헌가42).

075 【X】 1차 의료기관의 전문과목 표시와 관련하여 의사전문의, 한의사전문의와 치과전문의 사이에 본질적인 차이가 있다고 볼 수 없으므로, 의사전문의, 한의사전문의와 달리 치과전문의의 경우에만 전문과목의 표시를 이유로 진료범위를 제한하는 것은 합리적인 근거를 찾기 어렵고, 치과일반의는 전문과목을 불문하고 모든 치과 환자를 진료할 수 있음에 반하여, 치과전문의는 치과의원에서 전문과목을 표시하였다는 이유로 자신의 전문과목 이외의 다른 모든 전문과목의 환자를 진료할 수 없게 되는바, 이는 보다 상위의 자격을 갖춘 치과의사에게 오히려 훨씬 더 좁은 범위의 진료행위만을 허용하는 것으로서 합리적인 이유를 찾기 어렵다. 따라서 심판대상조항은 청구인들의 평등권을 침해한다(2015.5.28. 2013헌마799).

076 【X】 입양기관을 운영하고 있지 않은 사회복지법인과 달리 입양기관을 운영하는 사회복지법인으로 하여금 '기본생활지원을 위한 미혼모자가족복지시설'을 설치·운영할 수 없게 하는 것은, 입양기관을 운영하는 사회복지법인과 그렇지 않는 사회복지법인을 다르게 취급하고 있으므로 **평등권을 제한한다**(2014.5.29. 2011헌마363).

077 【O】 국가인권위원회법 제2조 제3호

078 【X】 「공직선거법」상 기부행위 제한의 적용을 받는 자에 '후보자가 되고자 하는 자'까지 포함하면서 기부행위의 제한기간을 폐지하여 기부행위를 상시 제한하도록 한 것은 평등권을 침해하지 않는다(2009.4.30. 2007헌바29등).

079

국민건강보험공단 직원의 업무가 일반 보험회사의 직원이 담당하는 보험업무와 내용상 크게 다르지 않다 하더라도 그 신분상의 특수성과 조직의 규모, 개인정보 지득의 정도, 선거개입시 예상되는 부작용 등이 사보험업체 직원이나 다른 공단의 직원의 경우와 현저히 차이가 나는 이상, 국민건강보험공단 직원의 선거운동의 금지는 정당한 차별목적을 위한 합리적인 수단을 강구한 것으로서 평등권을 침해하지 않는다. (O/×)

080

행정관서요원으로 근무한 공익근무요원과는 달리, 국제협력요원으로 근무한 공익근무요원을 「국가유공자 등 예우 및 지원에 관한 법률」에 의한 보상에서 제외한 구 「병역법」 조항은 병역의무의 이행이라는 동일한 취지로 소집된 요원임에도 합리적인 이유 없이 양자를 차별하고 있어 평등권을 침해한다. (O/×)

081

1983. 1. 1. 이후 출생한 A형 혈우병 환자에 한하여 유전자재조합제제에 대한 요양급여를 인정하는 보건복지부고시는 제도의 단계적 개선을 위한 합리적 이유가 있어 1983. 1. 1. 이전에 출생한 A형 혈우병 환자들의 평등권을 침해하지 않는다. (O/×)

082

국가공무원 임용 결격사유에 해당하여 공중보건의사 편입이 취소된 사람을 현역병으로 입영하게 하거나 공익근무요원으로 소집함에 있어 의무복무기간에 기왕의 복무기간을 반영하지 않은 것은 평등의 원칙에 반한다. (O/×)

083

국가유공자의 가족이 공무원채용시험에 응시하는 경우 만점의 10%를 가산하도록 한 것은 일반 응시자들의 공직취임의 기회를 차별하는 것이고, 이러한 차별로 인한 불평등 효과는 입법목적과 그 달성수단 간의 비례성을 현저히 초과하는 것으로서 일반 공직시험 응시자들의 평등권을 침해한다. (O/×)

---

079 【O】 2004.4.29. 2002헌마467

080 【×】 행정관서요원으로 근무한 공익근무요원과는 달리, 국제협력요원으로 근무한 공익근무요원을 「국가유공자 등 예우 및 지원에 관한 법률」에 의한 보상에서 제외한 구 「병역법」 조항은 입법형성권을 벗어난 자의적인 것이라고 할 수 없어, 헌법상의 평등권을 침해하지 아니한다(2010.7.29. 2009헌가13).

081 【×】 1983. 1. 1. 이후 출생한 A형 혈우병 환자에 한하여 유전자재조합제제에 대한 요양급여를 인정하는 보건복지부고시는, A형 혈우병 환자들의 출생시기에 따라 이들에 대한 유전자재조합 제제의 요양급여 허용 여부를 달리 취급하는 것이므로, 합리적인 이유가 있는 차별이라고 할 수 없다(2012.6.27. 2010헌마716).

082 【O】 2010.7.29. 2008헌가28

083 【O】 2006.2.23. 2004헌마675 등

084

헌법상의 평등원칙은 사회보험인 건강보험의 보험료부과에 있어서 경제적 능력에 따른 부담이 이루어질 것을 요구하나, 건강보험제도나 노인장기요양보험제도는 전 국민에게 기본적인 의료서비스 및 요양서비스를 제공하기 위한 사회보장제도의 일종으로, 입법자는 이에 관하여 광범위한 입법형성권을 보유한다.

(O/X)

085

선거로 취임하는 공무원인 지방자치단체장을 공무원연금법의 적용대상에서 제외하는 법률 조항은, 지방자치단체장도 국민 전체에 대한 봉사자로서 공무원법상 각종 의무를 부담하고 영리업무 및 겸직 금지 등 기본권 제한이 수반된다는 점에서 경력직공무원 또는 다른 특수경력직공무원 등과 차이가 없는데도 공무원연금법의 적용에 있어 지방자치단체장을 다른 공무원에 비하여 합리적 이유 없이 차별하는 것으로, 지방자치단체장들의 평등권을 침해한다.

(O/X)

086

국회의원의 의정활동 홍보우편물에 대해서는 우편요금을 감액할 수 있도록 하면서, 시·도의원의 우편요금에 대해서는 감액대상에서 제외하고 있더라도 이것이 평등의 원칙에 위반되는 것은 아니다. (O/X)

III 적극적 평등실현조치

1. 의의 및 특징

087

적극적 평등실현조치(잠정적 우대조치)는 종래 사회로부터 차별을 받아 온 일정집단에 대해 그 동안의 불이익을 보상하기 위한 우대적 조치이다.

(O/X)

---

084 【O】 2012.5.31. 2009헌마299

085 【X】 지방자치단체장은 특정 정당을 정치적 기반으로 할 수 있고 주민의 선거를 통해 취임하며 정해진 임기 동안 재직하는 정무직공무원으로서, 공무원법상 신분보장 및 정치운동 금지의 제한을 받지 않는다는 점에서(지방공무원법 제3조), 공무원법상 신분보장을 받으며 평생 또는 장기간 공무원으로 근무할 것이 예정된 경력직공무원과는 차이가 있다. 그리고 지방자치단체장의 경우 임기가 4년으로 제한되어 있고 계속 재임도 3기로 제한되어 있어(지방자치법 제94조, 제95조) 지방자치단체장의 총 재임기간 내지 퇴직시점은 미리 확정하기 어렵기 때문에, **장기근속을 전제로 하는 공무원을 주된 대상으로 하고 이들이 재직 기간 동안 납부하는 기여금을 일부 재원으로 하여 설계된 공무원연금법의 적용대상에 지방자체단체장을 포함하는 것은 입법기술적으로도 어려움이 있다.** 따라서 심판대상조항이 공무원연금법의 적용에 있어 지방자치단체장을 경력직공무원과 달리 취급하는 데에는 합리적 이유가 인정된다. 따라서 평등권을 침해하지 않는다(2014.6.26. 2012헌마459).

086 【O】 국회의원의 의정활동 관련 우편물에 대해 따로 감액규정을 두는 것은, 다량의 우편물 발송자의 편의를 도모하고 우편송달을 원활화하려는 우편요금감액제도의 취지 외에, 홍보우편물의 발송에 따른 국회의원의 재정부담을 덜어 줌으로써 그 의정활동을 지원하고 이러한 우편물이 간접적으로는 국민의 알 권리와도 관련이 있다는 점이 고려된 것이다. 또 **국회의원이 그 선거구를 떠나 국회가 있는 서울에서 주로 정치활동을 수행하는 데에 비해 시·도의원은 당해 시·도의 관할구역 안에서 거주하고 있어 선거구의 주민과 일상적으로 접촉할 수 있으므로 우편을 통하여 의정활동을 지역구 주민에게 알려야 할 필요성 역시 국회의원의 경우가 월등히 크다고 할 것**이어서 우편요금 감액대상에 국회의원만 포함시키고 시·도의원을 제외한 것 역시 평등의 원칙에 위반된다고 할 수 없다(2000.6.1. 99헌마576).

087 【O】

088
적극적 평등실현조치는 개인의 자격이나 실적보다는 집단의 일원이라는 것을 근거로 하여 우대하는 조치이다. (O/×)

089
적극적 평등실현조치는 결과의 평등보다는 기회의 평등을 추구하기 때문에 합헌적 정책이다. (O/×)

090
적극적 평등실현조치는 항구적 정책이 아니라 구제목적이 실현되면 종료하는 임시적(잠정적) 조치이다. (O/×)

2. 적용사례 : 공무원임용에 있어서 여성과 장애인을 잠정적으로 우대하는 입법

091
공무원임용에 있어서 여성과 장애인을 잠정적으로 우대하는 입법은 종래 사회로부터 차별을 받아 온 일정 집단에 대하여 그 동안의 불이익을 보상해주기 위하여 그 집단의 구성원이라는 이유로 취업이나 입학 등에 있어 직·간접적으로 이익을 부여하는 잠정적 우대조치 또는 적극적 평등실현조치의 하나로 볼 수 있다. (O/×)

092
동일한 자격을 갖춘 경우에 남성 또는 비장애인보다 여성 또는 장애인을 잠정적으로 우대하는 것은 역차별이라고 볼 수 없으므로 헌법위반이 되지 않는다. (O/×)

---

088 【O】
089 【X】 적극적 평등실현조치는 기회의 평등보다는 결과의 평등·실질적 평등을 추구하는 정책이다.
090 【O】 1999.12.23. 98헌마363
091 【O】 이러한 입법은 종래 사회로부터 차별을 받아 온 일정 집단에 대하여 그 동안의 불이익을 보상해주기 위하여 그 집단의 구성원이라는 이유로 취업이나 입학 등에 있어 직·간접적으로 이익을 부여하는 잠정적 우대조치 또는 적극적 평등실현조치의 하나로 볼 수 있다(1999.12.23. 98헌마363).
092 【O】

093

차별이 문제되는 경우 미국연방대법원은 3중 심사기준을 수립하여, 일반적으로 인종차별의 경우에는 주로 엄격심사기준을, 양성차별의 경우에는 중간심사기준을, 사회경제 입법의 경우에는 합리성 심사기준을 적용해오고 있다. (O/×)

094

양성차별이 문제되는 경우 우리 헌법재판소는 미국연방법원의 판례를 수용하여 차별의 목적이 중요한 공적 이익에 봉사하는 것이어야 하고, 차별입법이 그 목적 수행에 실질적 관련성이 있을 것을 요구하는 중간심사기준을 적용하고 있다. (O/×)

095

여성을 공무원임용시험에 있어서 일정한 비율까지 합격시키는 여성채용목표제는 헌법상 사회국가원리, 헌법 제32조 제4항(여성근로의 보호 및 차별금지), 제34조 제3항(여자의 복지향상을 위한 국가의무)을 헌법적 근거로 하는 것으로 볼 수 있다. (O/×)

---

093 【O】 미국에서 3단계 위헌심사기준(미국의 3단계 심사기준은, 무정형의 단계(정립 전의 단계) → 합리성 심사 → 엄격심사 → 중간심사의 차례로 정립되어 왔음)

	적용대상(예)
합리성심사	사회·경제적 (규제)입법
엄격심사	인종차별, 표현, 집회, 결사, 종교의 자유 제한, 기타 근본적 권리 제한
중간단계심사	성별, 혼인 외 출생 차별, 내용 중립적 표현의 자유, 상업적 언론 사안, 선거자금 기부, 방송 규제

094 【X】 양성차별이 문제되는 경우 우리 헌법재판소는 독일연방헌법재판소의 2중 심사기준(자의금지원칙, 비례원칙)을 원칙적으로 수용하여, 제대군인가산점사건에서 남녀차별에 대해서 엄격한 심사를 하였다.

095 【O】

최신판례 예상지문

001

공무원 퇴직연금의 수급요건을 재직기간 20년에서 10년으로 완화한 개정 공무원연금법 조항이 적용대상을 법 시행일 당시 재직 중인 공무원으로 한정한 공무원연금법 부칙규정은 청구인의 평등권을 침해한다.
(O / ×)

002

현직 국회의원인지 여부를 불문하고 예비후보자가 선거사무소를 설치하고 그 선거사무소에 간판·현판 또는 현수막을 설치·게시할 수 있도록 한 공직선거법조항이 예비후보자로 등록한 청구인의 평등권을 침해할 가능성이 없다.
(O / ×)

003

단체나 다중의 위력으로써 형법상 상해죄를 범한 사람을 형법상 상해죄나 중상해죄보다 무겁게 처벌하는 구 '폭력행위 등 처벌에 관한 법률'조항은 형벌체계상 균형을 상실하여 평등원칙에 위반된다. (O / ×)

---

001 【×】 공무원 퇴직연금의 수급요건을 재직기간 20년에서 10년으로 완화한 개정 공무원연금법 조항이 적용대상을 법 시행일 당시 재직 중인 공무원으로 한정한 공무원연금법 부칙규정이 청구인의 평등권을 침해하는지 여부(소극) (헌재 2017.5.25. 2015헌마933, [전원재판부]) - 적용대상을 제한하지 아니하고 이미 법률관계가 확정된 자들에게까지 소급한다면 그로 인하여 법적 안정성 문제를 야기하게 되고 상당한 규모의 재정부담도 발생하게 될 것이므로, 일정한 기준을 두어 적용대상을 제한한 것은 충분히 납득할 만한 이유가 있다. 심판대상조항으로 인하여 법률의 개정·공포일부터 시행일 사이에 퇴직한 사람이 완화된 퇴직연금 수급요건의 적용대상에서 제외된다 하더라도 이것은 불가피한 경우에 해당한다. 따라서 개정 법률을 그 시행일 전으로 소급적용하는 경과규정을 두지 않았다고 하여 이를 현저히 불합리한 차별이라고 볼 수 없으므로, 심판대상조항은 청구인의 평등권을 침해하지 아니한다.

002 【O】 현직 국회의원인지 여부를 불문하고 예비후보자가 선거사무소를 설치하고 그 선거사무소에 간판·현판 또는 현수막을 설치·게시할 수 있도록 한 공직선거법조항이 예비후보자로 등록한 청구인의 평등권을 침해할 가능성이 있는지 여부(소극) (헌재 2017.6.29. 2016헌마110, [전원재판부]) - 현직 국회의원 예비후보자나 현직 국회의원이 아닌 예비후보자는 모두 동일한 예비후보자로서 지역구국회의원선거에 있어 그 법적 지위에 어떠한 차이가 있다고 볼 수 없으므로, 심판대상조항이 '본질적으로 다른 것을 같게' 취급하고 있다고 볼 수 없다.

003 【×】 단체나 다중의 위력으로써 형법상 상해죄를 범한 사람을 형법상 상해죄나 중상해죄보다 무겁게 처벌하는 구 '폭력행위 등 처벌에 관한 법률'조항이 책임과 형벌의 비례원칙에 위반되고 형벌체계상 균형을 상실하여 평등원칙에 위반되는지 여부(소극) (헌재 2017.7.27. 2015헌바450, [전원재판부]) - '단체나 다중의 위력으로써' 상해를 가한다는 행위 불법의 요소가 형법상 상해죄나 중상해죄보다 무거운 범죄를 가중 처벌하는 규정으로, 결과만을 비교하여 심판대상조항의 법정형이 상해죄나 중상해죄보다 무거워 형벌체계상의 균형을 잃었다고 볼 수 없다. '단체나 다중의 위력으로써'란 집결한 인원수 그 자체로서 상대방을 제압하기에 충분한 세력이 되기 때문에 '단체나 다중의 위력'을 수단으로 하는 범죄는 그 자체가 사회 불안을 조성하는 요인이 되고 그 피해도 확대될 위험성을 내포하고 있으므로, '2인 이상이 공동하여' 상해를 가하는 경우보다 '단체나 다중의 위력으로써' 상해를 가하는 경우가 더 중한 범죄로 평가될 수 있다. 따라서 심판대상조항에 해당하는 죄의 법정형을 단순상해나 '2인 이상이 공동하여' 하는 경우보다 무겁게 정하였다고 하여 그것이 형벌체계의 정당성과 균형을 잃어 평등원칙에 위반된 것이라고 볼 수 없다.

004 🔄 1 2 3

금융기관 임직원이 직무에 관하여 금품 기타 이익을 1억 원 이상 받으면 무기 또는 10년 이상의 징역에 처하는 구 '특정경제범죄 가중처벌 등에 관한 법률' 조항은 책임과 형벌간의 비례원칙에 위반된다.

(○/×)

005 🔄 1 2 3

수수액이 5천만 원 이상인 때에는 7년 이상의 징역으로 처벌하도록 규정한 '특정경제범죄 가중처벌 등에 관한 법률' 조항은 책임과 형벌 간의 비례원칙에 위배되고 형벌체계의 균형성에 반하여 평등원칙에도 위배된다.

(○/×)

006 🔄 1 2 3

소년으로 범한 죄에 의하여 형의 선고를 받은 자가 그 집행을 종료하거나 면제받은 때와 달리 집행유예를 선고받은 소년범에 대한 자격완화 특례규정을 두지 않은 소년법 조항은 평등원칙에 위반되지 않는다.

(○/×)

---

004 【×】 금융기관 임직원이 직무에 관하여 금품 기타 이익을 1억 원 이상 받으면 무기 또는 10년 이상의 징역에 처하는 구 '특정경제범죄 가중처벌 등에 관한 법률' 조항은 헌법에 위반되는지 여부(소극) (헌재 2017.12.28. 2016헌바281, [전원재판부]) - 국민경제와 국민생활에 중대한 영향을 미치는 금융업무의 투명성과 공정성을 확보하기 위하여 금융기관 임직원의 수재죄를 공무원의 수뢰죄와 같은 수준으로 가중처벌하는 것은 합리적 이유가 있고, 수수액이 많을수록 국가경제에 미치는 병폐와 피해가 심화되고 범죄에 대한 비난가능성도 일반적으로 높아진다고 보는 것이 합리적이어서 심판대상조항이 책임과 형벌 간의 비례원칙에 위반되지 아니하며, 변호사나 공인회계사 등이 자신이 담당하고 있는 전문영역에서 공정성을 해하는 행위를 하더라도 주로 직접적인 이해당사자에게 영향을 미치는 것과 달리, 금융기관 임직원이 불공정하게 직무를 수행하여 금융기관의 공공성이 무너지게 되면 경제적 파급력과 사회전반에 미치는 영향이 매우 크다는 점에서 심판대상조항이 변호사 등 다른 직역에 종사하는 사람보다 중하게 금융기관 임직원의 수재행위 등을 처벌하더라도 형벌체계상의 균형성을 상실하여 평등원칙에 위배되지 아니한다.

005 【×】 수수액이 5천만 원 이상인 때에는 7년 이상의 징역으로 처벌하도록 규정한 '특정경제범죄 가중처벌 등에 관한 법률' 조항이 책임과 형벌 간의 비례원칙에 위배되는지 여부(소극) 및 가중처벌조항이 형벌체계의 균형성에 반하여 평등원칙에 위배되는지 여부(소극) (헌재 2017.12.28. 2017헌바193, [전원재판부]) - 직무관련 수재 등 행위는 일반적인 형사범에 비하여 범행의 동기나 행위의 태양 등이 비교적 정형화되어 있고, 그것이 국가경제에 미치는 병폐와 피해는 수수액이 많을수록 심화될 뿐 아니라 일반적으로 수수액이 증가하면 범죄에 대한 비난가능성도 높아진다고 보는 것이 합리적인 점에 비추어 수수액을 기준으로 한 단계적 가중처벌에는 합리적인 이유가 있다. 이러한 사정들을 종합하여 볼 때, 구 특정경제범죄법 제5조 제4항 제2호는 책임과 형벌 간의 비례원칙에 위배되지 않는다. 금융기관의 공공성이 무너지는 경우 그 경제적 파급력 및 사회전반에 미치는 영향이 매우 커 입법자가 특별히 금융기관 임직원에게 공무원과 같은 수준의 청렴성을 요구하는 것이므로, 변호사 등의 전문직 종사자보다 중한 형벌로 처벌한다 하더라도 형벌체계의 균형성에 반한다고 보기는 어렵다고 판단하였다. 가중처벌조항은 형벌체계의 균형성에 반하여 평등원칙에 위배되지 않는다.

006 【×】 소년으로 범한 죄에 의하여 형의 선고를 받은 자가 그 집행을 종료하거나 면제받은 때와 달리 집행유예를 선고받은 소년범에 대한 자격완화 특례규정을 두지 않은 소년법 조항이 평등원칙에 위반되는지 여부(적극) (헌재 2018.1.25. 2017헌가7 [전원재판부]) - 집행유예는 실형보다 죄질이나 범정이 더 가벼운 범죄에 관하여 선고하는 것이 보통인데, 이 사건 구법 조항은 집행유예보다 중한 실형을 선고받고 집행이 종료되거나 면제된 경우에는 자격에 관한 법령의 적용에 있어 형의 선고를 받지 아니한 것으로 본다고 하여 공무원 임용 등에 자격제한을 두지 않으면서 집행유예를 선고받은 경우에 대해서는 이와 같은 특례조항을 두지 아니하여 불합리한 차별을 야기하고 있어, 명백히 자의적인 차별에 해당하여 평등원칙에 위반된다.

007

대한민국 국적을 가지고 있는 영유아 중에서 재외국민인 영유아를 보육료·양육수당의 지원대상에서 제외함으로써, 청구인들과 같이 국내에 거주하면서 재외국민인 영유아를 양육하는 부모를 차별하는 보건복지부지침은 청구인들의 평등권을 침해한다. (O/×)

008

보훈보상대상자의 부모에 대한 유족보상금 지급 시 수급권자를 1인에 한정하고 나이가 많은 자를 우선하도록 규정한 '보훈보상대상자 지원에 관한 법률' 조항은 청구인의 평등권을 침해한다. (O/×)

009

자사고를 후기학교로 규정함으로써 과학고와 달리 취급하고, 일반고와 같이 취급하는 것은 자사고 학교법인의 평등권을 침해한다. (O/×)

---

007 【O】 대한민국 국적을 가지고 있는 영유아 중에서 재외국민인 영유아를 보육료·양육수당의 지원대상에서 제외함으로써, 청구인들과 같이 국내에 거주하면서 재외국민인 영유아를 양육하는 부모를 차별하는 보건복지부지침이 청구인들의 평등권을 침해하는지 여부(적극) (헌재 2018.1.25. 2015헌마1047, [전원재판부]) – 단순한 단기체류가 아니라 국내에 거주하는 재외국민, 특히 외국의 영주권을 보유하고 있으나 상당한 기간 국내에서 계속 거주하고 있는 자들은 주민등록법상 재외국민으로 등록·관리될 뿐 '국민인 주민'이라는 점에서는 다른 일반 국민과 실질적으로 동일하므로, 단지 외국의 영주권을 취득한 재외국민이라는 이유로 달리 취급할 아무런 이유가 없어 위와 같은 차별은 청구인들의 평등권을 침해한다.

008 【O】 보훈보상대상자의 부모에 대한 유족보상금 지급 시 수급권자를 1인에 한정하고 나이가 많은 자를 우선하도록 규정한 '보훈보상대상자 지원에 관한 법률' 조항이 '나이가 적은 부모 일방을 합리적 이유없이 차별하는지 여부(적극) (헌재 2018.6.28. 2016헌가14, [전원재판부]) – 국가의 재정부담 능력 등이 허락하는 한도에서 보상금 총액을 일정액으로 제한하되, 그 범위 내에서 적어도 같은 순위의 유족들에게는 생활정도에 따라 보상금을 분할해서 지급하는 방법이 가능하다. 만약 다른 유족에 비하여 특별히 경제적으로 어려운 자가 있다면 수급권자의 범위를 경제적으로 어려운 자에게 한정하는 방법도 가능하다. 이처럼 국가의 재정부담을 늘리지 않으면서도 보훈보상대상자 유족의 실질적인 생활보호에 충실할 수 있는 방안이 존재하는 상황에서, 부모에 대한 보상금 지급에 있어서 예외 없이 오로지 1명에 한정하여 지급해야 할 필요성이 크다고 볼 수 없다. 심판대상조항이 국가의 재정부담능력의 한계를 이유로 하여 부모 1명에 한정하여 보상금을 지급하도록 하면서 어떠한 예외도 두지 않은 것에는 합리적 이유가 있다고 보기 어렵다.

009 【X】 자사고를 후기학교로 규정함으로써 과학고와 달리 취급하고, 일반고와 같이 취급하는 것이 자사고 학교법인의 평등권을 침해하는지 여부(소극) (헌재 2019.4.11. 2018헌마221, [전원재판부]) – 어떤 학교를 전기학교로 규정할 것인지 여부는 해당 학교의 특성상 특정 분야에 재능이나 소질을 가진 학생을 후기학교보다 먼저 선발할 필요성이 있는지에 따라 결정되어야 한다. 과학고는 '과학분야의 인재 양성'이라는 설립 취지나 전문적인 교육과정의 측면에서 과학 분야에 재능이나 소질을 가진 학생을 후기학교보다 먼저 선발할 필요성을 인정할 수 있으나, 자사고의 경우 교육과정 등을 고려할 때 후기학교보다 먼저 특정한 재능이나 소질을 가진 학생을 선발할 필요성은 적다. 따라서 이 사건 동시선발 조항이 자사고를 후기학교로 규정함으로써 과학고와 달리 취급하고, 일반고와 같이 취급하는 데에는 합리적인 이유가 있으므로 청구인 학교법인의 평등권을 침해하지 아니한다.

010

자사고를 지원한 학생에게 평준화지역 후기학교에 중복지원하는 것을 금지한 것은 청구인 학생 및 학부모의 평등권을 침해한다. (O/×)

011

가족 중 순직자가 있는 경우의 병역감경 대상에서 재해사망군인의 가족을 제외하고 있는 병역법 시행령조항은 청구인의 평등권을 침해한다. (O/×)

012

업무상 재해에 통상의 출퇴근 재해를 포함시키는 개정 법률조항을 개정법 시행 후 최초로 발생하는 재해부터 적용하도록 하는 산업재해보상보험법 부칙조항은 헌법상 평등원칙에 위반된다. (O/×)

---

010 【O】 자사고를 지원한 학생에게 평준화지역 후기학교에 중복지원하는 것을 금지한 것이 청구인 학생 및 학부모의 평등권을 침해하는지 여부(적극) (헌재 2019.4.11. 2018헌마221, [전원재판부]) - 이 사건 중복지원금지 조항은 고등학교 진학 기회에 있어서의 평등이 문제된다. 비록 고등학교 교육이 의무교육은 아니지만 매우 보편화된 일반교육임을 고려할 때 고등학교 진학 기회의 제한은 당사자에게 미치는 제한의 효과가 커 엄격히 심사하여야 하므로 차별 목적과 차별 정도가 비례원칙을 준수하는지 살펴야 한다. 자사고를 지원하는 학생과 일반고를 지원하는 학생은 모두 전기학교에 지원하지 않았거나, 전기학교에 불합격한 학생들로서 고등학교에 진학하기 위해서는 후기 입학전형 1번의 기회만 남아있다는 점에서 같다. 시·도별로 차이는 있을 수 있으나 대체로 평준화지역 후기학교의 입학전형은 중학교 학교생활기록부를 기준으로 매긴 순위가 평준화지역 후기학교의 총 정원 내에 들면 평준화지역 후기학교 배정이 보장된다. 반면 자사고에 지원하였다가 불합격한 평준화지역 소재 학생들은 이 사건 중복지원금지 조항으로 인하여 원칙적으로 평준화지역 일반고에 지원할 기회가 없고, 지역별 해당 교육감의 재량에 따라 배정·추가배정 여부가 달라진다. 고등학교 교육의 의미, 현재 우리나라의 고등학교 진학률에 비추어 자사고에 지원하였었다는 이유로 이러한 불이익을 주는 것이 적절한 조치인지 의문이 아닐 수 없다. 결국 이 사건 중복지원금지 조항은 고등학교 진학 기회에 있어서 자사고 지원자들에 대한 차별을 정당화할 수 있을 정도로 차별 목적과 차별 정도 간에 비례성을 갖춘 것이라고 볼 수 없다.

011 【×】 가족 중 순직자가 있는 경우의 병역감경 대상에서 재해사망군인의 가족을 제외하고 있는 병역법 시행령조항이 청구인의 평등권을 침해하는지 여부(소극) (헌재 2019.7.25. 2017헌마323, [전원재판부]) - 가족 중에 순직자가 있는 경우 적용되는 병역감경제도는, 국가를 위하여 희생한 자와 그 가족을 예우하고, 남은 가족의 생계유지 등 생활안정을 위하여, 그리고 순직자의 가족에게 똑같이 위험성 있는 국방의 의무를 예외 없이 부과하는 것은 그 가족에게 거듭된 희생을 요구하는 것이어서 가혹하다는 입법적 고려에 따른 것이다. 순직군인 등은 국가의 수호·안전보장 또는 국민의 생명·재산 보호와 직접적인 관련이 있는 직무수행이나 교육훈련 중에 순직한 자로서, '보훈보상대상자 지원에 관한 법률'상의 재해사망군인에 비하여 국가에 공헌한 정도가 더 크고 직접적이다. 따라서 순직군인 등에 대하여는 재해사망군인과 구별되는, 그에 합당한 예우와 보상을 할 필요가 있고, 이에 국가유공자법과 보훈보상자법에서는 그 구체적인 보상이나 지원에 대하여 달리 정하고 있다. 따라서 심판대상조항은 청구인의 평등권을 침해하지 않는다.

012 【O】 업무상 재해에 통상의 출퇴근 재해를 포함시키는 개정 법률조항을 개정법 시행 후 최초로 발생하는 재해부터 적용하도록 하는 산업재해보상보험법 부칙조항이 헌법상 평등원칙에 위반되는지 여부(적극) (헌재 2019.9.26. 2018헌바218 [전원재판부]) - 심판대상조항이 신법 조항의 소급적용을 위한 경과규정을 두지 않음으로써 개정법 시행일 전에 통상의 출퇴근 사고를 당한 비혜택근로자를 보호하기 위한 최소한의 조치도 취하지 않은 것은, 산재보험의 재정상황 등 실무적 여건이나 경제상황 등을 고려한 것이라고 하더라도, 그 차별을 정당화할 만한 합리적인 이유가 있는 것으로 보기 어렵고, 이 사건 헌법불합치결정의 취지에도 어긋난다. 따라서 심판대상조항은 헌법상 평등원칙에 위반된다.

013

대통령선거·지역구국회의원선거의 예비후보자와 달리 '광역자치단체장' 선거의 예비후보자를 후원회지정권자에서 제외하고 있는 정치자금법 조항은 청구인들의 평등권을 침해한다. (O/×)

014

'회원제로 운영하는 골프장 시설의 입장료에 대한 부가금'을 국민체육진흥기금의 재원으로 규정한 국민체육진흥법조항은 헌법상 평등원칙에 위반된다. (O/×)

015

교육경력만으로 장학관 등을 특별채용할 때 그 교육경력에 1년 이상 교장 등의 재직경력이 포함되어야 한다고 규정함으로써 수석교사는 공모교장 등 교장과 달리 교육경력만으로 장학관 등에 특별채용될 수 없도록 하는 교육공무원임용령조항은 수석교사인 청구인들의 평등권을 침해한다. (O/×)

---

013 【O】 대통령선거·지역구국회의원선거의 예비후보자와 달리 '광역자치단체장' 선거의 예비후보자를 후원회지정권자에서 제외하고 있는 정치자금법 조항이 청구인들의 평등권을 침해하는지 여부(적극) (헌재 2019.12.27. 2018헌마301 [전원재판부]) - 선거비용제한액 및 실제 지출액, 후원회 모금한도 등을 고려해 볼 때, 광역자치단체장선거의 경우 국회의원선거보다 지출하는 선거비용의 규모가 크고, 후원회를 통해 선거자금을 마련할 필요성 역시 매우 크다. 또한 군소정당이나 신생정당, 무소속 예비후보자의 경우에는 선거비용의 보전을 받기 어려운 경우가 많은 현실을 고려할 때 후원회 제도를 활용하여 선거자금을 마련할 필요성이 더욱 절실하고, 이들이 후원회 제도를 활용하는 것을 제한하는 것은 다양한 신진 정치세력의 진입을 막고 자유로운 경쟁을 통한 정치 발전을 가로막을 우려가 있다. 따라서 심판대상조항 중 광역자치단체장선거의 예비후보자에 관한 부분은 청구인들 중 광역자치단체장선거의 예비후보자 및 이들 예비후보자에게 후원금을 기부하고자 하는 자의 평등권을 침해한다.

[비교판례] 자치구의 지역구의회의원 선거의 예비후보자를 후원회지정권자에서 제외하고 있는 정치자금법 조항이 청구인들의 평등권을 침해하는지 여부(소극) : 자치구의회의원은 대통령, 국회의원과는 그 지위나 성격, 기능, 활동범위, 정치적 역할 등에서 본질적으로 다르다. 따라서 자치구의 지역구의회의원 선거의 예비후보자를 후원회지정권자에서 제외하고 있는 정치자금법 조항은 청구인들의 평등권을 침해하지 않는다.

014 【O】 '회원제로 운영하는 골프장 시설의 입장료에 대한 부가금'을 국민체육진흥기금의 재원으로 규정한 국민체육진흥법조항이 헌법상 평등원칙에 위배되는지 여부(적극) (헌재 2019.12.27. 2017헌가21) - 수많은 체육시설 중 유독 골프장 부가금 징수 대상 시설의 이용자만을 국민체육진흥계정 조성에 관한 조세 외적 부담을 져야 할 책임이 있는 집단으로 선정한 것에는 합리성이 결여되어 있다. 골프장 부가금 등을 재원으로 하여 조성된 국민체육진흥계정의 설치 목적이 국민체육의 진흥에 관한 사항 전반을 아우르고 있다는 점에 비추어 볼 때, 국민 모두를 대상으로 하는 광범위하고 포괄적인 수준의 효용성을 놓고 부담금의 정당화 요건인 집단적 효용성을 갖추었다고 단정하기도 어렵다. 심판대상조항이 규정하고 있는 골프장 부가금은 일반 국민에 비해 특별히 객관적으로 밀접한 관련성을 가진다고 볼 수 없는 골프장 부가금 징수 대상 시설 이용자들을 대상으로 하는 것으로서 합리적 이유가 없는 차별을 초래하므로, 헌법상 평등원칙에 위배된다.

015 【×】 교육경력만으로 장학관 등을 특별채용할 때 그 교육경력에 1년 이상 교장 등의 재직경력이 포함되어야 한다고 규정함으로써 수석교사는 공모교장 등 교장과 달리 교육경력만으로 장학관 등에 특별채용될 수 없도록 하는 교육공무원임용령조항이 수석교사인 청구인들의 평등권을 침해하는지 여부(소극) (헌재 2020.2.27. 2019헌마526, [전원재판부]) - 공모교장은 승진임용된 교장과 달리 공모를 통하여 선발·임용되나, 일단 교장으로 임용되면 승진임용된 교장과 동일한 직무와 직급을 부여받으며, 교장자격증 미소지자라 하더라도 공모교장에 임용되면 임용 후 1년 이내에 교장 자격연수를 받고(초·중등교육법 시행령 제105조의2 제2항) 교장자격증을 취득하게 된다. 공모교장 경력을 수석교사 경력과 달리 취급하는 것은 이러한 사정들을 고려한 것으로 보이므로 이 사건 특별채용조항이 수석교사를 공모교장과 달리 취급한다 하더라도 이에는 합리적 이유가 있다고 할 수 있다. 결국 이 사건 특별채용조항은 수석교사인 청구인들의 평등권을 침해하지 않는다.

016
법관의 명예퇴직수당 정년잔여기간 산정에 있어 정년퇴직일 전에 임기만료일이 먼저 도래하는 경우 임기만료일을 정년퇴직일로 보도록 정한 구 '법관 및 법원공무원 명예퇴직수당 등 지급규칙'은, 위 조항으로 인하여 명예퇴직수당 수급 여부 등에 불이익을 받게 된 퇴직법관인 청구인의 평등권을 침해한다. (O/×)

017
전문연구요원 등 다른 보충역과는 달리 공중보건의사가 군사교육에 소집된 기간을 복무기간에 산입하지 않도록 규정한 병역법 조항은 청구인들의 평등권을 침해한다. (O/×)

---

016 【X】 법관의 명예퇴직수당 정년잔여기간 산정에 있어 정년퇴직일 전에 임기만료일이 먼저 도래하는 경우 임기만료일을 정년퇴직일로 보도록 정한 구 '법관 및 법원공무원 명예퇴직수당 등 지급규칙'이, 위 조항으로 인하여 명예퇴직수당 수급 여부 등에 불이익을 받게 된 퇴직법관인 청구인의 평등권을 침해하는지 여부(소극) (헌재 2020.4.23. 2017헌마321, [전원재판부]) - 법관의 임기제·연임제는 임기 동안 법관의 신분을 보장하여 사법권의 독립을 보장함과 동시에, 법관 직무의 중대성 등을 감안하여 직무를 제대로 수행하지 못하는 등의 경우 그러한 법관을 연임에서 제외함으로써 사법기능 및 업무의 효율성을 높이고자 함에 그 목적이 있는 점, 법적으로 확보된 근속가능기간 측면에서 10년마다 연임절차를 거쳐야 정년까지 근무할 수 있는 법관과 그러한 절차 없이도 정년까지 근무할 수 있는 다른 경력직공무원은 동일하다고 보기 어려운 점 등을 고려할 때, 심판대상조항이 임기만료일을 법관 명예퇴직수당 정년잔여기간 산정의 기준 중 하나로 정한 것은 그 합리성을 인정할 수 있다. 심판대상조항으로 인하여 법관이 연령정년만을 기준으로 정년잔여기간을 산정하는 다른 경력직공무원에 비하여, 명예퇴직수당 지급 여부 및 액수 등에 있어 불이익을 볼 가능성이 있다 하더라도, 이를 자의적인 차별이라 볼 수는 없다. 따라서 심판대상조항은 청구인의 평등권을 침해하지 않는다.

017 【X】 전문연구요원 등 다른 보충역과는 달리 공중보건의사가 군사교육에 소집된 기간을 복무기간에 산입하지 않도록 규정한 병역법 조항이 청구인들의 평등권을 침해하는지 여부(소극) (헌재 2020.9.24. 2019헌마472 [전원재판부]) - 공중보건의사는 임기제공무원의 신분을 가지고 농어촌 등 보건의료 취약지역의 보건의료업무에 종사하는 사람으로, 전문연구요원에 비하여 수행업무의 공익적 기여도가 매우 크고 직접적이다. 공중보건의사의 군사교육소집기간을 의무복무기간에 산입한다면, 해당 지역별로 공중보건의사의 소집해제일인 3월경부터 다른 공중보건의사가 통상 배치되는 4월경까지 약 1개월간 필연적으로 의료공백이 발생하게 된다. 공중보건의사는 진료업무 뿐 아니라 지역 보건 사업 등 다방면의 업무를 수행하여야 하고, 일반적으로 한 지역에 배치되는 공중보건의사의 인원이 매우 소수이므로, 공중보건의사의 부재가 매년 1개월씩 일부 지역에서 반복된다면, 보건의료 취약지역의 의료상황이 더욱 악화될 우려가 있다. 반면에 전문연구요원은 복무지와 연구업무의 특성상 일정기간 자리를 비우더라도 심각한 업무공백 문제는 발생하지 않는다. 같은 병역 유형인 보충역에 속한다고 하더라도 개별 보충역마다 제도 도입취지, 복무형태, 복무내용, 신분 등이 상이하므로 군사교육 소집기간 산입 여부와 같은 병역의무이행의 세부적인 내용이 모두 동일하게 적용되어야 한다고 볼 수는 없다. 공중보건의사는 장교의 지위에 있는 군의관과 입법 연혁, 선발과정, 보수, 수행 업무의 내용 등 여러 가지 면에서 동일하거나 유사한 측면이 있다는 점을 고려하면, 군사교육소집기간의 복무기간 산입 여부와 같은 정책적인 사항에 대하여 전문연구요원과 달리 규정한다고 해서 이를 부당한 차별취급이라고 단정하기는 어렵다. 따라서 심판대상조항이 전문연구요원과 달리 공중보건의사의 군사교육소집기간을 복무기간에 산입하지 않은 데에는 합리적 이유가 있으므로, 청구인들의 평등권을 침해하지 않는다.

018

공중보건의사에 편입되어 군사교육에 소집된 사람을 군인보수법의 적용대상에서 제외하여 군사교육 소집기간 동안의 보수를 지급하지 않도록 한 군인보수법 조항은 평등권을 침해하지 않는다. (O/×)

019

신체, 주거, 관리하는 건조물, 자동차, 선박이나 항공기 또는 점유하는 방실의 수색행위에 대한 처벌조항인 형법 제321조 중 '주거' 및 '자동차'에 관한 부분은 책임과 형벌 간의 비례원칙에 위반되고 형벌체계의 균형성을 상실하여 평등원칙에 위배된다. (O/×)

020

의료인은 어떠한 명목으로도 둘 이상의 의료기관을 운영할 수 없다고 규정한 의료법 조항은 평등원칙에 위반된다. (O/×)

---

018 【O】 공중보건의사에 편입되어 군사교육에 소집된 사람을 군인보수법의 적용대상에서 제외하여 군사교육 소집기간 동안의 보수를 지급하지 않도록 한 군인보수법 조항이 평등권을 침해하는지 여부(소극) (헌재 2020.9.24. 2017헌마643, [전원재판부]) - 공중보건의사는 의사 등 전문자격 보유자를 대상으로 하고, 현역병보다 자유로운 환경에서 복무하며, 임기제 공무원으로 신분이 보장되고, 자신의 전문지식과 능력을 그대로 활용할 수 있으며, 장교에 해당하는 보수를 지급받고 있어 그 복무의 내용이나 성격이 현역병이나 사회복무요원과 같다고 보기 어렵고, 공중보건의사에 대한 군사교육은 복무기간 내내 비군사적인 복무에 종사하게 될 공중보건의사에게 단 1회 30일 이내의 기간에 한하여 이루어지고, 그 기간 동안 의식주에 필요한 기본물품이 제공된다는 점 등을 고려하면 공중보건의사가 받는 불이익이 심대하다고 보기도 어렵다. 따라서 심판대상조항이 공중보건의사로 편입되어 군사교육 소집된 자에게 군사교육 소집기간 동안의 보수를 지급하지 않도록 규정하였다고 하더라도 이는 한정된 국방예산의 범위 내에서 효율적인 병역 제도의 형성을 위하여 공중보건의사의 신분, 복무 내용, 복무 환경, 전체 복무기간 동안의 보수 수준 및 처우, 군사교육의 내용 및 기간 등을 종합적으로 고려하여 결정한 것이므로, 평등권을 침해한다고 보기 어렵다.

019 【X】 [1] 신체, 주거, 관리하는 건조물, 자동차, 선박이나 항공기 또는 점유하는 방실의 수색행위에 대한 처벌조항인 형법 제321조 중 '주거' 및 '자동차'에 관한 부분이 책임과 형벌 간의 비례원칙에 위배되는지 여부(소극) [2] 이 사건 법률조항이 형벌체계의 균형성을 상실하여 평등원칙에 위배되는지 여부(소극) - (1) 이 사건 법률조항은 영장주의를 간접적으로 담보하는 기능을 한다는 점, 주거의 사실상의 평온, 사생활의 비밀과 자유는 현대사회에서 중요한 가치를 가지며, 피해자의 사생활 영역에 대한 물리력의 행사로 이루어지는 수색행위로 인한 보호법익의 침해 정도가 결코 낮지 않다는 점, 이 사건 법률조항은 징역형의 하한에 제한을 두지 않아 법원은 구체적 사안에서 수색행위의 동기 및 태양, 보호법익의 침해 정도 등을 고려하여 충분히 죄질과 행위자의 책임에 따른 형벌을 과할 수 있다는 점 등을 고려하면 이 사건 법률조항은 **책임과 형벌 간의 비례원칙에 위배되지 아니한다**.(헌재 2019.7.25. 2018헌가7)
(2) 주거침입죄나 퇴거불응죄와 달리 이 사건 법률조항의 '수색'은 피해자의 의사에 반하는, 행위자의 적극적인 조사행위이므로 수색행위로 인해 피해자의 사적영역은 더 깊이 침해될 수 있으며, 절도죄나 자동차등 불법사용죄는 이 사건 법률조항과 보호법익 및 죄질을 달리하므로 이 사건 법률조항과 법정형을 평면적으로 비교하는 것은 적절하지 않다. 따라서 위 죄들과 비교하여 이 사건 법률조항이 **형벌체계상의 균형성을 상실하여 평등원칙에 위배된다고 볼 수는 없다**.(헌재 2019.7.25. 2018헌가7)

020 【X】 의료인은 어떠한 명목으로도 둘 이상의 의료기관을 운영할 수 없다고 규정한 의료법 조항이 평등원칙에 반하는지 여부(소극) - (1) 이 사건 법률조항은 수범자를 **의료인으로 한정**하여, 의료법인 등은 위 조항의 적용을 받지 않고 둘 이상의 의료기관을 운영할 수 있다. 그러나 **의료법인** 등은 설립에서부터 국가의 관리를 받고, 이사회나 정관에 의한 **통제가 가능**하며, 명시적으로 영리추구가 금지된다. 이처럼 의료인 개인과 의료법인 등의 법인은 중복운영을 금지할 필요성에서 차이가 있으므로, 의료인과 의료법인 등을 **달리 취급하는 것은 합리적인 이유가 인정된다**.
(2) 따라서 이 사건 법률조항은 **평등원칙에 반하지 않는다**.(헌재 2019.8.29. 2014헌바212)

021

인구 50만 이상의 일반 시에는 자치구가 아닌 행정구를 두고 그 구청장은 시장이 임명하도록 한, 지방자치법 조항으로 인해, 행정구의 구청장이나 구의원을 주민의 선거로 선출할 수 없는 행정구 주민의 평등권이 침해된다. (O/×)

022

주거침입준강제추행죄를 범한 경우 무기징역 또는 5년 이상의 징역에 처하도록 한 성폭력범죄 등의 처벌에 관한 특례법은 책임과 형벌간의 비례원칙과 형벌체계상 균형을 상실하여 평등원칙에 위반된다. (O/×)

023

운전면허 취득이 허용된 신체장애인에게 신체장애 정도에 적합하게 제작·승인된 기능시험용 이륜자동차를 제공하지 않은 부작위는 평등권을 침해한다. (O/×)

---

021 【×】 인구 50만 이상의 일반 시에는 자치구가 아닌 행정구를 두고 그 구청장은 시장이 임명하도록 한, 지방자치법 조항으로 인해, 행정구의 구청장이나 구의원을 주민의 선거로 선출할 수 없는 행정구 주민의 평등권이 침해되는지 여부(소극) - (1) 행정구의 경우 기초자치단체인 시 관할 구역 안에 있는 것을 감안하여 지방자치단체의 지위를 부여하지 않고, 현행 지방자치의 일반적인 모습인 2단계 지방자치단체의 구조를 형성한 입법자의 선택이 현저히 자의적이라고 보기 어렵다. (2) 행정구 주민이 지방자치단체로서의 행정구 대표자를 선출할 수 없다고 하더라도, 여전히 기초자치단체인 시와 광역자치단체인 도의 대표자 선출에 참여할 수 있어, 행정구에서도 지방자치행정에 대한 주민참여가 제도적으로 동일하게 유지되고 있다. 따라서 임명조항이 주민들의 민주적 요구를 수용하는 지방자치제와 민주주의의 본질과 정당성을 훼손할 위험이 있다고 단정할 수 없다.
(3) 인구가 적거나 비슷한 다른 기초자치단체 주민에 비하여, 행정구에 거주하는 청구인이 행정구의 구청장이나 구의원을 선출하지 못하는 차이가 있지만, 이러한 차별취급이 자의적이거나 불합리하다고 보기 어려우므로, 임명조항은 행정구 주민의 <u>평등권을 침해하지 아니한다</u>.(헌재 2019.8.29. 2018헌마129)

022 【×】 주거침입준강제추행죄를 범한 경우 무기징역 또는 5년 이상의 징역에 처하도록 한 성폭력범죄 등의 처벌에 관한 특례법이 책임과 형벌간의 비례원칙과 형벌체계상 균형을 상실하여 평등원칙에 위반되는지 여부(소극) - (1) 법관은 작량감경을 통하여 얼마든지 집행유예를 선고할 수 있어 그 불법의 중대성에 비추어 볼 때 법정형에 벌금을 규정하지 않은 것이 불합리하다고 할 수도 없으므로, 심판대상조항은 책임과 형벌 간의 비례원칙에 위반되지 아니한다.
(2) 입법자가 형법전에서 준강제추행죄에 대하여 강간죄에 비해 상대적으로 그 죄질이나 비난가능성을 낮게 평가하여 그 법정형을 강간죄보다 낮게 정하였으나, 특별형법에 규정된 주거침입준강제추행죄는 평온과 안전이 보장되어야 할 주거 등의 공간에서 피해자의 심신상실 또는 항거불능이라는 사정을 이용하여 피해자를 추행하는 범죄로 그 불법성이 매우 커 주거침입강간죄와 비교할 때 그 보호법익과 죄질, 비난가능성에 있어 큰 차이가 있다고 보기 어려워 입법자가 주거침입준강제추행죄의 법정형을 주거침입강간죄보다 가볍게 정하지 않은 것이 형벌체계상 정당성이나 균형성을 현저히 상실하였다고 볼 수 없으므로, 심판대상조항은 <u>평등원칙에 위반되지 아니한다</u>.(헌재 2020.9.24. 2018헌바171)

023 【×】 운전면허 취득이 허용된 신체장애인에게 신체장애 정도에 적합하게 제작·승인된 기능시험용 이륜자동차를 제공하지 않은 부작위가 평등권을 침해하는지 여부(소극) - (1) 재판관 5인의 위헌의견 : 운전면허시험의 관리업무를 수행하는 도로교통공단에게는 관련 법령에서 운전면허취득이 허용된 신체장애인이 그러한 장애가 없는 사람과 동등하게 운전면허시험을 신청·응시·합격할 수 있도록 인적·물적 제반 수단을 제공할 의무가 있으므로 신체장애 정도에 적합하게 제작·승인된 기능시험용 차량을 제공할 구체적 작위의무가 인정된다. 따라서, 이 사건 부작위는 청구인의 평등권을 침해하는 공권력의 불행사에 해당한다.
(2) 재판관 4인의 각하의견 : 도로교통법령에서도 청구인이 주장하는 것과 같은 구체적이고 개별적인 작위의무를 부과하고 있지는 않으며, 도로교통법령이 장애 정도에 적합하게 제작·승인된 자동차 등으로서 응시자의 소유이거나 그가 타고 온 자동차를 이용하여 기능시험을 치를 수 있도록 한 것이 현저히 자의적이라고 보기 어렵다. 그러므로, 이 사건 부작위에 대한 청구인의 심판청구는 구체적 작위의무가 인정되지 않는 공권력의 불행사를 대상으로 한 것이어서 부적법하다.
(3) 결론 : 평등권을 침해한다는 것이 재판관 5인의 의견이나, 이는 헌법소원에 관한 인용결정의 정족수인 6인에 미달하므로 이 사건 심판청구를 기각한다.(헌재 2020.10.29. 2016헌마86)

024 ⟳ ① ② ③
금융회사 임직원이 그 직무에 관하여 약속한 금품 기타 이익의 가액이 5천만 원 이상 1억 원 미만인 경우 가중처벌하도록 정하고 있는 '특정경제범죄 가중처벌 등에 관한 법률' 조항은 책임과 형벌 간의 비례원칙에 위배되고 형벌체계상의 균형을 상실하여 평등원칙에 위배된다. (O/X)

025 ⟳ ① ② ③
운행 중인 자동차의 운전자를 폭행하거나 협박하여 사람을 상해에 이르게 한 경우를 3년 이상의 유기징역에 처하도록 한 '특정범죄가중처벌등에관한법률' 조항은 형법체계상의 균형을 상실하여 평등원칙에 위배된다. (O/X)

026 ⟳ ① ② ③
65세 미만의 일정한 노인성 질병(치매·뇌혈관성질환 등)이 있는 사람의 장애인 활동지원급여 신청자격을 제한하는 '장애인활동 지원에 관한 법률' 조항은 평등원칙에 위반된다. (O/X)

---

024 【X】 금융회사 임직원이 그 직무에 관하여 약속한 금품 기타 이익의 가액이 5천만 원 이상 1억 원 미만인 경우 가중처벌하도록 정하고 있는 '특정경제범죄 가중처벌 등에 관한 법률' 조항이 책임과 형벌 간의 비례원칙에 위배되는지 여부 및 형벌체계상의 균형을 상실하여 평등원칙에 위배되는지 여부(소극) - (1) 헌법재판소 선례(헌재 2017. 12. 28. 2017헌바193): 금융기관 임직원이 불공정하게 직무를 수행하여 금융기관의 공공성이 무너지게 되면 경제적 파급력과 사회전반에 미치는 영향이 매우 크다는 점에서 변호사 등 다른 직역에 종사하는 사람보다 중하게 금융기관 임직원의 수재행위 등을 처벌하더라도 형벌체계상의 균형성을 상실하여 **평등원칙에 위배되지 아니한다**.
(2) 선례의 판시이유는 여전히 타당하고 이 사건에서 선례를 변경할 만한 사정변경이 없다.(헌재 2020.10.29. 2019헌가15)

025 【X】 운행 중인 자동차의 운전자를 폭행하거나 협박하여 사람을 상해에 이르게 한 경우를 3년 이상의 유기징역에 처하도록 한 '특정범죄가중처벌등에관한법률' 조항은 형법체계상의 균형을 상실하여 평등원칙에 위배되는지 여부(소극) - (1) 범죄가 교통과 시민의 안전에 미치는 위험성과 그 보호법익의 중대성에 비추어 볼 때, 이 사건 법률조항이 운행 중인 자동차의 종류나 다른 승객 탑승 여부, 여객의 승·하차 등을 위한 일시 정차의 경우를 구분하지 않고 동일한 법정형으로 규정하는 것이 현저히 자의적인 입법이라거나 그 법정형이 형벌 본래의 목적과 기능을 달성함에 있어 필요한 정도를 넘는 지나치게 과중한 것이라고 보기 어렵다.
(2) 결국, 이 사건 법률조항이 책임과 형벌간의 비례원칙에 위배된다거나 형법체계상의 균형을 상실하여 **평등원칙에 위배되지 않는다**.(헌재 2020.11.26. 2020헌바281)

026 【O】 65세 미만의 일정한 노인성 질병(치매·뇌혈관성질환 등)이 있는 사람의 장애인 활동지원급여 신청자격을 제한하는 '장애인활동 지원에 관한 법률' 조항이 평등원칙에 위반되는지 여부(적극) - (1) 심판대상조항은 65세 미만의 혼자서 일상생활과 사회생활을 하기 어려운 장애인 가운데 노인장기요양보험법 시행령에서 규정한 노인성 질병을 가진 사람과 그렇지 않은 사람을 활동지원급여 신청자격에 있어 차별취급하고 있으므로 평등원칙 위반 여부가 문제된다.
(2) 65세 미만의 비교적 젊은 나이인 경우, 일반적 생애주기에 비추어 자립 욕구나 자립지원의 필요성이 높고, 질병의 치료효과나 재활의 가능성이 높은 편이므로 노인성 질병이 발병하였다고 하여 곧 사회생활이 객관적으로 불가능하다거나, 가내에서의 장기요양의 욕구·필요성이 급격히 증가한다고 평가할 것은 아니다. 또한 활동지원급여와 장기요양급여는 급여량 편차가 크고, 사회활동 지원 여부 등에 있어 큰 차이가 있다. 그럼에도 불구하고 65세 미만의 장애인 가운데 일정한 노인성 질병이 있는 사람의 경우 일률적으로 활동지원급여 신청자격을 제한한 데에 합리적 이유가 있다고 보기 어려우므로 심판대상조항은 **평등원칙에 위반된다**.(헌재 2020.12.23. 2017헌가22)

027

임대의무기간이 10년인 공공건설임대주택의 분양전환가격을 임대의무기간이 5년인 공공건설임대주택의 분양전환가격과 다른 기준에 따라 산정하도록 하는 구 임대주택법 시행규칙 조항은 10년 임대주택에 거주하는 임차인의 평등권을 침해한다. (O/×)

028

비방할 목적으로 정보통신망을 통하여 공공연하게 거짓의 사실을 드러내는 명예훼손죄를 반의사불벌죄로 정하고 있는 정보통신망법 조항은 형벌체계상 균형을 상실하여 평등원칙에 위반된다. (O/×)

---

027 【X】 임대의무기간이 10년인 공공건설임대주택의 분양전환가격을 임대의무기간이 5년인 공공건설임대주택의 분양전환가격과 다른 기준에 따라 산정하도록 하는 구 임대주택법 시행규칙 조항이 10년 임대주택에 거주하는 임차인의 평등권을 침해하는지 여부(소극) - (1) 구 임대주택법령상 10년 임대주택의 임차인은 5년 임대주택의 임차인보다 장기간 동안 주변 시세에 비하여 저렴한 임대보증금과 임대료를 지불하면서 거주하고 위 기간 동안 재산을 형성하여 당해 공공건설임대주택을 분양전환을 통하여 취득할 기회를 부여받게 되므로, 10년 임대주택과 5년 임대주택은 임차인의 주거의 안정성을 보장한다는 면에서 차이가 있다.
(2) 위 차이는 장기간 임대사업의 불확실성을 감당하게 되는 임대사업자의 수익성과 연결된다. 10년 임대주택과 5년 임대주택에 동일한 분양전환가격 산정기준을 적용하면 전자의 공급이 감소되는 결과로 이어진다. 심판대상조항이 10년 임대주택의 분양전환가격의 상한만을 정하되 상한을 감정평가금액으로 규정한 것은 임대사업자에게 일정한 수익성을 보장하고 감정평가법인을 통하여 분양전환 당시의 객관적 주택가격을 충실히 반영하기 위함이다.
(3) 분양전환제도의 목적은 임차인이 일정 기간 거주한 이후 우선 분양전환을 통하여 당해 임대주택을 소유할 권리를 부여하는 것이지 당해 임대주택의 소유를 보장하기 위한 것은 아니다. 이를 고려하면, 5년 임대주택과 동일한 분양전환가격 산정기준을 적용받지 않는다고 하여 10년 임대주택의 임차인이 합리적 이유 없이 차별 취급되고 있다고 보기 어렵다.
(4) 심판대상조항이 10년 임대주택의 분양전환가격 산정기준을 달리 정한 데에는 합리적 이유가 있으므로, 심판대상조항으로 인하여 10년 임대주택에 거주하는 임차인의 **평등권은 침해되지 아니한다**.(헌재 2021.4.29. 2019헌마202)

028 【X】 비방할 목적으로 정보통신망을 통하여 공공연하게 거짓의 사실을 드러내는 명예훼손죄를 반의사불벌죄로 정하고 있는 정보통신망법 조항이 형벌체계상 균형을 상실하여 평등원칙에 위반되는지 여부(소극) - (1) 형법 제312조 제1항은 형법 제311조의 모욕죄와 제308조의 사자명예훼손죄를 친고죄로 정하고 있음에 반하여, 심판대상조항은 정보통신망법 제70조 제2항의 명예훼손죄를 반의사불벌죄로 정하고 있다. 형법상 모욕죄·사자명예훼손죄와 정보통신망법의 명예훼손죄는 사람의 가치에 대한 사회적 평가인 이른바 '외적 명예'를 보호법익으로 한다는 점에 공통점이 있다.
(2) 그러나 형법상 모욕죄는 피해자에 대한 구체적 사실이 아닌 추상적 판단과 감정을 표현하고, 형법상 사자명예훼손죄는 생존한 사람이 아닌 사망한 사람에 대한 허위사실 적시라는 점에서 불법성이 감경된다. 반면, 정보통신망법의 명예훼손죄는 비방할 목적으로 정보통신망을 이용하여 거짓사실을 적시한다는 점에서 불법성이 가중된다는 차이가 있다.
(3) 위와 같은 사정과 함께, 국가소추주의의 예외 내지 제한으로서 친고죄·반의사불벌죄가 지니는 의미, 공소권 행사로 얻을 수 있는 이익과 피해자의 의사에 따라 공소권 행사를 제한함으로써 얻을 수 있는 이익의 조화 등을 입법자는 종합적으로 형량하여 그 친고죄·반의사불벌죄 여부를 달리 정한 것이므로, 심판대상조문은 형벌체계상 균형을 상실하지 않아 **평등원칙에 위반되지 아니한다**.(헌재 2021.4.29. 2018헌바113)

029

'공익신고자 보호법'상 보상금의 지급을 신청할 수 있는 자의 범위를 '내부 공익신고자'로 한정함으로써 '외부 공익신고자'를 보상금 지급대상에서 배제하도록 정한, '공익신고자 보호법' 조항은 평등원칙에 위배된다. (O/×)

030

국민참여재판 배심원의 자격을 만 20세 이상으로 정한 '국민의 형사재판 참여에 관한 법률' 조항은 평등원칙에 위배된다. (O/×)

031

1993. 12. 31. 이전에 출생한 사람들에 대한 예외를 두지 않고 재외국민 2세의 지위를 상실할 수 있도록 규정한 병역법 조항은 청구인들의 평등권을 침해한다. (O/×)

---

029 【×】 '공익신고자 보호법'상 보상금의 지급을 신청할 수 있는 자의 범위를 '내부 공익신고자'로 한정함으로써 '외부 공익신고자'를 보상금 지급대상에서 배제하도록 정한, '공익신고자 보호법' 조항이 평등원칙에 위배되는지 여부(소극) — 공익침해행위의 효율적인 발각과 규명을 위해서는 내부 공익신고가 필수적인데, 내부 공익신고자는 조직 내에서 배신자라는 오명을 쓰기 쉬우며, 공익신고로 인하여 신분상, 경제상 불이익을 받을 개연성이 높다. 이 때문에 보상금이라는 경제적 지원조치를 통해 내부 공익신고를 적극적으로 유도할 필요성이 인정된다. 반면, '내부 공익신고자가 아닌 공익신고자(외부 공익신고자)'는 공익신고로 인해 불이익을 입을 개연성이 높지 않기 때문에 공익신고 유도를 위한 보상금 지급이 필수적이라 보기 어렵다. '공익신고자 보호법'상 보상금의 의의와 목적을 고려하면, 이와 같이 공익신고 유도 필요성에 있어 차이가 있는 내부 공익신고자와 외부 공익신고자를 달리 취급하는 것에 합리성을 인정할 수 있다. 이 사건 법률조항이 **평등원칙에 위배된다고 볼 수 없다.**(헌재 2021.5.27. 2018헌바127)

030 【×】 국민참여재판 배심원의 자격을 만 20세 이상으로 정한 '국민의 형사재판 참여에 관한 법률' 조항이 평등원칙에 위배되는지 여부(소극) — (1) 국민참여재판법상 배심원의 최저 연령 제한은 배심원의 역할을 수행하기 위한 최소한의 자격으로, **배심원에게 요구되는 역할과 책임을 감당할 수 있는 능력을 갖춘 시기**를 전제로 한다.
(2) 배심원으로서의 권한을 수행하고 의무를 부담할 능력과 민법상 행위능력, 선거권 행사능력, 군 복무능력, 연소자 보호와 연계된 취업능력 등이 동일한 연령기준에 따라 판단될 수 없고, 각 법률들의 입법취지와 해당 영역에서 고려하여야 할 제반사정, 대립되는 관련 이익들을 교량하여 입법자가 각 영역마다 그에 상응하는 연령기준을 달리 정할 수 있다.
(3) 따라서 심판대상조항이 우리나라 국민참여재판제도의 취지와 배심원의 권한 및 의무 등 여러 사정을 종합적으로 고려하여 만 **20세에 이르기까지 교육 및 경험을 쌓은 자로 하여금 배심원의 책무를 담당하도록 정한 것은 입법형성권의 한계 내의 것으로 자의적인 차별이라고 볼 수 없다.**(헌재 2021.5.27. 2019헌가19)

031 【×】 1993.12.31. 이전에 출생한 사람들에 대한 예외를 두지 않고 재외국민 2세의 지위를 상실할 수 있도록 규정한 병역법 조항이 청구인들의 평등권을 침해하는지 여부(소극) — 1993.12.31. 이전에 출생한 재외국민 2세와 1994.1.1. 이후 출생한 재외국민 2세는 병역의무의 이행을 연기하고 있다는 점에서 차이가 없고, 3년을 초과하여 국내에 체재한 경우 실질적인 생활의 근거지가 대한민국에 있다고 볼 수 있어 더 이상 특례를 인정해야 할 필요가 없다는 점에서도 동일하다. 1993.12.31. 이전에 출생한 재외국민 2세 중에는 기존 제도가 유지될 것으로 믿고 국내에 생활의 기반을 형성한 경우가 있을 수 있으나, 출생년도를 기준으로 한 특례가 앞으로도 지속될 것이라는 신뢰에 대하여 보호가치가 인정된다고 볼 수 없고, 병역의무의 평등한 이행을 확보하기 위하여 출생년도와 상관없이 모든 재외국민 2세를 동일하게 취급하는 것은 합리적인 이유가 있으므로, 심판대상조항은 청구인들의 **평등권을 침해하지 아니한다.**(헌재 2021.5.27. 2019헌마177)

032 ↻ 1 2 3

혼인한 등록의무자 모두 배우자가 아닌 본인의 직계존·비속의 재산을 등록하도록 공직자윤리법이 개정되었음에도 불구하고, 개정 전 공직자윤리법 조항에 따라 이미 배우자의 직계존·비속의 재산을 등록한 혼인한 여성 등록의무자는 종전과 동일하게 계속해서 배우자의 직계존·비속의 재산을 등록하도록 규정한 공직자윤리법 부칙 조항은 평등원칙에 위배된다. (O/×)

033 ↻ 1 2 3

득표율에 따라 기탁금 반환 금액을 차등적으로 정한 공직선거법 조항은 평등권을 침해하지 않는다. (O/×)

034 ↻ 1 2 3

무신고 수출입행위에 대한 필요적 몰수·추징을 규정한 구 관세법 조항은 책임과 형벌 간의 비례원칙 및 평등원칙에 위반된다. (O/×)

---

032 【O】 혼인한 등록의무자 모두 배우자가 아닌 본인의 직계존·비속의 재산을 등록하도록 공직자윤리법이 개정되었음에도 불구하고, 개정 전 공직자윤리법 조항에 따라 이미 배우자의 직계존·비속의 재산을 등록한 혼인한 여성 등록의무자는 종전과 동일하게 계속해서 배우자의 직계존·비속의 재산을 등록하도록 규정한 공직자윤리법 부칙 조항이 평등원칙에 위배되는지 여부(적극) - (1) 이 사건 부칙조항은 혼인한 남성 등록의무자와 이미 개정전 공직자윤리법 조항에 따라 재산등록을 한 혼인한 여성 등록의무자를 달리 취급하고 있는바, 이 사건 부칙조항이 평등원칙에 위배되는지 여부를 판단함에 있어서는 엄격한 심사척도를 적용하여 비례성 원칙에 따른 심사를 하여야 한다.
(2) 이 사건 부칙조항은 개정 전 공직자윤리법 조항이 혼인관계에서 남성과 여성에 대한 차별적 인식에 기인한 것이라는 반성적 고려에 따라 개정 공직자윤리법 조항이 시행되었음에도 불구하고, 일부 혼인한 여성 등록의무자에게 이미 개정 전 공직자윤리법 조항에 따라 재산등록을 하였다는 이유만으로 남녀차별적인 인식에 기인하였던 종전의 규정을 따를 것을 요구하고 있다.
(3) 이는 성별에 의한 차별금지 및 혼인과 가족생활에서의 양성의 평등을 천명하고 있는 헌법에 정면으로 위배되는 것으로 그 목적의 정당성을 인정할 수 없다. 따라서 이 사건 부칙조항은 **평등원칙에 위배된다**.(헌재 2021.9.30. 2019헌가3)

033 【O】 득표율에 따라 기탁금 반환 금액을 차등적으로 정한 공직선거법 조항이 평등권을 침해하는지 여부(소극) - 기탁금제도의 실효성을 확보하기 위해서는 기탁금 반환에 대하여 일정한 요건을 정하여야 하는데, 유권자의 의사가 반영된 유효투표총수를 기준으로 하는 것은 합리적인 방법이며, 유효투표총수의 100분의 10 또는 15 이상을 득표하도록 하는 것이 지나치게 높은 기준이라고 보기 어려우므로, 기탁금 반환 조항은 청구인의 **평등권을 침해하지 아니한다**.(헌재 2021.9.30. 2020헌마899)

034 【×】 [1] 무신고 수출입행위에 대한 필요적 몰수·추징을 규정한 구 관세법 조항이 책임과 형벌 간의 비례원칙 및 평등원칙에 위반되는지 여부(소극) [2] 위 무신고 수출입의 경우 법인을 범인으로 보고 필요적으로 몰수·추징하도록 규정한 구 관세법 조항이 책임과 형벌 간의 비례원칙에 위반되는지 여부(소극) - (1) 관세법 제241조 제1항에 따른 수출입신고는 통관절차의 핵심적인 요소로서, 수출입신고 자체를 하지 않는 밀수행위는 관세행정의 기본 토대를 해치는 범죄이므로 통관질서의 확립을 위해 엄격하게 처벌할 필요가 있다. 이 사건 몰수·추징조항은 **책임과 형벌 간의 비례원칙에 위반되지 않는다**. 따라서 이 사건 몰수·추징조항은 **평등원칙에 위반되지 아니한다**.(헌재 2021.7.15. 2020헌바201)
(2) 법인의 업무와 관련된 무신고 수출입행위는 법인의 관리·감독 형태 등 구조적인 문제로 인하여도 발생할 수 있으므로, 무신고 수출입 업무의 귀속 주체인 법인을 행위자와 동일하게 몰수·추징 대상으로 하여 위반행위의 발생을 방지하고 관련 조항의 규범력을 확보할 필요가 있으며, 법인이 그 위반행위를 방지하기 위하여 주의와 감독을 게을리하지 아니한 경우에는 몰수·추징 대상에서 제외되므로, 이 사건 법인적용조항은 책임과 형벌 간의 **비례원칙에 위반된다고 할 수 없다**.(헌재 2021.7.15. 2020헌바201)

035

강도상해죄 또는 강도치상죄의 법정형의 하한을 '징역 7년'으로 정하고 있는 형법 조항은 책임과 형벌 간의 비례원칙에 위반되고, 강간상해죄 또는 강간치상죄, 현주건조물등방화치상죄 등에 비하여 높게 규정한 것은 형벌체계상의 균형을 상실하여 평등원칙에도 위반된다. (O/×)

036

국민참여재판 대상사건을 합의부 관할 사건 등으로 한정하고 있는 '국민의 형사재판 참여에 관한 법률' 조항이 청구인의 평등권을 침해한다. (O/×)

---

035 【×】 [1] 강도상해죄 또는 강도치상죄의 법정형의 하한을 '징역 7년'으로 정하고 있는 형법 조항이 책임과 형벌 간의 비례원칙에 위반되는지 여부(소극) [2] 심판대상조항이 강도상해죄 또는 강도치상죄의 법정형의 하한을 강간상해죄 또는 강간치상죄, 현주건조물등방화치상죄 등에 비하여 높게 규정한 것이 형벌체계상의 균형을 상실하여 평등원칙에 위반되는지 여부(소극) - (1) 강도상해죄 또는 강도치상죄는 재산범죄의 가중유형이라기보다는 오히려 상해죄나 폭행치상죄의 가중유형으로 설정된 것으로서, 법정형이 일반형사범의 법정형을 정하는 일반원리를 무시하고 지나치게 가혹한 형벌을 규정한 것이라고 볼 수 없다. 그리고 어떤 범죄에 대한 법정형의 종류와 범위를 정하는 것은 기본적으로 입법자의 형성의 자유에 속하는 사항으로서, 강도상해 또는 강도치상의 범행을 저지른 자에 대하여 법률상 다른 형의 감경사유가 있다는 등 특단의 사정이 없는 한 작량감경만으로는 집행유예의 판결을 선고할 수 없도록 함으로써 장기간 사회에서 격리시키도록 한 입법자의 입법정책적 결단은 기본적으로 존중되어야 한다. 심판대상조항은 **책임과 형벌 간의 비례원칙에 위반된다고 할 수 없다**.(헌재 2021.6.24. 2020헌바527)
(2) 강도상해죄 또는 강도치상죄는 강도죄로 인한 법익침해에 더하여 신체의 안정성이라는 중요 법익을 추가적으로 훼손하여 상해의 결과를 야기하였다는 점에서 다른 범죄들의 결합범에 비하여 그 불법성과 비난가능성이 결코 가볍다고 볼 수 없다. 또한 기본범죄, 보호법익, 죄질 등이 다른 결합범을 단순히 평면적으로 비교하여 법정형의 과중 여부를 판단할 수 없으므로, 심판대상조항이 강도상해죄 또는 강도치상죄의 법정형의 하한을 강간치상죄 또는 강간치상죄, 현주건조물등방화치상죄 등에 비하여 높게 규정하였다고 하더라도 형벌체계상의 균형을 상실하여 **평등원칙에 위반된다고 할 수 없다**.(헌재 2021.6.24. 2020헌바527)

036 【×】 국민참여재판 대상사건을 합의부 관할 사건 등으로 한정하고 있는 '국민의 형사재판 참여에 관한 법률' 조항이 청구인의 평등권을 침해하는지 여부(소극) - 입법자가 국민참여재판 대상사건을 합의부 관할 사건 등으로 한정한 것은, 여러 제반사정과 현재 시행되고 있는 국민참여재판 제도의 구체적 내용 등을 고려하여 실제 법원에서 충실하게 심리가능한 범위 안에서 국민참여재판 대상사건을 정한 것인바, 합리적 이유가 인정된다. 따라서 심판대상조항은 청구인의 **평등권을 침해하지 아니한다**.(헌재 2021.6.24. 2020헌마1421)

037

1945년 8월 15일 이후에 사망한 독립유공자의 유족으로 최초로 등록할 당시 자녀까지 모두 사망하거나 생존 자녀가 보상금을 지급받지 못하고 사망한 경우에 한하여 독립유공자의 손자녀 1명에게 보상금을 지급하도록 하는 독립유공자예우에 관한 법률 조항은 독립유공자의 사망시기를 기준으로 보상금 지급을 달리하여 평등권을 침해한다. (O/×)

038

국공립어린이집, 사회복지법인어린이집, 법인·단체등어린이집 등과 달리 민간어린이집에는 보육교직원 인건비를 지원하지 않는 2020년도 보육사업안내 해당 내용은 민간어린이집을 운영하는 청구인의 평등권을 침해한다. (O/×)

---

037 【X】 [1] 1945년 8월 15일 이후에 사망한 독립유공자의 유족으로 최초로 등록할 당시 자녀까지 모두 사망하거나 생존 자녀가 보상금을 지급받지 못하고 사망한 경우에 한하여 독립유공자의 손자녀 1명에게 보상금을 지급하도록 하는 독립유공자예우에 관한 법률 조항이 독립유공자의 사망시기를 기준으로 보상금 지급을 달리하여 청구인의 평등권을 침해하는지 여부(소극) [2] 심판대상조항이 손자녀 1명에게만 보상금을 지급하는 것이 청구인의 평등권을 침해하는지 여부(소극) - (1) 1945년 8월 14일 이전에 사망한 독립유공자는 희생의 정도가 큰 데 반해 독립유공자 본인은 물론 그 자녀들까지 보상금을 지급받지 못한 경우가 많다. 따라서 독립유공자의 사망 시기를 기준으로 손자녀에 대한 보상금의 요건을 달리 정한 것이 불합리한 차별을 야기한다고 보기는 어렵다. 또한 심판대상조항 각목의 취지는 유족 간 형평을 고려하여 예외적으로 손자녀에게 보상금 지급의 기회를 열어주고자 하는 것으로서 합리적 이유가 있다. 따라서 심판대상조항이 1945년 8월 15일 이후에 사망한 독립유공자의 손자녀에 대하여 최초 등록 시 독립유공자 자녀의 사망 여부 또는 보상금 수령 여부를 기준으로 보상금 지급 여부를 달리 취급하는 것은 평등권을 침해하지 않는다.
(2) 심판대상조항이 보상금 수급대상을 손자녀 1명으로 한정하는 것은 보상금 수급권의 실효성을 보장하기 위한 것으로서 손자녀 모두에게 균등배분을 하거나 복수의 손자녀에게 보상금을 지급하지 않는다고 하여 이것이 불합리한 차별이라 보기 어렵다. 청구인과 같이 보상금을 지급받지 못하는 손자녀들에 대한 생활보호 대책과 손자녀 간의 형평을 도모할 합리적인 방안도 마련되어 있다. 따라서 심판대상조항이 보상금 수급대상을 손자녀 1명으로 한정하는 것은 청구인의 평등권을 침해하지 아니한다.(헌재 2022.1.27. 2020헌마594)

038 【X】 국공립어린이집, 사회복지법인어린이집, 법인·단체등어린이집 등과 달리 민간어린이집에는 보육교직원 인건비를 지원하지 않는 2020년도 보육사업안내 해당 부분이 민간어린이집을 운영하는 청구인의 평등권을 침해하는지 여부(소극) - (1) 쟁점 : 민간어린이집을 운영하는 청구인의 평등권을 침해하는지 여부
(2) 평등권 침해여부 : 국공립어린이집은 보육예산으로부터 인건비 지원을 받으나 영리 추구를 제한받는다. 민간어린이집, 가정어린이집은 보육예산으로부터 인건비 지원을 받지 못하지만 영리를 추구하는 것이 일반적이다. 두 유형 사이에는 성격상 차이가 있으므로, 둘을 단순 비교하여 인건비 지원이 자의적으로 이루어지는지 판단하기는 쉽지 않다. 보건복지부장관이 민간어린이집, 가정어린이집에 대하여 국공립어린이집 등과 같은 기준으로 인건비 지원을 하는 대신 기관보육료를 지원하는 것은 전체 어린이집 수, 어린이집 이용 아동수를 기준으로 할 때 민간어린이집, 가정어린이집의 비율이 여전히 높고 보육예산이 한정되어 있는 상황에서 이들에 대한 지원을 국공립어린이집 등과 같은 수준으로 당장 확대하기 어렵기 때문이다. 이와 같은 어린이집에 대한 이원적 지원 체계는 기존의 민간어린이집을 공적 보육체계에 포섭하면서도 나머지 민간어린이집은 기관보육료를 지원하여 보육의 공공성을 확대하는 방향으로 단계적 개선을 이루어나가고 있다. 이상을 종합하여 보면, 심판대상조항이 합리적 근거 없이 민간어린이집을 운영하는 청구인을 차별하여 청구인의 평등권을 침해하였다고 볼 수 없다.(헌재 2022.2.24. 2020헌마177)

039

원판결의 근거가 된 가중처벌규정에 대하여 헌법재판소의 위헌결정이 있었음을 이유로 개시된 재심절차에서, 공소장 변경을 통해 위헌결정된 가중처벌규정보다 법정형이 가벼운 처벌규정으로 적용법조가 변경되어 피고인이 무죄재판을 받지는 않았으나 원판결보다 가벼운 형으로 유죄판결이 확정된 경우, 재심판결에서 선고된 형을 초과하여 집행된 구금에 대하여 보상요건을 전혀 규정하지 아니한 것은 현저히 자의적인 차별로서 평등원칙을 위반하여 청구인들의 평등권을 침해하므로 헌법에 위반된다. (O/×)

---

039 【O】 원판결의 근거가 된 가중처벌규정에 대하여 헌법재판소의 위헌결정이 있었음을 이유로 개시된 재심절차에서, 공소장의 교환적 변경을 통해 위헌결정된 가중처벌규정보다 법정형이 가벼운 처벌규정으로 적용법조가 변경되어 피고인이 무죄판결을 받지는 않았으나 원판결보다 가벼운 형으로 유죄판결이 확정됨에 따라 원판결에 따른 구금형 집행이 재심판결에서 선고된 형을 초과하게 된 경우, 재심판결에서 선고된 형을 초과하여 집행된 구금에 대하여 보상요건을 규정하지 아니한 '형사보상 및 명예회복에 관한 법률' 조항이 평등원칙을 위반하여 청구인들의 평등권을 침해하는지 여부(적극) - (1) 쟁점 : 재심절차에서 감형된 경우를 형사보상 대상으로 규정하지 아니한 것이 평등권을 침해하는지 여부
(2) 결정요지 : 원판결의 근거가 된 가중처벌규정에 대하여 헌법재판소의 위헌결정이 있었음을 이유로 개시된 재심절차에서, 공소장의 교환적 변경을 통해 위헌결정된 가중처벌규정보다 법정형이 가벼운 처벌규정으로 적용법조가 변경되어 피고인이 무죄판결을 받지는 않았으나 원판결보다 가벼운 형으로 유죄판결이 확정됨에 따라 원판결에 따른 구금형 집행이 재심판결에서 선고된 형을 초과하게 된 이 사건과 같은 경우, 소송법상 이유로 무죄재판을 받을 수는 없으나 그러한 사유가 없었다면 무죄재판을 받았을 것임이 명백하고 원판결의 형 가운데 재심절차에서 선고된 형을 초과하는 부분의 전부 또는 일부에 대해서는 결과적으로 부당한 구금이 이루어진 것으로 볼 수 있다는 점에서 심판대상조항이 형사보상 대상으로 규정하고 있는 경우들과 본질적으로 다르다고 보기 어렵다. 다만 무죄재판을 받을 수 없었던 사유가 '적용법조에 대한 공소장의 교환적 변경'이라는 점에 차이가 있다. 그런데 형사사법기관이 피고인을 위한 비상구제절차인 재심절차에 이르러 공소장의 교환적 변경 등을 통해 무죄판결을 피하였다고 하더라도, 피고인이 그러한 형사사법절차 속에서 이미 신체의 자유에 관한 중대한 피해를 입었다면, 피고인 개인으로 하여금 그 피해를 부담하도록 하는 것은 헌법상 형사보상청구권의 취지에 어긋난다. 결과적으로 부당한 구금으로 이미 피고인의 신체의 자유에 관한 중대한 피해가 발생한 이상, 공소장의 교환적 변경을 통하여 무죄재판을 피하였다는 사정은 피고인에 대한 형사보상청구권 인정 여부를 달리할 합리적인 근거가 될 수 없다. 그럼에도 불구하고 심판대상조항이 이 사건에서 문제되는 경우를 형사보상 대상으로 규정하지 아니한 것은 현저히 자의적인 차별로서 평등원칙을 위반하여 청구인들의 평등권을 침해한다.. (헌법재판소 2022.2.24. 선고 2018헌마998, 2019헌가16, 2021헌바167(병합) 전원재판부 결정)

040

국가를 상대로 하는 당사자소송의 경우에는 가집행선고를 할 수 없다고 규정한 행정소송법 제43조는 국가가 당사자소송의 피고인 경우 가집행의 선고를 제한하여, 국가가 아닌 공공단체 그 밖의 권리주체가 피고인 경우에 비하여 합리적인 이유 없이 차별하고 있으므로 평등원칙에 반한다. (O/×)

---

040 【O】 국가를 상대로 하는 당사자소송의 경우에는 가집행선고를 할 수 없다고 규정한 행정소송법 조항이 평등원칙에 위배되는지 여부(적극) - (1) 쟁점 : 당사자소송은 국가·공공단체 그 밖의 권리주체를 피고로 한다(행정소송법 제39조). 공공단체는 공공조합, 지방자치단체, 영조물법인 등을 말하고, 그 밖의 권리주체는 공무수탁사인 및 사인(私人) 등을 말한다. 그러나 심판대상조항에 의하여 피고가 국가인 경우에만 가집행선고를 할 수 없으므로, 당사자소송의 경우 피고가 누구인지에 따라 승소판결과 동시에 가집행 선고를 할 수 있는지 여부가 달라지고, 이는 곧 심판대상조항에 따른 차별취급이라고 할 수 있다. 즉 심판대상조항은 재산권의 청구에 관한 당사자소송 중에서도 피고가 공공단체 그 밖의 권리주체인 경우와 국가인 경우를 다르게 취급하고 있다. 따라서 심판대상조항이 평등원칙에 위배되는지 여부가 문제된다.
(2) 평등원칙 위배 심사기준 : 자의금지원칙
(3) 결정요지 : 심판대상조항은 재산권의 청구에 관한 당사자소송 중에서도 피고가 공공단체 그 밖의 권리주체인 경우와 국가인 경우를 다르게 취급한다. 가집행의 선고는 불필요한 상소권의 남용을 억제하고 신속한 권리실행을 하게 함으로써 국민의 재산권과 신속한 재판을 받을 권리를 보장하기 위한 제도이고, 당사자소송 중에는 사실상 같은 법률조항에 의하여 형성된 공법상 법률관계라도 당사자를 달리 하는 경우가 있다. 동일한 성격인 공법상 금전지급 청구소송임에도 피고가 누구인지에 따라 가집행선고를 할 수 있는지 여부가 달라진다면 상대방 소송 당사자인 원고로 하여금 불합리한 차별을 받도록 하는 결과가 된다. 재산권의 청구가 공법상 법률관계를 전제로 한다는 점만으로 국가를 상대로 하는 당사자소송에서 국가를 우대할 합리적인 이유가 있다고 할 수 없고, 집행가능성 여부에 있어서도 국가와 지방자치단체 등이 실질적인 차이가 있다고 보기 어렵다는 점에서, 심판대상조항은 국가가 당사자소송의 피고인 경우 가집행의 선고를 제한하여, 국가가 아닌 공공단체 그 밖의 권리주체가 피고인 경우에 비하여 합리적인 이유 없이 차별하고 있으므로 평등원칙에 반한다.(헌법재판소 2022.2.24. 선고 2020헌가12 전원재판부 결정)

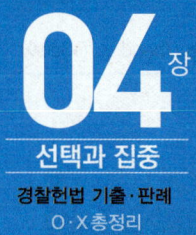

자유권적 기본권

제1절 인신의 자유권

제1항 생명권

I 사형제도

001
독일기본법은 사형 폐지를 선언하고 있다. (O/×)

002
「시민적 및 정치적 권리에 관한 국제규약」(B규약)은 생명권에 대해서 명시적으로 규정하고 있으나, 사형제도에 대해서는 명시적으로 규정하고 있지 않다. (O/×)

003
사형제도를 존치시킬 것인지 또는 폐지할 것인지의 문제는 민주적 정당성을 가진 입법부가 결정할 입법정책의 문제이다. (O/×)

004
형벌은 범행의 경중과 행위자의 책임, 즉 형벌 사이에 비례성을 갖추어야 한다. (O/×)

005
군형법상 상관살해죄에 대해 사형만을 유일한 법정형으로 규정한 것은 인간의 존엄과 가치를 존중하고 보호하려는 실질적 법치국가의 이념에 어긋나고, 형벌체계상 정당성을 상실한 것으로서 헌법에 위반된다. (O/×)

---

001 【O】 독일기본법 제102조
002 【X】 「시민적 및 정치적 권리에 관한 국제규약」(B규약)은 생명권과 **사형제도에 대해서 명시적으로 규정**하고 있다.
003 【O】 2010.2.25. 2008헌가23
004 【O】 2004.12.16. 2003헌가12
005 【O】 2007.11.29. 2006헌가13

006

비상계엄 하의 군사재판에서 사형을 선고하는 경우를 정하는 헌법 규정은 비상계엄 하의 군사재판에서 사형을 선고할 경우에는 불복할 수 있어야 한다는 것을 천명한 것으로 제한적으로 해석되어야 하므로 이 규정을 이유로 헌법이 사형제도를 간접적으로라도 인정한다고 볼 수는 없다. (O/×)

007

현행 헌법에는 사형이 법률에 의해 형벌로서 정해지고 또 적용될 수 있음을 인정하고 있는 규정을 직접적이거나 간접적으로 두고 있지 않다. (O/×)

II 생명권

008

독일기본법이나 일본헌법도 한국헌법과 같이 명문으로 생명권 보장에 관한 명문의 규정을 두고 있다. (O/×)

009

일본 헌법은 생명권을 명문으로 규정하고 있지 아니하다. (O/×)

010

생명이 이념적으로는 절대적 가치를 지닌 것이라 하더라도 일정한 경우에는 예외적으로 이에 대한 법적 평가가 이루어질 수밖에 없으므로 생명권 역시 헌법 제37조 제2항에 의한 일반적 법률유보의 대상이 될 수밖에 없다. (O/×)

011

모든 인간의 생명은 자연적 존재로서 동등한 가치를 갖는다고 할 것이나 그 동등한 가치가 서로 충돌하게 되거나 생명의 침해에 못지아니한 중대한 공익을 침해하는 등의 경우에는 국가는 어떠한 생명 또는 법익이 보호되어야 할 것인지 그 규준을 제시할 수 있다. (O/×)

---

006 【X】 우리 헌법은 사형에 대하여 이를 허용하거나 부정하는 명시적 규정을 두고 있지 아니하나 헌법 제12조와 헌법 제110조 제4항 단서의 문언 해석상 **간접적이나마 법률에 의하여 사형이 형벌로 정해질 수 있음을 인정**하고 있는 것으로 보인다 (2010.2.25. 2008헌가23).
007 【X】 2010.2.25. 2008헌가23
008 【X】 우리 헌법에는 생명권에 관한 **명문 규정을 두고 있지 않지만** 헌법재판소는 생명권을 기본권 중의 기본권으로 인정하고 있다(2010.2.25. 2008헌가23).
009 【X】 독일기본법(제2조 제2항 전단)이나 일본헌법(제13조)은 생명권을 헌법상의 권리로 규정하고 있다.
010 【O】 2010.2.25. 2008헌가23
011 【O】 1996.11.28. 95헌바1

012

국가는 헌법 제10조에 따라 태아의 생명을 보호할 의무가 있지만, 태아가 헌법상 생명권의 주체가 된다고는 할 수 없다. (O/×)

013

태아가 살아서 출생할 것을 조건으로 손해배상청구권을 인정하고, 사산된 태아에게 불법적인 생명침해로 인한 손해배상청구권을 인정하지 않는 것은 태아의 생명보호를 위한 최소한의 보호조치를 취하여야 할 국가의 생명보호의무를 위반한 것은 아니다. (O/×)

014

모든 인간은 헌법상 생명권의 주체가 되며, 형성 중의 생명인 태아에게도 생명에 대한 권리가 인정되어야 한다. 따라서 태아도 헌법상 생명권의 주체가 되며, 국가는 헌법 제10조에 따라 태아의 생명을 보호할 의무가 있다. (O/×)

015

「민법」제3조 및 제762조가 권리능력의 존재 여부를 출생 시를 기준으로 확정하고 태아에 대해서는 살아서 출생할 것을 조건으로 손해배상청구권을 인정한다 할지라도, 이는 국가의 생명권 보호의무를 위반한 것이라 볼 수 없다. (O/×)

016

법학자, 윤리학자, 철학자, 의사 등의 직업인들이 보존기간이 경과한 잔여배아를 각종 연구에 사용할 수 있도록 허용하고 있는 생명윤리 및 안전에 관한 법률 조항에 의해 불편을 겪는다고 하더라도, 이는 사실적·간접적 불이익에 불과하여 기본권침해의 가능성 및 자기관련성을 인정 할 수 없다. (O/×)

---

012 【×】 태아도 헌법상 생명권의 주체가 되며, 국가는 헌법 제10조에 따라 태아의 생명을 보호할 의무가 있다(2008.7.31. 2004헌바81).

013 【O】 2008.7.31. 2004헌바81

014 【O】 2008.7.31. 2004헌바81

015 【O】 민법 제762조는 '태아는 손해배상의 청구권에 관하여는 이미 출생한 것으로 본다.'라고 규정함으로써 '살아서 출생한 태아'와는 달리 '살아서 출생하지 못한 태아'에 대해서는 손해배상청구권을 부정함으로써 후자에게 불리한 결과를 초래하고 있으나 이러한 결과는 사법(私法)관계에서 요구되는 법적 안정성의 요청이라는 법치국가이념에 의한 것으로 헌법적으로 정당화된다 할 것이므로, 그와 같은 차별적 입법조치가 있다는 이유만으로 곧 국가가 기본권 보호를 위해 필요한 최소한의 입법적 조치를 다하지 않아 그로써 위헌적인 입법적 불비나 불완전한 입법상태가 초래된 것이라고 볼 수 없다(2008.7.31. 2004헌바81).

016 【O】 2010.5.27. 2005헌마346

017
배아생성자는 배아에 대해 자신의 유전자정보가 담긴 신체의 일부를 제공하고, 또 배아가 모체에 성공적으로 착상하여 인간으로 출생할 경우 생물학적 부모로서의 지위를 갖게 되지만, 배아생성자가 배아의 관리 또는 처분에 대한 결정권을 가진다고 볼 수는 없다. (O/×)

018
배아생성자의 배아에 대한 결정권은 헌법상 명문으로 규정되어 있지는 아니하지만, 헌법 제10조로부터 도출되는 일반적 인격권의 한 유형으로서의 헌법상 권리이다. (O/×)

019
태아 성별 고지 금지는 낙태, 특히 성별을 이유로 한 낙태를 방지함으로써 태아의 생명권을 보호하기 위한 것이다. (O/×)

020
국가는 헌법 제10조에 따라 태아의 생명을 보호할 의무가 있지만, 태아를 위하여 민법상 일반적 권리능력까지도 인정하여야 한다는 헌법적 요청이 도출되지는 않는다. (O/×)

021
생명이 이념적으로 절대적인 가치를 지닌 것이라 하더라도 생명권 역시 헌법 제37조 제2항에 의한 일반적 법률유보의 대상이 될 수밖에 없다. (O/×)

III 자기운명결정권(연명치료 중단)

022
의식의 회복가능성을 상실하여 더 이상 인격체로서의 활동을 기대할 수 없고 회복불가능한 사망의 단계에 이른 후에는, 의학적으로 무의미한 연명치료를 환자에게 강요하는 것이 오히려 인간의 존엄과 가치를 해한다. (O/×)

---

017 【×】 배아생성자는 배아에 대해 자신의 유전자정보가 담긴 신체의 일부를 제공하고, 또 배아가 모체에 성공적으로 착상하여 인간으로 출생할 경우 생물학적 부모로서의 지위를 갖게 되므로, **배아의 관리 또는 처분에 대한 결정권을 가진다.** 이러한 배아생성자의 배아에 대한 결정권은 헌법상 명문으로 규정되어 있지는 아니하지만, 헌법 제10조로부터 도출되는 일반적 인격권의 한 유형으로서의 헌법상 권리라 할 것이다(2010.5.27. 2005헌마346).

018 【O】 2010.5.27. 2005헌마346
019 【O】 2008.7.31. 2004헌마1010
020 【O】 2008.7.31. 2004헌바81
021 【O】 2010.2.25. 2008헌가23
022 【O】 대판 2009.5.21. 2009다17417 전합

023 ⟳ ① ② ③

환자가 회복불가능한 사망의 단계에 이르렀을 경우에 대비하여 '사전의료지시'를 한 후에는 특별한 사정이 없는 한 사전의료지시에 의하여 자기결정권을 행사한 것으로 인정할 수 있다. (O/×)

024 ⟳ ① ② ③

연명치료 중단에 관한 환자의 의사 추정은 주관적으로 이루어져야 한다. 따라서 환자가 평소 일상생활을 통하여 가족, 친구 등에 대하여 한 의사표현, 타인에 대한 치료를 보고 환자가 보인 반응, 환자의 종교, 평소의 생활태도 등을 통해 그 의사를 추정할 수 있다. (O/×)

025 ⟳ ① ② ③

의학적으로 환자가 의식의 회복가능성이 없고 생명과 관련된 중요한 생체기능의 상실을 회복할 수 없으며 환자의 신체상태에 비추어 짧은 시간 내에 사망에 이를 수 있음이 명백한 경우 환자가 자기결정권을 행사하는 것으로 인정되는 경우에는 특별한 사정이 없는 한 연명치료의 중단이 허용될 수 있고, 이러한 환자의 연명치료 거부 내지 중단에 관한 의사는 명시적인 것이어야 하지, 여러 사정을 종합하여 이를 추정하여서는 아니 된다. (O/×)

026 ⟳ ① ② ③

환자 측이 직접 법원에 소를 제기한 경우가 아니라면, 환자가 회복불가능한 사망의 단계에 이르렀는지 여부에 관하여는 전문의사 등으로 구성된 위원회 등의 판단을 거치는 것이 바람직하다. (O/×)

027 ⟳ ① ② ③

진료행위에 대한 환자의 동의는 개인의 인격권과 행복추구권에 의하여 보호되는 자기결정권을 보장하기 위한 것으로서, 의료계약에 의하여 제공되는 진료의 내용은 의료인의 설명과 환자의 동의에 의하여 구체화된다. (O/×)

---

023 【O】 대판 2009.5.21. 2009다17417 전합

024 【×】 환자의 사전의료지시가 없는 상태에서 회복불가능한 사망의 단계에 진입한 경우에는 연명치료 중단에 관한 **환자의 의사를 추정할 수 있다**고 인정하는 것이 합리적인데, 연명치료 중단에 관한 환자의 의사 추정은 **객관적**으로 이루어져야 한다. 따라서 환자의 의사를 확인할 수 있는 객관적인 자료가 있는 경우에는 반드시 이를 참고하여야 하고, 환자가 평소 일상생활을 통하여 가족, 친구 등에 대하여 한 의사표현, 타인에 대한 치료를 보고 환자가 보인 반응, 환자의 종교, 평소의 생활 태도 등을 환자의 나이, 치료의 부작용, 환자가 고통을 겪을 가능성, 회복불가능한 사망의 단계에 이르기까지의 치료 과정, 질병의 정도, 현재의 환자 상태 등 객관적인 사정과 종합하여 환자가 현재의 신체상태에서 의학적으로 충분한 정보를 제공받는 경우 연명치료 중단을 선택하였을 것이라고 인정되는 경우라야 그 의사를 추정할 수 있을 것이다(대판 2009.5.21. 2009다17417).

025 【×】 환자의 의사를 확인할 수 있는 객관적인 자료가 있는 경우에는 반드시 이를 참고하여야 하고, 환자가 평소 일상생활을 통하여 가족, 친구 등에 대하여 한 의사표현, 타인에 대한 치료를 보고 환자가 보인 반응, 환자의 종교, 평소의 생활 태도 등을 환자의 나이, 치료의 부작용, 환자가 고통을 겪을 가능성, 회복불가능한 사망의 단계에 이르기까지의 치료 과정, 질병의 정도, 현재의 환자 상태 등 객관적인 사정과 종합하여, 환자가 현재의 신체상태에서 의학적으로 충분한 정보를 제공받는 경우 연명치료 중단을 선택하였을 것이라고 인정되는 경우라야 그 의사를 **추정할 수 있다**(2009.5.21. 2009다17417).

026 【O】 대판 2009.5.21. 2009다17417 전합

027 【O】 대판 2009.5.21. 2009다17417 전합

028

연명치료 중단에 관한 자기결정권은 헌법상 보장된 기본권이지만, 헌법해석상 연명치료 중단 등에 관한 법률을 제정할 국가의 입법의무가 명백하다고 볼 수 없으므로 환자 본인이 그러한 입법부작위의 위헌확인에 관하여 헌법소원 심판청구를 제기한 것은 부적법하다. (O/X)

029

비록 연명치료 중단에 관한 결정 및 그 실행이 환자의 생명단축을 초래한다 하더라도 이를 생명에 대한 임의적 처분으로서 자살이라고 평가할 수 없고, 오히려 이는 생명권의 한 내용으로서 보장된다. (O/X)

030

'연명치료 중단에 관한 결정권'을 보장하는 방법으로서 '법원의 재판을 통한 규범의 제시'와 '입법' 중 어떤 방법을 선택할 것인지의 문제는 입법부가 결정할 입법정책적 문제이다. (O/X)

제2항 신체의 자유

관련조문

제12조 ① 모든 국민은 신체의 자유를 가진다. 누구든지 법률에 의하지 아니하고는 체포·구속·압수·수색 또는 심문을 받지 아니하며, 법률과 적법한 절차에 의하지 아니하고는 처벌·보안처분 또는 강제노역을 받지 아니한다.
② 모든 국민은 고문을 받지 아니하며, 형사상 자기에게 불리한 진술을 강요당하지 아니한다.
③ 체포·구속·압수 또는 수색을 할 때에는 적법한 절차에 따라 검사의 신청에 의하여 법관이 발부한 영장을 제시하여야 한다. 다만, 현행범인인 경우와 장기 3년 이상의 형에 해당하는 죄를 범하고 도피 또는 증거인멸의 염려가 있을 때에는 사후에 영장을 청구할 수 있다.
④ 누구든지 체포 또는 구속을 당한 때에는 즉시 변호인의 조력을 받을 권리를 가진다. 다만, 형사피고인이 스스로 변호인을 구할 수 없을 때에는 법률이 정하는 바에 의하여 국가가 변호인을 붙인다.
⑤ 누구든지 체포 또는 구속의 이유와 변호인의 조력을 받을 권리가 있음을 고지받지 아니하고는 체포 또는 구속을 당하지 아니한다. 체포 또는 구속을 당한 자의 가족등 법률이 정하는 자에게는 그 이유와 일시·장소가 지체없이 통지되어야 한다.
⑥ 누구든지 체포 또는 구속을 당한 때에는 적부의 심사를 법원에 청구할 권리를 가진다.
⑦ 피고인의 자백이 고문·폭행·협박·구속의 부당한 장기화 또는 기망 기타의 방법에 의하여 자의로 진술된 것이 아니라고 인정될 때 또는 정식재판에 있어서 피고인의 자백이 그에게 불리한 유일한 증거일 때에는 이를 유죄의 증거로 삼거나 이를 이유로 처벌할 수 없다.

---

028 【O】 2009.11.26. 2008헌마385
029 【X】 비록 연명치료 중단에 관한 결정 및 그 실행이 환자의 생명단축을 초래한다 하더라도 이를 생명에 대한 임의적 처분으로서 자살이라고 평가할 수 없고, 오히려 인위적인 신체침해 행위에서 벗어나서 자신의 생명을 자연적인 상태에 맡기고자 하는 것으로서 인간의 존엄과 가치에 부합한다 할 것이므로, 위 결정은 헌법상 기본권인 **자기결정권의 한 내용으로서 보장된다**(2009.11.26. 2008헌마385).
030 【O】 2009.11.26. 2008헌마385

I 의의 및 근거규정

1. 신체의 자유의 실체적 보장과 절차적 보장

2. 신체의 자유의 형사피의자 및 형사피고인의 권리보장

3. 출제된 법령

031
모든 국민은 신체의 자유를 가진다. 누구든지 법률이나 대통령령에 의하지 아니하고는 체포·구속·압수·수색 또는 심문을 받지 아니하며, 법률과 적법한 절차에 의하지 아니하고는 처벌·보안처분 또는 강제노역을 받지 아니한다. (O/×)

032
모든 국민은 신체의 자유를 가진다. 누구든지 법률과 적법절차에 의하지 아니하고는 체포·구속·압수·수색을 받지 아니하며, 법률에 의하지 아니하고는 심문·처벌·보안처분 또는 강제노역을 받지 아니한다. (O/×)

033
모든 국민은 고문을 받지 아니하며, 형사상 자기에게 불리한 진술을 강요당하지 아니한다. (O/×)

034
체포·구속·압수 또는 수색을 할 때에는 적법한 절차에 따라 검사의 신청에 의하여 법관이 발부한 영장을 제시하여야 한다. 다만 현행범인인 경우와 장기 1년 이상의 형에 해당하는 죄를 범하고 도피 또는 증거인멸의 염려가 있을 때에는 사후에 영장을 청구할 수 있다. (O/×)

035
체포·구속·압수 또는 수색을 할 때에는 적법한 절차에 따라 검사의 신청에 의하여 법관이 발부한 영장을 제시하여야 한다. 다만, 현행범인인 경우와 장기 3년 이상의 형에 해당하는 죄를 범하고 도피 또는 증거인멸의 염려가 있을 때에는 사후에 영장을 청구할 수 있다. (O/×)

---

031 【X】 모든 국민은 신체의 자유를 가진다. 누구든지 **법률에 의하지 아니하고는** 체포·구속·압수·수색 또는 심문을 받지 아니하며, 법률과 적법한 절차에 의하지 아니하고는 처벌·보안처분 또는 강제노역을 받지 아니한다(헌법 제12조 제1항).

032 【X】 헌법 제12조 제1항

033 【O】 헌법 제12조 제2항

034 【X】 **장기 3년 이상**의 형에 해당하는 죄를 범하고 도피 또는 증거인멸의 염려가 있을 때에는 사후에 영장을 청구할 수 있다(헌법 제12조 제3항).

035 【O】 헌법 제12조 제3항

036 ⟳ 1 2 3

누구든지 체포 또는 구속을 당한 때에는 48시간 이내에 변호인의 조력을 받을 권리를 가진다. 다만 형사피고인이 스스로 변호인을 구할 수 없을 때에는 법률이 정하는 바에 의하여 국가가 변호인을 붙인다.
(O/×)

037 ⟳ 1 2 3

누구든지 체포 또는 구속의 이유와 변호인의 조력을 받을 권리가 있음을 고지 받지 아니하고는 체포 또는 구속을 당하지 아니한다. 체포 또는 구속을 당한 자의 가족 등 법률이 정하는 자에게는 그 이유와 일시·장소가 지체 없이 통지되어야 한다.
(O/×)

038 ⟳ 1 2 3

누구든지 체포 또는 구속을 당한 때에는 적부의 심사를 법원이나 검찰에 청구할 권리를 가진다. (O/×)

039 ⟳ 1 2 3

피고인의 자백이 고문·폭행·협박·구속의 부당한 장기화 또는 기망 기타의 방법에 의하여 자의로 진술된 것이 아니라고 인정될 때 또는 정식재판에 있어서 피고인의 자백이 그에게 불리한 유일한 증거일 때에는 이를 유죄의 증거로 삼거나 이를 이유로 처벌할 수 없다.
(O/×)

Ⅱ 신체의 자유의 실체적 보장

1. 죄형법정주의

040 ⟳ 1 2 3

모든 국민은 행위 시의 법률에 의하여 범죄를 구성하지 아니하는 행위로 소추되지 아니하며, 동일한 범죄에 대하여 거듭 처벌받지 아니한다.
(O/×)

041 ⟳ 1 2 3

형식적 의미의 법률뿐만 아니라 명령·규칙에 의하여도 범죄와 형벌을 규정할 수 있다. (O/×)

---

036 【×】 누구든지 체포 또는 구속을 당한 때에는 **즉시** 변호인의 조력을 받을 권리를 가진다(헌법 제12조 제4항).
037 【O】 헌법 제12조 제5항
038 【×】 누구든지 체포 또는 구속을 당한 때에는 적부의 심사를 **법원**에 청구할 권리를 가진다(헌법 제12조 제6항).
039 【O】 헌법 제12조 제7항
040 【O】 헌법 제13조 제1항
041 【×】 죄형법정주의원칙은 죄와 형을 입법부가 제정한 **형식적 의미의 법률**(cf 명령·규칙 ×)로 규정하는 것을 그 핵심적 내용으로 하고, 나아가 형식적 의미의 법률로 규정하더라도 그 법률조항이 처벌하고자 하는 행위가 무엇이며 그에 대한 형벌이 어떠한 것인지를 누구나 예견할 수 있도록 구성요건을 명확하게 규정하여 개인의 법적 안정성을 보호하고, 국가형벌권의 자의적인 행사로부터 개인의 자유와 권리를 보장하려는 법치국가 형법의 기본원칙이다(1993.3.11. 92헌바33).

042

법규의 내용이 애매하거나 그 적용범위가 지나치게 광범위한 경우에는 법치주의에 위배되고 죄형법정주의에 저촉되어 헌법에 위반될 수 있다. (O/×)

043

죄형법정주의는 법치주의, 국민주권 및 권력분립의 원리에 입각한 것으로서 일차적으로 무엇이 범죄이며 그에 대한 형벌이 어떠한 것인가는 반드시 국민의 대표로 구성된 입법부가 제정한 성문의 법률로써 정하여야 한다는 원칙인바, 여기서 말하는 '법률'이란 입법부에서 제정한 형식적 의미의 법률을 의미한다. (O/×)

044

죄형에 관한 법률조항이 그 내용을 해당 시행령에 포괄적으로 위임하고 있는지 여부는 죄형법정주의의 명확성 원칙에 위반 여부의 문제인 동시에 포괄위임입법금지 여부의 문제가 된다. (O/×)

045

법률에 의한 처벌법규의 위임은, 헌법이 특별히 인권을 최대한으로 보장하기 위하여 죄형법정주의와 적법절차를 규정하고 법률에 의한 처벌을 특별히 강조하고 있는 기본권보장 우위사상에 비추어 바람직스럽지 못한 일이므로, 그 요건과 범위가 보다 엄격하게 제한적으로 적용되어야 한다. 따라서 특히 긴급한 필요가 있거나 미리 법률로써 자세히 정할 수 없는 부득이한 사정이 있는 경우로 한정되어야 한다. (O/×)

046

중소기업중앙회 임원선거와 관련하여 '정관으로 정하는 기간에는' 선거운동을 위하여 정회원에 대한 호별방문 등의 행위를 한 경우 이를 처벌하도록 규정한 중소기업협동조합법 조항은 죄형법정주의에 위배된다. (O/×)

---

042 【O】 1990.4.2. 89헌가113
043 【O】 2012.6.27. 2011헌마288
044 【O】 2004.8.26. 2004헌바14
045 【O】 법률에 의한 처벌법규의 위임은, 헌법이 특별히 인권을 최대한으로 보장하기 위하여 죄형법정주의와 적법절차를 규정하고 법률에 의한 처벌을 특별히 강조하고 있는 기본권보장 우위사상에 비추어 바람직스럽지 못한 일이므로, 그 요건과 범위가 보다 엄격하게 제한적으로 적용되어야 한다. 따라서 처벌법규의 위임은 첫째, 특히 긴급한 필요가 있거나 미리 법률로써 자세히 정할 수 없는 부득이한 사정이 있는 경우로 한정되어야 하고, 둘째, 이러한 경우일지라도 법률에서 범죄의 구성요건은 처벌대상인 행위가 어떠한 것일 거라고 이를 예측할 수 있을 정도로 구체적으로 정해야 한다 (2004.8.26. 2004헌바14).
046 【O】 2016.11.24. 2015헌가29

047

농업협동조합의 임원선거에 있어 정관이 정하는 행위 외의 선거운동을 한 경우 이를 형사처벌하도록 한 법률조항은, 조합의 임원선거에 있어 정관이 정하는 것 이외의 일체의 선거운동을 금지한다는 의미로 명확하게 해석된다고 할 것이므로 선거운동의 예외적 허용 사항을 정관에 위임하였더라도 죄형법정주의 원칙에 위배된다고 볼 수 없다. (O/×)

048

형벌구성요건의 실질적 내용을 법률이 아닌 새마을금고의 정관에 위임한 것은 죄형법정주의 원칙에 위반된다. (O/×)

049

헌법 제12조 제1항 후단이 '법률과 적법한 절차에 의하지 아니하고는 처벌을 받지 아니한다.'라고 규정하여 죄형법정주의를 천명하고 있고, 여기에서 '법률'이란 입법부에서 제정한 형식적 의미의 법률을 의미하는 것이긴 하나, 현대국가의 사회적 기능증대와 사회현상의 복잡화에 따라 국민의 권리·의무에 관한 사항이라 하여 모두 입법부에서 제정한 법률만으로 다 정할 수는 없어 예외적으로 하위법령에 위임하는 것을 허용하지 않을 수 없고, 구 노동조합법 제46조의3이 '단체협약에 위반한 자'를 1,000만 원 이하의 벌금에 처하도록 규정한 것이 죄형법정주의에 위배된다고 보기 어렵다. (O/×)

050

과태료는 형벌이 아니고 행정상의 질서유지를 위한 행정질서벌에 해당되지만, 국민의 재산상 제약에 해당되어 죄형법정주의의 규율대상에 해당된다. (O/×)

051

죄형법정주의가 적용되는 대상으로는 형벌뿐 아니라 과태료 등의 행정질서벌까지 포함된다. (O/×)

---

047 【×】 농업협동조합의 임원선거에 있어 정관이 정하는 행위 외의 선거운동을 한 경우 이를 형사처벌하도록 한 법률조항은, 조합원에 한하지 않고 모든 국민을 수범자로 하는 형벌조항이며, 또 금지되고 허용되는 선거운동이 무엇인지 여부가 형사처벌의 구성요건에 관련되는 주요사항임에도 불구하고, 그에 대한 결정을 입법자인 국회가 스스로 정하지 않고 헌법이 위임입법의 형식으로 예정하고 있지도 않은 특수법인의 정관에 위임하는 것은 사실상 그 정관 작성권자에게 처벌법규의 내용을 형성할 권한을 준 것이나 다름없으므로, 정관에 구성요건을 위임하고 있는 이 사건 법률조항은 범죄와 형벌에 관하여는 입법부가 제정한 형식적 의미의 법률로써 정하여야 한다는 **죄형법정주의원칙에 위배된다** (2010.7.29. 2008헌바106).

048 【O】 2001.1.18. 99헌바112

049 【×】 노동조합 관련 법률에서 범죄의 구성요건을 '**단체협약에……위반한 자**'라고만 규정한 경우, 이는 범죄구성요건의 외피(外皮)만 설정하였을 뿐 구성요건의 실질적 내용을 직접 규정하지 아니하고 모두 단체협약에 위임하고 있는 것으로, 죄형법정주의의 기본적 요청인 법률주의에 위배되고, 그 구성요건도 지나치게 애매하고 광범위하여 죄형법정주의의 명확성의 원칙에 **위배된다**(1998.3.26. 96헌가20).

050 【×】 과태료는 형벌이 아니고 행정상의 질서유지를 위한 행정질서벌에 해당할 뿐 형벌이라고 할 수 없어 죄형법정주의의 규율대상에 **해당하지 아니한다**(1998.5.28. 96헌바83).

051 【×】 1998.5.28. 96헌바83

052 ⟳ 1 2 3

「지방자치법」이 노동운동을 하더라도 형사처벌에서 제외되는 공무원의 범위를 당해 지방자치단체의 조례로 정하도록 한 것은 헌법에 위반되지 않는다. (O/×)

053 ⟳ 1 2 3

호별방문 등이 금지되는 기간과, 금지되는 선거운동 방법을 중소기업중앙회 정관에서 정하도록 위임하고 있는 「중소기업협동조합법」은 죄형법정주의에 위배된다. (O/×)

054 ⟳ 1 2 3

명확성의 원칙은 법률을 적용하는 단계에서 가치판단을 전혀 배제한 무색투명한 서술적 개념으로 규정되어져야 한다는 것을 의미하는 것은 아니고, 입법자의 입법의도가 건전한 일반상식을 가진 자에 의하여 일의적으로 파악될 수 있는 정도의 것을 의미하는 것이다. (O/×)

055 ⟳ 1 2 3

명확성의 원칙은 모든 법률에서 동일한 정도로 요구되는 것은 아니고 개개의 법률이나 법조항의 성격에 따라 요구되는 정도에 차이가 있을 수 있고, 각 구성요건의 특수성과 그러한 법률이 제정되게 된 배경이나 상황에 따라 달라질 수 있다. 일반적으로 어떠한 규정이 수익적 성격을 가지는 경우에는 부담적 성격을 가지는 경우에 비하여 명확성의 요구가 완화되어 요구된다. (O/×)

056 ⟳ 1 2 3

범죄의 성립과 처벌은 법률에 의하여야 한다는 죄형법정주의 본래의 취지에 비추어 볼 때 정당방위와 같은 위법성 조각사유 규정에도 죄형법정주의 명확성 원칙은 적용된다. (O/×)

057 ⟳ 1 2 3

다소 광범위하고 어느 정도의 범위에서는 법관의 보충적인 해석을 필요로 하는 개념을 사용하여 규정하였다고 하더라도 그 적용단계에서 다의적으로 해석될 우려가 없는 이상 그 점만으로 헌법이 요구하는 명확성의 요구에 위배되는 것은 아니다. (O/×)

---

052 【O】 헌법 제117조 제1항은 "지방자치단체는 주민의 복리에 관한 사무를 처리하고 재산을 관리하며, 법령의 범위 안에서 자치에 관한 규정을 제정할 수 있다"고 규정하여 법률의 위임이 있는 경우에는 조례에 의하여 소속공무원에 대한 인사와 처우를 스스로 결정하는 권한이 있기 때문이다(2005.10.27. 2003헌바50 등).

053 【O】 호별방문금지조항은 형사처벌과 관련한 주요사항을 헌법이 위임입법의 형식으로 예정하고 있지도 않은 특수법인의 정관에 위임하고 있는데, 이는 사실상 그 정관 작성권자에게 처벌법규의 내용을 형성할 권한을 준 것이나 다름없기 때문이다 (2016.11.24. 2015헌가29).

054 【O】 2005.5.26. 2003헌바86

055 【O】 2009.3.26. 2007헌마1327

056 【O】 2001.6.28. 99헌바31

057 【O】 2001.12.20. 2001헌가6등

058 ⟳ ① ② ③

군형법 제47조에서 말하는 '정당한 명령 또는 규칙'은 군의 특성상 그 내용을 일일이 법률로 정할 수 없어 법률의 위임에 따라 군통수기관이 불특정다수인을 대상으로 발하는 일반적 효력이 있는 명령이나 규칙 중 그 위반에 대하여 형사처벌의 필요가 있는 것, 즉 법령의 범위 내에서 발해지는 군통수작용상 필요한 중요하고도 구체성 있는 특정한 사항에 관한 것을 의미한다고 보아야 할 것이며, 위 법률규정이 불명확하여 죄형법정주의 원칙에 위배된다고 할 수 없다. (O/×)

059 ⟳ ① ② ③

법률조항이 규율하고자 하는 내용 중 일부를 괄호 안에 규정하는 것 역시 단순한 입법기술상의 문제에 불과할 뿐, 괄호 안에 규정되어 있다는 사실만으로 그 내용이 중요한 의미를 가지는 것이 아니라고 볼 아무런 근거가 없다. (O/×)

060 ⟳ ① ② ③

처벌을 규정하고 있는 법률조항이 구성요건이 되는 행위를 같은 법률조항에서 직접 규정하지 않고 다른 법률조항에서 이미 규정한 내용을 원용하였다거나 그 내용 중 일부를 괄호 안에 규정하였다는 사실만으로 명확성 원칙에 위반된다고 할 수는 없다. (O/×)

061 ⟳ ① ② ③

명확성의 원칙은 헌법상 내재하는 법치국가원리로부터 파생될 뿐만 아니라 국민의 자유와 권리를 보호하는 기본권보장으로부터도 나온다. (O/×)

062 ⟳ ① ② ③

법치국가원리의 한 표현인 명확성의 원칙은 기본적으로 모든 기본권제한입법에 대하여 요구된다. (O/×)

063 ⟳ ① ② ③

기본권을 제한하는 법률에 대해 명확하고 구체적일 것을 요구하는 명확성 원칙은 기본적으로 최대한의 명확성을 요구한다. (O/×)

064 ⟳ ① ② ③

처벌법규의 구성요건이 다소 광범위하여 법관의 보충적인 해석이 필요하더라도 반드시 명확성 원칙에 반한다고 볼 수는 없다. (O/×)

---

058 【O】 1995.5.25. 91헌바20
059 【O】 2010.3.25. 2009헌바121
060 【O】 2010.3.25. 2009헌바121
061 【O】 2001.6.28. 99헌바34
062 【O】 2003.10.30. 2001헌마700
063 【X】 기본권을 제한하는 법률에 대해 명확하고 구체적일 것을 요구하는 명확성 원칙은 기본적으로 **최소한의 명확성**을 요구한다 (1998.4.30. 95헌가16).
064 【O】 2001.8.30. 99헌바92

065

어떤 법률조항이 형사처벌의 대상이 되는 해고의 기준을 일반추상적 개념인 '정당한 이유'의 유무에 두고 있다고 하여 반드시 명확성 원칙에 반한다고 볼 수는 없다. (O/×)

066

위임의 구체성·명확성의 요구 정도는 급부행정영역이 침해행정영역에서보다 훨씬 더 높다. (O/×)

067

죄형법정주의가 지배되는 형사 관련 법률에서는 명확성의 정도가 강화되어 더 엄격한 기준이 적용(죄형법정주의상의 명확성원칙)되나, 일반적인 법률에서는 명확성의 정도가 그리 강하게 요구되지 않기 때문에 상대적으로 완화된 기준이 적용(일반적 명확성원칙)된다. (O/×)

068

법률사건의 수임에 관하여 알선의 대가로 금품을 제공하거나 이를 약속한 변호사를 형사처벌하는 구 「변호사법」 조항 중 '법률사건'과 '알선'은 처벌법규의 구성요건으로 그 의미가 불분명하기에 명확성원칙에 위배된다. (O/×)

069

정당한 명령 또는 규칙을 준수할 의무가 있는 자가 이를 위반하거나 준수하지 아니한 때에 형사처벌을 하도록 규정한 구 「군형법」 제47조는 죄형법정주의의 명확성원칙에 위배되지 않는다. (O/×)

070

여러 사람의 눈에 뜨이는 곳에서 공공연하게 알몸을 지나치게 내놓거나 가려야 할 곳을 내놓아 다른 사람에게 부끄러움이나 불쾌감을 준 사람을 처벌하는 경범죄처벌법 조항은 죄형법정주의의 명확성원칙에 위배된다. (O/×)

---

065 【O】 이 사건 법률조항은 '정당한 이유'라는 다소 추상적인 내용을 가진 용어를 해고 제한의 기준으로 사용하고 있지만, 오랜 기간 판례 등이 집적되어 '해고'에 있어서 '정당한 이유'란 사회통념상 고용관계를 계속할 수 없을 정도로 근로자에게 책임 있는 사유를 의미하게 되었고, 일신상 이유, 형태상 이유, 경영상 이유 등으로 유형화되어 전체적 윤곽을 파악할 수 있을 정도에 이르렀기 때문이다(2013.12.26. 2012헌바375).

066 【X】 명확성의 원칙은 모든 법률에 있어서 동일한 정도로 요구되는 것은 아니고 개개의 법률이나 법조항의 성격에 따라 요구되는 정도에 차이가 있을 수 있으며 각각의 구성요건의 특수성과 그러한 법률이 제정되게 된 배경이나 상황에 따라 달라질 수 있다고 할 것이다. 일반론으로는 어떠한 규정이 **부담적 성격(침해행정영역)**을 가지는 경우에는 수익적 성격(급부행정영역)을 가지는 경우에 비하여 **명확성의 원칙이 더욱 엄격하게 요구된다**(1992.2.25. 89헌가104).

067 【O】 2009.9.24. 2007헌바114

068 【X】 법률사건의 수임에 관하여 알선의 대가로 금품을 제공하거나 이를 약속한 변호사를 형사처벌하는 구 「변호사법」 조항은 '법률사건'이나 '알선' 등이 법조항에 의하여 금지되고, 처벌되는 행위의 의미가 문언상 불분명하다고 할 수 없으므로 명확성원칙에 위배되지 않는다(2013.2.28. 2012헌바62).

069 【O】 2011.3.31. 2009헌가12

070 【O】 2016.11.24. 2016헌가3

071 ⟳①②③
'공익을 해할 목적으로 전기통신설비에 의하여 공연히 허위의 통신을 한 자'를 처벌하고 있는 「전기통신기본법」은 죄형법정주의의 명확성원칙에 위반된다. (○/×)

072 ⟳①②③
구 검사징계법 제2조 제3호의 "검사로서의 체면이나 위신을 손상하는 행위를 하였을 때"의 의미는 구체적인 상황에 따라 건전한 사회통념에 의하여 판단할 수 있으므로 명확성의 원칙에 위배되지 아니한다. (○/×)

073 ⟳①②③
육로, 수로 또는 교량을 손괴 또는 불통하게 하거나 기타 방법으로 교통을 방해한 자를 처벌하는 「형법」 제185조(일반교통방해)의 '기타 방법으로' 부분은 교통을 방해하는 행위의 태양에 대하여 어떠한 제한도 두지 아니하여 법률 문언 자체로 구성요건이 명확하다고 볼 수 없고, 건전한 상식과 통상적 법감정을 가진 사람이 통상의 해석방법에 의하여 보더라도 그 내용이 일의적으로 파악되지 않으므로 명확성 원칙에 위배된다. (○/×)

074 ⟳①②③
누구든지 정보통신망을 통하여 '그 밖에 범죄를 목적으로 하거나 교사 또는 방조하는 내용의 정보'를 유통하여서는 아니된다는 법률규정은, 수범자의 예견가능성을 해하거나 행정기관의 자의적 집행을 가능하게 할 정도로 불명확하다고 할 수 없으므로, 명확성원칙에 위배되지 아니한다. (○/×)

075 ⟳①②③
「증권거래법」이 금지하는 시세조종행위 등을 처벌하는 조항에서 '위반행위로 얻은 이익'은 위반행위가 개입된 거래에서 얻은 총수입에서 총비용을 공제한 액수(시세차익)로 파악하는 데 어려움이 없으므로 명확성 원칙에 위배되지 않는다. (○/×)

076 ⟳①②③
직접 진찰한 의료인이 아니면 진단서 등을 교부 또는 발송하지 못하도록 규정한 구 「의료법」 조항에서 '직접 진찰한'은 의료인이 '대면하여 진료를 한'으로 해석되는 외에는 달리 해석의 여지가 없으므로 명확성의 원칙에 위배되지 않는다. (○/×)

---

071 【○】 공익을 해할 목적이 있는지 여부를 판단하기 위한 공익간 형량의 결과가 언제나 객관적으로 명백한 것도 아니다. 결국, 이 사건 법률조항은 수범자인 국민에 대하여 일반적으로 허용되는 '허위의 통신' 가운데 어떤 목적의 통신이 금지되는 것인지 고지하여 주지 못하고 있으므로 표현의 자유에서 요구하는 명확성의 요청 및 죄형법정주의의 명확성원칙에 위반된다(2010.12.28. 2008헌바157).

072 【○】 2011.12.29. 2009헌바282

073 【×】 육로, 수로 또는 교량을 손괴 또는 불통하게 하거나 기타 방법으로 교통을 방해한 자를 처벌하는 「형법」 제185조(일반교통방해)의 '기타 방법으로' 부분은, 육로 등을 손괴하거나 불통하게 하는 행위에 준하여 의도적으로, 또한 직접적으로 교통장해를 발생시키거나 교통의 안전을 위협하는 행위를 하여 교통을 방해하는 경우를 의미하는 것으로서 그 의미가 불명확하다고 볼 수 없으므로 죄형법정주의의 **명확성원칙에 위배되지 않는다**(2013.6.27. 2012헌바194).

074 【○】 2012.2.23. 2008헌마500

075 【○】 2003.9.25. 2002헌바69

076 【○】 2012.3.29. 2010헌바83

077

「친일반민족행위자 재산의 국가귀속에 관한 특별법」 조항 중 '독립운동에 적극 참여한 자' 부분은 '일제 강점하에서 우리 민족의 독립을 쟁취하려는 운동에 의욕적이고 능동적으로 관여한 자'라는 뜻이므로 그 의미를 넉넉히 파악할 수 있어서 명확성 원칙에 위배되지 않는다. (O/×)

078

건전한 상식과 통상적인 법감정을 가진 사람으로 하여금 그 적용대상자가 누구이며 구체적으로 어떠한 행위가 금지되고 있는지를 충분히 알 수 있도록 규정되어 있다면 죄형법정주의의 명확성원칙에 위배되지 않는다고 보아야 한다. (O/×)

079

뇌물죄의 적용에 있어 공무원으로 의제되는 정부출연연구기관의 직원을 직접 법률에 열거하여 규정하지 않은 것은 포괄위임에 해당하여 죄형법정주의에 반한다. (O/×)

080

종업원 등의 무면허의료행위 사실이 인정되면 그 범죄행위에 가담 여부나 종업원 행위에 대한 감독의무 위반 여부 등을 불문하고 영업주를 종업원과 같이 처벌하는 규정은 형벌에 관한 책임주의에 반한다. (O/×)

081

의사 아닌 자가 영리목적의 업으로 문신시술하는 것을 의료행위로 보아 금지하는 것은 명확성의 원칙에 위배된다고 할 수 없다. (O/×)

082

국가를 당사자로 하는 계약에 관한 법률 제27조 제1항 중 '입찰참가자격의 제한기간을 대통령령이 정하는 일정기간으로 규정하고 있는 부분'이 명확성의 원칙에 위반된다. (O/×)

---

077 【O】 2011.3.31. 2008헌바141

078 【O】 2005.11.24. 2004헌바83

079 【×】 정부출연연구기관의 조직과 업무에 따라서 그 직원에게 요구되는 청렴성의 요구는 정도를 달리할 수 있으며, 그 정도에 따라 뇌물죄의 적용에 있어 공무원으로 의제할지 여부를 결정하는 것이 바람직한데, 정부출연연구기관의 업무영역 및 조직상의 특성은 각 기관별로 상이하고, 유동적이므로 입법자가 국회제정의 형식적 법률에 비하여 더 탄력성이 있는 대통령령 등 하위법규에 의제 범위를 위임할 입법기술상의 필요성이 인정된다. 또한 이 사건 법률조항이 '간부직원 중 대통령령이 정하는 직원'과 같이 한정적으로 명시하고 있지 않다고 하더라도 그 규정형식상 '임원'과 같이 주요 업무에 종사하는 직원에 한정하여 규정될 것임을 충분히 예측할 수 있다. 따라서 이 사건 법률조항이 **포괄위임에 해당되어 죄형법정주의 위반이라 볼 수는 없다**(2006.11.30. 2004헌바86).

080 【O】 2009.10.29. 2009헌가6

081 【O】 2007.4.26. 2003헌바71

082 【O】 2005.6.30. 2005헌가1

083

행위 당시의 판례에 의하면 처벌대상이 되지 아니하는 것으로 해석되었던 행위를 판례의 변경에 따라 확인된 내용의 형법 조항에 근거하여 처벌한다고 하여 그것이 형벌불소급원칙에 위반된다고 할 수 없다. (O/×)

084

디엔에이감식시료의 채취 행위 및 디엔에이신원확인정보의 수집, 수록, 검색, 회보라는 일련의 행위는 보안처분으로서의 성격을 지닌다. (O/×)

085

법률사건의 수임에 관하여 알선의 대가로 금품을 제공하거나 이를 약속한 변호사를 형사처벌하는 구 「변호사법」 조항 중 '법률사건'과 '알선'은 처벌법규의 구성요건으로 그 의미가 문언상 불분명하다고 할 수 없으므로 죄형법정주의의 명확성원칙에 위배되지 않는다. (O/×)

086

행정심판위원회에서 위원이 발언한 내용 기타 공개할 경우 위원회의 심리·의결의 공정성을 해할 우려가 있는 사항으로서 대통령령이 정하는 사항은 이를 공개하지 아니한다고 규정하고 있는 행정심판법 제26조의2는 명확성의 원칙에 위배되지 않는다. (O/×)

087

방송통신심의위원회의 직무의 하나로 '건전한 통신윤리의 함양을 위하여 필요한 사항으로서 대통령령이 정하는 정보의 심의 및 시정요구'를 규정하고 있는 「방송통신위원회의 설치 및 운영에 관한 법률」 조항 중 '건전한 통신윤리'라는 부분은 각 개인의 가치관에 따라 달리 해석될 수 있기에 명확성원칙에 위배된다. (O/×)

---

083 【O】 **형사처벌의 근거가 되는 것은 법률이지 판례가 아니고**, 형법 조항에 관한 판례의 변경은 그 법률조항의 내용을 확인하는 것에 지나지 아니하여 이로써 그 법률조항 자체가 변경된 것으로 볼 수 없기 때문이다(2014.5.29. 2012헌바390).

084 【O】 디엔에이신원확인정보의 수집·이용은 수형인 등에게 심리적 압박으로 인한 범죄예방효과를 가진다는 점에서 보안처분의 성격을 지니지만, 처벌적인 효과가 없는 비형벌적 보안처분으로서 소급입법금지원칙이 적용되지 않는다. 이 사건 법률의 소급적용으로 인한 공익적 목적이 당사자의 손실보다 더 크므로, 이 사건 부칙조항이 법률 시행 당시 디엔에이감식시료 채취 대상범죄로 실형이 확정되어 수용 중인 사람들까지 이 사건 법률을 적용한다고 하여 소급입법금지원칙에 위배되는 것은 아니다(2014.8.28. 2011헌마28 등).

085 【O】 2013.2.28. 2012헌바62

086 【O】 비공개대상정보가 무엇인가 하는 대강의 내용을 충분히 예측할 수 있기 때문이다(2004.8.26. 2003헌바81)

087 【X】 방송통신심의위원회의 직무의 하나로 **'건전한 통신윤리의 함양을 위하여 필요한 사항으로서 대통령령이 정하는 정보의 심의 및 시정요구'**를 규정하고 있는 「방송통신위원회의 설치 및 운영에 관한 법률」 조항 중 '건전한 통신윤리'라는 부분은 다소 추상적이기는 하나, 위와 같은 함축적인 표현은 불가피하다고 할 것이어서 **명확성원칙에 반한다고 할 수 없다**(2012.2.23. 2011헌가13).

088

의료인이 '치료효과를 보장하는 등 소비자를 현혹할 우려가 있는 내용의 광고'를 한 경우 형사처벌하도록 규정한 「의료법」 규정은 오로지 의료서비스의 긍정적인 측면만을 강조하여 의료소비자를 혼란스럽게 하고 합리적인 선택을 방해할 것으로 걱정되는 광고를 의미하는 것으로 충분히 해석이 가능하기에 명확성원칙에 위배되지 않는다. (O/×)

089

공무원의 '공무 외의 일을 위한 집단행위'를 금지하는 「국가공무원법」 규정은 어떤 행위가 허용되고 금지되는지를 예측할 수 없으므로 명확성원칙에 위배된다. (O/×)

090

'다중의 위력으로써' 주거침입의 범죄를 범한 자를 처벌하는 '폭력행위 등 처벌에 관한 법률' 규정에서 '다중'의 개념은 '단체나 집단'과 명확하게 구별되지 않을 뿐만 아니라, '2인 이상이 공동하여'라는 같은 법 규정의 개념과 일치하는 부분마저 있어 죄형법정주의에서 요구하는 명확성의 원칙에 위배된다. (O/×)

091

지방의회에서의 사무감사·조사를 위한 증인의 동행명령장제도는 증인의 신체의 자유를 억압하여 일정 장소로 인치하는 것으로서 헌법 제12조 제3항의 "체포 또는 구속"에 준하는 사태로 보아야 하므로, 이의 실행을 위하여는 법관이 발부한 영장의 제시가 있어야 한다. (O/×)

092

체포·구속적부심사청구권은 원칙적으로 국가기관 등에 대하여 특정한 행위를 요구하거나 국가의 보호를 요구하는 절차적 기본권이기 때문에, 본질적으로 강한 제도적 보장의 성격을 지니며, 상대적으로 광범위한 입법형성권이 인정된다. (O/×)

093

교도소 내 엄중격리대상자에 대하여 이동 시 계구를 사용하고 교도관이 동행계호하는 행위 및 1인 운동장을 사용하게 하는 처우는 신체의 자유를 과도하게 제한하는 것이 아니다. (O/×)

---

088 【O】 2014.9.25. 2013헌바28
089 【X】 공무원의 **공무 외의 일을 위한 집단행위**'를 금지하는 「국가공무원법」 규정은 '공익에 반하는 목적을 위하여 직무전념의무를 해태하는 등의 영향을 가져오거나, 공무에 대한 국민의 신뢰에 손상을 가져올 수 있는 공무원 다수의 결집된 행위'를 말하는 것으로 한정해석되므로 **명확성원칙에 위반된다고 볼 수 없다**(2014.8.28. 2011헌바32 등).
090 【X】 '다중의 위력으로써' 주거침입의 범죄를 범한 자를 처벌하는 '폭력행위 등 처벌에 관한 법률' 규정에서 '다중'은 단체를 구성하지는 못하였으나 다수인이 모여 집합을 이루고 있는 것을 말하는 것이므로 죄형법정주의의 **명확성원칙에 위반된다고 볼 수 없다**(2008.11.27. 2007헌가24).
091 【O】 대판 1995.6.30. 93추83
092 【O】 2004.3.25. 2002헌바104
093 【O】 2008.5.29. 2005헌마137

094

법관으로 하여금 미결구금일수를 형기에 산입하되, 그 산입범위는 재량에 의하여 결정하도록 하는 형법규정은 헌법상 무죄추정의 원칙 및 적법절차의 원칙 등을 위배하여 신체의 자유를 침해한다.

(O/×)

095

'다량의 토사'를 유출하거나 버려서 상수원 또는 하천, 호소를 '현저히 오염'되게 하는 행위는 평소 하천이나 호소의 부유 물질량의 증가 또는 변화를 보고 판단할 수 있어, '다량'이나 '현저히' 같은 표현 그 자체로만으로 불명확하다고 볼 수는 없다.

(O/×)

096

보험재정에 관한 사실관계는 매우 다양하고 수시로 변화될 것이 예상되기 때문에, 보험료 산정기준이 되는 보험료부과 점수나 보험료율을 탄력적으로 규율할 필요가 있으므로, '보험료부과 점수의 산정방법·기준 그 밖에 필요한 사항'을 대통령령에 위임하더라도 그 내용의 범위와 한계가 객관적으로 충분히 예측가능하여 포괄위임 금지원칙에 위반되지 않는다.

(O/×)

097

광고가 금지되는 내용으로서 '대부조건 등'은 대부업자가 자신의 용역에 관한 대부계약을 소비자와 맺기에 앞서 내놓는 중요한 요구와 거래의 상대방보호를 위해 대부업자에게 요구되는 중요한 사항으로서, 대부업자의 모든 광고가 아니라 대부계약에 대한 청약의 유인으로서의 광고를 금지하는 것이므로, 명확성원칙에 위배되지 않는다.

(O/×)

098

교정시설의 장이 마약류사범에 대하여는 시설의 안전과 질서유지를 위하여 필요한 범위에서 다른 수용자와의 접촉을 차단하거나 계호를 엄중히 하는 등 법무부령으로 정하는 바에 따라 다른 수용자와 달리 관리할 수 있도록 한 것에서 '시설의 안전과 질서유지를 위하여 필요한 범위' 내에서 '다른 수용자와의 접촉을 차단하거나 계호를 엄중히 하는 등'의 규정은, 마약류의 중독성 및 높은 재범률 등 마약류사범의 특성에 대한 전문적 이해를 필요로 하고, 규율되는 범위나 방법이 어느 정도인지를 누구라도 쉽게 예측할 수 있어 포괄위임금지원칙에 위배되지 않는다.

(O/×)

---

094 【O】 2009.6.25. 2007헌바25
095 【X】 공공수역에 '**다량의 토사**'를 유출하거나 버려서 상수원 또는 하천, 호소를 '**현저히 오염**'되게 한 자를 처벌하는 이 사건 벌칙규정이나 관련 법령 어디에도 '토사'의 의미나 '다량'의 정도, '현저히 오염'되었다고 판단할 만한 기준에 대하여 아무런 규정도 하지 않고 있으므로, 일반 국민으로서는 자신의 행위가 처벌대상인지 여부를 예측하기 어렵고, 감독 행정관청이나 법관의 자의적인 법해석과 집행을 초래할 우려가 매우 크므로 이 사건 벌칙규정은 죄형법정주의의 **명확성원칙에 위배된다**(2013.7.25 2011헌가26 등).
096 【O】 2013.7.25. 2010헌바51
097 【O】 2013.7.25. 2012헌바67
098 【O】 2013.7.25. 2012헌바63

099

공중도덕상 유해한 업무에 취업시킬 목적으로 근로자를 파견한 사람을 형사처벌하도록 한 「파견근로자 보호 등에 관한 법률」 조항 중 공중도덕 부분은 명확성원칙에 위배되지 않는다. (O/X)

100

전문과목을 표시한 치과의원에게 그 표시한 전문과목에 해당하는 환자만을 진료하도록 한 「의료법」 조항은 명확성원칙에 위배된다. (O/X)

101

「학원법」에 따른 등록을 하지 아니하고 학원을 설립·운영한자를 처벌하도록 한 「학원법」 조항은 명확성원칙에 위배된다. (O/X)

102

학교환경위생정화구역 안의 금지행위를 규정한 구 「학교보건법」 제6조 제1항 제14호 중 '미풍양속을 해하는 행위 및 시설' 부분은 죄형법정주의 또는 명확성의 원칙에 위반된다고 보기 어렵다. (O/X)

103

영진법 제21조 제3항 제5호는 '제한상영가' 등급의 영화를 '상영 및 광고·선전에 있어서 일정한 제한이 필요한 영화'라고 규정하고 있는데, 이 규정은 제한상영가 등급의 영화가 어떤 영화인지를 말해주기보다는 제한상영가 등급을 받은 영화가 사후에 어떠한 법률적 제한을 받는지를 기술하고 있는바, 이것으로는 제한상영가 영화가 어떤 영화인지를 알 수가 없고, 따라서 영진법 제21조 제3항 제5호는 명확성원칙에 위배된다. (O/X)

---

099 【X】 직업안정법 제46조 제1항 제2호가 규정하고 있는 공중도덕상 유해한 업무에 취직하게 할 목적으로 직업소개·근로자 모집 또는 근로자공급을 한 자 중 "공중도덕상 유해한 업무" 부분은 건전한 상식과 통상적인 법감정을 가진 사람으로서는 금지되는 직업소개의 대상을 위와 같은 "공중도덕상 유해"라는 기준에 맞추어 특정하거나 예측한다는 것은 매우 어렵다고 할 것이므로 이 사건 법률조항은 **죄형법정주의에서 파생된 명확성의 원칙을 충족시키고 있다고 할 수 없다**(2005.3.31. 2004헌바29).

100 【X】 치과전문의가 되기 위해서는 치과의사 면허를 받은 자가 치과전공의 수련과정을 거쳐 치과전문의 자격시험에 합격해야 하므로, 심판대상조항의 수범자인 치과전문의는 각 전문과목의 진료내용과 진료영역 및 전문과목 간의 차이점 등을 알 수 있다. 따라서 심판대상조항은 명확성원칙에 위배되어 직업수행의 자유를 침해한다고 볼 수 없다(2015.5.28. 2013헌마799).

101 【X】 당초 학원설립·운영의 등록을 하였다가 변경사항을 등록하지 않아 벌금형을 선고받고 그 등록의 효력이 상실된 경우, 다시 학원설립·운영의 등록을 하지 아니한 채 학원을 운영하였다면 이 사건 처벌조항이 적용되는 것은 명백하다고 할 것이므로, 이 사건 처벌조항(학원법 제6조에 따른 등록을 하지 아니하고 학원을 '설립·운영한 자'를 처벌하도록 규정한 학원법 제22조 제1항 제1호)은 **죄형법정주의 명확성원칙에 반하지 아니한다**(2014.1.28. 2011헌바252).

102 【O】

103 【O】 2008.7.31. 2007헌가4

104 ⟳ ① ② ③

'제한상영가' 등급의 영화를 '상영 및 광고·선전에 있어서 일정한 제한이 필요한 영화'라고 규정하고 있는 법률규정은, '제한상영가' 등급의 영화란 영화의 내용이 지나치게 선정적, 폭력적, 또는 비윤리적이어서 청소년에게는 물론 일반적인 정서를 가진 성인에게조차 혐오감을 주거나 악영향을 끼치는 영화로 해석될 수 있으므로 명확성원칙에 위반되지 않는다. (O/×)

105 ⟳ ① ② ③

'가정의례의 참뜻에 비추어 합리적인 범위 내'라는 소극적 범죄구성요건은 죄형법정주의의 명확성 원칙을 위배하지 아니하였다. (O/×)

106 ⟳ ① ② ③

교도소장으로 하여금 수용자가 주고 받는 서신에 금지물품이 들어 있는지를 확인할 수 있도록 규정하고 있는 「형의 집행 및 수용자의 처우에 관한 법률」 제43조 제3항은 청구인의 기본권을 직접 침해한다고 볼 수 있다. (O/×)

---

104 【×】 영진법 제21조 제3항 제5호는 '제한상영가' 등급의 영화를 '상영 및 광고·선전에 있어서 일정한 제한이 필요한 영화'라고 규정하고 있는데, 이 규정은 제한상영가 등급의 영화가 어떤 영화인지를 말해주기보다는 제한상영가 등급을 받은 영화가 사후에 어떠한 법률적 제한을 받는지를 기술하고 있는바, 이것으로는 제한상영가 영화가 어떤 영화인지를 알 수가 없고, 따라서 영진법 제21조 제3항 제5호는 **명확성원칙에 위배된다**(2008.7.31. 2007헌가4).

105 【×】 죄형법정주의의 명확성 원칙은 법률이 처벌하고자 하는 행위가 무엇이며 그에 대한 형벌이 어떠한 것인지를 누구나 예견할 수 있고, 그에 따라 자신의 행위를 결정할 수 있게끔 구성요건을 명확하게 규정할 것을 요구한다. 하객들에 대한 음식접대에 있어서 **"가정의례의 참뜻"이란 개념은, 결혼식 혹은 회갑연의 하객들에게 어떻게 음식이 접대되는 것이 그 참뜻에 맞는 것인지는 종래 우리 관습상 혼례식의 성격 등을 볼 때 쉽게 예상되기 어렵고,** 그간 가정의례에 관한 법률이 오랫동안 시행되어 가정의례의 참뜻에 대한 인식은 확립되었다고 볼 수도 없어, 결국 그 대강의 범위를 예측하여 이를 행동의 준칙으로 삼기에 부적절하다. 또한 "합리적인 범위안"이란 개념도 가정의례 자체가 우리나라의 관습 내지 풍속에 속하고, 성격상 서구적 의미의 "합리성"과 친숙할 수 있는 것도 아니며, 또한 양과 질과 가격에 있어 편차가 많고 접대받을 사람의 범위가 다양하므로 주류 및 음식물을 어떻게 어느만큼 접대하는 것이 합리적인 범위인지를 일반국민이 판단하기란 어려울 뿐 아니라 그 대강을 예측하기도 어렵다. 이 사건 규정은 결국 **죄형법정주의의 명확성 원칙을 위배하여 청구인 이병규의 일반적 행동자유권을 침해하였다**(1998.10.15. 98헌마168).

106 【×】 교도소장으로 하여금 수용자가 주고 받는 서신에 금지물품이 들어 있는지를 확인할 수 있도록 규정하고 있는 「형의 집행 및 수용자의 처우에 관한 법률」 제43조 제3항은 수용자의 서신에 금지물품이 들어 있는지 여부에 대한 확인을 교도소장의 재량에 맡기고 있으므로 **교도소장의 금지물품 확인이라는 구체적인 집행행위를 매개로 하여 수용자인 청구인의 권리에 영향을 미치게 되는바, 위 법률조항이 청구인의 기본권을 직접 침해한다고 할 수 없다**(2012.2.23. 2009헌마333).

107

수용자가 밖으로 내보내는 모든 서신을 봉함하지 않은 상태로 교정시설에 제출하도록 규정하고 있는 「형의 집행 및 수용자의 처우에 관한 법률 시행령」 제65조 제1항은 통신비밀의 자유를 침해하지 아니한다.

(O/×)

108

구 「법관징계법」 제2조 제2호는 '품위손상', '위신실추'와 같은 추상적인 용어를 사용하여 수범자인 법관이 구체적으로 어떠한 행위가 이에 해당하는지를 충분히 예측할 수 없을 정도로 그 적용범위가 모호하거나 불분명하다고 할 수 있다.

(O/×)

109

「방송통신위원회법」 제21조 제4호 중 '건전한 통신윤리'라는 개념은 다소 추상적인 것이기는 하나, 전기통신회선을 이용하여 정보를 전달함에 있어 우리 사회가 요구하는 최소한의 질서 또는 도덕률을 의미한다.

(O/×)

110

절대적부정기형이란 자유형에 대한 선고형의 기간을 재판에서 확정하지 않고 행형(行刑)의 경과에 따라 사후에 결정하는 것으로, 절대적부정기형은 형의 장기와 단기가 전혀 특정되지 않은 것으로서 죄형법정주의에 위배되므로 금지된다.

(O/×)

---

107 【X】 수용자가 밖으로 내보내는 모든 서신을 봉함하지 않은 상태로 교정시설에 제출하도록 규정하고 있는 '형의 집행 및 수용자의 처우에 관한 법률 시행령' 제65조 제1항은 교정시설의 안전과 질서유지, 수용자의 교화 및 사회복귀를 원활하게 하기 위해 수용자가 밖으로 내보내는 서신을 봉함하지 않은 상태로 제출하도록 한 것이나, 이와 같은 목적은 교도관이 수용자의 면전에서 서신에 금지물품이 들어 있는지를 확인하고 수용자로 하여금 서신을 봉함하게 하는 방법, 봉함된 상태로 제출된 서신을 X-ray 검색기 등으로 확인한 후 의심이 있는 경우에만 개봉하여 확인하는 방법, 서신에 대한 검열이 허용되는 경우에만 무봉함 상태로 제출하도록 하는 방법 등으로도 얼마든지 달성할 수 있다고 할 것인바, 위 시행령 조항이 수용자가 보내려는 모든 서신에 대해 무봉함 상태의 제출을 강제함으로써 수용자의 발송 서신 모두를 사실상 검열 가능한 상태에 놓이도록 하는 것은 기본권 제한의 최소침해성 요건을 위반하여 수용자인 청구인의 **통신비밀의 자유를 침해하는 것이다**(2012.2.23. 2009헌마333).

108 【X】 구 「법관징계법」 제2조 제2호의 '법관이 그 품위를 손상하거나 법원의 위신을 실추시킨 경우'란 '법관이 주권자인 국민으로부터 수임받은 사법권을 행사함에 손색이 없는 인품에 어울리지 않는 행위를 하거나 법원의 위엄을 훼손하는 행위를 함으로써 법원 및 법관에 대한 국민의 신뢰를 떨어뜨릴 우려가 있는 경우'로 해석할 수 있고, 위 법률조항의 수범자인 평균적인 법관은 구체적으로 어떠한 행위가 여기에 해당하는지를 충분히 예측할 수 있으므로, 구 「법관징계법」 제2조 제2호는 **명확성원칙에 위배되지 아니한다**(2012.2.23. 2009헌바34).

109 【O】 2012.2.23. 2011헌가13

110 【O】

111

행위의 가벌성은 행위에 대한 소추가능성의 전제조건이지만 소추가능성은 가벌성의 조건이 아니므로 공소시효의 정지규정을 과거에 이미 행한 범죄에 대하여 적용하도록 하는 법률이라 하더라도 그 사유만으로 헌법 제12조 제1항 및 제13조 제1항에 규정한 죄형법정주의의 파생원칙인 형벌불소급의 원칙에 언제나 위배되는 것으로 단정할 수는 없다. (O/×)

112

디엔에이신원확인정보의 수집·이용은 수형인 등에게 심리적 압박으로 인한 범죄예방효과를 가진다는 점에서 보안처분의 성격을 지니지만, 처벌적인 효과가 없는 비형벌적 보안처분으로서 소급입법 금지원칙이 적용되지 않는다. (O/×)

113

법률의 구체적 위임에 의한 조례의 벌칙규정은 죄형법정주의에 반하지 않는다. (O/×)

114

보호법익과 죄질이 서로 다르다고 하더라도, 법정형의 과중 여부는 둘 또는 그 이상의 범죄를 동일 선상에 놓고 그 중 어느 한 범죄의 법정형을 기준으로 하여 다른 범죄의 법정형의 과중 여부를 판정할 수밖에 없다. (O/×)

115

어느 범죄에 대한 법정형이 그 범죄의 죄질 및 이에 따른 행위자의 책임에 비하여 지나치게 가혹한 것이어서 현저히 형벌체계상의 균형을 잃고 있다거나 그 범죄에 대한 형벌 본래의 목적과 기능을 달성함에 있어 필요한 정도를 일탈하였다는 등 헌법상의 평등의 원칙 및 비례의 원칙 등에 명백히 위배되는 경우가 아닌 한, 쉽사리 헌법에 위반된다고 단정하여서는 아니 된다. (O/×)

---

111 【O】 1996.2.16. 96헌가2

112 【O】 2014.8.28. 2011헌마28

113 【O】 지방자치법 제22조

114 【X】 법정형의 종류와 범위의 선택은 그 범죄의 죄질과 보호법익에 대한 고려뿐만 아니라 우리의 역사와 문화, 입법 당시의 시대적 상황, 국민 일반의 가치관 내지 법감정 그리고 범죄예방을 위한 형사정책적 측면 등 여러 가지 요소를 종합적으로 고려하여 입법자가 결정할 사항으로서 광범위한 재량이 인정되어야 할 분야이다. 어느 범죄에 대한 법정형(法定形)이 그 범죄의 죄질(罪質) 및 이에 따른 행위자의 책임에 비하여 지나치게 가혹한 것이어서 현저히 형벌체계상의 균형을 잃고 있다거나 그 범죄에 대한 형벌 본래의 목적과 기능을 달성함에 있어 필요한 정도를 일탈하였다는 등 헌법상의 평등의 원칙 및 비례의 원칙 등에 명백히 위배되는 경우가 아닌 한, 쉽사리 헌법에 위반된다고 단정하여서는 아니 된다. **보호법익과 죄질이 서로 다른 둘 또는 그 이상의 범죄를 동일 선상에 놓고 그 중 어느 한 범죄의 법정형을 기준으로 하여 단순한 평면적인 비교로써 다른 범죄의 법정형의 과중여부를 판정하여서는 아니 된다**(1995.4.20. 93헌바40).

115 【O】 1995.4.20. 93헌바40

116 🔄 1 2 3

보호법익과 죄질이 서로 다른 둘 또는 그 이상의 범죄를 동일선상에 놓고 그 중 어느 한 범죄의 법정형을 기준으로 하여 단순한 평면적인 비교로써 다른 범죄의 법정형의 과중여부를 판정하여서는 아니 된다.

(O/×)

117 🔄 1 2 3

뇌물죄가 국가와 사회에 미치는 병폐는 수뢰액이 많으면 많을수록 가중된다는 점에서 볼 때, 수뢰액을 기준으로 한 단계적 가중처벌은 비록 수뢰액의 다과만이 그 죄의 경중을 가늠하는 유일한 기준은 아니라 할지라도 그 가장 중요한 기준임에 비추어 일응 수긍할 만한 합리적 이유가 있다 할 것이다.

(O/×)

2. 일사부재리원칙

> **관련조문**
>
> 제13조 ① 모든 국민은 행위시의 법률에 의하여 범죄를 구성하지 아니하는 행위로 소추되지 아니하며, 동일한 범죄에 대하여 거듭 처벌받지 아니한다.

118 🔄 1 2 3

헌법 제13조 제1항에서 말하는 '처벌'이란 국가가 행하는 일체의 제재나 불이익처분을 모두 포함한다.

(O/×)

119 🔄 1 2 3

이중처벌금지원칙에서 처벌은 국가가 행하는 일체의 제재나 불이익 처분을 모두 포함하는 것이지만, 무죄추정의 원칙은 범죄에 대한 국가의 형벌권 실행으로서의 과벌에만 적용되는 것이다.

(O/×)

120 🔄 1 2 3

이중처벌금지는 징계절차나 민사상 손해배상절차 또는 형법에 근거하지 않는 다른 절차가 개시되는 것을 금지하지 않는다.

(O/×)

121 🔄 1 2 3

이중처벌금지의 원칙은 처벌 또는 제재가 '동일한 행위'를 대상으로 행해질 때에 적용될 수 있는 것이므로, 행위가 서로 다를 경우에는 이 원칙이 적용되지 않는다.

(O/×)

---

116 【O】 1995.4.20. 93헌바40
117 【O】 1995.4.20. 93헌바40
118 【X】 헌법 제13조 제1항이 정한 "이중처벌금지원칙"에서 말하는 '처벌'이란 **범죄에 대한 국가형벌권 실행으로서의 과벌을 의미하는 것**이고, 국가가 행하는 일체의 제재나 불이익처분을 모두 포함한다고 할 수 없다(1994.6.30. 92헌바38)
119 【X】 1994.6.30. 92헌바38
120 【O】 1994.6.30. 92헌바38
121 【O】 1994.6.30. 92헌바38

122
이중처벌금지원칙이 적용되는 대상이 동일한 행위인지 여부는 기본적 사실관계가 동일한지 여부에 의하여 판단된다. (O / X)

123
무허가 건축행위에 대한 형사처벌 외에 위법건축물에 대한 시정명령의 이행을 강제하기 위하여 과태료나 이행강제금을 부과하는 것은 이중처벌에 해당하지 않는다. (O / X)

124
당국의 허가없이 한 건축행위에 대해서 형사처벌을 가하고 이러한 위법건축물에 대한 시정명령에 응하지 않은 경우 다시 과태료를 부과한다고 해서 이것이 이중처벌의 원칙에 반하는 것은 아니다. (O / X)

125
누범이나 상습범을 가중처벌하는 것은 헌법의 일사부재리에 위반하는 것이 아니다. (O / X)

126
집행유예의 취소 시 부활되는 본형은 집행유예의 선고와 함께 선고되었던 것으로 판결이 확정된 동일한 사건에 대하여 다시 심판한 결과 부과되는 것이 아니므로 일사부재리의 원칙과 무관하다. (O / X)

127
양심적 예비군 훈련거부자에 대하여 유죄의 판결이 확정되었더라도, 동일인이 새로이 부과된 예비군 훈련을 또 다시 거부하는 경우 그에 대한 형사처벌을 가하는 것은 이중처벌금지원칙에 위반된다고 할 수 없다. (O / X)

128
이중처벌금지의 원칙은 약식재판뿐만 아니라, 즉결심판에 의한 즉결처분의 경우에도 적용된다. (O / X)

---

122 【O】 1994.6.30. 92헌바38
123 【O】 1994.6.30. 92헌바38
124 【O】 1994.6.30. 92헌바38
125 【O】 1995.2.23. 93헌바43
126 【O】 집행유예의 취소 시 부활되는 본형은 집행유예의 선고와 함께 선고되었던 것으로 판결이 확정된 동일한 사건에 대하여 다시 심판한 결과 부과되는 것이 아니므로 일사부재리의 원칙과 무관하고, 사회봉사명령 또는 수강명령은 그 성격, 목적, 이행방식 등에서 형벌과 본질적 차이가 있어 이중처벌금지원칙에서 말하는 '처벌'이라 보기 어려우므로, 이 사건 법률조항은 이중처벌금지원칙에 위반되지 아니한다(2013.6.27. 2012헌바345 등).
127 【O】 이 사건 법률조항에 따라 처벌되는 범죄행위는 '예비군 복무 전체 기간 동안의 훈련 불응행위'가 아니라 '정당한 사유 없이 소집통지서를 받은 당해 예비군 훈련에 불응한 행위'라 할 것이므로, 양심적 예비군 훈련거부자에 대하여 유죄의 판결이 확정되었더라도 이는 소집통지서를 교부받은 예비군 훈련을 불응한 행위에 대한 것으로 새로이 부과된 예비군 훈련을 또 다시 거부하는 경우 그에 대한 형사처벌은 가능하다고 보아야 한다. 따라서 이 사건 법률조항이 이중처벌금지 원칙에 위반된다고 할 수는 없다(2011.8.30. 2007헌가12 등).
128 【O】

129

영업주가 고용한 종업원이 그 업무와 관련하여 무면허의료행위를 한 경우에, 종업원의 범죄행위가 있으면 자동적으로 영업주도 처벌하는 것은 무면허의료행위에 대한 규제의 효율성을 위한 것이므로 형벌에 관한 책임주의에 반하지 않는다. (O/×)

130

행형법상의 징벌을 받은 자에 대한 형사처벌은 이중처벌금지의 원칙에 위배된다. (O/×)

131

법무부령이 정하는 금액 이상의 추징금을 납부하지 아니한 자에게 출국금지조치를 내릴 수 있도록 한 것은 이중처벌금지의 원칙에 위배된다. (O/×)

132

벌금을 납입하지 않은 때에 노역장에 유치하는 것은 단순한 형법집행 방법의 변경에 불과한 것으로 이중처벌금지원칙에 위배되지 않는다. (O/×)

133

보호감호와 형벌은 비록 다같이 신체의 자유를 박탈하는 수용처분이라는 점에서 집행상 뚜렷한 구분이 되지 않는다고 하더라도 그 본질, 추구하는 목적과 기능이 전혀 다른 별개의 제도이므로 형벌과 보호감호를 서로 병과하여 선고한다 하여 헌법 제13조 제1항에 정한 이중처벌금지의 원칙에 위반되는 것은 아니다. (O/×)

---

129 【×】 종업원의 위반행위에 대하여 양벌조항으로서 개인인 영업주에게도 동일하게 무기 또는 2년 이상의 징역형의 법정형으로 처벌하도록 규정하고 있는 '보건범죄단속에 관한 특별조치법' 제6조 중 제5조에 의한 처벌 조항은, 종업원의 업무 관련 무면허의료행위가 있으면 이에 대해 영업주가 비난받을 만한 행위가 있었는지 여부와는 관계없이 자동적으로 영업주도 처벌하도록 규정하고 있고, 그 문언상 명백한 의미와 달리 "종업원의 범죄행위에 대해 영업주의 선임감독상의 과실(기타 영업주의 귀책사유)이 인정되는 경우"라는 요건을 추가하여 해석하는 것은 문리해석의 범위를 넘어서는 것으로서 허용될 수 없으므로, 결국 위 법률조항은 다른 사람의 범죄에 대해 그 책임 유무를 묻지 않고 형벌을 부과함으로써, 법정형에 나아가 판단할 것 없이, 형사법의 기본원리인 '책임없는 자에게 형벌을 부과할 수 없다'는 **책임주의에 반한다** (2007.11.29. 2005헌가10).

130 【×】 행형법상의 징벌은 행정상의 질서벌의 일종으로서 형법 법령에 위반한 행위에 대한 형사책임과는 그 목적, 성격을 달리하는 것이기 때문에 행형법상의 징벌을 받은 자에 대한 형사처벌은 **이중처벌금지의 원칙(일사부재리원칙)에 반하는 것은 아니다**(대판 2000.10.27. 2000도3874).

131 【×】 출국금지의 행정처분은 형벌이 아니라 형벌의 이행확보를 위하여 출국의 자유를 제한하는 행정조치의 성격을 지닌다. 따라서 법무부령이 정하는 금액 이상의 추징금을 납부하지 아니한 자에게 출국금지조치를 내릴 수 있도록 한 것은 **이중처벌금지의 원칙에 위배된다고 할 수 없다**(2004.10.28. 2003헌가18).

132 【O】 2010.7.29. 2008헌바88

133 【O】 1989.7.14. 88헌가5

3. 연좌제 금지

> **관련조문**
> 제13조 ③ 모든 국민은 자기의 행위가 아닌 친족의 행위로 인하여 불이익한 처우를 받지 아니한다.

134 ⟳ ① ② ③
후보자의 배우자가 공직선거법 소정의 범죄를 범함으로 인하여 징역형 또는 300만 원 이상의 벌금형의 선고를 받은 때에는 그 후보자의 당선을 무효로 하는 것은 헌법 제13조 제3항에서 금지하고 있는 연좌제에 해당한다. (O/×)

III 신체의 자유의 절차적 보장

1. 적법절차의 원리

> **관련조문**
> 제12조 ① 모든 국민은 신체의 자유를 가진다. 누구든지 법률에 의하지 아니하고는 체포·구속·압수·수색 또는 심문을 받지 아니하며, 법률과 적법한 절차에 의하지 아니하고는 처벌·보안처분 또는 강제노역을 받지 아니한다.

135 ⟳ ① ② ③
적법절차의 원칙은 미국연방대법원의 판례를 통하여 확립된 원칙으로서 미국연방헌법에는 그 규정이 없다. (O/×)

136 ⟳ ① ② ③
영미법계의 국가에서 국민의 인권을 보장하기 위한 기본원리의 하나로 발달되어 온 적법절차의 원칙을 처음으로 도입하여 명문화한 것은 제9차 개정한 현행헌법이다. (O/×)

---

134 【X】 배우자는 후보자와 일상을 공유하는 자로서 선거에서는 후보자의 분신과도 같은 역할을 하게 되는바, 이 사건 법률조항은 배우자가 죄를 저질렀다는 이유만으로 후보자에게 불이익을 주는 것이 아니라, 후보자와 불가분의 선거운명공동체를 형성하여 활동하게 마련인 배우자의 실질적 지위와 역할을 근거로 후보자에게 연대책임을 부여한 것이므로 헌법 제13조 제3항에서 금지하고 있는 **연좌제에 해당하지 아니한다**(2005.12.22. 2005헌마19).

135 【X】 적법절차의 원칙이 헌법의 지도원리로 자리매김한 것은 1791년 미국연방헌법에 규정되면서부터이다.

136 【O】 적법절차원칙은 영미법계의 국가에서 국민의 인권을 보장하기 위한 기본원리의 하나로 발달되어 온 것으로서, 우리나라는 **제9차 개정헌법(현행 헌법)** 에서 비로소 헌법전에 규정하였다.

137 ↻ 1 2 3
적법절차의 원칙은 영미법계 국가에서 인권보장을 위한 원리로 발전되어 온 것으로서, 우리나라는 8차 개정헌법에서 비로소 헌법전에 규정된 바 있다. (O/×)

138 ↻ 1 2 3
누구든지 법률에 의하지 아니하고는 체포·구속·압수·수색 또는 심문을 받지 아니하며, 법률과 적법한 절차에 의하지 아니하고는 처벌·보안처분 또는 강제노역을 받지 아니한다. (O/×)

139 ↻ 1 2 3
체포·구속·압수 또는 수색을 할 때에는 적법한 절차에 따라 검사의 신청에 의하여 법관이 발부한 영장을 제시하여야 하며, 주거에 대한 압수나 수색을 할 때에는 검사의 신청에 의하여 법관이 발부한 영장을 제시하여야 한다. (O/×)

140 ↻ 1 2 3
특정범죄에 대하여 형의 선고를 받아 확정된 사람으로부터 디엔에이감식시료를 채취할 수 있도록 한 디엔에이신원확인정보의 이용 및 보호에 관한 법률조항은 과잉금지의 원칙을 위반하여 신체의 자유를 침해한다. (O/×)

141 ↻ 1 2 3
헌법 제12조 제3항의 규정취지를 공판단계에서 피고인에 대하여 법관이 영장을 발부하는 경우에도 형식상 검사의 신청이 필요한 것으로 해석하는 것은 신체의 자유를 보장하기 위한 사법적 억제의 대상인 수사기관이 사법적 억제의 주체인 법관을 통제하는 결과를 낳아 오히려 영장주의의 본질에 반한다. (O/×)

---

137 【×】 적법절차원칙은 영미법계의 국가에서 국민의 인권을 보장하기 위한 기본원리의 하나로 발달되어 온 것으로써, 우리나라는 **제9차 개정헌법(현행 헌법)**에서 비로소 헌법전에 규정하였다.

138 【O】 헌법 제12조 제1항

139 【O】 헌법 제12조 제3항, 제16조

140 【×】 이 사건 채취 조항은 특정범죄를 저지른 사람의 디엔에이신원확인정보를 확보하여 데이터베이스로 관리함으로써, **범죄수사 및 예방의 효과를 높이기 위한 것으로 입법목적의 정당성 및 수단의 적합성이 인정**된다. 이 사건 채취 조항의 대상범죄인 형법 제320조의 특수주거침입죄는 그 행위 태양, 수법 등에서 다른 범죄에 비하여 위험성이 높을 뿐만 아니라 다른 강력범죄로 이어질 가능성이 상당한 점, 판사가 채취영장을 발부하는 단계에서 채취의 필요성과 상당성을 판단하면서 재범의 위험성도 충분히 고려할 수 있는 점, 디엔에이감식시료 채취 과정에서 채취대상자의 신체나 명예에 대한 **침해를 최소화하는 방법이나 절차가 마련되어 있는 점** 등을 고려해 볼 때, 이 사건 채취 조항은 침해의 최소성 요건을 충족한다. 이 사건 채취 조항에 의하여 제한되는 **신체의 자유의 정도가 범죄수사 및 범죄예방 등에 기여하고자 하는 공익에 비하여 크다고 할 수 없으므로, 법익의 균형성도 인정**된다. 따라서 이 사건 채취 조항이 과잉금지원칙을 위반하여 청구인들의 **신체의 자유를 침해한다고 볼 수 없다**(2018.8.30. 2016헌마344 등).

141 【O】 1997.3.27. 96헌바28 등

142

헌법 제12조 제1항은 적법절차원칙의 일반조항이고 제12조 제3항의 적법절차원칙은 기본권 제한 정도가 가장 심한 형사상 강제처분의 영역에서 기본권을 더욱 강하게 보장하려는 의지를 담아 중복 규정된 것이다.

(O/×)

143

적법절차의 원칙은 법률이 정한 형식적 절차와 실체적 내용이 모두 합리성과 정당성을 갖춘 적정한 것이어야 한다는 실질적 의미를 지니고 있는 것이다.

(O/×)

144

적법절차원칙은 법률이 정한 형식적 절차와 실체적 내용이 모두 합리성과 정당성을 갖춘 적정한 것이어야 한다는 실질적 의미를 지니고 있으며, 형사소송절차와 관련하여서는 형사소송절차의 전반을 기본권 보장의 측면에서 규율하여야 한다는 기본원리를 천명하고 있는 것으로 이해된다.

(O/×)

145

헌법 제12조 제3항의 적법절차원칙은 기본권 제한 정도가 가장 심한 형사상 강제처분의 영역에서 기본권을 더욱 강하게 보장하려는 의지를 담아 중복 규정된 것이라고 해석함이 상당하다.

(O/×)

146

당사자에 대한 적절한 고지와 의견 및 자료 제출의 기회를 부여할 것이 적법절차원칙에서 도출할 수 있는 절차적 요청이라고 볼 수는 없다.

(O/×)

147

헌법상 적법절차의 원칙은 모든 국가작용 전반에 대하여 적용되는 것으로서 헌법 제12조 제1항에 열거된 처벌, 보안처분, 강제노역은 그 적용대상을 예시한 것에 불과하다.

(O/×)

---

142 【O】 2012.6.27. 2011헌가36
143 【O】 1992.12.24. 92헌가8
144 【O】 2011.3.31. 2009헌바351
145 【O】 2012.6.27. 2011헌가36, 2012.12.27. 2011헌바225
146 【X】 당사자에 대한 적절한 고지와 의견 및 자료 제출의 기회를 부여할 것이 적법절차원칙에서 도출할 수 있는 **가장 중요한 절차적 요청 중의 하나이다**(2003.7.24. 2001헌가25, 2012.8.23. 2008헌마430).
147 【O】 1992.12.24. 92헌가8

148

적법절차의 원칙은 헌법조항에 규정된 형사절차상의 제한된 범위 내에서만 적용되는 것이 아니라 국가작용으로서 기본권제한과 관련되든 관련되지 않든 모든 입법작용과 행정작용에도 광범위하게 적용되는 것이다. (O/×)

149

적법절차의 원칙은 모든 국가작용을 지배하는 독자적인 헌법의 기본원리로서 해석되어야 할 원칙이라는 점에서 입법권의 유보적 한계를 선언하는 과잉 입법금지원칙과는 구별된다. (O/×)

150

적법절차원칙은 형사소송절차에 국한되지 않고 모든 국가작용전반에 적용되는 것이므로 국민에게 부담을 주는 행정작용인 과징금 부과절차에도 적용된다. (O/×)

151

헌법 제12조 제4항에 규정된 변호인의 조력을 받을 권리는 형사절차에서 방어권을 보장하는데 그 제도의 취지가 있으므로, 수형자는 원칙적으로 변호인의 조력을 받을 권리의 주체가 될 수 없다. (O/×)

152

헌법상 진술거부권의 보호대상이 되는 "진술"이라 함은 언어적 표출, 즉 개인의 생각이나 지식, 경험사실을 정신작용의 일환인 언어를 통하여 표출하는 것을 의미하는바, 정치자금을 받고 지출하는 행위는 당사자가 직접 경험한 사실로서 이를 문자로 기재하도록 하는 것은 당사자가 자신의 경험을 말로 표출한 것의 등가물로 평가할 수 있으므로, 기재행위 역시 "진술"의 범위에 포함된다. (O/×)

153

헌법 제12조 제2항에 규정된 진술거부권은 형사절차에서만 보장되는 것은 아니고, 행정절차이거나 국회에서의 질문 등 어디에서나 그 진술이 자기에게 형사상 불리한 경우에는 묵비권을 가지고 이를 강요받지 아니할 국민의 기본권으로 보장된다. (O/×)

154

진술거부권은 현재 피의자나 피고인으로서 수사 또는 공판절차에 계속 중인 자뿐만 아니라 장차 피의자나 피고인이 될 자에게도 보장된다. (O/×)

---

148 【O】 1992.12.24. 92헌가8
149 【O】 1992.12.24. 92헌가6
150 【O】 2003.7.24. 2001헌가25
151 【O】 2013.9.26. 2011헌마398
152 【O】 2005.12.22. 2004헌바25
153 【O】 1990.8.27. 89헌가118
154 【O】 2004헌바25

155 ↻ 1 2 3
진술거부권은 고문 등 폭행에 의한 강요는 물론 법률로써도 진술을 강요당하지 아니함을 의미한다.
(O/×)

156 ↻ 1 2 3
적법절차의 원칙에서 도출되는 가장 중요한 절차적 요청은 당사자에게 적절한 고지를 행할 것, 당사자에게 의견 및 자료 제출의 기회를 부여할 것이므로, 국민의 기본권을 제한하는 불이익처분의 근거법률에 이러한 요소가 누락되어 있다면 그 법률은 적법절차의 원칙을 위반한 것이므로 위헌이다.
(O/×)

157 ↻ 1 2 3
국가기관이 국민과의 관계에서 공권력을 행사함에 있어서 준수해야 할 법원칙으로서 형성된 적법절차의 원칙은 국가기관에 대하여 헌법을 수호하고자 하는 탄핵소추절차에는 직접 적용되지 않는다. (O/×)

158 ↻ 1 2 3
보안처분에도 적법절차의 원칙이 적용되어야 함은 당연한 것이지만 보안처분에는 다양한 형태와 내용이 존재하므로 각 보안처분에 적용되어야 할 적법절차의 범위 내지 한계에도 차이가 있어야 할 것이다.
(O/×)

159 ↻ 1 2 3
수뢰죄를 범하여 금고 이상의 형의 선고유예를 받은 국가공무원은 별도의 징계절차를 거치지 아니하고 당연퇴직하도록 한 「국가공무원법」 규정은 적법절차 원리를 위반한 것이다.
(O/×)

---

155 【O】 2004헌바25

156 【X】 적법절차의 원칙에서 도출되는 가장 중요한 절차적 요청 중의 하나로, 당사자에게 적절한 고지를 행할 것, 당사자에게 의견 및 자료 제출의 기회를 부여할 것 등이 있으나, 이 원칙이 구체적으로 어떠한 절차를 어느 정도로 요구하는지 **일률적으로 말하기 어렵고 다양한 요소들을 형량하여 개별적으로 판단할 수밖에 없다**(2008.1.17. 2007헌마700).

157 【O】 2004.5.14. 2004헌나1

158 【O】 2005.2.3. 2003헌바1

159 【X】 수뢰죄는 수수액의 다과에 관계없이 공무원 직무의 불가매수성과 염결성을 치명적으로 손상시키고, 직무의 공정성을 해치며 국민의 불신을 초래하므로 일반 형법상 범죄와 달리 엄격하게 취급할 필요가 있다. **수뢰죄를 범하여 금고 이상의 형의 선고유예를 받은 국가공무원은 당연퇴직하도록 한 국가공무원법 조항은** 과잉금지원칙에 반하여 청구인의 **공무담임권을 침해하지 아니한다**. 범죄행위로 인하여 형사처벌을 받은 공무원에 대하여 신분상 불이익처분을 하는 법률을 제정함에 있어 어느 방법을 선택할 것인가는 원칙적으로 입법자의 재량에 속한다. 일정한 사항이 법정 **당연퇴직사유**에 해당하는지 여부만이 문제되는 당연퇴직의 성질상 그 절차에서 당사자의 진술권이 반드시 보장되어야 하는 것은 아니고, 심판대상조항이 청구인의 공무담임권 등을 침해하지 아니하는 이상 적법절차원칙에 위반되지 아니한다 (2013.7.25. 2012헌바409).

[비교판례] 금고 이상의 형의 선고유예를 받은 경우에는 공무원직에서 당연히 퇴직하는 것으로 규정한 국가공무원법 제69조 중 제33조 제1항 제5호 부분은 과잉금지원칙에 위배하여 공무담임권을 침해하는 조항이라고 할 것이다 (2003.10.30. 2002헌마684 등).

160
압수수색에서의 사전통지와 참여권 보장은 헌법상 명문으로 규정된 권리는 아니다. (O/×)

161
국회 입법에 대하여는 원칙적으로 일반 국민에 대하여 적법절차에서 파생되는 청문권은 인정되지 않는다. (O/×)

162
국회가 법률을 제정하는 과정에서 헌법과 법률이 정하는 절차와 방법을 준수하였다면, 별도의 청문절차를 거치지 않았다고 해서 그것만으로 곧 헌법 제12조의 적법절차를 위반하였다고 볼 수 없다. (O/×)

163
적법절차의 원칙은 단순히 입법권의 유보제한이라는 한정적인 의미에 그치는 것이 아니라, 모든 국가작용을 지배하는 독자적인 헌법의 기본원리로서 해석되어야 할 원칙이라는 점에서, 입법권의 유보적 한계를 선언하는 과잉입법금지의 원칙과는 구별된다. (O/×)

164
압수·수색의 사전통지나 집행 당시의 참여권의 보장은, 압수·수색에 있어 국민의 기본권을 보장하고 헌법상의 적법절차원칙의 실현을 위한 구체적인 방법의 하나일 뿐, 헌법상 명문으로 규정된 권리는 아니다. (O/×)

165
압수물에 대한 소유권 포기가 있다면, 사법경찰관이 법에서 정한 압수물폐기의 요건과 상관없이 임의로 압수물을 폐기하였어도, 이것이 적법절차원칙을 위반한 것은 아니다. (O/×)

---

160 【O】 2012.12.27. 2011헌바225
161 【O】 2005.11.24. 2005헌마579
162 【O】 2001.2.22. 99헌마613
163 【O】 1992.12.24. 92헌가8
164 【O】 2012.12.27. 2011헌바225
165 【X】 압수물은 검사의 이익을 위해서 뿐만 아니라 이에 대한 증거신청을 통하여 무죄를 입증하고자 하는 피고인의 이익을 위해서도 존재하므로 사건종결 시까지 이를 그대로 보존할 필요성이 있다. 따라서 사건종결 전 일반적 압수물의 폐기를 규정하고 있는 형사소송법 제130조 제2항은 엄격히 해석할 필요가 있으므로, 위 법률조항에서 말하는 '위험발생의 염려가 있는 압수물'이란 사람의 생명, 신체, 건강, 재산에 해를 줄 수 있는 물건으로서 보관 자체가 대단히 위험하여 종국판결이 선고될 때까지 보관하기 매우 곤란한 압수물을 의미하는 것으로 보아야 하고, 이러한 사유에 해당하지 아니하는 압수물에 대하여는 설사 피압수자의 소유권포기가 있다 하더라도 폐기가 허용되지 아니한다고 해석하여야 한다. 피청구인은 이 사건 압수물을 보관하는 것 자체가 위험하다고 볼 수 없을 뿐만 아니라 이를 보관하는 데 아무런 불편이 없는 물건임이 명백함에도 압수물에 대하여 소유권포기가 있다는 이유로 이를 사건종결 전에 폐기하였는바, 위와 같은 피청구인의 행위는 적법절차의 원칙을 위반하고, 청구인의 공정한 재판을 받을 권리를 침해한 것이다 (2012.12.27. 2011헌마351).

166 ↻①②③

일정 기간 수사관서에 출석하지 않았다는 사유로 관세법 위반 압수물품을 별도의 재판이나 처분 없이 국고에 귀속시키도록 한 법률규정은 적법절차의 원칙에 위배된다. (O/×)

167 ↻①②③

형사상 자기에게 불리한 진술이라면 진술거부권은 형사절차에 한정하지 않고 행정절차나 국회에서의 조사절차 등에서도 인정된다. (O/×)

168 ↻①②③

「출입국관리법」은 출국금지 후 즉시 서면으로 통지하도록 하고 있고 이의신청이나 행정소송을 통하여 출국금지결정에 대해 사후적으로 다툴 수 있는 기회를 제공하여 절차적 참여를 보장해 주고 있으므로, 형사재판에 계속 중인 사람에 대하여 출국을 금지할 수 있다고 규정한 「출입국관리법」은 적법절차원칙에 위배되지 않는다. (O/×)

169 ↻①②③

헌법 제12조 제1항의 적법절차원칙은 형사소송절차에 국한되지 않으므로 전투경찰순경의 인신구금을 내용으로 하는 영창처분에 있어서도 적법절차원칙이 준수되어야 한다. (O/×)

170 ↻①②③

전투경찰순경의 인신구금을 그 내용으로 하는 영창처분에 있어서도 헌법상 적법절차원칙이 준수될 것이 요청되며 이에 관한 영창조항은 헌법에서 요구하는 수준의 절차적 보장 기준을 충족하지 못했으므로 헌법에 위반된다. (O/×)

---

166 【O】 1997.5.29. 96헌가17
167 【O】 1997.3.27. 96헌가11, 2005.12.22. 2004헌바25
168 【O】 2015.9.24. 2012헌바302
169 【O】 2016.3.31. 2013헌바190
170 【X】 헌법 제12조 제1항의 적법절차원칙은 형사소송절차에 국한되지 않고 모든 국가작용 전반에 대하여 적용되므로, 전투경찰순경의 인신구금을 내용으로 하는 영창처분에 있어서도 적법절차원칙이 준수되어야 한다. 그런데 전투경찰순경에 대한 영창처분은 그 사유가 제한되어 있고, 징계위원회의 심의절차를 거쳐야 하며, 징계 심의 및 집행에 있어 징계대상자의 출석권과 진술권이 보장되고 있다. 또한 소청과 행정소송 등 별도의 **불복절차가 마련되어 있고** 소청에서 당사자 의견진술 기회 부여를 소청결정의 효력에 영향을 주는 중요한 절차적 요건으로 규정하는바, 이러한 점들을 종합하면 이 사건 **영창조항이 헌법에서 요구하는 수준의 절차적 보장 기준을 충족하지 못했다고 볼 수 없으므로 헌법 제12조 제1항의 적법절차원칙에 위배되지 아니한다**(2016.3.31. 2013헌바190).

171

범칙금 통고처분을 받고도 납부기간 이내에 범칙금을 납부하지 아니한 사람에 대하여 행정청에 대한 이의제기나 의견진술 등의 기회를 주지 않고 경찰서장이 곧바로 즉결심판을 청구하도록 한 구 「도로교통법」 조항은 적법절차원칙에 위배된다. (O/×)

172

적법절차의 원칙에 의하여 그 성질상 보안처분의 범주에 드는 모든 처분의 개시 내지 결정에 법관의 판단을 필요로 한다고 단정할 수 없고, 보안처분의 개시에 있어 그 결정기관 내지 절차와 당해 보안처분으로 인한 자유침해의 정도와의 사이에 비례의 원칙을 충족하면 적법절차의 원칙은 준수된다고 보아야 할 것이다. (O/×)

173

보안처분에 적용되어야 할 적법절차의 원리의 적용범위 내지 한계는 각 보안처분의 구체적 자유박탈 내지 제한의 정도를 고려하여 차이가 있는바, 예컨대 처벌 또는 강제노역에 버금가는 심대한 기본권의 제한을 수반하는 보안처분에는 좁은 의미의 적법절차의 원칙이 엄격히 적용되어야 할 것이나, 보안관찰처분과 같이 단순히 피보안관찰자에게 신고의무를 부과하는 자유제한적인 조치에는 보다 완화된 적법절차의 원칙이 적용된다. (O/×)

174

공정거래법에서 행정기관인 공정거래위원회로 하여금 과징금을 부과하여 제재할 수 있도록 하고 있는바, 공정거래위원회는 합의제 행정기관으로서 그 구성에 있어 일정한 정도의 독립성이 보장되어 있고, 과징금 부과절차에서는 통지, 의견진술의 기회 여부 등을 통하여 당사자의 절차적 참여권을 인정하고 있으며, 행정소송을 통한 사법적 사후심사가 보장되어 있으므로, 과징금 부과 절차에 있어 적법절차원칙에 위반된다고 볼 수 없다. (O/×)

175

공정한 재판을 받을 권리에 외국에 나가 증거를 수집할 권리가 포함된다고 보기 어렵다. (O/×)

---

171 【×】 도로교통법 위반사례가 격증하고 있는 현실에서 통고처분에 대한 이의제기 등 행정청 내부 절차를 추가로 둔다면 절차의 중복과 비효율을 초래하고 신속한 사건처리에 저해가 될 우려가 있다. 따라서 범칙금 통고처분을 받고도 납부기간 이내에 범칙금을 납부하지 아니한 사람에 대하여 행정청에 대한 이의제기나 의견진술 등의 기회를 주지 않고 경찰서장이 곧바로 즉결심판을 청구하도록 한 구 「도로교통법」 조항은 <u>적법절차원칙에 위배된다고 보기 어렵다</u> (2014.8.28. 2012헌바433).

172 【O】 1997.11.27. 92헌바28
173 【O】 1997.11.27. 92헌바28
174 【O】 2003.7.24. 2001헌가25
175 【O】 2015.9.24. 2012헌바302

176
성폭력범죄자의 재범방지와 성행교정을 통한 재사회화를 위하여 그의 행적을 추적하여 위치를 확인할 수 있는 전자장치를 신체에 부착하게 하는 전자감시제도는 성폭력범죄로부터 국민을 보호함을 목적으로 하는 일종의 보안처분이다. (O/×)

177
보호의무자 2인의 동의와 정신건강의학과 전문의 1인의 진단으로 정신질환자에 대한 보호입원이 가능하도록 한 「정신보건법」 조항은 보호입원이 정신질환자 본인에 대한 치료와 사회의 안전 도모라는 측면에서 긍정적인 효과가 있으므로 정신질환자의 신체의 자유를 침해하지 아니한다. (O/×)

178
보호의무자 2인의 동의와 정신건강의학과 전문의 1인의 진단으로 정신질환자에 대한 보호입원이 가능하도록 한 법률조항은 침해의 최소성 원칙에 위반되어 신체의 자유를 침해한다. (O/×)

179
성폭력범죄를 저지른 성도착증 환자로서 재범의 위험성이 인정되는 19세 이상의 사람에 대해 법원이 15년의 범위에서 치료명령을 선고할 수 있도록 한 법률조항은 장기형이 선고되는 경우 치료명령의 선고시점과 집행시점 사이에 상당한 시간적 간극이 있어서, 집행시점에서 발생할 수 있는 불필요한 치료와 관련한 부분에 대하여는 침해의 최소성과 법익균형성을 인정하기 어려우므로 피치료자의 신체의 자유를 침해한다. (O/×)

180
전투경찰순경의 인신구금을 그 내용으로 하는 영창처분에 있어서도 헌법상 적법절차원칙이 준수될 것이 요청되며 이에 관한 영창조항은 헌법에서 요구하는 수준의 절차적 보장 기준을 충족하지 못했다고 볼 수 없으므로 헌법 제12조 제1항의 적법절차원칙에 위배되지 않는다. (O/×)

---

176 【O】 2012.12.27. 2011헌바89
177 【X】 심판대상조항이 정신질환자를 신속·적정하게 치료하고, 정신질환자 본인과 사회의 안전을 도모한다는 공익을 위한 것임은 인정된다. 그러나 심판대상조항은 단지 보호의무자 2인의 동의와 정신과전문의 1인의 판단만으로 정신질환자에 대한 보호입원이 가능하도록 하면서 **정신질환자의 신체의 자유 침해를 최소화할 수 있는 적절한 방안을 마련하지 아니함으로써 지나치게 기본권을 제한하고 있다.** 따라서 심판대상조항은 법익의 균형성 요건도 충족하지 못한다 (2016.9.29. 2014헌가9).
178 【O】 2016.9.29. 2014헌가9
179 【O】 2015.12.23. 2013헌가9
180 【O】 2016.3.31. 2013헌바190

181

범죄에 대한 형벌권은 대한민국에 있기 때문에 범죄를 저지르고 외국에서 형의 전부 혹은 일부의 집행을 받은 경우에 형을 감경 혹은 면제할 것인가의 여부를 법원이 임의로 판단할 수 있도록 한 것은 헌법에 위반되지 않는다. (O/×)

182

외국에서 형의 전부 또는 일부의 집행을 받은 자에 대하여 형을 감경 또는 면제할 수 있도록 규정한 법률조항은 형의 감면 여부를 법관의 재량에 전적으로 위임하고 있어 외국에서 받은 형의 집행을 전혀 반영하지 아니할 수도 있도록 한 것이어서 과잉금지원칙에 위반되어 신체의 자유를 침해한다. (O/×)

183

마약의 단순매수를 영리매수와 동일한 법정형으로 처벌하는 것은 위헌이다. (O/×)

184

구체적 행위태양이나 적법한 보유권한의 유무 등에 관계없이 은닉, 보유·보관된 당해 문화재의 필요적 몰수를 규정한 것은 책임과 형벌 간의 비례원칙에 위배된다. (O/×)

185

선거사무장의 선거범죄로 인한 당선무효를 규정하고 있는 「공직선거법」 제265조는 헌법상의 연좌제 금지에 반하지 않는다. (O/×)

---

181 【X】 입법자는 외국에서 형의 집행을 받은 자에게 어떠한 요건 아래, 어느 정도의 혜택을 줄 것인지에 대하여 일정 부분 재량권을 가지고 있으나, 신체의 자유는 정신적 자유와 더불어 헌법이념의 핵심인 인간의 존엄과 가치를 구현하기 위한 가장 기본적인 자유로서 모든 기본권 보장의 전제조건이므로 최대한 보장되어야 하는바, **외국에서 실제로 형의 집행을 받았음에도 불구하고 우리 형법에 의한 처벌 시 이를 전혀 고려하지 않는다면 신체의 자유에 대한 과도한 제한이 될 수 있으므로 그와 같은 사정은 어느 범위에서든 반드시 반영되어야 하고**, 이러한 점에서 입법형성권의 범위는 다소 축소될 수 있다. 입법자는 국가형벌권의 실현과 국민의 기본권 보장의 요구를 조화시키기 위하여 형을 필요적으로 감면하거나 외국에서 집행된 형의 전부 또는 일부를 필요적으로 산입하는 등의 방법을 선택하여 청구인의 신체의 자유를 덜 침해할 수 있음에도, 이 사건 법률조항과 같이 우리 **형법에 의한 처벌 시 외국에서 받은 형의 집행을 전혀 반영하지 아니할 수도 있도록 한 것은 과잉금지원칙에 위배되어 신체의 자유를 침해한다**(2015.5.28. 2013헌바129).

182 【O】 2015.5.28. 2013헌바129

183 【O】 2003.11.27. 2002헌바24

184 【O】 2007.7.26. 2003헌마377

185 【O】 대판 1997.7.11. 96도3451

186 ♻123
「사회보호법」에서 치료감호기간의 상한을 정하지 아니한 것, 법관 아닌 사회보호위원회가 치료감호의 종료 여부를 결정하도록 한 것은 위헌이다. (O/×)

187 ♻123
「사회보호법」에서 치료감호기간의 상한을 정하지 아니한 것, 법관 아닌 사회보호위원회가 치료감호의 종료 여부를 결정하도록 한 것은 과잉금지원칙에 위배되지 아니하므로 신체의 자유를 침해하지 않고 재판청구권이 침해된 것도 아니다. (O/×)

188 ♻123
징역형 수형자에게 정역 의무를 부과하는 「형법」 제67조는 신체의 자유 침해가 아니다. (O/×)

189 ♻123
관광진흥개발기금 관리·운용업무에 종사토록 하기 위해 문화체육관광부장관에 의해 채용된 민간 전문가에 대해 「형법」상 뇌물죄의 적용에 있어서 공무원으로 의제하는 법률규정은, 민간 전문가를 모든 영역에서 공무원으로 의제하는 것이 아니라 직무의 불가매수성을 담보한다는 요청에 의해 금품수수행위 등 직무 관련 비리행위를 엄격히 처벌하기 위해 뇌물죄의 적용에 대하여만 공무원으로 의제하고 있으므로 과잉금지 원칙에 위배되어 신체의 자유를 침해한다고 볼 수 없다. (O/×)

2. 영장주의

> **관련조문**
> 제12조 ③ 체포·구속·압수 또는 수색을 할 때에는 적법한 절차에 따라 검사의 신청에 의하여 법관이 발부한 영장을 제시하여야 한다. 다만, 현행범인인 경우와 장기 3년 이상의 형에 해당하는 죄를 범하고 도피 또는 증거인멸의 염려가 있을 때에는 사후에 영장을 청구할 수 있다.

1) 의의

2) 영장주의 원칙

---

186 【×】 치료감호의 기간을 미리 법정하지 않고 계속 수용하여 치료할 수 있도록 하는 것은 정신장애자의 개선 및 재활과 사회의 안전에 모두 도움이 되고 이로서 달성되는 사회적 공익은 상당히 크다고 할 수 있다. 한편, 피치료감호자는 계속적인 치료감호를 통하여 정신장애로부터의 회복을 기대할 수 있는 이익도 있을 뿐만 아니라, 가종료, 치료위탁 등 법적 절차를 통하여 장기수용의 폐단으로부터 벗어날 수도 있으므로, 이 사건 법률조항이 치료감호에 기간을 정하지 아니함으로 말미암아 초래될 수 있는 사익의 침해는 그로써 얻게 되는 공익에 비하여 크다고 볼 수 없다. 따라서 이 사건 법률조항은 과잉금지의 원칙에 위배되지 아니하므로 청구인의 신체의 자유를 침해하는 것이라고 볼 수 없다 (2005.2.3. 2003헌바1).

187 【O】 2005.2.3. 2003헌바1
188 【O】 2012.11.29. 2011헌마318
189 【O】 2014.7.24. 2012헌바188

190

법원이 직권으로 발부하는 영장과 수사기관의 청구에 의하여 발부하는 구속영장의 법적 성격은 같다.

(O/×)

191

헌법은 주거에 대한 압수나 수색 또는 통신제한조치를 할 때에는 검사의 신청에 의하여 법관이 발부한 영장을 제시하도록 명시하고 있다.

(O/×)

192

긴급체포와 현행범체포의 경우 체포영장 없이 체포를 한 후 피의자를 구속하고자 할 때에는 체포한 때부터 48시간 이내에 구속영장을 청구하여야 한다.

(O/×)

193

공판단계에서 피고인에 대하여 법관이 영장을 발부하는 경우에도 형식상 검사의 신청이 필요하며, 그렇지 아니한 경우에는 적법절차의 원칙에 위배된다.

(O/×)

194

헌법이 '검사의 신청'에 의할 것을 규정한 취지는 모든 영장의 발부에 검사의 신청이 필요하다는 데에 있는 것이므로, 공판단계에서 법원이 직권에 의하여 구속영장을 발부할 수 있도록 하는 것은 영장주의에 위배된다.

(O/×)

195

수사기관의 피의자에 대한 구속영장청구에 관련된 법률을 제정함에 있어서 입법자는 신체의 자유에 관한 헌법적 특별규정인 헌법 제12조 제3항을 준수하는 범위 내에서 구체적 사정에 따라서 정책적인 선택을 할 수 있는바, 다만 이러한 입법형성권을 남용하거나 그 범위를 현저하게 일탈하여 당사자들의 기본권을 침해하게 된 경우에 이는 자의금지원칙에 위배되어 헌법에 위반된다.

(O/×)

---

190 【X】 법원이 직권으로 발부하는 영장(명령장)과 수사기관의 청구에 의하여 발부하는 구속영장(허가장)의 법적 성격은 같지 않다(1997.3.27. 96헌바28).

191 【X】 주거에 대한 압수나 수색을 할 때에는 검사의 신청에 의하여 법관이 발부한 영장을 제시하여야 한다(헌법 제16조). 통신제한조치에 대해서는 규정이 없다.

192 【O】 형사소송법 제200조의4 제1항, 제213조의2

193 【X】 헌법 제12조 제3항이 영장의 발부에 관하여 '검사의 신청'에 의할 것을 규정한 취지는 수사단계에서 검사 아닌 다른 수사기관의 영장신청에서 오는 인권유린의 폐해를 방지하고자 함에 있으므로, **공판단계에서 법원이 직권에 의하여 구속영장을 발부할 수 있음을 규정한 형사소송법 조항은 헌법 제12조 제3항에 위반되지 않는다**(1997.3.27. 96헌바28).

194 【X】 1997.3.27. 96헌바28

195 【O】 2003.12.18. 2002헌마593

196
법원에 의하여 구속영장청구가 기각된 피의자에 대하여 구속영장을 재청구하기 위한 요건으로서 절차적 가중요건만 규정할 뿐 실질적 가중요건을 규정하지 아니한 형사소송법 조항은 영장주의에 위배된다고 볼 수 없다. (O/×)

197
영장주의는 구속의 개시시점에 한하여 법관의 판단에 의하여 결정되어야 한다는 것을 의미하고, 구속영장의 효력을 계속 유지할 것인지 여부와는 관련이 없다. (O/×)

198
수사단계가 아닌 공판단계에서 법관이 직권으로 영장을 발부하여 구속하는 경우에는 검사의 영장신청이 불필요하다. (O/×)

199
도로교통법상 음주측정은 호흡측정기에 의한 측정의 성질상 강제될 수 있는 것이 아니며, 실무상 당사자의 자발적 협조 하에 숨을 호흡측정기에 한두 번 불어 넣는 방식으로 행하여지는 것이므로 헌법 제12조 제3항에 의하여 영장을 필요로 하는 강제처분에는 해당하지 않는다. (O/×)

200
우편물 통관검사절차에서 이루어지는 우편물의 개봉, 시료채취, 성분분석 등 검사는 수출입물품에 대한 적정한 통관 등을 목적으로 한 행정조사의 성격을 가지는 것으로서 수사기관의 강제처분이라고 할 수 없으므로 압수·수색영장 없이 검사가 진행되었다 하더라도 특별한 사정이 없는 한 위법하다고 볼 수 없다. (O/×)

---

196 【O】 구속영장 재청구에 관련하여 검사로 하여금 판사에게 영장을 청구하도록 하고 판사가 구체적인 구속사유에 대하여 사전적 심사(事前的 審査)를 한 다음 그 영장의 발부여부를 결정하도록 규정하고 있기 때문에 형식적으로 '영장주의'에 위배된다고 볼 수 없고, 또한 입법자가 재체포·재구속에 관하여 상대적으로 신중한 심사를 하도록 하는 입법목적을 구현하기 위하여 이 사건 법률조항에 근거한 구속영장의 재청구에 관하여 '절차적 가중요건'만을 규정하는 정책적 선택을 하였다는 사정만으로 입법형성권을 자의적으로 행사하였다고 할 수는 없기 때문이다 (2003.12.18. 2002헌마593).

197 【X】 헌법 제12조 제3항에 규정된 영장주의는 **구속의 개시시점에 한하지 않고 구속영장의 효력을 계속 유지할 것인지 아니면 실효시킬 것인지의 여부도 신분이 보장되고 있는 법관의 판단에 의하여 결정되어야 한다는 것을 의미한다** (1992.12.24. 92헌가8). 따라서 무죄, 면소, 형의 면제, 형의 선고유예, 형의 집행유예, 공소기각 또는 벌금이나 과료를 과하는 판결이 선고된 때에는 구속영장의 효력을 잃도록 하면서, 검사로부터 사형, 무기 또는 10년 이상의 징역이나 금고의 형에 해당한다는 취지의 의견진술이 있는 사건에 대하여는 예외로 하는 구 형사소송법 제331조 단서 규정은 구속영장의 실효 여부를 검사의 의견에 좌우되도록 하는 것이므로 헌법의 적법절차의 원칙에 위배된다 (1992.12.24. 92헌가8). 보석을 허가하는 결정에 대하여는 검사가 즉시항고를 할 수 있도록 하는 것은 영장주의에 위반된다(1993.12.23. 93헌가2).

198 【O】 1997.3.27. 96헌바28
199 【O】 1997.3.27. 96헌가11
200 【O】 대판 2013.9.26. 2013도7718

201

음주운전 중 교통사고를 야기한 후 운전자가 의식불명 상태에 빠져 있는 등으로 호흡조사에 의한 음주측정이 불가능하고 채혈에 대한 동의를 받을 수도 없으며 법원으로부터 감정처분허가장이나 사전 압수영장을 발부받을 시간적 여유도 없는 긴급한 상황이 발생한 경우에는, 수사기관은 예외적인 요건 하에 음주운전 범죄의 증거 수집을 위하여 운전자의 동의나 사전 영장 없이 혈액을 채취하여 압수할 수 있으며, 비록 운전자의 동의를 받지 않았다고 하더라도 그 채혈 결과를 근거로 한 운전면허 정지·취소 처분은 적법하다.

(O / ×)

202

구 형사소송법(2015. 7. 31. 법률 제13454호로 개정되기 전의 것) 제101조 제3항은 법원의 구속집행정지 결정에 대해 검사가 즉시항고를 할 수 있다고 규정하였고, 그 경우 제410조에 의하여 그 결정의 집행이 정지되었는데, 이는 검사의 불복을 그 피고인에 대한 구속집행을 정지할 필요가 있다는 법원의 판단보다 우선시킬 뿐만 아니라, 사실상 법원의 구속집행정지결정을 무의미하게 할 수 있는 권한을 검사에게 부여한 것이라는 점에서 헌법 제12조 제3항의 영장주의원칙에 위배된다.

(O / ×)

203

형의 집행 및 수용자의 처우에 관한 법률 제41조 제2항 제1호, 제3호 중 '미결수용자의 접견내용의 녹음·녹화'에 관한 부분에 따라 접견내용을 녹음·녹화하는 것은 직접적으로 물리적 강제력을 수반하는 강제처분이 아니므로 영장주의가 적용되지 않아 영장주의에 위배된다고 할 수 없다.

(O / ×)

204

구치소 등 교정시설 내에서 마약류사범에게 마약류반응검사를 위하여 소변을 받아 제출하게 한 것은 법관의 영장을 필요로 하는 강제처분에 해당하므로, 이와 같은 방법의 소변채취가 법관의 영장 없이 실시되었다고 한다면 영장주의에 위배된다.

(O / ×)

---

201 【X】 음주운전 중 교통사고를 야기한 후 운전자가 의식불명 상태에 빠져 있는 등으로 호흡조사에 의한 음주측정이 불가능하고 채혈에 대한 동의를 받을 수도 없으며 법원으로부터 감정처분허가장이나 사전 압수영장을 발부받을 시간적 여유도 없는 긴급한 상황이 발생한 경우에는, 수사기관은 예외적인 요건 하에 **음주운전 범죄의 증거 수집을 위하여 운전자의 동의나 사전 영장 없이 혈액을 채취하여 압수할 수 있으나 이 경우에도 형사소송법에 따라 사후에 지체 없이 법원으로부터 압수영장을 받아야 한다. 운전자의 동의를 받지 아니하고 또한 법원의 영장도 없이 채혈조사를 한 결과를 근거로 한 운전면허 정지·취소 처분은 위법하다**(대판 2016.12.27. 2014두46850).

202 【O】 2012.6.27. 2011헌가36

203 【O】 2016.11.24. 2014헌바401

204 【X】 헌법 제12조 제3항의 영장주의는 법관이 발부한 영장에 의하지 아니하고는 수사에 필요한 강제처분을 하지 못한다는 원칙으로 소변을 받아 제출하도록 한 것은 교도소의 안전과 질서유지를 위한 것으로 수사에 필요한 처분이 아닐 뿐만 아니라 **검사대상자들의 협력이 필수적이어서 강제처분이라고 할 수도 없어 영장주의의 원칙이 적용되지 않는다** (2006.7.27. 2005헌마277).

205 ①②③
헌법 제12조 제3항의 영장주의는 법관이 발부한 영장에 의하지 아니하고는 수사에 필요한 강제처분을 하지 못한다는 원칙으로, 마약류 반응검사를 위하여 마약류 관련 교도소 수형자에게 소변을 받아 제출하게 한 것은 영장주의에 위배되지 않는다. (O/×)

206 ①②③
헌법상 영장주의는 신체에 대한 직접적이고 현실적인 강제력이 행사되는 경우에만 적용되므로 특별검사법상 참고인에 대한 동행명령조항과 같이 형벌에 의한 불이익을 통해 심리적·간접적으로 일정한 행위를 강요하는 것에는 영장주의가 적용되지 않는다. (O/×)

207 ①②③
수사상 필요에 의하여 수사기관이 직접강제에 의하여 지문을 채취하려 하는 경우에는 반드시 법관이 발부한 영장에 의하여야 한다. (O/×)

208 ①②③
범죄의 피의자로 입건된 사람들에게 경찰공무원이나 검사의 신문을 받으면서 자신의 신원을 밝히지 않고 지문채취에 불응하는 경우 형사처벌을 통하여 지문채취를 강제하는 법률조항은 영장주의에 위배되지 않는다. (O/×)

209 ①②③
범죄의 피의자로 입건된 사람이 경찰공무원이나 검사의 신문을 받으면서 자신의 신원을 밝히지 않고 지문채취에 불응하는 경우 형사처벌을 부과하는 것은, 수사기관이 직접 물리적 강제력을 행사하여 피의자에게 강제로 지문을 찍도록 하는 것을 허용하는 것과 질적인 차이가 없으므로 영장주의에 위배된다. (O/×)

---

205 【O】 2006.7.27. 2005헌마277

206 【X】 참고인에 대한 동행명령제도는 참고인의 신체의 자유를 사실상 억압하여 일정 장소로 인치하는 것과 실질적으로 같으므로 헌법 제12조 제3항이 정한 **영장주의원칙이 적용되어야 한다**. 그럼에도 불구하고 법관이 아닌 특별검사가 동행명령장을 발부하도록 하고 정당한 사유 없이 이를 거부한 경우 벌금형에 처하도록 함으로써, 실질적으로는 참고인의 신체의 자유를 침해하여 지정된 장소에 인치하는 것과 마찬가지의 결과가 나타나도록 규정한 이 사건 동행명령조항은 영장주의원칙을 규정한 헌법 제12조 제3항에 위반되거나 적어도 위 헌법상 원칙을 잠탈하는 것이다(2008.1.10. 2007헌마1468).

207 【O】 2004.9.23. 2002헌가17

208 【O】 2004.9.23. 2002헌가17

209 【X】 범죄의 피의자로 입건된 사람들에게 경찰공무원이나 검사의 신문을 받으면서 자신의 신원을 밝히지 않고 지문채취에 불응하는 경우 형사처벌을 통하여 지문채취를 강제하는 구 경범죄처벌법 제1조 제42호는, 수사기관이 직접 물리적 강제력을 행사하여 피의자에게 강제로 지문을 찍도록 하는 것을 허용하는 규정이 아니며 형벌에 의한 불이익을 부과함으로써 심리적·간접적으로 지문채취를 강요하고 있으므로 피의자가 본인의 판단에 따라 수용여부를 결정한다는 점에서 궁극적으로 당사자의 자발적 협조가 필수적임을 전제로 하므로 물리력을 동원하여 강제로 이루어지는 경우와는 질적으로 차이가 있다. 따라서 이 사건 법률조항에 의한 지문채취의 강요는 영장주의에 의하여야 할 강제처분이라 할 수 없다. 또한 수사상 필요에 의하여 수사기관이 직접강제에 의하여 지문을 채취하려 하는 경우에는 반드시 법관이 발부한 영장에 의하여야 하므로 영장주의원칙은 여전히 유지되고 있다고 할 수 있다(2004.9.23. 2002헌가17).

210
지방자치법에 근거한 조례에 의하여 지방의회에서의 사무감사·조사를 위한 증인의 동행명령장을 지방의회 의장이 발부하는 것은 영장주의원칙에 위배된다. (O/×)

211
헌법 제12조 제3항이 영장의 발부에 관하여 '검사의 신청'에 의할 것을 규정한 취지는 수사단계에서 검사 아닌 다른 수사기관의 영장신청에서 오는 인권유린의 폐해를 방지하고자 함에 있으므로, 공판단계에서 법원이 직권에 의하여 구속영장을 발부할 수 있음을 규정한 형사소송법 조항은 헌법 제12조 제3항에 위반되지 않는다. (O/×)

212
수사기관의 피의자에 대한 구속영장청구에 관련된 법률을 제정함에 있어서 입법자는 신체의 자유에 관한 헌법적 특별규정인 헌법 제12조 제3항을 준수하는 범위 내에서 구체적 사정에 따라서 정책적인 선택을 할 수 있는바, 다만 이러한 입법형성권을 남용하거나 그 범위를 현저하게 일탈하여 당사자들의 기본권을 침해하게 된 경우에 이는 자의금지원칙에 위배되어 헌법에 위반된다. (O/×)

213
법원에 의하여 구속영장청구가 기각된 피의자에 대하여 구속영장을 재청구하기 위한 요건으로서 절차적 가중요건만 규정할 뿐 실질적 가중요건을 규정하지 아니한 형사소송법 조항은 영장주의에 반한다. (O/×)

214
헌법 제12조 제3항에 규정된 영장주의는 구속의 개시시점에 한하지 않고 구속영장의 효력을 계속 유지할 것인지 아니면 실효시킬 것인지의 여부도 신분이 보장되고 있는 법관의 판단에 의하여 결정되어야 한다는 것을 의미한다. 따라서 구 형사소송법 제331조 단서 규정과 같이 구속영장의 실효 여부를 검사의 의견에 좌우되도록 하는 것은 헌법에 위반된다. (O/×)

---

210 【O】 대판 1995.6.30. 93추83

211 【O】 1997.3.27. 96헌바28

212 【O】 2003.12.18. 2002헌마593

213 【X】 피의자의 재구속 등에 관련하여 '실질적 가중요건'을 규정할 것인지 아니면 '절차적 가중요건'을 규정할 것인지 여부와 같이 법률의 구체적 내용을 정하는 문제는 원칙적으로 입법자가 제반 사정을 고려하여 결정할 사항이다. 구속영장 재청구에 관련하여 검사로 하여금 판사에게 영장을 청구하도록 하고 판사가 구체적인 구속사유에 대하여 사전적 심사(事前的 審査)를 한 다음 그 영장의 발부여부를 결정하도록 규정하고 있기 때문에 형식적으로 '영장주의'에 위배된다고 볼 수 없고, 또한 입법자가 재체포·재구속에 관하여 상대적으로 신중한 심사를 하도록 하는 입법목적을 구현하기 위하여 이 사건 법률조항에 근거한 구속영장의 재청구에 관하여 '절차적 가중요건'만을 규정하는 정책적 선택을 하였다는 사정만으로 입법형성권을 자의적으로 행사하였다고 할 수는 없기 때문이다. 따라서 법원에 의하여 구속영장청구가 기각된 피의자에 대하여 구속영장을 재청구하기 위한 요건으로서 <u>절차적 가중요건만 규정할 뿐 실질적 가중요건을 규정하지 아니한 형사소송법 조항은 영장주의에 위배된다고 볼 수 없다</u>(2003.12.18. 2002헌마593).

214 【O】 1992.12.24. 92헌가8

215
지방자치법에 근거한 조례에 의하여 지방의회에서의 사무감사·조사를 위한 증인의 동행명령장을 지방의회 의장이 발부하는 것은 영장주의원칙에 위배된다. (O/×)

216
검사 등의 요청에 따라 교도소장이 접견내용을 녹음한 파일을 제공하는 행위는, 단순히 수사기관이 범죄수사와 공소제기 및 유지에 필요한 경우 소장에게 접견기록물을 제공할 수 있도록 규정한 관계법령에 근거한 것으로서, 직접적으로 물리적 강제력을 행사하는 강제처분을 수반하지 않는 것이기 때문에 영장주의가 적용되지 않는다. (O/×)

3) 영장주의 예외

(1) 긴급체포와 현행범인체포

217
현행범인인 경우와 장기 3년 이상의 형에 해당하는 죄를 범하고 도피 또는 증거인멸의 염려가 있을 때에는 사후에 영장을 청구할 수 있다. (O/×)

(2) 비상계엄

218
비상계엄이 선포된 때에는 법률이 정하는 바에 의하여 영장제도에 관하여 특별한 조치를 할 수 있다. (O/×)

(3) 행정절차

219
헌법재판소에 따르면 행정상 즉시강제는 급박한 행정상 장해를 제거하기 위한 목적에 의한 것이지만, 국가가 개인에게 직접 신체나 재산에 실력을 행사하는 것이므로 원칙적으로 영장주의가 적용된다. (O/×)

---

215 【O】 대판 1995.6.30. 93추83
216 【O】 2012.12.27. 2010헌마153
217 【O】 헌법 제12조 제3항
218 【O】 헌법 제77조 제3항
219 【×】 행정상 즉시강제는 상대방의 임의이행을 기다릴 시간적 여유가 없을 때 하명 없이 바로 실력을 행사하는 것으로서, 그 본질상 급박성을 요건으로 하고 있어 법관의 영장을 기다려서는 그 목적을 달성할 수 없다고 할 것이므로, **영장주의가 적용되지 않는다**(2002.10.31. 2002헌가12).

220

행정상 즉시강제의 경우 급박한 필요가 있고 공익이 우선하는 경우에는 영장 없이도 불법물을 수거·폐기 할 수 있다. (O/×)

221

관계행정청이 등급분류를 받지 아니하거나 등급분류를 받은 게임물과 다른 내용의 게임물을 발견한 경우 관계공무원으로 하여금 이를 수거·폐기하게 할 수 있도록 하는 경우, 수거·폐기에 앞서 청문이나 의견제출 등 절차보장에 관한 규정을 두고 있지 않으면, 적법절차의 원칙에 위반된다. (O/×)

222

법무부장관이 형사재판에 계속 중인 사람에 대해 6개월 이내의 기간을 정하여 출국을 금지할 수 있도록 한 「출입국관리법」 제4조 제1항 제1호에 따른 출국금지결정은 형사재판에 계속 중인 자의 출국의 자유를 제한하는 행정처분일 뿐이고, 영장주의가 적용되는 신체에 대하여 직접적으로 물리적 강제력을 수반하는 강제처분이라고 할 수는 없다. (O/×)

223

형사재판에 계속 중인 사람에 대하여 출국을 금지할 수 있다고 규정한 「출입국관리법」 제4조 제1항 제1호는 유죄를 근거로 형사재판에 계속 중인 사람에게 사회적 비난 내지 응보적 의미의 제재를 가하려는 것이라고 보기 어려우므로 무죄추정의 원칙에 위배된다고 볼 수 없다. (O/×)

3. 체포·구속적부심사

관련조문

제12조 ⑥ 누구든지 체포 또는 구속을 당한 때에는 적부의 심사를 법원에 청구할 권리를 가진다.

---

220 【O】 2002.10.31. 2000헌가12
221 【X】 관계행정청이 등급분류를 받지 아니하거나 등급분류를 받은 게임물과 다른 내용의 게임물을 발견한 경우 관계공무원으로 하여금 이를 수거·폐기하게 할 수 있도록 하는 경우, 수거·폐기에 앞서 청문이나 의견제출 등 절차보장에 관한 규정을 두고 있지 않으나, <u>행정상의 즉시강제는 목전에 급박한 장해에 대하여 바로 실력을 가하는 작용이라는 특성에 비추어 사전적 절차와 친하기 어렵다는 점을 고려하면, 이를 이유로 적법절차의 원칙에 위반된 것으로 볼 수 없다</u> (2002.10.31. 2000헌가12).
222 【O】 2015.9.24. 2012헌바302
223 【O】 심판대상조항은 형사재판에 계속 중인 사람이 국가의 형벌권을 피하기 위하여 해외로 도피할 우려가 있는 경우 법무부장관으로 하여금 출국을 금지할 수 있도록 하는 것일 뿐으로, 무죄추정의 원칙에서 금지하는 유죄 인정의 효과로서의 불이익 즉, 유죄를 근거로 형사재판에 계속 중인 사람에게 사회적 비난 내지 응보적 의미의 제재를 가하려는 것이라고 보기 어렵다. 따라서 심판대상조항은 무죄추정의 원칙에 위배된다고 볼 수 없다.(헌재 2015.9.24. 2012헌바302)

224

구속된 피의자가 적부심사청구권을 행사한 다음 검사가 전격기소를 한 경우 법원으로부터 구속의 헌법적 정당성에 대하여 실질적 심사를 받고자 하는 청구인의 절차적 기회가 반대 당사자인 검사의 전격기소라고 하는 일방적 행위에 의하여 제한되어야 할 합리적인 이유가 없으므로, 이를 제한하는 것은 헌법에 합치되지 않는다. (O/×)

225

구속된 피의자가 적부심사청구권을 행사한 다음 검사가 전격기소를 한 경우, 법원은 적부심사를 통하여 석방 또는 기각결정을 할 수 있다. (O/×)

4. 변호인의 조력을 받을 권리

> **관련조문**
> 제12조 ④ 누구든지 체포 또는 구속을 당한 때에는 즉시 변호인의 조력을 받을 권리를 가진다. 다만, 형사피고인이 스스로 변호인을 구할 수 없을 때에는 법률이 정하는 바에 의하여 국가가 변호인을 붙인다.

226

누구든지 체포 또는 구속을 당한 때에는 즉시 변호인의 조력을 받을 권리를 가진다. 다만, 형사피고인이 스스로 변호인을 구할 수 없을 때에는 법률이 정하는 바에 의하여 국가가 변호인을 붙인다. (O/×)

227

미결수용자가 변호인의 조력을 받을 기회가 충분히 보장되었다고 인정될 수 있는 경우라도, 미결수용자 또는 그 상대방인 변호인이 원하는 특정 시점에 접견이 이루어지지 못한 경우에는 변호인의 조력을 받을 권리가 침해된 것이다. (O/×)

228

변호인의 접견교통권은 신체를 구속당한 피고인이나 피의자의 인권보장과 방어준비를 위하여 필수불가결한 권리이므로 법령 또는 법원의 결정에 의한 제한이 없는 한, 수사기관의 처분으로 제한할 수는 없다. (O/×)

---

224 【O】 2004.3.25. 2002헌바104
225 【O】 2004.3.25. 2002헌바104
226 【O】 헌법 제12조 제4항
227 【X】 미결수용자가 방어권을 행사하기 위해 변호인의 조력을 받을 기회가 충분히 보장되었다고 인정될 수 있는 경우에는, 비록 미결수용자 또는 변호인이 원하는 특정한 시점에 접견이 이루어지지 못하였다 하더라도 **변호인의 조력을 받을 권리가 침해되었다고 할 수 없다**(2011.5.26. 2009헌마341).
228 【X】 변호인의 접견교통권은 신체를 구속당한 피고인이나 피의자의 인권보장과 방어준비를 위하여 필수불가결한 권리이므로 법령에 의한 제한이 없는 한, **수사기관의 처분은 물론 법원의 결정으로도 제한할 수는 없다**(1990.2.14. 89도37).

229

형사절차가 종료되어 교정시설에 수용 중인 수형자는 원칙적으로 변호인의 조력을 받을 권리의 주체가 될 수 없으나, 재심절차 등에는 변호인 선임을 위한 일반적인 교통·통신이 보장될 수 있다. (O/×)

230

미결구금자가 수발하는 서신이 변호인 또는 변호인이 되려는 자와의 서신임이 확인되고 미결구금자의 범죄혐의내용이나 신분에 비추어 소지금지품의 포함 또는 불법내용의 기재 등이 있다고 의심할 만한 합리적인 이유가 없음에도 그 서신을 검열하는 행위는 위헌이다. (O/×)

231

형사피의사건의 구속적부심 절차에서 피구속자의 변호를 맡은 변호사가 피구속자에 대한 고소장과 경찰의 피의자신문조서를 열람하여 그 내용을 제대로 파악하지 못한다면 피구속자를 충분히 조력할 수 없으므로, 위 서류들에 대한 변호사의 열람권은 피구속자의 변호인의 조력을 받을 권리와 뗄 수 없는 표리의 관계에 있어 헌법상의 기본권으로서 보호된다. (O/×)

232

헌법상 보장되는 '변호인의 조력을 받을 권리'는 변호인의 '충분한 조력'을 받을 권리를 의미하므로, 일정한 경우 피고인에게 국선변호인의 조력을 받을 권리를 보장하여야 할 국가의 의무에는 형사소송절차에서 단순히 국선변호인을 선정하여 주는 데 그치지 않고 한 걸음 더 나아가 피고인이 국선변호인의 실질적인 조력을 받을 수 있도록 필요한 업무 감독과 절차적 조치를 취할 책무까지 포함된다고 할 것이다. (O/×)

233

헌법은 변호인의 구체적 변호활동에 관한 결과의 실현까지 국가 또는 법원이 책임지도록 하고 있지는 않으므로, 피고인을 위하여 선정된 국선변호인이 법정기간 내에 항소이유서를 제출하지 아니하여 항소법원이 형사소송법 제361조의4 제1항 본문에 따라 피고인의 항소를 기각하였다고 하더라도, 피고인에게 국선변호인으로부터 충분한 조력을 받을 권리를 보장하고 이를 위한 국가의 의무를 규정하고 있는 헌법의 취지에 반하는 조치라고 할 수 없다. (O/×)

---

229 【O】 1998.8.27. 96헌마398
230 【O】 1995.7.21. 92헌마144
231 【O】 2003.3.27. 2000헌마474
⑤ 신체를 구속당한 피의자의 변호인과의 자유로운 접견은 변호인의 조력을 받을 권리의 가장 중요한 내용이어서 국가안전보장, 질서유지, 공공복리 등 어떠한 명분으로도 제한될 수 있는 성질의 것이 아니다(1992.1.28. 91헌마111).
232 【O】 2012.2.16. 2009모1044
233 【X】 피고인을 위하여 선정된 국선변호인이 법정기간 내에 항소이유서를 제출하지 아니하면 이는 피고인을 위하여 요구되는 충분한 조력을 제공하지 아니한 것으로 보아야 하고, 이런 경우에 **피고인에게 책임을 돌릴 만한 아무런 사유가 없는데도** 항소법원이 형사소송법 제361조의4 제1항 본문에 따라 **피고인의 항소를 기각한다면**, 이는 피고인에게 국선변호인으로부터 충분한 조력을 받을 권리를 보장하고 이를 위한 국가의 의무를 규정하고 있는 **헌법의 취지에 반하는 조치이다** (2012.2.16. 2009모1044).

234

변호인의 조력을 받을 권리에는 피고인이 변호인을 통하여 수사서류를 포함한 소송관계 서류를 열람·등사하고 이에 대한 검토 결과를 토대로 공격과 방어의 준비를 할 수 있는 권리도 포함된다고 보아야 한다.

(O / X)

235

피고인의 신속·공정한 재판을 받을 권리 및 변호인의 조력을 받을 권리는 헌법이 보장하고 있는 기본권이고, 변호인의 수사서류 열람·등사권은 피고인의 신속·공정한 재판을 받을 권리 및 변호인의 조력을 받을 권리라는 헌법상 기본권의 중요한 내용이자 구성요소이며 이를 실현하는 구체적인 수단이 된다.

(O / X)

236

변호인의 수사서류 열람·등사권이 위 헌법상 기본권의 중요한 내용이자 구성요소라고 하더라도 열람·등사의 절차 및 대상, 열람·등사의 거부 및 제한 사유, 검사의 열람·등사 거부처분에 대한 불복절차 및 제재 등 그 상세한 내용의 형성은 입법을 통하여 구체화될 수 있는 것으로서, 형사소송법 제266조의3과 제266조의4는 공소가 제기된 후 검사가 보관하고 있는 서류 등에 대한 피고인 또는 변호인의 열람·등사권을 구체화하고 있는 것이다.

(O / X)

237

피고인의 방어권을 보장하기 위하여 구속피고인의 변호인 면접·교섭권은 최대한 보장되어야 하고, 계호의 필요성 등의 이유로 어떠한 경우에도 제한되어서는 안 되며, 구속된 피고인의 인권보장을 위하여 국가의 형벌권은 후퇴될 수밖에 없다.

(O / X)

238

변호인의 수사서류 열람·등사권은 피고인의 신속·공정한 재판을 받을 권리 및 변호인의 조력을 받을 권리라는 헌법상 기본권의 중요한 내용이자 구성요소이며 이를 실현하는 구체적인 수단이 된다.

(O / X)

---

234 【O】 1997.11.27. 94헌마60
235 【O】 2010.6.24. 2009헌마257
236 【O】 2010.6.24. 2009헌마257
237 【X】 구속피고인 변호인 면접·교섭권은 독자적으로 존재하는 것이 아니라 국가형벌권의 적정한 행사와 피고인의 인권보호라는 형사소송절차의 전체적인 체계 안에서 의미를 갖고 있는 것이다. 따라서 구속피고인의 변호인 면접·교섭권은 최대한 보장되어야 하지만, 형사소송절차의 위와 같은 목적을 구현하기 위하여 **제한될 수 있다**(2009.10.29. 2007헌마992).
238 【O】 2010.6.24. 2009헌마257

239

국선변호인의 조력을 받을 권리는 형사피고인뿐만 아니라 형사피의자에게도 헌법상의 기본권으로서 인정된다. (O/×)

240

피의자에 대하여 일반적으로 국선변호인의 조력을 받을 권리가 있음을 천명한 것이라고 볼 수 있으므로, 사법경찰관은 피의자신문을 받는 단계에 있는 피의자가 제출하는 국선변호인 선정신청서를 법원에 제출하여야 할 의무가 있다. (O/×)

241

변호인의 조력을 받을 권리의 출발점은 변호인 선임권에 있고, 이는 변호인의 조력을 받을 권리의 가장 기초적인 구성부분으로서 법률로써도 제한할 수 없다. (O/×)

242

변호인의 조력을 받을 권리는 체포·구속을 당하지 아니한 불구속 피의자·피고인에게도 인정되지만, 임의동행의 형식으로 연행된 피내사자의 경우나 형사절차가 종료되어 교정시설에 수용중인 수형자에게는 인정되지 아니한다. (O/×)

243

변호인의 조력을 받을 권리에 따라 원칙적으로 변호인과 미결수용자 사이의 서신의 비밀이 보장되어야 한다. (O/×)

---

239 【X】 헌법 제12조 제4항의 "누구든지 체포 또는 구속을 당한 때에는 즉시 변호인의 조력을 받을 권리를 가진다. 다만, 형사피고인이 스스로 변호인을 구할 수 없을 때에는 법률이 정하는 바에 의하여 국가가 변호인을 붙인다."는 규정은, 일반적으로 형사사건에 있어 변호인의 조력을 받을 권리는 피의자나 피고인을 불문하고 보장되나, 그 중 특히 **국선변호인의 조력을 받을 권리는 피고인에게만 인정**되는 것으로 해석함이 상당하다(2008.9.25. 2007헌마1126).

240 【X】 형사소송법 제33조, 제201조의2 제9항, 제214조의2 제9항은 일정한 피고인 또는 피의자신문을 받거나 체포·구속적부심사를 청구한 피의자에 대하여 국선변호인을 선정한다는 규정일 뿐이고, 사법경찰관이 그로부터 피의자신문을 받는 단계에 있는 피의자가 제출하는 **국선변호인 선정신청서를 법원에 제출하여야 할 의무를 인정할 관계 법령의 근거는 없다**(2008.9.25. 2007헌마1126).

241 【O】 2004.9.23. 2000헌마138

242 【X】 변호인의 조력을 받을 권리를 실질적으로 보장하기 위하여는 변호인과의 접견교통권의 인정이 당연한 전제가 되므로, 임의동행의 형식으로 수사기관에 연행된 피의자에게도 변호인 또는 변호인이 되려는 자와의 접견교통권은 당연히 인정된다고 보아야 하고, 임의동행의 형식으로 연행된 **피내사자의 경우에도 이는 마찬가지이다**(대결 1996.6.3. 96모18).

243 【O】 1995.7.21. 92헌마144

244 ⟲ 1 2 3
변호인의 조력을 받을 권리는 피구속자가 가족 등 타인과 교류하는 인간으로서의 기본적인 생활관계가 인신의 구속으로 인하여 완전히 단절되어 파멸에 이르는 것을 방지하고자 하는 것도 그 목적으로 하고 있으므로 변호인 외에 가족 등과의 접견교통권도 포함된다. (O/×)

245 ⟲ 1 2 3
필요적 변호사건에서 피고인이 재판거부의 의사표시 후 재판장의 허가 없이 퇴정하고 변호인마저 이에 동조하여 퇴정해 버린 경우 법원으로서는 피고인이나 변호인의 재정없이도 심리판결 할 수 있다. (O/×)

246 ⟲ 1 2 3
변호인의 수사기록 열람·등록에 대한 지나친 제한은 결국 피고인에게 보장된 변호인의 조력을 받을 권리를 침해하게 되는 것이다. (O/×)

247 ⟲ 1 2 3
변호인의 접견교통권은 신체구속을 당한 피고인이나 피의자의 인권보장과 방어준비를 위하여 필수불가결한 권리이므로 법률의 규정이 없다면 법원의 결정으로도 제한할 수 없다. (O/×)

248 ⟲ 1 2 3
변호인의 조력을 받을 권리는 신체구속당한 사람에게 변호인과의 사이에 충분한 접견교통권을 허용함은 물론, 변호인과 미결수용자 사이의 서신에도 적용되어 그 비밀이 보장되어야 한다. (O/×)

249 ⟲ 1 2 3
변호인선임권은 변호인의 조력을 받을 권리의 출발점이기는 하나, 법률로써 제한할 수 있다. (O/×)

---

244 【X】 **구속된 피의자 또는 피고인이 갖는 변호인 아닌 자와의 접견교통권은** 가족 등 타인과 교류하는 인간으로서의 기본적인 생활관계가 인신의 구속으로 인하여 완전히 단절되어 파멸에 이르는 것을 방지하고, 또한 피의자 또는 피고인의 방어를 준비하기 위해서도 반드시 보장되지 않으면 안되는 인간으로서의 기본적인 권리에 해당하므로 이는 성질상 **헌법상의 기본권에 속한다**고 보아야 할 것이다. 미결수용자의 접견교통권은 헌법재판소가 헌법 제10조의 행복추구권에 포함되는 기본권의 하나로 인정하고 있는 **일반적 행동자유권**으로부터 나온다고 보아야 할 것이고, **무죄추정의 원칙**을 규정한 헌법 제27조 제4항도 그 보장의 한 근거가 될 것이다.(2003.11.27. 2002헌마193).

245 【O】 대판 1991.6.28. 91도865
246 【O】 1997.11.27. 94헌마60
247 【O】 대판 1996.6.3. 96모18
248 【O】 1995.7.21. 92헌마144
249 【X】 변호인선임권은 변호인의 조력을 받을 권리의 출발점이므로, 이는 변호인의 조력을 받을 권리의 가장 기초적인 구성부분으로서 법률로써도 제한할 수 없다(2004.9.23. 2000헌마138).

250 🔄 ① ② ③

헌법 제12조 제4항의 변호인의 조력을 받을 권리는 가사소송에서 당사자가 변호사를 대리인으로 선임하여 조력을 받는 것도 그 보호영역에 포함한다. (O/×)

251 🔄 ① ② ③

미결수용자가 방어권을 행사하기 위해 변호인의 조력을 받을 기회가 충분히 보장되었다면, 비록 미결수용자가 원하는 특정 시점에는 접견이 이루어지지 못하였다 하더라도 변호인의 조력을 받을 권리가 침해되었다고 할 수 없다. (O/×)

252 🔄 ① ② ③

변호인의 수사서류 열람·등사권은 피고인의 신속·공정한 재판을 받을 권리 및 변호인의 조력을 받을 권리라는 헌법상 기본권의 중요한 내용이자 구성요소이며 이를 실현하는 구체적인 수단이 된다. (O/×)

253 🔄 ① ② ③

구속피고인의 변호인 면접·교섭권은 최대한 보장되어야 하지만, 형사소송절차의 목적을 구현하기 위하여 엄격한 비례의 원칙에 따라 제한될 수도 있다. (O/×)

254 🔄 ① ② ③

법원은 피고인의 연령·지능 및 교육의 정도 등을 참작하여 권리보호를 위하여 필요하다고 인정하는 때에는 피고인의 명시적인 의사에 반하지 아니하는 범위 내에서 변호인을 선정하여야 한다. (O/×)

255 🔄 ① ② ③

법원은 피고인이 빈곤 그 밖의 사유로 변호인을 선임할 수 없는 경우에 피고인의 청구가 있는 때에는 변호인을 선정하여야 한다. (O/×)

256 🔄 ① ② ③

헌법상 명문의 규정은 없지만, 불구속 피의자의 경우에도 변호인의 조력을 받을 권리를 가진다. (O/×)

---

250 【×】 헌법 제12조 제4항의 변호인의 조력을 받을 권리는 신체의 자유에 관한 영역으로서 **가사소송에서 당사자가 변호사를 대리인으로 선임하여 그 조력을 받는 것은 그 보호영역에 포함된다고 보기 어렵다**(2012.10.25. 2011헌마598).

251 【O】 2011.5.26. 2009헌마341

252 【O】 2010.6.24. 2009헌마257

253 【O】 2009.10.29. 2007헌마992

254 【O】 형사소송법 제33조

255 【O】 형사소송법 제33조 제2항

256 【O】 우리 헌법은 변호인의 조력을 받을 권리가 불구속 피의자·피고인 모두에게 포괄적으로 인정되는지 여부에 관하여 명시적으로 규율하고 있지는 않지만, 불구속 피의자의 경우에도 변호인의 조력을 받을 권리는 우리 헌법에 나타난 법치국가원리, 적법절차원칙에서 인정되는 당연한 내용이고, 헌법 제12조 제4항도 이를 전제로 특히 신체구속을 당한 사람에 대하여 변호인의 조력을 받을 권리의 중요성을 강조하기 위하여 별도로 명시하고 있다(2004.9.23. 2000헌마138).

5. 무죄추정의 원칙

> **관련조문**
> 제27조 ④ 형사피고인은 유죄의 판결이 확정될 때까지는 무죄로 추정된다.

1) 무죄추정원칙의 의의

257
무죄추정의 원칙은 프랑스 인권선언과 세계인권선언에서 명문화되었다. (O/X)

258
무죄추정의 원칙은 우리나라에서는 제5공화국 헌법에서 신설된 후, 현행 헌법에서는 공소제기 된 형사피고인에 적용되는 것으로 규정되어 있지만, 형사피의자에 대한 무죄추정 역시 인정된다는 것이 판례의 입장이다. (O/X)

259
무죄추정의 원칙은 비록 기소된 피고인이라고 할지라도 유죄로 확정되기 전에는 죄가 없는 자로 취급되어야 하며, 유죄인 것을 전제로 한 어떤 불이익도 입혀서는 안되며, 불가피하게 불이익을 입힌 경우에도 필요한 최소한도에 그쳐야 한다는 것이 판례의 입장이다. (O/X)

260
유죄에 관한 입증이 없으면 '의심스러울 때에는 피고인의 이익'의 원칙에 따라 무죄가 선고되어야 하므로 유죄의 입증책임은 국가 즉 검사에게 있다는 의미에서 무죄추정의 원칙은 수사절차에서만 적용된다는 것이 판례의 입장이다. (O/X)

261
헌법 제27조 제4항은 "형사피고인은 유죄의 판결이 확정될 때까지 무죄로 추정된다."라고 하여 이른바 무죄추정의 원칙을 선언하였는데 공소가 제기된 형사피고인에게 무죄추정의 원칙이 적용되는 이상, 아직 공소제기조차 되지 아니한 형사피의자에게 무죄추정의 원칙이 적용된다. (O/X)

---

257 【O】
258 【O】 1992.1.28. 91헌마111
259 【O】 1990.11.19. 90헌가48
260 【X】 공소의 제기가 있는 피고인이라도 유죄의 확정판결이 있기까지는 원칙적으로 죄가 없는 자에 준하여 취급하여야 하고, 불이익을 입혀서는 안 된다고 할 것으로 가사 그 불이익을 입힌다 하여도 필요한 최소한도에 그치도록 비례의 원칙이 존중되어야 하는 것이 헌법 제27조 제4항의 무죄추정의 원칙이며, 여기의 불이익에는 형사절차상의 처분뿐만 아니라 그 밖의 기본권제한과 같은 처분도 포함된다고 할 것이다(1994.7.29. 93헌가3 등).
261 【O】 1992.1.28. 91헌마111

262 🔄①②③
법무부장관이 형사사건으로 공소가 제기된 변호사에 대하여 판결이 확정될 때까지 업무정지를 명하도록 한 구 「변호사법」 제15조는 직업선택의 자유와 무죄추정의 원칙에 위배되지 않는다. (O/×)

263 🔄①②③
공정거래법상 불공정 거래행위에 해당하는 부당 내부거래를 했다고 하더라도 아직은 법원의 유·무죄 판단이 가려지지 않은 상태라면 과징금을 부과할 수 없다. (O/×)

264 🔄①②③
미결수용자에 대하여 국민건강보험료 납입을 정지하는 처분은 무죄추정의 원칙에 반하지 않는다. (O/×)

> **정리**
>
> ▌무죄추정원칙 위반이 아닌 경우
> ① 형사기소 된 국가공무원을 직위해제할 수 있도록 한 것(2006.5.25. 2004헌바12).
> ② 소년보호사건에서 제1심 결정에 의한 소년원수용기간을 항고심결정의 보호기간에 산입하지 아니하도록 한 것(2015.12.23. 2014헌마768).
> ③ 형사재판에 계속 중인 사람에 대하여 출국을 금지할 수 있도록 한 것(2015.9.24. 2012헌바302).
> ④ 공정거래위원회로 하여금 부당내부거래를 한 사업자에 대하여 그 매출액의 2% 범위 내에서 과징금을 부과할 수 있도록 한 것(2003.7.24. 2001헌가25).
> ⑤ 미결수용자에 대하여 국민건강보험료 납입을 정지하는 처분(2005.2.24. 2003헌마31).
> ⑥ 법무부장관이 형사재판에 계속 중인 사람에 대해 6개월 이내의 기간을 정하여 출국을 금지할 수 있도록 한 「출입국관리법」 제4조 제1항 제1호(2015.9.24. 2012헌바302).

262 【×】 변호사법 제15조는, 동 규정에 의하여 입히는 불이익이 죄가 없는 자에 준하는 취급이 아님은 말할 것도 없고, 직업선택의 자유를 제한함에 있어서, 제한을 위해 선택된 요건이 제도의 당위성이나 목적에 적합하지 않을 뿐 아니라 그 처분주체와 절차가 기본권제한을 최소화하기 위한 수단을 따르지 아니하였으며 나아가 그 제한의 정도 또한 과잉하다 할 것으로서 헌법 제15조(직업선택의 자유), 동 제27조 제4항(무죄추정의 원칙)에 위반된다(1990.11.19. 90헌가48).

263 【×】 부당내부거래에 대한 과징금은 그 취지와 기능, 부과의 주체와 절차 등을 종합할 때 부당내부거래 억지라는 행정목적을 실현하기 위하여 그 위반행위에 대하여 제재를 가하는 행정상의 제재금으로서의 기본적 성격에 부당이득환수적 요소도 부가되어 있는 것이라 할 것이고, 이를 두고 헌법 제13조 제1항에서 금지하는 국가형벌권 행사로서의 '처벌'에 해당한다고는 할 수 없으므로, 공정거래법에서 형사처벌과 아울러 과징금의 병과를 예정하고 있더라도 이중처벌금지원칙에 위반된다고 볼 수 없으며, 이 과징금 부과처분에 대하여 공정력과 집행력을 인정한다고 하여 이를 확정판결 전의 형벌집행과 같은 것으로 보아 무죄추정의 원칙에 위반된다고도 할 수 없다(2003.7.24. 2001헌가25).

264 【O】 2005.2.24. 2003헌마31

정리

▎**무죄추정원칙 위반인 경우**

① 상소제기 후 상소취하 시까지의 미결구금일수를 본형 형기 산입의 대상에서 제외되도록 한 것 (2009.12.29. 2008헌가13, 2009헌가5(병합))
② 군사법경찰관에게 10일의 범위 내에서 구속기간 연장을 허용한 것(2003.11.27. 2002헌마193)
③ 법무부장관이 형사사건으로 공소가 제기된 변호사에 대하여 판결이 확정될 때까지 업무정지를 명하도록 한 구 「변호사법」 제15조(1990.11.19. 90헌가48)
④ 판결선고 전 구금일수 중 일부만을 본형에 산입할 수 있도록 한 것(2009.6.25. 2007헌바25)
⑤ 수사 또는 재판을 받을 때에 미결수용자에게 재소자용 의류를 입게 하는 것(1999.5.27. 97헌마137)
⑥ 공소가 제기되기 전인 수사의 초기단계에서 피의자로 하여금 법 위반사실을 공표하도록 명령하는 것 (2002.1.31. 2001헌바43)
⑦ 형사사건으로 기소가 되기만 하면 사건의 경중과 관계 없이 해당 공무원을 필요적으로 직위해제하도록 하는 것(1998.5.28. 96헌가12)

6. 미결구금기간 산입

265

미결구금은 실질적으로 자유형의 집행과 다를 바 없으므로 인권보호 및 공평의 원칙상 형기에 전부 산입되어야 한다. (O/×)

7. 수용자의 기본권

266

금치처분을 받은 자에 대한 집필제한은 표현의 자유를 제한하는 것이며, 서신수수제한은 통신의 자유에 대한 제한에 속한다. (O/×)

267

미결수용자가 교정시설 내에서 규율위반행위 등을 이유로 금치처분을 받은 경우 금치기간 중 서신수수, 접견, 전화통화를 제한하는 「형의 집행 및 수용자의 처우에 관한 법률」 조항 중 미결수용자에게 적용되는 부분은 미결수용자인 청구인의 통신의 자유를 침해하지 않는다. (O/×)

---

265 【O】 2009.6.25. 2007헌바25
266 【O】 2014.8.28. 2012헌마623
267 【O】 2014.8.28. 2012헌마623

268

구치소장이 변호인접견실에 CCTV를 설치하여 미결수용자와 변호인 간의 접견을 관찰한 행위는 금지물품의 수수나 교정사고를 방지하기 위한 것으로 미결수용자의 변호인의 조력을 받을 권리를 침해한다고 할 수 없다.
(O/×)

269

금치처분을 받은 사람은 금치기간 동안 전화통화, 서신수수, 접견, 라디오, 방송 청취, 신문열람 등을 제한받는데, 여기에 더하여 텔레비전 시청까지 제한되면 정보를 취득할 수 없게 되므로 알 권리를 침해한다.
(O/×)

270

금치의 징벌을 받은 수용자에 대해 금치기간 중 실외운동을 원칙적으로 제한하고 예외적으로 실외운동을 허용하는 경우에도 실외운동의 기회가 부여되어야 하는 최저기준을 명시하지 않고 있는 규정은, 실외운동은 구금되어 있는 수용자의 신체적·정신적 건강을 유지하기 위한 최소한의 기본적 요청이고, 수용자의 건강 유지는 교정교화와 건전한 사회복귀라는 형 집행의 근본적 목표를 달성하는 데 필수적이므로 침해의 최소성 원칙에 위배되어 신체의 자유를 침해한다.
(O/×)

271

미결수용자가 민사재판, 행정재판, 헌법재판과 관련하여 변호사와 접견하는 것도 원칙적으로 변호인의 조력을 받을 권리에 의해 보호된다.
(O/×)

---

268 【O】 2016.4.28. 2015헌마243

269 【X】 형집행법 제112조 제3항 본문 중 제108조 제6호에 관한 부분은 금치의 징벌을 받은 사람에 대해 금치기간 동안 텔레비전 시청 제한이라는 불이익을 가함으로써, 규율의 준수를 강제하여 수용시설 내의 안전과 질서를 유지하기 위한 것으로서 목적의 정당성 및 수단의 적합성이 인정된다. **금치처분은 금치처분을 받은 사람을 징벌거실 속에 구금하여 반성에 전념하게 하려는 목적**을 가지고 있으므로 그에 대하여 일반 수용자와 같은 수준으로 텔레비전 시청이 이뤄지도록 하는 것은 교정실무상 어려움이 있고, 금치처분을 받은 사람은 텔레비전을 시청하는 대신 수용시설에 보관된 도서를 열람함으로써 다른 정보원에 접근할 수 있다. 또한, 위와 같은 불이익은 규율 준수를 통하여 수용질서를 유지한다는 공익에 비하여 크다고 할 수 없다. 따라서 위 조항은 청구인의 **알 권리를 침해하지 아니한다**(2016.5.26. 2014헌마45).

270 【O】 2016.5.26. 2014헌마45

271 【X】 헌법재판소는 변호인의 조력을 받을 권리가 수형자의 경우에도 그대로 보장되는지에 대하여, 변호인의 조력을 받을 권리에 대한 헌법과 법률의 규정 및 취지에 비추어 보면 형사절차가 종료되어 교정시설에 수용중인 **수형자는 원칙적으로 변호인의 조력을 받을 권리의 주체가 될 수 없다**고 선언한 바 있다. 즉, 변호인의 조력을 받을 권리는 '형사사건'에서의 변호인의 조력을 받을 권리를 의미한다. 따라서 수형자가 형사사건의 변호인이 아닌 **민사사건, 행정사건, 헌법소원사건** 등에서 변호사와 접견할 경우에는 원칙적으로 헌법상 변호인의 조력을 받을 권리의 주체가 될 수 없다(2013.9.26. 2011헌마398).

272

불구속 피의자나 피고인은 물론 유죄판결이 확정되어 교정시설에 수용 중인 수형자도 원칙적으로 변호인의 조력을 받을 권리를 행사할 수 있다. (O/X)

273

미결수용자의 변호인 접견권 역시 국가안전보장·질서유지 또는 공공복리를 위해 필요한 경우 법률로써 제한될 수 있다. (O/X)

274

출정비용을 예납하지 않았거나 영치금과의 상계에 동의하지 않았다는 이유로 수형자의 행정소송 변론기일에 수형자를 출정시키지 아니한 교도소장의 행위는 수형자의 재판청구권을 침해한다. (O/X)

275

징벌 혐의로 조사를 받고 있는 수용자가 변호인 아닌 자와 접견할 당시 교도관이 참여하여 대화내용을 기록하게 한 행위는 과잉금지원칙을 위반하여 수용자의 사생활의 비밀과 자유를 침해하는 것이다. (O/X)

276

수형자라 하더라도 확정되지 않은 별도의 형사재판에서만큼은 미결수용자와 같은 지위에 있으므로, 이러한 수용자로 하여금 형사재판 출석 시 아무런 예외 없이 사복착용을 금지하고 재소자용 의류를 입도록 하는 것은 소송관계자들에게 유죄의 선입견을 줄 수 있어 무죄추정의 원칙에 위배될 소지가 클 뿐만 아니라 공정한 재판을 받을 권리, 인격권, 행복추구권을 침해한다. (O/X)

---

272 【X】 헌법재판소는 변호인의 조력을 받을 권리가 수형자의 경우에도 그대로 보장되는지에 대하여, 변호인의 조력을 받을 권리에 대한 헌법과 법률의 규정 및 취지에 비추어 보면 형사절차가 종료되어 교정시설에 수용중인 **수형자는 원칙적으로 변호인의 조력을 받을 권리의 주체가 될 수 없다**고 선언한 바 있다. 즉, 변호인의 조력을 받을 권리는 '형사사건'에서의 변호인의 조력을 받을 권리를 의미한다. 따라서 수형자가 형사사건의 변호인이 아닌 **민사사건, 행정사건, 헌법소원사건 등에서 변호사와 접견할 경우에는 원칙적으로 헌법상 변호인의 조력을 받을 권리의 주체가 될 수 없다**(2013.9.26. 2011헌마398).

273 【O】 헌법재판소가 91헌마111 결정에서 미결수용자와 변호인과의 접견에 대해 어떠한 명분으로도 제한할 수 없다고 한 것은 구속된 자와 변호인 간의 접견이 실제로 이루어지는 경우에 있어서의 '자유로운 접견', 즉 '대화내용에 대하여 비밀이 완전히 보장되고 어떠한 제한, 영향, 압력 또는 부당한 간섭 없이 자유롭게 대화할 수 있는 접견'을 제한할 수 없다는 것이지, 변호인과의 접견 자체에 대해 아무런 제한도 가할 수 없다는 것을 의미하는 것이 아니다(2011.5.26. 2009헌마341).

274 【O】 2012.3.29. 2010헌마475

275 【X】 접견내용을 녹음·녹화하는 경우 수용자 및 그 상대방에게 그 사실을 말이나 서면 등으로 알려주어야 하고 취득된 접견기록물은 법령에 의해 보호·관리되고 있으므로 사생활의 비밀과 자유에 대한 침해를 최소화하는 수단이 마련되어 있다는 점, 청구인이 나눈 **접견내용에 대한 사생활의 비밀로서의 보호가치에 비해 증거인멸의 위험을 방지하고 교정시설 내의 안전과 질서유지에 기여하려는 공익이 크고 중요하다는 점**에 비추어 볼 때, 이 사건 **접견참여·기록이 청구인의 사생활의 비밀과 자유를 침해하였다고 볼 수 없다**(2014.9.25. 2012헌마523).

276 【O】 2015.12.23. 2013헌마712

277

민사재판을 받는 수형자에게 재소자용 의류를 착용하게 하는 것은 재판부나 소송관계자들에게 불리한 심증을 줄 수 있으므로, 수형자의 공정한 재판을 받을 권리를 침해한다. (O/×)

278

수형자와 소송대리인인 변호사와의 접견 시간은 일반 접견과 동일하게 회당 30분 이내로, 횟수는 다른 일반 접견과 합하여 월 4회로 제한하고 있는 구 「형의 집행 및 수용자의 처우에 관한 법률」 및 동법 시행령 등의 규정은 이에 대해 폭넓은 예외를 인정함으로써 그로 인한 피해를 최소화할 수 있는 장치를 마련하고 있으므로 수형자의 재판청구권을 침해하는 것이 아니다. (O/×)

279

종교집회는 수형자의 교정·교화뿐 아니라 교정시설의 안전과 질서유지에 기여하므로 종교집회에 참석할 수 있는 기회는 형이 확정된 수형자뿐 아니라 미결수용자에게도 인정되어야 한다. (O/×)

280

전면적·획일적으로 수형자의 선거권을 제한하는 「공직선거법」 등 관련 규정에 대하여 헌법불합치 결정이 선고되었으며, 개정된 현행법은 3년 이상의 금고형 이상을 선고받은 수형자의 선거권을 박탈하도록 되어 있다. (O/×)

281

교정시설의 1인당 수용면적이 수형자의 인간으로서의 기본욕구에 따른 생활조차 어렵게 할 만큼 지나치게 협소하더라도 교정시설의 형편상 불가피한 것이라면 인간의 존엄과 가치를 침해 하는 것이 아니다. (O/×)

---

277 【X】 민사재판에서 법관이 당사자의 복장에 따라 불리한 심증을 갖거나 불공정한 재판진행을 하게 되는 것은 아니므로, 심판대상조항이 민사재판의 당사자로 출석하는 수형자에 대하여 사복착용을 불허하는 것으로 공정한 재판을 받을 권리가 침해되는 것은 아니다. 수형자가 민사법정에 출석하기까지 교도관이 반드시 동행하여야 하므로 수용자의 신분이 드러나게 되어 있어 재소자용 의류를 입었다는 이유로 인격권과 행복추구권이 제한되는 정도는 제한적이고, 형사법정 이외의 법정 출입 방식은 미결수용자와 교도관 전용 통로 및 시설이 존재하는 형사재판과 다르며, 계호의 방식과 정도도 확연히 다르다. 따라서 심판대상조항이 **민사재판에 출석하는 수형자에 대하여 사복착용을 허용하지 아니한 것은 청구인의 인격권과 행복추구권을 침해하지 아니한다**(2015.12.23. 2013헌마712).

278 【X】 수형자와 소송대리인인 변호사와의 접견 시간은 일반 접견과 동일하게 회당 30분 이내로, 횟수는 다른 일반 접견과 합하여 월 4회로 제한하고 있는 구 「형의 집행 및 수용자의 처우에 관한 법률」 및 동법 시행령 등의 규정은 법률전문가인 변호사와의 소송상담의 특수성을 고려하지 않고 소송대리인 변호사와의 접견을 그 성격이 전혀 다른 일반 접견에 포함시켜 접견 시간 및 횟수를 제한함으로써 **수형자의 재판청구권을 침해한다**(2015.11.26. 2012헌마858)

279 【O】 2014.6.26. 2012헌마782

280 【X】 전면적·획일적으로 수형자의 선거권을 제한하는 「공직선거법」 등 관련 규정에 대하여 헌법불합치 결정이 선고되었으며(2014.1.28. 2012헌마409 등), 개정된 현행법은 **1년 이상**의 금고형 이상을 선고받은 수형자의 선거권을 박탈하도록 되어 있다.

281 【X】 교정시설의 1인당 수용면적이 수형자의 인간으로서의 기본욕구에 따른 생활조차 어렵게 할 만큼 지나치게 협소하다면, 이는 그 자체로 국가형벌권 행사의 한계를 넘어 **수형자의 인간의 존엄과 가치를 침해하는 것이다**(2016.12.29. 2013헌마142).

282 ↻ 1 2 3

유치인들이 경찰서 유치장에 수용되어 있는 동안 차폐시설이 불충분하여 사용과정에서 신체부위가 다른 유치인들이나 경찰관들에게 관찰될 수 있고, 냄새가 유출되는 유치실 내 화장실을 사용하도록 강제되었더라도 이는 유치인들의 자살이나 자해방지, 환자의 신속한 발견 등 감시와 보호 목적을 달성하기 위한 것이므로 인격권을 침해하는 것이 아니다. (O/×)

283 ↻ 1 2 3

수용자의 기본권 제한을 최소화하기 위하여 특정부분을 확대하거나 정밀하게 촬영할 수 없는 CCTV를 설치하고, 화장실 문의 창에 불투명재질의 종이를 부착하였으며, 녹화된 영상정보의 무단유출 방지를 위한 시스템을 설치하였더라도 교정시설 내 수용자를 상시적으로 시선계호할 목적으로 CCTV가 설치된 거실에 수용하는 것은 인간으로서의 존엄과 가치 및 사생활의 비밀과 자유를 침해하는 것이다. (O/×)

284 ↻ 1 2 3

수용자가 밖으로 내보내는 서신을 봉함하지 않은 상태로 교정시설에 제출하도록 규정하고 있는 관련 규정의 본래의 목적은, 교도관이 수용자의 면전에서 서신에 금지물품이 들어 있는지를 확인하고 수용자로 하여금 서신을 봉함하게 하는 방법, 봉함된 상태로 제출된 서신을 X-ray 검색기 등으로 확인한 후 의심이 있는 경우에만 개봉하여 확인하는 방법, 서신에 대한 검열이 허용되는 경우에만 무봉함 상태로 제출하도록 하는 방법 등으로도 얼마든지 달성할 수 있다고 할 것이므로 수용자인 청구인의 통신비밀의 자유를 침해하는 것이다. (O/×)

285 ↻ 1 2 3

수형자의 기본권 제한에 대한 구체적인 한계는 헌법 제37조 제2항에 따라 법률에 의하여 구체적인 자유·권리의 내용과 성질, 그 제한의 태양과 정도 등을 교량하여 설정하게 되며, 수용시설 내의 안전과 질서를 유지하기 위하여 이들 기본권의 일부 제한이 불가피하다 하더라도 그 본질적인 내용을 침해하거나, 목적의 정당성, 방법의 적정성, 피해의 최소성 및 법익의 균형성 등을 의미하는 과잉금지의 원칙에 위배되어서는 안 된다. (O/×)

---

282 【×】 유치인들이 경찰서 유치장에 수용되어 있는 동안 차폐시설이 불충분하여 사용과정에서 신체부위가 다른 유치인들이나 경찰관들에게 관찰될 수 있고, 냄새가 유출되는 유치실 내 화장실을 사용하도록 강제되었다면, **비인도적·굴욕적일 뿐만 아니라 동시에 비록 건강을 침해할 정도는 아니라고 할지라도 헌법 제10조의 인간의 존엄과 가치로부터 유래하는 인격권을 침해한다**(2001.7.19. 2000헌마546).

283 【×】 ○○구치소장은 형집행법 등에서 규정한 바에 따라 수용자의 사생활의 비밀과 자유에 대한 제한을 최소화하기 위하여 특정부분을 확대하거나 정밀하게 촬영할 수 없는 CCTV를 설치하였고, 화장실 문의 창에 불투명재질의 종이를 부착하였으며, 녹화된 영상정보의 무단유출 방지를 위한 영상시스템 운영계획을 실시하는 등의 조치를 취하였다. 교정시설 내 수용자를 상시적으로 시선계호할 인력 확보가 불가능한 현실에서 응급상황이 발생하는 경우 신속하게 이를 파악하고 응급조치를 실행하기 위하여는 CCTV를 이용한 계호 외에 다른 효과적인 방법을 찾기 어렵다. 나아가 교정시설 내 자살·자해 등의 사고는 수용자 본인 및 다른 수용자들에게 중대한 부정적 영향을 끼칠 수 있고, 교정정책 전반에 대한 불신을 야기할 수도 있다는 점에서 이를 방지할 필요성이 매우 크다. 따라서 **이 사건 CCTV 계호가 청구인의 사생활의 비밀과 자유를 과도하게 제한하는 것으로 볼 수 없다**(2016.4.28. 2012헌마549).

284 【O】 2012.2.23. 2009헌마333
285 【O】 2004.12.16. 2002헌마478

286

수형자인 청구인이 헌법소원 사건의 국선대리인인 변호사를 접견함에 있어서 그 접견내용을 녹음, 기록한 피청구인의 행위는 청구인의 재판을 받을 권리를 침해한다. (O/×)

287

수용거실의 지정은 교도소장의 재량적 판단사항이며 수용자에게 수용거실의 변경을 신청할 권리 내지 특정 수용거실에 대한 신청권이 있다고 볼 수 없으므로 교도소장의 독거수용 거부는 헌법소원심판의 대상이 되는 공권력의 행사에 해당하지 아니한다. (O/×)

288

금치 처분을 받은 수형자에 대한 절대적인 운동의 금지는 징벌의 목적을 고려하더라도 그 수단과 방법에 있어서 필요한 최소한도의 범위를 벗어난 것으로서, 수형자의 헌법 제10조의 인간의 존엄과 가치 및 제12조의 신체의 자유를 침해하는 정도에 이르렀다. (O/×)

289

금치처분을 받은 사람에 대하여 실외운동을 원칙적으로 금지하고, 다만 소장의 재량에 의하여 이를 예외적으로 허용하는 것은 수용자의 정신적·신체적 건강에 필요 이상의 불이익을 가하고 있어 수용자의 신체의 자유를 침해한다. (O/×)

290

금치처분을 받은 사람에 대하여 금치기간 동안 공동행사 참가를 제한하더라도, 서신수수, 접견을 통해 외부와 통신할 수 있고, 종교상담을 통해 종교활동을 할 수 있으면 종교의 자유를 침해하지 않는다. (O/×)

291

금치기간 중 신문·도서·잡지 외 자비구매물품의 사용을 제한하는 형집행법 제112조 제3항 본문 중 제108조 제7호의 신문·도서·잡지 외 자비구매물품에 관한 부분이 청구인의 일반적 행동의 자유를 침해하지 아니한다. (O/×)

292

변호사와 접견하는 경우에도 수용자의 접견을 원칙적으로 접촉차단시설이 설치된 장소에서 하도록 규정한 것은 과잉금지원칙에 위배하여 수용자의 재판청구권을 침해한다. (O/×)

---

286 【O】 2013.9.26. 2011헌마398
287 【O】 2013.8.29. 2012헌마886
288 【O】 2004.12.16. 2002헌마478
289 【O】 2016.5.26. 2014헌마45
290 【O】 2016.5.26. 2014헌마45
291 【O】 2016.5.26. 2014헌마45
292 【O】 2013.8.29. 2011헌마122

293
1년 이상의 징역의 형의 선고를 받고 그 집행이 종료되지 아니한 사람의 선거권을 제한하는 것은, 과잉금지원칙의 위반을 이유로 선거권을 침해하지 않는다. (O/×)

294
교도소 측에서 상대방이 변호인이라는 사실을 확인할 수 없더라도 미결수용자와 변호인 사이의 서신은 원칙적으로 그 비밀을 보장받을 수 있다. (O/×)

295
미결수용자와 변호인 사이의 서신으로서 그 비밀을 보장받기 위하여는 서신을 통하여 마약 등 소지금지품의 반입을 도모한다든가 그 내용에 도주·증거인멸 등에 관한 내용이 기재되어 있다고 의심할 만한 합리적인 이유가 있는 경우가 아니어야 한다. (O/×)

296
교도소 내 엄중격리대상자에 대한 동행계호행위는 신체의 자유 등을 침해하는 것이 아니다. (O/×)

297
검사조사실에 소환되어 피의자신문을 받을 때 포승으로 팔과 상반신을 묶고 양손에 수갑을 채운 상태에서 피의자조사를 받도록 한 것은 신체의 자유를 침해하는 것이다. (O/×)

298
금치처분을 받은 자에 대한 접견, 서신수발을 금지한 행형법 시행령 제145조는 헌법에 위반되지 않으나 운동을 금지한 행형법 시행령 제145조는 신체의 자유 침해이다. (O/×)

---

293 【O】 2017.5.25. 2016헌마292·568(병합)
294 【X】 미결수용자와 변호인 사이의 서신으로서 그 비밀을 보장받기 위하여는, 첫째, 교도소측에서 상대방이 변호인이라는 사실을 확인할 수 있어야 하고, 둘째, 서신을 통하여 마약 등 소지금지품의 반입을 도모한다든가 그 내용에 도주·증거인멸·수용시설의 규율과 질서의 파괴·기타 형벌법령에 저촉되는 내용이 기재되어 있다고 의심할 만한 합리적인 이유가 있는 경우가 아니어야 한다(1995.7.21. 92헌마144).
295 【O】 1995.7.21. 92헌마144
296 【O】 2008.5.29. 2005헌마137
297 【O】 2005.5.26. 2004헌마49
298 【O】 2004.12.16. 2002헌마478

☑ 최신판례 예상지문

001 🔄 ① ② ③

형법상의 수뢰죄를 범한 사람에게 수뢰액의 2배 이상 5배 이하의 벌금을 병과하도록 규정한 '특정범죄 가중처벌 등에 관한 법률' 조항은 책임과 형벌의 비례원칙에 위배된다. (O/×)

002 🔄 ① ② ③

'거짓이나 그 밖의 부정한 방법으로' 이 법에 따른 보호 또는 지원을 받아 재물이나 재산상의 이익을 받은 경우 이를 필요적으로 몰수·추징하도록 규정하고 있는 '북한이탈주민의 보호 및 정착지원에 관한 법률' 조항이 과잉금지원칙에 위배된다. (O/×)

---

001 【×】형법상의 수뢰죄를 범한 사람에게 수뢰액의 2배 이상 5배 이하의 벌금을 병과하도록 규정한 '특정범죄 가중처벌 등에 관한 법률' 조항이 책임과 형벌의 비례원칙에 위배되는지 여부(소극) (헌재 2017.7.27. 2016헌바42 [전원재판부]) - 징역형 위주의 처벌규정은 수뢰죄의 예방 및 척결에 미흡하여 큰 실효를 거두지 못하여 왔고, 범죄 수익을 소비 또는 은닉한 경우 몰수·추징형의 집행이 불가능할 수 있고, 범죄수익의 박탈만으로는 범죄의 근절에 충분하지 않을 수 있다는 점까지 고려하여 징역형 뿐 아니라 벌금형을 필요적으로 병과하는 심판대상조항을 도입한 입법자의 결단은 입법재량의 한계를 벗어난 것이라고 단정할 수 없다. 수뢰액은 죄의 경중을 가늠하는 중요한 기준 가운데 하나이며, 불법의 정도를 드러낼 수 있는 가장 보편적인 징표인바, 수뢰액이 증가하면 범죄에 대한 비난가능성도 일반적으로 높아진다고 할 수 있으므로 수뢰액을 기준으로 벌금을 산정하는 것 역시 책임을 벗어난 형벌이라고 보기 어렵다. 벌금형을 수뢰액의 2배 이상 5배 이하 사이에서 정하도록 한 것도, 수뢰액에 따라 수뢰행위의 가벌성의 정도를 달리 평가하고 그에 상응하도록 벌금형의 액수에 차이를 두고자 한 것이므로 책임에 상응하는 형벌의 선고가 불가능한 것도 아니다. 심판대상조항이 특가법 적용을 받는 수뢰죄뿐 아니라 형법 적용을 받는 수뢰죄에도 벌금형을 필요적으로 병과하도록 하였다 하더라도 형벌과 책임 사이의 비례관계를 벗어난 것이라고 할 수 없다. 결국, 심판대상조항이 그 범죄의 죄질 및 이에 따른 행위자의 책임에 비하여 지나치게 가혹한 것이어서 형벌과 책임 간의 비례원칙에 위배되었다고 볼 수 없다.

002 【×】'거짓이나 그 밖의 부정한 방법으로' 이 법에 따른 보호 또는 지원을 받아 재물이나 재산상의 이익을 받은 경우 이를 필요적으로 몰수·추징하도록 규정하고 있는 '북한이탈주민의 보호 및 정착지원에 관한 법률' 조항이 과잉금지원칙에 위배되는지 여부(소극) (헌재 2017.8.31. 2015헌가22) - 북한이탈주민의 정착을 위한 한정된 예산을 일관되고 안정적으로 집행하기 위해서는 지원금이 부정한 방법으로 지급되지 않도록 방지하여야 하고, 부당하게 집행된 경우에는 이를 회수하여 재정건전성을 유지하여야 한다. 그러므로 그 사용된 방법의 불법성 정도를 불문하고 필요적으로 몰수·추징을 하도록 정하였더라도 입법의 한계를 벗어난 것이라고 단정할 수 없다. 또한 부당하게 지원받은 금액에 한하여 몰수·추징하는 데 그치고, 범행으로 이득을 취한 바 없는 경우까지 몰수·추징할 수 있는 것은 아니므로, 심판대상조항이 행위에 비하여 책임이 과중한 것이라고 보기도 어렵다. 그러므로 심판대상조항이 과잉금지원칙에 위배된다고 볼 수 없다.

003 ⟳ ① ② ③

1억 원 이상의 벌금형을 선고하는 경우 노역장유치기간의 하한을 정한 형법조항은 과잉금지원칙에 반하여 청구인들의 신체의 자유를 침해한다.
(O/×)

004 ⟳ ① ② ③

노역장유치조항을 시행일 이후 최초로 공소제기되는 경우부터 적용하도록 한 형법 부칙조항은 형벌불소급원칙에 위반되지 않는다.
(O/×)

005 ⟳ ① ② ③

어린이집이 시·도지사가 정한 수납한도액의 범위를 넘어 필요경비를 수납한 경우 시정 또는 변경을 명할 수 있는데, 이 시정 또는 변경 명령 조항의 내용으로 환불명령을 명시적으로 규정하지 않은 영유아보육법조항이 명확성원칙에 위배되지 않는다.
(O/×)

---

003 【×】 1억 원 이상의 벌금형을 선고하는 경우 노역장유치기간의 하한을 정한 형법조항이 과잉금지원칙에 반하여 청구인들의 신체의 자유를 침해하는지 여부(소극) (헌재 2017.10.26. 2015헌바239, [전원재판부]) - 벌금에 비해 노역장유치기간이 지나치게 짧게 정해지면 경제적 자력이 충분함에도 고액의 벌금 납입을 회피할 목적으로 복역하는 자들이 있을 수 있으므로, 벌금 납입을 심리적으로 강제할 수 있는 최소한의 유치기간을 정할 필요가 있다. 또한 고액 벌금에 대한 유치기간의 하한을 법률로 정해두면 1일 환형유치금액 간에 발생하는 불균형을 최소화할 수 있다. 노역장유치조항은 주로 특별형법상 경제범죄 등에 적용되는데, 이러한 범죄들은 범죄수익의 박탈과 함께 막대한 경제적 손실을 가하지 않으면 범죄의 발생을 막기 어렵다. 노역장유치조항은 벌금 액수에 따라 유치기간의 하한이 증가하도록 하여 범죄의 경중이나 죄질에 따른 형평성을 도모하고 있고, 노역장유치기간의 상한이 3년인 점과 선고되는 벌금 액수를 고려하면 그 하한이 지나치게 장기라고 보기 어렵다. 또한 노역장유치조항은 유치기간의 하한을 정하고 있을 뿐이므로 법관은 그 범위 내에서 다양한 양형요소들을 고려하여 1일 환형유치금액과 노역장유치기간을 정할 수 있다. 이러한 점들을 종합하면 노역장유치조항은 과잉금지원칙에 반하여 청구인들의 신체의 자유를 침해한다고 볼 수 없다.

004 【×】 노역장유치조항을 시행일 이후 최초로 공소제기되는 경우부터 적용하도록 한 형법 부칙조항이 형벌불소급원칙에 위반되는지 여부(적극) (헌재 2017.10.26. 2015헌바239, [전원재판부]) - 형벌불소급원칙에서 의미하는 '처벌'은 형법에 규정되어 있는 형식적 의미의 형벌 유형에 국한되지 않으며, 범죄행위에 따른 제재의 내용이나 실제적 효과가 형벌적 성격이 강하여 신체의 자유를 박탈하거나 이에 준하는 정도로 신체의 자유를 제한하는 경우에는 형벌불소급원칙이 적용되어야 한다. 노역장유치는 그 실질이 신체의 자유를 박탈하는 것으로서 징역형과 유사한 형벌적 성격을 가지고 있으므로 형벌불소급원칙의 적용대상이 된다. 노역장유치조항은 1억 원 이상의 벌금형을 선고받는 자에 대하여 유치기간의 하한을 중하게 변경시킨 것이므로, 이 조항 시행 전에 행한 범죄행위에 대해서는 범죄행위 당시에 존재하였던 법률을 적용하여야 한다. 그런데 부칙조항은 노역장유치조항의 시행 전에 행해진 범죄행위에 대해서도 공소제기의 시기가 노역장유치조항의 시행 이후이면 이를 적용하도록 하고 있으므로, 이는 범죄행위 당시 보다 불이익한 법률을 소급 적용하도록 하는 것으로서 헌법상 형벌불소급원칙에 위반된다.

005 【O】 어린이집이 시·도지사가 정한 수납한도액의 범위를 넘어 필요경비를 수납한 경우 시정 또는 변경을 명할 수 있는데, 이 시정 또는 변경 명령 조항의 내용으로 환불명령을 명시적으로 규정하지 않은 영유아보육법조항이 명확성원칙에 위배되는지 여부(소극) (헌재 2017.12.28. 2016헌바249) - '시정 또는 변경' 명령은 '영유아보육법 제38조 위반행위에 대하여 그 위법사실을 시정하도록 함으로써 정상적인 법질서를 회복하는 것을 목적으로 행해지는 행정작용'으로, 여기에는 과거의 위반행위로 인하여 취득한 필요경비 한도 초과액에 대한 환불명령도 포함됨을 어렵지 않게 예측할 수 있다. 따라서 심판대상조항은 명확성원칙에 위배되지 않는다.

006

취소소송 등의 제기 시 집행정지의 요건으로 규정한 '회복하기 어려운 손해' 및 '긴급한 필요' 부분을 규정한 행정소송법 조항은 명확성원칙에 위배된다. (O/×)

007

"외국인을 위하여 제12조제1항에 규정된 죄를 범한 경우에는 그 죄에 해당하는 형의 2분의 1까지 가중처벌한다."는 군사기밀보호법 조항 중 '외국인을 위하여' 부분은 그 의미가 불명확하여 죄형법정주의의 명확성원칙에 위배되지 않는다. (O/×)

008

독립행위가 경합하여 상해의 결과를 발생하게 한 경우 원인된 행위가 판명되지 아니한 때에는 공동정범의 예에 의하도록 규정한 형법 제263조가 책임주의원칙에 위반된다. (O/×)

---

006 【X】 취소소송 등의 제기 시 집행정지의 요건으로 규정한 '회복하기 어려운 손해' 및 '긴급한 필요' 부분을 규정한 행정소송법 조항이 명확성원칙에 위배되는지 여부(소극) (헌재 2018.1.25. 2016헌바208) - 이 사건 집행정지 요건 조항에서 집행정지 요건으로 규정한 '회복하기 어려운 손해'는 대법원 판례에 의하여 '특별한 사정이 없는 한 금전으로 보상할 수 없는 손해로서 이는 금전보상이 불능인 경우 내지는 금전보상으로는 사회관념상 행정처분을 받은 당사자가 참고 견딜 수 없거나 또는 참고 견디기가 현저히 곤란한 경우의 유형, 무형의 손해'를 의미한 것으로 해석할 수 있고, '긴급한 필요'란 손해의 발생이 시간상 임박하여 손해를 방지하기 위해서 본안판결까지 기다릴 여유가 없는 경우를 의미하는 것으로, 법관의 법 보충작용을 통한 판례에 의하여 합리적으로 해석할 수 있고, 자의적인 법해석의 위험이 있다고 보기 어려우므로 명확성 원칙에 위배되지 않는다.

007 【O】 "외국인을 위하여 제12조제1항에 규정된 죄를 범한 경우에는 그 죄에 해당하는 형의 2분의 1까지 가중처벌한다."는 군사기밀보호법 조항 중 '외국인을 위하여' 부분이 불명확하여 죄형법정주의의 명확성원칙에 위배되는지 여부(소극) (헌재 2018.1.25. 2015헌바367) - 외국인 가중처벌 조항의 문언적 의미, 입법취지나 목적, 입법연혁, 법규범의 체계적 구조 등에 비추어 볼 때, 건전한 상식과 통상적인 법 감정을 가진 사람이라면 외국인 가중처벌 조항 중 "외국인을 위하여"의 의미는 '외국인에게 군사적이거나 경제적이거나를 불문하고 일체의 유·무형의 이익 내지는 도움이 될 수 있다는, 즉 외국인을 이롭게 할 수 있다는 인식 내지는 의사'를 의미한다고 충분히 알 수 있으므로, 외국인 가중처벌 조항에 의하여 금지된 행위가 무엇인지 불명확하다고 볼 수 없다. 따라서 외국인 가중처벌 조항은 죄형법정주의의 명확성원칙에 위반되지 아니한다.

008 【X】 독립행위가 경합하여 상해의 결과를 발생하게 한 경우 원인된 행위가 판명되지 아니한 때에는 공동정범의 예에 의하도록 규정한 형법 제263조가 책임주의원칙에 위반되는지 여부(소극) (헌재 2018.3.29. 2017헌가10) - 심판대상조항을 적용하기 위하여 검사는 실제로 발생한 상해를 야기할 수 있는 구체적인 위험성을 가진 가해행위의 존재를 입증하여야 하므로 이를 통하여 상해의 결과에 대하여 아무런 책임이 없는 피고인이 심판대상조항으로 처벌되는 것을 막을 수 있고, 피고인도 자신의 행위와 상해의 결과 사이에 개별 인과관계가 존재하지 않음을 입증하여 상해의 결과에 대한 책임에서 벗어날 수 있다. 또한 법관은 피고인이 가해행위에 이르게 된 동기, 가해행위의 태양과 폭력성의 정도, 피해 회복을 위한 피고인의 노력 정도 등을 모두 참작하여 피고인의 행위에 상응하는 형을 선고하므로, 가해행위자는 자신의 행위를 기준으로 형사책임을 부담한다. 이러한 점을 종합하여 보면, 심판대상조항은 책임주의원칙에 반한다고 볼 수 없다.

009 🔄 ① ② ③

모의총포의 기준을 구체적으로 정한 '총포·도검·화약류 등의 안전 관리에 관한 법률' 시행령 조항에서 '범죄에 악용될 소지가 현저한 것'부분이 명확성원칙에 위반되지 않는다. (O/×)

010 🔄 ① ② ③

'특정범죄 가중처벌 등에 관한 법률' 상 밀수입 예비행위를 본죄에 준하여 처벌하는 조항은 입법형성권의 한계를 일탈한 것이 아니다. (O/×)

011 🔄 ① ② ③

자신이 투약하기 위해 마약류관리법 제2조 제3호 가목에 해당하는 향정신성의약품을 매수하는 경우에도 '무기 또는 5년 이상의 징역'의 법정형으로 처벌하도록 한 마약류관리법조항은 비례원칙에 위반된다. (O/×)

---

009 【O】 모의총포의 기준을 구체적으로 정한 '총포·도검·화약류 등의 안전 관리에 관한 법률' 시행령 조항에서 '범죄에 악용될 소지가 현저한 것'부분이 명확성원칙에 위반되는지 여부(소극) (헌재 2018.5.31. 2017헌마167) - '범죄에 악용될 소지가 현저한 것'은 진정한 총포로 오인·혼동되어 위협 수단으로 사용될 정도로 총포와 모양이 유사한 것을 의미하고, '인명·신체상 위해를 가할 우려가 있는 것'은 사람에게 상해나 사망의 결과를 가할 우려가 있을 정도로 진정한 총포의 기능과 유사한 것을 의미한다. 따라서 이 사건 시행령조항은 문언상 그 의미가 명확하므로, 죄형법정주의 명확성원칙에 위반되지 않는다.

010 【X】 '특정범죄 가중처벌 등에 관한 법률' 상 밀수입 예비행위를 본죄에 준하여 처벌하는 조항은 책임과 형벌 사이의 비례성원칙 및 형벌 체계상의 균형성과 평등원칙에 위반되는지 여부(적극) (헌재 2019.2.28. 2016헌가13) - (1) 위험성이 미약한 예비행위까지도 본죄에 준하여 처벌하도록 하고 있어 행위자의 책임을 넘어서는 형벌이 부과되는 결과가 발생한다. 따라서 심판대상조항은 구체적 행위의 개별성과 고유성을 고려한 양형판단의 가능성을 배제하는 가혹한 형벌로서 책임과 형벌 사이의 비례성의 원칙에 위배된다. (2) 조세포탈범의 경우에는 특가법에서 예비죄에 대한 별도의 처벌규정을 두고 있지 아니한 점에 비추어 밀수입의 예비죄에 대해서만 과중한 처벌을 해야 할 필요가 있는지 의문이다. 내란, 내란목적살인, 외환유치, 여적 예비나 살인 예비죄의 법정형이 심판대상조항이 적용되는 밀수입 예비보다 도리어 가볍다는 점에 비추어 보면, 심판대상조항은 형벌체계의 균형성에 반하여 헌법상 평등원칙에 어긋난다.

011 【X】 자신이 투약하기 위해 마약류관리법 제2조 제3호 가목에 해당하는 향정신성의약품을 매수하는 경우에도 '무기 또는 5년 이상의 징역'의 법정형으로 처벌하도록 한 마약류관리법조항은 비례원칙에 위반되는지 여부(소극) (헌재 2019.2.28. 2017헌바229) - 책임과 형벌 간의 비례원칙 : 심판대상조항의 법정형의 하한이 5년이어서 법률상 감경이나 작량감경을 하게 되면 집행유예가 가능하므로, 죄질이 경미하고 비난가능성이 적은 구체적인 사안의 경우 법관의 양형 단계에서 그 책임에 상응하는 형벌이 부과될 수 있다. 따라서 심판대상조항이 죄질과 책임에 비해 형벌이 지나치게 무거워 비례원칙에 위반하였다고 볼 수 없다.

012 🔄 1 2 3
법인의 대리인·사용인 기타의 종업원이 그 법인의 업무에 관하여 근로자가 노동조합을 조직 또는 운영하는 것을 지배하거나 이에 개입하는 행위를 한 때에는 그 법인에 대하여도 벌금형을 과하도록 한 '노동조합 및 노동관계조정법' 조항은 책임주의 원칙에 위반되지 않는다. (O/X)

013 🔄 1 2 3
유사군복의 판매 목적 소지를 금지하고 이를 위반한 경우 형사처벌하는 '군복 및 군용장구의 단속에 관한 법률' 조항은 죄형법정주의의 명확성원칙에 위배되지 않는다. (O/X)

014 🔄 1 2 3
법인의 대표자 등이 법인의 재산을 국외로 도피한 경우 행위자를 벌하는 외에 그 법인에도 도피액의 2배 이상 10배 이하에 상당하는 벌금형을 과하는 '특정경제범죄 가중처벌 등에 관한 법률' 조항은 책임주의에 위반된다. (O/X)

---

012 【X】 법인의 대리인·사용인 기타의 종업원이 그 법인의 업무에 관하여 근로자가 노동조합을 조직 또는 운영하는 것을 지배하거나 이에 개입하는 행위를 한 때에는 그 법인에 대하여도 벌금형을 과하도록 한 '노동조합 및 노동관계조정법' 조항은 책임주의 원칙에 위반되는지 여부(적극) (헌재 2019.4.11. 2017헌가30) - 심판대상조항은 종업원 등의 범죄행위에 관하여 비난할 근거가 되는 법인의 의사결정 및 행위구조, 즉 종업원 등이 저지른 행위의 결과에 대한 법인의 독자적인 책임에 관하여 전혀 규정하지 않은 채, 단순히 법인이 고용한 종업원 등이 업무에 관하여 범죄행위를 하였다는 이유만으로 법인에 대하여 형벌을 부과하도록 정하고 있는바, 이는 다른 사람의 범죄에 대하여 그 책임 유무를 묻지 않고 형사처벌하는 것이므로 헌법상 법치국가원리로부터 도출되는 책임주의원칙에 위배된다.
[유사판례] 법인의 대리인·사용인 기타의 종업원이 그 법인의 업무에 관하여 적재량 측정 방해행위를 하면 곧바로 그 법인에게도 종업원 등에 대한 처벌 조항에 규정된 벌금형을 과하도록 한 도로법 규정은 책임주의원칙에 위배된다.(헌재 2020.6.25. 2020헌가7)
[비교판례] 법인의 대표자가 그 법인의 업무에 관하여 '노동조합 및 노동관계조정법' 제81조 제1호를 위반하여 부당노동행위를 한 때에는 그 법인에 대하여도 벌금형을 과하도록 한 '노동조합 및 노동관계조정법' 조항은 법인의 직접책임을 근거로 하여 법인을 처벌하는 것이므로 책임주의원칙에 위배되지 않는다.(헌재 2020.4.23. 2019헌가25)

013 【O】 유사군복의 판매 목적 소지를 금지하고 이를 위반한 경우 형사처벌하는 '군복 및 군용장구의 단속에 관한 법률' 조항이 죄형법정주의 명확성원칙에 위배되는지 여부(소극) (헌재 2019.4.11. 2018헌가14) - (1) 심판대상조항의 입법취지가 군인 아닌 자의 군 작전 방해 등으로 인한 국방력 약화 방지에 있음을 고려할 때, 유사군복이란 일반인의 눈으로 볼 때 군인이 착용하는 군복이라고 오인할 정도로 형태·색상·구조 등이 극히 비슷한 물품을 의미한다. 건전한 상식과 통상적인 법 감정을 가진 사람은 '군복 및 군용장구의 단속에 관한 법률'상 판매목적 소지가 금지되는 '유사군복'에 어떠한 물품이 해당하는지를 예측할 수 있으므로 심판대상조항은 죄형법정주의 명확성원칙에 위반되지 아니한다. (2) 군인 아닌 자가 유사군복을 입고 군인임을 사칭하여 군인에 대한 국민의 신뢰를 실추시키는 행동을 하는 등 군에 대한 신뢰 저하 문제로 이어져 향후 발생할 국가안전보장상의 부작용을 상정해볼 때, 심판대상조항이 과잉금지원칙을 위반하여 직업의 자유 내지 일반적 행동의 자유를 침해한다고 볼 수 없다.

014 【X】 법인의 대표자 등이 법인의 재산을 국외로 도피한 경우 행위자를 벌하는 외에 그 법인에도 도피액의 2배 이상 10배 이하에 상당하는 벌금형을 과하는 '특정경제범죄 가중처벌 등에 관한 법률' 조항은 책임주의에 위반되어 위헌인지 여부(소극) (헌재 2019.4.11. 2015헌바443) - 법인의 대표자 관련 부분은 법인의 직접책임을 근거로 하여 법인을 처벌하고, 심판대상조항 중 법인의 대리인, 사용인, 그 밖의 종업원 관련 부분은 법인의 과실책임에 기초하여 법인을 처벌하므로, 책임주의에 위반되지 않는다.

015

선거운동을 위한 호별방문금지 규정에도 불구하고 '관혼상제의 의식이 거행되는 장소와 도로·시장·점포·다방·대합실 기타 다수인이 왕래하는 공개된 장소'에서의 지지호소를 허용하는 공직선거법조항은 죄형법정주의 명확성원칙에 위반된다. (O/×)

016

새마을금고 임원 선거 운동을 위하여 '새마을금고의 정관으로 정하는 기간 중에' 회원의 호별방문 행위 등을 한 자를 처벌하는 새마을금고법조항은 죄형법정주의에 위반된다. (O/×)

017

금융회사 등의 임직원이 그 직무에 관하여 수수, 요구 또는 약속한 금품 기타 이익의 가액이 1억 원 이상인 경우 가중처벌하도록 정하고 있는 구 '특정경제범죄 가중처벌 등에 관한 법률' 조항은 책임과 형벌 간의 비례원칙에 위배되고 형벌체계상의 균형을 상실하여 평등원칙에 위배된다. (O/×)

---

015 【×】 선거운동을 위한 호별방문금지 규정에도 불구하고 '관혼상제의 의식이 거행되는 장소와 도로·시장·점포·다방·대합실 기타 다수인이 왕래하는 공개된 장소'에서의 지지호소를 허용하는 공직선거법조항이 죄형법정주의 명확성원칙에 위반되는지 여부(소극) (헌재 2019.5.30. 2017헌바458) - 이 사건 호별방문 조항에도 불구하고 예외적으로 선거운동을 위하여 지지호소를 할 수 있는 '기타 다수인이 왕래하는 공개된 장소'란, 해당 장소의 구조와 용도, 외부로부터의 접근성 및 개방성의 정도 등을 종합적으로 고려할 때 '관혼상제의 의식이 거행되는 장소와 도로·시장·점포·다방·대합실'과 유사하거나 이에 준하여 일반인의 자유로운 출입이 가능한 개방된 곳을 의미한다고 충분히 해석할 수 있다. 따라서 이 사건 지지호소 조항은 죄형법정주의 명확성원칙에 위반된다고 할 수 없다.

016 【O】 자기 또는 특정인을 금고의 임원으로 당선되게 하거나 당선되지 못하게 할 목적으로, '금고의 정관으로 정하는 기간 중에' 회원의 호별방문 행위 등을 한 자를 처벌하는, 새마을금고법조항이 죄형법정주의에 위배되는지 여부(적극) - 형사처벌과 관련되는 주요사항을 헌법이 위임입법의 형식으로 예정하고 있지도 않은 특수법인의 정관에 위임하고 있는데, 이는 사실상 그 정관 작성권자에게 처벌법규의 내용을 형성할 권한을 준 것이나 다름없고, 수범자는 호별방문 등이 금지되는 기간이 구체적으로 언제인지 예측할 수 없으므로 죄형법정주의에 위배된다.

017 【×】 금융회사 등의 임직원이 그 직무에 관하여 수수, 요구 또는 약속한 금품 기타 이익의 가액이 1억 원 이상인 경우 가중처벌하도록 정하고 있는 구 '특정경제범죄 가중처벌 등에 관한 법률' 조항이 책임과 형벌 간의 비례원칙에 위배되는지 여부 및 형벌체계상의 균형을 상실하여 평등원칙에 위배되는지 여부(소극) (헌재 2020.3.26. 2017헌바129) - (1) 수재행위의 경우 수수액이 증가하면서 범죄에 대한 비난가능성도 높아지므로 수수액을 기준으로 단계적 가중처벌을 하는 것에는 합리적 이유가 있다. 그리고 가중처벌의 기준을 1억 원으로 정하면서 징역형의 하한을 10년으로 정한 것은 그 범정과 비난가능성을 높게 평가한 입법자의 합리적 결단에 의한 것인바, 가중처벌조항은 책임과 형벌 간의 비례원칙에 위배되지 아니한다.
(2) 나아가 금융회사 등 임직원에게는 공무원과 맞먹는 정도의 청렴성 및 업무의 불가매수성이 요구되므로, 그 수재행위를 공무원의 수뢰행위와 동일한 법정형으로 처벌한다거나 다른 사인들의 직무 관련 수재행위보다 중하게 처벌한다는 이유만으로 가중처벌조항이 형벌체계상 현저히 균형을 잃은 것으로 평등원칙에 위배된다고 볼 수도 없다.

018 🔄 ①②③
병(兵)에 대한 징계처분으로 일정기간 부대나 함정(艦艇) 내의 영창, 그 밖의 구금장소에 감금하는 영창처분이 가능하도록 규정한 구 군인사법조항은 헌법에 위반된다. (O/×)

019 🔄 ①②③
유사석유제품을 제조하여 조세를 포탈한 자를 처벌하도록 규정한 구 조세범처벌법규정이 이중처벌금지원칙에 위배된다. (O/×)

---

018 【O】 병(兵)에 대한 징계처분으로 일정기간 부대나 함정(艦艇) 내의 영창, 그 밖의 구금장소에 감금하는 영창처분이 가능하도록 규정한 구 군인사법조항이 헌법에 위반되는지 여부(적극) (헌재 2020.9.24. 2017헌바157, [전원재판부]) - (1) 과잉금지원칙에 위반되어 위헌이라는 법정의견 : 심판대상조항은 병의 복무규율 준수를 강화하고, 복무기강을 엄정히 하기 위하여 제정된 것으로 군의 지휘명령체계의 확립과 전투력 제고를 목적으로 하는바, 그 입법목적은 정당하고, 심판대상조항은 병에 대하여 강력한 위하력을 발휘하므로 수단의 적합성도 인정된다. 심판대상조항에 의한 영창처분은 징계처분임에도 불구하고 신분상 불이익 외에 신체의 자유를 박탈하는 것까지 그 내용으로 삼고 있어 징계의 한계를 초과한 점, 심판대상조항에 의한 영창처분은 그 실질이 구류형의 집행과 유사하게 운영되므로 극히 제한된 범위에서 형사상 절차에 준하는 방식으로 이루어져야 하는데, 영창처분이 가능한 징계사유는 지나치게 포괄적이고 기준이 불명확하여 영창처분의 보충성이 담보되고 있지 아니한 점 등에 비추어 심판대상조항은 침해의 최소성 원칙에 어긋난다. 결국 심판대상조항은 법익의 균형성 요건도 충족하지 못하여 심판대상조항은 과잉금지원칙에 위배된다.
(2) 영장주의에 위반되어 위헌이라는 4인의 보충의견 : 심판대상조항에 의한 영창처분은 그 내용과 집행의 실질, 효과에 비추어 볼 때, 그 본질이 사실상 형사절차에서 이루어지는 인신구금과 같이 기본권에 중대한 침해를 가져오는 것으로 헌법 제12조 제1항, 제3항의 영장주의 원칙이 적용된다. 그런데 심판대상조항에 의한 영창처분은 그 과정 어디에도 중립성과 독립성이 보장되는 제3자인 법관이 관여하도록 규정되어 있지 않은 채 인신구금이 이루어질 수 있도록 하고 있어 헌법 제12조 제1항, 제3항의 영장주의의 본질을 침해하고 있다. 따라서 심판대상조항은 헌법 제12조 제1항, 제3항의 영장주의에 위배된다.
[비교판례] 전투경찰순경에 대한 영창처분사건
(1) 4인의 합헌의견(법정의견) : 전투경찰순경에 대한 징계처분으로 영창을 규정하고 있는 구 전투경찰대 설치법 조항이 적법절차원칙 및 과잉금지원칙에 위배되어 전투경찰순경의 신체의 자유를 침해하는지 여부(소극) - 이 사건 영창조항은 적법절차원칙과 과잉금지원칙에 위배되어 전투경찰순경의 신체의 자유를 침해한다고 볼 수 없으므로, 헌법에 위반되지 아니한다.
(2) 5인의 위헌의견 : 이 사건 영창조항이 영장주의 및 과잉금지원칙에 위배되어 헌법에 위반된다.

019 【X】 유사석유제품을 제조하여 조세를 포탈한 자를 처벌하도록 규정한 구 조세범 처벌법규정이 이중처벌금지원칙에 위배되는지 여부(소극) (헌재 2017.7.27. 2012헌바323, [전원재판부]) - 구 '석유 및 석유대체연료 사업법'에 의한 처벌은 유사석유제품을 제조하는 것으로써 구성요건을 충족하는 반면, 심판대상조항에 의한 처벌은 유사석유제품을 제조하여 그에 따른 세금을 포탈할 때 비로소 구성요건에 해당하는 것이므로, 양자는 처벌의 대상이 되는 행위를 달리한다. 따라서 심판대상조항은 이중처벌금지원칙에 위배되지 아니한다.

020 ⟲ ①②③

강제퇴거명령을 받은 사람을 즉시 대한민국 밖으로 송환할 수 없으면 송환할 수 있을 때까지 보호시설에 보호할 수 있도록 규정한 출입국관리법 조항은 과잉금지원칙에 반하여 신체의 자유를 침해한다. (O / ×)

021 ⟲ ①②③

피청구인이 수형자인 청구인에게 행정법정 방청석에서 청구인의 변론 순서가 될 때까지 대기하는 동안 수갑 1개를 착용하도록 한 행위는 과잉금지원칙을 위반하여 청구인의 인격권과 신체의 자유를 침해한다.
(O / ×)

022 ⟲ ①②③

체포영장을 집행하는 경우 필요한 때에는 타인의 주거 등에서 피의자 수사를 할 수 있도록 한 형사소송법조항은 헌법 제16조의 영장주의에 위반된다. (O / ×)

---

020 【X】 강제퇴거명령을 받은 사람을 즉시 대한민국 밖으로 송환할 수 없으면 송환할 수 있을 때까지 보호시설에 보호할 수 있도록 규정한 출입국관리법 조항이 과잉금지원칙에 반하여 신체의 자유를 침해하는지 여부(소극) 및 헌법상 적법절차원칙에 위배되는지 여부(소극) (헌재 2018.2.22. 2017헌가29, [전원재판부]) - 심판대상조항은 외국인의 출입국과 체류를 적절하게 통제하고 조정하여 국가의 안전보장·질서유지 및 공공복리를 도모하기 위한 것으로 입법목적이 정당하다. 강제퇴거대상자를 출국 요건이 구비될 때까지 보호시설에 보호하는 것은 강제퇴거명령의 신속하고 효율적인 집행과 외국인의 출입국·체류관리를 위한 효과적인 방법이므로 수단의 적정성도 인정된다. 강제퇴거대상자의 송환이 언제 가능해질 것인지 미리 알 수가 없으므로, 심판대상조항이 보호기간의 상한을 두지 않은 것은 입법목적 달성을 위해 불가피한 측면이 있다. 보호기간의 상한이 규정될 경우, 그 상한을 초과하면 보호는 해제되어야 하는데, 강제퇴거대상자들이 보호해제 된 후 잠적할 경우 강제퇴거명령의 집행이 현저히 어려워질 수 있고, 그들이 범죄에 연루되거나 범죄의 대상이 될 수도 있다. 강제퇴거대상자는 강제퇴거명령을 집행할 수 있을 때까지 일시적·잠정적으로 신체의 자유를 제한받는 것이며, 보호의 일시해제, 이의신청, 행정소송 및 집행정지 등 강제퇴거대상자가 보호에서 해제될 수 있는 다양한 제도가 마련되어 있다. 따라서 심판대상조항은 침해의 최소성 및 법익의 균형성 요건도 충족한다. 그러므로 심판대상조항은 과잉금지원칙에 위배되어 신체의 자유를 침해하지 아니하고, 헌법상 적법절차원칙에 위반된다고 볼 수 없다.

021 【X】 피청구인이 수형자인 청구인에게 행정법정 방청석에서 청구인의 변론 순서가 될 때까지 대기하는 동안 수갑 1개를 착용하도록 한 행위가 과잉금지원칙을 위반하여 청구인의 인격권과 신체의 자유를 침해하는지 여부(소극) (헌재 2018.7.26. 2017헌마1238, [전원재판부]) - 이 사건 보호장비 사용행위는 수형자가 출정 기회를 이용하여 도주 등 교정사고를 저지르는 것을 예방하기 위한 것으로 그 목적은 정당하고, 위와 같은 보호장비 사용행위는 이러한 목적 달성을 위한 적합한 수단이다. 도주 등 교정사고를 실효적으로 예방하는 것은 불가피한 측면이 있다. 청구인의 변론 순서가 되자 위 수갑을 해제하여 청구인으로 하여금 보호장비를 착용하지 않은 상태에서 변론을 진행할 수 있도록 하였으므로 침해의 최소성 원칙을 준수하였다. 청구인이 행정법정 방청석에서 보호장비를 사용함으로써 영향을 받은 신체의 자유나 인격권의 정도는 제한적인 반면, 행정법정 내 교정사고를 예방하기 위한 공익은 매우 중요하므로 이 사건 보호장비 사용행위는 법익의 균형성 원칙도 준수하였다. 이 사건 보호장비 사용행위는 과잉금지원칙을 위반하여 청구인의 신체의 자유와 인격권을 침해하지 않는다.

022 【O】 체포영장을 집행하는 경우 필요한 때에는 타인의 주거 등에서 피의자 수사를 할 수 있도록 한 형사소송법조항이 헌법 제16조의 영장주의에 위반되는지 여부(적극) (헌재 2018.4.26. 2015헌바370) - 심판대상조항은 체포영장을 발부받아 피의자를 체포하는 경우에 필요한 때에는 영장 없이 타인의 주거 등 내에서 피의자 수사를 할 수 있다고 규정함으로써, 별도로 영장을 발부받기 어려운 긴급한 사정이 있는지 여부를 구별하지 아니하고 피의자가 소재할 개연성만 소명되면 영장 없이 타인의 주거 등을 수색할 수 있도록 허용하고 있다. 이는 체포영장이 발부된 피의자가 타인의 주거 등에 소재할 개연성은 소명되나, 수색에 앞서 영장을 발부받기 어려운 긴급한 사정이 인정되지 않는 경우에도 영장 없이 피의자 수색을 할 수 있다는 것이므로, 영장주의에 위반된다.

023

수사기관이 위치정보 추적자료의 제공을 요청한 경우 법원의 허가를 받도록 하고 있는 것은 영장주의에 위반되지 아니한다.

(O/×)

024

검찰수사관이 피의자신문에 참여한 변호인에게 피의자 후방에 앉으라고 요구한 행위는 변호인인의 변호권을 침해하지 않는다.

(O/×)

025

법원의 수사서류 열람·등사 허용 결정에도 불구하고 검사가 해당 수사서류의 등사를 거부한 것은 변호인의 조력을 받을 권리를 침해한 것이다.

(O/×)

---

023 【O】 수사기관이 위치정보 추적자료의 제공을 요청한 경우, 법원의 허가를 받도록 하고 있는 것이 영장주의에 위반되는지 여부(소극) (헌재 2018.6.28. 2012헌마191) - 위치정보 추적자료 제공요청은 통신비밀보호법이 정한 강제처분에 해당되므로 헌법상 영장주의가 적용된다. 영장주의의 본질은 강제처분을 함에 있어 중립적인 법관이 구체적 판단을 거쳐야 한다는 점에 있는바, 이 사건 허가조항은 수사기관이 전기통신사업자에게 위치정보 추적자료 제공을 요청함에 있어 관할 지방법원 또는 지원의 허가를 받도록 규정하고 있으므로 헌법상 영장주의에 위배되지 아니한다.

024 【×】 검찰수사관이 피의자신문에 참여한 변호인에게 피의자 후방에 앉으라고 요구한 행위가 변호인의 변호권을 침해하는지 여부(적극) (헌재 2017.11.30. 2016헌마503, [전원재판부]) - 변호인이 피의자신문에 자유롭게 참여할 수 있는 권리는 피의자가 가지는 변호인의 조력을 받을 권리를 실현하는 수단이므로 헌법상 기본권인 변호인의 변호권으로서 보호되어야 한다. 피의자신문에 참여한 변호인이 피의자 옆에 앉는다고 하여 피의자 뒤에 앉는 경우보다 수사를 방해할 가능성이 높아진다거나 수사기밀을 유출할 가능성이 높아진다고 볼 수 없으므로, 이 사건 후방착석요구행위의 목적의 정당성과 수단의 적절성을 인정할 수 없다. 이 사건 후방착석요구행위로 인하여 위축된 피의자가 변호인에게 적극적으로 조언과 상담을 요청할 것을 기대하기 어렵고, 변호인이 피의자의 뒤에 앉게 되면 피의자의 상태를 즉각적으로 파악하거나 수사기관이 피의자에게 제시한 서류 등의 내용을 정확하게 파악하기 어려우므로, 이 사건 후방착석요구행위는 변호인인 청구인의 피의자신문참여권을 과도하게 제한한다. 그런데 이 사건에서 변호인의 수사방해나 수사기밀의 유출에 대한 우려가 없고, 조사실의 장소적 제약 등과 같이 이 사건 후방착석요구행위를 정당화할 그 외의 특별한 사정도 없으므로, 이 사건 후방착석요구행위는 침해의 최소성 요건을 충족하지 못한다. 이 사건 후방착석요구행위로 얻어질 공익보다는 변호인의 피의자신문참여권 제한에 따른 불이익의 정도가 크므로, 법익의 균형성 요건도 충족하지 못한다. 따라서 이 사건 후방착석요구행위는 변호인인 청구인의 변호권을 침해한다.

025 【O】 법원의 수사서류 열람·등사 허용 결정에도 불구하고 검사가 해당 수사서류의 등사를 거부한 경우 변호인의 조력을 받을 권리를 침해하는지 여부(적극) (헌재 2017.12.28. 2015헌마632, [전원재판부]) - 변호인이 수사서류를 열람은 하였지만 등사가 허용되지 않는다면, 변호인은 형사소송절차에서 청구인들에게 유리한 수사서류의 내용을 법원에 현출할 수 있는 방법이 없어 불리한 지위에 놓이게 되고, 그 결과 청구인들을 충분히 조력할 수 없음이 명백하므로, 피청구인이 수사서류에 대한 등사만을 거부하였다 하더라도 청구인들의 신속·공정한 재판을 받을 권리 및 변호인의 조력을 받을 권리가 침해되었다고 보아야 한다.

026

인천국제공항에서 난민인정신청을 하였으나 난민인정심사불회부결정을 받은 청구인을 인천국제공항 송환대기실에 약 5개월째 수용하고 환승구역으로의 출입을 막은 것은 헌법 제12조 제4항 본문에 의한 변호인의 조력을 받을 권리를 침해한 것이다. (O/×)

027

변호사가 피의자 가족들의 의뢰를 받아 '변호인이 되려는 자'의 자격으로 피의자 접견 신청을 하였음에도 이를 허용하기 위한 조치를 취하지 않은 검사의 행위는 헌법에 위반된다. (O/×)

---

026 【O】 인천국제공항에서 난민인정신청을 하였으나 난민인정심사불회부결정을 받은 청구인을 인천국제공항 송환대기실에 약 5개월째 수용하고 환승구역으로의 출입을 막은 것이 헌법 제12조 제4항 본문에 규정된 "구속"에 해당되는지 여부(적극) 및 피청구인이 청구인의 변호인의 접견신청을 거부한 것이 청구인에게 보장되는 헌법 제12조 제4항 본문에 의한 변호인의 조력을 받을 권리를 침해한 것인지 여부(적극) (헌재 2018.5.31. 2014헌마346, [전원재판부]) - (1) 헌법 제12조 제4항 본문에 규정된 "구속"은 사법절차에서 이루어진 구속뿐 아니라, 행정절차에서 이루어진 구속까지 포함하는 개념이므로, 변호인의 조력을 받을 권리는 행정절차에서 구속을 당한 사람에게도 즉시 보장된다.
(2) 인천국제공항 송환대기실은 출입문이 철문으로 되어 있는 폐쇄된 공간이고, 인천국제공항 항공사운영협의회에 의해 출입이 통제되기 때문에 청구인은 송환대기실 밖 환승구역으로 나갈 수 없었으며, 공중전화 외에는 외부와의 소통 수단이 없었다. 청구인은 이 사건 변호인 접견신청 거부 당시 약 5개월 째 송환대기실에 수용되어 있었고, 적어도 난민인정심사불회부 결정 취소소송이 종료될 때까지는 임의로 송환대기실 밖으로 나갈 것을 기대할 수 없었다. 따라서 청구인은 이 사건 변호인 접견신청 거부 당시 헌법 제12조 제4항 본문에 규정된 "구속" 상태였다.
(3) 이 사건 변호인 접견신청 거부는 현행법상 아무런 법률상 근거가 없이 청구인의 변호인의 조력을 받을 권리를 제한한 것이므로, 청구인의 변호인의 조력을 받을 권리를 침해한 것이다.

027 【O】 '변호인이 되려는 자'의 피의자 접견교통권이 헌법상 기본권인지 여부(적극) 및 청구인이 '변호인이 되려는 자'의 자격으로 피의자 접견 신청을 하였음에도 이를 허용하기 위한 조치를 취하지 않은 검사의 행위가 헌법상 기본권인 청구인의 접견교통권을 침해하는지 여부(적극) (헌재 2019.2.28. 2015헌마1204, [전원재판부]) - (1) 변호인 선임을 위하여 피의자·피고인이 가지는 '변호인이 되려는 자'와의 접견교통권은 헌법상 기본권으로 보호되어야 하고, '변호인이 되려는 자'의 접견교통권은 피의자 등이 변호인을 선임하여 그로부터 조력을 받을 권리를 공고히 하기 위한 것으로서, 그것이 보장되지 않으면 피의자 등이 변호인 선임을 통하여 변호인으로부터 충분한 조력을 받는다는 것이 유명무실하게 될 수밖에 없다. 이와 같이 '변호인이 되려는 자'의 접견교통권은 피의자 등을 조력하기 위한 핵심적인 부분으로서, 피의자 등이 가지는 헌법상의 기본권인 '변호인이 되려는 자'와의 접견교통권과 표리의 관계에 있다. 따라서 피의자 등이 가지는 '변호인이 되려는 자'의 조력을 받을 권리가 실질적으로 확보되기 위해서는 '변호인이 되려는 자'의 접견교통권 역시 헌법상 기본권으로서 보장되어야 한다.
(2) 변호인 등의 접견교통권은 헌법으로써는 물론 법률로써도 제한하는 것이 가능하나, 헌법이나 형사소송법은 피의자신문 중 변호인 등의 접견신청이 있는 경우 이를 제한하거나 거부할 수 있는 규정을 두고 있지 않다. 이 사건 검사의 접견불허행위는 헌법이나 법률의 근거 없이 이를 제한한 것이므로 청구인의 접견교통권을 침해하였다.

028

특정공무원범죄의 범인에 대한 추징판결을 범인 외의 자가 그 정황을 알면서 취득한 불법재산 및 그로부터 유래한 재산에 대하여 그 범인 외의 자를 상대로 집행할 수 있도록 규정한 '공무원범죄에 관한 몰수 특례법' 조항은 적법절차원칙에 위반된다. (O/×)

029

선거운동에 이용할 목적으로 기관·단체·시설에 금전·물품 등 재산상의 이익을 제공하거나 제공의 의사표시, 약속한 자를 처벌하는 공직선거법 조항은 죄형법정주의 명확성원칙에 위반된다. (O/×)

030

임원의 선거운동 기간 및 선거운동에 필요한 사항을 정관에서 정할 수 있도록 규정한 신용협동조합법 조항이 죄형법정주의에 위반된다. (O/×)

---

028 【X】 특정공무원범죄의 범인에 대한 추징판결을 범인 외의 자가 그 정황을 알면서 취득한 불법재산 및 그로부터 유래한 재산에 대하여 그 범인 외의 자를 상대로 집행할 수 있도록 규정한 '공무원범죄에 관한 몰수 특례법'조항이 적법절차원칙에 위반되는지 여부(소극) - (1) 심판대상조항은 제3자에게 범죄가 인정됨을 전제로 제3자에 대하여 형사적 제재를 가하는 것이 아니라, 특정공무원범죄를 범한 범인에 대한 추징판결의 집행 대상을 제3자가 취득한 불법재산 등에까지 확대하여 **제3자에게 물적 유한책임을 부과**하는 것이다. 확정된 형사판결의 집행에 관한 절차를 어떻게 정할 것인지는 입법자의 **입법형성권**에 속하는 사항이므로, 심판대상조항에 따라 추징판결을 집행함에 있어서 형사소송절차와 같은 엄격한 절차가 요구된다고 보기는 어렵다.
(2) 나아가 제3자는 심판대상조항에 의한 집행에 관한 검사의 처분이 부당함을 이유로 재판을 선고한 법원에 재판의 집행에 관한 이의신청을 할 수 있다. 또한 제3자는 각 집행절차에서 소송을 통해 불복하는 등 사후적으로 심판대상조항에 의한 집행에 대하여 다툴 수 있다.
(3) 따라서 심판대상조항은 **적법절차원칙에 위배된다고 볼 수 없다**.(헌재 2020.2.27. 2015헌가4)

029 【X】 선거운동에 이용할 목적으로 기관·단체·시설에 금전·물품 등 재산상의 이익을 제공하거나 제공의 의사표시, 약속한 자를 처벌하는 공직선거법 조항이 죄형법정주의의 명확성원칙을 위반하는지 여부(소극) - (1) '재산상의 이익'이란 재산상태의 증가를 가져오는 일체의 이익을 의미하고, 지방의회의원이 심의·확정권을 가진 지방자치단체의 예산의 지원 역시 재산상의 이익에 해당한다. 지방의회의원이 어느 공공기관·사회단체 등의 기관·단체·시설에 예산을 지원하겠다는 의사표시가 선거운동에 이용할 목적의 일환이었는지, 아니면 의정활동 등 직무상의 통상적인 권한 행사였는지 등은 개별 사안에서 법관의 법률조항에 대한 보충적 해석·적용을 통해 가려질 수 있다. (2) 따라서 이해유도죄 조항은 **죄형법정주의 명확성원칙을 위반하지 아니한다**.(헌재 2020.3.26. 2018헌바3)

030 【O】 임원의 선거운동 기간 및 선거운동에 필요한 사항을 정관에서 정할 수 있도록 규정한 신용협동조합법 조항이 죄형법정주의에 위반되는지 여부(적극) - 신용협동조합법 제27조의2 제2항 내지 제4항은 구체적으로 허용되는 선거운동의 기간 및 방법을 시행령이나 시행규칙이 아닌 정관에 맡기고 있어 정관으로 정하기만 하면 임원 선거운동의 기간 및 방법에 관한 추가적인 규제를 설정할 수 있도록 열어 두고 있다. 이는 **범죄와 형벌은 입법부가 제정한 형식적 의미의 법률로 정하여야 한다는 죄형법정주의**를 위반한 것이므로 헌법에 위반된다.(헌재 2020.6.25. 2018헌바278)

031 ↻ 1 2 3

금융투자상품의 매매, 그 밖의 거래와 관련하여 중요사항에 관하여 거짓의 기재를 한 문서를 사용하여 재산상 이익을 얻고자 하거나 금융투자상품의 매매, 그 밖의 거래를 할 목적이나 시세의 변동을 도모할 목적으로 위계를 사용하는 등의 행위를 한 자를 징역에 처하는 경우 그 위반행위로 얻은 이익 또는 회피한 손실액의 1배 이상 3배 이하에 해당하는 벌금형을 필요적으로 병과하도록 정하고 있는 구 '자본시장과 금융투자업에 관한 법률' 조항은 책임과 형벌 간의 비례원칙에 위배된다. (O/×)

032 ↻ 1 2 3

수사대상자 및 공수처를 독립기관으로 두도록 한 구 공수처법 조항은 권력분립원칙을 위반하여 청구인들의 평등권, 신체의 자유 등을 침해한다. (O/×)

---

031 【X】 금융투자상품의 매매, 그 밖의 거래와 관련하여 중요사항에 관하여 거짓의 기재를 한 문서를 사용하여 재산상 이익을 얻고자 하거나 금융투자상품의 매매, 그 밖의 거래를 할 목적이나 시세의 변동을 도모할 목적으로 위계를 사용하는 등의 행위를 한 자를 징역에 처하는 경우 그 위반행위로 얻은 이익 또는 회피한 손실액의 1배 이상 3배 이하에 해당하는 벌금형을 필요적으로 병과하도록 정하고 있는 구 '자본시장과 금융투자업에 관한 법률' 조항이 책임과 형벌 간의 비례원칙에 위배되는지 여부(소극) - (1) 심판대상조항은 범죄 수익을 초월하는 재산형을 필요적으로 병과하여 범죄수익을 통한 경제적 혜택을 일절 누릴 수 없게 하고, 나아가 더 큰 경제적 손실까지 입을 수 있다는 경고를 통해 범죄를 근절하기 위한 것으로 여기에는 합리적 이유가 있다. (2) 몰수·추징과 벌금형은 전혀 다른 제도이므로 필요적 몰수·추징 규정이 있다는 이유만으로 필요적 벌금형의 부과를 과중한 이중의 제재로 볼 수 없고, 법관은 구체적인 사건에서 정상을 참작하여 벌금액수를 정하는 등 구체적 형평을 기할 수 있다. 따라서 심판대상조항은 **책임과 형벌 간의 비례원칙에 위배되지 아니한다**.(헌재 2020.12.23. 2018헌바230)

032 【X】 [1] 수사대상자 및 공수처를 독립기관으로 두도록 한 구 공수처법 조항이 권력분립원칙을 위반하여 청구인들의 평등권, 신체의 자유 등을 침해하는지 여부(소극) [2] 수사처의 수사 등의 대상이 되는 고위공직자와 비고위공직자를 달리 취급하는 구 공수처법 조항이 청구인들을 합리적 이유 없이 차별하여 평등권을 침해하는지 여부(소극) [3] 수사처 검사의 영장신청권을 인정한 공수처법 조항이 영장주의원칙을 위반하여 청구인들의 신체의 자유 등을 침해하는지 여부(소극) - (1) 수사처에 대하여는 행정부 내부에서만이 아니라 외부에서도 다양한 방법으로 통제를 하고 있으며, 수사처가 다른 국가기관에 대하여 일방적 우위를 점하고 있다고 보기도 어려우므로, 구 공수처법 제2조 및 공수처법 제3조 제1항은 **권력분립원칙에 반하여 청구인들의 평등권, 신체의 자유 등을 침해하지 않는다**.(헌재 2021.1.28. 2020헌마264)
(2) 수사처에 의한 수사 등에 적용되는 절차나 내용, 방법 등은 **일반 형사소송절차와 같으므로**, 수사처의 수사 등의 대상이 된다고 하여 **대상자에게 실질적인 불이익이 발생한다거나 대상자의 법적 지위가 불안정해진다고 볼 수 없다**. 수사처가 고위공직자에 대한 수사 등의 주체가 됨으로써 부실·축소 수사 또는 표적수사가 이루어지거나 무리한 기소가 있을 수 있다는 우려를 뒷받침할 객관적·실증적인 근거가 없다. 따라서 구 공수처법 제2조 및 공수처법 제3조 제1항이 청구인들을 **합리적 이유 없이 차별하여 청구인들의 평등권을 침해한다고 할 수 없다**.(헌재 2021.1.28. 2020헌마264)
(3) 헌법에서 수사단계에서의 영장신청권자를 검사로 한정한 것은 다른 수사기관에 대한 수사지휘권을 확립시켜 인권유린의 폐해를 방지하고, 법률전문가인 검사를 거치도록 함으로써 기본권침해가능성을 줄이고자 한 것이다. **헌법에 규정된 영장신청권자로서의 검사는 검찰권을 행사하는 국가기관인 검사로서 공익의 대표자이자 수사단계에서의 인권옹호기관으로서의 지위에서 그에 부합하는 직무를 수행하는 자를 의미하는 것이지, 검찰청법상 검사만을 지칭하는 것으로 보기 어렵다**. 검찰청법 제4조에 따른 검사의 직무 및 군사법원법 제37조에 따른 군검사의 직무를 수행하는 **수사처검사는** 공익의 대표자로서 다른 수사기관인 수사처수사관을 지휘·감독하고, 단지 소추권자로서 처벌을 구하는 데에 그치는 것이 아니라 피고인의 이익도 함께 고려하는 **인권옹호기관으로서의 역할을 한다**. 또한 수사처검사는 변호사 자격을 일정 기간 보유한 사람 중에서 임명하도록 되어 있으므로, 법률전문가로서의 자격도 충분히 갖추었다. 따라서 공수처법 제8조 제4항은 **영장주의원칙을 위반하여 청구인들의 신체의 자유 등을 침해하지 않는다**.(헌재 2021.1.28. 2020헌마264)

033

수사처의 수사 등의 대상이 되는 고위공직자와 비고위공직자를 달리 취급하는 구 공수처법 조항은 청구인들을 합리적 이유 없이 차별하여 평등권을 침해한다. (O/×)

034

헌법에 규정된 영장신청권자로서의 검사는 검찰권을 행사하는 국가기관인 검사로서 공익의 대표자이자 수사단계에서의 인권옹호기관으로서의 지위에서 그에 부합하는 직무를 수행하는 자를 의미하는 것이므로, 검찰청법상 검사만을 지칭하는 것으로 보아야 한다. (O/×)

035

수사처 검사의 영장신청권을 인정한 공수처법 조항은 영장주의원칙을 위반하여 청구인들의 신체의 자유 등을 침해한다. (O/×)

---

033 【X】 [1] 수사대상자 및 공수처를 독립기관으로 두도록 한 구 공수처법 조항이 권력분립원칙을 위반하여 청구인들의 평등권, 신체의 자유 등을 침해하는지 여부(소극) [2] 수사처의 수사 등의 대상이 되는 고위공직자와 비고위공직자를 달리 취급하는 구 공수처법 조항이 청구인들을 합리적 이유 없이 차별하여 평등권을 침해하는지 여부(소극) [3] 수사처 검사의 영장신청권을 인정한 공수처법 조항이 영장주의원칙을 위반하여 청구인들의 신체의 자유 등을 침해하는지 여부(소극) - (1) 수사처에 대하여는 행정부 내부에서뿐만 아니라 외부에서도 다양한 방법으로 **통제**를 하고 있으며, 수사처가 다른 국가기관에 대하여 일방적 우위를 점하고 있다고 보기도 어려우므로, 구 공수처법 제2조 및 공수처법 제3조 제1항은 **권력분립원칙에 반하여 청구인들의 평등권, 신체의 자유 등을 침해하지 않는다.**(헌재 2021.1.28. 2020헌마264)

(2) 수사처에 의한 수사 등에 적용되는 절차나 내용, 방법 등은 **일반 형사소송절차와 같으므로**, 수사처의 수사 등의 대상이 된다고 하여 **대상자에게 실질적인 불이익이 발생한다거나 대상자의 법적 지위가 불안정해진다고 볼 수 없다.** 수사처가 고위공직자에 대한 수사 등의 주체가 됨으로써 부실·축소 수사 또는 표적수사가 이루어지거나 무리한 기소가 있을 수 있다는 우려를 뒷받침할 객관적·실증적인 근거가 없다. 따라서 구 공수처법 제2조 및 공수처법 제3조 제1항이 청구인들을 **합리적 이유 없이 차별하여 청구인들의 평등권을 침해한다고 할 수 없다.**(헌재 2021.1.28. 2020헌마264)

(3) 헌법에서 수사단계에서의 영장신청권자를 검사로 한정한 것은 다른 수사기관에 대한 수사지휘권을 확립시켜 인권유린의 폐해를 방지하고, 법률전문가인 검사를 거치도록 함으로써 기본권침해가능성을 줄이고자 한 것이다. **헌법에 규정된 영장신청권자로서의 검사는 검찰권을 행사하는 국가기관인 검사로서 공익의 대표자이자 수사단계에서의 인권옹호기관으로서의 지위에서 그에 부합하는 직무를 수행하는 자를 의미하는 것이지, 검찰청법상 검사만을 지칭하는 것으로 보기 어렵다.** 검찰청법 제4조에 따른 검사의 직무 및 군사법원법 제37조에 따른 군검사의 직무를 수행하는 **수사처검사는** 공익의 대표자로서 다른 수사기관인 수사처수사관을 지휘·감독하고, 단지 소추권자로서 처벌을 구하는 데에 그치는 것이 아니라 피고인의 이익도 함께 고려하는 **인권옹호기관으로서의 역할을 한다.** 또한 수사처검사는 변호사 자격을 일정 기간 보유한 사람 중에서 임명하도록 되어 있으므로, 법률전문가로서의 자격도 충분히 갖추었다. 따라서 공수처법 제8조 제4항은 **영장주의원칙을 위반하여 청구인들의 신체의 자유 등을 침해하지 않는다.**(헌재 2021.1.28. 2020헌마264)

034 【X】 헌재 2021.1.28. 2020헌마264

035 【X】 헌재 2021.1.28. 2020헌마264

036

500만 원 이상 5천만 원 이하 가액의 '마약류 관리에 관한 법률'의 향정신성의약품을 소지한 경우 무기 또는 3년 이상의 징역에 처하도록 규정한 '특정범죄 가중처벌 등에 관한 법률' 조항은 죄형법정주의 명확성 원칙에 위배된다. (O/×)

037

교도소장이 금지물품 동봉 여부를 확인하기 위하여 미결수용자와 같은 지위에 있는 수형자의 변호인이 위 수형자에게 보낸 서신을 개봉한 후 교부한 행위는 수형자가 변호인의 조력을 받을 권리를 침해한다. (O/×)

---

036 【X】 [1] 500만 원 이상 5천만 원 이하 가액의 '마약류 관리에 관한 법률'의 향정신성의약품을 소지한 경우 무기 또는 3년 이상의 징역에 처하도록 규정한 '특정범죄 가중처벌 등에 관한 법률' 조항이 죄형법정주의 명확성 원칙에 위배되는지 여부(소극) [2] 심판대상조항이 책임과 형벌 간의 비례원칙에 위배되는지 여부(소극) [3] 심판대상조항이 마약류 종류에 따른 구별 없이 가액만을 기준으로 동일하게 가중처벌하는 것이 평등원칙에 위배되는지 여부(소극) - (1) 심판대상조항의 '가액'은 그 문언상 의미에 비추어 '시장에서의 통상 거래가액'을 의미하는 점은 건전한 상식과 통상적인 법감정을 가진 사람이라면 쉽게 예측 가능하다. 따라서 심판대상조항은 죄형법정주의 명확성 원칙에 반한다고 볼 수 없다. (2) 매매소지뿐 아니라 단순소지라 하더라도 대량의 향정신성의약품 소지행위는 그 불법성과 비난가능성이 가중된다. 마약범죄는 유통되는 마약류의 가액에 따라 국가와 사회에 미치는 병폐가 가중되는 특징을 보이는바, 가액의 다과는 죄의 경중을 가늠하는 중요한 기준이므로 이를 기준으로 가중처벌하는 것은 충분히 수긍할 수 있다. 따라서 심판대상조항은 책임과 형벌 사이의 비례원칙에 위배된다고 볼 수 없다. (3) 심판대상조항은 대량의 소지행위인 경우 유통의 가능성을 높여 마약류의 대량 확산에 기여한다는 점에서 국민건강에 미치는 유해성이나 사회적 위험성이 가중된다. 이와 같이 행위유형이 갖는 사회적 위험성이 크면 마약류의 종류가 다르더라도 그 불법성을 동일하게 높게 평가하여 법정형에 반영하는 입법적 기조가 불합리하다 보기 어렵다. 따라서 심판대상조항은 **평등원칙에 위배되지 아니한다.**(헌재 2021.4.29. 2019헌바83)

037 【X】 교도소장이 금지물품 동봉 여부를 확인하기 위하여 미결수용자와 같은 지위에 있는 수형자의 변호인이 위 수형자에게 보낸 서신을 개봉한 후 교부한 행위가 위 수형자가 변호인의 조력을 받을 권리를 침해하는지 여부(소극) - (1) 이 사건 서신개봉행위는 교정사고를 미연에 방지하고 교정시설의 안전과 질서 유지를 위한 것이다. **수용자에게 변호인이 보낸 형사소송관련 서신이라는 이유만으로 금지물품 확인 과정 없이 서신이 무분별하게 교정시설 내에 들어오게 된다면, 이를 악용하여 마약·담배 등 금지물품의 반입 등이 이루어질 가능성을 배제하기 어렵다. 금지물품을 확인할 뿐 변호인이 보낸 서신 내용의 열람·지득 등 검열을 하는 것이 아니어서,** 이 사건 서신개봉행위로 인하여 미결수용자와 같은 지위에 있는 수형자가 새로운 형사사건 및 형사재판에서 **방어권행사에 불이익이 있었다거나 그 불이익이 예상된다고 보기도 어렵다.** (2) 발신자가 변호사로 표시되어 있다고 하더라도 실제 변호사인지 여부 및 수용자의 변호인에 해당하는지 여부를 확인하는 것은 불가능하거나 지나친 행정적 부담을 초래한다. 미결수용자와 같은 지위에 있는 수형자는 서신 이외에도 접견 또는 전화통화에 의해서도 변호사와 접촉하여 형사소송을 준비할 수 있다. 이 사건 서신개봉행위와 같이 **금지물품이 들어 있는지를 확인하기 위하여 서신을 개봉하는 것만으로는 미결수용자와 같은 지위에 있는 수형자가 변호인의 조력을 받을 권리를 침해하지 아니한다.**(헌재 2021.10.28. 2019헌마973)

038

긴급체포한 피의자를 구속하고자 할 때에는 48시간 이내에 구속영장을 청구하되, 그렇지 않은 경우 체포에 대한 사후 통제절차 없이 피의자를 즉시 석방하도록 규정하고 있어서, 석방된 피의자는 그 체포 및 이에 따른 단기간의 구금의 정당성 여부에 대하여 법관의 심사를 받을 수 없으므로 영장주의에 반한다.

(O / X)

039

피의자를 긴급체포한 경우에 수사기관으로 하여금 사후 체포영장을 청구하도록 하는 규정을 두고 있지 않다면, 헌법상 영장주의에 위반된다.

(O / X)

040

사람의 항거불능 상태를 이용하여 간음 또는 추행을 한 자를 형사처벌하는 형법 조항은 죄형법정주의의 명확성원칙에 위반된다.

(O / X)

---

038 【X】 [1] 사형·무기 또는 장기 3년 이상의 징역이나 금고에 해당하는 죄를 범하였다고 의심할 만한 상당한 이유가 있는 경우에 피의자를 긴급체포할 수 있도록 한 형사소송법 제200조의3 제1항 전문 중 '죄를 범하였다고 의심할 만한 상당한 이유' 부분이 명확성원칙에 위반되는지 여부(소극) [2] 긴급체포한 피의자를 구속하고자 할 때에는 48시간 이내에 구속영장을 청구하되, 그렇지 않은 경우 사후 영장청구 없이 피의자를 즉시 석방하도록 한 형사소송법 제200조의4 제1항 및 제2항이 헌법상 영장주의에 위반되는지 여부(소극) - (1) 이 사건 긴급체포조항은 그 문언으로 볼 때 특정한 범죄의 존재나 그 범죄와 특정 피의자의 연관관계에 대하여 객관적이고 합리적인 혐의가 존재하고 객관적이고 합리적인 증거자료에 의하여 그 혐의가 어느 정도 뒷받침될 수 있어야 한다는 것을 의미함을 충분히 예측할 수 있고, 법관의 보충적인 가치판단을 통하여 그 의미내용을 확인할 수 있으므로 명확성원칙에 위반되지 아니한다.

(2) 이 사건 영장청구조항은 수사기관이 긴급체포한 피의자를 사후 영장청구 없이 석방할 수 있도록 규정하고 있다. 피의자를 긴급체포하여 조사한 결과 구금을 계속할 필요가 없다고 판단하여 48시간 이내에 석방하는 경우까지도 수사기관이 반드시 체포영장발부절차를 밟게 한다면, 이는 피의자, 수사기관 및 법원 모두에게 비효율을 초래할 가능성이 있고, 경우에 따라서는 오히려 인권침해적인 상황을 발생시킬 우려가 있다. 형사소송법은 긴급체포를 예외적으로만 허용하고 있고 피의자 석방 시 석방의 사유 등을 법원에 통지하도록 하고 있으며 긴급체포된 피의자도 체포적부심사를 청구할 수 있어 긴급체포제도의 남용을 예방하고 있다. 이 사건 영장청구조항은 사후 구속영장의 청구시한을 체포한 때부터 48시간으로 정하고 있다. 이는 긴급체포의 특수성, 긴급체포에 따른 구금의 성격, 형사절차에 불가피하게 소요되는 시간 및 수사현실 등에 비추어 볼 때 입법재량을 현저하게 일탈한 것으로 보기 어렵다.

또한 이 사건 영장청구조항은 체포한 때로부터 48시간 이내라 하더라도 피의자를 구속할 필요가 있는 때에는 지체 없이 구속영장을 청구하도록 함으로써 사후영장청구의 시간적 요건을 강화하고 있다. 따라서 이 사건 영장청구조항은 헌법상 영장주의에 위반되지 아니한다.(헌재 2021.3.25. 2018헌바212)

039 【X】 헌재 2021.3.25. 2018헌바212

040 【X】 형법 제299조 중 '항거불능' 부분이 죄형법정주의의 명확성원칙에 위배되는지 여부(소극) - 심판대상조항은 그 의미를 예측하기 곤란하다거나 법 집행기관의 자의적 해석이나 적용가능성이 있는 불명확한 개념이라고 보기 어려우므로 죄형법정주의의 명확성원칙에 위배되지 아니한다.(헌재 2022.1.27. 2017헌바528)

041 ⟳ ①②③

예비군대원 본인과 같은 세대 내의 가족 중 성년자가 예비군대원 본인의 부재 시 받은 소집통지서를 정당한 사유 없이 본인에게 전달하지 아니한 경우 6개월 이하의 징역 또는 500만 원 이하의 벌금이라는 형사처벌에 처하는 조항은 책임과 형벌 간의 비례원칙에 위배되어 헌법에 위반된다. (O/×)

042 ⟳ ①②③

음주운전 금지규정 위반 또는 음주측정거부 전력이 1회 이상 있는 사람이 다시 음주운전 금지규정 위반행위를 한 경우 가중처벌하는 도로교통법 조항은 책임과 형벌 간의 비례원칙에 위반되지 않는다. (O/×)

---

041 【O】 예비군법 내용 중 '소집통지서를 전달할 의무가 있는 사람 가운데 예비군대원 본인과 같은 세대 내의 가족 중 성년자가 정당한 사유 없이 전달하지 아니하였을 때'에 관한 부분은 헌법에 위반된다. - (1) 사건개요 : 당해 사건 피고인은 ○○시 ○○동대에 소속된 예비군대원과 혼인한 부인이다. 피고인은 두 차례에 걸쳐 남편의 부재 중 그에 대한 훈련소집통지서를 전달받고도 정당한 사유 없이 이를 예비군대원인 남편에게 전달하지 아니하였다는 공소사실로 약식명령이 청구되어(당해 사건), 현재 재판 계속 중이다. 당해 사건 법원은 2019. 4. 8. 직권으로 피고인에게 적용된 예비군법 제15조 제10항 전문이 책임과 형벌의 비례성원칙 등에 위반된다는 이유로 위헌법률심판을 제청하였다.
(2) 쟁점 : 심판대상조항은 예비군대원 본인과 같은 세대 내의 가족 중 성년자가 예비군대원 본인의 부재 시 받은 소집통지서를 정당한 사유 없이 본인에게 전달하지 아니한 경우 6개월 이하의 징역 또는 500만 원 이하의 벌금이라는 형사처벌에 처하는 조항이므로 책임과 형벌 간의 비례원칙 위반 여부 등에 위반되는지 여부가 문제된다.
(3) 결정요지 : 예비군대원 본인과 세대를 같이 하는 가족 중 성년자라면 특별한 사정이 없는 한 소집통지서를 본인에게 전달함으로써 훈련불참으로 인한 불이익을 받지 않도록 각별히 신경을 쓸 것임이 충분히 예상되고, 설령 그들이 소집통지서를 전달하지 아니하여 행정절차적 협력의무를 위반한다고 하여도 과태료 등의 행정적 제재를 부과하는 것만으로도 그 목적의 달성이 충분히 가능하다고 할 것임에도 불구하고, 심판대상조항은 훨씬 더 중한 형사처벌을 하고 있어 그 자체만으로도 형벌의 보충성에 반하고, 책임에 비하여 처벌이 지나치게 과도하여 비례원칙에도 위반된다고 할 것이다. (헌법재판소 2022.5.26. 선고 2019헌가12 전원재판부 결정)

042 【×】 음주운전 금지규정 위반 또는 음주측정거부 전력이 1회 이상 있는 사람이 다시 음주운전 금지규정 위반행위를 한 경우 2년 이상 5년 이하의 징역이나 1천만 원 이상 2천만 원 이하의 벌금에 처하도록 규정한 도로교통법 조항이 책임과 형벌 간의 비례원칙에 위반되는지 여부(적극) - (1) 쟁점 : 책임과 형벌 사이의 비례원칙
(2) 결정요지 : 심판대상조항은 음주운전 금지규정 위반 또는 음주측정거부 전력이 1회 이상 있는 사람이 다시 음주운전 금지규정 위반행위를 한 경우에 대한 처벌을 강화하기 위한 규정인데, 가중요건이 되는 과거의 위반행위와 처벌대상이 되는 재범 음주운전 금지규정 위반행위 사이에 아무런 시간적 제한을 두지 않고 있다. 그런데 과거의 위반행위가 상당히 오래 전에 이루어져 그 이후 행해진 음주운전 금지규정 위반행위를 '교통법규에 대한 준법정신이나 안전의식이 현저히 부족한 상태에서 이루어진 반규범적 행위' 또는 '반복적으로 사회구성원에 대한 생명·신체 등을 위협하는 행위'라고 평가하기 어렵다면, 이를 가중처벌할 필요성이 인정된다고 보기 어렵다. 그리고 범죄 전력이 있음에도 다시 범행한 경우 가중된 행위책임을 인정할 수 있다고 하더라도, 전범을 이유로 아무런 시간적 제한 없이 후범을 가중처벌하는 예는 발견하기 어렵고, 공소시효나 형의 실효를 인정하는 취지에도 부합하지 않는다. 또한 심판대상조항은 과거 위반 전력의 시기 및 내용이나 음주운전 당시의 혈중알코올농도 수준과 발생한 위험 등을 고려할 때 비난가능성이 상대적으로 낮은 재범행위까지도 법정형의 하한인 2년 이상의 징역 또는 1천만 원 이상의 벌금을 기준으로 처벌하도록 하고 있어, 책임과 형벌 사이의 비례성을 인정하기 어렵다. 따라서 심판대상조항은 책임과 형벌 간의 비례원칙에 위반된다.(헌재 2022.5.26. 2021헌가30 등)

043

대마를 수입한 자를 무기 또는 5년 이상의 징역에 처하도록 규정한 마약류 관리에 관한 법률 조항은 법정형이 지나치게 과중한 형벌로서 책임과 형벌 간의 비례원칙에 위반된다. (O/×)

---

043 【×】 대마를 수입한 자를 무기 또는 5년 이상의 징역에 처하도록 규정한 마약류 관리에 관한 법률 조항이 책임과 형벌 간의 비례원칙에 반하는지 여부(소극) - 대마의 '유통' 행위는 불특정 다수를 범죄행위에 끌어들여 범죄자를 양성할 수 있고, 유통행위 중에서도 '수출입' 행위는 대마를 국제적으로 확산시켜 대마의 국내 공급 및 유통을 더욱 증가시킨다는 점에서 가벌성이 매우 크다. 이러한 대마 수입죄에 대한 **처벌 필요성은 대마의 반입 경위나 동기, 대마의 직접 구매 여부 등에 따라 달라진다고 볼 수 없다.** 대마성분 의약품을 수입하는 것이 일부 환자들에게 허용되었으나, 한국희귀·필수의약품센터에서만 치료용으로 허가된 대마를 수입·판매할 수 있도록 함으로써 여전히 대마의 수입 및 사용을 엄격히 통제하고 있다. 또한 죄질이 경미한 경우에는 법률상 감경이나 작량감경을 통한 집행유예도 가능하다. 그러므로 심판대상조항이 규정한 법정형이 지나치게 과중한 형벌로서 책임과 형벌 간의 비례원칙에 위반된다고 볼 수 없다.(헌재 2022.3.31. 2019헌바242)

제2절 사생활 자유권

제1항 사생활의 비밀과 자유

관련조문
제17조 모든 국민은 사생활의 비밀과 자유를 침해받지 아니한다.

I 의의

001
헌법 제17조는 "모든 국민은 사생활의 비밀과 자유를 침해받지 아니한다."라고 규정하고 있는바, 이들 헌법 규정은 개인의 사생활 활동이 타인으로부터 침해되거나 사생활이 함부로 공개되지 아니할 소극적인 권리는 물론, 오늘날 고도로 정보화된 현대사회에서 자신에 대한 정보를 자율적으로 통제할 수 있는 적극적인 권리까지도 보장하는 것으로 해석된다. (O/×)

002
사생활의 비밀은 국가가 사생활영역을 들여다보는 것에 대한 보호를 제공하는 기본권이며, 사생활의 자유는 국가가 사생활의 자유로운 형성을 방해하거나 금지하는 것에 대한 보호를 의미한다. (O/×)

003
사생활의 자유란 사회공동체의 일반적인 생활규범의 범위 내에서 사생활을 자유롭게 형성하고 그 설계 및 내용에 대해서 외부로부터 간섭을 받지 아니할 권리를 말하며, 담배를 피우는 행위는 이와 같은 사생활의 영역에 포함된다. (O/×)

004
개인이 자동차를 도로에서 운전하는 중에 좌석 안전띠를 착용할 것인지의 여부는 사생활의 기본조건, 자기결정의 핵심적 영역 또는 인격적 핵심과 관련된다고 보기 어려워 사생활 영역의 문제가 아니다. (O/×)

---

001 【O】 대법원 1998.7.24. 96다42789
002 【O】 2007.5.31. 2005헌마1139
003 【O】 2004.8.26. 2003헌마457
004 【O】 2003.10.30. 2002헌마518

II 법적 성격

III 주체

IV 내용

1. 사생활 비밀과 자유의 불가침

005
질병은 병역처분에 있어서 고려되는 본질적 요소이므로 4급 이상 공무원들의 병역 면제사유인 질병명을 관보와 인터넷을 통해 공개하도록 하는 것은 해당 공무원들의 사생활의 비밀과 자유를 침해하지 않는다.
(O/×)

006
구「특정 범죄자에 대한 위치추적 전자장치 부착 등에 관한 법률」에 의하여 성폭력범죄를 2회 이상 범하여 습벽이 인정되고 재범의 위험성이 있는 자에게 검사의 청구에 따라 법원이 10년의 범위 내에서 위치추적 전자장치를 부착할 수 있도록 하는 것은 피부착자의 사생활의 비밀과 자유 및 개인정보자기결정권을 침해한다.
(O/×)

007
간통죄를 처벌하는 것은 사생활의 비밀과 자유를 침해하는 것으로 헌법에 위배된다.
(O/×)

008
피보안관찰자에게 자신의 주거지 등 현황을 신고하게 하고, 정당한 이유 없이 신고를 하지 아니한 자를 처벌하는 것은 사생활의 비밀과 자유에 대한 침해이다.
(O/×)

009
금융감독원 4급 이상 직원에 대한 재산등록제도 및 취업제한제도는 사생활의 비밀과 자유를 침해하지 않는다.
(O/×)

---

005 【×】 4급 이상 공무원들까지 대상으로 삼아 모든 질병명을 예외 없이 공개토록 한 것은 **사생활의 비밀과 자유에 대한 침해이다** (2007.5.31. 2005헌마1139).

006 【×】 성폭력범죄를 2회 이상 범하여 그 습벽이 인정된 때에 해당하고 성폭력범죄를 다시 범할 위험성이 인정되는 자에 대해 전자장치 부착을 명할 수 있도록 한 것은 **사생활의 비밀과 자유를 침해하는 것이 아니다**(2012.12.27. 2011헌바89).

007 【O】 2015.2.26. 2009헌바17

008 【×】 피보안관찰자에게 자신의 주거지 등 현황을 신고하게 하고, 정당한 이유 없이 신고를 하지 아니한 자를 처벌하는 것은 사생활의 비밀과 자유를 침해하지 아니한다. 피보안관찰자에게 과도한 의무를 부과한다고 볼 수 없으며, 신고의무 위반행위에 대한 형벌이 상대적으로 과중하지 아니한 점을 고려한 결과이다(2015.11.26. 2014헌바475).

009 【O】 2014.6.26. 2012헌마331

010

전과기록은 내밀한 사적 영역에 근접하는 민감한 개인정보에 해당하여 그에 관한 사생활의 비밀과 자유는 중대한 공적 이익을 달성하기 위한 불가피한 수단이라고 인정될 때에 한하여 제한이 허용되어야 하므로, 공직선거에 후보자로 등록하려는 자가 제출하여야 하는 '금고 이상의 형의 범죄경력'에 이미 실효된 형까지 포함시키는 법률 조항은 공직선거후보자의 사생활의 비밀과 자유를 과도하게 제한하는 것이어서 과잉금지 원칙에 반한다. (O/×)

011

미결수용자가 배우자를 접견할 때 구치소장이 그 대화내용을 녹음하는 행위는 미결수용자의 내밀한 대화내용의 비밀유지를 어렵게 하고 대화의 자유로운 형성 등을 위축시킬 수 있으므로, 미결수용자의 사생활의 비밀과 자유를 침해하는지 여부가 문제될 수 있다. (O/×)

012

구치소장이 미결수용자와 그 배우자(변호인 아닌 자)의 접견을 녹음한 행위는 교정시설 내의 안전과 질서유지에 기여하기 위한 것이고, 구치소장이 미리 그 접견내용에 대한 녹음 사실 등을 고지하여 미결수용자의 접견내용은 사생활의 비밀로서의 보호가치가 그리 크지 않다는 점 등에 비추어 볼 때 미결수용자와 그 배우자의 접견을 녹음한 행위는 미결수용자의 헌법상 사생활의 비밀과 자유를 침해하지 않는다. (O/×)

013

접견기록물을 제공할 필요성이 인정된다 하더라도, 검사가 범죄혐의사실을 구체적으로 적시하지 않고 어느 범위의 접견녹음파일의 제공이 필요한지 알 수 없을 정도로 광범한 범위의 녹음파일을 요청하면, 범죄수사에 필요한 범위를 넘어서 범죄수사와 무관한 미결수용자의 사사로운 대화내용까지 누설될 수 있어 개인정보자기결정권을 침해한다. (O/×)

---

010 【×】 전과기록은 내밀한 사적 영역에 근접하는 민감한 개인정보에 해당한다고 할 수 있으므로 그 제한의 허용성은 엄격히 검증되어야 한다. 공직선거에 후보자로 등록하려는 자가 제출하여야 하는 '금고 이상의 형의 범죄경력'에 이미 실효된 형까지 포함시키는 법률 조항은 국민의 알권리를 충족하고 공정하고 정당한 선거권 행사를 보장하고자 하는 **입법목적은 정당하며, 이러한 입법목적을 달성하기 위하여는 선거권자가 후보자의 모든 범죄경력을 인지한 후 그 공직적합성을 판단하는 것이 효과적이기 때문에 사생활의 비밀과 자유를 침해한다고 볼 수 없다**(2008.4.24. 2006헌마402).

011 【O】 (2012.12.27. 2010헌마153) 다만, 헌법재판소는 사생활의 비밀과 자유를 침해하지 않는다고 보았다.

012 【O】 2012.12.27. 2010헌마153

013 【×】 이 사건 제공행위에 의하여 제공된 접견녹음파일로 특정개인을 식별할 수 있고, 그 대화내용 등은 인격주체성을 특징짓는 사항으로 그 개인의 동일성을 식별할 수 있게 하는 정보이므로, **정보주체인 청구인의 동의 없이 접견녹음파일을 관계기관에 제공하는 것은 청구인의 개인정보자기결정권을 제한하는 것**이다. 그런데 이 사건 제공행위는 형사사법의 실체적 진실을 발견하고 이를 통해 형사사법의 적정한 수행을 도모하기 위한 것으로 그 목적이 정당하고, 수단 역시 적합하다. 또한, 접견기록물의 제공은 제한적으로 이루어지고, **제공된 접견내용은 수사와 공소제기 등에 필요한 범위 내에서만 사용하도록 제도적 장치가 마련되어 있으며, 사적 대화내용을 분리하여 제공하는 것은 그 구분이 실질적으로 불가능하고, 범죄와 관련 있는 대화내용을 쉽게 파악하기 어려워 전체제공이 불가피한 점** 등을 고려할 때 침해의 최소성 요건도 갖추고 있다. 나아가 접견내용이 기록된다는 사실이 미리 고지되어 그에 대한 보호가치가 그리 크다고 볼 수 없는 점 등을 고려할 때, 법익의 불균형을 인정하기도 어려우므로, 과잉금지원칙에 위반하여 청구인의 **개인정보자기결정권을 침해하였다고 볼 수 없다**(2012.12.27. 2010헌마153).

014

아동·청소년 성매수죄로 유죄가 확정된 자는 신상정보 등록대상자가 되도록 규정한 「성폭력범죄의 처벌 등에 관한 특례법」 제42조 제1항 중 "구 「아동·청소년의 성보호에 관한 법률」 제2조 제2호 가운데 제10조 제1항의 범죄로 유죄판결이 확정된 자는 신상정보 등록대상자가 된다."는 부분은 청구인의 개인정보 자기결정권을 침해하지 않는다. (O/×)

015

교정시설의 장이 수용자가 범죄의 증거를 인멸하거나 형사 법령에 저촉되는 행위를 할 우려가 있는 때에 교도관으로 하여금 수용자의 접견내용을 청취·기록·녹음 또는 녹화하게 하는 것은 미결수용자의 사생활을 침해한다. (O/×)

016

금융감독원의 4급 이상 직원에 대하여 「공직자윤리법」상 재산등록의무를 부과하는 것은 금융감독원의 4급 이상 직원의 사생활의 비밀의 자유를 침해하지 않는다. (O/×)

017

구치소장이 수용자의 거실에 폐쇄회로 텔레비전을 설치하여 계호한 행위는 수용자의 사생활의 비밀 및 자유를 침해하지 않는다. (O/×)

018

4급 이상 공무원들의 병역 면제사유인 질병명을 관보와 인터넷을 통해 공개하도록 하는 것은 해당 공무원들의 사생활의 비밀과 자유를 침해한다. (O/×)

---

014 【O】 성범죄의 재범을 억제하고 수사의 효율성을 제고하기 위하여, 일정한 성범죄를 저지른 자로부터 신상정보를 제출받아 보존·관리하는 것은 정당한 목적을 위한 적합한 수단이다. 아동·청소년 성매수죄로 처벌받은 사람에 대한 정보를 국가가 관리하는 것은 재범을 방지하는 유효한 방법이 될 수 있다. 전과기록이나 수사경력자료는 상대적으로 좁은 범위의 신상정보를 담고 있고 정보의 변경이 반영되지 않아 등록조항에 의한 정보 수집과 같은 효과를 거둘 수 없다. 아동·청소년 성매수죄는 그 죄질이 무겁고, 그 행위 태양 및 불법성이 다양하다고 보기 어려우므로, 입법자가 개별 아동·청소년 성매수죄의 행위 태양, 불법성을 구별하지 않은 것이 불필요한 제한이라고 볼 수 없다. 또한, 신상정보 등록대상자가 된다고 하여 그 자체로 사회복귀가 저해되거나 전과자라는 사회적 낙인이 찍히는 것은 아니므로 침해되는 사익은 크지 않고, 반면 등록조항을 통해 달성되는 공익은 매우 중요하다. 따라서 등록조항은 청구인의 개인정보자기결정권을 침해하지 않는다.(헌재 2016.2.25. 2013헌마830)

015 【×】 교정시설의 장이 수용자가 범죄의 증거를 인멸하거나 형사 법령에 저촉되는 행위를 할 우려가 있는 때에 교도관으로 하여금 수용자의 접견내용을 청취·기록·녹음 또는 녹화하게 하는 것은 <u>과잉금지원칙에 위배되어 미결수용자의 사생활의 비밀과 자유 및 통신의 비밀을 침해하지 아니한다</u>(2016.11.24. 2014헌바401).

016 【O】 2014.6.26. 2012헌마331

017 【O】 2016.4.28. 2012헌마549 등

018 【O】 (2007.5.31. 2005헌마1139) 공적 관심의 정도가 약한 4급 이상의 공무원들까지 대상으로 삼아 모든 질병명을 아무런 예외 없이 공개토록 한 것은 입법목적 실현에 치중한 나머지 사생활 보호의 헌법적 요청을 현저히 무시한 것이기 때문이다.

019 ⟳ 1 2 3
흡연권은 인격의 자유로운 발현 영역에 포함된다고 할 것이므로 그 헌법적 근거는 사생활의 비밀과 자유를 규정한 헌법 제17조가 아닌 인간의 존엄과 가치 및 행복추구권을 규정한 헌법 제10조라 할 것이고, 그에 반하여 흡연이 비흡연자들의 건강과 생명도 위협한다는 면에서 혐연권은 헌법 제10조 외에 헌법이 보장하는 건강권과 생명권에서도 그 근거를 찾을 수 있다. (O / ×)

020 ⟳ 1 2 3
혐연권은 흡연권과 마찬가지로 헌법 제17조, 헌법 제10조에서 그 헌법적 근거를 찾을 수 있다. (O / ×)

021 ⟳ 1 2 3
'전자발찌'로 불리는 '위치추적 전자장치'의 부착명령을 규정한 구「특정 범죄자에 대한 위치추적 전자장치 부착 등에 관한 법률」조항은 피부착자의 개인정보자기결정권을 제한할 뿐만 아니라, 피부착자의 위치와 이동경로를 실시간으로 파악하여 24시간 감시할 수 있도록 하고 있으므로 피부착자의 사생활의 비밀과 자유를 제한한다. (O / ×)

022 ⟳ 1 2 3
수사기관이 전자우편에 대한 압수·수색 집행을 함에 있어 긴속을 요하는 때에는 피의자 등에게 그 집행에 관한 사전통지를 생략할 수 있도록 한「형사소송법」조항은, 압수·수색 집행을 통해 전자우편이 제3자에게 공개되게 함으로써 해당 피의자 등의 사생활의 비밀과 자유를 제한한다. (O / ×)

023 ⟳ 1 2 3
교도소 내 거실이나 작업장은 수용자의 사생활 영역이거나 사생활에 연결될 수 있는 영역이므로, 수용자가 없는 상태에서 교도소장이 비밀리에 거실 및 작업장에서 개인물품 등을 검사하는 행위는 수용자의 사생활의 비밀과 자유를 제한한다. (O / ×)

---

019 【×】 흡연권은 인간의 존엄과 행복추구권을 규정한 헌법 제10조와 **사생활의 자유를 규정한 헌법 제17조에 의하여 뒷받침된다** (2004.8.26. 2003헌마457).

020 【O】 2004.8.26. 2003헌마457

021 【O】 (2012.12.27. 2011헌바89) 다만, 사생활의 비밀과 자유, 개인정보자기결정권 및 인격권을 침해하지는 않는다.

022 【×】 수사기관이 전자우편에 대한 압수·수색 집행을 함에 있어 긴속을 요하는 때에는 피의자 등에게 그 집행에 관한 사전통지를 생략할 수 있도록 한「형사소송법」조항(제122조)이, **사생활의 비밀과 자유 및 통신의 비밀을 침해한 것은 아니다.** 전자우편이 제3자에게 공개됨으로 인하여 입게 되는 통신의 비밀 등의 침해는, 전자우편을 압수수색의 대상에서 제외하지 않은 형사소송법 제106조 제1항과 위 법률조항에 기하여 발부된 법원의 압수수색영장 및 그 집행에 의하여 발생하는 것이지 이미 이러한 통신의 비밀의 제한을 내용으로 한 적법한 압수수색영장이 발부된 것을 전제로 그 집행절차와 관련하여 사전통지의 예외를 규정하고 있을 뿐인 이 사건 법률조항에 의해 발생하는 것이 아니기 때문이다(2012.12.27. 2011헌바225)

023 【O】 (2011.10.25. 2009헌마691) 다만, 교도소장이 수용자가 없는 상태에서 실시한 거실 및 작업장의 검사행위가 과잉금지원칙에 위배하여 수용자의 사생활의 비밀 및 자유를 침해한다고 할 수 없다

024
성기구의 판매 행위를 제한할 경우 성기구를 사용하려는 소비자는 성기구를 이용하여 성적 만족을 얻으려는 사람의 은밀한 내적 영역에 대한 기본권인 사생활의 비밀과 자유가 제한된다고 볼 수 있다. (O/×)

025
독거실 내 CCTV를 설치하여 수형자를 상시적으로 관찰한 것은 사생활의 비밀 및 자유를 침해하였다고는 볼 수 없다. (O/×)

026
구치소장이 수용자의 거실에 CCTV를 설치하여 계호한 행위가 수용자의 사생활의 비밀과 자유를 침해하는 것은 아니다. (O/×)

027
존속상해치사죄를 가중처벌하는 것이 사생활의 자유를 침해하는 것은 아니다. (O/×)

개인정보자기결정권 : 자기정보에 대한 통제권

028
개인정보자기결정권은 인간의 존엄과 가치, 행복추구권을 규정한 헌법 제10조 제1문의 일반적 인격권 및 헌법 제17조의 사생활의 비밀과 자유에 의하여 도출되고 보장된다. (O/×)

029
개인정보자기결정권은 독자적 기본권으로서 헌법에 명시되지 아니한 기본권이다. (O/×)

030
「개인정보보호법」 제2조 제1호는 이 법률의 보호대상인 개인정보의 개념을 살아 있는 개인에 관한 정보로 한정하고 있다. (O/×)

---

024 【O】 (2013.8.29. 2011헌바176) 다만, 과잉금지원칙에 위배되어 성기구 판매자의 직업수행의 자유 및 소비자의 사생활의 비밀과 자유를 침해하지 않는다.
025 【O】 2011.9.29. 2010헌마413
026 【O】 2008.5.29. 2005헌마137
027 【O】 2002.3.28. 2000헌바53
028 【O】 2005.5.26. 99헌마513, 2004헌마190(병합)
029 【O】 2005.5.26. 99헌마513
030 【O】 개인정보보호법 제2조 제1호

031
개인정보처리자에 대하여 자신의 개인정보 처리를 정지할 것을 요구할 수 있는 권리를 포함한다. (O/×)

032
「개인정보보호법」에 의하면 특별한 보호대상이 되는 민감정보에는 정치적 견해나 노동조합에의 가입에 관한 정보도 포함된다. (O/×)

033
개인정보 자기결정권은 자기에 관한 정보가 언제 누구에게 어느 범위까지 알려지고 또 이용되도록 할 것인지를 그 정보주체가 스스로 결정할 수 있는 권리이다. (O/×)

034
개인정보자기결정권의 보호대상이 되는 개인정보는 개인의 신체, 신념, 사회적 지위, 신분 등과 같이 개인의 인격주체성을 특징짓는 사항으로서 그 개인의 동일성을 식별할 수 있게 하는 일체의 정보이다. (O/×)

035
개인정보자기결정권의 보호대상이 되는 개인정보는 개인의 내밀한 영역에 속하는 정보에 국한되며, 공적 생활에서 형성되었거나 이미 공개된 개인정보는 포함되지 않는다. (O/×)

036
개인정보를 대상으로 한 조사, 수집, 보관, 처리, 이용 등의 행위는 모두 원칙적으로 개인정보 자기결정권에 대한 제한에 해당한다. (O/×)

037
이미 공개된 개인정보를 정보주체의 동의가 있었다고 객관적으로 인정되는 범위 내에서 수집·이용·제공 등 처리를 할 때에라도 이를 영리목적으로 이용하는 이상 원칙적으로 정보주체의 별도의 동의를 받아야 한다. (O/×)

---

031 【O】 개인정보보호법 제37조 제1항
032 【O】 개인정보보호법 제23조 제1항
033 【O】 2005.5.26. 99헌마513
034 【O】 2005.5.26. 99헌마513
035 【×】 개인정보자기결정권의 보호대상이 되는 개인정보는 그 개인의 동일성을 식별할 수 있게 하는 일체의 정보로서, 반드시 개인의 내밀한 영역이나 사사(私事)의 영역에 속하는 정보에 국한되지 않고 **공적 생활에서 형성되었거나 이미 공개된 개인정보까지 포함된다**(2005.7.21. 2003헌마282). 따라서 보호대상은 개인에 대한 '비밀'정보에만 한정되지 않는다 (대판 2014.7.24. 2012다49933).
036 【O】 2005.5.26. 99헌마513
037 【×】 이미 공개된 개인정보를 정보주체의 동의가 있었다고 객관적으로 인정되는 범위 내에서 수집·이용·제공 등 처리를 할 때는 정보주체의 **별도의 동의는 불필요하다고** 보아야 하고, 별도의 동의를 받지 아니하였다고 하여 개인정보보호법 제15조나 제17조를 위반한 것으로 볼 수 없다(대판 2016.8.17. 2014다235080).

038

개인정보에 대해 정보주체의 동의가 있었다고 인정되는 범위 내인지는 공개된 개인정보의 성격, 공개의 형태와 대상 범위, 그로부터 추단되는 정보주체의 공개 의도 내지 목적뿐만 아니라, 정보처리자의 정보제공 등 처리의 형태와 정보제공으로 공개의 대상 범위가 원래의 것과 달라졌는지, 정보제공이 정보주체의 원래의 공개 목적과 상당한 관련성이 있는지 등을 검토하여 객관적으로 판단하여야 한다. (O/×)

039

개인정보자기결정권이라는 인격적 법익을 침해·제한한다고 주장되는 행위의 내용이 이미 정보주체의 의사에 따라 공개된 개인정보를 그의 별도의 동의 없이 영리 목적으로 수집·제공하였다는 것인 경우에는, 개인정보에 관한 인격권 보호에 의하여 얻을 수 있는 이익과 정보처리 행위로 얻을 수 있는 이익 즉 정보처리자의 '알 권리'와 이를 기반으로 한 정보수용자의 '알 권리' 및 표현의 자유, 정보처리자의 영업의 자유, 사회 전체의 경제적 효율성 등의 가치를 구체적으로 비교 형량하여 어느 쪽 이익이 더 우월한 것으로 평가할 수 있는지에 따라 정보처리 행위의 최종적인 위법성 여부를 판단하여야 하고, 단지 정보처리자에게 영리 목적이 있었다는 사정만으로 곧바로 정보처리 행위를 위법하다고 할 수는 없다. (O/×)

040

미결수용자와 변호인 아닌 자와의 접견 시 그 대화내용을 녹음·녹화할 수 있도록 한 것은 미결수용자의 사생활의 비밀과 자유를 침해한다. (O/×)

041

구치소장이 미결수용자와 그 배우자 사이의 접견내용을 녹음한 행위는 과잉금지원칙에 위반하여 미결수용자의 사생활의 비밀과 자유를 침해한다. (O/×)

---

038 【O】 대판 2016.8.17. 2014다235080
039 【O】 대판 2016.8.17. 2014다235080
040 【X】 이 사건 녹음행위는 교정시설 내의 안전과 질서유지에 기여하기 위한 것으로서 그 목적이 정당할 뿐 아니라 수단이 적절하다. 또한, 소장은 미리 접견내용의 녹음 사실 등을 고지하며, 접견기록물의 엄격한 관리를 위한 제도적 장치도 마련되어 있는 점 등을 고려할 때 침해의 최소성 요건도 갖추었고, 이 사건 녹음행위는 미리 고지되어 청구인의 접견내용은 사생활의 비밀로서의 보호가치가 그리 크지 않다고 할 것이므로 법익의 불균형을 인정하기도 어려워, 과잉금지원칙에 위반하여 청구인의 **사생활의 비밀과 자유를 침해하였다고 볼 수 없다**(2012.12.27. 2010헌마153).
041 【X】 2012.12.27. 2010헌마153

042

지문은 그 정보주체를 타인으로부터 식별가능하게 하는 개인정보이므로, 시장·군수 또는 구청장이 개인의 지문정보를 수집하고, 경찰청장이 이를 보관·전산화하여 범죄수사목적에 이용하는 것은 모두 개인정보자기결정권을 제한하는 것이라고 할 수 있다. (O/×)

043

자신의 주민등록표를 열람하거나 그 등·초본을 교부받는 경우에도 소정의 수수료를 부과하도록 하고 있는 규정은 개인정보자기결정권을 침해한다고 볼 수 없다. (O/×)

044

개인별로 주민등록번호를 부여하면서 주민등록번호 변경에 관한 규정을 두고 있지 않은 「주민등록법」은 개인정보자기결정권을 침해한다고 볼 수 없다. (O/×)

045

「성폭력범죄의 처벌 등에 관한 특례법」 위반(카메라 등 이용 촬영, 카메라 등 이용 촬영 미수)죄로 유죄판결이 확정된 자를 신상정보 등록대상자가 되도록 규정한 심판대상 조항은 개인정보자기결정권을 침해한다. (O/×)

---

042 【O】 (2005.5.26. 99헌마513) 다만, 판례는 개인정보자기결정권을 침해한 것은 아니라고 보았다.

043 【O】 2013.7.25. 2011헌마364

044 【X】 국가가 개인정보보호법이나 정보통신망법 등의 입법을 통하여 주민등록번호 처리와 수집·이용을 제한하고, 주민등록번호의 유출이나 오·남용을 예방하는 조치를 취하고 있다고는 하나, 여전히 관련 법령 등에 의하여 주민등록번호를 처리하거나 수집·이용할 수 있는 경우가 적지 아니할 뿐만 아니라, 이미 주민등록번호가 유출되어 발생되었거나 발생될 수 있는 피해 등에 대해서는 뚜렷한 해결책을 제시하지 못하고 있으며, 위와 같은 입법조치 이전에 이미 주민등록번호가 유출된 경우도 상당수 존재하므로, 위와 같은 조치만으로는 국민의 개인정보자기결정권에 대한 충분한 보호가 된다고 보기 어렵다. 주민등록번호 유출 또는 오·남용으로 인하여 발생할 수 있는 피해 등에 대한 아무런 고려 없이 주민등록번호 변경을 일체 허용하지 않는 것은 그 자체로 개인정보자기결정권에 대한 과도한 침해가 될 수 있다. 따라서 개인별로 주민등록번호를 부여하면서 주민등록번호 변경에 관한 규정을 두고 있지 않은 「주민등록법」은 과잉금지원칙에 위배되어 개인정보자기결정권을 침해한다(2015.12.23. 2013헌바68, 2014헌마449).

045 【X】 일정한 성범죄를 저지른 자로부터 신상정보를 제출받아 보존·관리하는 것은 정당한 목적을 위한 적합한 수단이고, 침해되는 사익은 크지 않은 반면 해당 조항을 통해 달성되는 공익은 매우 중요하므로, **성폭력범죄의 처벌 등에 관한 특례법위반(카메라 등 이용촬영, 카메라 등 이용촬영미수)죄로 유죄판결이 확정된 자는 신상정보 등록대상자가 되도록 규정한 성폭력범죄의 처벌 등에 관한 특례법(2012. 12. 18. 법률 제11556호로 전부개정된 것) 제42조 제1항 중 해당 부분은 개인정보자기결정권을 침해하지 않는다.**(2015.7.30. 2014헌마340)

046

법무부장관이 등록대상자의 재범 위험성이 상존하는 20년 동안 그의 신상정보를 보존·관리하는 것은 정당한 목적을 위한 적합한 수단이므로, 모든 등록대상 성범죄자에 대하여 일률적으로 20년의 등록기간을 적용하고 있더라도 개인정보자기결정권을 침해한다고 볼 수 없다. (O/×)

047

구 「특정 범죄자에 대한 위치추적 전자장치 부착 등에 관한 법률」에 의하여 성폭력범죄를 2회 이상 범하여 습벽이 인정되고 재범의 위험성이 있는 자에게 검사의 청구에 따라 법원이 10년의 범위 내에서 위치추적 전자장치를 부착할 수 있도록 하는 것은 과잉금지원칙에 위배하여 피부착자의 사생활의 비밀과 자유, 개인정보자기결정권, 인격권을 침해한다고 볼 수 없다. (O/×)

048

정보통신망을 통해 청소년유해매체물을 제공하는 자에게 이용자의 본인확인 의무를 부과하고 있는 「청소년 보호법」 조항은 관계자의 개인정보자기결정권을 침해하지 않는다. (O/×)

049

'성적 목적 공공장소 침입죄'는 침입대상을 공공화장실 등 공공장소로 하여 사실상 장소를 정하지 아니하고 있으며 그에 따라 신상정보 등록대상의 범위도 제한되지 않는바, 위 범죄에 의한 신상정보 등록조항은 개인정보자기결정권을 침해한다. (O/×)

050

성적목적공공장소침입죄로 형을 선고받아 유죄판결이 확정된 자는 신상정보 등록대상자가 된다고 규정한 「성폭력범죄의 처벌 등에 관한 특례법」 제42조 제1항 중 "제12조의 범죄로 유죄판결이 확정된 자"에 관한 부분은 청구인의 개인정보자기결정권을 침해하지 않는다. (O/×)

---

046 【×】 법무부장관이 등록대상자의 재범 위험성이 상존하는 20년 동안, 범죄의 경중·재범의 위험성 여부를 불문하고 모든 신상정보 등록대상자의 등록정보를 20년 동안 보존·관리하도록 한 「성폭력범죄의 처벌 등에 관한 특례법」 관련 규정은 신상정보 등록대상자의 개인정보자기결정권을 침해한다(2015.7.30. 2014헌마340). 관리조항이 추구하는 공익이 중요하더라도, 모든 등록대상자에게 20년 동안 신상정보를 등록하게 하고 위 기간 동안 각종 의무를 부과하는 것은 비교적 경미한 등록대상 성범죄를 저지르고 재범의 위험성도 많지 않은 자들에 대해서는 달성되는 공익과 침해되는 사익 사이의 불균형이 발생할 수 있기 때문이다. (헌법불합치결정과 잠정적용을 명한사례)

047 【O】 (2012.12.27. 2011헌바89) 전자장치부착조항이 보호하고자 하는 이익에 비해 재범의 위험성이 있는 성폭력범죄자가 입는 불이익이 결코 크다고 할 수 없으므로 법익의 균형성원칙에 반하지 않기 때문이다.

048 【O】 2015.3.26. 2013헌마354

049 【×】 '성적목적공공장소침입죄'로 형을 선고받아 확정된 자는 신상정보 등록대상자가 된다고 규정한 「성폭력범죄의 처벌 등에 관한 특례법」 조항은 해당 성범죄자의 개인정보자기결정권을 침해하지 않는다(2016.10.27. 2014헌마709). 성적목적공공장소침입죄는 공공화장실 등 일정한 장소를 침입하는 경우에 한하여 성립하므로 등록조항에 따른 등록대상자의 범위는 이에 따라 제한되는바, 등록조항은 침해의 최소성 원칙에 위배되지 않고, 등록조항으로 인하여 제한되는 사익에 비하여 성범죄의 재범 방지와 사회 방위라는 공익이 크다는 점에서 법익의 균형성도 인정되므로, 등록조항은 개인정보자기결정권을 침해하지 않는다.

050 【O】 2016.10.27. 2014헌마709

051 🔄 1 2 3

통신매체이용음란죄로 유죄판결이 확정된 자는 신상정보 등록대상자가 된다고 규정한 「성폭력범죄의 처벌 등에 관한 특례법」 제42조 제1항 중 "제13조의 범죄로 유죄판결이 확정된 자는 신상정보 등록대상자가 된다."는 부분은 청구인의 개인정보자기결정권을 침해한다. (O/×)

052 🔄 1 2 3

국회의원이 각급학교 교원의 교원단체 가입현황과 교원노조 가입현황에 관한 실명자료를 인터넷을 통해 공개하는 것은 공익을 위해서 적정한 것으로서 위헌이 아니다. (O/×)

053 🔄 1 2 3

국회의원인 甲 등이 '각급학교 교원의 교원단체 및 교원노조 가입현황 실명자료'를 인터넷을 통하여 공개한 사안에서, 대법원은 위 정보가 개인정보자기결정권의 보호대상이 되는 개인정보에 해당하므로 이를 일반 대중에게 공개하는 행위는 해당 교원들의 개인정보자기결정권과 전국교직원노동조합의 존속, 유지, 발전에 관한 권리를 침해할 여지가 있다고 보았으나, 甲 등이 위 정보를 공개한 표현행위로 인하여 얻을 수 있는 법적 이익이 이를 공개하지 않음으로써 보호받을 수 있는 해당 교원 등의 법적 이익보다 우월하므로, 甲 등의 정보 공개행위는 적법하다고 보았다. (O/×)

054 🔄 1 2 3

검사의 '혐의없음' 처분을 받은 피의자에 관한 수사경력에 관한 전산자료를 「형의 실효 등에 관한 법률」에 의하여 5년간 보존하는 것은 과잉제한금지원칙에 위반되지 않는다. (O/×)

---

051 【O】 성범죄자의 재범을 억제하고 재범 발생시 수사의 효율성을 제고하기 위하여, 일정한 성범죄를 저지른 자로부터 신상정보를 제출받아 보존·관리하는 것은 정당한 목적을 위한 적합한 수단이다. 그러나, 모든 성범죄자가 신상정보 등록대상이 되어서는 안되고, 신상정보 등록제도의 입법목적에 필요한 범위 내로 제한되어야 한다. 통신매체이용음란죄의 구성요건에 해당하는 행위 태양은 행위자의 범의·범행 동기·행위 상대방·행위 횟수 및 방법 등에 따라 매우 다양한 유형이 존재하고, 개별 행위유형에 따라 재범의 위험성 및 신상정보 등록 필요성은 현저히 다르다. 그런데 심판대상조항은 통신매체이용음란죄로 유죄판결이 확정된 사람은 누구나 법관의 판단 등 별도의 절차 없이 필요적으로 신상정보 등록대상자가 되도록 하고 있고, 등록된 이후에는 그 결과를 다툴 방법도 없다. 그렇다면 심판대상조항은 통신매체이용음란죄의 죄질 및 재범의 위험성에 따라 등록대상을 축소하거나, 유죄판결 확정과 별도로 신상정보 등록 여부에 관하여 법관의 판단을 받도록 하는 절차를 두는 등 기본권 침해를 줄일 수 있는 다른 수단을 채택하지 않았다는 점에서 침해의 최소성 원칙에 위배된다. 또한, 심판대상조항으로 인하여 비교적 불법성이 경미한 통신매체이용음란죄를 저지르고 재범의 위험성이 인정되지 않는 이들에 대하여는 달성되는 공익과 침해되는 사익 사이에 불균형이 발생할 수 있다는 점에서 법익의 균형성도 인정하기 어렵다.(헌재 2016.3.31. 2015헌마688)

052 【X】 국회의원이 각급학교 교원의 교원단체 가입현황과 교원노조 가입현황에 관한 실명자료를 인터넷을 통해 공개하는 것은, **해당 교원들의 개인정보자기결정권과 전국교직원노동조합의 존속, 유지, 발전에 관한 권리를 침해하는 것이다** (대판 2014.7.24. 2012다49933). 위 정보는 개인정보자기결정권의 보호대상이 되는 개인정보에 해당하고, 위 정보를 공개한 표현행위로 인하여 얻을 수 있는 법적이익이 이를 공개하지 않음으로써 보호받을 수 있는 해당 교원 등의 법적 이익에 비하여 우월하다고 할 수 없으므로, 공개행위는 위법하다.

053 【X】 대판 2014.7.24. 2012다49933

054 【O】 (2009.10.29. 2008헌마257) '혐의없음' 불기소처분에 관한 사건의 개인정보를 보관하는 것은 재수사에 대비한 기초자료를 보존하여 형사사법의 실체적 진실을 구현하는 한편, 수사력의 낭비를 막고 피의자의 인권을 보호하기 위한 것으로 개인정보자기결정권을 침해한다고 볼 수 없기 때문이다.

055

본인 또는 배우자, 직계혈족, 형제자매에게 가족관계등록부 등의 기록사항에 관한 증명서 교부청구권을 부여하는 「가족관계의 등록 등에 관한 법률」 제14조 제1항 본문 중 '형제자매' 부분은 본인의 개인정보자기결정권을 침해한다.

(O/×)

056

'강제추행죄'로 유죄판결이 확정된 신상정보 등록대상자로 하여금 관할 경찰관서의 장에게 신상정보 및 변경정보를 제출하게 하는 것은, 관할 경찰관서의 장이 등록대상자를 대면하는 과정에서 신상정보를 최초로 수집하고 변경 여부를 규칙적으로 확인하는 방법보다 범죄동기의 억제라는 주관적 영향력의 측면에서 더 효과적이라 할 수 있으므로, 침해의 최소성 원칙에 반하지 않는다.

(O/×)

057

가상의 아동·청소년이용음란물배포죄로 유죄판결이 확정된 자는 신상정보 등록대상자가 되도록 규정한 「성폭력범죄의 처벌 등에 관한 특례법」 제42조 제1항 중 구 「아동·청소년의 성보호에 관한 법률」 제8조 제4항의 아동·청소년이용음란물 가운데 "아동·청소년으로 인식될 수 있는 사람이나 표현물이 등장하는 것"에 관한 부분으로 유죄판결이 확정된 자에 관한 부분은 청구인의 개인정보자기결정권을 침해한다.

(O/×)

058

'익명표현'은 표현의 자유를 행사하는 하나의 방법으로서 그 자체로 규제되어야 하는 것은 아니고, 부정적 효과가 발생하는 것이 예상되는 경우에 한하여 규제될 필요가 있다.

(O/×)

---

055 【O】 (2016.6.30. 2015헌마924) 형제자매는 언제나 본인과 이해관계를 같이 하는 것은 아닌데도 형제자매가 본인에 대한 친족·상속 등과 관련된 증명서를 편리하게 발급받을 수 있도록 한 것은, 입법목적 달성을 위해 필요한 범위를 넘어선 것이기 때문이다.

056 【O】 (2017.5.25. 2017헌바149) 제출조항에 따라 등록대상자가 자발적으로 신상정보를 제출하는 방법 대신 동일한 목적을 달성하기 위한 방법으로 관할경찰관서의 장이 등록대상자를 대면하는 과정에서 신상정보를 최초로 수집하는 방법을 고려해 볼 수 있다.

057 【X】 등록조항은 아동·청소년대상 성범죄의 발생 및 재범을 예방하고 그 범행이 현실적으로 이뤄진 경우에 수사의 효율성과 신속성을 높이기 위한 것으로, 목적의 정당성과 수단의 적합성이 인정된다. 영리를 목적으로 아동·청소년이용음란물을 배포하는 행위는 영리를 위하여 적극적으로 아동·청소년이용음란물을 유포하여 그에 대한 접촉을 확산시킴으로써 아동·청소년에 대한 왜곡된 성적 인식과 태도를 광범위하게 형성하고, 그 결과 아동·청소년대상 성범죄로 이어질 가능성을 가중시킨다는 점에서 그 죄질이 결코 경미하다고 할 수 없다. 또한 아동·청소년이용음란물 단순소지의 경우에는 행위 태양이나 그 불법성의 정도가 다양하게 나타날 수 있는데, 등록조항은 아동·청소년이용음란물을 소지한 행위로 징역형이 선고된 경우에는 신상정보 등록대상이 되지만, 벌금형이 선고된 경우에는 신상정보 등록대상에서 제외됨으로써 신상정보 등록대상의 범위를 입법목적에 필요한 범위 내로 제한하고 있으므로 침해의 최소성에 위배되지 않는다. 등록조항에 의하여 제한되는 사익에 비하여 아동·청소년대상 성범죄의 발생 및 재범 방지와 사회 방위라는 공익이 크다는 점에서, 법익의 균형성도 인정된다. 따라서 등록조항은 청구인의 **개인정보자기결정권을 침해하지 않는다**. (헌재 2017.10.26. 2016헌마656)

058 【O】 헌재 2021.1.28. 2018헌마456

059 ⟳ 1 2 3

인터넷게시판을 설치·운영하는 정보통신서비스 제공자에게 본인확인조치의무를 부과하여 게시판 이용자로 하여금 본인확인절차를 거쳐야만 게시판을 이용할 수 있도록 하는 본인확인제를 규정한 정보통신망 이용촉진 및 정보보호 등에 관한 법률(2008. 6. 13. 법률 제9119호로 개정된 것) 제44조의5 제1항 제2호는 과잉금지원칙에 위배하여 인터넷게시판 이용자의 표현의 자유, 개인정보자기결정권 및 인터넷게시판을 운영하는 정보통신서비스 제공자의 언론의 자유를 침해한다. (O/×)

060 ⟳ 1 2 3

인터넷언론사는 선거운동기간 중 당해 홈페이지 게시판 등에 정당·후보자에 대한 지지·반대 등의 정보를 게시하는 경우 실명을 확인받는 기술적 조치를 하도록 정한 공직선거법 조항을 비롯하여, 행정안전부장관 및 신용정보업자는 실명인증자료를 관리하고 중앙선거관리위원회가 요구하는 경우 지체 없이 그 자료를 제출해야 하며, 실명확인을 위한 기술적 조치를 하지 아니하거나 실명인증의 표시가 없는 정보를 삭제하지 않는 경우 과태료를 부과하도록 정한 공직선거법 조항은 과잉금지원칙에 반하여 인터넷언론사 홈페이지 게시판 등 이용자의 익명표현의 자유와 개인정보자기결정권, 인터넷언론사의 언론의 자유를 침해한다. (O/×)

061 ⟳ 1 2 3

학교폭력 가해학생에 대한 조치사항을 학교생활기록부에 기재하고 졸업할 때까지 보존하는 것은 과잉금지원칙에 위배되어 가해학생의 개인정보자기결정권을 침해한다. (O/×)

062 ⟳ 1 2 3

통신매체이용음란죄로 유죄판결이 확정된 자도 신상정보 등록대상자가 된다고 규정한 「성폭력 범죄의 처벌 등에 관한 특례법」 제42조 제1항은 통신매체이용음란죄로 유죄판결이 확정된 자의 개인정보자기결정권을 침해한다. (O/×)

---

059 【O】 2012.8.23. 2010헌마47
060 【O】 심판대상조항은 정치적 의사표현이 가장 긴요한 선거운동기간 중에 인터넷언론사 홈페이지 게시판 등 이용자로 하여금 실명확인을 하도록 강제함으로써 익명표현의 자유와 언론의 자유를 제한하고, 모든 익명표현을 규제함으로써 대다수 국민의 개인정보자기결정권도 광범위하게 제한하고 있다는 점에서 이와 같은 불이익은 선거의 공정성 유지라는 공익보다 결코 과소평가될 수 없다. 그러므로 심판대상조항은 **과잉금지원칙에 반하여 인터넷언론사 홈페이지 게시판 등 이용자의 익명표현의 자유와 개인정보자기결정권, 인터넷언론사의 언론의 자유를 침해한다**(2021.1.28. 2018헌마456 등).
061 【X】 학교폭력 가해학생에 대한 조치사항을 학교생활기록부에 기재하고 졸업할 때까지 보존하는 것은, 과잉금지원칙에 위배되어 가해학생의 **개인정보자기결정권을 침해하지 않는다**.(2016.4.28. 2012헌마630) 안전하고 건전한 학교생활보장 및 학생보호라는 공익은 학교폭력의 가해자인 학생이 입게 되는 기본권제한의 정도에 비해 그 보호가치가 결코 작지 않으므로, 법익의 균형성도 인정되기 때문이다.
062 【O】 (2016.3.31. 2015헌마688) 통신매체이용음란죄로 유죄판결이 확정된 사람을 일률적으로 신상정보등록대상자가 되도록 하는 것은, 법관의 판단 등 별도의 절차 없이 필요적으로 신상정보 등록대상자가 되도록 하고 있고 등록된 이후에는 그 결과를 다툴 방법도 없기 때문에 침해의 최소성에 위배되고, 비교적 불법성이 경미한 통신매체이용음란죄를 저지르고 재범의 위험성이 인정되지 않는 이들에 대하여 달성되는 공익과 침해되는 사익 사이에 불균형이 발생할 수 있다는 점에서 법익의 균형성도 인정되기 어렵기 때문이다.

063

기소유예처분에 관한 수사경력자료를 최장 5년까지 보존하도록 하는 것은 기소유예처분을 받은 자의 개인정보자기결정권을 침해한다. (O/×)

064

가축전염병의 발생 예방 및 확산 방지를 위해 축산관계시설 출입 차량에 차량무선인식장치를 설치하여 이동경로를 파악할 수 있도록 한 구「가축전염병예방법」제17조의3 제2항은 축산관계시설에 출입하는 자의 개인정보자기결정권을 침해한다. (O/×)

065

채무불이행자 명부나 그 부본을 누구든지 보거나 복사할 것을 신청할 수 있도록 하는 것은 채무불이행자 명부에 등재된 사람들의 개인정보자기결정권을 침해하는 것이다. (O/×)

066

의료기관에게 환자들의 의료비 내역에 관한 정보를 국세청에 제출하는 의무를 부과하고 있는 소득세법 규정이 개인정보자기결정권을 침해하는 것은 아니다. (O/×)

---

063 【×】 기소유예처분에 관한 수사경력자료를 최장 5년까지 보존하도록 하는 것은 기소유예처분을 받은 자의 **개인정보자기결정권을 침해하지 아니한다**.(2016.6.30. 2015헌마828) 수사경력자료 보존으로 기소유예처분을 받은 자가 현실적으로 입게 되는 불이익은 그다지 크지 않으므로 법익의 균형성을 갖추고 있기 때문이다.

064 【×】 가축전염병의 발생 예방 및 확산 방지를 위해 축산관계시설 출입 차량에 차량무선인식장치를 설치하여 이동경로를 파악할 수 있도록 한 구「가축전염병예방법」제17조의3 제2항은 축산관계시설에 출입하는 자의 **개인정보자기결정권을 침해하지 아니한다**.(2015.4.30. 2013헌마81) 차량무선인식장치 장착대상 차량의 범위를 최소한으로 한정하고 차량출입정보의 수집 범위와 용도를 제한하는 등 심판대상조항으로 인한 기본권 침해를 최소화하기 위한 조치들이 마련되어 있고, 이로 인해 제한되는 축산관계시설에 출입하는 자의 개인정보자기결정권에 비하여 가축전염병의 확산 방지를 통해 달성하고자 하는 공익이 결코 작다고 할 수 없기 때문이다.

065 【×】 채무불이행자 명부나 그 부본을 누구든지 보거나 복사할 것을 신청할 수 있도록 하는 것은 채무불이행자 명부에 등재된 사람들의 **개인정보자기결정권을 침해하지 않는다**.(2010.5.27. 2008헌마663) 채무불이행자명부에 등재되는 채무자의 개인정보를 보호할 사익보다는 채무이행의 간접강제 및 거래의 안전도모라는 공익이 더 크기 때문이다.

066 【O】 2008.10.30. 2006헌마1401

067 🔄 1 2 3

인터넷언론사는 선거운동기간 중 당해 홈페이지 게시판 등에 정당·후보자에 대한 지지·반대 등의 정보를 게시하는 경우 실명을 확인받는 기술적 조치를 하도록 정한 공직선거법 조항과 행정안전부장관 및 신용정보업자는 실명인증자료를 관리하고 중앙선거관리위원회가 요구하는 경우 지체 없이 그 자료를 제출해야 하며, 실명확인을 위한 기술적 조치를 하지 아니하거나 실명인증의 표시가 없는 정보를 삭제하지 않는 경우 과태료를 부과하도록 정한 공직선거법 조항 개인정보자기결정권에 대한 제한은 아니다. (O/×)

Ⅴ 효력

Ⅵ 한계와 제한

1. 의의

2. 표현의 자유와 사생활보호(기본권충돌)

---

067 【×】 (1) 제한되는 기본권 : 실명확인 조항은 표현의 자유 중 게시판 등의 이용자가 자신의 신원을 누구에게도 밝히지 않은 채 익명으로 자신의 사상이나 견해를 표명하고 전파할 **익명표현의 자유를 제한한다**. 동시에 게시판 등 이용자의 표현의 자유에 대한 제한으로 말미암아 게시판 등 이용자의 자유로운 의사표현을 바탕으로 여론을 형성·전파하려는 **인터넷언론사의 언론의 자유 역시 제한되는 결과가 발생한다**. 뿐만 아니라 실명확인 조항은 인터넷언론사에게 인터넷홈페이지 게시판 등을 운영함에 있어서 선거운동기간 중 이용자의 실명확인 조치의무, 실명인증표시 조치의무 및 실명인증표시가 없는 게시물에 대한 삭제의무를 부과하여 인터넷언론사의 직업의 자유도 제한하고, 과태료 조항은 인터넷언론사가 실명확인 조치의무나 실명인증표시가 없는 게시물에 대한 삭제의무를 이행하지 않는 경우 그에 대하여 과태료를 부과하는 것을 그 내용으로 하므로 **인터넷언론사의 직업의 자유를 제한한다**. 한편 인터넷언론사 인터넷홈페이지의 게시판 등 이용자가 심판대상조항에 따른 실명인증을 받은 경우, 실명인증자료에 속하는 정보는 게시판 등 이용자의 성명과 주민등록번호를 포함하는 것으로서 개인의 동일성을 식별할 수 있는 정보에 해당하므로 개인정보자기결정권의 보호대상이 되는 개인정보에 해당한다. 이러한 실명인증자료가 실명인증자료 관리조항에 따라 수집·관리된다는 점에서 **실명인증자료 관리조항은 게시판 등 이용자의 개인정보자기결정권도 아울러 제한한다**.
(2) 판단하는 기본권 : 인터넷언론사의 기본권 가운데 이 사건과 가장 밀접한 관계에 있으며 또 침해의 정도가 큰 주된 기본권은 실명확인 조항에 의하여 제한되는 언론의 자유라고 할 것이므로 **직업의 자유 제한의 정당성 여부에 관하여는 따로 판단하지 않는다**. 또한 인터넷언론사의 언론의 자유 제한은 게시판 등 이용자의 정치적 익명표현의 자유의 제한에 수반되는 결과라고 할 수 있으므로 이하에서는 게시판 등 이용자의 정치적 **익명표현의 자유 침해 여부를 중심으로 하여 인터넷언론사의 언론의 자유 등 침해 여부를 함께 판단하기로** 한다.
(3) 심판대상조항이 과잉금지원칙에 반하여 게시판 등 이용자의 익명표현의 자유와 인터넷언론사의 언론의 자유, 그리고 게시판 등 이용자의 개인정보자기결정권을 침해하는지 여부 : 1) 목적의 정당성 및 수단의 적합성 : 선거의 공정성을 확보하기 위한 것이므로 **목적의 정당성과 수단의 적합성을 인정할 수 있다**. 2) 침해의 최소성 : 심판대상조항은 익명표현의 자유와 개인정보자기결정권 등을 지나치게 제한하여 **침해의 최소성을 갖추지 못하였다**. 3) 법익의 균형성 : **익명표현의 자유와 언론의 자유에 대한 지나친 제약**에 해당한다. 더군다나 심판대상조항이 익명표현의 부정적 효과를 방지하기 위하여 모든 익명표현을 규제함으로써 대다수 국민의 **개인정보자기결정권도 광범위하게 제한**하고 있다는 점에서 이와 같은 불이익은 선거의 공정성 유지라는 공익보다 결코 과소평가될 수는 없다. 이처럼 심판대상조항을 통하여 달성하려는 선거의 공정성이라는 공익이 익명표현의 자유와 개인정보자기결정권 등의 제약 정도보다 크다고 단정할 수 없는 이상 심판대상조항은 **법익의 균형성 또한 갖추지 못하였다**. 4) 결론 : 심판대상조항은 과잉금지원칙에 반하여 익명표현의 자유와 언론의 자유, 그리고 개인정보자기결정권 등을 침해한다(헌재 2021.1.28. 2018헌마456 등).

068

공직자의 자질·도덕성·청렴성에 관한 사실은 그 내용이 개인적인 사생활에 관한 것이라 할지라도 순수한 사생활의 영역에 있다고 보기 어렵다. (O/×)

069

인터넷언론사의 공개된 게시판·대화방에서 스스로의 의사에 의하여 정당·후보자에 대한 지지·반대의 글을 게시하는 행위는 양심의 자유나 사생활의 비밀의 자유에 의해 보호되는 영역이다. (O/×)

070

선거운동 과정에서 자신의 인격권이나 명예권을 보호하기 위하여 대외적으로 해명을 하는 행위는 사생활의 자유에 의하여 보호되는 범주를 벗어난 행위라고 볼 것이다. (O/×)

3. 사생활의 비밀과 국정감사·조사, 명단공표, 신상공개

071

국정감사는 개인의 사생활을 침해하여서는 아니 된다. (O/×)

072

국가기관이 행정목적달성을 위하여 언론에 보도자료를 제공하는 등 이른바 행정상 공표의 방법으로 실명을 공개함으로써 타인의 명예를 훼손한 경우, 그 공표된 사람에 관하여 적시된 사실의 내용이 진실이라는 증명이 없더라도 국가기관이 공표 당시 이를 진실이라고 믿었고 또 그렇게 믿을 만한 상당한 이유가 있다면 위법성이 없는 것이고, 이 점은 언론을 포함한 사인에 의한 명예훼손의 경우에서와 마찬가지이다.

(O/×)

---

068 【O】 2013.12.26. 2009헌마747
069 【X】 인터넷언론사의 공개된 게시판·대화방에서 스스로의 의사에 의하여 정당·후보자에 대한 지지·반대의 글을 게시하는 행위가 **양심의 자유나 사생활의 비밀의 자유에 의해 보호되는 영역이라고 할 수 없다**. 이는 정당·후보자에 대한 단순한 의견 등의 표현행위에 불과하고, 그 과정에서 실명확인 절차의 부담을 진다고 하더라도 이를 두고 양심의 자유나 사생활 비밀의 자유를 제한받는 것이라고 볼 수 없다(2010.2.25. 2008헌마324). 최근 헌법재판소는 실명확인 조항을 비롯하여, 행정안전부장관 및 신용정보업자는 실명인증자료를 관리하고 중앙선거관리위원회가 요구하는 경우 지체 없이 그 자료를 제출해야 하며, 실명확인을 위한 기술적 조치를 하지 아니하거나 실명인증의 표시가 없는 정보를 삭제하지 않는 경우 과태료를 부과하도록 정한 공직선거법 조항이 게시판 등 이용자의 **익명표현의 자유 및 개인정보자기결정권과 인터넷언론사의 언론의 자유를 침해한다**고 판시하여 기존의 판례 입장을 변경하였다.
070 【O】 2001.8.30. 99헌바92
071 【O】 국정감사 및 조사에 관한 법률 제8조
072 【O】 대법원 1993.11.26. 93다18389

4. "아동·청소년의 성보호에 관한 법률"의 신상정보 공개제도

073
아동·청소년 대상 성범죄자에 대하여 신상정보 등록 후 1년 마다 새로 촬영한 사진을 관할경찰관서에 제출하도록 하고 이에 위반하는 경우 형벌로 제재를 가하는 것은 기본권의 최소침해성 원칙에 반한다.
(O/×)

Ⅶ 침해와 구제

074
불법감청에 의하여 지득 또는 채록된 전기통신의 내용은 재판 또는 징계절차에서 증거로 사용 할 수 없다.
(O/×)

075
보험회사직원이 보험회사를 상대로 손해배상청구소송을 제기한 교통사고 피해자들의 장해 정도에 관한 증거자료를 수집할 목적으로 피해자들의 일상생활을 촬영한 행위는 불법이다.
(O/×)

---

073 【×】 아동·청소년대상 성범죄자의 신상정보를 등록하게 하고, 그 중 사진의 경우에는 1년마다 새로 촬영하여 제출하게 하고 이를 보존하는 것은 신상정보 등록대상자의 재범을 억제하고, 재범한 경우에는 범인을 신속하게 검거하기 위한 것이므로 그 입법목적이 정당하고, 사진이 징표하는 신상정보인 외모는 쉽게 변하고, 그 변경 유무를 객관적으로 판단하기 어려우므로 1년마다 사진제출의무를 부과하는 것은 그러한 입법목적 달성을 위한 적합한 수단이다. 외모라는 신상정보의 특성에 비추어 보면 변경되는 정보의 보관을 위하여 정기적으로 사진을 제출하게 하는 방법 외에는 다른 대체수단을 찾기 어렵고, 등록의무자에게 매년 새로 촬영된 사진을 제출하게 하는 것이 그리 큰 부담은 아닐 뿐만 아니라, 의무위반 시 제재방법은 입법자에게 재량이 있으며 형벌 부과는 입법재량의 범위 내에 있고 또한 명백히 잘못 되었다고 할 수는 없으며, **법정형 또한 비교적 경미하므로 침해의 최소성 원칙 및 법익균형성원칙에도 위배되지 아니한다.** 따라서 이 사건 심판대상조항은 일반적 행동의 자유를 침해하지 아니한다(2015.7.30. 2014헌바257).

074 【O】 통신비밀보호법 제4조

075 【O】 대판 2006.10.13. 2004다16280

제2항 주거의 자유

> **관련조문**
> 제16조 모든 국민은 주거의 자유를 침해받지 아니한다. 주거에 대한 압수나 수색을 할 때에는 검사의 신청에 의하여 법관이 발부한 영장을 제시하여야 한다.

I 의의

주거란 개인의 생활을 영위하는 장소를 말한다.

II 주체

호텔객실의 경우 주거의 자유의 주체는 그 소유자가 아니라 투숙객이다.

III 내용

1. 주거의 불가침

2. 영장주의

3. 영장주의의 예외

4. 행정상 즉시강제와 영장제도

IV 효력

076
주거침입죄는 사실상의 주거의 평온을 보호법익으로 하는 것이다. (O/×)

077
점유할 권리가 없는 자가 점유한 경우, 권리자가 자력구제의 수단으로 건조물에 침입한 경우에는 주거침입죄가 성립하지 않는다. (O/×)

---

076 【O】
077 【×】 점유할 권원이 없는 자(임대차기간 종료 후의 임차인)가 점유한 건조물이라 하더라도 법적 절차를 따르지 않고 소유자가 들어간 경우에는 **주거침입죄가 성립한다**(대판 1987.11.10. 87도1760).

078
대학건물의 관리권은 그 대학 당국에 귀속되므로, 학생회의 동의를 얻어 학생회관에 들어갔다하여도 주거침입죄를 구성한다. (O/×)

V 제한과 한계

제3항 통신의 자유

관련조문
제18조 모든 국민은 통신의 비밀을 침해받지 아니한다.

I 의의

079
헌법 제18조는 "모든 국민은 통신의 비밀과 자유를 침해받지 아니한다."라고 규정하고 있다. (O/×)

080
통신의 자유는 국가기관 뿐만 아니라 사인이 침해하는 경우에도 적용된다고 보는 것이 다수설이다. (O/×)

081
성질상 비밀이 보장되지 않는 엽서나 전보도 통신의 자유의 보호대상이 된다. (O/×)

082
현행 헌법은 우편물의 검열과 전기통신의 감청에 대해 영장주의를 규정하고 있지 않다. (O/×)

---

078 【O】 대판 1995.4.14. 95도12
079 【X】 헌법 제18조는 "모든 국민은 통신의 비밀을 침해받지 아니한다."라고 규정하고 있다. 통신의 자유에 대해서는 명시적으로 규정하고 있지 않다.
080 【O】
081 【O】
082 【O】

II 법적 성격

1. 넓은 의미의 사생활보호

083

통신의 자유를 기본권으로서 보장하는 것은 사적 영역에 속하는 개인 간의 의사소통을 사생활의 일부로서 보장하겠다는 취지에서 비롯된 것이다. (O/×)

2. 표현의 자유와의 관계

III 주체

IV 내용

1. 통신의 비밀

2. 통신의 불가침

084

「통신비밀보호법」상 통신이란 우편물, 전기통신 및 대화를 말한다. (O/×)

085

「통신비밀보호법」상 '통신'이라 함은 우편물 및 전기통신을 말한다. (O/×)

086

헌법 제18조의 '통신'의 일반적인 속성으로는 '당사자 간의 동의', '비공개성', '당사자의 특정성'을 들 수 있다. (O/×)

---

083 【O】 2001.3.21. 2000헌바25
084 【X】 「통신비밀보호법」상 통신이란 <u>우편물, 전기통신을 말한다</u>.(통신비밀보호법 제2조) 따라서 대화는 포함되지 않는다.
085 【O】 「통신비밀보호법」 제2조
086 【O】 (2001.3.21. 2000헌바25) 따라서 '통신'의 의미는 '비공개를 전제로 하는 쌍방향적인 의사소통'이라고 할 수 있다.

087 🔄 1 2 3

「통신비밀보호법」상 "공개되지 아니한 타인 간의 대화를 녹음 또는 청취하지 못한다."라는 규정의 취지는 대화에 원래부터 참여하지 않는 제3자가 그 대화를 하는 타인들 간의 발언을 녹음해서는 아니된다는 것이다. (O/×)

088 🔄 1 2 3

통신제한조치기간의 연장을 허가함에 있어 횟수나 기간제한을 두지 않는 규정은 범죄수사의 목적을 달성하기 위해 불가피한 것이므로 과잉금지의 원칙에 위배되지 않는다. (O/×)

089 🔄 1 2 3

통신제한조치의 총연장기간이나 총연장횟수를 제한하지 않고 계속해서 통신제한 조치가 연장될 수 있도록 하였더라도 통신제한조치를 연장하기 위해서는 법원의 허가를 받아야 하므로 최소침해성원칙을 위반한 것이 아니다. (O/×)

090 🔄 1 2 3

통신제한조치기간의 연장을 허가함에 있어 총연장기간 또는 총연장횟수의 제한을 두지 아니한 규정은, 주요 범죄 내지 국가 안위를 위협하는 음모나 조직화된 집단범죄의 음모가 있는 경우 장기간에 걸친 지속적인 수사가 필요하고, 통신제한조치기간을 연장하기 위해서는 반드시 법원의 허가를 받아야 하므로 그 남용을 막기 위한 사법적 통제절차가 마련되어 있어 통신의 비밀과 자유를 침해한다고 보기 어렵다. (O/×)

091 🔄 1 2 3

불법 감청·녹음 등에 의하여 취득한 타인 간의 대화내용을 어떠한 경로로 알게 되었는지 그 지득경위를 묻지 않고 그 대화 내용을 공개한 자를 처벌하는 것은 과잉금지 원칙에 위반된다. (O/×)

---

087 【O】 대판 2006.10.12. 2006도4981
088 【X】 통신제한조치기간의 연장을 허가함에 있어 **총연장기간 또는 총연장횟수의 제한을 두지 않은 규정은 헌법에 위배된다**. (2010.12.28. 2009헌가30) 제한을 두지 않은 경우 수사와 전혀 관계없는 개인의 내밀한 사생활의 비밀이 침해당할 우려도 심히 크기 때문에 기본권 제한의 법익균형성 요건을 갖추지 못하였기 때문이다.
089 【X】 2010.12.28. 2009헌가30
090 【X】 2010.12.28. 2009헌가30
091 【X】 불법 감청·녹음 등에 의하여 취득한 타인 간의 대화내용을 어떠한 경로로 알게 되었는지 그 지득경위를 묻지 않고 그 대화 내용을 공개한 자를 처벌하는 것은 **과잉금지 원칙에 위반되지 않는다**.(2011.8.30. 2009헌바42) 대화내용을 공개함으로써 대화의 비밀이 침해되는 정도가 그 대화내용을 알게 된 경우에 따라서 달라지는 것은 아니기 때문이다. 위법한 방법으로 대화내용을 취득하는 행위에 관여하지 않은 자라고 하더라도 아직 일반에게 알려지지 않은 타인간의 대화내용을 언론매체 등 전파가능성이 높은 수단을 사용하여 공개할 경우에는 대화의 비밀이 침해되는 정도와 그 처벌의 필요성이 작다고 볼 수 없기 때문이다.

092

미결수용자에 대한 서신검열행위가 이미 종료된 경우 객관적 헌법질서의 유지를 위한 헌법소원심판청구의 이익이 없다. (O/×)

093

미결수용자가 교정시설 내에서 규율위반 행위를 이유로 금치 처분을 받은 경우 금치 기간 중 서신수수·접견·전화통화를 제한하는 것은 통신의 자유를 침해하지 아니한다. (O/×)

094

국가기관의 감청설비 보유·사용에 대한 관리와 통제를 위한 법적·제도적 장치가 마련되어 있을지라도, 국가기관이 인가 없이 감청설비를 보유·사용할 수 있다는 사실만 가지고 바로 국가기관에 의한 통신비밀 침해행위를 예상할 수 있으므로 국가기관이 감청설비의 보유 및 사용에 있어서 주무장관의 인가를 받지 않아도 된다는 것은 통신의 자유를 침해한다. (O/×)

095

육군의 신병훈련소에서 교육훈련을 받는 동안 전화사용을 통제하는 내용의 육군 신병교육 지침서 부분은 신병교육훈련생들의 통신의 자유 등 기본권을 필요한 정도를 넘어 과도하게 제한하는 것이다. (O/×)

096

검사, 사법경찰관 또는 정보수사기관의 장은 중대한 범죄의 계획이나 실행 등 긴박한 상황에 있는 경우 반드시 법원의 허가를 받아 통신제한조치를 하여야 한다. (O/×)

---

092 【×】 미결수용자에 대한 서신검열행위가 이미 **종료되었다 하더라도 헌법질서의 수호·유지를 위하여 긴요한 사항으로서 그 해명이 중대한 의미를 지니고 있고 동종행위의 반복위험성도 있어 심판청구의 이익이 있다.**(1995.7.21. 92헌마144) 검열행위는 행형법의 규정에 따라 앞으로도 계속될 것으로 보이며 검열 후 서신의 발송지연·교부지연 행위 등의 위헌 여부에 대하여도 논란의 여지가 있기 때문이다.

093 【O】 (2016.4.28. 2012헌마549 등) 금치처분을 받은 자는 수용시설의 안전과 질서유지에 위반되는 행위, 그 중에서도 가장 중하다고 평가된 행위를 한 자이므로 이에 대하여 금치기간 중 일률적으로 전화통화를 금지한다 하더라도 과도하다고 보기 어렵기 때문이다.

094 【×】 국가기관의 감청설비 보유·사용에 대한 관리와 통제를 위한 법적·제도적 장치가 마련되어 있으므로, 국가기관이 인가 없이 감청설비를 보유·사용할 수 있다는 사실만 가지고 바로 **국가기관에 의한 통신비밀 침해행위를 용이하게 하는 결과를 초래함으로써 통신의 자유를 침해한다고 볼 수는 없다.**(2001.3.21. 2000헌바25)

095 【×】 신병교육훈련을 받고 있는 군인의 통신의 자유를 제한하고 있으나, 신병들을 군인으로 육성하고 교육훈련과 병영생활에 조속히 적응시키기 위하여 신병교육기간에 한하여 신병의 외부 전화통화를 통제한 것이다. 또한 신병훈련기간이 5주의 기간으로서 상대적으로 단기의 기간이라는 점, 긴급한 전화통화의 경우는 지휘관의 통제 하에 허용될 수 있다는 점, 신병들이 부모 및 가족에 대한 편지를 작성하여 우편으로 송부하도록 하고 있는 점 등을 종합하여 고려하여 보면, 이 사건 지침에서 신병교육훈련기간 동안 전화사용을 하지 못하도록 정하고 있는 규율이 청구인을 포함한 **신병교육훈련생들의 통신의 자유 등 기본권을 필요한 정도를 넘어 과도하게 제한하는 것이라고 보기 어렵다.**(2010.10.28. 2007헌마890)

096 【×】 검사, 사법경찰관 또는 정보수사기관의 장은 국가안보를 위협하는 음모행위, 직접적인 사망이나 심각한 상해의 위험을 야기할 수 있는 범죄 또는 조직범죄 등 중대한 범죄의 계획이나 실행 등 긴박한 상황에 있고 제5조 제1항 또는 제7조 제1항 제1호의 규정에 의한 요건을 구비한 자에 대하여 제6조 또는 제7조 제1항 및 제3항의 규정에 의한 절차를 거칠 수 없는 긴급한 사유가 있는 때에는 **법원의 허가없이 통신제한조치를 할 수 있다.**(통신비밀보호법 제8조 제1항)

097
미결수용자와 변호인이 아닌 자 사이의 서신을 검열한 행위는 헌법에 위반되지 아니한다. (O/×)

098
수용자가 국가기관에 서신을 발송할 경우에 교도소장의 허가를 받도록 하는 것은 통신비밀의 자유를 침해하는 것이 아니다. (O/×)

099
3인 간의 대화에 있어서 그 중 한 사람이 그 대화를 녹음하는 경우에 다른 두 사람의 발언은 그 녹음자에 대한 관계에서 '타인 간의 대화'라고 할 수 있으므로 이를 녹음한 행위는 "공개되지 아니한 타인간의 대화를 녹음 또는 청취하지 못한다"고 규정한 통신비밀보호법 제3조 제1항에 위배된다. (O/×)

100
수용자가 밖으로 내보내는 모든 서신을 봉함하지 않은 상태로 교정시설에 제출하도록 한 규정은, 수용자에 대한 자유형의 본질상 외부와의 자유로운 통신에 대한 제한은 불가피하고 수용자의 발송서신에 대하여 우리 법이 취하고 있는 '상대적 검열주의'를 이행하기 위한 효과적 교도행정의 방식일 뿐이어서 수용자의 통신비밀의 자유를 침해한다고 볼 수 없다. (O/×)

101
통신비밀보호법상 '전기통신의 감청'은 현재 이루어지고 있는 전기통신의 내용을 지득·채록하는 경우와 통신의 송·수신을 직접적으로 방해하는 경우를 의미하는 것이지 전자우편이 송신되어 수신인이 이를 확인하는 등으로 이미 수신이 완료된 전기통신에 관하여 남아 있는 기록이나 내용을 열어보는 등의 행위는 포함하지 않는다. (O/×)

---

097 【O】 1995.7.21. 92헌마144

098 【O】 2001.11.29. 99헌마713

099 【X】 3인 간의 대화에 있어서 그 중 한 사람이 그 대화를 녹음하는 경우에 다른 두 사람의 발언은 그 녹음자에 대한 관계에서 **'타인 간의 대화'라고 할 수 없으므로**, 이와 같은 녹음행위가 **통신비밀보호법 제3조 제1항에 위배된다고 볼 수는 없다**.(대판 2006.10.12. 2006도4981)

100 【X】 수용자가 밖으로 내보내는 모든 서신을 봉함하지 않은 상태로 교정시설에 제출하도록 규정하고 있는 '형의 집행 및 수용자의 처우에 관한 법률 시행령'(2008. 10. 29. 대통령령 21095호로 개정된 것) 제65조 제1항(이하 '이 사건 시행령조항'이라 한다)은 교정시설의 안전과 질서유지, 수용자의 교화 및 사회복귀를 원활하게 하기 위해 수용자가 밖으로 내보내는 서신을 봉함하지 않은 상태로 제출하도록 한 것이나, 이와 같은 목적은 교도관이 수용자의 면전에서 서신에 금지물품이 들어 있는지를 확인하고 수용자로 하여금 서신을 봉함하게 하는 방법, 봉함된 상태로 제출된 서신을 X-ray 검색기 등으로 확인한 후 의심이 있는 경우에만 개봉하여 확인하는 방법, 서신에 대한 검열이 허용되는 경우에만 무봉함 상태로 제출하도록 하는 방법 등으로도 얼마든지 달성할 수 있다고 할 것인바, 위 시행령 조항이 수용자가 보내려는 모든 서신에 대해 무봉함 상태의 제출을 강제함으로써 수용자의 발송 서신 모두를 사실상 검열 가능한 상태에 놓이도록 하는 것은 기본권 제한의 최소 침해성 요건을 위반하여 수용자인 청구인의 **통신비밀의 자유를 침해하는 것이다**.(2012.2.23. 2009헌마333)

101 【O】 대판 2012.11.29. 2010도9007

102

전기통신역무제공에 관한 계약을 체결하는 경우 전기통신사업자로 하여금 가입자에게 본인임을 확인할 수 있는 증서 등을 제시하도록 요구하고 부정가입방지시스템 등을 이용하여 본인인지 여부를 확인하도록 한 「전기통신사업법」 조항 및 「전기통신사업법 시행령」 조항은 이동통신서비스에 가입하려는 청구인들의 통신의 비밀을 제한한다. (O/×)

103

「통신비밀보호법」 조항 중 '인터넷회선을 통하여 송·수신하는 전기통신'에 관한 부분은 인터넷회선 감청의 특성을 고려하여 그 집행 단계나 집행 이후에 수사기관의 권한 남용을 통제하고 관련 기본권의 침해를 최소화하기 위한 제도적 조치가 제대로 마련되어 있지 않은 상태에서, 범죄수사 목적을 이유로 인터넷회선 감청을 통신제한조치 허가 대상 중 하나로 정하고 있으므로 청구인의 기본권을 침해한다. (O/×)

V 효력

104

「통신비밀보호법」에 위반하여 불법검열로 취득한 우편물이나 그 내용은 재판절차에서는 증거로 사용될 수 없지만, 징계절차에서는 증거로 사용될 수 있다. (O/×)

105

수사기관이 아닌 사인이 공개되지 아니한 타인 간의 대화를 비밀녹음한 녹음테이프에 대한 검증조서의 증거능력은 인정되지 않는다. (O/×)

---

102 【×】 전기통신역무제공에 관한 계약을 체결하는 경우 전기통신사업자로 하여금 가입자에게 본인임을 확인할 수 있는 증서 등을 제시하도록 요구하고 부정가입방지시스템 등을 이용하여 본인인지 여부를 확인하도록 한 전기통신사업법조항이 익명으로 이동통신서비스에 가입하여 자신들의 인적 사항을 밝히지 않은 채 통신하고자 하는 자들의 개인정보자기결정권 및 통신의 자유를 침해하는지 여부(소극) (헌재 2019.9.26. 2017헌마1209) - 심판대상조항이 이동통신서비스 가입 시 본인확인절차를 거치도록 함으로써 타인 또는 허무인의 이름을 사용한 휴대전화인 이른바 대포폰이 보이스피싱 등 범죄의 범행도구로 이용되는 것을 막고, 개인정보를 도용하여 타인의 명의로 가입한 다음 휴대전화 소액결제나 서비스요금을 그 명의인에게 전가하는 등 명의도용범죄의 피해를 막고자 하는 입법목적은 정당하고, 이를 위하여 본인확인절차를 거치게 한 것은 적합한 수단이다. 개인정보자기결정권, 통신의 자유가 제한되는 불이익과 비교했을 때, 명의도용피해를 막고, 차명휴대전화의 생성을 억제하여 보이스피싱 등 범죄의 범행도구로 악용될 가능성을 방지함으로써 잠재적 범죄 피해 방지 및 통신망 질서 유지라는 더욱 중대한 공익의 달성효과가 인정된다. 따라서 심판대상조항은 청구인들의 개인정보자기결정권 및 통신의 자유를 침해하지 않는다.

103 【O】 헌재 2018.8.30. 2016헌마263

104 【×】 「통신비밀보호법」에 위반하여 불법검열로 취득한 우편물이나 그 내용 및 불법감청에 의하여 지득 또는 채록된 전기통신의 내용은 재판 또는 징계절차에서는 증거로 사용할 수 없다.(통신비밀보호법 제4조)

105 【O】 대판 2001.10.9. 2001도3106

Ⅵ 한계와 제한

1. 헌법 제37조 제2항에 의한 제한과 한계

106
통신의 자유는 국가안전보장·질서유지 또는 공공복리를 위하여 필요한 경우에는 법률로 제한 될 수 있다.
(O/×)

2. 통신비밀보호법의 제한과 한계

107
정보수사기관의 장은 국가안전보장에 대한 상당한 위험이 예상되는 경우에 한하여 그 위해를 방지하기 위하여 정보수집이 특히 필요한 때에는 고등법원장의 허가 또는 대통령의 승인을 얻어 통신제한조치를 할 수 있다.
(O/×)

108
국가안전보장에 대한 위해를 방지하기 위한 통신제한조치는 원칙적으로 4월을 초과할 수 없다. (O/×)

3. 국가보안법·전파법·'남북교류협력에 관한 법률'의 제한과 한계

4. '형의 집행 및 수용자의 처우에 관한 법률'의 제한과 한계

5. 인터넷통신의 폐쇄와 통신의 자유제한

Ⅶ 통신의 자유의 침해와 구제

---

106 【O】 헌법 제37조 제2항
107 【X】 정보수사기관의 장은 <u>국가안전보장에 상당한 위험이 예상되는 경우</u> 또는 「국민보호와 공공안전을 위한 테러방지법」 제2조 제6호의 대테러활동에 필요한 경우에 한하여 그 위해를 방지하기 위하여 이에 관한 정보수집이 특히 필요한 때에는, 통신의 일방 또는 쌍방당사자가 내국인인 때에는 **고등법원 수석판사의 허가**를 받아 통신제한조치를 할 수 있고, 대한민국에 적대하는 국가, 반국가활동의 혐의가 있는 외국의 기관·단체와 외국인, 대한민국의 통치권이 사실상 미치지 아니하는 한반도내의 집단이나 외국에 소재하는 그 산하단체의 구성원의 통신인 때에는 서면으로 **대통령의 승인을 얻어** 통신제한조치를 할 수 있다(통신비밀보호법 제7조).
108 【O】 통신비밀보호법 제7조 제2항

제4항 거주이전의 자유

> **관련조문**
> 제14조 모든 국민은 거주·이전의 자유를 가진다.

I 의의

II 법적 성격

III 주체

IV 내용

1. 국내 거주·이전의 자유

2. 국외 거주·이전의 자유

109

헌법 제14조의 거주이전의 자유는 국가의 간섭 없이 자유롭게 거주와 체류지를 정할 수 있는 자유로서 해외여행 및 해외이주의 자유가 포함되고, 이는 필연적으로 출국의 자유와 입국의 자유를 포함한다.

(O/×)

110

법인 등의 경제주체는 헌법 제14조에 의하여 보장되는 거주·이전의 자유의 주체로서 기업활동의 근거지인 본점이나 사무소를 어디에 둘 것인지, 어디로 이전할 것인지 자유로이 결정할 수 있고, 한편 본점이나 사무소의 설치·이전은 통상적인 영업활동에 필수적으로 수반되는 것이므로 그 설치·이전의 자유는 헌법 제15조에 의하여 보장되는 직업의 자유의 내용에 포함되기도 한다.

(O/×)

---

109 【O】 거주·이전의 자유는 국가의 간섭없이 자유롭게 거주와 체류지를 정할 수 있는 자유로서 정치·경제·사회·문화 등 모든 생활영역에서 개성신장을 촉진함으로써 헌법상 보장되고 있는 다른 기본권들의 실효성을 증대시켜주는 기능을 한다. 구체적으로는 **국내에서 체류지와 거주지를 자유롭게 정할 수 있는 자유영역**뿐 아니라 나아가 국외에서 체류지와 거주지를 자유롭게 정할 수 있는 '**해외여행 및 해외 이주의 자유**'를 포함하고 덧붙여 대한민국의 국적을 이탈할 수 있는 '**국적변경의 자유**' 등도 그 내용에 포섭된다고 보아야 한다. 따라서 해외여행 및 해외이주의 자유는 필연적으로 외국에서 체류 또는 거주하기 위해서 대한민국을 떠날 수 있는 "**출국의 자유**"와 외국체류 또는 거주를 중단하고 다시 대한민국으로 돌아올 수 있는 '**입국의 자유**'를 포함한다.(헌재 2004.10.28. 2003헌가18)

110 【O】 헌재 2000.12.14. 98헌바104

정리

거주이전의 자유 포함여부

거주·이전의 자유에 포함 O	거주·이전의 자유에 포함 X
㉠ 국적을 이탈하거나 변경하는 것 ㉡ 국가권력의 간섭 없이 자유롭게 거주지와 체류지를 결정할 수 있는 것 ㉢ 외국에서 체류 또는 거주하기 위하여 우리나라를 떠날 수 있는 것 ㉣ 외국체류 또는 거주를 중단하고 다시 대한민국으로 돌아올 수 있는 것 ㉤ 해외여행을 하는 것 ㉥ 해외이주를 하는 것 ㉦ 법인 등 경제주체가 본점이나 사무소를 어디에 둘 것인지 결정하는 것	㉠ 무국적자가 되는 것

V 제한과 한계

111

북한 고위직 출신 탈북인사인 여권발급 신청인의 신변에 대한 위해 우려가 있다는 이유로 미국 방문을 위한 여권발급을 거부하는 것은, 여권법 제8조 제1항 제5호에 정한 사유에 해당한다고 볼 수 없고 거주·이전의 자유를 과도하게 제한하는 것으로서 위법하다. (O/×)

112

영내 기거하는 군인의 선거권 행사를 주민등록이 되어 있는 선거구로 한 것은 영내 기거 현역병의 거주·이전의 자유를 제한하지 않는다. (O/×)

113

거주지를 기준으로 중·고교 입학을 제한하는 고교입시평준화제도는 청구인의 거주이전의 자유를 침해하는 것이라고는 할 수 없다. (O/×)

---

111 【O】 대판 2008.1.24. 2007두10846
112 【O】 누구든지 주민등록 여부와 무관하게 거주지를 자유롭게 이전할 수 있으므로 주민등록 여부가 거주이전의 자유와 직접적인 관계가 있다고 보기 어렵고 영내에 기거하는 현역병은 이미 병역법으로 인해 거주이전의 자유를 제한받게 되므로, 영내에 기거하는 현역병은 그가 속한 세대의 거주지에서 등록하여야 한다는 주민등록법 규정은 그의 거주이전의 자유를 제한하지 않는다.(2011.6.30. 2009헌마59)
113 【O】 1995.2.23. 91헌마204

114

지방자치단체장 피선거권의 자격요건으로 90일 이상 관할구역 내에 주민등록이 되어 있을 것을 요구하는 것은, 직업의 자유 내지 공무담임권이 제한될 수 있어도 거주·이전의 자유가 제한되었다고 볼 수 없다. (O/X)

115

아프카니스탄 등 전쟁 또는 테러위험이 있는 해외 위난지역에서 여권사용을 제한하거나 방문 또는 체류를 금지한 외교통상부 고시는 거주이전의 자유를 침해하는 것이 아니다. (O/X)

116

이륜자동차 운전자의 고속도로 통행을 금지하는 도로교통법 조항은 퀵서비스 배달업을 하는 사람의 직업수행의 자유를 침해한다. (O/X)

117

「출입국관리법」 제4조 제1항 제1호는 외국에 주된 생활의 근거지가 있거나 업무상 해외 출장이 잦은 불구속 피고인의 경우와 같이 출국의 필요성이 강하게 요청되는 사람의 기본권을 과도하게 제한할 소지가 있으므로 출국의 자유를 침해한다. (O/X)

118

이른바 세입자입주권의 매매계약에 있어 "매도자는 어떠한 경우에도 현 거주지에서 세입자카드가 발급될 때까지 살아야 한다."라는 조건을 붙였다면 계약당사자의 자유로운 의사에 기하여 약정되었다 하더라도 거주·이전의 자유를 제한하여 헌법에 위반된다. (O/X)

---

114 【O】 1996.6.26. 96헌마200

115 【O】 (2008.6.26. 2007헌마1366) 거주·이전에 대한 제한을 최소화하고 법익의 균형성도 갖추고 있기 때문이다.

116 【X】 이륜자동차 운전자의 고속도로 통행을 금지하는 도로교통법 조항은 퀵서비스 배달업을 하는 사람의 **직업수행의 자유를 침해한다고 볼 수 없다.**(2011.11.24. 2011헌바51) 고속도로 등을 통행하는 것만을 금지할 뿐 일반도로의 통행까지 금지하는 것은 아니고 이륜자동차 운전자가 기타 일반 도로를 이용하여 배달업을 하는 데에는 아무런 영향을 받지 않기 때문이다.

117 【X】 법무부장관이 형사재판에 계속 중인 사람에 대해 6개월 이내의 기간을 정하여 출국을 금지할 수 있도록 한 「출입국관리법」 제4조 제1항 제1호는 과잉금지원칙에 위배되어 출국금지된 사람의 거주이전의 자유(출국의 자유)를 침해하지 아니한다. (2015.9.24. 2012헌바302) 심판대상조항을 통해 얻게 되는 공익은 국가 형벌권을 확보함으로써 실체적 진실발견과 사법정의를 실현하고자 하는 것으로서 중대하므로 법익의 균형성도 충족되기 때문이다.

118 【X】 세입자입주권의 매매계약에 있어 매도자는 어떠한 경우에도 현 거주지에서 세입자카드가 발급될 때까지 살아야 한다는 조건을 붙였다고 하더라도 그 계약상의 조건이 계약당사자의 자유로운 의사에 기하여 약정된 것인 이상 그러한 조건이 거주이전의 자유를 제한하는 약정으로서 헌법에 위반되고 사회질서에 반하는 약정으로서 무효로 된다고 할 수 없다.(대법원 1991.5.28. 90다19770)

119 🔄 1 2 3
서울광장으로 출입하고 통행하는 행위를 제지하는 것은 거주·이전의 자유를 제한한다. (O/×)

120 🔄 1 2 3
한약업사의 허가 및 영업행위에 대하여 지역적 제한을 가하는 것은 평등의 원칙과 거주·이전의 자유를 침해한다. (O/×)

121 🔄 1 2 3
법인이 대도시 내에서 하는 부동산등기에 대하여 통상보다 높은 세율의 등록세를 부과하는 것은 해당 법인의 거주·이전의 자유를 침해하지 않는다. (O/×)

---

119 【×】 서울광장으로 출입하고 통행하는 행위를 제지하는 것은 **거주·이전의 자유가 제한되었다고 할 수 없다**.(2011.6.30. 2009헌마406) 거주·이전의 자유는 거주지나 체류지라고 볼 만한 정도로 생활과 밀접한 연관을 갖는 장소를 선택하고 변경하는 행위를 보호하는 기본권인바, 이 사건에서 **서울광장이 청구인들의 생활형성의 중심지인 거주지나 체류지에 해당한다고 할 수 없고**, 서울광장에 출입하고 통행하는 행위가 그 장소를 중심으로 생활을 형성해 나가는 행위에 속한다고 볼 수도 없기 때문이다.

120 【×】 한약업사의 허가 및 영업행위에 대하여 지역적 제한을 가하는 것은 헌법 제11조의 평등의 원칙에 위배된다거나 헌법 제14조의 **거주이전의 자유 및 헌법 제15조의 직업선택의 자유 등 기본권을 침해하는 것으로 볼 수 없어 헌법에 위반되지 아니한다**.(1991.9.16. 89헌마231) 한약업사의 허가 및 영업행위에 대하여 지역적으로 제한을 가한 내용의 이 법 제37조 제2항은 오로지 국민 건강의 유지·향상이라는 공공의 복리를 위하여 마련된 것이고, 그 제한의 정도 또한 목적을 달성하기 위하여 적정한 것이기 때문이다.

121 【O】 1998.2.27. 97헌바79

✅ 최신판례 예상지문

001 🔄 1 2 3
주거침입준강제추행죄로 유죄판결이 확정된 자를 신상정보 등록대상자로 한 것은 청구인의 개인정보자기결정권을 침해한다.
(O/×)

002 🔄 1 2 3
통계청장이 인구주택총조사의 방문 면접조사를 실시하면서, 담당 조사원을 통해 청구인에게 2015 인구주택총조사 조사표의 조사항목들에 응답할 것을 요구한 행위는 청구인의 개인정보자기결정권을 침해한다.
(O/×)

---

001 【X】 주거침입준강제추행죄로 유죄판결이 확정된 자를 신상정보 등록대상자로 한 것이 개인정보자기결정권을 침해하는지 여부(소극) (헌재 2017.5.25. 2016헌마786, [전원재판부]) – 성폭력범죄의 재범을 억제하여 성폭력범죄자로부터 잠재적인 피해자와 지역사회를 보호하고, 개인의 성적 자기결정권을 보장하며, 사회방위를 도모하기 위한 것이므로, 입법목적의 정당성이 인정된다. 재범이 현실적으로 이루어진 경우에는 그에 대한 수사의 효율성과 신속성을 제고하는데 기여하므로 입법목적의 달성을 위한 적합한 수단에 해당하고, 목적 달성을 위하여 필요한 범위 내의 것이라 할 것이므로 침해의 최소성이 인정된다. 등록조항으로 인하여 제한되는 사익에 비하여 달성되는 공익이 크다는 점에서, 법익의 균형성이 인정된다. 등록조항은 과잉금지원칙을 위반하여 청구인의 개인정보자기결정권을 침해하지 않는다.

[비교판례] 아동·청소년이용음란물 배포·소지자 신상정보 등록 사건 : 아동·청소년이용음란물 배포 및 소지 행위로 유죄판결이 확정된 자는 신상정보 등록대상자가 된다고 규정한 구 '성폭력범죄의 처벌 등에 관한 특례법'조항이 청구인의 개인정보자기결정권을 침해하는지 여부(소극) (헌재 2017.10.26. 2016헌마656)

[비교판례] 주거침입강간상해 및 강간 전과자 신상정보 등록 사건 : 강간, 주거침입강간상해의 범죄로 유죄판결이 확정된 자는 신상정보 등록대상자가 된다고 규정한 구 '성폭력범죄의 처벌 등에 관한 특례법'조항이 청구인의 개인정보자기결정권을 침해하는지 여부(소극) (헌재 2017.9.28. 2016헌마964)

[비교판례] 공중장소밀집장소추행죄 신상등록제도 위헌확인 사건 : 공중밀집장소추행죄로 유죄판결이 확정된 자를 신상정보 등록대상자로 규정한 구 성폭력범죄의 처벌 등에 관한 특례법 조항이 개인정보자기결정권 등을 침해하는지 여부(소극) (헌재 2017.12.28. 2016헌마1124)

002 【X】 통계청장이 2015.11.1.부터 2015.11.15.까지 2015 인구주택총조사의 방문 면접조사를 실시하면서, 담당 조사원을 통해 청구인에게 2015 인구주택총조사 조사표의 조사항목들에 응답할 것을 요구한 행위가 법률유보원칙에 위배되어 청구인의 개인정보자기결정권을 침해하는지 여부(소극) (헌재 2017.7.27. 2015헌마1094) – 심판대상행위는 방문 면접을 통해 행정자료로 파악하기 곤란한 항목들을 조사하여 그 결과를 사회 현안에 대한 심층 분석과 각종 정책수립, 통계작성의 기초자료 또는 사회·경제현상의 연구·분석 등에 활용하도록 하고자 한 것이므로 그 목적이 정당하고, 15일이라는 짧은 방문 면접조사 기간 등 현실적 여건을 감안하면 인근 주민을 조사원으로 채용하여 방문면접 조사를 실시한 것은 목적을 달성하기 위한 적정한 수단이 된다. 나아가 관련 법령이나 실제 운용상 표본조사 대상 가구의 개인정보 남용을 방지할 수 있는 여러 제도적 장치도 충분히 마련되어 있다. 따라서 심판대상행위가 과잉금지원칙을 위반하여 청구인의 개인정보자기결정권을 침해하였다고 볼 수 없다.

003

어린이집에 폐쇄회로 텔레비전(CCTV)을 원칙적으로 설치하도록 정한 영유아보육법조항은 어린이집 보육교사의 사생활의 비밀과 자유 등을 침해한다. (O/×)

004

수사기관이 전기통신사업자로부터 통신사실 확인자료제공을 받은 사건에 관하여 공소를 제기하거나, 공소의 제기 또는 입건을 하지 아니하는 처분(기소중지결정을 제외한다)을 한 때에는 그 처분을 한 날부터 30일 이내에 통신사실 확인자료제공을 받은 사실과 제공요청기관 및 그 기간 등을 서면으로 통지하도록 하고 있는 통지조항은 개인정보자기결정권을 침해한다. (O/×)

---

003 【×】 어린이집에 폐쇄회로 텔레비전(CCTV)을 원칙적으로 설치하도록 정한 영유아보육법조항이 어린이집 보육교사의 사생활의 비밀과 자유 등을 침해하는지 여부(소극) (헌재 2017.12.28. 2015헌마994, [전원재판부]) - 보호자 전원이 반대하지 않는 한 어린이집에 의무적으로 CCTV 설치하도록 정하고 있으므로, 어린이집 설치·운영자의 직업수행의 자유, 어린이집 보육교사(원장 포함) 및 영유아의 사생활의 비밀과 자유, 부모의 자녀교육권을 제한한다. 이는 어린이집 안전사고와 보육교사등에 의한 아동학대를 방지하기 위한 것으로, 입법목적이 정당하고 수단의 적합성이 인정되며, 침해의 최소성에 반하지 아니한다. 이 조항으로 보육교사 등의 기본권에 가해지는 제약이 위와 같은 공익에 비하여 크다고 보기 어려우므로 법익의 균형성도 인정된다. 따라서 과잉금지원칙을 위반하여 어린이집 보육교사 등의 개인정보자기결정권 및 어린이집 원장의 직업수행의 자유를 침해하지 아니한다.

004 【O】 수사기관이 전기통신사업자로부터 통신사실 확인자료제공을 받은 사건에 관하여 공소를 제기하거나, 공소의 제기 또는 입건을 하지 아니하는 처분(기소중지결정을 제외한다)을 한 때에는 그 처분을 한 날부터 30일 이내에 통신사실 확인자료제공을 받은 사실과 제공요청기관 및 그 기간 등을 서면으로 통지하도록 하고 있는 통지조항이 개인정보자기결정권을 침해하는지 여부(적극) (헌재 2018.6.28. 2012헌마191) - 수사의 밀행성 확보는 필요하지만, 적법절차원칙을 통하여 수사기관의 권한남용을 방지하고 정보주체의 기본권을 보호하기 위해서는, 위치정보 추적자료 제공과 관련하여 정보주체에게 적절한 고지와 실질적인 의견진술의 기회를 부여해야 한다. 그런데 이 사건 통지조항은 수사가 장기간 진행되거나 기소중지결정이 있는 경우에는 정보주체에게 위치정보 추적자료 제공사실을 통지할 의무를 규정하고 있지 않으므로, 이 사건 통지조항은 적법절차원칙에 위배되어 청구인들의 개인정보자기결정권을 침해한다.

005 ①②③

집행 단계나 집행 이후에 수사기관의 권한 남용을 통제하고 관련 기본권의 침해를 최소화하기 위한 제도적 조치가 제대로 마련되어 있지 않은 상태에서, 범죄수사 목적을 이유로 인터넷회선 감청을 통신제한조치 허가 대상 중 하나로 정하고 있는 통신비밀보호법 조항은 과잉금지원칙을 위반하여 청구인의 기본권을 침해한다.

(O/×)

006 ①②③

국민건강보험공단이 서울용산경찰서장에게 청구인들의 요양급여내역을 제공한 행위는 영장주의에 위배되어 청구인들의 개인정보자기결정권을 침해한다.

(O/×)

---

005 【O】 '인터넷회선을 통하여 송·수신하는 전기통신'을 감청(패킷감청)할 수 있도록 한 통신비밀보호법 조항이 과잉금지원칙을 위반하여 청구인의 기본권을 침해하는지 여부(적극) (헌재 2018.8.30. 2016헌마263) - (1) 인터넷회선감청은 인터넷회선을 통하여 흐르는 전기신호 형태의 '패킷'을 중간에 확보한 다음 재조합 기술을 거쳐 그 내용을 파악하는 이른바 '패킷감청'의 방식으로 이루어진다.
(2) 제한되는 기본권 : 개인의 통신뿐만 아니라 사생활의 비밀과 자유가 제한된다.
(3) 범죄수사에 필요한 경우 인터넷 통신망을 이용하는 전기통신에 대한 감청을 허용할 필요가 있으므로 이 사건 법률조항은 입법목적의 정당성과 수단의 적합성이 인정된다.
(4) '패킷감청'의 방식으로 이루어지는 인터넷회선 감청은 수사기관이 실제 감청 집행을 하는 단계에서는 해당 인터넷회선을 통하여 흐르는 불특정 다수인의 모든 정보가 패킷 형태로 수집되어 일단 수사기관에 그대로 전송되므로, 다른 통신제한조치에 비하여 감청 집행을 통해 수사기관이 취득하는 자료가 비교할 수 없을 정도로 매우 방대하다는 점에 주목할 필요가 있다. 따라서 인터넷회선 감청은 집행 및 그 이후에 제3자의 정보나 범죄수사와 무관한 정보까지 수사기관에 의해 수집·보관되고 있지는 않는지, 수사기관이 원래 허가받은 목적, 범위 내에서 자료를 이용·처리하고 있는지 등을 감독 내지 통제할 법적 장치가 강하게 요구된다. 이 사건 법률조항은 인터넷회선 감청의 특성을 고려하여 그 집행 단계나 집행 이후에 수사기관의 권한 남용을 통제하고 관련 기본권의 침해를 최소화하기 위한 제도적 조치가 제대로 마련되어 있지 않은 상태에서, 범죄수사 목적을 이유로 인터넷회선 감청을 통신제한조치 허가 대상 중 하나로 정하고 있으므로 침해의 최소성 요건을 충족한다고 할 수 없다. 이 사건 법률조항으로 인하여 달성하려는 공익과 제한되는 사익 사이의 법익 균형성도 인정되지 아니한다. 그러므로 이 사건 법률조항은 과잉금지원칙에 위반하는 것으로 청구인의 기본권을 침해한다.

006 【×】 국민건강보험공단이 2013.12.20. 서울용산경찰서장에게 청구인들의 요양급여내역을 제공한 행위가 영장주의에 위배되어 청구인들의 개인정보자기결정권을 침해하는지 여부(소극) 및 과잉금지원칙에 위배되어 청구인들의 개인정보자기결정권을 침해하는지 여부(적극) (헌재 2018.8.30. 2014헌마368) - (1) 영장주의 위배여부(소극) - 사실조회조항은 수사기관이 공사단체 등에 대하여 범죄수사에 관련된 사실을 조회할 수 있다고 규정하여 수사기관에 사실조회의 권한을 부여하고 있을 뿐이고, 이에 근거한 이 사건 사실조회행위에 대하여 국민건강보험공단이 응하거나 협조하여야 할 의무를 부담하는 것이 아니다. 따라서 이 사건 사실조회행위는 강제력이 개입되지 아니한 임의수사에 해당하므로, 이에 응하여 이루어진 이 사건 정보제공행위에도 영장주의가 적용되지 않는다. 따라서 이 사건 정보제공행위가 영장주의에 위배되어 청구인들의 개인정보자기결정권을 침해한다고 볼 수 없다.
(2) 과잉금지원칙 위배 여부(적극) - 이 사건 정보제공행위는 서울용산경찰서장이 체포영장이 발부된 피의자인 청구인들의 소재를 신속하게 파악하여 적시에 청구인들을 검거할 수 있도록 하고 이를 통하여 국가형벌권의 적정한 수행에 기여하기 위한 것이므로 목적의 정당성과 목적을 달성하기 위한 적합한 수단이다. 그러나 서울용산경찰서장은 그와 같은 요청을 할 당시 전기통신사업자로부터 위치추적자료를 제공받는 등으로 청구인들의 위치를 확인하였거나 확인할 수 있는 상태였다. 따라서 서울용산경찰서장이 청구인들을 검거하기 위하여 청구인들의 약 2년 또는 3년이라는 장기간의 요양급여내역을 제공받는 것이 불가피하였다고 보기 어렵다. 한편 급여일자와 요양기관명은 피의자의 현재 위치를 곧바로 파악할 수 있는 정보는 아니므로, 이 사건 정보제공행위로 얻을 수 있는 수사상의 이익은 없었거나 미약한 정도였다. 반면 서울용산경찰서장에게 제공된 요양기관명에는 전문의 병원도 포함되어 있어 청구인들의 질병의 종류를 예측할 수 있는 점, 2년 내지 3년 동안의 요양급여정보는 청구인들의 건강 상태에 대한 총체적인 정보를 구성할 수 있는 점 등에 비추어 볼 때, 이 사건 정보제공행위로 인한 청구인들의 개인정보자기결정권에 대한 침해는 매우 중대하다. 따라서 이 사건 정보제공행위는 침해의 최소성 및 법익의 균형성에 위배되어 청구인들의 개인정보자기결정권을 침해하였다.
[유사판례] 김포시장이 2015.7.3. 피청구인 김포경찰서장에게 청구인들의 이름, 생년월일, 전화번호, 주소를 제공한 행위가 영장주의에 위배되어 청구인들의 개인정보자기결정권을 침해하는지 여부(소극) (헌재 2018.8.30. 2016헌마483)

007 ⟳ 1 2 3

육군사관생도의 모든 사적 생활에서까지 예외 없이 금주의무를 이행할 것을 요구하면서 일률적으로 2회 위반 시 원칙으로 퇴학 조치하도록 정한 금주조항은 사관생도의 일반적 행동자유권, 사생활의 비밀과 자유 등 기본권을 과도하게 제한한다. (O/×)

008 ⟳ 1 2 3

개정 변호사시험법 시행 전에 합격한 사람의 성적 공개 청구기간을 '법 시행일로부터 6개월 내'로 제한하는 변호사시험법조항은 과잉금지원칙에 위배되어 청구인의 정보공개청구권을 침해한다. (O/×)

009 ⟳ 1 2 3

법무부장관은 변호사시험 합격자가 결정되면 즉시 명단을 공고하여야 한다고 규정한 변호사시험법 조항은 청구인들의 개인정보자기결정권을 침해한다. (O/×)

---

007 【O】 육군사관생도의 모든 사적 생활에서까지 예외 없이 금주의무를 이행할 것을 요구하면서 일률적으로 2회 위반 시 원칙으로 퇴학 조치하도록 정한 금주조항이 사관생도의 일반적 행동자유권, 사생활의 비밀과 자유 등 기본권을 과도하게 제한하는 것인지 여부(적극) (대판 2018.8.30. 2016두60591) – (1) 사관생도는 군 장교를 배출하기 위하여 국가가 모든 재정을 부담하는 특수교육기관인 육군3사관학교의 구성원으로서, 학교에 입학한 날에 육군 사관생도의 병적에 편입하고 준사관에 준하는 대우를 받는 특수한 신분관계에 있다(육군3사관학교 설치법 시행령 제3조). 따라서 그 존립 목적을 달성하기 위하여 필요한 한도 내에서 일반 국민보다 상대적으로 기본권이 더 제한될 수 있으나, 그러한 경우에도 법률유보원칙, 과잉금지원칙 등 기본권 제한의 헌법상 원칙들을 지켜야 한다.
(2) 사관생도의 모든 사적 생활에서까지 예외 없이 금주의무를 이행할 것을 요구하는 것은 사관생도의 일반적 행동자유권은 물론 사생활의 비밀과 자유를 지나치게 제한하는 것이고, 사관생도의 모든 사적 생활에서까지 예외 없이 금주의무를 이행할 것을 요구하면서 일률적으로 2회 위반 시 원칙으로 퇴학 조치하도록 정한 것은 사관생도의 기본권을 지나치게 침해하는 것이므로, 위 금주조항은 사관생도의 일반적 행동자유권, 사생활의 비밀과 자유 등 기본권을 과도하게 제한하는 것이다.

008 【O】 개정 변호사시험법 시행 전에 합격한 사람의 성적 공개 청구기간을 '법 시행일로부터 6개월 내'로 제한하는 변호사시험법조항이 과잉금지원칙에 위배되어 청구인의 정보공개청구권을 침해하는지 여부(적극) (헌재 2019.7.25. 2017헌마1329) – 변호사시험 합격자에게 취업 및 이직에 필요한 상당한 기간 동안 자신의 성적을 활용할 기회를 부여할 필요가 있다. 특례조항에서 정하고 있는 '이 법 시행일부터 6개월 내'라는 기간은 변호사시험 합격자가 취업시장에서 성적 정보에 접근하고 이를 활용하기에 지나치게 짧다. 이상을 종합하면, 특례조항은 과잉금지원칙에 위배되어 청구인의 정보공개청구권을 침해한다.

009 【X】 법무부장관은 변호사시험 합격자가 결정되면 즉시 명단을 공고하여야 한다고 규정한 변호사시험법 조항이 청구인들의 개인정보자기결정권을 침해하는지 여부(소극) (헌재 2020.3.26. 2018헌마77) – 심판대상조항의 입법목적은 공공성을 지닌 전문직인 변호사에 관한 정보를 널리 공개하여 법률서비스 수요자가 필요한 정보를 얻는 데 도움을 주고, 변호사시험 관리 업무의 공정성과 투명성을 간접적으로 담보하는 데 있다. 심판대상조항은 법무부장관이 시험 관리 업무를 위하여 수집한 응시자의 개인정보 중 합격자의 성명을 공개하도록 하는 데 그치므로, 청구인들의 개인정보자기결정권이 제한되는 범위와 정도는 매우 제한적이다. 따라서 심판대상조항이 과잉금지원칙에 위배되어 청구인의 개인정보자기결정권을 침해한다고 볼 수 없다.

010

특별한 제한 없이 직계혈족에게 가족관계등록법상 가족관계증명서 및 기본증명서의 교부 청구권을 부여하는 '가족관계의 등록 등에 관한 법률'조항은 청구인의 개인정보자기결정권을 침해한다. (O/×)

011

'검사 또는 사법경찰관은 수사를 위하여 필요한 경우 전기통신사업법에 의한 전기통신사업자에게 통신사실 확인자료의 열람이나 제출을 요청할 수 있다'는 통신비밀보호법조항은 과잉금지원칙에 위반되어 청구인들의 개인정보자기결정권과 통신의 자유를 침해한다. (O/×)

012

수사의 필요성이 있는 경우 기지국수사를 허용한 통신비밀보호법 조항은 과잉금지원칙에 위반되어 청구인의 개인정보자기결정권과 통신의 자유를 침해한다. (O/×)

---

010 【O】 특별한 제한 없이 직계혈족에게 가족관계등록법상 가족관계증명서 및 기본증명서의 교부 청구권을 부여하는 '가족관계의 등록 등에 관한 법률'조항이 청구인의 개인정보자기결정권을 침해하는지 여부(적극) (헌재 2020.8.28. 2018헌마927) - 이 사건 법률조항은 가정폭력 가해자에 대한 별도의 제한 없이 직계혈족이기만 하면 사실상 자유롭게 그 자녀의 가족관계증명서와 기본증명서의 교부를 청구하여 발급받을 수 있도록 함으로써, 그로 인하여 가정폭력 피해자인 청구인의 개인정보가 가정폭력 가해자인 전 배우자에게 무단으로 유출될 수 있는 가능성을 열어놓고 있다. 따라서 과잉금지원칙에 위배되어 청구인의 개인정보자기결정권을 침해한다.

011 【O】 '검사 또는 사법경찰관은 수사를 위하여 필요한 경우 전기통신사업법에 의한 전기통신사업자에게 통신사실 확인자료의 열람이나 제출을 요청할 수 있다'는 통신비밀보호법조항이 과잉금지원칙에 위반되어 청구인들의 개인정보자기결정권과 통신의 자유를 침해하는지 여부(적극) (헌재 2018.6.28. 2012헌마191) - 수사기관은 위치정보 추적자료를 통해 특정 시간대 정보주체의 위치 및 이동상황에 대한 정보를 취득할 수 있으므로 위치정보 추적자료는 충분한 보호가 필요한 민감한 정보에 해당되는 점, 그럼에도 이 사건 요청조항은 수사기관의 광범위한 위치정보 추적자료 제공요청을 허용하여 정보주체의 기본권을 과도하게 제한하는 점, 위치정보 추적자료의 제공요청과 관련하여서는 실시간 위치추적 또는 불특정 다수에 대한 위치추적의 경우 보충성 요건을 추가하거나 대상범죄의 경중에 따라 보충성 요건을 차등적으로 적용함으로써 수사에 지장을 초래하지 않으면서도 정보주체의 기본권을 덜 침해하는 수단이 존재하는 점, 수사기관의 위치정보 추적자료 제공요청에 대해 법원의 허가를 거치도록 규정하고 있으나 수사의 필요성만을 그 요건으로 하고 있어 절차적 통제마저도 제대로 이루어지기 어려운 현실인 점 등을 고려할 때, 이 사건 요청조항은 과잉금지원칙에 반하여 청구인들의 개인정보자기결정권과 통신의 자유를 침해한다.

012 【O】 '검사 또는 사법경찰관은 수사를 위하여 필요한 경우 전기통신사업법에 의한 전기통신사업자에게 통신사실 확인자료의 열람이나 제출을 요청할 수 있다'는 통신비밀보호법조항이 과잉금지원칙에 위반되어 청구인의 개인정보자기결정권과 통신의 자유를 침해하는지 여부(적극) (헌재 2018.6.28. 2012헌마538) - (1) 이동전화의 이용과 관련하여 필연적으로 발생하는 통신사실 확인자료는 비록 비내용적 정보이지만 여러 정보의 결합과 분석을 통해 정보주체에 관한 정보를 유추해낼 수 있는 민감한 정보인 점, 수사기관의 통신사실 확인자료 제공요청에 대해 법원의 허가를 거치도록 규정하고 있으나 수사의 필요성만을 그 요건으로 하고 있어 제대로 된 통제가 이루어지기 어려운 점, 기지국수사의 허용과 관련하여서는 유괴·납치·성폭력범죄 등 강력범죄나 국가안보를 위협하는 각종 범죄와 같이 피의자나 피해자의 통신사실 확인자료가 반드시 필요한 범죄로 그 대상을 한정하는 방안 또는 다른 방법으로는 범죄수사가 어려운 경우(보충성)를 요건으로 추가하는 방안 등을 검토함으로써 수사에 지장을 초래하지 않으면서도 불특정 다수의 기본권을 덜 침해하는 수단이 존재하는 점을 고려할 때, 이 사건 요청조항은 과잉금지원칙에 반하여 청구인의 개인정보자기결정권과 통신의 자유를 침해한다.
(2) 기지국수사는 통신비밀보호법이 정한 강제처분에 해당되므로 헌법상 영장주의가 적용된다. 헌법상 영장주의의 본질은 강제처분을 함에 있어 중립적인 법관이 구체적 판단을 거쳐야 한다는 점에 있는바, 이 사건 허가조항은 수사기관이 전기통신사업자에게 통신사실 확인자료 제공을 요청함에 있어 관할 지방법원 또는 지원의 허가를 받도록 규정하고 있으므로 헌법상 영장주의에 위배되지 아니한다.

013

전기통신역무제공에 관한 계약을 체결하는 경우 전기통신사업자로 하여금 가입자에게 본인임을 확인할 수 있는 증서 등을 제시하도록 요구하고 부정가입방지시스템 등을 이용하여 본인인지 여부를 확인하도록 한 전기통신사업법조항은 익명으로 이동통신서비스에 가입하여 자신들의 인적 사항을 밝히지 않은 채 통신하고자 하는 자들의 개인정보자기결정권 및 통신의 자유를 침해한다. (O/×)

014

토지소유자 및 관계인 등이 수용의 개시일까지 토지나 물건을 사업시행자에게 인도하거나 이전하도록 하면서 그 위반에 대해 형사처벌하는 '공익사업을 위한 토지 등의 취득 및 보상에 관한 법률'조항은 과잉금지원칙을 위반하여 재산권, 거주이전의 자유, 영업의 자유를 침해한다. (O/×)

015

복수국적자가 병역준비역에 편입된 날부터 3개월 이내에 하나의 국적을 선택하여야 하고 그때까지 대한민국 국적을 이탈하지 않으면 병역의무가 해소된 후에야 이탈할 수 있도록 한 국적법 조항은 청구인의 국적이탈의 자유를 침해한다. (O/×)

---

013 【×】 전기통신역무제공에 관한 계약을 체결하는 경우 전기통신사업자로 하여금 가입자에게 본인임을 확인할 수 있는 증서 등을 제시하도록 요구하고 부정가입방지시스템 등을 이용하여 본인인지 여부를 확인하도록 한 전기통신사업법조항이 익명으로 이동통신서비스에 가입하여 자신들의 인적 사항을 밝히지 않은 채 통신하고자 하는 자들의 개인정보자기결정권 및 통신의 자유를 침해하는지 여부(소극) (헌재 2019.9.26. 2017헌마1209) - 심판대상조항이 이동통신서비스 가입 시 본인확인절차를 거치도록 함으로써 타인 또는 허무인의 이름을 사용한 휴대전화인 이른바 대포폰이 보이스피싱 등 범죄의 범행도구로 이용되는 것을 막고, 개인정보를 도용하여 타인의 명의로 가입한 다음 휴대전화 소액결제나 서비스요금을 그 명의인에게 전가하는 등 명의도용범죄의 피해를 막고자 하는 입법목적은 정당하고, 이를 위하여 본인확인절차를 거치게 한 것은 적합한 수단이다. 개인정보자기결정권, 통신의 자유가 제한되는 불이익과 비교했을 때, 명의도용피해를 막고, 차명휴대전화의 생성을 억제하여 보이스피싱 등 범죄의 범행도구로 악용될 가능성을 방지함으로써 잠재적 범죄 피해 방지 및 통신망 질서 유지라는 더욱 중대한 공익의 달성효과가 인정된다. 따라서 심판대상조항은 청구인들의 개인정보자기결정권 및 통신의 자유를 침해하지 않는다.

014 【×】 토지소유자 및 관계인 등이 수용의 개시일까지 토지나 물건을 사업시행자에게 인도하거나 이전하도록 하면서 그 위반에 대해 형사처벌하는 '공익사업을 위한 토지 등의 취득 및 보상에 관한 법률'조항이 과잉금지원칙을 위반하여 재산권, 거주이전의 자유, 영업의 자유를 침해하는지 여부(소극) (헌재 2020.5.27. 2017헌바464) - 심판대상조항들은 효율적인 공익사업의 수행을 담보하기 위하여 수용된 토지 등의 인도의무를 형사처벌로 강제하고 있으므로 그 목적의 정당성과 수단의 적합성이 인정된다. 공익사업의 효율적인 수행을 위하여 인도의무의 강제가 불가피하나, 토지보상법은 인도의무자의 권리 제한을 최소화하기 위하여 사업 진행에 있어 의견수렴 및 협의절차를 마련하고 있고, 권리구제 절차도 규정하고 있다. 따라서 과잉금지원칙에 반하여 재산권, 거주이전의 자유 및 직업의 자유를 침해한다고 볼 수 없다.

015 【O】 복수국적자가 병역준비역에 편입된 날부터 3개월 이내에 하나의 국적을 선택하여야 하고 그때까지 대한민국 국적을 이탈하지 않으면 병역의무가 해소된 후에야 이탈할 수 있도록 한 국적법 조항이 청구인의 국적이탈의 자유를 침해하는지 여부(적극) (헌재 2020.9.24. 2016헌마889) - 심판대상 법률조항의 입법목적은 병역준비역에 편입된 사람이 병역의무를 면탈하기 위한 수단으로 국적을 이탈하는 것을 제한하여 병역의무 이행의 공평성을 확보하려는 것이다. 복수국적자의 주된 생활근거지나 대한민국에서의 체류 또는 거주 경험 등 구체적 사정에 따라서는 사회통념상 심판대상 법률조항이 정하는 기간 내에 국적이탈 신고를 할 것으로 기대하기 어려운 사유가 인정될 여지가 있다. 병역준비역에 편입된 복수국적자의 국적선택 기간이 지났다고 하더라도, 그 기간 내에 국적이탈 신고를 하지 못한 데 대하여 사회통념상 그에게 책임을 묻기 어려운 사정 즉, 정당한 사유가 존재하고, 병역의무 이행의 공평성 확보라는 입법목적을 훼손하지 않음이 객관적으로 인정되는 경우라면, 병역준비역에 편입된 복수국적자에게 국적선택 기간이 경과하였다고 하여 일률적으로 국적이탈을 할 수 없다고 할 것이 아니라, 예외적으로 국적이탈을 허가하는 방안을 마련할 여지가 있다. 심판대상 법률조항은 과잉금지원칙에 위배되어 청구인의 국적이탈의 자유를 침해한다.

016

보안관찰처분대상자가 교도소 등에서 출소한 후 7일 이내에 출소사실을 신고하도록 정한 구 보안관찰법 조항은 과잉금지원칙을 위반하여 청구인의 사생활의 비밀과 자유 및 개인정보자기결정권을 침해한다. (O/×)

017

보안관찰처분대상자가 교도소 등에서 출소한 후 기존에 신고한 거주예정지 등 정보에 변동이 생길 때마다 7일 이내에 이를 신고하도록 정한 변동신고조항과 이를 위반할 경우 처벌하도록 정한 보안관찰법 조항은 과잉금지원칙을 위반하여 청구인의 사생활의 비밀과 자유 및 개인정보자기결정권을 침해한다. (O/×)

---

016 【×】 [1] 보안관찰처분대상자가 교도소 등에서 출소한 후 7일 이내에 출소사실을 신고하도록 정한 구 보안관찰법 조항이 과잉금지원칙을 위반하여 청구인의 사생활의 비밀과 자유 및 개인정보자기결정권을 침해하는지 여부(소극)와 출소후신고조항 및 위반 시 처벌조항이 평등원칙에 위반되는지 여부(소극) 및 보안관찰처분대상자가 교도소 등에서 출소한 후 기존에 신고한 거주예정지 등 정보에 변동이 생길 때마다 7일 이내에 이를 신고하도록 정한 보안관찰법 조항이 포괄위임금지원칙에 위배되는지 여부(소극) [2] 변동신고조항 및 이를 위반할 경우 처벌하도록 정한 보안관찰법 조항이 과잉금지원칙을 위반하여 청구인의 사생활의 비밀과 자유 및 개인정보자기결정권을 침해하는지 여부(적극) 및 변동신고조항 및 위반 시 처벌조항에 대하여 위헌의견이 4인, 헌법불합치의견이 2인인 경우 헌법불합치결정을 선고하면서 계속 적용을 명한 사례 - (1) 출소 후 출소사실을 신고하여야 하는 신고의무 내용에 비추어 보안관찰처분대상자의 불편이 크다거나 7일의 신고기간이 지나치게 짧다고 할 수 없다. 보안관찰법은 대상자를 파악하고 재범의 위험성 등 보안관찰처분의 필요성 유무의 판단 자료를 확보하기 위하여 위와 같은 신고의무를 규정하고 있다는 점 등에 비추어 출소 후 신고의무 위반에 대한 제재수단으로 형벌을 택한 것이 과도하다거나 법정형이 다른 법률들에 비하여 각별히 과중하다고 볼 수도 없다. 따라서 출소후신고조항 및 위반 시 처벌조항은 과잉금지원칙을 위반하여 청구인의 사생활의 비밀과 자유 및 개인정보자기결정권을 침해하지 아니한다. 대상자와 피보안관찰자에 맞게 각각에 대하여 신고의무를 부과하는 것 자체가 불합리하다고 볼 수 없고, 각 신고의무 모두 그 이행을 통한 관련 자료 확보의 필요성이 있다는 점 등에 비추어, 각자에게 '신고의무'를 부과하고 그 위반에 대해 동일한 법정형을 정한 것이 곧바로 평등원칙에 위반된다고 보기 어렵다. 또한 보안관찰과 치료감호·보호관찰이 신고의무 부과 및 제재에 있어 다른 이유는 각 제도의 목적과 취지, 법적 성질, 대상자의 지위와 처분의 내용에 차이가 있기 때문이다. 따라서 출소후신고조항 및 위반 시 처벌조항은 평등원칙에 위반되지 않는다. 사회적 변화에 대응하기 위해 대상자가 신고해야 할 구체적 사항을 하위법령에 위임할 필요성이 인정된다. 보안관찰법 제6조 제1항에서 위임한 신고사항에는 대상자의 생활환경, 성행 등을 파악하는 데 필요한 직업, 재산, 가족 및 교우관계 등 재범의 위험성을 판단하기 위한 정보가 포함될 것임을 충분히 예측할 수 있다. 따라서 위 제6조 제1항에 의한 신고사항에 변동이 있을 경우 신고하도록 정한 변동신고조항은 포괄위임금지원칙에 위배되지 아니한다.(헌재 2021.6.24. 2017헌바479)
(2) 변동신고조항 및 이를 위반할 경우 처벌하도록 정한 보안관찰법 조항이 과잉금지원칙을 위반하여 청구인의 사생활의 비밀과 자유 및 개인정보자기결정권을 침해하는지 여부(적극) 및 변동신고조항 및 위반 시 처벌조항 : 1) **4인의 위헌의견** - 변동신고조항 및 위반 시 처벌조항은 아직 재범의 위험성 판단이 이루어지지 아니한 대상자에게, 재범의 위험성이 인정되어 보안관찰처분을 받은 사람과 유사한 신고의무 및 그 위반 시 동일한 형사처벌을 규정하고 있다. 이는 **재범의 위험성**이 없으면 보안처분을 부과할 수 없다는 보안처분에 대한 죄형법정주의적 요청에 위배되고, 입법목적 달성에 필요하지 않은 제한까지 부과하는 것이다. 피보안관찰자의 경우 2년마다 그 시점을 기준으로 재범의 위험성을 심사하여 갱신 여부를 결정하도록 하고 있는데, 대상자의 경우에는 정기적 심사도 없이 무기한의 신고의무를 부담하게 된다. 이 때문에 종국결정이라 할 수 있는 보안관찰처분이 없음에도 보안관찰처분이 있는 것과 유사한 효과를 선취하는 불합리한 결과를 초래하고 있다. 따라서 변동신고조항 및 위반 시 처벌조항은 **과잉금지원칙을 위반하여 청구인의 사생활의 비밀과 자유 및 개인정보자기결정권을 침해한다**. 2) **2인의 헌법불합치의견** - 변동신고조항은 출소 후 기존에 신고한 거주예정지 등 정보에 변동이 생기기만 하면 신고의무를 부과하는바, 의무기간의 상한이 정해져 있지 아니하여, 대상자로서는 보안관찰처분을 받은 자가 아니면서도 **무기한의 신고의무를 부담한다**. 대상자는 보안관찰처분을 할 권한이 있는 행정청이 어느 시점에 처분을 할지 모르는 **불안정한 상태**에 항상 놓여 있게 되는바, 이는 행정청이 대상자의 재범 위험성에 대하여 판단을 하지 아니함에 따른 부담을 오히려 대상자에게 전가한다는 문제도 있다. 대상자가 면제결정을 받으면 신고의무에서 벗어날 수 있으나, 이러한 예외적인 구제절차가 존재한다는 사정만으로는 기간의 상한 없는 변동신고의무의 위헌성을 근본적으로 치유하기에는 부족하다. 그렇다면 변동신고조항 및 위반 시 처벌조항은 대상자에게 보안관찰처분의 개시 여부를 결정하기 위함이라는 공익을 위하여 지나치게 장기간 형사처벌의 부담이 있는 신고의무를 지도록 하므로, 이는 과잉금지원칙을 위반하여 청구인의 사생활의 비밀과 자유 및 개인정보자기결정권을 침해한다. 3) 주문의 표시 - 위헌의견이 4인, 헌법불합치의견이 2인인 경우 헌법불합치결정을 선고하면서 계속 적용을 명한 사건(헌재 2021.6.24. 2017헌바479)

017 【O】 헌재 2021.6.24. 2017헌바479

018

교도소장이 청구인에게 온 서신을 개봉한 행위가 청구인의 통신의 자유를 침해한다. (O/×)

019

교도소장이 법원, 검찰청 등이 청구인에게 보낸 문서를 열람한 행위가 청구인의 통신의 자유를 침해한다. (O/×)

020

거짓이나 그 밖의 부정한 방법으로 보조금을 교부받거나 보조금을 유용하여 어린이집 운영정지, 폐쇄명령 또는 과징금 처분을 받은 어린이집에 대하여 그 위반사실을 공표하도록 한 구 영유아보육법 조항은 과잉금지원칙을 위반하여 인격권 및 개인정보자기결정권을 침해한다. (O/×)

---

018 【×】 [1] 피청구인 교도소장이 청구인에게 온 서신을 개봉한 행위가 청구인의 통신의 자유를 침해하는지 여부(소극) [2] 피청구인 교도소장이 법원, 검찰청 등이 청구인에게 보낸 문서를 열람한 행위가 청구인의 통신의 자유를 침해하는지 여부(소극) - (1) 피청구인의 서신개봉행위는 법령상 금지되는 물품을 서신에 동봉하여 반입하는 것을 방지하기 위하여 구 형의 집행 및 수용자의 처우에 관한 법률 조항에 근거하여 수용자에게 온 서신의 봉투를 개봉하여 내용물을 확인한 행위로서, **교정시설의 안전과 질서를 유지**하고 수용자의 교화 및 사회복귀를 원활하게 하기 위한 것이다. 개봉하는 발신자나 수용자를 한정하거나 엑스레이 기기 등으로 확인하는 방법 등으로는 **금지물품 동봉 여부**를 정확하게 확인하기 어려워, 입법목적을 같은 정도로 달성하면서, 소장이 서신을 개봉하여 **육안으로 확인하는 것보다 덜 침해적인 수단이 있다고 보기 어렵다**. 또한 서신을 개봉하더라도 그 내용에 대한 **검열은 원칙적으로 금지된다**. 따라서 서신개봉행위는 청구인의 **통신의 자유를 침해하지 아니한다**.(헌재 2021.9.30. 2019헌마919)

(2) 피청구인의 문서열람행위는 형집행법 시행령 제67조에 근거하여 법원 등 관계기관이 수용자에게 보내온 문서를 열람한 행위로서, **문서 전달 업무에 정확성을 기하고 수용자의 편의를 도모하며 법령상의 기간준수 여부 확인을 위한 공적 자료를 마련하기 위한 것**이다. 수용자 스스로 고지하도록 하거나 특별히 엄중한 계호를 요하는 수용자에 한하여 열람하는 등의 방법으로는 목적 달성에 충분하지 않고, **다른 법령에 따라 열람이 금지된 문서는 열람할 수 없으며, 열람한 후에는 본인에게 신속히 전달**하여야 하므로, 문서열람행위는 청구인의 **통신의 자유를 침해하지 아니한다**.(헌재 2021.9.30. 2019헌마919)

019 【×】 헌재 2021.9.30. 2019헌마919

020 【×】 거짓이나 그 밖의 부정한 방법으로 보조금을 교부받거나 보조금을 유용하여 어린이집 운영정지, 폐쇄명령 또는 과징금 처분을 받은 어린이집에 대하여 그 위반사실을 공표하도록 한 구 영유아보육법 조항은 과잉금지원칙을 위반하여 인격권 및 개인정보자기결정권을 침해하는지 여부(소극) - 어린이집의 투명한 운영을 담보하고 영유아 보호자의 보육기관 선택권을 실질적으로 보장하기 위해서는 보조금을 부정수급하거나 유용한 어린이집의 명단 등을 공표하여야 할 필요성이 있으며, 심판대상조항은 공표대상이나 공표정보, 공표기간 등을 제한적으로 규정하고 공표 전에 의견진술의 기회를 부여하여 공표대상자의 절차적 권리도 보장하고 있다. 나아가 심판대상조항을 통하여 추구하는 영유아의 건강한 성장 도모 및 영유아 보호자들의 보육기관 선택권 보장이라는 공익이 공표대상자의 법 위반사실이 일정기간 외부에 공표되는 불이익보다 크다. 따라서 심판대상조항은 과잉금지원칙을 위반하여 **인격권 및 개인정보자기결정권을 침해하지 아니한다**. (헌재 2022.3.31. 2019헌바520)

제3절 정신적 자유권

제1항 양심의 자유

I 의의

001
우리나라 헌법이 신앙과 양심을 별개의 조항에서 규정하기 시작한 것은 제5차 개정헌법부터이다. (O/×)

002
양심적 결정을 외부로 표현하고 실현할 수 있는 양심실현의 자유는 표현의 자유에 속하는 행위일 뿐 헌법 제19조가 보호하고 있는 양심의 자유에 포함되지 않는다. (O/×)

003
헌법상 보호되는 양심은 어떤 일의 옳고 그름을 판단함에 있어서 그렇게 행동하지 아니하고는 자신의 인격적인 존재가치가 허물어지고 말 것이라는 강력하고 진지한 마음의 소리로서 절박하고 구체적인 양심을 말한다. (O/×)

004
헌법이 보호하고자 하는 양심은 구체적인 양심을 말하며, 막연하고 추상적인 개념으로서의 양심이 아니다. (O/×)

005
양심의 자유는 윤리적 판단을 국가권력에 의하여 외부에 표명하도록 강제받지 아니할 자유를 포함하지 않는다. (O/×)

006
침묵의 자유는 사실에 관한 지식 또는 기술적 지식의 진술을 거부하는 자유도 포함된다. (O/×)

---

001 【O】

002 【×】 헌법 제19조가 보호하고 있는 양심의 자유는 양심형성의 자유와 양심적 결정의 자유를 포함하는 내심적 자유(forum internum) 뿐만 아니라, 양심적 결정을 외부로 표현하고 실현할 수 있는 **양심실현의 자유(forum externum)를 포함한다**. (헌재 1998.7.16. 96헌바35)

003 【O】 1997.3.27. 96헌가11

004 【O】 1997.3.27. 96헌가11

005 【×】 양심의 자유는 **양심을 표명하거나 또는 양심을 표명하도록 강요받지 아니할 자유, 양심에 반하는 행동을 강요받지 아니할 자유, 양심에 따른 행동을 할 자유를 모두 포함한다**.(2004.8.26. 2002헌가1)

006 【×】 침묵의 자유에는 사실에 관한 지식 또는 기술적 지식의 진술을 거부하는 것은 포함되지 않는다. 양심은 윤리적 결정이므로 사실적 지식은 양심이 아니다. 따라서 **진술거부권, 신문기자의 취재원에 관한 증언거부, 재판절차에서 증인의 증언거부 등은 사실적 지식의 문제이므로 침묵의 자유에 의해 보장되지 아니한다**.(1998.7.16. 96헌바35)

007 ①②③

국가의 법질서나 사회의 도덕률과 갈등을 일으키는 양심은 현실적으로 이러한 법질서나 도덕률에서 벗어나려는 소수의 양심이다. 따라서 종교관·세계관 등에 관계없이, 모든 내용의 양심상 결정이 양심의 자유에 의해 보장된다. (O/×)

008 ①②③

양심의 자유는 널리 사물의 시시비비나 선악과 같은 윤리적 판단에 국가가 개입해서는 아니 되는 내심적 자유는 물론, 이와 같은 윤리적 판단을 국가권력에 의하여 외부에 표명하도록 강제받지 아니할 자유까지 포괄한다. (O/×)

009 ①②③

양심의 자유가 보장하고자 하는 '양심'은 민주적 다수의 사고나 가치관과 일치하는 것이 아니라, 개인적 현상으로서 지극히 주관적인 것이고, 그 대상이나 내용 또는 동기에 의하여 판단될 수 없으며, 양심상의 결정이 이성적·합리적인지, 타당한지 또는 법질서나 사회규범, 도덕률과 일치하는지 여부는 양심의 존재를 판단하는 기준이 될 수 없다. (O/×)

010 ①②③

양심의 자유는 국가에 대하여 개인의 양심을 고려하고 보호할 것을 요구하는 권리일 뿐, 양심상의 이유로 법적 의무의 이행을 거부하거나 법적 의무를 대신하는 대체의무의 제공을 요구할 수 있는 권리는 아니다. (O/×)

Ⅱ 양심의 자유의 보호영역

011 ①②③

자신의 태도나 입장을 외부에 설명하거나 해명하는 행위는 진지한 윤리적 결정에 관계된 행위라기보다는 단순한 생각이나 의견, 사상이나 확신 등의 표현행위라고 볼 수 있어, 그 행위가 선거에 영향을 미치게 하기 위한 것이라는 이유로 이를 하지 못하게 된다 하더라도 내면적으로 구축된 인간의 양심이 왜곡 굴절된다고는 할 수 없다는 점에서 양심의 자유의 보호영역에 포괄되지 아니하므로, 사생활의 자유나 양심의 자유를 침해하지 아니한다. (O/×)

---

007 【O】 2004.8.26. 2002헌가1
008 【O】 1998.7.16. 96헌바35
009 【O】 2004.8.26. 2002헌가1
010 【O】 2004.8.26. 2002헌가1
011 【O】 2001.8.30. 99헌바92

012

누구라도 자신이 비행을 저질렀다고 믿지 않는 자에게 본심에 반하여 사죄 내지 사과를 강요한다면 이는 윤리적·도의적 판단을 강요하는 것으로서 양심의 자유를 침해하는 행위에 해당하므로, 사업자단체의 「독점규제 및 공정거래에 관한 법률」 위반행위가 있을 때 공정거래위원회가 당해 사업자단체에 대하여 '법위반사실의 공표'를 명할 수 있도록 하는 법률조항은 양심의 자유를 침해한다. (O/×)

🔍 정리

■ 양심의 자유의 보호영역에 포함되는 것과 되지 않는 것

양심의 자유의 보호영역 O	양심의 자유의 보호영역 X
① 법률상의 환자의료비내역 제출의무에 응할 것인지 여부에 대한 의사의 결정(2008.10.30. 2006헌마1401 등) ② 양심적 집총거부자에 대한 형사처벌(2004.8.26. 2002헌가1) ③ 사죄광고의 강제(1991.4.1. 89헌마160)	① 주민등록법상의 지문을 날인할 것인지 여부의 결정(2005.5.26. 99헌마513) ② 수형자의 가석방 결정시 준법서약서의 제출을 요구하고 있는 경우 제출여부에 대한 수형자의 결정(2002.4.25. 98헌마425 등) ③ 음주측정에 응해야 할 것인지, 거부해야 할 것인지 여부의 결정(1997.3.27. 96헌가 11) ④ 법위반사실의 공표명령

III 주체

IV 내용

1. 양심형성(결정)의 자유

013

양심상의 결정이 양심의 자유에 의하여 보장되기 위해서는 어떠한 종교관·세계관 또는 그 외의 가치체계에 기초하고 있어야 한다. (O/×)

014

양심의 자유 중 양심형성의 자유는 내심에 머무르는 한, 절대적으로 보호되는 기본권이다. (O/×)

---

012 【×】 사업자단체의 「독점규제 및 공정거래에 관한 법률」 위반행위가 있을 때 공정거래위원회가 당해 사업자단체에 대하여 **'법위반사실의 공표'를 명할 수 있도록 하는 법률조항은** 헌법 제19조에 의하여 보장되는 양심의 영역에 포함되지 아니한다고 봄이 상당하므로 **양심의 자유를 침해하지 않는다.**(2002.1.31. 2001헌바43)

013 【×】 양심의 자유에서 현실적으로 문제가 되는 것은 국가의 법질서나 사회의 도덕률에서 벗어나려는 소수의 양심이다. 따라서 양심상의 결정이 어떠한 **종교관·세계관 또는 그 외의 가치체계에 기초하고 있는가와 관계없이**, 모든 내용의 양심상의 결정이 양심의 자유에 의하여 보장된다.(2004.8.26. 2002헌가1)

014 【O】 1998.7.16. 96헌바35

2. 양심유지의 자유

3. 양심의 표현(실현)의 자유

015
양심의 자유는 양심형성의 자유와 양심결정의 자유를 포함하고 있지만, 비록 내심에 머무르는 경우라 하더라도 내재적 한계는 있다고 보는 것이 헌법재판소의 입장이다. (O/×)

016
양심의 자유의 주체는 자연인이므로, 법인에 대한 사죄광고제도는 양심의 자유의 제약에 해당하지 않는다. (O/×)

017
헌법재판소는 민법 제764조의 '명예회복의 적당한 처분'에 사죄광고를 포함시켜 법원의 판결로 사죄광고를 명하는 것은 양심의 자유에 비추어 허용되는 것이라 한다. (O/×)

018
의사가 환자의 신병(身病)에 관한 사실을 자신의 의사에 반하여 외부에 알려야 한다면, 이는 의사로서의 윤리적·도덕적 가치에 반하는 것으로서 심한 양심적 갈등을 겪을 수밖에 없을 것이므로, 연말정산 간소화를 위하여 의료기관에게 환자들의 의료비 내역에 관한 정보를 국세청에 제출하도록 의무를 부과하는 「소득세법」 조항은 의사의 양심의 자유를 제한한다. (O/×)

019
준법서약은 어떤 구체적이거나 적극적인 내용을 담지 않은 채 단순한 헌법적 의무의 확인·서약에 불과한 것이라 하더라도, 양심의 영역을 건드리는 것이 된다. (O/×)

---

015 【X】 내심적 자유, 즉 양심형성의 자유와 양심적 결정의 자유는 **내심에 머무르는 한 절대적 자유**라고 할 수 있지만, 양심실현의 자유는 타인의 기본권이나 다른 헌법적 질서와 저촉되는 경우 헌법 제37조 제2항에 따라 국가안전보장·질서유지 또는 공공복리를 위하여 법률에 의하여 제한될 수 있는 상대적 자유라고 할 수 있다.(1998.7.16. 96헌바35)

016 【X】 법인에 대한 사죄광고제도는 그 대표자에게 양심표명의 강제를 요구하는 결과가 되므로, **양심의 자유의 제약에 해당한다.**(1991.4.1. 89헌마160)

017 【X】 민법 제764조의 **"명예회복에 적당한 처분"에 사죄광고를 포함시키는 것은 헌법에 위반된다.**(1991.4.1. 89헌마160)

018 【O】 (2008.10.30. 2006헌마1401 등) 다만, 납세자의 편의와 사회적 제비용의 절감을 위한 연말정산 간소화라는 공익이 이로 인하여 제한되는 의사들의 양심실현의 자유에 비하여 결코 적다고 할 수 없으므로, 이 사건 법령조항은 피해의 최소성 원칙과 법익의 균형성도 충족하고 있다. 따라서 이 사건 법령조항은 헌법에 위반되지 아니한다.

019 【X】 국법질서나 헌법체제를 준수하겠다는 취지의 서약을 할 것을 요구하는 준법서약은 국민이 부담하는 일반적 의무를 장래를 향하여 확인하는 것에 불과하고, 어떠한 가정적 혹은 실제적 상황 하에서 특정의 사유(思惟)를 하거나 특별한 행동을 할 것을 새로이 요구하는 것이 아니므로, 어떤 구체적이거나 적극적인 내용을 담지 않은 채 단순한 헌법적 의무의 확인·서약에 불과하다 할 것이어서 **양심의 영역을 건드리는 것이 아니다.**(2002.4.25. 98헌마425 등)

020

시말서가 단순히 사건의 경위를 보고하는 데 그치지 않고 더 나아가 근로관계에서 발생한 사고 등에 관하여 자신의 잘못을 반성하고 사죄한다는 내용이 포함된 사죄문 또는 반성문을 의미하는 것이라면, 이는 헌법이 보장하는 내심의 윤리적 판단에 대한 강제로서 양심의 자유를 침해하는 것이다. (O/×)

021

헌법재판소는, 전투경찰대설치법에 대한 헌법소원에서 전투경찰순경이 법률에 근거한 경찰공무원으로서 시위진압업무를 수행하는 것이 양심의 자유를 침해한 것이라고 볼 수 없다고 판시한 바 있다. (O/×)

022

보안처분의 면제조건으로 반공정신이 확립되었다는 전향의사를 확인하는 것이 양심의 자유를 침해하는 것은 아니다. (O/×)

023

이적단체를 찬양·고무·동조하는 내용이 일기(日記)에 포함되어 있다 하더라도 이것이 실정법상의 처벌사유에 해당한다는 이유로 처벌할 수 없다. (O/×)

024

국가보안법이 규정한 불고지죄는 국가의 존립과 안전에 저해가 되는 타인의 범행에 관한 객관적 사실을 고지할 의무를 부과할 뿐이므로 양심의 자유를 직접적으로 침해하는 것으로 볼 수 없다. (O/×)

025

보안관찰법상의 보안관찰처분은 보안관찰처분 대상자의 내심의 작용을 문제 삼는 것이 아니라 보안관찰 해당 범죄를 다시 저지를 위험성이 내심의 영역을 벗어나 외부에 표출되는 경우에 재범의 방지를 위하여 내려지는 특별예방 목적의 처분이므로 양심의 자유를 침해하지 않는다. (O/×)

V 효력

---

020 【O】 대판 2010.1.14. 2009두6605
021 【O】 1995.12.28. 91헌마80
022 【O】 (대판 1997.6.13. 96다56115) 전향의 의사를 강요하는 것이 아니기 때문이다.
023 【O】 (대판 1975.12.9. 73도3392) 타인에게 보이기 위하여 타인이 볼 수 있는 상황에서 또는 타인이 인식할 수 있는 상태에 놓는 등의 외부와의 관련사항이 수반되지 않았기 때문이다.
024 【O】 1998.7.16. 96헌바35
025 【O】 1997.11.27. 92헌바28

VI 제한과 한계

1. 양심의 자유의 제한가능성

026
구 국가보안법 제10조가 규정한 불고지죄가 보호하고자 하는 국가의 존립·안전이라는 법익의 중요성, 범인의 친족에 대한 형사처벌에 있어서의 특례설정 등 제반사정에 비추어 볼 때 구 국가보안법 제10조가 양심의 자유를 제한하고 있다 하더라도 그것이 헌법 제37조 제2항이 정한 과잉금지의 원칙이나 기본권의 본질적 내용에 대한 침해금지의 원칙에 위반된 것이라고 볼 수 없어 헌법에 위반되지 아니한다. (O/×)

027
입법자가 공익이나 법질서를 저해함이 없이 대안을 제시할 수 있음에도 대안을 제시하지 않는다면, 이는 일방적으로 양심의 자유에 대한 희생을 강요하는 것이 되어 위헌이라 할 수 있다. (O/×)

028
양심의 자유의 경우에는 법익교량을 통하여 양심의 자유와 공익을 조화와 균형의 상태로 이루어 양 법익을 함께 실현하는 것이 아니라 단지 '양심의 자유'와 '공익' 중 양자택일의 문제가 있을 뿐이다. (O/×)

2. 양심의 자유 침해의 판단기준

VII 양심범의 문제

029
양심상의 이유로 인한 집총거부자에 대하여 병역을 강제할 수 없음을 규정한 국가로 독일을 들 수 있다. (O/×)

030
미국 연방대법원은 전쟁일반이 아니라 특정한 전쟁, 예를 들면 월남전쟁에 반대하는 자의 양심적 병역거부를 부정하였다. (O/×)

---

026 【O】 헌재 1998.7.16. 96헌바35
027 【O】 2004.8.26. 2002헌가1
028 【O】 2004.8.26. 2002헌가1
029 【O】 독일 헌법은 명문으로 양심적 병역거부를 허용하고 있고(독일기본법 제4조 제3항), 이 경우는 대체역무를 부과할 수 있도록 하고 있으나 상황조건부 병역거부는 허용하지는 않는다.
030 【O】

031
우리 헌법재판소는 대체복무를 인정하고 있다. (O/×)

032
병역거부에 관하여 양심의 자유와 국방의 의무가 충돌하는 경우 규범조화적 해석의 방법에 근거한 대체복무제를 채택하지 아니한 것은 침해의 최소성 원칙에 위반된다. (O/×)

033
양심상의 결정을 내세워 입영을 거부하는 것을 처벌하는 것은 형사처벌을 통하여 양심적 병역거부자에게 양심에 반하는 행동을 강요하는 것이므로, '양심에 반하는 행동을 강요당하지 아니할 자유', 즉 '부작위에 의한 양심실현의 자유'를 제한한다. (O/×)

034
양심적 병역거부자에 대하여 3년 이하의 징역이라는 형사처벌을 가하는 법률조항은 양심의 자유를 침해하지 않는다. (O/×)

035
대법원은 군인이 군수사기관의 민간인사찰 사실을 폭로하기 위하여 군부대를 이탈한 행위를 군무이탈 죄로 보았다. (O/×)

제2항 종교의 자유

I 의의

036
우리 헌법은 정교분리의 원칙을 선언하고 있지만, 국가가 특정종교를 국교로 지정하는 것을 금지하고 있지는 않다. (O/×)

---

031 【O】
032 【O】 (2018.6.28. 2011헌바379) 우리나라의 특수한 안보상황을 이유로 대체복무제를 도입하지 않거나 그 도입을 미루는 것이 정당화된다고 할 수는 없다. 따라서 대체복무제라는 대안이 있음에도 불구하고 군사훈련을 수반하는 병역의무만을 규정한 병역종류조항은, 침해의 최소성 원칙에 어긋난다.
033 【O】 2004.8.26. 2002헌가1
034 【O】 2018.6.28. 2011헌바379
035 【O】 대판 1993.6.8. 93도766
036 【X】 우리 헌법 제20조 제2항은 "국교는 인정되지 아니하며, 종교와 정치는 분리된다."고 규정하여 **정교분리의 원칙을 선언하고, 국가가 특정종교를 국교로 지정하는 것을 금지하고 있다.**

II 법적 성격

III 주체

IV 내용

1. 신앙의 자유의 절대적 보장

037
신앙선택의 자유, 신앙변경(개종)의 자유 및 신앙을 포기할 자유는 제한할 수 없는 절대적 자유이다.
(O/×)

2. 종교적 표현의 상대적 보장

038
종교의 자유의 구체적 내용으로는 신앙의 자유, 종교적 행위의 자유 및 종교적 집회·결사의 자유가 포함된다.
(O/×)

039
종교의 자유의 핵심적 내용은 신앙의 자유이므로, 무신앙의 자유는 종교의 자유에 의해서가 아니라 일반적 행동의 자유에 의해서만 보호된다.
(O/×)

040
종교 의식 내지 종교적 행위와 밀접한 관련이 있는 시설의 설치와 운영은 종교의 자유를 보장하기 위한 전제에 해당되므로 종교적 행위의 자유에 포함된다. 따라서 종교단체가 종교적 행사를 위하여 종교집회장 내에 납골시설을 설치하여 운영하는 것은 종교행사의 자유와 관련된 것이고, 그러한 납골시설의 설치를 금지하는 것은 종교행사의 자유를 제한하는 것이다.
(O/×)

041
구치소장이 수용자 중 미결수용자에 대하여 일률적으로 종교행사 등에의 참석을 불허한 것은 미결수용자의 종교의 자유를 나머지 수용자의 종교의 자유보다 엄격하게 제한한 것이나, 교정시설의 여건 및 수용관리의 적정성을 기하기 위한 것으로서 목적과 수단이 정당하고 일부 수용자에 대한 최소한의 제한에 해당하므로 종교의 자유를 침해한 것으로 볼 수 없다.
(O/×)

---

037 【O】
038 【O】 2014.6.26. 2012헌마782
039 【X】 종교의 자유의 내용 중 신앙의 자유는 어느 종교를 믿을 자유, 종교를 믿지 않을 무종교의 자유와 신앙을 형성, 변경, 포기의 자유가 포함된다. 따라서 **무신앙의 자유 역시 종교의 자유에 의해 보호된다**.
040 【O】 2009.7.30. 2008헌가2
041 【X】 구치소장이 수용자 중 미결수용자에 대하여 일률적으로 종교행사 등에의 참석을 불허한 것은 과잉금지원칙을 위반하여 **종교의 자유를 침해하였다**. 침해의 최소성과 법익의 균형성 요건을 충족하지 못하였기 때문이다(2011.12.29. 2009헌마527)

042

피청구인인 부산구치소장이 청구인이 미결수용자 신분으로 구치소에 수용되었던 기간 중 교정시설 안에서 매주 실시하는 종교집회 참석을 제한한 행위는 청구인의 종교의 자유 중 종교적 집회·결사의 자유를 제한하지 않는다. (O/×)

043

사제(司祭)가 범죄인에게 적극적으로 은신처를 마련하여 주고 도피자금을 제공하는 경우 형사상의 책임을 지지 않는다는 것이 대법원 판례이다. (O/×)

044

개인의 종교적 신념으로 범인을 은닉하는 경우 형사상의 책임을 지지 않는다는 것이 판례의 입장이다. (O/×)

045

사법시험을 일요일에 실시하는 것은 종교의 자유를 침해하는 것이라고 함이 헌법재판소 판례이다. (O/×)

046

사법시험 제1차 시험일을 일요일로 정하여 공고하는 것은 기독교를 신봉하는 수험생의 종교적 확신에 반하는 행위를 강요하는 결과가 되므로 이러한 종교의 자유에 대한 제한은 공공복리를 이유로 허용될 수 없다. (O/×)

047

사립대학은 종교교육 내지 종교선전을 위하여 학생들의 신앙을 가지지 않을 자유를 침해하지 않는 범위 내에서 학생들로 하여금 일정한 내용의 종교교육을 받을 것을 졸업요건으로 하는 학칙을 제정할 수 있다. (O/×)

---

042 【×】 피청구인인 부산구치소장이 청구인이 미결수용자 신분으로 구치소에 수용되었던 기간 중 교정시설 안에서 **매주 실시하는 종교집회 참석을 제한한 행위는 과잉금지원칙을 위반하여 청구인의 종교의 자유를 침해한 것이다.** (2014.6.26. 2012헌마782)

043 【×】 사제(司祭)가 죄지은 자를 능동적으로 고발하지 않는 것에 그치지 아니하고 범죄인에게 적극적으로 은신처를 마련하여 주고 도피자금을 제공하는 행위는 **사제의 정당한 직무에 속하는 것이라고 할 수 없다.** (대판 1983.3.8. 82도3248)

044 【×】 대판 1983.3.8. 82도3248

045 【×】 사법시험 제1차 시험 시행일을 일요일로 정하여 공고한 것은 국가공무원법 제35조에 의하여 다수 국민의 편의를 위한 것이므로 이로 인하여 청구인의 종교의 자유가 어느 정도 제한된다 하더라도 이는 공공복리를 위한 부득이한 제한으로 보아야 할 것이고 그 정도를 보더라도 비례의 원칙에 벗어난 것으로 볼 수 없고 청구인의 **종교의 자유의 본질적 내용을 침해한 것으로 볼 수도 없다.** (2001.9.27. 2000헌마159)

046 【×】 2001.9.27. 2000헌마159

047 【O】 대판 1998.11.10. 96다37268

048 ①②③

전통사찰에 대하여 채무명의를 가진 일반 채권자가 전통사찰 소유의 전법(傳法)용 경내지의 건조물 등에 대하여 압류하는 것을 금지하고 있는 구「전통사찰의 보존 및 지원에 관한 법률」조항은 '전통사찰의 일반 채권자'의 재산권을 제한하지만, 종교의 자유의 내용 중 어떠한 것도 제한하지 아니한다. (O/×)

049 ①②③

종교단체의 징계결의의 효력 유무와 관련하여 구체적인 권리 또는 법률관계를 둘러싼 분쟁이 존재하고, 또한 그 무효확인청구의 당부를 판단하기에 앞서 위 징계의 당부를 판단할 필요가 있는 경우에는, 그 판단의 내용이 종교 교리의 해석에 미치지 아니하는 한 법원으로서는 위 징계의 당부를 판단하여야 한다. (O/×)

050 ①②③

종교와 관련된 비판으로 인하여 타인의 명예 등 인격권을 침해하는 경우에 종교의 자유 보장과 개인의 명예 보호라는 두 법익을 어떻게 조정할 것인지는, 그 비판행위로 얻어지는 이익·가치와 공표가 이루어진 범위의 광협, 그 표현방법 등 그 비판행위 자체에 관한 제반 사정을 감안함과 동시에 그 비판에 의하여 훼손되거나 훼손될 수 있는 타인의 명예침해의 정도를 비교·고려하여 결정하여야 한다. (O/×)

051 ①②③

종교적 선전과 타 종교에 대한 비판 등 종교적 목적을 위한 언론·출판의 경우에는 그 밖의 일반적인 언론·출판에 비하여 고도의 보장을 받는다는 것이 대법원의 판례이다. (O/×)

052 ①②③

종교에 대한 비판은 성질상 어느 정도의 편견과 자극적인 표현을 수반하게 되는 경우가 많으므로, 타 종교의 신앙의 대상에 대한 모욕이 곧바로 그 신앙의 대상을 신봉하는 종교단체나 신도들에 대한 명예훼손이 되는 것은 아니고, 종교적 목적을 위한 언론·출판의 자유를 행사하는 과정에서 타 종교의 신앙의 대상을 우스꽝스럽게 묘사하거나 다소 모욕적이고 불쾌하게 느껴지는 표현을 사용하였더라도 그것이 그 종교를 신봉하는 신도들에 대한 증오의 감정을 드러내는 것이거나 그 자체로 폭행·협박 등을 유발할 우려가 있는 정도가 아닌 이상 허용된다. (O/×)

053 ①②③

종교에 관한 집회에는 옥외집회 및 시위의 신고제에 관한 규정이 적용되지 않는다. (O/×)

---

048 【O】 2012.6.27. 2011헌바34
049 【O】 대판 2012.8.30. 2010다52072
050 【O】 대판 1996.9.6. 96다19246
051 【O】 대판 2007.2.8. 2006도4486
052 【O】 대법원 2014.9.4. 2012도13718
053 【O】 집회 및 시위에 관한 법률 제15조

054
다른 종교를 비판할 자유는 표현의 자유에 속하는 것이지, 종교의 자유에 포함된다고 할 수 없다. (O/×)

055
종교단체의 권징(勸懲)결의는 사법심사의 대상이 되지 아니하고 그 효력과 집행은 교회내부의 자율에 맡겨져야 한다. (O/×)

056
헌금하지 않는 신도는 영생할 수 없다는 설교로 고액의 금원을 헌금으로 교부받는 행위는 사기죄에 해당한다. (O/×)

V 효력

VI 제한과 한계

1. 제한의 일반원리

2. 종교적 행위의 자유로서의 종교교육의 자유의 한계

057
종립학교가 고등학교 평준화정책에 따라 강제배정으로 입학한 학생들을 상대로 특정 종교의 종교행사를 사전동의 없이 계속 실시하면서, 불참시 불이익을 주어 사실상 참가 거부가 불가능한 분위기를 조성하는 등 신앙이 없는 학생들이 그러한 행사에 대한 참가 여부를 자유로운 상태에서 결정할 수 없도록 하는 것은, 학생의 종교에 관한 인격적 법익을 침해하는 위법한 행위이다. (O/×)

3. 선교활동(종교전파)의 자유의 한계

058
종교전파의 자유는 누구에게나 자신의 종교 또는 종교적 확신을 알리고 선전하는 자유를 말하는데 이러한 종교전파의 자유는 국민에게 그가 선택한 임의의 장소에서 자유롭게 행사할 수 있는 권리까지 보장한다. (O/×)

---

054 【×】 다른 종교를 비판할 자유는 표현의 자유의 보호대상이 되는 것이나, **종교의 자유에 포함된다**.(대판 2007.2.8. 2006도4486) 이 경우 **종교의 자유에 관한 헌법 제20조 제1항은 표현의 자유에 관한 헌법 제21조 제1항에 대하여 특별규정의 성격**을 갖는다.

055 【O】 대판 1981.9.22. 81다276

056 【O】 대판 1995.4.28. 95도250

057 【O】 대판 2010.4.22. 2008다38288(전합)

058 【×】 종교전파(선교활동)의 자유는 국민에게 그가 선택한 임의의 장소에서 자유롭게 행사할 수 있는 권리까지 보장한다고 할 수 없다. 대한민국의 주권이 미치지 않는 지역 나아가 해외 위난지역의 경우에는 더욱 그러하다(2008.6.26. 2007헌마1366).

059

종교단체는 자신이 설립한 종합대학교에서 자신의 종교를 교육하도록 할 수 있으나, 이 경우에도 그 종교를 믿지 않는 재학생은 소극적 종교의 자유를 가진다. (O/×)

060

우리 헌법이 종교의 자유를 보장하고 종교와 국가기능을 엄격히 분리하고 있는 점에 비추어 종교단체의 조직과 운영은 그 자율성이 최대한 보장되어야 할 것이므로, 교회 안에서 개인이 누리는 지위에 영향을 미칠 각종 결의나 처분이 당연 무효라고 판단하려면, 그저 일반적인 종교단체 아닌 일반단체의 결의나 처분을 무효로 돌릴 정도의 절차상 하자가 있는 것으로는 부족하고, 그러한 하자가 매우 중대하여 이를 그대로 둘 경우 현저히 정의관념에 반하는 경우라야 한다. (O/×)

VII 국교부인과 정교분리의 원칙

1. 의의

2. 정교분리의 현실적 의미

3. 국교의 부인과 정교분리원칙의 내용

061

헌법 제20조 제2항은 국교금지와 정교분리 원칙을 규정하고 있는데 종교시설의 건축행위에만 기반시설부담금을 면제한다면 국가가 종교를 지원하여 종교를 승인하거나 우대하는 것으로 비칠 소지가 있다. (O/×)

062

특정 종교의 의식, 행사, 유형물이 우리 사회공동체 구성원들 사이에서 관습화된 문화요소로 인식되고 받아들여질 정도에 이르렀다면, 그에 대한 국가의 지원은 정교분리의 원칙에 위배되지 않는다. (O/×)

---

059 【O】 (대판 2010.4.22. 2008다38288 전합) 따라서 학생 역시 종립학교에 진학하였다고 하더라도 자신의 의사에 반한 종교교육을 거부할 자유를 가진다.
060 【O】 대법원 2006.2.10. 2003다63104
061 【O】 2010.2.25. 2007헌바131
062 【O】 대판 2009.5.28. 2008두16933

063 ①②③

종교단체가 운영하는 학교 형태 혹은 학원 형태의 교육기관도 예외 없이 학교설립인가 혹은 학원설립등록을 받도록 규정하고 있는 「교육법」 제85조 제1항 및 「학원설립·운영에 관한 법률」 제6조는 정교분리의 원칙에 위배된다고 함이 헌법재판소 판례이다. (O/×)

064 ①②③

종교단체가 학교의 형태로 종교교육기관을 운영하는 경우에도 교육의 목적이 성직자양성에 있는 경우에는 학교의 설립인가제도가 적용되어서는 안된다는 것이 헌법재판소의 결정례이다. (O/×)

065 ①②③

공군참모총장이 전 공군을 지휘·감독할 지위에서 수하의 장병들을 상대로 단결심의 함양과 조직의 유지·관리를 위하여 계몽적인 차원에서 군종장교로 하여금 교계에 널리 알려진 특정 종교에 대한 비판적 정보를 담은 책자를 발행·배포하게 한 행위가 특별한 사정이 없는 한 정교분리의 원칙에 위반하는 위법한 직무집행에 해당하지 않는다. (O/×)

---

063 【×】 종교단체가 운영하는 학교 형태 혹은 학원 형태의 교육기관도 예외 없이 **학교설립인가 혹은 학원설립등록을 받도록 규정하고 있는** 「교육법」 제85조 제1항 및 「학원설립·운영에 관한 법률」 제6조는, 헌법 제20조 제2항이 정한 **국교금지 내지 정교분리의 원칙을 위반한 것이라 할 수 없다**. 따라서 **종교의 자유 등을 침해하였다고 볼 수 없다**.(2000.3.30. 99헌바14)

064 【×】 2000.3.30. 99헌바14

065 【O】 대법원 2007.4.26. 2006다87903

제3항 언론·출판의 자유

I 의의

066

헌법 제21조에서의 검열은 행정권이 주체가 되어 사상이나 의견 등이 발표되기 이전에 예방적 조치로서 그 내용을 심사, 선별하여 발표를 사전에 억제하는, 즉 허가받지 아니한 것의 발표를 금지하는 제도를 뜻한다. (O/×)

II 법적 성격

III 주체

IV 내용

1. 사상·의견을 표명·전달할 자유

067

헌법 제21조에서 보장하고 있는 표현의 자유에는 자신의 신원을 누구에게도 밝히지 아니한 채 익명 또는 가명으로 자신의 사상이나 견해를 표명하고 전파할 자유도 포함된다. (O/×)

068

의사표현의 자유는 언론·출판의 자유에 속하고 의사표현의 매개체는 어떠한 형태이건 제한이 없으나, 여론형성의 본질상 언어 이외의 전달방식은 보호대상이 되지 않는다. (O/×)

069

의사표현의 매개체를 의사표현을 위한 수단이라고 전제할 때, 이러한 의사표현의 매개체는 언론·출판의 자유의 보호대상이 된다. (O/×)

---

066 【O】 1996.10.4. 93헌가13
067 【O】 2010.2.25. 2008헌마324
068 【X】 언론·출판의 자유의 내용 중 의사표현·전파의 자유에 있어서 의사표현 또는 전파의 **매개체는 어떠한 형태이건 가능하며 그 제한이 없다**.(1993.5.13. 91헌바17) 즉 담화, 연설, 토론, 연극, 방송, 음악, 영화, 가요 등과 문서, 소설, 시가, 도화, 사진, 조각, 서화 등 모든 형상의 의사표현 또는 의사전파의 매개체를 포함한다.
069 【O】 1993.5.13. 91헌바17

070 ♻ ① ② ③

의사표현·전파의 자유에는 담화·연설·토론·연극·방송·음악·영화·가요 등과 문서·소설·시가·도화·사진·조각·서화 등 모든 형상의 의사표현 또는 의사전파의 매개체를 포함한다. (O/×)

071 ♻ ① ② ③

영화도 의사형성적 작용을 하는 한 의사의 표현·전파의 형식의 하나로 인정되며, 결국 언론·출판의 자유에 의해서 보호되는 의사표현의 매개체라는 점은 의문의 여지가 없다. (O/×)

072 ♻ ① ② ③

광고물도 사상·지식·정보 등을 불특정다수인에게 전파하는 것으로서 그 내용이 공익을 포함하는 때에는 언론·출판의 자유에 의한 보호를 받는 대상이 된다. (O/×)

073 ♻ ① ② ③

허위사실표현도 헌법 제21조가 규정하는 언론·출판의 자유의 보호영역에 해당한다. (O/×)

074 ♻ ① ② ③

금치처분을 받은 미결수용자에 대하여 그 기간 중 집필을 금지하면서 예외적인 경우에만 교도소장이 집필을 허가할 수 있도록 한 「형의 집행 및 수용자의 처우에 관한 법률」상의 규정은 미결수용자의 표현의 자유를 침해하지 않는다. (O/×)

075 ♻ ① ② ③

긴급조치 제1호는 유신헌법을 부정하거나 반대하고 폐지를 주장하는 행위 중 실제로 국가의 안전보장과 공공의 안녕질서에 대한 심각하고 중대한 위협이 명백하고 현존하는 경우 이외에도, 국가긴급권의 발동이 필요한 상황과는 전혀 무관하게 헌법과 관련하여 자신의 견해를 단순하게 표명하는 행위까지 모두 처벌하고 처벌의 대상이 되는 행위를 구체적으로 특정할 수 없으므로 표현의 자유를 침해한다. (O/×)

---

070 【O】 1993.5.13. 91헌바17
071 【O】 2001.8.30. 2000헌가9
072 【O】 1998.2.27. 96헌바2
073 【O】 (2010.12.28. 2008헌바157 등) 다만 헌법 제37조 제2항에 따라 국가안전보장, 질서유지, 공공복리를 위하여 제한할 수 있는 것이다.
074 【O】 (2014.8.28. 2012헌마623) 입법자는 집필을 허가할 수 있는 예외를 규정하고 금치처분의 기간도 단축하였고, 소송서류의 작성 등 수사 및 재판 과정에서의 권리행사는 제한 없이 허용되기 때문이다.
075 【O】 2013.3.21. 2010헌바132 등

076 🔄 ① ② ③

언론의 자유에 의하여 보호되는 것은 정보의 획득에서부터 뉴스와 의견의 전파에 이르기까지 언론의 기능과 본질적으로 연관되는 활동에 국한되므로, 인터넷언론사가 취재 인력 3명 이상을 포함하여 취재 및 편집 인력 5명 이상을 상시적으로 고용하도록 하는 것은 언론의 자유를 제한하는 것이 아니라 인터넷언론사의 직업의 자유를 제한하는 것이다. (O/×)

077 🔄 ① ② ③

인터넷언론사에 대하여 선거운동기간 중 홈페이지의 게시판, 대화방 등에 정당·후보자에 대한 지지·반대의 글을 게시하는 경우 실명확인을 하는 기술적 조치를 할 의무는 명확성의 원칙에 위배되지 않는다. (O/×)

078 🔄 ① ② ③

지역농협 이사 선거의 경우 문자메시지를 포함한 전화 및 전자우편을 포함한 컴퓨터통신을 이용한 지지 호소의 선거운동방법을 금지하고 이를 위반한 자를 처벌하는 법률조항은, 선거가 과열되는 과정에서 후보자들의 경제력 차이에 따른 불균형한 선거운동 및 흑색선전을 통한 부당한 경쟁이 이루어짐으로써 선거의 공정이 해쳐지는 것을 방지하기 위한 것으로 결사의 자유를 침해하지 아니한다. (O/×)

079 🔄 ① ② ③

비의료인의 의료에 관한 광고를 금지하고 처벌하는 것은 국민의 생명권 등을 보호하는 것이어서 표현의 자유를 침해하지 않는다. (O/×)

080 🔄 ① ② ③

특정구역 안에서 업소별로 표시할 수 있는 광고물의 총 수량을 1개로 제한하는 것은 표현의 자유를 침해하지 않는다. (O/×)

081 🔄 ① ② ③

정보통신망을 이용하여 공포심이나 불안감을 유발하는 문언을 반복적으로 상대방에게 도달하는 행위를 1년 이하의 징역 또는 1,000만 원 이하의 벌금으로 처벌하는 것은 표현의 자유를 침해하지 않는다. (O/×)

---

076 【×】 **언론의 자유에 의하여 보호되는 것은 정보의 획득에서부터 뉴스와 의견의 전파에 이르기까지 언론의 기능과 본질적으로 관련되는 모든 활동이므로**, 인터넷언론사가 취재 인력 3명 이상을 포함하여 취재 및 편집 인력 5명 이상을 상시적으로 고용하도록 하는 것은, 청구인의 **직업수행의 자유보다는 인터넷신문의 발행을 제한하는 효과를 가지고 있으므로 언론의 자유를 제한한다**.(2016.10.27. 2015헌마1206)

077 【O】 2010.2.25. 2008헌마324

078 【×】 지역농협 이사 선거의 경우 전화(문자메시지를 포함한다)·컴퓨터통신(전자우편을 포함한다)을 이용한 지지 호소의 선거운동방법을 금지하는 것은 **표현의 자유를 침해한다**.(2016.11.24. 2015헌바62)

079 【O】 2016.9.29. 2015헌바325

080 【O】 2016.3.31. 2014헌마794

081 【O】 2016.12.29. 2014헌바434

082

헌법 제21조 제4항 전문은 "언론·출판은 타인의 명예나 권리 또는 공중도덕이나 사회윤리를 침해하여서는 아니 된다."라고 규정하고 있는바, 이는 헌법상 표현의 자유의 보호영역에 대한 한계를 설정한 것이라고 보아야 한다. (O/×)

083

'음란표현'은 헌법상 언론·출판의 자유의 보호영역 밖에 있다고 보아야 한다. (O/×)

084

'음란'은 사상의 경쟁메커니즘에 의해서도 그 해악이 해소되기 어려워 언론·출판의 자유에 의한 보장을 받지 않는 반면, '저속'은 헌법적인 보호영역 안에 있다. (O/×)

085

'음란'이란 인간존엄 내지 인간성을 왜곡하는 노골적이고 적나라한 성표현으로서 오로지 성적 흥미에만 호소할 뿐 전체적으로 보아 하등의 문학적, 예술적, 과학적 또는 정치적 가치를 지니지 않은 것으로서 사회의 건전한 성도덕을 크게 해칠 뿐만 아니라 사상의 경쟁 메커니즘에 의해서도 그 해악이 해소되기 어렵기 때문에 음란한 표현은 언론·출판의 자유에 의한 보호영역에 속한다고 볼 수 없다. (O/×)

086

비방할 목적으로 정보통신망을 이용하여 공공연하게 사실을 드러내어 다른 사람의 명예를 훼손한 자를 처벌하는 법률규정은, 허위의 명예나 과장된 명예를 보호하기 위하여 표현의 자유에 대한 심대한 위축효과를 발생시키기 때문에 과잉금지원칙을 위반하여 표현의 자유를 침해한다. (O/×)

---

082 【×】 헌법 제21조 제4항은 "언론·출판은 타인의 명예나 권리 또는 공중도덕이나 사회윤리를 침해하여서는 아니 된다."고 규정하고 있는바, 이는 <u>언론·출판의 자유에 따르는 책임과 의무를 강조하는 동시에 언론·출판의 자유에 대한 제한의 요건을 명시한 규정으로 볼 것이고</u>, <u>헌법상 표현의 자유의 보호영역 한계를 설정한 것이라고는 볼 수 없기 때문</u>에, 음란표현도 헌법 제21조가 규정하는 언론·출판의 자유의 보호영역에는 해당하되, 다만 헌법 제37조 제2항에 따라 제한할 수 있는 것이다.(2009.5.28. 2006헌바109 등)

083 【×】 <u>음란표현도 헌법 제21조가 규정하는 언론·출판의 자유의 보호영역에는 해당</u>하되, 다만 헌법 제37조 제2항에 따라 제한할 수 있는 것이다.(2009.5.28. 2006헌바109 등)

084 【×】 음란표현은 헌법 제21조가 규정하는 <u>언론·출판의 자유의 보호영역 내에 있다</u>.(2009.5.28. 2006헌바109 등) 헌법 제21조 제4항은 "언론·출판은 타인의 명예나 권리 또는 공중도덕이나 사회윤리를 침해하여서는 아니 된다."고 규정하고 있는바, 이는 언론·출판의 자유에 따르는 책임과 의무를 강조하는 동시에 언론·출판의 자유에 대한 제한의 요건을 명시한 규정으로 볼 것이고, 헌법상 표현의 자유의 보호영역 한계를 설정한 것이라고는 볼 수 없기 때문에, 음란표현도 헌법 제21조가 규정하는 언론·출판의 자유의 보호영역에는 해당하되, 다만 헌법 제37조 제2항에 따라 제한할 수 있는 것이다.

085 【×】 2009.5.28. 2006헌바109 등

086 【×】 비방할 목적으로 정보통신망을 이용하여 공공연하게 사실을 드러내어 다른 사람의 명예를 훼손한 자를 처벌하는 법률규정은, 과잉금지원칙을 위반하여 <u>표현의 자유를 침해하지 않는다</u>.(2016.2.25. 2013헌바105) 명예훼손적 표현을 규제하면서도 '비방할 목적'이라는 초과주관적 구성요건을 추가로 요구하여 그 규제 범위를 최소한도로 하고 있기 때문이다.

087

의사의 자유로운 표명과 전파의 자유에는 책임이 따르므로 자신의 신원을 밝히지 아니한 채 익명 또는 가명으로 자신의 사상이나 견해를 표명하고 전파할 익명표현의 자유는 보장되지 않는다. (O/×)

088

상업적인 광고물도 사상, 지식, 정보 등을 불특정다수인에게 전파하는 것으로서 언론·출판의 자유에 의하여 보호를 받는 대상이 된다. (O/×)

089

헌법재판소는 언론기업의 뉴스통신겸영을 금지하는 법률조항에 대하여 언론기관설립의 자유를 제한하는 것이어서 헌법에 위반된다고 보았다. (O/×)

090

일간신문사의 뉴스통신·방송사업 겸영을 일률적으로 금지할 것이 아니라 겸영으로 인한 언론의 집중 내지 시장지배력의 효과를 고려하여 선별적으로 통제하는 방법이 바람직함에도 불구하고 「신문법」이 일률적으로 겸영을 금지하는 것은 신문사업자의 언론표현 방법의 자유를 침해하는 것이다. (O/×)

091

구체적인 전달이나 전파의 상대방이 없는 집필행위도 표현의 자유의 보호영역에 포함된다. (O/×)

---

087 【×】 헌법 제21조 제1항에서 보장하고 있는 표현의 자유는 사상 또는 의견의 자유로운 표명과 그것을 전파할 자유를 의미하는 것으로서, 그러한 의사의 '자유로운' 표명과 전파의 자유에는 자신의 신원을 누구에게도 밝히지 아니한 채 **익명 또는 가명으로 자신의 사상이나 견해를 표명하고 전파할 익명표현의 자유도 포함된다**.(2012.8.23. 2010헌마47)

088 【O】 2002.12.18. 2000헌마764

089 【×】 헌법재판소는 언론기업의 뉴스통신겸영을 금지하는 신문법 제15조 제2항은 **헌법에 위반되지 아니한다**.(2006.6.29. 2005헌마165) 일간신문이 뉴스통신이나 방송사업과 같은 이종 미디어를 겸영하는 것을 어떻게 규율할 것인가 하는 것은 **고도의 정책적 접근과 판단이 필요한 분야로서**, 겸영금지의 규제정책을 지속할 것인지, 지속한다면 어느 정도로 규제할 것인지의 문제는 **입법자의 미디어정책적 판단에 맡겨져 있다**. 신문법 제15조 제2항은 신문의 다양성을 보장하기 위하여 필요한 한도 내에서 그 규제의 대상과 정도를 선별하여 제한적으로 규제하고 있다고 볼 수 있다. 규제 대상을 일간신문으로 한정하고 있고, 겸영에 해당하지 않는 행위, 즉 하나의 일간신문법인이 복수의 일간신문을 발행하는 것 등은 허용되며, 종합편성이나 보도전문편성이 아니어서 신문의 기능과 중복될 염려가 없는 방송채널사용사업이나 종합유선방송사업, 위성방송사업 등을 겸영하는 것도 가능하다. 그러므로 **신문법 제15조 제2항은 헌법에 위반되지 아니한다**.

090 【×】 2006.6.29. 2005헌마165

091 【O】 2005.2.24. 2003헌마289

092 ↻ 1 2 3

표현의 자유는 자신의 의사를 표현하고 전파할 적극적 자유, 자신의 의사를 표현하지 아니할 소극적 자유, 국가에게 표현의 자유를 실현할 수 있는 방법을 적극적으로 마련해 줄 것을 요청할 수 있는 자유를 포함한다. 따라서 '국가가 공직후보자들에 대한 유권자의 전부 거부 의사표시를 할 방법을 보장해 줄 것'도 표현의 자유의 보호범위에 포함된다. (O/×)

093 ↻ 1 2 3

정당 후원회를 금지함으로써 정당에 대한 재정적 후원을 전면적으로 금지하는 것은 국민의 정치적 표현의 자유를 침해한다. (O/×)

094 ↻ 1 2 3

사생활 침해를 이유로 침해받은 자가 삭제요청을 한 경우, 일정한 조건하에 정보에 대한 접근을 임시적으로 차단하는 조치를 하도록 한 것은 표현의 자유에 대한 침해가 아니다. (O/×)

095 ↻ 1 2 3

소비자를 현혹할 우려가 있는 내용의 의료광고를 금지하는 것은 표현의 자유에 대한 침해가 아니다. (O/×)

096 ↻ 1 2 3

기초의회의원선거 후보자로 하여금 특정 정당으로부터의 지지 또는 추천 받음을 표방할 수 없도록 한 것은 정치적 표현의 자유를 침해한다. (O/×)

097 ↻ 1 2 3

인터넷 게시판 본인확인제는 정보통신서비스 제공자의 언론의 자유와 직업수행의 자유도 제한하나, 그 중에서 침해의 정도가 큰 주된 기본권은 언론의 자유이다. (O/×)

---

092 【×】 선거권자로 하여금 '전부 거부' 방식에 의한 정치적 의사표시를 제공하지 않고 있는 것은, 선거권자인 청구인들의 그러한 의사표현을 금지하거나 제한하고자 하는 것이 아니라 국가가 선거제도에서 투표방식을 일정하게 규정한 결과일 뿐이다. 이 사건의 경우 표현의 자유의 보호범위에 "국가가 공직후보자들에 대한 유권자의 '전부 거부' 의사표시를 할 방법을 보장해 줄 것"까지 포함된다고 볼 수 없으므로 이 사건 조항이 표현의 자유를 제한하는 것이라 할 수 없다. (2007.8.30. 2005헌마975)

093 【O】 2015.12.23. 2013헌바168
094 【O】 2012.5.31. 2010헌마88
095 【O】 2014.9.25. 2013헌바28
096 【O】 (2003.1.30. 2001헌가4) 불확실한 입법목적을 실현하기 위하여 그다지 실효성도 없고 불분명한 방법으로 과잉금지 원칙에 위배된다.
097 【O】 2012.8.23. 2010헌마47

098
인터넷 게시판 본인확인제는 인터넷이라는 매체에 글을 쓰고자 하는 자와 다른 매체에 글을 쓰는 자를 차별취급하고 있고 이러한 차별취급에 관한 판단은 익명표현의 자유의 침해 여부에 관한 판단과 동일하다고 할 수 없다. (O/×)

099
인터넷 게시판 본인확인제는 건전한 인터넷 문화를 조성하기 위한 것으로서 정당한 목적 달성에 기여하는 적합한 수단이다. (O/×)

100
인터넷 공간에서의 익명표현이 부작용을 초래할 우려가 있다 하더라도 그것이 갖는 헌법적 가치에 비추어 강하게 보호되어야 한다. (O/×)

101
특정의료기관이나 특정의료인의 기능과 진료방법에 대한 광고를 금지하고 이에 대하여 벌금형에 처하도록 한 「의료법」 규정은 입법목적을 달성하기 위하여 필요한 범위를 넘어선 것이므로 표현의 자유를 침해한다. (O/×)

102
인터넷에서 「국가보안법」이 금지하는 행위를 수행하는 내용의 정보에 대하여 방송통신위원회가 정보통신서비스 제공자 또는 게시판 관리·운영자에게 해당 정보의 취급을 거부·정지 또는 제한하도록 명할 수 있도록 하는 법률규정은 관계 중앙행정기관장의 요청에 의해 심의위원회의 심의를 거친 후 그에 따른 시정요구를 이행하지 않을 경우에 해당 명령이 내려지도록 하고 있다면 언론의 자유를 과도하게 제한하지 않는다. (O/×)

---

098 【×】 본인확인제가 인터넷이라는 매체에 글을 쓰고자 하는 자에 대하여만 본인확인절차를 거치도록 함으로써 다른 매체에 글을 쓰는 자와 합리적 이유 없이 차별취급하여 인터넷에 글을 쓰고자 하는 자의 **평등권을 침해한다고 주장하나, 청구인이 주장하는 차별취급은 본인확인제가 인터넷상의 익명표현의 자유를 제한함에 따라 부수적으로 발생할 수밖에 없는 결과일 뿐인 것으로서 그에 관한 판단은 익명표현의 자유의 침해 여부에 관한 판단과 동일하다.**(2012.8.23. 2010헌마47 등)

099 【O】 2012.8.23. 2010헌마47 등
100 【O】 2012.8.23. 2010헌마47 등
101 【O】 2005.10.27. 2003헌가3
102 【O】 (2014.9.25. 2012헌바325) 침해최소성과 법익균형성 요건도 충족하고 있기 때문이다.

103

국가가 개인의 표현행위를 규제하는 경우, 표현내용에 대한 규제는 원칙적으로 중대한 공익의 실현을 위하여 불가피한 경우에 한하여 엄격한 요건 하에서만 허용되는 반면, 표현내용과 무관한 표현방법에 대한 제한은 합리적인 공익상의 이유로 비례의 원칙의 준수 하에서 가능하다.(2002.12.18. 2000헌마764) ② 일간신문사 지배주주의 뉴스통신사 또는 다른 일간신문사 주식·지분의 소유·취득을 제한하는 신문법 제15조 제3항은 헌법에 합치하지 않는다. (O/X)

104

1개 일간신문사의 시장점유율 30%, 3개 일간신문사의 시장점유율 60% 이상인 자를 '시장지배적 사업자'로 추정하는 신문법 제17조는 신문사업자인 청구인들의 신문의 자유와 평등권을 침해한다. (O/X)

105

'공공의 안녕질서 또는 미풍양속을 해하는'이라는 불온통신의 개념을 전제로 하여 규제를 가하는 것은 규제되는 표현의 내용이 명확하지 아니하여 명확성의 원칙에 위배되며, 표현의 자유를 지나치게 광범위하게 포괄적으로 제한함으로써 과잉금지의 원칙에도 위배된다. (O/X)

106

행정기관인 청소년보호위원회 및 각 심의기관에게 '청소년유해매체물'의 결정권한을 부여하는 것은 죄형법정주의에 위배되거나 법관에 의한 재판을 받을 권리를 침해하는 것이 아니다. (O/X)

107

인터넷상의 청소년유해매체물 정보의 경우 18세 이용금지 표시 외에 추가로 '전자적 표시'를 하도록 하여 차단소프트웨어 설치시 동 정보를 볼 수 없게 한 동법시행령 제21조 제2항 및 '청소년유해매체물의 표시방법'에 관한 정보통신부고시가 표현의 자유를 침해하지 않는다. (O/X)

---

103 【O】 (2006.6.29. 2005헌마165) 이 규정은 신문의 복수소유를 일률적으로 금지하고 있어서 필요 이상으로 신문의 자유를 제약하고 있다. 그러나 신문의 다양성 보장을 위한 복수소유 규제 기준을 어떻게 설정할지 여부는 입법자의 재량에 맡겨져 있으므로 헌법불합치결정을 하고, 개선입법이 있을 때 까지 잠정적용을 허용하였다.

104 【O】 (2006.6.29. 2005헌마165) 신문법 제17조는 신문사업자를 일반사업자에 비하여 더 쉽게 시장지배적사업자로 추정되도록 규정하고 있는데, 신문의 다양성 보장이라는 입법목적 달성을 위한 합리적이고도 적정한 수단이 되지 못한다.

105 【O】 2002.6.27. 99헌마480

106 【O】 (2000.6.29. 99헌가16) 형벌법규의 위임의 한계를 벗어나거나 불명확하여 죄형법정주의에 위반된다고 할 수 없다. 법관은 청소년보호위원회 결정이 적법하게 이루어진 것인지에 관하여 독자적으로 판단하여 이를 기초로 재판할 수도 있으므로 법관에 의한 재판을 받을 권리를 침해하는 것이라고 볼 수 없다.

107 【O】 (2004.1.29. 2001헌마894) 청소년유해매체물로 결정된 매체물 혹은 인터넷 정보라 하더라도 이들은 의사형성적 작용을 하는 의사의 표현·전파의 형식 중의 하나이므로 언론·출판의 자유에 의하여 보호되는 의사표현의 매개체에 해당된다. 그런데 이 사건 고시는 청소년유해매체물에 해당된 인터넷 정보제공자에 대하여 전자적 표시를 하도록 요구하고 있어 표현의 자유를 제한하는 것이므로, 그러한 제한이 헌법 제37조 제2항에서 인정되는 과잉금지의 원칙에 위배되지 않는다.

108
비디오물의 제작 및 상영은 다른 의사표현수단과 마찬가지로 헌법에 의한 보장을 받음은 물론 비디오물은 학문적 연구결과를 발표하는 수단이 되기도 하고, 예술표현의 수단이 되기도 하므로 그 제작 및 상영은 학문 예술의 자유를 규정하고 있는 헌법 제22조 제1항에 의하여도 보장을 받는다고 할 것이다. (O/×)

109
인터넷언론사에 대하여 선거일 전 90일부터 선거일까지 후보자 명의의 칼럼이나 저술을 게재하는 보도를 제한하는 구 「인터넷선거보도 심의기준 등에 관한 규정」은 인터넷 선거보도의 공정성과 선거의 공정성을 확보하려는 것이므로 후보자인 청구인의 표현의 자유를 침해하지 않는다. (O/×)

2. 알권리

1) 의의

110
알권리란 의사형성을 위하여 필요한 정보에 접근하고 정보를 수집할 수 있는 권리를 말한다. (O/×)

111
알권리는 국민이 일반적으로 정보에 접근하고 수집·처리함에 있어서 국가권력의 방해를 받지 않음을 보장하는 자유권적 효력에 한정된다. (O/×)

---

108 【O】 1998.12.24. 96헌가23
109 【X】 인터넷언론사에 대하여 선거일 전 90일부터 선거일까지 후보자 명의의 칼럼이나 저술을 게재하는 보도를 제한하는 구 '인터넷선거보도 심의기준 등에 관한 규정'이 과잉금지원칙에 반하여 청구인의 표현의 자유를 침해하는지 여부(적극)(헌재 2019.11.28. 2016헌마90) - 이 사건 시기제한조항의 입법목적은 인터넷 선거보도의 공정성과 선거의 공정성을 확보하려는 것이므로, 그 입법목적은 정당하고 입법목적을 달성하기 위하여 적합한 수단이다. 그러나 이 사건 시기제한조항의 입법목적을 달성할 수 있는 덜 제약적인 다른 방법들이 이 사건 심의기준 규정과 공직선거법에 이미 충분히 존재한다. 따라서 이 사건 시기제한조항은 과잉금지원칙에 반하여 청구인의 표현의 자유를 침해한다.
110 【O】
111 【X】 헌법 제21조는 언론·출판의 자유, 즉 표현의 자유를 규정하고 있는데 이 자유는 전통적으로 사상 또는 의견의 자유로운 표명(발표의 자유)과 그것을 전파할 자유(전달의 자유)를 의미하는 것으로서 사상 또는 의견의 자유로운 표명은 자유로운 의사의 형성을 전제로 한다. 자유로운 의사의 형성은 정보에의 접근이 충분히 보장됨으로써 비로소 가능한 것이며, 그러한 의미에서 **정보에의 접근·수집·처리의 자유, 즉 "알 권리"는 표현의 자유와 표리일체의 관계에 있으며 자유권적 성질과 청구권적 성질을 공유하는 것이다.** 자유권적 성질은 일반적으로 정보에 접근하고 수집·처리함에 있어서 국가권력의 방해를 받지 아니한다는 것을 말하며, 청구권적 성질을 의사형성이나 여론 형성에 필요한 정보를 적극적으로 수집하고 수집을 방해하는 방해제거를 청구할 수 있다는 것을 의미하는 바 이는 정보수집권 또는 정보공개청구권으로 나타난다. (1991.5.13. 90헌마133)

112

정보에의 접근·수집·처리의 자유는 자유권적 성질 뿐 아니라 청구권적 성질도 가지기 때문에, 이를 구체화하는 법률이 제정되어 있지 않으면 그 실현이 불가능하다. (O/×)

113

나아가 현대 사회가 고도의 정보화사회로 이행해감에 따라 "알 권리"는 한편으로 생활권적 성질까지도 획득해 나가고 있다. (O/×)

114

이러한 "알 권리"는 표현의 자유에 당연히 포함되는 것으로 보아야 하며 인권에 관한 세계선언 제19조도 "알 권리"를 명시적으로 보장하고 있다. (O/×)

115

알 권리가 일반 국민 누구나 국가에 대하여 보유·관리하고 있는 정보의 공개를 청구할 수 있는 권리를 의미하는 것은 아니다. (O/×)

2) 법적 성격 및 근거

116

헌법재판소의 견해에 의하면 알 권리는 헌법 제21조의 표현의 자유에 포함되는 권리이다. (O/×)

117

알권리의 생성기반을 살펴볼 때, 이 권리의 핵심은 국민이 정부에 대하여 일반적 정보공개를 구할 권리라고 할 수 있다. (O/×)

---

112 【×】 "알 권리"의 생성기반을 살펴볼 때 이 권리의 핵심은 정부가 보유하고 있는 정보에 대한 국민의 "알 권리", 즉 국민의 정부에 대한 일반적 정보공개를 구할 권리(청구권적 기본권)라고 할 것이며, 이러한 **"알 권리"의 실현은 법률의 제정이 뒤따라 이를 구체화시키는 것이 충실하고도 바람직하지만, 그러한 법률이 제정되어 있지 않다고 하더라도 불가능한 것은 아니고 헌법 제21조에 의해 직접 보장될 수 있다**(1991.5.13. 90헌마133).

113 【O】 1991.5.13. 90헌마133

114 【O】 1991.5.13. 90헌마133

115 【×】 국민의 알 권리는 **국민 누구나 일반적으로 접근할 수 있는 모든 정보원으로부터 정보를 수집할 수 있는 권리로** 정보수집의 수단에는 제한이 없다.(2002.12.18. 2000헌마764)

116 【O】 1991.5.13. 90헌바133

117 【O】 1991.5.13. 90헌마133

118

알 권리의 실현은 법률의 제정이 뒤따라 이를 구체화시키는 것이 필요하므로 법률이 제정되어 있지 않은 경우에는 헌법 제21조에 의해 직접 보장될 수 없다. (O/×)

3) 주체

119

알권리의 주체는 자연인인 대한민국 국민이다. (O/×)

120

알권리는 외국인, 법인, 권리능력 없는 사단·재단도 주체가 될 수 있다. (O/×)

121

모든 국민은 정보공개청구권을 갖는다. (O/×)

4) 내용

122

교화상 또는 구금목적에 부적당한 기사, 조직범죄 등 수용자 관련 범죄기사에 대해 신문을 삭제한 후 수용자에게 구독케 한 행위는 알 권리의 과잉침해가 아니다. (O/×)

123

저속한 간행물의 출판을 전면 금지시키고, 그 출판사의 등록을 취소시킬 수 있도록 하는 것은 성인의 알 권리를 침해하는 것이다. (O/×)

124

국가 또는 지방자치단체의 기관이 보관하고 있는 문서 등에 관하여 이해관계 있는 국민이 공개를 요구함에도 정당한 이유 없이 이에 응하지 아니하거나 거부하는 것은 당해 국민의 알 권리를 침해하는 것이다.
(O/×)

---

118 【×】 "알 권리"의 실현은 법률의 제정이 뒤따라 이를 구체화시키는 것이 충실하고도 바람직하지만, 그러한 **법률이 제정되어 있지 않다고 하더라도 불가능한 것은 아니고 헌법 제21조에 의해 직접 보장될 수 있다.**(1991.5.13. 90헌마133)
119 【O】
120 【O】
121 【O】
122 【O】 1998.10.29. 98헌마4
123 【O】 1998.4.30. 95헌가16
124 【O】 1989.9.4. 88헌마22

125

국민의 권리의무에 영향을 미치거나 국민의 이해관계와 밀접한 관련이 있는 정책결정 등에 관하여 이를 적극적으로 공개할 국가의 의무는 알 권리에 의하여 바로 인정될 수는 없고, 구체적인 입법이 있는 경우에 비로소 가능하다. (O/ ×)

126

고소로 시작된 형사피의사건의 구속적부심절차에서 피구속자의 변호를 맡은 변호인에게는 고소장과 피의자신문조서의 내용을 알 권리가 있으므로 수사기관에 위 서류들의 공개를 청구할 권리가 있다. (O/ ×)

127

헌법재판소는 인터넷을 이용하여 정보를 제공하는 자로 하여금 청소년유해매체물임을 나타낼 수 있는 전자적 표시를 하도록 하는 것은 성인의 알 권리를 제한할 수 있다고 보기 어렵다고 판단하였다. (O/ ×)

128

일정한 표현물에 대한 일반 국민의 접근을 차단하거나 일정한 내용의 표현물의 제작에 대해서 규제를 하는 경우에는 의사표현의 자유의 제한문제뿐만 아니라 알 권리의 제한문제도 발생할 수 있다. (O/ ×)

129

구치소가 미결수용자의 신문열람에 관하여 구금목적상 부적당하다고 인정되는 일부 기사를 삭제하는 것은 알권리의 본질적 내용을 침해하는 것이다. (O/ ×)

---

125 【O】 2004.12.16. 2002헌마579
126 【O】 2003.3.27. 2000헌마474
127 【O】 2004.1.29. 2001헌마894
128 【O】 1989.9.4. 88헌마22
129 【X】 국민의 알 권리는 정보에의 접근·수집·처리의 자유를 뜻하며 그 자유권적 성질의 측면에서는 일반적으로 정보에 접근하고 수집·처리함에 있어서 국가권력의 방해를 받지 아니한다고 할 것이므로, 개인은 일반적으로 접근가능한 정보원, 특히 신문, 방송 등 매스미디어로부터 방해받음이 없이 알 권리를 보장받아야 할 것이다. 미결수용자에게 자비(自費)로 신문을 구독할 수 있도록 한 것은 일반적으로 접근할 수 있는 정보에 대한 능동적 접근에 관한 개인의 행동으로서 이는 **알 권리의 행사이다.** 교화상 또는 구금목적에 특히 부적당하다고 인정되는 기사, 조직범죄 등 수용자 관련 범죄기사에 대한 신문기사 삭제행위는 구치소내 질서유지와 보안을 위한 것으로, 신문기사 중 탈주에 관한 사항이나 집단단식, 선동 등 구치소내 단체생활의 질서를 교란하는 내용이 미결수용자에게 전달될 때 과거의 예와 같이 동조단식이나 선동 등 수용의 내부질서와 규율을 해하는 상황이 전개될 수 있고, 이는 수용자가 과밀하게 수용되어 있는 현 구치소의 실정과 과소한 교도인력을 볼 때 구치소내의 질서유지와 보안을 어렵게 할 우려가 있다. 이 사건 신문기사의 삭제 내용은 그러한 범위내에 그치고 있을 뿐 신문기사 중 주요기사 대부분이 삭제된 바 없음이 인정되므로 이는 수용질서를 위한 청구인의 알 권리에 대한 최소한의 제한이라고 볼 수 있으며, 이로서 침해되는 청구인에 대한 수용질서와 관련되는 위 기사들에 대한 정보획득의 방해와 그러한 기사 삭제를 통해 얻을 수 있는 구치소의 질서유지와 보안에 대한 공익을 비교할 때 청구인의 **알 권리를 과도하게 침해한 것은 아니다.**(1998.10.29. 98헌마4)

130

자치구·시·군의 장선거에서 후보자의 방송연설을 종합유선방송만을 이용하여 실시하고 지역방송국을 이용할 수 없도록 방송연설매체를 제한한 공직선거법 규정이 후보자의 선거운동의 자유 및 평등권과 선거권자인 주민들의 알권리 및 평등권을 침해하는 것은 아니다. (O/×)

131

태아의 성별에 대해 임신기간 동안 이를 알려주는 것을 금지하는 것은 태아 부모의 태아 성별에 대한 알 권리를 침해하는 것이다. (O/×)

5) 공공기관의 정보공개에 관한 법률상의 정보공개청구

132

정보공개제도는 국민의 알 권리에 기초한 것이다. (O/×)

133

공공기관의 정보에 대한 공개청구와 관련하여서는 알 권리는 청구권적 성격을 가지고, 알 권리가 일반적으로 접근할 수 있는 정보원으로부터 자유롭게 정보를 수집할 수 있는 권리를 의미하는 경우에는 자유권적 성격을 가진다. (O/×)

134

보안업무를 관장하는 기관에서 국가안전보장과 관련된 정보 분석을 목적으로 수집되거나 작성된 정보에 대하여는 공공기관의 정보공개에 관한법률이 적용되지 아니한다. (O/×)

135

지방자치단체는 그 소관사무에 관하여 법령의 범위 안에서 정보공개에 관한 조례를 정할 수 있다. (O/×)

---

130 【O】 (1999.6.24. 98헌마153) 법률조항이 자치구·시·군의 장선거의 후보자의 방송연설을 1일 방송시간, 방송시설 등을 고려하여 실시시기를 별도로 정할 때까지 잠정적으로 종합유선방송만을 이용하여 실시하고 지역방송국을 이용할 수 없도록 제한한 것은 선거의 공정을 기하기 위한 필요하고 합리적인 제한이라고 할 것이다.

131 【X】 장래 가족의 구성원이 될 태아의 성별 정보에 대한 접근을 국가로부터 방해받지 않을 부모의 권리는 헌법 제10조로부터 도출되는 **일반적 인격권에 의하여 보호된다고 보아야 할 것인바**, 태아의 성별에 대해 임신기간 동안 이를 알려주는 것을 금지하는 이 사건 규정은 일반적 **인격권으로부터 나오는 부모의 태아 성별 정보에 대한 접근을 방해받지 않을 권리를 제한하고 있다**.(2008.7.31. 2004헌마1010)

132 【O】

133 【O】 2010.10.28. 2008헌마638

134 【O】 제4조 제1항

135 【O】 제4조 제2항

136
공공기관의 정보공개에 관한 법령상의 공공기관에는 사립학교가 포함된다. (O/×)

137
외국인은 정보공개 청구권자에서 제외된다. (O/×)

138
국민은 헌법상 보장된 알 권리의 한 내용으로서 국회에 대하여 입법과정의 공개를 요구할 권리를 가지며, 국회의 의사에 대하여는 직접적인 이해관계 유무와 상관없이 일반적 정보공개청구권을 가진다. (O/×)

3. 엑세스권

1) 의의

139
엑세스권이란 언론매체에 접근하여 언론매체를 이용할 수 있는 권리로써, 매스미디어를 자신의 의사표현을 위해 이용할 수 있는 광의의 엑세스권과 반론 내지 해명의 기회를 요구할 수 있는 반론권 및 해명권을 내용으로 한다. (O/×)

2) 법적성격

3) 내용 : 정정보도청구권, 반론보도청구권, 해명권(추후보도청구권)

140
정정보도청구의 요건으로 언론사의 고의·과실이나 위법성을 요하지 않도록 규정한 언론중재 및 피해구제 등에 관한 법률 제14조 제2항, 제31조 후문은 신문사업자인 청구인들의 언론의 자유를 침해한다.
(O/×)

---

136 【O】 동법 시행령 제2조 제1호
137 【X】 외국인도 정보공개 청구권자에 포함된다.(제5조 제2항)
138 【O】 2009.9.24. 2007헌바17
139 【O】
140 【X】 정정보도청구의 요건으로 언론사의 고의·과실이나 위법성을 요하지 않도록 규정한 언론중재 및 피해구제 등에 관한 법률 제14조 제2항, 제31조 후문은 신문사업자인 청구인들의 언론의 자유를 침해하지 않는다.(2006.6.29. 2005헌마165) 정정보도청구권은 그 내용이나 행사방법에 있어 필요 이상으로 신문의 자유를 제한하고 있지 않다. 일정한 경우 정정보도를 거부할 수 있는 사유도 인정하고 있고, 제소기간도 단기간으로 제한하고 있으며, 정정보도의 방법도 동일 지면에 동일 크기로 보도문을 내도록 하여 원래의 보도 이상의 부담을 지우고 있지도 않다. 따라서 언론중재법 제14조 제2항이 신문의 자유를 침해하는 것이라고 볼 수 없다

141

반론권은 언론기관의 사실적 보도에 의한 피해자가 그 보도내용에 대한 반박의 내용을 게재해 줄 것을 청구할 수 있는 권리를 의미하므로, 그 보도내용의 진실여부를 따지거나 허위보도의 정정을 청구하기 위한 것은 아니다.
(O/×)

142

언론중재법 제26조 제6항 본문 전단은 정정보도청구의 소를 민사집행법상의 가처분절차에 의하여 재판하도록 규정하고 있다. 그 결과 정정보도청구의 소에서는 그 청구원인을 구성하는 사실의 인정을 '증명' 대신 '소명'으로 할 수 있게 되었다. 그런데 언론중재법상의 정정보도청구소송은 통상의 가처분과는 달리 그 자체가 본안소송이다. 이러한 정정보도청구의 소에서, 승패의 관건인 "사실적 주장에 관한 언론보도가 진실하지 아니함"이라는 사실의 입증에 대하여, 통상의 본안절차에서 반드시 요구하고 있는 증명을 배제하고 그 대신 간이한 소명으로 이를 대체하는 것인데 이것은 소송을 당한 언론사의 방어권을 심각하게 제약하므로 공정한 재판을 받을 권리를 침해한다.
(O/×)

4. 보도의 자유

143

정보통신망의 발달로 선거기간 중 인터넷언론사의 선거와 관련한 게시판·대화방 등도 정치적 의사를 형성·전파하는 매체로서 역할을 담당하고 있으므로, 의사의 표현·전파의 형식의 하나로 인정되고 언론·출판의 자유에 의하여 보호된다.
(O/×)

144

신문사 내부에서 경영인과 편집인 및 기자들의 상호관계는 원칙적으로 사법상의 계약에 의해서 규율되지만, 그 사법상의 계약에 의해서 편집보도의 자유를 제한하는 것은 신문의 자유의 객관적 가치질서로서의 성격 때문에 일정한 제약을 받는다.
(O/×)

V 효력

---

141 【O】 1991.9.16. 89헌마165
142 【O】
143 【O】 2010.2.25. 2008헌마324
144 【O】

VI 제한

1. 사전제한

145
헌법 제21조 제1항과 제2항은 모든 국민은 언론·출판의 자유를 가지며, 언론·출판에 대한 허가나 검열은 인정되지 아니한다고 규정하고 있다. (O/×)

146
현행 헌법은 명문으로 언론에 대한 검열금지원칙을 선언하였으나, 헌법이 금지하는 검열이 구체적으로 어떠한 것인지에 대하여는 규정하고 있지 않고, 헌법재판소는 검열이란 '행정권이 주체가 되어 사상이나 의견 등이 발표되기 이전에 예방적 조치로서 그 내용을 심사·선별하여 발표를 사전에 억제하는, 즉 허가받지 아니한 것의 발표를 금지하는 제도'를 뜻한다고 하였다. (O/×)

147
검열제가 허용될 경우에는 국민의 예술활동의 독창성과 창의성을 침해하여 정신생활에 미치는 위험이 클 뿐만 아니라 행정기관이 집권자에게 불리한 내용의 표현을 사전에 억제함으로써 이른바 관제의견이나 지배자에게 무해한 여론만이 허용되는 결과를 초래할 염려가 있기 때문에 헌법이 직접 그 금지를 규정하고 있다. (O/×)

148
헌법 제21조 제2항의 검열금지조항은 헌법에서 직접 기본권제한의 한계를 명시하고 있는 절대적 금지를 의미하므로 국가안전보장·질서유지·공공복리를 위하여 필요한 경우라도 사전검열이 허용되지 않는다. (O/×)

149
언론·출판의 자유에 대하여는 검열을 수단으로 한 제한만은 법률로써도 허용되지 않는다. (O/×)

150
사전검열로 인정되려면 사상이나 의견이 발표되기 전에 일반적으로 허가를 받기 위한 표현물의 제출의무가 있어야 한다. (O/×)

---

145 【O】
146 【O】 2005.2.3. 2004헌가8
147 【O】 1996.10.4. 93헌가13
148 【O】 2005.2.3. 2004헌가8
149 【O】 1998.12.24. 96헌가23
150 【O】 1996.10.4. 93헌가13

151
행정권이 주체가 된 사전심사절차도 사전검열의 인정요소이다. (O/×)

152
사전검열로 인정되려면 허가를 받지 않은 의사표현의 금지도 필요하다. (O/×)

153
헌법상 검열금지의 원칙은 모든 형태의 사전적인 규제를 금지하는 것은 아니고, 의사표현의 발표 여부가 오로지 행정권의 허가에 달려있는 사전심사만을 금지하는 것이다. (O/×)

154
검열금지의 원칙은 개인이 정보와 사상을 발표하기 이전에 국가기관이 미리 그 내용을 심사·선별하여 발표를 저지하지 못하도록 하고 있으며, 나아가 헌법상 보호되지 않는 의사표현에 대하여 공개한 뒤에도 국가기관이 간섭하는 것이 금지된다. (O/×)

155
사법부가 사법절차에 의하여 심리·결정하는 방영금지가처분은 헌법에서 금지하는 사전검열에 해당하므로 위헌이다. (O/×)

156
외국비디오물에 대한 영상물등급위원회의 수입추천제도는 사전검열에 해당한다. (O/×)

---

151 【O】

152 【O】

153 【O】 1996.10.4. 93헌가13, 91헌바 10(병합)

154 【X】 헌법 제21조 제1항이 보장하고 있는 언론·출판의 자유에 따라 모든 국민은 자유로이 자신의 의사를 표현할 수 있는데 이러한 의사표현이 외부에 공개되기 이전에 국가기관이 그 내용을 심사하여 특정한 의사표현의 공개를 허가하거나 금지시키는 이른바 사전검열의 금지를 말한다. 이에 반하여 헌법상 보호되지 않는 의사표현에 대하여 그 **공개 후에 국가기관이 간섭하는 것을 금지하고 있는 것은 아니다.**(1992.6.26. 90헌바26)

155 【X】 민사소송법에 따라 **방영금지가처분을** 허용하는 것은 헌법상 **검열금지의 원칙에 위반되지 않는다.**(2001.8.30. 2000헌바36) 방영금지가처분은 행정권에 의한 사전심사나 금지처분이 아니라 개별 당사자간의 분쟁에 관하여 사법부가 사법절차에 의하여 심리, 결정하는 것이어서 헌법에서 금지하는 사전검열에 해당하지 아니한다.

156 【O】 (2005.2.3. 2004헌가8) 외국비디오물 수입추천제도는 외국비디오물의 수입·배포라는 의사표현행위 전에 표현물을 행정기관의 성격을 가진 영상물등급위원회에 제출토록 하여 표현행위의 허용 여부를 행정기관의 결정에 좌우되게 하고, 이를 준수하지 않는 자들에 대하여 형사처벌 등의 강제조치를 규정하고 있는바, 허가를 받기 위한 표현물의 제출의무, 행정권이 주체가 된 사전심사절차, 허가를 받지 아니한 의사표현의 금지, 심사절차를 관철할 수 있는 강제수단이라는 요소를 모두 갖추고 있으므로, 우리나라 헌법이 절대적으로 금지하고 있는 사전검열에 해당한다.

157
광고물 등의 모양, 크기, 색깔 등을 규제하는 것도 검열에 해당한다. (O/×)

158
자료의 납본만을 요구하는 경우에는 검열에 해당하지 않는다. (O/×)

159
검열금지의 원칙은 모든 형태의 사전적인 규제를 금지하는 것은 아니고 의사표현의 발표여부가 오로지 행정권의 허가에 달려있는 사전심사만을 금지하는 것이다. (O/×)

160
검열을 행정기관이 아닌 독립적인 위원회에서 행한 경우 행정권이 주체가 되어 검열절차를 형성하고 검열기관의 구성에 지속적인 영향을 미칠 수 있는 경우라 하더라도 검열기관은 행정 기관이 아니라고 보아야 한다. (O/×)

161
의료에 관한 광고는 표현의 자유의 보호영역에 속하지만 사상이나 지식에 관한 정치적·시민적 표현행위 와는 차이가 있고 한편 직업수행의 자유의 보호영역에도 속하지만 인격발현과 개성신장에 미치는 효과가 중대한 것은 아니므로, 의료에 관한 광고의 규제에 대한 과잉금지원칙 위배 여부를 심사함에 있어 그 기준을 완화하는 것이 타당하다. (O/×)

162
사전심의를 받지 아니한 의료광고를 금지하고 이를 위반한 경우 처벌하는 「의료법」상의 규정은 사전검열 금지원칙에 위반되지 않는다. (O/×)

---

157 【X】 광고물 등의 종류, 모양, 크기, 색깔, 표시 또는 설치의 방법 및 기간 등을 규제하는 것은 **사전허가·검열에 해당하지 아니한다**.(1998.2.27. 96헌바2) 광고물 등의 내용을 심사·선별하여 광고물을 사전에 통제하려는 제도가 아니기 때문이다.

158 【O】 (1992.6.26. 90헌바26) 발행된 정간물을 공보처에 납본하는 것은 그 정간물의 내용을 심사하여 이를 공개 내지 배포하는데 대한 허가나 금지와는 전혀 관계없는 것이기 때문이다.

159 【O】 1996.10.4. 93헌가13

160 【X】 검열을 행정기관이 아닌 독립적인 위원회에서 행한다고 하더라도 행정권이 주체가 되어 검열절차를 형성하고 검열기관의 구성에 지속적인 영향을 미칠 수 있는 경우라면 실질적으로 검열기관은 **행정기관이라고 보아야 한다**.(1996.10.4. 93헌가13)

161 【O】 2016.9.29. 2015헌바325

162 【X】 사전심의를 받지 아니한 의료광고를 금지하고 이를 위반한 경우 처벌하는 「의료법」상의 규정은 **사전검열금지원칙에 위배된다**.(2015.12.23. 2015헌바75) 의료광고의 사전심의는 그 심의주체인 보건복지부장관이 행하지 않고 보건복지부 장관으로부터 위탁을 받은 각 의사협회가 행하고 있는데, 의료광고의 사전심의업무를 수행함에 있어서 보건복지부장관 등 행정권의 영향력에서 완전히 벗어나 독립적이고 자율적으로 사전심의를 하고 있다고 보기 어렵고, 결국 심의기관인 대한의사협회, 대한치과의사협회, 대한한의사협회의 행정기관성은 이를 부인할 수 없기 때문이다.

163

표현의 특성이나 규제의 필요성에 따라 언론·출판의 자유의 보호를 받는 표현 중에서 사전검열금지원칙의 적용이 배제되는 영역을 따로 설정할 경우 그 기준에 대한 객관성을 담보할 수 없다는 점 등을 고려하면, 「헌법」상 사전검열은 예외 없이 금지되는 것으로 보아야 한다. (O/×)

164

옥외광고물과 게시시설의 설치장소 등에 관하여 허가나 신고를 받게 하는 것은 과잉금지의 원칙에 어긋난다. (O/×)

165

정기간행물의 공보처장관에 대한 납본제도는 그 정기간행물의 내용을 심사하여 이를 공개 내지 배포하는데 대한 허가나 금지와 관계없으므로 사전검열이 아니다. (O/×)

166

행정주체인 방송위원회로부터 위탁을 받아 방송광고의 사전심의라는 공무를 수행하는 한국광고 자율심의기구에 의하여 방송광고의 사전심의를 받도록 하는 것은 언론·출판에 대한 사전검열에 해당한다. (O/×)

167

헌법이 특정한 표현에 대해 예외적으로 검열을 허용하는 규정을 두지 않은 점, 이러한 상황에서 표현의 특성이나 규제의 필요성에 따라 언론·출판의 자유의 보호를 받는 표현 중에서 사전검열금지원칙의 적용이 배제되는 영역을 따로 설정할 경우 그 기준에 대한 객관성을 담보할 수 없다는 점 등을 고려하면, 헌법상 사전검열은 예외 없이 금지되는 것으로 보아야 하므로 의료광고 역시 사전검열금지원칙의 적용대상이 된다. (O/×)

168

교과서의 국정 또는 검·인정제도는 허가의 성질보다 특허의 성질을 갖는 것이므로 국가가 재량권을 갖는 것은 당연하다. (O/×)

---

163 【O】 2015.12.23. 2015헌바75
164 【×】 「옥외광고물 등 관리법」상 사전허가제도는 일정한 지역·장소 및 물건에 광고물 또는 게시시설을 표시하거나 설치하는 경우에 그 광고물 등의 종류·모양·크기·색깔, 표시 또는 설치의 방법 및 기간 등을 규제하고 있을 뿐, 광고물 등의 내용을 심사·선별하여 광고물을 사전에 통제하려는 제도가 아님은 명백하므로 「헌법」 제21조 제2항이 정하는 **사전허가·검열에 해당되지 아니한다**.(1998.2.27. 96헌바2)
165 【O】 1992.6.26. 90헌바26
166 【O】 2008.6.26. 2005헌마506
167 【O】 2015.12.23. 2015헌바75
168 【O】 1992.11.12. 89헌마88

169
정기간행물의 납본제도와 검·인정 교과서제도는 사전검열금지원칙에 위배되지 않는다. (O/×)

170
건강기능식품의 기능성 표시·광고를 하고자 하는 자가 사전에 건강기능식품협회의 심의 절차를 거치도록 하는 것은 헌법이 금지하는 사전검열에 해당하지는 않지만 과잉금지원칙에 위반하여 건강기능식품 판매업자의 표현의 자유를 침해한다. (O/×)

171
건강기능식품의 허위·과장 광고를 사전에 예방하지 않을 경우 소비자들이 신체·건강상으로 이미 입은 피해의 회복이 사실상 불가능하며, 그 광고는 영리목적의 순수한 상업광고로서 표현의 자유 등이 위축될 위험도 작으므로 건강기능식품의 기능성 표시·광고에 대하여 식품의약품 안전청장이 건강기능식품협회에 위탁하여 사전심의를 받도록 하는 것은 헌법이 금지하는 사전 검열에 해당하지 않는다. (O/×)

172
헌법이 특정한 표현에 대해 예외적으로 검열을 허용하는 규정을 두지 않은 점, 이러한 상황에서 표현의 특성이나 규제의 필요성에 따라 언론·출판의 자유의 보호를 받는 표현 중에서 사전검열 금지원칙의 적용이 배제되는 영역을 따로 설정할 경우 그 기준에 대한 객관성을 담보할 수 없다는 점 등을 고려하면, 헌법상 사전검열은 예외 없이 금지되는 것으로 보아야 하므로 의료광고 역시 사전검열금지원칙의 적용 대상이 된다. (O/×)

---

169 【O】 (1992.6.26. 90헌마26) (1992.11.12. 89헌마88) 정기간행물이 외부에 공개 내지 배포되기 이전에 그 표현내용을 심사하여 그 발행금지 내지 어떤 제한이나 제재가 가해지는 것은 아니기 때문이다.

170 【X】 건강기능식품 기능성광고 사전심의는 그 검열이 행정권에 의하여 행하여진다 볼 수 있고, 헌법이 금지하는 **사전검열에 해당하므로 헌법에 위반된다**.(2018.6.28. 2016헌가8) 현행 헌법상 사전검열은 표현의 자유 보호대상이면 예외 없이 금지된다. 건강기능식품의 기능성 광고는 인체의 구조 및 기능에 대하여 보건용도에 유용한 효과를 준다는 기능성 등에 관한 정보를 널리 알려 해당 건강기능식품의 소비를 촉진시키기 위한 상업광고이지만, 헌법 제21조 제1항의 표현의 자유의 보호 대상이 됨과 동시에 같은 조 제2항의 사전검열 금지 대상도 된다. 광고의 심의기관이 행정기관인지 여부는 기관의 형식에 의하기보다는 그 실질에 따라 판단되어야 하고, 행정기관의 자의로 개입할 가능성이 열려 있다면 개입 가능성의 존재 자체로 헌법이 금지하는 사전검열이라고 보아야 한다. 건강기능식품법상 기능성 광고의 심의는 식약처장으로부터 위탁받은 한국건강기능식품협회에서 수행하고 있지만, 법상 심의주체는 행정기관인 식약처장이며, 언제든지 그 위탁을 철회할 수 있고, 심의위원회의 구성에 관하여도 법령을 통해 행정권이 개입하고 지속적으로 영향을 미칠 가능성이 존재하는 이상 그 구성에 자율성이 보장되어 있다고 볼 수 없다. 식약처장이 심의기준 등의 제정과 개정을 통해 심의 내용과 절차에 영향을 줄 수 있고, 식약처장이 재심의를 권하면 심의기관이 이를 따라야 하며, 분기별로 식약처장에게 보고가 이루어진다는 점에서도 그 심의업무의 독립성과 자율성이 있다고 보기 어렵다.

171 【X】 2018.6.28. 2016헌가8

172 【O】 2015.12.23. 2015헌바75

173 ⟳ 1 2 3
인터넷언론사는 선거운동기간 중 당해 홈페이지 게시판 등에 정당·후보자에 대한 지지·반대 등의 정보를 게시하는 경우 실명을 확인받는 기술적 조치를 하도록 정한 공직선거법 조항을 비롯하여, 행정안전부장관 및 신용정보업자는 실명인증자료를 관리하고 중앙선거관리위원회가 요구하는 경우 지체 없이 그 자료를 제출해야 하며, 실명확인을 위한 기술적 조치를 하지 아니하거나 실명인증의 표시가 없는 정보를 삭제하지 않는 경우 과태료를 부과하도록 정한 공직선거법 조항은 과잉금지원칙에 반하여 인터넷언론사 홈페이지 게시판 등 이용자의 익명표현의 자유와 개인정보자기결정권, 인터넷언론사의 언론의 자유를 침해한다. (O/×)

174 ⟳ 1 2 3
인터넷언론사에 대하여 선거운동기간 중 해당 인터넷홈페이지의 게시판에 정당·후보자에 대한 지지·반대의 글을 게시할 수 있도록 하는 경우 실명을 확인받도록 하는 기술적 조치를 할 의무 등을 부과한 것은 헌법상 사전검열금지원칙에 위배된다. (O/×)

175 ⟳ 1 2 3
심의기관에서 허가절차를 통하여 영화의 상영여부를 종국적으로 결정할 수 있도록 하는 것은 검열에 해당한다. 또한 영화의 상영으로 인한 실정법 위반의 가능성을 사전에 막고, 청소년 등에 대한 상영이 부적절할 경우 이를 유통단계에서 효과적으로 관리할 수 있도록 미리 등급을 심사하는 것도 사전검열에 해당한다. (O/×)

176 ⟳ 1 2 3
검열금지의 원칙은 정신작품의 발표 이후에 비로소 취해지는 사후적인 사법적 규제를 금지하는 것이 아니므로 저작권 침해로 인한 사법절차에 의한 영화상영의 금지조치나 형벌규정의 위반으로 인한 압수는 헌법상의 검열금지의 원칙에 위반되지 아니한다. (O/×)

---

173 【O】 심판대상조항은 정치적 의사표현이 가장 긴요한 선거운동기간 중에 인터넷언론사 홈페이지 게시판 등 이용자로 하여금 실명확인을 하도록 강제함으로써 익명표현의 자유와 언론의 자유를 제한하고, 모든 익명표현을 규제함으로써 대다수 국민의 개인정보자기결정권도 광범위하게 제한하고 있다는 점에서 이와 같은 불이익은 선거의 공정성 유지라는 공익보다 결코 과소평가될 수 없다. 그러므로 심판대상조항은 과잉금지원칙에 반하여 인터넷언론사 홈페이지 게시판 등 이용자의 익명표현의 자유와 개인정보자기결정권, 인터넷언론사의 언론의 자유를 침해한다(2021.1.28. 2018헌마456 등).

174 【X】 인터넷언론사에 대하여 선거운동기간 중 해당 인터넷홈페이지의 게시판에 정당·후보자에 대한 지지·반대의 글을 게시할 수 있도록 하는 경우 실명을 확인받도록 하는 기술적 조치를 할 의무 등을 부과한 것은 헌법상 **사전검열금지원칙에 위배된다고 할 수 없다**.(2010.2.25. 2008헌마324) 이용자로서는 스스로의 판단에 따라 자신이 게시하려는 글이 지지·반대의 글에 해당하면 실명확인 절차를 거쳐 '실명확인'의 표시가 나타나게 게시하고 그렇지 아니하다고 판단되면 실명확인 절차를 거치지 않고 게시하는 것이 가능하다.

175 【X】 영화의 상영으로 인한 실정법 위반의 가능성을 사전에 막고, 청소년 등에 대한 상영이 부적절할 경우 이를 유통단계에서 효과적으로 관리할 수 있도록 **미리 등급을 심사하는 것은 사전검열이 아니다**.(1996.10.4. 93헌가13) 등급심사를 받지 아니한 영화의 상영을 금지하고 이에 위반할 때에 행정적 제재를 가하는 경우(예컨대 새 영화진흥법 시안 제11조의 등급심의)도 검열에는 해당하지 아니한다. 여기서의 상영금지는 심의의 결과가 아니고 단지 일괄적인 등급심사를 관철하기 위한 조치에 지나지 아니하기 때문이다.

176 【O】 1996.10.4. 93헌가13

177

청소년을 보호하기 위하여 영화의 상영 전에 필름을 민간인으로 구성된 영상물등급위원회에 제출하게 하고 그 내용을 심사하여 연령등급분류를 하는 것 자체는 검열에 해당하지 않는다. (O/×)

178

비디오물 유통 전에 등급분류를 받도록 하는 것은 과잉금지원칙의 최소침해성 요건을 침해한다고 볼 수 없다. (O/×)

179

명예를 훼손하는 도서를 출판하기 전에 법원이 출판금지를 명하는 것은 검열에 해당하지 않는다. 검열의 주체는 행정기관에 한하므로, 사법권에 의한 사전제한은 검열에 해당하지 않는다. (O/×)

180

인터넷 포털사이트에 게시된 불법내용의 정보에 대하여 방송통신위원회가 당해 포털사이트 운영자에게 삭제명령을 내리는 것은 헌법이 금지하는 검열에 해당하지 않는다. 검열은 사전적 표현에 대한 제한이므로, 사후적 규제인 삭제명령은 검열에 해당하지 않는다. (O/×)

181

의회는 행정기관으로 하여금 영화의 상영 전에 내용을 심사하여 등급분류를 보류할 수 있도록 하고 등급분류를 받지 않은 영화의 상영을 금지하는 법률을 제정할 수 있다. (O/×)

---

177 【O】 (2007.10.4. 2004헌바36) 비디오물 유통으로 인해 청소년이 받게 될 악영향을 미리 차단하고자 공개나 유통에 앞서 이용 연령을 분류하는 절차에 불과하기 때문이다.

178 【O】 (2007.10.4. 2004헌바36) 비디오물 등급분류제도는 등급분류를 받지 아니한 비디오물의 유통을 금지하여 비디오물의 등급분류제도를 정착시킴으로써 청소년들의 건전한 성장을 도모하기 위한 것으로 비디오물은 그 속성상 일단 보급된 뒤에는 효율적으로 이를 규제할 방법이 없다고 할 것이므로 불법 비디오물이 청소년들에게 미치는 악영향을 차단하기 위해서는 비디오물이 유통에 이르기 전에 사전적으로 이를 규율하는 수밖에 없다. 한편, 등급분류를 받지 않고 지나치게 선정적이거나 폭력적인 비디오물이 유통됨으로써 청소년들이 입게 되는 악영향에 비추어 보면, 비디오물 유통업자들이 입게 되는 불이익은 수용할 수 없을 정도의 과도한 제한이라고 볼 수 없다.

179 【O】

180 【O】

181 【X】 영화진흥법 제21조 제4항이 규정하고 있는 **영상물등급위원회에 의한 등급분류보류제도는 검열에 해당한다.**(2001.8.30. 2000헌가9) 영상물등급위원회가 영화의 상영에 앞서 영화를 제출받아 그 심의 및 상영등급분류를 하되, 등급분류를 받지 아니한 영화는 상영이 금지되고 만약 등급분류를 받지 않은 채 영화를 상영한 경우 과태료, 상영금지명령에 이어 형벌까지 부과할 수 있도록 하며, 등급분류보류의 횟수제한이 없어 실질적으로 영상물등급위원회의 허가를 받지 않는 한 영화를 통한 의사표현이 무한정 금지될 수 있기 때문이다.

182

외국비디오물에 대한 영상물등급위원회의 수입추천제도는 영상물에 대한 필요하고도 적절한 사전검증절차로서 우리 헌법이 금지하고 있는 사전검열이 아니라는 것이 헌법재판소의 법정의견이다. (O/×)

183

현행 헌법상 언론·출판에 대한 검열금지는 단지 의사표현의 발표 여부가 오로지 행정권의 허가에 달려 있는 사전심사의 금지만을 뜻하는 것은 아니나, 정식작품의 발표 이후에 비로소 취해지는 사후적인 사법적 규제까지 금지하지는 않는다. (O/×)

184

종합유선방송 등에 대한 사업허가제는 언론·출판에 대한 허가나 검열로서 헌법상 허용되지 아니한다. (O/×)

185

방송사업허가제는 방송의 공적 기능을 보장하기 위한 제도로서 표현내용에 대한 가치판단에 입각한 사전봉쇄 내지 그와 같은 실질을 가진다고 볼 수 있으므로, 헌법상 금지되는 언론·출판에 대한 허가에 해당한다. (O/×)

2. 사후제한

1) 언론·출판의 자유를 제한하는 입법의 위헌여부를 심사하는 기준

(1) 이중기준의 이론

---

182 【X】 외국비디오물을 수입할 경우에 반드시 영상물등급위원회로부터 수입추천을 받도록 규정하고 있는 구 음반·비디오물 및 게임물에 관한 법률(1999. 2. 8. 법률 제5925호로 제정되고, 2001. 5. 24. 법률 제6473호로 전면개정되기 전의 것) 제16조 제1항 등에 의한 외국비디오물 수입추천제도는 외국비디오물의 수입·배포라는 의사표현행위 전에 표현물을 행정기관의 성격을 가진 영상물등급위원회에 제출토록 하여 표현행위의 허용 여부를 행정기관의 결정에 좌우되게 하고, 이를 준수하지 않는 자들에 대하여 형사처벌 등의 강제조치를 규정하고 있는바, 허가를 받기 위한 표현물의 제출의무, 행정권이 주체가 된 사전심사절차, 허가를 받지 아니한 의사표현의 금지, 심사절차를 관철할 수 있는 강제수단이라는 요소를 모두 갖추고 있으므로, 우리나라 헌법이 절대적으로 금지하고 있는 **사전검열에 해당한다**. (2005.2.3. 2004헌가8)

183 【X】 검열금지의 원칙은 모든 형태의 사전적인 규제를 금지하는 것이 아니고 단지 의사표현의 발표 여부가 오로지 **행정권의 허가에 달려있는 사전심사만을 금지하는 것을 뜻한다**. 따라서 정식작품의 발표 이후에 비로소 취해지는 사후적인 사법적 규제를 금지하는 것이 아니므로 **사법절차에 의한 영화상영의 금지조치**(예컨대 명예훼손이나 저작권침해를 이유로 한 가처분 등)나 그 효과에 있어서는 실질적으로 동일한 형벌규정(음란, 명예훼손 등)의 위반으로 인한 압수는 헌법상의 **검열금지의 원칙에 위반되지 아니한다**.(1996.10.4. 93헌가13·91헌바10)

184 【X】 종합유선방송 등에 대한 **방송사업허가제는** 내용규제 그 자체가 아니거나 내용규제의 효과를 초래하는 것이 아니기 때문에 헌법 제21조 제2항의 금지된 **"허가"에는 해당되지 않는다**.(2001.5.31. 2000헌바43·52) 종합유선방송사업허가의 요건은 기술적·물적 또는 인적인 것으로서 구성되어 있으므로 구조적 규제의 일종인 진입규제로서의 이 허가제는 표현내용에 대한 가치판단에 입각한 사전봉쇄를 위한 것이거나 그와 같은 실질을 가진다고 볼 수 없기 때문이다.

185 【X】 2001.5.31. 2000헌바43·52

186
표현의 자유는 민주주의의 초석으로서 다른 자유권보다 우월적인 지위를 가지기 때문에 다른 자유권보다도 규제에 대한 합헌성 판단의 기준이 더 엄격하여야 한다. (O/×)

(2) 사전억제금지의 원칙

(3) 명백하고 현존하는 위험의 원칙

187
명백하고 현존하는 위험의 원칙은 사전에 표현의 자유를 규제하기 위한 행정청의 판단기준이다. (O/×)

(4) 보다 덜 제한적인 규제수단의 선택에 관한 원칙

(5) 명확성의 원칙

2) 상업광고 규제에 관한 비례의 원칙 심사

188
상업광고도 표현의 자유의 보호영역에 속하는 것이므로 상업광고 규제에 관한 비례의 원칙 심사에 있어서 피해의 최소성 원칙에서는 같은 목적을 달성하기 위하여 달리 덜 제약적인 수단이 없을 것인지 혹은 입법목적을 달성하기 위하여 필요한 최소한의 제한인지를 심사한다. (O/×)

189
상업광고에 대한 규제에 의한 표현의 자유 내지 직업수행의 자유의 제한은 헌법 제37조 제2항에서 도출되는 비례의 원칙(과잉금지원칙)을 준수하여야 하지만, 상업광고는 사상이나 지식에 관한 정치적, 시민적 표현행위와는 차이가 있고, 인격발현과 개성신장에 미치는 효과가 중대한 것은 아니므로 비례의 원칙 심사에 있어서 '피해의 최소성' 원칙은 '입법목적을 달성하기 위하여 필요한 범위 내의 것인지'를 심사하는 정도로 완화되는 것이 상당하다. (O/×)

---

186 【O】

187 【X】 명백하고도 현존하는 위험의 원칙 : 사전에 표현의 자유를 규제하기 위한 행정청의 판단기준이 아니라, 언론·출판의 자유를 제한한 법률이나 행정부의 행위, 공익을 해친 표현을 한 자에 대한 형사재판에서 법원이나 <u>헌법재판소의 사후적 판단기준이다.</u>

188 【X】 상업광고도 표현의 자유의 보호영역에 속하지만, 사상이나 지식에 관한 정치적·시민적 표현행위와는 차이가 있고, 직업수행의 자유에 있어서도 인격발현과 개성신장에 미치는 효과가 중대한 것은 아니므로, 상업광고 규제에 관한 비례의 원칙에 의한 심사를 하더라도 그 중 피해의 최소성 원칙에서는 같은 목적을 달성하기 위하여 달리 덜 제약적인 수단이 없을 것인지 혹은 입법목적을 달성하기 위하여 필요한 최소한의 제한인지를 심사하기 보다는 '입법목적을 달성하기 위하여 필요한 범위 내의 것인지'를 심사하는 정도로 완화되는 것이 상당하다.(2005.10.27. 2003헌가3)

189 【O】 2012.2.23. 2009헌마318

Ⅶ 한계와 책임

1. 의의

2. 국가기밀

190
군사기밀은 국가이익에 따라 판단되어야 하므로 그 결정권은 정부가 형식적인 표지에 의해 기밀로 지정한 것에 따른다. (O/×)

3. 명예훼손

191
신문보도의 명예훼손적 표현의 피해자가 공적 인물인지 사인(私人)인지, 그 표현이 공적 관심 사안에 관한 것인지 순수한 사적 영역에 속하는 것인지에 따라 헌법적 심사기준에 차이가 있어야 한다는 것이 헌법재판소의 판례이다. (O/×)

192
공직자의 도덕성, 청렴성에 대하여는 국민과 정당의 감시기능이 필요한 점에 비추어 볼 때, 그 점에 관한 의혹의 제기는 악의적이거나 현저히 상당성을 잃은 공격이 아닌 한 쉽게 책임을 추궁하여서는 아니 된다. (O/×)

193
공직자의 공무집행에 관하여는 허위의 사실보도라 하더라도 그것이 언론사의 현실적 악의에 의한 것임을 원고가 입증하지 못하면 언론사에 대하여 징벌적 손해배상책임을 물을 수 없다는 것이 대법원의 판례이다. (O/×)

---

190 【X】 국가기밀은, 일반인에게 알려지지 아니한 것 즉 비공지의 사실로서, 국가의 안전에 대한 불이익의 발생을 방지하기 위하여 그것이 적국 또는 반국가단체에 알려지지 아니하도록 할 필요성 즉 "요비닉성"이 있는 동시에, 그것이 누설되는 경우 국가의 안전에 명백한 위험을 초래한다고 볼 만큼의 실질적 가치가 있는 것 즉 **"실질비성"을 갖춘 것이어야 한다**.(1997.1.16. 92헌바6) 따라서 군사기밀은 **정부가 형식적인 표지에 의해 기밀로 지정한 것에 따르는 것이 아니다.**

191 【O】 1999.6.24. 97헌마265

192 【O】 대판 2003.7.8. 2002다64384

193 【X】 방송 등 언론매체가 사실을 적시하여 개인의 명예를 훼손하는 행위를 한 경우에도 그 목적이 오로지 공공의 이익을 위한 것일 때에는 적시된 사실이 진실이라는 증명이 있거나 그 증명이 없다 하더라도 행위자가 그것을 진실이라고 믿었고 또 그렇게 믿을 상당한 이유가 있으면 위법성이 없다고 보아야 할 것이나, 그에 대한 **입증책임은 어디까지나 명예훼손 행위를 한 방송 등 언론매체에 있고** 피해자가 공적인 인물이라 하여 방송 등 언론매체의 명예훼손 행위가 현실적인 악의에 기한 것임을 그 피해자측에서 입증하여야 하는 것은 아니다.(대판 1998.5.8. 97다34563)

194
유인물 등에 표현된 내용이 타인의 명예를 훼손하는 것이고, 그것이 진실한 사실이라는 증명이 없다 하더라도 그 행위자가 동 사실을 진실하다고 믿은 데 상당한 이유가 있는 경우에는 불법행위가 성립하지 아니한다는 것이 대법원의 판례이다. (O/×)

195
공공의 이익의 기초가 되는 표현의 자유권 또한 헌법상 보장된 권리로서 인간의 존엄과 가치에 기초한 피해자의 명예(인격권)에 못지 아니할 정도로 보호되어야 할 중요한 권리이기 때문에 전자가 후자보다 중하기만 하면 위법성조각사유로서 정당성이 충족된다고 보는 것이 타당하다. (O/×)

4. 사생활의 비밀과 자유

5. 공중도덕과 사회윤리

VIII 침해와 구제

196
「언론중재 및 피해구제 등에 관한 법률」은 언론이 사망한 사람의 인격권을 침해한 경우에 그 피해가 구제될 수 있도록 명문의 규정을 두고 있으며, 사망한 사람의 인격권을 침해하였거나 침해할 우려가 있는 경우의 구제절차는 유족이 수행하도록 하고 있다. (O/×)

197
진실한 언론보도로 인하여 피해를 입은 자는 그 보도내용에 관한 반론보도를 언론사에 청구할 수 없다. (O/×)

제4항 집회·결사의 자유

I 의의

II 법적 성격

IV 주체

---

194 【O】 대판 1998.2.27. 97다19038
195 【O】 대판 1996.6.28. 96도977
196 【O】 제5조의2 제2항
197 【X】 사실적 주장에 관한 언론보도(따라서 진실한 언론보도도 포함)로 인하여 피해를 입은 자는 그 보도내용에 관한 반론보도를 언론사에 청구할 수 있다. 이 경우 언론사 등의 고의·과실이나 위법성을 필요로 하지 아니하며, 보도 내용의 진실 여부와 상관없이 그 청구를 할 수 있다.(언론중재 및 피해자구제 등에 관한 법률 제16조)

V 내용

198

집회는 일정한 장소를 전제로 하여 특정 목적을 가진 다수인이 일시적으로 회합하는 것을 말하는 것으로, 여기서의 다수인이 가지는 공동의 목적은 '내적인 유대 관계'로 족하지 않고 공통의 의사형성과 의사표현이라는 공동의 목적이 포함되어야 한다. (O/×)

199

결사라 함은 다수인이 일정한 공동의 목적을 위하여 계속적인 단체를 결성하는 것인데, 다만 그 공동의 목적이 영리적인 경우에는 헌법상 결사의 자유에 의하여 보호되는 결사가 아니다. (O/×)

200

구 「주택건설촉진법」상의 주택조합은 주택이 없는 국민의 주거생활의 안정을 도모하고 모든 국민의 주거수준 향상을 기한다는 공공목적을 위하여 법이 구성원의 자격을 제한적으로 정해 놓은 특수조합이어서, 이는 헌법상 결사의 자유가 뜻하는 헌법상 보호법익의 대상이 되는 단체가 아니다. (O/×)

201

결사의 자유에서의 결사란 자연인 또는 법인이 공동목적을 위하여 자유의사에 기하여 결합한 단체를 말하는 것으로 공적책무의 수행을 목적으로 하는 공법상의 결사는 이에 포함되지 아니한다. 따라서 농지개량조합을 공법인으로 보는 이상, 이는 결사의 자유가 뜻하는 헌법상 보호법익의 대상이 되는 단체로 볼 수 없어 조합이 해산됨으로써 조합원이 그 지위를 상실하였다고 하더라도 조합원의 '결사의 자유'가 침해되었다고 할 수 없다. (O/×)

202

집회의 자유는 국가가 개인의 집회참가행위를 감시하고 그에 대한 정보를 수집함으로써 집회에 참가하고자 하는 자로 하여금 불이익을 두려워하여 미리 집회참가를 포기하도록 집회 참가의사를 약화시키는 것 등 집회의 자유의 행사에 영향을 미치는 모든 조치를 금지한다. (O/×)

---

198 【×】 집회란 일정한 장소를 전제로 하여 특정 목적을 가진 다수인이 일시적으로 회합하는 것을 말하는 것으로, 집회의 개념 요소인 공동의 목적은 **'내적인 유대 관계'로 족하다.**(2014.1.28. 2011헌바174·282·285)

199 【×】 헌법재판소는 결사의 자유에서 말하는 '결사'란 자연인 또는 법인의 다수가 상당한 기간 동안 공동목적을 위하여 자유의사에 기하여 결합하고 조직화된 의사형성이 가능한 단체를 말하는 것이라고 정의하여 공동목적의 범위를 비영리적인 것으로 제한하지는 않았고, 다만, **결사 개념에 공법상의 결사나 법이 특별한 공공목적에 의하여 구성원의 자격을 정하고 있는 특수단체의 조직활동은 해당되지 않는다고** 판시한 바 있을 뿐이며, 연혁적 이유 이외에는 달리 영리단체를 결사에서 제외하여야 할 뚜렷한 근거가 없는 터이므로, **영리단체도 헌법상 결사의 자유에 의하여 보호된다.**(2002.9.19. 2000헌바84)

200 【O】 1994.2.24. 92헌바43
201 【O】 2000.11.30. 99헌마190
202 【O】 2003.10.30. 2000헌바67

203
헌법 제21조가 보호하는 결사의 자유란 기존의 단체로부터 탈퇴할 자유와 가입하지 않을 자유를 포함한다. (O/×)

204
집회의 자유는 개성신장과 아울러 여론형성에 영향을 미칠 수 있게 하여 동화적 통합을 촉진하는 기능을 가지며, 나아가 정치·사회현상에 대한 불만과 비판을 공개적으로 표출케 함으로써 정치적 불만세력을 사회적으로 통합하여 정치적 안정에 기여하는 역할을 한다. (O/×)

205
집회의 자유는 민주정치에 있어 필수의 전제가 되는 것이므로 그 보장이 절실히 요구된다. (O/×)

206
집회의 자유는 자유민주주의를 실현하려는 사회공동체에 있어서 불가결한 객관적 가치질서로서의 성격을 갖는다. (O/×)

207
집회의 자유는 국가에 대한 방어권으로서 집회의 주체, 주관, 진행, 참가 등에 관하여 국가권력의 간섭이나 방해를 배제할 수 있는 주관적 권리로서의 성격을 갖는다. (O/×)

208
집회의 자유는 다수인이 집단적 형태로 의사를 표현하는 것이므로 공공의 질서 내지 법적 평화와 마찰을 일으킬 가능성이 상당히 높은 것이어서, 집회의 자유에 대한 일정 범위 내의 제한은 불가피하다. (O/×)

209
집회의 자유는 개인의 인격발현의 요소이자 민주주의를 구성하는 요소라는 이중적 헌법적 기능을 가지고 있다. (O/×)

---

203 【O】 1996.4.25. 92헌바47
204 【O】 2009.9.24. 2008헌가25
205 【O】 1992.1.28. 89헌가8
206 【O】 2009.9.24. 2008헌가25
207 【O】 2009.9.24. 2008헌가25
208 【O】
209 【O】 2003.10.30. 2000헌바67

210

헌법이 집회의 자유를 보장한 것은 관용과 다양한 견해가 공존하는 다원적인 '열린사회'에 대한 헌법적 결단이라고 할 수 있다. (O/×)

211

집회장소로부터 귀가를 방해하거나 참가자에 대한 검문방법으로 시간을 지연하여 집회장소에 접근을 방해하는 등 집회와 관련하여 제3자나 참가자의 행동의 자유를 제한하는 조치는 허용된다. (O/×)

212

집회의 장소에 대한 선택이 집회의 성과를 결정짓는 경우가 적지 않다. 집회장소가 바로 집회의 목적과 효과에 대하여 중요한 의미를 가지기 때문에, 누구나 '어떤 장소에서' 자신이 계획한 집회를 할 것인가를 원칙적으로 자유롭게 결정할 수 있어야만 집회의 자유가 비로소 효과적으로 보장되는 것이다. (O/×)

213

집회의 자유는 개인의 사회생활과 여론형성 및 민주정치의 토대를 이루고 소수자의 집단적 의사표현을 가능하게 하는 중요한 기본권이기 때문에 단순히 위법행위의 개연성이 있다는 예상만으로 집회의 자유를 제한할 수는 없다. (O/×)

214

「집회 및 시위에 관한 법률」상 '옥외집회'란 천장이 없거나 사방이 폐쇄되지 아니한 장소에서 여는 집회를 말한다. (O/×)

215

집회란 다수인이 일정한 장소에서 공동목적을 가지고 회합하는 일시적인 결합체를 의미하기 때문에 2인이 모인 집회는 「집회 및 시위에 관한 법률」의 규제대상이 되지 않는다. (O/×)

---

210 【O】 2014.4.24. 2011헌가29
211 【X】 집회의 자유는 집회의 시간, 장소, 방법과 목적을 스스로 결정할 권리를 보장한다. 집회의 자유에 의하여 구체적으로 보호되는 주요행위는 집회의 준비 및 조직, 지휘, 참가, 집회장소·시간의 선택이다. 따라서 집회의 자유는 개인이 집회에 참가하는 것을 방해하거나 또는 집회에 참가할 것을 강요하는 국가행위를 금지할 뿐만 아니라, 예컨대 집회장소로의 여행을 방해하거나, 집회장소로부터 귀가하는 것을 방해하거나, 집회참가자에 대한 검문의 방법으로 시간을 지연시킴으로써 집회장소에 접근하는 것을 방해하는 등 집회의 자유행사에 영향을 미치는 모든 조치를 금지한다.(2003.10.30. 2000헌바67)
212 【O】 2003.10.30. 2000헌바67 등
213 【X】 공공의 안녕질서에 위해를 가할 것이 명백한 경우에 한해 집회는 제한될 수 있다(집시법 제5조).
214 【O】 집회 및 시위에 관한 법률 제2조
215 【X】 대법원은 2인 이상이 옥외에서 공동의 목적으로 모인 경우 '집회'로 보고 그 경우 집회 및 시위에 관한 법률의 보장 또는 규제 대상으로 본다.(대판 2012.5.24. 2010도11381)

216
근로자가 노동조합에 가입을 강제당하지 않을 자유는 헌법 제10조의 행복추구권에서 파생되는 일반적 행동의 자유 또는 헌법 제21조 제1항의 결사의 자유에서 그 근거를 찾을 수 있다. (O/×)

217
시위의 자유도 집회의 자유를 규정한 헌법 제21조 제1항에 의해 보호된다. (O/×)

218
우리 헌법상 집회의 자유에 의하여 오로지 '평화적' 또는 '비폭력적' 집회만 보호되는 것은 아니며, 집회에서의 폭력행위나 불법행위도 용인될 수 있다. (O/×)

219
평화적 집회는 옥외집회든 비공개집회든 장소이동의 집회든지 헌법상 보호된다. (O/×)

220
집회의 자유에는 집회를 방해할 의도로 집회에 참가할 자유도 포함된다. (O/×)

221
집회·시위장소는 집회·시위의 목적을 달성하는 데 있어서 매우 중요한 역할을 수행하는 경우가 많기 때문에 장소선택의 자유는 집회·시위의 자유의 한 실질을 형성한다. (O/×)

222
집회의 자유는 집회의 시간, 장소, 방법과 목적을 스스로 결정할 권리를 포함하므로 옥외집회를 야간에 주최하는 행위 역시 집회의 자유에 의해 보호되는 것이 원칙이다. (O/×)

---

216 【O】 2005.11.24. 2002헌바95 등
217 【O】 2005.11.24. 2004헌가17
218 【X】 집회의 자유에 의하여 보호되는 것은 오로지 **'평화적' 또는 '비폭력적' 집회**이다.(2003.10.30. 2000헌바67) 집회의 자유는 민주국가에서 정신적 대립과 논의의 수단으로서, 평화적 수단을 이용한 의견의 표명은 헌법적으로 보호되지만, 폭력을 사용한 의견의 강요는 헌법적으로 보호되지 않는다. 따라서 집회의 자유를 빙자한 폭력행위나 불법행위 등은 제재될 수 있다.
219 【O】 2003.10.30. 2000헌바67
220 【X】 집회의 자유는 집회의 시간, 장소, 방법과 목적을 스스로 결정할 권리를 보장한다. 집회의 자유에 의하여 구체적으로 보호되는 주요행위는 집회의 준비 및 조직, 지휘, 참가, 집회장소·시간의 선택이다. 그러나 **집회를 방해할 의도로 집회에 참가하는 것은 보호되지 않는다**.(2003.10.30. 2000헌바67)
221 【O】 2005.11.24. 2004헌가17
222 【O】 2009.9.24. 2008헌가25

223
집회에는 주최자 또는 주관자가 있는 것이 일반적이지만, 우발적 집회(주최자와 주관자가 없이 개인들이 자발적으로 모인 집회)도 집회의 자유에 의하여 보호되므로 주최자 또는 주관자가 집회의 필수적인 요소는 아니다. (O/×)

224
근로자의 단결권도 결사의 자유 속에 포함되나, 헌법이 노동3권과 같은 특별 규정을 두어 별도로 단결권을 보장하는 것은 근로자의 단결에 대해서는 일반 결사의 경우와 다르게 특별한 보장을 해준다는 뜻을 내포하고 있다. (O/×)

V 효력

VI 제한

225
집회의 금지와 해산은 원칙적으로 공공의 안녕질서에 대한 직접적인 위협이 명백하게 존재하는 경우에 한하여 허용될 수 있다. (O/×)

226
헌법이 금지하고 있는 집회에 대한 '허가'는 행정권이 주체가 되어 집회 이전에 예방적 조처로서 집회의 내용·시간·장소 등을 사전에 심사하여 일반적인 집회금지를 특정한 경우에 해제함으로써 집회를 할 수 있게 하는 제도를 의미한다. (O/×)

227
집회의 자유에 대한 신고제는 집회의 자유에 대한 일반적 금지가 원칙이고 예외적으로 행정권의 허가가 있을 때에만 이를 허용한다는 점에서 헌법이 금지하는 허가제와는 집회의 자유에 대한 이해와 접근방법의 출발점을 달리하고 있다. (O/×)

228
헌법 제21조 제2항은, 집회에 대한 허가제는 집회에 대한 검열제와 마찬가지이므로 이를 절대적으로 금지하겠다는 헌법개정 권력자인 국민들의 헌법가치적 합의이며 헌법적 결단이다. (O/×)

---

223 【O】
224 【O】 2012.3.29. 2011헌바53
225 【O】 2003.10.30. 2000헌바67
226 【O】 2009.9.24. 2008헌가25
227 【X】 헌법규정에서 금지하고 있는 **'허가'제**는 집회의 자유에 대한 일반적 금지가 원칙이고 예외적으로 행정권의 허가가 있을 때에만 이를 허용한다는 점에서, 집회의 자유가 원칙이고 금지가 예외인 집회에 대한 **신고제**와는 집회의 자유에 대한 이해와 접근방법의 출발점을 달리 하고 있는 것이다.(2009.9.24. 2008헌가25)
228 【O】 2009.9.24. 2008헌가25

229
집회에 대한 허가제는 절대적으로 금지된다. (O/×)

230
집회의 사전허가제는 헌법으로 금지되고, 현행법은 사전신고제로 하고 있다. (O/×)

231
행정관청이 일정한 요건을 갖추지 못한 노동조합 설립신고서를 「노동조합 및 노동관계 조정법」에 따라 반려할 수 있도록 규정한 것은 헌법 제21조 제2항이 금지하는 결사에 대한 허가제라고 볼 수 없다. (O/×)

232
옥외집회 또는 시위를 주최하고자 하는 자는 신고서를 옥외집회나 시위를 시작하기 720시간 전부터 48시간 전에 관할 경찰서장에게 제출하여야 한다. (O/×)

233
집회에 대한 허가를 금지한 헌법 제21조 제2항은, 집회에 대한 허가제는 집회에 대한 검열제와 마찬가지이므로 이를 절대적으로 금지하겠다는 헌법개정권력자인 국민들의 헌법가치적 합의이며 헌법적 결단으로, 기본권 제한에 관한 일반적 법률유보조항인 헌법 제37조 제2항에 앞서서, 우선적이고 제1차적인 위헌심사기준이 되어야 한다. (O/×)

234
입법자가 법률로써 일반적으로 집회를 제한하는 경우에는 헌법 제21조 제2항이 규정하고 있는 사전허가금지에 해당한다. (O/×)

235
옥외집회의 신고의무는 집회 자체를 보호하고 타인이나 공동체와의 이익충돌을 피하기 위해 요구되는 사전적 협력의무이다. (O/×)

---

229 【O】 2009.9.24. 2008헌가25
230 【O】 2014.1.28. 2011헌바174 등
231 【O】 2012.3.29. 2011헌바53
232 【O】 집회 및 시위에 관한 법률 제6조 제1항
233 【O】 2009.9.24. 2008헌가25
234 【×】 '행정청이 주체가 되어 집회의 허용 여부를 사전에 결정하는 것'으로서 행정청에 의한 사전허가는 헌법상 금지되지만, **입법자가 법률로써 일반적으로 집회를 제한하는 것은 헌법상 '사전허가금지'에 해당하지 않는다.**(2009.9.24. 2008헌가25)
235 【O】 2009.5.28. 2007헌바22

236
「집회 및 시위에 관한 법률」의 옥외집회·시위의 사전신고제도는 헌법 제21조 제2항의 사전허가 금지에 위배된다. (O/×)

237
헌법 제21조 제2항에 의하여 금지되는 '허가'는 '행정청이 주체가 되어 집회의 허용 여부를 사전에 결정하는 것'으로 법률적 제한이 실질적으로 행정청의 허가 없는 옥외집회를 불가능하게 하는 것이라면 헌법상 금지되는 사전허가제에 해당하지만, 그에 이르지 아니하는 한 헌법 제21조 제2항에 반하는 것은 아니다. (O/×)

238
집회의 시간과 장소가 중복되는 2개 이상의 신고가 있는 경우 그 목적으로 보아 서로 상반되거나 방해가 된다고 인정되면 장소를 분할하여 개최하도록 권유 등을 해 보고, 권유가 받아들여지지 않은 경우 뒤에 접수된 집회에 대하여 관할경찰관서장이 그 금지를 통고할 수 있다. (O/×)

239
동시에 접수된 두 개의 옥외집회 신고서에 대하여 관할 경찰관서장이 적법한 절차에 따라 접수 순위를 확정하려는 노력을 하지 않고, 폭력사태 발생이 우려되고 상호 충돌을 피한다는 이유로 모두 반려하는 것은 집회의 자유를 침해하는 것이다. (O/×)

240
집회의 시간과 장소가 중복되는 2개 이상의 신고가 있을 경우 관할경찰관서장은 먼저 신고된 집회가 다른 집회의 개최를 봉쇄하기 위한 가장집회신고에 해당하는지 여부에 관하여 판단할 권한이 없으므로 뒤에 신고된 집회에 대하여 집회 자체를 금지하는 통고를 하여야 한다. (O/×)

---

236 【X】 옥외집회나 시위를 주최하려는 자로 하여금 사전에 관할경찰서장에 신고하게 하는 「집회 및 시위에 관한 법률」의 옥외집회·시위의 사전신고제도는 일정한 신고절차만 밟으면 일반적·원칙적으로 옥외집회 및 시위를 할 수 있도록 보장하고 있으므로 헌법 제21조 제2항의 사전허가금지에 반하지 않는다.(2014.1.28. 2011헌바174 등)
집회시위법의 사전신고는 경찰관청 등 행정관청으로 하여금 집회의 순조로운 개최와 공공의 안전보호를 위하여 필요한 준비를 할 수 있는 기간적 여유를 주기 위한 것이기 때문이다.

237 【O】 2014.4.24. 2011헌가29
238 【O】 집시법 제8조 제2항, 제3항
239 【O】 2008.5.29. 2007헌마712
240 【X】 집회의 시간과 장소가 중복되는 2개 이상의 신고가 있을 경우 관할경찰관서장은 먼저 신고된 집회가 다른 집회의 개최를 봉쇄하기 위한 허위 또는 가장 집회신고에 해당함이 객관적으로 분명해 보이는 경우에는, 뒤에 신고된 집회에 다른 집회금지 사유가 있는 경우가 아닌 한, 관할경찰관서장이 단지 먼저 신고가 있었다는 이유만으로 뒤에 신고된 집회에 대하여 집회 자체를 금지하는 통고를 하여서는 아니 된다.(대판 2014.12.11. 2011도13299)

241
사전신고를 하지 않은 옥외집회는 불법집회이므로 관할경찰관서장은 언제나 해산명령을 내릴 수 있으며, 이에 불응하는 경우에는 처벌할 수 있다고 보아야 한다. (O/×)

242
구 집시법의 옥외집회·시위에 관한 일반규정 및 「형법」에 의한 규제 및 처벌에 의하여 사법의 독립성 및 공정성 확보라는 입법 목적을 달성함에 지장이 없음에도 불구하고, 재판에 영향을 미칠 염려가 있거나 미치게 하기 위한 집회·시위를 사전적·전면적으로 금지하고 이를 위반한 자를 형사처벌하는 구 집시법 조항은 집회의 자유를 실질적으로 박탈하는 결과를 초래하므로 집회의 자유를 침해한다. (O/×)

243
관할경찰서장이 이미 접수된 옥외집회신고서를 법률상 근거 없이 반려한 행위는 집회의 자유를 침해한 것이다. (O/×)

244
외교기관 인근에서의 집회가 일반적으로 다른 장소와 비교할 때 중요한 보호법익과의 충돌상황을 야기할 수 있다거나, 이로써 법익에 대한 침해로 이어질 개연성이 높다고는 할 수 없다. (O/×)

245
누구든지 각급 법원의 경계 지점으로부터 100미터 이내의 장소에서 옥외집회 또는 시위를 할 경우 형사처벌한다고 규정한 '집회 및 시위에 관한 법률' 제11조 제1호 중 '각급 법원' 부분 및 제23조 제1호 중 제11조 제1호 가운데 '각급 법원'에 관한 부분은, 입법목적을 달성하는 데 필요한 최소한도의 범위를 넘어 규제가 불필요하거나 또는 예외적으로 허용 가능한 옥외집회·시위까지도 일률적·전면적으로 금지하고 있으므로, 침해의 최소성 원칙에 위배되고, 상충하는 법익 사이의 조화를 이루려는 노력을 전혀 기울이지 않아, 법익의 균형성 원칙에도 어긋나고, 과잉금지원칙을 위반하여 집회의 자유를 침해한다. (O/×)

---

241 【×】 신고를 하지 아니하였다는 이유만으로 그 옥외집회 또는 시위를 헌법의 보호 범위를 벗어나 개최가 허용되지 않는 집회 내지 시위라고 단정할 수 없고, 그 옥외집회 또는 시위로 인하여 타인의 법익이나 공공의 안녕질서에 대한 직접적인 위험이 명백하게 초래된 경우에 한하여 해산을 명할 수 있고, 이러한 요건을 갖춘 해산명령에 불응하는 경우에만 처벌할 수 있다.(대판 2012.4.26. 2011도6294)

242 【O】 2016.9.29. 2014헌가3·12

243 【O】 2008.5.29. 2007헌마712

244 【×】 외교기관을 대상으로 하는 외교기관 인근에서의 옥외집회나 시위는 이해관계나 이념이 대립되는 여러 당사자들 사이의 갈등이 극단으로 치닫거나, 물리적 충돌로 발전할 개연성이 높고, 다른 장소와 비교할 때 외교기관의 기능보호라는 중요한 보호법익이 관련되는 고도의 법익충돌 상황을 야기할 수 있다.(2010.10.28. 2010헌마111)

245 【O】 2018.7.26. 2018헌바137

246

국무총리 공관으로부터 100미터 이내의 장소에서는 옥외집회 또는 시위를 하여서는 아니되지만, 국무총리를 대상으로 하지 아니하는 경우와 대규모 집회 또는 시위로 확산될 우려가 없는 경우로서 국무총리 공관의 기능이나 안녕을 침해할 우려가 없다고 인정되는 때에는 그러하지 아니하다. (O/X)

247

외교기관의 경계 지점으로부터 반경 100미터 이내 지점에서의 집회 및 시위를 원칙적으로 금지하되 외교기관의 기능이나 안녕을 침해할 우려가 없다고 인정되는 예외적인 경우에 집회 및 시위를 허용하는 법률 조항은, 외교기관을 대상으로 하는 경우에는 그 경계지점으로부터 100미터 이내의 장소에서는 개별 집회·시위의 내용과 성질을 불문하고 일체의 집회·시위를 전면금지하고 있는 것으로서 집회의 자유를 과도하게 침해하여 헌법에 위반된다. (O/X)

248

외교기관 인근의 옥외집회나 시위를 원칙적으로 금지하면서도, 해당 외교기관을 대상으로 하지 아니하는 경우, 대규모 집회 또는 시위로 확산될 우려가 없는 경우, 외교기관의 업무가 없는 휴일에 개최하는 경우를 예외로 하는 것은, 집회의 자유를 침해하지 않는다. (O/X)

249

해가 뜨기 전이나 해가 진 후의 옥외집회를 원칙적으로 금지하고, 일정한 경우 관할경찰관서장이 이를 예외적으로 허용할 수 있도록 한 법률조항은 집회의 자유를 침해하여 헌법에 합치되지 않는다. (O/X)

---

246 【O】 집시법 제11조 제4호
247 【X】 외교기관의 경계지점으로부터 반경 100미터 이내 지점에서의 집회 및 시위를 원칙적으로 금지하되, 그 가운데에서도 **외교기관의 기능이나 안녕을 침해할 우려가 없다고 인정되는 세 가지의 예외적인 경우에는 이러한 집회 및 시위를 허용하는 법률 조항은 집회의 자유를 침해한다고 할 수 없다.**(2010.10.28. 2010헌마111) 이는 입법기술상 가능한 최대한의 예외적 허용 규정이며, 그 예외적 허용 범위는 적절하다고 보이므로 이보다 더 넓은 범위의 예외를 인정하지 않는 것을 두고 침해의 최소성원칙에 반한다고 할 수 없다. 그리고 이 사건 법률조항으로 달성하고자 하는 공익은 외교기관의 기능과 안전의 보호라는 국가적 이익이며, 이 사건 법률조항은 법익충돌의 위험성이 없는 경우에는 외교기관 인근에서의 집회나 시위도 허용함으로써 구체적인 상황에 따라 상충하는 법익 간의 조화를 이루고 있다.
248 【O】 2010.10.28. 2010헌마111
249 【O】 (2009.9.24. 2008헌가25) 헌법 제21조 제2항에 위반하여 위헌의견(5인 재판관)과 헌법 제21조 제2항 허가제 금지조항에 위반하지는 않으나 과잉금지에 위반하여 위헌이라는 의견(2인 재판관)으로, 헌법재판소 주문은 헌법불합치 의견이었다.

250

일몰시간 후부터 같은 날 24시까지의 옥외집회 또는 시위의 경우, 특별히 공공의 질서 내지 법적 평화를 침해할 위험성이 크다고 할 수 없으므로 그와 같은 옥외집회 또는 시위를 원칙적으로 금지하는 것은 과잉금지원칙에 위반됨이 명백하다. (O/×)

251

헌법재판소는 야간시위를 금지하는 조항에 대하여, 이미 보편화된 야간의 일상적인 생활의 범주에 속하는 시간대까지 이를 적용하는 것은 과잉금지의 원칙에 반하여 위헌을 면할 수 없으나, 헌법재판소가 그러한 시간대를 직접 특정하는 것은 입법부와의 권력분립 측면에서 적절하지 않다는 점을 들어 헌법불합치의 주문을 선고하였다. (O/×)

252

노동조합을 설립할 때 행정관청에 설립신고서를 제출하게 하고 그 요건을 충족하지 못하는 경우 설립신고서를 반려하도록 하는 법률조항은 헌법상 금지된 결사에 대한 허가제에 해당하지 않는다. (O/×)

---

250 【O】 (2014.4.24. 2011헌가29) 이 사건 법률조항은 사회의 안녕질서를 유지하고 시민들의 주거 및 사생활의 평온을 보호하기 위한 것으로서 정당한 목적 달성을 위한 적합한 수단이 된다. 그러나 '일출시간 전, 일몰시간 후'라는 광범위하고 가변적인 시간대의 옥외집회 또는 시위를 금지하는 것은 오늘날 직장인이나 학생들의 근무·학업 시간, 도시화·산업화가 진행된 현대사회의 생활형태 등을 고려하지 아니하고 목적 달성을 위해 필요한 정도를 넘는 지나친 제한을 가하는 것이어서 최소침해성 및 법익균형성 원칙에 반한다.

251 【×】 야간시위를 금지하는 집시법 제10조 본문에는 위헌적인 부분과 합헌적인 부분이 공존하고 있는데, 이미 보편화된 야간의 일상적인 생활의 범주에 속하는 '해가 진 후부터 같은 날 24시까지의 시위'에 적용하는 한 헌법에 위반된다(**한정위헌결정**).(2014.3.27. 2010헌가2) 우리 국민의 일반적인 생활형태 및 보통의 집회·시위의 소요시간이나 행위태양, 대중교통의 운행시간, 도심지의 점포·상가 등의 운영시간 등에 비추어 보면, 적어도 해가 진 후부터 같은 날 24시까지의 시위의 경우, 이미 보편화된 야간의 일상적인 생활의 범주에 속하는 것이어서 특별히 공공의 질서 내지 법적 평화를 침해할 위험성이 크다고 할 수 없으므로 그와 같은 시위를 일률적으로 금지하는 것은 과잉금지원칙에 위반됨이 명백하다. 그러나 나아가 24시 이후의 시위를 금지할 것인지 여부는 국민의 주거 및 사생활의 평온, 우리나라 시위의 현황과 실정, 국민 일반의 가치관 내지 법감정 등을 고려하여 입법자가 결정할 여지를 남겨두는 것이 바람직하다. 그렇다면 적어도 이 사건 법률조항과 이를 구성요건으로 하는 집시법 제23조 제3호의 해당 부분은 '해가 진 후부터 같은 날 24시까지의 시위'에 적용하는 한 헌법에 위반된다.

252 【O】 (2012.3.29. 2011헌바53) 노동조합법은 노동조합 설립과 관련하여 노동조합법상의 요건 충족 여부를 사전에 심사하도록 하는 구조를 취하고 있으나, 그렇다고 하여 이것이 노동조합 설립의 일반적 금지를 의미하는 것으로 볼 수는 없다. 노동조합법상 요구되는 요건만 충족되면 그 설립이 자유롭다는 점에서 노동조합 설립신고와 이에 대한 심사는 일반적인 금지를 특정한 경우에 해제하는 허가와는 개념적으로 구분된다.

253

지역농협 이사 선거의 경우 전화·컴퓨터통신을 이용한 지지 호소의 선거운동방법을 금지하고 이를 위반한 자를 처벌하는 것은 과잉금지원칙을 위반하여 해당 선거 후보자의 결사의 자유와 표현의 자유를 침해한다. (O/×)

254

안마사회는 안마사들이 공동의 목적을 위하여 결합하고 조직하는 사법상의 결사에 해당 하는데, 안마사들을 안마사회에 의무적으로 가입하고 회비를 납부하도록 한 의료법 조항은 소극적 결사의 자유를 침해하는 것이다. (O/×)

255

헌법재판소의 결정에 따라 해산된 정당의 목적을 달성하기 위한 집회 또는 시위를 주최하는 행위는 금지된다. (O/×)

256

공중이 자유로이 통행할 수 없는 대학구내에서의 시위는 그것이 불특정다수인의 의견에 영향을 가하는 것일지라도 「집회 및 시위에 관한 법률」상의 규제대상이 되지 않는다. (O/×)

---

253 【O】 (2016.11.24. 2015헌바62) 이 사건 법률조항들은 지역농협 이사 선거가 과열되는 과정에서 후보자들의 경제력 차이에 따른 불균형한 선거운동 및 흑색선전을 통한 부당한 경쟁이 이루어짐으로써 선거의 공정이 해쳐지는 것을 방지하기 위하여 선거 공보의 배부를 통한 선거운동만을 허용하고 전화·컴퓨터통신을 이용한 지지 호소의 선거운동을 금지하며 이를 위반하여 선거운동을 한 자를 처벌하는바, 입법목적의 정당성 및 수단의 적합성이 인정된다. 그러나 전화·컴퓨터통신은 누구나 손쉽고 저렴하게 이용할 수 있는 매체인 점, 농업협동조합법에서 흑색선전 등을 처벌하는 조항을 두고 있는 점을 고려하면 입법목적 달성을 위하여 위 매체를 이용한 지지 호소까지 금지할 필요성은 인정되지 아니한다. 이 사건 법률조항들이 달성하려는 공익이 결사의 자유 및 표현의 자유 제한을 정당화할 정도로 크다고 보기는 어려우므로, 법익의 균형성도 인정되지 아니한다.

254 【X】 안마사들로 하여금 의무적으로 대한안마사협회의 회원이 되어 정관을 준수하도록 하는 법률조항은, 그들 사이에 정보를 교환하고 친목을 도모하며 직업활동을 효과적으로 수행 하도록 하기 위하여 국가가 적극적으로 개입하는 것이 필요하므로 **안마사들의 결사의 자유를 침해하지 않는다.**(2008.10.30. 2006헌가15) 안마사들은 시각장애로 말미암아 공동의 이익을 증진하기 위하여 개인적으로나 이익단체를 조직하여 활동하는 것이 용이하지 않고, 안마사로 하여금 하나의 중앙회에 의무적으로 가입하도록 하여 전국적 차원의 단체를 존속시키는 것은 그들 사이에 정보를 교환하고 친목을 도모하며 직업수행 능력을 높일 수 있고, 시각장애인으로 하여금 직업 활동을 효과적으로 수행하도록 하기 위하여 국가가 적극적으로 개입하는 것이 필요하다. 이 사건 법률조항으로 안마사회에 의무적으로 가입하고 정관을 준수하고 회비를 납부하게 되지만 과다한 부담이라고 단정하기 어렵다.

255 【O】 집회 및 시위에 관한 법률 제5조 제1항

256 【X】 <u>공중이 자유로이 통행할 수 없는 대학구내에서의 시위도 그것이 불특정다수인의 의견에 영향을 가하는 것이라면 「집회 및 시위에 관한 법률」상의 규제대상이 되는 것이다.</u>(1994.4.28. 91헌바14)

257

집회는 2인 이상의 동시 참여자가 있어야 하므로, 여러 사람이 번갈아 참여하는 1인 릴레이 시위는 언론의 자유에서 보호될 수 있으나 집회 및 시위에 관한 법률상의 시위에 해당하지 않으므로 집회의 자유에서 보호되지 않는다. (O / ×)

258

관할경찰관서장은 대통령령으로 정하는 주요 도시의 주요 도로에서의 집회 또는 시위로 인하여 해당 도로와 주변 도로의 교통 소통에 장애를 발생시켜 심각한 교통 불편을 줄 우려가 있으면 집회 또는 시위의 주최자가 질서유지인을 두고 도로를 행진하는 경우에도 집회 또는 시위를 금지할 수 있다. (O / ×)

259

관할경찰관서장은 일정 수준 이상의 소음을 발생시키는 확성기, 북, 징, 꽹과리 등의 사용 중지를 명할 수 있다. (O / ×)

260

경찰관은 집회, 시위의 질서유지를 위하여 집회 또는 시위의 장소에 정복을 입고 자유롭게 출입할 수 있으며, 집회 또는 시위의 주최자에게 알릴 필요는 없다. (O / ×)

261

옥외집회 또는 시위가 그 신고의 범위를 일탈한 경우에는 그 신고내용과 동일성이 유지되고 있더라도 관할경찰관서장은 신고를 하지 아니한 옥외집회 또는 시위로 보아 이를 해산하거나 저지할 수 있다. (O / ×)

262

관할경찰관서장은 옥외집회신고서의 기재 사항에 미비한 점이 있을 경우 접수증을 교부한 때부터 12시간 이내에 주최자에게 24시간을 기한으로 그 기재사항을 보완할 것을 통고할 수 있다. (O / ×)

---

257 【O】
258 【O】 집시법 제12조 제1항, 제2항
259 【O】 집시법 제14조 제1항, 제2항
260 【×】 경찰관은 집회 또는 시위의 **주체자에게 알리고** 그 집회 또는 시위의 장소에 정복을 입고 출입할 수 있다. 다만, 옥내집회 장소에 출입하는 것은 직무 집행을 위하여 긴급한 경우에만 할 수 있다.(집시법 제19조)
261 【×】 옥외집회 또는 시위를 신고한 주최자가 그 주도 아래 행사를 진행하는 과정에서 신고한 목적·일시·장소·방법 등의 범위를 현저히 일탈하는 행위에 이르렀다고 하더라도, 이를 신고 없이 옥외집회 또는 시위를 주최한 행위로 볼 수는 없다.(대판 2008.7.10. 2006도9471)
262 【O】 집시법 제7조 제1항

263
집회의 자유는 반드시 법률에 의하여만 제한될 수 있으므로 법률에 정해지지 않은 방법으로 이를 제한할 경우에는 그것이 과잉금지원칙에 위배되었는지 여부를 판단할 필요 없이 헌법에 위반된다. (O/×)

264
농협은 기본적으로 사법인의 성격을 지니므로, 「농업협동조합법」에서 정하는 특정한 국가적 목적을 위하여 설립되는 공공성이 강한 법인으로서 공적인 역할을 수행한다고 하더라도, 농협의 구성원들이 기본권 침해를 주장하여 과잉금지원칙 위배 여부를 판단할 때에는 사적인 임의결사의 기본권이 제한되는 경우와 마찬가지로 엄격한 심사기준이 적용된다. (O/×)

265
상공회의소가 결사의 자유의 주체가 되는 사법인으로 기본적으로는 임의단체라고 하더라도 일반결사에 비하여 여러 규제와 혜택을 법령으로 규정하고 있으므로, 결사의 자유의 제한과 관련하여 순수한 사적인 임의결사의 기본권이 제한되는 경우에 비해서는 완화된 심사기준을 적용할 수 있다. (O/×)

266
축협중앙회는 공법인성과 사법인성을 겸유한 특수한 법인으로서 결사의 자유라는 기본권의 주체가 될 수 있지만, 축협중앙회의 공법인적 특성이 상대적으로 더 크다는 점은 그의 기본권의 제약요소로 작용한다. (O/×)

267
복수조합의 설립을 금지한 구 축산업협동조합법 제99조 제2항은 입법목적을 달성하기 위하여 결사의 자유 등 기본권의 본질적 내용을 해하는 수단을 선택함으로써 입법재량의 한계를 일탈하였으므로 헌법에 위반된다. (O/×)

---

263 【O】 2008.5.29. 2007헌마712
264 【X】 농협은 앞서 본 바와 같이 기본적으로 사법인의 성격을 지니지만, 농협법에서 정하는 특정한 국가적 목적을 위하여 설립되는 공공성이 강한 법인으로, 그 수행하는 사업 내지 업무가 국민경제에서 상당한 비중을 차지하고 국민경제 및 국가 전체의 경제와 관련된 경제적 기능에 있어서 금융기관에 준하는 공공성을 가진다. 공적인 역할을 수행하는 결사 또는 그 구성원들이 기본권의 침해를 주장하는 경우에 과잉금지원칙 위배 여부를 판단할 때에는, 순수한 사적인 임의결사의 기본권이 제한되는 경우의 심사에 비해서는 **완화된 기준을 적용**할 수 있다.(2012.12.27. 2011헌마562)
265 【O】 2006.5.25. 2004헌가1
266 【O】 2000.6.1. 99헌마553
267 【O】 1996.4.25. 92헌바47

268

'대한민국고엽제전우회'의 회원으로 가입한 사람은 '월남전 참전자회'의 회원이 될 수 없도록 한 법률규정은, 이미 설립된 고엽제전우회와의 중복 가입에 따른 단체 간 마찰을 최소화하고 인적 구성을 분리하기 위한 것이지만, 이로 인해 월남전 참전자 중 고엽제 관련자가 양 법인 중에서 회원으로 가입할 법인을 선택할 수 있는 결사의 자유를 과도하게 침해한다.

(O/×)

📖 판례정리

▎민원서류 반려위헌확인(2008.5.29. 2007헌마712)

노동조합 甲은 주식회사 A의 노동자로 구성된 노동조합이고, 乙은 위 노동조합에 소속된 노동자이다. 노동조합 甲은 "2013. 4. 10. 오전 10시부터 12시까지 주식회사 A 건물 앞의 인도에서 옥외집회를 개최하겠다"는 내용의 옥외집회신고서를 관할 경찰서장 丙에게 2013. 3. 15. 제출하고 접수증을 교부받았다(접수번호 제1234호). 그런데 丙은 위 옥외집회가 주식회사 A의 총무과가 같은 일시에 제출한 옥외집회신고서(접수번호 제1235호)상의 옥외집회와 집회 시간 및 장소가 경합되어 상호방해 및 충돌우려가 있다고 주장하면서, 2013. 3. 16. 노동조합 甲과 주식회사 A의 총무과가 제출한 두 신고서 모두에 대해 반려하는 내용의 통지문을 발송하였다. 그 통지문은 2013. 3. 30. 노동조합 甲사무실에서 乙에게 도달되었다. 이에 노동조합 甲과 그 조합원 乙은 丙의 위와 같은 옥외집회신고서 반려행위가 기본권을 침해한다는 이유로 헌법소원심판을 청구하였다.

㉠ 乙이 헌법소원심판을 청구하려면 2013. 3. 30.부터 90일 이내에 하여야 한다.
㉡ 헌법은 집회의 사전허가제를 금지하고 있고 「집회 및 시위에 관한 법률」에 따르면 옥외집회는 신고만으로도 가능한 것이므로, 丙은 법률상 근거 없이 옥외집회신고서를 반려한 것으로 볼 수 있다.
㉢ 위 반려행위는 주무 행정기관에 의한 행위로서 기본권침해 가능성이 있는 공권력의 행사에 해당한다.
㉣ 위 반려행위로 인하여 노동조합의 조합원인 乙은 옥외집회에 참가할 수 없게 되었으므로, 이 사건 심판청구와 관련하여 기본권침해의 자기관련성이 인정된다.
㉤ 위 반려행위로 인한 기본권침해의 효과는 이미 발생하였으므로 이 사건에서 기본권침해의 현재성은 인정된다.

---

268 【×】 '대한민국고엽제전우회'의 회원으로 가입한 사람은 '월남전 참전자회'의 회원이 될 수 없도록 한 법률규정은, **결사의 자유를 전면적으로 제한하는 것은 아니다.**(2016.4.28. 2014헌바442) 심판대상조항의 입법목적은 양 법인의 중복가입에 따라 발생할 수 있는 두 단체 사이의 마찰, 중복지원으로 인한 예산낭비, 중복가입자의 이해상반행위를 방지하기 위한 것이다. 월남전참전자회의 회원 범위가 고엽제 관련자까지 확대될 경우 상대적으로 고엽제전우회의 조직 구성력이 약화되어 고엽제 관련자에 대한 특별한 보호가 약화될 우려가 있기 때문에, 심판대상조항이 기존에 운영 중인 고엽제전우회의 회원이 월남전 참전자회에 중복가입 하는 것을 제한한 것은 불가피한 조치라 할 것이다. 또한 심판대상조항으로 인하여 고엽제 관련자가 월남전참전자회의 회원이 될 수 없는 것이 아니라 월남전 참전자 중 고엽제 관련자는 양 법인 중에서 회원으로 가입할 법인을 선택할 수 있고 언제라도 그 선택의 변경이 가능하므로 심판대상조항이 청구인의 결사의 자유를 전면적으로 제한하는 것은 아니다. 따라서 심판대상조항은 과잉금지원칙에 위배된다고 볼 수 없다.

제5항 학문과 예술의 자유

I 의의

II 법적 성격

III 주체

IV 내용

1. 학문의 자유

  1) 연구의 자유

  2) 연구결과발표의 자유

269
대학교수가 반국가단체로서의 북한의 활동을 찬양·고무·선전 또는 이에 동조할 목적 아래 '한국전쟁과 민족통일'이란 논문을 제작·반포하거나 발표한 것은 헌법이 보장하는 학문의 자유의 범위 안에 있지 않다. (O/×)

  3) 교수의 자유(강학의 자유)

270
초·중·고교 교사는 수업의 자유를 내세워 헌법과 법률이 지향하는 자유민주적 기본질서를 침해할 수 없다. (O/×)

271
사립학교 교원이 선거범죄로 100만 원 이상의 벌금형을 선고받아 그 형이 확정되면 당연퇴직되도록 규정한 것은 교수의 자유를 침해하지 않는다. (O/×)

---

269 【O】 대판 2010.12.9. 2007도10121
270 【O】 1992.11.12. 89헌마88
271 【O】 2008.4.24. 2005헌마857

272 ⟲ 1 2 3

학문의 자유에서 말하는 '학문'이란 일정한 지식수준을 기반으로 방법론적으로 정돈된 비판적인 성찰을 함으로써 진리를 탐구하는 활동을 말한다. 학문의 자유는 곧 진리탐구의 자유라 할 수 있고, 나아가 그렇게 탐구한 결과를 발표하거나 강의할 자유 등도 학문의 자유의 내용으로서 보장된다. (O/×)

   4) 학문적 집회·결사의 자유

2. 예술의 자유

   1) 예술창작의 자유

   2) 예술표현의 자유

273 ⟲ 1 2 3

예술표현의 자유는 창작한 예술품을 일반대중에게 전시·공연·보급할 수 있는 자유인바, 예술품 보급의 자유와 관련해서 예술품 보급을 목적으로 하는 예술출판자 등도 이러한 의미에서의 예술의 자유의 보호를 받는다. (O/×)

   3) 예술적 집회·결사의 자유

V 대학의 자유(자치)

1. 대학자치의 최대한 보장

2. 헌법적 근거와 법적 성격

274 ⟲ 1 2 3

대학의 자율성은 헌법 제22조 제1항에서 보장하는 학문의 자유의 확실한 보장수단으로서 반드시 필요한 대학의 헌법상 기본권이다. (O/×)

---

272 【O】 2003.9.25. 2001헌마814
273 【O】 (1993.5.13. 91헌바17) 비디오물을 포함하는 음반제작자도 이러한 의미에서의 예술표현의 자유를 향유한다고 할 것이다.
274 【O】 1998.7.16. 96헌바33

3. 주체

275

대학 본연의 기능인 학술의 연구나 교수, 학생선발·지도 등과 관련된 교무·학사행정의 영역에서는 대학구성원의 결정이 우선한다고 볼 수 있으나, 대학의 재정, 시설 및 인사 등의 영역에서는 학교법인이 기본적인 윤곽을 결정하게 되므로, 대학구성원에게는 이러한 영역에 대한 참여권이 인정될 여지가 없다. (O/×)

276

대학의 자치에 있어서 대학 전 구성원이 자율성을 갖지만, 대학·교수회·교수 모두가 단독, 혹은 중첩적으로 주체가 될 수는 없다. (O/×)

277

대학의 자율성은 헌법 제22조 제1항이 보장하는 학문의 자유의 확실한 보장수단으로서 대학에 부여된 헌법상의 기본권이다. 따라서 대학의 자치의 주체는 대학이며, 그 주체의 범위에 교수회까지 포함할 수 있다고 하여도 개별 교수가 단독으로 그 주체성을 주장할 수는 없다. (O/×)

278

대학의 자치의 주체를 기본적으로 대학으로 본다고 하더라도 교수나 교수회의 주체성이 부정된다고 볼 수는 없고, 가령 학문의 자유를 침해하는 대학의 장에 대한 관계에서는 교수나 교수회가 주체가 될 수 있다. (O/×)

279

헌법 제31조 제4항이 규정하는 교육의 자주성 및 대학의 자율성은 헌법 제22조 제1항이 보장하는 학문의 자유의 확실한 보장을 위해 꼭 필요한 것으로서 대학에 부여된 헌법상 기본권인 대학의 자율권이므로, 국립대학인 청구인도 이러한 대학의 자율권의 주체로서 헌법소원심판의 청구인능력이 인정된다. (O/×)

---

275 【X】 (1) 대학의 자율성은 대학에 대한 공권력 등 외부세력의 간섭을 배제하고 대학구성원 자신이 대학을 자주적으로 운영할 수 있도록 함으로써 대학구성원으로 하여금 연구와 교육을 자유롭게 하여 진리탐구와 지도적 인격의 도야라는 대학의 기능을 충분히 발휘할 수 있도록 하기 위한 것으로 학문의 자유의 확실한 보장수단이자 대학에 부여된 헌법상의 기본권이고, 대학의 인사, 관리, 운영, 재정, 학사에서 외부의 간섭을 받지 않고 자율적으로 결정하는 것을 그 내용으로 한다. (2) 대학의 자율성의 위와 같은 함의는 개념 내재적으로 대학의 자치를 그 본질로 하는데, 기본적으로 대학 자체가 그 주체가 될 것이나 침해가 발생하는 국면에 따라서는 **대학의 전 구성원이 주체가 될 수도 있다**.(헌재 2013.11.28. 2007헌마1189)

276 【X】 대학의 자치에 있어서 대학·교수회·교수 모두가 **단독, 혹은 중첩적으로 주체가 될 수 있다**.(2006.4.27. 2005헌마1047)

277 【X】 2006.4.27. 2005헌마1047

278 【O】 2006.4.27. 2005헌마1047

279 【O】 헌법 제31조 제4항이 규정하는 교육의 자주성 및 대학의 자율성은 헌법 제22조 제1항이 보장하는 학문의 자유의 확실한 보장을 위해 꼭 필요한 것으로서 대학에 부여된 헌법상 기본권인 대학의 자율권이므로, 국립대학인 청구인도 이러한 대학의 자율권의 주체로서 헌법소원심판의 청구인능력이 인정된다.(헌재 2015.12.23. 2014헌마1149)

4. 내용

280
대학의 자율성 즉, 대학의 자치란 대학이 그 본연의 임무인 연구와 교수를 외부의 간섭 없이 수행하기 위하여 인사·학사·시설·재정 등의 사항을 자주적으로 결정하여 운영하는 것을 말한다. 따라서 연구·교수활동의 담당자인 교수가 그 핵심주체라 할 것이나, 연구·교수활동의 범위를 좁게 한정할 이유가 없으므로 학생, 직원 등도 포함될 수 있다. (O/X)

281
대학은 학생의 선발과 전형방법, 성적의 평가, 상벌 등을 스스로 정할 수 있다. (O/X)

282
헌법재판소는 교수의 재임용을 절차적 보장이 없더라도 임용권자의 의사에 맡긴 것은 위헌이 아니라고 본다. (O/X)

283
국립대학도 국가의 간섭 없이 인사·학사·시설·재정 등 대학과 관련된 사항들을 자주적으로 결정하고 운영할 자유를 가지며, 이러한 대학의 자율성은 원칙적으로 대학 자체의 계속적 존립에까지 미친다. (O/X)

284
대학의 자율은 연구와 교육의 내용, 그 방법과 대상, 교과과정의 편성, 학생의 선발과 전형 및 교원의 임면에 관한 사항을 포함하는 것으로 대학시설의 관리·운영은 대학의 자율에 포함되지 않는다. (O/X)

---

280 【O】 헌재 2006.4.27. 2005헌마1047

281 【O】 1998.7.16. 96헌바33

282 【X】 교수의 재임용을 **절차적 보장이 없이 임용권자의 의사에 맡긴 것은 위헌이다**(2003.2.27. 2000헌바26). 객관적인 기준의 재임용 거부사유와 재임용에서 탈락하게 되는 교원이 자신의 입장을 진술할 수 있는 기회 그리고 재임용거부를 사전에 통지하는 규정 등이 없으며, 나아가 재임용이 거부되었을 경우 사후에 그에 대해 다툴 수 있는 제도적 장치를 전혀 마련하지 않고 있는 이 사건 법률조항은, 현대사회에서 대학교육이 갖는 중요한 기능과 그 교육을 담당하고 있는 대학교원의 신분의 부당한 박탈에 대한 최소한의 보호요청에 비추어 볼 때 헌법 제31조 제6항에서 정하고 있는 교원지위법정주의에 위반되기 때문이다. 따라서 임용기간이 만료한 교수에 대한 재임용거부를 재심청구대상으로 법률에 명시하지 않은 것은 교원지위법정주의에 위반된다.(2003.12.18. 2002헌바14 등)

283 【X】 국립대학도 국가의 간섭 없이 인사·학사·시설·재정 등 대학과 관련된 사항들을 자주적으로 결정하고 운영할 자유를 갖지만, 이러한 대학의 자율성은 그 보호영역이 원칙적으로 당해 **대학 자체의 계속적 존립에까지 미치는 것은 아니다**. (2001.2.22. 99헌마613)

284 【X】 대학의 자율은 대학시설의 관리·운영만이 아니라 전반적인 것이라야 하므로 연구와 교육의 내용, 그 방법과 대상, 교과과정의 편성, 학생의 선발과 전형 및 교원의 임면에 관한 사항도 **대학의 자율에 포함된다**.(1998.7.16. 96헌바33)

285

기간임용제와 정년보장제는 국가가 문화국가의 실현을 위한 학문진흥의 의무를 이행함에 있어서나 국민의 교육권의 실현·방법 면에서 각각 장단점이 있어 어느 쪽이 좋은 제도인지에 대한 판단에는 어려움이 있으나, 이러한 점에 대한 판단·선택은 입법정책에 맡겨 두는 것보다는 헌법재판소에서 이를 가늠하는 것이 옳다. (O / ×)

286

대학의 장 후보자를 추천할 때 해당 대학 교원의 합의된 방식과 절차에 따라 직접선거로 선정하는 경우, 해당 대학은 선거관리에 관하여 그 소재지를 관할하는 「선거관리위원회법」에 따른 구·시·군선거관리위원회에 선거관리를 위탁하여야 한다. (O / ×)

287

국립대학의 장 후보자 선정을 위한 직접선거과정에서 선거관리를 그 대학소재지 관할 선거관리위원회에 위탁하게 정한 「교육공무원법」의 규정은 대학의 자율성을 침해한다. (O / ×)

288

총장선임권은 사립학교법 제53조 제1항의 규정에 의하여 학교법인에게 부여되어 있는 것이고 달리 법률 또는 당해 법인 정관의 규정에 의하여 교수들에게 총장선임권 또는 그 참여권을 인정하지 않고 있는 이상, 헌법상의 학문의 자유나 대학의 자율성 내지 대학의 자치만을 근거로 교수들이 사립대학의 총장선임에 실질적으로 관여할 수 있는 지위에 있다거나 학교법인의 총장선임행위를 다툴 확인의 이익을 가진다고 볼 수 없다. (O / ×)

289

대학의 장이 단과대학장을 보할 때 그 대상자의 추천을 받거나 선출의 절차를 거치지 아니하고, 해당 단과대학 소속 교수 또는 부교수 중에서 직접 지명하도록 하고 있는 것은 대학의 자율성을 침해하는 것이다. (O / ×)

---

285 【X】 대학교육기관의 교원에 대한 기간임용제와 정년보장제는 국가가 문화국가의 실현을 위한 학문진흥의 의무를 이행함에 있어서나 국민의 교육권의 실현·방법 면에서 각각 장단점이 있어서, 그 판단·선택은 **헌법재판소에서 이를 가늠하기보다는 입법자의 입법정책에 맡겨 두는 것이 옳다**.(1998.7.16. 96헌바33 등)

286 【O】 교육공무원법 제24조의3 제1항

287 【X】 국립대학의 장 후보자 선정을 위한 직접선거과정에서 선거관리를 그 대학소재지 관할 선거관리위원회에 위탁하게 정한 「교육공무원법」의 규정은 **대학의 자율의 본질적인 부분을 침해하였다고 볼 수 없다**.(2006.4.27. 2005헌마1047) **선거의 공정성을 확보하기 위한 적절한 방법이기 때문**이다.

288 【O】 대법원 1996.5.31. 95다26971

289 【X】 대학의 장이 단과대학장을 보할 때 그 대상자의 추천을 받거나 선출의 절차를 거치지 아니하고, 해당 단과대학 소속 교수 또는 부교수 중에서 직접 지명하도록 하고 있는 것은 **대학의 자율성이 침해될 가능성이 인정되지 아니한다**. (2014.1.28. 2011헌마239) 단과대학장은 그 지위와 권한 및 중요도에서 대학의 장과 구별되고 대학의 장을 구성원들의 참여에 따라 선출한 이상 하나의 보직에 불과한 단과대학장의 선출에 다시 한 번 대학교수들이 참여할 권리가 대학의 자율에서 당연히 도출된다고 보기 어렵기 때문이다.

290

대학의 자율의 구체적인 내용은 법률이 정하는 바에 의하여 보장되며, 국가는 헌법 제31조제6항에 따라 학교제도에 관한 전반적인 형성권과 규율권을 부여받는데, 규율의 정도는 그 시대와 각급 학교의 사정에 따라 다를 수밖에 없다. (O/×)

5. 한계

291

극장의 자유로운 운영에 대한 제한은 공연물·영상물이 지니는 표현물, 예술작품으로서의 성격에 기하여 예술의 자유의 제한과 관련성이 있으므로, 학교정화구역 내의 극장 시설 및 영업을 일률적으로 금지하고 있는 학교보건법은 정화구역 내에서 극장업을 하고자 하는 극장운영자의 예술의 자유를 과도하게 침해한다. (O/×)

Ⅵ 효력 및 제한과 한계

292

이사회와 재경위원회에 일정 비율 이상의 외부인사를 포함하는 내용 등을 담고 있는 구「국립대학법인 서울대학교 설립·운영에 관한 법률」규정의 이른바 '외부인사 참여 조항'이 대학의 자율의 본질적인 부분을 침해하였다고 볼 수 없다. (O/×)

---

290 【O】 2006.4.27. 2005헌마1047·1048(병합)

291 【O】 (2004.5.27. 2003헌가1) 학교정화구역 내에서의 극장시설 및 영업을 일반적으로 금지하는 구「학교보건법」제6조 제1항은 표현·예술의 자유의 중요성을 간과하고 학교교육의 보호만을 과도하게 강조하여, 극장운영자의 직업수행의 자유를 필요·최소한 정도의 범위에서 제한한 것이라고 볼 수 없어 최소침해성의 원칙에 반한다.

292 【O】 학교법인의 이사회 등에 외부인사를 참여시키는 것은 다양한 이해관계자의 참여를 통해 개방적인 의사결정을 보장하고, 외부의 환경 변화에 민감하게 반응함과 동시에 외부의 감시와 견제를 통해 대학의 투명한 운영을 보장하기 위한 것이며, 대학 운영의 투명성과 공공성을 높이기 위해 정부도 의사형성에 참여하도록 할 필요가 있는 점, 사립학교의 경우 이사와 감사의 취임 시 관할청의 승인을 받도록 하고, 관련법령을 위반하는 경우 관할청이 취임 승인을 취소할 수 있도록 하고 있는 점 등을 고려하면, 외부인사 참여 조항은 대학의 자율의 본질적인 부분을 침해하였다고 볼 수 없다.(헌재 2014.4.24. 2011헌마612)

최신판례 예상지문

001
병역의 종류를 현역, 예비역, 보충역, 병역준비역, 전시근로역의 다섯 가지로 한정하여 규정하고 양심적 병역거부자에 대한 대체복무제를 규정하지 아니한 병역종류조항은 과잉금지원칙을 위반하여 양심적 병역거부자의 양심의 자유를 침해한다. (O/×)

002
'금융지주회사의 임·직원이 업무상 알게 된 공개되지 아니한 정보 또는 자료를 다른 사람에게 누설'하는 것을 금지하는 금융지주회사법 조항은 표현의 자유를 침해한다. (O/×)

003
사전심의를 받은 내용과 다른 내용의 건강기능식품 기능성광고를 금지하고 이를 위반한 경우 처벌하는 '건강기능식품에 관한 법률' 조항은 사전검열금지원칙에 위반된다. (O/×)

---

001 【O】 병역의 종류를 현역, 예비역, 보충역, 병역준비역, 전시근로역의 다섯 가지로 한정하여 규정하고 양심적 병역거부자에 대한 대체복무제를 규정하지 아니한 병역종류조항이 과잉금지원칙을 위반하여 양심적 병역거부자의 양심의 자유를 침해하는지 여부(적극) (헌재 2018.6.28. 2011헌바379) - (1) 병역종류조항에 대한 이 사건 심판청구는 입법자가 아무런 입법을 하지 않은 진정입법부작위를 다투는 것이 아니라, 입법자가 병역의 종류에 관하여 입법은 하였으나 그 내용이 양심적 병역거부자를 위한 대체복무제를 포함하지 아니하여 불완전·불충분하다는 부진정입법부작위를 다투는 것이라고 봄이 상당하다.
(2) 병역종류조항은 병역부담의 형평을 기하고 병역자원을 효과적으로 확보하여 효율적으로 배분함으로써 국가안보를 실현하고자 하는 것이므로 정당한 입법목적을 달성하기 위한 적합한 수단이다.
(3) 대체복무제를 도입하더라도 우리나라의 국방력에 의미 있는 수준의 영향을 미친다고 보기는 어렵다. 대체복무제를 도입하면서도 병역의무의 형평을 유지하는 것은 충분히 가능하다. 따라서 대체복무제라는 대안이 있음에도 불구하고 군사훈련을 수반하는 병역의무만을 규정한 병역종류조항은, 침해의 최소성 원칙에 어긋난다. 따라서 병역종류조항은 법익의 균형성 요건을 충족하지 못하였다. 그렇다면 양심적 병역거부자에 대한 대체복무제를 규정하지 아니한 병역종류조항은 과잉금지원칙에 위배하여 양심적 병역거부자의 양심의 자유를 침해한다.

002 【×】 '금융지주회사의 임·직원이 업무상 알게 된 공개되지 아니한 정보 또는 자료를 다른 사람에게 누설'하는 것을 금지하는 금융지주회사법 조항이 표현의 자유를 침해하는지 여부(소극) (헌재 2017.8.31. 2016헌가11) - 심판대상조항은 금융지주회사의 경영 및 재무 건전성과, 금융 산업의 공정성 및 안정성 확보를 도모하기 위한 것이므로 표현의 자유를 침해하지 아니한다.

003 【O】 사전심의를 받은 내용과 다른 내용의 건강기능식품 기능성광고를 금지하고 이를 위반한 경우 처벌하는 '건강기능식품에 관한 법률' 조항이 사전검열금지원칙에 위배되는지 여부(적극) (헌재 2018.6.28. 2016헌가8) - 현행 헌법상 사전검열은 표현의 자유 보호대상이면 예외 없이 금지된다. 건강기능식품의 기능성 광고는 인체의 구조 및 기능에 대하여 보건용도에 유용한 효과를 준다는 기능성 등에 관한 정보를 널리 알려 해당 건강기능식품의 소비를 촉진시키기 위한 상업광고이지만, 헌법 제21조 제1항의 표현의 자유의 보호 대상이 됨과 동시에 같은 조 제2항의 사전검열 금지 대상도 된다. 광고의 심의기관이 행정기관인지 여부는 기관의 형식에 의하기보다는 그 실질에 따라 판단되어야 하고, 행정기관의 자의로 개입할 가능성이 열려 있다면 개입 가능성의 존재 자체로 헌법이 금지하는 사전검열이라고 보아야 한다. 이 사건 건강기능식품 기능성광고 사전심의는 그 검열이 행정권에 의하여 행하여진다 볼 수 있고, 헌법이 금지하는 사전검열에 해당하므로 헌법에 위반된다.

004 ⟳ ① ② ③

군무원이 '연설, 문서 또는 그 밖의 방법으로 정치적 의견을 공표하는 것을 금지'하고 있는 군형법 조항은 군무원의 정치적 표현의 자유를 침해한다.   (O / X)

005 ⟳ ① ② ③

'저작자 아닌 자를 저작자로 하여 실명·이명을 표시하여 저작물을 공표한 자'를 처벌하는 저작권법 조항은 표현의 자유 또는 일반적 행동의 자유를 침해한다.   (O / X)

006 ⟳ ① ② ③

인터넷언론사에 대하여 선거일 전 90일부터 선거일까지 후보자 명의의 칼럼이나 저술을 게재하는 보도를 제한하는 구 '인터넷선거보도 심의기준 등에 관한 규정'은 과잉금지원칙에 반하여 청구인의 표현의 자유를 침해한다.   (O / X)

---

004 【X】 군무원이 '연설, 문서 또는 그 밖의 방법으로 정치적 의견을 공표하는 것을 금지'하고 있는 군형법 조항이 군무원의 정치적 표현의 자유를 침해하는지 여부(소극) (헌재 2018.7.26. 2016헌바139) - 군조직의 질서와 규율을 유지·강화하여 군 본연의 사명인 국방의 임무에 전력을 기울이도록 하고, 우리나라의 민주헌정체제와 이에 대한 국민의 신뢰를 보호하려는 심판대상조항의 입법목적은 정당하고, 그러한 입법목적을 달성하기 위한 효과적이고 적합한 수단이 된다. 심판대상조항이 금지하는 정치 관여 행위를 지나치게 포괄적으로 규정하고 있다고 볼 수도 없다. 이상을 종합적으로 고려하여 보면, 심판대상조항은 침해의 최소성원칙에 위반되지도 않는다. 따라서 심판대상조항으로 보호하고자 하는 공익이 군무원이 심판대상조항으로 인하여 받게 되는 불이익보다 더 크다고 할 것이므로, 심판대상조항은 법익의 균형성원칙에 위반되지도 않는다. 결국 심판대상조항은 과잉금지원칙에 반하여 군무원의 정치적 표현의 자유를 침해한다고 볼 수도 없다.

005 【X】 '저작자 아닌 자를 저작자로 하여 실명·이명을 표시하여 저작물을 공표한 자'를 처벌하는 저작권법 조항이 표현의 자유 또는 일반적 행동의 자유를 침해하는지 여부(소극) (헌재 2018.8.30. 2017헌바158) - (1) 심판대상조항의 문언과 저작권법의 입법목적에 비추어 금지되는 행위가 불명확하다고 할 수 없으므로, 심판대상조항은 죄형법정주의의 명확성원칙에 위배되지 아니한다.
(2) 심판대상조항은 저작자 및 자신의 의사에 반하여 저작자로 표시된 사람의 권리를 보호하고, 저작자 명의에 관한 사회 일반의 신뢰를 보호하기 위한 것으로 입법목적이 정당하고, 저작자 아닌 사람을 저작자로 표시하는 행위를 금지하는 것은 적합한 수단이다. 저작자 표시를 사실과 달리하는 행위를 금지하지 않으면 저작자 명의에 관한 사회일반의 신뢰라는 공익을 위 조항과 같은 정도로 달성하기 어려우므로 침해의 최소성도 충족된다. 저작물이 가지는 학문적·문화적 중요성과 이용자에게 미치는 영향 등을 고려할 때 저작자의 표시에 관한 사회적 신뢰를 유지한다는 공익이 중요한 반면, 위 조항으로 인한 불이익은 저작자 표시를 사실과 달리하여 얻을 수 있는 이익을 얻지 못하는 것에 불과하여, 위 조항은 법익의 균형성도 갖추었다. 심판대상조항은 표현의 자유 또는 일반적 행동의 자유를 침해하지 아니한다.

006 【O】 인터넷언론사에 대하여 선거일 전 90일부터 선거일까지 후보자 명의의 칼럼이나 저술을 게재하는 보도를 제한하는 구 '인터넷선거보도 심의기준 등에 관한 규정'이 과잉금지원칙에 반하여 청구인의 표현의 자유를 침해하는지 여부(적극) (헌재 2019.11.28. 2016헌마90) - 이 사건 시기제한조항의 입법목적은 인터넷 선거보도의 공정성과 선거의 공정성을 확보하려는 것이므로, 그 입법목적은 정당하고 입법목적을 달성하기 위하여 적합한 수단이다. 그러나 이 사건 시기제한조항의 입법목적을 달성할 수 있는 덜 제약적인 다른 방법들이 이 사건 심의기준 규정과 공직선거법에 이미 충분히 존재한다. 따라서 이 사건 시기제한조항은 과잉금지원칙에 반하여 청구인의 표현의 자유를 침해한다.

007 🔄 1 2 3

학교 운영자나 학교의 장, 교사, 학생 등 학교 구성원으로 하여금 성별 등의 사유를 이유로 한 차별적 언사나 행동, 혐오적 표현 등을 통해 다른 사람의 인권을 침해하지 못하도록 규정하고 있는 '서울특별시 학생인권조례'는 과잉금지원칙에 위배되어 학교 구성원인 청구인들의 표현의 자유를 침해한다. (O/×)

008 🔄 1 2 3

의료기기 광고 심의업무를 담당하는 한국의료기기산업협회는 위 심의업무와 관련하여 식약처장 등 행정권으로부터 독립된 민간 자율기구로서 그 행정주체성을 인정하기 어려우므로 의료기기 광고 사전심의는 헌법이 금지하는 사전검열에 해당한다고 볼 수 없다. (O/×)

---

007 【X】 학교 운영자나 학교의 장, 교사, 학생 등 학교 구성원으로 하여금 성별 등의 사유를 이유로 한 차별적 언사나 행동, 혐오적 표현 등을 통해 다른 사람의 인권을 침해하지 못하도록 규정하고 있는 '서울특별시 학생인권조례'가 법률유보원칙에 위배되어 학교 구성원인 청구인들의 표현의 자유를 침해하는지 여부(소극) 및 과잉금지원칙에 위배되어 학교 구성원인 청구인들의 표현의 자유를 침해하는지 여부(소극) (헌재 2019.11.28. 2017헌마1356) - (1) 이 사건 조례 제5조 제3항은 서울특별시 교육감이 서울특별시 내 각급 학교의 운영에 관한 사무를 지도·감독함에 있어 헌법과 법률, 협약 등에서 규정, 선언하고 있는 바를 구체적으로 규범화하여 마련한 학교 운영 기준 중 하나로 위와 같은 법률상 근거에 기인한 것이고, 법률의 위임 범위를 벗어난 것도 아니므로 이 사건 조례 제5조 제3항은 법률유보원칙에 위배되어 학교 구성원인 청구인들의 표현의 자유를 침해하지 아니한다.
(2) 이 사건 조례 제5조 제3항에서 제한하고 있는 표현이 '차별적 언사나 행동, 혐오적 표현'이라는 이유만으로 표현의 자유의 보호영역에서 애당초 배제된다고 볼 수 없고, 차별적 언사나 행동, 혐오적 표현도 헌법 제21조가 규정하는 표현의 자유의 보호영역에는 해당하되, 다만 헌법 제37조 제2항에 따라 제한할 수 있는 것이다. 이 사건 조례 제5조 제3항은 그 표현의 대상이 되는 학교 구성원의 존엄성을 보호하고, 학생이 민주시민으로서의 올바른 가치관을 형성하도록 하며 인권의식을 함양하게 하기 위한 것으로 그 정당성이 인정되고, 수단의 적합성 역시 인정된다. 이 사건 조례 제5조 제3항으로 달성되는 공익이 매우 중대한 반면, 제한되는 표현은 타인의 인권을 침해하는 정도에 이르는 표현으로 그 보호가치가 매우 낮으므로, 법익 간 균형이 인정된다. 따라서 이 사건 조례 제5조 제3항은 과잉금지원칙에 위배되어 학교 구성원인 청구인들의 표현의 자유를 침해하지 아니한다.

008 【X】 의료기기와 관련하여 심의를 받지 아니하거나 심의받은 내용과 다른 내용의 광고를 하는 것을 금지하고 이를 위반한 경우 행정제재와 형벌을 부과하도록 한 의료기기법 조항이 사전검열금지원칙에 위반되는지 여부(적극) (헌재 2020.8.28. 2017헌가35) - 광고의 심의기관이 행정기관인지 여부는 기관의 형식에 의하기보다는 그 실질에 따라 판단되어야 하고, 행정기관의 자의로 민간심의기구의 심의업무에 개입할 가능성이 열려 있다면 개입 가능성의 존재 자체로 헌법이 금지하는 사전검열이라고 보아야 한다. 의료기기법상 의료기기 광고의 심의는 식약처장으로부터 위탁받은 한국의료기기산업협회가 수행하고 있지만, 법상 심의주체는 행정기관인 식약처장이고, 식약처장이 언제든지 그 위탁을 철회할 수 있으며, 심의위원회의 구성에 관하여도 식약처고시를 통해 행정권이 개입하고 지속적으로 영향을 미칠 가능성이 존재하는 이상 그 구성에 자율성이 보장되어 있다고 보기 어렵다. 따라서 이 사건 의료기기 광고 사전심의는 행정권이 주체가 된 사전심사로서 헌법이 금지하는 사전검열에 해당하고, 이러한 사전심의제도를 구성하는 심판대상조항은 헌법 제21조 제2항의 사전검열금지원칙에 위반된다.

009 ①②③

'공공단체등 위탁선거에 관한 법률'이 직선제 조합장선거의 경우 선거운동기간을 후보자등록마감일의 다음 날부터 선거일 전일까지로 한정하면서 예비후보자 제도를 두지 아니한 것과 법정된 선거운동방법만을 허용하면서 합동연설회 또는 공개토론회의 개최나 언론기관 및 단체가 주최하는 대담·토론회를 허용하지 아니하는 것은 조합장선거의 후보자 및 선거인인 조합원의 결사의 자유 등을 침해한다. (O/×)

010 ①②③

변호사가 변호사 업무수행을 하던 중 변리사 등록을 한 경우, 대한변리사회에 의무적으로 가입하도록 한 '변리사법' 조항은 변호사들의 소극적 결사의 자유, 직업수행의 자유를 침해한다. (O/×)

011 ①②③

누구든지 국회의사당의 경계지점으로부터 100미터 이내의 장소에서 옥외집회 또는 시위를 전면적으로 금지한 '집회 및 시위에 관한 법률' 조항은 과잉금지원칙에 위반하여 집회의 자유를 침해한다. (O/×)

---

009 【×】 '공공단체등 위탁선거에 관한 법률'이 직선제 조합장선거의 경우 선거운동기간을 후보자등록마감일의 다음 날부터 선거일 전일까지로 한정하면서 예비후보자 제도를 두지 아니한 것과 법정된 선거운동방법만을 허용하면서 합동연설회 또는 공개토론회의 개최나 언론기관 및 단체가 주최하는 대담·토론회를 허용하지 아니하는 것은 조합장선거의 후보자 및 선거인인 조합원의 결사의 자유 등을 침해하는지 여부(소극) (헌재 2017.7.27. 2016헌바372) - 심판대상조항들이 달성하고자 하는 조합장선거의 공정성 확보라는 공익은 조합장선거의 후보자가 예비후보자 제도나 합동연설회 또는 공개토론회의 개최 등을 통하여 충분한 선거운동을 할 수 없게 되는 불이익보다 훨씬 크다. 따라서 심판대상조항들은 후보자 및 선거인인 조합원의 결사의 자유 등을 침해하지 아니한다.

010 【×】 변호사가 변호사 업무수행을 하던 중 변리사 등록을 한 경우, 대한변리사회에 의무적으로 가입하도록 한 '변리사법' 조항이 변호사들의 소극적 결사의 자유, 직업수행의 자유를 침해하는지 여부(소극) (헌재 2017.12.28. 2015헌마1000) - 가입조항은 변리사의 변리사회 의무가입을 통하여 대한변리사회의 대표성과 법적 지위를 강화함으로써 변리사회가 공익사업 등을 원활하게 수행할 수 있도록 하고, 산업재산권에 대한 민관공조체제를 강화하여 궁극적으로 산업재산권 제도 및 관련 산업의 발전을 도모하기 위한 것으로, 입법목적의 정당성과 수단의 적합성이 인정된다. 변호사 업무와 변리사 업무는 그 내용이 다르고, 대한변호사협회와 변리사회는 그 설립목적, 제공하는 서비스의 내용, 사회적 기능 및 공적 역할이 다르므로, 변호사이더라도 변리사 업무를 수행하는 이상 변리사회에 가입할 필요가 있다. 따라서 가입조항은 침해의 최소성 요건도 갖추었다. 가입조항으로 인하여 변리사들이 받는 불이익은 변리사회에 가입할 의무가 발생하는 것에 불과한 반면, 가입조항이 달성하고자 하는 공익은 중대하므로 가입조항은 법익의 균형성 요건도 갖추었다. 따라서 가입조항은 청구인의 소극적 결사의 자유 및 직업수행의 자유를 침해하지 않는다.

011 【O】 누구든지 국회의사당의 경계지점으로부터 100미터 이내의 장소에서 옥외집회 또는 시위를 할 경우 형사처벌한다고 규정한 '집회 및 시위에 관한 법률' 조항이 집회의 자유를 침해하는지 여부(적극) (헌재 2018.5.31. 2013헌바322) - 국회의원과 국회에서 근무하는 직원, 국회에 출석하여 진술하고자 하는 일반 국민이나 공무원 등이 어떠한 압력이나 위력에 구애됨이 없이 자유롭게 국회의사당에 출입하여 업무를 수행하며, 국회의사당을 비롯한 국회 시설의 안전이 보장될 수 있도록 하기 위한 목적에서 입법된 것으로 그 목적은 정당하고, 국회의사당 경계지점으로부터 100미터 이내의 장소에서의 옥외집회를 전면적으로 금지하는 것은 국회의 기능을 보호하는 데 기여할 수 있으므로 수단의 적합성도 인정된다. 그러나 국회의 기능을 직접 저해할 가능성이 거의 없는 '소규모 집회', 국회의 업무가 없는 '공휴일이나 휴회기 등에 행하여지는 집회', '국회의 활동을 대상으로 한 집회가 아니거나 부차적으로 국회에 영향을 미치고자 하는 의도가 내포되어 있는 집회'처럼 옥외집회에 의한 국회의 헌법적 기능이 침해될 가능성이 부인되거나 또는 현저히 낮은 경우에는, 입법자로서는 심판대상조항으로 인하여 발생하는 집회의 자유에 대한 과도한 제한 가능성이 완화될 수 있도록 그 금지에 대한 예외를 인정하여야 한다. 심판대상조항은 입법목적을 달성하는 데 필요한 최소한의 범위를 넘어, 규제가 불필요하거나 또는 예외적으로 허용하는 것이 가능한 집회까지도 이를 일률적·전면적으로 금지하고 있으므로 침해의 최소성 원칙에 위배된다. 심판대상조항으로 달성하려는 공익이 제한되는 집회의 자유 정도보다 크다고 단정할 수는 없다고 할 것이므로 심판대상조항은 법익의 균형성 원칙에도 위배된다. 심판대상조항은 과잉금지원칙을 위반하여 집회의 자유를 침해한다.

012 ⟳ 1 2 3
서울종로경찰서장이 최루액을 물에 혼합한 용액을 살수차를 이용하여 살수한 행위는 헌법에 위반되지 않는다. (O/×)

013 ⟳ 1 2 3
종로경찰서 소속 채증요원들이 채증카메라 등을 이용하여 신고의 범위를 벗어나 불법행진을 하는 집회참가자들의 행위, 경고장면과 해산절차장면 등을 촬영한 행위는 과잉금지원칙을 위반하여 청구인들의 일반적 인격권, 개인정보자기결정권, 집회의 자유를 침해한다. (O/×)

014 ⟳ 1 2 3
서울지방경찰청장 등이 종로구청입구 사거리에서 살수차를 이용하여 물줄기가 일직선 형태로 청구인 백▽▽에게 도달되도록 살수한 행위는 청구인의 생명권 및 집회의 자유를 침해한다. (O/×)

---

012 【×】 서울종로경찰서장이 최루액을 물에 혼합한 용액을 살수차를 이용하여 살수한 행위가 법률유보원칙에 위배되어 신체의 자유와 집회의 자유를 침해하는지 여부(적극) (헌재 2018.5.31. 2015헌마476) - 집회나 시위 해산을 위한 살수차 사용은 집회의 자유 및 신체의 자유에 대한 중대한 제한을 초래하므로 살수차 사용요건이나 기준은 법률에 근거를 두어야 하고, 살수차와 같은 위해성 경찰장비는 본래의 사용방법에 따라 지정된 용도로 사용되어야 하며 다른 용도나 방법으로 사용하기 위해서는 반드시 법령에 근거가 있어야 한다. 혼합살수방법은 법령에 열거되지 않은 새로운 위해성 경찰장비에 해당하고 이 사건 지침에 혼합살수의 근거 규정을 둘 수 있도록 위임하고 있는 법령이 없으므로, 이 사건 지침은 법률유보원칙에 위배되고 이 사건 지침만을 근거로 한 이 사건 혼합살수행위 역시 법률유보원칙에 위배된다. 따라서 이 사건 혼합살수행위는 청구인들의 신체의 자유와 집회의 자유를 침해한다.

013 【×】 종로경찰서 소속 채증요원들이 채증카메라 등을 이용하여 신고의 범위를 벗어나 불법행진을 하는 집회참가자들의 행위, 경고장면과 해산절차장면 등을 촬영한 행위가 과잉금지원칙을 위반하여 청구인들의 일반적 인격권, 개인정보자기결정권, 집회의 자유를 침해하는지 여부(소극) (헌재 2018.8.30. 2014헌마843) - (1) 제한되는 기본권 : 경찰의 촬영행위는 직접적인 물리적 강제력을 동원하는 것이 아니라고 하더라도 청구인들의 일반적 인격권, 개인정보자기결정권 및 집회의 자유를 제한할 수 있다.
(2) 과잉금지원칙 위배 여부 : 이 사건 촬영행위는 집회·시위 주최자 등의 범죄에 대한 증거를 수집하여 형사소추에 활용하기 위한 것으로서 목적의 정당성과 수단의 적합성이 인정되고, 침해의 최소성 원칙에 위배된다고 할 수 없으며, 이 사건 촬영행위로 달성하려는 공익, 즉 범인을 발견·확보하고 증거를 수집·보전함으로써 종국적으로 이루려는 질서유지보다 청구인들의 기본권 제한이 크다고 단정할 수 없으므로, 이 사건 촬영행위는 법익의 균형성에 위배된다고 할 수 없다. 따라서 이 사건 촬영행위는 과잉금지원칙을 위반하여, 청구인들의 일반적 인격권, 개인정보자기결정권 및 집회의 자유를 침해한다고 볼 수 없다.

014 【O】 서울지방경찰청장 등이 종로구청입구 사거리에서 살수차를 이용하여 물줄기가 일직선 형태로 청구인 백▽▽에게 도달되도록 살수한 행위가 청구인의 생명권 및 집회의 자유를 침해하는지 여부(적극) (헌재 2020.4.23. 2015헌마1149) -
(1) 목적의 정당성 : 직사살수행위는 불법 집회로 인하여 발생할 수 있는 타인 또는 경찰관의 생명·신체의 위해와 재산·공공시설의 위험을 억제하기 위하여 이루어진 것이므로 그 목적이 정당하다.
(2) 수단의 적합성 : 이 사건 직사살수행위 당시 청구인 백▽▽는 살수를 피해 뒤로 물러난 시위대와 떨어져 홀로 41기동대 1제대 경찰 기동버스에 매여 있는 밧줄을 잡아당기고 있었다. 청구인 백▽▽가 홀로 밧줄을 잡아당긴다고 하여 경찰 기동버스가 손상될 위험이 있다고 보기 어렵고, 달리 청구인 백▽▽가 위험한 물건을 소지하였거나 경찰관과 몸싸움을 하는 등 물리적 충돌이 있었다는 사정도 발견할 수 없다. 이 사건 직사살수행위가 위와 같은 입법목적에 기여할 수 있는 수단이었다고 볼 수 없다.
(3) 침해의 최소성 : 타인의 법익이나 공공의 안녕질서에 대한 직접적인 위험이 명백하게 초래되었다고 볼 수 없으므로, 이 사건 직사살수행위의 필요성을 인정할 수 없어 침해의 최소성에 반한다.
(4) 법익의 균형성 : 백▽▽는 이 사건 직사살수행위로 인하여 사망에 이르렀으므로, 이 사건 직사살수행위는 법익의 균형성도 충족하지 못하였다.
(5) 결론 : 이 사건 직사살수행위는 과잉금지원칙에 반하여 청구인 백▽▽의 생명권 및 집회의 자유를 침해하였다.

015
초·중등학교의 교육공무원이 정치단체의 결성에 관여하거나 이에 가입하는 행위를 금지한 국가공무원법 조항은 헌법에 위반된다. (O/×)

016
초·중등학교의 교육공무원이 정당의 결성에 관여하거나 이에 가입하는 행위를 금지한 법률조항은 정당가입의 자유와 평등원칙을 침해한다. (O/×)

---

015 【O】 초·중등학교의 교육공무원이 정치단체의 결성에 관여하거나 이에 가입하는 행위를 금지한 국가공무원법 조항이 헌법에 위반되는지 여부(적극) (헌재 2020.4.23. 2018헌마551) - (1) 3인 위헌의견 : 국가공무원법조항 중 '그 밖의 정치단체'에 관한 부분은, '그 밖의 정치단체'라는 불명확한 개념을 사용하고 있어, 표현의 자유를 규제하는 법률조항, 형벌의 구성요건을 규정하는 법률조항에 대하여 헌법이 요구하는 명확성원칙의 엄격한 기준을 충족하지 못하였다. 위 조항이 명확성원칙에 위배되어 나머지 청구인들의 정치적 표현의 자유, 결사의 자유를 침해하여 헌법에 위반되는 점이 분명한 이상, 과잉금지원칙에 위배되는지 여부에 대하여는 더 나아가 판단하지 않는다.
(2) 3인 위헌의견 : 명확성원칙에 위배되고, 과잉금지원칙에 위배되어 정치적 표현의 자유 및 결사의 자유를 침해한다.

016 【×】 초·중등학교의 교육공무원이 정당의 결성에 관여하거나 이에 가입하는 행위를 금지한 법률조항이 정당가입의 자유나 평등원칙을 침해하는지 여부(소극) (헌재 2020.4.23. 2018헌마551) - 국가공무원이 정당에 가입하는 것을 금지함으로써 공무원이 국민 전체에 대한 봉사자로서 그 임무를 충실히 수행할 수 있도록 정치적 중립성을 보장하고, 초·중등학교 교원이 당파적 이해관계의 영향을 받지 않도록 교육의 중립성을 확보하기 위한 것이므로, 목적의 정당성 및 수단의 적합성이 인정된다. 또한 정당에 대한 지지를 선거와 무관하게 개인적인 자리에서 밝히거나 선거에서 투표를 하는 등 일정한 범위 내의 정당관련 활동은 공무원에게도 허용되므로 이 사건 정당가입 금지조항은 침해의 최소성 원칙에 반하지 않는다. 정치적 중립성, 초·중학교 학생들에 대한 교육기본권 보장이라는 공익은 공무원들이 제한받는 사익에 비해 중대하므로 법익의 균형성 또한 인정된다. 따라서 이 사건 정당가입 금지조항은 과잉금지원칙에 위배되지 않는다. 이 사건 정당가입 금지조항이 초·중등학교 교원에 대해서는 정당가입의 자유를 금지하면서 대학의 교원에게 이를 허용한다 하더라도, 이는 기초적인 지식전달, 연구기능 등 양자 간 직무의 본질과 내용, 근무 태양이 다른 점을 고려한 합리적인 차별이므로 평등원칙에 위배되지 않는다.

017

대통령의 지시로 대통령 비서실장 등이 야당 소속 후보를 지지하였거나 정부에 비판적 활동을 한 문화예술인이나 단체를 정부의 문화예술 지원사업에서 배제할 목적으로 개인의 정치적 견해에 관한 정보를 수집·보유·이용한 행위는 과잉금지원칙을 위반하여 청구인들의 개인정보자기결정권을 침해한다. (O/×)

018

대통령의 지시로 대통령 비서실장 등이 야당 소속 후보를 지지하였거나 정부에 비판적 활동을 한 문화예술인이나 단체를 정부의 문화예술 지원사업에서 배제할 목적으로, 한국문화예술위원회, 영화진흥위원회, 한국출판문화산업진흥원 소속 직원들로 하여금 특정 개인이나 단체를 문화예술인 지원사업에서 배제하도록 한 일련의 지시 행위는 과잉금지원칙을 위반하여 청구인들의 표현의 자유를 침해한다. (O/×)

---

017 【O】 [1] 피청구인 대통령의 지시로 피청구인 대통령 비서실장, 정무수석비서관, 교육문화수석비서관, 문화체육관광부장관이 야당 소속 후보를 지지하였거나 정부에 비판적 활동을 한 문화예술인이나 단체를 정부의 문화예술 지원사업에서 배제할 목적으로 개인의 정치적 견해에 관한 정보를 수집·보유·이용한 행위가 **법률유보원칙을 위반하여 개인정보자기결정권을 침해하는지 여부(적극) 및 과잉금지원칙을 위반하여 청구인들의 개인정보자기결정권을 침해하는지 여부(적극)** [2] 피청구인 대통령의 지시로 피청구인 대통령 비서실장, 정무수석비서관, 교육문화수석비서관, 문화체육관광부장관이 야당 소속 후보를 지지하였거나 정부에 비판적 활동을 한 문화예술인이나 단체를 정부의 문화예술 지원사업에서 배제할 목적으로, 한국문화예술위원회, 영화진흥위원회, 한국출판문화산업진흥원 소속 직원들로 하여금 특정 개인이나 단체를 문화예술인 **지원사업에서 배제하도록 한 일련의 지시 행위가 법률유보원칙을 위반하여 표현의 자유를 침해하는지 여부(적극)와 과잉금지원칙을 위반하여 청구인들의 표현의 자유를 침해하는지 여부(적극) 및 청구인들의 평등권을 침해하는지 여부(적극)** - (1) 이 사건 정보수집 등 행위의 대상인 정치적 견해에 관한 정보는 공개된 정보라 하더라도 개인의 인격주체성을 특징짓는 것으로, **개인정보자기결정권의 보호 범위 내에 속하며,** 국가가 개인의 정치적 견해에 관한 정보를 수집·보유·이용하는 등의 행위는 개인정보자기결정권에 대한 중대한 제한이 되므로 이를 위해서는 **법령상의 명확한 근거가 필요함에도** 그러한 법령상 근거가 존재하지 않으므로 이 사건 정보수집 등 행위는 법률유보원칙을 위반하여 청구인들의 개인정보자기결정권을 침해한다.(헌재 2020.12.23. 2017헌마416)
(2) **이 사건 정보수집 등 행위는** 청구인들의 정치적 견해를 확인하여 야당 후보자를 지지한 이력이 있거나 현 정부에 대한 비판적 의사를 표현한 자에 대한 문화예술 지원을 차단하는 위헌적인 지시를 실행하기 위한 것으로, 그 **목적의 정당성을 인정할 여지가 없어 청구인들의 개인정보자기결정권을 침해한다.**(헌재 2020.12.23. 2017헌마416)
(3) 이 사건 **지원배제 지시는** 특정한 정치적 견해를 표현한 자에 대하여 문화예술 지원 공모사업에서의 공정한 심사 기회를 박탈하여 사후적으로 제재를 가한 것으로, 개인 및 단체의 정치적 표현의 자유에 대한 제한조치에 해당하는바, **그 법적 근거가 없으므로 법률유보원칙을 위반하여 표현의 자유를 침해한다.**(헌재 2020.12.23. 2017헌마416)
(4) 이 사건 **지원배제 지시는** 정부에 대한 비판적 견해를 가진 청구인들을 제재하기 위한 목적으로 행한 것인데, 이는 헌법의 근본원리인 국민주권주의와 자유민주적 기본질서에 반하므로, 그 **목적의 정당성을 인정할 수 없어 청구인들의 표현의 자유를 침해한다.**(헌재 2020.12.23. 2017헌마416)
(5) 이 사건 **지원배제 지시는** 특정 정치적 견해를 표현한 청구인들을, 그러한 정치적 견해를 표현하지 않은 다른 신청자들과 구분하여 정부 지원사업에서 배제하여 차별적으로 취급한 것인데, 헌법상 문화국가원리에 따라 정부는 문화의 다양성·자율성·창조성이 조화롭게 실현될 수 있도록 중립성을 지키면서 문화를 육성하여야 함에도, 청구인들의 정치적 견해를 기준으로 이들을 문화예술계 지원사업에서 배제되도록 한 것은 **자의적인 차별행위로서 청구인들의 평등권을 침해한다.**(헌재 2020.12.23. 2017헌마416)

018 【O】 헌재 2020.12.23. 2017헌마416

019

정치자금법에 따라 회계보고된 자료의 열람기간을 3월간으로 제한한 정치자금법 조항은 과잉금지원칙에 위배되어 청구인의 알권리를 침해한다. (O/×)

020

소년에 대한 수사경력자료의 삭제와 보존기간에 대하여 규정하면서 법원에서 불처분결정된 소년부송치 사건에 대하여 규정하지 않은 구 '형의 실효 등에 관한 법률' 조항은 과잉금지원칙에 반하여 개인정보자기결정권을 침해한다. (O/×)

---

019 【O】 정치자금법에 따라 회계보고된 자료의 열람기간을 3월간으로 제한한 정치자금법 조항이 과잉금지원칙에 위배되어 청구인의 알권리를 침해하는지 여부(적극) – (1) 이 사건 열람기간제한 조항이 회계보고된 자료의 열람기간을 3월간으로 제한한 것은, 정치자금을 둘러싼 법률관계 또는 분쟁을 조기에 안정시키고, 선거관리위원회가 방대한 양의 자료를 보관하면서 열람을 허용하는 데 따르는 업무부담을 줄이기 위한 것으로 입법목적이 정당하며, 위 입법목적을 달성하는 데 기여하는 적합한 수단이다. (2) 정치자금의 지출 내역 등은 정치인이 어떻게 활동하는지 보여주는 핵심적 지표로서 유력한 평가자료가 되므로 국민들이 필요로 하는 만큼의 자료를 제공할 필요가 있다. 따라서 국민의 정치자금 자료에 대한 접근 제한은 필요 최소한으로 이루어져야 한다. (3) 영수증, 예금통장은 현행법령 하에서 사본교부가 되지 않아 열람을 통해 확인할 수밖에 없음에도 열람 중 필사가 허용되지 않고 열람기간마저 3월간으로 짧아 그 내용을 파악하고 분석하기 쉽지 않다. 또한 열람기간이 공직선거법상의 단기 공소시효조차 완성되지 아니한, 공고일부터 3개월 후에 만료된다는 점에서도 지나치게 짧게 설정되어 있다. (4) 짧은 열람기간으로 인해 청구인은 회계보고된 자료를 충분히 살펴 분석하거나, 문제를 발견할 실질적 기회를 갖지 못하게 되는바, 달성되는 공익과 비교할 때 이러한 사익의 제한은 정치자금의 투명한 공개가 민주주의 발전에 가지는 의미에 비추어 중대하다. (5) 그렇다면 이 사건 열람기간제한 조항은 과잉금지원칙에 위배되어 청구인의 알권리를 침해한다.(헌재 2021.5.27. 2018헌마1168)

020 【O】 소년에 대한 수사경력자료의 삭제와 보존기간에 대하여 규정하면서 법원에서 불처분결정된 소년부송치 사건에 대하여 규정하지 않은 구 '형의 실효 등에 관한 법률' 조항이 과잉금지원칙에 반하여 개인정보자기결정권을 침해하는지 여부(적극) – (1) 심판대상조항은 소년에 대한 수사경력자료의 삭제 및 보존기간에 대하여 규정하면서 법원에서 불처분결정된 소년부송치 사건에 대하여는 규정하지 않아 수사경력자료에 기록된 개인정보가 당사자의 사망 시까지 보존된다. **수사경력자료는** 불처분결정의 효력을 뒤집고 다시 형사처벌을 할 필요성이 인정되는 경우 **재수사에 대비한 기초자료** 또는 소년이 이후 다른 사건으로 수사나 재판을 받는 경우 기소여부의 판단자료나 **양형 자료**가 되므로, 해당 **수사경력자료의 보존은 목적의 정당성과 수단의 적합성이 인정된다.**
(2) 하지만 반사회성이 있는 소년의 환경 조정과 품행 교정을 통해 소년이 우리 사회의 건전한 구성원으로 성장할 수 있도록, 죄를 범한 소년에 대하여 형사재판이 아닌 보호사건으로 심리하여 보호처분을 할 수 있는 절차를 마련한 소년법의 취지에 비추어, 법원에서 소년부송치된 사건을 심리하여 **보호처분을 할 수 없거나 할 필요가 없다고 인정하여 불처분결정을 하는 경우 소년부송치 및 불처분결정된 사실이 소년의 장래 신상에 불이익한 영향을 미치지 않는 것이 마땅하다.**
(3) 또한 어떤 범죄가 행해진 후 시간이 흐를수록 수사의 단서로서나 상습성 판단자료, 양형자료로서의 가치는 감소하므로, 모든 소년부송치 사건의 수사경력자료를 해당 사건의 경중이나 결정 이후 경과한 시간 등에 대한 고려 없이 **일률적으로 당사자가 사망할 때까지 보존할 필요가 있다고 보기는 어렵고**, 불처분결정된 소년부송치 사건의 수사경력자료가 조회 및 회보되는 경우에도 이를 통해 추구하는 실체적 진실발견과 형사사법의 정의 구현이라는 공익에 비해, 당사자가 입을 수 있는 실질적 또는 심리적 불이익과 그로 인한 재사회화 및 사회복귀의 어려움이 더 크다.
(4) 따라서 심판대상조항은 **과잉금지원칙을 위반하여 소년부송치 후 불처분결정을 받은 자의 개인정보자기결정권을 침해한다.**(헌재 2021.6.24. 2018헌가2)

021

시설관리공단의 상근직원이 당원이 아닌 자에게도 투표권을 부여하는 당내경선에서 경선운동을 할 수 없도록 금지·처벌하는 공직선거법 조항은 정치적 표현의 자유를 침해한다. (O/×)

022

대한민국을 방문하는 외국의 국가 원수를 경호하기 위하여 지정된 경호구역 안에서 서울종로경찰서장이 안전 활동의 일환으로 청구인들의 삼보일배행진을 제지한 행위는 청구인들의 집회 또는 시위의 자유를 침해한다. (O/×)

023

사회복무요원이 정당 가입을 할 수 없도록 규정한 병역법 조항은 사회복무요원의 정치적 표현의 자유 및 결사의 자유를 침해한다. (O/×)

---

021 【O】 시설관리공단의 상근직원이 당원이 아닌 자에게도 투표권을 부여하는 당내경선에서 경선운동을 할 수 없도록 금지·처벌하는 공직선거법 조항이 정치적 표현의 자유를 침해하는지 여부(적극) - (1) 당내경선의 형평성과 **공정성**을 확보하기 위한 심판대상조항의 **목적의 정당성 및 수단의 적합성이 인정된다**.
(2) 그러나 이 사건 공단의 상근직원은 이 사건 공단의 경영에 관여하거나 실질적인 영향력을 미칠 수 있는 권한을 가지고 있지 아니하므로, 경선운동을 한다고 하여 그로 인한 부작용과 폐해가 크다고 보기 어렵다. 또한 공직선거법은 이미 이 사건 공단의 상근직원이 당내경선에 직·간접적으로 영향력을 행사하는 행위들을 금지·처벌하는 규정들을 마련하고 있다. 이 사건 공단의 상근직원이 그 지위를 이용하여 경선운동을 하는 행위를 금지·처벌하는 규정을 두는 것은 별론으로 하고, 이 사건 **공단의 상근직원의 경선운동을 일률적으로 금지·처벌하는 것은 정치적 표현의 자유를 과도하게 제한하는 것이다**. 정치적 표현의 자유의 중대한 제한에 비하여, 이 사건 공단의 상근직원이 당내경선에서 공무원에 준하는 영향력이 있다고 볼 수 없는 점 등을 고려하면 심판대상조항이 당내경선의 형평성과 공정성의 확보라는 공익에 기여하는 바가 크다고 보기 어렵다.
(3) 따라서 심판대상조항은 **과잉금지원칙에 반하여 정치적 표현의 자유를 침해한다**.(헌재 2021.4.29. 2019헌가11)

022 【×】 대한민국을 방문하는 외국의 국가 원수를 경호하기 위하여 지정된 경호구역 안에서 서울종로경찰서장이 안전 활동의 일환으로 청구인들의 삼보일배행진을 제지한 행위 등이 청구인들의 집회 또는 시위의 자유를 침해하는지 여부(소극) - 이 사건 공권력 행사는 **경호대상자의 안전 보호 및 국가 간 친선관계의 고양, 질서유지** 등을 위한 것이다. 돌발적이고 경미한 변수의 발생도 대비하여야 하는 경호의 특수성을 고려할 때, 경호활동에는 다양한 취약 요소들에 사전적·예방적으로 대비할 수 있는 안전조치가 충분히 이루어질 필요가 있고, 이 사건 공권력 행사는 집회장소의 장소적 특성과 미합중국 대통령의 이동경로, 집회 참가자와의 거리, 질서유지에 필요한 시간 등을 고려하여 경호 목적 달성을 위한 최소한의 범위에서 행해진 것으로 침해의 최소성을 갖추었다. 또한, 이 사건 공권력행사로 인해 제한된 사익은 집회 또는 시위의 자유 일부에 대한 제한으로서 국가 간 신뢰를 공고히 하고 **발전적인 외교관계를 맺으려는 공익이 위 제한되는 사익보다 덜 중요하다고 할 수 없다**. 따라서 이 사건 공권력 행사는 **과잉금지원칙을 위반하여 청구인들의 집회의 자유 등을 침해하였다고 할 수 없다**.(헌재 2021.10.28. 2019헌마1091)

023 【×】 사회복무요원이 정당 가입을 할 수 없도록 규정한 병역법 조항이 사회복무요원인 청구인의 정치적 표현의 자유 및 결사의 자유를 침해하는지 여부(소극) - 이 사건 법률조항 중 '정당'에 관한 부분은 사회복무요원의 **정치적 중립성을 유지**하고 업무전념성을 보장하기 위한 것으로, 정당은 개인적 정치활동과 달리 국민의 정치적 의사형성에 미치는 영향력이 크므로 사회복무요원의 정당 가입을 금지하는 것은 입법목적을 달성하기 위한 적합한 수단이다. 정당에 관련된 표현행위는 직무 내외를 구분하기 어려우므로 '직무와 관련된 표현행위만을 규제'하는 등 기본권을 최소한도로 제한하는 대안을 상정하기 어려우며, 위 입법목적이 사회복무요원이 제한받는 사익에 비해 중대하므로 이 사건 법률조항 중 '정당'에 관한 부분은 청구인의 **정치적 표현의 자유 및 결사의 자유를 침해하지 않는다**.(헌재 2021.11.25. 2019헌마534)

024

선거운동기간 전에 개별적으로 대면하여 말로 하는 선거운동에 관한 부분은 과잉금지원칙에 반하여 선거운동 등 정치적 표현의 자유를 침해한다. (O/×)

025

정보위원회 회의의 비공개로 인해 정보의 취득이 제한됨으로써 발생하는 알 권리에 대한 제약에 비하여 국가의 기밀을 보호하고 국가안전보장에 기여하고자 하는 공익은 매우 중대하므로, 알 권리에 대한 과도한 제한이라고 보기 어렵다. (O/×)

---

024 【O】 [1] 공직선거법 제254조 제2항 중 '그 밖의 집회, 그 밖의 방법'에 관한 부분이 죄형법정주의의 명확성원칙에 위반되는지 여부(소극) [2] 구 공직선거법 중 선거운동기간 전에 개별적으로 대면하여 말로 하는 선거운동에 관한 부분 및 이 사건 처벌조항 중 '그 밖의 방법'에 관한 부분 가운데 개별적으로 대면하여 말로 하는 선거운동을 한 자에 관한 부분이 과잉금지원칙에 반하여 선거운동 등 정치적 표현의 자유를 침해하는지 여부(적극) - (1) 쟁점 : 이 사건 처벌조항 중 '그 밖의 집회' 및 '그 밖의 방법' 부분이 불명확하여 죄형법정주의의 명확성원칙에 위반되는지 문제된다. 또한 심판대상조항은 선거운동의 시간적 범위를 제한하고 그 수범자를 모든 국민으로 하여 공직선거 후보자 및 후보자가 되고자 하는 사람뿐만 아니라 일반 국민의 선거운동의 자유도 제한하므로, 이러한 제한이 과잉금지원칙에 반하여 선거운동 등 정치적 표현의 자유를 침해하는지 문제된다.
(2) 명확성원칙 위반 여부 : 이 사건 처벌조항의 '그 밖의 집회'란 목적성, 객관적 인식가능성, 능동성, 계획성 등 선거운동의 개념표지를 갖춘 모든 유형의 집회를 의미한다. '그 밖의 방법' 또한 불확정적인 개념이기는 하나, 이 사건 처벌조항이 예로 들고 있는 방법은 모두 특정 후보자의 당선 또는 낙선을 위하여 활용되는 선거운동의 유형에 해당하므로, '그 밖의 방법'이 선거운동의 개념표지를 갖춘 모든 방법을 뜻하는 것임을 충분히 알 수 있다. 따라서 이 사건 처벌조항은 죄형법정주의의 명확성원칙에 위반되지 아니한다.
(3) 정치적 표현의 자유를 침해하는지 여부(목적의 정당성(O), 수단의 적합성(O), 침해의 최소성(X), 법익의 균형성(X)) : 1) 기간 제한 없이 선거운동을 무한정 허용할 경우 후보자 간의 지나친 경쟁이 선거관리의 곤란으로 이어져 부정행위의 발생을 막기 어렵고, 후보자 간의 경제력 차이에 따른 불공평이 생길 우려가 있다. 또한 선거운동기간의 제한을 받지 않는 선거운동방법도 존재하므로, 후보자가 선거권자에게 정보를 자유롭게 전달하거나 선거권자가 후보자의 인물·정견·신념을 파악하는 데 현재의 선거운동기간이 부족하다고 보기 어렵다. 그러므로 선거운동기간을 제한하는 것 자체가 정치적 표현의 자유를 과도하게 제한한다고 보기 어렵다. 2) 그러나 선거운동을 어느 정도 규제하는 것에 불가피한 측면이 있더라도, 그 제한의 정도는 정치·사회적 발전단계와 국민의식의 성숙도 등을 종합하여 합리적으로 결정해야 한다. 오늘날, 일부 미흡한 측면이 있더라도 공정한 선거제도가 확립되고 국민의 정치의식이 높아지고 있으며, 입법자도 선거운동의 자유를 최대한 보장할 필요가 있다는 반성적 고려 하에 2020.12.29. 공직선거법 개정을 통해 선거과열 등 부작용을 초래할 위험성이 적은 선거운동 방법에 대한 선거운동기간 규제를 완화한 상황이다. 그럼에도 심판대상조항은 입법목적을 달성하는 데 지장이 없는 선거운동방법, 즉 돈이 들지 않는 방법으로서 '후보자 간 경제력 차이에 따른 불균형 문제'나 '사회·경제적 손실을 초래할 위험성'이 낮은, 개별적으로 대면하여 말로 지지를 호소하는 선거운동까지 금지하고 처벌함으로써, 과잉금지원칙에 반하여 선거운동 등 정치적 표현의 자유를 과도하게 제한하고 있다. 3) 결국 이 사건 선거운동기간조항 중 선거운동기간 전에 개별적으로 대면하여 말로 하는 선거운동에 관한 부분, 이 사건 처벌조항 중 '그 밖의 방법'에 관한 부분 가운데 개별적으로 대면하여 말로 하는 선거운동을 한 자에 관한 부분은 과잉금지원칙에 반하여 선거운동 등 정치적 표현의 자유를 침해한다.(헌법재판소 2022.2.24. 선고 2018헌바146 전원재판부 결정)

025 【X】 정보위원회 회의는 공개하지 아니한다고 정하고 있는 국회법 조항이 의사공개원칙에 위배되어 청구인들의 알 권리를 침해하는지 여부(적극) - (1) 심판대상조항 : 국회법 제54조의2(정보위원회에 대한 특례) ① 정보위원회의 회의는 공개하지 아니한다. 다만, 공청회 또는 제65조의2에 따른 인사청문회를 실시하는 경우에는 위원회의 의결로 이를 공개할 수 있다.
(2) 쟁점 : 심판대상조항은 명시적으로 국회 정보위원회의 회의를 공개하지 않는다고 규정하고 있으므로, 심판대상조항이 의사공개원칙을 명문으로 규정하고 있는 헌법 제50조 제1항에 반하거나 과잉금지원칙에 위배되어 청구인들의 알 권리를 침해하는지 여부가 문제
(3) 결정요지 : 심판대상조항은 정보위원회의 회의 일체를 비공개 하도록 정함으로써 정보위원회 활동에 대한 국민의 감시와 견제를 사실상 불가능하게 하고 있다. 따라서 심판대상조항은 헌법 제50조 제1항에 위배되는 것으로 과잉금지원칙 위배 여부에 대해서는 더 나아가 판단할 필요 없이 청구인들의 알 권리를 침해한다.(헌법재판소 2022.1.27. 선고 2018헌마1162, 2020헌바428(병합) 전원재판부 결정)

026

변호사 광고에 관한 규정 중 대가수수 광고금지규정은 과잉금지원칙에 위반되어 청구인들의 표현의 자유와 직업의 자유를 침해한다. (O/×)

027

운송사업자로 구성된 협회로 하여금 연합회에 강제로 가입하게 하고 임의로 탈퇴할 수 없도록 하는 화물자동차 운수사업법 조항은 과잉금지원칙을 위반하여 결사의 자유를 침해한다. (O/×)

---

026 【O】 [1] 유권해석위반 광고금지규정이 법률유보원칙에 위반되어 청구인들의 표현의 자유, 직업의 자유를 침해하는지 여부(적극)
[2] 대가수수 광고금지규정이 과잉금지원칙에 위반되어 청구인들의 표현의 자유, 직업의 자유를 침해하는지 여부(적극)
- (1) '협회의 유권해석에 위반되는'이라는 표지만을 두고 그에 따라 금지되는 광고의 내용 또는 방법 등을 한정하지 않고 있고, 이에 해당하는 내용이 무엇인지 변호사법이나 관련 회규를 살펴보더라도 알기 어렵다. 따라서 위 규정은 수권법률로부터 위임된 범위 내에서 명확하게 규율 범위를 정하고 있다고 보기 어려우므로, 법률유보원칙에 위반되어 청구인들의 표현의 자유, 직업의 자유를 침해한다.
(2) 변호사광고에 대한 합리적 규제는 필요하지만, 광고표현이 지닌 기본권적 성질을 고려할 때 광고의 내용이나 방법적 측면에서 꼭 필요한 한계 외에는 폭넓게 광고를 허용하는 것이 바람직하다. 공정한 수임질서를 해치거나 소비자에게 피해를 줄 수 있는 내용의 광고를 특정하여 제한하는 등 완화된 수단에 의해서도 입법목적을 같은 정도로 달성할 수 있다. 나아가, 위 규정으로 입법목적이 달성될 수 있을지 불분명한 반면, 변호사들이 광고업자에게 유상으로 광고를 의뢰하는 것이 사실상 금지되어 청구인들의 표현의 자유, 직업의 자유에 중대한 제한을 받게 되므로, 위 규정은 침해의 최소성 및 법익의 균형성도 갖추지 못하였다. 따라서 대가수수 광고금지규정은 과잉금지원칙에 위반되어 청구인들의 표현의 자유와 직업의 자유를 침해한다.(헌재 2022.5.26. 2021헌마619)

027 【×】 운송사업자로 구성된 협회로 하여금 연합회에 강제로 가입하게 하고 임의로 탈퇴할 수 없도록 하는 화물자동차 운수사업법 조항이 과잉금지원칙을 위반하여 결사의 자유를 침해하는지 여부(소극) - 심판대상조항은 연합회의 전국적인 단일 조직으로서의 지위를 강화함으로써 운송사업자의 공동이익을 효과적으로 증진시키고 법령에 따른 공익적 기능을 원활하게 수행하게 하여 화물자동차 운송사업의 건전한 발전을 도모하기 위한 것이다. 연합회는 공공재적 성격을 가지는 화물자동차 운송사업의 공익성을 구현한다는 점에서 다른 사법인과 차이가 있다. 연합회는 법령에 따라 다양한 공익적 기능을 수행하는바, 전국적인 단일 조직을 갖추지 못한다면 업무 수행의 효율성과 신속성 등이 저해될 우려가 있다. 따라서 심판대상조항이 과잉금지원칙에 위배되어 결사의 자유를 침해한다고 볼 수 없다.(헌재 2022.2.24. 2018헌가8)

경제적 기본권

제1절 재산권

001
재산권의 행사는 공공복리에 적합하도록 하여야 하며, 국가안전보장·질서유지·공공복리를 위하여 제한될 수 있다. (O/×)

002
공공필요에 의한 재산권의 수용·사용 또는 제한 및 그에 대한 보상은 법률로써 하되, 상당한 보상을 지급하여야 한다. (O/×)

Ⅰ 의의

003
재산권보장은 개인이 현재 누리고 있는 재산권을 개인의 기본권으로 보장한다는 의미와 개인이 재산권을 향유할 수 있는 법제도로서의 사유재산제도를 보장한다는 이중적 의미를 가지고 있다. (O/×)

Ⅱ 법적 성격

Ⅲ 주체

Ⅳ 객체(재산권의 범위)

004
헌법 제23조 제1항의 재산권 보장에 의하여 보호되는 재산권은 사적 유용성 및 그에 대한 원칙적 처분권을 내포하는 재산가치 있는 구체적 권리이다. (O/×)

---

001 【O】 헌법 제23조 제2항, 제37조 제2항
002 【×】 공공필요에 의한 재산권의 수용·사용 또는 제한 및 그에 대한 보상은 법률로써 하되, 정당한 보상을 지급하여야 한다.(헌법 제23조 제2항, 제3항)
003 【O】 1993.7.29. 92헌바20
004 【O】 구체적 권리가 아닌 단순한 이익이나 영리획득의 단순한 기회 또는 기업활동의 사실적·법적 여건은 기업에게는 중요한 의미를 갖는다고 하더라도 재산권보장의 대상이 아니다(2008.7.31. 2006헌마400).

005
재산권의 객체인 재산권은 경제적 가치가 있는 모든 공법상·사법상 권리이고, 그 재산가액의 다과를 불문한다. (O/×)

006
국가의 일방적인 급부인 사회부조는 헌법상 보호되는 재산권이 아니다. (O/×)

007
헌법 제23조의 재산권은 민법상의 소유권뿐만 아니라, 재산적 가치있는 사법상의 물권, 채권 등 모든 권리를 포함하며, 또한 국가로부터의 일방적인 급부가 아닌 자기 노력의 댓가나 자본의 투자 등 특별한 희생을 통하여 얻은 공법상의 권리도 포함한다. (O/×)

008
국민연금법상 연금수급권 내지 연금수급기대권은 사회보장적 급여이면서 동시에 헌법상 보호되는 재산권이다. (O/×)

009
우편법에 의한 우편물의 지연배달에 따른 손해배상청구권은 헌법상 보호되는 재산권이 아니다. (O/×)

010
상공회의소의 의결권 또는 회원권은 그 회원들의 헌법상 보장되는 재산권이 아니다. (O/×)

011
헌법재판소는 대법원 판례에 의하여 인정되는 관행어업권은 헌법상 재산권 보장의 대상이 되는 재산권에 해당한다고 보고 있다. (O/×)

012
단순한 이익이나 재화의 획득에 관한 기회, 기업활동의 사실적·법적 여건은 헌법 제23조 제1항이 정한 재산권보장의 대상이 되지 않는다. (O/×)

---

005 【O】 1992.6.26. 90헌바26
006 【O】 2000.6.29. 99헌마289
007 【O】 국가로부터의 일방적인 급부는 재산권에 포함되지 않는다(2000.6.29. 99헌마289).
008 【O】 2014.5.29. 2012헌마248
009 【×】 우편물의 수취인인 청구인은 우편물의 지연배달에 따른 손해배상청구권을 갖게 되는바, 이는 헌법이 보장하는 재산권의 내용에 포함되는 권리라 할 것이고, 심판대상조항은 위 손해배상청구권의 범위를 제한하는 것이므로 그에 따른 재산권 제한이 발생한다(2013.6.27. 2012헌마426).
010 【O】 이것은 상공회의소라는 법인의 의사형성에 관한 권리일 뿐이다(2006.5.25. 2004헌가1).
011 【O】 대법원판례에 의하여 인정되는 관행어업권은 물권에 유사한 권리로서 공동어업권이 설정되었는지 여부에 관계 없이 발생하는 것이고, 그 존속에 있어서도 공동어업권과 운명을 같이 하지 않으며 공동어업권자는 물론 제3자에 대하여서도 주장하고 행사할 수 있는 권리이므로, 헌법상 재산권 보장의 대상이 되는 재산권에 해당한다(1999.7.22. 97헌바76 등).
012 【O】 2014.9.25. 2012헌마1029

013
국가의 간섭을 받지 아니하고 자유로이 기부행위를 할 수 있는 기회의 보장은 헌법상 보장된 재산권의 보호범위에 포함된다. (O/×)

014
공법상의 재산적 가치 있는 지위가 헌법상 재산권의 보호를 받기 위하여는, 우선 입법자에 의하여 수급요건, 수급자의 범위, 수급액 등 구체적인 사항이 법률에 규정됨으로써 구체적인 법적 권리로 형성되어 개인의 주관적 공권의 형태를 갖추어야 한다. (O/×)

015
재산권에 관계되는 시혜적인 입법이 적용될 경우 얻을 수 있는 재산상 이익의 기대는 헌법이 보호하는 재산권의 영역에 포함되지 않는다. (O/×)

016
잠수기어업허가를 받아 키조개 등을 채취하던 자가 잠수기어업허가를 받지 못하여 상실된 이익은 헌법 제23조의 재산권의 보호범위에 포함되지 않는다. (O/×)

017
국가 경제정책의 변화로 그동안 영위하던 영업을 폐업하게 된 경우, 그로 인한 재산적 손실은 헌법 제23조 제1항의 재산권의 보호범위에 속한다. (O/×)

---

013 【×】 기부를 하고자 하는 자의 재산권보장이란 관점에서 보더라도 기부를 하고자 하는 자에게는 기부금품의 모집행위와 관계없이 자신의 재산을 기부행위를 통하여 자유로이 처분할 수 있는 가능성은 법 제3조에 의한 제한에도 불구하고 변함없이 남아 있으므로, 법 제3조가 기부를 하고자 하는 자의 재산권행사를 제한하지 아니한다. 물론, 기부를 하려는 국민도 타인의 모집행위를 통하여 누가 어떤 목적으로 기부금품을 필요로 하는가를 인식함으로써 기부행위의 동기와 기회를 부여받는다는 사실은 인정되지만, 법에 의한 제한은 단지 기부행위를 할 기회만을 제한할 뿐 재산권의 자유로운 처분에 대한 제한을 하는 것은 아니다. 국가의 간섭을 받지 아니하고 자유로이 기부행위를 할 수 있는 기회의 보장은 헌법상 보장된 재산권의 보호범위에 포함되지 않는다. 그렇다면 법 제3조에 의하여 제한되는 기본권은 행복추구권이다 (1998.5.28. 96헌가5).

014 【O】 2000.6.29. 99헌마289

015 【O】 시혜적 입법의 시혜대상에서 제외되었다는 이유만으로 재산권의 침해가 발생하는 것은 아니고 시혜대상에 포함될 경우 얻을 수 있었던 재산상 이익의 기대가 성취되지 않았다고 하여도 이와 같은 단순한 재산상 이익에 대한 기대는 헌법이 보호하는 재산권의 영역에 포함되지 아니한다(2008.9.25. 2007헌가9).

016 【O】 잠수기어업허가를 받아 키조개 등을 채취하는 직업에 종사한다고 하더라도 이는 원칙적으로 자신의 계획과 책임하에 행동하면서 법제도에 의하여 반사적으로 부여되는 기회를 활용하는 것에 불과하므로 잠수기어업허가를 받지 못하여 상실된 이익 등 청구인 주장의 재산권은 헌법 제23조에서 규정하는 재산권의 보호범위에 포함된다고 볼 수 없다 (2008.6.26. 2005헌마173).

017 【×】 청구인들의 영업활동은 국가에 의하여 강제된 것이 아님은 물론이고, 일정한 경제적 목표를 달성하기 위하여 취한 국가의 경제정책적 조치에 의하여 유발된 사경제의 행위가 아니라, 원칙적으로 자신의 자유로운 결정과 계획, 그에 따른 사적 위험부담과 책임하에 행위하면서 법질서가 반사적으로 부여하는 기회를 활용한 것에 지나지 않기 때문이다. (2008.11.27. 2005헌마161)

018 🔄 1 2 3

헌법 제23조의 재산권은 「민법」상의 소유권뿐만 아니라, 재산적 가치 있는 사법상의 물권·채권 등 모든 권리를 포함하며, 국가로부터의 일방적인 급부가 아닌 자기 노력의 대가나 자본의 투자 등 특별한 희생을 통하여 얻은 공법상의 권리도 포함한다. (O/×)

019 🔄 1 2 3

「군인연금법」상 퇴역연금수급권과 같이 연금수급인 자신이 기여금의 납부를 통해 연금의 재원 형성에 일부 기여하는 경우에는 이러한 연금수급권은 사회적 기본권의 하나인 사회보장 수급권의 성격을 지니면서도 재산권으로서의 성격을 아울러 지닌다. (O/×)

020 🔄 1 2 3

장기미집행 도시계획시설결정의 실효제도는 도시계획시설부지로 하여금 도시계획시설결정으로 인한 사회적 제약으로부터 벗어나게 하는 것으로서 결과적으로 개인의 재산권이 보다 보호되는 측면이 있는 것은 사실이며, 이와 같은 보호는 헌법상 재산권으로부터 당연히 도출되는 권리이다. (O/×)

021 🔄 1 2 3

재산권 보장은 사유재산의 처분과 그 상속을 포함하는 것이므로 유언자가 생전에 최종적으로 자신의 재산권에 대하여 처분할 수 있는 법적 가능성을 의미하는 유언의 자유는 헌법상 재산권의 보호를 받는다. (O/×)

022 🔄 1 2 3

「사립학교교직원 연금법」상 퇴직급여 및 퇴직수당을 받을 권리는 사회적 기본권의 하나인 사회 보장 수급권인 동시에 경제적 가치가 있는 권리로서 헌법 제23조에 의하여 보장되는 재산권이다. (O/×)

023 🔄 1 2 3

주주권은 주주의 자격과 분리하여 양도·질권설정·압류할 수 없고 시효에 걸리지 않아 보통의 채권과 상이한 성질을 가지므로 헌법상 재산권 보장의 대상이 되지 않는다. (O/×)

---

018 【O】 2000.6.29. 99헌마289
019 【O】 2007.10.25. 2005헌바68
020 【×】 <u>장기미집행 도시계획시설결정의 실효제도는</u> 도시계획시설부지로 하여금 도시계획시설결정으로 인한 사회적 제약으로부터 벗어나게 하는 것으로서 결과적으로 개인의 재산권이 보다 보호되는 측면이 있는 것은 사실이나, 이와 같은 보호는 입법자가 새로운 제도를 마련함에 따라 얻게 되는 법률에 기한 권리일 뿐 헌법상 <u>재산권으로부터 당연히 도출되는 권리는 아니다</u>.(2005.9.29. 2002헌바84)
021 【O】 2008.3.27. 2006헌바82
022 【O】 2010.7.29. 2008헌가15
023 【×】 주주권은, 비록 주주의 자격과 분리하여 양도·질권 설정·압류할 수 없고 시효에 걸리지 않아 보통의 채권과는 상이한 성질을 갖지만, 다른 한편 주주의 자격과 함께 사용(결의)·수익(담보제공)·처분(양도·상속)할 수 있다는 점에서는 분명히 '사적유용성 및 그에 대한 원칙적 처분권을 내포하는 재산가치 있는 권리'로 볼 수 있으므로 헌법상 재산권 보장의 대상에 해당한다고 볼 것이다.(2008.12.26. 2005헌바34)

024

헌법상의 재산권은 경제적 가치가 있는 모든 공법상·사법상의 권리인바, 체육시설업에 대한 사업계획승인권은 그 권리에 어떠한 재산적 가치가 내포되어 있다고 할 수 없으므로 헌법상 보호되는 재산권에 해당되지 않는다. (O/×)

025

교원의 정년을 단축하여 계속 재직하면서 재화를 획득할 수 있는 기회를 박탈하는 것은 재산권 침해이다. (O/×)

026

재산권보장은 사유재산의 처분과 그 상속을 포함하는 것이므로 유언자가 생전에 최종적으로 자신의 재산권에 대하여 처분할 수 있는 법적 가능성을 의미하는 유언의 자유는 헌법상 재산권의 보호를 받는다. (O/×)

027

특수임무와 관련하여 국가를 위하여 특별한 희생을 한 특수임무수행자의 경우, '특수임무수행자 보상심의위원회'의 심의·의결을 거쳐 특수임무수행자로 인정되기 전에는 당사자의 보상금 수급권은 헌법이 보장하는 재산권이라고 할 수 없고, 그 심의·의결이 있기 전의 당사자 지위는 보상금수급권 취득에 대한 기대이익을 가지고 있는 것에 불과하다. (O/×)

028

학교안전공제회가 관리·운용하는 학교안전공제 및 사고예방 기금은 헌법 제23조 제1항에 의하여 보호되는 공제회의 재산권에 해당하지 않는다. (O/×)

---

024 【O】 사업계획승인권에 대한 원칙적 처분권을 보유한다고 보기도 어려우며, 사업계획승인은 해당 체육시설이 법령에서 정한 시설기준을 갖출 수 있는지를 비롯한 제반 사업수행능력에 대한 승인에 해당하므로, 여기에 어떠한 재산적 가치가 내포되어 있다고 할 수도 없다.(2010.4.29. 2007헌바40)

025 【X】 재산권은 사적유용성 및 그에 대한 원칙적 처분권을 내포하는 재산가치있는 구체적 권리이므로 구체적인 권리가 아닌 단순한 이익이나 재화의 획득에 관한 기회(단순한 기대이익·반사적이익 또는 경제적인 기회)등은 재산권보장의 대상이 아닌 바, 교원의 정년단축으로 기존 교원이 입는 경제적 불이익은 계속 재직하면서 재화를 획득할 수 있는 기회를 박탈당한다는 것인데 이러한 경제적 기회는 재산권보장의 대상이 아니다.(2000.12.14. 99헌마112 등)

026 【O】 유언의 자유는 생전증여에 의한 처분과 마찬가지로 헌법상 재산권의 보호를 받는다(2008.3.27. 2006헌바82).

027 【O】 대판 2014.7.24. 2012두23501

028 【O】 공제회가 관리·운용하는 기금은 학교안전사고보상공제 사업 등에 필요한 재원을 확보하고, 공제급여에 충당하기 위하여 설치 및 조성되는 것으로서 학교안전법령이 정하는 용도에 사용되는 것일 뿐, 각 공제회에 귀속되어 사적 유용성을 갖는다거나 원칙적 처분권이 있는 재산적 가치라고 보기 어렵고, 공제회가 갖는 기금에 대한 권리는 법에 의하여 정해진 대로 운영할 수 있는 법적 권능에 불과할 뿐 사적 이익을 위해 권리주체에게 귀속될 수 있는 성질의 것이 아니기 때문이다(2015.7.30. 2014헌가7).

029

개인택시면허는 경제적 가치가 있는 사법상의 권리로서 헌법에 의하여 보호되는 재산권에 해당 되지는 아니한다. (O/×)

030

개인택시운송사업자는 장기간의 모범적인 택시운전에 대한 보상의 차원에서 개인택시면허를 취득하였거나, 고액의 프리미엄을 지급하고 개인택시면허를 양수한 사람들이므로 개인택시면허는 자신의 노력으로 혹은 금전적 대가를 치르고 얻은 재산권이라고 할 수 있다. (O/×)

V 내용(제23조 제1항)

1. 사유재산제의 보장

031

헌법이 보장하는 재산권의 내용과 한계를 정하는 법률이 재산권을 형성한다는 의미를 갖는다 하더라도 이러한 법률이 사유재산제도나 사유재산을 부인하는 것은 재산권 보장 규정의 침해를 의미하고 결코 재산권형성적 법률유보라는 이유로 정당화될 수 없다. (O/×)

2. 사유재산권의 보장

032

재산권보장은 개인이 현재 누리고 있는 재산권을 개인의 기본권으로 보장한다는 의미와 개인이 재산권을 향유할 수 있는 법제도로서의 사유재산제도를 보장한다는 이중적 의미를 가지고 있다. (O/×)

3. 재산권의 내용과 한계의 법정주의

033

재산권의 내용을 새로이 형성하는 법률이 합헌적이기 위해서는 장래에 적용될 법률이 헌법에 합치하여야 하고, 나아가 과거의 법적 상태에 의하여 부여된 구체적 권리에 대한 침해를 정당화하는 이유가 존재하여야 한다. (O/×)

---

029 【×】 개인택시면허는 자신의 노력 혹은 금전적 대가를 치르고 얻은 **재산권이라고 할 수 있다**(2012.3.29. 2010헌마443). 개인택시운송사업자는 장기간의 모범적인 택시운전에 대한 보상의 차원에서 개인택시면허를 취득하였거나, 고액의 프리미엄을 지급하고 개인택시면허를 양수한 사람들이기 때문이다.

030 【O】 헌재 2012.3.29. 2010헌마443 등

031 【O】 헌법 제23조는 제1항에서 재산권 보장과 재산권의 내용과 한계는 법률로 정하도록 규정하고 있다. 이러한 우리 헌법상의 재산권에 관한 규정은 다른 기본권규정과는 달리 그 내용과 한계가 법률에 의하여 구체적으로 형성되는 기본권 형성적 법률유보의 형태를 띠고 있으므로 재산권의 구체적 모습은 재산권의 내용과 한계를 정하는 법률에 의하여 형성되고 그 법률은 재산권을 제한한다는 의미가 아니라 재산권을 형성한다는 의미를 갖는다. 다만, 이러한 재산권의 내용과 한계를 정하는 법률의 경우에도 사유재산제도나 사유재산을 부인하는 것은 재산권보장규정의 침해를 의미하고 결코 재산권 형성적 법률유보라는 이유로 정당화될 수 없다(2004.4.29. 2003헌바5).

032 【O】 1993.7.29. 92헌바20

033 【O】 1999.4.29. 94헌바37

034
재산관련 입법에 대해서도 법치국가적 요청인 비례의 원칙에 합치해야 하므로 과잉금지의 원칙이 적용된다.
(O/×)

035
입법자가 재산권을 형성하는 내용의 완전히 새로운 제도를 창설하면서 그 행사기간 등을 정하는 경우, 이는 기본적으로 입법재량이 인정되고 그에 기초한 정책적 판단이 이루어져야 할 특별한 영역이므로, 그 입법이 합리적인 재량의 범위를 일탈한 것인지 여부를 기준으로 심사하여야 한다.
(O/×)

036
헌법상의 재산권은 토지소유자가 이용가능한 모든 용도로 토지를 자유로이 최대한 사용할 권리나 가장 경제적 또는 효율적으로 사용할 수 있는 권리를 보장하는 것을 의미하지는 않는다.
(O/×)

4. 소급입법에 의한 재산권의 박탈금지

037
헌법 제13조 제2항은 "모든 국민은 소급입법에 의하여 … 재산권을 박탈당하지 아니한다."라고 규정하고 있는바, 새로운 입법으로 이미 종료된 사실관계 또는 법률관계에 작용하도록 하는 진정소급입법은 개인의 신뢰보호와 법적 안정성을 내용으로 하는 법치국가원리에 의하여 특단의 사정이 없는 한 헌법상 허용되지 않는 것이 원칙이다.
(O/×)

038
'진정소급입법'은 헌법적으로 허용되지 아니하는 것이 원칙이나 예외적으로 국민이 소급입법을 예상할 수 있었거나, 법적 상태가 불확실하고 혼란스러웠거나 하여 보호할 만한 신뢰의 이익이 적은 경우와 소급입법에 의한 당사자의 손실이 없거나 아주 경미한 경우, 그리고 신뢰보호의 요청에 우선하는 심히 중대한 공익상의 사유가 소급입법을 정당화하는 경우에는 허용될 수 있다.
(O/×)

---

034 【O】 1998.12.24. 89헌마214
035 【O】 2006.11.30. 2003헌바66
036 【O】 1998.12.24. 89헌마214
037 【O】 소급입법은 새로운 입법으로 이미 종료된 사실관계 또는 법률관계에 작용하도록 하는 진정소급입법과 현재 진행중인 사실관계 또는 법률관계에 작용하도록 하는 부진정소급입법으로 나눌 수 있는바, 부진정소급입법은 원칙적으로 허용되지만 소급효를 요구하는 공익상의 사유와 신뢰보호의 요청 사이의 교량과정에서 신뢰보호의 관점이 입법자의 형성권에 제한을 가하게 되는 데 반하여, 진정소급입법은 개인의 신뢰보호와 법적 안정성을 내용으로 하는 법치국가원리에 의하여 특단의 사정이 없는 한 헌법적으로 허용되지 아니하는 것이 원칙이나 예외적으로 국민이 소급입법을 예상할 수 있었거나, 법적 상태가 불확실하고 혼란스러웠거나 하여 보호할 만한 신뢰의 이익이 적은 경우와 소급입법에 의한 당사자의 손실이 없거나 아주 경미한 경우, 그리고 신뢰보호의 요청에 우선하는 심히 중대한 공익상의 사유가 소급입법을 정당화하는 경우에는 허용될 수 있다(2011.3.31. 2008헌바141).
038 【O】 1999.7.22. 97헌바76 등

039

친일행위의 대가로 취득한 친일반민족행위자의 재산을 그 취득·증여 등 원인행위시에 국가의 소유로 하도록 한 것은 진정소급입법에 해당하므로, 이는 소급입법에 의한 재산권 박탈을 금지하는 헌법 제13조 제2항에 위배된다. (O/×)

040

결손금 소급공제 대상 중소기업이 아닌 법인이 결손금 소급공제로 부당환급받은 세액은 국가의 환수대상이고 당해 법인 역시 국가의 환수조치를 충분히 예상할 수 있었으므로 이를 소급하여 징수할 수 있도록 한 것은 재산권 침해가 아니다. (O/×)

5. 무체재산권의 보장

6. 특수재산권의 보장

V 재산권행사의 공공복리적합의무(제23조 제2항)

1. 재산권의 제한원리로서의 재산권의 사회적 구속성

041

재산권 행사의 대상이 되는 객체가 지닌 사회적인 연관성과 사회적 기능이 크면 클수록 입법자에 의한 보다 더 광범위한 제한이 정당화된다. (O/×)

---

039 【×】 진정소급입법에 해당하지만, 진정소급입법이라 할지라도 예외적으로 국민이 소급입법을 예상할 수 있었던 경우와 같이 소급입법이 정당화되는 경우에는 허용될 수 있다. 친일재산의 취득 경위에 내포된 민족배반적 성격, 대한민국임시정부의 법통 계승을 선언한 헌법 전문 등에 비추어 친일반민족행위자측으로서는 친일재산의 소급적 박탈을 충분히 예상할 수 있었고, 친일재산 환수 문제는 그 시대적 배경에 비추어 역사적으로 매우 이례적인 공동체적 과업이므로 이러한 소급입법의 합헌성을 인정한다고 하더라도 이를 계기로 진정소급입법이 빈번하게 발생할 것이라는 우려는 충분히 불식될 수 있다. 따라서 이 사건 귀속조항은 진정소급입법에 해당하나 헌법 제13조 제2항에 반하지 않는다(2011.3.31. 2008헌바141).

040 【×】 법인세를 부당 환급받은 법인은 소급입법을 통하여 이자상당액을 포함한 조세채무를 부담할 것이라고 예상할 수 없었고, 환급세액과 이자상당액을 법인세로서 납부하지 않을 것이라는 신뢰는 보호할 필요가 있다. 개정 전 법인세법 아래에서도 환급세액을 부당이득 반환청구를 통하여 환수할 수 있었으므로, 신뢰보호의 요청에 우선하여 진정소급입법을 하여야 할 매우 중대한 공익상 이유가 있다고 볼 수도 없다. 이를 소급하여 징수할 수 있도록 한 것은 재산권 침해다(2014.7.24. 2012헌바105).

041 【O】 헌법은 재산권을 보장하지만 다른 기본권과는 달리 "그 내용과 한계는 법률로 정한다."고 하여 입법자에게 재산권에 관한 규율권한을 유보하고 있다. 그러므로 재산권을 형성하거나 제한하는 입법에 대한 위헌심사에 있어서는 입법자의 재량이 고려되어야 한다. 재산권의 제한에 대하여는 재산권 행사의 대상이 되는 객체가 지닌 사회적인 연관성과 사회적 기능이 크면 클수록 입법자에 의한 보다 광범위한 제한이 허용되며, 한편 개별 재산권이 갖는 자유보장적 기능, 즉 국민 개개인의 자유실현의 물질적 바탕이 되는 정도가 강할수록 엄격한 심사가 이루어져야 한다(2005.5.26. 2004헌가10).

042 ❓① ② ③
재산권행사의 사회적 의무성을 헌법에서 명문화하고 있는 것은 사유재산제도의 보장이 타인과 더불어 살아가야 하는 공동체 생활과의 조화와 균형을 흐트러뜨리지 않는 범위 내에서의 보장임을 천명한 것이므로, 재산권행사의 공공복리 적합의무는 윤리적 의무로 보아야 한다. (O/×)

2. 재산권의 사회적 구속성의 한계

3. 재산권 제한의 유형 : 내용한계형성과 공용수용

4. 토지재산권의 특수성과 토지공개념

043 ❓① ② ③
토지의 강한 사회성 내지 공공성으로 말미암아 토지재산권에는 다른 재산권에 비하여 보다 강한 제한과 의무가 부과되고 이에 대한 제한입법에는 입법자의 광범위한 입법형성권이 인정되므로, 과잉금지원칙에 의한 심사는 부적절하다. (O/×)

044 ❓① ② ③
토지는 국민경제의 관점에서나 그 사회적 기능에 있어서 다른 재산권과 같게 다루어야 할 성질의 것이 아니어서 다른 재산권에 비하여 보다 강하게 공동체의 이익을 관철할 것이 요구된다. (O/×)

1) 토지거래허가제

2) 토지초과이득세법

3) 개발이익 환수에 관한 법률

4) 택지소유 상한에 관한 법률

5) 도시계획법에 개발제한구역의 설정

6) 종합부동산세법의 종합부동산세

---

042 【×】 재산권행사의 사회적 의무성을 헌법에서 명문화하고 있는 것은 사유재산제도의 보장이 타인과 더불어 살아가야 하는 공동체 생활과의 조화와 균형을 흐트러뜨리지 않는 범위 내에서의 보장임을 천명한 것이므로, 재산권행사의 사회적 의무성은 헌법 또는 법률에 의하여(cf 윤리적 의무 ×) 일정한 행위를 제한하거나 금지하는 형태로 구체화된다.(1989.12.22. 88헌가13)

043 【×】 토지재산권은 강한 사회성, 공공성을 지니고 있어 이에 대하여는 다른 재산권에 비하여 보다 강한 제한과 의무를 부과할 수 있으나, 그렇다고 하더라도 다른 기본권을 제한하는 입법과 마찬가지로 비례성원칙을 준수하여야 하고, 재산권의 본질적 내용인 사용·수익권과 처분권을 부인하여서는 아니 된다.(1998.12.24. 89헌마214 등)

044 【O】 1998.12.24. 89헌마214

045

종합부동산세는 전국의 모든 과세대상 부동산을 과세물건으로 하여, 소유자별 내지 세대별로 합산한 '부동산가액'을 과세표준으로 삼는 보유세의 일종이므로 양도소득세와의 사이에 이중과세의 문제는 발생하지 아니한다. (O/×)

VI 재산권의 제한(제23조 제3항)

1. 제한의 유형 : 수용, 사용, 제한

046

공공필요에 의한 재산권의 수용에 있어서 수용의 주체는 국가 등의 공적 기관에 한정된다고 할 것이므로 민간기업에게 산업단지개발사업에 필요한 토지 등을 수용할 수 있도록 하는 것은 헌법 제23조 제3항에 위반된다. (O/×)

047

공익사업의 시행으로 지가가 상승하여 발생하는 개발이익을 배제하고 손실보상액을 산정한다 하여 헌법이 규정한 정당보상의 원리에 어긋난다고 볼 수 없다. (O/×)

048

헌법 제23조 제3항의 '정당한 보상'이란 원칙적으로 피수용재산의 객관적인 재산가치를 완전하게 보상하는 것이어야 한다는 완전보상을 의미한다. (O/×)

---

045 【O】 종합부동산세는 재산세와 사이에서는 동일한 과세대상 부동산이라고 할지라도 지방자치단체에서 재산세로 과세되는 부분과 국가에서 종합부동산세로 과세되는 부분이 서로 나뉘어져 재산세를 납부한 부분에 대하여 다시 종합부동산세를 납부하는 것이 아니고, 양도소득세와 사이에서는 각각 그 과세의 목적 또는 과세 물건을 달리하는 것이므로, 이중과세의 문제는 발생하지 아니한다.(2008.11.13. 2006헌바112)

046 【X】 헌법 제23조 제3항은 정당한 보상을 전제로 하여 재산권의 수용 등에 관한 가능성을 규정하고 있지만, 재산권 수용의 주체를 한정하지 않고 있다. 위 헌법조항의 핵심은 당해 수용이 공공필요에 부합하는가, 정당한 보상이 지급되고 있는가 여부 등에 있는 것이지, 그 수용의 주체가 국가인지 민간기업인지 여부에 달려 있다고 볼 수 없다. 또한 국가 등의 공적 기관이 직접 수용의 주체가 되는 것이든 그러한 공적 기관의 최종적인 허부판단과 승인결정하에 민간기업이 수용의 주체가 되는 것이든, 양자 사이에 공공필요에 대한 판단과 수용의 범위에 있어서 본질적인 차이를 가져올 것으로 보이지 않는다. 따라서 위 수용 등의 주체를 국가 등의 공적 기관에 한정하여 해석할 이유가 없다. 공공필요에 의한 재산권의 수용에 있어서 수용의 주체를 국가 등의 공적 기관에 한정하고 있지 않으므로 민간기업에게 산업단지개발사업에 필요한 토지 등을 수용할 수 있도록 하는 '산업입지 및 개발에 관한 법률' 제22조 제1항은, 헌법 제23조 제3항에 위반되지 않는다.(2009.9.24. 2007헌바114)

047 【O】 공익사업법 제67조 제2항은 보상액을 산정함에 있어 당해 공익사업으로 인한 개발이익을 배제하는 조항인데, 공익사업의 시행으로 지가가 상승하여 발생하는 개발이익은 사업시행자의 투자에 의한 것으로서 피수용자인 토지소유자의 노력이나 자본에 의하여 발생하는 것이 아니므로, 이러한 개발이익은 형평의 관념에 비추어 볼 때 토지소유자에게 당연히 귀속되어야 할 성질의 것이 아니고, 또한 개발이익은 공공사업의 시행에 의하여 비로소 발생하는 것이므로, 그것이 피수용 토지가 수용 당시 갖는 객관적 가치에 포함된다고 볼 수도 없다. 따라서 개발이익은 그 성질상 완전보상의 범위에 포함되는 피수용자의 손실이라고 볼 수 없으므로, 이러한 개발이익을 배제하고 손실보상액을 산정한다 하여 헌법이 규정한 정당보상의 원리에 어긋나는 것이라고 할 수 없다.(2009.9.24. 2008헌바112)

048 【O】 1995.4.20. 93헌바20

049

공용수용으로 생업의 근거를 상실한 자에 대하여 상업용지 또는 상가분양권 등을 공급하는 생활대책은 헌법 제23조 제3항에 규정된 정당한 보상에 포함되므로 생활대책 수립 여부는 입법자의 입법정책적 재량의 영역에 속하지 아니한다. (O/×)

050

헌법재판소는 도로의 지표 지하 50미터 이내의 장소에서는 관할 관청의 허가나 소유자 또는 이해관계인의 승낙이 없으면 광물을 채굴할 수 없도록 규정한 구 「광업법」 조항에 대하여, 다른 권리와의 충돌가능성이 내재되어 있는 광업권의 특성을 감안하더라도 위와 같은 제한은 광업권자가 수인하여야 하는 사회적 제약의 범주를 벗어나 광업권자의 재산권을 침해한다고 판시하였다. (O/×)

051

헌법상의 재산권은 토지소유자가 이용가능한 모든 용도로 토지를 사용할 권리나 가장 경제적 또는 효율적으로 사용할 수 있는 권리를 보장하는 것은 아니므로 입법자는 중요한 공익상의 이유로 토지를 일정용도로 사용하는 권리를 제한하거나 제외할 수 있다. (O/×)

052

문화재의 사용, 수익, 처분에 있어 고의로 문화재의 효용을 해하는 은닉을 금지하는 것은 문화재에 관한 재산권 행사의 사회적 제약을 구체화한 것에 불과하다. (O/×)

053

공공필요에 의한 재산권의 공권력적, 강제적 박탈을 의미하는 공용수용은 헌법상의 재산권 보장의 요청상 불가피한 최소한에 그쳐야 한다. 즉 공용수용은 헌법 제23조 제3항에 명시되어 있는 대로 국민의 재산권을 그 의사에 반하여 강제적으로라도 취득해야 할 공익적 필요성이 있을 것, 법률에 의거할 것, 정당한 보상을 지급할 것의 요건을 모두 갖추어야 한다. (O/×)

---

049 【X】 공용수용으로 생업의 근거를 상실한 자에 대하여 상업용지 또는 상가분양권 등을 공급하는 생활대책은 헌법 제23조 제3항에 규정된 정당한 보상에 포함되는 것이라기보다는 생활보상의 일환으로서 국가의 정책적인 배려에 의하여 마련된 제도이므로, 그 실시 여부는 입법자의 입법정책적 재량의 영역에 속한다.(2013.7.25. 2012헌바71)

050 【X】 광업권자의 일부 채굴행위를 제한하더라도, 광업권의 특성상 다른 권리와의 충돌가능성이 내재되어 있으며 심판대상조항에 의한 제한은 충돌하는 권리 사이의 조정을 위한 최소한의 제한이라는 점에서 광업권자가 수인하여야 하는 사회적 제약의 범주에 속하는 것이다. 결국 심판대상조항은 헌법 제23조가 정하는 재산권에 대한 사회적 제약의 범위 내에서 광업권을 제한한 것으로 비례의 원칙에 위배되지 않고 재산권의 본질적 내용도 침해하지 않는 것이어서 청구인의 재산권을 침해하지 않는다.(2014.2.27. 2010헌바483)

051 【O】 2009.7.30. 2007헌바76

052 【O】 문화재의 사용·수익을 금지하는 등 문화재의 사적 유용성과 처분권을 부정하여 구체적으로 형성된 재산권을 박탈하거나 제한하는 것은 아니므로 보상을 요하는 헌법 제23조 제3항 소정의 수용 등에 해당하는 것은 아니다. (2007.7.26. 2003헌마377)

053 【O】 2014.10.30. 2011헌바172

054 ⟳ ① ② ③
「헌법」 제23조 제3항에서 규정된 '공공필요' 요건 중 '공익성'은 기본권 일반의 제한사유인 '공공복리'보다 넓은 개념이다. (O/×)

055 ⟳ ① ② ③
공용수용에서 공공성의 확보는 입법자가 입법을 할 때 공공성을 갖는가를 판단하면 족하고, 개별적·구체적으로 당해 사업에 대한 사업인정을 행할 때 별도로 판단할 필요가 없다. (O/×)

056 ⟳ ① ② ③
고급골프장, 고급리조트 건설을 위한 토지수용은 국토균형발전, 지역경제활성화 등의 공공이익이 인정되는 것으로서 법익의 형량에 있어서 사인의 재산권 보호의 이익보다 월등하게 우월한 공익으로 판단되므로 공공필요에 의한 수용에 해당한다. (O/×)

057 ⟳ ① ② ③
「헌법」 제23조 제3항이 규정하는 정당한 보상이란 원칙적으로 피수용재산의 객관적인 재산가치를 완전하게 보상하는 완전보상을 의미하는바, 공시지가를 기준으로 수용된 토지에 대한 보상액을 산정하는 것은 정당보상원칙에 위배된다. (O/×)

---

054 【X】 오늘날 공익사업의 범위가 확대되는 경향에 대응하여 재산권의 존속보장과의 조화를 위해서는, '공공필요'의 요건에 관하여, 공익성은 추상적인 공익 일반 또는 국가의 이익 이상의 중대한 공익을 요구하므로 기본권 일반의 제한사유인 '공공복리'보다 좁게 보는 것이 타당하며, 공익성의 정도를 판단함에 있어서는 공용수용을 허용하고 있는 개별법의 입법목적, 사업내용, 사업이 입법목적에 이바지 하는 정도는 물론, 특히 그 사업이 대중을 상대로 하는 영업인 경우에는 그 사업 시설에 대한 대중의 이용·접근가능성도 아울러 고려하여야 한다.(2014.10.30. 2011헌바172)

055 【X】 법이 공용수용 할 수 있는 공익사업을 열거하고 있더라도, 이는 공공성 유무를 판단하는 일응의 기준을 제시한 것에 불과하므로, 사업인정의 단계에서 개별적·구체적으로 공공성에 관한 심사를 하여야 한다. 즉 공공성의 확보는 1차적으로 입법자가 입법을 행할 때 일반적으로 당해 사업이 수용이 가능할 만큼 공공성을 갖는가를 판단하고, 2차적으로는 사업인정권자가 개별적·구체적으로 당해 사업에 대한 사업인정을 행할 때 공공성을 판단하는 것이다.(2014.10.30. 2011헌바172)

056 【X】 고급골프장 등 사업은 그 특성상 사업 운영 과정에서 발생하는 지방세수 확보와 지역경제 활성화는 부수적인 공익일 뿐이고, 이 정도의 공익이 그 사업으로 인하여 강제수용 당하는 주민들의 기본권침해를 정당화할 정도로 우월하다고 볼 수는 없다.(2014.10.30. 2011헌바172)

057 【X】 「헌법」 제23조 제3항이 규정하는 정당한 보상이란 원칙적으로 피수용재산의 객관적인 재산가치를 완전하게 보상하는 완전보상을 의미하는바, 공시지가를 기준으로 수용된 토지에 대한 보상액을 산정하는 것은 정당보상원칙에 위배되지 않는다. 감정평가업자는 토지를 감정평가함에 있어 부동산평가법 제21조 제1항 본문에 따라 공부상의 지목과는 관계없이 당해 토지와 토지이용상황이나 주변환경 기타 자연적·사회적 조건이 일반적으로 유사하다고 인정되는 표준지의 공시지가를 기준으로 하여 당해 토지의 현실적인 이용상황에 따라 위치·지형·환경 등 토지의 객관적 가치에 영향을 미치는 제요인을 표준지와 비교하여 평가하여야 하는 등 감정평가에 있어 나름의 공정성과 합리성이 보장되므로 위 조항이 헌법상 정당보상원칙에 반한다고 볼 수 없다.(2011.5.26. 2009헌바296 ; 2012.3.29. 2010헌바370)

058
민간개발자가 관광단지 조성계획상의 조성 대상 토지면적 중 사유지의 3분의 2 이상을 취득한 경우에 나머지 토지 등을 수용할 수 있도록 한 「관광진흥법」 조항은 헌법 제23조 제3항의 공공필요성을 갖추었으며, 헌법상 과잉금지원칙에 위반하여 재산권을 침해하는 것도 아니다. (O/×)

059
토지를 종래의 목적으로도 사용할 수 없거나 더 이상 법적으로 허용된 토지이용방법이 없어서 실질적으로 사용·수익을 할 수 없는 경우에 해당하는 제약은 손실을 완화하는 금전적 보상규정에 의해서만 비로소 허용된다. (O/×)

2. 손실보상

3. 보상규정 없는 공용수용과 구제

VII 침해와 구제

1. 침해의 유형

1) 헌법 제23조 제1항·제2항 관련

060
면책을 받은 채무자에 대하여 파산절차에 의한 배당을 제외하고는 파산채권자에 대한 채무의 전부에 관하여 그 책임을 면제하는 채무자 회생 및 파산에 관한 법률의 규정은 파산채권자의 재산권을 침해한다고 할 수 없다. (O/×)

---

058 【O】 관광산업의 진흥을 통한 국제수지의 개선과 경제성장에 의한 경제의 건전한 발전 및 지역경제의 활성화와 국토의 효율적 이용 등 공익의 중대성을 고려할 때 이 사건 법률조항은 공익과 사익 간의 균형성을 도외시한 것이라고 보기 어렵다. (2013.2.28. 2011헌바250)

059 【X】 토지를 종래의 목적으로도 사용할 수 없거나 더 이상 법적으로 허용된 토지이용방법이 없어서 실질적으로 사용·수익을 할 수 없는 경우에 ㉠ 해당하지 않는 제약은 토지소유자가 수인하여야 하는 사회적 제약의 범주 내에 있는 것이고, ㉡ 해당하는 제약은 손실을 완화하는 보상적 조치가 있어야 비로소 허용되는 범주 내에 있다. 보상규정은 **반드시 금전보상만을 해야 하는 것은 아니고**, 지정의 해제 또는 토지매수청구권제도와 같이 금전보상에 갈음하거나 기타 손실을 완화할 수 있는 제도를 보완하는 등 여러 가지 다른 방법을 사용할 수 있다. (2005.9.29. 2002헌바84 등)

060 【O】 채무자의 면책으로 인한 채권자의 불이익이 면책제도가 추구하는 공익에 비하여 크다고 보기 어려우므로, 법익균형성의 원칙에도 반하지 아니한다. 따라서 이 사건 면책효력조항은 파산채권자의 재산권을 침해하지 아니한다(2013.3.21. 2012헌마569).

061

헌법재판소는 개인파산절차에서 면책을 받은 채무자가 악의로 채권자목록에 기재하지 않은 청구권에 대해서만 면책의 예외를 인정하고, 파산채권자에게 채무자의 악의를 입증하도록 규정한 「채무자 회생 및 파산에 관한 법률」 조항은 파산채권자의 재산권을 침해하지 않는다고 판시하였다. (O/×)

062

상속인이 귀책사유 없이 상속채무가 적극재산을 초과하는 사실을 알지 못하여 상속개시 있음을 안 날로부터 3월 내에 한정승인 또는 포기를 하지 못한 경우에도 단순승인을 한 것으로 보는 「민법」 제1026조 제2호는 재산권을 보장한 헌법 제23조 제1항 등에 위반된다. (O/×)

063

상속회복청구권의 행사기간을 상속권의 침해행위가 있은 날부터 10년 또는 상속침해를 안 날로부터 3년이라는 단기의 행사기간으로 규정한 것은 진정상속인의 권리를 심히 제한하여 오히려 참칭상속인을 보호하는 규정으로 가능하므로 헌법상 보장된 상속인의 재산권을 침해한다. (O/×)

064

상속회복청구권에 대하여 단기의 제척기간을 규정하고 있는 「민법」 제999조 제2항을 적용함에 있어 공동상속인을 참칭상속인의 범위에 포함시키는 것은 진정상속인의 재산권을 침해한다. (O/×)

---

061 【O】 채권의 공평한 변제와 채무자의 경제적 재기를 목적으로 하면서도, 채권자목록에 기재되지 아니함으로 인하여 채권이 상실될 채권자를 보호하기 위한 것으로 **목적의 정당성이 인정되고**, 채무자가 악의로 채권자목록에서 누락한 채권을 면책 대상에서 제외하는 것은 위 목적달성을 위한 **적합한 수단에 해당한다**. 만약 채권자목록에 기재되지 않은 모든 채권을 면책의 대상에서 제외한다면, 파산 및 면책 본연의 기능을 수행하기 어렵고, 면책 여부가 채권자목록에 기재하였는지 여부에 좌우된다는 불합리한 점이 생길 수 있으며, 면책제도의 취지와 실제 면책이 이루어지는 채무자의 상황 등을 고려할 때, 입증책임을 채권자에게 부담시켰다 하더라도 **재산권에 대한 과도한 제한으로 보기는 어렵다**(2014.6.26. 2012헌가22).

062 【O】 상속인이 귀책사유 없이 상속채무가 적극재산을 초과하는 사실을 알지 못하여 상속개시 있음을 안 날로부터 3월 내에 한정승인 또는 포기를 하지 못한 경우에도 단순승인을 한 것으로 보는 「민법」 제1026조 제2호는 **기본권 제한의 입법한계를 일탈한 것으로 재산권을 보장한 헌법 제23조 제1항, 사적자치권을 보장한 헌법 제10조에 위반된다** (1998.8.27. 96헌가22).

063 【X】 (1) 상속회복청구권의 행사기간을 상속권의 침해행위가 있은 날부터 10년 또는 상속침해를 안 날로부터 3년이라는 단기의 행사기간으로 규정한 것은 헌법상 보장된 상속인의 재산권을 침해하지 않는다.
(2) 법률조항 중 "상속권의 침해행위가 있은 날부터 10년" 부분은 종전 규정상의 "상속 개시일로부터 10년"을 "침해행위가 있은 날부터 10년"이라고 규정하여 종전보다 상속회복청구권자에게 유리하게 기간을 규정하였다.
(3) 일반적으로 상속제도나 상속권의 구체적 내용은 입법자가 입법정책적으로 결정할 사항으로서 원칙적으로 입법형성의 자유에 속하며, 상속권의 침해를 안 날이라고 함은 자기가 진정상속인임을 알고 또 자기가 상속에서 제외된 사실을 안 때라고 해석하고 있어 그 기산점이 불합리하게 책정되었다고 할 수 없으며,
(4) 현행법상 인정되는 다른 소멸시효 및 제척기간 관련규정이 정하고 있는 권리행사기간과 비교하여 보더라도 그 권리행사에 상당한 기간이라고 보이므로 이 사건 법률조항 중 "그 침해를 안 날부터 3년" 부분은 헌법 제37조 제2항에서 정하는 기본권 제한의 한계 내의 정당한 입법권의 행사로서 과잉금지원칙에 위배되지 아니한다(2009.9.24. 2008헌바2).

064 【X】 (1) 상속회복청구권에 대하여 단기의 제척기간을 규정하고 있는 「민법」 제999조 제2항을 적용함에 있어 공동상속인을 참칭상속인의 범위에 포함시키는 것이 **진정상속인의 재산권 및 재판청구권을 침해하지 않는다**.
(2) 공동상속인이라 하여도 자신의 상속분을 넘는 부분에 대하여 권리를 주장하고 있다면 그 부분에 관하여는 본질적으로 보통의 참칭상속인과 다를 것이 없다(2006.2.23. 2003헌바38・61(병합)).

065

상속재산에 관한 포괄·당연승계주의는 헌법상 보장된 재산권을 과도하게 제한하는 규정으로 헌법에 위반된다. (O/×)

066

물건에 대한 재산권 행사에 비하여 동물에 대한 재산권 행사는 사회적 연관성과 사회적 기능이 적다 할 것이므로 이를 제한하는 경우 입법재량의 범위를 좁게 인정함이 타당하다. (O/×)

067

종전의 관행어업권자들에게 구「수산업법」시행일부터 2년 이내에 어업권원부에 등록을 하도록 하고 그 기간 내에 등록하지 아니한 경우 관행어업권을 소멸하게 하는 것은 지나친 재산권의 제한에 해당하지 아니한다. (O/×)

068

수분양자가 아닌 개발사업자를 부과대상으로 하는 학교용지부담금에 관한「학교용지 확보 등에 관한 특례법」관련 조항은 교육의 기회를 균등하게 보장해야 한다는 공익과 개발사업자의 재산적 이익이라는 사익을 적절히 형량하고 있으므로 개발사업자의 재산권을 과도하게 침해하지 아니한다. (O/×)

---

065 【×】 (1) 상속재산에 관한 포괄·당연승계주의는 헌법상 보장된 **재산권을 과도하게 침해하여 기본권제한의 입법한계를 벗어난 것으로서 헌법에 위반된다고 할 수 없다.** (2) 우리의 상속법제는 법적 안정성이라는 공익을 도모하기 위하여 이 사건 법률조항에서 포괄·당연승계주의를 채택하는 한편, 상속인으로 하여금 그의 의사에 따라 상속의 효과를 귀속시키거나 거절할 수 있는 자유를 주고 있으며, 상속인과 피상속인의 채권자 및 상속인의 채권자 등의 이해관계를 조절할 수 있는 제도적 장치도 마련하고 있으므로, (3) 이 사건 법률조항이 입법자가 입법형성권을 자의적으로 행사하였다거나 헌법상 보장된 재산권이나 사적 자치권 및 행복추구권을 과도하게 침해하여 기본권제한의 입법한계를 벗어난 것으로서 헌법에 위반된다고 할 수 없다(2004.10.28. 2003헌가13).

066 【×】 (1) 일반적인 물건에 대한 재산권 행사에 비하여 동물에 대한 재산권 행사는 사회적 연관성과 사회적 기능이 **매우 크다 할 것이므로** 이를 제한하는 경우 입법재량의 범위를 **폭넓게 인정함이 타당하다.**
(2) 그러므로 이 사건 법률조항이 과잉금지원칙을 위반하여 재산권을 침해하는지 여부를 살펴보되 심사기준을 완화하여 적용함이 상당하다(2013.10.24. 2012헌바431).

067 【O】 입법목적이 정당하고, 입법목적달성을 위하여 등록만을 하도록 요구하고 있으므로 그 방법도 적절하며, **관행어업권자에게 관행어업권을 보존할 수 있는 충분한 시간과 기회를 부여한 후 관행어업권을 소멸시키는 것이어서** 단순히 과거에 발생하였던 관행어업권을 무조건 소멸시키는 것과는 기본권의 침해에 있어서 차이가 있으므로 입법에 의하여 보호하려는 공공의 필요와 침해되는 기본권 사이의 균형성도 갖추었다(1999.7.22. 97헌바76).

068 【O】 학교용지부담금은 학교용지 확보를 위한 새로운 재원의 마련이라는 **정당한 입법목적을 달성하기 위한 적절한 수단이다** (2008.9.25. 2007헌가1).

069

건설공사를 위하여 문화재발굴허가를 받아 매장문화재를 발굴하는 경우 그 발굴비용을 사업시행자로 하여금 부담하게 하는 것은 문화재 보존을 위해 사업시행자에게 일방적인 희생을 강요하는 것이므로 재산권을 침해한다. (O/×)

070

도로 등 영조물 주변 일정 범위에서 관할 관청 또는 소유자등의 허가나 승낙 하에서만 광업권자의 채굴행위를 허용하는 것은 광업권자의 재산권을 침해하지 아니한다. (O/×)

071

건축허가를 받은 자가 1년 이내에 공사에 착수하지 아니한 경우 건축허가를 필수적으로 취소하도록 규정한 것은 건축주의 재산권을 침해한다. (O/×)

072

성매매에 제공되는 사실을 알면서 건물을 제공하는 행위를 한 자를 처벌하는 것은 집창촌에서 건물을 소유하거나 그 권리권한을 가지고 있는 자의 재산권을 침해한다. (O/×)

---

069 【X】 (1) 건설공사를 위하여 문화재발굴허가를 받아 매장문화재를 발굴하는 경우 그 발굴비용을 사업시행자로 하여금 부담하게 하는 것은 재산권과 직업수행의 자유를 침해하지 아니한다. (2) 건설공사 과정에서 매장문화재의 발굴로 인하여 문화재 훼손 위험을 야기한 사업시행자에게 원칙적으로 발굴경비를 부담시킴으로써, (3) 각종 개발행위로 인한 무분별한 문화재 발굴로부터 매장문화재를 보호하는 것이어서 입법목적의 정당성, 방법의 적절성이 인정되고, (4) 사업시행자가 발굴조사비용을 감당하기 어렵다고 판단하는 경우에는 더 이상 사업시행에 나아가지 아니할 수 있고, (5) 대통령령으로 정하는 경우에는 예외적으로 국가 등이 발굴비용을 부담할 수 있는 완화규정을 두고 있어 침해최소성 원칙, 법익균형성 원칙에도 반하지 아니하므로, 과잉금지원칙에 위배되지 아니한다(2011.7.28. 2009헌바244).

070 【O】 광업권자가 수인하여야 하는 사회적 제약의 범주에 속하는 것이다(2014.2.27. 2010헌바483).

071 【X】 (1) 건축허가를 받은 자가 1년 이내에 공사에 착수하지 아니한 경우 건축허가를 필수적으로 취소하도록 규정한 것은 **건축주의 재산권을 침해하지 않는다.** (2) 이 사건 법률조항은 건축행위의 규제에 있어 건축물과 관련된 안전의 확보 및 위험의 방지뿐만 아니라 국토의 효율적인 이용 및 환경보전 등 다양한 공익적 고려 요소를 시의에 맞도록 합리적으로 반영하기 위한 것이므로 그 입법목적의 정당성이 인정되고, (3) 건축주로 하여금 건축허가 이후 1년 이내에 공사에 필요한 제반 준비를 하여 착공하도록 유도하는 한편, (4) 공사에 착수하지 않고 1년이 지난 후에 계속 건축을 원하는 경우에는 새로운 시점에서의 허가요건을 갖추어 다시 건축허가를 받도록 함으로써 수단의 적합성도 인정된다(2010.2.25. 2009헌바70).

072 【X】 (1) 성매매에 제공되는 사실을 알면서 건물을 제공하는 행위를 한 자를 처벌하는 것은 집창촌에서 건물을 소유하거나 그 권리권한을 가지고 있는 자의 **재산권을 침해한다고 할 수 없다.**
(2) **성매매 근절 등의 공익**이 더 크고 중요하기 때문이다(2012.12.27. 2011헌바235).

073 ♻ 1 2 3
국립공원의 입장료를 국가 내지 국립공원관리공단의 수입으로 하도록 한 규정이 국립공원내 토지의 소유자의 재산권을 침해하는 것이라 할 수 없다. (O/×)

074 ♻ 1 2 3
성매매에 제공되는 사실을 알면서 건물을 제공하는 행위를 한 자를 처벌하는 것은 집창촌에서 건물을 소유하거나 그 권리권한을 가지고 있는 자의 재산권을 침해한다. (O/×)

2) 헌법 제23조 제3항 관련

2. 구제방법

---

073 【O】 (1) 국립공원의 입장료는 수익자 부담의 원칙에 따라 국립공원에 입장하는 자에게 국립공원의 유지·관리비의 일부를 징수하는 것이며, (2) 공원의 관리와 공원 안에 있는 문화재의 관리·보수를 위한 비용에만 사용하여야 하는 것이므로, 민법상 과실이라고 볼 여지가 없고, (3) 국립공원 내 토지소유자들은 국립공원의 유지·관리비용을 전혀 부담하고 있지 않을 뿐만 아니라, (4) 징수된 입장료 전부가 국립공원의 관리와 국립공원 안에 있는 문화재의 관리·보수를 위한 비용에만 사용되고 있는 점 등에 비추어 보면, (5) 국립공원 내 토지소유자에게 입장료 수입을 분배하지 않고 공원관리청에 귀속시키고 있는 것이 비합리적이라거나 자의적인 것으로서 평등권을 침해하였다고 할 수 없다(2001.6.28. 2000헌바44).

074 【×】 (1) 성매매에 제공되는 사실을 알면서 건물을 제공하는 행위를 한 자를 처벌하는 것은 집창촌에서 건물을 소유하거나 그 권리권한을 가지고 있는 자의 재산권을 침해한다고 할 수 없다.
(2) 성매매 근절 등의 공익이 더 크고 중요하기 때문이다(2012.12.27. 2011헌바235).

☑ 최신판례 예상지문

001
계약의 이행으로 받은 금전을 계약 해제에 따른 원상회복으로서 반환하는 경우 그 받은 날로부터 이자를 지급하도록 한 민법조항은 원상회복의무자의 재산권을 침해한다. (O/×)

002
공무원연금법상 퇴직연금수급자가 지방의회의원에 취임한 경우 그 재직기간 중 퇴직연금 전부의 지급을 일률적으로 정지하도록 규정한 공무원연금법조항은 과잉금지원칙에 반하여 청구인들의 재산권을 침해한다. (O/×)

---

001 【X】 계약의 이행으로 받은 금전을 계약 해제에 따른 원상회복으로서 반환하는 경우 그 받은 날로부터 이자를 지급하도록 한 민법조항이 원상회복의무자의 재산권을 침해하는지 여부(소극) (헌재 2017.5.25. 2015헌바421) - 계약 해제에 따라 금전을 원상회복으로 반환하는 경우 그 받은 날로부터 이자를 지급하도록 한 것은 계약이 체결되지 않았을 경우에 나타났을 원래의 상황을 회복한다는 계약 해제 제도의 정당한 목적 달성을 위한 합리적 수단이다. 계약상 급부의 상환성과 등가성은 계약 당사자의 이익을 공평하게 조정하기 위하여 계약 해제에 따른 원상회복 관계에서도 유지되어야 하므로, 원상회복범위는 당사자의 구체적이고 주관적인 사정과 관계없이 규범적·객관적으로 정해져야 할 필요가 있다. 계약 해제의 경위·계약 당사자의 귀책사유 등 제반 사정은 계약 해제로 인한 손해배상의 범위를 정할 때 고려된다. 따라서 민법 제548조 제2항은 원상회복의무자의 재산권을 침해하지 않는다.

002 【O】 선출직 공무원으로서 받게 되는 보수가 기존의 연금에 미치지 못하는 경우에도 연금 전액의 지급을 정지하도록 정한 구 공무원연금법 조항이 과잉금지원칙에 위배되어 재산권을 침해하는지 여부(적극) (헌재 2022.1.27. 2019헌바161) - 1) 과잉금지원칙 위반여부(목적의 정당성과 수단의 적합성 O, 침해의 최소성과 법익의 균형성 X) : 심판대상조항은 악화된 연금재정을 개선하여 공무원연금제도의 건실한 유지·존속을 도모하고 연금과 보수의 이중수혜를 방지하기 위한 것이다. 퇴직공무원의 적정한 생계 보장이라는 공무원연금제도의 취지에 비추어, 연금 지급을 정지하기 위해서는 '연금을 대체할 만한 소득'이 전제되어야 한다. 지방의회의원이 받는 의정비 중 의정활동비는 의정활동 경비 보전을 위한 것이므로, 연금을 대체할 만한 소득이 있는지 여부는 월정수당을 기준으로 판단하여야 하는데, 월정수당은 지방자치단체에 따라 편차가 크고 안정성이 낮음에도 불구하고 심판대상조항은 연금을 대체할 만한 적정한 소득이 있다고 할 수 없는 경우에도 일률적으로 연금전액의 지급을 정지하여 지급정지제도의 본질 및 취지에 어긋나는 결과를 초래한다. 심판대상조항과 같이 재취업소득액에 대한 고려 없이 퇴직연금 전액의 지급을 정지할 경우 재취업 유인을 제공하지 못하여 정책목적 달성에 실패할 가능성이 크다. 연금과 보수 중 일부를 감액하는 방식으로 선출직에 취임하여 보수를 받는 것이 생활보장에 더 유리하도록 하는 등 기본권을 덜 제한하면서 입법목적을 달성할 수 있는 다양한 방법이 있다.
2) 결론 : 따라서 심판대상조항은 과잉금지원칙에 위배되어 재산권을 침해한다.

003

지역구국회의원선거예비후보자의 기탁금 반환 사유로 예비후보자가 당의 공천심사에서 탈락하고 후보자등록을 하지 않았을 경우를 규정하지 않은 공직선거법조항은 청구인의 재산권을 침해하지 않는다.

(O / ×)

004

장기미집행 도시계획시설에 대한 실효제도를 도입하면서 경과규정을 두어 도시계획시설 중 2000. 7. 1. 이전에 결정된 시설에 대해서는 그 기산일을 2000. 7. 1.로 정한 국토의 계획 및 이용에 관한 법률 부칙조항은 재산권을 침해하고 평등원칙에 위배된다.

(O / ×)

---

003 【X】 지역구국회의원선거예비후보자의 기탁금 반환 사유로 예비후보자가 당의 공천심사에서 탈락하고 후보자등록을 하지 않았을 경우를 규정하지 않은 공직선거법조항이 청구인의 재산권을 침해하는지 여부(적극) (헌재 2018.1.25. 2016헌마541) - 심판대상조항은 예비후보자가 후보자로 등록하지 않는 경우 납부한 기탁금을 국가 또는 지방자치단체에 귀속되도록 하여, 예비후보자의 무분별한 난립으로 인한 폐단을 방지하고 그 성실성을 담보하기 위한 것으로서, 그 입법목적이 정당하고, 방법의 적정성 또한 인정된다.
정당의 추천을 받고자 공천신청을 하였음에도 정당의 후보자로 추천받지 못한 예비후보자는 소속 정당에 대한 신뢰·소속감 또는 당선가능성 때문에 본선거의 후보자로 등록을 하지 아니할 수 있다. 이를 두고 예비후보자가 처음부터 진정성이 없이 예비후보자 등록을 하였다거나 예비후보자로서 선거운동에서 불성실하다고 단정할 수 없다. 심판대상조항으로 인해 정당 공천관리위원회의 심사에서 탈락한 예비후보자가 소속 정당을 탈당하고 본선거의 후보자로 등록한다면 오히려 무분별한 후보자 난립의 결과가 발생할 수도 있다. 예비후보자가 본선거에서 정당후보자로 등록하려 하였으나 자신의 의사와 관계없이 정당 공천관리위원회의 심사에서 탈락하여 본선거의 후보자로 등록하지 아니한 것은 후보자 등록을 하지 못할 정도에 이르는 객관적이고 예외적인 사유에 해당한다. 따라서 이러한 사정이 있는 예비후보자가 납부한 기탁금은 반환되어야 함에도 불구하고, 심판대상조항이 이에 관한 규정을 두지 아니한 것은 입법형성권의 범위를 벗어난 과도한 제한이라고 할 수 있다. 이러한 예비후보자에게 그가 납부한 기탁금을 반환한다고 하여 예비후보자의 성실성과 책임성을 담보하는 공익이 크게 훼손된다고 할 수 없으므로, 그 공익은 심판대상조항이 이러한 예비후보자에게 기탁금을 반환하지 아니하도록 함으로써 그가 입게 되는 기본권 침해의 불이익보다 크다고 단정할 수 없다. 그러므로 심판대상조항은 과잉금지원칙에 반하여 청구인의 재산권을 침해한다.
[관련판례] 지방자치단체의 장선거 예비후보자가 정당의 공천심사에서 탈락한 후 후보자등록을 하지 않은 경우를 기탁금 반환 사유로 규정하지 않은 구 공직선거법 조항이 과잉금지원칙에 위배되는지 여부(적극) (헌재 2020.9.24. 2018헌가15) - 지역구국회의원선거와 지방자치단체의 장선거는 헌법상 선거제도 규정 방식이나 선거대상의 지위와 성격, 기관의 직무 및 기능, 선거구 수 등에 있어 차이가 있을 뿐, 예비후보자의 무분별한 난립을 막고 책임성을 강화하며 그 성실성을 담보하고자 하는 기탁금제도의 취지 측면에서는 동일하므로, 심판대상조항은 과잉금지원칙에 반하여 헌법에 위반된다.
[비교판례] 예비후보자의 기탁금 반환 사유를 예비후보자의 사망, 당내경선 탈락으로 한정하고 있는 공직선거법조항이 청구인의 재산권을 침해하는지 여부(소극) (헌재 2013.11.28. 2012헌마568) - 이 사건 법률조항이 사망 내지 당내경선 탈락 등 객관적인 사유로 기탁금 반환 요건을 한정하고 질병을 이유로 한 경우에는 기탁금 반환을 허용하지 아니한 것은, 예비후보자의 무분별한 난립을 방지하고 예비후보자의 진지성과 책임성을 담보하기 위한 최소한의 제한으로 입법형성권의 범위와 한계 내에서 그 반환 요건을 규정한 것으로서, 과잉금지원칙에 반하여 청구인의 재산권을 침해한다고 볼 수 없다.

004 【X】 장기미집행 도시계획시설에 대한 실효제도를 도입하면서 경과규정을 두어 도시계획시설 중 2000.7.1. 이전에 결정된 시설에 대해서는 그 기산일을 2000.7.1.로 정한 국토의 계획 및 이용에 관한 법률 부칙조항이 재산권을 침해하고 평등원칙에 위배되는지 여부(소극) (헌재 2018.4.26. 2017헌가5) - 심판대상조항은 도시계획시설결정을 기초로 형성된 법적 안정성과 신뢰를 보호하고 도시계획의 건전한 시행을 도모하기 위한 것으로서, 달리 완화된 방법으로는 그 입법목적의 달성을 보장할 수 없고, 재산권 제약에 대하여는 적절한 보상적 조치가 마련되어 있다. 따라서 심판대상조항은 재산권을 과도하게 침해하거나 평등원칙에 위반되지 아니한다.

005

공무원연금법상 급여를 받을 권리의 압류를 전면적으로 금지하는 구 공무원연금법조항은 청구인의 재산권을 침해한다.

(O/×)

006

사망일시금의 상한액을 정하고 있는 '국민연금법'조항은 청구인들의 재산권을 제한하지 않는다.

(O/×)

007

청중이나 관중으로부터 당해 공연에 대한 반대급부를 받지 아니하는 경우에는 상업용 목적으로 공표된 음반 또는 상업용 목적으로 공표된 영상저작물을 재생하여 공중에게 공연할 수 있다고 규정한 저작권법조항은 저작재산권자 및 저작인접권자의 재산권을 침해한다.

(O/×)

---

005 【X】 공무원연금법상 급여를 받을 권리의 압류를 전면적으로 금지하는 구 공무원연금법조항이 청구인의 재산권을 침해하는지 여부(소극) (헌재 2018.7.26. 2016헌마260) - 공무원연금법상의 급여는 퇴직공무원 및 그 유족의 생활안정과 복리향상을 위한 사회보장적 급여로서의 성질을 가지므로, 일신전속성이 강하고 사적거래의 대상으로 삼기에 적합하지 아니하며 압류를 금지할 필요성이 크다. 이 사건 법률조항은 급여수급권에 대하여만 압류를 금지할 뿐 급여를 받은 이후까지 압류를 금지하는 것은 아니므로 채권자가 급여에 대하여 전혀 강제집행을 할 수 없는 것이 아니다. 따라서 이 사건 법률조항에서 공무원연금법상 각종 급여수급권 전액에 대하여 압류를 금지한 것이 기본권 제한의 입법적 한계를 넘어서 재산권의 본질적 내용을 침해한 것이라고 볼 수는 없다.

006 【O】 사망일시금의 상한액을 정하고 있는 '국민연금법'조항이 청구인들의 재산권을 침해하는지 여부(소극) (헌재 2019.2.28. 2017헌마432) - 사망일시금 제도는 유족연금 또는 반환일시금을 지급받지 못하는 가입자 등의 가족에게 사망으로 소요되는 비용의 일부를 지급함으로써 국민연금제도의 수혜범위를 확대하고자 하는 차원에서 도입되었는데, 국민연금제도가 사회보장에 관한 헌법규정인 제34조 제1항, 제2항, 제5항을 구체화한 제도로서, 국민연금법상 연금수급권 내지 연금수급기대권이 재산권의 보호대상인 사회보장적 급여라고 한다면 사망일시금은 사회보험의 원리에서 다소 벗어난 장제부조적·보상적 성격을 갖는 급여로 사망일시금은 헌법상 재산권에 해당하지 아니하므로, 이 사건 사망일시금 한도 조항이 청구인들의 재산권을 제한한다고 볼 수 없다.

007 【X】 청중이나 관중으로부터 당해 공연에 대한 반대급부를 받지 아니하는 경우에는 상업용 목적으로 공표된 음반 또는 상업용 목적으로 공표된 영상저작물을 재생하여 공중에게 공연할 수 있다고 규정한 저작권법조항이 저작재산권자 및 저작인접권자의 재산권을 침해하는지 여부(소극) (헌재 2019.11.28. 2016헌마1115) - 심판대상조항은 공중이 저작물의 이용을 통한 문화적 혜택을 누릴 수 있도록 하기 위한 것으로 입법목적이 정당하고, 일정한 요건 하에 누구든지 상업용 음반 등을 재생하여 공중에게 공연할 수 있도록 하는 것은 상업용 음반 등에 대한 공중의 접근성을 향상시켜 위와 같은 입법목적 달성에 적합한 수단이 된다. 심판대상조항으로 인하여 저작재산권자 등이 상업용 음반 등을 재생하는 공연을 허락할 권리를 행사하지 못하거나 그러한 공연의 대가를 받지 못하게 되는 불이익이 상업용 음반 등을 재생하는 공연을 통하여 공중이 문화적 혜택을 누릴 수 있게 한다는 공익보다 크다고 보기도 어려우므로, 심판대상조항은 법익의 균형성도 갖추었다. 따라서 심판대상조항이 비례의 원칙에 반하여 저작재산권자 등의 재산권을 침해한다고 볼 수 없다.

008 🔄 1 2 3

특정공무원범죄의 범인에 대한 추징판결을 범인 외의 자가 그 정황을 알면서 취득한 불법재산 및 그로부터 유래한 재산에 대하여 그 범인 외의 자를 상대로 집행할 수 있도록 규정한 '공무원범죄에 관한 몰수 특례법'조항은 과잉금지원칙에 반하여 재산권을 침해한다. (O/×)

009 🔄 1 2 3

회원제 골프장용 부동산의 재산세에 대하여 1천분의 40의 중과세율을 규정한 구 지방세법조항은 과잉금지원칙에 반하여 회원제 골프장 운영자 등의 재산권을 침해한다. (O/×)

---

008 【×】 특정공무원범죄의 범인에 대한 추징판결을 범인 외의 자가 그 정황을 알면서 취득한 불법재산 및 그로부터 유래한 재산에 대하여 그 범인 외의 자를 상대로 집행할 수 있도록 규정한 '공무원범죄에 관한 몰수 특례법'조항이 과잉금지원칙에 반하여 재산권을 침해하는지 여부(소극) (헌재 2020.2.27. 2015헌가4) - 특정공무원범죄로 취득한 불법재산의 철저한 환수를 통하여 국가형벌권의 실현을 보장하고 공직사회의 부정부패 요인을 근원적으로 제거하고자 하는 심판대상조항의 입법목적은 우리 사회에서 매우 중대한 의미를 지닌다. 반면, 심판대상조항으로 인하여 제3자는 그 정황을 알고 취득한 불법재산 및 그로부터 유래한 재산에 대하여 집행을 받게 되는데, 그 범위는 범인이 특정공무원범죄의 범죄행위로 얻은 재산과 그 재산에서 비롯된 부분으로 한정되고, 제3자는 사후적으로 집행에 관한 법원의 판단을 받을 수 있다. 그렇다면 심판대상조항으로 인하여 제3자가 받는 불이익이 심판대상조항이 달성하고자 하는 공익보다 중대하다고 보기 어려우므로, 심판대상조항은 법익의 균형성 원칙에도 위배되지 않는다. 따라서 심판대상조항이 과잉금지원칙에 반하여 재산권을 침해한다고 볼 수 없다.

009 【×】 회원제 골프장용 부동산의 재산세에 대하여 1천분의 40의 중과세율을 규정한 구 지방세법조항이 과잉금지원칙에 반하여 회원제 골프장 운영자 등의 재산권을 침해하는지 여부(소극) (헌재 2020.3.26. 2016헌가17) - 회원제 골프장의 회원권 가격 및 비회원의 그린피 등을 고려할 때 골프장 이용행위에 사치성이 없다고 단정할 수는 없고, 골프가 아직은 많은 국민들이 경제적으로 부담 없이 이용하기에는 버거운 고급 스포츠인 점을 부인할 수 없다. 따라서 심판대상조항에 의한 회원제 골프장에 대한 재산세 중과가 사치·낭비풍조를 억제하고 국민계층 간의 위화감을 해소하여 건전한 사회기풍을 조성하고자 하는 목적의 정당성을 상실하였다고 볼 수 없고, 심판대상조항은 위와 같은 목적을 달성하기 위한 적합한 수단이 된다. 결국 심판대상조항은 사치·낭비 풍조를 억제함으로써 바람직한 자원배분을 달성하고자 하는 유도적·형성적 정책조세조항으로서, 과잉금지원칙에 반하여 회원제 골프장 운영자 등의 재산권을 침해한다고 볼 수 없다.

010 ⟳ 1 2 3

개성공단 전면중단 조치가 적법절차원칙과 과잉금지원칙 및 신뢰보호원칙을 위반하여 개성공단 투자기업인 청구인들의 영업의 자유와 재산권을 침해한다. (O/×)

011 ⟳ 1 2 3

개성공단 전면중단 조치는 공익 목적을 위하여 개별적, 구체적으로 형성된 구체적인 재산권의 이용을 제한하는 공용 제한에 해당하므로 정당한 보상이 지급되지 않았다면 헌법 제23조 제3항을 위반하여 개성공단 투자기업인 청구인들의 재산권을 침해한 것으로 볼 수 있다. (O/×)

---

010 【×】 [1] 개성공단 전면중단 조치가 적법절차원칙과 과잉금지원칙 및 신뢰보호원칙을 위반하여 개성공단 투자기업인 청구인들의 영업의 자유와 재산권을 침해하는지 여부(소극) [2] 개성공단 전면중단 조치가 헌법 제23조 제3항을 위반하여 청구인들의 재산권을 침해하는지 여부(소극) - (1) 개성공단 전면중단 조치는 국가안보와 관련된 조치로서, 현지 체류 국민들의 신변안전을 위해 최대한 기밀로 유지하면서 신속하게 처리할 필요가 있었다. 위 조치과정에서 국가안보에 관한 필수 기관이 참여하는 국가안전보장회의 상임위원회의 협의를 거쳤고, 관련 기업인들과의 간담회가 개최되기도 하였으므로, 국무회의 심의, 이해관계자에 대한 의견청취절차 등을 거치지 않았더라도 개성공단 전면중단 조치가 적법절차원칙을 위반하여 개성공단 투자기업인 청구인들의 영업의 자유와 재산권을 침해한다고 볼 수 없다.
(2) 개성공단 전면중단 조치는 공익 목적을 위하여 개별적, 구체적으로 형성된 구체적인 재산권의 이용을 제한하는 공용 제한이 아니므로, 이에 대한 정당한 보상이 지급되지 않았다고 하더라도, 그 조치가 헌법 제23조 제3항을 위반하여 개성공단 투자기업인 청구인들의 재산권을 침해한 것으로 볼수 없다.(헌법재판소 2022.1.27. 선고 2016헌마364 전원재판부 결정)

011 【×】 헌법재판소 2022.1.27. 선고 2016헌마364 전원재판부 결정

제2절 직업선택의 자유

I 의의

1. 연혁

001
직업의 자유는 근대 시민사회의 출범과 함께 비로소 쟁취된 기본권으로서 중세 봉건적 신분사회에서는 인정될 수 없었던 것이지만 현대사회에서는 공산주의 국가에서도 원칙적으로 인정되는 기본권이다.
(O/×)

002
1919년 바이마르 헌법이 최초로 직업의 자유를 명문화하였다. 우리 헌법은 건국헌법부터 직업의 자유를 명문화하였다.
(O/×)

003
우리 헌법사에서 직업의 자유는 1960년 제3차 개정헌법에서부터 명문화되었다.
(O/×)

2. 개념

004
직업이란 생활의 기본적 수요를 충족시키기 위한 계속적인 소득활동을 의미하며 그러한 내용의 활동인 한 그 종류나 성질을 묻지 않는다.
(O/×)

005
직업의 개념표지 가운데 '계속성'과 관련하여서는 주관적으로 활동의 주체가 어느 정도 계속적으로 해당 소득활동을 영위할 의사가 있고, 객관적으로도 그러한 활동이 계속성을 띨 수 있으면 족한 것으로 휴가기간 중에 하는 일, 수습직으로서의 활동 따위도 포함된다.
(O/×)

---

001 【×】 직업의 자유는 세습적 신분제도가 유지되던 중세 봉건적 신분사회에서는 직업도 세습되어 직업선택의 자유가 제한을 받았지만, 신분제도의 폐지와 인간의 자유·평등을 주장한 근대 시민사회의 출범과 함께 비로소 쟁취된 기본권으로서 현대사회에서는 원칙적으로 인정되는 기본권이다. 다만, **공산주의는 계획경제와 배당제이므로 직업을 자유롭게 선택할 수 없다**.

002 【×】 1919년 독일의 바이마르 헌법이 최초로 직업의 자유를 명문화하였고, 우리 헌법은 1962년 **제5차 개정헌법**에서 최초로 직업의 자유를 명문화하였다.

003 【×】 우리 헌법은 1962년 **제5차 개정헌법**에서 최초로 직업의 자유를 명문화하였다.

004 【O】 1993.5.13. 92헌마80

005 【O】 2003.9.25. 2002헌마519

006
학교운영위원은 무보수 봉사직이므로 그 활동을 생활의 기본적 수요를 충족시키는 계속적인 소득활동으로 보기 어려운 바, 헌법상 보호되는 직업에 포함되지 않는다. (O/X)

007
직업이란 생활의 기본적 수요를 충족시키기 위한 계속적인 소득활동을 의미하며 그 종류나 성질을 묻지 아니하나, 대학생이 방학 또는 휴학 중 학원강사로서 일하는 행위는 직업의 자유의 보호영역에 속한다고 볼 수 없다. (O/X)

008
게임 결과물의 환전업은 게임이용자로부터 게임 결과물을 매수하여 다른 게임이용자에게 이윤을 붙여 되파는 영업으로서 헌법 제15조가 보장하는 직업에 해당한다. (O/X)

II 법적 성격

009
직업의 자유의 법적 성격 자체가 주관적 공권의 성격이므로, 각자의 생활의 수요를 충족시키는 방편이 되고 또한 개성신장의 바탕이 된다는 점에서 객관적 법질서의 성격을 인정할 수 없는 것이 원칙이다. (O/X)

010
직업의 자유는 개인의 창의와 자유로운 의사에 따라 직업을 선택하게 함으로써 자유로운 인격의 발현에 이바지할 수 있게 하는 기본권으로서 국가의 사회질서와 경제질서가 형성되는 바탕이 되므로 사회적 시장경제질서라는 객관적 법질서의 구성요소가 된다. (O/X)

---

006 【O】 2007.3.29. 2005헌마1144
007 【X】 '직업'의 개념에 비추어 보면 비록 학업 수행이 대학생의 본업이라 하더라도 방학기간을 이용하여 또는 휴학 중에 학비 등을 벌기 위해 **학원강사로서 일하는 행위는 어느 정도 계속성을 띤 소득활동으로서 직업의 자유의 보호영역에 속한다**.(2003.9.25. 2002헌마519)
008 【O】 2010.2.25. 2009헌바38
009 【X】 직업의 자유의 각자 생활의 기본적 수요를 충족시키는 방편이 되고 또한 개성신장의 바탕이 된다는 점에서 **주관적 공권(방어권)의 성격**을 지니며, 국민 개개인이 선택한 직업의 수행에 의하여 국가의 사회질서와 경제질서가 형성된다는 점에서 사회적 시장경제질서라고 하는 **객관적 법질서의 성격**을 지닌다.
010 【O】 2010.6.24. 2007헌바101

III 주체

011 🔄 1 2 3
직업의 자유 중 직장선택의 자유는 국민의 권리가 아닌 인간의 권리로 보아야 할 것이므로 외국인도 제한적으로 직장선택의 자유를 향유할 수 있으므로 주체가 된다. (O/×)

012 🔄 1 2 3
사법인은 직업의 자유의 주체가 되나 공법인은 주체로 인정되지 아니한다. (O/×)

013 🔄 1 2 3
국가 정책에 따라 정부의 허가를 받은 외국인은 정부가 허가한 범위 내에서 소득활동을 할 수 있는 것이므로 외국인이 국내에서 누리는 직업의 자유는 법률 이전에 헌법에 의해서 부여된 기본권이라고 할 수는 없고, 법률에 따른 정부의 허가에 의해 비로소 발생하는 권리이다. (O/×)

IV 내용

1. 직업의 결정 · 종사 · 전직(겸직)의 자유

014 🔄 1 2 3
헌법이 보장하는 직업의 자유는 자신이 원하는 직업 내지 직종을 자유롭게 선택하고 선택한 직업을 자유롭게 수행할 수 있음을 그 내용으로 하는 것이므로, 특정인에게 배타적·우월적인 직업선택권이나 독점적인 직업 활동의 자유까지도 보장하는 것이다. (O/×)

015 🔄 1 2 3
헌법 제15조가 규정하는 직업선택의 자유는 자신이 원하는 직업을 자유롭게 선택하는 좁은 의미의 '직업선택의 자유'와 그가 선택한 직업을 자기가 원하는 방식으로 자유롭게 수행할 수 있는 '직업수행의 자유'를 포함하는 직업의 자유를 의미한다. (O/×)

---

011 【O】 2011.9.29. 2007헌마1083 등
012 【O】 공법인은 원칙적으로 기본권 주체가 될 수 없다.
013 【O】 2014.8.28. 2013헌마359
014 【X】 헌법이 보장하는 직업의 자유는 자신이 원하는 직업 내지 직종을 자유롭게 선택하고 선택한 직업을 자유롭게 수행할 수 있음을 그 내용으로 하는 것이지, **특정인에게 배타적·우월적인 직업선택권이나 독점적인 직업 활동의 자유까지도 보장하는 것은 아니다**.(2001.9.27. 2000헌마152)
015 【O】 1993.5.13. 92헌마80

016 🔄 1 2 3

직업의 자유에는 '해당 직업에 합당한 보수를 받을 권리'까지 포함되어 있어서 노동자는 동일하거나 동급, 동질의 유사 다른 직업군에서 수령하는 보수에 상응하는 보수를 요구할 수 있다. (O/×)

017 🔄 1 2 3

직업의 자유에는 해당직업에 합당한 보수를 받을 권리까지 포함되는 것이다. (O/×)

018 🔄 1 2 3

직업의 자유에 '해당 직업에 합당한 보수를 받을 권리'까지 포함되어 있다고 보아야 하므로, 경장의 1호봉 봉급월액을 중사의 1호봉 봉급월액보다 적게 규정한 것은 청구인의 직업수행의 자유를 침해한 것이다. (O/×)

019 🔄 1 2 3

경찰공무원과 군인은 「공무원보수규정」상의 봉급표에 있어서 본질적으로 동일·유사한 지위에 있다고 볼 수 없으므로 청구인의 평등권 침해는 문제되지 않는다. (O/×)

---

016 【X】 (1) 직업의 자유에는 **해당 직업에 합당한 보수를 받을 권리'까지 포함되어 있다고 보기 어렵다**. (2) 경찰공무원 중 경장의 봉급월액이 이에 대응하는 군인계급인 중사의 봉급월액보다 적게 규정되었다고 하여 헌법에 위반되지 않는다 (2008.12.26. 2007헌마444).

017 【X】 2008.12.26. 2007헌마444

018 【X】 2008.12.26. 2007헌마444

019 【X】 (1) 경찰공무원과 군인의 관계를 보건대, 경찰공무원은 국민의 생명·신체 및 재산의 보호와 범죄의 예방·진압 및 수사, 치안정보의 수집, 교통의 단속 기타 공공의 안녕과 질서유지를 그 임무로 하고, 군인은 전시와 평시를 막론하고 국방의 의무를 수행하기 위한 군에 복무하면서 대한민국의 자유와 독립을 보전하고 국토를 방위하며 국민의 생명과 재산을 보호하고 나아가 국제평화의 유지에 이바지함을 그 사명으로 하므로, 경찰공무원과 군인은 주된 임무가 다르지만, 양자 모두 국민의 생명·신체 및 재산에 대한 구체적이고 직접적인 위험을 예방하고 보호하는 업무를 수행하면서 그 과정에서 생명과 신체에 대한 상당한 위험을 부담한다. 나아가 국가비상사태, 대규모의 테러 또는 소요사태가 발생하였거나 발생할 우려가 있는 경우에는 경찰공무원은 치안유지를 위하여 군인에 상응하는 고도의 위험을 무릅쓰고 부여된 업무를 수행하여야만 한다. 이를 고려하여 볼 때, 직무의 곤란성과 책임의 정도에 따라 결정되는 공무원보수의 책정에 있어서, 경찰공무원과 군인은 **본질적으로 동일·유사한 집단이라고 할 것이다.** (2) 경찰공무원임용령 시행규칙상의 계급환산기준표 및 호봉획정을 위한 공무원경력의 상당계급기준표에 의하면 경장인 청구인의 계급에 상당하는 군인 계급은 중사인바, 경찰공무원인 경장의 1호봉 봉급월액은 중사의 1호봉 봉급월액보다 적으므로 상응하는 계급인 경장과 중사 간에 봉급월액에 대한 차별취급이 존재한다. (3) 그러나 경찰공무원과 군인은 업무를 수행하는 과정에서 생명과 신체에 대한 상당한 위험을 부담한다는 점에서 유사한 측면이 존재하지만, 법률에 의하여 부여된 고유 업무는 서로 다르고, 그에 따라 업무수행 중에 노출되는 위험상황의 성격과 정도에 있어서도 서로 일치한다고는 볼 수 없다. (4) 또한 경찰공무원과 군인은 직종 간 특성에 따라 다른 계급체계 및 인사운영체계를 가지고 있고, 이에 따라 봉급월액을 다르게 정하고 있다. (5) 따라서 경찰공무원 중 경장의 봉급월액이 이에 대응하는 군인계급인 중사의 봉급월액보다 적게 규정되었다고 하여 이를 **합리적 이유 없는 차별에 해당한다고 볼 수 없다.**(헌재 2008. 12.26.2007헌마444)

020

공무원의 보수청구권은, 법률 및 법률의 위임을 받은 하위법령에 의해 그 구체적 내용이 형성되면 재산적 가치가 있는 공법상의 권리가 되어 재산권의 내용에 포함되지만, 법령에 의하여 구체적 내용이 형성되기 전의 권리, 즉 공무원이 국가 또는 지방자치단체에 대하여 어느 수준의 보수를 청구할 수 있는 권리는 단순한 기대이익에 불과하여 재산권의 내용에 포함된다고 볼 수 없으므로 「공무원보수규정」의 해당 부분은 청구인의 재산권을 침해하지 않는다. (O/×)

021

개인이 다수의 직업을 선택하여 동시에 행사하는 겸직의 자유는 직업의 자유에 포함된다. (O/×)

2. 영업의 자유와 경쟁의 자유

022

경쟁의 자유는 다른 기업과의 경쟁에서 국가의 간섭이나 방해를 받지 않고 기업활동을 할 수 있는 자유를 의미하기 때문에 직업의 자유에 의하여 보장된다. (O/×)

023

헌법 제15조에 따라 모든 국민은 직업의 자유를 가지지만, 국가는 국민의 신체와 재산의 보호와 밀접한 관련이 있는 직업들에 대해서는 공공의 이익을 위해 그 직업의 수행에 필요한 자격제도를 둘 수 있으며, 이때 그 구체적인 자격제도의 형성에 있어서는 입법자에게 광범위한 입법형성권이 인정되고, 다만 입법자가 합리적인 이유 없이 자의적으로 자격제도의 내용을 형성한 경우에만 그 자격제도가 헌법에 위반된다고 할 수 있다. (O/×)

024

입법자가 일정한 전문분야에 관한 자격제도를 마련함에 있어서는 그 제도를 마련한 목적을 고려하여 정책적인 판단에 따라 제도의 내용을 구성할 수 있으므로, 입법자의 판단은 존중되어야 한다. (O/×)

---

020 【O】 공무원의 보수청구권은, 법률 및 법률의 위임을 받은 하위법령에 의해 그 구체적 내용이 형성되면 재산적 가치가 있는 공법상의 권리가 되어 재산권의 내용에 포함되지만, <u>법령에 의하여 구체적 내용이 형성되기 전의 권리, 즉 공무원이 국가 또는 지방자치단체에 대하여 어느 수준의 보수를 청구할 수 있는 권리는 단순한 기대이익에 불과하여 재산권의 내용에 포함된다고 볼 수 없다.</u> 따라서 청구인이 주장하는 특정한 또는 구체적 보수수준에 관한 내용이 법령에서 형성된 바 없음에도, 이 사건 법령조항이 그 수준의 봉급월액보다 낮은 봉급월액을 규정하고 있어 청구인의 재산권을 침해한다는 주장은 이유 없다.(헌재 2008.12.26. 2007헌마444)

021 【O】 1997.4.24. 95헌마90
022 【O】 1996.12.26. 96헌가18
023 【O】 2007.5.31. 2006헌마646
024 【O】 1996.4.25. 94헌마129

3. 무직업의 자유

4. 직업교육장 선택의 자유

025
직업교육장 선택의 자유는 직업의 자유에 포함된다. (O/×)

V 효력

VI 제한과 한계

1. 직업선택(결정)의 자유에 대한 제한

026
성인 대상 성범죄로 형을 선고받아 확정된 자로 하여금 그 형의 집행을 종료한 날부터 10년 동안 의료기관에 취업할 수 없도록 한 것은, 일정한 직업을 선택함에 있어 기본권 주체의 능력과 자질에 따른 제한이므로 이른바 '주관적 요건에 의한 좁은 의미의 직업선택의 자유'에 대한 제한에 해당한다. (O/×)

027
성인대상 성범죄로 형을 선고받아 확정된 자로 하여금 그 형의 집행을 종료한 날부터 10년 동안 의료기관을 개설하거나 의료기관에 취업할 수 없도록 한 법률조항은 청구인들의 직업선택의 자유를 침해한다. (O/×)

---

025 【O】 2009.2.26. 2007헌마1262
026 【O】 2016.3.31. 2013헌마585
027 【O】 범행의 정도가 가볍고 재범의 위험성이 상대적으로 크지 않은 자에게까지 10년 동안 일률적인 취업제한을 부과하고 있는 것은 침해의 최소성 원칙과 법익의 균형성 원칙에 위배된다(2016.3.31. 2013헌마585 등).

028

「법학전문대학원 설치·운영에 관한 법률」이 인가주의와 총입학정원주의를 정하고 있는 것은 대학의 자율성과 국민의 직업선택의 자유를 침해하는 것이다. (O/×)

029

의료법이 의사 및 한의사의 복수의 면허를 가진 의료인인 경우에도 '하나의' 의료기관만을 개설하고 다른 의료기관의 개설을 금지하도록 규정한 것은 직업의 자유를 침해했다고 보기 어렵다. (O/×)

030

의사 및 한의사의 복수면허 의료인이라고 하더라도 양방 또는 한방 중 그 선택에 따라 어느 '하나의' 의료기관 이외에 다른 의료기관의 개설을 금지하는 것은 직업선택의 자유를 침해한다. (O/×)

031

지적측량업무를 비영리법인에게만 대행할 수 있도록 규정한 지적법 제41조 제1항은 직업선택의 자유를 제한당하는 청구인 등 지적기술자의 기본권과의 법익의 균형성도 현저하게 상실하고 있으므로, 과잉금지의 원칙에 위배되는 위헌적인 법률이다. (O/×)

---

028 【×】 (1)「법학전문대학원 설치·운영에 관한 법률」이 인가주의와 총입학정원주의를 정하고 있는 것은 대학의 자율성과 국민의 직업선택의 자유를 침해하지 아니한다. (2) 법학전문대학원의 설치를 제한하고 법학전문대학원에 입학하는 총 정원을 제한함으로써 수급상황에 맞게 법조인력의 배출규모를 조절하고 이를 통해 국가인력을 효율적으로 운용하고자 함에 그 목적이 있는바, 이러한 목적에는 정당성이 인정되고, (3) 법학전문대학원의 인가기준과 정원 등에 관한 법률조항들은 수급상황에 맞게 법조인력의 배출 규모를 조절하여 국가인력을 효율적으로 운용하려는 것으로, 인가주의 및 총입학정원주의는 이러한 목적을 달성하기 위한 적절한 수단이다. (4) 현재 법학전문대학원 설치인가를 받지 못한 대학이 법학전문대학원을 설치할 수 있는 기회를 영구히 박탈당하는 것은 아니며 학사과정운영을 통해 법학교육의 기회를 유지할 수 있으므로 피해최소성의 원칙에 위배되지도 아니한다. 법익의 균형성 요건 또한 갖추고 있다. (5) 따라서 이 사건 법률조항이 과잉금지 원칙에 위배되어 대학의 자율권과 **국민의 직업선택 자유를 지나치게 제한한다고 할 수 없다**(2009.2.26. 2008헌마370).

029 【×】 (1) 복수면허 의료인들에게 단수면허 의료인과 같이 하나의 의료기관만을 개설할 수 있다고 한 법률조항은 '다른 것을 같게' 대우하는 것으로 **합리적인 이유를 찾기 어렵다**.
(2) 복수면허 의료인은 의과 대학과 한의과 대학을 각각 졸업하고, 의사와 한의사 자격 국가고시에 모두 합격하였다. (3) 따라서 단수면허 의료인에 비하여 양방 및 한방의 의료행위에 대하여 상대적으로 지식 및 능력이 뛰어나거나, 그가 행하는 양방 및 한방의 의료행위의 내용과 그것이 인체에 미치는 영향 등에 대하여도 상대적으로 더 유용한 지식과 정보를 취득하고 이를 분석하여 적절하게 대처할 수 있다고 평가될 수 있다(2007.12.27. 2004헌마1021

030 【O】 의료인 면허를 취득한 것은 그 면허에 따른 직업선택의 자유를 회복한 것이고, 이렇게 회복된 자유에 대하여 전문분야의 성격과 정책적 판단에 따라 면허를 실현할 수 있는 방법이나 내용을 정할 수는 있지만 이를 다시 전면적으로 금지하는 것은 입법형성의 범위 내라고 보기 어렵다(2007.12.27. 2004헌마1021).

031 【O】 2002.5.30. 2000헌마81

032

「마약류 관리에 관한 법률」을 위반하여 금고 이상의 실형을 선고받고, 그 집행이 끝나거나 면제된 날부터 20년이 지나지 않은 것을 택시운송사업의 종사자격의 결격사유 및 취소사유로 정하는 것은, 국민의 생명, 신체, 재산을 보호하고 시민들의 택시이용에 대한 불안감을 해소하며 도로교통에 관한 공공안전을 확보하기 위한 것으로서, 택시의 특수성을 고려하면 장기간 동안 택시운송사업의 종사자격을 제한하는 것은 직업의 자유를 침해하지 아니한다. (O/×)

033

성인 대상 성범죄로 형을 선고받아 확정된 자를 그 형의 집행이 종료한 날로부터 10년 동안 아동·청소년 관련 교육기관 등을 운영하거나 위 기관에 취업할 수 없도록 한 것은 과잉금지원칙을 위반하여 청구인의 직업선택의 자유를 침해한다. (O/×)

034

'자동차운전전문학원을 졸업하고 운전면허를 받은 사람 중 교통사고를 일으킨 비율이 대통령령이 정하는 비율을 초과하는 때'에는 학원의 등록을 취소하거나 1년 이내의 운영정지를 명할 수 있도록 하는 것은 운전전문학원이 조성하는 사회적 위험을 관리하기 위한 것이므로 운전전문학원 운영자의 직업의 자유를 침해한다고 볼 수 없다. (O/×)

035

외국인 근로자의 사업장 변경허가기간을 그 신청일로부터 2개월로 제한한 것은 외국인 근로자의 사업장 변경자체를 금지하는 것이 아니라 허가기간을 제한하는 것에 불과하므로 외국인 근로자의 직장선택의 자유를 침해하지 않는다. (O/×)

---

032 【×】 (1)「마약류 관리에 관한 법률」을 위반하여 금고 이상의 실형을 선고받고, 그 집행이 끝나거나 면제된 날부터 20년이 지나지 않은 것을 택시운송사업의 운전업무 종사자격의 결격사유 및 취소사유로 정한 것은 **직업선택의 자유를 침해한다.** (2) 구체적 사안의 개별성과 특수성을 고려할 수 있는 여지를 일체 배제하고 그 **위법의 정도나 비난의 정도가 미약한 경우까지도 20년이라는 지나치게 장기간 동안 택시운송사업의 운전업무 종사자격을 제한하는** 것이므로 침해의 최소성 원칙에 위배된다. 심판대상조항이 보호하려는 공익에 비추어 보더라도 지나치게 큰 제한이므로, 법익균형성의 원칙에도 반하는 것이다(2015.12.23. 2014헌바446).

033 【O】 심판대상조항은 성범죄 전과자라는 이유만으로 이들이 다시 성범죄를 저지를 것이라는 전제 아래 취업제한이라는 제재를 예외 없이 부과하는 점, 성범죄 전력자의 구체적 범죄행위 유형 등을 고려하지 않고 일군의 성범죄를 저지른 사람 전부에 대해서 동일한 취업제한 기간을 두는 점 등에서 침해의 최소성 원칙에 위배된다. 또한, 심판대상조항이 달성하고자 하는 공익이 우리 사회의 중요한 공익이지만 심판대상조항에 의하여 청구인의 직업선택의 자유가 과도하게 제한되므로, 심판대상조항은 법익의 균형성 원칙에도 위배된다(2016.7.28. 2013헌마436).

034 【×】 자동차운전전문학원을 졸업하고 운전면허를 받은 사람 중 교통사고를 일으킨 비율이 대통령령이 정하는 비율을 초과하는 경우에 운전전문학원의 등록을 취소하거나 운영정지를 명할 수 있도록 한 것은 **자기책임의 범위를 벗어난 과도한 법적 책임을 부과하는 것으로 볼 수 있다.**(2005.7.21. 2004헌가30)

035 【O】 2011.9.29. 2009헌마351

036
외국의 의사·치과의사·한의사 자격을 가진 자에게 예비시험을 치도록 한 것은 사실상 외국에서 학위를 받은 사람이 국내에서 면허를 받는 길을 봉쇄하는 방향으로 악용될 소지가 있으므로 직업선택의 자유를 침해한다. (O/×)

037
금고 이상의 형을 선고받고 그 집행이 종료된 후 5년을 경과하지 아니한 자가 변호사가 될 수 없도록 제한한 것은 변호사의 공공성과 변호사에 대한 국민의 신뢰를 보호하기 위한 것으로 그 목적의 정당성이 인정되고 목적달성에 적절한 수단이다. (O/×)

038
「마약류 관리에 관한 법률」을 위반하여 금고 이상의 실형을 선고받고, 그 집행이 끝나거나 면제된 날부터 20년이 지나지 않은 것을 택시운송사업의 종사자격의 결격사유 및 취소사유로 정하는 것은 직업의 자유를 침해한다. (O/×)

039
20년 이상 관세행정분야에서 근무한 자에게 일정한 절차를 거쳐 관세사 자격을 부여한 구「관세사법」 규정은 헌법에 위반되지 않는다. (O/×)

040
성적목적공공장소침입죄로 형을 선고받아 확정된 자로 하여금 그 형의 집행을 종료한 날부터 10년 동안 의료기관을 제외한 아동·청소년 관련기관 등을 개설하거나 그에 취업할 수 없도록 하는 것은 직업선택의 자유를 침해한다. (O/×)

---

036 【×】 외국의 의사·치과의사·한의사 자격을 가진 자에게 예비시험을 치도록 한 것은 **직업선택의 자유를 침해하지 않는다**. 현재로서는 장차 시행될 예비시험이 외국 의과대학 졸업생에게 과도한 부담을 주게 될 것이라고 단언하기 어려운 반면, 외국 의과대학의 교과 내지 임상교육 수준이 국내와 차이가 있을 수 있으므로 국민의 보건을 위하여 기존의 면허시험만으로 검증이 부족한 측면을 보완할 공익적 필요성이 있다(2003.4.24. 2002헌마611).

037 【O】 2006.4.27. 2005헌마99

038 【O】 택시운송사업의 운전자격 제한 기간을 기존의 2년에서 20년으로 늘리는 것이 관련 범죄를 예방하기 위한 필요최소한의 기간인지에 대한 실증적 뒷받침이 없고, 이러한 장기간의 연장에 대한 필요성이나 효과에 대한 특정한 근거를 찾기 어렵다. 심판대상조항은 구체적 사안의 개별성과 특수성을 고려할 수 있는 여지를 일체 배제하고 그 위법의 정도나 비난 가능성의 정도가 미약한 경우까지도 획일적으로 20년이라는 장기간 동안 택시운송사업의 운전업무 종사자격을 제한하는 것이므로 침해의 최소성 원칙에 위배되며, 법익의 균형성 원칙에도 반한다. 따라서 심판대상조항은 청구인들의 직업선택의 자유를 침해한다(2015.12.23. 2014헌바446).

039 【O】 관세사자격을 부여함에 있어 공개경쟁시험제도를 통한 자격부여 이외에 20년 이상을 관세행정분야에서 근무한 자라면 관세사로서의 직무수행을 위한 전문지식이 있다고 보아 위와 같은 특별전형제도도 아울러 택한 입법자의 정책적 판단은 입법목적의 정당성과 수단의 합리성이 인정되므로 전문분야 자격제도에 대한 입법형성권의 범위를 넘는 명백히 불합리한 것이라고 볼 수 없다(2001.1.18. 2000헌마364).

040 【O】 범죄 전력이 있지만 10년의 기간 안에 재범의 위험성이 해소될 수 있는 자, 범행의 정도가 가볍고 재범의 위험성이 상대적으로 크지 않은 자에게까지 10년 동안 일률적인 취업제한을 하고 있는 것은 침해의 최소성 원칙과 법익의 균형성 원칙에 위배된다. 따라서 취업제한조항은 청구인의 직업선택의 자유를 침해한다(2016.10.27. 2014헌마709).

041 ⟳ 1 2 3

청원경찰이 법원에서 금고 이상의 형의 선고유예를 받은 경우 당연퇴직하도록 규정한 조항은 청원경찰의 직업의 자유를 침해한다. (O/×)

042 ⟳ 1 2 3

청원경찰이 법원에서 자격정지의 형을 선고받은 경우「국가공무원법」을 준용하여 당연 퇴직하도록 한 조항은 청원경찰의 직업의 자유를 침해한다. (O/×)

043 ⟳ 1 2 3

지방공무원의 의사에 반하는 타 지방자치단체로의 전출명령은 직업의 자유를 침해하지 않는다. (O/×)

044 ⟳ 1 2 3

외국인근로자의 사업장 이동을 3회로 제한하는 것은 직업의 자유를 침해하지 않는다. (O/×)

045 ⟳ 1 2 3

변호사시험의 성적 공개를 금지하고 있는「변호사시험법」관련 조항은 변호사시험 합격자에 대하여 그 성적을 공개하지 않도록 규정하고 있을 뿐이고, 이러한 시험 성적의 비공개가 청구인들의 법조인으로서의 직역 선택이나 직업수행에 있어서 어떠한 제한을 두고 있는 것은 아니므로 청구인들의 직업선택의 자유를 제한하고 있다고 볼 수 없다. (O/×)

---

041 【O】 (1) 청원경찰이 법원에서 금고 이상의 형의 선고유예를 받은 경우 당연퇴직하도록 규정한 조항은 청원경찰의 **직업의 자유를 침해한다.**
(2) 청원경찰이 저지른 범죄의 종류나 내용을 불문하고 금고 이상의 형의 선고유예를 받게 되면 당연히 퇴직되도록 규정함으로써 청원경찰에게 공무원보다 더 가혹한 제재를 가하고 있으므로, 침해의 최소성 원칙에 위배되고, **청원경찰이 저지른 범죄의 종류나 내용을 불문하고 범죄행위로 금고 이상의 형의 선고유예를 받게 되면 당연히 퇴직되도록 규정함으로써 그것이 달성하려는 공익의 비중에도 불구하고 청원경찰의 직업의 자유를 과도하게 제한하고 있어 법익의 균형성 원칙에도 위배된다**(2018.1.25. 2017헌가26).

042 【X】 청원경찰이 법원에서 자격정지의 형을 선고받은 경우「국가공무원법」을 준용하여 당연 퇴직하도록 한 조항은 청원경찰의 **직업의 자유를 침해하지 아니한다.**
(2) 자격정지의 형을 선고받은 청원경찰이 이 사건 법률조항에 따라 당연퇴직되어 입게 되는 직업의 자유에 대한 제한이라는 불이익이 **자격정지의 형을 선고받은 자를 청원경찰직에서 당연퇴직시킴으로써 청원경찰에 대한 국민의 신뢰를 제고하고 청원경찰로서의 성실하고 공정한 직무수행을 담보하려는 공익에 비하여 더 중하다고 볼 수는 없으므로, 법익균형성도 지켜지고 있다**(2011.10.25. 2011헌마85).

043 【X】 지방공무원의 의사에 반하는 타 지방자치단체로의 전출명령은 **직업의 자유를 침해한다.**(2002.11.28. 98헌바101) - 지방공무원 본인의 동의가 필요하지 않다고 해석한다면, 그 지방공무원의 의사에 반한 전출명령 및 전입임용으로 자신이 선택한 직업(지방공무원)을 수행해 나가기 위한 **직장(지방자치단체)을 옮기도록 강요하는 것이므로, 지방공무원의 직업선택의 자유, 그 중에서도 직장선택의 자유를 침해하는 것이 된다.**

044 【O】 무분별한 사업장 이동을 제한함으로써 내국인근로자의 고용기회를 보호하고 외국인근로자에 대한 효율적인 고용관리로 중소기업의 인력수급을 원활히 하여 국민경제의 균형 있는 발전이 이루어지도록 하기 위하여 도입된 것이다. 사업장 변경을 전면적으로 금지하는 것이 아니라 일정한 사유가 있는 경우에는 외국인근로자에게 3년의 체류기간 동안 3회까지 사업장을 변경할 수 있도록 하고 대통령령이 정하는 부득이한 사유가 있는 경우에는 추가로 사업장변경이 가능하도록 하여 외국인근로자의 사업장 변경을 일정한 범위 내에서 가능하도록 하고 있다(2011.9.29. 2011헌마1083 등).

045 【O】 2015.6.25. 2011헌마769, 2012헌마209.536

046

경비업을 경영하고 있는 자들이나 다른 업종을 경영하면서 새로이 경비업에 진출하고자 하는 자들로 하여금 경비업을 전문으로 하는 별개의 법인을 설립하지 않는 한 경비업과 그 밖의 업종을 겸영하지 못하도록 금지하는 것은 청구인들의 직업의 자유를 침해하는 것은 아니다. (O/×)

047

제1종 운전면허의 취득요건으로 양쪽 눈의 시력이 각각 0.5 이상일 것을 요구하는 도로교통법시행령 제45조 제1항 제1호 가목 부분이 좁은 의미의 직업선택의 자유를 침해하지 않는다. (O/×)

048

학원설립등록의무를 부과하고 이를 어긴 경우 처벌하도록 규정하는 것은 행복추구권, 직업선택의 자유를 침해한다고 볼 수 없다. (O/×)

2. 직업수행의 자유에 대한 제한

049

직업의 자유는 기본권제한입법의 한계조항인 헌법 제37조 제2항에 따라 국가안전보장·질서유지 또는 공공복리를 위하여 불가피한 경우에는 이를 제한할 수 있는 것이고, 직업의 자유를 구체적으로 어느 정도까지 제한할 수 있는지에 관하여 헌법재판소는 좁은 의미의 직업선택의 자유에 비하여 직업행사의 자유(영업의 자유)에 대하여는 상대적으로 더욱 폭 넓은 법률상의 규제가 가능하다고 판시하고 있다. (O/×)

050

헌법재판소는, 직업선택의 자유와 직업행사의 자유는 기본권주체에 대한 그 제한의 효과가 다르기 때문에 제한에 대한 위헌심사기준도 다르며, 특히 직업행사의 자유에 대한 제한의 경우 인격발현에 대한 침해의 효과가 일반적으로 직업선택 그 자체에 대한 제한에 비하여 작기 때문에 그 제한이 보다 폭넓게 허용된다고 하여, 독일의 단계이론과 유사한 논리를 전개한다. (O/×)

---

046 【×】 경비업을 경영하고 있는 자들이나 다른 업종을 경영하면서 새로이 경비업에 진출하고자 하는 자들로 하여금 경비업을 전문으로 하는 별개의 법인을 설립하지 않는 한 경비업과 그 밖의 업종을 겸영하지 못하도록 금지하는 것은 청구인들의 **직업의 자유를 침해한다**.(2002.4.25. 2001헌마614) - 입법목적 자체는 정당하나 일체의 겸영을 금지하는 것이 **적절한 방법이라고는 볼 수 없고 기본권침해의 최소성 원칙에 어긋나는 과도하고 무리한 방법**이고 보호하려는 공익과 기본권침해 간의 현저한 불균형으로 **법익의 균형성을 잃고 있다**.

047 【O】 이 사건 조문이 낮은 시력으로 인한 교통상의 위험을 방지하여 국민의 생명, 신체 및 재산을 보호하고 안전하고 원활한 도로교통을 확보함을 입법목적으로 하고 있고, 이 사건 조문이 추구하는 질서유지 및 공공복리의 증진이라는 공익은 이로써 제한되는 좁은 의미의 직업선택의 자유라는 사익보다 훨씬 더 크다고 할 것이어서 기본권 제한의 입법한계인 비례의 원칙을 준수하였으므로 이 사건 조문은 좁은 의미의 직업선택의 자유를 침해하지 아니한다 (2003.6.26. 2002헌마677).

048 【O】 2001.2.22. 99헌바93

049 【O】 2001.6.28. 2001헌마132

050 【O】 2002.10.31. 99헌바76

051

직업의 자유를 제한함에 있어서도 다른 기본권과 마찬가지로 헌법 제37조 제2항에서 정한 과잉금지의 원칙은 준수되어야 하므로 직업수행의 자유를 제한하는 법령에 대한 위헌 여부를 심사하는 데 있어서 좁은 의미의 직업선택의 자유에 비하여 다소 완화된 심사기준을 적용할 수는 없다. (O/×)

052

어떤 직업의 수행을 위한 전제요건으로서 일정한 주관적 요건을 갖춘 자에게만 그 직업에 종사 할 수 있도록 직업선택의 자유를 제한하는 경우에는, 주관적 요건 자체가 그 제한목적과 합리적인 관계가 있어야 한다. (O/×)

053

입법자는 어떠한 직업분야에 관한 자격제도를 만들면서 그 자격요건 내지 결격사유를 어떻게 설정할 것인가에 관하여 폭넓은 입법재량을 갖는다. (O/×)

054

입법자가 설정한 자격요건을 구비하여 자격을 부여받은 자에게 사후적으로 결격사유가 발생하면, 입법자는 당연히 그 자격을 박탈할 수 있다. (O/×)

055

치과의사의 치과전문의 자격 인정 요건으로 '외국의 의료기관에서 치과의사전문의 과정을 이수한 사람'을 포함하지 아니한 '치과의사전문의의 수련 및 자격 인정 등에 관한 규정'은 직업수행의 자유를 침해한다. (O/×)

---

051 【×】 헌법재판소는 직업수행의 자유 제한의 경우에는 입법자의 재량의 여지가 많으므로, 그 제한을 규정하는 법령에 대한 위헌 여부를 심사하는데 있어서 좁은 의미의 직업선택의 자유에 비하여 상대적으로 폭넓은 법률상의 규제가 가능한 것으로 보아 다소 **완화된 심사기준을 적용하여 왔다**.(2007.5.31. 2003헌마579)

052 【O】 2012.11.29. 2011헌마801

053 【O】 2014.1.28. 2011헌바252

054 【×】 (1) 입법자가 설정한 자격요건을 구비하여 자격을 부여받았다면 **사후적으로 결격사유가 발생했다고 해서 당연히 그 자격을 박탈할 수 있는 것은 아니다**. (2) 비록 어떠한 직업분야에 관한 자격제도를 만들면서 그 자격요건 내지 결격사유를 어떻게 설정할 것인가에 관하여 입법자에게 폭넓은 입법재량이 인정되기는 하나, (3) 국가가 설정한 자격요건을 구비하지 못했다는 이유로 일정한 자격을 부여하지 않더라도 해당자가 잃는 이익이 크다고 볼 수 없는 반면 (4) 그러한 자격을 일단 취득하여 직업활동을 영위해 오고 있는 자의 자격을 상실시킬 경우 장기간 쌓아온 지위를 박탈하는 것으로서 그 불이익이 중대할 수 있기 때문이다.(2014.1.28. 2011헌바252).

055 【O】 이미 국내에서 치과의사면허를 취득하고 외국의 의료기관에서 치과전문의 과정을 이수한 사람들에게 다시 국내에서 전문의 과정을 다시 이수할 것을 요구하는 것은 지나친 부담을 지우는 것이므로, 심판대상조항은 침해의 최소성원칙에 위배되고 법익의 균형성도 충족하지 못한다(2015.9.24. 2013헌마197).

056

전문과목을 표시한 치과의원은 그 표시한 전문과목에 해당하는 환자만을 진료하여야 한다고 규정한 「의료법」 규정은 직업수행의 자유를 침해한다. (O/×)

057

입원환자에 대하여 의약분업의 예외를 인정하면서도 의사로 하여금 조제를 직접 담당하도록 한 것은 직업수행의 자유를 침해한다. (O/×)

058

식품이나 식품의 용기·포장에 '음주전후' 또는 '숙취해소'라는 표시를 금지하는 것은 음주를 조장하는 내용에 대한 정당한 금지로 영업의 자유를 침해하지 아니한다. (O/×)

059

샘플 화장품을 판매 금지하고 그 위반자에 대해서 형사처벌을 규정한 것은 과잉금지원칙을 위반하여 직업수행의 자유를 침해하지 아니하고, 책임과 형벌 간 비례원칙에도 위배되지 아니한다. (O/×)

060

유치원 및 이와 유사한 교육기관의 학교환경위생정화구역 안에서 당구장시설을 하지 못하도록 기본권을 제한하는 것은 입법목적의 달성을 위하여 필요하고도 적정한 방법이라고 할 수 없어 역시 기본권제한의 한계를 벗어난 것이다. (O/×)

---

056 【O】 심판대상조항이 달성하고자 하는 적정한 치과 의료전달체계의 정립 및 치과전문의의 특정 전문과목에의 편중 방지라는 공익은 중요하나, 전문과목을 표시한 치과의원의 진료범위를 제한하는 것으로 그러한 공익이 얼마나 달성될 수 있을 것인지 의문이다. 반면 치과의원의 치과전문의가 표시한 전문과목 이외의 영역에서 치과일반의로서의 진료도 전혀 하지 못하는 데서 오는 사적인 불이익은 매우 크므로, 심판대상조항은 법익의 균형성 요건도 충족하지 못하였다(2015.5.28. 2013헌마799).

057 【X】 (1) 입원환자에 대하여 의약분업의 예외를 인정하면서도 의사로 하여금 조제를 직접 담당하도록 한 것은 **직업수행의 자유를 침해하지 아니한다.** (2) 의약분업의 예외를 인정한 취지를 살리면서도 약사 이외의 사람이 조제를 담당하여 발생할 수 있는 약화사고 등을 방지하기 위해서는, 의과대학에서 기초의학부터 시작하여 체계적으로 의학을 공부하고 상당기간 임상실습을 한 후 국가의 검증을 거친 의사로 하여금 조제를 직접 담당하도록 하는 것이 타당하고, (3) 의사가 손수 의약품을 조제한 것에 준한다고 볼 수 있는 정도의 지휘·감독이 이루어진 경우에는 간호사의 보조를 받아 의약품을 조제하는 것이 허용되는 점 등을 감안하면 침해 최소성 원칙에 반한다고 볼 수 없으며, (4) 이 사건 법률조항을 통하여 달성하고자 하는 국민보건의 향상과 약화사고의 방지라는 공익은 의약품 조제가 인정되는 가운데 의사가 받게 되는 조제방식의 제한이라는 사익에 비하여 현저히 커 법익균형성도 충족되므로, 이 사건 법률조항은 직업수행의 자유를 침해하지 아니한다(2015.7.30. 2013헌바422).

058 【X】 식품이나 식품의 용기·포장에 '음주전후' 또는 '숙취해소'라는 표시를 금지하는 이 사건 규정은 기본권제한입법이 갖추어야 할 피해의 최소성, 법익균형성 등의 요건을 갖추지 못한 것이어서 숙취해소용 식품의 제조·판매에 관한 **영업의 자유 및 광고표현의 자유를 과잉금지원칙에 위반하여 침해하는 것이다.** 특히 이 사건과 같이 이미 숙취해소용으로 특허를 받은 제품의 경우에는 특허권자의 헌법상 보장된 **재산권인 특허권마저 침해하게 된다.**(2000.3.30. 99헌마143).

059 【O】 심판대상조항은 일반적으로 화장품 판매 영업을 제한하는 것이 아니라, 처음부터 판매하지 않을 목적으로 제조 또는 수입된 화장품에 대한 판매만을 금지할 뿐이고, 그 수범자도 '소비자에게 화장품을 판매하는 자'로 한정하고 있다. 심판대상조항과 상관없이, 샘플 화장품을 본래 목적인 마케팅 수단으로 무상 제공하는 것은 얼마든지 가능하다(2017.5.25. 2016헌바408).

060 【O】 유치원생이 학습을 소홀히 하거나 교육적으로 나쁜 영향을 받을 위험성이 있다고 보기 어렵다(1997.3.27. 94헌마196).

061 ⟳ 1 2 3

법무사의 보수를 대한법무사협회회칙에 정하도록 하고 법무사가 회칙 소정의 보수를 초과하여 보수를 받거나 보수 외에는 명목의 여하를 불문하고 금품을 받는 것을 금지하는 법무사법 규정은 헌법에 위배되지 아니한다. (O/×)

062 ⟳ 1 2 3

학교교과교습학원의 교습시간을 05：00부터 22：00까지 규정하고 있는 조례는 학생이나 그 부모의 인격의 자유로운 발현권, 자녀교육권, 직업의 자유, 평등권을 침해하지 아니한다. (O/×)

063 ⟳ 1 2 3

개인택시운송사업자의 운전면허가 취소된 경우 개인택시운송사업면허를 취소할 수 있도록 규정한 것은 직업의 자유와 재산권을 침해하는 것이 아니다. (O/×)

064 ⟳ 1 2 3

이륜자동차 운전자의 고속도로 통행을 금지함으로 인하여 퀵서비스 배달업의 수행에 지장을 받더라도 고속도로 통행금지로 인하여 발생하는 간접적·사실상의 효과일 뿐이므로 직업수행의 자유를 침해하지 않는다. (O/×)

065 ⟳ 1 2 3

특허, 실용신안, 디자인 또는 상표의 침해로 인한 손해배상, 침해금지 등의 민사소송에서 변리사에게 소송대리를 허용하지 않는 것은 변리사들의 직업의 자유를 침해한다. (O/×)

066 ⟳ 1 2 3

안경사가 시력보정용 안경을 제조할 수 있게 하는 것은 안과의사의 전문적인 의료영역을 침해한 것이므로 위헌이다. (O/×)

---

061 【O】 이 사건 보수기준제에 의하여 청구인을 비롯한 법무사들이 직업활동의 자유를 제한 받지만, 그 보다는 보수를 제한함으로써 달성하고자 하는 공익인 국민의 법률생활의 편익과 사법제도의 건전한 발전의 중대함에 비추어 볼 때, 제한을 통하여 얻는 공익적 성과와 법무사의 직업행사의 자유에 대한 제한의 정도가 합리적인 비례관계를 벗어났다고 볼 수 없다(2003.6.26. 2002헌바3).

062 【O】 2009.10.29. 2008헌마454

063 【O】 2008.5.29. 2006헌바85

064 【O】 2008.7.31. 2007헌바90

065 【X】 (1) 특허, 실용신안, 디자인 또는 상표의 침해로 인한 손해배상, 침해금지 등의 민사소송에서 변리사에게 소송대리를 허용하지 않는 것은 **변리사들의 직업의 자유를 침해하지 아니한다**.
(2) 특허침해소송은 고도의 법률지식 및 공정성과 신뢰성이 요구되는 소송으로, 변호사 소송대리원칙(민사소송법 제87조)이 적용되어야 하는 일반 민사소송의 영역이므로, 소송당사자의 권익을 보호하기 위해 변호사에게만 특허침해소송의 소송대리를 허용하는 것은 그 합리성이 인정되며 입법재량의 범위 내라고 할 수 있다(2012.8.23. 2010헌마740).

066 【X】 안경사의 안경제조행위 및 그 전제가 되는 도수측정행위를 허용하는 것은 안과의사의 의료권과 **직업선택(수행)의 자유를 침해하는 것이 아니다**.(1993.11.25. 92헌마87) - 안과의사의 전문적인 의료영역을 정면으로 침해하는 것이라고 할 수는 없다. 나아가 그 규정이 직업선택(수행)의 자유를 침해하는 것이라고도 보기 어렵다.

067

의료인이 아닌 자의 무면허의료행위를 일률적·전면적으로 금지하고 이를 위반한 경우에 그 치료결과에 관계없이 형사처벌을 하는 법률조항은, 대안이 없는 유일한 선택이라고 하기 어려우므로 비례의 원칙에 위배되어 직업의 자유를 침해한다. (O/×)

068

건전한 한약조제질서를 확립하여 국민의 건강을 보호·증진하고, 국민건강상의 위험을 미리 방지하고자 비교적 안전성과 유효성이 확보된 일정한 처방에 한하여 한의사의 처방전 없이도 조제할 수 있도록 허용하는 것은 정당한 목적달성을 위한 적절한 수단이므로 입법자의 입법형성권의 한계를 일탈하였다고 볼 수 없어 직업의 자유를 침해하지 아니한다. (O/×)

069

부정한 방법에 의한 건설업등록행위가 국민의 생명과 재산에 미치는 위험의 정도와 그 위험방지의 중요성·긴급성을 고려할 때 1년 이내의 기간을 정하여 영업의 정지를 명하는 수단을 선택해서는 그 목적의 효율적인 달성을 기대하기 어려울 것이므로, 건설업자에게 부정한 방법에 의한 등록행위를 금지하고 이를 위반한 경우 필요적으로 건설업등록을 말소하도록 하는 조치는 입법목적의 달성을 위하여 반드시 필요한 최소한의 것이므로 과잉금지원칙에 위배하여 직업의 자유를 침해하였다고 볼 수 없다. (O/×)

070

대학 주변의 학교정화구역에서 납골시설의 설치·운영을 금지한 것은 납골시설의 설치·운영을 직업으로서 수행하고자 하는 자의 직업의 자유를 침해한다. (O/×)

---

067 【×】 (1) 의료인이 아닌 자의 무면허의료행위를 일률적·전면적으로 금지하고 이를 위반한 경우에 그 치료결과에 관계없이 형사처벌을 하는 법률조항은, "대안이 없는 유일한 선택"으로서 실질적으로도 **비례의 원칙에 합치되어 직업의 자유를 침해하지 않는다**. (2) 이 사건 법률조항은 헌법 제10조가 규정하는 인간으로서의 존엄과 가치를 보장하고 헌법 제36조 제3항이 규정하는 국민보건에 관한 국가의 보호의무를 다하고자 하는 것으로서, (3) 국민의 생명권, 건강권, 보건권 및 그 신체활동의 자유 등을 보장하는 규정이지, 이를 제한하거나 침해하는 규정이라고 할 수 없다(1996.10.31. 94헌가7).

068 【O】 2008.7.31. 2005헌마667 등

069 【O】 2004.7.15. 2003헌바35 등

070 【×】 (1) 대학 주변의 학교정화구역에서 납골시설의 설치·운영을 금지한 것은 납골시설의 설치·운영을 직업으로서 수행하고자 하는 자의 **직업의 자유를 침해하지 않는다**. (2) 납골시설이 학생들의 정서에 해로운 영향을 미치는 정도는 학생들이 정신적으로 성숙해짐에 따라 감소되겠지만, 납골시설을 기피하는 정서는 사회의 일반적인 풍토와 문화에서 비롯된 것이어서 대학생이 되면 완전히 벗어나게 된다고 단정하기 어렵다. (3) 그리고 이 사건 법률조항에 의하여 금지되는 것은 학교 부근 200m 이내의 정화구역 내에 국한되는 것이므로, 그로 인하여 기본권이 침해되는 정도는 크지 않다고 할 수 있다. (4) 그리고 이 사건 법률조항에 의하여 제한되는 기본권의 정도가 이 사건 법률조항에 의하여 보호되는 학교교육환경의 공익성보다 중대한 것이라고 보기도 어렵다. (5) 결국, 이 사건 법률조항이 학교 정화구역 내에서 납골시설을 일반적·절대적으로 금지하는 것이 입법자의 학교교육환경 규율에 관한 입법형성권의 한계를 현저히 벗어난 것이라고 보기 어렵고, (6) 그 입법목적을 달성하기 위하여 필요한 한도를 넘어서 종교의 자유, 행복추구권 및 직업의 자유를 과도하게 제한하여 헌법 제37조 제2항에 위반된다고 보기 어렵다(2009.7.28. 2008헌가2).

071

의료인이 '치료효과를 보장하는 등 소비자를 현혹할 우려가 있는 내용의 광고'를 한 경우 형사 처벌하도록 규정한 「의료법」 조항은 의료인의 표현의 자유뿐만 아니라 직업수행의 자유도 동시에 제한한다. (O/×)

072

운전면허를 받은 사람이 다른 사람의 자동차를 훔친 경우 운전면허를 필요적으로 취소하게 하는 것은, 자동차 운행과정에서 야기될 수 있는 교통상 위험과 장해를 방지함으로써 안전하고 원활한 교통을 확보하기 위한 것으로서, 자동차 절도라는 불법의 정도에 상응하는 제재수단에 해당하여 직업의 자유를 침해하지 않는다. (O/×)

073

허위로 진료비를 청구해서 환자나 진료비 지급기관 등을 속여 사기죄로 금고 이상 형을 선고받고 그 형의 집행이 종료되지 아니하였거나 집행을 받지 않기로 확정되지 않은 의료인에 대하여 필요적으로 면허를 취소하도록 하는 것은, 의료인이 의료관련범죄로 인하여 형사처벌을 받는 경우 당해 의료인에 대한 국민의 신뢰가 손상될 수 있는 것을 방지하기 위한 것이지만, 의료인의 불법의 정도에 상응하는 제재수단을 선택할 수 있도록 임의적 면허취소 내지 면허정지를 규정해도 충분히 목적달성이 가능하므로, 과도하게 의료인의 직업의 자유를 침해하는 것이다. (O/×)

---

071 【O】 2014.9.25. 2013헌바28

072 【X】 (1) 운전면허를 받은 사람이 다른 사람의 자동차를 훔친 경우 운전면허를 필요적으로 취소하게 하는 것은 직업의 자유를 침해한다. (2) 심판대상조항은 다른 사람의 자동차등을 훔친 범죄행위에 대한 행정적 제재를 강화하여 자동차등의 운행과정에서 야기될 수 있는 교통상의 위험과 장해를 방지함으로써 안전하고 원활한 교통을 확보하기 위한 것이다. (3) 그러나 자동차등을 훔친 범죄행위에 대한 행정적 제재를 강화하더라도 불법의 정도에 상응하는 제재수단을 선택할 수 있도록 임의적 운전면허 취소 또는 정지사유로 규정하여도 충분히 그 목적을 달성하는 것이 가능함에도, (4) 심판대상조항은 **필요적으로 운전면허를 취소하도록 하여 구체적 사안의 개별성과 특수성을 고려할 수 있는 여지를 일절 배제하고 있다.** 자동차 절취행위에 이르게 된 경위, 행위의 태양, 당해 범죄의 경중이나 그 위법성의 정도, 운전자의 형사처벌 여부 등 제반사정을 고려할 여지를 전혀 두지 아니한 채 다른 사람의 자동차등을 훔친 모든 경우에 필요적으로 운전면허를 취소하는 것은, 그것이 달성하려는 공익의 비중에도 불구하고 운전면허 소지자의 직업의 자유 내지 일반적 행동의 자유를 과도하게 제한하는 것이다. 그러므로 심판대상조항은 직업의 자유 내지 일반적 행동의 자유를 침해한다.

073 【X】 (1) 허위로 진료비를 청구해서 환자나 진료비 지급기관 등을 속여 사기죄로 금고 이상 형을 선고받고 그 형의 집행이 종료되지 아니하였거나 집행을 받지 않기로 확정되지 않은 의료인에 대하여 필요적으로 면허를 취소하도록 하는 것은 의료인의 **직업의 자유를 침해한다고 볼 수 없다.**
(2) 형법 제347조(허위로 진료비를 청구하여 환자나 진료비를 지급하는 기관이나 단체를 속인 경우만을 말한다) 위반행위로 금고 이상의 형까지 받은 의료인의 면허를 필요적으로 취소하지 아니하고 그대로 유지하도록 둘 경우 의료인에 대한 **공공의 신뢰확보라는 공익이 침해될 위험이 클 것이므로,** 이 사건 면허취소조항은 과잉금지원칙에 **위배되어 의료인의 직업의 자유를 침해한다고 볼 수 없다**(2017.6.29. 2016헌바394).

074 🔄 1 2 3

학원설립·운영자가 구「학원의 설립·운영 및 과외교습에 관한 법률」을 위반하여 벌금형을 선고받은 경우 등록의 효력을 잃도록 규정하고 있는 것은 당사자의 능력이나 자격과는 하등 관련이 없는 객관적 사유에 의한 직업선택의 자유에 대한 제한이다. (O/×)

075 🔄 1 2 3

구「학원의 설립·운영 및 과외교습에 관한 법률」을 위반하여 벌금형을 선고받은 후 1년이 지나지 아니한 자는 학원설립·운영의 등록을 할 수 없도록 규정한 구「학원의 설립·운영 및 과외교습에 관한 법률」상의 등록결격조항은 각종 규율의 형해화를 막고 학습자를 보호하며 학원의 공적 기능을 유지하고자 하는 목적을 달성하기 위하여 필요한 것으로 과잉금지원칙에 위배되어 직업선택의 자유를 침해한다고 보기 어렵다. (O/×)

076 🔄 1 2 3

초등학교, 중학교, 고등학교의 학교환경 위생정화구역 내에서의 당구장시설을 제한하면서 예외적으로 학습과 학교보건위생에 나쁜 영향을 주지 않는다고 인정하는 경우에 한하여 당구장 시설을 허용하도록 하는 것은 과도하게 직업의 자유를 침해한다. (O/×)

077 🔄 1 2 3

변호사가 변호사 업무수행을 하던 중 변리사 등록을 한 경우 대한변리사회에 의무적으로 가입하게 하는 조항은 변호사의 직업수행의 자유를 침해한다. (O/×)

---

074 【X】 법인의 임원이「학원의 설립·운영 및 과외교습에 관한 법률」을 위반하여 벌금형을 선고받은 경우 법인에 대한 학원설립·운영 등록이 효력을 잃도록 한 법률규정은, 학원을 설립하고 운영하는 법인에게 <u>지나치게 과중한 부담을 지우고 있고</u>, 이로 인하여 법인의 등록이 실효되면 해당 임원이 더 이상 임원직을 수행할 수 없게 될 뿐 아니라, 갑작스러운 수업의 중단으로 <u>학습자 역시 불측의 피해를 입을 수밖에 없게 되어 학원법인의 직업수행의 자유를 침해한다.</u>(2015.5.28. 2012헌마653)

075 【O】 2015.5.28. 2012헌마653

076 【X】 (1) 초등학교, 중학교, 고등학교의 학교환경 위생정화구역 내에서의 당구장시설을 제한하면서 예외적으로 학습과 학교보건위생에 나쁜 영향을 주지 않는다고 인정하는 경우에 한하여 당구장 시설을 허용하도록 하는 것은 <u>과도하게 직업(행사)의 자유를 침해하는</u> 것이라 할 수 없다.
(2) 초등학교, 중학교, 고등학교 기타 이와 유사한 교육기관의 학생들은 아직 변별력 및 의지력이 미약하여 당구의 오락성에 빠져 학습을 소홀히 하고 당구장의 유해환경으로부터 나쁜 영향을 받을 위험성이 크므로 이들을 이러한 위험으로부터 보호할 필요가 있는바, 이를 위하여 위 각 학교 경계선으로부터 200미터 이내에 설정되는 학교환경 위생정화구역 내에서의 당구장시설을 제한하면서 예외적으로 학습과 학교보건위생에 나쁜 영향을 주지 않는다고 인정하는 경우에 한하여 당구장시설을 허용하도록 하는 것이다(1997.3.27. 94헌마196).

077 【X】 (1) 변호사가 변호사 업무수행을 하던 중 변리사 등록을 한 경우 대한변리사회에 의무적으로 가입하게 하는 조항은 <u>변호사의 직업수행의 자유를 침해하지 아니한다.</u>
(2) 변호사 업무와 변리사 업무는 그 내용이 다르고, 변호사의 품위를 보전하고, 법률사무의 개선과 발전 그 밖의 법률문화의 창달을 도모하기 위한 대한변호사협회와 변리사의 품위향상 및 업무개선과 산업재산권 제도의 발전을 도모하기 위한 변리사회는 <u>그 설립목적, 제공하는 서비스의 내용, 사회적 기능 및 공적 역할이 다르다. 따라서 변호사이더라도 변리사 업무를 수행하는 이상 변리사회에 가입할 필요가 있다</u>(2017.12.28. 2015헌마1000).

078

변호사가 변리사 업무를 수행하는 경우 변리사 연수교육을 받을 의무를 부과하는 조항은 변호사의 직업수행의 자유를 침해하지 않는다. (O/×)

079

의료기기 수입업자가 의료기관 개설자에게 리베이트를 제공하는 경우를 처벌하는 조항은 의료기기 수입업자의 직업의 자유를 침해한다. (O/×)

080

품목허가를 받지 아니한 의료기기를 수리·판매·임대·수여 또는 사용의 목적으로 수입한 자를 처벌하는 조항은 의료기기 수입업자의 직업수행의 자유를 침해하지 않는다. (O/×)

081

건설산업기본법에서 건설업자가 명의대여를 한 경우 건설업의 등록을 필요적으로 말소 하도록 규정하는 것은 합헌이지만, 임원이 금고 이상의 형을 선고받은 경우 법인의 건설업 등록을 필요적으로 말소하도록 규정한 것은 위헌이다. (O/×)

082

여객운송사업자가 지입제 경영을 한 경우 구체적 사안의 개별성과 특수성을 전혀 고려하지 않고 그 사업면허를 필요적으로 취소하도록 한 여객자동차운송사업법 규정은 직업의 자유를 침해한다. (O/×)

---

078 【O】 변호사가 변리사 업무를 수행하는 경우 변리사 연수교육을 받을 의무를 부과하는 조항은 변호사의 **직업수행의 자유를 침해하지 않는다**.(2017.12.28. 2015헌마1000) - 변호사와 변리사는 **주된 업무 내용이 다르므로**, 변호사이더라도 변리사 업무를 수행하는 이상 변리사 연수를 받을 필요가 있다.

079 【X】 의료기기 수입업자가 의료기관 개설자에게 리베이트를 제공하는 경우를 처벌하는 조항은 의료기기 수입업자의 **직업의 자유를 침해하지 아니한다**.(2018.1.25. 2016헌바201, 2017헌바205) - 의료기기 관련 리베이트를 금지함으로써 달성하려고 하는 보건의료시장에서의 공정하고 자유로운 경쟁 확보, 국민건강보험의 재정건전화, 국민건강보호라는 공익의 가치가 매우 중요하고 이 사건 금지 및 처벌조항들이 리베이트의 제공·수수 행위를 금지함으로써 그 공익 실현에 기여하는 바도 크다. 결론적으로 이 사건 금지 및 처벌조항들로 인하여 의료기기업자나 **의료인이 입게 되는 불이익이 그 조항들이 추구하는 공익에 비해 결코 크다고 하기 어려우므로 법익의 균형성도 충족한다**.

080 【O】 품목허가를 받지 아니한 의료기기를 수리·판매·임대·수여 또는 사용의 목적으로 수입한 자를 처벌하는 조항은 의료기기 수입업자의 **직업수행의 자유를 침해하지 않는다**.(2015.7.30. 2014헌바6) - 의료기기의 효율적인 관리를 통한 국민의 생명권과 건강권의 보호라는 공익은 의료기기 수입업자가 위 금지로 인하여 제한받는 사익보다 훨씬 중요하므로 법익균형성의 원칙에 반하지 아니한다.

081 【O】 2001.3.21. 2000헌바27, 2014.4.24. 2013헌바25

082 【O】 입법자가 임의적 규정으로도 법의 목적을 실현할 수 있는 경우에 구체적 사안의 개별성과 특수성을 고려할 수 있는 가능성을 일체 배제하는 필요적 규정을 둔다면 이는 비례의 원칙의 한 요소인 "최소침해성의 원칙"에 위배된다(2000.6.1. 99헌가11 등).

083 ㉠①②③

군법무관 임용시험에 합격한 군법무관들에게 군법무관시보로 임용된 때부터 10년간 근무하여야 변호사 자격을 유지하게 한 '군법무관 임용 등에 관한 법률' 제7조 단서가 군법무관들의 직업선택의 자유를 침해하지 않는다.   (O/×)

3. 직업의 자유 제한에 관한 단계이론

084 ㉠①②③

단계이론에 의하면 직업선택의 자유에 대한 제한이 불가피한 경우 먼저 제1단계로 직업종사의 자유를 제한하고, 그에 의하여 그 목적을 달성할 수 없는 경우 제2단계로 객관적 사유에 의하여 직업결정의 자유를 제한하고, 그에 의해서도 그 목적을 달성할 수 없는 경우 제3단계로 주관적 사유에 의하여 직업결정의 자유를 제한하여야 한다고 한다.   (O/×)

1) 직업수행(종사)의 자유제한(1단계)

> ① 석유제품에 다른 석유제품 또는 석유화학제품을 혼합하는 등의 방법으로 대통령령이 정하는 유사석유제품을 생산·판매하는 것을 제한하는 경우
> ② 건축사가 업무범위를 위반하여 업무를 행한 때 이를 필요적 등록취소사유로 규정한 경우
> ③ 피보험자인 전 국민의 의료보험수급권을 보장할 목적으로 의료기관을 요양기관으로 강제로 지정하는 '강제지정제'의 경우
> ④ 부동산중개업자로 하여금 법령이 정하는 한도를 초과하는 수수료 받지 못하게 하는 경우
> ⑤ 학교교과 교습학원의 교습시간을 05:00부터 22:00까지로 제한하는 것(2016.5.26. 2014헌마374)
> ⑥ 택시의 10부제 운행
> ⑦ 유흥업소의 영업시간 제한
> ⑧ 대형 할인마트의 월 1회 주말 영업 제한
> ⑨ 당구장 18세 미만 출입금지
> ⑩ 학교 정화구역 내 당구장·극장 영업금지
> ⑪ 자도생산 소주구입 강제제도
> ⑫ 국산영화 의무상영제
> ⑬ 백화점 버스 운행금지
> ⑭ 요양기관을 보험자 또는 보험자 단체가 강제 지정할 수 있도록 한 것

---

083 【O】 군법무관이 전역할 경우 어떠한 조건으로 변호사 자격을 인정할 것인지, 또 어떻게 유지할 것인지 문제는 군법무관제도에 필수적으로 따르는 것이라기보다 입법정책적인 판단의 대상이 되는 사항인데, 이 사건 조항이 변호사 자격의 유지 조건으로 군법무관의 복무기간을 정하고 있는 것은 입법목적과 합리적인 연관관계가 인정된다(2007.5.31. 2006헌마767).

084 【×】 단계이론은 독일연방헌법재판소가 '약국판결'에서 발전시킨 이론으로 직업의 자유를 제한함에 있어서는 우선 직업의 자유에 대한 침해가 가장 적은 방법인 **직업행사의 자유의 제한(1단계)**으로 목적달성을 추구하여 보고, 불가능한 경우에만 그 다음 단계의 제한방법인 **주관적 사유에 의한 직업결정의 자유의 제한(2단계)**을 사용하고, 실효성이 없다고 판단되면 마지막 단계의 방법인 **객관적 사유에 의한 직업결정의 자유의 제한(3단계)**을 선택해야 한다는 이론이다. 우리 헌법재판소도 이 단계이론을 수용하고 있는데, 기본권제한과 관련된 비례의 원칙, 특히 침해최소성의 원칙을 직업의 자유의 제한에 적용한 것이라 할 수 있다.

2) 주관적 조건에 의한 직업결정의 자유제한(2단계)

① 대학 졸업 이상의 학력 소지자에게만 학원강사가 될 수 있도록 하는 것
② 사법시험 및 변호사시험에 합격한 자들에 한하여 변호사 자격부여
③ 군법무관 자격제

085 🔄 ① ② ③

학원설립·운영자가 구「학원의 설립·운영 및 과외교습에 관한 법률」을 위반하여 벌금형을 선고받은 경우 등록의 효력을 잃도록 규정하고 있는 것은 일정한 직업을 선택함에 있어 기본권 주체의 능력과 자질에 따른 제한으로서 이른바 '주관적 요건에 의한 좁은 의미의 직업선택의 자유의 제한'에 해당한다.

(O/X)

086 🔄 ① ② ③

정원제로 사법시험의 합격자를 결정하는 방법은 개인이 주관적인 노력으로 획득할 수 있는 변호사로서의 자질과 능력을 검정하는 것이 아니라 변호사의 사회적 수급상황 등 객관적 사유에 의하여 직업선택의 자유를 제한하는 것이다.

(O/X)

087 🔄 ① ② ③

일반학원의 강사라는 직업의 개시를 위한 주관적 전제조건으로서 '대학 졸업 이상의 학력 소지'라는 자격기준을 갖추도록 요구함으로써 직업선택의 자유를 제한하고 있으나 일률적으로 자격기준을 설정하여 통제하는 방식만큼의 효과를 거둘 만한 다른 제도나 절차를 쉽게 찾아보기 어려우므로 최소침해의 원칙은 문제되지 않는다.

(O/X)

3) 객관적 조건에 의한 직업결정의 자유제한(3단계) : 엄격한 심사기준을 적용

① 이러한 제한은 월등하게 중요한 공익을 위하여 명백하고 확실한 위험을 방지하기 위한 경우에만 정당화될 수 있다.
② 경비업을 전문으로 하는 별개의 법인을 설립하지 않는 한 경비업과 그 밖의 업종을 겸영하지 못하도록 하는 것(2002.4.25. 2001헌마614)
③ 시각장애인에 대하여만 안마사 자격 인정을 받을 수 있도록 하는 것(2008.10.30. 2006헌마1098 등)
④ 법무사 시험실시를 법원행정처장의 재량에 따라 실시하도록 한 것

---

085 【O】 2014.1.28. 2011헌바252
086 【X】 정원제로 사법시험의 합격자를 결정하는 방법은 **주관적 사유에 의하여 직업선택의 자유를 제한하는 것이다.**(2010.5.27. 2008헌바110) - 선발인원의 제한을 두는 취지는 상대평가라는 방식을 통하여 응시자의 주관적 자질과 능력을 검정하려 하는 것이므로, 이는 객관적 사유에 의한 제한이 아니라 주관적 사유에 의한 제한이라고 하여야 할 것이다.
087 【O】 2003.9.25. 2002헌마519

최신판례 예상지문

001
제조업의 직접생산공정업무를 근로자파견의 대상 업무에서 제외하는 '파견근로자보호 등에 관한 법률'조항은 직업수행의 자유를 침해한다. (O/×)

002
세무사 자격 보유 변호사로 하여금 세무사로서 세무사의 업무를 할 수 없도록 규정한 세무사법조항은 세무사 자격 보유 변호사의 직업선택의 자유를 침해한다. (O/×)

003
아동학대관련범죄로 형을 선고받아 확정된 자로 하여금 그 형이 확정된 때부터 형의 집행이 종료되거나 집행을 받지 아니하기로 확정된 후 10년 동안 체육시설 및 '초·중등교육법' 제2조 각 호의 학교를 운영하거나 이에 취업 또는 사실상 노무를 제공할 수 없도록 한 아동복지법조항은 청구인들의 직업선택의 자유를 침해한다. (O/×)

---

001 【×】 제조업의 직접생산공정업무를 근로자파견의 대상 업무에서 제외하는 '파견근로자보호 등에 관한 법률'조항이 직업수행의 자유를 침해하는지 여부(소극) (헌재 2017.12.28. 2016헌바346) - 심판대상조항은 제조업의 핵심 업무인 직접생산공정업무의 적정한 운영을 기하고 근로자에 대한 직접고용 증진 및 적정임금 지급을 보장하기 위한 것으로 입법목적의 정당성 및 수단의 적합성이 인정된다. 또한, 제조업의 직접생산공정업무의 적정한 운영, 근로자의 직접고용 증진 및 적정임금 보장이라는 공익이 사용사업주가 제조업의 직접생산공정업무에 관하여 근로자파견의 역무를 제공받지 못하는 직업수행의 자유 제한에 비하여 작다고 볼 수 없으므로, 법익의 균형성도 충족된다. 따라서 심판대상조항이 제조업의 직접생산공정업무에 관하여 근로자파견의 역무를 제공받고자 하는 사업주의 직업수행의 자유를 침해한다고 볼 수 없다.

002 【O】 세무사 자격 보유 변호사로 하여금 세무사로서 세무사의 업무를 할 수 없도록 규정한 세무사법조항이 세무사 자격 보유 변호사의 직업선택의 자유를 침해하는지 여부(적극) (헌재 2018.4.26. 2015헌가19) - 세무대리의 전문성을 확보하고 부실 세무대리를 방지함으로써 납세자의 권익을 보호하고 세무행정의 원활한 수행 및 납세의무의 적정한 이행을 도모하려는 심판대상조항의 입법목적은 일응 수긍할 수 있다. 그러나 세무사의 업무에는 세법 및 관련 법령에 대한 전문 지식과 법률에 대한 해석·적용능력이 필수적으로 요구되는 업무가 포함되어 있다. 세법 및 관련 법령에 대한 해석·적용에 있어서는 세무사나 공인회계사보다 변호사에게 오히려 전문성과 능력이 인정됨에도 불구하고, 심판대상조항은 세무사 자격 보유 변호사로 하여금 세무대리를 일체 할 수 없도록 전면적으로 금지하고 있으므로, 수단의 적합성을 인정할 수 없고 침해의 최소성에도 반하고 법익의 균형성도 갖추지 못하였다. 그렇다면, 심판대상조항은 과잉금지원칙을 위반하여 세무사 자격 보유 변호사의 직업선택의 자유를 침해하므로 헌법에 위반된다.

003 【O】 아동학대관련범죄로 형을 선고받아 확정된 자로 하여금 그 형이 확정된 때부터 형의 집행이 종료되거나 집행을 받지 아니하기로 확정된 후 10년 동안 체육시설 및 '초·중등교육법' 제2조 각 호의 학교를 운영하거나 이에 취업 또는 사실상 노무를 제공할 수 없도록 한 아동복지법조항이 청구인들의 직업선택의 자유를 침해하는지 여부(적극) (헌재 2018.6.28. 2017헌마130) - 이 사건 법률조항은 아동학대관련범죄전력자 중 재범의 위험성이 없는 자, 아동학대관련범죄전력이 있지만 10년의 기간 안에 재범의 위험성이 해소될 수 있는 자, 범행의 정도가 가볍고 재범의 위험성이 상대적으로 크지 않은 자에게까지 10년 동안 일률적인 취업제한을 부과하고 있는데, 이는 침해의 최소성 원칙과 법익의 균형성 원칙에 위배된다. 따라서 이 사건 법률조항은 청구인들의 직업선택의 자유를 침해한다.

004 ⟳ 1 2 3

금고 이상의 실형을 선고받고 그 집행이 종료된 날부터 3년이 경과되지 않은 경우 중개사무소 개설등록을 취소하도록 하는 공인중개사법조항은 직업선택의 자유를 침해한다. (O/×)

005 ⟳ 1 2 3

금고 이상의 형의 집행유예를 선고받고 그 유예기간이 지난 후 2년이 지나지 아니한 자는 변호사가 될 수 없도록 한 변호사법 조항은 청구인의 직업선택의 자유, 평등권을 침해한다. (O/×)

006 ⟳ 1 2 3

의료인은 어떠한 명목으로도 둘 이상의 의료기관을 운영할 수 없다고 규정한 의료법조항은 의료인의 직업수행의 자유를 침해한다. (O/×)

---

004 【X】 금고 이상의 실형을 선고받고 그 집행이 종료된 날부터 3년이 경과되지 않은 경우 중개사무소 개설등록을 취소하도록 하는 공인중개사법조항이 직업선택의 자유를 침해하여 위헌인지 여부(소극) (헌재 2019.2.28. 2016헌바467) - 심판대상조항은 공인중개사가 부동산 거래시장에서 수행하는 업무의 공정성 및 그에 대한 국민적 신뢰를 확보하기 위한 것으로서 입법목적의 정당성을 인정할 수 있고, 개업공인중개사가 금고 이상의 실형을 선고받는 경우 중개사무소 개설등록을 필요적으로 취소하여 중개업에 종사할 수 없도록 배제하는 것은 위와 같은 입법목적을 달성하는 데 적절한 수단이 된다. 공인중개업은 국민의 재산권에 큰 영향을 미치므로 업무의 공정성과 신뢰를 확보할 필요성이 큰 반면, 심판대상조항으로 인하여 중개사무소 개설등록이 취소된다 하더라도 공인중개사 자격까지 취소되는 것이 아니어서 3년이 경과한 후에는 다시 중개사무소를 열 수 있다. 따라서 심판대상조항은 과잉금지원칙에 반하여 직업선택의 자유를 침해하지 아니한다.

005 【X】 금고 이상의 형의 집행유예를 선고받고 그 유예기간이 지난 후 2년이 지나지 아니한 자는 변호사가 될 수 없도록 한 변호사법 조항이 청구인의 직업선택의 자유, 평등권을 침해하는지 여부(소극) (헌재 2019.5.30. 2018헌마267) - 변호사법 제5조 제2호는 국민의 기본적 인권을 옹호하고 사회정의를 실현함을 사명으로 하는 변호사제도에 대한 국민의 신뢰 및 공공의 이익을 보호하기 위한 것인바, 직업선택의 자유에 대한 과도한 제한이라 할 수 없고, 의사 등과 달리 변호사는 기본적 인권 옹호와 사회정의 실현을 사명으로 하여 직무의 공공성이 강조되고 그 독점적 지위가 법률사무 전반에 미치므로 변호사 결격사유가 되는 범죄의 종류를 직무 관련 범죄로 제한하지 않았다고 하더라도 자의적인 차별이라고 할 수 없다. 따라서 심판대상조항이 청구인의 직업선택의 자유, 평등권을 침해한다고 볼 수 없다.

006 【X】 의료인은 어떠한 명목으로도 둘 이상의 의료기관을 운영할 수 없다고 규정한 의료법조항이 의료인의 직업수행의 자유를 침해하는지 여부(소극) (헌재 2019.8.29. 2014헌바212) - (1) 제한되는 기본권 - 의료인의 직업의 자유, 그 중에서도 직업수행의 자유를 침해하는지 여부가 문제 된다.
(2) 이 사건 법률조항은 의료인으로 하여금 하나의 의료기관에서 책임 있는 의료행위를 하게 하여 의료행위의 질을 유지하고, 지나친 영리추구로 인한 의료의 공공성 훼손 및 의료서비스 수급의 불균형을 방지하며, 소수의 의료인에 의한 의료시장의 독과점 및 의료시장의 양극화를 방지하기 위한 것이다. 의료인이 여러 개의 의료기관을 운영할 때 의료계 및 국민건강보험 재정 등 국민보건 전반에 미치는 영향, 국가가 국민의 건강을 보호하고 적정한 의료급여를 보장해야 하는 사회국가적 의무 등을 종합하여 볼 때, 이 사건 법률조항은 과잉금지원칙에 반한다고 할 수 없다.

007

변호사 등록을 신청하는 자에게 등록료 1,000,000원을 납부하도록 정한 대한변호사협회의 '변호사 등록 등에 관한 규칙'조항은 변호사 등록을 하고자 하는 청구인의 직업의 자유를 침해한다. (O/×)

008

'2018년 적용 최저임금'을 시간급 7,530원, 2019년 적용 최저임금을 시간급 8,350원으로 정한 '각 최저임금고시'는 청구인들의 계약의 자유 및 기업의 자유를 침해한다. (O/×)

---

007 【×】 변호사 등록을 신청하는 자에게 등록료 1,000,000원을 납부하도록 정한 대한변호사협회의 '변호사 등록 등에 관한 규칙'조항이 변호사 등록을 하고자 하는 청구인의 직업의 자유를 침해하는지 여부(소극) (헌재 2019.11.28. 2017헌마759) - 변호사 등록료는 일부 입회비로서의 성격을 가진다는 점과 변호사단체는 변호사 직무의 자유로운 수행을 보장하기 위하여 마련된 제도적 장치임을 고려했을 때, 변협이 그 재원의 일부인 등록료를 어느 정도로 정할지에 대해서는 충분한 자율성과 재량이 보장된다. 다만, 변호사 등록을 신청하는 자 입장에서 변협은 사실상 강제로 가입해야하는 단체에 해당하므로, 변협의 등록료에 대한 자율성과 재량은 신규가입을 제한할 목적으로 또는 그와 동일한 효과를 가질 정도로 높아서는 아니 된다는 한계를 갖는다. 우리나라의 현재 경제상황과 화폐가치, 변호사 개업 후 얻게 될 사회적 지위 및 수입수준, 법정단체에 가입이 강제되는 유사직역의 입회비 등을 고려했을 때 금 1,000,000원이라는 돈이 신규가입을 제한할 정도로 현저하게 과도한 금액이라 할 수는 없다. 따라서 심판대상조항들은 과잉금지원칙에 위반하여 청구인의 직업의 자유를 침해하지 않는다.

008 【×】 '2018년 적용 최저임금'을 시간급 7,530원, 2019년 적용 최저임금을 시간급 8,350원으로 정한 '각 최저임금고시'가 [1] 청구인들의 계약의 자유 및 기업의 자유를 침해하는지 여부(소극) [2] 청구인들의 재산권을 침해하는지 여부(소극) [3] 헌법상 경제질서에 위배되는지 여부(소극) (헌재 2019.12.27. 2017헌마1366) - (1) 각 최저임금 고시 부분으로 달성하려는 공익은 열악한 근로조건 아래 놓여 있는 저임금 근로자들의 임금에 일부나마 안정성을 부여하는 것으로서 근로자들의 인간다운 생활을 보장하고 나아가 이를 통해 노동력의 질적 향상을 꾀하기 위한 것으로서 제한되는 사익에 비하여 그 중대성이 덜하다고 볼 수는 없다. 따라서 각 최저임금 고시 부분이 과잉금지원칙을 위반하여 청구인들의 계약의 자유와 기업의 자유를 침해하였다고 할 수 없다.
(2) 헌법상 보장된 재산권은 원래 사적 유용성 및 그에 대한 원칙적인 처분권을 내포하는 재산가치 있는 구체적인 권리이므로 구체적 권리가 아닌 영리획득의 단순한 기회나 기업활동의 사실적·법적 여건은 기업에게는 중요한 의미를 갖는다고 하더라도 재산권 보장의 대상이 아니다. 각 최저임금 고시 부분은 기업활동의 사실적·법적 여건에 관한 것으로 재산권 침해는 문제되지 않는다.
(3) 헌법 제119조 제1항은 대한민국의 경제질서에 관하여, 제123조 제3항은 국가의 중소기업 보호·육성 의무에 관하여 규정한 조항이고, 제126조는 사영기업의 국·공유화에 대한 제한을 규정한 조항으로서 경제질서에 관한 헌법상의 원리나 제도를 규정한 조항들이다. 헌법재판소법 제68조 제1항에 의한 헌법소원에 있어서 헌법상의 원리나 헌법상 보장된 제도의 내용이 침해되었다는 사정만으로 바로 청구인들의 기본권이 직접 현실적으로 침해된 것이라고 할 수 없다.

009 🔄 ① ② ③

만성신부전증환자에 대한 외래 혈액투석 의료급여수가의 기준을 정액수가로 규정한 '의료급여수가의 기준 및 일반기준'은 의사인 청구인들의 직업수행의 자유를 침해한다. (O/×)

010 🔄 ① ② ③

안경사 면허를 가진 자연인에게만 안경업소의 개설 등을 할 수 있도록 한 구 의료기사 등에 관한 법률 조항은 과잉금지원칙에 반하여 자연인 안경사와 법인의 직업의 자유를 침해한다. (O/×)

011 🔄 ① ② ③

의료인의 의료기관 중복 개설을 금지하는 의료법 조항은 의료인의 직업수행의 자유를 침해한다. (O/×)

---

009 【×】 만성신부전증환자에 대한 외래 혈액투석 의료급여수가의 기준을 정액수가로 규정한 '의료급여수가의 기준 및 일반기준'이 의사인 청구인들의 직업수행의 자유를 침해하는지 여부(소극) (헌재 2020.4.23. 2017헌마103) – (1) 심판대상조항의 정액수가제는 혈액투석 진료비용이 급증하는 상황에서 재정안정성을 확보하여 적합하고 지속가능한 의료급여가 제공될 수 있도록 도입된 수가기준으로서 목적의 정당성과 수단의 적합성이 인정된다. 심판대상조항으로 의사가 입게 되는 불이익이 한정된 재원의 범위에서 최적의 의료서비스를 공급하려는 공익에 비하여 더 크다고 볼 수 없다. 심판대상조항은 의사의 직업수행의 자유를 침해하지 않는다.
(2) 심판대상조항은 국가가 국민의 보건권 등을 보호하는 데 적절하고 효율적인 최소한의 조치를 취하지 아니하였다고 볼 수 없다. 심판대상조항은 수급권자인 청구인의 인간다운 생활을 할 권리 내지 보건권을 침해하지 않는다.
(3) 한정된 의료급여재정의 범위 내에서 적정하고 지속적인 의료서비스를 제공하고, 의료의 질을 유지할 수 있는 방법으로 현행 정액수가제와 같은 정도로 입법목적을 달성하면서 기본권을 덜 제한하는 수단이 명백히 존재한다고 보기 어렵고, 의료급여 수급권자가 입게 되는 불이익이 공익보다 크다고 볼 수도 없다. 심판대상조항은 수급권자인 청구인의 의료행위 선택권을 침해하지 않는다.

010 【×】 안경사 면허를 가진 자연인에게만 안경업소의 개설 등을 할 수 있도록 한 구 의료기사 등에 관한 법률 조항이 과잉금지원칙에 반하여 자연인 안경사와 법인의 직업의 자유를 침해하는지 여부(소극) – (1) 4인의 합헌의견 : 법인 안경업소가 허용되면 영리추구 극대화를 위해 무면허로 하여금 안경 조제・판매를 하게 하는 등의 문제가 발생할 가능성이 높아지고, 안경 조제・판매 서비스의 질이 하락할 우려가 있다. 또한 대규모 자본을 가진 비안경사들이 법인의 형태로 안경시장을 장악하여 개인 안경업소들이 폐업하면 안경사와 소비자 간 신뢰관계 형성이 어려워지고, 독과점으로 인해 안경 구매비용이 상승할 수 있다. 반면 현행법에 의하더라도 안경사들은 협동조합, 가맹점 가입, 동업 등의 방법으로 법인의 안경업소 개설과 같은 조직화, 대형화 효과를 어느 정도 누릴 수 있다. 따라서 심판대상조항은 과잉금지원칙에 반하지 아니하여 자연인 안경사와 법인의 **직업의 자유를 침해하지 아니한다**.(헌재 2021.6.24. 2017헌가31)
(2) 5인의 헌법불합치의견 : 심판대상조항이 안경사들로만 구성된 법인 형태의 안경업소 개설까지 허용하지 않는 것은 직업의 자유에 대한 필요 이상의 제한으로 그 침해의 정도도 상당하므로, 심판대상조항은 과잉금지원칙에 반한다. 심판대상조항 중 법인의 안경업소 개설에 관한 부분은 안경사들로 구성된 법인의 안경업소 개설까지 포함하여 전면적이고 일률적으로 법인의 안경업소 개설을 금지하는 데에 그 위헌성이 있다. 따라서 심판대상조항 중 '법인에 관한 부분'에 한하여 그 효력을 즉시 상실시키는 단순위헌결정을 하는 대신 헌법불합치결정을 선고함이 타당하다.
(3) 위헌의견 정족수(6인)에 미달하여 합헌결정을 한 사안이다.

011 【×】 의료인의 의료기관 중복 개설을 금지하는 의료법 조항이 의료인의 직업수행의 자유를 침해하는지 여부(소극) –
(1) 심판대상조항은 의료인의 의료기관 중복 개설을 허용할 경우 예상되는 폐해를 미리 방지하여 건전한 의료질서를 확립하고 궁극적으로는 **국민의 건강을 보호・증진하기 위한 것**으로 입법목적의 정당성이 인정된다.
(2) 의료인의 의료기관 중복 개설을 허용할 경우, **의료인의 역량이 분산되거나, 비의료인으로 하여금 의료행위를 하도록 하는 등 위법행위에 대한 유인**이 증가할 우려가 있고, 국민의 생명・신체에 대한 위험이나 보건위생상 위해를 초래할 수 있다. 또한, 영리 추구가 의료의 주된 목적이 될 경우 의료서비스 수급의 불균형, 의료시장의 독과점 등 부작용이 발생할 우려가 있는바, 이를 사전에 방지할 필요가 있다.
(3) 건전한 의료질서를 확립하고 국민 건강을 보호・증진하고자 하는 공익이 의료기관 중복개설 금지로 인하여 청구인이 입게 되는 불이익에 비하여 중대하다.
(4) 따라서 심판대상조항이 **의료인의 직업수행의 자유를 침해한다고 볼 수 없다**.(헌재 2021.6.24. 2019헌바342)

012 ⓗ ① ② ③

변호사의 자격이 있는 자에게 더 이상 세무사 자격을 부여하지 않는 구 세무사법 조항은 시행일 이후 변호사 자격을 취득한 청구인들의 직업선택의 자유를 침해한다. (O / X)

013 ⓗ ① ② ③

소송사건의 대리인인 변호사가 수형자를 접견하고자 하는 경우 소송계속 사실을 소명할 수 있는 자료를 제출하도록 규정하고 있는 '형의 집행 및 수용자의 처우에 관한 법률 시행규칙' 조항이 과잉금지원칙에 위배되어 변호사인 청구인의 직업수행의 자유를 침해한다. (O / X)

---

012 【X】 변호사의 자격이 있는 자에게 더 이상 세무사 자격을 부여하지 않는 구 세무사법 조항이 시행일 이후 변호사 자격을 취득한 청구인들의 직업선택의 자유를 침해하는지 여부(소극) - (1) 이 사건 법률조항은 세무사 자격시험에 합격한 사람 이외에 변호사 자격 소지자에 대하여 세무사 자격을 인정하는 것과 관련된 **특혜시비를 없애고** 세무사시험에 응시하는 일반 국민과의 **형평을 도모함**과 동시에 세무분야의 전문성을 제고하여 소비자에게 고품질의 세무서비스를 제공하고자 마련된 조항이다. 이와 같은 입법목적은 정당하고, 변호사에 대한 세무사 자격 자동부여 제도의 폐지는 **입법목적을 달성하기 위한 적합한 수단이다.**
(2) 변호사가 세무나 회계 등과 관련한 법률사무를 처리할 수 있다고 하여 변호사에게 반드시 세무사의 자격이 부여되어야 하는 것은 아니고 변호사에 대하여 세무사 자격을 부여할 것인지 여부는 국가가 입법 정책적으로 결정할 사안이라는 점, 변호사의 자격을 가진 사람은 세무사 자격이 없더라도 세무사법 제2조 각호에 열거되어 있는 세무사의 직무 중 변호사의 직무로서 할 수 있는 세무대리를 수행할 수 있고 현행법상 조세소송대리는 변호사만이 독점적으로 수행할 수 있는 점 등을 고려하면, 이 사건 법률조항이 **피해의 최소성 원칙에 반한다고 보기 어렵다.**
(3) 나아가, 청구인들은 이 사건 법률조항으로 인하여 변호사의 직무로서 세무대리를 하는 것 외에는 세무대리를 할 수 없게 되어 업무의 범위가 축소되는 불이익을 입었으나, 이러한 불이익이 위 조항으로 달성하고자 하는 **공익보다 크다고 볼 수 없다.**
(4) 따라서 이 사건 법률조항은 과잉금지원칙에 반하여 청구인들의 **직업선택의 자유를 침해한다고 볼 수 없다.**(헌재 2021.7.15. 2018헌마279)

013 【O】 소송사건의 대리인인 변호사가 수형자를 접견하고자 하는 경우 소송계속 사실을 소명할 수 있는 자료를 제출하도록 규정하고 있는 '형의 집행 및 수용자의 처우에 관한 법률 시행규칙' 조항이 과잉금지원칙에 위배되어 변호사인 청구인의 직업수행의 자유를 침해하는지 여부(적극) - (1) 심판대상조항이 소송계속 사실 소명자료를 제출하도록 규정하고 있어 변호사가 접견권을 남용하여 소를 제기하지도 아니한 채 수형자와 접견하는 것이 방지되는 것은 사실이다. 그러나 이른바 집사 변호사나 집사 변호사를 고용하는 수형자는 소 제기 여부를 진지하게 고민할 필요가 없으므로 불필요한 소송을 제기하고 손쉽게 변호사접견을 이용할 수 있는 반면, **진지하게 소 제기 여부 및 변론 방향을 고민해야 하는 변호사와 수형자라면 접견이 충분하지 않고 소송의 승패가 불확실하여 수형자가 변호사를 신뢰하고 소송절차를 진행하기가 부담스러울 수밖에 없다.**
(2) 접견에 아무런 시간 및 횟수의 제한이 없는 미결수용자에 대한 변호인접견과 달리, 수형자에 대한 변호사접견은 그 시간이 60분, 그 횟수가 월 4회로 이미 한정되어 있으므로 집사 변호사가 영리를 목적으로 이를 이용하고자 하더라도 한계가 있다.
(3) 심판대상조항은 소송사건의 대리인인 변호사라 하더라도 변호사접견을 하기 위해서는 소송계속 사실 소명자료를 제출하도록 규정함으로써 이를 제출하지 못하는 변호사는 일반접견을 이용할 수밖에 없게 되었다. 일반접견은 접촉차단시설이 설치된 일반접견실에서 10분 내외 짧게 이루어지므로 그 시간은 변호사접견의 1/6 수준에 그친다. 또한 그 대화 내용은 청취·기록·녹음·녹화의 대상이 되므로 교정시설에서 부당한 처우를 당했다는 등의 사정이 있는 수형자는 위축된 나머지 법적 구제를 단념할 가능성마저 배제할 수 없다. 심판대상조항은 소 제기 전 단계에서 충실한 소송준비를 하기 어렵게 하여 변호사의 직무수행에 큰 장애를 초래하고, **변호사의 도움이 가장 필요한 시기에 접견에 대한 제한의 정도가 위와 같이 크다는 점에서 수형자의 재판청구권 역시 심각하게 제한될 수밖에 없고, 이로 인해 법치국가원리로 추구되는 정의에 반하는 결과를 낳을 수도 있다. 따라서 심판대상조항은 과잉금지원칙에 위배되어 변호사인 청구인의 직업수행의 자유를 침해한다.**(헌재 2021.10.28. 2018헌마60)

014 ⟳ 1 2 3

변호사시험에 응시하려는 사람이 납부하여야 할 응시 수수료를 일률적으로 20만 원으로 정하고 있는 변호사시험법 시행규칙 조항은 청구인의 직업의 자유를 침해한다. (O/×)

015 ⟳ 1 2 3

시각장애인만이 안마사 자격인정을 받을 수 있도록 규정한 의료법 조항은 비시각장애인인 청구인들의 직업선택의 자유와 평등권을 침해한다. (O/×)

---

014 【×】 변호사시험에 응시하려는 사람이 납부하여야 할 응시 수수료를 일률적으로 20만 원으로 정하고 있는 변호사시험법 시행규칙 조항이 청구인의 직업의 자유를 침해하는지 여부(소극) - (1) 20만 원의 변호사시험 응시 수수료가 응시자에게 부담이 될 수 있지만, 입법자가 변호사에게 법률사무 전반을 독점시키는 만큼 **변호사로서 적정한 능력을 갖추고 있는지 여부를 엄정히 검정**할 필요가 있고, 이로 인해 변호사시험을 실시하는 데에 **상당한 행정력과 비용이 소모**되는 반면, 변호사자격을 취득할 수 있는 기회를 제공받는 등 소수의 응시자들이 변호사시험 실시로 인하여 얻는 편익은 크다. (2) 경제적 약자를 배려하기 위해 변호사시험 응시 수수료 감면제도가 마련되는 것이 바람직할 수는 있지만, 이는 입법자가 법조인 양성 제도 전반과 예산 등을 종합적으로 검토하여 결정하여야 할 사항이고, 현재 변호사시험 응시 수수료로 인한 경제적 부담 수준이 청구인과 같은 **경제적 약자에 대해서 변호사시험에 응시하는 것이 곤란할 정도에 이른다고 볼 수는 없다**. (3) 따라서 심판대상조항은 과잉금지원칙에 반하여 청구인의 **직업의 자유를 침해하지 않는다**.(헌재 2021.10.28. 2020헌마1283)

015 【×】 시각장애인만이 안마사 자격인정을 받을 수 있도록 규정한 의료법 조항이 비시각장애인인 청구인들의 직업선택의 자유와 평등권을 침해하는지 여부(소극) - (1) 안마업을 시각장애인에게 독점시키는 이 사건 자격조항으로 말미암아 일반국민의 직업선택의 자유가 제한되는 것은 사실이지만, **안마업은 시각장애인이 정상적으로 영위할 수 있는 거의 유일한 직업**이므로 **시각장애인 안마사제도는 시각장애인의 생존권 보장을 위한 불가피한 선택**으로 볼 수밖에 없다. 이러한 시각장애인과 달리, 비장애인은 상대적으로 높은 교육기회를 바탕으로 안마업 이외에 선택가능한 직업의 종류와 범위가 상당히 넓다. 시각장애인 안마사 제도는 여전히 시각장애인들, 특히 중증시각장애 내지 중도 실명자들의 최소한의 삶을 지탱해주는 직업교육 및 취업의 틀로서 기능한다. 이 사건 개설조항은 안마사 자격인정을 받은 자만이 안마시술소 등을 개설할 수 있도록 함으로써 일반국민에게 제공되는 안마의 질을 담보하고, 시각장애인들이 목표를 가지고 자아를 실현할 수 있도록 적극적인 기회를 제공하며, 시각장애인 안마사들이 열악한 환경에서 노동력을 착취당하는 것을 방지한다. (2) 그렇다면 이 사건 자격조항 및 개설조항은 비시각장애인의 **직업선택의 자유 및 평등권을 침해한다고 보기 어렵다**. (헌재 2021.12.23. 2019헌마656)

016 🔄 ① ② ③

외국인근로자의 사업장 변경 사유를 제한하는 외국인고용법 조항은 고용허가제에 따른 외국인근로자인 청구인들의 직장선택의 자유, 평등권을 침해한다. (O/×)

017 🔄 ① ② ③

수용자가 변호사를 소송사건의 대리인으로 선임하는 단계는 소송사건의 재판을 준비하는 출발점이고, 이 단계에서도 충분한 정보를 제공받으면서 의사소통을 할 수 있는 물적 조건을 제공받고, 비밀유지가 보장될 필요성이 있으므로, 소송대리인이 되려는 변호사의 수용자 접견을 접촉차단시설이 설치된 장소에서 하도록 한 것은 과잉금지원칙에 반하여 변호사인 청구인의 직업수행의 자유를 침해한다. (O/×)

---

016 【×】 외국인근로자의 사업장 변경 사유를 제한하는 외국인고용법 조항이 고용허가제에 따른 외국인근로자인 청구인들의 직장선택의 자유, 평등권을 침해하는지 여부(소극) - (1) 이 사건 사유제한조항의 문언상 의미와 입법취지 및 관련 법률조항 전체를 유기적·체계적으로 종합하여 고려하면, 이 사건 사유제한조항의 위임을 받아 고용노동부고시에 규정될 '사용자의 근로조건 위반 또는 부당한 처우'에는, 근로관계의 지속을 어렵게 할 정도에 이르는 중대한 근로조건 위반 또는 부당한 처우가 포함될 것으로 예측할 수 있으므로, 이 사건 사유제한조항은 포괄위임금지원칙에 위배된다고 할 수 없다.
(2) 외국인근로자가 근로계약을 해지하거나 갱신을 거절하고 자유롭게 사업장 변경을 신청할 수 있도록 한다면, **사용자는 인력의 안정적 확보와 원활한 사업장 운영에 큰 어려움을 겪을 수밖에 없다**. 최근 불법체류자가 급격히 늘어나는 상황에서 외국인근로자의 효율적인 관리 차원에서도 사업장의 잦은 변경을 억제하고 취업활동 기간 내에서는 장기 근무를 유도할 필요가 있다. 외국인고용법이 채택한 고용허가제는 사용자에 대한 규율을 중심으로 하는 제도이기 때문에, 외국인근로자에 대한 입국에서의 완화된 통제를 체류와 출국에서의 강화된 규제로 만회할 필요성을 가지며, **외국인근로자가 근로계약을 해지하거나 갱신을 거절할 때 자유로운 사업장 변경 신청권을 부여하지 않는 것은 불가피하다**. 따라서 이 사건 사유제한조항이 외국인근로자의 자유로운 사업장 변경 신청권을 인정하지 않는 것은 고용허가제를 취지에 맞게 존속시키기 위해 필요한 제한으로 볼 수 있다.
(3) 이 사건 사유제한조항은 포괄위임금지원칙에 위배되거나 입법재량의 범위를 넘어 명백히 불합리하다고 볼 수 없으므로 청구인들의 **직장선택의 자유를 침해하지 아니한다**.(헌재 2021.12.23. 2020헌마395)

017 【×】 접촉차단시설이 설치되지 않은 장소에서의 수용자 접견 대상을 소송사건의 대리인인 변호사로 한정한 구 형의 집행 및 수용자의 처우에 관한 법률 시행령이 변호사인 청구인의 직업수행의 자유를 침해하는지 여부(소극) - (1) 기각의견(4인) : 소송대리인 선임 여부를 확정하기 위한 단계에서는 접촉차단시설이 설치된 장소에서 접견하더라도 그 접견의 목적을 수행하는데 필요한 의사소통이 심각하게 저해될 것이라고 보기 어렵다. 소송대리인이 되려는 변호사의 경우 변호인이 되려는 사람이나 소송사건의 대리인인 변호사와 비교하여 지위, 역할, 접견의 필요성 등에 차이가 있으므로, 접견제도의 운영에 있어 이들과 달리 취급할 필요가 있다. 따라서 심판대상조항은 변호사인 청구인의 업무를 원하는 방식으로 자유롭게 수행할 수 있는 자유를 침해한다고 할 수 없다.(헌재 2022.2.24. 2018헌마1010)
(2) 인용의견(5인) : 수용자가 변호사를 소송사건의 대리인으로 선임하는 단계는 소송사건의 재판을 준비하는 출발점에 해당하므로, 이 단계에서도 충분한 정보를 제공받으면서 의사소통을 할 수 있는 물적 조건을 제공받고, 소송사건 수임에 대하여 소송의 상대방 내지 제3자에 대한 관계에서 비밀유지가 보장될 필요성이 있는데, 심판대상조항은 소송대리인이 되려는 변호사의 경우 접촉차단시설이 설치된 장소에서 수용자를 접견하도록 함으로써 충분한 의사소통 및 소송사건 수임의 비밀유지를 제약하여 수용자는 적시에 효율적인 권리구제를 받지 못할 우려가 있고, 변호사는 그 직무인 소송사건의 수임을 위한 업무활동에 제약을 받을 가능성이 있다. 따라서 심판대상조항은 과잉금지원칙에 반하여 변호사인 청구인의 직업수행의 자유를 침해한다.
(3) 기각의견 4인, 인용의견 5인의 경우, 인용의견 정족수인 6인에 미달하므로 기각결정을 한 사안

018
의료인이 아닌 자의 문신시술업을 금지하고 처벌하는 의료법 조항은 직업선택의 자유를 침해한다.
(O/×)

019
사립 초·중등학교의 장을 1회에 한하여 중임할 수 있도록 하는 구 사립학교법 조항은 학교법인의 사립학교 운영의 자유와 학교장이 되려는 자의 직업의 자유 및 이들의 평등권을 침해한다.
(O/×)

---

018 【×】 의료인이 아닌 자의 문신시술업을 금지하고 처벌하는 의료법 조항은 청구인들의 직업선택의 자유를 침해하는지 여부(소극) - (1) 쟁점 : 의료인에게만 의료행위를 할 수 있도록 하여 비의료인인 청구인들이 문신시술을 업으로 영위하는 것을 금지하고, 이를 위반할 경우 형사처벌하는바, 이는 직업선택의 자유에 대한 제한으로서 이 사건에서 '의료행위'의 개념이 불명확하여 명확성원칙에 위반되는지 여부와 심판대상조항이 과잉금지원칙을 위반하여 청구인들의 직업선택의 자유를 침해하는지 여부가 문제
(2) 결정요지 : 의료법의 입법목적 등을 종합적으로 고려해 보면, 심판대상조항 중 '의료행위'는, 의학적 전문지식을 기초로 하는 경험과 기능으로 진찰, 검안, 처방, 투약 또는 외과적 시술을 시행하여 하는 질병의 예방 또는 치료행위 이외에도 의료인이 행하지 아니하면 보건위생상 위해가 생길 우려가 있는 행위로 분명하게 해석된다. 문신시술은, 바늘을 이용하여 피부의 완전성을 침해하는 방식으로 색소를 주입하는 것으로, 감염과 염료 주입으로 인한 부작용 등 위험을 수반한다. 심판대상조항은 의료인만이 문신시술을 할 수 있도록 하여 그 안전성을 담보하고 있다. 따라서 문신시술 자격제도와 같은 대안의 도입 여부는 입법재량의 영역에 해당하고, 입법부가 위와 같은 대안을 선택하지 않고 국민건강과 보건위생을 위하여 의료인만이 문신시술을 하도록 허용하였다고 하여 헌법에 위반된다고 볼 수 없다. 그러므로 심판대상조항은 명확성원칙이나 과잉금지원칙을 위반하여 청구인들의 직업선택의 자유를 침해하지 않는다.(헌재 2022.3.31. 2017헌마1343 등)

019 【×】 사립 초·중등학교의 장을 1회에 한하여 중임할 수 있도록 하는 구 사립학교법 제53조 제3항 단서 조항이 학교법인의 사립학교 운영의 자유와 학교장이 되려는 자의 직업의 자유 및 이들의 평등권을 침해하는지 여부(소극) - 심판대상조항은 사립 초·중등학교의 장이 중임할 수 있는 횟수를 1회에 한정함으로써 교장의 노령화·관료화를 방지하고, 인사순환을 통하여 교단을 활성화하며, 학교장과 학교법인의 유착을 방지하기 위한 것이다. 심판대상조항이 보장하는 최대 8년간의 재임기간이 지나치게 짧은 시간이라 단정하기 어렵고, 동일한 학교의 장을 2회 이상 중임하려는 경우만을 제한하므로 그 제한의 정도가 지나치다고 볼 수 없다. 대학과 초·중등학교는 교육내용과 방식 등의 측면에서 본질적 차이가 있으므로 사립 초·중등학교의 장을 사립대학의 장과 달리 규율하는 데 합리적 이유가 있다. 사립유치원의 경우 공교육으로 내실화되기 시작한 시기, 설립형태, 운영 방식 등을 고려할 때, 사립 초·중등학교의 장을 사립유치원의 장과 달리 규율하는 것이 불합리하다고 보기 어렵다. 따라서 심판대상조항은 학교법인의 사립학교 운영의 자유, 학교장이 되려는 자의 직업의 자유 및 이들의 평등권을 침해한다고 할 수 없다.(헌재 2022.3.31. 2018헌바522)

제3절 소비자의 권리

I 의의

1. 소비자권리의 개념

2. 현대형 인권으로서의 소비자권리론

3. 소비자권리에 관한 입법례

4. 소비자권리의 헌법적 근거

001
우리나라에서는 1980년 제8차 개정헌법(제5공화국 헌법)에서부터 소비자보호에 관한 명시적 규정을 두게 되었다. (O/×)

002
현행 헌법은 소비자의 권리를 헌법 제124조에서 소비자보호운동의 보장 차원에서 규정하고 있을 뿐 헌법에서 직접적으로 기본권으로 명시하고 있지는 않다. (O/×)

II 법적 성격

III 주체

003
소비자의 권리는 내・외국인을 불문하고 그 주체가 될 수 있으나, 법인은 성질상 이를 향유할 수 없다. (O/×)

004
내국인뿐만 아니라 외국인도 소비자 권리의 주체가 될 수 있다. (O/×)

---

001 【O】
002 【O】
003 【X】 모든 소비자이다. 따라서 자연인과 <u>법인도 주체가 된다</u>.
004 【O】 모든 소비자이다. 따라서 외국인도 주체가 된다.

Ⅳ 내용

005
소비자는 물품과 용역을 사용 또는 이용함에 있어 거래의 상대방·구입장소·가격·거래조건 등을 자유로이 선택할 권리를 가진다. (O/×)

006
소비자는 물품 및 용역을 선택함에 있어 필요한 지식과 정보를 제공받을 권리, 신속·공정한 절차에 따라 적절한 피해보장을 받을 권리 등을 가진다. (O/×)

007
국가는 물품 또는 용역의 잘못된 소비 혹은 과다한 소비로 인한 위해를 방지하기 위하여 필요한 경우 광고의 내용 및 방법에 관한 기준을 정할 수 있다. (O/×)

008
국가는 등록된 소비자단체의 건전한 육성·발전을 위하여 필요할 경우 금전적 지원을 제외한 적절한 지원을 할 수 있다. (O/×)

Ⅴ 효력

Ⅵ 침해와 구제

1. 공권력에 의한 침해와 구제

2. 사인에 의한 침해와 구제

---

005 【O】 소비자기본법 제4조
006 【O】 따라서 소비자의 권리는 알 권리의 요소를 가지고 있다(소비자기본법 제4조).
007 【×】 국가는 물품 등의 잘못된 소비 또는 과다한 소비로 인하여 발생할 수 있는 소비자의 생명·신체 또는 재산에 대한 위해를 방지하기 위하여 다음 각 호의 어느 하나에 해당하는 경우에는 광고의 내용 및 방법에 관한 기준을 **정하여야 한다**(소비자기본법 제11조).
008 【×】 국가 또는 지방자치단체는 등록소비자단체의 건전한 육성·발전을 위하여 필요하다고 인정될 때에는 **보조금을 지급할 수 있다**(소비자기본법 제32조). 따라서 국가는 **금전적 지원을 할 수 있다**.

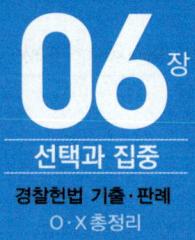

참정권

I 의의

II 법적 성격

III 주체

1. 대한민국 국민

2. 외국인

IV 내용

1. 선거권

001
헌법 제24조는 모든 국민은 '법률이 정하는 바에 의하여' 선거권을 가진다고 규정함으로써 법률유보의 형식을 취하고 있지만, 이것은 국민의 선거권이 '법률이 정하는 바에 따라서만 인정될 수 있다'는 포괄적인 입법권의 유보 아래 있음을 뜻하는 것이 아니고, 이것은 국민의 기본권을 법률에 의하여 구체화하라는 뜻이며 선거권을 법률을 통해 구체적으로 실현하라는 의미이다. (O/×)

002
대통령은 대통령선거 후에 소속 정당의 당원으로서 정치활동을 하는 정치인이므로 공직선거법 상의 '공무원의 중립의무' 규정은 대통령에 대하여 적용되지 아니한다. (O/×)

003
지방자치단체의 장 선거권은 지방의회의원 선거권, 국회의원 선거권 및 대통령 선거권 등과 마찬가지로 헌법 제24조에 의해 보호되는 기본권이다. (O/×)

---

001 【O】 2014.1.28. 2013헌마105

002 【×】 대통령은 행정부의 수반으로서 공정한 선거가 실시될 수 있도록 총괄·감독해야 할 의무가 있으므로, 당연히 선거에서의 중립의무를 지는 공직자에 해당하는 것이고, 이로써 **공선법 제9조의 '공무원'에 포함된다**.(2004.5.14. 2004헌나1) 대통령은 국가의 원수 및 행정부 수반으로서의 지위에서 직무를 수행하는 때에는 원칙적으로 정당정치적 의견표명을 삼가야 하며, 나아가 대통령이 정당인이나 정치인으로서가 아니라 국가기관인 대통령의 신분에서 선거관련 발언을 하는 경우에는 선거에서의 정치적 중립의무의 구속을 받는다.(2008.1.17. 2007헌마700)

003 【O】 2016.10.27. 2014헌마797

004 ⟳①②③
정무직 공무원의 정치운동을 허용하는 국가공무원법의 규정에 대하여 공무원의 중립의무를 규정한 공직선거법의 규정은 선거영역에서 특별법의 지위에 있다. (O/×)

005 ⟳①②③
평등권 및 평등선거의 원칙으로부터 나오는 선거에 있어서의 기회균등의 원칙은 후보자에 대하여서는 물론 정당에 대하여서도 보장되는 것이다. (O/×)

2. 공무담임권

006 ⟳①②③
공무담임권의 보호영역에는 일반적으로 공직취임의 기회보장, 신분박탈, 직무의 정지가 포함될 뿐이고 '승진시험의 응시제한'이나 이를 통한 승진기회의 보장 문제는 공직신분의 유지나 업무수행에는 영향을 주지 않는 단순한 내부 승진인사에 관한 문제에 불과하여 공무담임권의 보호영역에 포함된다고 보기 어렵다. (O/×)

007 ⟳①②③
공무담임권은 각종 선거에 입후보하여 당선될 수 있는 피선거권과 공직에 임명될 수 있는 공직취임권을 포괄하는 개념으로서 국민 누구나 국정의 담당자가 될 수 있는 참정권을 뜻한다고 할 것이다. (O/×)

008 ⟳①②③
공무담임권이란 국가·공공단체의 구성원으로서 그 직무를 담당할 수 있는 권리를 말하며, 직무를 담당한다는 것은 모든 국민이 현실적으로 그 직무를 담당할 수 있다고 하는 의미가 아니라, 국민이 공무담임의 평등한 기회를 보장받음을 의미한다. (O/×)

---

004 【O】 국가공무원법 조항은 정무직 공무원들의 일반적 정치활동을 허용하는 데 반하여, 공직선거법 법률조항은 그들로 하여금 정치활동 중 '선거에 영향을 미치는 행위'만을 금지하고 있으므로, 위 법률조항은 선거영역에서의 특별법으로서 일반법인 국가공무원법 조항에 우선하여 적용된다고 할 것이다(2008.1.17. 2007헌마700).

005 【O】 1991.3.11. 91헌마21

006 【O】 '**승진시험의 응시제한**'이나 이를 통한 **승진기회의 보장 문제**는 공직신분의 유지나 업무수행에는 영향을 주지 않는 단순한 내부 승진인사에 관한 문제에 불과하여 **공무담임권의 보호영역에 포함된다고 보기는 어렵다.**(전원재판부 2005헌마1179, 2007.6.28.)

007 【O】 2005.10.27. 2004헌바41

008 【O】 헌법 제25조는 모든 국민에게 공무담임권을 보장하고 있는바, 이는 국민이 공무담임에 관한 자의적이지 않고 평등한 기회를 보장받는 것, 즉 공직취임의 기회를 자의적으로 배제당하지 않음을 의미하는 것이다(2004.11.25. 2002헌마749).

009

공무담임권의 보호영역에는 일반적으로 공직취임의 기회보장, 신분박탈, 직무의 정지가 포함될 뿐만 아니라, 여기서 나아가 공무원이 특정의 장소에서 근무하는 것 또는 특정의 보직을 받아 근무하는 것을 포함하는 일종의 공무수행의 자유까지 그 보호영역에 포함된다. (O/×)

010

공무담임권의 보호영역에는 일반적으로 공직취임의 기회보장, 신분박탈, 직무의 정지가 포함될 뿐이고, '승진시험의 응시제한'이나 이를 통한 승진기회의 보장 문제는 공직신분의 유지나 업무수행에는 영향을 주지 않는 단순한 내부 승진인사에 관한 문제에 불과하여 공무담임권의 보호영역에 포함되지 아니한다. (O/×)

011

공무담임권은 원하는 경우에 언제나 공직에 취임할 수 있는 현실적 권리를 보장하는 것이 아니라, 공무담임의 기회보장적 성격을 갖는 것이다. (O/×)

012

헌법 제7조에서 보장하는 직업공무원제도의 기본적 요소에 능력주의가 포함되는 점에 비추어 공무담임권은 모든 국민이 누구나 그 능력과 적성에 따라 공직에 취임할 수 있는 균등한 기회의 보장을 그 내용으로 한다. (O/×)

013

공무담임권은 각종 선거에 입후보하여 당선될 수 있는 피선거권과 공직에 임명될 수 있는 공직취임권을 포함한다. (O/×)

014

공무담임권은 국민주권의 실현 방법으로 국가의 공적인 업무를 수행함에 있어 참여하고 이를 수행하는 권리로서 헌법상의 권리이다. (O/×)

015

공무원직에 관한 한 공무담임권은 직업의 자유에 우선하여 적용되는 특별법적 규정이다. (O/×)

---

009 【×】 헌법 제25조의 공무담임권의 보호영역에는 공직취임의 자의적인 배제뿐 아니라, 공무원 신분의 부당한 박탈이나 권한 또는 직무의 부당한 정지도 포함되지만, 특별한 사정도 없이 공무원이 <u>특정의 장소에서 근무하는 것이나 특정의 보직을 받아 근무하는 것을 포함하는 일종의 '공무수행의 자유'까지 포함되지 않는다</u>.(2014.1.28. 2011헌마239)

010 【O】 2007.6.28. 2005헌마1179

011 【O】 2005.4.28. 2004헌마219

012 【O】 1999.12.23. 98헌마363

013 【O】 2005.10.27. 2004헌바41

014 【O】 2007.3.29. 2005헌마1144

015 【O】 공직을 직업으로 선택하는 경우에 있어서 직업선택의 자유는 공직취임권을 통해서 그 기본권보호를 받게 된다고 할 수 있다. 따라서 이 사건 법률규정이 중등교원 임용시험과 관련하여 공무담임권을 침해하는지 여부를 심사하는 이상 이와 별도로 직업선택의 자유 침해 여부를 심사할 필요는 없다(2006.3.30. 2005헌마598).

3. 국민투표권(국민표결권)

1) 의의

016
서울교통공사는 공익적인 업무를 수행하기 위한 지방공사이나 서울특별시와 독립적인 공법인으로서 경영의 자율성이 보장되고, 서울교통공사의 직원의 신분도 「지방공무원법」이 아닌 「지방공기업법」과 정관에서 정한 바에 따르는 등, 서울교통공사의 직원이라는 직위가 헌법 제25조가 보장하는 공무담임권의 보호영역인 '공무'의 범위에는 해당하지 않는다. (O/×)

017
금고 이상의 형의 선고유예를 받고 그 기간 중에 있는 자를 임용결격사유로 삼고, 위 사유에 해당하는 자가 임용되더라도 이를 당연무효로 하는 구 「국가공무원법」 조항은 입법자의 재량을 일탈하여 청구인의 공무담임권을 침해한다. (O/×)

018
국민투표권은 대의제를 보완하기 위한 직접민주제적 요소로서 국민발안, 국민소환, 국민투표 등의 제도를 모두 포괄한다. (O/×)

019
대의제를 보완하기 위한 직접민주제적 요소로서 국민발안, 국민소환, 국민투표 등의 제도가 있는데, 역대 한국헌법은 그 중 국민투표제만을 채택하였다. (O/×)

---

016 【O】 서울교통공사는 공익적인 업무를 수행하기 위한 지방공사이나, 서울특별시와 독립적인 공법인으로서 경영의 자율성이 보장되고, 수행 사업도 국가나 지방자치단체의 독점적 성격을 갖는다고 보기 어려우며, 서울교통공사의 직원의 신분도 지방공무원법이 아닌 지방공기업법과 정관에서 정한 바에 따르는 등, 서울교통공사의 직원이라는 직위가 헌법 제25조가 보장하는 공무담임권의 보호영역인 '공무'의 범위에는 해당하지 않는다. 한편, 청구인들은 서울교통공사의 재정건전성에 관한 기대권 내지 공무담임권이라는 기본권이 존재함을 전제로 하여 취업, 임금, 승진 등에 있어서 불합리한 차별을 문제로 삼고 있으나, 청구인들의 주장에 따른 기대권이 공무담임권의 보호영역에 포함되지 않는 이상, 이를 법적으로 보호되는 불이익으로 볼 수 없다. 따라서 이 사건 인가가 청구인들의 공무담임권 및 평등권을 침해할 가능성이 인정되지 아니한다.(헌재 2021.2.25. 2018헌마174)

017 【X】 (1) 금고 이상의 형의 선고유예를 받고 그 기간 중에 있는 자를 임용결격사유로 삼고, 위 사유에 해당하는 자가 임용되더라도 이를 당연무효로 하는 구 국가공무원법 조항은 입법자의 재량을 일탈하여 공무담임권을 침해한 것이라고 볼 수 없다. (2) 공직에 대한 국민의 신뢰를 보장하고 공무원의 원활한 직무수행을 도모하기 위하여 마련된 조항이다. 청구인과 같이 임용결격사유에도 불구하고 임용된 임용결격공무원은 상당한 기간 동안 근무한 경우라도 적법한 공무원의 신분을 취득하여 근무한 것이 아니라는 이유로 공무원연금법상 퇴직급여의 지급대상이 되지 못하는 등 일정한 불이익을 받기는 하지만, 재직기간 중 사실상 제공한 근로에 대하여는 그 대가에 상응하는 금액의 반환을 부당이득으로 청구하는 등의 민사적 구제수단이 있는 점을 고려하면, 공직에 대한 국민의 신뢰보장이라는 공익과 비교하여 임용결격 공무원의 사익 침해가 현저하다고 보기 어렵다.(헌재 2016.7.28. 2014헌바437, 공보 제238호, 1232 [전원재판부])

018 【O】

019 【X】 국민발안은 제2차 개정헌법에서부터 6차 개정헌법까지 규정한 바 있고, 국민투표제를 처음 도입한 것은 제2차 개정헌법(1954년)이며, 헌법개정안에 대한 국민투표제를 처음 도입한 것은 제3공화국 제5차 개정헌법(1962년)이다. 국민소환제는 규정된 바 없다.

020
헌법개정안의 확정을 위한 국민투표는 1952년 제1차 개정헌법에서 처음으로 규정되었다. (O/×)

021
건국이후 현재까지 6회에 걸쳐 국민투표를 실시한 바 있으며, 4회는 헌법개정을 위한 국민투표였고, 2회는 헌법개정과 신임투표를 결부(1969년 3선 개헌과 박정희대통령의 신임을 결부, 1975년 유신헌법과 박정희대통령의 신임을 결부)시킨 복합적 성격의 국민투표였다. (O/×)

2) 유형

  (1) 국민발안

  (2) 국민투표

  (3) 국민소환

3) 주체

4) 국민표결권의 내용

  (1) 헌법개정안에 대한 국민투표권(헌법 제130조)

022
국회는 헌법개정안이 공고된 날로부터 60일 이내에 의결하여야 하며, 국회의 의결은 재적의원 3분의 2 이상의 찬성을 얻어야 한다. 헌법개정안은 국회가 의결한 후 30일 이내에 국민투표에 붙여 국회의원선거권자 과반수의 투표와 투표자 과반수의 찬성을 얻어야 하고, 헌법개정안이 찬성을 얻은 때에는 헌법개정은 확정되며, 대통령은 즉시 이를 공포하여야 한다. (O/×)

023
헌법 제130조의 헌법개정안에 대한 국민투표제는 필요적 국민투표제이다. (O/×)

024
헌법이 채택하고 있는 국민투표 가운데 필수적 국민투표제에 관하여는 의결정족수 규정이 없으나, 임의적 국민투표제에 관한 헌법상의 의결정족수 규정을 유추적용할 수 있다. (O/×)

---

020 【X】 헌법개정안에 대한 국민투표제를 처음 도입한 것은 제3공화국 제5차 개정헌법(1962년)이다.
021 【O】
022 【O】 헌법 제130조
023 【O】
024 【X】 헌법이 채택하고 있는 국민투표 가운데 제130조의 필수적 국민투표제에 관하여는 의결정족수 규정이 있다.

025
헌법개정은 국회의 의결과 국민투표를 거쳐 대통령이 공포함으로써 확정된다. (O/×)

(2) 국가안위에 관한 중요 정책에 대한 국민투표권(헌법 제72조)

026
대통령은 필요하다고 인정할 때에는 외교·국방·통일 기타 국가안위에 관한 중요정책을 국민투표에 붙일 수 있다. (O/×)

027
헌법 제72조의 국민투표 부의제는 대통령의 임의적 국민투표제이다. (O/×)

028
헌법 제72조의 국민투표권은 대통령이 어떠한 정책을 국민투표에 부의한 경우에 비로소 행사가 가능한 기본권이라 할 수 있다. (O/×)

029
헌법 제72조에서는 헌법개정안에 대한 국민투표의 경우와 달리 국민투표 결과의 확정방법을 규정하고 있지 아니하고, 다만 국민투표법에서 국회의원선거권자 과반수의 투표와 투표자 과반수의 찬성으로 확정된다고 규정하고 있다. (O/×)

030
대통령이 국민투표를 정치적 무기화하고 정치적으로 남용할 수 있는 위험성이 있다는 점을 고려하면, 국민투표부의권의 헌법 제72조는 대통령에 의한 국민투표의 정치적 남용을 방지할 수 있도록 엄격하고 축소적으로 해석되어야 한다. (O/×)

---

025 【×】 국회는 헌법개정안이 공고된 날로부터 60일 이내에 의결하여야 하며, 국회의 의결은 재적의원 3분의 2 이상의 찬성을 얻어야 한다. 헌법개정안은 국회가 의결한 후 30일 이내에 **국민투표에 붙여** 국회의원선거권자 과반수의 투표와 투표자 과반수의 찬성을 얻어야 한다. 헌법개정안이 **찬성을 얻은 때에는 헌법개정은 확정**되며, 대통령은 즉시 이를 공포하여야 한다.(헌법 제130조)

026 【O】 헌법 제72조

027 【O】

028 【O】 2013.11.28. 2012헌마166

029 【×】 대통령이 헌법 제72조의 국민투표부의권을 행사한 경우 **의결정족수에 관하여는 헌법에 아무런 규정을 두고 있지 않으며 국민투표법에도 관련 규정이 없다.** 다만, 헌법 제130조 제2항의 헌법개정국민투표의 의결정족수규정을 유추적용하자는 견해가 있다.

030 【O】 2004.5.14. 2004헌나1

031

국민은 특정의 국가정책에 관하여 국민투표에 회부할 것을 대통령에게 요구할 권리가 있다. (O/×)

032

헌법은 대의민주주의를 기본으로 하고 있어, 중요 정책에 관한 사항이라 하더라도 반드시 국민의 직접적인 의사를 확인하여 결정해야 하는 것은 아니다. (O/×)

033

헌법 제72조는 대통령에게 국민투표의 실시 여부, 시기, 구체적 부의사항, 설문내용 등을 결정할 수 있는 임의적인 국민투표발의권을 독점적으로 부여한 것이다. 따라서 대통령이 헌법 제72조에 따라 특정 정책과 결합하여 자신에 대한 신임 여부를 국민투표에 부치는 것도 허용된다. (O/×)

034

자신의 신임만을 묻는 국민투표가 아니라 특정 정책을 국민투표에 부치면서 이에 자신의 신임을 결부시키는 대통령의 행위는 허용될 수 있다. (O/×)

035

대통령은 외교·국방·통일 기타 국가안위에 관한 중요정책이라 하더라도 국민투표에 부치지 않고 독자적으로 결정할 수도 있다. (O/×)

---

031 【X】 특정의 국가정책에 대하여 다수의 국민들이 국민투표를 원할 경우 대통령이 국민투표에 회부하지 아니하더라도 이를 헌법에 위반된다고 할 수 없고, 국민에게 특정의 국가정책에 관하여 국민투표에 회부할 것을 <u>대통령에게 요구할 권리가 인정된다고 할 수도 없다</u>.(2005.11.24. 2005헌마579)

032 【O】 2005.11.24. 2005헌마579

033 【X】 대통령이 국정운영에 위기를 맞이하여 이를 타개하는 방법으로 자신에 대한 <u>국민의 재신임을 묻기 위해 이를 헌법 제72조의 국민투표에 회부하는 것은 인정되지 않는다</u>(2004.5.14. 2004헌나1). 대통령이 자신에 대한 재신임을 국민투표의 형태로 묻고자 하는 것은 헌법 제72조에 의하여 부여받은 국민투표부의권을 위헌적으로 행사하는 경우에 해당하는 것으로, 국민투표제도를 자신의 정치적 입지를 강화하기 위한 정치적 도구로 남용해서는 안 된다는 헌법적 의무를 위반한 것이다. 물론, 대통령이 위헌적인 재신임 국민투표를 단지 제안만 하였을 뿐 강행하지는 않았으나, 헌법상 허용되지 않는 재신임 국민투표를 국민들에게 제안한 것은 그 자체로서 헌법 제72조에 반하는 것으로 헌법을 실현하고 수호해야 할 대통령의 의무를 위반한 것이다.

034 【X】 대통령은 헌법상 국민에게 자신에 대한 신임을 국민투표의 형식으로 물을 수 없을 뿐만 아니라, 특정 정책을 국민투표에 붙이면서 이에 <u>자신의 신임을 결부시키는 대통령의 행위도 위헌적인 행위로서 헌법적으로 허용되지 않는다</u>. (2004.5.14. 2004헌나1)

035 【O】 2005.11.24. 2005헌마579 등

036
헌법 제72조는 국민투표에 부쳐질 중요정책인지 여부를 대통령이 재량에 의하여 결정하도록 명문으로 규정하고 있고 헌법재판소 역시 위 규정은 대통령에게 국민투표의 실시 여부, 시기, 구체적 부의사항, 설문내용 등을 결정할 수 있는 임의적인 국민투표발의권을 독점적으로 부여하였다고 하여 이를 확인하고 있다. (O/×)

037
국민투표의 가능성은 국민주권주의나 민주주의원칙과 같은 일반적인 헌법원칙에 근거하여 인정될 수 없으며, 헌법에 명문으로 규정되지 않는 한 허용되지 않는다. (O/×)

(3) 국민투표법 기출조문

038
대통령은 늦어도 국민투표일전 18일까지 국민투표일과 국민투표안을 동시에 공고하여야 한다. (O/×)

039
중앙선거관리위원회는 공고된 국민투표안을 투표권자에게 주지시키기 위하여 게시하여야 한다. (O/×)

040
국민투표안의 게시문에는 국민투표안만을 기재하여야 하므로, 그 국민투표안에 대한 찬성의 의견을 게재할 수 없다. (O/×)

041
국민투표에 관한 운동은 국민투표일공고일로부터 투표일 전일까지에 한하여 이를 할 수 있고, 이 운동은 국민투표법에 규정된 이외의 방법으로는 이를 할 수 없다. (O/×)

---

036 【O】 따라서 특정의 국가정책에 대하여 다수의 국민들이 국민투표를 원하고 있음에도 불구하고 대통령이 이러한 희망과는 달리 국민투표에 회부하지 아니한다고 하여도 이를 헌법에 위반된다고 할 수 없고 국민에게 특정의 국가정책에 관하여 국민투표에 회부할 것을 요구할 권리가 인정된다고 할 수도 없다(2005.11.24. 2005헌마579 등).

037 【O】 헌법은 명시적으로 규정된 국민투표 외에 다른 형태의 재신임 국민투표를 허용하지 않는다. 이는 주권자인 국민이 원하거나 또는 국민의 이름으로 실시하더라도 마찬가지이다. 국민은 선거와 국민투표를 통하여 국가권력을 직접 행사하게 되며, 국민투표는 국민에 의한 국가권력의 행사방법의 하나로서 명시적인 헌법적 근거를 필요로 한다(2004.5.14. 2004헌나1).

038 【O】 국민투표법 제49조

039 【O】 국민투표법 제22조 제1항

040 【O】 국민투표법 제22조 제3항, 제49조

041 【O】 국민투표법 제26조, 제27조

042 🔄 1 2 3
사립학교 교원 등 정당법상의 당원의 자격이 없는 자는 국민투표에 관한 운동을 할 수 없다. (O/×)

043 🔄 1 2 3
국민투표의 효력에 관하여 이의가 있는 정당 및 투표인은 중앙선거관리위원회위원장을 피고로 하여 대법원에 제소할 수 있다. (O/×)

044 🔄 1 2 3
국민투표의 효력에 관하여 이의가 있는 투표인은 투표인 1만 인 이상의 찬성을 얻어 중앙선거관리위원회위원장을 피고로 하여 투표일로부터 30일 이내에 대법원에 제소할 수 있다. (O/×)

045 🔄 1 2 3
대법원은 국민투표에 관하여 국민투표법 또는 국민투표법에 의하여 발하는 명령에 위반하는 사실이 있는 경우라도 국민투표의 결과에 영향이 미쳤다고 인정하는 때에 한하여 국민투표의 전부 또는 일부의 무효를 판결한다. (O/×)

046 🔄 1 2 3
대법원은 국민투표에 관하여 국민투표법 또는 국민투표법에 의하여 발하는 명령에 위반하는 사실이 있는 경우라도 국민투표의 결과에 영향이 미쳤다고 인정하는 때에 한하여 국민투표 무효의 판결을 하여야 하며, 국민투표의 일부의 무효를 판결할 수는 없다. (O/×)

---

042 【O】 국민투표법 제28조 제1항

043 【X】 국민투표의 효력에 관하여 이의가 있는 **투표인은** 투표인 **10만 인 이상의 찬성을** 얻어 중앙선거관리위원회위원장을 피고로 하여 투표일로부터 **20일 이내**에 대법원에 제소할 수 있다.(국민투표법 제92조) 따라서 **정당은 국민투표 무효확인소송을 제기할 수 없다.**

044 【X】 국민투표법 제92조

045 【O】 대법원은 국민투표에 관하여 국민투표법 또는 국민투표법에 의하여 발하는 명령에 위반하는 사실이 있는 경우라도 국민투표의 결과에 영향이 미쳤다고 인정하는 때에 한하여 국민투표의 **전부 또는 일부**의 무효를 판결한다.(국민투표법 제93조) 따라서 국민투표의 일부의 무효를 판결할 수도 있다.

046 【X】 국민투표법 제93조

V 제한과 한계

1. 일반적 법률유보에 의한 제한

047
부재자투표 종료시간을 오후 4시까지로 정한 것은 투표시간을 지나치게 짧게 정한 것으로 직장업무 및 학교수업 때문에 사실상 투표가 곤란한 부재자투표자의 선거권을 침해한다. (O/×)

048
후보자의 직계존비속이 공직선거법을 위반하여 300만 원 이상의 벌금형의 선고를 받은 때에는 그 후보자의 당선을 무효로 한다. (O/×)

049
「공직선거법」은 정당이 당내경선을 실시하는 경우 경선 후보자로서 당해 정당의 후보자로 선출되지 아니한 자는 설사 후보자로 선출된 자가 사퇴·사망·피선거권 상실 또는 당적의 이탈·변경 등으로 그 자격을 상실한 때에도 당해 선거의 같은 선거구에서는 후보자로 등록될 수 없다고 규정하고 있다. (O/×)

050
정당의 내부경선에 참여할 권리는 헌법이 보장하는 공무담임권의 내용에 포함되지 아니하므로, 정당이 당내경선을 실시하지 않는 것이 공무담임권을 침해하는 것은 아니다. (O/×)

---

047 【X】 부재자투표 종료시간을 오후 4시까지로 정한 것은 수단의 적정성, 법익균형성을 갖추고 있으므로 부재자투표자의 선거권이나 평등권을 침해하지 않지만, 부재자투표의 투표개시시간을 일과시간 이내인 오전 10시부터로 정한 것은 수단의 적정성, 법익균형성을 갖추지 못하므로 과잉금지원칙에 위배하여 **부재자투표자의 선거권과 평등권을 침해하는 것이다.**(2012.2.23. 2010헌마601) - (1) 투표종료시간을 오후 4시까지로 정한 것은 투표당일 부재자투표의 인계·발송절차를 밟을 수 있도록 함으로써 부재자투표의 인계·발송절차가 지연되는 것을 막고 투표관리의 효율성을 제고하고 투표함의 관리위험을 경감하기 위한 것이고, (2) 이 사건 투표시간조항이 투표종료시간을 오후 4시까지로 정한다고 하더라도 투표개시시간을 일과시간 이전으로 변경한다면, 부재자투표의 인계·발송절차가 지연될 위험 등이 발생하지 않으면서도 일과시간에 학업·직장업무를 하여야 하는 부재자투표자가 현실적으로 선거권을 행사하는 데 큰 어려움이 발생하지 않을 것이다. (3) 따라서 이 사건 투표시간조항 중 투표종료시간 부분은 수단의 적정성, 법익균형성을 갖추고 있으므로 청구인의 선거권이나 평등권을 침해하지 않는다. (4) 이 사건 투표시간조항이 투표개시시간을 일과시간 이내인 오전 10시부터로 정한 것은 투표시간을 줄인 만큼 투표관리의 효율성을 도모하고 행정부담을 줄이는 데 있고, 그 밖에 부재자투표의 인계·발송절차의 지연위험 등과는 관련이 없다. (5) 이에 반해 일과시간에 학업이나 직장업무를 하여야 하는 부재자투표자는 이 사건 투표시간조항 중 투표개시시간 부분으로 인하여 일과시간 이전에 투표소에 가서 투표할 수 없게 되어 사실상 선거권을 행사할 수 없게 되는 중대한 제한을 받는다. (6) 따라서 이 사건 투표시간조항 중 투표개시시간 부분은 수단의 적정성, 법익균형성을 갖추지 못하므로 과잉금지원칙에 위배하여 청구인의 선거권과 평등권을 침해하는 것이다.

048 【O】 공직선거법 제265조

049 【X】 「공직선거법」은 정당이 당내경선을 실시하는 경우 경선 후보자로서 당해 정당의 후보자로 선출되지 아니한 자는, **후보자로 선출된 자가 사퇴·사망·피선거권 상실 또는 당적의 이탈·변경 등으로 그 자격을 상실한 경우를 제외하고,** 당해 선거의 같은 선거구에서는 후보자로 등록될 수 없다고 규정하고 있다.(공직선거법 제57조의2 제2항)

050 【O】 2014.11.27. 2013헌마814

051

수뢰죄를 범하여 금고 이상의 형의 선고유예를 받은 국가공무원을 당연퇴직 하도록 한 「국가공무원법」 조항은 과잉금지원칙에 반하여 공무담임권을 침해한다. (O/×)

052

순경 공채시험, 소방사 등 채용시험, 그리고 소방간부 선발시험의 응시연령의 상한을 '30세 이하'로 규정하고 있는 것은 합리적이라고 볼 수 없으므로 침해의 최소성 원칙에 위배되어 공무담임권을 침해한다. (O/×)

053

헌법재판소는 「공무원임용시험령」 제16조 중 5급 공개 경쟁채용시험의 응시연령 상한을 32세까지로 한 부분이 응시자의 공무담임권을 침해하지 않는다고 결정하였다. (O/×)

054

국회의원선거의 기탁금제도 및 공무원시험의 응시연령 제한은 모두 공무담임권의 제한 문제와 관련된다. (O/×)

055

지방자치단체의 장이 공소제기된 후 구금상태에 있는 경우 부단체장이 그 권한을 대행하도록 한 규정은 공무원 권한(직무)의 부당한 정지에 해당하여 공무담임권을 침해한다. (O/×)

---

051 【X】 수뢰죄를 범하여 금고 이상의 형의 선고유예를 받은 국가공무원을 당연퇴직 하도록 한 「국가공무원법」 조항은 **과잉금지원칙에 반하여 공무담임권을 침해하지 아니한다.**(2013.7.25. 2012헌바409) - 수뢰죄는 수수액의 다과에 관계없이 공무원 직무의 불가매수성과 염결성을 치명적으로 손상시키고, 직무의 공정성을 해치며 국민의 불신을 초래하므로 일반 형법상 범죄와 달리 엄격하게 취급할 필요가 있다. 수뢰죄를 범하더라도 자격정지형의 선고유예를 받은 경우 당연퇴직하지 않을 수 있으며, 당연퇴직의 사유가 직무 관련 범죄로 한정되므로 심판대상조항은 침해의 최소성원칙에 위반되지 않고, 이로써 달성되는 공익이 공무원 개인이 입는 불이익보다 훨씬 크므로 법익균형성원칙에도 반하지 아니한다.

052 【O】 2012.5.31. 2010헌마278

053 【X】 「공무원임용시험령」 제16조 중 5급 공개 경쟁채용시험의 응시연령 상한을 32세까지로 한 부분이 기본권 제한을 최소한도에 그치도록 요구하는 헌법 제37조 제2항에 부합된다고 보기 어려워 응시자의 **공무담임권을 침해한다.**(2008.5.29. 2007헌마1105) - (1) 32세까지는 5급 공무원의 직무수행에 필요한 최소한도의 자격요건을 갖추고, 32세가 넘으면 그러한 자격요건을 상실한다고 보기 어렵고, (2) 6급 및 7급 공무원 공채시험의 응시연령 상한을 35세까지로 규정하면서 그 상급자인 5급 공무원의 채용연령을 32세까지로 제한한 것은 합리적이라고 볼 수 없다. (3) 헌법불합치의견을 표시한 것은 재판관 5인이고 재판관 3인은 위헌의견을 표시하였는데, 단순위헌의견도 헌법불합치의견의 범위 내에서는 헌법불합치의견과 의견을 같이 하는 것이기 때문에 헌법불합치선언을 하였다.

054 【O】 기탁금제도 및 공무원시험의 응시연령 제한은 모두 공무담임권을 제한한다.

055 【X】 지방자치단체의 장이 공소제기된 후 구금상태에 있는 경우 부단체장이 그 권한을 대행하도록 한 규정은 **공무담임권을 침해하지 아니한다.**(2011.4.28. 2010헌마474) - (1) 자치단체장이 '공소 제기된 후 구금상태'에 있는 경우 자치단체행정의 계속성과 융통성을 보장하고 주민의 복리를 위한 최선의 정책집행을 도모하기 위해서는 해당 자치단체장을 직무에서 배제시키는 방법 외에는 달리 의미있는 대안을 찾을 수 없고, (2) 범죄의 죄질이나 사안의 경중에 따라 직무정지의 필요성을 달리 판단할 여지도 없으며, 소명의 기회를 부여하는 등 직무정지라는 제재를 가함에 있어 추가적인 요건을 설정할 필요도 없다. (3) 나아가 정식 형사재판절차를 앞두고 있는 '공소 제기된 후'부터 시작하여 '구금상태에 있는' 동안만 직무를 정지시키고 있어 그 침해가 최소한에 그치도록 하고 있고, 이 사건 법률조항이 달성하려는 공익은 매우 중대한 반면, 일시적·잠정적으로 직무를 정지당할 뿐 신분을 박탈당하지도 않는 자치단체장의 사익에 대한 침해는 가혹하다고 볼 수 없으므로 과잉금지원칙에 위반되지 않는다.

056

지방자치단체의 장이 금고 이상의 형을 선고받고 그 형이 확정되지 아니한 경우 부단체장이 그 권한을 대행하도록 규정한 「지방자치법」 조항은 해당 자치단체장의 공무담임권을 침해한다. (O/×)

057

재판연구원 및 검사의 신규임용에 있어 서류전형 이후 법학전문대학원 졸업예정자에게만 필기전형이나 실무기록평가를 치르게 하는 것은 사법연수원 수료자의 공무담임권을 침해할 가능성이 없다. (O/×)

058

공무원이 금고 이상의 형의 선고유예 판결을 받은 경우를 모두 당연 퇴직사유로 규정하는 것은 입법목적을 달성하기 위하여 필요한 최소한의 제한이며, 공직제도의 신뢰성이라는 공익과 공무원의 기본권이라는 사익을 적절하게 조화시키고 있으므로 공무담임권을 침해하지 않는다. (O/×)

059

무소속후보자가 되고자 하는 자는 선거권자가 기명·날인한 추천장을 등록신청서에 첨부하도록 하면서 선거권자의 서명이나 무인은 허용하고 있지 아니한 공직선거법 제49조 제3항 중 "기명·날인(무인을 허용하지 아니한다)" 부분은 공무담임권을 침해하지 않는다. (O/×)

060

헌법재판소는 공직선거에 입후보하려는 자에 대하여 기탁금을 부과하는 것 자체가 선거에 입후보 하려고 하는 후보자의 공무담임권을 침해한다고 결정하였다. (O/×)

---

056 【O】 위헌의견(5인), 불합치의견(1인), 합헌의견(3인)으로 이 사건 법률조항에는 위헌적인 부분과 합헌적인 부분이 공존하고 있고, 위헌부분에 의하여 청구인의 기본권이 침해되고 있는바, 이를 가려내는 일은 국회의 입법형성권에 맡기는 것이 바람직하므로, 헌법불합치결정을 할 필요성이 있다(2010.9.2. 2010헌마418).

057 【O】 사법연수원과 법학전문대학원의 교육 제도 및 평가 과정의 차이를 반영한 것일 뿐이고 법학전문대학원 졸업예정자에게 필기전형이나 실무기록평가를 치르도록 하는 것 외에 양 집단 간 임용 절차상 아무런 차이가 없으므로, 이 사건 공고가 각각의 선발인원을 별도로 내정하기 위하여 임용 절차를 이원화한 것이라고 단정할 수 없다(2015.4.30. 2013헌마504).

058 【X】 공무원이 금고 이상의 형의 선고유예 판결을 받은 경우를 모두 당연 퇴직사유로 규정하는 것은 헌법 제25조의 **공무담임권을 침해하였다고 할 것이다.**(2002.8.29. 2001헌마788 등) - 공무원이 금고 이상의 형의 선고유예를 받은 경우에는 공무원직에서 당연히 퇴직하는 것으로 규정하고 있는 이 사건 법률조항은 금고 이상의 선고유예의 판결을 받은 모든 범죄를 포괄하여 규정하고 있을 뿐 아니라, 심지어 오늘날 누구에게나 위험이 상존하는 교통사고 관련 범죄 등 과실범의 경우마저 당연퇴직의 사유에서 제외하지 않고 있으므로 최소침해성의 원칙에 반한다.

059 【O】 2009.9.24. 2008헌마265

060 【X】 헌법재판소는 공직선거에 입후보하려는 자에 대하여 기탁금을 부과하는 것 자체는 선거에 입후보 하려고 하는 후보자의 **공무담임권을 침해하지 않는다고 결정하였다.**(1996.8.29. 95헌마108) - 시·도지사선거에서 무분별한 후보난립을 방지하기 위한 제재금 예납의 의미와 함께, 공직선거 및 선거부정방지법 위반행위에 대한 과태료 및 불법시설물 등에 대한 대집행비용과 부분적으로 선전벽보 및 선거공보의 작성비용에 대한 예납의 의미도 아울러 가지고 있는 기탁금제도는 그 기탁금액이 지나치게 많지 않는 한 이를 위헌이라고 할 수는 없다.

061
비례대표국회의원선거의 경우 후보자 1명마다 1,500만 원이라는 기탁금액은 비례대표제의 취지를 실현하기 위해 필요한 최소한의 액수보다 지나치게 과다한 액수이다. (O/×)

062
지방자치단체의 장이 그 임기 중에 그 직을 사퇴하여 대통령선거, 국회의원선거, 지방의회의원선거 및 다른 지방자치단체의 장 선거에 입후보할 수 없도록 하는 것은 공무담임권을 침해한다. (O/×)

063
정부투자기관의 집행간부 아닌 직원에 대하여도 임원이나 집행간부들과 마찬가지로 지방의회의원직에 입후보하지 못하도록 규정한 구 지방의회의원선거법 규정은 헌법 제37조 제2항의 비례의 원칙에 어긋나서 청구인들의 기본적인 공무담임권을 침해하는 것이므로 헌법에 위반된다. (O/×)

064
공무원시험에서 산업기사 이상의 자격증 소지자에 대하여 가산점을 주고 기능사 자격증 소지자에게 가산점을 주지 않는 규정은 공무담임권 및 평등권 침해이다. (O/×)

065
지방자치단체 장의 계속 재임을 3기로 제한하는 것은 지방단체장의 공무담임권을 침해한다. (O/×)

---

061 【O】 비례대표국회의원선거의 경우 후보자 1명마다 1,500만 원이라는 기탁금액은 비례대표제의 취지를 실현하기 위해 필요한 최소한의 액수보다 지나치게 과다한 액수이므로 공무담임권을 침해한다.(2016.12.29. 2015헌마1160)
- (1) 정당에 대한 선거로서의 성격을 가지는 비례대표국회의원선거는 인물에 대한 선거로서의 성격을 가지는 지역구국회의원선거와 근본적으로 그 성격이 다르고, 공직선거법상 허용된 선거운동을 통하여 선거의 혼탁이나 과열을 초래할 여지가 지역구국회의원선거보다 훨씬 적다고 볼 수 있다.
(2) 또한 비례대표국회의원선거에서 실제 정당에게 부과된 전체 과태료 및 행정대집행비용의 액수는 후보자 1명에 대한 기탁금액인 1,500만 원에도 현저히 미치지 못하는데, 후보자 수에 비례하여 기탁금을 증액하는 것은 지나치게 과다한 기탁금을 요구하는 것이다.

062 【O】 (1999.5.27. 98헌마214) - 공선법 제53조 제1항의 '선거전 공직사퇴조항'을 통하여 충분히 선거의 공정성을 확보하고 있다고 판단되므로, 이를 넘어서 포괄적인 입후보금지규정을 두는 것은, 입법목적을 달성하기 위하여 필요한 조치를 넘어 청구인들의 피선거권을 과도하게 제한하는 것이다.

063 【O】 다만, 정부투자기관 직원이 지방의회의원직을 **겸할 수 없도록 규정**한 지방자치법 규정은 정부투자기관 직원의 공무담임권에 대한 부당한 차별이라고 할 수 없으며, 공무담임권이나 평등권의 **침해가 있다고 볼 수 없다**(1995.5.25. 91헌마67).

064 【X】 국가공무원 7급 시험에서 기능사 자격증에는 가산점을 주지 않고 기사 등급 이상의 자격증에는 가산점을 주도록 한 공무원임용 및 시험시행규칙이 **공무담임권 및 평등권을 침해한 것이라 할 수 없다**.(2003.9.25. 2003헌마30) - 9급 공무원 시험에서는 기능사에게 가산점을 부여하고 7급 시험에서는 부여하지 않지만, 이는 7급 공무원 업무의 전문성을 감안한 공익적 판단에 의한 것이다.

065 【X】 지방자치단체 장의 계속 재임을 3기로 제한하는 것은 지방단체장의 **공무담임권을 침해하지 않는다**.(2006.2.23. 2005헌마403) - 지방자치단체 장의 계속 재임을 3기로 제한한 규정의 입법취지는 장기집권으로 인한 지역발전저해 방지와 유능한 인사의 자치단체 장 진출확대로 대별할 수 있는바, 그 목적의 정당성, 방법의 적절성, 피해의 최소성, 법익의 균형성이 충족되므로 헌법에 위반되지 아니한다.

066

공무원의 신분이나 직무상 의무와 관련이 없는 범죄의 경우에도 퇴직급여 등을 제한하는 것은, 공무원 범죄를 예방하고 공무원이 재직 중 성실히 근무하도록 유도하는 입법목적을 달성하는 데 적합한 수단이다.

(O/×)

067

공직선거에 후보자로 등록하고자 하는 자가 제출하여야 하는 범죄경력에 이미 실효된 금고 이상의 형까지 기재하도록 정한 공직선거법 조항은, 실효된 금고 이상의 형의 범죄경력을 가진 후보자의 공무담임권을 침해한다.

(O/×)

068

대법원 판례에 의하면 공무원의 사퇴는 사퇴의 의사표시를 한 때 발생하는 것이 아니라, 임명권자가 면직의 의사표시를 한 때 발생한다.

(O/×)

069

주민등록을 할 수 없는 재외국민의 국민투표권 행사를 전면적으로 배제하고 있는 국민투표법 제14조 제1항은 국민투표권을 침해한다.

(O/×)

070

신행정수도 후속대책을 위한 연기·공주지역 행정중심복합도시 건설을 위한 특별법이 수도를 분할하는 국가정책을 집행하는 내용을 가지고 있고 대통령이 이를 추진하고 집행하기 이전에 그에 관한 국민투표를 실시하지 아니하였다면 국민투표권이 행사될 수 있는 계기인 대통령의 중요정책 국민투표 부의가 행해지지 않았다고 하더라도 청구인들의 국민투표권이 행사될 수 있을 정도로 구체화되었다고 할 수 있으므로 그 침해의 가능성이 인정된다.

(O/×)

2. 소급입법에 의한 참정권제한의 금지

---

066 【X】 공무원의 신분이나 직무상 의무와 관련이 없는 범죄의 경우에도 퇴직급여 등을 제한하는 것은, 공무원범죄를 예방하고 공무원이 재직 중 성실히 근무하도록 유도하는 입법목적을 달성하는 데 **적합한 수단이라고 볼 수 없다**. 그리고 특히 과실범의 경우에는 공무원이기 때문에 더 강한 주의의무 내지 결과발생에 대한 가중된 비난가능성이 있다고 보기 어려우므로, 퇴직급여 등의 제한이 공무원으로서의 직무상 의무를 위반하지 않도록 유도 또는 강제하는 수단으로서 작용한다고 보기 어렵다.(2007.3.29. 2005헌바33)

067 【X】 공직선거에 후보자로 등록하고자 하는 자가 제출하여야 하는 범죄경력에 이미 실효된 금고 이상의 형까지 기재하도록 정한 공직선거법 조항은, 후보자선택을 제한하거나 실효된 금고 이상의 형의 범죄경력을 가진 후보자의 당선기회를 봉쇄하는 것이 아니므로 공무담임권과는 직접 관련이 없다.(2008.4.24. 2006헌마402)

068 【O】 공무원에 대한 임명 또는 해임 행위는 임명권자의 의사표시를 내용으로 하는 하나의 행정처분으로 보아야 한다 (대판 1962.11.15. 62누165).

069 【O】 국민투표는 국가의 중요정책이나 헌법개정안에 대해 주권자로서의 국민이 그 승인 여부를 결정하는 절차인데, 주권자인 국민의 지위에 아무런 영향을 미칠 수 없는 주민등록 여부만을 기준으로 하여, 주민등록을 할 수 없는 재외국민의 국민투표권 행사를 전면적으로 배제하고 있는 국민투표법 제14조 제1항은 국민투표권을 침해한다(2007.6.28. 2004헌마644).

070 【X】 신행정수도 후속대책을 위한 연기·공주지역 행정중심복합도시 건설을 위한 특별법이 수도를 분할하는 국가정책을 집행하는 내용을 가지고 있고 대통령이 이를 추진하고 집행하기 이전에 그에 관한 국민투표를 실시하지 아니하였다고 하더라도 국민투표권이 행사될 수 있는 계기인 대통령의 중요정책 국민투표 부의가 행해지지 않은 이상 청구인들의 **국민투표권이 행사될 수 있을 정도로 구체화되었다고 할 수 없으므로 그 침해의 가능성은 인정되지 않는다**.(2005.11.24. 2005헌마579 등)

최신판례 예상지문

001 🔄 1 2 3

총장후보자에 지원하려는 사람에게 접수시 1,000만 원의 기탁금을 납부하도록 한 '전북대학교 총장임용후보자 선정에 관한 규정'은 청구인의 공무담임권을 침해한다. (O/×)

002 🔄 1 2 3

승진소요 최저연수에 공무원 임용 전 병역의무 이행기간을 포함시키지 않은 지방공무원 임용령 조항은 공무담임권을 침해한다. (O/×)

003 🔄 1 2 3

노동직류와 직업상담직류를 선발할 때 직업상담사 자격증 소지자에게 점수를 가산하도록 한 공무원임용시험령조항은 공무담임권과 평등권을 침해한다. (O/×)

004 🔄 1 2 3

공립 또는 사립 초·중등학교에 재직 중인 교원이 공직선거 및 교육감선거 입후보 시 선거일 전 90일까지 교원직을 그만 두도록 하는 공직선거법조항은 교원의 공무담임권과 평등권을 침해한다. (O/×)

---

001 【O】 총장후보자에 지원하려는 사람에게 접수시 1,000만 원의 기탁금을 납부하도록 하고, 지원서 접수시 기탁금 납입 영수증을 제출하도록 한 '전북대학교 총장임용후보자 선정에 관한 규정'이 청구인의 공무담임권을 침해하는지 여부(적극) (헌재 2018.4.26. 2014헌마274) - 총장후보자 지원자들에게 1,000만 원의 기탁금을 납부하게 하는 것은 지원자가 무분별하게 총장후보자에 지원하는 것을 예방하는 데 기여할 수 있으므로 목적의 정당성과 수단의 적합성이 인정된다. 이 사건 기탁금조항의 1,000만 원이라는 액수는 자력이 부족한 교원 등 학내 인사와 일반 국민으로 하여금 총장후보자에 지원하려는 의사를 단념토록 할 수 있을 정도로 과다한 액수라고 할 수 있다. 이러한 사정들을 종합하면 이 사건 기탁금조항은 침해의 최소성에 반한다. 이 사건 기탁금조항은 과잉금지원칙에 반하여 청구인의 공무담임권을 침해한다.

002 【X】 공무원으로 임용되기 전에 병역의무를 이행한 기간을 승진소요 최저연수에 포함하는 규정을 두지 않은 지방공무원 임용령조항이 공무담임권을 침해하는지 여부(소극) (헌재 2018.7.26. 2017헌마1183) - 승진기간조항은 직무 난이도 증가에 대비해 능력을 배양할 최소한의 재직기간이 필요하다는 취지에서 재직하지 않고도 승진기간을 채울 수 있는 예외를 병역휴직과 같이 공무원 휴직으로만 한정하고 청구인의 병역의무 이행기간을 포함시키지 않았다. 승진소요 최저연수를 충족하였다는 의미는 승진임용자로 결정된다는 것이 아니라 경력평정을 실시하는 등 승진임용을 위한 절차가 개시될 수 있다는 의미에 불과하다. 승진소요 최저연수에 공무원 임용 전 병역의무 이행기간을 포함시키지 않았다 하여 청구인의 승진임용기회에 과도한 제한을 가한다고 보기 어려우므로, 승진기간조항은 공무담임권을 침해하지 않는다.

003 【X】 노동직류와 직업상담직류를 선발할 때 직업상담사 자격증 소지자에게 점수를 가산하도록 한 공무원임용시험령조항이 공무담임권과 평등권을 침해하는지 여부(소극) (헌재 2018.8.30. 2018헌마46) - 심판대상조항은 2003년과 2007년경부터 규정된 것이어서 해당 직류의 채용시험을 진지하게 준비 중이었다면 누구라도 직업상담사 자격증이 가산대상 자격증임을 알 수 있었다고 보이며, 자격증소지를 시험의 응시자격으로 한 것이 아니라 각 과목 만점의 최대 5% 이내에서 가산점을 부여하는 점, 자격증 소지자도 다른 수험생들과 마찬가지로 합격의 최저 기준인 각 과목 만점의 40%이상을 취득하여야 한다는 점, 그 가산점 비율은 3% 또는 5%로서 다른 직렬과 자격증 가산점 비율에 비하여 과도한 수준이라고 볼 수 없다는 점을 종합하면 이 조항이 피해최소성 원칙에 위배된다고 볼 수 없고, 법익의 균형성도 갖추었다. 따라서 심판대상조항이 청구인들의 공무담임권과 평등권을 침해하였다고 볼 수 없다.

004 【X】 공립 또는 사립 초·중등학교에 재직 중인 교원이 공직선거 및 교육감선거 입후보 시 선거일 전 90일까지 교원직을 그만 두도록 하는 공직선거법조항이 교원의 공무담임권과 평등권을 침해하는지 여부(소극) (헌재 2019.11.28. 2018헌마222) - 선거일 전 90일을 사직 시점으로 둔 것이 불합리하다고 볼 수 없는 점, 학생들의 수학권이 침해될 우려가 있다는 점에서 교육감선거 역시 공직선거와 달리 볼 수 없는 점 등에 비추어 보면, 침해의 최소성에 반하지 않는다. 교원의 직을 그만두어야 하는 사익 제한의 정도는 교원의 직무전념성 확보라는 공익에 비하여 현저히 크다고 볼 수 없으므로 법익의 균형성도 갖추었으므로 과잉금지원칙에 위배하여 공무담임권을 침해한다고 볼 수 없다.

005

교육공무원에게 선거운동을 허용하더라도 곧바로 교육과 관련한 중립성이 훼손된다고 보기 어려우므로 교육공무원으로 하여금 일체의 선거운동을 금지하는 것은 교육공무원의 선거운동의 자유와 평등권을 침해한다. (O/×)

006

신체의 장애로 인하여 자신이 기표할 수 없는 선거인에 대해 투표보조인이 가족이 아닌 경우 반드시 2인을 동반하여서만 투표를 보조하게 할 수 있도록 정하고 있는 공직선거법조항이 비밀선거원칙에 위반되어 청구인의 선거권을 침해한다. (O/×)

007

공직선거법의 착신전환 등을 통한 중복 응답 등 선거범죄로 100만 원 이상의 벌금형의 선고를 받은 자는 지방의회의원의 직에서 퇴직한다고 규정한 공직선거법 조항은 청구인들의 공무담임권을 침해한다. (O/×)

---

005 【X】 공직선거 및 교육감선거에서 교육공무원의 선거운동을 금지하는 공직선거법조항이 교육공무원의 선거운동의 자유와 평등권을 침해하는지 여부(소극) (헌재 2019.11.28. 2018헌마222) - 교육공무원 선거운동 금지조항은 공무원의 정치적 중립성, 교육의 정치적 중립성을 확보하기 위한 것으로 입법목적의 정당성 및 수단의 적합성이 인정된다. 근무시간 내외를 불문하고 학생들의 인격 및 기본생활습관 형성 등에 중요한 영향을 끼칠 수 있는 교육공무원의 특성 등에 비추어 침해의 최소성에도 어긋나지 않는다. 교육의 정치적 중립성 확보라는 공익은 선거운동의 자유에 비해 높은 가치를 지니고 있으므로 법익의 균형성도 충족한다.

006 【X】 신체의 장애로 인하여 자신이 기표할 수 없는 선거인에 대해 투표보조인이 가족이 아닌 경우 반드시 2인을 동반하여서만 투표를 보조하게 할 수 있도록 정하고 있는 공직선거법조항이 비밀선거원칙에 위반되어 청구인의 선거권을 침해하는지 여부(소극) (헌재 2020.5.27. 2017헌마867) - 심판대상조항은 신체의 장애로 인하여 자신이 기표할 수 없는 선거인의 선거권을 실질적으로 보장하고, 투표보조인이 장애인의 선거권 행사에 부당한 영향력을 미치는 것을 방지하여 선거의 공정성을 확보하기 위한 것이므로, 입법목적의 정당성과 수단의 적합성도 인정된다. 심판대상조항이 달성하고자 하는 공익은 중증장애인의 실질적인 선거권 보장과 선거의 공정성 확보로서 매우 중요한 반면, 심판대상조항으로 인해 청구인이 받는 불이익은 투표보조인이 가족이 아닌 경우 2인을 동반해야 하므로, 투표보조인이 1인인 경우에 비하여 투표의 비밀이 더 유지되기 어렵고, 투표보조인을 추가로 섭외해야 한다는 불편에 불과하므로, 심판대상조항은 법익의 균형성원칙에 반하지 않는다. 그러므로 심판대상조항은 비밀선거의 원칙에 대한 예외를 두고 있지만 필요하고 불가피한 예외적인 경우에 한하고 있으므로, 과잉금지원칙에 반하여 청구인의 선거권을 침해하지 않는다.

007 【X】 공직선거법의 착신전환 등을 통한 중복 응답 등 선거범죄로 100만 원 이상의 벌금형의 선고를 받은 자는 지방의회의원의 직에서 퇴직한다고 규정한 공직선거법 조항이 청구인들의 공무담임권을 침해하는지 여부(소극) - 퇴직조항은 선거에 관한 여론조사의 결과에 부당한 영향을 미치는 행위를 방지하고 선거의 공정성을 담보하며 공직에 대한 국민 또는 주민의 신뢰를 제고한다는 목적을 달성하는 데 적합한 수단이다. 지방의회의원이 선거의 공정성을 해하는 범죄로 유죄판결이 확정되었다면 지방자치행정을 민주적이고 공정하게 수행할 것이라고 기대하기 어렵다. 오히려 그의 직을 유지시킨다면, 이는 공직 전체에 대한 신뢰 훼손으로 이어진다. 대상 범죄인 착신전환 등을 통한 중복 응답 등 범죄는 선거의 공정성을 직접 해하는 범죄로, 위 범죄로 형사처벌 받은 사람이라면 지방자치행정을 민주적이고 공정하게 수행할 것이라 볼 수 없다. 입법자는 100만 원 이상의 벌금형 요건으로 하여 위 범죄로 지방의회의원의 직에서 퇴직할 수 있도록 하는 강력한 제재를 선택한 동시에 퇴직 여부에 대하여 법원으로 하여금 구체적 사정을 고려하여 판단하게 하였다. 당선무효, 기탁금 등 반환, 피선거권 박탈만으로는 퇴직조항, 당선무효, 기탁금 등 반환, 피선거권 박탈이 동시에 적용되는 현 상황과 동일한 정도로 공직에 대한 신뢰를 제고하기 어렵다. 퇴직조항으로 인하여 지방의회의원의 직에서 퇴직하게 되는 사익의 침해에 비하여 선거에 관한 여론조사의 결과에 부당한 영향을 미치는 행위를 방지하고 선거의 공정성을 담보하며 공직에 대한 국민 또는 주민의 신뢰를 제고한다는 공익이 더욱 중대하다. 퇴직조항은 청구인들의 공무담임권을 침해하지 아니한다.(헌재 2022.3.31. 2019헌마986)

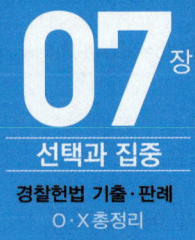

청구권적 기본권

제1절 일반이론

I 의의

II 법적 성격

III 유형

IV 효력

1. 대국가적 효력

2. 대사인적 효력

제2절 청원권

I 의의

001
청원제도는 행정기관에 대한 권리침해의 구제를 구하기 위한 제도이기도 하므로, 이 경우 청원권은 청원사항에 대한 심리 또는 재결을 요구할 수 있는 권리가 된다. (O/×)

002
청원권의 보호범위에는 청원사항의 처리결과에 심판서나 재결서에 준하여 이유를 명시할 것까지를 요구하는 것을 포함하는 것은 아니다. (O/×)

---

001 【×】 신행정수도 후속대책을 위한 연기·공주지역 행정중심복합도시 건설을 위한 특별법이 수도를 분할하는 국가정책을 집행하는 내용을 가지고 있고 대통령이 이를 추진하고 집행하기 이전에 그에 관한 국민투표를 실시하지 아니하였다고 하더라도 국민투표권이 행사될 수 있는 계기인 대통령의 중요정책 국민투표 부의가 행해지지 않은 이상 청원인들의 **국민투표권이 행사될 수 있을 정도로 구체화되었다고 할 수 없으므로 그 침해의 가능성은 인정되지 않는다.**(2005.11.24. 2005헌마579 등)

002 【O】 헌법상 보장된 청원권은 공권력과의 관계에서 일어나는 여러 가지 이해관계, 의견, 희망 등에 관하여 적법한 청원을 한 모든 당사자에게 국가기관이 청원을 수리할 뿐만 아니라 이를 심사하여 청원자에게 그 처리결과를 통지할 것을 요구할 수 있는 권리를 말하나, 청원사항의 처리결과에 **심판서나 재결서에 준하여 이유를 명시할 것까지를 요구하는 것은 청원권의 보호범위에 포함되지 아니한다.**(1997.7.16. 93헌마239)

003

모든 국민은 법률이 정하는 바에 의하여 국가기관에 문서로 청원할 권리를 가지고, 국가는 청원에 대하여 심사할 의무를 지므로 청원인이 기대한 바에 미치지 못하는 처리내용은 헌법소원의 대상이 되는 공권력의 불행사이다. (O/×)

004

우리 헌법 제26조에서 "모든 국민은 법률이 정하는 바에 의하여 국가기관에 문서로 청원할 권리를 가진다. 국가는 청원에 대하여 심사할 의무를 진다."고 하여 청원권을 기본권으로 보장하고 있으므로 국민은 여러 가지 이해관계 또는 국정에 관하여 자신의 의견이나 희망을 해당 기관에 직접 진술하는 외에 그 본인을 대리하거나 중개하는 제3자를 통해 진술하더라도 이는 청원권으로서 보호된다. (O/×)

II 법적 성격

III 주체

005

청원권은 법인과 외국인을 제외한 자연인에게만 인정된다. (O/×)

IV 내용

1. 청원사항

006

피해의 구제, 공무원의 위법·부당한 행위에 대한 시정이나 징계의 요구, 법률·명령·조례·규칙 등의 제정·개정 또는 폐지, 공공의 제도 또는 시설의 운영, 그 밖에 국가기관 등의 권한에 속하는 사항이 청원법에서 규정한 청원사항에 해당한다. (O/×)

---

003 【×】 청원 소관관서는 청원법이 정하는 절차와 범위내에서 청원사항을 성실·공정·신속히 심사하고 청원인에게 그 청원을 어떻게 처리하였거나 처리하려고 하는지를 알 수 있는 정도로 **결과통지함으로써 충분하고, 비록 그 처리내용이 청원인이 기대하는 바에 미치지 않는다고 하더라도 헌법소원의 대상이 되는 공권력의 행사 내지 불행사라고는 볼 수 없다.** (1997.7.16. 93헌마239)

004 【O】 2012.4.24. 2011헌바40

005 【×】 청원법에는 행사주체에 대한 아무런 제한을 두고 있지 않으므로 외국인도 청원할 수 있고, **법인에 대하여는 명시적으로 인정하는 규정을 두고 있다.**(청원법 제6조)

006 【O】 청원법 제4조

007 🔄 1 2 3

청원법에 따르면 청원이 사인 간의 권리관계 또는 개인의 사생활에 관한 사항인 때에는 수리하지 아니하게 되어 있다. (O/×)

2. 청원의 방법과 절차

008 🔄 1 2 3

헌법과 청원법에 의하면 청원은 문서로 가능하나 예외적인 경우 구두로도 가능하다. (O/×)

009 🔄 1 2 3

국회에 청원을 할 경우에는 국회의원의 소개를 얻어야 하나 지방의회에 청원을 할 경우에는 지방의회 의원의 소개를 요하지 아니한다. (O/×)

010 🔄 1 2 3

지방의회에 청원할 때에 지방의회 의원의 소개를 얻도록 한 것은 헌법위반이다. (O/×)

011 🔄 1 2 3

국회에 청원을 할 때 국회의원의 소개를 얻어 청원서를 제출하도록 한 것은, 국회에 청원을 하려는 자를 행정기관 등에 청원을 하는 자와 차별하는 것이나 행정부 등에 대한 청원은 당해 기관이 단독으로 의사결정을 할 수 있기 때문에 합의제 기관인 국회에 대한 청원과는 달리 취급할 수 있으므로 이를 자의적이라거나 합리성이 없는 차별이라고 볼 수 없다. (O/×)

---

007 【O】 청원이 다음 각 호(1. 감사·수사·재판·행정심판·조정·중재 등 다른 법령에 의한 조사·불복 또는 구제절차가 진행 중인 때 2. 허위의 사실로 타인으로 하여금 형사처분 또는 징계처분을 받게 하거나 국가기관 등을 중상모략하는 사항인 때 3. **사인간의 권리관계 또는 개인의 사생활에 관한 사항인 때** 4. 청원인의 성명·주소 등이 불분명하거나 청원내용이 불명확한 때)의 어느 하나에 해당하는 때에는 이를 **수리하지 아니한다**.(청원법 제5조)

008 【X】 헌법과 청원법에 의하면 청원은 <u>문서로 하도록 규정하고 있다</u>.(헌법 제26조, 청원법 제6조 제1항) 모든 국민은 법률이 정하는 바에 의하여 국가기관에 문서로 청원할 권리를 가진다.(헌법 제26조) 청원은 청원인의 성명(법인인 경우에는 명칭 및 대표자의 성명을 말한다)과 주소 또는 거소를 기재하고 서명한 문서(「전자정부법」에 의한 전자문서를 포함한다)로 하여야 한다.(청원법 제6조 제1항) 따라서 문서로 하지 않은 청원은 효력이 없다.

009 【X】 국회에 청원을 할 경우에는 <u>국회의원의 소개를 얻어</u> 청원서를 제출하여야 하고(국회법 제123조), 지방의회에 청원을 할 경우에는 <u>지방의회의원의 소개를 받아</u> 청원서를 제출하여야 한다(지방자치법 제73조). 의회에 대한 청원의 의원의 소개를 얻도록 한 목적은 무책임한 청원서의 제출과 남용을 예방하여 청원 심사의 실효성을 확보하려는 것으로서, 청원은 일반의안과 같은 심사절차를 거치므로 청원서 제출단계에서부터 의원의 관여가 필요하며, 청원의 소개의원이 되려는 의원이 단 한 명도 없는 경우에까지 청원서를 제출할 수 있도록 하여 이를 심사할 실익은 없다 할 것이다. (2012.11.29. 2012헌마330) 지방의회에 청원을 할 때에 지방의회 의원의 소개를 얻도록 한 것은 의원이 미리 청원의 내용을 확인하고 이를 소개하도록 함으로써 청원의 남발을 규제하고 심사의 효율을 기하기 위한 것이고, 지방의회 의원 모두가 소개의원이 되기를 거절하였다면 그 청원내용에 찬성하는 의원이 없는 것이므로 지방의회에서 심사하더라도 인용가능성이 전혀 없어 심사의 실익이 없으며, 청원의 소개의원도 1인으로 족한 점을 감안하면 이러한 정도의 제한은 공공복리를 위한 필요·최소한의 것이라고 할 수 있으므로 청원권의 과도한 제한에 해당하지 않는다.(1999.11.25. 97헌마54)

010 【X】 지방의회에 청원을 할 경우에는 <u>지방의회의원의 소개를 받아</u> 청원서를 제출하여야 한다(지방자치법 제73조).

011 【O】 2006.6.29. 2005헌마604

012
법령에 의하여 행정권한을 가지고 있거나 행정권한을 위임 또는 위탁받은 개인에게도 청원을 제출할 수 있다. (O/×)

013
청원서를 접수한 기관은 청원사항이 그 기관이 관장하는 사항이 아니라고 인정되는 때에는 청원인에게 청원서를 반려하여야 한다. (O/×)

014
동일인이 동일한 내용의 청원서를 동일한 기관에 2건 이상 제출하거나 2 이상의 기관에 제출한 때에는 청원에 대한 심사 의무가 발생하지 않는다. (O/×)

3. 청원의 심사와 처리

015
헌법에서는 청원에 대하여 심사할 의무만을 규정하므로 국가기관은 청원에 대하여 그 결과를 통지하여야 할 의무를 지지 않는다. (O/×)

016
정부에 제출되는 정부의 정책에 관계되는 청원의 심사는 청원법에 따라 국무회의의 심사를 거칠 수 있다. (O/×)

017
국가기관은 청원을 수리한 후 그 내용에 따라 조치를 취할 의무가 있다. (O/×)

018
청원법에 따르면 청원을 관장하는 기관이 청원을 접수한 때에는 특별한 사유가 없는 한 90일 이내에 그 처리결과를 청원인에게 통지하여야 한다. (O/×)

---

012 【O】 청원법 제3조 제3호
013 【X】 청원서를 접수한 기관은 청원사항이 그 기관이 관장하는 사항이 아니라고 인정되는 때에는 그 **청원사항을 관장하는 기관에 청원서를 이송하고 이를 청원인에게 통지하여야 한다.**(청원법 제7조 제3항)
014 【X】 동일인이 동일한 내용의 청원서를 동일한 기관에 2건 이상 제출하거나 2 이상의 기관에 제출한 때에는 **나중에 접수된 청원서는 이를 반려할 수 있다.**(청원법 제8조)
015 【X】 **헌법 제26조는** 국민의 청원에 대하여 국가의 심사의무를 규정하고 있지만 **통지의무를 규정하고 있지는 않다.** 다만, **청원법 제9조는** 청원을 수리한 기관은 성실하고 공정하게 청원을 심사·처리하여야 하며, 그 처리결과를 청원인에게 통지하여야 한다고 규정하여 **심사의무뿐만 아니라 통지의무까지 규정하고 있다.**
016 【X】 정부에 제출 또는 회부된 정부의 정책에 관계되는 청원의 심사는 헌법에 따라 국무회의의 심의를 **거쳐야 한다.** (헌법 제89조 제15호)
017 【X】 국가기관이 청원을 수리한 경우 청원 내용을 **어떻게 처리할 것인지는 국가기관의 재량이다.**
018 【O】 청원법 제9조

019

청원이 「청원법」상 처리기간 이내에 처리되지 아니하는 경우 청원인은 청원을 관장하는 기관에 이의신청을 할 수 있다. (O / ×)

V 효력

VI 제한과 한계

020

청원권 행사를 위한 청원사항이나 청원방식, 청원절차 등에 관해서는 입법자가 그 내용을 자유롭게 형성할 재량권을 가지고 있으므로 공무원이 취급하는 사건 또는 사무에 관한 사항의 청탁에 관해 금품을 수수하는 등의 행위를 청원권의 내용으로서 보장할지 여부에 대해서도 입법자에게 폭넓은 재량권이 주어져 있다. (O / ×)

021

공무원이 취급하는 사건 또는 사무에 관하여 청탁한다는 명목으로 금품을 받은 경우에 처벌하도록 규정한 구 변호사법 제111조는, 공무원의 직무에 속하는 사항에 관하여 금품을 대가로 다른 사람을 중개하거나 대신하여 그 이해관계나 의견 또는 희망을 해당 기관에 진술할 수 없게 하므로, 일반적 행동자유권 및 청원권을 제한한다. (O / ×)

022

근로자가 공공기관에 사용자를 비방하는 내용의 청원을 하였다 하더라도 그러한 내용의 청원은 청원법 제5조의 청원 불수리 사유에 해당하므로 이를 징계사유로 삼는 것은 청원을 하였다는 이유로 불이익을 강요하는 것에 해당하여 허용되지 아니한다. (O / ×)

023

입법자는 수용 목적 달성을 저해하지 않는 범위 내에서 교도소 수용자에게 청원권을 보장하는 합리적인 수단을 선택할 수 있다고 할 것인바, 서신을 통한 수용자의 청원을 아무런 제한 없이 허용한다면 수용자가 이를 악용하여 검열 없이 외부에 서신을 발송하는 탈법수단으로 이용할 수 있게 되므로 이에 대한 검열은 수용 목적 달성을 위한 불가피한 것으로서 청원권의 본질적 내용을 침해한다고 할 수 없다. (O / ×)

VII 옴부즈만제도

---

019 【O】 청원법 제9조의2
020 【O】 2012.4.24. 2011헌바40
021 【O】 다만 과잉금지원칙을 위반하여 청구인의 일반적 행동자유권 및 청원권을 침해한다고 할 수 없다(2012.4.24. 2011헌바40).
022 【×】 청원권은 국민이 국가기관에 대하여 자신의 희망이나 의견을 진술할 수 있는 기본권이므로 근로자도 사용자에 관한 사항으로서 널리 공공기관의 권한에 속하는 사항에 대하여는 청원할 수 있음은 당연하고, 다만 그 청원서의 내용이 허위의 사실이거나 사용자를 비방하는 것이라면 **사용자의 인격, 비밀, 명예, 신용 등을 훼손하여서는 아니되는 성실의무에 반하여 징계사유가 된다고 할 것이고, 이는 청원행위 자체를 이유로 한 불이익 처분이 아니므로 청원법 제11조에 반하는 것이라고 할 수 없다.**(1999.9.3. 97누2528,2535)
023 【O】 2001.11.29. 99헌마713

제3절 재판청구권

I 의의

001
모든 국민은 헌법과 법률이 정한 법관에 의하여 법률에 의한 재판을 받을 권리를 가진다. (O/×)

002
재판청구권의 내용으로서 사실적 측면이 아닌 법률적 측면에 관해서만 한 번 이상 법원의 판단을 받을 권리가 도출된다. (O/×)

003
재판을 받을 권리는 사법권의 독립이 보장된 법원에서 재판을 받을 권리를 포함한다. (O/×)

II 법적 성격

004
공권력이나 사인에 의해 기본권이 침해당하거나 침해당할 위험에 처해 있을 경우 재판청구권에 기하여 이에 대한 구제나 그 예방을 요청할 수 있으므로, 재판청구권은 다른 기본권의 보장을 위한 기본권이라는 성격을 가진다. (O/×)

005
재판청구권은 권리구제절차를 규정하는 절차법에 의해서 구체적으로 형성·실현되며 동시에 이에 의하여 제한된다. (O/×)

006
국민이 재판을 통하여 권리보호를 받기 위해서는 그 전에 최소한 법원조직법에 의하여 법원이 설립되고 민사소송법 등 절차법에 의하여 재판관할이 확정되는 등 입법자에 의한 재판청구권의 구체적 형성이 불가피하므로, 재판청구권에 대해서는 입법자의 입법재량이 인정된다. (O/×)

---

001 【O】 헌법 제27조 제1항
002 【×】 재판이란 사실확정과 법률의 해석적용을 본질로 함에 비추어 법관에 의하여 **사실적 측면과 법률적 측면의 한 차례의 심리검토의 기회는 적어도 보장되어야 할 것**은 물론, 또 그와 같은 기회에 접근하기 어렵도록 제약이나 장벽을 쌓아서는 안된다 할 것인바, 만일 그러한 보장이 제대로 안되면 헌법상 재판을 받을 권리의 본질적 침해의 문제가 생길 수 있다. (1992.6.26. 90헌바25)
003 【O】 1992.6.26. 90헌바25
004 【O】 2009.4.30. 2007헌바121
005 【O】 2002.10.31. 2000헌가12
006 【O】 2013.3.21. 2011헌바219

007

재판청구권은 제도적 보장의 성격이 강하기 때문에 자유권적 기본권 등 다른 기본권을 제한하는 경우와 비교하여 보면 상대적으로 더 넓은 입법형성권이 인정된다. (O/×)

Ⅲ 주체

008

국민과 외국인, 사법인과 공법인을 불문하고 재판청구권의 주체가 될 수 있다. (O/×)

Ⅳ 내용

1. "헌법과 법률이 정한 법관에 의한 재판"을 받을 권리

009

헌법 제27조 제1항에서 명시적으로 규정하고 있는 바와 같이, 헌법상 재판을 받을 권리라 함은 '법관에 의하여' 재판을 받을 권리를 의미한다. (O/×)

010

법관에 의한 재판을 받을 권리를 보장한다고 함은 결국 법관이 사실을 확정하고 법률을 해석·적용하는 재판을 받을 권리를 보장한다는 뜻이고, 그와 같은 법관에 의한 사실 확정과 법률의 해석적용의 기회에 접근하기 어렵도록 제약이나 장벽을 쌓는 것은 허용되지 않는다. (O/×)

011

법무부징계위원회의 결정에 대하여 불복이 있는 경우 그 결정이 법령위반을 이유로 한 경우에만 대법원에 즉시항고를 허용하는 「변호사법」 조항은 헌법상 국민에게 보장된 "법관에 의한" 재판을 받을 권리를 침해하는 위헌규정이다. (O/×)

---

007 【O】 2015.2.26. 2014헌바181
008 【O】 2012.8.23. 2008헌마430
009 【O】 2013.3.21. 2011헌바219
010 【O】 1992.6.26. 90헌바25
011 【O】 대한변호사협회변호사징계위원회나 법무부변호사징계위원회의 징계에 관한 결정은 비록 그 징계위원 중 일부로 법관이 참여한다고 하더라도 이를 헌법과 법률이 정한 법관에 의한 재판이라고 볼 수 없으므로, **법무부변호사징계위원회의 결정이 법률에 위반된 것을 이유로 하는 경우에 한하여 법률심인 대법원에 즉시항고할 수 있도록 한 변호사법 제100조 제4항 내지 제6항은, 법관에 의한 사실확정 및 법률적용의 기회를 박탈한 것이다.** 변호사법 제100조 제4항 내지 제6항은 행정심판에 불과한 법무부변호사징계위원회의 결정에 대하여 법원의 사실적 측면과 법률적 측면에 대한 심사를 배제하고 대법원으로 하여금 변호사징계사건의 최종심 및 법률심으로서 단지 법률적 측면의 심사만을 할 수 있도록 하고 재판의 전심절차로서만 기능해야 할 법무부변호사징계위원회를 사실확정에 관한 한 사실상 최종심으로 기능하게 하고 있으므로, 일체의 법률적 쟁송에 대한 재판기능을 대법원을 최고법원으로 하는 법원에 속하도록 규정하고 있는 헌법 제101조 제1항 및 재판의 전심절차로서 행정심판을 두도록 하는 헌법 제107조 제3항에 위반된다(2002.2.28. 2001헌가18).

012

행정기관에 의한 심판은 재판의 전심절차로서만 허용되기 때문에, 그에 대해서는 반드시 법원에 의한 정식재판의 길이 열려 있어야 한다. (O / ×)

013

특허쟁송에 있어서 특허청의 심판과 항고심판을 거쳐 곧바로 법률심인 대법원의 재판을 받게 하는 것은 법관에 의한 재판을 받을 권리를 침해한다. (O / ×)

014

법관의 자격이 없는 법원공무원으로 하여금 소송비용액 확정결정절차 등 재판의 부수적 업무를 처리하게 하는 사법보좌관제도는 법관에 의한 재판을 받을 권리를 침해한다. (O / ×)

015

사법보좌관에 의한 소송비용액확정결정은 헌법과 법률이 정한 법관에 의한 재판을 받을 권리를 침해할 수 있으므로 이의절차 등에 의하여 종국적으로 법관이 소송비용액 확정결정절차를 처리 할 수 있는 장치를 두고 있지 않으면, 헌법에 위배될 수 있다. (O / ×)

016

국민참여재판을 받을 권리도 헌법 제27조 제1항에서 규정한 재판을 받을 권리의 보호범위에 속한다. (O / ×)

---

012 【O】 1995.9.28. 92헌가11

013 【O】 특허법 제186조 제1항은 특허청의 항고심판절차에 의한 항고심결 또는 보정각하결정에 대하여 불복이 있는 경우에도 법관에 의한 사실확정 및 법률적용의 기회를 주지 아니하고 단지 그 심결이나 결정이 법령에 위반된 것을 이유로 하는 경우에 한하여 곧바로 법률심인 대법원에 상고할 수 있도록 하고 있는바, 특허청의 심판절차에 의한 심결이나 보정각하결정은 특허청의 행정공무원에 의한 것으로서 이를 헌법과 법률이 정한 법관에 의한 재판이라고 볼 수 없다. 그렇다면 결국 특허법 제186조 제1항은 **법관에 의한 사실확정 및 법률적용의 기회를 박탈한 것으로서 헌법상 국민에게 보장된 "법관에 의한" 재판을 받을 권리의 본질적 내용을 침해하는 위헌규정이라 아니할 수 없다**(1995.9.28. 92헌가11).

014 【×】 법관이 아닌 사법보좌관이 소송비용액 확정결정절차를 처리하도록 한 법률조항은, 동일 심급 내에서 법관으로부터 다시 재판받을 수 있는 권리가 보장되고 있으므로, 헌법 제27조 제1항의 **재판청구권을 침해하지 않는다**.(2009.2.26. 2007헌바8) - 사법보좌관제도는 이의절차 등에 의하여 법관이 사법보좌관의 소송비용액 확정결정절차를 처리할 수 있는 장치를 마련함으로써 적정한 업무처리를 도모함과 아울러 사법보좌관의 처분에 대하여 법관에 의한 사실확정과 법률의 해석적용의 기회를 보장하고 있는바, 이는 한정된 사법인력을 실질적 쟁송에 집중하도록 하면서 궁극적으로 국민의 재판받을 권리를 실질적으로 보장한다는 입법목적 달성에 기여하는 적절한 수단임을 인정할 수 있다. 따라서 사법보좌관에게 소송비용액 확정결정절차를 처리하도록 한 이 사건 조항이 그 입법재량권을 현저히 불합리하게 또는 자의적으로 행사하였다고 단정할 수 없으므로 헌법 제27조 제1항에 위반된다고 할 수 없다.

015 【O】 2009.2.26. 2007헌바8

016 【×】 헌법과 법률이 정한 법관에 의한 재판을 받을 권리는 직업법관에 의한 재판을 주된 내용으로 하는 것이므로, **국민참여재판을 받을 권리가 헌법 제27조 제1항에서 규정한 재판을 받을 권리의 보호범위에 속한다고 볼 수 없다.**(2009.11.26. 2008헌바12)

017
법무부가 내린 변호사에 대한 징계결정에 대하여 불복이 있는 경우 그 결정이 법령에 위반된 것을 이유로 하는 경우에만 대법원에 즉시항고할 수 있도록 하는 법률 조항은 재판청구권을 침해한다. (O/×)

018
군사법원에서 심판관을 일반장교로 임명할 수 있도록 규정하는 것이 재판청구권을 침해하는 것은 아니다. (O/×)

019
행정기관인 청소년보호위원회 등으로 하여금 청소년유해매체물을 결정하도록 한 규정은 법관에 의한 재판(법관에 의한 재판)을 받을 권리를 침해한다고 볼 수 없다. (O/×)

2. "법률에 의한" 재판을 받을 권리

020
재판청구권에 사건의 경중을 가리지 않고 모든 사건에 대하여 상고심재판을 받을 권리가 포함된다고 볼 수는 없다. (O/×)

021
헌법 제27조 제1항이 규정하는 '법률에 의한' 재판을 받을 권리는 '절차법이 정한 절차에 따라 실체법이 정한 내용대로 재판을 받을 권리'로서 이를 보장하기 위해서는 입법자에 의한 재판청구권의 구체적 형성이 불가피하므로, 이러한 입법이 상당한 정도로 '권리구제의 실효성'을 보장하는 것이어야 한다고 요구할 수는 없다. (O/×)

---

017 【O】 대한변호사협회변호사징계위원회나 법무부변호사징계위원회의 징계에 관한 결정은 비록 그 징계위원 중 일부로 법관이 참여한다고 하더라도 이를 헌법과 법률이 정한 법관에 의한 재판이라고 볼 수 없으므로, 법무부변호사징계위원회의 결정이 법률에 위반된 것을 이유로 하는 경우에 한하여 법률심인 대법원에 즉시항고할 수 있도록 한 변호사법 제81조 제4항 내지 제6항은, 법관에 의한 사실확정 및 법률적용의 기회를 박탈한 것으로서 헌법상 국민에게 보장된 "법관에 의한" 재판을 받을 권리를 침해하는 위헌규정이다(2000.6.29. 99헌가9).

018 【O】 심판관은 일반장교 중에서 임명할 수 있도록 규정한 것은 헌법 제110조 제1항, 제3항의 위임에 따라 군사법원을 특별법원으로 설치함에 있어서 <u>군대조직 및 군사재판의 특수성을 고려하고 군사재판을 신속, 적정하게 하여 군기를 유지하고 군지휘권을 확립하기 위한 것으로서 필요하고 합리적인 이유가 있다</u>(1996.10.31. 93헌바25).

019 【O】 법관은 청소년보호위원회 등의 결정이 적법하게 이루어진 것인지에 관하여 독자적으로 판단하여 이를 기초로 재판할 수도 있으므로 청소년유해매체물의 결정권한을 청소년보호위원회 등에 부여하고 있다고 하여 법관에 의한 재판을 받을 권리를 침해하는 것이라고는 볼 수 없다(2000.6.29. 99헌가16).

020 【O】 "법률에 의한" 재판을 받을 권리라 함은 법관에 의한 재판은 받되 법대로의 재판 즉 절차법이 정한 절차에 따라 실체법이 정한 내용대로 재판을 받을 권리를 보장하자는 취지라고 할 것으로, 이는 재판에 있어서 법관이 법대로가 아닌 자의 전단에 의하는 것을 배제한다는 것이지 여기에서 곧바로 상고심재판을 받을 권리가 발생한다고 보기는 어렵다고 할 것이다(1992.6.26. 90헌바25).

021 【X】 헌법 제27조 제1항이 규정하는 '법률에 의한' 재판을 받을 권리는 '절차법이 정한 절차에 따라 실체법이 정한 내용대로 재판을 받을 권리'로서 이를 보장하기 위해서는 <u>입법자에 의한 재판청구권의 구체적 형성이 불가피하지만</u>, 이러한 입법은 단지 법원에 제소할 수 있는 형식적인 권리나 이론적 가능성만을 허용하는 것이 아니라 <u>상당한 정도로 '권리구제의 실효성'을 보장하는 것이어야 한다</u>.(2013.3.21. 2012헌바128)

022
재판청구권 침해 여부에 대하여는 입법형성의 범위를 일탈했는지 여부가 그 심사기준이 된다. (O/×)

3. "재판"을 받을 권리

023
재판청구권은 재판이라는 국가적 행위를 청구할 수 있는 적극적 측면과 헌법과 법률이 정한 법관이 아닌 자에 의한 재판이나 법률에 의하지 아니한 재판을 받지 아니하는 소극적 측면을 아울러 가지고 있다. (O/×)

024
수용자가 변호사와 접견하는 경우 원칙적으로 접촉차단시설이 설치된 장소에서 하도록 한 규정은, 교정시설의 안전과 질서유지 및 소지금지물품의 반입을 예방하려는 공익이 수형자가 입게 되는 불이익보다 크므로 수형자의 재판청구권을 침해하지 않는다. (O/×)

025
형사보상의 청구에 대하여 한 보상의 결정에 대하여는 불복을 신청할 수 없도록 하여 형사보상의 결정을 단심재판으로 규정한 「형사보상법」 조항은 형사보상청구권 및 재판청구권을 침해한다. (O/×)

026
법관에 대한 징계처분 취소청구소송을 대법원의 단심재판에 의하도록 한 구 「법관징계법」 조항은 헌법 제27조 제1항의 재판청구권을 침해하지 아니한다. (O/×)

---

022 【O】 헌법상 재판청구권은 절차법이 정한 절차에 따라 실체법이 정한 내용대로 재판을 받을 권리를 보장한다는 취지이므로, 재판청구권 보장을 위해서는 입법자의 재판청구권의 구체적 형성이 불가피하여 입법자에게 광범위한 입법재량이 인정된다 (2013.5.30. 2012헌바335).

023 【O】 1998.5.28. 96헌바4

024 【X】 수용자가 변호사와 접견하는 경우에도 원칙적으로 접촉차단시설이 설치된 장소에서 하도록 한 규정은, **과잉금지원칙에 위배하여 재판청구권을 지나치게 제한하고 있으므로, 헌법에 위반된다**(2013.8.29. 2011헌마122).

025 【O】 보상액의 산정에 기초되는 사실인정이나 보상액에 관한 판단에서 오류나 불합리성이 발견되는 경우에도 그 시정을 구하는 **불복신청을 할 수 없도록 하는 것은 형사보상청구권 및 그 실현을 위한 기본권으로서의 재판청구권의 본질적 내용을 침해하는 것이라 할 것**이고, 나아가 법적안정성만을 지나치게 강조함으로써 재판의 적정성과 정의를 추구하는 사법제도의 본질에 부합하지 아니하는 것이다. 또한, 불복을 허용하더라도 즉시항고는 절차가 신속히 진행될 수 있고 사건수도 과다하지 아니한데다 그 재판내용도 비교적 단순하므로 불복을 허용한다고 하여 상급심에 과도한 부담을 줄 가능성은 별로 없다(2010.10.28. 2008헌마514 등).

026 【O】 이는 독립적으로 사법권을 행사하는 법관이라는 지위의 특수성과 법관에 대한 징계절차의 특수성을 감안하여 재판의 신속을 도모하기 위한 것으로 그 합리성을 인정할 수 있고, **대법원이 법관에 대한 징계처분 취소청구소송을 단심으로 재판하는 경우에는 사실확정도 대법원의 권한에 속하여 법관에 의한 사실확정의 기회가 박탈되었다고 볼 수 없다** (2012.2.23. 2009헌바34).

027
어떤 사유를 재심사유로 정하여 재심을 허용할 것인가는 입법자가 확정판결에 대한 법적 안정성, 재판의 신속·적정성, 법원의 업무부담 등을 고려하여 결정하여야 할 입법정책의 문제이다. (O/X)

028
재심제도의 규범적 형성에 있어서는 재판의 적정성과 정의의 실현이라는 법치주의의 요청에 의해 입법형성의 자유가 축소된다. (O/X)

029
재판청구권에 의하여 모든 사건에 관해 재심을 받을 권리가 보장된다. (O/X)

030
재심은 상소와는 달리 확정판결에 대한 불복방법이고 확정판결에 대한 법적 안정성의 요청은 미확정판결에 대한 그것보다 훨씬 크기 때문에, 재심청구권은 상고심재판을 받을 권리와는 다르게 재판을 받을 권리에 포함된다. (O/X)

031
재심도 재판절차 중의 하나이므로 재심청구권은 헌법 제27조에서 규정한 재판을 받을 권리에 당연히 포함된다. (O/X)

---

027 【O】 2004.12.16. 2003헌바105

028 【X】 재심제도의 규범적 형성에 있어서는 불가피하게 입법자의 형성적 자유가 **넓게 인정**되는 영역이라고 할 수 있다. 과학기술의 발전으로 인해 기존의 확정판결에서 인정된 사실과는 다른 새로운 사실이 드러난 경우를 민사소송법상 재심의 사유로 인정하고 있지 않는 민사소송법 제451조 제1항 제7호 및 동조 제2항 중 '제7호' 부분이 재판청구권 및 평등권을 침해한다고 할 수 없다.(2009.4.30. 2007헌바121) - 재심제도의 규범적 형성에 있어서, 입법자는 확정판결을 유지할 수 없을 정도의 중대한 하자가 무엇인지를 구체적으로 가려내어야 하는바, 이는 사법에 의한 권리보호에 관하여 한정된 사법자원의 합리적인 분배의 문제인 동시에 법치주의에 내재된 두 가지의 대립적 이념 즉, 법적 안정성과 정의의 실현이라는 상반된 요청을 어떻게 조화시키느냐의 문제로 돌아가므로, 결국 이는 불가피하게 입법자의 형성적 자유가 넓게 인정되는 영역이라고 할 수 있다. 과학의 진전을 통하여 기존의 확정판결에서 인정된 사실과는 다른 새로운 사실이 발견된다 하더라도, 이는 확정판결 이후 언제라도 일어날 수 있는 일이므로 이를 재심사유로 인정하는 것은 확정판결에 기초하여 형성된 복잡·다양한 사법적(私法的) 관계들을 항시 불안전한 상태로 두는 것이라 할 수 있다. 또한, 시효제도 등 다소간 실체적 진실의 희생이나 양보 하에 법적 안정성을 추구하는 여러 법적 제도들이 있다는 점 등을 함께 고려해 볼 때, 이 사건 법률조항은 입법자의 합리적인 재량의 범위를 벗어난 것은 아니다.

029 【X】 재심재판을 받을 권리는 헌법 규정으로부터 당연히 도출되는 권리가 아니다.(2000.6.29. 99헌바66) - 재심청구권도 입법형성권의 행사에 의하여 비로소 창설되는 법률상의 권리일 뿐, 헌법 제27조 제1항, 제37조 제1항에 의하여 직접 발생되는 기본적 인권은 아니다.

030 【X】 재심이나 준재심은 확정판결이나 확정판결과 같은 효력이 있는 화해조서 등에 대한 특별한 불복방법이고, 확정판결에 대한 법적안정성의 요청은 미확정판결에 대한 그것보다 훨씬 크다고 할 것이므로 재심을 청구할 권리가 헌법 제27조에서 규정한 재판을 받을 권리에 당연히 포함된다고 할 수 없다.(1996.3.28. 93헌바27) 따라서 재판청구권에 의하여 모든 사건에 관해 재심을 받을 권리가 보장되는 것은 아니다.

031 【X】 재심재판을 받을 권리는 헌법 규정으로부터 당연히 도출되는 권리가 아니다.(2000.6.29. 99헌바66)

032

재판청구권은 기본권의 침해에 대한 구제절차가 반드시 헌법소원의 형태로 독립된 헌법재판기관에 의하여 이루어질 것을 요구하지는 않는다. (O/×)

033

교원징계에 대한 항고소송을 제기하기 전에 소청위원회 소청절차를 거치도록 한 것은 재판청구권을 침해하는 것이다. (O/×)

034

관세청의 통고처분을 행정소송의 대상에서 제외한 「관세법」 규정은 재판청구권 침해가 아니다. (O/×)

035

현역병이 군대 입대 전에 범한 범죄에 대하여 군사법원의 재판권을 규정하고 있는 군사법원법 조항은 현역병의 재판청구권을 침해하여 위헌이다. (O/×)

---

032 【O】 재판청구권은 사실관계와 법률관계에 관하여 최소한 한 번의 재판을 받을 기회가 제공될 것을 국가에게 요구할 수 있는 절차적 기본권을 뜻하므로 기본권의 침해에 대한 구제절차가 반드시 헌법소원의 형태로 독립된 헌법재판기관에 의하여 이루어 질 것만을 요구하지는 않는다. 법원의 재판은 법률상 권리의 구제절차이자 동시에 기본권의 구제절차를 의미하므로, 법원의 재판에 의한 기본권의 보호는 이미 기본권의 영역에서의 재판청구권을 충족시키고 있기 때문이다(1997.12.24. 96헌마172).

033 【X】 교원징계에 대한 항고소송을 제기하기 전에 소청위원회 소청절차를 거치도록 한 것은 **재판청구권을 침해하지 않는다.** (2007.1.17. 2005헌바86) - 헌법 제31조 제1항은 국민의 교육을 받을 권리를 규정하면서 이를 위하여 같은 조 제4항에서 교육의 자주성·전문성·정치적 중립성 등을 보장하고 있다. 이처럼 교원의 신분과 관련되는 징계처분에 대한 적법성을 판단함에 있어서는 교육의 자주성·전문성이 요구되므로 법원의 재판에 앞서 교육전문가들의 심사를 먼저 받아볼 필요가 있다. 교원에 대한 징계처분에 관한 불복절차인 재심제도는 앞에서 본 바와 같이 판단기관인 재심위원회의 독립성 및 공정성이 확보되어 있고 심리절차에 있어서도 상당한 정도로 사법절차가 준용되어 권리구제절차로서의 실효성을 가지고 있다. 또한 재심절차는 소송절차에 비하여 간편하므로 권리구제에 시간과 비용을 절약하는 긍정적 측면도 있다. 이 사건 재심제도는 시간적으로나 절차적으로 합리적 범위를 벗어날 만큼 재판청구권을 제한한다고 볼 수 없다.

034 【O】 통고처분은 상대방의 임의의 승복을 그 발효요건으로 하기 때문에 그 자체만으로는 통고이행을 강제하거나 상대방에게 아무런 권리의무를 형성하지 않으므로 **행정심판이나 행정소송의 대상으로서의 처분성을 부여할 수 없고**, 통고처분에 대하여 이의가 있으면 통고내용을 이행하지 않음으로써 고발되어 형사재판절차에서 통고처분의 위법·부당함을 얼마든지 다툴 수 있기 때문에 관세법 제38조 제3항 제2호가 **법관에 의한 재판받을 권리를 침해한다든가 적법절차의 원칙에 저촉된다고 볼 수 없다**(1998.5.28. 96헌바4).

035 【X】 현역병이 군대 입대 전에 범한 범죄에 대하여 군사법원의 재판권을 규정하고 있는 군사법원법 조항은 현역병의 **재판청구권을 침해한다고 볼 수 없다.**(2009.7.30. 2008헌바162) - 형사재판에 있어 범죄사실의 확정과 책임은 행위 시를 기준으로 하지만, 재판권 유무는 원칙적으로 재판 시점을 기준으로 해야 하며, 형사재판은 유죄인정과 양형이 복합되어 있는데 양형은 일반적으로 재판받을 당시, 즉 선고시점의 피고인의 군인신분을 주요 고려 요소로 해 군의 특수성을 반영할 수 있어야 하므로, 이러한 양형은 군사법원에서 담당하도록 하는 것이 타당하다. 나아가 군사법원의 상고심은 대법원에서 관할하고 군사법원에 관한 내부규율을 정함에 있어서도 대법원이 종국적인 관여를 하고 있으므로 이 사건 법률조항이 군사법원의 재판권과 군인의 재판청구권을 형성함에 있어 그 재량의 헌법적 한계를 벗어났다고 볼 수 없다.

036

검사의 기소유예처분에 대하여 피의자가 불복하여 법원의 재판을 받을 수 있는 절차를 국가가 법률로 마련해야 할 헌법적 의무는 존재하지 않으므로, 기소유예처분에 대하여 무죄를 주장하는 피의자가 이에 불복하여 법원의 재판을 받을 수 있는 절차를 마련하지 않은 것이 청구인들의 재판청구권 등을 침해하여 위헌이라고 볼 수는 없다. (O/X)

037

교도소장이 수형자가 출정비용을 예납하지 않았거나 영치금과의 상계에 동의하지 않았다는 이유로 행정소송 변론기일에 출정을 제한한 행위는 형벌의 집행을 위한 것으로 수형자의 재판청구권을 침해하였다고 볼 수 없다. (O/X)

038

항소심에서 심판대상이 된 사항에 한하여 법령위반의 상고이유로 삼을 수 있도록 상고를 제한하는 「형사소송법」 규정은 재판청구권을 침해하여 위헌이다. (O/X)

039

재심사유를 알고도 주장하지 아니한 때에는 재심의 소를 제기할 수 없도록 규정한 「민사소송법」 규정은 재판청구권을 침해하지 않는다. (O/X)

---

036 【O】 피의사건을 수사한 결과 공소를 제기하기에 충분한 범죄혐의가 없거나 소송조건이 구비되어 있지 아니하여 협의의 불기소처분으로 수사절차를 종결해야 하는 사안임에도 검사가 자의적으로 이를 인정하고 기소유예처분을 한 경우 이에 의하여 평등권과 행복추구권이 침해될 수 있다. 이러한 경우에 헌법재판소법 제68조 제1항에 의한 헌법소원 심판절차가 마련되어 기소유예 처분의 사실관계나 법령해석에 관한 불복사유의 심리를 통하여 그 구제가 이루어지고 있는 이상, 헌법 제27조 제1항이 규정한 재판청구권이나 헌법 제12조 제1항에 규정된 적법절차 원칙이 입법자에게 반드시 기소유예처분을 받은 피의자가 무죄를 주장하여 일반법원에서 법관에 의한 재판을 받을 수 있는 절차를 마련해야 할 입법자의 행위의무 내지 보호의무를 부여한다고 볼 수 없다(2013.9.26. 2011헌마472).

037 【X】 교도소장이 수형자가 출정비용을 예납하지 않았거나 영치금과의 상계에 동의하지 않았다는 이유로 행정소송 변론기일에 출정을 제한한 행위는 형벌의 집행을 위하여 필요한 한도를 벗어나서 수형자의 **재판청구권을 과도하게 침해하였다고 할 것이다.**(2012.3.29. 2010헌마475) - 교도소장은 수형자가 출정비용을 예납하지 않았거나 영치금과의 상계에 동의하지 않았다고 하더라도, 우선 수형자를 출정시키고 사후에 출정비용을 받거나 영치금과의 상계를 통하여 출정비용을 회수하여야 하는 것이지, 이러한 이유로 수형자의 출정을 제한할 수 있는 것은 아니다. 이 사건 출정제한행위를 한 것은, 피청구인에 대한 업무처리지침 내지 사무처리준칙인 이 사건 지침을 위반하여 청구인이 직접 재판에 출석하여 변론할 권리를 침해하였다.

038 【X】 항소심에서 심판대상이 된 사항에 한하여 법령위반의 상고이유로 삼을 수 있도록 상고를 제한하는 「형사소송법」 규정은 **재판청구권을 침해하였다고 볼 수 없다.**(2015.9.24. 2012헌마798) - 항소심의 심판대상이 되지 않았던 사항이라도 항소심 판결에 위법이 있는 경우 대법원은 그 위법이 판결에 영향을 미친 헌법·법률·명령 또는 규칙의 위반이라고 판단한 때에는 직권으로 심판할 수 있으므로, 항소심 판결 자체의 위법을 시정할 기회는 피고인들에게 보장되어 있다.

039 【O】 상소를 제기할 수 있는 때 재심사유의 존재를 알고도 상소심에서 그 사유를 주장하지 아니하였거나 상소 자체를 제기하지 아니하였거나, 상소 제기 후 스스로 취하한 경우에는 상소심에서 재심사유에 관하여 판단 받을 기회를 스스로 포기한 것이므로, 이러한 경우까지 재심을 통하여 구제를 허용할 필요성은 거의 없다(2015.12.23. 2015헌바273).

040

무죄판결이 확정된 형사피고인에게 국선변호인의 보수에 준하여 변호사 보수를 보상하여 주도록 규정한 「형사소송법」 규정은 재판청구권을 침해하지 않는다. (O/×)

041

소액사건에 관하여 일반사건에 비해 상고 및 재항고를 제한하고 있는 「소액사건심판법」 제3조는 재판청구권을 침해하지 않는다. (O/×)

042

교원에 대한 징계처분에 관하여 재심청구를 거치지 아니하고서는 행정소송을 제기할 수 없도록 하는 것은 재판청구권을 침해하는 것이다. (O/×)

043

입법자가 행정심판을 전심절차가 아니라 종심절차로 규정함으로써 정식재판의 기회를 배제하거나, 어떤 행정심판을 필요적 전심절차로 규정하면서도 그 절차에 사법절차가 준용되지 않는다면 이는 헌법 제107조 제3항, 나아가 재판청구권을 보장하고 있는 헌법 제27조에도 위반된다 할 것이다. (O/×)

044

행정심판절차의 구체적 형성에 관한 입법자의 입법형성의 한계를 고려할 때, 필요적 전심절차로 규정되어 있는 경우뿐만 아니라 임의적 전심절차로 규정되어 있는 경우에도 반드시 사법절차가 준용되어야 한다. (O/×)

---

040 【O】 무제한적인 비용보상으로 인한 국가의 지나친 재정부담을 방지하고, 비용보상제도를 신속하고 안정적으로 운영하기 위한 것으로 입법목적이 정당하고, 수단의 적절성도 인정된다. 형사비용보상은 형사사법절차에 내재하는 불가피한 위험에 대하여 형사사법기관의 귀책사유를 따지지 않고 보상을 하는 것으로, 국선변호인의 보수는 사안의 난이·수행직무의 내용 등을 참작하여 증액될 수도 있으며, 사법기관의 귀책사유가 있는 경우에는 국가배상청구 등을 통해 추가로 배상받을 수 있으므로 이 사건 법률조항은 침해최소성 및 법익균형성의 원칙에 반하지 않는다(2013.8.29. 2012헌바168).

041 【O】 헌법 제27조에서 규정한 재판을 받을 권리에 모든 사건에 대해 상고법원의 구성법관에 의한, 상고심 절차에 의한 재판을 받을 권리까지도 포함된다고 단정할 수 없을 것이고, 모든 사건에 대해 획일적으로 상고할 수 있게 하느냐 않느냐는 특단의 사정이 없는 한 입법정책의 문제라고 할 것으로, 결국 재판을 받을 권리의 침해라는 논지는 받아들일 수 없다(1992.6.26. 90헌바25).

042 【×】 교원의 신분과 관련되는 징계처분의 적법성 판단에 있어서는 교육의 자주성·전문성이 요구되는바, 교원 징계처분에 관하여 교원징계재심위원회의 재심을 거치지 않으면 행정소송을 제기할 수 없도록 한 법률조항은 헌법 제27조의 **재판청구권을 침해하지 않는다**.(2007.1.17. 2005헌바86) - 교원에 대한 징계처분은 그 적법성을 판단함에 있어서 전문성과 자주성에 기한 사전심사가 필요하고, 판단기관인 재심위원회의 독립성 및 공정성이 확보되어 있고 심리절차에 있어서도 상당한 정도로 사법절차가 준용되어 권리구제절차로서의 실효성을 가지고 있으며, 재판청구권의 제약은 경미한 데 비하여 그로 인하여 달성되는 공익은 크므로, 재심제도가 입법형성권의 한계를 벗어난 제도라고 할 수 없다.

043 【O】 2000.6.1. 98헌바8

044 【×】 행정심판절차에 사법절차가 준용되지 않는다 하더라도 **임의적 전치제도로 규정함에 그치고 있다면** 헌법 제107조 제3항, 나아가 **재판청구권을 보장하고 있는 헌법 제27조에 위반된다 할 수 없다.** 그러한 행정심판을 거치지 아니하고 곧바로 행정소송을 제기할 수 있는 선택권이 보장되어 있기 때문이다(2000.6.1. 98헌바8).

045

국민참여재판으로 진행하는 것이 적절하지 아니하다고 인정되는 경우 법원이 국민참여재판 배제 결정을 할 수 있도록 한 구 국민의 형사재판 참여에 관한 법률 조항은 피고인의 재판청구권을 침해한다고 볼 수 없다. (O/×)

046

형사피해자로 하여금 자신이 피해자인 범죄에 대한 형사재판절차에 접근할 가능성을 제한하는 것이 그의 재판청구권에 대한 제한은 아니다. (O/×)

047

법원 직권으로 원고에게 소송비용에 대한 담보제공을 명할 수 있도록 하고, 원고가 담보를 제공하지 않을 경우 변론 없이 판결로 소를 각하할 수 있다고 규정한 민사소송법 조항은 재판청구권을 침해하지 않는다. (O/×)

048

재판청구권은 형사·민사·행정·헌법재판청구권을 의미하지만 대법원의 재판을 받을 권리는 포함되지 않는다. (O/×)

049

검사의 불기소처분에 대하여 어떤 방법으로 어느 범위에서 제한하여 그 남용을 통제할 것인지 여부는 기본적으로 입법자의 재량에 속하는 입법정책의 문제이다. (O/×)

---

045 【O】 국민참여재판제도는 사법의 민주적 정당성과 신뢰를 높이기 위하여 배심원이 사실심 법관의 판단을 돕기 위한 권고적 효력을 가지는 의견을 제시하는 제한적 역할을 수행하게 되고, 헌법상 재판을 받을 권리의 보호범위에는 배심재판을 받을 권리가 포함되지 아니한다(2014.1.28. 2012헌바298).

046 【X】 형사피해자로 하여금 자신이 피해자인 범죄에 대한 형사재판절차에 접근할 가능성을 제한하는 것은 동시에 그의 **재판청구권을 제한하는 것이 될 수 있다**(2009.6.25. 2008헌마259). - (1) 입법자는 이 사건 법률조항을 통해 형사소추권한을 검사에게 독점적으로 전속시킴으로써 범죄의 피해자가 가해자의 처벌을 직접 법원에 청구할 수 없도록 하고 있어, 검사가 형사소추를 하지 아니할 경우에는 형사재판절차 자체가 개시될 수 없다. 따라서 이 사건 법률조항은 형사피해자로 하여금 자신이 피해자인 범죄에 대한 형사재판절차에 접근할 가능성을 제한하는 것으로서 형사피해자의 재판청구권의 침해 여부가 문제된다.
(2) 공익의 대표자인 검사로 하여금 객관적인 입장에서 형사소추권을 행사하도록 하여 형사소추의 적정성 및 합리성을 기하는 한편, 형사피해자의 권익 보호를 위하여 형사소송법 등에서 고소권, 항고·재항고권, 재정신청권, 재판절차에서의 피해자진술권, 헌법소원심판청구권 등의 규정을 두어 형사피해자가 형사절차에 관여할 수 있는 여러 제도를 마련하고 있으므로, 이 사건 법률조항은 형사소추권의 행사에 관한 입법형성권의 한계를 벗어나 형사피해자의 재판청구권을 침해하는 것으로 볼 수 없다.

047 【O】 심판대상조항은 원고의 소송비용 상환의무 이행을 미리 확보하여 피고의 소송비용을 보전하는 한편, 부당한 소송 또는 남상소를 제한하기 위한 것이다. 심판대상조항에 따라 법원 직권으로 담보 제공을 명할 수 있는 사유는 엄격히 제한되어 있고, 원고를 위한 담보제공명령 불복절차가 마련되어 있다(2016.2.25. 2014헌바366).

048 【O】 "법률에 의한" 재판을 받을 권리라 함은 법관에 의한 재판은 받되 법대로의 재판 즉 절차법이 정한 절차에 따라 실체법이 정한 내용대로 재판을 받을 권리를 보장하자는 취지라고 할 것으로, 이는 재판에 있어서 법관이 법대로가 아닌 자의 전단에 의하는 것을 배제한다는 것이지 여기에서 곧바로 **상고심재판을 받을 권리가 발생한다고 보기는 어렵다고 할 것이다**(1992.6.26. 90헌바25).

049 【O】 1997.8.21. 94헌바2

050

정식재판 청구기간을 '약식명령의 고지를 받은 날로부터 7일 이내'로 정하고 있는 형사소송법 제453조 제1항 중 피고인에 관한 부분이 합리적인 입법재량의 범위를 벗어나 약식명령 피고인의 재판청구권을 침해한다고 볼 수 없다. (O/×)

051

헌법 제27조 제1항의 규정에 의한 재판청구권은, 헌법과 법률이 정한 법관에 의하여 법률에 의한 재판을 받을 권리를 의미하는 것일 뿐 구체적 소송에 있어서 특정의 당사자가 승소의 판결을 받을 권리를 의미하는 것은 아니다. (O/×)

052

반국가행위자의 처벌에 관한 특별조치법 제11조 제1항이 피고인이 체포되거나 임의로 검사에게 출석하지 아니하면 상소를 할 수 없도록 제한한 것과 동법 제13조 제1항에서 상소권회복청구의 길을 전면 봉쇄한 것은 헌법상 재판청구권 침해이다. (O/×)

053

사건의 규모에 따라 상고이유를 제한한다고 하여 이를 관련 당사자의 재판청구권을 침해한다고 볼 수 없다. (O/×)

054

도로교통법상 주취운전을 이유로 한 운전면허 취소처분에 대하여 행정심판의 재결을 거치지 아니하면 행정소송을 제기할 수 없도록 한 것은, 재판청구권을 과도하게 침해하는 위헌적인 규정이라 할 수 없다. (O/×)

055

즉시항고 제기기간을 3일로 제한하고 있는 형사소송법 제405조는 재판청구권을 침해한다. (O/×)

---

050 【O】 2013.10.24. 2012헌바428

051 【O】 1996.8.29. 95헌가15

052 【O】 1993.7.29. 90헌바35

053 【O】 헌법 제27조에서 규정한 재판을 받을 권리에 모든 사건에 대해 상고심 재판을 받을 권리까지도 포함된다고 단정할 수 없을 것이고, 모든 사건에 대해 획일적으로 상고할 수 있게 할지 여부는 특단의 사정이 없는 한 **입법재량의 문제**라고 할 것이므로 법 제3조가 청구인의 **재판청구권을 침해하였다고 볼 수 없다**. 나아가 국민의 법률생활 중 좀 더 크고 중요한 영역의 문제를 해결하는 데 상고제도가 집중적으로 투입 활용되어야 할 공익상의 필요성과 신속·간편·저렴하게 처리되어야 할 소액사건절차 특유의 요청 등을 고려할 때 현행 소액사건상고제한제도가 결코 위헌적인 차별대우라 할 수 없다(2009.2.26. 2007헌마1433).

054 【O】 입법자는 행정심판을 임의적 또는 필요적 전치절차로 할 것인가에 관하여 행정심판을 통한 권리구제의 실효성, 행정청에 의한 자기시정의 개연성, 문제되는 행정처분의 특수성 등을 고려하여 구체적으로 형성할 수 있는데, 이 사건 법률조항에서 **교통관련 행정처분에 대하여 행정심판 전치주의를 규정한 것은, '교통관련 행정처분이 대량으로 행해지는 것으로서 행정의 통일을 기할 필요가 있고, 처분의 적법성여부에 관한 판단에 있어서 전문성과 기술성이 요구된다'는 행정심판사항의 특수성에 기인하는 것**이다. 이 사건 법률조항에 의하여 달성하고자 하는 공익과 한편으로는 전심절차를 밟음으로써 야기되는 국민의 일반적인 수고나 시간의 소모 등을 비교하여 볼 때, 이 사건 법률조항에 의한 재판청구권의 제한은 정당한 공익의 실현을 위하여 필요한 정도의 제한에 해당된다(2002.10.31. 2001헌바40).

055 【O】 이 헌법불합치결정 후 형사소송법 개정으로 즉시항고 제기기간은 7일로 변경되었다(2018.12.27. 2015헌바77 등).

4. "신속한 공개재판"을 받을 권리

056
헌법 제27조 제3항은 '모든 국민은 신속한 재판을 받을 권리를 가진다'고 규정하고 있으므로 모든 국민은 법률에 의한 구체적 형성이 없어도 직접 신속한 재판을 청구할 수 있는 권리를 가진다. (O/×)

057
재판의 심리와 판결은 공개하나, 심리는 국가의 안전보장 또는 안녕질서를 방해하거나 선량한 풍속을 해할 염려가 있을 때에는 법원의 결정으로 공개하지 아니할 수 있다. (O/×)

058
「군사법원법」의 적용대상이 되는 모든 범죄에 대하여 수사기관의 구속기간의 연장을 허용하는 것은 부적절한 방식에 의한 과도한 기본권 제한으로서, 신체의 자유 및 신속한 재판을 받을 권리를 침해하는 것이다. (O/×)

059
형사소송법의 '구속기간'은 미결구금의 부당한 장기화로 인하여 피고인의 신체의 자유가 침해되는 것을 방지하기 위한 목적에서 미결구금기간의 한계를 설정하고 있는 것이지, 신속한 재판의 실현 등을 목적으로 법원의 재판기간 내지 심리기간 자체를 제한하려는 규정이라 할 수는 없다. (O/×)

5. "공정한 재판"을 받을 권리

060
헌법에 명문의 규정은 없으나, 공정한 재판을 받을 권리는 국민의 기본권으로 보장되고 있음이 명백하다. (O/×)

---

056 【×】 헌법 제27조 제3항은 '모든 국민은 신속한 재판을 받을 권리를 가진다'고 규정하고 있지만, **법률에 의한 구체적 형성없이는 신속한 재판을 위한 어떤 직접적이고 구체적인 청구권이 발생하지 아니한다**. 따라서 법원이 신속하게 판결을 선고해야 할 헌법이나 법률상의 작위의무가 존재하지 아니한다(1999.9.16. 98헌마75).

057 【O】 헌법 제109조

058 【O】 군사법원법의 적용대상이 되는 모든 범죄에 대하여 수사기관의 구속기간의 연장을 허용하는 것은 그 과도한 광범성으로 인하여 과잉금지의 원칙에 어긋난다고 할 수 있을 뿐만 아니라, 국가안보와 직결되는 사건과 같이 수사를 위하여 구속기간의 연장이 정당화될 정도의 중요사건이라면 더 높은 법률적 소양이 제도적으로 보장된 군검찰관이 이를 수사하고 필요한 경우 그 구속기간의 연장을 허용하는 것이 더 적절하기 때문에, 군사법경찰관의 구속기간을 연장까지 하면서 이러한 목적을 달성하려는 것은 부적절한 방식에 의한 과도한 기본권의 제한이다(2003.11.27. 2002헌마193).

059 【O】 2001.6.28. 99헌가14

060 【O】 헌법에 '공정한 재판'에 관한 명문의 규정은 없지만 재판청구권이 국민에게 효율적인 권리보호를 제공하기 위해서는, 법원에 의한 재판이 공정하여야만 할 것은 당연한 전제이므로 '공정한 재판을 받을 권리'는 헌법 제27조의 재판청구권에 의하여 함께 보장된다.(2013.3.21. 2011헌바219)

061

기피신청에 대한 재판을, 그 신청을 받은 법관의 소속 법원 합의부에서 하도록 한 「민사소송법」 조항은 재판청구권 또는 공정한 재판을 받을 권리를 침해한다. (O/×)

062

상속재산분할에 관한 사건을 가사비송사건으로 분류하고 있는 「가사소송법」 조항은 공정한 재판을 받을 권리를 침해한다고 볼 수 없다. (O/×)

063

변호인과 증인 사이에 차폐시설을 설치하여 증인신문을 진행할 수 있도록 규정한 「형사소송법」 조항은 과잉금지원칙에 위배되어 청구인의 공정한 재판을 받을 권리 및 변호인의 조력을 받을 권리를 침해한다. (O/×)

064

헌법상 보장되는 기본권인 '공정한 재판을 받을 권리'에는 '공정한 헌법재판을 받을 권리'도 포함된다. (O/×)

---

061 【X】 기피신청에 대한 재판을, 그 신청을 받은 법관의 소속 법원 합의부에서 하도록 한 「민사소송법」 조항은 **공정한 재판을 받을 권리를 침해하지 아니한다**.(2013.3.21. 2011헌바219) - 기피재판은 일반적인 재판절차보다 신속성이 더욱 강하게 요구된다. 만약 기피신청을 당한 법관의 소속이 아닌 법원에서 기피재판을 담당하도록 한다면, 소송기록 등의 송부 절차에 시일이 걸려 상대방 당사자의 신속한 재판을 받을 권리를 저해할 수도 있다. 이 사건 법률조항은 기피를 신청하는 당사자의 공정한 재판을 받을 권리를 보장함과 동시에 상대방 당사자의 신속한 재판을 받을 권리도 조화롭게 보장하기 위하여 기피재판을 당해 법관 소속 법원의 합의부에서 하도록 하고 있다. 또한 어떠한 경우에도 기피신청을 받은 법관 자신은 기피재판에 관여하지 못하고, 기피신청을 받은 법관의 소속 법원이 기피신청을 받은 법관을 제외하면 합의부를 구성하지 못하는 경우에는 바로 위 상급법원이 결정하도록 규정하고 있으며, 기피신청에 대한 기각결정에 대하여는 즉시항고를 할 수 있도록 하여 상급심에 의한 시정의 기회가 부여되는 등 민사소송법에는 기피신청을 한 자의 공정한 재판을 받을 권리를 담보할 만한 법적 절차와 충분한 구제수단이 마련되어 있다.

062 【O】 상속재산분할에 관한 사건의 결과는 가족공동체의 안정에 커다란 영향을 미친다는 특수성을 감안할 때, **구체적인 상속분의 확정과 분할의 방법에 관하여서는 가정법원이 당사자의 주장에 구애받지 않고 후견적 재량을 발휘하여 합목적으로 판단하여야 할 필요성이 인정된다**. 이와 같은 점을 고려하여 가사비송 조항은 상속재산분할에 관한 사건을 법원의 후견적 재량이 인정되는 가사비송절차에 의하도록 한 것이다. 가사소송법 관계법령은 상속재산분할에 관한 사건을 가사비송사건으로 규정하면서도 절차와 심리방식에 있어 당사자의 공격방어권과 처분권을 담보하기 위한 여러 제도들을 마련하고 있다(2017.4.27. 2015헌바24).

063 【X】 강력범죄 또는 조직폭력범죄의 수사와 재판에서 범죄입증을 위해 증언한 자의 안전을 효과적으로 보장해 줄 수 있는 조치가 마련되어야 할 필요성은 매우 크고, 경우에 따라서는 **증인이 피고인의 변호인과 대면하여 진술하는 것으로부터 보호할 필요성이 있을 수 있다**. 피고인 등과 증인 사이에 차폐시설을 설치한 경우에도 피고인 및 변호인에게는 여전히 반대신문권이 보장되고, 증인신문과정에서 증언의 신빙성에 대한 최종 판단 권한을 가진 재판부가 증인의 진술태도를 충분히 관찰할 수 있으며, 형사소송법은 차폐시설을 설치하고 증인신문절차를 진행할 경우 피고인으로부터 의견을 듣도록 하는 등 피고인이 받을 수 있는 불이익을 최소화하기 위한 장치를 마련하고 있다(2016.12.29. 2015헌바221).

064 【O】 2014.4.24. 2012헌마2

065

특별검사가 공소제기 한 사건의 재판기간과 상소절차 진행기간을 일반사건보다 단축하는 것은 공정한 재판을 받을 권리를 침해하지 않는다. (O/×)

066

변호인이 있는 때에 피고인에게 따로 공판조서 열람청구를 인정하지 않아도 기본권을 침해하는 것이 아니다. (O/×)

067

청구인의 변호인이 국가보안법위반죄로 구속기소 된 청구인의 변론준비를 위하여 피청구인인 검사에게 그가 보관중인 수사기록 일체에 대한 열람·등사신청을 하였으나, 피청구인은 국가기밀의 누설이나 증거인멸, 증인협박, 사생활침해의 우려 등 정당한 사유를 밝히지 아니한 채 이를 전부 거부한 것은 청구인의 신속·공정한 재판을 받을 권리와 변호인의 조력을 받을 권리를 침해하는 것으로 헌법에 위반된다. (O/×)

068

검사가 법원의 증인으로 채택된 수감자를 그 증언에 이르기까지 거의 매일 검사실로 하루 종일 소환하여 피고인측 변호인이 접근하는 것을 차단하고, 검찰에서의 진술을 번복하는 증언을 하지 않도록 회유·압박하는 한편, 때로는 검사실에서 그에게 편의를 제공하기도 한 행위는 피고인의 공정한 재판을 받을 권리를 침해한다. (O/×)

---

065 【O】 이 사건 법률 제10조 제1항은 "특별검사가 공소제기 한 사건의 재판은 다른 재판에 우선하여 신속히 하여야 하며, 그 판결의 선고는 제1심에서는 공소제기일부터 3개월 이내에, 제2심 및 제3심에서는 전심의 판결선고일부터 각각 2개월 이내에 하여야 한다."고 규정하여 통상적인 형사재판에 비하여 재판기간이 단기간으로 규정되어 있는 것은 사실이다. 그러나 위 조항이 재판기간을 단기간으로 규정한 것은 사안의 성격과 특별검사제도의 특수성을 감안하여 위 기간 내에 가능한 신속하게 재판을 종결함으로써 국민적 의혹을 조기에 해소하고 정치적 혼란을 수습하자는 것일 뿐, 피고인의 방어권이나 적정절차를 보장하지 않은 채 재판이 위 기간 내에 종결되어야 한다거나, 위 기간이 도과하면 재판의 효력이 상실된다는 취지는 아니다(2008.1.10. 2007헌마1468).

066 【O】 공판조서는 공판절차의 증명과 피고인의 방어권 행사에 중요한 자료가 되므로 변호인이 없는 경우에는 적어도 피고인에게 직접 그 열람권을 부여하여야 하겠지만, 변호인이 있는 경우에는 변호인을 통하여 피고인이 공판조서의 내용을 알 수 있고 그 기재의 정확성도 보장할 수 있으며 변호인은 피고인의 위임에 의한 신뢰관계에 터 잡아 피고인의 정당한 이익을 보호하는 지위에 있으므로 변호인이 소송기록을 열람하는 것은 곧 피고인이 열람하는 것과 같이 볼 수 있을 뿐만 아니라 만약 변호인이 피고인의 정당한 이익을 보호하지 아니하고 불성실한 변호를 할 때에는 피고인은 사선변호인의 경우에는 변호인을 해임할 수 있고 국선변호인의 경우에도 그러한 사유를 들어 법원에 선정취소요청을 할 수 있으므로 피고인은 언제든지 자신의 의사에 반하는 변호인을 배제하고 위 규정에 의한 공판조서열람권을 행사할 수도 있게 되어 있는 것이다. 따라서 변호인이 있는 피고인에게 변호인과는 별도로 공판조서열람권을 부여하지 않는다고 하여 피고인의 공정한 재판을 받을 권리가 침해된다고 할 수는 없다고 할 것이다. 참고로 95년 형사소송법 개정을 통하여 피고인은 공판조서의 열람 또는 등사를 청구할 수 있다(1994.12.29. 92헌바31).

067 【O】 1997.11.27. 94헌마60

068 【O】 2001.8.30. 99헌마496

069

소환된 증인 또는 그 친족 등이 보복을 당할 우려가 있는 경우, 재판장은 피고인을 퇴정시키고 증인신문을 행할 수 있도록 규정한 「특정범죄신고자 등 보호법」 조항은 피고인의 「형사소송법」상의 반대신문권을 제한하고 있어 피고인의 공정한 재판을 받을 권리를 침해한다. (O/×)

070

형사소송법 제297조 제1항 전문 중 '재판장은 증인이 피고인의 면전에서 충분한 진술을 할 수 없다고 인정한 때에는 피고인을 퇴정하게 하고 진술하게 할 수 있다.'는 부분은 피고인의 증인에 대한 반대신문권 등을 완전히 박탈하는 것으로서 과잉금지원칙에 위반되므로, 헌법이 보장하는 공정한 재판을 받을 권리를 침해한다. (O/×)

071

법관기피신청이 소송의 지연을 목적으로 함이 명백한 경우에 신청을 받은 법원 또는 법관은 결정으로 이를 기각할 수 있도록 규정한 「형사소송법」 제20조 제1항이 헌법상 보장되는 공정한 재판을 받을 권리를 침해하는 것은 아니다. (O/×)

072

검찰 수사서류에 대한 법원의 열람·등사 허용결정이 있었더라도 검찰이 당해 수사서류를 증거로 사용할 수 없는 불이익을 감수한다면 열람·등사 제한이 가능하며 피고인의 신속·공정한 재판을 받을 권리의 침해도 문제되지 아니한다. (O/×)

---

069 【X】 형사소송법 제297조 제1항 전문 중 '재판장은 증인이 피고인의 면전에서 충분한 진술을 할 수 없다고 인정한 때에는 피고인을 퇴정하게 하고 진술하게 할 수 있다.'는 부분은 헌법이 보장하는 **공정한 재판을 받을 권리를 침해한다고 할 수 없다.**(2012.7.26. 2010헌바62) – 이 사건 법률조항은 증인의 진술을 제약하는 요소를 제거하고 이를 통해 실체적 진실의 발견을 용이하게 하기 위한 것으로서, 그 목적의 정당성 및 수단의 적합성이 인정된다. 이 사건 법률조항에 의하여 **피고인 퇴정 후 증인신문을 하는 경우에도 피고인은 진술의 요지를 고지받고 변호인이 있는 경우에는 변호인이, 변호인이 없는 경우에는 재판장이 반대신문을 대신하는 방식으로 피고인은 여전히 형사소송법 제161조의2에 의하여 반대신문권이 보장되며**, 이때 피고인은 증인신문 전에 수사기관 작성의 조서나 증인 작성의 진술서 등의 열람·복사를 통하여 증인의 신분, 그 증언의 취지나 내용을 미리 알 수 있으므로, **반대신문할 내용을 실질적으로 준비할 수 있는 등 기본권제한에 관한 피해의 최소성이 인정된다.** 나아가 기본권제한의 정도가 증인을 보호하여 실체적 진실의 발견에 이바지하는 공익에 비하여 크다고 할 수 없어 법익의 균형성도 갖추고 있으므로, **공정한 재판을 받을 권리를 침해한다고 할 수 없다.**

070 【X】 2012.7.26. 2010헌바62

071 【O】 형사소송절차에서 당사자 일방의 기피신청이 소송의 지연을 목적으로 하는 것이 분명한 경우에도 당해 법관을 배제시키고 새로운 재판부를 구성하여 기피 신청에 대한 재판을 하게 하면서 그 재판이 확정될 때까지 소송절차의 진행을 정지시킨다면, 그로 인하여 소송절차가 지연될 것이고 기피신청의 남용을 방지하기 어려울 것이므로 이 사건 법률조항들의 입법목적은 정당하고, 이를 달성하기 위하여 채택한 방법도 적절하다. 그리고 이 사건 법률조항들은 기피신청 중에서 **"소송의 지연을 목적으로 함이 명백한 때"**에 한정하여 소송절차의 속행과 당해 법관에 의한 간이기각을 허용한 것이고, 그러한 간이기각결정에 대하여는 즉시항고에 의한 불복을 허용하여 상급심에 의한 시정의 기회를 부여하고 있어 기피신청을 기각당하는 당사자가 입을 수 있는 불이익을 최소화하고 있다. 나아가 이 사건 법률조항들은 형사재판절차에서의 공정성과 아울러 신속성까지도 조화롭게 보장하기 위한 것이고, 신속한 재판에 치우쳐서 **재판의 공정성을 필요한 한도를 넘어서 침해한다고 보기도 어렵다.**(헌재 2009.12.29. 2008헌바124)

072 【O】 검사가 수사서류의 열람·등사에 관한 법원의 허용 결정을 지체 없이 이행하지 아니하는 때에는 해당 증인 및 서류 등에 대한 증거신청을 할 수 없도록 규정하고 있는데, 법원의 열람·등사 허용 결정에도 불구하고 검사가 이를 신속하게 이행하지 아니하는 경우에는 해당 **증인 및 서류 등을 증거로 신청할 수 없는 불이익을 받는 것에 그치는 것이 아니라, 그러한 검사의 거부행위는 피고인의 열람·등사권을 침해하고, 나아가 피고인의 신속·공정한 재판을 받을 권리 및 변호인의 조력을 받을 권리까지 침해하게 되는 것이다.**(2010.6.24. 2009헌마257)

6. 재판을 받을 권리와 심급제도

073
헌법은 법원의 재판에 관해 원칙적 3심제를 규정하고 있다. (O/×)

074
재판청구권은 모든 사건에 대하여 대법원에 의한 재판을 받을 권리를 포함한다. (O/×)

075
심급제도가 몇 개의 심급으로 형성되어야 하는가에 관하여 헌법이 전혀 규정하는 바가 없으므로, 이는 입법자의 광범위한 형성권에 맡겨져 있는 것이며, 모든 구제절차나 법적분쟁에서 반드시 보장되는 것은 아니다. (O/×)

076
헌법이 대법원을 최고법원으로 규정하였다고 하여 대법원이 곧바로 모든 사건을 상고심으로서 관할하여야 한다는 것은 아니다. (O/×)

077
헌법 제27조에서 규정한 재판을 받을 권리에 모든 사건에 대해 상소법원의 구성 법관에 의한, 상소심 절차에 의한 재판을 받을 권리까지도 당연히 포함된다고 단정할 수는 없다. (O/×)

078
재판청구권으로부터 반드시 모든 사건에 관해 상고심인 대법원의 재판을 받을 권리가 도출되지는 않는다. (O/×)

079
우리 헌법이 재판을 받을 권리를 국민의 기본권의 하나로 규정하고는 있으나, 그렇다고 해서 상소심 절차에 의한 재판을 받을 권리가 당연히 인정되는 것은 아니다. (O/×)

---

073 【X】 헌법 제101조 제2항은 "법원은 최고법원인 대법원과 각급 법원으로 조직된다"고 규정하고 제102조 제3항은 "대법원과 각급 법원의 조직은 법률로 정한다"고 규정하여 대법원을 최고법원으로 하고 그 아래에 심급을 달리 하여 각급 법원을 두도록 하고 있다.(1997.10.30. 97헌바37 등) 따라서 **헌법에서 3심제를 규정하고 있는 것은 아니다.**

074 【X】 재판을 받을 권리가 사건의 경중을 가리지 않고 **모든 사건에 대하여 대법원을 구성하는 법관에 의한 균등한 재판을 받을 권리를 의미한다거나 또는 상고심재판을 받을 권리를 의미하는 것이라고 할 수는 없다.**(2002.5.30. 2001헌마781) 심급제도는 원칙적으로 입법자의 형성의 자유에 속하는 사항이다.

075 【O】 2005.3.31. 2003헌바34
076 【O】 1997.10.30. 97헌바37
077 【O】 2004.12.16. 2003헌바105
078 【O】 2004.11.25. 2003헌마439
079 【O】 2004.11.25. 2003헌마439

080

재판을 받을 권리라는 것은, '법적 분쟁시 독립된 법원에 의하여 사실관계와 법률관계에 관하여 한번 포괄적으로 심사를 받을 수 있도록 국민이 소송을 제기할 수 있는 권리'로서, 적어도 한 번의 재판을 받을 권리, 적어도 하나의 심급을 요구할 권리인 것이며, 그 구체적인 형성은 입법자의 광범위한 입법재량에 맡겨져 있는 것이다. (O/×)

081

특허재판과 지방의회의원선거, 자치구·시·군의 장의 선거에 관한 선거소송은 예외적으로 단심제로서 대법원에 소를 제기할 수 있다. (O/×)

7. 형사피해자의 재판절차진술권

082

헌법 제27조 제5항에서 정한 형사피해자의 재판절차진술권은 범죄 피해자가 당해 사건의 재판 절차에 증인으로 출석하여 자신이 입은 피해의 내용과 사건에 관하여 의견을 진술할 수 있는 권리를 말한다. (O/×)

083

형사피해자로 하여금 당해 사건의 형사재판절차에 참여하여 증언하는 이외에 형사사건에 관한 의견진술을 할 수 있는 청문의 기회를 부여함으로써 형사사법의 절차적 적정성을 확보하기 위한 것이다. (O/×)

084

헌법 제27조 제5항이 정한 법률유보는 기본권으로서의 재판절차진술권을 보장하고 있는 헌법 규범의 의미와 내용을 법률로써 구체화하기 위한 것이다. (O/×)

085

헌법 제27조 제5항이 정한 법률유보는 법률에 의한 기본권의 제한을 목적으로 하는 자유권적 기본권에 대한 법률유보의 경우와 같이 보아야 한다. (O/×)

---

080 【O】 2012.7.26. 2009헌바297
081 【X】 특허재판과 지방의회의원선거, 자치구·시·군의 장의 선거에 관한 선거소송은 **2심제이다**.
082 【O】 1989.4.17. 88헌마3
083 【O】 1989.4.17. 88헌마3
084 【O】 2003.9.25. 2002헌마533
085 【X】 헌법 제27조 제5항이 정한 법률유보는 법률에 의한 기본권의 제한을 목적으로 하는 **자유권적 기본권에 대한 법률유보의 경우와는** 달리 기본권으로서의 재판절차진술권을 보장하고 있는 헌법규범의 의미와 내용을 법률로써 구체화하기 위한 이른바 **기본권형성적 법률유보**에 해당한다.(2003.9.25. 2002헌마533)

086
형사실체법상으로는 직접적인 보호법익의 주체로 해석되지 않는 자는 문제되는 범죄 때문에 법률상 불이익을 받게 되는 자라 하더라도 헌법상 형사피해자의 재판절차진술권의 주체가 될 수 없다. (O/×)

087
교통사고로 사망한 사람의 부모는 헌법상 재판절차진술권이 보장되는 형사피해자의 범주에 속한다. (O/×)

088
피해자의 재판절차진술권은 피의자가 이미 공소제기된 것을 전제로 하는 것으로서, 종합보험 등 가입을 이유로 검사의 공소권 없음의 불기소처분이 내려진 교통사고 사건의 피해자는 재판 절차진술권을 가지고 있다고 볼 수 없다. (O/×)

8. 「국민의 형사재판 참여에 관한 법률」 주요 내용

089
국민참여재판을 받을 권리는 직업법관에 의한 재판을 받을 권리를 주된 내용으로 하는 헌법 제27조 제1항에서 규정한 재판을 받을 권리의 보호범위에 속한다. (O/×)

090
형사소송에서 배심원제도를 채택할 것을 헌법이 명시적으로 입법 위임한 바 없지만, 헌법의 해석을 통해서 입법자에게 그와 같은 입법의무가 인정되는 것으로 볼 수 있다. (O/×)

091
국민참여재판은 필요적 국선변호사건에 해당한다. (O/×)

---

086 【X】 형사실체법상으로는 직접적인 보호법익의 주체로 해석되지 않는 자 하여도 문제되는 범죄 때문에 법률상 불이익을 받게 되는 자라면 헌법상 형사피해자의 재판절차진술권의 주체가 될 수 있다.(1992.2.25. 90헌마91) - 형사피해자의 개념은 헌법이 형사피해자의 재판절차진술권을 독립된 기본권으로 인정한 취지에 비추어 넓게 해석할 것으로 반드시 형사실체법상의 보호법익을 기준으로 한 피해자 개념에 의존하여 결정하여야 할 필요는 없다.

087 【O】 1997.2.20. 96헌마76

088 【X】 교통사고를 야기한 차량이 종합보험 등에 가입되어 있다는 이유만으로 그 차량의 운전자에 대하여 공소제기를 하지 못하도록 한다면, 중상해를 입은 피해자의 재판절차진술권의 행사가 근본적으로 봉쇄된다. 이는 교통사고의 신속한 처리 또는 전과자의 양산 방지라는 공익을 위하여 위 피해자의 사익이 현저히 경시된 것이므로 법익의 균형성을 위반하고 있다. 따라서 이 사건 법률조항은 과잉금지원칙에 위반하여 업무상 과실 또는 중대한 과실에 의한 교통사고로 중상해를 입은 피해자의 재판절차진술권을 침해한 것이라 할 것이다(2009.2.26. 2005헌마764 등).

089 【X】 형사소송절차에서 국민참여재판제도는 사법의 민주적 정당성과 신뢰를 높이기 위하여 배심원이 사실심 법관의 판단을 돕기 위한 권고적 효력을 가지는 의견을 제시하는 제한적 역할을 수행할 뿐이며, 헌법상 재판을 받을 권리의 보호범위에는 배심재판을 받을 권리가 포함되지 아니한다.(2014.1.28. 2012헌바298)

090 【X】 형사소송에서 배심제도를 채택할 것을 우리 헌법이 명시적으로 입법 위임한 바 없을 뿐 아니라 헌법의 해석을 통해서도 입법자에게 그와 같은 입법의무가 인정되는 것으로 볼 수 없다.(2006.4.27. 2006헌마187)

091 【O】 국민참여재판은 필요적 국선변호사건에 해당한다.(참여법 7조)

092 🔄 1 2 3

참여법에서 정하는 대상 사건에 해당하는 한 피고인은 원칙적으로 국민참여재판으로 재판을 받을 법률상 권리를 가진다고 할 것이고, 이러한 형사소송절차상의 권리를 배제함에 있어서는 헌법에서 정한 적법절차원칙을 따라야 한다. (O/×)

093 🔄 1 2 3

법률이 국민참여재판의 일반적 배제사유로 '그 밖에 국민참여재판으로 진행하는 것이 적절하지 아니하다고 인정되는 경우'라고 규정하고 있는 것은, 공소사실의 다양한 태양과 그로 인하여 쟁점이 지나치게 복잡하게 될 가능성, 예상되는 심리기간의 장단, 주요 증인의 소재 확보 여부와 사생활의 비밀 보호 등 공판절차에서 나타나는 여러 사정을 고려하여 보았을 때 참여재판 배제사유를 일일이 열거하는 것은 불가능하거나 현저히 곤란하다는 측면에서, 헌법에 위반되지 아니한다. (O/×)

094 🔄 1 2 3

피고인이 국민참여재판을 원하지 아니하면 그 의사에 따르는 것이 원칙이나, 법원이 사건의 중요성, 사회의 관심도 등을 종합적으로 고려하여 국민참여재판을 여는 것이 필요하다고 인정되는 경우에는 그 의사에 불구하고 국민참여재판을 받도록 할 수 있다. (O/×)

095 🔄 1 2 3

배심원은 만 20세 이상의 대한민국 국민 중에서 선정된다. (O/×)

096 🔄 1 2 3

외국인은 배심원이 될 수 없다. (O/×)

097 🔄 1 2 3

배심원은 국민참여재판을 하는 사건에 관하여 사실의 인정, 증거능력의 유무, 법령의 적용 및 형의 양정에 관한 의견을 제시할 권한이 있다. (O/×)

---

092 【O】 2014.1.28. 2012헌바298
093 【O】 2014.1.28. 2012헌바298
094 【X】 피고인이 국민참여재판을 원하지 아니하거나 배제결정이 있는 경우는 국민참여재판을 하지 아니한다.(참여법 제5조) 따라서 법원이 사건의 중요성, 사회의 관심도 등을 종합적으로 고려하여 국민참여재판을 여는 것이 필요하다고 인정되는 경우에도 피고인의 의사에 반하여 국민참여재판을 받도록 할 수 없다.
095 【O】 참여법 제16조
096 【O】 법률상 배심원의 자격은 대한민국 국민으로 정하여져 있으므로 외국인은 배심원이 될 수 없다.(참여법 제16조)
097 【X】 배심원은 국민참여재판을 하는 사건에 관하여 사실의 인정, 법령의 적용 및 형의 양정에 관한 의견을 제시할 권한이 있다.(참여법 제44조) 증거능력에 관한 심리에 관여할 수 없다.

098
배심원은 유·무죄에 관하여 전원의 의견이 일치하지 아니하는 때에는 평결을 하기 전에 심리에 관여한 판사의 의견을 들어야 한다. (O/×)

099
배심원의 평결과 의견은 법원을 기속하지 아니한다. (O/×)

V 효력

VI 제한

1. 헌법직접적 제한

100
헌법은 "군인 또는 군무원이 아닌 국민은 대한민국의 영역안에서는 중대한 군사상 기밀·초병·초소·유독음식물공급·포로·군용물에 관한 죄중 법률이 정한 경우와 비상계엄이 선포된 경우를 제외하고는 군사법원의 재판을 받지 아니한다."고 규정하고 있다. (O/×)

2. 법률에 의한 일반적 제한

101
헌법재판소법 제68조 제1항 본문에 의하면 공권력의 행사 또는 불행사로 인하여 헌법상 보장된 기본권을 침해받은 자는 법원의 재판을 제외하고는 헌법재판소에 헌법소원심판을 청구할 수 있다고 규정하고 있으므로, 원칙적으로 법원의 재판을 대상으로 하는 헌법소원 심판청구는 허용되지 아니하고, 위 규정의 '법원의 재판'에는 재판 자체뿐만 아니라 재판절차에 관한 법원의 판단도 포함되는 것으로 보아야 할 것이다. 그런데 청구인이 기본권침해사유로 주장하는 재판의 지연은 결국 법원의 재판절차에 관한 것이므로 헌법소원의 대상이 될 수 없는 것이다. (O/×)

3. 제한의 한계

4. 예외적 제한

---

098 【O】 배심원은 유·무죄에 관하여 전원의 의견이 일치하지 아니하는 때에는 평결을 하기 전에 심리에 관여한 판사의 의견을 들어야 한다. 이 경우 유·무죄의 평결은 다수결의 방법으로 하고, 심리에 관여한 판사는 평의에 참석하여 의견을 진술한 경우에도 평결에는 참여할 수 없다.(참여법 제46조)
099 【O】 배심원의 평결과 의견은 법원을 기속하지 아니한다.(참여법 제46조 제5항)
100 【O】 헌법 제27조 제2항
101 【O】 1998.5.28. 96헌마46

✅ 최신판례 예상지문

001 🔄 1 2 3
심의위원회의 배상금 등 지급결정에 신청인이 동의한 때에는 국가와 신청인 사이에 민사소송법에 따른 재판상 화해가 성립된 것으로 보는 세월호피해지원법 조항은 과잉금지원칙을 위반하여 청구인들의 재판청구권을 침해한다. (O/×)

002 🔄 1 2 3
항소심 확정판결에 대한 재심소장에 붙일 인지액을 항소장에 붙일 인지액과 같게 정한 민사소송 등 인지법조항은 재판청구권을 침해한다. (O/×)

---

001 【×】 심의위원회의 배상금 등 지급결정에 신청인이 동의한 때에는 국가와 신청인 사이에 민사소송법에 따른 재판상 화해가 성립된 것으로 보는 세월호피해지원법 조항이 과잉금지원칙을 위반하여 청구인들의 재판청구권을 침해하는지 여부(소극) (헌재 2017.6.29. 2015헌마654) - (1) 세월호피해지원법 제16조는 지급절차를 신속히 종결함으로써 세월호 참사로 인한 피해를 신속하게 구제하기 위한 것이다. 세월호피해지원법에 따라 배상금 등을 지급받고도 또 다시 소송으로 다툴 수 있도록 한다면, 신속한 피해구제와 분쟁의 조기종결 등 세월호피해지원법의 입법목적은 달성할 수 없게 된다. 세월호피해지원법 규정에 의하면, 심의위원회의 제3자성, 중립성 및 독립성이 보장되어 있다고 인정되고, 그 심의절차에 공정성과 신중성을 제고하기 위한 장치도 마련되어 있다. 세월호피해지원법은 소송절차에 준하여 피해에 상응하는 충분한 배상과 보상이 이루어질 수 있도록 관련 규정을 마련하고 있다. 신청인에게 지급결정 동의의 법적 효과를 안내하는 절차를 마련하고 있으며, 신청인은 배상금 등 지급에 대한 동의에 관하여 충분히 생각하고 검토할 시간이 보장되어 있고, 배상금 등 지급결정에 대한 동의 여부를 자유롭게 선택할 수 있다. 따라서 심의위원회의 배상금 등 지급결정에 동의한 때 재판상 화해가 성립한 것으로 간주하더라도 이것이 재판청구권 행사에 대한 지나친 제한이라고 보기 어렵다. 따라서 세월호피해지원법 제16조는 청구인들의 재판청구권을 침해하지 않는다.
(2) 세월호피해지원법은 배상금 등의 지급 이후 효과나 의무에 관한 일반규정을 두거나 이에 관하여 범위를 정하여 하위 법규에 위임한 바가 전혀 없다. 따라서 세월호피해지원법 제15조 제2항의 위임에 따라 시행령으로 규정할 수 있는 사항은 지급신청이나 지급에 관한 기술적이고 절차적인 사항일 뿐이다. 세월호피해지원법 제16조에서 규정하는 동의의 효력 범위를 초과하여 세월호 참사 전반에 관한 일체의 이의제기를 금지시킬 수 있는 권한을 부여받았다고 볼 수는 없다. 따라서 이의제기금지조항은 법률유보원칙을 위반하여 법률의 근거 없이 대통령령으로 청구인들에게 세월호 참사와 관련된 일체의 이의 제기 금지 의무를 부담시킴으로써 일반적 행동의 자유를 침해한다.

002 【×】 항소심 확정판결에 대한 재심소장에 붙일 인지액을 항소장에 붙일 인지액과 같게 정한 민사소송 등 인지법조항이 재판청구권을 침해하는지 여부(소극) (헌재 2017.8.31. 2016헌바447) - (1) 심판대상조항은 인지를 붙이도록 함으로써 재심 청구를 어렵게 하므로, 재판청구권을 제한한다.
(2) 심판대상조항은 소송제도를 실제로 이용하는 사람에게 그 운영비용을 부담시키는 것을 주된 목적으로 한다(재판유상주의). 심판대상조항에는 불필요한 소송을 억제하여 재판 업무의 완성도와 효율을 높이려는 목적도 있다. 재심과 같이 국가의 잘못을 다투는 소송 역시 소송인 이상, 심판대상조항을 통해 위와 같은 입법목적을 달성하려는 것은 정당하다. 또한 심판대상조항은 판결에 의해 확정된 법률관계의 안정성을 높이는 것도 목적으로 한다.
(3) 재심은 상소보다 더 예외적으로 인정되어야 하는 절차임에도 불구하고, 심판대상조항은 재심에 대한 특별한 가중치를 두지 않은 채 항소심 소장에 붙일 인지액과 항소심 확정판결에 대한 재심소장에 붙일 인지액을 같게 정하고 있다. 따라서 심판대상조항 중 재심소장에 붙일 인지액을 재심대상 판결의 소장에 붙일 인지액과 같게 정한 부분에 의한 재판청구권 제한의 정도는 상대적으로 경미하다.
(4) 항소심 확정판결에 대한 재심을 청구하는 사람에게 재심 대상 판결의 심급과 소송목적물의 값에 따라 결정된 인지액을 부담시킴으로써 재판유상주의를 실현하고, 재판 업무의 완성도 및 효율을 보장하며, 확정판결의 법정 안정성을 확보하여야 할 공익은 매우 중요하다. 반면 심판대상조항에 의한 재판청구권 제한은 상대적으로 적다. 따라서 심판대상조항은 법익의 균형성 요건도 충족한다. 심판대상조항은 과잉금지원칙에 위배하여 재판청구권을 침해한다고 볼 수 없다

003 ⟳ 1 2 3

디엔에이감식시료채취영장 발부 과정에서 채취대상자에게 자신의 의견을 밝히거나 영장 발부 후 불복할 수 있는 절차 등에 관하여 규정하지 아니한 '디엔에이신원확인정보의 이용 및 보호에 관한 법률' 조항은 청구인들의 재판청구권을 침해한다. (O/×)

004 ⟳ 1 2 3

'민주화운동 관련자 명예회복 및 보상 심의 위원회'의 보상금 등 지급결정에 동의한 때 재판상 화해의 성립을 간주하는 것은 재판청구권을 침해한다. (O/×)

005 ⟳ 1 2 3

검사만 치료감호를 청구할 수 있고 법원은 검사에게 치료감호청구를 요구할 수 있다고만 규정한 '치료감호 등에 관한 법률' 조항은 재판청구권을 침해하거나 적법절차원칙에 반하지 않는다. (O/×)

---

003 【O】 디엔에이감식시료채취영장 발부 과정에서 채취대상자에게 자신의 의견을 밝히거나 영장 발부 후 불복할 수 있는 절차 등에 관하여 규정하지 아니한 '디엔에이신원확인정보의 이용 및 보호에 관한 법률' 조항이 청구인들의 재판청구권을 침해하는지 여부(적극) (헌재 2018.8.30. 2016헌마344) - (1) 이 사건 영장절차 조항은 이와 같이 신체의 자유를 제한하는 디엔에이감식시료 채취 과정에서 중립적인 법관이 구체적 판단을 거쳐 발부한 영장에 의하도록 함으로써 법관의 사법적 통제가 가능하도록 한 것이므로, 그 목적의 정당성 및 수단의 적합성은 인정된다.
(2) 디엔에이감식시료채취영장 발부 여부는 채취대상자에게 자신의 디엔에이감식시료가 강제로 채취당하고 그 정보가 영구히 보관·관리됨으로써 자신의 신체의 자유, 개인정보자기결정권 등의 기본권이 제한될 것인지 여부가 결정되는 중대한 문제이다. 그럼에도 불구하고 이 사건 영장절차 조항은 채취대상자에게 디엔에이감식시료채취영장 발부 과정에서 자신의 의견을 진술할 수 있는 기회를 절차적으로 보장하고 있지 않을 뿐만 아니라, 발부 후 그 영장 발부에 대하여 불복할 수 있는 기회를 주거나 채취행위의 위법성 확인을 청구할 수 있도록 하는 구제절차마저 마련하고 있지 않다. 위와 같은 입법상의 불비가 있는 이 사건 영장절차 조항은 채취대상자인 청구인들의 재판청구권을 과도하게 제한하므로, 침해의 최소성 원칙에 위반된다.
(3) 이 사건 영장절차 조항에 따라 발부된 영장에 의하여 디엔에이신원확인정보를 확보할 수 있고, 이로써 장래 범죄수사 및 범죄예방 등에 기여하는 공익적 측면이 있으나, 이 사건 영장절차 조항의 불완전·불충분한 입법으로 인하여 채취대상자의 재판청구권이 형해화되고 채취대상자가 범죄수사 및 범죄예방의 객체로만 취급받게 된다는 점에서, 양자 사이에 법익의 균형성이 인정된다고 볼 수도 없다.
(4) 따라서 이 사건 영장절차 조항은 과잉금지원칙을 위반하여 청구인들의 재판청구권을 침해한다.

004 【×】 위원회의 보상금 등 지급결정에 동의한 때 재판상 화해의 성립을 간주함으로써 법관에 의하여 법률에 의한 재판을 받을 권리를 제한하는 심판대상조항이 재판청구권을 침해하는지 여부(소극) (헌재 2018.8.30. 2014헌바180) - 민주화보상법은 관련규정을 통하여 보상금 등을 심의·결정하는 위원회의 중립성과 독립성을 보장하고 있고, 심의절차의 전문성과 공정성을 제고하기 위한 장치를 마련하고 있으며, 신청인으로 하여금 위원회의 지급결정에 대한 동의 여부를 자유롭게 선택하도록 정하고 있다. 따라서 심판대상조항은 관련자 및 유족의 재판청구권을 침해하지 아니한다.

005 【O】 검사만 치료감호를 청구할 수 있고 법원은 검사에게 치료감호청구를 요구할 수 있다고만 규정한 '치료감호 등에 관한 법률' 조항이 재판청구권을 침해하거나 적법절차원칙에 반하는지 여부(소극) - 피고인 스스로 치료감호를 청구할 수 있는 권리나, 법원으로부터 직권으로 치료감호를 선고받을 수 있는 권리는 헌법상 재판청구권의 보호범위에 포함되지 않는다. 공익의 대표자로서 준사법기관적 성격을 가지고 있는 검사에게만 치료감호 청구권한을 부여한 것은, 본질적으로 자유박탈적이고 침익적 처분인 치료감호와 관련하여 재판의 적정성 및 합리성을 기하기 위한 것이므로 적법절차원칙에 반하지 않는다. 그렇다면 이 사건 법률조항들은 재판청구권을 침해하거나 적법절차원칙에 반한다고 보기 어렵다. (헌재 2021.1.28. 2019헌가24)

006

영상물에 수록된 '19세 미만 성폭력범죄 피해자'의 진술에 관하여 조사 과정에 동석하였던 신뢰관계인 내지 진술조력인의 법정진술에 의하여 그 성립의 진정함이 인정된 경우에도 증거능력을 인정할 수 있도록 정한 '성폭력범죄의 처벌 등에 관한 특례법' 조항은 과잉금지원칙을 위반하여 공정한 재판을 받을 권리를 침해한다. (O/×)

007

재심사유를 규정한 형사소송법 제420조 제2호 중 '원판결의 증거된 증언이 확정판결에 의하여 허위인 것이 증명된 때' 부분은 명확성의 원칙 및 과잉금지원칙에 위반된다. (O/×)

---

006 【O】 영상물에 수록된 '19세 미만 성폭력범죄 피해자'의 진술에 관하여 조사 과정에 동석하였던 신뢰관계인 내지 진술조력인의 법정진술에 의하여 그 성립의 진정함이 인정된 경우에도 증거능력을 인정할 수 있도록 정한 '성폭력범죄의 처벌 등에 관한 특례법' 조항이 과잉금지원칙을 위반하여 공정한 재판을 받을 권리를 침해하는지 여부(적극) – (1) 목적의 정당성과 수단의 적합성(인정) – 심판대상조항은 미성년 피해자가 증언과정 등에서 받을 수 있는 **2차 피해를 막기 위한 것**이다. (2) 피해의 최소성(불인정) – 미성년 피해자의 2차 피해를 방지하는 것은, 성폭력범죄에 관한 형사절차를 형성함에 있어 포기할 수 없는 중요한 가치이나 그 과정에서 **피고인의 공정한 재판을 받을 권리도 보장**되어야 한다. 성폭력범죄의 특성상 영상물에 수록된 미성년 피해자 진술이 사건의 핵심 증거인 경우가 적지 않음에도 심판대상조항은 진술증거의 오류를 탄핵할 수 있는 효과적인 방법인 **피고인의 반대신문권을 보장하지 않고 있다**. 심판대상조항은 영상물로 그 증거방법을 한정하고 신뢰관계인 등에 대한 신문 기회를 보장하고 있기는 하나 위 증거의 특성 및 형성과정을 고려할 때 이로써 원진술자에 대한 반대신문의 기능을 대체하기는 어렵다. 그 결과 피고인은 사건의 핵심 진술증거에 관하여 충분히 탄핵할 기회를 갖지 못한 채 유죄 판결을 받을 수 있는바, 그로 인한 방어권 제한의 정도는 매우 중대하다. 반면 피고인의 반대신문권을 일률적으로 제한하지 않더라도, 성폭력범죄 사건 **수사의 초기단계에서부터 증거보전절차를 적극적으로 실시하거나, 비디오 등 중계장치에 의한 증인신문 등 미성년 피해자가 증언과정에서 받을 수 있는 2차 피해를 방지할 수 있는 여러 조화적인 제도를 적극 활용함으로써 위 조항의 목적을 달성할 수 있다**. 피고인 측이 정당한 방어권의 범위를 넘어 피해자를 위협하고 괴롭히는 등의 반대신문은 금지되며, 재판장은 구체적 신문 과정에서 증인을 보호하기 위해 소송지휘권을 행사할 수 있다.
(3) 법익의 균형성(불인정) – 우리 사회에서 미성년 피해자의 2차 피해를 방지하는 것이 중요한 공익에 해당함에는 의문의 여지가 없다. 그러나 심판대상조항으로 인한 **피고인의 방어권 제한의 중대성과 미성년 피해자의 2차 피해를 방지할 수 있는 여러 조화적인 대안들이 존재함을 고려**할 때, 심판대상조항이 달성하려는 **공익이 제한되는 피고인의 사익보다 우월하다고 쉽게 단정하기는 어렵다**.
(4) 따라서 심판대상조항은 과잉금지원칙을 위반하여 **공정한 재판을 받을 권리를 침해한다**.(헌재 2021.12.23. 2018헌바524)

007 【×】 구 형사소송법 제420조 제2호 중 '원판결의 증거된 증언이 확정판결에 의하여 허위인 것이 증명된 때' 부분이 명확성 원칙 및 과잉금지원칙에 위반되어 재판청구권을 침해하는지 여부(소극) – (1) 쟁점 : 심판대상조항은 '원판결의 증거된 증언이 확정판결에 의하여 허위인 것이 증명된 때'를 재심이유로 규정하고 있는데, 심판대상조항의 의미내용이 모호하여 명확성원칙에 위배되는지, 이로 인해 재심을 받고자 하는 자의 재판청구권이 침해되는지 문제
(2) 결정요지 : 구 형사소송법 제420조 제2호 중 '원판결의 증거된 증언이 확정판결에 의하여 허위인 것이 증명된 때' 부분은 헌법에 위반되지 아니한다.(헌재 2022.2.24. 2020헌바148)

제4절 국가배상청구권

I 의의

001
국가배상청구권이란 공무원의 직무상 불법행위로 손해를 받은 국민이 법률이 정하는 바에 의하여 국가 또는 공공단체에 정당한 배상을 청구할 수 있는 권리를 말한다. (O/×)

002
대체로 영미법계에서는 일찍부터 국가의 책임을 인정해 왔고, 대륙법계에서는 국가무책임의 원칙을 강조했다. (O/×)

003
우리나라는 건국헌법 이래 국가배상청구권을 인정하고 있고, 국가배상법에서는 이를 구체화하고 있다. (O/×)

II 법적 성격

004
국가배상청구권은 공무원의 국민에 대한 책임을 담보하고 법치국가의 원리를 구현하기 위하여 인정된 청구권적 기본권의 하나이다. (O/×)

005
헌법재판소는 국가배상청구권을 재산권과 청구권의 양 성격을 갖는 것으로 본다. (O/×)

---

001 【O】 국가배상청구권이란 공무원의 직무상 불법행위로 손해를 입은 국민이 국가나 공공단체에 손해배상을 청구할 수 있는 권리를 말한다. 국가배상청구는 국가무책임 원칙을 포기할 때 가능하게 되며, 위법한 국가작용으로 인한 피해를 국가가 책임짐으로써 법치국가 실현에 기여한다.

002 【×】 프랑스에서는 1873년 '블랑꼬(Blanco)판결'에서 국가배상책임을 최초로 인정하였고, 독일은 1919년 Weimar헌법에 의해 최초로 헌법차원에서 국가대위책임을 인정하는 등 **대체로 대륙법계에서는 일찍부터 국가의 책임을 인정**하였지만, 영미법계에서는 국가의 책임을 인정하지 않다가 영국에서도 1947년 국왕소추법, 미국에서는 1946년 연방불법행위배상청구권법에 의하여 일정한 범위 내에서 국가책임을 인정하게 되었다.

003 【O】 우리 헌법은 건국헌법(제27조)부터 국가배상책임을 규정하였고, 제4공화국 헌법에서 군인의 이중배상을 금지한 조항을 헌법에 추가하였으며, 이 내용은 그대로 유지되어 지금까지 이르고 있다. 국가배상법 제2조에서도 「국가나 지방자치단체는 공무원 또는 공무를 위탁받은 사인(이하 "공무원"이라 한다)이 직무를 집행하면서 고의 또는 과실로 법령을 위반하여 타인에게 손해를 입히거나, 「자동차손해배상 보장법」에 따라 손해배상의 책임이 있을 때에는 이 법에 따라 그 손해를 배상하여야 한다. 다만, 군인·군무원·경찰공무원 또는 예비군대원이 전투·훈련 등 직무 집행과 관련하여 전사(戰死)·순직(殉職)하거나 공상(公傷)을 입은 경우에 본인이나 그 유족이 다른 법령에 따라 재해보상금·유족연금·상이연금 등의 보상을 지급받을 수 있을 때에는 이 법 및 「민법」에 따른 손해배상을 청구할 수 없다」고 규정하고 있다.

004 【O】 1996.6.13. 94헌바20

005 【O】 1996.6.13. 94헌바20

006

국가의 형사사법행위가 고의·과실로 인한 것으로 인정되는 경우에는 국가배상청구 등 별개의 절차에 의하여 인과관계 있는 모든 손해를 배상받을 수 있다. (O/×)

Ⅲ 주체

Ⅳ 내용

1. 국가배상청구권의 유형

2. 국가배상청구권의 성립요건 : "공무원 또는 공무를 위탁받은 사인의 직무상 불법행위로 손해가 발생"

007

국가배상 성립요건의 공무원 개념은 국가공무원과 지방공무원의 신분을 가진 자에 한하고 공무를 수탁받은 사인(私人)은 해당하지 않는다. (O/×)

008

국가배상청구권의 성립요건으로서 '공무원의 불법행위'에서 말하는 공무원에는 국가공무원과 지방공무원이 모두 포함되나, 공무를 위탁받아 실질적으로 공무를 수행하는 자는 포함되지 아니한다. (O/×)

009

국가배상법 제2조 제1항의 '직무를 집행함에 당하여'란 직무행위 그 자체보다 넓은 개념으로서 직무행위와 외형상 관련있는 것으로 인정되는 행위까지 포함한다고 보는 것이 통설이다. (O/×)

---

006 【O】 2010.10.28. 2008헌마514 등
007 【X】 국가배상법 제2조 소정의 '공무원'이라 함은 국가공무원법이나 지방공무원법에 의하여 공무원으로서의 신분을 가진 자에 국한하지 않고, 널리 **공무를 위탁받아 실질적으로 공무에 종사하고 있는 일체의 자(공무를 수탁받은 사인)를 가리키는 것**으로서, 공무의 위탁이 일시적이고 한정적인 사항에 관한 활동을 위한 것이어도 달리 볼 것은 아니다.(대판 2001.1.5. 98다39060) - 통장이 전입신고서에 확인인을 찍는 행위는 공무를 위탁받아 실질적으로 공무를 수행하는 것이라고 보아야 하므로, 통장은 그 업무범위 내에서는 국가배상법 제2조 소정의 공무원에 해당한다.(대판 1991.7.9. 91다5570)
008 【X】 대판 2001.1.5. 98다39060
009 【O】 '직무를 집행함에 당하여'란 공무원의 직무집행행위와 그와 밀접한 관련이 있는 행위를 집행함에 있어서를 말한다. 직무집행인가 여부는 외형주의로 판단한다(통설). 행위 자체의 외관을 관찰하여 객관적으로 공무원의 직무행위로 보여질 때에는 비록 그것이 실질적으로 직무행위가 아니거나 또는 행위자로서는 주관적으로 공무집행의 의사가 없다고 하더라도 공무원의 직무집행으로 보아야 하기 때문이다. 판례도 "국가배상법 제2조 제1항 소정의 '직무를 집행함에 당하여'라 함은 직접 공무원의 직무집행행위이거나 그와 밀접한 관계에 있는 행위를 포함하고, 이를 판단함에 있어서는 **행위 자체의 외관을 객관적으로 관찰하여 공무원의 직무행위로 보여질 때에는 비록 그것이 실질적으로 직무행위에 속하지 않는다 하더라도 그 행위는 공무원이 '직무를 집행함에 당하여' 한 것으로 보아야 한다**(대판 2001.1.5. 98다39060)"고 판시하여 동일한 입장이다.

010

지방자치단체에 의하여 '교통할아버지'로 선정된 노인이 어린이 보호, 교통안내, 거리질서 확립 등의 위탁 받은 업무 범위를 넘어 교차로 중앙에서 교통정리를 하다가 교통사고를 발생시킨 경우, 그 지방자치단체는 국가배상법상의 배상책임을 부담하지 아니한다. (O/×)

011

국가배상 성립요건의 직무집행판단은 행위자의 주관적 의사를 고려하여 실질적으로 직무집행 행위인지에 따라 판단해야 한다. (O/×)

012

대법원은 국가배상법이 정한 손해배상청구의 요건인 '공무원의 직무'에는 국가나 지방자치단체의 권력적 작용 및 비권력적 작용뿐만 아니라 단순한 사경제의 주체로서 하는 작용도 포함된다고 판시하였다. (O/×)

013

행정처분이 후에 항고소송에서 취소된 사실이 있다면 당해 행정처분이 곧바로 공무원의 고의 또는 과실로 인한 것으로서 불법행위를 구성한다고 보아야 한다. (O/×)

014

법관의 재판에 법령의 규정을 따르지 아니한 잘못이 있다 하더라도 무조건 국가배상책임이 인정되는 것은 아니고, 당해 법관에게 부여된 권한의 취지로 보아 명백히 어긋나게 행사하였다고 인정할 만한 특별한 사정이 있어야 한다. (O/×)

---

010 【X】 국가배상법 제2조 제1항 소정의 '직무를 집행함에 당하여'라 함은 직접 공무원의 직무집행행위이거나 그와 밀접한 관계에 있는 행위를 포함하고, 이를 판단함에 있어서는 **행위 자체의 외관을 객관적으로 관찰하여 공무원의 직무행위로 보여질 때에는 비록 그것이 실질적으로 직무행위에 속하지 않는다 하더라도 그 행위는 공무원이 '직무를 집행함에 당하여' 한 것으로 보아야 한다.**(대판 2001.1.5. 98다39060) - 지방자치단체에 의하여 '교통할아버지'로 선정된 노인이 어린이 보호, 교통안내, 거리질서 확립 등의 위탁 받은 업무 범위를 넘어 교차로 중앙에서 교통정리를 하다가 교통사고를 발생시킨 경우, 그 **지방자치단체가 국가배상법상의 배상책임을 부담한다.**(2001.1.5. 98다39060)

011 【X】 국가배상법 제2조 제1항에 말하는 "직무를 행함에 당하여"라는 취지는 공무원의 행위의 외관을 **객관적으로 관찰하여** 공무원의 직무행위로 보여질 때에는 비록 그것이 실질적으로 직무행위이거나 아니거나 또는 행위자의 주관적 의사에 관계없이 그 행위는 공무원의 직무집행행위로 볼 것이요 이러한 행위가 실질적으로 공무집행행위가 아니라는 사정을 피해자가 알았다 하더라도 그것을 "직무를 행함에 당하여"라고 단정하는데 아무런 영향을 미치는 것이 아니다.(대판 1966.6.28. 66다781)

012 【X】 국가배상청구의 요건인 '공무원의 직무'에는 권력적 작용만이 아니라 비권력적 작용도 포함되며 단지 행정주체가 **사경제주체로서 하는 활동은 제외된다.**(대판 1999.11.26. 98다47245) - 따라서 국가 또는 지방자치단체가 사경제의 주체로 활동하였을 경우에 발생한 손해에 대해서는 그 손해배상책임에 국가배상법이 적용될 수 없다.

013 【X】 어떠한 행정처분이 후에 항고소송에서 취소되었다고 할지라도 그 기판력에 의하여 **당해 행정처분이 곧바로 공무원의 고의 또는 과실로 인한 것으로서 불법행위를 구성한다고 단정할 수는 없다.**(대판 2007.5.10. 2005다31828) - 그 행정처분의 담당공무원이 보통 일반의 공무원을 표준으로 하여 볼 때 객관적 주의의무를 결하여 그 행정처분이 객관적 정당성을 상실하였다고 인정될 정도에 이른 경우에 국가배상법 제2조 소정의 국가배상책임의 요건을 충족하였다고 봄이 상당할 것이다.

014 【O】 대판 2001.4.24. 2000다16114

015

공무원이 경계감호의무를 소홀히 한 결과 헌병대 영창에서 탈주한 군인들이 민가에 침입하여 일반 국민에게 손해를 입힌 경우, 위 공무원의 직무위반행위와 손해 사이에 상당인과관계가 인정된다면, 국가는 그로 인하여 피해자들이 입은 손해를 배상할 책임이 있다. (O/×)

016

교육감이 법률의 규정에서 정하여진 직무상의 의무를 게을리하여 그 의무를 위반한 것으로 위법하다고 하기 위해서는 그 의무 위반이 직무에 충실한 보통 일반의 공무원을 표준으로 할 때 객관적 정당성을 상실하였다고 인정될 정도에 이르러야 한다. (O/×)

017

법관의 재판에 법령의 규정에 따르지 아니한 잘못이 있다 하더라도 이로써 바로 그 재판상 직무행위가 국가배상법 제2조 제1항에서 말하는 위법한 행위로 되어 국가의 손해배상책임이 발생하는 것은 아니라고 할 것이므로 헌법재판소 재판관이 청구기간 내에 제기된 헌법소원심판 청구 사건에서 청구기간을 오인하여 각하결정을 한 경우, 이에 대한 불복절차 내지 시정절차가 없더라도 이것만으로 국가배상책임을 인정할 수 없다. (O/×)

3. 국가배상책임의 성질

4. 국가배상청구의 상대방(배상책임자) : 국가책임과 공무원책임

018

국민이 국가에 대해서만 손해배상청구권을 행사했다면 공무원자신의 책임은 면제된다. (O/×)

---

015 【O】 대판 2003.2.14. 2002다62678

016 【O】 대판 2010.4.22. 2008다38288

017 【X】 법관의 재판에 법령의 규정에 따르지 아니한 잘못이 있다 하더라도 이로써 바로 그 재판상 직무행위가 국가배상법 제2조 제1항에서 말하는 위법한 행위로 되어 **국가의 손해배상책임이 발생하는 것은 아니고**, 헌법재판소 재판관이 청구기간 내에 제기된 헌법소원심판 청구 사건에서 청구기간을 오인하여 각하결정을 한 경우, 이에 대한 **불복절차 내지 시정절차가 없는 때에는 국가배상책임을 인정할 수 있다.**(대판 2003.7.11. 99다24218) - 국가배상책임이 인정되려면 당해 법관이 위법 또는 부당한 목적을 가지고 재판을 하였다거나 법이 법관의 직무수행상 준수할 것을 요구하고 있는 기준을 현저하게 위반하는 등 법관이 그에게 부여된 권한의 취지에 명백히 어긋나게 이를 행사하였다고 인정할 만한 특별한 사정이 있어야 한다.

018 【X】 공무원이 직무수행 중 불법행위로 타인에게 손해를 입힌 경우에 국가 등이 국가배상책임을 부담하는 외에 **공무원 개인도 고의 또는 중과실이 있는 경우에는** 불법행위로 인한 **손해배상책임을 지지만**, 공무원에게 **경과실뿐인 경우에는** 공무원 개인은 **손해배상책임을 부담하지 아니한다**.(대판 1996.2.15. 95다38677)

5. 국가배상청구의 절차와 배상범위

019
국가배상법에 따른 손해배상 소송은 배상심의회의 배상금지급 또는 기각결정을 거친 후에 제기 할 수 있다. (O/×)

020
헌법재판소는 구 국가배상법 제9조의 배상결정전치주의 규정이 본질적으로 같은 것을 자의적으로 다르게 취급함으로써 국민의 평등권을 침해하는 것으로 보아 위헌으로 결정하였으며, 이에 따라 동 조항의 배상결정 전치주의는 선택적 결정전치주의로 개정되었다. (O/×)

021
국가나 지방자치단체는 공무원 또는 공무를 위탁받은 사인이 직무를 집행하면서 고의 또는 과실로 법령을 위반하여 타인에게 손해를 입히거나, 「자동차손해배상 보장법」에 따라 손해배상의 책임이 있을 때에는 이 법에 따라 그 손해를 배상하여야 한다. 다만, 군인·군무원·경찰공무원 또는 예비군대원이 전투·훈련 등 직무 집행과 관련하여 전사·순직하거나 공상을 입은 경우에 본인이나 그 유족이 다른 법령에 따라 재해보상금·유족연금·상이연금 등의 보상을 지급받을 수 있을 때에는 국가배상법 및 「민법」에 따른 손해배상을 청구할 수 없다. (O/×)

022
헌법 제29조 제1항 단서는 공무원이 한 직무상 불법행위로 인하여 국가 등이 배상책임을 진다고 할지라도 그 때문에 공무원 자신의 민·형사상 책임이나 징계책임이 면제되지 아니한다는 원칙을 규정한 것이나, 그 조항 자체로 공무원 개인의 구체적인 손해배상책임의 범위까지 규정한 것으로 보기는 어렵다. (O/×)

023
신청인이 동의한 때 배상심의회의 배상결정에 「민사소송법」 규정에 의한 재판상의 화해 효력을 부여한 것은 행정상의 손해배상에 관한 분쟁을 신속히 종결·이행시키기 위한 것으로 헌법에 위반되지 아니한다. (O/×)

---

019 【X】 현행 국가배상법에 따른 손해배상 소송은 당사자가 배상심의회에 배상신청을 하여 그 결과에 불복할 경우 소송을 제기할 수도 있고, <u>배상심의회를 거치지 아니하고 바로 법원에 소송을 제기할 수도 있다.</u>(국가배상법 제9조) 구 국가배상법은 국가배상청구소송에서 배상심의 절차를 필수적 절차로 규정하였고, 헌법재판소는 이를 합헌으로 보았으나 개정법은 임의적 절차로 변경하였다.

020 【X】 <u>구 국가배상법은 국가배상청구소송에서 배상심의 절차를 필수적 절차로 규정하였고, 헌법재판소는 이를 합헌으로 보았으나 개정법은 임의적 절차로 변경</u>하였다. 현행 국가배상법에 따른 손해배상 소송은 당사자가 배상심의회에 배상신청을 하여 그 결과에 불복할 경우 소송을 제기할 수도 있고, <u>배상심의회를 거치지 아니하고 바로 법원에 소송을 제기할 수도 있다.</u>(국가배상법 제9조)

021 【O】 국가배상법 제2조 제1항

022 【O】 대판 1996.2.15. 95다38677

023 【X】 국가배상법 제16조 중 "심의회의 배상결정은 신청인이 동의한 때에는 민사소송법의 규정에 의한 재판상의 화해가 성립된 것으로 본다."라는 부분은 <u>재판청구권을 과도하게 제한하는 것이어서 헌법 제37조 제2항에서 규정하고 있는 기본권 제한입법에 있어서의 과잉입법금지의 원칙에 반한다.</u>(1995.5.25. 91헌가7)

024
국가배상청구에 있어서도 오랜 기간의 경과로 인한 과거사실 증명의 곤란으로부터 채무자를 구제하고 또 권리행사를 게을리 한 자에 대한 제재 및 장기간 불안정한 상태에 놓이게 되는 가해자를 보호하기 위하여 소멸시효제도의 적용은 필요하므로 헌법에 위반되지 아니한다. (O/×)

025
대법원은 공동불법행위자인 민간인은 피해 군인이 입은 손해의 일부에 대해서 국가 등이 민간인에 구상의무를 부담한다면 그 내부적인 관계에서 부담하여야 할 부분을 제외한 나머지 자신의 부담부분에 한하여 손해배상의무를 부담하고, 국가 등에 대하여는 그 귀책부분의 구상을 청구할 수 없다고 판시하였다. (O/×)

V 제한

1. 헌법 제29조 제2항에 의한 군인·군무원 등의 이중배상금지

026
군인·군무원·경찰공무원 기타 법률이 정하는 자가 전투·훈련 등 직무집행과 관련하여 받은 손해에 대하여는 법률이 정하는 보상 외에 국가 또는 공공단체에 공무원의 직무상 불법행위로 인한 배상은 청구할 수 없다. (O/×)

027
군인이 직무집행과 관련하여 공상을 입었더라도 군인연금법 또는 국가유공자 등 예우 및 지원에 관한 법률에 의하여 재해보상금, 상이연금 등 별도의 보상을 받을 수 없는 경우는 국가배상법 제2조 제1항 단서의 적용대상에서 제외되어 국가배상을 청구할 수 있다. (O/×)

2. 법률에 의한 제한

---

024 【O】 국가배상청구에 있어서도 오랜 기간의 경과로 인한 과거사실 증명의 곤란으로부터 채무자를 구제하고 또 권리행사를 게을리 한 자에 대한 제재 및 장기간 불안정한 상태에 놓이게 되는 가해자를 보호하기 위하여 **소멸시효제도의 적용은 필요하므로 헌법에 위반되지 아니한다**. (1997.2.20. 96헌바24)

025 【O】 대판 2001.2.15. 96다42420

026 【O】 헌법 제29조 제2항

027 【O】 대판 1997.2.14. 96다28066

✅ 최신판례 예상지문

001

과거사정리법에 규정된 '민간인 집단희생사건', '중대한 인권침해·조작의혹사건'의 특수성을 고려하지 아니한 채 민법 제166조 제1항, 제766조 제2항의 '객관적 기산점'이 그대로 적용되도록 한 것은 청구인들의 국가배상청구권을 침해한다. (O/×)

002

국가의 의도적·적극적 불법행위의 경우에도, 국가배상청구권의 성립 요건으로서 공무원의 고의 또는 과실을 규정함으로써 무과실책임을 인정하지 않은 구 국가배상법조항은 헌법상 국가배상청구권을 침해한다. (O/×)

---

001 【O】 과거사정리법에 규정된 '민간인 집단희생사건', '중대한 인권침해·조작의혹사건'의 특수성을 고려하지 아니한 채 민법 제166조 제1항, 제766조 제2항의 '객관적 기산점'이 그대로 적용되도록 한 것이 청구인들의 국가배상청구권을 침해하는지 여부(적극) (헌재 2018.8.30. 2014헌바148) - (1) 심판대상조항들이 일반적인 공무원의 직무상 불법행위로 손해를 받은 국민의 국가배상청구권에 관한 소멸시효 기산점과 시효기간을 정하고 있는 것은 합리적인 이유가 있다.
(2) 그러나 민법 제166조 제1항, 제766조 제2항의 객관적 기산점을 과거사정리법 제2조 제1항 제3, 4호의 민간인 집단희생사건, 중대한 인권침해·조작의혹사건에 적용하도록 규정하는 것은, 소멸시효제도를 통한 법적 안정성과 가해자 보호만을 지나치게 중시한 나머지 합리적 이유 없이 위 사건 유형에 관한 국가배상청구권 보장 필요성을 외면한 것으로서 입법형성의 한계를 일탈하여 청구인들의 국가배상청구권을 침해한다.

002 【×】 국가의 의도적·적극적 불법행위의 경우에도, 국가배상청구권의 성립 요건으로서 공무원의 고의 또는 과실을 규정함으로써 무과실책임을 인정하지 않은 구 국가배상법조항이 헌법상 국가배상청구권을 침해하는지 여부(소극) (헌재 2020.3.26. 2016헌바55) - 과거에 행해진 법 집행행위로 인해 사후에 국가배상책임이 인정되면, 국가가 법 집행행위 자체를 꺼리는 등 소극적 행정으로 일관하거나, 행정의 혼란을 초래하여 국가기능이 정상적으로 작동되지 못하는 결과를 야기할 수 있다. 국가의 행위로 인한 모든 손해가 이 조항으로 구제되어야 하는 것은 아니다. 긴급조치 제1호 또는 제9호로 인한 손해의 특수성과 구제 필요성 등을 고려할 때 공무원의 고의 또는 과실 여부를 떠나 국가가 더욱 폭넓은 배상을 할 필요가 있는 것이라면, 이는 국가배상책임의 일반적 요건을 규정한 심판대상조항이 아니라 국민적 합의를 토대로 입법자가 별도의 입법을 통해 구제하면 된다.

003

5·18민주화운동과 관련하여 보상금 지급 결정에 동의하면 '정신적 손해'에 관한 부분도 재판상 화해가 성립된 것으로 보는 구 '광주민주화운동 관련자 보상 등에 관한 법률' 조항은 국가배상청구권을 침해한다.

(O/×)

004

특수임무수행자 등이 보상금 등의 지급결정에 동의한 때에는 특수임무수행 또는 이와 관련한 교육훈련으로 입은 피해에 대하여 재판상 화해가 성립된 것으로 보는 '특수임무수행자 보상에 관한 법률' 조항은 국가배상청구권 또는 재판청구권을 침해한다.

(O/×)

---

003 【O】 5·18민주화운동과 관련하여 보상금 지급 결정에 동의하면 '정신적 손해'에 관한 부분도 재판상 화해가 성립된 것으로 보는 구 '광주민주화운동 관련자 보상 등에 관한 법률' 조항이 국가배상청구권을 침해하는지 여부(적극) - 5·18보상법 및 같은 법 시행령의 관련조항을 살펴보면 **정신적 손해배상에 상응하는 항목**은 존재하지 아니하고, 보상심의위원회가 보상금 등 항목을 산정함에 있어 정신적 손해를 고려할 수 있다는 내용도 발견되지 아니한다. 그럼에도 불구하고 심판대상조항은 정신적 손해에 대해 적절한 배상이 이루어지지 않은 상태에서, **5·18민주화운동과 관련하여 사망하거나 행방불명된 자 및 상이를 입은 자 또는 그 유족이 적극적·소극적 손해의 배상에 상응하는 보상금 등 지급결정에 동의하였다는 사정만으로 재판상 화해의 성립을 간주하고 있다.** 이는 국가배상청구권에 대한 과도한 제한이고, 해당 손해에 대한 적절한 배상이 이루어졌음을 전제로 하여 국가배상청구권 행사를 제한하려 한 5·18보상법의 입법목적에도 부합하지 않는다. 따라서 이 조항은 **5·18보상법상 보상금 등의 성격과 중첩되지 않는 정신적 손해에 대한 국가배상청구권의 행사까지 금지하는 것은 국가배상청구권을 침해한다.**(헌재 2021.5.27. 2019헌가17)

004 【X】 특수임무수행자 등이 보상금 등의 지급결정에 동의한 때에는 특수임무수행 또는 이와 관련한 교육훈련으로 입은 피해에 대하여 재판상 화해가 성립된 것으로 보는 '특수임무수행자 보상에 관한 법률' 조항이 국가배상청구권 또는 재판청구권을 침해하는지 여부(소극) - 특수임무수행자보상심의위원회는 위원 구성에 제3자성과 독립성이 보장되어 있고, 보상금등 지급 심의절차의 공정성과 신중성이 갖추어져 있다. 특수임무수행자는 **보상금등 지급결정에 동의할 것인지 여부를 자유롭게 선택**할 수 있으며, 보상금등을 지급받을 경우 향후 재판상 청구를 할 수 없음을 명확히 고지받고 있다. 특수임무수행자는 보상금등 산정과정에서 국가 행위의 불법성이나 구체적인 손해 항목 등을 주장·입증할 필요가 없고 특수임무수행자의 과실이 반영되지도 않으며, 국가배상청구에 상당한 시간과 비용이 소요되는 데 반해 **보상금등 지급결정은 비교적 간이·신속**한 점까지 고려하면, 특임자보상법령이 정한 보상금등을 지급받는 것이 **국가배상을 받는 것에 비해 일률적으로 과소 보상된다고 할 수도 없다.** 따라서 심판대상조항이 과잉금지원칙을 위반하여 **국가배상청구권 또는 재판청구권을 침해한다고 보기 어렵다.**(헌재 2021.9.30. 2019헌가28)

제5절 형사보상청구권

I 의의

II 법적 성격

001
형사보상청구권을 인정하는 헌법적 본질은 국민의 인신권을 침해하는 결과를 발생시킨 국가의 그릇된 형사사법작용에 대한 원인책임을 추궁하기 위한 것이다. (O/X)

002
형사보상청구권은 국가의 형사사법작용에 의해 신체의 자유라는 중대한 법익을 침해받은 국민을 구제하기 위하여 헌법상 보장된 국민의 기본권이므로 일반적인 사법(私法)상의 권리보다 더욱 확실하게 보호되어야 할 권리이다. (O/X)

III 주체

003
피고인으로서 구금되었다가 무죄판결을 받은 자 뿐만 아니라, 피의자로 구금되었다가 검사로부터 불기소처분(기소중지, 기소유예 제외)을 받은 자도 형사보상의 대상이 된다. (O/X)

004
형사피의자로서 구금되었다가 검사의 불기소처분으로 풀려난 사람은 설령 검사의 공소제기가 있었더라면 무죄판결을 받았을 것이 명백한 경우에도 그 구금에 대한 보상을 청구할 수 없다. (O/X)

005
형사보상청구권은 일신전속적 권리이므로, 청구권자 본인이 사망한 경우에는 상속인은 청구할 수 없다. (O/X)

---

001 【X】 형사보상은 과실책임의 원리에 의하여 고의·과실로 인한 위법행위와 인과관계 있는 모든 손해를 배상하는 손해배상과는 달리, 형사사법절차에 내재하는 불가피한 위험에 대하여 형사사법기관의 **귀책사유를 따지지 않고** 형사보상청구권자가 입은 손실을 보상하는 제도이다. (2010.10.28. 2008헌마514 등)

002 【O】 2010.7.29. 2008헌가4

003 【O】 헌법 제28조, 형사보상 및 명예회복에 관한 법률 제2조, 제27조

004 【X】 피의자로서 구금되었던 자 중 검사로부터 불기소처분을 받거나 사법경찰관으로부터 불송치결정을 받은 자는 국가에 대하여 그 **구금에 대한 보상을 청구할 수 있다.** 다만, 구금된 이후 불기소처분 또는 불송치결정의 사유가 있는 경우와 해당 불기소처분 또는 불송치결정이 종국적인 것이 아니거나 「형사소송법」 제247조에 따른 것일 경우에는 그러하지 아니하다(형사보상 및 명예회복에 관한 법률 제27조 제1항).

005 【X】 형사보상을 청구할 수 있는 자가 그 청구를 하지 아니하고 사망하였을 때에는 그 **상속인이 이를 청구할 수 있다.** (형사보상 및 명예회복에 관한 법률 제3조)

Ⅳ 내용

1. 성립요건

006
형사보상청구권은 국가의 고의나 과실을 요구하지 않는 무과실·결과책임이다. (O/×)

2. 피의자보상

007
형사피의자로 구금되었다가 법률이 정하는 불기소처분을 받은 자는 법률이 정하는 바에 의하여 형사보상청구권을 행사할 수 있다. (O/×)

3. 피고인보상

008
면소나 공소기각의 재판을 받은 경우에 형사보상을 청구할 수 있는 경우가 있다. (O/×)

Ⅴ 형사보상청구의 절차

009
피의자보상의 청구는 검사로부터 공소를 제기하지 아니하는 처분의 고지 또는 통지를 받은 날부터 3년 이내에 하여야 한다. (O/×)

010
형사보상청구는 무죄재판이 확정된 때로부터 1년 이내에 하여야 한다. (O/×)

---

006 【O】 국가기관의 고의나 과실을 요구하지 않는 무과실·결과책임이다. 과실책임인 국가배상책임과 구별된다.

007 【O】 피의자로서 구금되었던 자 중 검사로부터 공소를 제기하지 아니하는 처분을 받은 자는 국가에 대하여 그 구금에 대한 보상을 청구할 수 있다. 다만, 구금된 이후 공소를 제기하지 아니하는 처분을 할 사유가 있는 경우와 공소를 제기하지 아니하는 처분이 종국적인 처분이 아니거나 「형사소송법」 제247조에 따른 것일 경우에는 그러하지 아니하다. (형사보상 및 명예회복에 관한 법률 제27조 제1항)

008 【O】 「형사소송법」에 따라 **면소 또는 공소기각의 재판을 받아 확정된 피고인이 면소 또는 공소기각의 재판을 할 만한 사유가 없었더라면 무죄재판을 받을 만한 현저한 사유가 있었을 경우**에도 국가에 대하여 구금에 대한 **보상을 청구할 수 있다**.(형사보상 및 명예회복에 관한 법률 제26조 제1항)

009 【O】 형사보상 및 명예회복에 관한 법률 제28조 제3항

010 【×】 보상청구는 무죄재판이 확정된 사실을 **안 날부터 3년**, 무죄재판이 **확정된 때부터 5년** 이내에 하여야 한다.(형사보상 및 명예회복에 관한 법률 제8조)

011

형사보상의 청구를 무죄재판이 확정된 때로부터 1년 이내에 하도록 규정하고 있는 「형사보상법」 조항은 입법재량의 한계를 일탈하여 청구인의 형사보상청구권을 침해한다. (O/×)

012

형사보상의 청구는 무죄재판이 확정된 때로부터 또는 검사로부터 공소를 제기하지 아니하는 처분의 고지나 통지를 받은 날로부터 6개월 이내에 하여야 한다. (O/×)

VI 형사보상청구의 내용(정당한 보상)

013

헌법이 명하는 정당한 보상이라 함은 구금 중에 받은 적극적인 재산상의 손실과 구금으로 인한 정신적·물질적 피해에 대한 보상을 요구할 수 있다는 것이며, 구금되지 않았더라면 얻을 수 있었던 소극적인 이익이나 기대이익의 상실 등은 청구할 수 없다. (O/×)

014

형사보상제도에 따라 형사보상금을 수령한 피고인은 다시 「국가배상법」에 의한 손해배상을 청구할 수 없다. (O/×)

VII 형사보상청구에 대한 결정과 재판

015

1개의 재판으로 경합범의 일부에 대하여 무죄재판을 받고 다른 부분에 대하여 유죄재판을 받았을 경우 법원은 보상청구의 전부를 인용하여야 한다. (O/×)

---

011 【O】 헌재 2010.7.29. 2008헌가4
012 【X】 보상청구는 **무죄재판이 확정된 사실을 안 날부터 3년, 무죄재판이 확정된 때부터 5년 이내에** 하여야 한다.(형사보상 및 명예회복에 관한 법률 제8조) 피의자보상의 청구는 **불기소처분 또는 불송치결정의 고지(告知) 또는 통지를 받은 날부터 3년 이내에** 하여야 한다(형사보상 및 명예회복에 관한 법률 제28조 제3항).
013 【X】 형사피의자 또는 형사피고인으로서 구금되었던 자가 무죄판결 등을 받은 경우에 국가에 대하여 **물질적·정신적 피해에 대한 정당한 보상을 청구할 수 있는 권리**를 보장하고 있다.(2010.10.28. 2008헌마514 등) 법원은 보상금액을 산정할 때 구금기간 중에 입은 **재산상의 손실과 얻을 수 있었던 이익의 상실 또는 정신적인 고통과 신체 손상을 고려하여야 한다**(형사보상 및 명예회복에 관한 법률 제5조 제2호).
014 【X】 형사보상법은 보상을 받을 자가 다른 법률에 따라 **손해배상을 청구하는 것을 금지하지 아니한다**.(형사보상 및 명예회복에 관한 법률 제6조 제1항) 따라서 형사보상제도에 따라 형사보상금을 수령한 피고인은 다시 「국가배상법」에 의한 손해배상을 청구할 수 있다.
015 【X】 1개의 재판으로 경합범의 일부에 대하여 무죄재판을 받고 다른 부분에 대하여 유죄재판을 받았을 경우 법원은 보상청구의 **전부 또는 일부를 기각할 수 있다**.(형사보상 및 명예회복에 관한 법률 제4조)

016

형사보상결정에 대하여 불복을 신청할 수 없도록 하는 것은 형사보상청구권 및 재판청구권을 침해한다. (O/×)

017

형사보상의 청구에 대한 보상의 결정에 대하여는 불복을 신청할 수 없도록 단심재판으로 규정한 「형사보상법」 조항은 형사보상인용결정의 안정성을 유지하고, 신속한 형사보상절차의 확립을 통해 형사보상에 관한 국가예산 수립의 안정성을 확보하며, 나아가 상급법원의 부담을 경감하고자 하는 데 그 목적이 있으므로 청구인들의 형사보상청구권을 침해하지 않는다. (O/×)

018

다른 법률에 따라 손해배상을 받을 자가 같은 원인에 대하여 「형사보상 및 명예회복에 관한 법률」에 따른 보상을 받았을 때에는 그 보상금의 액수를 빼고 손해배상의 액수를 정하여야 한다. (O/×)

019

국가의 형사사법행위가 고의·과실로 인한 것으로 인정되는 경우에는 국가배상청구 등 별개의 절차에 의하여 인과관계 있는 모든 손해를 배상받을 수 있으므로, 형사보상절차로써 인과관계 있는 모든 손해를 보상하지 않는다고 하여 반드시 부당하다고 할 수는 없다. (O/×)

020

형사피의자의 경우, 보상을 하는 것이 선량한 풍속 기타 사회질서에 반한다고 할 특별한 사정이 있다 하더라도 보상의 전부를 지급해야 한다. (O/×)

---

016 【O】 2010.10.28. 2008헌마514

017 【X】 형사보상의 청구에 대하여 한 보상의 결정에 대하여는 불복을 신청할 수 없도록 하여 형사보상의 결정을 단심재판으로 규정한 「형사보상법」 조항은 **형사보상청구권 및 재판청구권을 침해한다**.(2010.10.28. 2008헌마514 등) - 보상액의 산정에 기초되는 사실인정이나 보상액에 관한 판단에서 오류나 불합리성이 발견되는 경우에도 그 시정을 구하는 불복신청을 할 수 없도록 하는 것은 형사보상청구권 및 그 실현을 위한 기본권으로서의 재판청구권의 본질적 내용을 침해하는 것이라 할 것이고, 나아가 법적안정성만을 지나치게 강조함으로써 재판의 적정성과 정의를 추구하는 사법제도의 본질에 부합하지 아니하는 것이다. 또한, 불복을 허용하더라도 즉시항고는 절차가 신속히 진행될 수 있고 사건수도 과다하지 아니한데다 그 재판내용도 비교적 단순하므로 불복을 허용한다고 하여 상급심에 과도한 부담을 줄 가능성은 별로 없다.

018 【O】 형사보상 및 명예회복에 관한 법률 제6조 제3항

019 【O】 형사보상청구권은 헌법 제28조에 따라 '법률이 정하는 바에 의하여' 행사되므로 그 내용은 법률에 의해 정해지는바, 형사보상의 구체적 내용과 금액 및 절차에 관한 사항은 입법자가 정하여야 할 사항이다. 이 사건 보상금조항 및 이 사건 보상금 시행령조항은 보상금을 일정한 범위 내로 한정하고 있는데, 형사보상은 형사사법절차에 내재하는 불가피한 위험으로 인한 피해에 대한 보상으로서 국가의 위법·부당한 행위를 전제로 하는 국가배상과는 그 취지 자체가 상이하므로 형사보상절차로서 인과관계 있는 모든 손해를 보상하지 않는다고 하여 반드시 부당하다고 할 수는 없으며, 보상금액의 구체화·개별화를 추구할 경우에는 개별적인 보상금액을 산정하는데 상당한 기간의 소요 및 절차의 지연을 초래하여 형사보상제도의 취지에 반하는 결과가 될 위험이 크고 나아가 그로 인하여 형사보상금의 액수에 지나친 차등이 발생하여 오히려 공평의 관념을 저해할 우려가 있는바, 이 사건 보상금조항 및 이 사건 보상금시행령조항은 청구인들의 형사보상청구권을 침해한다고 볼 수 없다.(헌재 2010.10.28. 2008헌마514)

020 【O】 형사피의자의 경우, 보상을 하는 것이 선량한 풍속이나 그 밖에 사회질서에 위배된다고 인정할 특별한 사정이 있는 경우 피의자보상의 **전부 또는 일부를 지급하지 아니할 수 있다.**(형사보상 및 명예회복에 관한 법률 제27조 제2항)

021

「형사보상 및 명예회복에 관한 법률」에 따르면 본인이 수사 또는 심판을 그르칠 목적으로 거짓 자백을 하거나 다른 유죄의 증거를 만듦으로써 기소, 미결구금 또는 유죄재판을 받게 된 것으로 인정된 경우에는 법원은 재량으로 보상청구의 전부 또는 일부를 기각할 수 있다. (O/×)

VIII 형사소송법상 비용보상 청구제도

022

헌법 제28조의 형사보상청구권이 구금되었던 자를 전제로 하는 것과 달리, 형사소송법상 비용보상청구는 무죄판결이 확정된 자에게 구금 여부를 묻지 않고 재판에 소요된 비용을 보상해 주는 제도이다. (O/×)

023

비용보상청구권은 헌법 차원이나 기본권 보호 차원에서 당연히 보호되어 온 것이 아니라 국가의 정치적·경제적 여건이 나아지고 그에 따라 사법제도 수준이 향상됨에 따라 입법자가 국민의 권리구제 범위를 확장하면서 형성되는 권리이다. (O/×)

024

현행 형사소송법에 의하면, 비용보상청구는 무죄판결이 확정된 사실을 안 날로부터 3년, 무죄판결이 확정된 때로부터 5년 이내에 하여야 하는데, 헌법재판소는 구 형사소송법상의 비용보상 청구기간이 지나치게 짧아 위헌이라고 하였다. (O/×)

025

비용의 보상은 피고인이었던 자의 청구에 따라 무죄판결을 선고한 법원의 합의부에서 결정으로 하고, 그 결정에 대해서는 즉시항고 할 수 있다. (O/×)

026

피고인이었던 자가 수사를 그르칠 목적으로 거짓 자백을 한 경우에는 비용의 전부 또는 일부를 보상하지 않을 수 있다. (O/×)

---

021 【O】 형사보상 및 명예회복에 관한 법률 제4조 제2호
022 【O】 2015.4.30. 2014헌바408
023 【O】 2012.3.29. 2011헌바 19
024 【X】 헌법재판소는 구 형사소송법상의 비용보상 청구기간(무죄판결이 확정된 날부터 6개월)이 재판청구권, 재산권, 평등권을 **침해하지 아니한다고 판결하였는데**, 2014년 12월 형사소송법은 개정되었다. 현재 비용보상 청구는 무죄판결이 확정된 사실을 안 날부터 3년, 무죄판결이 확정된 때부터 5년 이내에 하면 된다(형사소송법 제194조의3 제2항).
025 【O】 형사소송법 제194조의3 제1항
026 【O】 형사소송법 제194조의2 제2항

제6절 범죄피해자구조청구권

I 의의

001
범죄피해자구조청구권은 타인의 범죄행위로 인하여 생명·신체에 대한 피해를 받은 국민이 국가에 대하여 유족구조 또는 장해구조를 청구할 수 있는 권리이다. (O/×)

002
범죄행위로 인하여 재산상 피해를 받은 국민은 헌법 제30조의 범죄피해자구조청구권이 인정되지 않는다. (O/×)

II 본질 및 법적 성격

III 주체

003
범죄피해자구조청구는 생명 또는 신체를 해하는 범죄행위로 인하여 사망한 자의 유족이나 장해 또는 중상해를 당한 자가 주체가 된다. (O/×)

---

001 【O】 헌법 제30조
002 【O】 범죄피해자구조청구권은 타인의 범죄행위로 인하여 **생명·신체에 대한 피해**를 받은 국민이 국가에 대하여 유족구조 또는 장해구조를 청구할 수 있는 권리이다(헌법 제30조).
003 【O】 헌법 제30조, 범죄피해자보호법 제1조, 제3조 제4호, 제16조 제1항

Ⅳ 내용

1. 성립요건

1) 적극적 요건

004
형사사건의 수사 또는 재판에 있어서 수사단서의 제공, 진술, 증언 또는 자료제출과 관련하여 피해자로 된 때에는 피해자의 생계유지가 곤란한 사정이 있는 경우에 범죄피해구조금을 지급한다. (O/×)

005
범죄피해자 보호법은 가해자의 불명 또는 무자력으로 피해의 전부 또는 일부를 배상받지 못하는 경우를 구조청구권의 성립요건으로 규정하고 있다. (O/×)

2) 소극적 요건

006
피해자와 가해자 사이에 사실상의 혼인관계 또는 친족관계가 있다든지, 피해자가 범죄행위를 유발하거나 피해의 발생에 관하여 피해자에게 귀책사유가 있는 경우에는 범죄피해구조금의 전부 또는 일부를 지급하지 않을 수 있다. (O/×)

2. 내용과 보충성

007
피해자 또는 유족이 당해 범죄피해를 원인으로 하여 산업재해 보상보험법에 의한 장해급여를 지급받을 수 있는 경우에는 그 지급받을 금액의 범위 안에서 범죄피해구조금을 지급하지 않는다. 구조피해자나 유족이 해당 구조대상 범죄피해를 원인으로 하여 「국가배상법」이나 그 밖의 법령에 따른 급여 등을 받을 수 있는 경우에는 대통령령으로 정하는 바에 따라 구조금을 지급하지 아니한다. (O/×)

---

004 【×】 국가는 생명·신체에 관한 타인의 범죄행위로 사망하거나 장해 또는 중상해를 입은 구조피해자가 피해의 전부 또는 일부를 배상받지 못하는 경우이거나 자기 또는 타인의 형사사건의 수사 또는 재판에서 고소·고발 등 수사단서를 제공하거나 진술, 증언 또는 자료제출을 하다가 구조피해자가 된 경우에 해당하면 구조피해자 또는 그 유족에게 범죄피해구조금을 지급한다(범죄피해자보호법 제16조). 현행 범죄피해자보호법은 '가해자의 불명 또는 무자력'을 요건으로 하지 않는다.

005 【×】 범죄피해자보호법 제16조
006 【O】 범죄피해자보호법 제19조
007 【O】 범죄피해자보호법 제20조

Ⅴ 범죄피해자구조금의 지급방법과 절차

008
피해자가 사망한 경우에는 피해자의 사망 당시 피해자의 수입에 의하여 생계를 유지하고 있던 유족에게 유족구조금을 지급한다. (O/×)

009
범죄피해자 보호법은 구조피해자의 사실혼 배우자와 구조피해자의 사망 당시 구조피해자의 수입으로 생계를 유지하고 있는 구조피해자의 부모를 유족구조금 지급에서 같은 순위의 유족으로 규정하고 있다. (O/×)

010
구조금의 지급에 관한 사항을 심의·결정하기 위하여 지방법원에 범죄피해구조심의회를 둔다. (O/×)

011
구조금의 지급신청은 해당 구조대상 범죄피해의 발생을 안 날부터 3년이 지나거나 해당 구조대상 범죄피해가 발생한 날부터 10년이 지나면 할 수 없다. (O/×)

012
범죄피해구조금의 지급을 받을 권리는 그 구조결정이 당해 신청인에게 송달된 날로부터 2년간 행사하지 않으면 시효로 인하여 소멸한다. (O/×)

---

008 【O】 범죄피해자보호법 제18조

009 【X】 범죄피해자 보호법은 구조피해자의 <u>사실혼 배우자를 구조피해자의 사망 당시 구조피해자의 수입으로 생계를 유지하고 있는 구조피해자의 부모보다 유족구조금 지급에서 선순위로 규정하고 있다.</u>(범죄피해자보호법 제18조) - 범죄피해자보호법 제18조(유족의 범위 및 순위) ① 유족구조금을 지급받을 수 있는 유족은 다음 각 호(1. 배우자(사실상 혼인관계를 포함한다) 및 구조피해자의 사망 당시 구조피해자의 수입으로 생계를 유지하고 있는 구조피해자의 자녀, 2. 구조피해자의 사망 당시 구조피해자의 수입으로 생계를 유지하고 있는 구조피해자의 부모, 손자·손녀, 조부모 및 형제자매, 3. 제1호 및 제2호에 해당하지 아니하는 구조피해자의 자녀, 부모, 손자·손녀, 조부모 및 형제자매)의 어느 하나에 해당하는 사람으로 한다. ② 제1항에 따른 유족의 범위에서 태아는 구조피해자가 사망할 때 이미 출생한 것으로 본다. ③ 유족구조금을 받을 유족의 순위는 제1항 각 호에 열거한 순서로 하고, 같은 항 제2호 및 제3호에 열거한 사람 사이에서는 해당 각 호에 열거한 순서로 하며, 부모의 경우에는 양부모를 선순위로 하고 친부모를 후순위로 한다.

010 【X】 구조금 지급에 관한 사항을 심의·결정하기 위하여 각 <u>지방검찰청</u>에 범죄피해구조심의회를 두고 법무부에 범죄피해구조본부심의회를 둔다.(범죄피해자보호법 제24조)

011 【O】 범죄피해자보호법 제25조 제2항

012 【O】 범죄피해자보호법 제31조

Ⅵ 제한

013
과실에 의한 행위로 사망한 경우는 범죄피해자 보호법상 구조의 대상이 되는 범죄피해에 해당하지 아니한다. (O/×)

014
국가는 구조피해자나 유족이 해당 구조대상 범죄피해를 원인으로 하여 손해배상을 받았으면 그 범위에서 구조금을 지급하지 아니한다. (O/×)

015
헌법재판소는 범죄피해자구조청구권의 대상이 되는 범죄피해에 해외에서 발생한 범죄피해의 경우를 포함하고 있지 아니한 것이 현저하게 불합리한 자의적인 차별이라고 볼 수 없어 평등원칙에 위배되지 아니한다고 결정하였다. (O/×)

016
범죄피해자 보호법에 따르면, 국가는 구조피해자가 직계혈족의 관계가 있는 가해자로부터 범죄피해를 입은 경우에는 원칙적으로 구조금을 지급하지 아니하나, 구조금의 실질적인 수혜자가 가해자로 귀착될 우려가 없는 경우 등 구조금을 지급하지 아니하는 것이 사회통념에 위배된다고 인정할 만한 특별한 사정이 있는 경우에는 구조금의 전부 또는 일부를 지급할 수 있다. (O/×)

---

013 【O】 "구조대상 범죄피해"란 대한민국의 영역 안에서 또는 대한민국의 영역 밖에 있는 대한민국의 선박이나 항공기 안에서 행하여진 사람의 생명 또는 신체를 해치는 죄에 해당하는 행위(「형법」 제9조(형사미성년자), 제10조 제1항(심신상실), 제12조(강요된 행위), 제22조 제1항(긴급피난)에 따라 처벌되지 아니하는 행위를 포함하며, 같은 법 제20조(정당행위) 또는 제21조 제1항(정당방위)에 따라 처벌되지 아니하는 행위 및 과실에 의한 행위는 제외한다)로 인하여 사망하거나 장해 또는 중상해를 입은 것을 말한다.(범죄피해자보호법 제3조 제4호)

014 【O】 범죄피해자보호법 제21조

015 【O】 국가의 주권이 미치지 못하고 국가의 경찰력 등을 행사할 수 없거나 행사하기 어려운 해외에서 발생한 범죄에 대하여는 국가에 그 방지책임이 있다고 보기 어렵다(2011.12.29. 2009헌마354).

016 【O】 범죄피해자보호법 제19조

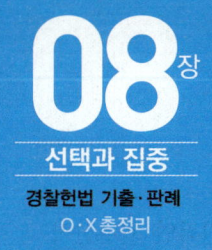

사회적 기본권(생존권)

제1절 일반이론

I 의의

001
사회적 기본권이란 국민이 인간다운 생활을 확보하기 위하여 일정한 국가적 급부와 배려를 요구할 수 있는 권리를 말한다. (O/×)

II 연혁과 사상적 배경

III 법적 성격

1. 법적 성격 : 입법방침규정에서 구체적 권리로
2. 구체적 권리로서의 한계 : 권리구제의 불충분

002
모든 국민은 인간다운 생활을 할 권리를 가지며 국가는 생활능력 없는 국민을 보호할 의무가 있다는 헌법의 규정은 모든 국가기관을 기속하므로, 입법부 또는 행정부의 경우와 헌법재판소의 경우에 있어서 그 기속력의 의미가 다르게 이해되어서는 안 된다. (O/×)

003
국가는 사회적 기본권에 의하여 제시된 국가의 의무와 과제를 국가의 현실적인 재정·경제능력의 범위 내에서 다른 국가과제와의 조화와 우선순위결정을 통하여 이행할 수밖에 없다. (O/×)

---

001 【O】 사회적 기본권(생존권)이란 인간다운 생존(삶)을 확보하기 위해 국가의 적극적 급부와 배려를 요구할 수 있는 권리를 말한다. 우리 헌법은 사회국가원리를 실현하기 위해 국가에 부과된 과제실현을 국가목표조항을 넘어, 포괄적 급부요구를 그 내용으로 하는 생존권을 통해 보장하고 있다.

002 【X】 모든 국민은 인간다운 생활을 할 권리를 가지며 국가는 생활능력 없는 국민을 보호할 의무가 있다는 헌법의 규정은 모든 국가기관을 기속하지만, 그 기속의 의미는 적극적·형성적 활동을 하는 입법부 또는 행정부의 경우와 헌법재판에 의한 사법적 통제기능을 하는 헌법재판소에 있어서 **동일하지 아니하다**.(1997.5.29. 94헌마33)

003 【O】 2002.12.18. 2002헌마52

004
사회적 기본권은 입법과정이나 정책결정과정에서 사회적 기본권에 규정된 국가목표의 무조건적인 최우선적 배려가 아니라 단지 적절한 고려를 요청하는 것이다. (O/×)

005
사회적 기본권에 관한 법률유보는 주로 권리의 내용을 구체화하는 기본권구체화적 법률유보를 의미하기 때문에, 국회가 사회적 기본권을 구체화하는 입법의무를 게을리 할 경우 헌법재판소는 결정의 형식으로 스스로 입법할 수 있다. (O/×)

006
사회보장수급권은 법률상의 권리로서 헌법의 기본권으로 인정될 수는 없고, 입법자의 재량에 의해서 사회·경제적 여건 등을 종합하여 합리적인 수준에서 결정된다. (O/×)

IV. 사회적 기본권과 자유권적 기본권의 관계

1. 양 기본권의 대립관계

2. 양 기본권의 조화와 보완관계

---

004 【O】 이러한 의미에서 사회적 기본권은 국가의 모든 의사결정과정에서 사회적 기본권이 담고 있는 국가목표를 고려하여야 할 국가의 의무를 의미한다(2002.12.18. 2002헌마52).

005 【×】 사회적 기본권에 관한 법률유보는 주로 권리의 내용을 구체화하는 기본권구체화적 법률유보를 의미하기 때문에, 국회가 사회적 기본권을 구체화하는 입법의무를 게을리 할 경우 헌법재판소는 스스로 입법할 수 없으며, 진정입법부작위의 경우에는 입법부작위의 위헌을 선언하거나 부진정입법부작위의 경우에는 헌법불합치결정을 통해 국회에 대하여 입법촉구를 할 수 있을 뿐이다.

006 【×】 사회보장수급권은 사회적 기본권의 하나이다.(2001.9.27. 2000헌마342). - 헌법 제34조 제1항은 "모든 국민은 인간다운 생활을 할 권리를 가진다"고 규정하고, 제2항은 "국가는 사회보장·사회복지의 증진에 노력할 의무를 진다"고 규정하고 있는바, 사회보장수급권은 이 규정들로부터 도출되는 사회적 기본권의 하나이다. 이와 같이 사회적 기본권의 성격을 가지는 사회보장수급권은 국가에 대하여 적극적으로 급부를 요구하는 것이므로 헌법규정만으로는 이를 실현할 수 없고, 법률에 의한 형성을 필요로 한다. 사회보장수급권의 구체적 내용, 즉 수급요건, 수급권자의 범위, 급여금액 등은 법률에 의하여 비로소 확정된다.

제2절 인간다운 생활을 할 권리

I 의의

II 법적 성격

1. 학설

2. 판례

001

「공무원연금법」상의 연금수급권과 같은 사회보장수급권은 헌법 제34조의 규정으로부터 도출되는 사회적 기본권의 하나이며, 따라서 국가에 대하여 적극적으로 급부를 요구하는 것이므로 헌법규정만으로는 이를 실현할 수 없고, 법률에 의한 형성을 필요로 한다. (O/X)

III 주체

IV 내용

1. 인간다운 생활의 보장수준

002

인간다운 생활을 할 권리란 국가에 대하여 인간의 존엄에 상응하는 최소한의 급부를 국가에 청구할 수 있는 권리를 말하는데, 헌법재판소는 '건강하고 문화적인 최저한도의 생활'을 인간의 존엄에 상응하는 최소한의 보장수준으로 보고 있다. (O/X)

003

인간다운 생활을 할 권리 중 최소한의 물질적 생활의 유지 이상의 급부를 요구할 수 있는 구체적인 권리는 법률을 통하여 구체화할 때에 비로소 인정되는 법률적 차원의 권리이다. (O/X)

---

001 【O】 1999.4.29. 97헌마333
002 【X】 '인간다운 생활을 할 권리'로부터는 인간의 존엄에 상응하는 생활에 필요한 **최소한의 물질적인 생활**'의 유지에 필요한 급부를 요구할 수 있는 구체적 권리가 상황에 따라서는 직접 도출될 수 있다고 할 수는 있어도, 동 기본권이 직접 그 이상의 급부를 내용으로 하는 구체적인 권리를 발생케 한다고는 볼 수 없다.(1998.2.27. 97헌가10) - 이러한 구체적 권리는 국가가 재정형편 등 여러 가지 상황들을 종합적으로 감안하여 **법률을 통하여 구체화할 때에 비로소 인정되는 법률적 차원의 권리이다.**
003 【O】 1998.2.27. 97헌가10

004
국가가 인간다운 생활을 보장하기 위한 헌법적 의무를 다하였는지의 여부가 사법적 심사의 대상이 된 경우에는, 국가가 생계보호에 관한 입법을 전혀 하지 아니하였다든가 그 내용이 현저히 불합리하여 헌법상 용인될 수 있는 재량의 범위를 명백히 일탈한 경우에 한하여 인간다운 생활을 할 권리를 보장한 헌법에 위반된다고 할 수 있다. (O/×)

005
국가가 국민의 인간다운 생활을 보장하기 위한 객관적 내용의 최소한을 보장하고 있는지의 여부는 생활보호법에 의한 생계보호급여만을 가지고 판단하여서는 아니되고 그 외의 법령에 의거하여 국가가 생계보호를 위하여 지급하는 각종 급여나 각종 부담의 감면 등을 총괄한 수준을 가지고 판단하여야 한다. (O/×)

006
현대국가에서 조세의 유도적·형성적 기능은 국민이 공동의 목표로 삼고 있는 일정한 방향으로 국가사회를 유도하고 그러한 상태를 형성하기 위한 기능을 의미하고 이 같은 기능은 모든 국민으로 하여금 '인간다운 생활을 할 권리'를 보장한 헌법 제34조 제1항에 의하여 그 헌법적 정당성이 뒷받침되고 있다. (O/×)

007
헌법 제119조 제2항의 '적정한 소득의 분배를 유지'하기 위해서는 소득에 대한 누진세율에 따른 종합과세를 시행하여야 할 구체적인 헌법적 의무가 조세입법자에게 부과된다. (O/×)

2. 사회보장을 받을 권리

008
참전명예수당은 국가를 위한 특별한 공헌과 희생에 대한 국가보훈적 성격과, 고령으로 사회활동능력을 상실한 참전 유공자에게 경제적 지원을 함으로써 참전의 노고에 보답하고 아울러 자부심과 긍지를 고양하며 장기적인 측면에서 수급권자의 생활보호를 위한 사회보장적 의미를 동시에 갖는 것이다. (O/×)

---

004 【O】 2004.10.28. 2002헌마328
005 【O】 1997.5.29. 94헌마33
006 【O】 1994.7.29. 92헌바49
007 【X】 헌법 제119조 제2항은 국가가 경제영역에서 실현하여야 할 목표의 하나로서 "적정한 소득의 분배"를 들고 있지만, 이로부터 반드시 소득에 대하여 **누진세율에 따른 종합과세를 시행하여야 할 구체적인 헌법적 의무가 조세입법자에게 부과되는 것이라고 할 수 없다.**(1999.11.25. 98헌바55) - 오히려 입법자는 사회·경제정책을 시행함에 있어서 소득의 재분배라는 관점만이 아니라 서로 경쟁하고 충돌하는 여러 목표, 예컨대 "균형 있는 국민경제의 성장 및 안정", "고용의 안정" 등을 함께 고려하여 서로 조화시키려고 시도하여야 하고, 끊임없이 변화하는 사회·경제상황에 적응하기 위하여 정책의 우선순위를 정할 수도 있다. 그러므로 "적정한 소득의 분배"를 무조건적으로 실현할 것을 요구한다거나 정책적으로 항상 최우선적인 배려를 하도록 요구하는 것은 아니라 할 것이다.
008 【O】 2010.10.28. 2009헌마272

009

「군인연금법」상 퇴역연금수급권은 사회보장수급권과 재산권이라는 두 가지 성격이 불가분적으로 혼화되어, 전체적으로 재산권의 보호 대상이 되면서도 순수한 재산권만이 아닌 특성을 지니므로, 비록 퇴역연금수급권이 재산권으로서의 성격을 일부 지닌다고 하더라도 사회보장법리에 강하게 영향을 받을 수밖에 없다. (O/×)

010

국민연금이 근로관계로부터 독립하여 제3자인 보험자로 하여금 피보험자의 생활위험을 보호하도록 함으로써 순수한 사회정책적 차원에서 가입자의 노령보호를 주된 목적으로 하는 데 비하여, 공무원연금은 근무관계의 한 당사자인 국가가 다른 당사자인 공무원의 사회보장을 직접 담당함으로써 피보험자(공무원)에 대한 사회정책적 보호 외에 공무원근무관계의 기능유지라는 측면도 함께 도모하고 있다. (O/×)

011

공무원연금제도와 산업재해보상보험제도는 사회보장 형태로서 사회보험이라는 점에 공통점이 있을 뿐, 보험가입자, 보험관계의 성립 및 소멸, 재정조성 주체 등에서 큰 차이가 있어, 「공무원연금법」상의 유족급여수급권자와 「산업재해보상보험법」상의 유족급여수급권자가 본질적으로 동일한 비교집단이라고 보기 어렵다. (O/×)

012

입법자는 공무원연금법상 연금수급권의 구체적 내용을 정함에 있어 반드시 민법상 상속의 법리와 순위에 따라야 하는 것이 아니라 공무원연금제도의 목적 달성에 알맞도록 독자적으로 규율할 수 있다. (O/×)

013

공무원연금법상의 각종 급여는 후불임금으로서의 성격을 띠므로, 그에 관한 입법자의 입법재량은 일반적인 재산권과 유사하게 제한된다. (O/×)

---

009 【O】 2015.7.30. 2014헌바371

010 【O】 2013.8.29. 2010헌바354

011 【O】 공무원연금과 국민연금은 사회보장적 성격을 가진다는 점에서 동일하기는 하나, 제도의 도입 목적과 배경, 재원의 조성 등에 차이가 있고, 공무원연금은 국민연금에 비해 재정건전성 확보를 통하여 국가의 재정 부담을 낮출 필요가 절실하다는 점 등에 비추어 볼 때, 공무원연금의 수급권자에서 형제자매를 제외한 것은 합리적인 이유가 있다. 따라서 이 사건 법률조항이 산재보험법이나 국민연금법상의 수급권자의 범위와 비교하여 청구인들의 평등권을 침해하였다고 볼 수 없다(2014.5.29. 2012헌마555).

012 【O】 1999.4.29. 97헌마333

013 【X】 공무원연금법상의 각종 급여는 후불임금으로서의 성격을 띠지만, 그에 관한 **입법자의 입법재량은 일반적인 재산권에 비하여 폭넓은 재량이 헌법상 허용된다**.(2005.6.30. 2004헌바42) - 공무원연금법상의 각종 급여는 기본적으로 모두 사회보장적 급여로서의 성격을 가짐과 동시에 공로보상 내지 후불임금으로서의 성격도 함께 가지며 특히 퇴직연금수급권은 경제적 가치 있는 권리로서 헌법 제23조에 의하여 보장되는 재산권으로서의 성격을 가지는데 다만, 그 구체적인 급여의 내용, 기여금의 액수 등을 형성하는 데에 있어서는 직업공무원제도나 사회보험원리에 입각한 사회보장적 급여로서의 성격으로 인하여 일반적인 재산권에 비하여 입법자에게 상대적으로 보다 폭넓은 재량이 헌법상 허용된다.

014

「군인연금법」상의 퇴역연금은 퇴역군인의 생활을 보장하기 위한 사회보험 내지 사회보장·사회복지적 성질도 함께 갖는 것이며, 이와 같은 법적 성질은 퇴역일시금의 경우도 기본적으로 같다. (O/×)

015

독립유공자 유족에 대한 부가연금지급에 있어서 독립유공자 본인의 서훈등급에 따라 차등을 두는 것은 합리적인 이유가 있으므로, 그 차등지급은 평등권을 침해하는 것이 아니다. (O/×)

3. 생활보호를 받을 권리

016

국가는 노인의 특성에 적합한 주택정책을 복지향상차원에서 개발하여 노인으로 하여금 쾌적한 주거활동을 할 수 있도록 노력하여야 할 의무를 부담한다. (O/×)

4. 장애인 등 생활능력 없는 국민의 보호

017

국가에게 장애인의 복지를 위하여 노력해야 할 의무가 있다는 것은 장애인도 인간다운 생활을 누릴 수 있는 사회질서를 형성해야 할 국가의 일반적인 의무를 뜻하는 것이지, 장애인을 위한 저상버스를 도입해야 한다는 구체적 의무가 헌법으로부터 나오는 것은 아니다. (O/×)

018

언어장애를 가진 후보자를 위한 선거운동방법을 별도로 마련해 주지 않은 채 언어장애 후보자와 비장애 후보자의 선거운동방법을 같은 수준에서 일률적으로 제한하는 것은 평등권을 침해한 것이다. (O/×)

019

생활능력 없는 장애인의 인간다운 생활을 보장하기 위하여 행하는 사회부조에는 국민기초생활보장법에 의한 생계급여 외에 다른 법령에 의하여 행하여지는 것도 있으므로, 장애인에 대한 최저생활보장 수준이 그 재량의 범위를 명백히 일탈하였는지 여부는 각종 급여나 부담의 감면 등을 총괄하여 판단하여야 한다. (O/×)

---

014 【O】 1996.10.31. 93헌바55
015 【O】 1997.6.26. 94헌마52
016 【O】 2016.6.30. 2015헌바46
017 【O】 2002.12.18. 2002헌마52
018 【X】 언어장애를 가진 후보자를 위한 선거운동방법을 별도로 마련해 주지 않은 채 **언어장애 후보자와 비장애 후보자의 선거운동방법을 같은 수준에서 일률적으로 제한하는 것은 평등권을 침해하는 것이라 볼 수 없다**(2009.2.26. 2006헌마626). 언어장애가 있는 후보자가 공직선거법에 규정된 방법 이외의 인쇄물, 녹음·녹화물 등을 반드시 이용하여야만 언어장애가 없는 후보자와의 동등한 위치를 확보한다고 보기는 어렵고, 설령 위와 같이 인쇄물 등의 선거운동방법을 별도로 허용한다고 하여도 장애인 후보자에게 현저하게 유익하다고 할 수도 없으므로, 공직선거법 제93조 제1항 본문이 장애인과 비장애인 후보자를 구분하지 아니하고 선거운동방법을 제한하였더라도 이를 두고 서로 다른 것을 자의적으로 동일하게 취급함으로써 이 사건 중증장애인 후보자인 청구인들의 평등권 등을 침해하는 것이라 볼 수 없다.
019 【O】 2004.10.28. 2002헌마328

020
청각장애인은 문서나 정보통신망 등에 의해서 선거에 관한 정보를 얻을 수 있는 점, 다른 법률에서 장애인 차별금지의무를 규정하고 있는 점 등을 종합하면, 선거방송에서 청각장애인을 위한 수화 및 자막방송을 의무화하지 않는 것이 청각장애인의 참정권 침해라고 볼 수 없다. (O/×)

021
국가가 경제주체간의 조화를 통한 경제의 민주화를 위해 규제와 조정을 할 수 있다고 천명하고 있는 헌법규정 취지에 비추어 볼 때, 장애인고용의무제로 인하여 사업주의 계약의 자유가 일정한 범위 내에서 제한된다고 하여 곧 헌법상 비례의 원칙을 위반하였다고 볼 수 없다. (O/×)

022
보건복지부장관이 2002년도 최저생계비를 고시함에 있어 장애로 인한 추가지출비용을 반영한 별도의 최저생계비를 결정하지 않은 채 가구별 인원수만을 기준으로 최저생계비를 결정한 2002년도 최저생계비 고시가 생활능력 없는 장애인가구 구성원의 인간의 존엄과 가치 및 행복추구권, 인간다운 생활을 할 권리, 평등권을 침해하였다고 할 수 없다. (O/×)

V 효력

VI 제한

VII 침해와 구제

1. 입법에 의한 침해와 구제

023
업무상 질병으로 인한 업무상 재해에 있어 업무와 재해 사이의 상당인과관계에 대한 입증책임을 이를 주장하는 근로자나 그 유족에게 부담시키는 「산업재해보상보험법」 규정이 근로자나 그 유족의 사회보장수급권을 침해한다고 볼 수 없다. (O/×)

---

020 【O】 2009.5.28. 2006헌마285

021 【O】 2003.7.24. 2001헌바96

022 【O】 국가가 인간다운 생활을 보장하기 위한 생계급여의 수준을 구체적으로 결정함에 있어서는 국민 전체의 소득수준과 생활수준, 국가의 재정규모와 정책, 국민 각 계층의 상충하는 갖가지 이해관계 등 복잡 다양한 요소를 함께 고려해야 하므로, 생활이 어려운 장애인의 최저생활보장의 구체적 수준을 결정하는 것은 입법부 또는 입법에 의하여 다시 위임을 받은 행정부 등 해당기관의 광범위한 재량에 맡겨져 있다(2004.10.28. 2002헌마328).

023 【O】 업무상 질병으로 인한 업무상 재해에 있어 업무와 재해 사이의 상당인과관계에 대한 입증책임을 이를 주장하는 근로자나 그 유족(이하 '근로자 측'이라 한다)에게 부담시키는 산업재해보상보험법 조항은 입증책임분배에 있어 권리의 존재를 주장하는 당사자가 권리근거사실에 대하여 입증책임을 부담한다는 것은 일반적으로 받아들여지고 있고, 통상적으로 업무상 재해를 직접 경험한 당사자가 이를 입증하는 것이 용이하다는 점을 감안하면, 이러한 입증책임의 분배가 입법재량을 일탈한 것이라고는 보기 어렵다. … 근로자 측이 현실적으로 부담하는 입증책임이 근로자 측의 보호를 위한 산업재해보상보험제도 자체를 형해화시킬 정도로 과도하다고 보기도 어렵다. 따라서 심판대상조항이 사회보장수급권을 침해한다고 볼 수 없다.(헌법재판소 2015.6.25. 선고 2014헌바269 결정)

024

「공무원연금법」에 따른 퇴직연금일시금을 지급받은 사람 및 그 배우자를 기초연금 수급권자의 범위에서 제외하는 것은 한정된 재원으로 노인의 생활안정과 복리향상이라는 「기초연금법」의 목적을 달성하기 위한 것으로서 합리성이 인정되므로 인간다운 생활을 할 권리를 침해한다고 볼 수 없다. (O/×)

025

「국민건강보험법」상 보험료의 국고지원에 있어서 지역가입자와 직장가입자의 차별취급은 사회국가원리의 관점에서 합리적인 차별이 아니므로 평등원칙에 위반된다. (O/×)

026

경과실의 범죄로 인한 사고는 개념상 우연한 사고의 범위를 벗어나지 않으므로 경과실로 인한 범죄행위에 기인하는 보험사고에 대하여 의료보험급여를 부정하는 것은 우연한 사고로 인한 위험으로부터 다수의 국민을 보호하고자 하는 사회보장제도로서의 의료보험의 본질을 침해하여 헌법에 위반된다. (O/×)

027

국민연금법 제52조가 수급권자에게 2이상의 급여의 수급권이 발생한 때 그 자의 선택에 의하여 그 중의 하나만을 지급하고 다른 급여의 지급을 정지하도록 한 것은 공공복리를 위하여 필요하고 적정한 방법으로 볼 수 없어 헌법 제37조 제2항의 기본권 제한의 입법적 한계를 일탈한 것으로 볼 수 있다. (O/×)

---

024 【O】 (1) 헌법재판소는 2018.8.30. 2017헌바197등 결정에서 심판대상조항이 한정된 재원으로 노인 인구의 증가라는 현실 속에서 노인의 생활안정과 복리향상이라는 기초연금법의 목적을 달성하기 위한 것으로 합리성이 인정되어 인간다운 생활을 할 권리를 침해하지 않는다고 판단하였다.
(2) 위 결정에 추가하여 심판대상조항이 공무원연금법상 퇴직연금일시금 수령자의 배우자를 퇴직연금일시금으로 인한 소득기반을 공유하였는지 여부를 불문하고 일률적으로 기초연금 수급권자의 범위에서 제외할 수 있도록 규정한 부분을 살펴보면, 이는 기초연금이 순수하게 국가 및 지방자치단체의 재정만으로 충당된다는 점, 퇴직연금일시금을 받은 공무원과 혼인한 배우자는 퇴직연금일시금을 받은 공무원과 상호 동거, 부양, 협조의무를 부담하는 생활공동체를 형성하고 있는 점, 연금재정의 안정 및 지속가능한 연금제도의 운영, 소득기반의 공유 여부에 대한 조사 및 선별 가능성, 퇴직연금 수급권자와 퇴직연금일시금 수령자 사이의 형평 등을 종합적으로 고려하여 결정한 것이므로 이러한 입법자의 선택이 불합리하다고 보기 어렵다. 따라서 선례의 취지는 이 사건에서도 그대로 타당하고, 이를 변경할 특별한 사정이 존재한다고 볼 수 없으므로, 심판대상조항은 <u>인간다운 생활을 할 권리를 침해하지 않는다</u>.(헌재 2020. 5. 27. 2018헌바398)

025 【×】 「국민건강보험법」상 보험료의 국고지원에 있어서 지역가입자와 직장가입자의 차별취급은 사회국가원리의 관점에서 <u>합리적인 차별에 해당하는 것으로서 평등원칙에 위반되지 않는다</u>.(2000.6.29. 99헌마289) - 직장가입자에 비하여, 지역가입자에는 노인, 실업자, 퇴직자 등 소득이 없거나 저소득의 주민이 다수 포함되어 있고, 이러한 저소득층 지역가입자에 대하여 국가가 국고지원을 통하여 보험료를 보조하는 것은, 경제적·사회적 약자에게도 의료보험의 혜택을 제공해야 할 사회국가적 의무를 이행하기 위한 것이다.

026 【O】 2003.12.18. 2002헌바1

027 【×】 국민연금법 제52조가 수급권자에게 2 이상의 급여의 수급권이 발생한 때 그 자의 선택에 의하여 그 중의 하나만을 지급하고 다른 급여의 지급을 정지하도록 한 것은 <u>공공복리를 위하여 필요하고 적정한 방법으로서 헌법 제37조 제2항의 기본권 제한의 입법적 한계를 일탈한 것으로 볼 수 없다</u>.(2000.6.1. 97헌마190)

028

기초생활보장제도의 보장단위인 개별가구에서 교도소·구치소에 수용 중인 자를 제외하도록 한 규정은 이들의 인간다운 생활을 할 권리를 침해하는 것이다. (O/×)

029

공무원과는 달리 산재보험에 가입한 근로자의 통상의 출·퇴근 재해를 업무상 재해로 인정하지 않더라도 입법자의 입법형성의 한계를 벗어난 자의적인 차별은 아니다. (O/×)

030

공무원이 유족 없이 사망하였을 경우, 연금수급자의 범위를 직계존·비속으로만 한정하는 것은 공무원의 형제자매 등 다른 상속권자들의 재산권을 침해한 것으로 볼 수 없다. (O/×)

031

「공무원연금법」상 퇴직연금의 수급자가 「사립학교교직원연금법」 제3조의 학교기관으로부터 보수 기타 급여를 지급받고 있는 경우, 그 기간 중 퇴직연금의 지급을 정지하도록 한 것은 기본권제한의 입법한계를 일탈한 것으로 볼 수 없다. (O/×)

032

국민연금의 급여수준은 납입한 연금 보험료의 금액을 기준으로 결정하여야 하며, 한 사람의 수급권자에게 여러 종류의 수급권이 발생한 경우에는 중복하여 지급해야 한다. (O/×)

---

028 【×】 「형의 집행 및 수용자의 처우에 관한 법률」에 의한 **교도소·구치소에 수용 중인 자는 당해 법률에 의하여 생계유지의 보호를 받고 있으므로**, 「국민기초생활 보장법」의 보충급여의 원칙에 따라 **중복적인 보장을 피하기 위하여 위 수용자를 기초생활보장제도의 보장단위인 개별가구에서 제외키로 한 것은 위 수용자의 인간다운 생활을 할 권리를 침해하지 아니한다**.(2012.2.23. 2011헌마123)

029 【×】 도보나 자기 소유 교통수단 또는 대중교통수단 등을 이용하여 통상의 출퇴근을 하는 산업재해보상보험 가입 근로자는 사업주가 제공하거나 그에 준하는 교통수단을 이용하여 출퇴근하는 산업재해보상보험 가입 근로자와 같은 근로자인데도 통상의 출퇴근 재해를 업무상 재해로 인정받지 못한다는 점에서 차별취급이 존재하며, 이러한 **차별은 정당화될 수 있는 합리적 근거가 없다**.(2016.9.29. 2014헌바254)

030 【O】 현대의 가족구조가 부모와 자녀의 2대로 구성된 핵가족화하고 있고, **직계존비속과 달리 형제자매는 가족 구성원으로서 법적인 부양의무를 부담하지 않는 점 등을 고려**하여 보험원리에 입각해 한정된 재원으로 사회보장급부를 보다 절실히 필요로 하는 보험대상자에게 경제적인 생활안정과 복리향상을 도모하기 위한 것이므로, 거기에는 합리적인 이유가 있다(2014.5.29. 2012헌마555).

031 【O】 2000.6.29. 98헌바106

032 【×】 수급권자에게 여러 종류의 연금의 수급권이 발생한 경우 그 연금을 모두 지급하는 것 보다는 일정한 범위에서 그 지급을 제한하여야 할 필요성이 있고 **국민연금의 급여수준은 수급권자가 최저생활을 유지하는데 필요한 금액을 기준으로 결정해야 할 것이지 납입한 연금보험료의 금액을 기준으로 결정하거나 여러 종류의 수급권이 발생하였다고 하여 반드시 중복하여 지급해야 할 것은 아니다**.(2000.6.1. 97헌마190) - 국민연금은 국민이 인간다운 생활을 할 수 있도록 최저생활을 보장하기 위한 사회보장적 급여로서 법상의 급여액은 국민의 생활수준·물가 기타 경제사정에 맞추어 최저생활을 유지할 수 있도록 될 수 있으면 많은 급여를 지급하는 것이 바람직할 것이나, 한편 급여에 필요한 재원은 한정되어 있고, 인구의 노령화 등으로 급여대상자는 점점 증가하고 있어 급여수준은 국민연금재정의 장기적인 균형이 유지되도록 조정되어야 할 필요가 있으므로, 이 사건 법률조항이 수급권자에게 2 이상의 급여의 수급권이 발생한 때 그 자의 선택에 의하여 그 중의 하나만을 지급하고 다른 급여의 지급을 정지하도록 한 것은 공공복리를 위하여 필요하고 적정한 방법으로서 헌법 제37조 제2항의 기본권 제한의 입법적 한계를 일탈한 것으로 볼 수 없고, 또 합리적인 이유가 있으므로 평등권을 침해한 것도 아니다.

033

국민연금의 급여수준은 납입한 연금보험료의 금액을 기준으로 결정하여야 하며, 한 사람의 수급권자에게 여러 종류의 수급권이 발생한 경우에는 중복하여 지급해야 한다. (O/×)

2. 입법부작위에 의한 침해와 구제

034

헌법 제25조의 공무담임권은 공무원의 재임 기간 동안 충실한 공직 수행을 담보하기 위하여 공무원의 퇴직급여 및 공무상 재해보상 보장까지 그 보호영역으로 하고 있으므로, 「공무원연금법」이 선출직 지방자치단체의 장을 위한 별도의 퇴직급여제도를 마련하지 않은 것은 사회보장수급권을 침해한다. (O/×)

제3절 교육을 받을 권리

I 의의

001

교육을 받을 권리란 교육을 받는 것을 국가로부터 방해받지 아니함은 물론 국가가 적극적으로 배려해주도록 요구할 수 있는 권리를 말한다. (O/×)

II 법적 성격

002

헌법 제31조 제1항의 교육을 받을 권리는, 국민이 능력에 따라 균등하게 교육받을 것을 공권력에 의하여 부당하게 침해받지 않을 권리와, 국민이 능력에 따라 균등하게 교육받을 수 있도록 국가가 적극적으로 배려하여 줄 것을 요구할 수 있는 권리로 구성되는바, 전자는 자유권적 기본권의 성격이, 후자는 사회권적 기본권의 성격이 강하다고 할 수 있다. (O/×)

---

033 【×】 2000.6.1. 97헌마190

034 【×】 헌법 제25조가 규정하는 공무담임권은 공직 취임의 기회 보장을 보호영역으로 하는데, 더 나아가 지방자치단체장의 재임기간 동안 충실한 공직 수행을 담보하기 위하여 이들을 위한 퇴직급여제도를 마련할 것까지 그 보호영역으로 한다고 볼 수 없으므로, 「공무원연금법」이 선출직 <u>지방자치단체의 장을 위한 별도의 퇴직급여제도를 마련하지 않은 것이 사회보장수급권을 침해하는 것은 아니다.</u> (2014.6.26. 2012헌마459) - 이 사건 입법부작위에 관해서는 헌법상 명시적 입법위임이 존재하지 않음은 물론 헌법 해석상으로도 위와 같은 입법을 마련할 의무가 도출된다고 보기 어렵다.

001 【O】 교육을 받을 권리란 개인의 능력에 따라 균등한 교육을 받을 권리(수학권, 학습권)를 말한다. 즉 국가에 대하여 능력과 적성에 맞는 교육을 받을 수 있도록 교육에 필요한 제 조건을 마련해 줄 것을 요구할 수 있는 권리이다.

002 【O】 2008.4.24. 2007헌마1456

III 주체

1. 의의

2. 헌법에서 부모의 "교육을 받을 권리"의 기본권주체성

3. 교사의 수업의 자유의 기본권성 인정 여부

IV 내용

1. 능력에 따라 균등하게 교육을 받을 권리

   1) "능력에 따라" 교육을 받을 권리

003
헌법 제31조 제1항에 의하여 보장되는 교육을 받을 권리는 개인적 성향·능력 및 정신적·신체적 발달상황 등을 고려하지 아니한 채 동일한 교육을 받을 수 있는 권리를 의미하는 것은 아니다. (O/×)

004
능력에 따라 균등하게 교육을 받을 권리는 개인의 정신적·육체적·경제적 능력에 따른 차별만을 허용할 뿐 성별·종교·사회적 신분에 의한 차별은 허용하지 않는다. (O/×)

005
수학능력에 대한 공개경쟁입학시험을 통해 교육을 받을 권리를 제한적으로 부여하거나 대학이 정하는 일정한 기준에 미달하는 자에 대하여 입학을 불허하는 것은 합헌이다. (O/×)

006
공개경쟁을 통한 입학시험제도는 합헌이지만, 능력이 떨어지는 사람에 대하여 국가는 이들을 교육하기 위한 적극적 배려를 하여야 한다. (O/×)

---

003 【O】 2009.9.24. 2008헌마662

004 【X】 능력에 따라 균등하게 교육을 받을 권리는 개인의 **정신적·육체적 능력에 따른 차별만을 허용**할 뿐 **성별·종교·경제력· 사회적 신분에 의한 차별은 허용하지 않는다**.(1994.2.24. 93헌마192) - 우리 헌법은 제31조 제1항에서 "모든 국민은 능력에 따라 균등하게 교육을 받을 권리를 가진다."고 규정함으로써 모든 국민의 교육의 기회균등권을 보장하고 있다. 이는 정신적·육체적 능력 이외의 성별·종교·경제력·사회적 신분 등에 의하여 교육을 받을 기회를 차별하지 않고, 즉 합리적 차별사유 없이 교육을 받을 권리를 제한하지 아니함과 동시에 국가가 모든 국민에게 균등한 교육을 받게 하고 특히 경제적 약자가 실질적인 평등교육을 받을 수 있도록 적극적 정책을 실현해야 한다는 것이다.

005 【O】 대학입학지원서가 모집정원에 미달한 경우라도 대학이 정한 수학능력이 없는 자에 대해 불합격처분을 한 것은 교육법 제111조 제1항에 위반되지 아니하여 무효라 할 수 없다(대판 1983.6.28. 83누193).

006 【O】 2011.6.30. 2010헌마503

007
국가의 교육시설은 그 물적·인적 한계 등으로 인하여 입학자격조건을 정하는 경우에 능력에 따른 차별이 가능한 영역으로서 입법재량의 범위가 넓은 영역이다. (O/×)

2) "균등하게" 교육을 받을 권리

008
특수목적고교에 비교평가에 의한 내신특례를 인정하고 그 시행에 따른 합리적인 경과조치를 정하는 것은 교육의 기회균등에 대한 침해가 아니다. (O/×)

009
고등학교 졸업학력 검정고시 응시자격을 제한하는 것은, 국민의 교육받을 권리 중 그 의사와 능력에 따라 균등하게 교육받을 것을 국가로부터 방해받지 않을 권리, 즉 자유권적 기본권을 제한하는 것이므로, 그 제한에 대하여는 헌법 제37조 제2항의 과잉금지원칙에 의한 심사를 받아야 한다. (O/×)

010
지능이나 수학능력 등 일정한 능력이 있음에도 법률에 따라 아동의 입학연령을 제한하여 초등학교 입학을 허용하지 않는 것은 능력에 따라 균등한 교육을 받을 권리를 침해한다. (O/×)

011
교육의 기회균등에는 교육시설에 균등하게 참여할 수 있는 권리가 포함된다 하더라도, 편입학조치로 인하여 기존의 재학생들의 교육환경이 상대적으로 열악해지는 경우에는 새로운 편입학 자체를 금지할 수 있다. (O/×)

---

007 【O】 2011.6.30. 2010헌마503
008 【O】 1996.4.25. 94헌마119
009 【O】 2008.4.24. 2007헌마1456
010 【×】 지능이나 수학능력 등 일정한 능력이 있음에도 법률에 따라 아동의 입학연령을 제한하여 초등학교 입학을 허용하지 않는 것은 **능력에 따라 균등한 교육을 받을 권리를 침해하지 않는다**.(1994.2.24. 93헌마192) - 헌법 제31조 제1항에서 말하는 "능력에 따라 균등하게 교육을 받을 권리" 법률이 정하는 일정한 교육을 받을 전제조건으로서의 능력을 갖추었을 경우 차별없이 균등하게 교육을 받을 기회가 보장된다는 것이지, 일정한 능력, 예컨대 지능이나 수학능력 등이 있다고 하여 제한 없이 다른 사람과 차별하여 어떠한 내용과 종류와 기간의 교육을 받을 권리가 보장된다는 것은 아니다.
011 【×】 헌법 제31조 제1항에 의해서 보장되는 교육을 받을 권리는 교육영역에서의 기회균등을 내용으로 하는 것이지, **자신의 교육환경을 최상 혹은 최적으로 만들기 위해 타인의 교육시설 참여 기회를 제한할 것을 청구할 수 있는 기본권은 아니므로, 기존의 재학생들에 대한 교육환경이 상대적으로 열악해질 수 있음을 이유로 새로운 편입학 자체를 하지 말도록 요구하는 것은 교육을 받을 권리의 내용으로는 포섭할 수 없다**.(2003.9.25. 2001헌마814)

012

조례에 의한 규제가 지역 여건이나 환경 등 그 특성에 따라 다르게 나타나는 것은 헌법이 지방자치단체의 자치입법권을 인정한 이상 당연히 예상되는 결과이나, 고등학생들이 학원 교습시간과 관련하여 자신들이 거주하는 지역의 학원조례조항으로 인하여 다른 지역 주민들에 비하여 더한 규제를 받게 되었다면 평등권이 침해되었다고 볼 수 있다. (O/×)

3) "교육을 받을 권리"

013

교육을 받을 권리(학습권)는 통상 국가에 의한 교육조건의 개선·정비와 교육기회의 균등한 보장을 적극적으로 요구할 수 있는 권리이다. (O/×)

014

교육을 받을 권리가 국가에 대하여 특정한 교육제도나 시설의 제공을 요구할 수 있는 권리를 뜻하는 것은 아니다. (O/×)

015

국민의 교육을 받을 권리로부터 국가가 사립유치원의 교사인건비, 운영비 등을 예산으로 지원해야 할 헌법상 작위의무가 헌법해석상 도출된다. (O/×)

016

헌법 제31조 제1항에 의하여 보장되는 교육을 받을 권리에 국민이 국가에 대하여 직접 특정한 교육제도나 교육과정을 요구할 수 있는 권리나, 특정한 교육제도나 교육과정의 배제를 요구할 권리가 포함되는 것은 아니다. (O/×)

---

012 【×】 조례에 의한 규제가 지역 여건이나 환경 등 그 특성에 따라 다르게 나타나는 것은 헌법이 지방자치단체의 자치입법권을 인정한 이상 당연히 예상되는 결과이므로, 고등학생들이 학원 교습시간과 관련하여 자신들이 거주하는 지역의 학원조례조항으로 인하여 다른 지역 주민들에 비하여 더한 규제를 받게 되었다 하여 평등권이 침해되었다고 볼 수 없다.(2016.5.26. 2014헌마374)

013 【O】 2006.10.26. 2004헌마13

014 【O】 헌재 2016.11.24. 2014헌마977

015 【×】 국민의 교육을 받을 권리로부터 국가가 사립유치원의 교사인건비, 운영비 등을 예산으로 지원해야 할 헌법상 작위의무가 헌법해석상 바로 도출된다고 볼 수는 없다.(2006.10.26. 2004헌마13) - 국가 및 지방자치단체에게 사립유치원에 대한 교사 인건비, 운영비 및 영양사 인건비를 예산으로 지원하라는 헌법상 명문규정이 없음은 분명하다. 따라서 헌법해석상 이러한 구체적 의무가 도출될 수 있는지를 살펴보면, 헌법 제31조 제1항은 "모든 국민은 능력에 따라 균등하게 교육을 받을 권리를 가진다."고 규정하여 국민의 교육을 받을 권리를 보장하고 있고, 그 권리는 통상 국가에 의한 교육조건의 개선·정비와 교육기회의 균등한 보장을 적극적으로 요구할 수 있는 권리로 이해되고 있으나, 이러한 규정으로부터 국가 및 지방자치단체가 사립유치원에 대하여 교사 인건비, 운영비 및 영양사 인건비를 예산으로 지원하여야 할 구체적인 작위의무가 헌법해석상 바로 도출된다고 볼 수는 없다.

016 【O】 교육을 받을 권리(학습권)는 통상 국가에 의한 교육조건의 개선·정비와 교육기회의 균등한 보장을 적극적으로 요구할 수 있는 권리이다(2006.10.26. 2004헌마13). 따라서 특정한 교육제도나 교육과정의 배제를 요구할 권리가 포함되는 것은 아니다.

017 ⟳ 1 2 3

고시 공고일을 기준으로 고등학교에서 퇴학된 날로부터 6월이 지나지 아니한 자를 고등학교 졸업학력 검정고시를 받을 수 있는 자의 범위에서 제외하는 것은, 국민의 교육을 받을 권리 중 그 의사와 능력에 따라 균등하게 교육받을 것을 국가로부터 방해받지 않을 권리, 즉 자유권적 기본권을 제한하는 것이므로, 그 제한에 대하여는 과잉금지원칙에 따른 심사를 하여야 한다. (O/×)

018 ⟳ 1 2 3

고시 공고일을 기준으로 고등학교에서 퇴학한 날로부터 6월이 지나지 아니한 자를 고등학교 졸업학력 검정고시를 응시할 수 있는 자의 범위에서 제외한 것은 교육을 받을 자유를 침해한다. (O/×)

019 ⟳ 1 2 3

고졸검정고시 또는 고등학교 입학자격 검정고시에 합격했던 자는 해당 검정고시에 다시 응시할 수 없도록 응시자격을 제한한 전라남도 교육청 공고는 교육을 받을 권리를 침해한다. (O/×)

020 ⟳ 1 2 3

2년제 전문대학의 졸업자에게만 대학·산업대학 또는 원격대학의 편입학 자격을 부여하고, 3년제 전문대학의 2년 이상 과정 이수자에게는 편입학 자격을 부여하지 아니한 것은 교육을 받을 권리를 침해한다. (O/×)

---

017 【O】 2008.4.24. 2007헌마1456

018 【X】 고시 공고일을 기준으로 고등학교에서 퇴학한 날로부터 6월이 지나지 아니한 자를 고등학교 졸업학력 검정고시를 응시할 수 있는 자의 범위에서 제외한 것은 **교육을 받을 자유를 침해하지 않는다.**(2008.4.24. 2007헌마1456) - 이 사건 규칙조항의 입법목적은 **고등학교 퇴학자의 응시 증가를 줄이고 정규 학교교육과정의 이수를 유도하기 위함**이므로 그 입법목적이 정당하다 할 것이고, 고등학교를 퇴학한 후 일정한 기간 동안 응시를 제한한다면 내신관리를 위해 고등학교를 퇴학할 것인지를 고민하는 자에 대하여는 고등학교 자퇴 여부를 숙고하게 할 것이므로 방법의 적절성이 인정되며, 고등학교 퇴학자에 대하여 검정고시의 응시기회를 영구히 박탈하는 것이 아니고, 고등학교 졸업학력 검정고시는 연 2회 이상 시행되며, 장애인복지법에 따라 등록한 장애인으로서 신체적·정신적 장애로 학업을 계속하는 것이 불가능하여 고등학교에서 퇴학된 자는 이 사건 규칙조항의 제한을 받지 않는 것, 이 사건 규칙조항에 의하여 제한받는 사익은 자신이 원하는 시기에 검정고시에 응시하여 학력인정을 취득하려는 것에 불과한 점, 그에 반하여 이 사건 규칙조항으로 달성하려는 **공익은 고등학교 퇴학자의 응시 증가를 줄이고 정규 학교교육과정의 이수 유도라는 점** 등을 감안하면, 피해의 최소성 및 법익 균형성 원칙에도 위배되지 않는다.

019 【O】 이 사건 응시제한은 위임받은 바 없는 응시자격의 제한을 새로이 설정한 것으로서 기본권 제한의 법률유보원칙에 위배하여 청구인의 교육을 받을 권리 등을 침해한다(2012.5.31. 2010헌마139).

020 【X】 2년제 전문대학의 졸업자에게만 대학·산업대학 또는 원격대학의 편입학 자격을 부여하고, **3년제 전문대학의 2년 이상 과정 이수자에게는 편입학 자격을 부여하지 아니한 것이 교육을 받을 권리나 평생교육을 받을 권리를 본질적으로 침해하지 않는다.**(2010.11.25. 2010헌마144) - '3년제 전문대학의 2년 이상 과정을 이수한 자'를 '2년제 전문대학을 졸업한 자'와 비교하여 보면 객관적인 과정인 졸업이라는 요건을 갖추지 못하였다. 또한, '4년제 대학에서 2년 이상 과정을 이수한 자'와 비교하여 보면, 고등교육법이 그 목적과 운영방법에서 전문대학과 대학을 구별하고 있는 이상, 전문대학 과정의 이수와 대학과정의 이수를 반드시 동일하다고 볼 수 없어, 3년제 전문대학의 2년 이상 과정을 이수한 자에게 편입학 자격을 부여하지 아니한 것이 현저하게 불합리한 자의적인 차별이라고 볼 수 없다. 나아가 평생교육을 포함한 교육시설의 입학자격에 관하여는 입법자에게 광범위한 형성의 자유가 있다.

021

교원의 정치활동은 교육수혜자인 학생의 입장에서는 수업권의 침해로 받아들여질 수 있다는 점에서 초·중등학교 교육공무원의 정당가입 및 선거운동을 제한하는 것은 헌법적으로 정당화될 수 있다. (O/×)

022

사립학교의 설립자에게는 사립학교운영의 자유가 비록 헌법에 명문의 규정은 없지만 헌법 제10조, 제31조 제1항, 제31조 제3항에서 도출되는 기본권이다. (O/×)

2. 교육을 시킬 권리

1) 부모의 자녀 교육권

023

부모의 자녀교육권은 다른 기본권과는 달리, 기본권의 주체인 부모의 자기결정권이라는 의미에서 보장되는 것이 아니라, 자녀의 보호와 인격발현을 위하여 부여되는 기본권이다. (O/×)

024

부모는 아직 성숙하지 못하고 인격을 닦고 있는 초·중·고등학생인 자녀를 교육시킬 교육권을 가지고 있지만, 그 교육권의 내용에 자녀를 교육시킬 학교선택권은 포함되지 않는다. (O/×)

025

학교교육에 있어서 교사의 가르치는 권리를 수업권이라고 한다면 그것은 자연법적으로는 학부모에게 속하는 자녀에 대한 교육권을 신탁받은 것이고, 실정법상으로는 공교육의 책임이 있는 국가의 위임에 의한 것이다. (O/×)

---

021 【O】 2014.3.27. 2011헌바42
022 【O】 2009.4.30. 2005헌바101
023 【O】 2000.4.27. 98헌가16
024 【X】 부모는 아직 성숙하지 못하고 인격을 닦고 있는 초·중·고등학생인 자녀를 교육시킬 교육권을 가지며, 그 교육권의 내용에 자녀를 교육시킬 **학교선택권도 포함된다.**(1999.3.25. 97헌마130) – 학부모의 교육권은 헌법 제31조 제1항에 의거해서 향유하는 자녀의 수학권을 위하여 행사하는 권리로부터 뿐만 아니라, 헌법 제31조 제2항에 의거 학령아동자녀의 교육을 받게 할 학부모의 의무로부터도 간접적으로 도출된다. 학부모의 교육권은 기본권리인 동시에 기본의무로서의 성격을 가지며 다른 기본권과는 달리 자기 자신의 교육을 위해서가 아니라 미성년인 자녀의 교육을 위해서 행사되는 권리이다. 그 교육권의 내용 중 하나로서 학부모가 자녀를 교육시킬 학교선택권이 인정되며 학부모가 자신의 자녀를 위해서 가지는 자녀에 대한 정보청구권, 면접권도 인정된다고 보아야 할 것이다.
025 【O】 1992.11.12. 89헌마88

026

'부모의 자녀에 대한 교육권'은 비록 헌법에 명문으로 규정되어 있지는 아니하지만, 이는 모든 인간이 국적과 관계없이 누리는 양도할 수 없는 불가침의 인권으로서 혼인과 가족생활을 보장하는 헌법 제36조 제1항, 행복추구권을 보장하는 헌법 제10조 및 "국민의 자유와 권리는 헌법에 열거되지 아니한 이유로 경시되지 아니 한다"고 규정하는 헌법 제37조 제1항에서 나오는 중요한 기본권이다. (O/×)

027

학교교육에 관한 한, 국가는 헌법 제31조에 의하여 부모의 교육권으로부터 원칙적으로 독립된 독자적인 교육권한을 부여받음으로써 부모의 교육권보다 우위를 차지하지만, 학교 밖의 영역에서는 원칙적으로 부모의 교육권이 우위를 차지한다. (O/×)

028

일반적으로 부모의 그러한 교육권으로부터 바로 학부모의 학교참여권(참가권)이 도출된다고 보기는 어렵겠지만, 학부모가 미성년자인 학생의 교육과정에 참여할 당위성은 부정할 수 없다. 그러므로 입법자가 학부모의 집단적인 교육참여권을 법률로써 인정하는 것은 헌법상 당연히 허용된다고 할 것이다. (O/×)

029

한자를 국어과목에서 분리하여 초등학교 재량에 따라 선택적으로 가르치도록 하는 것은, 국어교과의 내용으로 한자를 배우고 일정 시간 이상 필수적으로 한자교육을 받음으로써 교육적 성장과 발전을 통해 자아를 실현하고자 하는 학생들의 자유로운 인격발현권을 제한하는 것이나, 학부모의 자녀교육권을 제한하는 것은 아니다. (O/×)

---

026 【O】 2000.4.27. 98헌가16 등

027 【X】 자녀의 양육과 교육에 있어서 부모의 교육권은 교육의 모든 영역에서 존중되어야 하며, 다만, **학교교육에 관한 한**, 국가는 헌법 제31조에 의하여 부모의 교육권으로부터 원칙적으로 독립된 독자적인 교육권한을 부여받음으로써 **부모의 교육권과 함께 자녀의 교육을 담당**하지만, **학교 밖의 교육영역에서는 원칙적으로 부모의 교육권이 우위를 차지한다.** (2000.4.27. 98헌가16)

028 【O】 2001.11.29. 2000헌마278

029 【X】 한자를 국어과목에서 분리하여 초등학교 재량에 따라 선택적으로 가르치도록 하는 것은, 국어교과의 내용으로 한자를 배우고 일정 시간 이상 필수적으로 한자교육을 받음으로써 교육적 성장과 발전을 통해 자아를 실현하고자 하는 학생들의 자유로운 인격발현권을 제한하고, **학부모의 자녀교육권도 제한할 수 있다.**(2016.11.24. 2012헌마854) - 현재 한글전용이 보편화되어 있어 대부분의 문서와 책, 언론기사 등이 한글 위주로 작성되어 있고, 한자는 한글만으로 뜻의 구별이 안 되거나 생소한 단어의 경우 그 정확한 이해를 돕기 위해 부기하는 정도로만 표기되고 있다. 한자어는 굳이 한자로 쓰지 않더라도 앞뒤 문맥으로 그 뜻을 이해할 수 있는 경우가 대부분이고, 특정 낱말이 한자로 어떻게 표기되는지를 아는 것이 어휘능력이나 독해력, 사고력 향상에 결정적인 요소가 된다고 보기 어렵다. 특히 요즘에는 인터넷이 상용화되어 한글만 사용하더라도 지식과 정보 습득에 아무런 문제가 없다. 이러한 점들을 종합하면, 한자를 국어과목의 일환이 아닌 독립과목으로 편제하고 학교 재량에 따라 선택적으로 가르치도록 하였다고 하여 **학생들의 자유로운 인격발현권이나 부모의 자녀교육권을 침해한다고 볼 수 없다.**

2) 교사의 수업권과 교육권

030
학교교육에 있어서 교원의 가르치는 권리, 즉 수업권은 교원의 지위에서 인정되는 헌법상의 기본권으로서 교원의 수업권은 학생의 학습권에 대하여 우월한 지위에 있다. (O/×)

031
학교교육에 있어서 교원의 수업권은 직업의 자유에 의하여 보장되는 기본권이지만, 원칙적으로 학생의 학습권은 교원의 수업권에 대하여 우월한 지위에 있다. 교원의 고의적인 수업거부행위는 학생의 학습권과 정면으로 상충하는 것인바, 수업권의 우월적 지위가 인정되는 예외적인 경우에만 수업거부행위는 헌법상 정당화된다. (O/×)

032
교사의 수업권은 헌법상 보장되는 기본권이 아니며 설령 보장된다고 하더라도 학생의 수학권을 위한 제약이 불가피하다. (O/×)

V 교육의 의무와 의무교육의 무상

1. 교육의 의무와 의무교육

033
헌법상 의무교육제도는 국민의 교육을 받을 권리를 뒷받침하기 위한 헌법상의 교육기본권에 부수하는 제도적 보장이다. (O/×)

034
헌법은 초등교육과 중등교육을 의무교육으로 실시하도록 명문으로 규정하고 있다. (O/×)

---

030 【X】 학생의 학습권은 교원의 수업권에 대하여 우월한 지위에 있으므로, 교원의 고의적인 수업거부행위는 학생의 학습권과 정면으로 상충하는 것인바, 교원이 고의로 수업을 거부할 수 있는 자유는 어떠한 경우에도 인정되지 아니한다. (2007.9.20. 2005다25298)

031 【X】 2007.9.20. 2005다25298

032 【O】 교사의 수업권은 전술과 같이 교사의 지위에서 생겨나는 직권인데, 그것이 헌법상 보장되는 기본권이라고 할 수 있느냐에 대하여서는 이를 부정적으로 보는 견해가 많으며, 설사 헌법상 보장되고 있는 학문의 자유 또는 교육을 받을 권리의 규정에서 교사의 수업권이 파생되는 것으로 해석하여 기본권에 준하는 것으로 간주하더
라도 수업권을 내세워 수학권을 침해할 수는 없으며 국민의 수학권의 보장을 위하여 교사의 수업권은 일정범위 내에서 제약을 받을 수밖에 없는 것이다(1992.11.12. 89헌마88).

033 【O】 1991.2.11. 90헌가27

034 【X】 헌법 제31조는 초등교육과 법률이 정하는 교육을 받게 할 의무를 명문으로 규정하고 있고, 교육기본법 제8조에서는 6년의 초등교육과 3년의 중등교육을 의무교육으로 규정하고 있다.

035

의무교육제도는 국민에 대하여는 그 보호하는 자녀에게 적어도 초등교육과 법률이 정하는 교육을 받게 할 의무를 부과하고 국가에 대하여는 인적·물적 교육시설을 정비하고 교육환경을 개선하여야 할 의무를 부과한다. (O/×)

2. 의무교육의 무상

036

의무교육의 무상성에 관한 헌법상 규정은 교육을 받을 권리를 보다 실효성 있게 보장하기 위해 의무교육 비용을 학령아동 보호자의 부담으로부터 공동체 전체의 부담으로 이전하라는 명령일 뿐 의무교육의 모든 비용을 조세로 해결해야 함을 의미하는 것은 아니다. (O/×)

037

의무교육 무상의 원칙에 있어서 무상의 범위는 헌법상 교육의 기회균등을 실현하기 위해 필수불가결한 비용, 즉 모든 학생이 의무교육을 받음에 있어서 경제적인 차별 없이 수학하는 데 반드시 필요한 비용에 한한다. (O/×)

038

학교운영지원비는 기본적으로 학부모의 자율적 협찬금의 성격을 갖고 있으며, 그 지출에 대한 내용도 충분하게 통제되고 있으므로 이를 중학교 학생으로부터 징수하도록 하는 법률조항은 의무교육의 무상원칙에 위배되지 아니한다. (O/×)

039

의무교육에서 무상의 범위에는 학교와 교사 등 인적·물적 시설 및 그 시설을 유지하기 위한 인건비와 시설유지비도 포함된다. (O/×)

---

035 【O】 2005.3.31. 2003헌가20

036 【O】 2008.9.25. 2007헌가9

037 【O】 **수업료나 입학금의 면제, 학교와 교사 등 인적·물적 기반 및 그 기반을 유지하기 위한 인건비와 시설유지비, 신규시설투자비 등의 재원마련 및 의무교육의 실질적인 균등보장을 위해 필수불가결한 비용은 무상의 범위에 포함된다** (2012.8.23. 2010헌바220).

038 【×】 학교운영지원비는 기본적으로 학부모의 **자율적 협찬금의 외양을 갖고 있음에도 그 조성이나 징수의 자율성이 완전히 보장되지 않아 기본적이고 필수적인 학교 교육에 필요한 비용에 가깝게 운영되고 있다**는 점 등을 고려해보면, 이를 **학생과 학부모로부터 징수하도록 하는 법률조항**은 헌법 제31조 제3항에 규정되어 있는 **의무교육의 무상원칙에 위배되어 헌법에 위반된다**.(2012.8.23. 2010헌바220) - 학교운영지원비는 그 운영상 교원연구비와 같은 교사의 인건비 일부와 학교회계직원의 인건비 일부 등 의무교육과정의 인적기반을 유지하기 위한 비용을 충당하는데 사용되고 있다는 점, 학교회계의 세입상 현재 의무교육기관에서는 국고지원을 받고 있는 입학금, 수업료와 함께 같은 항에 속하여 분류되고 있음에도 불구하고 학교운영지원비에 대해서만 학생과 학부모의 부담으로 남아있다는 점 등을 고려해보면 이 사건 세입조항은 헌법 제31조 제3항에 규정되어 있는 의무교육의 무상원칙에 위배되어 헌법에 위반된다.

039 【O】 2012.4.24. 2010헌바164

040

학교용지부담금의 부과대상을 수분양자가 아닌 개발사업자로 정하고 있는 구 학교용지 확보 등에 관한 특례법 조항은 의무교육의 무상원칙에 위배된다. (O/×)

041

개발사업지역에서 100세대 규모 이상의 주택건설용 토지를 조성·개발하거나 공동주택을 건설하는 사업자에 대하여 학교용지부담금을 부과하는 것은 헌법상 의무교육의 무상원칙에 위배되지 않는다. (O/×)

042

의무교육에 관한 한 일반재정이 아닌 부담금과 같은 별도의 재정수단을 동원하여 특정한 집단으로부터 그 비용을 추가로 징수하여 충당하는 것은 의무교육의 무상성을 선언한 헌법에 반한다. (O/×)

3. 국가의 평생교육진흥의무

VI 교육의 자유와 교육제도의 보장

1. 교육제도에 관한 기본원칙

043

교육의 자주성·전문성·정치적 중립성 및 대학의 자율성은 법률이 정하는 바에 의하여 보장된다. (O/×)

044

공립학교뿐만 아니라 사립학교에 있어서도 학부모가 참여하는 학교운영위원회를 의무적으로 설치하도록 하는 것은 사립학교의 자율성과 재산권을 침해하는 것으로서 위헌이다. (O/×)

---

040 【X】 학교용지부담금의 부과대상을 수분양자가 아닌 개발사업자로 정하고 있는 구 학교용지 확보 등에 관한 특례법 조항은 **의무교육의 무상원칙에 위배되지 아니한다.**(2008.9.25. 2007헌가1) - 의무교육의 무상성에 관한 헌법상 규정은 교육을 받을 권리를 보다 실효성 있게 보장하기 위해 의무교육 비용을 학령아동 보호자의 부담으로부터 공동체 전체의 부담으로 이전하라는 명령일 뿐 의무교육의 모든 비용을 조세로 해결해야 함을 의미하는 것은 아니므로, 학교용지부담금의 부과대상을 수분양자가 아닌 개발사업자로 정하고 있는 이 사건 법률조항은 의무교육의 무상원칙에 위배되지 아니한다. **개발사업자는 개발사업을 통해 이익을 얻었다는 점에서 개발사업 지역에서의 학교시설 확보라는 특별한 공익사업에 대해 밀접한 관련성을 가지고 있을 뿐만 아니라 이에 대해 일정한 부담을 져야 할 책임도** 가지고 있는바, 개발사업자에 대한 학교용지부담금 부과는 평등원칙에 위배되지 아니한다.

041 【O】 2008.9.25. 2007헌가1

042 【O】 학교용지는 의무교육을 시행하기 위한 물적 기반으로서 필수조건임은 말할 필요도 없으므로 이를 달성하기 위한 비용은 국가의 일반재정으로 충당하여야 한다(2005.3.31. 2003헌가20).

043 【O】 헌법 제31조 제4항

044 【X】 국·공립학교처럼 사립학교에도 학교운영위원회를 의무적으로 설치하도록 한 것은 **현저히 자의적이거나 비합리적으로 사립학교의 공공성만을 강조하고 사립학교의 자율성을 제한한 것이라 보기 어렵다.**(2001.11.29. 2000헌마278)

045
사립학교의 재산관리에 국가개입은 금지된다. (O/X)

2. 지방교육자치제도

046
지방교육자치도 중앙권력에 대한 지방적 자치로서의 성격과 정치권력에 대한 문화적 자치로서의 속성도 아울러 지니고 있기 때문에, 이러한 '이중의 자치'의 요청으로 말미암아 지방교육자치의 민주적 정당성 요청은 어느 정도 제한이 불가피하다. (O/X)

047
'지방교육자치에 관한 법률' 등을 개정하여 의무교육 관련 경비를 국가뿐만 아니라 지방자치단체에도 부담케 하는 것은 지방자치단체의 자치재정권을 침해하지 않는다. (O/X)

3. 교육제도법정주의

1) 의의

048
학교교육 및 평생교육을 포함한 교육제도와 그 운영, 교육재정 및 교원의 지위에 관한 기본적인 사항은 법률로 정한다. (O/X)

049
초등학교 교육과정의 편제와 수업시간은 교육현장을 가장 잘 파악하고 교육과정에 대해 적절한 수요 예측을 할 수 있는 해당 부처에서 정하도록 할 필요가 있으므로, 「초·중등교육법」 제23조 제2항이 교육과정의 기준과 내용에 관한 기본적인 사항을 교육부장관이 정하도록 위임한 것 자체가 교육제도 법정주의에 반한다고 보기 어렵다. (O/X)

---

045 【X】 사립학교의 재산관리에 국가개입은 불가피하고 긴요한 것으로서 그 정당성은 충분히 인정된다.(2001.1.18. 99헌바63)
– 학교교육에 필요한 시설과 설비를 갖추고 그 운영에 필요한 재산을 확보하도록 하기 위하여 관할청이 일정한 금액의 한도에서 허가를 통하여 학교법인의 재산관리에 관여함으로써 사립학교의 건전한 발달을 도모하는 데에 목적이 있다. 교육은 국가의 백년대계로서 특히 **사립학교에 있어 교육을 위한 재산확보는 필수적이며 그 물적기반이 부실하여 학교의 존립이 위태롭게 되는 경우 수많은 학생, 학부모 등의 생활에 미치는 부작용이 이루헤아릴 수 없을 만큼 크다.** 따라서 국민이 교육을 받고 부모의 자녀교육권이 적절하게 보장되도록 하기 위하여 사립학교의 재산관리에 국가개입은 불가피하고 긴요한 것으로서 그 정당성은 충분히 인정된다.

046 【O】 결국 지방교육자치는 '민주주의, 지방자치, 교육자주'라고 하는 세 가지의 헌법적 가치를 골고루 만족시킬 수 있어야만 하는 것이다(2009.9.24. 2007헌마117).

047 【O】 헌법 제31조 제2항·제3항으로부터 직접 의무교육 경비를 중앙정부로서의 국가가 부담하여야 한다는 결론은 도출되지 않으며, 그렇다고 하여 의무교육의 성질상 중앙정부로서의 국가가 모든 비용을 부담하여야 하는 것도 아니므로, 지방교육자치에 관한 법률 제39조 제1항이 의무교육 경비에 대한 지방자치단체의 부담 가능성을 예정하고 있다는 점만으로는 헌법에 위반되지 않는다. 교육재정제도를 형성함에 있어 의무교육을 받을 권리를 골고루 실질적으로 보장하라는 헌법의 위임취지에 명백히 반하는 자의적인 것이라 할 수 없어 위헌이 아니다(2005.12.22. 2004헌라3).

048 【O】 헌법 제31조 제6항

049 【O】 2016.2.25. 2013헌마638

050

대학의 자율의 구체적인 내용은 법률이 정하는 바에 의하여 보장되며, 국가는 헌법 제31조 제6항에 따라 모든 학교제도의 조직·계획·운영·감독에 관한 포괄적인 권한을 부여받지만, 대학의 자율성 보장은 대학자치의 본질이므로 대학의 자율에 대한 침해 여부를 심사함에 있어서는 엄격한 과잉금지원칙을 적용하여야 한다. (O/×)

051

국가와 지방자치단체가 설립·경영하는 학교에는 유아교육을 위한 곳도 포함된다. (O/×)

2) 교원지위법정주의

052

대학의 장 후보자를 추천할 때 해당 대학 교원의 합의된 방식과 절차에 따라 직접선거로 선정하는 경우 해당 대학은 선거관리에 관하여 중앙선거관리위원회에 선거관리를 위탁할 수 있다. (O/×)

3) 교수재임용제의 문제점

053

교원 재임용의 심사요소로 학생교육·학문연구·학생지도를 언급하되 이를 모두 필수요소로 강제하지 않는 「사립학교법」 제53조의2 제7항 전문은 교원의 신분에 대한 부당한 박탈을 방지함과 동시에 대학의 자율성을 도모한 것으로서 교원지위법정주의에 위반되지 아니한다. (O/×)

054

임용권자가 임용기간이 만료된 국·공립대학의 조교수에 대하여 재임용을 거부하는 취지로 한 임용기간만료의 통지는 대학교원의 법률관계에 영향을 주는 것으로서 행정소송의 대상이 되는 처분에 해당한다. (O/×)

055

대학의 교원은 학교법인의 정관이 정하는 바에 따라 기간을 정하여 임면할 수 있도록 규정한 구 사립학교법 제53조의2 제3항은 헌법 제31조 제6항에서 정하고 있는 교원지위법정주의에 위반된다. (O/×)

---

050 【×】 대학의 자율의 구체적인 내용은 법률이 정하는 바에 의하여 보장되며, 국가는 헌법 제31조 제6항에 따라 모든 학교제도의 조직·계획·운영·감독에 관한 포괄적인 권한을 부여받았다고 할 수 있고, 따라서 이 사건 법률조항이 대학의 자유를 제한하고 있다고 하더라도 <u>위헌 여부는 입법자가 기본권을 제한함에 있어 헌법 제37조 제2항에 의한 합리적인 입법한계를 벗어나 자의적으로 그 본질적 내용을 침해하였는지 여부에 따라 판단되어야 할 것이고</u>, 다만 법 제24조 제7항에 대하여는 <u>포괄위임입법금지의 원칙 등이 그 심사기준</u>이 될 것이다.(2006.4.27. 2005헌마1047)

051 【O】 교육기본법 제9조는 유아교육·초등교육·중등교육 및 고등교육을 하기 위하여 학교를 둔다고 규정하고 있다.

052 【×】 대학의 장 후보자를 추천할 때 해당 대학 교원의 합의된 방식과 절차에 따라 직접선거로 선정하는 경우 해당 대학은 선거관리에 관하여 <u>그 소재지를 관할하는 「선거관리위원회법」에 따른 구·시·군선거관리위원회에 선거관리를 위탁하여야 한다</u>. (교육공무원법 제24조의3 제1항)

053 【O】 2014.4.24. 2012헌바336

054 【O】 2004.4.22. 2000두7735

055 【O】 이 사건 법률조항의 위헌성은 위에서 본 바와 같이 기간임용제 그 자체에 있는 것이 아니라 재임용 거부사유 및 그 사전절차, 그리고 부당한 재임용거부에 대하여 다툴 수 있는 사후의 구제절차에 관하여 아무런 규정을 하지 아니함으로써 재임용을 거부당한 교원이 구제를 받을 수 있는 길을 완전히 차단한 데 있다(2003.2.27. 2000헌바26).

최신판례 예상지문

001
검정고시로 고등학교 졸업학력을 취득한 사람들의 수시모집 지원을 제한하는 내용의 국립교육대학교 등의 '2017학년도 신입생 수시모집 입시요강'은 청구인들의 균등하게 교육을 받을 권리를 침해한다.
(O/×)

002
'2018학년도 대학수학능력시험 시행기본계획' 중 대학수학능력시험의 문항 수 기준 70%를 한국교육방송공사('EBS') 교재와 연계하여 출제한다는 부분은 성년자녀를 둔 부모의 자녀교육권을 제한하지 않는다. (O/×)

---

001 【O】 검정고시로 고등학교 졸업학력을 취득한 사람들의 수시모집 지원을 제한하는 내용의 국립교육대학교 등의 '2017학년도 신입생 수시모집 입시요강'이 청구인들의 균등하게 교육을 받을 권리를 침해하는지 여부(적극) (헌재 2017.12.28. 2016헌마649) – 이 사건 수시모집요강은 기초생활수급자·차상위계층, 장애인 등을 대상으로 하는 일부 특별전형에만 검정고시 출신자의 지원을 허용하고 있을 뿐 수시모집에서의 검정고시 출신자의 지원을 일률적으로 제한함으로써 실질적으로 검정고시 출신자의 대학입학 기회의 박탈이라는 결과를 초래하고 있다. 수시모집의 학생선발방법이 정시모집과 동일할 수는 없으나, 이는 수시모집에서 응시자의 수학능력이나 그 정도를 평가하는 방법이 정시모집과 다른 것을 의미할 뿐, 수학능력이 있는 자들에게 동등한 기회를 주고 합리적인 선발 기준에 따라 학생을 선발하여야 한다는 점은 정시모집과 다르지 않다. 따라서 수시모집에서 검정고시 출신자에게 수학능력이 있는지 여부를 평가받을 기회를 부여하지 아니하고 이를 박탈한다는 것은 수학능력에 따른 합리적인 차별이라고 보기 어렵다. 피청구인들은 정규 고등학교 학교생활기록부가 있는지 여부, 공교육 정상화, 비교내신 문제 등을 차별의 이유로 제시하고 있으나 이러한 사유가 차별취급에 대한 합리적인 이유가 된다고 보기 어렵다. 그렇다면 이 사건 수시모집요강은 검정고시 출신자인 청구인들을 합리적인 이유 없이 차별함으로써 청구인들의 균등하게 교육을 받을 권리를 침해한다.

002 【O】 '2018학년도 대학수학능력시험 시행기본계획' 중 대학수학능력시험의 문항 수 기준 70%를 한국교육방송공사('EBS') 교재와 연계하여 출제한다는 부분이 고등학교 교사들에 대해 기본권 침해 가능성이 인정되는지 여부(소극) 및 성년자녀를 둔 부모의 자녀교육권을 제한하는지 여부(소극) (헌재 2018.2.22. 2017헌마691) – (1) 고등학교 교사들은 고등학교 교육과정의 내용과 수준에 맞는 교육을 실시하면 되고, 이 사건 계획에 따라 그 이상의 교육 또는 고등학교 교육과정에 포함되지 않는 다른 내용의 교육을 실시하여야 하는 의무를 부담하게 되는 것이 아니다. 고등학교 교사들이 이 사건 계획에 따라 EBS 교재를 참고하여 하는 부담을 질 수는 있지만, 이는 사실상의 부담에 불과할 뿐 EBS 교재를 참고하여야 하는 법적 의무를 부담하는 것도 아니다. 따라서 심판대상계획은 고등학교 교사인 청구인들에 대해 기본권 침해 가능성이 인정되지 않는다.

(2) 부모는 아직 성숙하지 못하고 인격을 닦고 있는 미성년 자녀를 교육시킬 교육권을 가지지만, 자녀가 성년에 이르면 자녀 스스로 자신의 기본권 침해를 다툴 수 있으므로 이와 별도로 부모에게 자녀교육권 침해를 다툴 수 있도록 허용할 필요가 없다. 이처럼 심판대상계획이 성년의 자녀를 둔 부모의 자녀교육권을 제한한다고 볼 수 없으므로, 성년의 자녀를 둔 청구인에 대해서는 기본권 침해 가능성이 인정되지 않는다.

003

학교폭력 가해학생에 대하여 수개의 조치를 병과할 수 있도록 하고, 출석정지기간의 상한을 두지 아니한 '학교폭력예방 및 대책에 관한 법률' 조항은 가해학생의 학습의 자유를 침해한다. (O/×)

---

003 【X】 학교폭력 가해학생에 대하여 수개의 조치를 병과할 수 있도록 하고, 출석정지기간의 상한을 두지 아니한 '학교폭력예방 및 대책에 관한 법률' 조항이 가해학생의 학습의 자유를 침해하는지 여부(소극) (헌재 2019.4.11. 2017헌바140) - 이 사건 징계조치 조항에서 수개의 조치를 병과하고 출석정지기간의 상한을 두지 않음으로써 구체적 사정에 따라 다양한 조치를 취할 수 있도록 한 것은, 피해학생의 보호 및 가해학생의 선도·교육을 위하여 바람직하다고 할 것이고, 이 사건 징계조치 조항보다 가해학생의 학습의 자유를 덜 제한하면서, 피해학생에게 심각한 피해와 지속적인 영향을 미칠 수 있는 학교폭력에 구체적·탄력적으로 대처하고, 피해학생을 우선적으로 보호하면서 가해학생도 선도·교육하려는 입법 목적을 이 사건 징계조치 조항과 동일한 수준으로 달성할 수 있는 입법의 대안이 있다고 보기 어렵다. 따라서 이 사건 징계조치 조항이 가해학생에 대하여 수개의 조치를 병과할 수 있도록 하고 출석정지조치를 취함에 있어 기간의 상한을 두고 있지 않다고 하더라도, 가해학생의 학습의 자유에 대한 제한이 입법 목적 달성에 필요한 최소한의 정도를 넘는다고 볼 수 없다.

제4절 근로의 권리

I 의의

001
근로란 소득을 대가로 이루어지는 정신적·육체적 활동을 의미한다. (O/×)

002
근로의 권리란 인간이 자신의 의사와 능력에 따라 근로관계를 형성하고, 타인의 방해를 받음이 없이 근로관계를 계속 유지하며, 근로의 기회를 얻지 못한 경우에는 국가에 대하여 근로의 기회를 제공하여 줄 것을 요구할 수 있는 권리를 말한다. (O/×)

003
근로의 권리와 관련하여 현행 헌법에서는 근로조건의 기준의 법률주의, 국가의 고용증진의무, 여성 근로자의 특별한 보호, 장애인 근로자의 특별한 보호, 국가유공자 등에 대한 근로기회 우선보장을 명문으로 규정하고 있다. (O/×)

II 법적 성격

004
자유권적 성격과 생존권적 성격을 동시에 가지지만, 기본적으로는 생존권의 성격이 강하다. (O/×)

---

001 【O】 근로기준법 제2조
002 【O】 1991.7.22. 89헌가106
003 【X】 근로의 권리와 관련하여 현행 헌법에서는 근로조건의 기준의 법률주의, 국가의 고용증진의무, 여성 근로자의 특별한 보호, 국가유공자 등에 대한 근로기회 우선보장을 명문으로 규정하고 있다(헌법 제32조). 따라서 **장애인 근로자의 특별한 보호에 대해서는 명문으로 규정하고 있지 않다.**
004 【O】 근로의 권리는 개인의 일할 권리를 국가로부터 침해받지 아니할 자유권적 성격과 경제적 약자인 근로자의 인간다운 생활을 영위하기 위한 생존권적 성격을 동시에 가지지만, 기본적으로는 생존권적 성격이 강하다.

Ⅲ 주체

005
근로의 권리는 국민의 권리이므로 외국인은 그 주체가 될 수 없는 것이 원칙이나, 근로의 권리 중 일할 환경에 관한 권리에 대해서는 외국인의 기본권 주체성을 인정할 수 있다. (O/×)

006
외국인 근로자에게도 자본주의 경제질서 하에서 근로자가 기본적 생활수단을 확보하고 인간의 존엄성을 보장받기 위하여 최소한의 근로조건을 요구할 수 있는 권리의 기본권 주체성이 인정된다. (O/×)

007
헌법상 근로의 권리는 '일할 자리에 관한 권리' 만이 아니라 '일할 환경에 관한 권리'도 의미하는데, '일할 환경에 관한 권리'는 인간의 존엄성에 대한 침해를 방어하기 위한 권리로서 외국인에게도 인정되며, 건강한 작업환경, 일에 대한 정당한 보수, 합리적인 근로조건의 보장 등을 요구 할 수 있는 권리 등을 포함한다. (O/×)

008
근로자뿐만 아니라, 근로자의 모임인 노동조합도 근로의 권리의 주체가 된다. (O/×)

009
헌법 제32조 제1항의 근로의 권리는 국가에 대하여 근로의 기회를 제공하는 정책을 수립해줄 것을 요구할 수 있는 권리도 내포하므로 노동조합도 그 주체가 될 수 있다. (O/×)

Ⅳ 내용

1. 근로기회청구권 및 국가의 고용증진의무

010
근로의 권리는 고용증진을 위한 국가의 정책을 요구할 수 있는 권리이다. (O/×)

---

005 【O】 2007.8.30. 2004헌마670
006 【O】 2007.8.30. 2004헌마670
007 【O】 2016.3.31. 2014헌마367
008 【X】 헌법 제32조 제1항이 규정한 근로의 권리는 근로자를 개인의 차원에서 보호하기 위한 권리로서 개인인 근로자가 그 주체가 되는 것이고 **노동조합은 그 주체가 될 수 없다.**(2009.2.26. 2007헌바27)
009 【X】 2009.2.26. 2007헌바27
010 【O】 헌법 제32조 제1항이 규정하는 근로의 권리는 사회적 기본권으로서 국가에 대하여 직접 일자리를 청구하거나 일자리에 갈음하는 생계비의 지급청구권을 의미하는 것이 아니라 **고용증진을 위한 사회적·경제적 정책을 요구할 수 있는 권리이다.** (2011.7.28. 2009헌마408)

2. 해고의 제한

011
근로기준법이 정하는 해고의 '정당한 이유'는 일반적으로 해당 근로자와 사용자 사이의 근로관계를 계속 유지할 수 없을 정도의 이유, 즉 해당 근로자와의 근로관계의 유지를 사용자에게 더 이상 기대할 수 없을 정도의 것이어야 하므로, 특정 신조나 사상과 밀접히 연관된 소위 경향사업(傾向事業)에 있어서 근로자가 이러한 경향성을 상실한 경우는 '정당한 이유'에 해당하지 않는다. (O/×)

012
헌법상 직업의 자유 또는 근로의 권리, 사회국가원리 등에 근거하여 근로자에게 국가에 대한 직접적인 직장존속보장청구권이 헌법상 인정된다. (O/×)

013
국가는 헌법 제32조의 근로의 권리, 사회국가원리 등에 근거하여 실업방지 및 부당한 해고로부터 근로자를 보호하여야 할 의무가 있다. 그리고 우리 헌법상 국가는 근로관계의 존속보호를 위하여 최소한의 보호를 제공하여야 할 의무를 지고 있다. 그러므로 국가가 법률로 국가보조연구기관을 통폐합함에 있어 재산상의 권리·의무만 승계시키고, 근로관계의 당연승계조항을 두고 있지 아니한 것은 위헌이다. (O/×)

014
해고예고제도는 근로조건의 핵심적 부분인 해고와 관련된 사항일 뿐만 아니라, 근로자가 갑자기 직장을 잃어 생활이 곤란해지는 것을 막는 데 목적이 있으므로 근로자의 인간 존엄성을 보장하기 위한 최소한의 근로조건으로서 근로의 권리의 내용에 포함된다. (O/×)

015
해고예고제도는 근로자의 인간 존엄성을 보장하기 위한 합리적 근로조건에 해당한다고 보기 힘들므로, 해고예고에 관한 권리는 근로자가 향유하는 근로의 권리의 내용에 포함되지 않는다. (O/×)

---

011 【×】 근로기준법이 정하는 해고의 '정당한 이유'는 개별적 사안에 따라 구체적으로 결정될 일이지만 그 일반적 내용은 해당 근로자와 사용자 사이의 근로관계를 계속 유지할 수 없을 정도의 이유, 즉 해당근로자와의 근로관계의 유지를 사용자에게 더 이상 기대할 수 없을 정도의 것이 되어야 하는 것이다. 여기에는 업무에 대한 적성에 흠이 있거나 직무능력이 부족한 경우, 계약상의 노무급부를 곤란하게 하는 질병, 사업상의 기밀누설의 가능성, 무단결근이나 지각·조퇴, 근로제공의 거부, 업무능력을 갖추었음에도 불구하고 불완전급부 내지 열등한 급부의 제공, 범법행위의 초래, 특정 신조나 사상과 밀접히 연관된 소위 경향사업(傾向事業)에 있어서 근로자가 이러한 경향성을 상실한 경우 등이 일반적으로 이러한 정당한 이유에 해당하는 것으로 인정되고 있다.(2005.3.31. 2003헌바12)

012 【×】 헌법상 직업의 자유 또는 근로의 권리, 사회국가원리 등에 근거하여 실업방지 및 부당한 해고로부터 근로자를 보호하여야 할 국가의 의무를 도출할 수는 있을 것이나, 국가에 대한 직접적인 직장존속보장청구권을 근로자에게 인정할 헌법상 근거는 없다.(2002.11.28. 2001헌바50)

013 【×】 2002.11.28. 2001헌바50

014 【O】 2015.12.23. 2014헌바3

015 【×】 근로관계 종료 전 사용자로 하여금 근로자에게 해고예고를 하도록 하는 것은 개별 근로자의 인간 존엄성을 보장하기 위한 최소한의 근로조건 가운데 하나에 해당하므로, 해고예고에 관한 권리는 근로의 권리의 내용에 포함된다.(2015.12.23. 2014헌바3)

016
6월 미만으로 근무한 월급근로자에 대하여 「근로기준법」상의 해고예고제도의 적용을 배제하는 것은 월급근로자의 근로의 권리를 침해하고 평등원칙에도 위배되어 헌법에 위반된다. (O/×)

017
일용근로자로서 3개월을 계속 근무하지 아니한 자를 해고예고제도의 적용제외사유로 규정하고 있는 「근로기준법」 규정은 일용근로자인 청구인의 근로의 권리를 침해하지 않는다. (O/×)

018
헌법 제15조의 직업의 자유 또는 헌법 제32조의 근로의 권리, 사회국가원리 등에 근거하여 실업방지 및 부당한 해고로부터 근로자를 보호하여야 할 국가의 의무를 도출할 수는 있을 것이나, 국가에 대한 직접적인 직장존속보장청구권을 근로자에게 인정할 헌법상의 근거는 없다. 이와 같이 우리 헌법상 국가에 대한 직접적인 직장존속보장청구권을 인정할 근거는 없으므로 근로관계의 당연승계를 보장하는 입법을 반드시 하여야 할 헌법상의 의무를 인정할 수 없다. 따라서 한국보건산업진흥원법 부칙 제3조가 기존 연구기관의 재산상의 권리·의무만을 새로이 설립되는 한국보건산업진흥원에 승계시키고, 직원들의 근로관계가 당연히 승계되는 것으로 규정하지 않았다 하여 위헌이라 할 수 없다. (O/×)

3. 근로자의 적정임금보장노력과 최저임금제실시

019
근로자가 최저임금을 청구할 수 있는 권리는 헌법에서 직접 도출된다. (O/×)

---

016 【O】 "월급근로자로서 6월이 되지 못한 자"는 대체로 기간의 정함이 없는 근로계약을 한 자들로서 근로관계의 계속성에 대한 기대가 크다고 할 것이므로, 이들에 대한 해고 역시 예기치 못한 돌발적 해고에 해당한다. 따라서 6개월 미만 근무한 월급근로자 또한 전직을 위한 시간적 여유를 갖거나 실직으로 인한 경제적 곤란으로부터 보호받아야 할 필요성이 있다(2015.12.23. 2014헌바3).

017 【O】 일용근로자로서 3개월을 계속 근무하지 아니한 자를 해고예고제도의 적용제외사유로 규정하고 있는 근로기준법조항이 청구인의 근로의 권리를 침해하는지 여부(소극) (헌재 2017. 5. 25. 2016헌마640) - 해고예고제도는 근로관계 종료 전 사용자에게 근로자에 대한 해고예고를 하게 하는 것이어서, 근로조건을 이루는 중요한 사항에 해당하고 근로의 권리의 내용에 포함된다. 해고예고는 본질상 일정기간 이상을 계속하여 사용자에게 고용되어 근로제공을 하는 것을 전제로 하는데, 일용근로자는 계약한 1일 단위의 근로기간이 종료되면 해고의 절차를 거칠 것도 없이 근로관계가 종료되는 것이 원칙이므로, 그 성질상 해고예고의 예외를 인정한 것에 상당한 이유가 있다. 다만 3개월 이상 근무하는 경우에는 임시로 고용관계를 유지하고 있다고 보기 어렵고, 소득세법이나 산업재해보상보험법의 적용과 관련하여서도 상용근로자와 동일한 취급을 받게 되므로, 근로계약의 형식 여하에 불구하고 일용근로자를 상용근로자와 동일하게 취급하기 위한 최소한의 기간으로 3개월이라는 기준을 설정한 것이 입법재량의 범위를 현저히 일탈하였다고 볼 수 없다. 따라서 심판대상조항이 청구인의 <u>근로의 권리를 침해한다고 보기 어렵다</u>.

018 【O】 다만, 우리 헌법상 국가(입법자)는 근로관계의 존속보호를 위하여 최소한의 보호를 제공하여야 할 의무를 지고 있다 (2002.11.28. 2001헌바50).

019 【X】 근로자가 최저임금을 청구할 수 있는 권리도 <u>헌법상 바로 도출되는 것이 아니라 최저임금법 등 관련 법률이 구체적으로 정하는 바에 따라 비로소 인정될 수 있다</u>.(2012.10.25. 2011헌마307)

020
연차유급휴가는 근로자의 건강하고 문화적인 생활의 실현에 이바지할 수 있도록 여가를 부여하는 데 그 목적이 있는 것으로 인간의 존엄성을 보장하기 위한 합리적인 근로조건에 해당하므로 연차유급휴가에 관한 권리는 근로의 권리의 내용에 포함된다. (O/×)

021
정직기간을 연가일수에서 공제할 때 어떠한 비율에 따라 공제할 것인지에 관하여는 입법자에게 재량이 부여되어 있기 때문에, 정직처분을 받은 공무원에 대하여 정직일수를 연차유급휴가인 연가일수에서 공제하도록 규정하는 법령조항은 공무원인 근로자의 근로의 권리를 침해하지 않는다. (O/×)

022
계속근로기간 1년 이상인 근로자가 근로연도 중도에 퇴직한 경우 중도퇴직 전 1년 미만의 근로에 대하여 유급휴가를 보장하지 않는 것은 근로의 권리를 침해한다. (O/×)

023
연차유급휴가는 최소한의 인간의 존엄성을 보장하기 위한 핵심적인 근로조건에 해당하므로 근로연도중도 퇴직자의 중도퇴직 전 근로에 대해 유급휴가를 보장하지 않는 것이 근로의 권리를 침해하는지 여부는 과잉금지의 원칙에 의해 엄격히 심사되어야 한다. (O/×)

4. 근로조건기준의 법정주의

024
근로의 권리가 "일할 자리에 관한 권리"만이 아니라 "일할 환경에 관한 권리"도 내포하고 있는바, 후자는 인간의 존엄성에 대한 침해를 방어하기 위한 자유권적 기본권의 성격도 갖고 있어 건강한 작업환경, 일에 대한 정당한 보수, 합리적인 근로조건의 보장을 요구할 수 있는 권리를 포함한다. (O/×)

---

020 【O】 2015.5.28. 2013헌마619

021 【O】 2008.9.25. 2005헌마586

022 【X】 계속근로기간 1년 이상인 근로자가 근로연도 중도에 퇴직한 경우 중도퇴직 전 1년 미만의 근로에 대하여 유급휴가를 보장하지 않는 것은 **근로의 권리를 침해한다고 볼 수 없다.**(2015.5.28. 2013헌마619) - 연차유급휴가는 매년 일정 기간 근로의무를 면제하여 근로자에게 정신적·육체적 휴양의 기회를 부여하려는 것으로, 근로기준법 제60조 제1항이 15일의 연차유급휴가를 부여함에 있어 **근로연도 1년간 재직과 출근율 80% 이상일 것을 요건으로 정한 것은 근로자의 정신적·육체적 휴양의 필요성이 기본적으로는 상당기간 계속되는 근로의무의 이행과 불가분의 관계에 있다는 점을 고려**한 것이다. 연차유급휴가의 판단기준으로 근로연도 1년간의 재직 요건을 정한 이상, 이 요건을 충족하지 못한 근로연도 중도퇴직자의 중도퇴직 전 근로에 관하여 반드시 그 근로에 상응하는 등의 유급휴가를 보장하여야 하는 것은 아니므로, 근로연도 중도퇴직자의 중도퇴직 전 근로에 대해 1개월 개근 시 1일의 유급휴가를 부여하지 않더라도 이것이 청구인의 근로의 권리를 침해한다고 볼 수 없다.

023 【X】 근로연도 중도퇴직자의 중도퇴직 전 근로에 대해 유급휴가를 보장하지 않음으로써 청구인의 근로의 권리를 침해하는지 여부는 이것이 **현저히 불합리하여 헌법상 용인될 수 있는 재량의 범위를 명백히 일탈하고 있는지 여부에 달려있다고** 할 수 있다.(2015.5.28. 2013헌마619) 따라서 과잉금지의 원칙에 의해 엄격히 심사되어야 하는 것은 아니다.

024 【O】 2007.8.30. 2004헌마670

025
근로자가 퇴직급여를 청구할 수 있는 권리는 헌법에서 직접 도출된다. (O/×)

5. 여성근로의 보호와 차별금지

026
헌법은 여자 및 연소자 근로의 특별한 보호와 최저임금제의 시행에 관하여 규정하고 있다. (O/×)

027
사업주가 근로여성의 혼인, 임신 또는 출산을 퇴직사유로 예정하는 근로계약을 체결하는 것은 허용되지 아니한다. (O/×)

6. 연소자의 근로보호

7. 국가유공자 등의 우선적 근로기회부여

028
헌법 제32조 제6항의 '법률이 정하는 바에 의하여 우선적으로 근로의 기회가 부여되는 대상'이 누구인가에 대하여 헌법재판소는 국가유공자, 상이군경, 전몰군경의 유가족, 국가유공자의 유가족, 상이군경의 유가족이 포함된다고 판시하고 있다. (O/×)

029
국가유공자와 그 가족에 대한 가산점제도에 있어서 국가유공자 가족의 경우는 헌법 제32조 제6항이 가산점제도의 근거라고 볼 수 없으므로 평등권 침해 여부에 관하여 보다 완화된 기준을 적용한 비례심사는 부적절한 것이다. (O/×)

V 효력

VI 제한

---

025 【×】 근로자가 퇴직급여를 청구할 수 있는 권리도 **헌법상 바로 도출되는 것이 아니라 퇴직급여법 등 관련 법률이 구체적으로 정하는 바에 따라 비로소 인정될 수 있는 것이다.**(2011.7.28. 2009헌마408)
026 【O】 헌법 제32조 제1항, 제4항, 제5항
027 【O】 근로기준법 제6조, 제23조
028 【×】 헌법 제32조 제6항의 "국가유공자·상이군경 및 전몰군경의 유가족은 법률이 정하는 바에 의하여 우선적으로 근로의 기회를 부여받는다."는 조항의 폭넓은 해석은 필연적으로 일반 응시자의 공무담임의 기회를 제약하게 되는 결과가 될 수 있으므로 **위 조항은 엄격하게 해석할 필요가 있다.** 이러한 관점에서 위 조항의 대상자는 조문의 문리해석대로 **"국가유공자", "상이군경", 그리고 "전몰군경의 유가족"**이라고 봄이 상당하다.(2006.2.23. 2004헌마675) 따라서 국가유공자의 유가족과 상이군경의 유가족은 포함되지 않는다고 본다.
029 【O】 2006.2.23. 2004헌마675 등

☑ 최신판례 예상지문

001 🔄 1 2 3

일용근로자로서 3개월을 계속 근무하지 아니한 자를 해고예고제도의 적용제외사유로 규정하고 있는 근로기준법조항은 청구인의 근로의 권리를 침해한다. (O/×)

002 🔄 1 2 3

실업급여에 관한 고용보험법의 적용에 있어 '65세 이후에 새로이 고용된 자'를 그 적용대상에서 배제한 고용보험법조항은 65세 이후 고용된 사람의 평등권을 침해한다. (O/×)

003 🔄 1 2 3

4명 이하의 근로자를 사용하는 사업장에 적용될 근로기준법 조항 중 부당해고 제한 및 노동위원회 구제절차 규정을 포함하지 않은 것은 근로의 권리를 침해한다. (O/×)

---

001 【X】 일용근로자로서 3개월을 계속 근무하지 아니한 자를 해고예고제도의 적용제외사유로 규정하고 있는 근로기준법조항이 청구인의 근로의 권리를 침해하는지 여부(소극) (헌재 2017.5.25. 2016헌마640) - 해고예고제도는 근로관계 종료 전 사용자에게 근로자에 대한 해고예고를 하게 하는 것이어서, 근로조건을 이루는 중요한 사항에 해당하고 근로의 권리의 내용에 포함된다. 해고예고는 본질상 일정기간 이상 계속하여 사용자에게 고용되어 근로제공을 하는 것을 전제로 하는데, 일용근로자는 계약한 1일 단위의 근로기간이 종료되면 해고의 절차를 거칠 것도 없이 근로관계가 종료되는 것이 원칙이므로, 그 성질상 해고예고의 예외를 인정한 것에 상당한 이유가 있다. 다만 3개월 이상 근무하는 경우에는 임시로 고용관계를 유지하고 있다고 보기 어렵고, 소득세법이나 산업재해보상보험법의 적용과 관련하여서도 상용근로자와 동일한 취급을 받게 되므로, 근로계약의 형식 여하에 불구하고 일용근로자를 상용근로자와 동일하게 취급하기 위한 최소한의 기간으로 3개월이라는 기준을 설정한 것이 입법재량의 범위를 현저히 일탈하였다고 볼 수 없다. 따라서 심판대상조항이 청구인의 근로의 권리를 침해한다고 보기 어렵다.

002 【X】 실업급여에 관한 고용보험법의 적용에 있어 '65세 이후에 새로이 고용된 자'를 그 적용대상에서 배제한 고용보험법조항은 65세 이후 고용된 사람의 평등권을 침해하는지 여부(소극) (헌재 2018.6.28. 2017헌마238) - 근로의 의사와 능력이 있는지를 일정한 연령을 기준으로 하는 것이 특별히 불합리하다고 단정할 수는 없다. 우리 사회보장체계는 65세 이후에는 소득상실이라는 사회적 위험이 보편적으로 발생한다고 보고, 고용에 대한 지원이나 보장보다 노령연금이나 기초연금과 같은 사회보장급여 체계를 통하여 노후생활이 안정될 수 있도록 설계되었다. 실업급여의 지급목적, 경제활동인구의 연령별 비율, 보험재정상태 등을 모두 고려하여 '65세 이후 고용된 자'의 경우 고용보험법상 고용안정·직업능력개발사업의 지원대상에는 포함되지만, 실업급여를 적용하지 않도록 한 데에는 합리적 이유가 있다. 따라서 그러한 적용제외조항이 65세 이후 고용된 후 이직한 청구인의 평등권을 침해하지 아니한다.

003 【X】 4명 이하의 근로자를 사용하는 사업장에 적용될 근로기준법 조항 중 부당해고 제한 및 노동위원회 구제절차 규정을 포함하지 않은 것이 청구인의 근로의 권리를 침해하는지 여부(소극) (헌재 2019.4.11. 2017헌마820) - 심판대상조항이 4인 이하 사업장에 부당해고제한조항 및 노동위원회 구제절차를 적용되는 조항으로 나열하지 않은 결과 민법이 적용되므로, 고용기간의 약정이 없는 때에는 원칙적으로 사용자는 근로자를 자유로이 해고할 수 있다. 단, 민법 제660조 제1항은 임의규정이므로 개별 사업장에서 해고사유를 열거한 해고제한의 특약을 한 경우에는 그와 같은 제한을 위반한 해고는 무효이다. 개별 근로관계법상의 해고금지조항은 4인 이하 사업장에도 금지되고 있어 부당해고제한조항이 적용되지 않는 부분을 일부 보완하고 있다. 또한 4인 이하 사업장에도 근로기준법 제35조의 해고예고제도가 적용되므로, 해고예고를 받은 날부터 30일분의 임금청구가 가능하여 4인 이하 사업장에 대한 최소한의 근로자 보호는 이루어지고 있다. 노동위원회 구제절차는 부당해고제한조항의 적용을 전제로 하여서만 그 실익이 있고, 구제절차는 그 자체로 4인 이하 사업장에 법적으로 대응하는 데 필요한 관리비용 증가를 수반하며, 구제명령으로 부과되는 금전보상이나 이행강제금 등은 사업장에 경제적 부담으로 돌아갈 수 있는 조치들이다. 4인 이하 사업장에 이를 준수하라고 강제할 만한 여건이 조성되어 있지 않다는 행정입법 제·개정자의 판단이 명백히 불합리하다고 볼 사정이 없다. 그렇다면 4인 이하 사업장에 부당해고제한조항이나 노동위원회 구제절차를 적용되는 근로기준법 조항으로 나열하지 않았다 하여 헌법상 용인될 수 있는 재량의 범위를 벗어난 것이라고 볼 수 없으므로, 심판대상조항은 청구인의 근로의 권리를 침해하지 아니한다.

004 ♻123

상시 4명 이하의 근로자를 사용하는 사업 또는 사업장에 대하여 대통령령으로 정하는 바에 따라 근로기준법의 일부 규정을 적용할 수 있도록 위임한 근로기준법조항은 포괄위임금지원칙에 위반된다. (O/X)

005 ♻123

동물의 사육 사업 근로자에 대하여 근로기준법에서 정한 근로시간 및 휴일 규정의 적용을 제외하도록 한 구 근로기준법 조항은 청구인의 근로의 권리를 침해한다. (O/X)

---

004 【X】 상시 4명 이하의 근로자를 사용하는 사업 또는 사업장에 대하여 대통령령으로 정하는 바에 따라 근로기준법의 일부 규정을 적용할 수 있도록 위임한 근로기준법조항이 법률유보원칙에 위배되는지 여부(소극) 및 포괄위임금지원칙에 위배되는지 여부(소극) (헌재 2019.4.11. 2013헌바112) - (1) 심판대상조항은 4인 이하 사업장에 대하여 근로기준법 중 어느 조항이 적용될지는 법률 아닌 대통령령으로 정하도록 하고 있다. 그러나 근로기준법 제11조 제1항에서 근로기준법을 전부 적용하는 범위를 근로자 5명 이상 사용 사업장으로 한정하였고, 4인 이하 사업장에 근로기준법을 일부만 적용할 수 있도록 한 것이 심판대상조항에 의하여 법률로 명시적으로 규정되어 있는 이상, 구체적인 개별 근로기준법 조항의 적용 여부까지 입법자가 반드시 법률로써 규율하여야 하는 사항이라고 볼 수 없다. 따라서 법률유보원칙에 위배되지는 아니한다.
(2) 비록 심판대상조항이 근로기준법의 어떤 규정을 4인 이하 사업장에 적용할지에 관한 기준을 명시적으로 두고 있지 않은 것은 사실이나, 심판대상조항은 사용자의 부담이 그다지 문제되지 않으면서 동시에 근로자의 보호필요성의 측면에서 우선적으로 적용될 수 있는 근로기준법의 범위를 선별하여 적용할 것을 대통령령에 위임한 것으로 볼 수 있고, 그러한 근로기준법 조항들이 4인 이하 사업장에 적용되리라 예측할 수 있다. 따라서 심판대상조항은 포괄위임금지원칙에 위배되지 아니한다.

005 【X】 동물의 사육 사업 근로자에 대하여 근로기준법에서 정한 근로시간 및 휴일 규정의 적용을 제외하도록 한 구 근로기준법 조항이 청구인의 근로의 권리를 침해하는지 여부(소극) - 축산업은 가축의 양육 및 출하에 있어 **기후 및 계절의 영향을 강하게 받으므로, 근로시간 및 근로내용에 있어 일관성을 담보하기 어렵고**, 축산업에 종사하는 근로자의 경우에도 휴가에 관한 규정은 여전히 적용되며, 사용자와 근로자 사이의 근로시간 및 휴일에 관한 사적 합의는 심판대상조항에 의한 제한을 받지 않는다. 현재 우리나라 축산업의 상황을 고려할 때, **축산업 근로자들에게 근로기준법을 전면적으로 적용할 경우, 인건비 상승으로 인한 경제적 부작용**이 초래될 위험이 있다. 위 점들을 종합하여 볼 때, 심판대상조항이 입법자가 입법재량의 한계를 일탈하여 인간의 존엄을 보장하기 위한 최소한의 근로조건을 마련하지 않은 것이라고 보기 어려우므로, 심판대상조항은 청구인의 **근로의 권리를 침해하지 않는다**.(헌재 2021.8.31. 2018헌마563)
☞ 기각의견이 1인, 헌법불합치의견이 5인, 각하의견이 3인으로 재판관의 의견이 나뉜 경우, 비록 헌법불합치의견에 찬성한 재판관이 다수이지만, 헌법소원심판 인용 결정을 위한 심판정족수(6인)에는 이르지 못하였으므로, 심판청구를 기각하였음

제5절 근로3권

I 의의

II 법적 성격

001
근로3권에 대해 헌법재판소는 단결권·단체교섭권·단체행동권의 자유권적 성격을 강조하여 그 법적 성격을 근로3권은 사회적 보호기능을 담당하는 자유권 또는 사회권적 성격을 띤 자유권이라고 밝힌 바 있다. (O/×)

002
노동3권은 자유권적 성격을 갖고 있으며, 이는 국가가 근로자의 단결권을 존중하고 부당하게 침해해서는 안 된다는 것을 의미한다. (O/×)

003
노동3권은 사회권적 성격을 갖고 있으며, 이는 입법조치를 통하여 근로자의 헌법적 권리를 보장하여야 할 국가의 의무로 나타난다. (O/×)

III 주체

004
「헌법」 제33조 제1항은 단결권·단체교섭권·단체행동권의 주체로서 근로자만을 명시적으로 규정하고 있을 뿐, 사용자에 대해서는 규정하고 있지 않다. (O/×)

005
헌법 제33조 제1항이 규정한 근로3권의 주체는 근로자 개개인과 근로자들로 구성된 노동조합이다. (O/×)

---

001 【O】 1998.2.27. 94헌바13
002 【O】 1998.2.27. 94헌바13
003 【O】 1998.2.27. 94헌바13
004 【O】 헌법 제33조 제1항
005 【O】 헌법 제33조 제1항에 의하면 단결권의 주체는 단지 개인인 것처럼 표현되어 있지만, 만일 헌법이 개인의 단결권만을 보장하고 조직된 단체의 권리를 인정하지 않는다면, 즉 국가가 임의로 단체의 존속과 활동을 억압할 수 있다면 개인의 단결권 보장은 무의미하게 된다. 따라서 헌법 제33조 제1항은 근로자 개인의 단결권만이 아니라 단체 자체의 단결권도 보장하고 있는 것으로 보아야 한다(1999.11.25. 95헌마154).

006

헌법 제33조 제2항이 직접 '법률이 정하는 자'만이 노동3권을 향유할 수 있다고 규정하고 있어서 '법률이 정하는 자' 이외의 공무원은 노동3권의 주체가 되지 못하므로, '법률이 정하는 자' 이외의 공무원에 대해서도 노동3권이 인정됨을 전제로 하여 헌법 제37조 제2항의 과잉금지원칙을 적용할 수는 없는 것이다. (O/×)

007

「노동조합 및 노동관계조정법」 그리고 대법원 판례는 해고된 자는 설사 해고의 효력을 다투고 있다고 할지라도 근로자의 지위에 있지 않다고 해석하고 있다. (O/×)

008

청원경찰은 청원주와의 고용계약에 의한 근로자일 뿐, 국민 전체에 대한 봉사자로서 국민에 대하여 책임을 지며 그 신분과 정치적 중립성이 법률에 의해 보장되는 공무원 신분이 아니므로, 기본적으로 헌법 제33조 제1항에 따라 근로3권을 보장받아야 한다. (O/×)

009

청원경찰의 복무에 관하여 「국가공무원법」의 해당 조항을 준용함으로써 노동운동을 금지하는 「청원경찰법」의 해당 조항 중 「국가공무원법」의 해당 조항 가운데 '노동운동' 부분을 준용하는 부분은 국가기관이나 지방자치단체 이외의 곳에서 근무하는 청원경찰인 청구인들의 근로3권을 침해한다. (O/×)

III 단결권

1. 의의

2. 주체

---

006 【O】 2007.8.30. 2003헌바51 등
007 【X】 근로자가 회사로부터 해고를 당하였다고 하더라도 상당한 기간 내에 노동위원회에 부당노동행위 구제신청을 하여 그 해고의 효력을 다투고 있었다면, 위 법규정의 취지에 비추어 **노동조합원으로서의 지위를 상실하는 것이라고 볼 수 없다.**(대판 1992.3.31. 91다14413)
008 【O】 2017.9.28. 2015헌마653
009 【O】 (1) 청원경찰은 일반근로자일 뿐 공무원이 아니므로 원칙적으로 헌법 제33조 제1항에 따라 근로3권이 보장되어야 한다. 청원경찰은 제한된 구역의 경비를 목적으로 필요한 범위에서 경찰관의 직무를 수행할 뿐이며, 그 신분보장은 공무원에 비해 취약하다. 또한 국가기관이나 지방자치단체 이외의 곳에서 근무하는 청원경찰은 근로조건에 관하여 공무원뿐만 아니라 국가기관이나 지방자치단체에 근무하는 청원경찰에 비해서도 낮은 수준의 법적 보장을 받고 있으므로, 이들에 대해서는 근로3권이 허용되어야 할 필요성이 크다.
(2) 청원경찰에 대하여 직접행동을 수반하지 않는 단결권과 단체교섭권을 인정하더라도 시설의 안전 유지에 지장이 된다고 단정할 수 없다. 헌법은 주요방위산업체 근로자들의 경우에도 단체행동권만을 제한하고 있고, 경비업법은 무기를 휴대하고 국가중요시설의 경비 업무를 수행하는 특수경비원의 경우에도 쟁의행위를 금지할 뿐이다.
(3) 청원경찰은 특정 경비구역에서 근무하며 그 구역의 경비에 필요한 한정된 권한만을 행사하므로, 청원경찰의 업무가 가지는 공공성이나 사회적 파급력은 군인이나 경찰의 그것과는 비교하여 견주기 어렵다. 그럼에도 심판대상조항은 군인이나 경찰과 마찬가지로 모든 청원경찰의 근로3권을 획일적으로 제한하고 있다.
(4) 이상을 종합하여 보면, 심판대상조항이 모든 청원경찰의 근로3권을 전면적으로 제한하는 것은 과잉금지원칙을 위반하여 청구인들의 **근로3권을 침해하는 것이다.**(헌재 2017.9.28. 2015헌마653)

010

헌법 제33조 제1항에 의하면 단결권의 주체는 단지 개인인 것처럼 표현되어 있지만, 근로자 개인뿐만이 아니라 단체 자체의 단결권도 보장하고 있는 것으로 보아야 한다. (O/×)

011

「노동조합 및 노동관계조정법」상의 근로자성이 인정되는 한, 출입국관리 법령에 의하여 취업활동을 할 수 있는 체류자격을 얻지 아니한 외국인 근로자도 노동조합의 결성 및 가입이 허용되는 근로자에 해당된다. (O/×)

3. 내용

012

근로자에게 보장된 단결권의 내용에는 단결할 자유뿐만 아니라 노동조합을 결성하지 아니할 자유나 노동조합에 가입을 강제당하지 아니할 자유, 그리고 가입한 노동조합을 탈퇴할 자유도 포함된다. (O/×)

013

헌법상 보장된 근로자의 단결권은 단결할 자유만을 의미하므로 근로자가 노동조합을 결성하지 아니할 자유는 헌법상 근거를 찾을 수 없다. (O/×)

014

헌법 제33조 제1항은 '근로자는 근로조건의 향상을 위하여 자주적인 단결권・단체교섭권 및 단체행동권을 가진다.'고 규정하고 있다. 여기서 헌법상 보장된 근로자의 단결권은 단결하지 아니할 자유 이른바 소극적 단결권을 포함하는 개념이다. (O/×)

015

근로자가 노동조합을 결성하지 아니할 자유나 노동조합에 가입을 강제당하지 아니할 자유는 단결권의 내용에 포섭되는 것이 아니라, 일반적 행동자유권 또는 결사의 자유에서 그 근거를 찾을 수 있다. (O/×)

---

010 【O】 헌법 제33조 제1항에 의하면 단결권의 주체는 단지 개인인 것처럼 표현되어 있지만, 만일 헌법이 개인의 단결권만을 보장하고 조직된 단체의 권리를 인정하지 않는다면, 즉 국가가 임의로 단체의 존속과 활동을 억압할 수 있다면 개인의 단결권 보장은 무의미하게 된다(1999.11.25. 95헌마154).

011 【O】 타인과의 사용종속관계하에서 근로를 제공하고 그 대가로 임금 등을 받아 생활하는 사람은 노동조합법상 근로자에 해당하고, 노동조합법상의 근로자성이 인정되는 한, 그러한 근로자가 외국인인지 여부나 취업자격의 유무에 따라 노동조합법상 근로자의 범위에 포함되지 아니한다고 볼 수는 없다(대판 2015.6.25. 2007두4995 전합).

012 【X】 헌법상 보장된 근로자의 단결권은 단결할 자유만을 가리킬 뿐이고, 단결하지 아니할 자유 이른바 **소극적 단결권은 이에 포함되지 않으므로**, 근로자가 노동조합을 결성하지 아니할 자유나 노동조합에 가입을 강제당하지 아니할 자유, 그리고 가입한 노동조합을 탈퇴할 자유는 근로자에게 보장된 단결권의 내용에 포섭되는 권리가 아니다. (2005.11.24. 2002헌바95)

013 【X】 2005.11.24. 2002헌바95

014 【X】 2005.11.24. 2002헌바95

015 【O】 2005.11.24. 2002헌바95

016

근로3권 중 단결권에는 개별 근로자가 노동조합 등 근로자단체를 조직하거나 그에 가입하여 활동할 수 있는 개별적 단결권뿐 아니라 근로자단체가 존립하고 활동할 수 있는 집단적 단결권도 포함된다. (O/×)

017

일반적으로 노동조합이 사용자와 유니언 샵(Union Shop) 협정(근로자가 노동조합의 조합원이 될 것을 고용조건으로 하는 단체협약상의 규정)을 체결하는 경우 조합규약에 의해 조합원 자격이 있는 근로자는 원칙적으로 당해 노동조합에 가입하여야 하며, 고용된 근로자가 일정한 기간 내에 노동조합에 가입하지 않거나 또는 가입한 노동조합으로부터 탈퇴하거나 제명되는 때에는 사용자는 협정상의 의무로서 그 근로자를 해고해야 할 의무를 부담한다. (O/×)

4. 침해와 구제

018

노동조합으로 하여금 행정관청이 요구하는 경우 결산 결과와 운영 상황을 보고하도록 하고 그 위반 시 과태료에 처하도록 하는 것은 노동조합의 단결권을 침해한다. (O/×)

019

교원노조의 설립 및 활동의 주된 주체를 원칙적으로 초·중등학교에 재직 중인 교원으로 한정하고 있는 규정은 해직 교원들의 단결권을 침해하지 않는다. (O/×)

---

016 【O】 1999.11.25. 95헌마154

017 【O】 2005.11.24. 2002헌바95

018 【X】 노동조합으로 하여금 행정관청이 요구하는 경우 결산 결과와 운영 상황을 보고하도록 하고 그 위반 시 과태료에 처하도록 하는 것은 노동조합의 **단결권을 침해하지 아니한다**.(2013.7.25. 2012헌바116) - 노동조합의 재정 집행과 운영에 있어서의 적법성, 민주성 등을 확보하기 위해서는 조합자치 또는 규약자치에만 의존할 수는 없고 **행정관청의 감독이 보충적으로 요구되는바, 이 사건 법률조항은 노동조합의 재정 집행과 운영의 적법성, 투명성, 공정성, 민주성 등을 보장하기 위한 것**으로서 정당한 입법목적을 달성하기 위한 적절한 수단이다. 노동조합의 재정 집행과 운영에 있어서의 적법성, 민주성 등을 확보하기 위해 마련된 이 사건 법률조항 이외의 수단들은 각기 일정한 한계를 가지고, 이 사건 법률조항의 실제 운용현황을 볼 때 행정관청에 의하여 자의적이거나 과도하게 남용되고 있다고 보기는 어려우며, 노동조합의 내부 운영에 대한 행정관청의 개입과 그로 인한 노동조합의 운영의 자유에 대한 제한을 최소화하고 있다고 할 것이므로 피해최소성 또한 인정된다. 이 사건 법률조항이 달성하려는 노동조합 운영의 적법성, 민주성 등의 공익은 중대한 반면 이 사건 법률조항으로 말미암아 제한되는 노동조합의 운영의 자유는 그다지 크지 아니하므로, 법익균형성 또한 인정된다.

019 【O】 해직 교원에게도 교원노조의 조합원 자격을 유지하도록 할 경우 개인적인 해고의 부당성을 다투는 데 교원노조의 활동을 이용할 우려가 있으므로, 해고된 사람의 교원노조 조합원 자격을 제한하는 데에는 합리적 이유가 인정된다 (2015.5.28. 2013헌마671 등).

020

노동조합을 설립할 때 행정관청에 설립신고서를 제출하게 하고 그 요건을 충족하지 못한 경우 설립신고서를 반려 하도록 한 규정은 근로자의 단결권을 침해하는 것이다. (O/×)

021

노동조합을 설립할 때에 행정관청에 설립신고서를 제출하도록 하고 그 요건을 충족하지 못하는 경우 설립신고서를 반려하도록 규정하고 있는 노동조합법 규정은 노동조합법상 요구되는 요건만 충족하면 노동조합의 설립이 자유롭다는 점에서 헌법에서 금지하는 결사에 대한 허가제에 해당하지 않는다. (O/×)

022

노동조합이 당해 사업장에 종사하는 근로자의 3분의 2 이상을 대표하고 있을 때에는 근로자가 그 노동조합의 조합원이 될 것을 고용조건으로 하는 단체협약의 체결을 부당노동행위의 예외로 하는 법률규정은, 노동조합의 적극적 단결권이 근로자 개인의 단결하지 않을 자유보다 중시된다고 할 수 없고 노동조합에게 위와 같은 조직강제권을 부여하는 것은 근로자의 단결하지 아니할 자유의 본질적인 내용을 침해하는 것이므로 근로자의 단결권을 보장한 헌법에 위반된다. (O/×)

Ⅳ 단체교섭권

1. 의의
2. 주체
3. 내용

023

헌법 제33조 제1항이 근로자는 근로조건의 향상을 위하여 자주적인 단결권, 단체교섭권, 단체행동권을 가진다고 규정하여 비록 단체협약체결권을 명시하고 있지 않지만, 단체교섭권에는 단체협약체결권이 포함되어 있다고 보아야 한다. (O/×)

---

020 【×】 노동조합을 설립할 때 행정관청에 설립신고서를 제출하게 하고 그 요건을 충족하지 못한 경우 설립신고서를 반려하도록 한 규정은 **근로자의 단결권을 침해한다고 볼 수 없다.**(2012.3.29. 2011헌바53) - 노동조합 설립신고에 대한 심사와 그 신고서 반려는 근로자들이 자주적이고 민주적인 단결권을 행사하도록 하기 위한 것으로서 **노동조합이 그 설립 당시부터 노동조합으로서 자주성 등을 갖추고 있는지를 심사하여 이를 갖추지 못한 단체의 설립신고서를 반려하도록 하는 것은** 과잉금지원칙에 위반되어 근로자의 단결권을 침해한다고 볼 수 없다.

021 【O】 2012.3.29. 2011헌바53

022 【×】 노동조합이 당해 사업장에 종사하는 근로자의 3분의 2 이상을 대표하고 있을 때에는 근로자가 그 노동조합의 조합원이 될 것을 고용조건으로 하는 단체협약의 체결을 부당노동행위의 예외로 하는 법률규정은, **노동조합의 적극적 단결권은 근로자 개인의 단결하지 않을 자유보다 중시된다고 할 것이고**, 또 노동조합에게 위와 같은 조직강제권을 부여한다고 하여 이를 근로자의 단결하지 아니할 자유의 본질적인 내용을 침해하는 것으로 단정할 수는 없다.(2005.11.24. 2002헌바95) - **근로자에게 보장되는 적극적 단결권이 단결하지 아니할 자유보다 특별한 의미를 갖고 있고**, 노동조합의 조직강제권도 이른바 자유권을 수정하는 의미의 생존권(사회권)적 성격을 함께 가지는 만큼 **근로자 개인의 자유권에 비하여 보다 특별한 가치로 보장되는 점** 등을 고려한 결과이다.

023 【O】 1998.2.27. 94헌바13

024 ⟲ 1 2 3

하나의 사업 또는 사업장에 두 개 이상의 노동조합이 있는 경우 단체교섭에 있어 그 창구를 단일화하도록 하고 교섭대표가 된 노동조합에게만 단체교섭권을 부여하고 있는 교섭창구단일화제도는 노사의 자율성을 부정하는 것이므로 단체교섭권을 침해하는 것이다. (O/×)

025 ⟲ 1 2 3

공무원인 노동조합원의 쟁의행위를 형사처벌하면서 사용자측인 정부교섭대표의 부당노동행위에 대해서는 그 구제수단으로서 민사상의 구제절차를 마련하는 데 그치고 형사처벌을 규정하지 않았다고 하더라도 이러한 규정이 공무원의 단체교섭권을 침해하는 것은 아니다. (O/×)

026 ⟲ 1 2 3

노동조합의 대표자 또는 노동조합으로부터 위임을 받은 자에게 단체교섭권과 함께 단체협약체결권을 부여한 것은 헌법에 위반된다. (O/×)

V 단체행동권

1. 의의

2. 주체

3. 단체행동(쟁의행위)의 유형

---

024 【×】 하나의 사업 또는 사업장에 두 개 이상의 노동조합이 있는 경우 단체교섭에 있어 그 창구를 단일화하도록 하고 교섭대표가 된 노동조합에게만 단체교섭권을 부여하고 있는 교섭창구단일화제도는 **단체교섭권을 침해한다고 볼 수 없다**.(2012.4.24. 2011헌마338) - '노동조합 및 노동관계조정법'상의 교섭창구단일화제도는 근로조건의 결정권이 있는 사업 또는 사업장 단위에서 복수 노동조합과 사용자 사이의 교섭절차를 **일원화하여 효율적이고 안정적인 교섭체계를 구축하고, 소속 노동조합과 관계없이 조합원들의 근로조건을 통일하기 위한 것**으로, 교섭대표노동조합이 되지 못한 소수 노동조합의 단체교섭권을 제한하고 있지만, 소수 노동조합도 교섭대표노동조합을 정하는 절차에 참여하게 하여 교섭대표노동조합이 사용자와 대등한 입장에 설 수 있는 기반이 되도록 하고 있으며, 그러한 **실질적 대등성의 토대 위에서 이뤄낸 결과를 함께 향유하는 주체가 될 수 있도록 하고 있으므로** 노사대등의 원리 하에 적정한 근로조건의 구현이라는 단체교섭권의 실질적인 보장을 위한 불가피한 제도라고 볼 수 있다.

025 【O】 어떤 행위를 범죄로 규정하고 이에 대하여 어떠한 형벌을 과할 것인가 하는 문제는 원칙적으로 입법정책에 관한 사항으로서 **입법자에게 광범위한 입법재량 내지 형성의 자유가 인정되어야 할 문제이다**(2008.12.26. 2005헌마971 등).

026 【×】 노동조합의 대표자 또는 노동조합으로부터 위임을 받은 자에게 단체교섭권과 함께 단체협약체결권을 부여한 것은 **헌법에 위반된다고 할 수 없다**.(1998.2.27. 94헌바13 등) - 이 사건 법률조항의 입법목적은 노동조합이 근로3권의 기능을 보다 효율적으로 이행하기 위한 조건을 규정함에 있다 할 것이다. 따라서 비록 이 사건 법률조항으로 말미암아 노동조합의 자주성이나 단체자치가 제한되는 경우가 있다고 하더라도 이는 근로3권의 기능을 보장함으로써 산업평화를 유지하고자 하는 중대한 공익을 위한 것으로서 그 수단 또한 필요·적정한 것이라 할 것이므로 헌법에 위반된다고 할 수 없다.

027

「노동조합 및 노동관계조정법」은 동법상의 쟁의행위의 개념에 사용자의 직장폐쇄를 포함하고 있다. "쟁의행위"라 함은 파업·태업·직장폐쇄 기타 노동관계 당사자가 그 주장을 관철할 목적으로 행하는 행위와 이에 대항하는 행위로서 업무의 정상적인 운영을 저해하는 행위를 말한다. (O/×)

4. 내용

028

쟁의행위의 목적은 근로조건의 향상을 위한 것이어야 한다. (O/×)

5. 범위와 한계

029

노동조합이 정치적 목적의 쟁의행위(파업)를 하는 것은 허용되지 않는다. (O/×)

030

형법상 업무방해죄는 모든 쟁의행위에 대하여 무조건 적용되는 것이 아니라, 단체행동권의 내재적 한계를 넘어 정당성이 없다고 판단되는 쟁의행위에 대하여만 적용되는 조항임이 명백하다고 할 것이므로, 그 목적이나 방법 및 절차상 한계를 넘어 업무방해의 결과를 야기시키는 쟁의행위에 대하여만 이 사건 법률조항을 적용하여 형사처벌하는 것은 헌법상 단체행동권을 침해하였다고 볼 수 없다. (O/×)

031

노동관계 당사자가 쟁의행위를 함에 있어서는 그 목적, 방법 및 절차상의 한계를 벗어나지 아니한 범위 안에서 관계자들의 민사상 및 형사상 책임이 면제된다. (O/×)

032

정당한 쟁의행위는 형사책임이나 민사책임을 발생시키지 않는다. (O/×)

---

027 【O】 노동조합 및 노동관계조정법 제2조 제6호
028 【O】 헌법 제33조 제1항
029 【O】 헌법 제33조 제1항
030 【O】 1998.7.16. 97헌바23
031 【O】 2010.4.29. 2009헌바168
032 【O】 쟁의행위는 업무의 저해라는 속성상 그 자체 시민형법상의 여러 가지 범죄의 구성요건에 해당될 수 있음에도 불구하고 그것이 정당성을 가지는 경우에는 형사책임이 면제되며, **민사상 손해배상 책임도 발생하지 않는다.**(1998.7.16. 97헌바23) – 이는 헌법 제33조에 당연히 포함된 내용이라 할 것이며, 정당한 쟁의행위의 효과로서 민사 및 형사면책을 규정하고 있는 현행 노동조합 및 노동관계조정법 제3조와 제4조 및 구 노동쟁의조정법 제8조, 구 노동조합법 제2조 등은 이를 명문으로 확인한 것이라 하겠다.

033
특수경비원에게 경비업무의 정상적인 운영을 저해하는 쟁의행위를 금지하는 경비업법 규정은 단체행동권을 침해하는 것이 아니다. (O/X)

034
공항·항만 등 국가중요시설의 경비업무를 담당하는 특수경비원에게 경비업무의 정상적인 운영을 저해하는 일체의 쟁의행위를 금지하는 「경비업법」의 해당 조항은 특수경비원의 단체행동권을 박탈하여 근로3권을 규정하고 있는 헌법 제33조 제1항에 위배된다. (O/X)

035
사용자의 직장폐쇄는 근로자의 쟁의행위 개시 전후에 행할 수 있다. (O/X)

VI 효력

VII 제한과 한계

1. 공무원인 근로자의 근로3권의 제한

036
국회는 헌법 제33조 제2항에 따라 공무원인 근로자에게 단결권·단체교섭권·단체행동권을 인정할 것인가의 여부, 어떤 형태의 행위를 어느 범위에서 인정할 것인가 등에 대하여 필요한 한도에서만 공무원의 근로3권을 제한할 수 있을 뿐 광범위한 입법형성의 자유를 갖는 것은 아니다. (O/X)

---

033 【O】 특수경비원에게 경비업무의 정상적인 운영을 저해하는 쟁의행위를 금지하는 경비업법 규정은 단체행동권을 침해하는 것이 아니다.(2009.10.29. 2007헌마1359) - 특수경비원 업무의 강한 공공성과 특히 특수경비원은 소총과 권총 등 무기를 휴대한 상태로 근무할 수 있는 특수성 등을 감안할 때, 특수경비원의 신분이 공무원이 아닌 일반근로자라는 점에만 치중하여 특수경비원에게 근로3권 즉 단결권, 단체교섭권, 단체행동권 모두를 인정하여야 한다고 보기는 어렵고, 적어도 특수경비원에 대하여 단결권, 단체교섭권에 대한 제한은 전혀 두지 아니하면서 단체행동권 중 '경비업무의 정상적인 운영을 저해하는 일체의 쟁의행위'만을 금지하는 것은 입법목적 달성에 필요불가결한 최소한의 수단이라고 할 것이어서 침해의 최소성 원칙에 위배되지 아니한다.

034 【X】 특수경비원 업무의 강한 공공성과 특히 특수경비원은 소총과 권총 등 무기를 휴대한 상태로 근무할 수 있는 특수성 등을 감안할 때, 특수경비원의 신분이 공무원이 아닌 일반근로자라는 점에만 치중하여 특수경비원에게 근로3권 즉 단결권, 단체교섭권, 단체행동권 모두를 인정하여야 한다고 보기는 어렵고, 적어도 특수경비원에 대하여 단결권, 단체교섭권에 대한 제한은 전혀 두지 아니하면서 **단체행동권 중 '경비업무의 정상적인 운영을 저해하는 일체의 쟁위행위'만을 금지하는 것은 입법목적 달성에 필요불가결한 최소한의 수단이라고 할 것이어서 침해의 최소성 원칙에 위배되지 아니한다.**(2009.10.29. 2007헌마1359)

035 【X】 사용자는 노동조합이 쟁의행위를 **개시한 이후에만 직장폐쇄**를 할 수 있다.(노동조합 및 노동관계조정법 제46조 제1항)

036 【X】 국회는 헌법 제33조 제2항에 따라 공무원인 근로자에게 단결권·단체교섭권·단체행동권을 인정할 것인가의 여부, 어떤 형태의 행위를 어느 범위에서 인정할 것인가 등에 대하여 **광범위한 입법형성의 자유를 가진다.**(2008.12.26. 2005헌마971)

037

국가 또는 지방자치단체의 정책결정에 관한 사항이나 기관의 관리·운영에 관한 사항으로서 근무조건과 직접 관련되지 아니하는 사항을 공무원노동조합의 단체교섭대상에서 제외하고 있는 「공무원의 노동조합 설립 및 운영 등에 관한 법률」 제8조 제1항 단서 중 '직접' 부분은 명확성원칙에 위반된다. (O/×)

2. 교원의 근로3권 제한

038

'교원의 노동조합 설립 및 운영 등에 관한 법률 시행령'(2013. 3. 23. 대통령령 제24447호로 개정된 것) 제9조 제1항 중 '노동조합 및 노동관계조정법 시행령' 제9조 제2항에 관한 부분(이하 '법외노조통보 조항'이라 한다)은 시정요구 및 법외노조통보라는 별도의 집행행위를 예정하고 있으므로, 법외노조통보 조항에 대한 헌법소원은 기본권 침해의 직접성이 인정되지 아니한다. (O/×)

039

교원이 아닌 사람이 교원노조에 일부 포함되어 있다는 이유로 이미 설립신고를 마치고 활동 중인 노동조합을 법외노조로 하도록 정하는 것은 과잉금지의 원칙에 반한다고 할 것이다. (O/×)

040

고용노동부장관의 청구인 전국교직원노동조합에 대한 2013. 9. 23.자 시정요구(이하 '이 사건 시정요구'라 한다)는 청구인 전국교직원노동조합의 권리·의무에 변동을 일으키는 행정행위에 해당하나, 청구인 전교조는 이 사건 시정요구에 대하여 다른 불복절차를 거치지 아니하고 곧바로 헌법소원심판을 청구하였으므로, 이에 대한 헌법소원은 보충성 요건을 결하였다. (O/×)

---

037 【X】 국가 또는 지방자치단체의 정책결정에 관한 사항이나 기관의 관리·운영에 관한 사항으로서 근무조건과 직접 관련되지 아니하는 사항을 공무원노동조합의 단체교섭대상에서 제외하고 있는 「공무원의 노동조합설립 및 운영 등에 관한 법률」 제8조 제1항 단서 중 <u>'직접' 부분은 명확성의 원칙에 위반된다고 볼 수 없다.</u>(2013.6.27. 2012헌바169) - 근무조건은 공무원이 공무를 제공하는 조건이 되는 사항을 의미하고, <u>'직접'이란 '중간에 제3자나 매개물이 없이 바로 연결되는 관계' 또는 '중간에 아무것도 개재시키지 않은 바로 그 자체'를 의미한다</u> 할 것이므로 근무조건과 '직접' 관련되어 교섭대상이 되는 사항은 공무원이 공무를 제공하는 조건이 되는 사항 그 자체, 즉 전형적으로 어떤 근무조건의 변화를 내포하고 있어 근무조건에 영향을 주지 아니할 여지가 거의 없는 사항을 의미할 것이다. 그렇다면 구(또는 현행) 공무원노조법 제8조 제1항 단서 규정의 비교섭대상은 위에서 본 정책결정에 관한 사항과 기관의 관리·운영에 관한 사항 중 그 자체가 공무를 제공하는 조건이 되는 사항을 제외한 사항이 될 것이고, 이 사건 규정이 이러한 의미로 해석되기에 불충분하다고 볼 수 없다.

038 【O】 2015.5.28. 2013헌마671 등

039 【X】 '교원의 노동조합 설립 및 운영 등에 관한 법률'의 적용을 받는 교원의 범위를 초·중등학교에 재직 중인 교원으로 한정하고 있는 '교원의 노동조합 설립 및 운영 등에 관한 법률' 제2조가 교원의 <u>근로조건과 직접 관련이 없는 교원이 아닌 사람을 교원노조의 조합원 자격에서 배제하는 것이 단결권의 지나친 제한이라고 볼 수 없다.</u>(2015.5.28. 2013헌마671)

040 【O】 2015.5.28. 2013헌마671 등

041
교원이 아닌 사람이 교원노조에 일부 포함되어 있다는 이유로 이미 설립신고를 마치고 활동 중인 노동조합을 법외노조로 하도록 정하는 것은 과잉금지원칙에 어긋나지 아니한다. (O/×)

042
구 「사립학교법」상 교원은 노동조합 결성 등 집단행동이 금지되었는데 이는 헌법에 위반된다. (O/×)

3. 주요방위산업체에 종사하는 근로자의 단체행동 제한

043
헌법은 "법률이 정하는 주요방위산업체에 종사하는 근로자의 단결권은 법률이 정하는 바에 의하여 이를 제한하거나 인정하지 아니할 수 있다."라고 규정하고 있다. (O/×)

4. 헌법 제37조 제2항에 의한 근로3권의 제한

044
현행 헌법이 구 헌법과 달리 공익사업체에 종사하는 근로자의 단체행동권에 관한 제한규정을 두고 있지 않다고 하더라도, 헌법 제37조 제2항의 일반유보조항에 따른 기본권제한의 원칙에 의하여 단체행동권을 제한할 수 있다. (O/×)

045
헌법 제37조 제2항에 의하여 근로자의 근로3권에 대해 일부 제한이 가능하다 하더라도, '공무원 또는 주요방위사업체 근로자'가 아닌 근로자의 근로3권을 전면적으로 부정하는 것은 본질적 내용 침해금지에 위반된다. (O/×)

---

041 【O】 교원이 아닌 사람이 교원노조에 일부 포함되어 있다는 이유로 이미 설립신고를 마치고 활동 중인 노동조합을 법외노조로 할 것인지 여부는 법외노조통보 조항이 정하고 있고, 법원은 법외노조통보 조항에 따른 행정당국의 판단이 적법한 재량의 범위 안에 있는 것인지 충분히 판단할 수 있으므로, **이미 설립신고를 마친 교원노조의 법상 지위를 박탈할 것인지 여부는 이 사건 법외노조통보 조항의 해석 내지 법 집행의 운용에 달린 문제라 할 것이다.** 따라서 이 사건 법률조항은 침해의 최소성에도 위반되지 않는다. 이 사건 법률조항으로 인하여 교원 노조 및 해직 교원의 단결권 자체가 박탈된다고 할 수는 없는 반면, 교원이 아닌 자가 교원노조의 조합원 자격을 가질 경우 교원노조의 자주성에 대한 침해는 중대할 것이어서 법익의 균형성도 갖추었으므로, 이 사건 법률조항은 청구인들의 단결권을 침해하지 아니한다 (2015.5.28. 2013헌마671 등).

042 【×】 사립학교 교원에게 헌법 제33조 제1항에 정한 근로3권의 행사를 제한 또는 금지하고 있다고 하더라도 이로써 **사립학교교원이 가지는 근로기본권의 본질적 내용을 침해한 것으로 볼 수 없고,** 그 제한은 입법자가 교원지위의 특수성과 우리의 역사적 현실을 종합하여 공공의 이익인 **교육제도의 본질을 지키기 위하여 결정한 것으로 필요하고 적정한 범위내의 것이다.** (1991.7.22. 89헌가106)

043 【×】 법률이 정하는 주요방위산업체에 종사하는 근로자의 **단체행동권**은 법률이 정하는 바에 따라 제한하거나 인정하지 아니할 수 있다.(헌법 제33조 제3항) 법률이 정하는 주요방위산업체에 종사하는 근로자의 **단결권 및 단체교섭권은 제한할 수 없다.**

044 【O】 1996.12.26. 90헌바19 등

045 【O】 2015.3.26. 2014헌가5

046

청원경찰의 복무에 관하여 국가공무원법 제66조 제1항을 준용함으로써 노동운동을 금지하는 청원경찰법 제5조 제4항 중 국가공무원법 제66조 제1항 가운데 '노동운동' 부분을 준용하는 부분이 국가기관이나 지방자치단체 이외의 곳에서 근무하는 청원경찰인 청구인들의 근로3권을 침해한다. (O/×)

047

노동조합이 비과세 혜택을 받을 권리는 헌법 제33조 제1항(근로 3권)이 당연히 예상한 권리의 내용에 포함된다고 보기 어렵고, 위 헌법 조항으로부터 국가의 조세법규범 정비의무가 발생한다고 보기도 어렵다. (O/×)

048

필수공익사업에서 노동쟁의가 발생한 경우에 노동위원회 위원장이 직권으로 중재에 회부함으로써 파업에 이르기 전에 노사분쟁을 해결하는 강제중재제도를 채택한 것은 과잉금지원칙에 위배되지 아니한다. (O/×)

5. 국가비상사태 하에서의 근로3권의 제한

049

국가비상사태 하에서라도 단체교섭권·단체행동권이 제한되는 근로자의 범위를 공무원 등으로 구체적으로 제한함이 없이, 단체교섭권·단체행동권의 행사요건 및 한계 등에 관한 기본적 사항조차 법률에서 규정하지 아니한 채 그 행사의 허용 여부를 주무관청의 조정결정에 포괄적으로 위임하고, 이에 위반하는 경우 형사처벌하도록 규정한 것은 근로3권의 본질적인 내용을 침해한다. (O/×)

046 【O】 ⅰ) 국가기관이나 지방자치단체 이외의 곳에서 근무하는 청원경찰은 근로조건에 관하여 공무원뿐만 아니라 국가기관이나 지방자치단체에 근무하는 청원경찰에 비해서도 낮은 수준의 법적 보장을 받고 있으므로, 이들에 대해서는 **근로3권이 허용되어야 할 필요성이 더욱 크다.** ⅱ) **청원경찰의 근로3권을 제한함으로써 청원경찰이 관리하는 중요시설의 안전을 도모하려는 것이므로 목적의 정당성이 인정될 수 있고, 근로3권의 제한은 위와 같은 목적달성에 기여할 수 있으므로 수단의 적합성도 인정될 수 있다.** ⅲ) 심판대상조항이 모든 청원경찰의 근로3권을 전면적으로 제한하는 것은 입법목적 달성을 위해 필요한 범위를 넘어선 것이므로, 심판대상조항은 **침해의 최소성 원칙에 위배된다.** ⅳ) 심판대상조항으로 말미암아 청원경찰이 경비하는 중요시설의 안전을 도모할 수 있음은 분명하나, 이로 인해 받는 불이익은 모든 청원경찰에 대한 근로3권의 전면적 박탈이라는 점에서, 심판대상조항은 **법익의 균형성도 인정되지 아니한다.** ⅴ) 심판대상조항은 **과잉금지원칙을 위반하여 청구인들의 근로3권을 침해한다**(2017.9.28. 2015헌마653).

047 【O】 헌법 제32조 제1항이 규정한 근로의 권리는 근로자를 개인의 차원에서 보호하기 위한 권리로서 개인인 근로자가 그 주체가 되는 것이고 노동조합은 그 주체가 될 수 없으므로, 이 사건 법률조항이 **노동조합을 비과세 대상으로 규정하지 않았다** 하여 헌법 제32조 제1항에 반한다고 볼 여지는 없다. 근로3권은 자유권적 기본권으로서의 성격과 사회권적 기본권으로서의 성격을 모두 포함하는 것이어서 근로3권이 제대로 보호되기 위하여는 근로자의 권리행사의 실질적 조건을 형성하고 유지해야 할 국가의 적극적인 활동 즉 적절한 입법조치를 필요로 한다. 이때 국가의 적극적인 활동이라 함은 입법자가 근로자단체의 조직, 단체교섭, 단체협약, 노동쟁의 등에 관한 노동조합 관련법의 제정을 통하여 노사간의 세력균형이 이루어지고 근로자의 근로3권이 실질적으로 기능할 수 있도록 하기 위하여 필요한 법적 제도와 법규범을 마련하여야 할 의무가 있다는 것을 의미하는 것으로, **노동조합이 비과세 혜택을 받을 권리는 헌법 제33조 제1항이 당연히 예상한 권리의 내용에 포함된다고 보기 어려우며, 위 헌법 조항으로부터 국가의 조세법규범 정비의무가 발생한다고 보기도 어렵다.** 따라서 노동조합을 사업소세 비과세 대상으로 규정하지 않은 이 사건 법률조항은 헌법 제33조 제1항에 위반된다고 할 수 없다(2009.2.26. 2007헌바27).

048 【O】 필수공익사업에 한정하여 쟁의행위에 이르기 이전에 노동쟁의를 신속하고 원만하게 타결하도록 강제중재제도를 인정하는 것은 공익과 국민경제를 유지·보전하기 위한 최소한의 필요한 조치로서 과잉금지의 원칙에 위배하여 근로자의 단체행동권을 침해하는 것은 아니다(2003.5.15. 2001헌가31).

049 【O】 2015.3.26. 2014헌가5

☑ 최신판례 예상지문

001 🔄 ① ② ③

사용자가 노동조합의 운영비를 원조하는 행위를 부당노동행위로 금지하는 '노동조합 및 노동관계조정법' 조항은 노동조합의 단체교섭권을 침해한다. (○/×)

002 🔄 ① ② ③

'교원의 노동조합 설립 및 운영 등에 관한 법률'의 적용대상을 초·중등교육법상 교원이라고 규정함으로써, 고등교육법에서 규율하는 대학 교원들의 단결권을 인정하지 않는 '교원의 노동조합 설립 및 운영 등에 관한 법률' 조항은 헌법에 위반된다. (○/×)

---

001 【○】 사용자가 노동조합의 운영비를 원조하는 행위를 부당노동행위로 금지하는 '노동조합 및 노동관계조정법' 조항이 노동조합의 단체교섭권을 침해하는지 여부(적극) (헌재 2018.5.31. 2012헌바90) - 운영비원조금지조항은 사용자로부터 노동조합의 자주성을 확보하여 궁극적으로 근로3권의 실질적인 행사를 보장하기 위한 것으로서 그 입법목적이 정당하다. 노동조합의 자주성을 저해하거나 저해할 위험이 현저하지 않은 운영비 원조 행위를 부당노동행위로 규제하는 것은 입법목적 달성에 기여하는 바가 전혀 없는 반면, 운영비원조금지조항으로 인하여 청구인은 사용자로부터 운영비를 원조받을 수 없을 뿐만 아니라 궁극적으로 노사자치의 원칙을 실현할 수 없게 되므로, 운영비원조금지조항은 법익의 균형성에도 반한다. 따라서 운영비원조금지조항은 과잉금지원칙을 위반하여 청구인의 단체교섭권을 침해하므로 헌법에 위반된다.

002 【○】 '교원의 노동조합 설립 및 운영 등에 관한 법률'의 적용대상을 초·중등교육법상 교원이라고 규정함으로써, 고등교육법에서 규율하는 대학 교원들의 단결권을 인정하지 않는 '교원의 노동조합 설립 및 운영 등에 관한 법률' 조항이 헌법에 위반되는지 여부(적극) (헌재 2018.8.30. 2015헌가38) - (1) 대학 교원을 교육공무원 아닌 대학 교원과 교육공무원인 대학 교원으로 나누어, 각각의 단결권 침해가 헌법에 위배되는지 여부에 관하여 본다.
(2) 심판대상조항으로 인하여 교육공무원 아닌 대학 교원들이 향유하지 못하는 단결권은 헌법이 보장하고 있는 근로3권의 핵심적이고 본질적인 권리이다. 심판대상조항의 입법목적이 재직 중인 초·중등교원에 대하여 교원노조를 인정해 줌으로써 교원노조의 자주성과 주체성을 확보한다는 측면에서는 그 정당성을 인정할 수 있을 것이나, 교원노조를 설립하거나 가입하여 활동할 수 있는 자격을 초·중등교원으로 한정함으로써 교육공무원이 아닌 대학 교원에 대해서는 근로기본권의 핵심인 단결권조차 전면적으로 부정한 측면에 대해서는 그 입법목적의 정당성을 인정하기 어렵고, 수단의 적합성 역시 인정할 수 없다. 단결권을 전면적으로 부정하는 것은 필요 최소한의 제한이라고 보기 어렵다. 따라서 심판대상조항은 과잉금지원칙에 위배된다.
(3) 교육공무원인 대학 교원에 대하여 보더라도, 교육공무원의 직무수행의 특성과 헌법 제33조 제1항 및 제2항의 정신을 종합해 볼 때, 교육공무원에게 근로3권을 일체 허용하지 않고 전면적으로 부정하는 것은 합리성을 상실한 과도한 것으로서 입법형성권의 범위를 벗어나 헌법에 위반된다.

제6절 환경권

I 의의

1. 개념

001
환경권이란 건강하고 쾌적한 환경에서 생활할 수 있는 권리를 말한다. (O/×)

2. 사상적 배경

002
우리나라는 1980년 제5공화국 헌법에서 처음으로 환경권을 신설하였고 현행 헌법에서 유지되고 있다. (O/×)

003
독일기본법은 환경권 조항은 없고 국가목표조항으로 규정되어 있으나, 대부분의 국가는 환경권을 헌법에 규정하고 있지는 않다. (O/×)

3. 환경법 체계

II 법적 성격

1. 판례

004
헌법 제35조 제1항은 환경권을 국민의 기본권의 하나로 승인하고 개개의 국민에게 직접 구체적인 사법상(私法上)의 권리를 부여하고 있으므로, 이를 구체화하는 명문의 법률조항이 없더라도 동 조항을 근거로 환경침해의 배제를 구하는 민사소송을 제기할 수 있다. (O/×)

---

001 【O】 환경권이란 쾌적한 환경에서 건강하게 살 권리를 말한다.
002 【O】 1980년 제5공화국 헌법은 처음으로 환경권을 신설하였고 현행 헌법에서 유지되고 있다.
003 【O】
004 【×】 환경권은 명문의 법률규정이나 관계법령의 규정 취지 및 조리에 비추어 권리의 주체, 대상, 내용, 행사방법 등이 구체적으로 정립될 수 있어야만 인정되는 것이므로, 사법상의 권리로서의 환경권을 인정하는 명문의 규정이 없는데도 환경권에 기하여 직접 방해배제청구권을 인정할 수 없다.(대판 1999.7.27. 98다47528) 따라서 환경권 조항을 근거로 환경침해의 배제를 구하는 민사소송을 제기할 수 없다.

005

환경권을 행사함에 있어 국민은 국가로부터 건강하고 쾌적한 환경을 향유할 수 있는 자유를 침해당하지 않을 권리를 행사할 수 있고 일정한 경우 국가에 대하여 건강하고 쾌적한 환경에서 생활할 수 있도록 요구할 수 있는 권리가 인정되기도 하는바, 환경권은 그 자체 종합적 기본권으로서의 성격을 지닌다.

(O/×)

2. 환경권의 재산권 등에 대한 우위론

III 주체

006

환경권은 자연인인 인간의 권리이므로 법인은 환경권의 주체가 될 수 없다는 것이 다수설의 견해이다.

(O/×)

IV 내용

1. 환경권 대상으로서의 환경

1) 학설

007

헌법상의 환경권의 보호대상에는 자연환경과 생활환경뿐만 아니라 문화환경, 교육환경, 주거환경 등 환경으로부터 얻을 수 있는 생활이익이 포함된다는 견해가 있다.

(O/×)

2) 판례

008

'건강하고 쾌적한 환경에서 생활할 권리'를 보장하는 환경권의 보호대상이 되는 환경에는 자연환경뿐만 아니라 인공적 환경과 같은 생활환경도 포함된다.

(O/×)

---

005 【O】 2008.7.31. 2006헌마711
006 【O】 환경권의 향유주체는 성질상 자연인에 한한다. 법인은 주체가 될 수 없다.
007 【O】 환경권이란 쾌적한 환경에서 건강하게 살 권리를 말한다. 환경권의 대상인 환경을 어떻게 이해할 것인가에 관해 견해의 대립이 심하다. 자연환경만으로 보는 견해(협의설), 자연환경 외에 생활환경까지 포함한다는 견해(광의설), 사회환경까지 포함한다는 견해(최광의설)로 나누어진다. 헌법재판소도 환경권의 보호대상이 되는 환경에는 자연환경뿐만 아니라 인공적 환경과 같은 생활환경을 포함한다고 한다. 환경정책기본법도 "환경이라 함은 자연환경과 생활환경을 말한다"라고 정의한다(제3조 제1호).
008 【O】 2008.7.31. 2006헌마711

009
환경권의 내용인 환경에는 자연적 환경은 물론이고, 역사적, 문화적 유산인 문화적 환경, 사람이 사회적 활동을 하는 데 필요한 사회적 시설 등 사회적 환경 등도 이에 포함된다. (O/×)

2. 환경권의 구체적 내용

010
환경권의 내용과 행사는 법률에 의해 구체적으로 정해지는 것이기는 하나(헌법 제35조 제2항), 이 헌법조항의 취지는 특별히 명문으로 헌법에서 정한 환경권을 입법자가 그 취지에 부합하도록 법률로써 내용을 구체화하도록 한 것이지 환경권이 완전히 무의미하게 되는데도 그에 대한 입법을 전혀 하지 아니하거나, 어떠한 내용이든 법률로써 정하기만 하면 된다는 것은 아니다. (O/×)

011
조망이익은 원칙적으로 특정의 장소가 그 장소로부터 외부를 조망함에 있어 특별한 가치를 가지고 있고, 그와 같은 조망이익의 향유를 하나의 중요한 목적으로 하여 그 장소에 건물이 건축된 경우와 같이 당해 건물의 소유자나 점유자가 그 건물로부터 향유하는 조망이익이 사회통념상 독자의 이익으로 승인되어야 할 정도로 중요성을 갖는다고 인정되는 경우에 비로소 법적인 보호의 대상이 된다. (O/×)

3. 환경권보장을 위한 국가적 노력의무

012
헌법 제35조 제1항은 "모든 국민은 건강하고 쾌적한 환경에서 생활할 권리를 가지며, 국가와 국민은 환경보전을 위하여 노력하여야 한다."라고 규정하여 환경권을 헌법상의 기본권으로 명시함과 동시에 국가와 국민에게 환경보전을 위하여 노력할 의무를 부과하므로, 국가는 각종 개발·건설계획을 수립하고 시행함에 있어 소중한 자연환경을 보호하여 그 자연환경 속에서 살아가는 국민들이 건강하고 쾌적한 삶을 영위할 수 있도록 보장하고 나아가 우리의 후손에게 이를 물려줄 수 있도록 적극적인 조치를 취하여야 할 책무를 부담한다. (O/×)

013
모든 국민은 건강하고 쾌적한 환경에서 생활할 권리, 즉 환경권을 가지고 있고, 국가와 국민은 환경보전을 위하여 노력하여야 한다. 환경권은 건강하고 쾌적한 생활을 유지하는 조건으로서 양호한 환경을 향유할 권리이고 생명·신체의 자유를 보호하는 토대를 이루며, 궁극적으로 '삶의 질' 확보를 목표로 하는 권리이다. (O/×)

---

009 【O】 1995.5.18. 95카합5
010 【O】 2008.7.31. 2006헌마711
011 【O】 대판 2007.9.7. 2005다72485
012 【O】 2006.6.2. 2004마1148
013 【O】 2008.7.31. 2006헌마711

014

국가는 헌법상 환경권 조항을 근거로 수질개선부담금과 같은 환경부담금을 부과하는 방법을 선택할 수 있다. (O/×)

V 환경권의 효력

1. 대국가적 효력

2. 제3자적 효력

VI 환경권의 한계와 제한

VII 환경권의 침해와 구제

1. 사인에 의한 침해와 구제

015

국가가 기본권의 보호의무를 다하지 않았는지를 헌법재판소가 심사할 때에는, 국가가 국민의 기본권적 법익 보호를 위하여 적어도 적절하고 효율적인 최소한의 보호조치를 취했는가 하는 이른바 "과소보호금지원칙"의 위반 여부를 기준으로 삼을 수는 없다. (O/×)

016

국가가 국민의 건강하고 쾌적한 환경에서 생활할 권리에 대한 보호의무를 다하지 않았는지 여부를 헌법재판소가 심사할 때에는 국가가 이를 보호하기 위하여 적어도 적절하고 효율적인 최소한의 보호조치를 취하였는가 하는 이른바 '과잉입법금지원칙' 내지 '비례의 원칙'의 위반 여부를 기준으로 삼아야 한다. (O/×)

---

014 【O】 헌법 제35조 제1항, 제120조 제1항·제2항에 근거하여 국가는 자연자원 보호와 환경보전을 위하여 강력한 규제·조정의 권한을 가지므로 지하수 보호라는 환경정책 실현을 위하여 수질개선부담금과 같은 환경부담금을 부과·징수하는 방법을 선택할 수 있다(1998.12.24. 98헌가1).

015 【X】 일정한 경우 국가는 사인인 제3자에 의한 국민의 환경권 침해에 대해서도 적극적으로 기본권 보호조치를 취할 의무를 지나, 헌법재판소가 이를 심사할 때에는 국가가 국민의 기본권적 법익 보호를 위하여 적어도 적절하고 효율적인 최소한의 보호조치를 취했는가 하는 이른바 **과소보호금지원칙"의 위반 여부를 기준으로 삼아야 한다**.(2008.7.31. 2006헌마711)

016 【X】 2008.7.31. 2006헌마711

017 ⟳ 1 2 3

「공직선거법」이 정온한 생활환경이 보장되어야 할 주거지역에서 출근 또는 등교 이전 및 퇴근 또는 하교 이후 시간대에 확성장치의 최고출력 내지 소음을 제한하는 등 사용시간과 사용지역에 따른 수인한도 내에서 확성장치의 최고출력 내지 소음 규제기준에 관한 규정을 두지 아니한 것은 청구인의 건강하고 쾌적한 환경에서 생활할 권리를 침해한다. (O/X)

018 ⟳ 1 2 3

선거운동의 자유를 감안하여 선거운동을 위한 확성장치를 허용할 공익적 필요성이 인정된다고 하더라도 정온한 생활환경이 보장되어야 할 주거지역에서 출근 또는 등교 이전 및 퇴근 또는 하교 이후 시간대에 확성장치의 최고출력 내지 소음을 제한하는 등 사용시간과 사용지역에 따른 수인한도 내에서 확성장치의 최고출력 내지 소음 규제기준에 관한 s규정을 두지 아니한 것은, 국민이 건강하고 쾌적하게 생활할 수 있는 양호한 주거환경을 위하여 노력하여야 할 최소한의 보호조치를 취하지 아니하여 국가의 기본6권 보호의무를 과소하게 이행한 것으로서, 청구인의 건강하고 쾌적한 환경에서 생활할 권리를 침해하므로 헌법에 위반된다. (O/X)

019 ⟳ 1 2 3

사업장 등에서 발생되는 환경오염 또는 환경훼손으로 인하여 피해가 발생한 때에는 당해 사업자는 그 피해를 배상하여야 하고 사업장 등이 2개 이상 있는 경우에 어느 사업장 등에 의하여 그 피해가 발생한 것인지 알 수 없을 때에는 각 사업자는 연대하여 배상하여야 한다. (O/X)

2. 공권력에 의한 침해와 구제

3. 환경분쟁조정제도 : 환경오염피해분쟁기구

---

017 【O】 전국동시지방선거의 선거운동 과정에서 후보자들이 확성장치를 사용할 수 있도록 허용하면서도 그로 인한 소음의 규제기준을 정하지 아니한 공직선거법 조항은 청구인의 건강하고 쾌적한 환경에서 생활할 권리를 침해하여 위헌인지 여부(적극) (헌재 2019. 12. 27. 2018헌마730) - 공직선거법에는 확성장치를 사용함에 있어 확성장치의 최고출력 내지 소음 규제기준이 마련되어 있지 아니하다. 기본권의 과소보호금지원칙에 부합하면서 선거운동을 위해 필요한 범위 내에서 합리적인 최고출력 내지 소음 규제기준을 정할 필요가 있다. 따라서 심판대상조항이 선거운동의 자유를 감안하여 선거운동을 위한 확성장치를 허용할 공익적 필요성이 인정된다고 하더라도 정온한 생활환경이 보장되어야 할 주거지역에서 출근 또는 등교 이전 및 퇴근 또는 하교 이후 시간대에 확성장치의 최고출력 내지 소음을 제한하는 등 사용시간과 사용지역에 따른 수인한도 내에서 확성장치의 최고출력 내지 소음 규제기준에 관한 규정을 두지 아니한 것은, 국민이 건강하고 쾌적하게 생활할 수 있는 양호한 주거환경을 위하여 노력하여야 할 국가의 의무를 부과한 헌법 제35조 제3항에 비추어 보면, 적절하고 효율적인 최소한의 보호조치를 취하지 아니하여 국가의 기본권 보호의무를 과소하게 이행한 것으로서, 청구인의 건강하고 쾌적한 환경에서 생활할 권리를 침해하므로 헌법에 위반된다.

018 【O】 헌재 2019.12.27. 2018헌마730

019 【O】 사업장 등에서 발생되는 환경오염 또는 환경훼손으로 인하여 피해가 발생한 때에는 당해 사업자(원인자)는 그 피해를 배상하여야 하고 사업장 등이 2개 이상 있는 경우에 어느 사업장 등에 의하여 그 피해가 발생한 것인지 알 수 없을 때에는 각 사업자(원인자)는 연대하여 배상하여야 한다.(환경정책기본법 제44조 제1항, 제2항)

4. 환경소송제도

1) 입증책임의 전환 : 개연성이론

020
공해를 원인으로 한 손해배상청구소송에 있어서는 가해자측이 배출한 어떤 유해한 원인물질이 피해자측에 도달하여 피해자에게 손해가 발생하였다면 가해자측에서 그 무해함을 입증하지 못하는 한 책임을 면할 수 없다. (O/×)

2) 원고적격

021
환경영향평가 대상사업의 경우 그 대상 지역 안의 주민들이 환경침해를 받지 아니하고 쾌적한 환경에서 생활할 수 있는 환경상의 이익은 주민 개개인에 대하여 개별적으로 보호되는 직접적・구체적 이익이다. (O/×)

022
환경영향평가 대상사업이라도 그 대상 지역 밖의 주민의 경우에는 그들이 누리는 환경상의 이익은 공익으로서의 추상적 이익에 해당하므로 대상사업을 허용하는 허가나 승인처분 등의 취소를 구할 원고 적격이 인정되지 않는다. (O/×)

023
환경영향평가 대상지역 밖에 거주하는 주민에게는 헌법상의 환경권 또는 환경정책기본법에 근거하여 공유수면매립면허 처분과 농지개량사업 시행인가처분의 무효확인을 구할 원고적격이 없다. (O/×)

---

020 【O】 대판 1984.6.12. 81다558
021 【O】 환경영향평가 대상사업의 경우 그 대상 **지역 안의 주민들이 환경침해를 받지 아니하고 쾌적한 환경에서 생활할 수 있는 환경상의 이익은 주민 개개인에 대하여 개별적으로 보호되는 직접적・구체적 이익**으로서 그들에 대하여는 특단의 사정이 없는 한 환경상의 이익에 대한 침해 또는 침해우려가 있는 것으로 사실상 추정되어 공유수면매립면허처분 등의 무효확인을 구할 원고적격이 인정된다.(대판 2006.3.16. 2006두330)
022 【×】 환경영향평가 **대상지역 밖의 주민**이라 할지라도 공유수면매립면허처분 등으로 인하여 그 처분 전과 비교하여 **수인한도를 넘는 환경피해를 받거나 받을 우려가 있는 경우에는**, 공유수면매립면허처분 등으로 인하여 환경상 이익에 대한 침해 또는 침해우려가 있다는 것을 입증함으로써 그 처분 등의 무효확인을 구할 **원고적격을 인정받을 수 있다**.(대판 2006.3.16. 2006두330)
023 【O】 환경영향평가 **대상지역 밖에 거주하는** 주민에게 헌법상의 환경권 또는 환경정책기본법에 근거하여 공유수면매립면허처분과 농지개량사업 시행인가처분의 무효확인을 구할 **원고적격이 없다**.(대판 2006.3.16. 2006두330) - 헌법 제35조 제1항에서 정하고 있는 환경권에 관한 규정만으로는 그 권리의 주체・대상・내용・행사방법 등이 구체적으로 정립되어 있다고 볼 수 없고, 환경정책기본법 제6조도 그 규정 내용 등에 비추어 국민에게 구체적인 권리를 부여한 것으로 볼 수 없다.

최신판례 예상지문

001
전국동시지방선거의 선거운동 과정에서 후보자들이 확성장치를 사용할 수 있도록 허용하면서도 그로 인한 소음의 규제기준을 정하지 아니한 공직선거법 조항은 기본권보호의무에 위반된다. (O/×)

001 【O】 전국동시지방선거의 선거운동 과정에서 후보자들이 확성장치를 사용할 수 있도록 허용하면서도 그로 인한 소음의 규제기준을 정하지 아니한 공직선거법 조항은 청구인의 건강하고 쾌적한 환경에서 생활할 권리를 침해하여 위헌인지 여부(적극) (헌재 2019.12.27. 2018헌마730) - (1) 국가가 국민의 건강하고 쾌적한 환경에서 생활할 권리에 대한 보호의무를 다하지 않았는지 여부를 헌법재판소가 심사할 때에는 국가가 이를 보호하기 위하여 적어도 적절하고 효율적인 최소한의 보호조치를 취하였는가 하는 이른바 '과소보호금지원칙'의 위반 여부를 기준으로 삼아야 한다.

(2) 공직선거법에는 확성장치를 사용함에 있어 확성장치의 최고출력 내지 소음 규제기준이 마련되어 있지 아니하다. 기본권의 과소보호금지원칙에 부합하면서 선거운동을 위해 필요한 범위 내에서 합리적인 최고출력 내지 소음 규제기준을 정할 필요가 있다. 따라서 심판대상조항이 선거운동의 자유를 감안하여 선거운동을 위한 확성장치를 허용할 공익적 필요성이 인정된다고 하더라도 정온한 생활환경이 보장되어야 할 주거지역에서 출근 또는 등교 이전 및 퇴근 또는 하교 이후 시간대에 확성장치의 최고출력 내지 소음을 제한하는 등 사용시간과 사용지역에 따른 수인한도 내에서 확성장치의 최고출력 내지 소음 규제기준에 관한 규정을 두지 아니한 것은, 국민이 건강하고 쾌적하게 생활할 수 있는 양호한 주거환경을 위하여 노력하여야 할 국가의 의무를 부과한 헌법 제35조 제3항에 비추어 보면, 적절하고 효율적인 최소한의 보호조치를 취하지 아니하여 국가의 기본권 보호의무를 과소하게 이행한 것으로서, 청구인의 건강하고 쾌적한 환경에서 생활할 권리를 침해하므로 헌법에 위반된다.

제7절 혼인·가족·모성보호·보건에 관한 권리

제1항 혼인과 가족제도의 보장

I 가족제도의 의의

001
가족제도라 함은 공동생활을 영위하는 혈연적 가족공동체를 규율하는 법적 제도를 말한다. (O/×)

II 법적 성격

002
헌법 제36조 제1항은 혼인과 가족생활을 스스로 결정하고 형성할 수 있는 자유를 기본권으로서 보장하고, 혼인과 가족에 대한 제도를 보장한다. 그리고 헌법 제36조 제1항은 혼인과 가족에 관련되는 공법 및 사법의 모든 영역에 영향을 미치는 헌법원리 내지 원칙규범으로서의 성격도 가진다. (O/×)

III 헌법 제36조 제1항의 주체

IV 헌법 제36조 제1항의 내용

003
헌법 제9조에서 말하는 전통이란 역사성과 시대성을 띤 개념으로서 가족제도에 관한 전통·전통문화란, 적어도 그것이 가족제도에 관한 헌법이념인 개인의 존엄과 양성의 평등에 반하는 것이어서는 안 된다는 한계가 있으므로 전래의 어떤 가족제도가 헌법 제36조 제1항이 요구하는 개인의 존엄과 양성평등에 반한다면 헌법 제9조에서의 전통을 근거로 헌법적 정당성을 주장할 수 없다. (O/×)

004
종합부동산세에 있어서 자산소득에 대한 부부간 합산과세는 자산소득의 특성을 고려하여 소비단위별 담세력에 부합하는 공평한 과세를 실현하기 위한 것으로서 합리적 근거가 있다. (O/×)

---

001 【O】
002 【O】 2002.8.29. 2001헌바82
003 【O】 2005.2.3. 2001헌가9
004 【×】 종합부동산세에 있어서 자산소득에 대한 **부부간 합산과세는 혼인한 부부를 비례의 원칙에 반하여 사실혼관계의 부부나 독신자에 비하여 차별하는 것으로서 헌법 제36조 제1항에 위반된다**.(2005.5.26. 2004헌가6) - 부부자산소득합산과세가 추구하는 공익은 입법정책적 법익에 불과한 반면, 이로 인하여 침해되는 것은 헌법이 강도 높게 보호하고자 하는 혼인을 근거로 한 차별금지라는 헌법적 가치이므로, 달성하고자 하는 공익과 침해되는 사익 사이에 적정한 균형관계를 인정할 수 없다.

005

누진과세제도 하에서 혼인한 부부에게 조세부담의 증가를 초래하는 부부자산소득합산과세를 규정하고 있는 구 소득세법 제80조 제1항 제2호는 혼인한 부부를 비례의 원칙에 반하여 사실혼 관계의 부부나 독신자에 비하여 차별하는 것으로서 헌법 제36조 제1항에 위반된다. (O/×)

006

부부 자산소득 합산과세제도는 헌법 제11조 제1항에서 보장하는 평등원칙을 혼인과 가족생활에서 더 구체화함으로써 혼인한 자의 차별을 금지하고 있는 헌법 제36조 제1항에 위반된다. (O/×)

007

부부의 자산소득을 합산하여 과세함으로써 누진율에 따른 추가적인 조세부담을 안기는 법률조항은 혼인한 자를 혼인하지 않은 자에 비해 불리하게 차별취급하는 조항으로서 허용되지 아니한다. (O/×)

008

호주제는 당사자의 의사나 복리와 무관하게 남계혈통 중심의 가의 유지와 계승이라는 관념에 뿌리박은 특정한 가족관계의 형태를 일방적으로 규정·강요함으로써 개인을 가족 내에서 존엄한 인격체로 존중하는 것이 아니라 가의 유지와 계승을 위한 도구적 존재로 취급하고 있는데, 이는 혼인·가족생활을 어떻게 꾸려나갈 것인지에 관한 개인과 가족의 자율적 결정권을 존중하라는 헌법 제36조 제1항에 부합하지 않는다. (O/×)

009

친생부인의 소의 제소기간과 그 기산점에 관하여 '그 출생을 안 날로부터 1년 내'라고 정한 것은 인간의 존엄과 가치, 행복추구권을 보장한 헌법 제10조와 혼인과 가족생활의 권리침해금지를 보장한 헌법 제36조 제1항에 위반된다. (O/×)

---

005 【O】 2002.8.29. 2001헌바82
006 【O】 2005.5.26. 2004헌가6
007 【O】 2002.8.29. 2001헌바62
008 【O】 2005.2.3. 2001헌가9
009 【O】 민법 제847조 제1항은 친생부인의 소의 제척기간과 그 기산점에 관하여 '그 출생을 안 날로부터 1년 내'라고 규정하고 있으나, 일반적으로 친자관계의 존부는 특별한 사정이나 어떤 계기가 없으면 이를 의심하지 아니하는 것이 통례임에 비추어 볼 때, 친생부인의 소의 제척기간의 기산점을 단지 그 '출생을 안 날로부터'라고 규정한 것은 부에게 매우 불리한 규정일 뿐만 아니라, '1년'이라는 제척기간 그 자체도 그 동안에 변화된 사회현실여건과 혈통을 중시하는 전통관습 등 여러 사정을 고려하면 현저히 짧은 것이어서, **결과적으로 위 법률조항은 입법재량의 범위를 넘어서 친자관계를 부인하고자 하는 부로부터 이를 부인할 수 있는 기회를 극단적으로 제한함으로써** 자유로운 의사에 따라 친자관계를 부인하고자 하는 부의 가정생활과 신분관계에서 누려야 할 인격권, 행복추구권 및 개인의 존엄과 양성의 평등에 기초한 **혼인과 가족생활에 관한 기본권을 침해하는 것이다**(1997.3.27. 95헌가14).

010

친생부인의 소의 제척기간을 규정한 민법 제847조 제1항 중 '부(夫)가 그 사유가 있음을 안 날부터 2년 내' 부분은 친생부인의 소의 제척기간에 관한 입법재량의 한계를 일탈하지 않은 것으로서 헌법에 위반되지 아니한다. (O/×)

011

인지청구의 소의 제소기간을 부 또는 모의 사망을 안 날로부터 1년 내로 제한하는 것은 인간의 존엄과 가치 및 행복추구권을 침해하는 것이다. (O/×)

012

혼인 종료 후 300일 이내에 출생한 자를 전남편의 친생자로 추정하는 「민법」 제844조 제2항 중 '혼인관계 종료의 날로부터 300일 이내에 출생한 자'에 관한 부분은 모가 가정생활과 신분관계에서 누려야 할 인격권, 혼인과 가족생활에 관한 기본권을 침해하지 아니한다. (O/×)

013

육아휴직제도의 헌법적 근거를 헌법 제36조 제1항에서 구한다고 하더라도 육아휴직신청권은 헌법 제36조 제1항 등으로부터 개인에게 직접 주어지는 헌법적 차원의 권리라고 볼 수는 없다. (O/×)

014

육아휴직신청권은 헌법상 권리가 아닌 법률상 권리이다. (O/×)

015

헌법 제36조 제1항은 혼인과 가족생활을 스스로 결정하고 형성할 수 있는 자유를 기본권으로서 보장하며, 친양자 입양의 경우에도 친양자로 될 사람이 그의 의사에 따라 스스로 입양의 대상이 될 것인지 여부를 결정할 수 있는 자유를 보장한다. (O/×)

016

친양자로 될 자와 마찬가지로 친생부모 역시 그로부터 출생한 자와의 가족 및 친족관계의 유지에 관하여 헌법 제36조 제1항에 의하여 인정되는 혼인과 가정생활의 자유로운 형성에 대한 기본권을 가진다. (O/×)

---

010 【O】 2015.3.26. 2012헌바357
011 【X】 인지청구의 소의 제소기간을 부 또는 모의 사망을 안 날로부터 1년 내로 제한하는 것은 **인간의 존엄과 가치 및 행복추구권을 침해하는 것은 아니다**.(2001.5.31. 98헌바9)
012 【X】 혼인 종료 후 300일 이내에 출생한 자를 전남편의 친생자로 추정하는 「민법」 제844조 제2항 중 '혼인관계종료의 날로부터 300일 이내에 출생한 자'에 관한 부분은 **모가 가정생활과 신분관계에서 누려야 할 인격권, 혼인과 가족생활에 관한 기본권을 침해한다**.(2015.4.30. 2013헌마623)
013 【O】 2008.10.30. 2005헌마1156
014 【O】 2008.10.30. 2005헌마1156
015 【O】 2012.5.31. 2010헌바87
016 【O】 2012.5.31. 2010헌바87

017

독신자의 친양자 입양을 제한하는 것은 독신자의 가족생활의 자유를 침해하는 것이다. (O/×)

018

친양자의 양친을 기혼자로 한정하고 독신자는 친양자 입양을 할 수 없도록 규정한 「민법」 제908조의2는 독신자를 기혼자에 비하여 차별하는 것으로 평등원칙에 위배된다. (O/×)

019

헌법 제36조 제1항에서 규정하는 '혼인'이란 양성이 평등하고 존엄한 개인으로서 자유로운 의사의 합치에 의하여 생활공동체를 이루는 것을 말하므로, 법적으로 승인되지 아니한 사실혼도 헌법 제36조 제1항의 보호범위에 포함된다. (O/×)

020

자녀에 대한 부모의 양육권은 헌법 제36조 제1항에 그 헌법적 근거를 두고 있다. (O/×)

021

부모가 자녀의 이름을 지어주는 것은 자녀의 양육과 가족생활을 위하여 필수적인 것이고, 가족생활의 핵심적 요소라 할 수 있으므로, '부모가 자녀의 이름을 지을 자유'는 혼인과 가족생활을 보장하는 헌법 제36조 제1항과 행복추구권을 보장하는 헌법 제10조에 의하여 보호받는다. (O/×)

---

017 【×】 독신자의 친양자 입양을 제한하는 것은 독신자의 가족생활의 자유를 **침해한다고 볼 수 없다.**(2013.9.26. 2011헌가42) - 심판대상조항으로 인하여 양자가 혼인관계를 바탕으로 한 안정된 가정에 입양되어 더 나은 양육조건에서 성장할 수 있게 되므로 양자의 복리가 증진되는 반면, 독신자는 친양자 입양을 할 수 없게 되어 가족생활의 자유가 다소 제한되지만 여전히 일반입양은 할 수 있으므로 제한되는 사익이 위 공익보다 결코 크다고 할 수 없다. 결국 심판대상조항은 과잉금지원칙에 위반하여 독신자의 가족생활의 자유를 침해한다고 볼 수 없다.

018 【×】 친양자의 양친을 기혼자로 한정하고 독신자는 친양자 입양을 할 수 없도록 규정한 「민법」 제908조의2는 **독신자의 평등권을 침해한다고 볼 수 없다.**(2013.9.26. 2011헌가42) - 심판대상조항은 친양자가 안정된 양육환경을 제공할 수 있는 가정에 입양되도록 하여 양자의 복리를 증진시키기 위해, 친양자의 양친을 기혼자로 한정하였다. 독신자 가정은 기혼자 가정과 달리 기본적으로 양부 또는 양모 혼자서 양육을 담당해야 하며, 독신자를 친양자의 양친으로 하면 처음부터 편친가정을 이루게 하고 사실상 혼인 외의 자를 만드는 결과가 발생하므로, 독신자 가정은 기혼자 가정에 비하여 양자의 양육에 있어 불리할 가능성이 높다. 나아가 독신자가 친양자를 입양하게 되면 그 친양자는 아버지 또는 어머니가 없는 자녀로 가족관계등록부에 공시되어, 친양자의 친생자로서의 공시가 사실상 의미를 잃게 될 수 있다. 한편, 입양특례법에서는 독신자도 일정한 요건을 갖추면 양친이 될 수 있도록 규정하고 있으나, 입양의 대상, 요건, 절차 등에서 민법상의 친양자 입양과 다른 점이 있으므로, 입양특례법과 달리 민법에서 독신자의 친양자 입양을 허용하지 않는 것에는 합리적인 이유가 있다.

019 【×】 헌법 제36조 제1항에서 규정하는 '혼인'이란 양성이 평등하고 존엄한 개인으로서 자유로운 의사의 합치에 의하여 생활공동체를 이루는 것으로서 법적으로 승인받은 것을 말하므로, 법적으로 승인되지 아니한 **사실혼은 헌법 제36조 제1항의 보호범위에 포함된다고 보기 어렵다.**(2014.8.28. 2013헌바119)

020 【O】 2008.10.30. 2005헌마1156

021 【O】 2016.7.28. 2015헌마964

022
자의 성을 정함에 있어 부성주의를 원칙으로 하는 것은 헌법 제10조, 제36조 제1항에 위반되지 않는다.
(O/×)

023
출생 직후의 자(子)에게 성을 부여할 당시 부(父)가 이미 사망하였거나 부모가 이혼하여 모가 단독으로 친권을 행사하고 양육할 것이 예상되는 경우에도 부의 성을 사용할 것이 강제되도록 한 법률 조항은 헌법에 합치하지 아니한다.
(O/×)

024
부모의 자녀에 대한 교육권은 비록 헌법에 명문으로 규정되어 있지는 아니하지만, 혼인과 가족생활을 보장하는 헌법 제36조 제1항, 행복추구권을 보장하는 헌법 제10조 및 "국민의 자유와 권리는 헌법에 열거되지 아니한 이유로 경시되지 아니한다."라고 규정하는 헌법 제37조 제1항에서 나오는 중요한 기본권이며, 이러한 부모의 자녀교육권이 학교영역에서는 자녀의 교육진로에 관한 결정권 내지는 자녀가 다닐 학교를 선택하는 권리로 구체화된다.
(O/×)

025
남계혈통 위주의 호주제는 혼인과 가족생활에서 개인의 존엄을 존중하라는 헌법 제36조 제1항의 요구에 부합하지 않는다.
(O/×)

026
동성동본금혼제는 '인간으로서의 존엄과 가치 및 행복추구권'을 규정한 헌법이념에 반한다. (O/×)

027
헌법원리로부터 도출되는 차별금지의 명령은 헌법 제11조 제1항의 평등원칙과 결합하여 혼인과 가족을 부당한 차별로부터 보호하고자 하는 목적을 지니고 있고, 따라서 특정한 조세 법률조항이 혼인이나 가족생활을 근거로 부부 등 가족이 있는 자를 혼인하지 아니한 자 등에 비하여 차별 취급하는 것이라면 비례의 원칙에 의한 심사에 의하여 정당화되지 않는 한 헌법 제36조 제1항에 위반된다 할 것이다. (O/×)

028
독립유공자의 유족(손자녀) 중 나이가 많은 손자녀 1명에게만 유족보상금을 지급하도록 규정한 「독립유공자 예우에 관한 법률」 제12조는 단순히 연장자만을 우대하는 차별로 평등원칙에 위배된다.
(O/×)

---

022 【O】 2005.12.22. 2003헌가5
023 【O】 2005.12.22. 2003헌가5
024 【O】 2009.4.30. 2005헌마514
025 【O】 2005.2.3. 2001헌가9
026 【O】 1997.7.16. 95헌가6
027 【O】 2011.11.24. 2009헌바146
028 【O】 2013.10.24. 2011헌마724

029

상속인이 귀책사유 없이 상속채무가 적극재산을 초과하는 사실을 알지 못하여 상속개시 있음을 안 날로부터 3월내에 한정승인 또는 포기를 하지 못한 경우에도 단순승인을 한 것으로 보는 민법 제1026조 제2호는 기본권제한의 입법한계를 일탈한 것으로 재산권을 보장한 헌법 제23조 제1항, 사적자치권을 보장한 헌법 제10조에 위반된다. (O/×)

Ⅴ 혼인할 자유에 대한 제한

030

중혼을 혼인취소의 사유로 정하면서 그 취소청구권의 제척기간 또는 소멸사유를 규정하지 않은 민법 제816조 제1호 중 '제810조의 규정에 위반한 때' 부분은 중혼의 당사자를 언제든지 혼인의 취소를 당할 수 있는 불안정한 지위로 만들고, 그로 인해 후혼배우자의 인격권과 행복추구권을 침해하며, 다른 혼인취소사유와 달리 취급하여 평등원칙에 반한다. (O/×)

031

혼인취소사유에 해당하는 중혼에 대해 그 취소청구권자로 직계비속을 포함하지 않은 법률 조항은 혼인당사자의 자기결정권을 침해하지 않기 위한 취지이므로 합리적 차별에 해당한다고 볼 수 있다. (O/×)

제2항 모성을 보호받을 권리

Ⅰ 모성보호의 의의

Ⅱ 모성보호의 구체적 내용

---

029 【O】 1998.8.27. 96헌가22 등

030 【X】 중혼을 혼인취소의 사유로 정하면서 그 취소청구권의 제척기간 또는 소멸사유를 규정하지 않은 민법 제816조 제1호 중 '제810조의 규정에 위반한 때' 부분은 **평등원칙에 위반되지 않는다**.(2014.7.24. 2011헌바275)

031 【X】 혼인취소사유에 해당하는 **중혼에 대해 그 취소청구권자로 직계비속을 포함하지 않은 법률 조항은 합리적인 이유 없이 직계비속을 차별하고 있어, 평등원칙에 위반된다.**(2010.7.29. 2009헌가8) – 중혼의 취소청구권자를 규정한 이 사건 법률조항은 그 취소청구권자로 직계존속과 4촌 이내의 방계혈족을 규정하면서도 직계비속을 제외하였는바, 직계비속을 제외하면서 직계존속만을 취소청구권자로 규정한 것은 가부장적·종법적인 사고에 바탕을 두고 있고, 직계비속이 상속권 등과 관련하여 중혼의 취소청구를 구할 법률적인 이해관계가 직계존속과 4촌 이내의 방계혈족 못지않게 크며, 그 취소청구권자의 하나로 규정된 검사에게 취소청구를 구한다고 하여도 검사로 하여금 직권발동을 촉구하는 것에 지나지 않는다.

제3항 보건에 관한 권리

I 의의

032
보건권이라 함은 국민이 자신과 가족의 건강보호를 받을 권리 및 이를 위한 적극적인 보건행정의 실시를 요청할 수 있는 권리를 말한다. (O/×)

II 법적 성격

III 주체

IV 내용

V 효력

VI 제한과 한계

033
국민건강보험법과 관련하여, 직장가입자에 비하여 지역가입자에는 소득이 없거나 저소득의 주민이 다수 포함되어 있기 때문에, 국고지원에 있어서의 지역가입자와 직장가입자의 차별취급은 사회국가원리의 관점에서 합리적인 차별에 해당하는 것으로서 평등원칙에 위반되지 않는다. (O/×)

034
구 의료보험법과 국민건강보험법상의 요양기관 강제지정제는 의료인의 직업행사의 자유를 침해하지 않는다. (O/×)

---

032 【O】 보건권이란 자신과 가족의 건강을 유지하는데 필요한 급부를 요구할 수 있는 권리를 말한다(생존권).
033 【O】 2000.6.29. 99헌마289
034 【O】 2002.10.31. 99헌바76

VII 침해와 구제

035
마약의 소비매수행위를 다른 마약매매행위와 특별히 구별하지 아니한 채 동일한 법정형으로 처벌하도록 규정하고 있다고 하여, 그것이 곧 평등의 원리나 비례의 원칙 또는 과잉금지의 원칙에 위배되어 입법권이 자의적으로 행사된 경우에 해당한다고 볼 수는 없다. (O/×)

036
치과대학을 졸업하고 국가시험에 합격하여 치과의사면허를 받았을 뿐만 아니라, 전공의수련과정을 사실상 마친 사람들에게 시행규칙의 미비로 인하여 전문의자격의 취득을 막은 것은 이들에게 직업의 자유를 침해한 것이고, 또한 행복추구권과 평등권을 침해하였다. (O/×)

037
외국에서 침구사자격을 얻은 사람들을 위하여 국내에서 그들의 침구사자격을 인정하는 법률을 제정할 헌법상 입법작위의무가 존재하는 것은 아니다. (O/×)

---

035 【×】 마약의 단순매수를 영리매수와 동일한 법정형으로 처벌하는 규정이 **책임과 형벌간의 비례성 원칙 및 실질적 법치국가원리의 위반된다**.(2003.11.27. 2002헌바24)
036 【O】 1998.7.16. 96헌마246
037 【O】 1991.11.25. 90헌마19

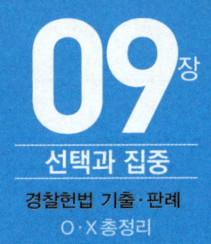

국민의 기본적 의무

제1절 일반이론

I 의의

001
국민이 국가구성원으로서 부담하는 갖가지 의무 중에서 특히 헌법이 규정하고 있는 의무를 말한다.
(O/X)

II 법적 성격

III 유형

002
헌법은 국민의 기본의무로 납세의무, 국방의무, 교육의무, 근로의무, 재산권행사의 공공복리적합의무, 환경보전의무, 모성의 보호를 위하여 노력할 의무를 명시하고 있다.
(O/X)

제2절 납세의 의무

I 의의

II 주체

---

001 【O】 국민의 기본의무란 국민이 국가구성원의 지위에서 부담하는 기본적 의무를 말한다. 기본의무는 국민이 국가의 구성원으로서 부담하는 여러 의무 중 헌법이 직접 국민에게 부여한 의무를 말한다. 개별 법률상의 의무는 기본의무가 아니다. 국민의 기본의무는 헌법에 근거가 필요하며 구체적 내용이 법률로 정해진다. 기본의무의 부과는 국민의 자유나 권리를 제한하기 때문이다. 무제한적이고 무조건적인 의무부담은 법치국가원리에 위배된다.

002 【X】 헌법이 규정한 국민의 기본의무에는 납세의무(헌법 제38조), 국방의무(헌법 제39조), 교육의무(헌법 제31조 제2항), 근로의무(헌법 제32조 제2항), 재산권행사의 공공복리적합의무(헌법 제23조 제2항), 환경보전의무(헌법 제35조)가 있다. 모성의 보호를 위하여 노력할 의무는 국민의 기본의무로 규정하고 있지 않고, "국가는 보성보호를 위해 노력하여야 한다(헌법 제36조 제2항)"고 규정하여 국가의 의무로 규정하고 있다.

001

헌법 제38조는 국민이 납세의 의무를 진다고 규정하고 있으므로, 외국인은 우리나라와 해당 국가와 사이에 과세할 수 있는 근거 조약이 체결되지 않는 한 우리나라에 대하여 납세의 의무를 지지 않는다.

(O/×)

Ⅲ 법적 성격

002

기본적 의무에 관한 헌법규정은 모든 국민과 국가기관을 구속 할 수 있는 직접적 효력을 가지고 있다.

(O/×)

Ⅳ 내용

003

원칙적으로 조세의 부과·징수는 국민의 납세의무에 기초하는 것으로서 재산권의 침해가 되지 않으나 그에 관한 법률조항이 조세법률주의에 위반되고 이로 인한 자의적인 과세 처분권 행사에 의하여 납세의무자의 사유재산에 관한 이용·수익·처분권이 중대한 제한을 받게 되는 경우에는 예외적으로 재산권의 침해가 될 수 있다.

(O/×)

004

과세요건, 즉 납세의무자, 과세물건, 과세표준, 과세기간, 세율 등은 법률로 규정해야 하지만 조세의 부과나 징수절차까지 법률로 규정할 필요는 없다.

(O/×)

005

조세채권은 그 납부기한으로부터 1년 이내에 설정된 전세권·질권·저당권에 의해 담보된 채권보다 우선하여 징수한다는 내용의 국세기본법 규정은 조세의 합형평성의 원칙 등에 위배된다.

(O/×)

---

001 【X】 자연으로서의 내·외국인뿐만 아니라 **내·외국법인도 국내에 재산이 있거나 과세대상이 되는 행위를 한 경우에는 납세의무를 부담한다.**

002 【X】 헌법상 납세의무는 조세법률주의원칙에 따라 헌법 규정에서 직접 효력이 발생하는 것이 아니라 **입법에 의하여 구체화되어야만 효력이 발생하는 실정법상의 의무이다.**

003 【O】 2002.1.31. 2000헌바35

004 【X】 과세요건법정주의는 헌법 제59조에서 규정하고 있는 조세법률주의의 핵심적인 내용 중의 하나로서, 과세는 국민의 재산권을 침해하는 것이 되므로 납세의무를 성립시키는 납세의무자, 과세물건, 과세표준, 과세기간, 세율 등의 모든 과세요건과 조세의 **부과·징수절차는 모두 국민의 대표기관인 국회가 제정한 법률로 규정하여야 한다는 것이다.**(2000.1.27. 98헌바6)

005 【O】 국세기본법 제35조 제1항 제3호 중 "으로부터 1년"이라는 부분은 헌법 제23조 제1항이 보장하고 있는 재산권의 본질적인 내용을 침해하는 것으로서 헌법 전문, 제1조, 제10조, 제11조 제1항, 제23조 제1항, 제37조 제2항 단서, 제38조, 제59조의 규정에 위반된다(1990.9.3. 89헌가95).

제3절 국방의 의무

I 의의

II 주체

III 내용

1. 병력형성의 의무

001

국방의 의무는 병역법에 의하여 군복무에 임하는 등의 직접적인 병력형성의무만을 가리키는 것이 아니라 병역법, 향토예비군설치법, 민방위기본법, 비상대비자원관리법 등에 의한 간접적인 병력형성의무도 포함하며, 병력형성 이후 군 작전 명령에 복종하고 협력하여야 할 의무도 포함한다. (O/×)

2. 불이익처우의 금지

002

대한민국 국민인 남성에 한하여 병역의무를 부과한 구「병역법」제3조 제1항은 헌법이 특별히 양성평등을 요구하는 경우나 관련 기본권에 중대한 제한을 초래하는 경우의 차별취급을 그 내용으로 하고 있다고 보기 어렵다는 점에서 평등권 침해 여부에 관하여 합리적 이유의 유무를 심사하는 것에 그치는 자의금지원칙에 따른 심사를 한다. (O/×)

003

헌법 제39조 제2항은 누구든지 병역의무의 이행으로 인하여 불이익한 처우를 받지 아니한다고 규정하고 있는데, 여기서 불이익한 처우란 법적인 불이익뿐만 아니라 사실상·경제상 불이익을 모두 포함한다. (O/×)

004

헌법재판소는 제대군인 가산점제도는 제대군인에게 일종의 적극적 보상조치를 취하는 제도라 할 것이므로 이는 '누구든지 병역의무의 이행으로 인하여 불이익한 처우를 받지 아니한다'고 정한 헌법 제39조 제2항에 근거한 제도라고 할 수 없다고 판단하였다. (O/×)

---

001 【O】 2002.11.28. 2002헌바45
002 【O】 대한민국 국민인 남자에 한하여 병역의무를 부과한 것은 헌법이 특별히 양성평등을 요구하는 경우에 해당하지 않고, 관련 기본권에 중대한 제한을 초래하는 경우로 보기도 어려우므로, 그 평등권 침해 여부는 자의금지원칙에 의하여 심사한다. 완화된 심사기준에 따라 판단한다(2010.11.25. 2006헌마328).
003 【X】 헌법 제39조 제2항은 누구든지 병역의무의 이행으로 인하여 불이익한 처우를 받지 아니한다고 규정하고 있는데, 여기서 "불이익한 처우"라 함은 단순한 사실상, 경제상의 불이익을 모두 포함하는 것이 아니라 **법적인 불이익을 의미**하는 것으로 보아야 한다.(1999.12.23. 98헌마363)
004 【O】 1999.12.23. 98헌마363

005 ⟳ 1 2 3

양심에 반한다는 이유로 입영을 거부하는 자에 대하여 병역의무를 면제하거나 혹은 순수한 민간 성격의 복무로 병역의무의 이행에 갈음할 수 있도록 하는 어떠한 예외조항도 두고 있지 아니한 병역법 제88조 제1항 제1호는 시민적 및 정치적 권리에 관한 국제규약 제18조 제3항에서 말하는 양심표명의 자유에 대한 제한 법률에 해당한다. 그러나 양심적 병역거부자에게 병역 의무 면제나 대체복무의 기회를 부여하지 아니한 채 병역법 제88조 제1항 위반죄로 처벌하는 것이 위 규약에 반한다고 할 수 없다. (O/×)

006 ⟳ 1 2 3

군복무로 인한 휴직기간을 법무사 시험의 일부 면제에 관한 법무사법 제5조의2 제1항의 공무원 근무경력에 산입하지 아니한 것은 병역의무의 이행으로 인한 불이익처우금지를 규정한 헌법 제39조 제2항을 위반한 것이다. (O/×)

007 ⟳ 1 2 3

병역의무는 국민 전체의 인간으로서의 존엄과 가치를 보장하기 위한 것이므로, 양심적 병역거부자의 양심의 자유가 국방의 의무보다 우월한 가치라고 할 수 없다. (O/×)

008 ⟳ 1 2 3

병역의무 그 자체를 이행하느라 받는 불이익은 '누구든지 병역의무 이행으로 인하여 불이익한 처우를 받지 아니한다.'고 규정하고 있는 헌법 제39조 제2항과 관련이 없다. (O/×)

009 ⟳ 1 2 3

공무원 시험의 응시자격을 '군복무를 필한 자'라고 하여 군복무 중에는 그 응시기회를 제한하는 것은 병역의무의 이행을 이유로 불이익을 주는 것이다. (O/×)

---

005 【O】 대체복무제도를 두지 아니한 것 그 자체를 규약 위반으로 평가할 수는 없고, 대체복무제도의 도입 여부 등에 관하여는 가입국의 입법자에게 광범위한 재량이 부여되어야 하는바, 현재로서는 대체복무제를 도입하기는 어렵다고 본 입법자의 판단이 현저히 불합리하다거나 명백히 잘못되었다고 볼 수 없다. 또한, 양심적 병역거부자에게 병역의무 면제나 대체복무의 기회를 부여하지 아니한 채 병역법 제88조 제1항 위반죄로 처벌한다 하여 규약에 반한다고 해석되지는 아니한다(2007.12.27. 2007도7941).

006 【X】 군복무로 인하여 휴직함으로써 법원사무직렬 공무원으로 실제 근무하지 못하게 된 사정과 법무사시험의 제1차 시험 면제의 취지에 비추어 보면, 군복무로 인한 휴직기간을 법무사시험의 일부 면제에 관한 법무사법 제5조의2 제1항의 공무원 근무경력에 산입하지 아니하였다고 하여 이를 두고 <u>병역의무의 이행으로 인하여 불이익한 처우를 받지 아니한다고 규정한 헌법 제39조 제2항 위반이라고 할 수 없다.</u>(대판 2006.6.30. 2004두4802)

007 【O】 대판(全) 2004.7.15. 2004도2965

008 【O】 1999.2.25. 97헌바3

009 【X】 공무원 시험의 응시자격을 '군복무를 필한 자'라고 하여 군복무 중에는 그 응시기회를 제한하는 것은 병역의무의 이행을 이유로 한 불이익은 아니다.(2007.5.31. 2006헌마627) - 이 사건 공고는 현역군인 신분자에게 다른 직종의 시험응시 기회를 제한하고 있으나 이는 병역의무 그 자체를 이행하느라 받는 불이익으로서 병역의무 중에 입는 불이익에 해당될 뿐, 병역의무의 이행을 이유로 한 불이익은 아니므로 이 사건 공고로 인하여 현역군인이 타 직종에 시험응시를 하지 못하는 것은 헌법 제39조 제2항에서 금지하는 '불이익한 처우'라 볼 수 없다.

010

경찰대학의 입학 연령을 17세 이상 21세 미만으로 한정하여 병역의무이행 후 그 상한연령을 초과하면 입학하지 못하게 하는 것은 병역의무의 이행을 이유로 불이익을 주는 것이 아니다. (O/X)

011

병역의무를 완수한 후 직장을 가지고 사회활동을 영위하면서 병력동원훈련에 소집되어 실역에 복무중인 예비역이 그 소집기간 동안 군형법의 적용을 받는 것은 병역의무의 이행을 이유로 불이익을 받는 것이다. (O/X)

012

군인이 상관의 지시나 명령에 대하여 재판청구권을 행사하는 경우에 그것이 위법·위헌인 지시와 명령을 시정하려는 데 목적이 있다면 정당한 기본권의 행사이므로 군인의 복종의무를 위반하였다고 볼 수 없다. (O/X)

제4절 교육을 받게 할 의무

I 의의

001

모든 국민은 그 보호하는 자녀에게 적어도 초등교육과 법률이 정하는 교육을 받게 할 의무를 진다. (O/X)

002

교육을 받게 할 의무는 친권자나 그 후견인이 그 보호하는 어린이에게 초등교육과 법률이 정하는 교육을 받게 할 의무이다. (O/X)

---

010 【O】 2009.7.30. 2007헌마991

011 【X】 병역의무를 완수한 후 직장을 가지고 사회활동을 영위하면서 병력동원훈련에 소집되어 실역에 복무중인 예비역이 그 소집기간 동안 군형법의 적용을 받는 것은 헌법 제39조 제1항에 규정된 **국방의 의무를 이행하느라 입는 불이익이라고 할 수는 있을지언정, 병역의무의 이행으로 불이익한 처우를 받는 것이라고는 할 수 없다**.(1999.2.25. 97헌바3)

012 【O】 군인이 상관의 지시와 명령에 대하여 헌법소원 등 재판청구권을 행사하는 것이 군인의 복종의무에 위반되는지 여부(원칙적 소극) - 군인이 상관의 지시나 명령에 대하여 재판청구권을 행사하는 경우에 그것이 위법·위헌인 지시와 명령을 시정하려는 데 목적이 있을 뿐, 군 내부의 상명하복관계를 파괴하고 명령불복종 수단으로서 재판청구권의 외형만을 빌리거나 그 밖에 다른 불순한 의도가 있지 않다면, 정당한 기본권의 행사이므로 군인의 복종의무를 위반하였다고 볼 수 없다.(대법원 2018.3.22. 선고 2012두26401 전원합의체 판결)

001 【O】 헌법 제31조제2항

002 【O】 교육을 받게 할 의무는 일종의 자연적 의무에 속하나, 헌법은 개인의 인격발현을 위해, 능력에 맞는 직업을 가질 수 있도록, 또 민주시민으로 만들기 위해 부모에게 자녀교육을 시킬 의무를 부과하고 있다. 교육을 받게 할 의무의 주체는 취학할 어린이의 **친권자나 후견인이다**.

II 주체

003 교육의 의무의 주체는 학령아동의 친권자 또는 그 후견인이다. (O/X)

III 내용

004 헌법재판소는 의무교육으로 운영되는 중학교에서 급식비의 일부를 학부모에게 부담하도록 한 학교급식법 규정이 의무교육 무상의 원칙에 위반된다고 판단하였다. (O/X)

005 헌법재판소는 의무교육으로 운영되는 공립중학교에서 의무교육과정의 인적기반을 유지하기 위한 비용인 교사, 학교회계직원의 일부 인건비 등을 충당하는데 사용되는 학교운영지원비를 징수하는 것은 의무교육 무상의 원칙에 위반된다고 판단하였다. (O/X)

006 학교운영지원비를 학교회계 세입항목에 포함시키도록 하는 것은 헌법 제31조 제3항에 규정되어 있는 의무교육의 무상원칙에 위반되지 않는다. (O/X)

---

003 【O】

004 【X】 의무교육으로 운영되는 중학교에서 급식비의 일부를 학부모에게 부담하도록 한 학교급식법 규정이 **의무교육 무상의 원칙에 반하는 것으로 보기는 어렵다**.(2012.4.24. 2010헌바164) - 비록 중학생의 학부모들에게 급식관련 비용의 일부를 부담하도록 하고 있지만, 학부모에게 급식에 필요한 경비의 일부를 부담시키는 경우에 있어서도 학교급식 실시의 기본적 인프라가 되는 부분은 배제하고 있으며, 국가나 지방자치단체의 지원으로 학부모의 급식비 부담을 경감하는 조항이 마련되어 있고, 특히 저소득층 학생들을 위한 지원방안이 마련되어 있다.

005 【O】 2012.8.23. 2010헌바220

006 【X】 학교운영지원비를 학교회계 세입항목에 포함시키도록 하는 것은 헌법 제31조 제3항에 규정되어 있는 **의무교육의 무상원칙에 위배되어 헌법에 위반된다**.(2012.8.23. 2010헌바220) - 학교운영지원비는 기본적으로 학부모의 자율적 협찬금의 외양을 갖고 있음에도 그 조성이나 징수의 자율성이 완전히 보장되지 않아 기본적이고 필수적인 학교 교육에 필요한 비용에 가깝게 운영되고 있다.